DIREITO CONSTITUCIONAL

TOMO I - TEORIA DA CONSTITUIÇÃO

COLEÇÃO **sinopses** PARA CONCURSOS

16

Coordenação
Leonardo Garcia

Juliano Taveira Bernardes
Olavo Augusto Vianna Alves Ferreira

DIREITO CONSTITUCIONAL

TOMO I - TEORIA DA CONSTITUIÇÃO

11ª edição
Revista, atualizada e ampliada

2021

EDITORA JusPODIVM
www.editorajuspodivm.com.br

EDITORA *Jus*PODIVM
www.editorajuspodivm.com.br

Rua Território Rio Branco, 87 – Pituba – CEP: 41830-530 – Salvador – Bahia
Tel: (71) 3045.9051
• Contato: https://www.editorajuspodivm.com.br/sac

Diagramação: Futura *(rogerio@futuraeditoracao.com)*

Capa: Ana Caquetti

ISBN: 978-65-5680-545-0

• Atualizado até 10.02.2021.

Coleção Sinopses para Concursos

A *Coleção Sinopses para Concursos* tem por finalidade a preparação para concursos públicos de modo prático, sistematizado e objetivo.

Foram separadas as principais matérias constantes nos editais e chamados professores especializados em preparação de concursos a fim de elaborarem, de forma didática, o material necessário para a aprovação em concursos.

Diferentemente de outras sinopses/resumos, nos preocupamos em apresentar ao leitor o entendimento do STF e do STJ sobre os principais pontos, além de abordar temas tratados em manuais e livros mais densos. Assim, ao mesmo tempo em que o leitor encontrará um livro sistematizado e objetivo, também terá acesso a temas atuais e entendimentos jurisprudenciais.

Dentro da metodologia que entendemos ser a mais apropriada para a preparação nas provas, demos destaques (em outra cor) às palavras-chaves, de modo a facilitar não somente a visualização, mas, sobretudo, a compreensão do que é mais importante dentro de cada matéria.

Quadros sinóticos, tabelas comparativas, esquemas e gráficos são uma constante da coleção, aumentando a compreensão e a memorização do leitor.

Contemplamos também questões das principais organizadoras de concursos do país, como forma de mostrar ao leitor como o assunto foi cobrado em provas. Atualmente, essa "casadinha" é fundamental: conhecimento sistematizado da matéria e como foi a sua abordagem nos concursos.

Esperamos que goste de mais esta inovação que a Editora Juspodivm apresenta.

Nosso objetivo é sempre o mesmo: otimizar o estudo para que você consiga a aprovação desejada.

Bons estudos!

Leonardo Garcia

leonardo@leonardogarcia.com.br

www.leonardogarcia.com.br

Instagram: @leomgarcia

Sobre os autores

Juliano Taveira Bernardes

- Juiz Federal desde 1998
- Mestre em "Direito e Estado" pela Universidade de Brasília – UnB
- Especialista em "Justiça Constitucional e Tutela Jurisdicional dos Direitos" pela Universidade de Pisa/Itália
- Pós-graduado "lato sensu" em Direito Processual Civil pela Universidade Federal de Goiás
- Professor convidado da Escola Superior da Magistratura do Estado de Goiás – Esmeg e da Escola Superior da Advocacia da Ordem dos Advogados do Brasil em Goiás – ESA/GO
- Foi professor efetivo da Faculdade de Direito da UFG (2005/2012), onde ministrou aulas de Direito Constitucional e Processo Constitucional na graduação e na pós-graduação
- Foi Promotor de Justiça (1996/1997) e Juiz de Direito no Estado de Goiás (1997/1998)
- Aprovado em nove concursos para carreiras jurídicas, entre eles para: magistratura federal (TRF/1ª Região), Promotor de Justiça do Ministério Público do Distrito Federal de Territórios (1º lugar), Promotor de Justiça do Ministério Público do Estado de Goiás (1º lugar), Procurador do Estado de Goiás, magistratura do Estado de Goiás, Procurador Federal e Professor Assistente da Faculdade de Direito da UFG (1º lugar)
- Autor de livros jurídicos publicados pelas editoras JusPodivm, Saraiva e Sergio Antonio Fabris Editor

jtbernardes@yahoo.com.br

twitter.com/Juliano_Taveira

Olavo Augusto Vianna Alves Ferreira

- Doutor e Mestre em Direito do Estado pela Pontifícia Universidade Católica de São Paulo
- Procurador do Estado de São Paulo desde 1998
- Foi membro eleito do Conselho Superior da Procuradoria Geral do Estado de São Paulo
- Foi professor de cursos preparatórios para concursos públicos (PRIMA, LFG e G7)
- Professor do Programa de Doutorado e Graduação da UNAERP
- Professor convidado de cursos de pós-graduação (PUC-COGEAE, UFBA, Escola Superior do Ministério Público, Escola Paulista da Magistratura, Escola Superior da PGE SP, JusPodivm, FAAP, IDP, LFG, ESPGE-SP e USP-FDRP) e orientador da pós-graduação da Escola Superior da Procuradoria Geral do Estado de São Paulo e da pós-graduação da USP-FDRP
- Membro da Comissão Especial de Arbitragem do Conselho Federal da OAB
- Integrante de listas de árbitros de Instituições Nacionais em Direito Público e Privado
- Autor de livros jurídicos

  olavoaferreira@hotmail.com

  Facebook: https://www.facebook.com/profile.php?id=616233750

  Twitter.com/OLAVOAF
- Sócio da Câmara de Mediação e Arbitragem Especializada (CAMES: www.camesbrasil.com.br)

Nota à 11ª edição

Apresentamos a décima primeira edição deste Primeiro Tomo de Direito Constitucional da Coleção Sinopses para Concursos. Neste volume, reuniram-se em 16 Capítulos, divididos em três Partes, os temas mais relevantes da teoria da constituição e do controle de constitucionalidade. A Parte III e o 16º item do Capítulo, acrescentada a partir da segunda edição, tratam da teoria geral dos direitos fundamentais.

Além da revisão e atualização normativa e jurisprudencial, a presente edição traz novas questões cobradas pelos melhores concursos públicos jurídicos. Passaram por importantes acréscimos, ainda, os itens referentes: *ao positivismo, não positivismo ou pós-positivismo?; aos limites ao poder constituinte originário; ao poder (ou direito) de revolução; ao poder constituinte derivado; à mutação constitucional; limitações ao poder de reforma; ao significado da expressão "tendente a abolir" contida no § 4º do art. 60 da CF/88; ao "puzzle" constitucional ou paradoxo da autoemenda; à teoria da "dupla reforma" ou da reforma em "dois tempos"; constitucionalidade superveniente; efeitos retroativos das normas; princípio da proporcionalidade; ao fenômeno da "derrotabilidade" das normas; às diferenças entre a omissão inconstitucional "parcial" e a omissão inconstitucional "relativa"; à extensão do bloco de constitucionalidade às chamadas "normas interpostas"?; à inconstitucionalidade progressiva; ao controle de constitucionalidade no direito comparado e os modelos italiano e inglês; ao chamado "autocontrole de constitucionalidade"; ao poder de rejeição de leis inconstitucionais; à cláusula de reserva de plenário e sua extensão objetiva; ao processo objetivo e princípio da não rescindibilidade; aos atos impugnáveis no controle abstrato de constitucionalidade; à modulação dos efeitos da decisão que reconhece a inconstitucionalidade em ações diretas; às decisões aditivas proferidas no controle abstrato de constitucionalidade; à novíssima tendência da incorporação de decisões "dialógicas"; à ADI estadual, as normas da Constituição Federal reproduzidas pelo constituinte decorrente e o controle recursal por parte do STF; à tramitação simultânea de ADI e ADI estadual; aos atos impugnáveis por meio de ADPF autônoma; aos direitos humanos vs. direitos fundamentais; à cláusula de aplicabilidade direta dos direitos fundamentais; aos direitos fundamentais e relações especiais de sujeição; à dupla perspectiva dos direitos fundamentais; e à relatividade dos direitos fundamentais;* além de muitas outras revisões, atualizações e acréscimos, incluindo recentes decisões do STF e STJ.

Esta edição vem acrescida, também, de novidades tratadas em itens e quadros destacados, tais como os dedicados: *às soberanias estatais e às uniões de Estados; às mutações constitucionais segundo HSÜ DAU-LIN; à desconstitucionalização da constituição anterior e da atual constituição; a "derrotabilidade" e a lógica das normas; à inconstitucionalidade formal por quebra de decoro parlamentar; à suposta inconstitucionalidade circunstancial ou transitória; aos mecanismos de controle preventivo da constitucionalidade previstos em disposições regimentais; ao controle de constitucionalidade no direito comparado e o modelo alemão; à "derrotabilidade" das normas e a cláusula de reserva de plenário; à ação direta interventiva e representação para execução de lei federal em face de Município localizado em Território Federal; ao controle recursal feito pelo STF sobre decisões proferidas em ADI estadual; e às garantias institucionais.*

A obra segue com o objetivo, sobretudo, de facilitar a preparação de candidatos a concursos públicos, percorrendo, ainda que de maneira resumida, todo o conteúdo exigido pelas bancas examinadoras de diversas carreiras jurídicas, incluindo as mais importantes e disputadas.

A quem desejasse um livro com menor extensão, é preciso esclarecer: o direito constitucional ganha cada vez mais importância e dia a dia novos temas são incluídos nos manuais e cobrados por bancas examinadoras de todo o Brasil. Assim, embora não tivéssemos por finalidade o aprofundamento dos temas examinados, frequentemente nos deparamos com o seguinte dilema: seria melhor deixar de tratar de alguns assuntos novos e instigantes, mas que certamente começarão em breve a ser cobrados nos melhores concursos, ou melhor seria incluí-los na obra?

Em benefício dos leitores, optamos por não sonegar tais assuntos, embora à custa de algumas páginas a mais. Com isso quisemos contentar os leitores curiosos e ávidos por conhecer o direito constitucional um pouco além dos livros para concurso que por aí circulam. Esperamos que nossa opção tenha valido a pena!

A empreitada começou em meados dos anos 2000, quando decidimos escrever juntos um livro para concursos e, então, compartilhar com mais pessoas nossa longa experiência em concursos públicos e na docência do direito constitucional, seja na graduação e na pós, seja em preparatórios para concursos jurídicos.

Por isso, veio em boa hora, e muito nos honrou, o convite dos amigos Ricardo Didier e Leonardo Garcia, para que participássemos da já festejada coleção da JusPodivm. A eles, nossos sinceros agradecimentos.

Agradecemos, ainda, a colaboração, a presteza e a diligência do então pesquisador Caio Marinho (hoje Juiz Federal), que muito contribuiu para a primeira edição da obra, sobretudo na elaboração de quadros e na seleção de questões de concursos.

Não poderíamos deixar de agradecer a nossos alunos, ex-alunos e leitores das edições anteriores desta obra, pelas proveitosas discussões, boas ideias e até pelas dúvidas que nos causam. A eles, nosso especial reconhecimento e dedicação.

Todas as críticas e sugestões serão, sempre, bem-vindas pelos e-mails dos autores.

Muito sucesso a todos nos concursos e na vida pessoal!

Os autores.

Verão de 2021.

Guia de leitura da Coleção

A Coleção foi elaborada com a metodologia que entendemos ser a mais apropriada para a preparação de concursos.

Neste contexto, a Coleção contempla:

• DOUTRINA OTIMIZADA PARA CONCURSOS

Além de cada autor abordar, de maneira sistematizada, os assuntos triviais sobre cada matéria, são contemplados temas atuais, de suma importância para uma boa preparação para as provas.

> ▸ **Importante!**
>
> Empresário individual não é pessoa jurídica e não tem personalidade jurídica distinta. Sendo assim as obrigações contraídas para a prática da atividade poderão atingir o patrimônio que não está a ela relacionado e as dívidas particulares do empresário também poderão atingir o patrimônio usado na empresa.

• ENTENDIMENTOS DO STF E STJ SOBRE OS PRINCIPAIS PONTOS

> ▸ **Qual o entendimento do STJ sobre o assunto?**
>
> O STJ utiliza o princípio da função social da empresa no sentido de preservar seu funcionamento como no REsp 917.531/RS, publicado em 24/02/12, cuja ementa dispõe que:
>
> (...)
>
> 1. O instituto da dissolução parcial erigiu-se baseado nas sociedades contratuais e personalistas, como alternativa à dissolução total e, portanto, como medida mais consentânea ao princípio da preservação da sociedade e sua função social, contudo a complexa realidade das relações negociais hodiernas potencializa a extensão do referido instituto às sociedades "circunstancialmente" anônimas, ou seja, àquelas que, em virtude das cláusulas estatuárias restritivas à livre circulação das ações, ostentam caráter familiar ou fechado, onde as qualidades pessoais dos sócios adquirem relevância para o desenvolvimento das atividades sociais ("affectio societatis"). (Precedente: EREsp 111.294/PR, Segunda Seção, Rel. Ministro Castro Filho, DJ 10/09/2007)
>
> (...)
>
> 7. Recurso especial provido, restaurando-se integralmente a sentença, inclusive quanto aos ônus sucumbenciais.

• PALAVRAS-CHAVES EM OUTRA COR

As palavras mais importantes (palavras-chaves) são colocadas em outra cor para que o leitor consiga visualizá-las e memorizá-las mais facilmente.

> Neste diapasão é importante que se corrija uma visão coloquial da expressão empresário que cotidianamente é usada como sinônimo de empreendedor, ou seja, qualquer pessoa que possua ou realize investimentos. **Sendo assim, nem todo sócio ou acionista de uma sociedade será empresário.** Somente o será se possuir cargo de administração e efetivamente participar da organização da atividade.

• QUADROS, TABELAS COMPARATIVAS, ESQUEMAS E DESENHOS

Com esta técnica, o leitor sintetiza e memoriza mais facilmente os principais assuntos tratados no livro.

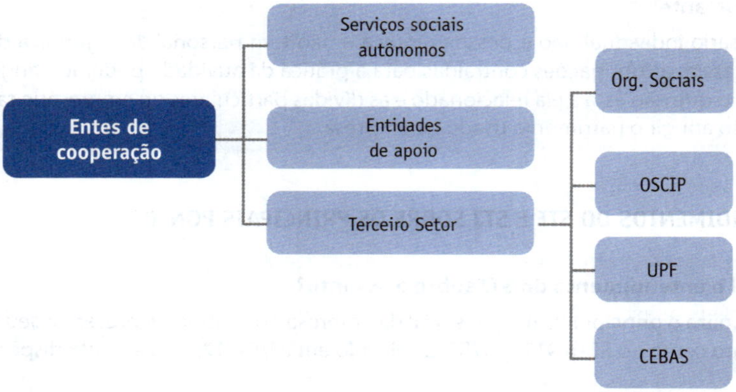

• QUESTÕES DE CONCURSOS NO DECORRER DO TEXTO

Por meio da seção *"Como esse assunto foi cobrado em concurso?"* é apresentado ao leitor como as principais organizadoras de concurso do país cobram o assunto nas provas.

> ▸ **Como esse assunto foi cobrado em concurso?**
> No concurso da Magistratura/MG/2012, organizado pela EJEF, o tema foi abordado com o seguinte enunciado: *"Com a vigência do novo Código Civil, à luz do artigo 966, é correto afirmar que o Direito brasileiro concluiu a transição para a".* A afirmativa correta era a que tinha o texto: "teoria da empresa", de matriz italiana."

Sumário

Parte II

CONTROLE DE CONSTITUCIONALIDADE

Parte III
TEORIA GERAL DOS DIREITOS FUNDAMENTAIS

Lista de abreviaturas

AC – Apelação Cível
ADC – Ação Declaratória de Constitucionalidade
ADCT – Ato das Disposições Constitucionais Transitórias
ADIn – Ação Direta de Inconstitucionalidade
ADO – Ação Direta de Inconstitucionalidade por Omissão
ADPF – Arguição de Descumprimento de Preceito Fundamental
Ag – Agravo
AgRg – Agravo Regimental
AI – Agravo de Instrumento
AgInt – Agravo Interno
AO – Ação Originária
AP – Ação Penal
AR – Ação Rescisória
ARE – Recurso Extraordinário com Agravo
AS – Arguição de Suspeição
CD – Câmara dos Deputados
CDC – Código de Defesa do Consumidor
CE – Constituição Estadual
CF – Constituição Federal
CEDH – Corte Europeia de Direitos Humanos
Corte IDH – Corte Interamericana de Direitos Humanos
CLT – Consolidação das Leis Trabalhistas
CN – Congresso Nacional
CP – Código Penal
CPC – Código de Processo Civil
CPP – Código de Processo Penal
DCG – Dissídio Coletivo de Greve

Des. – Desembargador
desig. – designado
DL – Decreto-Lei
DLeg – Decreto Legislativo
DOU – Diário Oficial da União
DJ – Diário de Justiça
DJ-*e* – Diário de Justiça versão eletrônica
DJU – Diário de Justiça da União
EC – Emenda Constitucional
ECR – Emenda Constitucional de Revisão
ED – Embargos de Declaração
EDv – Embargos de Divergência
EI – Embargos Infringentes
Ext – Extradição
HC – *Habeas Corpus*
HD – *Habeas Data*
IDC – Incidente de Deslocamento de Competência
IF – Intervenção Federal
Inf. – Informativo STF
Inq – Inquérito
j. – julgado
JEF – Juizado Especial Federal
JF – Justiça Federal
LC – Lei Complementar
LEP – Lei de Execuções Penais
LINDB – Lei de Introdução às normas do Direito Brasileiro (antiga LICC – Lei de Introdução ao Código Civil)
LOMAN – Lei Orgânica da Magistratura Nacional
LOMPU – Lei Orgânica do Ministério Público da União
LOTC – Lei Orgânica do Tribunal Constitucional
LGDP – Lei Geral de Proteção de Dados Pessoais (Lei 13.709/2018)
LOTC – Lei Orgânica do Tribunal Constitucional

MC – Medida Cautelar
Min. – Ministro
MI – Mandado de Injunção
MP – Medida Provisória
MPDFT – Ministério Público do Distrito Federal e Territórios
MPE – Ministério Público Estadual
MPF – Ministério Público Federal
MPU – Ministério Público da União
MS – Mandado de Segurança
OAB – Ordem dos Advogados do Brasil
PA – Processo Administrativo
Pet – Petição
PGR – Procurador-Geral da República/Procuradoria-Geral da República
PL – Projeto de Lei
QC – Queixa-crime
QO – Questão de Ordem
RC – Recurso Criminal
Rcl – Reclamação
RDA – Revista de Direito Administrativo
RDP – Revista de Direito Público
Rep – Representação
RF – Revista Forense
RE – Recurso Extraordinário
Rel. – Relator
Res. – Resolução
REsp – Recurso Especial
REspE – Recurso Especial Eleitoral
RHC – Recurso de Habeas Corpus
RHD – Recurso de Habeas Data
RI – Regimento Interno
RIL – Revista de Informação Legislativa
RICN – Regimento Interno do Congresso Nacional

RISTF – Regimento Interno do Supremo Tribunal Federal
RMI – Recurso de Mandado de Injunção
RMS – Recurso de Mandado de Segurança
RO – Recurso Ordinário
RSTJ – Revista do Superior Tribunal de Justiça
RTJ – Revista Trimestral de Jurisprudência
SE – Sentença Estrangeira
SF – Senado Federal
SS – Suspensão de Segurança
STF – Supremo Tribunal Federal
STJ – Superior Tribunal de Justiça
STM – Superior Tribunal Militar
TC – Tribunal Constitucional
TCE – Tribunal de Contas do Estado
TCU – Tribunal de Contas da União
TFR – Tribunal Federal de Recursos
TJ – Tribunal de Justiça
TJDFT – Tribunal de Justiça do Distrito Federal e Territórios
TRF – Tribunal Regional Federal
TRE – Tribunal Regional Eleitoral
TRT – Tribunal Regional do Trabalho
TST – Tribunal Superior do Trabalho
TSE – Tribunal Superior Eleitoral

Parte I

TEORIA DA CONSTITUIÇÃO

Capítulo I

Conceitos básicos de teoria geral do Estado

1. CONCEITO DE ESTADO

Estado é a entidade político-social juridicamente organizada para executar os objetivos da soberania nacional. Cuida-se da forma de organização do poder político ao qual se reconhece a legitimidade do uso da força.

> **▸ Atenção:**
> O primeiro autor que introduziu o termo "Estado", no sentido próximo do atual, foi MAQUIAVEL, na obra "O Príncipe", publicada em 1532.

2. ESTADO *VS.* NAÇÃO

Há quem não diferencie *Nação* e *Estado*, como se fossem expressões sinônimas. Porém, embora o conceito de Estado gravite em torno do conceito de Nação, não há que se confundi-los.

O conceito de ***Nação*** envolve a existência de vínculos comuns entre os habitantes de determinado local. Trata-se do conjunto homogêneo de pessoas que se consideram ligadas entre si por determinados vínculos (linguísticos, étnicos, geográficos, religiosos, culturais). É, pois, uma **comunidade** que se caracteriza por compartilhar atributos ou sentimentos relativamente uniformes. Já a definição de **Estado** envolve, necessariamente, o aspecto de organização jurídica desse conjunto homogêneo de pessoas (**sociedade**).

Por outro lado, não há negar que os complexos fenômenos sociológicos ligados à formação de uma Nação e à estruturação de uma *nacionalidade* é que servem de pano de fundo ou força motriz da vontade política de (re)constituir novos Estados. Daí por que diretrizes de direito internacional defendem que cada Nação possa constituir um Estado próprio.

> **▸ Atenção:**
> É só a partir da distinção entre Nação e Estado que se pode explicar por que uma Nação surge antes mesmo dos Estados e por que Nações podem subsistir sem Estados nem territórios próprios (como a Nação judaica antes da criação do Estado de Israel). Também é

possível que várias Nações estejam reunidas sob mesmo Estado (Estado "plurinacional"), assim como o Reino Unido ou na antiga União Soviética. E há ainda Nações divididas entre dois ou mais Estados, a exemplo da Nação alemã, na época da divisão entre a antiga Alemanha Ocidental e Alemanha Oriental; a Nação coreana, ainda separada entre as Coreias do Sul e a do Norte.

Enfim, a Nação costuma ser pelo direito constitucional não como uma entidade estatal em si, mas como o substrato humano necessário à constituição do Estado. Como disse MACHADO PAUPÉRIO (1983, p. 37-38), enquanto o Estado é uma "realidade de ordem jurídica", a Nação é realidade apenas em sentido sociológico.

ESTADO *VS.* NAÇÃO	
Nação	**Estado**
– Comunidade de pessoas ligadas entre si por determinados sentimentos ou vínculos em comum (laços linguísticos, étnicos, geográficos, religiosos, culturais). – Realidade sociológica.	– Entidade que envolve o aspecto de organização jurídica de um conjunto de pessoas (sociedade). – Realidade jurídica.

3. ELEMENTOS DO ESTADO

Entre as tentativas de conceituar o que seja Estado, figuram três elementos constitutivos básicos:

1) **elemento espacial: território**;

2) **elemento pessoal: povo**;

3) **elemento organizativo: governo/poder (soberano)**.

Parte da doutrina ainda inclui, entre esses três elementos, a **soberania** e o **reconhecimento** do Estado por parte dos demais Estados. Contudo, como explica REZEK (1993, p. 230), a "soberania não é elemento distinto: ela é atributo da ordem jurídica, do sistema de autoridade, ou mais simplesmente do terceiro elemento, o governo". Já o reconhecimento dos demais Estados, embora importante, e até indispensável para que um Estado se relacione com seus pares, "não é constitutivo, mas meramente *declaratório* da qualidade estatal".

▸ **Atenção:**

Não há falar-se em Estado: (a) se o respectivo povo está privado de território (tal como os ciganos e os judeus – antes da criação do Estado de Israel); (b) se o povo vive em território sob a soberania de outros povos (ex.: os curdos ocupam território definido, mas não têm soberania sobre ele); (c) num território sem povo, tal como nas regiões polares (CENEVIVA); e (d) em relação a territórios colonizados, cuja soberania é exercida pelo Estado colonizador.

▸ **Estados *perfeitos e imperfeitos:***

Estado *perfeito* é aquele que reúne cada um dos três elementos constitutivos de maneira plena. Já no Estado *imperfeito*, embora verificada a presença dos três elementos, pelo menos algum deles sofre restrições. Exemplo são as formas estatais organizadas sob dependência substancial de outros Estados (tais como San Marino, Mônaco, Andorra, Porto Rico).

ESTADO				
território	+	povo	+	governo/poder (soberano)

3.1. Território

É a **base física** sobre a qual se fixa o povo e se exerce o poder estatal. Cuida-se do âmbito espacial em que o Estado exercita a própria soberania. É a esfera territorial de validade da ordem jurídica nacional (KELSEN).

▸ **Atenção:**

Território estatal, conforme o direito internacional: o território estatal compreende: (a) as porções de ***terra firme*** e as águas interiores; (b) o ***subsolo***; (c) o ***mar territorial*** e a ***zona contígua***; (d) o ***espaço aéreo***; e (e) o chamado **território flutuante**, que são os navios e aeronaves mercantis em viagem, bem como os navios e aeronaves militares, onde quer que se encontrem. Ademais, o Estado tem certos "direitos de soberania" sobre: (i) sua ***zona econômica exclusiva***, que é o segmento adjacente ao mar territorial dentro do qual o Estado goza de privilégios de exploração econômica; e (ii) sua ***plataforma continental***. (Sobre o direito internacional marítimo, v. Convenção das Nações Unidas sobre o Direito do Mar, celebrada em Montego Bay, em 10-12-1982, e já internalizada pelo Brasil, conforme Decreto Legislativo 5/87 e Decreto 99.165/90.)

Casos de extraterritorialidade: em exceção ao princípio da territorialidade, ajustes internacionais (v. Convenção de Viena sobre Relações Diplomáticas de 1961 e a Convenção de Viena sobre Relações Consulares de 1963) garantem às *missões diplomáticas, repartições consulares e representações de organismos internacionais* imunidade em face da soberania do Estado em cujo território se encontram instaladas.

Território nacional, conforme o direito interno: nos termos da Constituição Federal de 1988, cabe ao Congresso Nacional, com a sanção do Presidente da República, dispor acerca dos "limites do território nacional, espaço aéreo e marítimo e bens do domínio da União" (art. 48, V). Na CF/88, o assunto é ainda tratado no art. 20, que reconhece serem de propriedade da União "os recursos naturais da plataforma continental e da zona econômica exclusiva", o "mar territorial" e os "recursos minerais, inclusive os do subsolo" (art. 20, incisos V, VI e IX). Sobre as definições legais de *mar territorial, zona contígua, zona econômica exclusiva* e *plataforma continental brasileiros*, v. Lei 8.617/93, segundo a qual a soberania brasileira "estende-se ao mar territorial, ao espaço aéreo sobrejacente, bem como ao seu leito e subsolo" (art. 2º), bem como "sobre a plataforma continental, para efeitos de exploração dos recursos naturais" (art. 11).

3.2. Povo

Conjunto das **pessoas** dotadas de **capacidade jurídica** para exercer os **direitos políticos** assegurados pela organização estatal.

> ▸ **Importante!**
>
> **Povo *vs.* população:** o conceito de "*população*" envolve aspectos meramente demográficos ou estatísticos referentes ao número total de indivíduos que, em determinado momento, se sujeitam ao poder do Estado – incluindo os estrangeiros, apátridas e os visitantes temporários, por exemplo.
>
> **Povo *vs.* Nação:** embora o conceito de Nação esteja ligado ao de povo, envolve *critérios políticos e sociológicos* próprios (v. item 2). Já a definição do conjunto de pessoas que fazem parte do povo segue *critérios jurídicos*, pois depende de cada ordenamento estatal a definição sobre aqueles nacionais aos quais é atribuído o *status* de cidadão.

Dessarte, é aos componentes do povo que se reservam os direitos inerentes à **cidadania**. E é também o **povo** o **titular da soberania nacional** (art. 1º, parágrafo único, da CF/88).

> ▸ **Atenção:**
>
> No Brasil, contudo, a regra de que os direitos políticos são reservados somente a quem pertença ao povo comporta exceção, por causa do regime de equiparação entre brasileiros e portugueses, quando houver reciprocidade (art. 12, § 1º, da CF/88). Ver item 7.10 do Capítulo I do Tomo II.

> ▸ **Importante!**
>
> Na obra "*Quem é o povo?*" (de 1998), FRIEDRICH MÜLLER trata das seguintes figuras relacionadas à legitimidade democrática e aos diversos conceitos de *povo*:
>
> **a) *"Povo" como povo ativo*:** concebido como a totalidade dos eleitores considerada, sem excluir, porém, os que exercem outras formas de autodeterminação institucional, como a participação no processo decisório das empresas, entidades profissionais, universidades e escolas;
>
> **b) *"Povo" como instância global de atribuição de legitimidade*:** concepção a retratar o papel que o povo ativo exerce, direta ou indiretamente, na justificação do ordenamento democrático e na estrutura de legitimação do exercício do poder, sob a fórmula "todo o poder estatal emana do povo".
>
> **c) *"Povo" como ícone*:** representa a figuração popular invocada como tentativa de legitimação de formas de exercício do poder político distanciadas das reais figuras do *povo*. No exemplo do próprio MÜLLER: "A instância prolatora da sentença com caráter de obrigatoriedade, que *não* se pode basear em textos de norma de modo plausível em termos de método, exerce contrariamente uma violência que ultrapassa esse limite [da competência decisória], uma violência selvagem, transbordante, consistente tão somente nesse ato que já não é constitucional... Nesse caso, a invocação do povo, a ação em 'em nome do povo', é apenas icônica" (2003, p. 67).

d) *"Povo" como destinatário de prestações civilizatórias do Estado*: ilustração utilizada em referência a um número indeterminado de pessoas sujeitas ao poder estatal. Independentemente da condição de "povo ativo", todos aqueles que estejam no território estatal (inclusive estrangeiros e apátridas) são merecedores da proteção proporcionada pelo direito constitucional e pelo direito internacional. Assim, a legitimidade do Estado de Direito se assenta não só nos cidadãos ("povo ativo"), mas no *modo* mediante o qual *todos* são tratados pelo Estado (*i.e.*, o 'povo inteiro', a população, a totalidade dos atingidos pelos atos decisórios do poder estatal).

3.3. Governo

É o exercício do poder soberano estatal voltado ao atingimento das finalidades do Estado. Para SAHID MALUF, trata-se da "soberania posta em ação" (1988, p. 43).

Conforme AFONSO ARINOS DE MELO FRANCO (1981, p. 24), *governo* "é um grupo de pessoas que toma decisões obrigatórias para a coletividade"; e os *governantes* são "os representantes do poder soberano do Estado, competentes para decidir em nome da coletividade, aptos a utilizarem o poder coercitivo inerente ao Estado, mas agindo através da autoridade, que é investidura e a limitação impostas pela lei."

▸ **Atenção:**

No lugar do elemento *governo*, boa parte da doutrina prefere aludir ao *"poder do Estado"* (JELLINEK, 2000, p. 394 e seg.; KRIELE, 1980, p. 107) ou, ainda ao *"poder político"* (*v.g.*, KILDARE CARVALHO, 1997, p. 63 e segs.).

Para que se possa falar num Estado perfeito, o poder estatal deverá possuir o atributo da **soberania**. E só é soberano o poder estatal "que não reconhece nenhum outro superior a si" (JELLINEK, 2000, p. 432).

▸ **Importante!**

O reconhecimento da soberania dos Estados remete aos marcos iniciais do direito internacional, sobretudo, à assinatura dos tratados de Münster e Osnabruque (1648), que consagraram a chamada "Paz de Westfália". A partir daí, estruturaram-se as bases do Estado moderno, incluindo certas **normas de coexistência pacífica entre os Estados**, entre as quais se destacam os *princípios da soberania*, da *igualdade jurídica entre os Estados*, e da *não intervenção*.

De outro lado, a **soberania do poder estatal** há de ser: **(a)** ***una***: não pode haver mais de uma autoridade soberana num mesmo Estado, nem se admite a coexistência de poderes iguais na mesma esfera de validade da ordem jurídica; **(b)** ***indivisível***: o poder estatal não compartilha a soberania, senão divide funções e atribuições a órgãos e entidades, os quais devem exercê-las sob o influxo da totalidade do poder soberano, porém nos limites das competências respectivas; **(c)** ***inalienável***: a soberania é da titularidade exclusiva do povo, pelo que não admite transferência a quem quer que seja; **(d)** ***imprescritível:*** o poder soberano tem vocação eterna e não sofre limitações baseadas no decurso do tempo; **(e)** ***suprema:*** na ordem interna, a soberania estatal prevalece sobre qualquer tipo de poder ou autoridade; e **(f)** ***independente:*** na ordem externa (internacional), o exercício dos poderes estatais independe da autorização de quaisquer outros poderes supranacionais, ressalvadas as vinculações decorrentes de normas de tratados e convenções internacionais livremente celebrados ou de costumes voluntária e expressamente aceitos pelo próprio Estado.

▸ Importante!

Nos termos da LINDB: (a) "só à autoridade judiciária brasileira compete conhecer das ações relativas a imóveis situados no Brasil" (art. 12, § 1º); (b) "as leis, atos e sentenças de outro país, bem como quaisquer declarações de vontade, não terão eficácia no Brasil, quando ofenderem a soberania nacional, a ordem pública e os bons costumes" (art. 17).

A soberania, portanto, é uma *qualidade* do poder estatal, com estreita ligação ao âmbito de validade e eficácia da ordem jurídica. Trata-se da característica de que se reveste o poder estatal, a ser exercitado em nome do povo (soberania popular). Manifesta-se pelo exercício de poderes e prerrogativas (potestades públicas), tais como o poder de exigir tributos, aplicar penas, cunhar moedas e dispor de forças armadas e de órgãos de segurança pública.

▸ Importante!

No início, a soberania era reconhecida aos próprios **soberanos** (e suas dinastias); posteriormente, com a Revolução Francesa, passou a ser atribuída às **Nações**. Após, influenciada por ROUSSEAU e a ideia de "vontade popular", a doutrina norte-americana atribuiu a soberania à autoridade do **povo**, concepção abraçada tanto pela Constituição do Estado da Virgínia (1776) quanto no famoso preâmbulo da atual Constituição dos EUA de 1787 ("Nós, o *povo* dos Estados Unidos..."). A partir daí, o "povo" foi definitivamente convertido na fonte de autoridade do poder estatal.

▸ Soberanias estatais e união de Estados

Mesmo nas uniões estatais, em que países estejam reciprocamente vinculados por normas de tratados internacionais e com órgãos comunitários em comum, a exemplo da União Europeia, cada Estado nacional conserva a respectiva soberania. Nesse sentido, em Sentença de 30-6-2009, o Tribunal Constitucional alemão consignou que o "conceito de união (*Verbund*) envolve uma estreita e duradoura associação de Estados que se mantêm soberanos, associação essa que exerce o Poder Público com base num tratado internacional, mas cuja ordem fundamental subordina-se ao poder dispositivo dos Estados membros e os povos – i.e., os cidadãos nacionais – dos Estados membros permanecem como os sujeitos da legitimação democrática." Daí a decisão segundo a qual o Parlamento Europeu não é órgão de representação da soberania do povo europeu, mas órgão supranacional de representação dos povos dos Estados membros, de modo que o princípio da equidade eleitoral, algo comum em todos os Estados europeus, não é aplicável em relação ao Parlamento Europeu.

No **plano interno**, o poder soberano do Estado é **originário**, pois não emana de nenhum outro, e juridicamente **absoluto**, já que **não encontra limites jurídicos** – embora certos autores defendam a existência de limites baseados no *direito natural* (v. item abaixo).

Já no **plano internacional**, a soberania estatal **encontra limites jurídicos** baseados, sobretudo, nos *princípios da coexistência pacífica das soberanias estatais, da* igualdade jurídica entre os Estados, e da não intervenção.

> ▸ **Importante!**
> Nos incisos I, III, IV e V do art. 4º da Constituição de 1988, constam como retores nas relações internacionais os seguintes princípios relacionados ao tema: (a) independência nacional; (b) autodeterminação dos povos; (c) não intervenção; e (d) igualdade entre os Estados.

3.3.1. Soberania vs. autonomia

1) A soberania representa um *plus* em relação à autonomia, no que diz respeito ao grau de independência e desprendimento com que é exercido o poder.

2) Segundo MARCELLO CAETANO, a soberania é poder político *supremo*, porque não está limitado por nenhum outro poder na ordem interna; e é poder político *independente*, porque na sociedade internacional não tem de acatar regras que não sejam voluntariamente aceitas.

3) Segundo correntes *positivistas*, a soberania é juridicamente ilimitada no âmbito territorial do Estado. Para as correntes *jusnaturalistas*, a soberania encontra barreiras: (a) no direito natural; (b) na coexistência das nações; e (c) nas próprias finalidades do Estado. Já a autonomia observa limites mais severos: é limitada, ainda, pela capacidade de disposição de poder estatal conferido pelo ente soberano à entidade autônoma.

> ▸ **Atenção:**
> A despeito de majoritária a corrente a negar limitações baseadas em teorias jusnaturalistas (direito natural), é forte a tendência a reconhecer a existência de **limites extrajurídicos** ao poder soberano, tais como *limites ideológicos* (crenças e valores nacionais, *v.g.*) e *limites estruturais* da sociedade (sistema produtivo, classes sociais etc.). (Sobre o assunto, v. item 1.5.1.2 do Capítulo IV, com relação aos limites do poder constituinte originário.)

4) A autonomia apresenta-se como um círculo contido naquele que representa a soberania.

5) A soberania permite o exercício da autonomia, mas cuida de restringi-lo a certas distribuições de competência.

6) O poder soberano, como fonte originária da ordem normativa, estabelece e regula os termos do poder autônomo.

7) A soberania é nota caracterizadora do Estado na *ordem internacional*, e a autonomia interessa somente à *ordem interna*.

▸ **Como o STF já enfrentou a questão:**

O STF não reconhece limites impostos à soberania estatal por parte do direito natural (v. MC na ADI 3.300/DF).

DIFERENÇA ENTRE AUTONOMIA E SOBERANIA	
Soberania	**Autonomia**
a) **corrente positivista:** soberania é **juridicamente ilimitada** (corrente adotada pelo STF), mas sofre limitações decorrentes de fatores extrajurídicos, tais como limites ideológicos e limites estruturais da sociedade. b) **corrente jusnaturalista:** soberania é **juridicamente limitada** pelo *direito natural*, diante da *necessidade coexistência com as demais nações* e pelas *finalidades do Estado*.	**Juridicamente limitada**

Como esse assunto foi cobrado em concurso?

Em questão elaborada pelo XXVII concurso para Promotor de Justiça do MPDFT (2005), foram consideradas **incorretas** as seguintes assertivas: "A soberania estatal manifesta-se pelo exercício, dentre outros, de poderes, tais como: cunhar moedas, exigir tributos e dispor de forças armadas. Em relação às comunidades supranacionais, ao desenvolvimento histórico do Estado e à soberania estatal, assinale a alternativa correta: b) Soberania é característica própria do Estado Federativo, não estando presente em outras formas de Estado (unitário e confederado). c) O princípio de autodeterminação dos povos, previsto na Constituição Federal de 1988, não se correlaciona à ideia de soberania. d) Com as comunidades supranacionais, surgindo o direito comunitário, bem como com o MERCOSUL e outros blocos econômicos, o conceito de soberania desaparece. e) A Constituição brasileira não enfatiza a soberania como fundamento da República Federativa."

Em questão elaborada para concurso de Juiz do TRT/23ª Região (2006), foi considerada **correta** a seguinte assertiva: "Nenhum governo federal, nem os governos dos Estados, nem dos Municípios ou do Distrito Federal são soberanos, porque todos são limitados, expressa ou implicitamente, pelas normas positivas da Constituição da República".

4. FORMA DE ESTADO

É o modo com que se estrutura e se organiza politicamente uma entidade estatal.

Segundo BISCARETTI DE RUFFIA (1984, p. 167), a noção de forma de Estado (ou de tipo de Estado) diz respeito à posição recíproca na qual se encontram os "*elementos constitutivos do Estado* (governo, povo e território)." Já para JOSÉ AFONSO DA SILVA, trata-se do modo de exercício do poder político em função do território estatal.

4.1. Plano do direito público internacional

No plano do direito público internacional, os Estados são vistos ou como entidades unitárias (*Estado simples*) ou como uniões estatais (*Estados compostos*). Nesses termos, **Estados simples** são aquelas formas estatais clássicas, nas quais se identificam grupos populacionais e território tradicionais, com governo nacional único, *não importando o grau de descentralização interna dos órgãos que o constituem*. Exemplos: Brasil, Argentina, Itália.

> ▸ **Atenção:**
> É comum tratar os Estados *simples* como sinônimos de Estados *unitários* (v. DIRLEY DA CUNHA JÚNIOR e MARCELLO CAETANO, entre outros). Por razões pedagógicas, a partir da 9ª edição deste livro, passou-se a utilizar somente a terminologia "Estados *simples*", em contraposição aos "Estados *compostos*"; e "Estados *unitários*", para diferenciá-los dos "Estados *complexos*" (v. item 4.2).

Já os **Estados compostos** são formados por dois ou mais Estados, com esferas distintas de poder governamental, conforme regime jurídico especial. Na explicação de SAHID MALUF, trata-se de uma pluralidade de Estados, perante o direito interno, mas que se projeta como uma unidade na esfera jurídica internacional. Podem assumir as seguintes modalidades:

A) **união pessoal**: associação de dois ou mais Estados distintos, mas com preservação da independência recíproca, em razão da decorrência da ascensão ao governo de um único monarca. Exemplo clássico: a União Ibérica entre Portugal e Espanha (1580-1620), a partir do reinado de Filipe II;

B) **união real**: junção "íntima e definitiva de dois ou mais Estados, conservando cada um a sua autonomia administrativa, a sua existência própria, mas formando uma só pessoa jurídica de direito público internacional" (MALUF, 1988, p. 162). Exemplo: o extinto Império Austro-Húngaro;

C) **união incorporada**: união de dois ou mais Estados distintos para a formação de uma nova unidade estatal, com extinção dos Estados originais. Exemplo: o Reino Unido, entidade estatal única em que se convergiram quatro países constituintes (Escócia, Inglaterra, Irlanda do Norte e País de Gales);

D) **confederação**: liga de Estados soberanos, baseada em tratado internacional, mediante o qual cada Estado conserva sua personalidade jurídica de direito público internacional nos assuntos não alcançados pelo pacto confederativo. Trata-se também de modalidade especial de Estado *complexo*, que merecerá maiores detalhes no item a seguir.

4.2. No plano do direito constitucional

No plano do direito constitucional, a tipologia dos Estados varia conforme a organização interna disciplinada nas respectivas constituições. Diferencia-se daquela traçada no âmbito do direito internacional, pois o Estado é visto "por dentro", e não como simples projeção exterior.

O que define a forma de um Estado, no âmbito do direito público interno, é o **grau de centralização** dos poderes estatais. Nesse sentido, considera-se ***centralizado*** um Estado se a prestação de serviços estatais ocorre de forma direta, **sem deslocamento** do centro de competências, tampouco delegação de **funções estatais** para entidades diversas. O poder político é exercido, exclusivamente, por único ente estatal, não havendo sobreposição de poderes nem delegação de poderes a outros centros de competência. Por outro lado, um Estado é considerado ***descentralizado*** quando as **atividades estatais são distribuídas** a vários núcleos ou centros parciais detentores de competências, cada qual dotado de personalidade jurídica própria no âmbito do direito interno.

> **Importante:**
> A descentralização poderá ser:
> (a) **administrativa** (limitada à criação de normas individuais);
> (b) **legislativa** (quando se confere capacidade de edição de normas abstratas) ou;
> (c) **política** (que engloba a administrativa e a legislativa).

A depender do nível de centralização estatal, os Estados dividem-se entre *unitários* e *complexos*. Nos Estados ***unitários***, a **descentralização**, quando existente, é **incompleta**. Além disso, está sujeita a estatutos jurídicos modificáveis a critério do poder central, o qual poderá suprimi-la, ampliá-la ou restringi-la. Assim, embora possa haver deslocamento de competências para entidades inferiores, estas **não possuem** ***autonomia político-constitucional,*** pois se qualificam, no máximo, como *autarquias territoriais*. Os centros parciais de competência (províncias, territórios, regiões administrativas, não importa a nomenclatura) exercem poderes políticos *delegados* ou *atribuídos* pelo poder central. Exemplos: França, Bélgica, Portugal, Holanda e o Estado brasileiro estruturado pela Constituição de 1824.

Nos Estados ***complexos*** *(ou agrupados),* convivem entes estatais dotados de **competências políticas** próprias e que não podem ser alteradas pela simples vontade de uma suposta entidade superior. A **descentralização é completa** e a distribuição de competências conserva-se por força de normas constitucionais ou de tratados internacionais. Assim, numa base territorial comum, exercem poderes políticos, sobreposta e simultaneamente, tanto a entidade central (União) quanto cada entidade parcial (Estados-membros). Daí se falar em **divisão geográfica de poder**. Este tipo de figura estatal divide-se em dois principais subtipos: *Estado federal e Estado confederado*.

> **Atenção:**
>
> Nem sempre é fácil distinguir um Estado *unitário* de um Estado *federal*. Isso porque há Estados unitários divididos em províncias amplamente descentralizadas, com faculdades legislativas e executivas próprias, como ocorre na Itália e na Espanha. Esses Estados unitários assim parcelados são chamados de **Estados regionais**, de **Estados com regiões autônomas** ou, ainda, de **Estados unitários descentralizados**. Para MARCELLO CAETANO, a diferença entre um Estado federal e um Estado com regiões autônomas está em que, naquele, os Estados-membros têm poder político "próprio", cuja autoridade resulta da vontade do povo traduzida das próprias constituições estaduais; já nos Estados regionais, as províncias ou regiões exercem poderes políticos "delegados" ou "atribuídos" pela constituição do Estado unitário ou por órgãos constitucionalmente constituídos (assembleia legislativa, por exemplo). Na mesma linha, para KILDARE GONAÇALVES, as "regiões não confundem com os Estados-Membros, pois não dispõem do poder constituinte decorrente, já que o estatuto regional tem de ser aprovado pelo poder central" (1997, p. 75).

A) **Estado federal**: é constituído por entidades parciais – chamadas Estados--membros (no Brasil, México, EUA, Canadá), Províncias (na Argentina) ou *Laender* (na Alemanha) – que detêm núcleo próprio de competências políticas, conservando **autonomia** e **personalidade jurídica de direito público interno**. Todavia, a *soberania* estatal e a *personalidade jurídica de direito internacional* concentram-se num único ente central (União). De modo que os Estados-membros não podem manter relações internacionais próprias.

São ***pressupostos de existência*** do Estado federal:

I) **descentralização política** prevista na própria constituição do Estado (*repartição constitucional de competências*), o que impede a livre ingerência de poderes por parte do ente central;

II) **participação das ordens jurídicas parciais** (Estados-membros) na vontade criadora da ordem jurídica nacional, por meio de órgão representativo próprio (Senado ou Câmara Alta);

III) **auto-organização assegurada aos Estados-membros**, mediante constituições estaduais (*poder constituinte derivado decorrente*); e

IV) **princípio da indissociabilidade** (ou **indissolubilidade**) dos Estados-membros, pois eles não detêm soberania para se separarem da federação (**proibição de secessão**).

> **Importante:**
>
> Pela Constituição de 1988, a **indissolubilidade da federação** é considerada fundamento para intervenção federal (art. 34, I) e a **forma federativa de Estado** é considerada cláusula pétrea (art. 60, § 4º, I).

▸ Como esse assunto foi cobrado em concurso?

Em questão elaborada para o concurso de Diplomata (2009/Cespe), a seguinte assertiva foi considerada como **errada**: "O Estado federal brasileiro – a República Federativa do Brasil – é pessoa jurídica de direito público internacional, e sua organização político-administrativa compreende a União, os estados e o Distrito Federal, mas não, os municípios, pois estes não são entidades federativas, visto que constituem divisões político-administrativas dos estados."

São ***pressupostos de manutenção*** do Estado federal:

I) a **rigidez constitucional**; e

II) a existência de **órgão**, criado pela constituição, para realizar o **controle de constitucionalidade** das leis e decidir **conflitos de competências** entre as entidades federativas.

ESTADO FEDERAL	
Pressupostos de existência	**Pressupostos de manutenção**
a) repartição constitucional de competências; b) participação das ordens jurídicas parciais (Estados-membros) na vontade criadora da ordem jurídica nacional; c) auto-organização dos Estados-membros (poder constituinte decorrente); e d) princípio da indissociabilidade/indissolubilidade (*proibição secessão*).	a) rigidez constitucional; e b) existência de órgão responsável pelo controle de constitucionalidade das leis e pela decisão dos conflitos de competências entre as entidades federativas.

Os Estados federalizados formam-se por **agregação** ou por **segregação**. No primeiro caso, Estados pré-existentes renunciam à própria soberania para aglomerarem-se sob nova formação comum, que passará a ser detentora única da soberania e da personalidade de direito público externo (*federalismo centrípeto*). Exemplos: EUA e Alemanha. No segundo caso, o Estado é formado pela descentralização de um Estado unitário em vários centros de competência autônomos (*federalismo centrífugo*). Exemplos: Brasil, México e Argentina.

B) **Estado confederado**: caracteriza-se pela reunião permanente de Estados **independentes** e **soberanos**, geralmente com a finalidade de defesa externa e paz interna. A reunião é precedida por **tratado internacional**, reservando-se a cada um dos Estados a prerrogativa de desligamento a qualquer tempo da confederação, segundo a fórmula: "os Estados não foram feitos para o acordo, mas o acordo para os Estados". Exemplos: alianças pan-helênicas da Grécia antiga; a Alemanha e os Estados Unidos, em datas pretéritas; a Confederação Helvética (Suíça); Sérvia e Montenegro nos dias atuais.

PRINCIPAIS DISTINÇÕES ENTRE ESTADO FEDERAL E ESTADO CONFEDERADO	
Estado federal	**Estado confederado**
Fundamento jurídico: constituição	Fundamento jurídico: tratado internacional
Unidades parciais (Estados-membro) não possuem direito de secessão (princípio da indissociabilidade/indissolubilidade)	Unidades parciais possuem direito de secessão
Unidades parciais detêm *autonomia*	Unidades parciais detêm *soberania*

▸ **Como esse assunto foi cobrado em questões dissertativas de concurso?**

O concurso para Defensor Público do Mato Grosso do Sul (2008/Vunesp) perguntou: "A exemplo de outros Estados estrangeiros, o Brasil se constitui numa República Federativa. Embora cada Federação tenha suas próprias características, os doutrinadores costumam dizer que é possível identificar a presença de alguns traços comuns a todas as federações. Nesse diapasão, relacione brevemente quatro desses elementos comuns que estão presentes na federação brasileira."

5. DIVISÃO DE PODERES

A ideia da divisão de poderes é princípio geral de direito constitucional. Também chamada de **sistema de freios e contrapesos** (*"checks and balances system"*), a divisão tripartida de poderes foi sugerida por ARISTÓTELES, JOHN LOCKE e ROUSSEAU. Porém, é a MONTESQUIEU que se deve sua definição e divulgação. Foi positivada, primeiramente, nas Constituições das ex-colônias inglesas na América.

Num sentido técnico, a se considerar que o poder político é **uno**, **indivisível** e **indelegável**, não se poderia falar em "separação de poderes", mas em distinção de funções ou ***divisão funcional de poder***.

Assim, surge a seguinte divisão:

1) **Função legislativa:** consiste, principalmente:

   i) na edição de normas gerais e abstratas, que inovem a ordem jurídica: as *leis* em sentido material;

   ii) na fiscalização e controle dos atos praticados no exercício da função executiva.

2) **Função executiva:** com atuação nos fins diretamente inerentes à administração do Estado (em sentido amplo), incluindo a economia, a arrecadação e a defesa. Possui três missões básicas: intervenção, fomento e serviço público.

3) **Função judiciária:** atua, basicamente, na aplicação ou na revisão da aplicação das normas jurídicas a casos concretos, em caráter definitivo (garantia do *monopólio judicial da última palavra*), com o objetivo de compor litígios ou, pelo menos, de evitar que se eles propaguem.

<table>
<tr><th colspan="3">DIVISÃO FUNCIONAL DE PODER</th></tr>
<tr><th>Função legislativa</th><th>Função executiva</th><th>Função judiciária</th></tr>
<tr><td>Edição de normas gerais e abstratas, impessoais e inovadoras da ordem jurídica: as leis em sentido material;</td><td rowspan="2">Atuação nos fins diretamente inerentes à administração do Estado (em sentido amplo), mediante a intervenção, o fomento e o serviço público.</td><td rowspan="2">Aplicação ou a revisão da aplicação das normas jurídicas aos casos concretos, em caráter definitivo.</td></tr>
<tr><td>Fiscalização e controle dos atos praticados no exercício da função executiva.</td></tr>
</table>

▸ **Importante:**

A **administração interna** feita pelo Judiciário e Legislativo é ***função atípica*** desses Poderes, mas não constitui uma exceção ao princípio da divisão, e sim um pressuposto da separação, qual seja, a **independência recíproca**. Nesse sentido, para o STF, tanto o autogoverno quanto a existência de espaços variáveis de autonomia financeira e orçamentária fazem parte da independência dos Poderes (ADI 135/PB).

Ademais, a divisão não é absoluta. No Brasil, por exemplo, a Constituição Federal estabelece hipóteses de **interferência recíproca** entre as funções estatais, que servem para garantir que o poder não seja exercido sem qualquer controle. Todavia, é princípio geral aplicável ao assunto, a nenhum dos "Poderes" é dado delegar atribuições a agentes de outros "Poderes".

Mais sobre o assunto, cf. item 8.1.2 do Capítulo VI.

▸ **Como o STF já enfrentou a questão:**

"Não ofende os princípios da separação e da harmonia entre os Poderes do Estado a decisão do Supremo Tribunal Federal que, em inquérito destinado a apurar ilícitos penais envolvendo deputado federal, determinou, sem prévia autorização da Mesa Diretora da Câmara dos Deputados, a coleta de dados telemáticos nas dependências dessa Casa Legislativa. Além de não haver determinação constitucional nesse sentido, a prévia autorização poderia, no caso, comprometer a eficácia da medida cautelar pela especial circunstância de o Presidente da Câmara, à época, estar ele próprio sendo investigado perante a Suprema Corte" (Pleno, AgRg na AC 4.005/DF).

> ▸ **Como esse assunto foi cobrado em concurso?**
>
> O 170º Concurso para a Magistratura Estadual do TJSP (1998) apontou como **incorretas** as seguintes assertivas: "O Poder Executivo não participa do processo legislativo" e "Ao Poder Judiciário é vedada a prática de atos administrativos".
>
> No concurso para Procurador do Estado de Pernambuco (2018/Cespe), foi considerada **correta** a afirmação: "As primeiras bases teóricas para a tripartição dos poderes foram lançadas na obra Política, de Aristóteles, na qual se vislumbrava a existência de três funções estatais, exercidas, entretanto, por um único órgão de poder soberano: a edição de normas gerais, a sua aplicação ao caso concreto e o julgamento."
>
> No concurso para o cargo de Analista de Benefícios Previdenciários (2020/Vunesp – Valiprev/SP), foi considerada **correta** a seguinte afirmativa: "Legislativo desempenha precipuamente a função normativa."

6. FORMA DE GOVERNO

É a **definição** abstrata de um **modo de atribuição do poder**.

6.1. Classificação de Aristóteles

Segundo ARISTÓTELES, as formas de governo dividiam-se entre *normais* e *anormais*.

A) **Normais:** aquelas cujo objetivo era o bem da comunidade. Subdividiam-se em:

A.1) **Monarquia**: o governo de uma só pessoa;

A.2) **Aristocracia**: o governo de uma classe restrita; e

A.3) **Democracia**: o governo de todos os cidadãos.

B) **Anormais:** aquelas que visavam somente a vantagens para os governantes, a saber:

B.1) **Tirania**: forma corrompida de monarquia. Segundo MARIA HELENA DINIZ (1998, p. 565), governo legítimo, mas cruel, por ser injusto; governo que não respeita princípios constitucionais; exercício despótico do poder.

B.2) **Oligarquia**: forma corrompida de aristocracia. Governo em que o poder fica concentrado em mãos de uma classe aristocrática ou de alguma família ou, ainda, de um pequeno grupo de pessoas pertencente ao mesmo partido; regime político em que o grupo do governante busca, arbitrariamente, a consecução de seus próprios interesses, agindo em seu benefício (cf. DINIZ, 1998, p. 436).

B.3) **Demagogia**: forma corrompida de democracia. Estado corrupto da democracia e que se realiza pela força do número, não representando nem traduzindo uma convivência cívica ou o pensamento do governo (cf. DINIZ, 1998, p. 50).

FORMAS DE GOVERNO (Aristóteles)	
Normais	**Anormais**
Têm por objeto o bem da comunidade	Visam somente a vantagens para os governantes
monarquia	➡ tirania
aristocracia	➡ oligarquia
democracia	➡ demagogia

▸ **Como esse assunto foi cobrado em concurso?**

Em questão elaborada para o concurso de Juiz do TJPI (2007/Cespe), foi apontada como **incorreta** a seguinte assertiva: "Para Aristóteles, os governos são republicanos – no qual todo o povo, ou pelo menos uma parte dele, detém o poder supremo; monárquico – em que uma só pessoa governa; despótico – em que um só arrasta tudo e todos com sua vontade e seus caprichos, sem leis ou freios."

6.2. Classificação de Maquiavel

Deve-se a MAQUIAVEL a superação da classificação tríade de ARISTÓTELES. Para o italiano, as formas políticas poderiam ser resumidas a duas: o **governo da minoria** (*monarquia*) e o **governo da maioria** (república). Essa classificação dual ainda predomina, embora tenha ganhado maior complexidade no decorrer da história.

A) **Governo da minoria:** dividido em:

A.1) ***Monarquia***: forma de governo que se caracteriza pela presença dos seguintes fatores: **(i) vitaliciedade** do governante; **(ii) hereditariedade** como mecanismo de sucessão governamental; **(iii) irresponsabilidade do monarca** pelos atos que praticar; **(iv) inviolabilidade corporal** e **suma dignidade do monarca**; e, segundo alguns doutrinadores, **(v) ausência de representatividade popular**.

▸ **Atenção!**

Para autores como QUEIROZ LIMA, além da ***monarquia hereditária***, também se admite a ***monarquia eletiva***, daí por que a **hereditariedade** não seria preceito substancial do sistema monárquico. Nesse sentido, já houve monarquias cujo soberano era eleito por outros príncipes, como a do Sacro Império Romano da Idade Média e o Segundo Império Alemão, que a sucedeu.

Subdivide-se em:

A.1.1) Monarquia absoluta: em que os poderes reais são ilimitados;

A.1.2) Monarquia de estamentos (ou monarquia de braços): na qual o poder é descentralizado e delegado; e

A.1.3) Monarquia constitucional: aquela em que o monarca só exerce funções limitadas, geralmente restritas ao âmbito do Poder Executivo.

A.2) *Ditadura*: governo desenvolvido por governante que reúne em si amplos poderes públicos, exercendo arbitrária e absolutamente o Executivo e o Legislativo e, excepcionalmente, também o Judiciário.

> **▸ Atenção!**
>
> O termo "Ditadura" veio da Antiguidade clássica e, durante séculos, teve conotação positiva, no que se diferenciava da Tirania e do Despotismo. Isso porque remetia às famosas ditaduras romanas, que eram formas temporárias de estados de exceção. Porém, após a Primeira Grande Guerra, generalizou-se o costume de chamar de "ditaduras" todos os governos não democráticos, de modo que "o termo tecnicamente mais correto 'autocracia' acabou por ser relegado nos manuais de direito público" (NORBERTO BOBBIO, 2001, p. 158).

B) Governo da maioria, com uma só espécie:

B.1) *República*: caracterizada pela exigência de renovação do governo por meio de eleições periódicas: o governo deve ser temporário e eletivo. Um governo republicano está baseado nas seguintes premissas: ***(i) temporariedade:*** o governo deve ser exercido por tempo determinado, ainda que admissível a renovação do prazo; ***(ii) eletividade:*** a sucessão governamental exige eleições periódicas, afastada a sucessão por simples vínculos hereditários; ***(iii) responsabilidade dos agentes públicos:*** devem responder por seus atos tanto os governantes quanto de todos os demais agentes públicos: legisladores, magistrados e administradores; e ***(iv) representatividade popular:*** o exercício da função pública e os poderes a ele inerentes têm base na soberania popular.

> **▸ Atenção!**
>
> O STF já confirmou pelo menos duas dessas características no regime republicano brasileiro, a saber: a **temporariedade** (Plenário, MS 27.593/DF e RE 637.485/RJ) e a **responsabilidade dos agentes públicos** (MC no MS 24.458/DF e MC no MS 27.141/DF).

> **▸ Importante:**
>
> Pela Constituição de 1988, somente a **forma de Estado** (forma federativa de Estado) é considerada cláusula pétrea expressa (art. 60, § 4º, I).
>
> Porém, a **forma de governo** (princípio republicano) está prevista como princípio sensível (art. 34, VII, a), cuja violação caracteriza hipótese de intervenção.

> **▸ Como esse assunto foi cobrado em concurso?**
>
> No concurso para Juiz do TJPR (2010), o candidato deveria considerar **correta** a seguinte alternativa: "A Constituição Federal de 1988 não considerou a forma republicana de governo uma matéria petrificada no texto. Ou seja, hodiernamente, a forma de governo República não tem "status" de cláusula pétrea."
>
> No concurso para Juiz do TJMG (2018/Consulplan), foi considerada **correta** a afirmação: "O princípio democrático é postulado do regime político e o princípio republicano é postulado da forma de governo."

São espécies republicanas:

B.1.1) República aristocrática: o governo é exercido por alguma classe privilegiada, geralmente a nobreza; e

B.1.2) República democrática: considera o povo como titular do poder estatal.

> **▸ Importante:**
>
> Atualmente, a qualificação "democrática" que se possa dar a algum governo não diz propriamente respeito à forma em que se exerce, senão ao regime político do Estado.

CARACTERÍSTICAS DAS FORMAS DE GOVERNO	
Monarquia	**República**
vitaliciedade do governante	**temporariedade** dos governos
sucessão governamental por critérios hereditários (hereditariedade)	**sucessão governamental por critérios eletivos (eletividade)**
irresponsabilidade do monarca pelos atos que praticar	**responsabilidade** do governante e de todos demais agentes públicos
ausência de representatividade popular	**representatividade popular**
inviolabilidade corporal e suma dignidade do monarca	

> **▸ Como esse assunto foi cobrado em concurso?**
>
> Em questão elaborada pelo XIV Concurso para Juiz do TRF/4ª Região (2010), a alternativa considerada **correta** pelo gabarito tinha a seguinte redação: "Como República, o Brasil conta com o exercício do poder político em caráter eletivo, transitório e com responsabilidade."

7. SISTEMA DE GOVERNO

Ao optar pela adoção de determinado sistema de governo, cada Estado escolhe como será a **organização** e **estruturação do governo**, isto é, quais serão as normas que irão reger as relações entre os Poderes Legislativo e Executivo no exercício das funções governamentais. Define-se um sistema de governo pela posição recíproca dos poderes, ou seja, a separação de poderes é fator determinante do sistema de governo.

Tradicionalmente, divide-se em:

A) **Sistema presidencialista:** criação da Constituição norte-americana de 1787. Típico das Repúblicas, sobretudo nas do chamado Novo Mundo (EUA, Brasil, Argentina, México, Colômbia). *Tem por características:*

   a) o Presidente da República exerce o Executivo em toda sua plenitude, acumulando as funções de Chefe de Estado e Chefe de Governo;

   b) a investidura e o exercício do mandato do Presidente independem da vontade do Legislativo;

   c) o Legislativo não se sujeita a dissolução e seus membros são investidos em mandato com termo certo;

   d) propicia maior divisão e independência entre os Poderes Legislativo e Executivo; e

   e) o plano de governo é estabelecido e observado sem a influência do Legislativo, salvo no tocante à aprovação orçamentária e posterior prestação de contas.

B) **Sistema parlamentarista**: nasceu na Inglaterra, a partir da Magna Carta de 1215, até consolidar-se formalmente com a Reforma Eleitoral de 1832. Modelo típico das *monarquias constitucionais*, embora tenha sido estendido a Repúblicas europeias como a Alemanha e a Itália. São características desse sistema:

   a) o Poder Executivo é dividido entre a chefia do Estado (exercida pelo monarca ou pelo Presidente) e a chefia do Governo (de atribuição do Primeiro-Ministro);

   b) o Chefe do Estado nomeia ou indica o Primeiro-Ministro;

   c) o Primeiro-Ministro é quem nomeia ou indica os demais Ministros;

   d) a aprovação pela Assembleia do Primeiro-Ministro e de seu Ministério dá-se em conjunto, juntamente com a deliberação sobre o plano de governo, ratificando-os politicamente perante o povo;

   e) o governo deve confiança ao Parlamento;

   f) quebrada a confiança, formalizada por uma moção de desconfiança ou voto de censura (ambos de deliberação do Parlamento), é dissolvido o governo, que não possui investidura por termo certo; e

g) o Chefe do Estado poderá dissolver o Parlamento e convocar novas eleições, a fim de se apurar o grau de confiança dos parlamentares perante o povo.

C) **Sistema semipresidencialista:** sistema híbrido de parlamentarismo e presidencialismo que se baseia numa estrutura de **dupla autoridade flexível** (SARTORI). Consagra uma "**diarquia flexível**", na qual o Poder Executivo é bicéfalo, pois compartilhado pelo Presidente da República e o Primeiro-Ministro, mas de forma *desigual* e *oscilante*, a depender das combinações circunstanciais das maiorias parlamentares. Surgiu com as Constituições da Alemanha e da Finlândia promulgadas em 1919. Porém, o modelo considerado clássico é o da atual Constituição francesa (1958). É também adotado em países como Portugal, nas antigas repúblicas socialistas do Leste Europeu (Romênia, Bulgária, Polônia) e da extinta União Soviética (Rússia, Ucrânia, Cazaquistão) (VERGOTTINI).

Para SARTORI (1996, p. 147), um sistema é semipresidencialista se possuir, conjuntamente, as seguintes características:

a) o Chefe de Estado (Presidente da República) é eleito para mandato determinado, por votação popular, sem a participação do Parlamento;

b) o Chefe de Estado compartilha o Poder Executivo com um Primeiro-Ministro, numa estrutura dupla de poder dotada destas propriedades:

(b.1) embora independente do Parlamento, o Presidente da República não pode governar sozinho ou diretamente, pois sua vontade deve ser "canalizada e processada pelo seu governo";

(b.2) inversamente, o Primeiro-Ministro e seu gabinete independem do Presidente, mas devem confiança ao Parlamento, razão pela qual necessitam do constante apoio da maioria parlamentar da ocasião;

(b.3) essa estrutura dupla permite diferentes tipos de equilíbrio e oscilação de prevalências do poder dentro do Executivo, sem prejuízo da "autonomia potencial" de cada autoridade;

c) no modelo clássico francês, o Chefe do Estado tem competência privativa para assuntos de defesa e política externa, e ainda pode dissolver o Parlamento.

Já para PIZZORUSSO (1998, p. 209), no semipresidencialismo, o papel politicamente predominante é mesmo aquele atribuído ao Primeiro-Ministro (ou Presidente do Conselho), que "constitui expressão da maioria parlamentar da qual recebeu a confiança". Assim, embora a Chefia do Estado desempenhada pelo Presidente da República não seja só cerimonial – no que se diferente das monarquias constitucionais –, ela costuma ser exercitável apenas em "situações relativamente excepcionais".

d) **Sistema diretorial**: também conhecido como sistema convencional, foi posto em funcionamento pela primeira vez na antiga União Soviética. Nesse sistema, as **funções executiva** e **legislativa** concentram-se em **uma só entidade** (Assembleia ou Conselho de Estado). Existem ainda órgãos voltados para a administração, mas todos subalternos à Assembleia. Um dos membros da Assembleia é intitulado Presidente da República, mas geralmente com funções meramente cerimoniais. O poder é exercido pelo líder do partido único que domina a Assembleia ou o Conselho de Estado. Exemplos atuais, com algumas variações: Cuba, Coreia do Norte e China.

SISTEMAS DE GOVERNO	
Sistema presidencialista	a) Criação norte-americana (Constituição de 1787); b) típico das Repúblicas; c) **Poder executivo** é exercido pelo Presidente da República, que acumula as funções de Chefe de Estado e de Chefe de Governo; d) a investidura e o exercício do mandato do Presidente independem da vontade do Legislativo; e) **Poder Legislativo** não se sujeita a dissolução e seus membros são investidos em mandato com termo certo; f) há maior independência entre os Poderes Executivo e Legislativo.
Sistema parlamentarista	a) Surgiu na Inglaterra (Magna Carta de 1215) e se consolidou com a Reforma Eleitoral de 1832; b) típico das monarquias constitucionais, embora tenha sido estendido às Repúblicas europeias; c) o **Poder Executivo** é **dividido** entre a **chefia do Estado** (exercida pelo monarca ou pelo Presidente) e a **chefia do Governo** (de atribuição do Primeiro-Ministro); d) maior **dependência** entre os Poderes Executivo e Legislativo.
Sistema semipresidencialista	a) Criação das Constituições alemã e finlandesa de 1919 e celebrizado na atual Constituição francesa; b) sistema misto entre parlamentarismo e presidencialismo que se baseia numa estrutura de **dupla autoridade flexível**; c) **Presidente da República** é eleito pelo voto popular e exerce a **chefia do Estado**; d) **Poder Executivo** é **compartilhado** pelo **Presidente da República** e o **Primeiro-Ministro**, mas de forma desigual e oscilante, a depender das combinações circunstanciais das maiorias parlamentares.
Sistema diretorial ou convencional	a) Adotado na antiga União Soviética e, com algumas variações, em Cuba, na China e na Coreia do Norte; b) os órgãos voltados para a administração são todos subalternos a uma Assembleia ou Conselho de Estado. Um dos membros da Assembleia é intitulado Presidente da República, mas suas funções costumam ser meramente cerimoniais; c) as **funções executiva** e **legislativa** concentram-se em uma só entidade (Assembleia ou Conselho de Estado), que é dominada pelo líder do partido único.

▸ **Como esse assunto foi cobrado em concurso?**

No 28º Concurso para Promotor de Justiça para o Ministério Público do Distrito Federal e Territórios (2009), foi considerado **correto** o enunciado: "O princípio da separação de poderes é fator determinante do sistema de governo."

8. REGIMES POLÍTICOS

São os complexos estruturais de princípios e forças políticas que orientam determinada concepção de Estado e seu ordenamento jurídico (JOSÉ AFONSO DA SILVA). Dividem-se, basicamente, em:

A) **Autocracia**: a estruturação de governo ocorre "**de cima para baixo**", privilegiando-se a soberania do governante, ou seja, o *princípio do chefe*. Segundo MARCELLO CAETANO, autocrático é aquele regime em que o poder político (incluindo o poder constituinte) é exercido em nome próprio, por uma pessoa ou por um grupo social (classe, casta, partido ou corporação).

B) **Democracia**: a soberania é da titularidade do povo, de forma que o governo é organizado "**de baixo para cima**", conforme a vontade popular. Nos regimes democráticos, o poder político é concedido pelo Estado à parcela de indivíduos que constituem o "povo". Enfim, a democracia pode ser sucintamente definida como o processo de convivência social em que o poder emana do povo e há de ser exercido, direta ou indiretamente, pelo povo e em proveito do povo.

8.1. Regime político democrático

O regime político democrata é "caracterizado pelo exercício do poder sobre a base da efetiva participação do povo soberano nas decisões políticas, sempre à procura da realização de valores de convivência humana como a igualdade, a liberdade, a justiça e a dignidade das pessoas" (LORA ALARCÓN, 2007, 106).

Assenta-se nos seguintes princípios fundamentais:

A) ***princípio da soberania popular***; e

B) ***princípio da participação popular no poder estatal***, seja direta ou indiretamente.

▸ **Atenção!**

Há quem indique ainda o chamado **princípio da maioria**, segundo o qual as decisões são tomadas conforme a opinião da maioria do povo. Contudo, como ensina JOSÉ AFONSO DA SILVA, esse princípio nada mais é do que técnica de que se serve a democracia.

Já os valores essenciais à democracia são, sobretudo, a ***igualdade*** e a ***liberdade***, as quais, numa visão contemporânea, gravitam em torno do valor da ***dignidade da pessoa humana***.

A democracia pode apresentar três tipos:

1) **democracia *direta***: é o povo que exerce, ele próprio, as funções do Estado, sem intermediação de representantes. Tipo de regime antigamente praticado em Atenas, mas que resta inviabilizado nos dias atuais em razão do crescimento do número de pessoas aos quais se concede cidadania;
2) **democracia *indireta*** (ou ***representativa***): embora o poder pertença ao povo, este outorga funções de governo a representantes previamente eleitos;
3) **democracia *semidireta*** (ou ***participativa***): **regime misto**, em que mecanismos da democracia indireta convivem com exemplos de participação direta do povo, tais como o plebiscito, o referendo e a iniciativa popular em matéria de projetos legislativos.

▸ **Importante:**

Não confundir ***voto direto*** com **democracia direta.** O fato de o povo escolher seus representantes diretamente não quer dizer ele próprio esteja a exercer o poder. O que ocorre é simplesmente a eleição direta, *i.e.*, sem intermediação de quem quer que seja. (Ver item 6.6.1.1.C do Capítulo 1 do Tomo II.)

▸ **Como esse assunto foi cobrado em concurso?**

No concurso para Auditor do Tribunal de Contas do Estado do Ceará (2006), elaborado pela Fundação Carlos Chagas, o candidato deveria considerar como **correta** a seguinte alternativa: "Democracia semidireta é aquela que se caracteriza pela eleição de representantes do povo, por meio do voto, dotada de mecanismos de participação popular direta, como o plebiscito, o referendo e a iniciativa popular."

FORMA DE ESTADO	FORMA DE GOVERNO	SISTEMA DE GOVERNO
- Modo com que se estrutura e se organiza politicamente uma entidade estatal. - Definida de acordo com o grau de centralização dos poderes estatais. - Forma federativa de Estado é **cláusula pétrea** da Constituição brasileira (art. 60, § 4º, I).	- Modo de atribuição do poder governamental. - Definida de acordo com o posicionamento dos órgãos constitucionais em relação uns aos outros. - Forma republicana de governo é **princípio sensível** da Constituição brasileira (art. 34, VII, "a").	- Conjunto de normas que estabelecem como será a relação entre o Poder Legislativo e o Poder Executivo.

8.1.1. *Pós-democracia?*

Atualmente, disseminam-se estudos sobre novas experiências democráticas, nem sempre positivas. Sobretudo a partir de escritos do sociólogo COLIN CROUCH, popularizou-se a expressão "**pós-democracia**", que é geralmente associada às consequências políticas negativas advindas do fenômeno econômico conhecido como "globalização".

Nessa linha, um regime pós-democrático caracteriza-se pelo esvaziamento da democracia tradicional em razão da apropriação de poder por parte de organismos, corporações e empresas globais. Nas palavras do próprio CROUCH (2013), uma "sociedade pós-democrática, portanto, é aquela que continua a ter e a usar todas as instituições da democracia, mas na qual elas crescentemente se tornam uma concha formal ("*formal shell*"). A energia e o impulso inovador passam da arena democrática para pequenos círculos de uma elite político-econômica." Para CROUCH (2014), o "Parlamento Europeu é um exemplo quase perfeito desse fenômeno, com todas as instituições formais, mas sem vida real ou energia democrática".

Dessarte, numa pós-democracia, muitas e importantes questões são decididas sem a participação ou representatividade populares, mediante complexas e burocratizadas estruturas de poder, incluindo a de certos organismos nacionais (agências reguladoras, por exemplo), multinacionais (*v.g.*, União Europeia e Mercosul) ou mesmo supranacionais (ONU e OEA, *e.g.*).

Trata-se do ambiente propício, ainda, ao poderio tanto das agências privadas de classificação de risco quanto das grandes associações e empresas globais (FIFA, *Google*, *Facebook*), cuja posição político-econômica crescente lhes permite benefícios e exceções das regulações estatais.

Enfim, o conceito de pós-democracia remete a regimes e sociedades em que as instituições democráticas clássicas se mantêm, mas com poderes esvaziados. Os ambientes democráticos tornam-se substancialmente fracos, pois crescentemente suplantados por acordos comerciais multilaterais e decisões de órgãos supranacionais, o que acaba por produzir políticas difíceis de controlar pelos instrumentos democráticos tradicionais. Assim, embora formalmente preservado o aparato institucional das democracias representativas, as decisões políticas, na prática, passam a não ser mais tomadas nos parlamentos, senão "em acordos comerciais e em negociações mais ou menos secretas" (SIAPERA e PAPADOPOULOU, 2016).

Daí a perda da importância da democracia tradicional, o que gera frustração, desinteresse e desilusão de eleitores e cidadãos, especialmente na Europa, além do consequente desestímulo à participação popular nos debates públicos, na condução e no controle da coisa pública.

▸ **Atenção!**

De modo similar, autores ligados a espectros políticos de direita fazem referência ao chamado ***globalismo***, que seria faceta político-ideológica decorrente da ***globalização***. Nesse sentido, a *globalização* poderia ser considerada fenômeno basicamente econômico, decorrente do desenvolvimento tecnológico e da maior integração entre pessoas, empresas e Estados. Já o *globalismo* envolveria a tentativa de enfraquecer os Estados nacionais, de modo a sujeitá-los a determinadas estruturas de poder criadas e/ou mantidas por organismos burocráticos internacionais. Como se houvesse (ou tendesse a existir) uma "entidade global, acima da realidade social e política do presente, criada pelas interacções globais, e que condiciona ou determina a vida das sociedades políticas e, em última análise, dos cidadãos" (BISPO, 2017).

No Brasil, certos autores também já se apropriaram do termo "pós-democracia", mas para se referirem, basicamente, a um "modelo de Estado" no qual, além de não existir "participação popular para a tomada das decisões políticas", os direitos e garantias fundamentais "são vistos como mercadorias", e não como obstáculos ao exercício do poder. Assim, "na 'pós-democracia' o que resta da 'democracia' é um significante que serve de álibi às ações necessárias à repressão das pessoas indesejadas, ao aumento dos lucros e à acumulação" (CASARA, 2016).

Nessa esteira, num contexto bastante diverso daquele analisado pelos colegas europeus, alguns autores nacionais mais alinhados a espectros ideológicos de esquerda usam a expressão "pós-democracia" para qualificar a situação política brasileira vivenciada a partir de 2016, com críticas à condução do *impeachment* de Dilma Rousseff e a certas decisões judiciais polêmicas, boa parte delas tomadas no curso dos processos originados da Operação Lava-Jato.

Capítulo II

Constitucionalismo e direito constitucional

1. CONSTITUCIONALISMO

Em **sentido lato**, o constitucionalismo surge a partir do momento em que grupos sociais, racionalmente ou não, passam a contar com mecanismos de **limitação do exercício do poder político**. Nessa acepção ampla, configura-se independentemente da existência de normas escritas ou de desenvolvimento teórico.

Considerando exatamente o nível de racionalidade e de estruturação teórica com que estabelecidos tais mecanismos de limitação do poder político, costuma-se dividir o constitucionalismo em (a) **antigo** e (b) **moderno**.

> **Atenção!**
>
> A delimitação dos marcos históricos utilizada no texto a seguir adota lições de BOBBIO, MATTEUCCI E PASQUINO (2004, p. 425-427), para quem: (a) a **Idade Média** está compreendida do século V (queda do Império Romano) ao início do Renascimento no século XV; e (b) a **Idade Moderna** segue daí até o século XIX.

1.1. Constitucionalismo antigo

Conjunto de princípios escritos ou costumeiros voltados à afirmação de direitos a serem confrontados perante o monarca, bem como à simultânea limitação dos poderes deste.

Conforme LOEWENSTEIN, o constitucionalismo antigo viveu sua fase embrionária (**primeira fase**) com a práxis política teocrática do **povo hebreu**. Por acreditarem que todos, indistintamente, viviam sob domínio de única autoridade divina, os hebreus estruturaram regime político baseado em leis sagradas que impunham – inclusive aos governantes – a observância de preceitos morais e religiosos como forma de evitar a ira de Deus.

Numa **segunda fase**, destaca-se a **experiência democrática** da **Grécia antiga**, especialmente nos séculos IV e V a. C. Ainda que a civilização grega prestasse inicialmente obediência ao *thémistes* – o direito divino ou o direito transmitido pelos deuses a legítimos representantes humanos –, passou a observar posteriormente o *thesmós*, que era direito ainda de grande conotação religiosa, mas imposto por agente humano investido de autoridade superior. Após, o *thesmós* foi paulatinamente substituído pelo *nomos*, isto é, a lei formulada pelo legislador e aceita como vinculante pela comunidade de cidadãos. De outro lado, toda cidade-estado grega (*polis*) podia ser abstratamente conceituada pela palavra *politeia*, cujo significado exprimia a unidade e a identidade da própria *polis*, em conexão com a relação de cidadania compartilhada pelos respectivos cidadãos (*politai*). Assim, a partir do conceito de *politeia*, os gregos não só descreviam as características políticas e estruturais da cidade-estado, como também racionalizavam o exercício do poder estatal mediante componentes normativos autônomos (*nomoi*). Nesse sentido, a *politeia* foi espécie de **constituição em sentido material**. Ademais, o grau de desenvolvimento da democracia da cidade-estado de Atenas notabilizou-se com a criação do *graphé paranomón*, mecanismo de legitimidade popular destinado ao controle de atos normativos secundários (*pséfisma*) em face desse estatuto normativo superior (*nomos*). Daí a razão pela qual DOGLIANI afirma que os gregos deixaram como importante legado a explicação do teor normativo das constituições, independentemente do princípio da autoridade, da tradição ou das leis naturais.

Nessa segunda fase do constitucionalismo antigo, ressalte-se ainda o **período republicano** do **Império Romano**. Até a ascensão de Júlio César ao cargo de ditador vitalício, a organização estatal republicana de Roma configurava sistema político dotado de **complexos dispositivos de freios e contrapesos** para **dividir e limitar o poder político**. Havia controles internos, como a estrutura colegiada das magistraturas superiores, a estipulação de mandato anual para os cargos e a proibição de reeleição imediata. Além disso, acoplavam-se eficientes controles externos (interórgãos), tal qual a participação do Senado na nomeação dos funcionários públicos, e avançada previsão de governo para tempos de crises, mediante a institucionalização de uma espécie de ditadura constitucional com determinados fins e por períodos limitados.

Já a **terceira fase** do constitucionalismo antigo começa na **Idade Média**, mais exatamente com a aprovação da ***Magna Carta*** da **Inglaterra** no ano **1215**. Consolida-se no mesmo país durante o século XVII, em decorrência do *Petition of Rights* (1628) e dos sistemas políticos implantados após a Revolução Puritana (1648) e a Revolução Gloriosa (1688), com grandes repercussões nas colônias inglesas. Não obstante outros documentos significativos, como as *Fundamental Orders of Connecticut* (América do Norte, 1639) e o *Agreement of the People* (Inglaterra, 1647), deve-se também a esse período aquilo que a melhor doutrina considera a primeira constituição escrita: o *Instrument of Government*, assinado por Oliver Cromwell em 1654, no breve período republicano inglês.

> ▸ **Atenção!**
>
> A Magna Carta foi originalmente concebida para servir somente como pacto de poder entre agentes da elite inglesa (barões normandos *vs.* Rei João São Terra), e não para criar direitos em favor dos súditos em geral. Como expôs CELSO ALBUQUERQUE MELLO, se no futuro a Magna Carta veio a ser um dos documentos invocados pelo Liberalismo, isso não elimina o fato de que, na sua origem, "nada mais era do que instrumento a beneficiar ínfima parcela da população e o seu texto ficou em latim por mais de duzentos anos, a fim de que o grosso da população não pudesse invocá-la em sua defesa" (*apud* NAVARRO COÊLHO, 1999, p. 197).

1.2. Constitucionalismo moderno

Conjunto de regras e princípios **postos de modo consciente,** a partir das teorias e movimentos ideológicos voltados a organizar o Estado segundo sistemática que estabelecesse **limitações ao poder político**, além de **direitos e garantias fundamentais** em favor dos membros da comunidade.

Teve início na transição da monarquia absolutista para o Estado liberal, já no final do século XVIII. É dessa fase, ademais, o esforço em documentar o texto constitucional sob formas solenes, tal como as **primeiras constituições** do período (Constituições norte-americana de 1787 e francesa de 1789), daí surgindo a tendência ainda hoje observada da "universalização da constituição escrita".

LOCKE, MONTESQUIEU e ROUSSEAU são apontados como os principais precursores do constitucionalismo moderno, exatamente porque, nas **ideias contratualistas** que difundiram, encontravam-se teorias sobre o Estado com base na vontade popular, de forma dissociada das explicações teológicas que até então serviam de fundamentos à titularidade do poder estatal.

> ▸ **Atenção!**
>
> O constitucionalismo moderno buscava a conquista de documentos constitucionais em que se fixassem princípios liberais democráticos. Daí também ser conhecido como *constitucionalismo liberal* (ou *liberal-burguês*, para alguns). Para SARMENTO e SOUZA NETO (2017, p. 80-81), esse tipo de constitucionalismo baseava-se na ideia de que a proteção dos direitos fundamentais dependia, basicamente, da limitação dos poderes do Estado (visto como principal adversário dos direitos) em prol da liberdade individual. Limitação que era obtida por meio do esquema de separação de funções estatais, com o qual se pretendia evitar o arbítrio e favorecer a moderação na ação estatal. Porém, as *liberdades* não eram efetivas para os membros mais pobres da sociedade, cujas condições de trabalho eram desumanas. Ademais, embora o constitucionalismo liberal-burguês afirmasse o valor da *igualdade*, não havia preocupação em promover a igualdade em sentido material. Dessarte, tanto a liberdade quanto a igualdade eram concebidas e garantidas no aspecto puramente formal.

Todavia, o constitucionalismo moderno não é movimento que se resuma a territórios ou tempo determinados. Está presente em todas as intervenções voltadas a novas formas de ordenação e sistematização do Estado e do poder político. Com isso, sofre influências das ideologias e pensamentos reinantes em cada período histórico e contexto social. Esse o motivo para se afirmar tanto que o constitucionalismo é "técnica jurídica" de limitação do poder, que **varia** de acordo **com a época e a tradição** de cada país, como para se sustentar a existência de múltiplos movimentos constitucionalistas, especialmente o constitucionalismo inglês, o norte-americano e o francês.

▸ **Como esse assunto foi cobrado em concurso?**

Em questão elaborada para concurso do Promotor de Justiça do MPRN (2009/Cespe) foi considerada como **correta** a seguinte assertiva: "A origem do constitucionalismo remonta à antiguidade clássica, especificamente ao povo hebreu, do qual partiram as primeiras manifestações desse movimento constitucional em busca de uma organização política fundada na limitação do poder absoluto."

Também quanto à origem do constitucionalismo, o concurso para Atividades Notariais do TJMS (2009) apontou como **correta** a seguinte alternativa: "É possível identificar traços do constitucionalismo mesmo na antiguidade clássica e na Idade Média." Na mesma questão foi identificada como **errada** a assertiva com a seguinte redação: "A doutrina do Direito Constitucional é uníssona no entendimento de que o constitucionalismo surgiu com a revolução norte-americana resultando, em 1787, na Constituição dos Estados Unidos da América."

O concurso para Juiz do TJSP de Justiça de São Paulo (2015), considerou **correta** a seguinte alternativa: "A expressão "constitucionalização do direito" tem, de modo geral, sua origem identificada pela doutrina na Alemanha, especialmente sob a égide da Lei Fundamental de 1949".

No concurso para Juiz do TJSP (2015/Vunesp), foi considerada **correta** a afirmação segundo a qual: "O 'constitucionalismo moderno', com o modelo de Constituições normativas, tem sua base histórica a partir das revoluções Americana e Francesa."

1.2.1. Principais movimentos

São três os principais movimentos constitucionalistas modernos (CANOTILHO):

A) **Inglês**: deve-se ao **constitucionalismo inglês** o modo todo específico de garantir direitos e liberdades, bem como de estabelecer limites ao poder, sem que fosse necessário "criar" uma lei fundamental. Como ensina CANOTILHO, os ingleses repelem a ideia de um poder constituinte com força e competência para, por si próprio, desenhar e planificar o modelo político de um povo. Preferiram "revelar" a norma constitucional mediante, principalmente, a confirmação da existência de direitos e liberdades embasados em normas costumeiras, sem embargo de pequeno número de leis escritas. Nesse sentido, para GALINDO, o mais importante dos princípios constitucionais britânicos é o da soberania ou supremacia do **parlamento**. Segundo SANTI ROMANO, o constitucionalismo inglês deixou como contribuições mais importantes os institutos da **monarquia constitucional**, do **parlamento bicameral**, da representação política por membros geralmente designados por **eleição popular**, do **governo de gabinete** e sua **responsabilidade** perante o parlamento, bem como as **liberdades públicas** e as **garantias constitucionais**.

B) **Norte-americano**: em outra linha, ainda conforme CANOTILHO, o **constitucionalismo norte-americano** assenta-se na tese de que o **povo** é a matriz do poder constituinte. Daí a famosa fórmula "Nós, o povo...", contida no preâmbulo da Constituição de 1787. Porém, o texto da citada Constituição não é concebido como projeto de futuro, senão como diploma no qual se traçam as regras do jogo político, nele se registrando normas que garantem direitos e limitam o poder estatal. Nesse sentido, a Constituição norte-americana é documento feito para "dizer" a norma.

C) **Francês:** o **constitucionalismo francês** tipificou-se pela grande preocupação em superar a monarquia absolutista. O poder constituinte assume então a tarefa de "criar" a norma que estabelece nova ordem política e social para o futuro, mas que simultaneamente promove a ruptura total com o antigo regime.

Contudo, tanto o **constitucionalismo norte-americano** quanto o **francês** se **influenciaram reciprocamente**. Teorias contratualistas francesas eram muito difundidas nos Estados Unidos e as antigas cartas constitucionais norte-americanas foram a principal fonte imediata do constitucionalismo da França. Por isso, podem-se destacar, conjuntamente, os seguintes legados dos constitucionalismos norte-americano e francês: (a) o desenvolvimento dos princípios ingleses relativos aos **direitos individuais** e à **divisão dos poderes**; (b) a formulação do princípio da "**soberania nacional**"; e (c) a proclamação do princípio da **isonomia,** em referência a estruturas sociais modificadas pela divisão dos agrupamentos humanos em categorias e classes ocupantes de posições jurídicas diversas entre si.

CARACTERÍSTICAS DOS PRINCIPAIS MOVIMENTOS CONSTITUCIONALISTAS		
Constitucionalismo inglês	**Constitucionalismo norte-americano**	**Constitucionalismo francês**
– atribuição de direitos conforme a posição ocupada pelo indivíduo em estamentos sociais; – direitos dispostos em pactos de domínios; – soberania do parlamento, sem reconhecer a existência de uma poder superior (poder constituinte).	– atribuição de direitos não decorre de um contrato de domínio; – soberania popular.	– atribuição de direitos não está ligada ao estamento a que o indivíduo pertença, mas da condição de ser humano; – luta contra privilégios do antigo regime e a busca da superação da monarquia absolutista; – soberania popular.

▸ **Como esse assunto foi cobrado em concurso?**

O concurso para Atividades Notariais do TJMS (2009) apontou como **incorreta** a seguinte assertiva: "O constitucionalismo brasileiro inspirou-se fortemente no modelo constitucional do Estado da Inglaterra."

1.3. Constitucionalismos "contemporâneos"

1.3.1. Constitucionalismo social

A fase embrionária do constitucionalismo contemporâneo foi demarcada pela preocupação em alterar ou transformar a realidade socioeconômica das sociedades estatais.

Daí se falar num *constitucionalismo social*, cuja principal característica é a incorporação de declaração de direitos econômicos e sociais (coletivos, difusos e individuais homogêneos), com o objetivo de garantir a igualdade material humana.

No direito positivo, o constitucionalismo social surge com o advento da Constituição mexicana de 1917, a primeira esquematizar os direitos sociais do homem, embora ainda de forma restrita ao critério de participação estatal na ordem econômica e social, sem romper com o regime capitalista (SILVA, 2014). Logo depois, seguiu-se a Constituição alemã de Weimar (1919), cujo Livro II incluía, entre os direitos e deveres fundamentais, os direitos da pessoa individual, os direitos da vida social, os direitos da vida religiosa, os da educação e escola, além dos direitos da vida econômica. A partir daí, o constitucionalismo social avançou pelo mundo ocidental e chegou até o Brasil, cuja Constituição de 1934 foi fortemente influenciada pela Constituição de Weimar.

> ▸ **Atenção:**
>
> Conforme doutrina majoritária, a Declaração Soviética de Direitos do Povo Trabalhador e Explorado e a Lei Fundamental Soviética, embora aprovadas ainda em 1918, não são considerados documentos precursores do constitucionalismo social. Afinal, trata-se de textos que, "a pretexto de concretizarem avanços em tema de direitos sociais, culminaram por aniquilar os direitos de liberdade, cuja conquista levou séculos para efetivar-se" (PINHEIRO, 2006, p. 105).

Conforme SARMENTO e SOUZA NETO (2017, p. 83), se, no "constitucionalismo liberal, o Estado era o 'guarda noturno', que se dedicava apenas à garantia da segurança dos negócios privados, no constitucionalismo social ele assume um papel muito mais ambicioso na vida econômica", incorporando "funções ligadas à prestações de serviços públicos para promover a igualdade material, por meio de políticas pública redistributivas e fornecimento de prestações materiais para as camadas mais pobres da sociedade como saúde, educação e previdência social".

Afinal, o constitucionalismo é movimento dinâmico e, como qualquer objeto de cultura, evolui com o decorrer dos tempos e com aquisição de novos conteúdos. O constitucionalismo era *liberal*, enquanto construía o regime de limitações do poder e estruturava declarações de direitos fundamentais voltadas à garantia das liberdades públicas. Posteriormente, o constitucionalismo assumiu o aspecto *social*, cujas preocupações passaram a incluir a busca de uma sociedade melhor, justa e igualitária. Daí por que os textos constitucionais foram alargados para contemplar, sobretudo, a previsão de novos direitos: os direitos econômicos, os direitos dos trabalhadores, o direito à saúde, o direito à educação e previdência social, dentre outros.

1.3.2. Neoconstitucionalismo

Cada vez mais se tornam comuns referências doutrinárias ao chamado **neoconstitucionalismo**, a ponto de haver, até, obras específicas dedicadas ao tema. Todavia, não há consenso a respeito do assunto. A expressão "neoconstitucionalismo" tem **múltiplas significações**, tantas quantas forem as tendências atuais a encarar os rumos dos problemas constitucionais. Para JOSÉ AFONSO DA SILVA (2014, p. 73), o "neoconstitucionalismo é uma **doutrina de conteúdo incerto**".

Alguns autores, como CARLOS AYRES BRITTO, aludem **pejorativamente** ao neoconstitucionalismo, dizendo tratar-se de corrente de pensamento criada para defender o **enfraquecimento da supremacia constitucional**, em favor da atenuação do excesso de rigidez e do caráter voluntarista das constituições contemporâneas.

Também JOSÉ AFONSO DA SILVA adverte que o "prefixo 'neo', que pretende sinalizar para o novo, não raro retrocede para o velho e o superado". Daí, se o neoconstitucionalismo alude aos avanços do direito constitucional havidos nas constituições após a Segunda Guerra, "será preferível referir-se ao fenômeno como novo constitucionalismo ou constitucionalismo contemporâneo ou, mesmo, direito constitucional contemporâneo – terminologia que revela continuidade renovada, até porque muitos dos elementos tidos como fenômeno do constitucionalismo constituem práticas constitucionais ao longo do tempo, como a constitucionalização do Direito" (2014, p. 73).

Já para outros, o neoconstitucionalismo é visto com otimismo. Segundo COMANDUCCI, por exemplo, enquanto o constitucionalismo era fundamentalmente uma ideologia dirigida à limitação do poder e à defesa das liberdades naturais e dos direitos fundamentais, o neoconstitucionalismo representa, além de ideologia, uma **teoria** e uma **metodologia adversárias** das teses **positivistas** da primeira metade do século XX. Os sistemas jurídicos que emergem das concepções neoconstitucionalistas caracterizam-se pela presença de constituições "invasoras" ou "expansivas", repletas de princípios e regras, bem como pela enunciação de extenso catálogo de direitos fundamentais e, às vezes, de normas peculiares a respeito da **interpretação e aplicação das normas constitucionais**. Nesse sentido, a principal vertente do neoconstitucionalismo teórico adota o modelo axiológico de constituição como norma, daí por que a interpretação constitucional se tem por distinta da interpretação das leis em geral. Ademais, considerada a progressiva consolidação do Estado constitucional e democrático de direito, a ideologia do neoconstitucionalismo deixa em segundo plano a preocupação em limitar o poder estatal, para então se preocupar, num primeiro plano, com a afirmação e garantia dos direitos fundamentais.

Na mesma linha "otimista", para BARROSO, o neoconstitucionalismo "identifica um conjunto amplo de transformações ocorridas no Estado e no direito constitucional, em meio às quais podem ser assinalados, (i) como **marco histórico**, a formação do **Estado constitucional de direito**, cuja consolidação se deu ao longo das décadas finais do século XX; (ii) como **marco filosófico**, o **pós-positivismo**, com a centralidade dos direitos fundamentais e a reaproximação entre Direito e ética; e (iii) como **marco teórico**, o conjunto de mudanças que incluem a **força normativa da Constituição**, a **expansão da jurisdição constitucional** e o desenvolvimento de uma **nova dogmática da interpretação constitucional**. Desse conjunto de fenômenos resultou um processo extenso e profundo de constitucionalização do Direito" (2005, s.p.).

NEOCONSTITUCIONALISMO	
Linha pessimista	**Linha otimista**
Corrente de pensamento criada para defender o enfraquecimento da supremacia constitucional em favor da atenuação do excesso de rigidez e do caráter voluntarista das constituições contemporâneas.	– Teoria e metodologia adversárias das teses positivistas da primeira metade do século XX; – concepções neoconstitucionalistas caracterizam-se como constituições "invasoras", repletas de princípios e regras; – positivação de extenso catálogo de direitos fundamentais e, às vezes, de normas peculiares a respeito da interpretação e aplicação das normas constitucionais; – adoção do modelo axiológico de constituição como norma, o que determina uma interpretação constitucional distinta da interpretação das leis em geral; – consolidação do Estado constitucional e democrático de direito.

CARACTERÍSTICAS DO NEOCONSTITUCIONALISMO (Luís Roberto Barroso)		
Marco histórico	**Marco filosófico**	**Marco teórico**
– Reformas políticas europeias após a 2ª Guerra Mundial; – no Brasil, após a Constituição de 1988.	– Superação do positivismo do início do século XX (pós-positivismo); – centralidade dos direitos fundamentais; – reaproximação entre direito e moral.	– Reconhecimento da força normativa da Constituição; – expansão da jurisdição constitucional; – desenvolvimento de nova dogmática da interpretação constitucional.

▸ Como esse assunto foi cobrado em concurso?

Em concurso para Procurador da República (2011), foi considerada **correta** a seguinte assertiva: "No neoconstitucionalismo preconiza-se a abertura da hermenêutica constitucional aos influxos da moralidade crítica".

No concurso para Promotor de Justiça do MPRN (2009/Cespe), foi considerada **errada** a seguinte alternativa: "O neoconstitucionalismo é caracterizado por um conjunto de transformações no Estado e no direito constitucional, entre as quais se destaca a prevalência do positivismo jurídico, com a clara separação entre direito e valores substantivos, como ética, moral e justiça." A mesma questão apontou como **correta** a assertiva que se segue: "O neoconstitucionalismo caracteriza-se pela mudança de paradigma, de Estado Legislativo de Direito para Estado Constitucional de Direito, em que a Constituição passa a ocupar o centro de todo o sistema jurídico."

1.3.2.1. Positivismo, não positivismo ou pós-positivismo?

Em termos metodológicos, o **positivismo** é a corrente filosófica que sustenta, basicamente, a **separação entre direito e moral** (*tese da separação ou da neutralidade*). Como defendem positivistas clássicos como KELSEN, HART e BOBBIO, a validade de uma norma jurídica não implica necessariamente a respectiva validade moral, nem vice-versa. Embora haja ligações históricas, sociais, políticas e até linguísticas entre direito e moral, elas são meramente contingentes, e não lógica ou conceitualmente necessárias. O direito não é necessariamente justo e mesmo o direito considerado injusto não deixa de ser direito.

▸ Escola positivista kelseniana

Na visão positivista de KELSEN (1992, p. 2-15), o conceito de direito deve estar desvinculado do de justiça, isto é, de elementos de justificação moral. A existência do direito (positivo) independe de sua conformidade com a justiça ou o direito natural. A ciência jurídica deve se preocupar em estudar o direito assim como ele é (direito positivo), e não como deveria ser. Não se pode confundir o direito positivo com ideologias políticas disfarçadas ou especulações metafísicas sobre a justiça ou alguma doutrina jusnaturalista. A tendência em identificar o direito com a justiça não passa de tentativa ideológica de dar aparência de justo ao direito positivo. Mas isso tampouco quer dizer que o direito positivo não deva ser justo; apenas que a ciência jurídica não pode responder se uma dada lei é justa ou injusta, porque essa pergunta não pode ser respondida cientificamente. Se ordem justa é aquela que regula a conduta dos homens de maneira satisfatória para qualquer um, todos os homens nela encontrariam a felicidade. Então a justiça é "felicidade social" cujas bases são diversas para cada qual. Logo, o que se chama de justiça não passa de um julgamento subjetivo de valor que não pode ser obtido em termos científicos.

Pois bem. Até meados do século passado, o positivismo dominava o cenário jurídico, sobretudo após levar o **jusnaturalismo** ao descrédito quase total. Todavia, a partir do final da Segunda Guerra, o positivismo foi bastante criticado, pois suas teses de neutralidade moral serviram como justificativa metodológica para regimes políticos totalitários como o nazismo e o fascismo. Daí, o breve ressurgimento de ideias jusnaturalistas, especialmente na Alemanha. É dessa época a famosa fórmula de RADBRUCH, para quem o direito positivo, ainda que injusto, tem prioridade; mas a norma jurídica perde a validade quando implicar "injustiças extremas". Assim, as normas moralmente inaceitáveis não seriam verdadeiro direito (*Recht*), mas um simples "injusto" (*Unrecht*). Também desse período as críticas de viés jusnaturalista feitas por BACHOF e LARENZ.

Nada obstante, as falhas estruturais do direito natural eram muito evidentes e conhecidas, razão pela qual os adversários do positivismo passaram a ser conhecidos como **não positivistas**, exatamente por tampouco aceitarem a metodologia dos pensamentos jusnaturalistas.

▸ A falácia naturalista e o descrédito do jusnaturalismo

Até o início do século XX, o direito natural contava com grande respeito doutrinário, especialmente por ter sido o principal fundamento filosófico subjacente às chamadas "declarações de direitos universais". Nesse sentido, foram celebrizados certos preceitos da Declaração dos Direitos do Homem e do Cidadão (França, 1789), tais como: "A finalidade de toda associação política é a preservação dos direitos naturais e imprescritíveis do homem. Esses direitos são a liberdade, a prosperidade, a segurança e a resistência à opressão" (art. 2º); "A liberdade consiste em poder fazer tudo o que não prejudique o próximo: assim, o exercício dos direitos naturais de cada homem não tem por limites senão aqueles que asseguram aos outros membros da sociedade o gozo dos mesmos direitos. Estes limites só podem ser determinados pela lei" (art. 4º).

Contudo, a escola positivista acabou por desacreditar o jusnaturalismo, cujo prestígio hoje se resume a escassos segmentos de doutrinadores de direito internacional público.

O positivismo reprova a escola do direito "natural", por entender que o jusnaturalismo tenta, sem sucesso metodológico, dar racionalidade à ideia de justiça. O direito natural parte do pensamento segundo o qual existe um conjunto de leis perfeitas que a racionalidade humana consegue apenas revelar, mas cuja criação se deve, seja à divindade, seja à natureza. Dessarte, o direito natural pressupõe código de ética universalmente aceito e racionalmente perceptível a partir de leis divinais ou da natureza. Porém, conforme demonstrou a doutrina do positivista, dos postulados de justiça identificados pelo jusnaturalismo ("fazer o certo e evitar o errado", "dar a cada um o que é seu" etc.), não se podem extrair dados objetivos acerca do que seja uma ordem "justa" (não se define o que é o certo, nem o que deve ser dado a cada qual). Assim, **o jusnaturalismo é apenas a justificação racional de postulados de valor subjetivo**. Se as normas do direito natural são valores absolutos revelados a partir de constatações do mundo físico, o jusnaturalismo constitui somente uma "teoria da moral", sem que nunca tenha conseguido verdadeiramente elaborar códigos próprios. É que padece da chamada ***falácia naturalista***, ou seja, o erro de querer derivar juízos de *valor* a partir de juízos de *fato*, operação que já revela um valor sub-reptício sobre esse mesmo fato. Como em 1738 já percebera DAVID HUME, não há possibilidade lógica de se extrair, por meio de simples deduções, um juízo de "dever-ser" (juízo prescritivo) com base em algum juízo do "ser" (juízo descritivo). Assim, por exemplo, da observação de que na natureza os animais procuram apropriar-se de parcelas territoriais (juízo de fato) só decorre a regra segundo a qual a propriedade é direito natural, isto é, um valor que universalmente aceito (juízo de valor), quando já valorado positivamente o fato (propriedade) do qual se pretende extrair uma regra jurídica. É dizer, esconde-se aí um tipo sub-reptício de ideologia (valor) sobre o próprio fato observado. Tanto é que correntes jusnaturalistas de ideologias diversas, como as marxistas, podem concluir exatamente em sentido contrário. Ou seja, o direito natural resume-se a dar fundamentos teóricos acerca de determinado tipo de moral pré-existente.

A exemplo dos jusnaturalistas, os adeptos do **não positivismo** também defendem **teses da vinculação entre o direito e a moral**. Porém, o pensamento não positivista se distanciou dos problemas metodológicos dos jusnaturalistas, pois encontrou novas justificativas para suas teses não separatistas. Ao florescerem no segundo pós-guerra, em ordenamentos jurídicos repletos de princípios, as ideias não positivistas passaram a sustentar que o direito se tornara uma ciência "prática", orientada por "razões" também práticas, embasadas em preceitos morais. Dessarte, na presença de princípios morais positivados, sobretudo, no direito constitucional, o "direito funciona *como se* vigorasse um direito natural" (ZAGREBELSKY, 2003, p. 119), mas sem incorrer na falácia naturalista.

As teorias não positivistas ganharam terreno, sobretudo, a partir de trabalhos de DWORKIN publicados em 1967. DWORKIN dirigia suas críticas somente à versão particular do positivismo exposta por HART, mas elas foram suficientes para abalar as velhas premissas do positivismo. Ao enfatizar a diferença entre regras e princípios, DWORKIN sustentou que os juízes utilizam princípios gerais não positivados na fundamentação de suas decisões em casos difíceis (*hard cases*), o que demonstraria a necessária ligação entre direito e moral.

▸ Escola não positivista dworkiniana

A partir de estudos iniciados em 1967, na tentativa de contradizer o positivismo de HART, sustentou DWORKIN que a concepção do ordenamento jurídico como conjunto somente de regras não se justificava. Baseado na jurisprudência da Suprema Corte americana, DWORKIN defendeu que as regras jurídicas eram insuficientes para decidir os chamados "casos difíceis", isto é, os casos em que se faz necessário utilizar princípios e diretrizes políticas para resolver situações fáticas até então não reguladas pelo ordenamento. Entre outros exemplos, falou de precedente de tribunal nova-iorquino que, em razão do princípio segundo o qual o criminoso não poderia se beneficiar de seu próprio crime, desprezou as leis que regulavam os efeitos dos testamentos, para decidir contrariamente a herdeiro testamentário acusado de matar o autor da herança. DWORKIN advogou que, nesses casos difíceis, a aplicação de metodologia decisória baseada em princípios e diretrizes políticas não poderia ser encarada como simples obrigação moral, nem sequer razões de ofício que levariam os tribunais a articular elementos extrajurídicos para chegar à norma que decidiria a questão. Se os princípios morais já não fossem normas – *i.e.* se certos preceitos morais já não fizessem parte do direito –, quando um tribunal deles fizesse uso, estaria, na verdade, decidindo com base numa norma elaborada por ele próprio, *posteriormente* à ocorrência do fato sob julgamento. Em resumo, se os juízes decidem casos difíceis utilizando argumentos morais extrajurídicos, não procedem as teses positivistas da separação entre direito e moral. Ao negarem o papel desenvolvido pelos princípios morais nos sistemas jurídicos, os positivistas não conseguem identificar o que seja realmente o direito. Porém, ainda que de maneira pontual ou contingente, o direito faz uso de preceitos morais para decidir casos concretos.

Após as críticas que recebeu de DWORKIN, o próprio HART admitiu, num *pós-escrito* a seu "O conceito de direito", que a teoria positivista que elaborara sobre o ordenamento jurídico deveria ter dedicado maior espaço aos princípios. HART, então, tratou de justificar que a "regra de reconhecimento" – utilizada por ele para identificar o direito válido pertencente a cada ordenamento jurídico – serviria para incluir também determinados princípios. Antes disso, porém, admitiu HART que: "Dworkin é credor de grande reconhecimento por ter mostrado e ilustrado a importância desses princípios e o respectivo papel no raciocínio jurídico, e, com certeza, eu cometi um sério erro ao não ter acentuado a eficácia não conclusiva deles." (2001, p. 325.)

Na mesma linha, autores como ALEXY afirmam que, em razão da **pretensão de correção dos sistemas jurídicos**, pelo menos algumas exigências morais mínimas e suscetíveis de fundamentação racional (caso do "núcleo dos direitos humanos elementares") acabam por vincular o conteúdo das normas jurídicas. Logo, "ao direito pertencem não só as regras especiais de fundamentação jurídica, senão também as regras gerais da argumentação moral" (1997, p. 84).

No Brasil, já no século XXI, segmentos doutrinários passaram a defender a tese de que o neoconstitucionalismo implicaria a decadência do positivismo jurídico e de suas principais características, a saber: (a) a aproximação quase plena entre direito e norma; (b) a afirmação da estatalidade do direito; (c) a completude do ordenamento jurídico; e (d) o formalismo jurídico e o dogma da subsunção (BARROSO, 2009, p. 240).

Assim, o **neoconstitucionalismo** teria inaugurado a fase do ***pós-positivismo***, *i.e.*, a "designação provisória e genérica" de um "ideário difuso", que incluiria "algumas ideias de justiça além da lei e da igualdade material mínima, advindas da teoria crítica, ao lado da teoria dos direitos fundamentais e da redefinição das relações entre valores, princípios e regras, aspectos da chamada *nova hermenêutica*" (BARROSO, 2009, p. 242). Nesse sentido, para DANIEL SARMENTO e CLÁUDIO PEREIRA DE SOUZA NETO, por exemplo, o "pós-positivismo" se caracterizaria "por buscar a ligação entre o Direito e a Moral por meio da interpretação de princípios jurídicos muito abertos, aos quais é reconhecido pleno caráter normativo" (2017, p. 201).

Porém, apesar de bastante difundida no Brasil, a tese da existência de um "pós-positivismo" decorrente do neoconstitucionalismo encontra pouca acolhida no exterior. Como demonstram HOERSTER e BULYGIN, há muito os positivistas já não aceitam a identificação do direito com base somente nas normas positivadas, tampouco a completude dos sistemas jurídicos ou o formalismo jurídico. Nada disso, contudo, abalou o cerne do positivismo: a *tese da separação entre direito e moral*.

Com efeito, **novas teorias positivistas** (*neopositivismo?*) avançaram em relação aos marcos teóricos combatidos por DWORKIN. Autores estrangeiros, incluindo o próprio HART, já revisaram o positivismo clássico para responder às objeções levantadas pelas teses não positivistas, incluindo a questão dos princípios jurídicos. Daí o surgimento de novas correntes como o *positivismo inclusivo* de HART, COLEMAN e MORESO; o *positivismo ético ou normativo* de CAMPBELL e MACCORMICK; bem como o *positivismo exclusivista* de RAZ, BULYGIN e ORUNESU. No Brasil, destaque para o *positivismo lógico-inclusivo* de JULIANO MARANHÃO.

Não há como examinar aqui os fundamentos de cada uma dessas novas vertentes do positivismo. Contudo, elas indicam que a escola positivista se atualizou e se mantém atual, ao contrário do que equivocadamente sugere a terminologia "**pós**-positivismo". As veementes críticas lançadas ao positivismo clássico foram superadas, incluindo a questão da utilização de princípios jurídicos de conteúdo moral, além de problemas como a dicotomia subsunção-ponderação. Claro que a tensão entre as doutrinas positivista e não positivista segue forte, principalmente pela repercussão dos escritos de DWORKIN, ALEXY e ZAGREBELSKY.

Todavia, não parece que as inovações atribuídas ao neoconstitucionalismo sepultaram o positivismo jurídico, cujas teses, baseadas na distinção entre o Direito e a Moral, foram remodeladas e seguem servindo de explicação para o funcionamento dos sistemas jurídicos contemporâneos. Nessa linha, ao rebater a suposição de que o positivismo fracassaria em explicar por que certas normas não podem ser identificadas em valorações morais, explica GUASTINI (2008a, p. 155), uma "coisa é identificar algo —concretamente: um texto normativo – como direito, uma coisa muito distinta é determinar seu conteúdo normativo: o que está ordenado (permitido, proibido), a quem, em que circunstâncias. O positivismo jurídico diz simplesmente que a primeira destas duas coisas se pode fazer sem valorações; não diz nada sobre a segunda. O positivismo metodológico não é, e tampouco inclui, uma teoria da interpretação." Além disso, o positivismo contemporâneo não nega que o direito positivo possa determinar sejam considerados preceitos morais (*v.g.*, o *princípio da moralidade* previsto no *caput* do art. 37 da Constituição); apenas defende ser papel do próprio o direito positivo decidir se tais considerações devam ou não ser feitas.

Seja como for, se até as teses da neutralidade moral do Direito aceitam a positivação jurídica de normas morais; e se as constituições contemporâneas incorporaram vasta gama de princípios morais em seus catálogos de direitos fundamentais; perde bastante interesse o velho conflito entre positivistas e não positivistas, conquanto não há mais necessidade de recorrer a uma moral extrajurídica para justificar a validade ou invalidade de normas jurídicas adjudicadas pelos juízes em casos difíceis. Como resumiu FERRAJOLI, o processo de positivação do direito natural fez com que o antigo conflito entre positivistas e jusnaturalistas perdesse, "em grande parte, seu significado filosófico-político, ao terem sido mudados os termos da separação entre direito e moral, entre validade e justiça" (2002, p. 288).

Enfim, as aplicações das teses defendidas pelos "pós-positivistas" brasileiros, basicamente, não se diferem daquelas decorrentes das teses estrangeiras "não positivistas" que os inspiraram. Nada obstante, elas também podem ser acomodadas nas versões mais atualizadas do positivismo contemporâneo. Como explicou BERNAL PULIDO (2007), o "neoconstitucionalismo não implica necessariamente a aceitação de uma ideia semelhante de Constituição a um sistema axiológico independente de seu texto" (p. 302). Logo, até a tese dos direitos fundamentais como princípios aplicáveis mediante ponderação pode ser compatibilizada ao positivismo atual, pois o "próprio conceito de princípio, assim como a ideia de ponderação, partem da base segundo a qual as disposições de direito fundamental são indeterminadas e impõem a seus intérpretes levar a cabo sua concretização" (p. 305). Algo igualmente demonstrado por CLAUDINA ORUNESU, em seu "*Positivismo jurídico e sistemas constitucionais*" (2012).

Talvez por isso, na doutrina jurídica estrangeira, não costuma haver referências a ligarem um suposto *pós-positivismo* ao neoconstitucionalismo (Em alguns estudos, MACCORMICK chama suas teses de pós-positivistas, mas num contexto diverso e igualmente positivista, de antagonismo ao positivismo clássico de HART.) Em livro especialmente dedicado ao neoconstitucionalismo, por exemplo, o que se chega a admitir é que as raízes históricas do fenômeno podem ser encontradas em "*postulados* ***neo****positivistas*" (e *não* ***pós****-positivistas*) rastreáveis desde os anos trinta do século XX (CARBONELL, 2007, p. 12). Ademais, autores como JUAN GARCIA AMADO e LUIS PRIETO SANCHÍS, embora até tratem da oposição entre visões *positivistas* e *neoconstitucionalistas*, não identificam nenhum tipo de ideia *pós-positivista*.

Também no Brasil, há autores que recusam o pós-positivismo, por entenderem que a terminologia não significa nada de "pós", nem traz algo de novo. DIMITRI DIMOULIS, por exemplo, após dizer que a expressão é praticamente desconhecida no exterior, afirma que a teoria do pós-positivismo não passa da retomada de velhas ideias ligadas à "visão idealista do direito" e a ensinamentos do direito natural, numa "insistência na crença metafísica de uma justiça que se identifica com a verdade, ignorando os debates filosóficos do século XX que levaram ao abandono do dogmatismo idealista" (2006, p. 51-52).

Todavia, a expressão "pós-positivismo" já faz parte de grandes segmentos da doutrina nacional e ainda encontra certa ressonância na jurisprudência tanto do STF (*v.g.*, Rcl 11.243/Itália e RE 673.707/MG, todos do Pleno) quanto do STJ (*e.g.*, AgRg no REsp 1.056.333/RJ e AgRg no Ag 886.162/PR, ambos da 1ª Turma).

▸ Como o STF já enfrentou a questão:

No famoso caso *Cesare Battisti*, constou da ementa elaborada pelo Min. LUIZ FUX: "O pós-positivismo jurídico, conforme argutamente aponta Gustavo Binenbojm, 'não mais permite falar, tecnicamente, numa autêntica dicotomia entre atos vinculados e discricionários, mas, isto sim, em diferentes graus de vinculação dos atos administrativos à juridicidade' (*Uma Teoria do Direito Administrativo*. 2ª ed. Rio de Janeiro: Renovar, 2008. p. 208)." (Rcl 11.243/República Italiana, Pleno.)

A ementa do RE 673.707/MG, julgado pelo Pleno, consignou: "O *habeas data*, posto instrumento de tutela de direitos fundamentais, encerra amplo espectro, rejeitando-se visão reducionista da garantia constitucional inaugurada pela carta pós-positivista de 1988."

▸ Como esse assunto foi cobrado em concurso?

No concurso para Procurador da República (2011), foi considerada **errada** a seguinte assertiva: "No paradigma pós-positivista, os princípios gerais de direito são meios de integração do ordenamento, voltados ao suprimento de lacunas, ao lado da analogia e dos costumes."

1.3.3. Constitucionalismo global ou globalizado

Atualmente, a despeito dos variados movimentos constitucionalistas nacionais, defende-se a existência de constitucionalismo **global** ou **globalizado**, cuja pretensão é unificar e consagrar juridicamente os ideais humanos conforme os seguintes objetivos:

A) o **fortalecimento do sistema jurídico-político internacional** com base não somente nas relações horizontais entre Estados nacionais, mas também nas relações Estado/povo;

B) a **primazia,** em face do direito nacional, **do direito internacional** fundado em valores e normas universais; e

C) a elevação da **dignidade da pessoa humana** a pressuposto não limitável por nenhum movimento constitucional.

1.3.4. Transconstitucionalismo

Conceito ligado aos problemas jurídico-constitucionais que os ordenamentos jurídicos de múltiplos Estados têm em comum. Segundo explica UADI BULOS (2009, p. 92-93), no "transconstitucionalismo propriamente dito, ordenamentos distintos se interagem e somam esforços conjuntos para resolverem casos complexos e difíceis. O que predomina é a superação do constitucionalismo provinciano ou paroquial em nome de algo maior: a integração cooperativa, pacífica e desterritorializada de ordens estatais diferentes." Assim, embora cada Estado continue com sua soberania e vida próprias, instala-se uma "integração harmoniosa entre ordens constitucionais de Estados completamente diferentes", a fim de solucionar conflitos similares, tais como em matéria de direitos humanos.

No Brasil, o grande precursor do conceito foi MARCELO NEVES, para quem o que caracteriza o transconstitucionalismo é "ser um constitucionalismo relativo a (soluções de) problemas jurídico-constitucionais que se apresentam simultaneamente a diversas ordens. Quando questões de direitos fundamentais ou de direitos humanos submetem-se ao tratamento jurídico concreto, perpassando ordens jurídicas diversas, a 'conversação' constitucional é indispensável" (2009, p. 129).

1.3.5. Patriotismo constitucional

Autores nacionais como DIRLEY DA CUNHA JR. lembram, ainda, do conceito de **patriotismo constitucional**, primeiramente utilizado pelo historiador alemão DOLF STERNBERGER e posteriormente difundido por HABERMAS.

Nessa linha, o patriotismo constitucional evoca uma *identidade política coletiva*, conciliada com uma perspectiva universalista de Estado Democrático de Direito. Assim, abandona-se "a ideia de nacionalismo, que tradicionalmente esteve vinculado a questões étnicas e culturais, para se adotar um patriotismo constitucional, que se reveste de um potencial inclusivo, cujo conceito propugna uma união entre os cidadãos, por mais que diferentes étnica e culturalmente, através do respeito aos valores plurais do Estado Democrático de Direito" (CUNHA JR., 2013, p. 42).

Ao comentar o patriotismo constitucional após a reunificação alemã, sustenta DIETER GRIMM (2006, p. 94) que, entre os motivos do êxito do Estado Constitucional, o "mais importante é que a população se identifique com a Constituição e não honre violações constitucionais por parte de instâncias políticas. Para políticos que sempre recaem em situações nas quais as vinculações constitucionais perturbam seus planos políticos, não pode valer a pena desprezar a Constituição." (2006, p. 94).

2. DIREITO CONSTITUCIONAL

2.1. Conceito

A expressão *"direito constitucional"* refere-se a pelo menos três sentidos interligados:

A) **direito constitucional** ***em sentido científico***: ramo do direito público interno que estuda as normas que organizam e estruturam o Estado e suas relações de poder. Esse o sentido, por exemplo, do conceito de direito constitucional elaborado por JOSÉ AFONSO DA SILVA, para quem se trata do "ramo do direito público que expõe, interpreta e sistematiza os princípios e normas fundamentais do Estado" (1998, p. 36);

B) **direito constitucional** ***em sentido objetivo***: sistema normativo encarregado da organização e da estruturação do Estado e das relações de poder que envolvem órgãos estatais. Nesse sentido, o conceito de UADI BULOS, segundo o qual o direito constitucional é "o conjunto de normas supremas, encarregadas de organizar a estrutura do Estado e delimitar as relações de poder" (2010, p. 1); e

C) **direito constitucional** ***em sentido subjetivo***: posição jurídica de vantagem que se deve reconhecer a alguém, em virtude da incidência concreta das normas integrantes do direito constitucional objetivo. Essa é acepção do termo, por exemplo, quando se afirma que alguém tem o "direito constitucional" de ir e vir.

2.2. Origem

Segundo UADI LAMMÊGO BULOS, a expressão "direito constitucional" formalizou-se em 1791, quando a Assembleia Constituinte francesa determinou que as faculdades de Direito do país ministrassem aulas sobre a Constituição da França.

Já o início dos estudos científicos acerca do direito constitucional remonta a períodos anteriores do século XVIII, época em que surgiram o ***constitucionalismo moderno*** e a preocupação de estabelecer, de *modo consciente*, normas voltadas à organização do Estado segundo sistemática que consagrasse limitações ao poder político.

2.3. Objeto

As constituições escritas costumam tratar de assuntos que não correspondem às preocupações centrais do direito constitucional. E não há critérios seguros para distinguir qual seja verdadeiramente a "matéria constitucional". De modo que não se pode excluir do objeto do direito constitucional aquilo que é "constitucionalizado" por quem elaborou a constituição, como, por exemplo, a previsão do Colégio Pedro II (art. 242, § 2º da CF/88). Então, o objeto do direito constitucional deve ser **ampliado** para incluir também o estudo das **normas apenas formalmente constitucionais**, porquanto não há como fugir da tarefa de investigar e compreender tudo aquilo que é considerado constitucionalmente vinculante, sob pena de quebrar a unidade da constituição.

Dito isso, em ***sentido científico***, o direito constitucional é a disciplina que realiza o estudo sistematizado dos ordenamentos constitucionais, sobretudo das normas que tratem das seguintes temáticas:

A) fontes de direito;

B) forma e organização do Estado;

C) estruturação dos modos de aquisição e exercício do poder do Estado, incluindo a recíproca divisão de funções entre os órgãos estatais;

D) direitos e garantias fundamentais dos indivíduos; e

E) finalidades básicas que devem ser buscadas pela atuação estatal.

Já no ***sentido objetivo***, o direito constitucional tem por alvo a produção e a organização das normas (regras e princípios) que tanto (a) estabeleçam, integrem ou modifiquem determinado ordenamento constitucional, independentemente do conteúdo dessas normas (*constituição formal*), quanto (b) disciplinem qualquer matéria cujo estudo interessa à ciência do direito constitucional, independentemente da fonte normativa dessas normas (*constituição material*).

2.4. Natureza

No ***sentido científico***, o direito constitucional é ramo do ***direito público*** (**interno**), pois cuida de relações jurídicas a envolver a figura do Estado. Todavia, sobretudo nos países que adotam constituições prolixas (item 2.6, Capítulo III), o direito constitucional expande-se também rumo às relações privadas, como ocorre no Brasil. Trata-se do fenômeno da ***constitucionalização do direito privado***, que se materializa, em especial, por meio:

A) da disciplina constitucional de institutos de direito privado (casamento, família, relações trabalhistas);

B) da interpretação conforme a constituição de disposições normativas referentes ao direito privado; e

C) de teorias e decisões a defender a intitulada "eficácia horizontal" dos direitos fundamentais no âmbito das relações privadas.

No ***sentido normativo***, os preceitos constitucionais (regras e princípios) apresentam as características básicas:

A) ***Supremacia constitucional***: ao direito constitucional pertencem as **normas "superiores" do ordenamento jurídico**, de modo que as demais normas devem ser organizadas e interpretadas conforme as normas constitucionais em vigor. Tal princípio foi adotado de forma implícita no Brasil, isto é, pode ser extraído por dedução do contexto de diversas normas constitucionais como, por exemplo, os artigos 60, 23, I, 85, *caput*, 102 e 103, entre outros. Porém, a se considerar a divisão entre direito constitucional em sentido material e em sentido formal, essa supremacia é decomposta em:

A.1) ***supremacia material***: o conteúdo das normas constitucionais possui valor persuasivo superior, ainda que possam ser alteradas pelos mesmos procedimentos previstos para a alteração das demais normas. Exemplo: no Reino Unido, apesar de não haver rigidez constitucional (inexiste constituição formal), as normas da constituição material raramente sofrem modificações, pois as autoridades estatais lhes devotam enorme respeito.

A.2) ***supremacia formal***: mais alto grau de valor normativo que é atribuído a qualquer norma que pertença à constituição em sentido formal, independentemente do conteúdo. Trata-se da qualidade que garante às normas formalmente constitucionais *status* normativo superior (*lex superior*), de modo que devam prevalecer em face das demais espécies de normas, ainda que estas sejam posteriores.

B) ***Maior abertura semântica***: os preceitos constitucionais costumam ser formulados em linguagem que lhes possibilita mais espaço para atribuição de novos sentidos ("**textura aberta**"), o que favorece uma "**evolução interpretativa**";

C) ***Politicidade***: a constituição é espécie de "**estatuto jurídico do poder político**", razão pela qual a interpretação constitucional e a resolução de problemas são mais fortemente influenciadas por valores políticos do que costuma ocorrer com as demais espécies normativas.

D) ***Transversalidade***: por causa do lugar eminente que ocupam no sistema jurídico, as normas constitucionais refletem a "preocupação de traçar as grandes opções de certa comunidade, o que determina a sua relação com múltiplos temas que, nos dias de hoje, se mostram relevantes à convivência coletiva" (JORGE BACELAR GOUVEIA, 2007, p. 42).

CARACTERÍSTICAS BÁSICAS DOS PRECEITOS CONSTITUCIONAIS			
supremacia	maior abertura semântica	politicidade	transversalidade

2.5. Espécies ou divisão do direito constitucional

No ***sentido científico***, o direito constitucional se divide em:

A) ***direito constitucional positivo*** (*particular* ou *especial*): preocupa-se com o estudo sistematizado de **ordenamentos jurídico-constitucionais determinados no tempo e no espaço**. Exemplo: o direito constitucional brasileiro ao tempo da Constituição de 1946; o atual direito constitucional português;

B) ***direito constitucional geral*** (ou *teoria geral do direito constitucional*): cuida dos **conceitos** e dos **institutos que caracterizam as constituições em geral**. Exemplo: o estudo relativo às teorias sobre o poder constituinte;

C) ***direito constitucional comparado***: método de trabalho que estuda, **comparativamente**, ordenamentos constitucionais que se distinguem no tempo ou no espaço. Exemplo: estudo comparativo entre os sistemas brasileiro e argentino de controle de constitucionalidade.

▸ **Atenção!**

A) Não confundir **direito comparado** com as simples **notícias do direito estrangeiro**. Naquele, há o cotejo entre sistemas normativos diversos; nestas, apenas referências a características ou a institutos do direito estrangeiro, sem que exista efetiva comparação. Exemplo: as menções que porventura se façam à "teoria dos poderes implícitos" do direito constitucional norte-americano.

B) A importância do direito constitucional comparado reside, sobretudo: (a) na utilização do método comparativo como parte das técnicas interpretativas aplicadas a vários institutos constitucionais (federalismo, democracia etc.); (b) na preparação de textos normativos; e (c) na experimentação e adaptação de formas de integração de ordenamentos jurídicos diferentes (Mercosul, Comunidade Europeia).

No ***sentido normativo***, o direito constitucional objetivo se divide em:

A) ***direito constitucional em sentido formal*** (*constituição formal*): conjunto de normas que, **independentemente do conteúdo** que possuam, são consideradas elementos integrantes de documento solene cuja reforma textual é dificultada pela exigência de procedimentos especiais. Exemplo: o conjunto representado por *todas* as normas que fazem parte da Constituição de 1988; e

B) ***direito constitucional em sentido material*** (*constituição material*): conjunto de normas determinado pelo **conteúdo constitucional** que lhes seja atribuído, **independentemente** da **categoria normativa da fonte** que as tenha produzido. Exemplo: o conjunto representado pelas normas pertencentes ao ordenamento jurídico brasileiro e que versem sobre matéria constitucional, tais como direitos fundamentais, controle de constitucionalidade, entre outros.

2.5.1. Direito constitucional e teoria da constituição

O direito constitucional pode ser estudado a partir de duas posições metodológicas. Quando analisa ordem constitucional individualizada no tempo e no espaço (o atual regime constitucional brasileiro, por exemplo), o direito constitucional atua sob o ângulo da ***doutrina do direito constitucional***.

Porém, ao cuidar dos conceitos abstratos das constituições em geral ou das peculiaridades de cada uma delas, ou ainda quando procura discutir, descobrir ou criticar os limites, as possibilidades, os conceitos ou sua própria força normativa, o direito constitucional é visto pela óptica da ***teoria da constituição***.

2.6. Relações do direito constitucional com os demais ramos do direito

As normas de direito constitucional, além de dotadas de **supremacia**, regulam a produção do direito em si, bem como as matérias consideradas essenciais na consecução das finalidades do Estado. Ademais, é ao direito constitucional que se confere a tarefa de dar **coesão** e **unidade** sistemáticas ao ordenamento jurídico. Por isso, todos os outros segmentos do direito estão necessariamente conectados ao direito constitucional, implícita ou explicitamente. No Brasil, essa conexão ocorre especialmente com os seguintes ramos jurídicos:

A) ***direito administrativo***: pois é na Constituição Federal que se estabelecem as normas básicas de organização e de funcionamento dos órgãos estatais de todas as esferas federativas, além dos mecanismos de intervenção do Estado nas relações privadas;

B) ***direito econômico***: já que as linhas básicas da atuação e da intervenção estatal na economia são definidas em normas constitucionais;

C) ***direito internacional público***: porque é o direito constitucional que disciplina a incorporação, a relevância e a influência das normas de direito internacional em face do direito interno, além de competir ao direito constitucional a definição dos órgãos e autoridades que representam o Estado na órbita internacional;

D) ***direito penal***: por radicarem em normas constitucionais os mais importantes limites à tutela estatal sobre a liberdade privada;

E) ***direito processual***: porque é na Constituição que estão as principais normas sobre a organização do Judiciário, a definição primária de competência entre órgãos judiciais, os princípios processuais mais importantes, além da disciplina básica de certas ações constitucionais sumárias ("*writs*" *constitucionais*);

F) ***direito tributário e financeiro***: é a Constituição que define os princípios gerais do sistema tributário, os direitos fundamentais dos contribuintes em face do Estado, bem como a repartição de competências tributárias entre as entidades estatais;

G) ***direito previdenciário***: pela razão de terem assento constitucional as normas fundamentais a respeito tanto do custeio quanto dos benefícios previdenciários;

H) ***direito privado***: em decorrência da crescente "constitucionalização do direito privado", a Constituição influencia não somente a interpretação das normas de direito privado, mas a própria definição de alguns de seus institutos.

Capítulo III

Constituição, classificação das constituições e evolução constitucional brasileira

1. CONSTITUIÇÃO

1.1. Conceitos

Como percebeu CANOTILHO, *constituição* é daquelas "palavras viajantes", cujos conceitos variam de acordo com o momento histórico. Tem origem remota no termo grego *"politeia"*, mas chegou ao vernáculo a partir do latim *"constitutio"*. Representa o conjunto de regras e princípios referentes à estrutura fundamental do Estado, à formação dos poderes públicos, à forma de governo e de aquisição de poder, à distribuição de competências, bem como aos direitos, garantias e deveres dos cidadãos.

Para JOSÉ AFONSO DA SILVA, a constituição é algo que tem:

a) como ***forma***, um complexo de normas (escritas ou costumeiras);

b) como ***conteúdo***, a conduta humana motivada pelas relações sociais (econômicas, políticas, religiosas etc.);

c) como ***fim***: a realização dos valores que apontam para o existir da comunidade; e

d) como ***causa criadora***: o poder emanado do povo.

1.1.1. Conceitos histórico e moderno

O ***conceito histórico*** de constituição refere-se ao conjunto das normas (escritas ou consuetudinárias) e das estruturas institucionais que conformam, num certo período, a ordem jurídico-política de determinado sistema socialmente organizado.

Nos primórdios do constitucionalismo moderno, num conceito de constituição tipicamente liberal do século XVIII, dizia-se que uma "sociedade em que não está assegurada a garantia dos direitos nem reconhecida a divisão dos poderes não tem Constituição." (Art. 16 da Declaração dos Direitos do Homem e do Cidadão – 1789). Mas atualmente já se reconhece que **quaisquer organizações estatais possuem**

constituição, pois cada uma delas se apresenta estruturada, pelo menos, por certo conjunto de normas fundamentais, ainda que baseadas no costume ou na simples autoridade de quem exerce o poder político.

De qualquer forma, foi somente com o desenvolvimento científico do constitucionalismo que surgiu o ***conceito moderno*** de constituição, a significar, segundo CANOTILHO, a "ordenação sistemática e racional da comunidade política através de documento escrito no qual se declaram a liberdades e os direitos fundamentais e se fixam os limites do poder político" (1998, p. 48).

1.1.2. Perspectivas conceituais

Pode-se ainda definir o que seja uma constituição conforme as seguintes perspectivas:

A) **Conceito sociológico:** Deve-se a **LASSALLE** a clássica conceituação da constituição num sentido tipicamente sociológico. Em conferência de 1863, ele qualificou a constituição como "a **soma dos fatores reais de poder** que regem uma nação". Nesse sentido, constituição é simples documento com o qual os "fatores reais do poder" se impõem diante de determinada comunidade. A constituição jurídica apenas incorpora em documento escrito os fatores reais do poder, sem a concorrência dos quais a constituição não passaria de uma "folha de papel". Esses fatores reais do poder é que são a essência da "constituição real" de um país. Por isso, a verdadeira constituição baseia-se nos fatores reais e efetivos do poder. As constituições escritas só têm valor e durabilidade se exprimirem fielmente correspondência com esses fatores reais de poder.

A *crítica* feita à concepção sociológica decorre do fato de que ela **não reconhece a constituição como instrumento de alteração da realidade.** O único papel da constituição seria identificar as normas instituídas pelos fatores reais de poder existentes. Nesse sentido, se a constituição escrita vai de encontro à constituição real (soma dos fatores reais de poder), haverá a prevalência desta em detrimento daquela.

B) **Conceito político:** Numa perspectiva eminentemente política, **SCHMITT** teorizou a constituição como a síntese da "**decisão política fundamental**". É dessa decisão que emana a unidade política concreta representada pelo Estado e sua respectiva constituição. Toda normatividade estatal reside numa decisão política do titular do poder constituinte. A constituição é válida quando emana de um poder (isto é, força ou autoridade) constituinte e se estabelece por vontade dele. Todavia, a **constituição** não se confunde com as "**leis constitucionais**". A constituição propriamente dita, segundo SCHMITT, contém somente a determinação consciente da concreta forma de conjunto pela qual se pronuncia ou se decide a unidade política do Estado. Assim, a constituição não vale em virtude de sua justiça normativa ou de sua sistemática hermeticamente considerada, senão por decorrência da vontade política existencial daquele que a concebe. Já a validade das leis constitucionais toma por base essa constituição originada da decisão política fundamental. De modo que, para que sejam consideradas válidas, as leis constitucionais necessitam, em última instância, da conformidade para com a decisão política prévia e adotada por um poder ou autoridade politicamente existente.

C) **Conceito jurídico:** O conceito jurídico de constituição reconduz ao positivismo da escola de **KELSEN** e às respectivas explicações acerca do ordenamento jurídico. Nessa perspectiva, a ordem jurídica não é sistema de normas ordenadas no mesmo plano, umas ao lado das outras, mas construção normativa escalonada em diferentes camadas e níveis. Destarte, o autor toma a palavra constituição em dois sentidos distintos. No primeiro deles, **sentido lógico-jurídico**, constituição seria **norma fundamental hipotética** com função de servir de fundamento lógico transcendental de validade da constituição jurídico-positiva. De forma diversa, no **sentido jurídico-positivo**, constituição deve ser entendida como **norma positiva suprema**, como conjunto de normas que regula a criação de outras normas, ou seja, a lei nacional no seu mais alto grau. Desta forma, as normas jurídicas devem manter, entre si, relação hierárquica de fundamentação e derivação. Uma norma jurídica só é válida se encontrar fundamento em norma superior que lhe regula o respectivo processo de produção. E a constituição ocupa o nível normativo mais alto no ordenamento positivo estatal. Dessa posição hierárquica mais elevada, é a constituição que regula a produção das outras normas jurídicas estatais, servindo assim de parâmetro superior da validade das demais normas de determinado ordenamento jurídico.

PERSPECTIVAS CONCEITUAIS		
Concepção sociológica	**Concepção política**	**Concepção jurídica**
- Ferdinand Lassale - Obra clássica: "A essência da constituição" (1863).	- Carl Schmitt - Obra clássica: "Teoria da constituição" (1928).	- Hans Kelsen - Obra clássica: "Teoria pura do direito" (1934).
Constituição real: - aquela que reflete a **soma dos fatores reais de poder** que regem a sociedade;	**Constituição:** - é a **decisão política fundamental**, decisão concreta de conjunto sobre o modo e forma de existência da unidade política (estrutura e órgãos do Estado, direitos individuais, vida democrática etc.);	**Constituição em sentido lógico-jurídico:** - constituição como **norma fundamental hipotética** com função de servir de fundamento lógico transcendental de validade da constituição jurídico-positiva.
Constituição escrita: - não reflete os fatores reais de poder, não passando a constituição escrita de uma "folha de papel".	**Lei constitucional:** - são os dispositivos inscritos no texto constitucional que não contenham matéria de decisão política fundamental.	**Constituição em sentido jurídico-positivo:** - constituição como **norma positiva suprema**, como conjunta de normas que regula a criação de outras normas, ou seja, a lei nacional no seu mais alto grau.

▸ **Como esse assunto foi cobrado em concurso?**

Em 2010, o concurso para Juiz do TRT/23ª Região, o candidato deveria apontar como **correta** a seguinte alternativa: "No sentido sociológico, a Constituição, segundo a conceituação de Ferdinand Lassale é a somatória dos fatores reais do poder dentro de uma sociedade, e no sentido político, segundo Carl Schmitt, é a decisão política fundamental, fazendo distinção entre Constituição e leis constitucionais;". Na mesma questão, o gabarito indicou como **errada** a assertiva que se segue: "Para Hans Kelsen a concepção de Constituição tem dois sentidos: lógico-jurídico, que equivale à norma positiva suprema, ou seja, conjunto de normas que regula a criação de outras normas, lei nacional no seu mais alto grau, e jurídico-positivo, que significa norma fundamental hipotética."

No XIII Concurso para Juiz do TRF/1ª Região (2009), foi considerada **errada** a seguinte alternativa: "No sentido sociológico, a constituição seria distinta da lei constitucional, pois refletiria a decisão política fundamental do titular do poder constituinte, quanto à estrutura e aos órgãos do Estado, aos direitos individuais e à atuação democrática, enquanto leis constitucionais seriam todos os demais preceitos inseridos no documento, destituídos de decisão política fundamental."

Por sua vez, o X Concurso da Magistratura Federal do TRF/5ª Região (2009) considerou **errada** assertiva com a seguinte redação: "Segundo Kelsen, a CF não passa de uma folha de papel, pois a CF real seria o somatório dos fatores reais do poder. Dessa forma, alterando-se essas forças, a CF não teria mais legitimidade.

No concurso para Analista Judiciário do TJES (2011), foi considerada **correta** a seguinte assertiva: "A concepção sociológica, elaborada por Ferdinand Lassale, considera a Constituição como sendo a somatória dos fatores reais de poder, isto é, o conjunto de forças de índole política, econômica e religiosa que condicionam o ordenamento jurídico de determinada sociedade."

No concurso para Procurador do Estado de Pernambuco (2018/Cespe), foi considerada **correta** a afirmação: "A teoria da tripartição dos poderes está presente como dogma constitucional na Declaração Francesa dos Direitos do Homem e do Cidadão de 1789."

1.2. Documentos que deram origem às constituições modernas

Sem esquecer que foi somente com o constitucionalismo moderno que as constituições tiveram a preocupação consciente em fixar mecanismos limitadores do poder político e em estabelecer direitos e garantias para os membros da comunidade, apontam-se alguns **diplomas precursores das constituições atuais**:

A) **Código de Hamurabi** (séc. XXIII a.C.): primeiro conjunto de leis escritas, embora baseadas na suposta vontade divina.

B) **Magna Carta inglesa** (1215): primeiro texto no qual a sociedade impôs regras e delimitou o poder estatal e do governante.

▸ **Atenção!**

Outro diploma importante da época é a **Bula de Ouro** (1222), assinada na Hungria, no Reinado de André II. A exemplo da Carta Magna, trata-se de documento no qual o rei, pressionado por senhores feudais, assume obrigações que lhe limitam os poderes de governo. Essa Bula de Ouro vigorou até a Revolução Húngara de 1848 e incluía regras como a proibição de doação de terras a estrangeiros e a vedação de títulos ou cargos públicos de caráter hereditário.

C) **Instrumento de Governo** (*Instrument of Government*) (1654): documento assinado na Inglaterra pelo então monarca Cromwell. É considerado pela melhor doutrina como a primeira constituição escrita.

2. CLASSIFICAÇÃO DAS CONSTITUIÇÕES

2.1. Quanto ao conteúdo

A) **Constituição material:** consiste no conjunto de normas, escritas ou costumeiras, relacionadas com temas considerados essenciais às funções que a constituição deve desempenhar (*normas materialmente constitucionais*). Nesse conceito de normas materialmente constitucionais, o **importante é o conteúdo delas, e não a fonte normativa em que veiculadas**. Daí se admitir que normas materialmente constitucionais possam ser estabelecidas em diplomas normativos diversos do assim considerado texto constitucional (constituição formal). No Brasil, servem de exemplo as normas materialmente constitucionais dispostas, *v.g*, na LINDB – Lei de Introdução às Normas do Direito Brasileiro (antiga LICC – Lei de Introdução ao Código Civil); no Código Eleitoral; na Lei Orgânica dos Partidos Políticos; na Lei Orgânica da Magistratura.

Mas a grande perplexidade causada por tal conceito material está em que simplesmente **não há consenso** sobre quais sejam as "**matérias constitucionais**". Todavia, embora autores como KELSEN sustentem que a constituição material só inclui as normas que regulam a produção de outras normas jurídicas, a experiência constitucional vem constantemente alargando o rol das normas materialmente constitucionais. Existem assuntos que, no decorrer do constitucionalismo, vêm sendo enquadrados como tipicamente constitucionais, tais como a organização do poder político e o catálogo dos direitos fundamentais da pessoa humana.

No direito brasileiro, por influência da primeira parte do art. 178 da Constituição de 1824, parece existir certo acordo em que a constituição material abrange pelos menos as normas pertinentes aos limites e atribuições dos poderes políticos, aos direitos políticos e individuais das pessoas.

B) **Constituição formal:** conjunto de normas que, **independentemente do conteúdo**, consideram-se inseridas em ato escrito no qual se encontram os padrões normativos dotados de hierarquia jurídica superior.

Não há fórmula única ou preestabelecida a caracterizar as constituições formais. Mas elas são facilmente identificadas quando se trata de documentos solenes produzidos por pessoas ou assembleias às quais se atribui o exercício do poder constituinte. Já a maior hierarquia normativa atribuída às constituições formais é atribuída à natureza superior do poder constituinte, o que se revela, no geral, pela existência de mecanismos de rigidez constitucional, *i.e.*, da previsão de procedimentos especiais para se reformá-las (v. item 2.2 e Capítulo VI, item 8.2.1).

Nessa acepção, configuram ***normas formalmente constitucionais***:

a) em **sentido estrito**, as normas implícita ou explicitamente extraídas de documento normativo escrito e solene, ao qual se atribui hierarquia superior em relação às demais normas do mesmo sistema normativo (constituição formal); e

b) em **sentido amplo**, todas as normas dotadas de hierarquia normativa superior, incluindo as extraídas de fontes diversas da constituição formal propriamente dita, tais como as normas constantes de emendas constitucionais.

O direito brasileiro possui excessivo número de normas formalmente constitucionais, mas que não veiculam "matérias constitucionais". São as chamadas *normas apenas formalmente constitucionais*. Entre os muitos exemplos caricatos, sobressai a previsão constitucional segundo a qual o Colégio Pedro II será mantido na órbita federal (art. 242, § 2º, da CF/88).

A partir da EC 45/2004, o sistema normativo brasileiro passou a admitir, ainda, a existência de nova modalidade de normas formalmente constitucionais (em sentido amplo). Conforme **§ 3º** acrescentado pela EC 45/2004 ao **art. 5º da CF/88**, os "tratados e convenções internacionais sobre direitos humanos que forem aprovados, em cada Casa do Congresso Nacional, em dois turnos, por três quintos dos votos dos respectivos membros, serão equivalentes às emendas constitucionais."

▸ Como esse assunto foi cobrado em concurso?

No concurso para Juiz do TJPB (2011), foi considerada **errada** a seguinte assertiva: "O objeto da CF é a estrutura fundamental do Estado e da sociedade, razão por que somente as normas relativas aos limites e às atribuições dos poderes estatais, aos direitos políticos e individuais dos cidadãos compõem a Constituição em sentido formal."

No XIII Concurso da Magistratura Federal do TRF/1ª Região (2009) foi considerada **errada** a seguinte alternativa: "Na acepção formal, terá natureza constitucional a norma que tenha sido introduzida na lei maior por meio de procedimento mais dificultoso do que o estabelecido para as normas infraconstitucionais, desde que seu conteúdo se refira a regras estruturais do Estado e seus fundamentos."

Sobre o mesmo tema, em concurso elaborado pela Fundação Carlos Chagas para cargo de Técnico Superior de Procuradoria da PGE-RJ (2009), a seguinte afirmação foi considerada como **errada**: "O conceito de normas materialmente constitucionais é antagônico ao de normas formalmente constitucionais."

2.2. Quanto à estabilidade

A) **Constituição imutável:** a que **não admite reformas**, pois editada sob a premissa de que existiria somente uma única manifestação da atividade constituinte.

B) **Constituição rígida:** constituição cujo texto **admite reformas**, mas somente de acordo com **processos de modificação mais complexos e rigorosos** do que os exigidos para a aprovação da legislação ordinária. É tipo de constituição predominante desde a Constituição dos EUA. A atual Constituição brasileira também prevê técnicas de *rigidez constitucional* que se revelam na comparação entre as formalidades necessárias à aprovação de emendas constitucionais (art. 60) e as que se exigem no processo legislativo comum (art. 47).

C) **Constituição flexível:** constituição cujas **reformas** podem ser feitas segundo **processos semelhantes** aos exigidos para a **legislação comum**. Exemplos: Constituições do Reino Unido, da Nova Zelândia e de Israel.

D) **Constituição semirrígida ou semiflexível:** aquela que possui uma **parte rígida** e **outra flexível**. Exemplo: Constituição brasileira de 1824, cujo art. 178 estabelecia que somente não poderiam ser alteradas, conforme as formalidades das leis ordinárias, as normas que diziam respeito aos limites e atribuições respectivas dos poderes políticos, aos direitos políticos e individuais dos cidadãos.

E) **Constituição super-rígida:** constituição que **admite reformas**, mas estabelece **pontos imutáveis**, também conhecidos como *cláusulas pétreas*.

Contudo, esse último conceito não parece adequado à classificação ora comentada. É que, diferentemente do ocorre com os demais conceitos acima, não está relacionado à estabilidade da constituição em face de *outros* diplomas normativos, senão com as normas presentes na própria constituição. Ocorre que, nesse sentido, todas as constituições poderiam ser chamadas de "super-rígidas", até mesmo as constituições flexíveis, pois quaisquer delas possuem um núcleo mínimo de normas que as identifica e que, portanto, não pode ser modificado sem dar origem a uma "nova" constituição.

▸ Como esse assunto foi cobrado em concurso?

Em 2010, no concurso para Juiz do TJMS (2010), elaborado pela Fundação Carlos Chagas, o candidato deveria apontar como **corretas** as seguintes assertivas: "toda Constituição rígida é escrita"; "toda Constituição costumeira é, ao menos conceitualmente, flexível"; "nem toda Constituição escrita é rígida"; "uma Constituição pode ter partes rígidas e partes flexíveis." A assertiva **errada** que deveria ser assinalada continha a seguinte afirmação: "Constituições escritas excluem a possibilidade de costumes constitucionais."

O concurso para Juiz do TRT/2ª Região (2012) considerou **correta** a afirmativa: "Constituições rígidas ou flexíveis têm esta classificação assentada segundo o critério do grau de formalidade do procedimento requerido para a sua mudança. A Constituição brasileira de 1988 é do tipo rígido."

Em questão elaborada para o concurso de Juiz do TJRO (2015/FCC), a alternativa considerada **correta** pelo gabarito tinha a seguinte redação: "Constituição rígida dispensa cláusulas pétreas".

2.3. Quanto à forma

A) **Constituição escrita:** constituição cujas normas são extraídas de disposições reunidas num **documento solene.**

B) **Constituição não escrita:** aquela cujas normas **não se encontram catalogadas** ou **codificadas** num documento-base. Trata-se do tipo de constituição que reúne somente normas materialmente constitucionais dispersas em várias fontes. Exemplo clássico é a Constituição do Reino Unido, da qual fazem parte normas de diferentes origens (leis, tratados internacionais incorporados), incluindo o costume parlamentar (*parliamentary custom*), as convenções constitucionais (*constitutional conventions*) e a jurisprudência (*case law*). Outros exemplos são as Constituições da Nova Zelândia e de Israel.

2.4. Quanto à origem

A) **Promulgada (popular ou democrática):** originada de **órgão constituinte composto de representantes do povo** e previamente instituído com a finalidade de elaborar uma constituição. Exemplos: as Constituições brasileiras de 1891, 1934, 1946 e 1988.

B) **Outorgada:** confeccionada **sem a participação popular**, por **imposição do governante da época**. Exemplos: as Constituições brasileiras de 1824, 1937, 1967 e 1969.

▸ **Importante**

Há quem diferencie ***carta constitucional*** de ***constituição***. A primeira seria uma constituição do tipo outorgada; a segunda, uma constituição feita por assembleia dotada de poderes constituintes, *i.e.*, uma constituição da espécie promulgada.

C) **Cesarista:** a constituição é elaborada de **forma híbrida**: inicialmente, sem participação popular; porém, é posteriormente submetida a consulta popular para referendá-la. Exemplo: a Constituição chilena de 1980, sancionada por decreto-lei presidencial e, após, submetida a referendo popular. A Constituição brasileira de 1937 seria cesarista, mas o plebiscito nacional para aprová-la nunca foi realizado.

▸ **Observação:**

Em correção ao que se sustentou até a 7ª edição desta obra, a atual Constituição venezuelana (em vigor a partir de 2000) não pode ser considerada do tipo *cesarista*. Isso porque, embora sujeita a um "referendo constituinte" para confirmá-la depois, ela fora antes aprovada em assembleia constituinte democraticamente eleita.

D) **Pactuada (convencionada ou dualista):** constituição decorrente do **pacto entre forças políticas contrapostas**, geralmente entre o soberano e algum outro grupo político. Difundiu-se após a Revolução Francesa, num período em que aparentemente estavam em posições antagônicas o princípio monárquico e o princípio da soberania popular, o que redundava em constituições pactuadas entre o monarca (realeza) e representantes populares (Legislativo), como ocorreu com a Constituição francesa de 1830.

E) **Heterônoma (heteroconstituição):** constituição elaborada ou imposta, da parte de um Estado, para ser observada por outro Estado. Trata-se de constituição concebida por **procedimentos externos de formação** originados em "atos de soberania (*decisão constituinte*) imputáveis a um Estado diverso daquele que será disciplinado pela nova constituição" (VERGOTTINI, 2013, p. 249). Tipo de constituição manifestado, geralmente, em contextos de pós-ocupação militar ou durante processos negociados de descolonização. Exemplo clássico: a Constituição japonesa de 1946, que teve seu projeto escrito pelas forças norte-americanas de ocupação, logo após a II Guerra Mundial; e a Constituição alemã de 1949, cuja minuta teve de ser aprovada pelos comandantes das potências aliadas. Também se consideram constituições heterônomas aquelas aprovadas para várias ex-colônias do Reino Unido, tais como as Constituições do Canadá (1867) e a da Austrália (1901), cujos textos foram elaborados por lei votada pelo parlamento britânico.

F) **Assistida (guiada):** constituição decorrente de procedimentos que contam com a intervenção ou assistência de órgãos de Estados ou organizações diversos daqueles destinados a recebê-la, seja mediante procedimentos desenvolvidos mediante recurso ou acordo entre Estados, seja por meio da atividade de organizações internacionais (VERGOTTINI). Exemplos: a Constituição da Namíbia (1982-1990), que contou com a vigilância e a supervisão da ONU; e a Constituição da Bósnia Herzegovina (1991-1995), para a qual concorreram várias iniciativas de órgãos internacionais, incluindo a ONU e o Conselho da Europa.

▸ **Como esse assunto foi cobrado em concurso?**

No concurso para Técnico Judiciário do TRE/ES (2011), foi considerada **errada** a seguinte alternativa: "Denomina-se constituição outorgada a elaborada e estabelecida com a participação do povo, normalmente por meio de Assembleia Nacional Constituinte."

Em 2010, o concurso para Juiz do TRT/23ª Região, o candidato deveria apontar como **errada** a seguinte alternativa: "A Constituição dita Cesarista é aquela em que a participação popular é democrática pois visa ratificar a vontade do detentor do poder."

Em questão para concurso para Procurador da Fazenda Nacional (2007), elaborada pela Esaf, a seguinte assertiva foi considerada como **correta**: "As constituições outorgadas não são precedidas de atos de manifestação livre da representatividade popular e assim podem ser consideradas as Constituições brasileiras de 1824, 1937 e a de 1967, com a Emenda Constitucional n. 01 de 1969."

Sobre o mesmo tema, o concurso para Agente Administrativo do Ministério do Meio Ambiente (2009/Cespe), foi considerada **errada** a alternativa que trazia a presente afirmação: "Uma Constituição do tipo cesarista se caracteriza, quanto à origem, pela ausência da participação popular na sua formação."

2.5. Quanto ao modo de elaboração

A) **Dogmática:** elaborada por órgão ou assembleia constituinte por intermédio do qual são sistematizados e documentados os **dogmas** e as ideias fundamentais da teoria política e do direito que preponderam no momento.

B) **Histórica:** resultante da **contínua evolução das tradições** e dos **fatos sociopolíticos** por meio dos quais se determinam as normas fundamentais da organização de determinado Estado. Modelo constitucional que necessariamente envolve a ausência de uma constituição escrita ou formal. Nesse sentido, o exemplo mais citado é o da Constituição do Reino Unido, cujo desenvolvimento histórico se estende desde a Magna Carta de 1215 aos dias atuais, passando pela incorporação da Convenção Europeia de Direitos Humanos por meio do *Human Rights Act* (1998).

▸ **Como esse assunto foi cobrado em concurso?**

No concurso para Juiz do TJPB (2011) foi considerada como **errada** a seguinte alternativa: "Quanto ao modo de elaboração, a vigente CF pode ser classificada como uma constituição histórica, em oposição à dita dogmática."

No concurso para Juiz do TRT/9ª Região (2009), a seguinte alternativa foi considerada como **correta**: "A Constituição histórica é aquela resultante da gradativa sedimentação jurídica de um povo, por meio de suas tradições."

Em questão elaborada para o concurso de Juiz Federal do TRF/1ª Região (2015), a alternativa considera **correta** pelo gabarito tinha a seguinte redação: "Quanto ao modo de elaboração, a CF é uma Constituição dogmática, na medida em que se apresenta como produto escrito e sistematizado por um órgão constituinte, a partir de valores predominantes em determinado momento histórico".

2.6. Quanto à extensão

A) **Sintética (concisa):** restringe-se aos **princípios gerais** ou **regras básicas** de organização e funcionamento do sistema jurídico estatal, deixando ao legislador a pormenorização respectiva. Ex.: Constituição dos EUA (1787) e da França (1946).

B) **Analítica (prolixa):** promove detalhamento de certos assuntos constitucionais ou traz normas que versam sobre **temas que não fazem parte das preocupações das teorias da constituição**, geralmente com a intenção de conferir a essas normas uma maior estabilidade, de maneira a dificultar reformas futuras. Exemplos: a Constituição brasileira de 1988, a Constituição venezuelana de 2000 (mais de 350 artigos) e a Constituição hindu de 1950 (mais de 400 artigos).

> ▸ **Como esse assunto foi cobrado em concurso?**
>
> No concurso para Advogado da ECT (2011), foi considerada **errada** a seguinte alternativa: "Quanto a sua extensão e finalidade, a constituição sintética examina e regulamenta todos os assuntos que reputa relevantes à formação, à destinação e ao funcionamento do Estado."
>
> No concurso para Juiz do TJPB (2011), foi considerada **errada** a seguinte alternativa: "Distintamente da constituição analítica, a constituição dirigente tem caráter sintético e negativo, pois impõe a omissão ou negativa de ação ao Estado e preserva, assim, as liberdades públicas."
>
> Em questão elaborada pela Esaf, para cargo de Auditor Fiscal da Receita Federal (2009), a seguinte assertiva foi considerada como **correta**: "A constituição sintética, que é constituição negativa, caracteriza-se por ser construtora apenas de liberdade– negativa ou liberdade-impedimento, oposta à autoridade."

2.7. Quanto à essência

Segundo a *classificação ontológica* de KARL LOEWENSTEIN, baseada na conformação constitucional quanto à realidade do processo de poder político, uma constituição pode ser:

A) **Normativa:** aquela cujas normas dominam o processo político, pois **são lealmente observadas por todos os interessados**, fazendo com que o poder se adapte ao texto constitucional. A constituição é efetivamente aplicada.

B) **Nominal: constituição carente de realidade existencial.** Apesar de ser juridicamente válida, o processo político a ela não se curva ou se adapta adequadamente. Não é aplicada efetivamente.

C) **Semântica:** modelo constitucional que, em vez de servir como mecanismo de limitação do poder estatal, visa apenas à **estabilização e conservação** da **estrutura de dominação do poder político.**

Para UADI BULOS, o Brasil nunca possuiu uma constituição normativa. As Constituições de 1891, 1934 e 1946 foram nominais, como o é também a Constituição de 1988; e as Constituições de 1937, 1967/69 foram meramente semânticas.

▸ **Como esse assunto foi cobrado em concurso?**

No concurso para Procurador Federal (2010/Cespe), a seguinte assertiva foi apontada como **correta**: "Segundo a doutrina, quanto ao critério ontológico, que busca identificar a correspondência entre a realidade política do Estado e o texto constitucional, é possível classificar as constituições em normativas, nominalistas e semânticas."

No XIII Concurso da Magistratura Federal do TRF/1ª Região (2009), foi considerada **correta** a seguinte alternativa: "Quanto à correspondência com a realidade, ou critério ontológico, o processo de poder, nas constituições normativas, encontra-se de tal modo disciplinado que as relações políticas e os agentes do poder se subordinam às determinações de seu conteúdo e do seu controle procedimental."

No concurso para Analista de Controle do TCE/PR (2016/Cespe), foi considerada **correta** a afirmação: "A classificação ontológica das Constituições põe em confronto as pretensões normativas da Carta e a realidade do processo de poder, sendo classificada como nominativa, nesse contexto, a Constituição que, embora pretenda dirigir o processo político, não o faça efetivamente."

No concurso para Provimento do Cargo de Titular de Cartório do TJSP (2018/Vunesp), foi considerada **correta** a afirmação: "A Constituição Federal de 1937 é classificada como semântica, pois atuou como simples instrumento de estabilização do Poder, sem o escopo de organizá-lo ou limitá-lo."

2.8. Outras denominações

A) **Constituição total:** constituição que opera a integral organização política, social, jurídica e econômica de um Estado.

B) **Constituição real:** conjunto de forças sociais politicamente atuantes na efetivação das regras constitucionais.

C) **Constituição jurídica:** constituição advinda da **força normativa mínima** proveniente de seus preceitos.

D) **Constituição expansiva:** o mesmo que **constituição prolixa**.

E) **Constituição plástica:** pode ser traduzida como a qualidade técnica de melhor localizar, topograficamente, dentro do texto constitucional, as diversas matérias que este contém, de modo a favorecer-lhes a sistematização e interpretação, além de permitir o preenchimento de regras constitucionais por meio do legislador ordinário, assegurando que a constituição acompanhe as oscilações da vontade popular (MACHADO HORTA). Na mesma linha, para UADI BULOS, é a constituição que apresenta mobilidade que lhe permite projetar sua força normativa nos vários setores da realidade estatal. Já para SAHID MALUF, constituição plástica é sinônimo de constituição flexível.

F) **Constituição instrumental:** o mesmo que **constituição escrita**, ou seja, traduzida em um instrumento ou diploma (CANOTILHO).

G) **Constituição negativa:** modelo constitucional que cuida apenas da **liberdade-negativa** ou **liberdade-impedimento**, em oposição à autoridade estatal. Também chamada de constituição *garantista*.

H) **Constituição dirigente:** constituição que define finalidades e programas com o intuito de ordenar as ações futuras da política estatal (CANOTILHO).

▸ **Atenção!**

A ideia da constituição dirigente fora defendida por CANOTILHO em tese de doutoramento publicada sob o título *Constituição dirigente e vinculação do legislador* (1994). Contudo, na 2ª edição da mesma obra, o autor passou a entender que a constituição dirigente estaria **morta**, pelo menos em relação à defesa de um "dirigismo constitucional" concebido como um "normativismo constitucional revolucionário capaz de, só por si, operar transformações emancipatórias".

I) **Constituição viva:** as constituições possuem propriedades comparáveis às dos organismos vivos, pois são modificáveis e adaptáveis às realidades e necessidades das sociedades contemporâneas. Concepção defendida, sobretudo nos Estados Unidos, por doutrinadores ligados à chamada escola "não originalista" do direito constitucional (v. item 2 do Capítulo VII).

J) **Constituição aberta:** é o *produto da interpretação constitucional* que, feita por todos os grupos sociais para os quais a constituição é concebida e sem prejuízo da preponderância da interpretação feita pelo tribunal constitucional, ocorre a partir do alargamento da compreensão de quem devam ser os verdadeiros intérpretes das normas constitucionais (PETER HÄBERLE). Ver item 8 do Capítulo VII.

K) **Constituição dúctil:** segundo GUSTAVO ZAGREBELSKY, as constituições atuais podem ser consideradas tanto *pluralistas* quanto *dúcteis*. *Pluralistas*, porque não representam uma única ideologia, já que são obras de consenso formado a partir de recíprocas concessões acertadas entre forças políticas distintas. *Dúcteis*, porque veiculam conteúdos tendencialmente contraditórios entre si, sem que se lhes possa traçar uma hierarquia rigorosa. Pelo contrário esses conteúdos devem ser assim preservados, de modo a conceder ampla margem à configuração legislativa, além de abertos a possíveis ponderações judiciais. Assim, estabelecem-se mútuas relações entre legislador e juiz, política e justiça. Numa constituição dúctil e repleta princípios, dificilmente haverá matérias subtraídas, seja da justiça, seja da política.

L) **Constituição invisível:** expressão concebida por LAURENCE TRIBE a respeito da Constituição dos EUA. Segundo essa concepção, além do texto constitucional em si, subjazem "porções invisíveis" da Constituição, às quais se endereçam questionamentos cuja resposta não pode ser encontrada na Constituição escrita. Assim, a chamada "Constituição invisível" assume importantes funções operativas, como se fora um tipo de "matéria escura" a partir da qual se extraem comandos e postulados tacitamente inseridos no arcabouço constitucional. Em síntese, a expressão representa "a criação (ou, em outra perspectiva, o reconhecimento) de uma *estrutura constitucional que não pode ser encontrada em qualquer lugar da Constituição escrita*" (2008, p. 77).

▸ **Como esse assunto foi cobrado em concurso?**

No XIII Concurso da Magistratura Federal do TRF/1ª Região (2009) foi considerada **errada** a seguinte alternativa: "Considerando o conteúdo ideológico das constituições, a vigente Constituição brasileira é classificada como liberal ou negativa."

Sobre o mesmo tema, no concurso para Polícia Civil do Tocantins (2008/Cespe), apontou-se como **errada** assertiva com seguinte conteúdo: "Constituição-garantia é a que, além de legitimar e limitar o poder do Estado em face da sociedade, traça um plano de evolução política e metas a serem alcançadas no futuro."

Já o concurso para Procurador do Ministério Público do TCE-MG (2007) considerou **correta** a alternativa que afirmava: "analíticas ou dirigentes, examinam e regulamentam todos os assuntos que entendam relevantes à formação, destinação e funcionamento do Estado."

No concurso para Procurador do Estado de Pernambuco (2018/Cespe), foi considerada **incorreta** a afirmação: "Constituição plástica é aquela definida pelos fatores reais presentes nas disputas de poder na sociedade."

2.9. Classificação da Constituição de 1988

A Constituição de 1988 pode ser classificada como **formal**, **escrita**, **dogmática**, **promulgada** (**democrática, popular**), **rígida**, **analítica** e **nominal**.

CLASSIFICAÇÃO DAS CONSTITUIÇÕES		
Critério: Quanto ao conteúdo	Constituição material:	conjunto de normas relacionadas com temas considerados essenciais às funções que a constituição deve desempenhar. Não importa a fonte normativa em que veiculadas as normas, porém apenas o conteúdo delas.
	Constituição formal:	conjunto de normas que, independentemente do conteúdo, consideram-se inseridas em ato escrito no qual se encontram os padrões normativos dotados de hierarquia jurídica superior.
Critério: quanto à estabilidade	Constituição imutável:	não admite reformas.
	Constituição rígida:	admite reformas, mas somente de acordo com processos de modificação mais complexos do que os exigidos para a aprovação da legislação ordinária.
	Constituição flexível:	admite reformas, que podem ser feitas segundo processos semelhantes aos exigidos para a legislação comum.

CLASSIFICAÇÃO DAS CONSTITUIÇÕES		
Critério: quanto à estabilidade	Constituição semirrígida:	aquela que possui uma parte rígida e outra flexível.
	Constituição super-rígida:	admite reformas, mas estabelece pontos imutáveis (cláusulas pétreas).
Critério: quanto à forma	Constituição escrita:	constituição cujas normas são extraídas de disposições reunidas num documento solene.
	Constituição não escrita:	aquela cujas normas não se encontram catalogadas ou codificadas num documento-base.
Critério: quanto à origem	Constituição promulgada:	originada de órgão constituinte composto de representantes do povo e previamente instituído com a finalidade de elaborar uma constituição.
Critério: quanto à origem	Constituição outorgada:	confeccionada sem a participação popular, por imposição do governante da época.
	Constituição cesarista:	forma híbrida em que a constituição é elaborada sem participação popular, mas é posteriormente submetida a consulta popular para referendá-la.
	Constituição pactuada:	constituição decorrente do pacto entre forças políticas contrapostas, geralmente entre o soberano e algum outro grupo político.
	Constituição heterônoma:	constituição elaborada ou imposta, da parte de um Estado, para ser observadas por outro Estado.
	Constituição gerida:	constituição decorrente de procedimentos que contam com a intervenção ou assistência de órgãos de Estados ou organizações diversos daqueles destinados a recebê-la.
Critério: quanto ao modo de elaboração	Constituição dogmática:	elaborada por órgão ou assembleia constituinte por intermédio do qual são sistematizados e documentados os dogmas e as ideias fundamentais da teoria política e do direito que preponderam no momento.
	Constituição histórica:	resultante da contínua evolução das tradições e dos fatos sociopolíticos por meio dos quais se determinam as normas fundamentais da organização de determinado Estado.
Critério: quanto à extensão	Constituição sintética:	restringe-se a princípios gerais ou regras básicas de organização e funcionamento do sistema jurídico estatal, deixando ao legislador a pormenorização respectiva.
	Constituição analítica:	promove detalhamento de certos assuntos constitucionais ou traz normas que versam sobre temas que não fazem parte das preocupações das teorias da constituição, geralmente com a intenção de conferir a essas normas uma maior estabilidade, de maneira a dificultar reformas futuras.

CLASSIFICAÇÃO DAS CONSTITUIÇÕES		
Critério: quanto à essência	Constituição normativa:	aquela cujas normas dominam o processo político, pois são lealmente observadas por todos os interessados.
Critério: quanto à essência	Constituição nominal:	constituição carente de realidade existencial, pois o processo político a ela não se curva ou se adapta adequadamente.
	Constituição semântica:	modelo constitucional que visa apenas à estabilização e à conservação da estrutura de dominação do poder político.

3. EVOLUÇÃO CONSTITUCIONAL DO ESTADO BRASILEIRO

O Estado brasileiro, desde a independência de Portugal, conheceu oito constituições.

> **Atenção:**
> Esta contagem considera como **nova** Constituição aquela decorrente da Emenda Constitucional 1/69, embora isso não seja pacífico na doutrina (cf. item 1.5.1.3 do Capítulo IV).

3.1. Constituição de 1824

Espelho das ideias do **liberalismo** (o homem como alicerce de todo o sistema social; o indivíduo protegido frente ao Estado). Possuía 179 artigos. Eram suas características:

A) embora **outorgada**, trazia grande inspiração nas teorias liberais, como no rol dos direitos individuais, considerados modernos para a época;

B) centralização monárquica, com a previsão do **Poder Moderador** exercido pelo Imperador, num esquema de divisão das funções estatais em quatro, conforme teoria defendida por Benjamim Constant;

C) quanto à estabilidade, era do tipo **semirrígida**, pois permitia que os dispositivos da constituição material fossem modificados por maioria qualificada, mas admitia a alteração de dispositivos da constituição formal mediante os mesmos requisitos necessários à elaboração da lei comum (artigo 178);

D) foi a primeira constituição a trazer a enumeração (art. 179) dos direitos individuais, estabelecendo um regime correspectivo de garantias individuais (positivação e subjetivação);

E) **não admitia responsabilização do Imperador**, mas somente dos titulares dos Ministérios;

F) outras características relevantes: o caráter unitário do Estado, a adoção da religião católica e a possibilidade de o Imperador suspender os juízes, após manifestação do Conselho de Estado, em caso de queixas, ouvindo-os previamente.

3.2. Constituição de 1891

Possuía 91 artigos e 8 outros referentes às Disposições Transitórias. Instituiu o Federalismo como princípio de estruturação do Estado e a democracia representativa como regime político. Merecem destaque os seguintes pontos:

A) as províncias imperiais foram alçadas a Estados-membros, mas dirigidas por "presidentes";

B) autonomia constitucional dos Estados-membros;

C) extinção do Poder Moderador imperial, com a manutenção das outras **três funções estatais**;

D) eleição do **Presidente da República** pelo sufrágio direto e com **responsabilidade** perante a Câmara dos Deputados (inspiração do presidencialismo americano);

E) instituição do *habeas corpus;*

F) concentração de poder nas mãos dos "Presidentes" (Governadores) dos Estados-membros (*coronelismo*);

G) criação da Justiça Federal;

H) previsão da intervenção federal (inspirada na Constituição argentina de 1853);

I) abolição da pena de morte;

J) a inexistência de religião oficial.

> **Importante:**
>
> Foi na vigência da Constituição de 1891 que o Supremo Tribunal Federal julgou o HC 300, impetrado por Rui Barbosa, e acabou por decidir não ser "da índole do Supremo Tribunal Federal envolver-se nas funções políticas do Poder Executivo ou Legislativo". Tratava-se de *writ* impetrado em virtude da prisão de 46 pessoas, algumas até antes da decretação do estado de sítio, mas o STF não apreciou o mérito da ação. Registram os historiadores que o Presidente Floriano Peixoto proferiu a seguinte frase a respeito: "Se os juízes do Tribunal concederem *habeas corpus* aos políticos, eu não sei quem amanhã lhes dará o *habeas corpus* de que, por sua vez, necessitarão" (LEDA BOECHAT, 1991, t. I, p. 19)

3.3. Constituição de 1934

Trazia 187 artigos, a que se somavam 26 artigos de Disposições Transitórias, tendo sofrido forte influência da Constituição de Weimar. Surgiu em decorrência do movimento revolucionário que alçou Getúlio Vargas ao poder. Destacam-se os seguintes pontos:

A) definição do sistema eleitoral (inclusive voto feminino) e instituição da Justiça Eleitoral;

B) representação corporativista;

C) **unicameralismo**, transformando o Senado em órgão de colaboração da Câmara dos Deputados;

D) ampliação dos poderes do Executivo e da esfera de competência da União;

E) oscilou entre o liberalismo e o intervencionismo;

F) **responsabilidade** solidária dos ministros de Estado com o presidente da República;

G) **Ministério Público** como órgão de cooperação nas atividades governamentais;

H) instituição do **mandado de segurança** e de título sobre **ordem econômica e social**, caracterizando-se pela instituição de normas que consagraram direitos dos trabalhadores;

I) previsão de **declaração de inconstitucionalidade** de lei ou ato do Poder Público pela votação da maioria absoluta de votos dos componentes dos tribunais (art. 179);

J) estipulação da **tríplice garantia dos magistrados** (vitaliciedade, irredutibilidade de vencimentos e inamovibilidade);

L) criação das Justiças Eleitoral e Militar;

M) impossibilidade de o Poder Judiciário apreciar as questões exclusivamente políticas;

N) abolição da figura do Vice-Presidente.

3.4. Constituição de 1937

Fruto da revogação da Constituição de 1934 por ato de Getúlio Vargas, inaugurou a fase denominada "**Estado Novo**", implantando um regime autocrático, em que se legislava por via de decretos-leis, concentrando-se os Poderes Executivo e Legislativo nas mãos do Presidente da República. Também conhecida como **Constituição "Polaca"**, em face do modelo que adotou como parâmetro. Organizada em 187 artigos. Tinha como principais características:

A) inspiração fascista e totalitária;

B) apesar de ter previsto um "plebiscito nacional" como condição para que entrasse em vigor (*constituição cesarista*), nunca foi realizada a consulta popular (art. 187, após revogado pela EC 9/45);

C) ignorou o **mandado de segurança** e a Justiça Eleitoral criados em 1934;

D) não tratou da organização do **Ministério Público**;

E) extinguiu a Justiça Federal;

F) previsão de superação da decisão judicial que declarasse a inconstitucionalidade de lei, pela confirmação do texto normativo, mediante provocação do Presidente, pelo voto de 2/3 do Parlamento (art. 96, parágrafo único).

G) restaurou a pena de morte;

H) vedou ao Judiciário conhecer de questões exclusivamente políticas.

3.5. Constituição de 1946

Após a **redemocratização do país**, ocorrida com o término da 2ª Guerra Mundial, e o fim do Estado Novo, veio a lume nova Constituição, com 222 artigos e 36 disposições finais. Foi promulgada em 18-9-46, pela Assembleia Constituinte. Trazia como pontos-chaves:

A) correta observância da técnica constitucional, com traços políticos que apontavam a abertura para a recuperação da ordem social;

B) prestígio ao municipalismo, especialmente quanto à repartição da receita tributária;

C) restauração do **mandado de segurança**;

D) liberdade de organização partidária;

E) proibição das penas de morte, confisco e banimento;

F) instituição do direito de greve;

G) restaurou parcialmente a Justiça Federal (somente no 2º grau de jurisdição: Tribunal Federal de Recursos) e voltou a tratar do **Ministério Público**;

H) estruturação da Justiça do Trabalho;

I) composição do Poder Legislativo dividida entre a Câmara e o Senado, sendo este presidido pelo Vice-Presidente da República;

3.6. Constituição de 1967

Dotada de 189 artigos, foi, de fato, outorgada pelo Governo Militar que assumiu o poder após o **Golpe de 1964**. De forte inspiração na Constituição de 1937, teve preocupação fundamental com a segurança nacional. Concentrou poderes nas mãos da União e do Presidente da República. Tecnicamente, revelou-se melhor no trato da matéria orçamentária e tributária. Foram seus traços marcantes:

A) fortalecimento do Executivo em matéria legislativa (decretos-leis);

B) redução da autonomia individual;

C) reaparecimento da Justiça Federal de 1ª instância;

D) previsão da desapropriação para fins de reforma agrária; e

E) inclusão da censura entre as atribuições da Polícia Federal.

3.7. Emenda Constitucional ou Constituição de 1969?

Apesar de haver sido veiculada por intermédio de simples emenda constitucional, tratou-se de **nova Constituição Federal** (cf. item 1.5.1.3 do Capítulo IV). Após o agravamento da crise política e a edição de medidas autocráticas, registrou-se rompimento formal com a ordem constitucional então em vigor (principalmente após o Ato Institucional 5/68), culminando-se com a aprovação da intitulada "Emenda Constitucional" nº 1, de 17-10-69. Esta "emenda constitucional" promoveu extensas reformulações no texto constitucional anterior, mantendo, contudo, a doutrina da segurança nacional. Merecem realce os seguintes aspectos:

A) mudança da denominação (de *Constituição do Brasil* para ***Constituição da República Federativa do Brasil***);

B) fiscalização financeira e orçamentária dos municípios, permitindo a criação de Tribunais de Contas nos municípios com mais de 2 milhões de habitantes;

C) dispôs que a rejeição de decreto-lei não implicava a nulidade dos atos praticados durante sua vigência.

3.8. Constituição de 1988

Restaurado o princípio democrático com a abertura política e a eleição de Tancredo Neves para ocupar o cargo de Presidente da República, foi convocada a Assembleia Nacional Constituinte pela EC 26/85.

Esse ato legislativo, por objetivar a superação do regime constitucional anterior (e não o emendar), qualifica-se, na verdade, como ato político constituinte tendente a organizar a transição do regime militar para a Nova República, e não mera manifestação do poder de reforma. Como sustentou VIRGÍLIO AFONSO DA SILVA, "a EC 26/85 não pode ser encarada como mera manifestação do poder constituinte derivado, mas como um *artifício político para uma ruptura na ordem constitucional* então vigente" (2001, p. 28).

> **▸ Atenção:**
> O Plenário do próprio STF, no julgamento da ADPF 153/DF, consignou que a "Emenda Constitucional n. 26/85 inaugura uma nova ordem constitucional, consubstanciando a ruptura da ordem constitucional que decaiu plenamente no advento da Constituição de 5 de outubro de 1988; consubstancia, nesse sentido, a revolução branca que a esta confere legitimidade."

Pois bem. Concluídos os trabalhos da Assembleia Constituinte, que se estenderam de 1º de fevereiro de 1987 a 22 de setembro do ano seguinte, a nova Constituição foi promulgada no dia 5 de outubro de 1988.

Ela adotou a forma analítica (prolixa), com a **preocupação de garantir maior intangibilidade a certas conquistas**, fazendo aderir a seu texto numerosas normas apenas formalmente constitucionais. Somou 245 artigos, além de outros 70 no ADCT. Também foi chamada de ***Constituição Cidadã***, expressão utilizada pelo Deputado ULYSSES GUIMARÃES, então Presidente da Assembleia Constituinte.

QUADRO COMPARATIVO ENTRE AS CONSTITUIÇÕES BRASILEIRAS			QUADRO COMPARATIVO ENTRE AS CONSTITUIÇÕES BRASILEIRAS		
			Características		
Constituição	**Fonte inspiradora**	**Classificação**	**Forma de Estado**	**Forma de governo**	**Sistema de governo**
Constituição de 1824	Constituição francesa	a) liberal; b) pactuada; c) semirrígida.	Unitários	Monarquia	previsão de quatro poderes: adoção da teoria do Poder Moderador exercido pelo Imperador
Constituição de 1891	Constituição americana	a) liberal; b) pactuada; c) rígida.	Federação	República	Presidencialismo
Constituição de 1934	Constituição alemã	a) social b) promulgada; c) rígida.	Federação	República	Presidencialismo
Constituição de 1937	Constituição polonesa	a) social; b) outorgada; c) rígida.	Federação (formalmente) Na prática, o Estado era unitário, pois interventores federais é que governavam os Estados-membros.	República	Presidencialismo
Constituição de 1946	-	a) social; b) promulgada; c) rígida.	Federação	República	Presidencialismo: estabelecido por emenda constitucional, vigorou de setembro de 1961 até fevereiro de 1963.

QUADRO COMPARATIVO ENTRE AS CONSTITUIÇÕES BRASILEIRAS			QUADRO COMPARATIVO ENTRE AS CONSTITUIÇÕES BRASILEIRAS		
Constituição	**Fonte inspiradora**	**Classificação**	**Características**		
			Forma de Estado	**Forma de governo**	**Sistema de governo**
Constituição de 1967	-	a) social; b) outorgada; c) rígida.	Federação	República	Presidencialismo
Constituição de 1969	-	a) social; b) outorgada; c) rígida.	Federação	República	Presidencialismo
Constituição de 1988	-	a) social; b) promulgada; c) rígida.	Federação	República	Presidencialismo

Capítulo IV

Poder constituinte e suas manifestações

1. TEORIAS DO PODER CONSTITUINTE

1.1. Origens

Surgiram a partir do final do século XVIII, como reflexo da filosofia iluminista da época (pensamento racionalista francês), especialmente com o panfleto intitulado *Que é o Terceiro Estado?*, publicado pelo abade Sieyès (EMMANUEL SIEYÈS) nas vésperas da Revolução de 1789.

Baseiam-se na ideia de que existe um **poder distinto dos estabelecidos pela própria constituição**. Esse poder, chamado de poder constituinte, sempre existiu e sempre existirá como instrumento ou meio para estabelecer e restabelecer a constituição, e, portanto, a forma de Estado, a organização e a estrutura da sociedade política.

▸ **Como esse assunto foi cobrado em concurso?**

No concurso para o cargo de Advogado do Instituto de Previdência dos Servidores do Estado do Espírito Santo – IPAJM (2010), o candidato deveria considerar **errada** a seguinte assertiva: "A teoria do poder constituinte foi esboçada por Emmanuel Sieyès e aperfeiçoada por constitucionalistas franceses. O ponto fundamental dessa teoria é o de que ela só pode ser aplicada nos Estados em que se adotam constituições não escritas e semirrígidas."

Ainda sobre o tema, a Esaf, em concurso para Auditor Fiscal da Receita Federal (2009), entendeu como **errada** a seguinte afirmação: "A doutrina aponta a contemporaneidade da ideia de Poder Constituinte com a do surgimento de Constituições históricas, visando, também, à limitação do poder estatal."

O TRT da 18ª Região, em concurso para Juiz do Trabalho Substituto (2006), ao questionar "A quem é atribuída a ideia da origem do Poder Constituinte, com a consequente distinção entre Poder Constituinte e poderes constituídos?", indicou como **correta** a seguinte assertiva:

"O conceito de Poder Constituinte foi primeiramente elaborado por Emmanuel Sieyès, na obra 'A Constituinte burguesa – Que é o terceiro estado?'".

1.2. Conceito de poder constituinte

É a manifestação soberana da vontade política de um povo, social e juridicamente organizado (ALEXANDRE DE MORAES); a expressão soberana da vontade capaz de fazer nascer um núcleo social (TEMER).

1.3. Natureza: poder de fato ou de direito?

Pela escola **positivista**, não se reconhecem formas de direito além das previstas ou das admitidas pelo direito positivo. Nesse rumo, o poder constituinte originário é espécie de ***poder de fato***, que se impõe, seja à base da força, seja pelo consenso popular, sem fundamento jurídico prévio em nenhuma disciplina normativa anterior, tampouco em qualquer tipo de direito que pudesse contra ele ser invocado. Trata-se, aliás, da tese ratificada pelo STF na MC na ADI 2.356/DF, quando a Corte entendeu que o poder constituinte "provém do exercício de um poder de fato ou suprapositivo".

Já para os **não positivistas** da linha **jusnaturalista**, inclusive o poder constituinte originário provém de uma base normativa anterior (direito natural), que lhe dá fundamentos jurídicos e lhe condiciona a validade, motivo pelo qual é um ***poder de direito***.

▸ **Como o STF já enfrentou a questão:**

"A eficácia das regras jurídicas produzidas pelo poder constituinte (redundantemente chamado de 'originário') não está sujeita a nenhuma limitação normativa, seja de ordem material, seja formal, porque provém do exercício de um poder de fato ou suprapositivo. Já as normas produzidas pelo poder reformador, essas têm sua validez e eficácia condicionadas à legitimação que recebam da ordem constitucional. Daí a necessária obediência das emendas constitucionais às chamadas cláusulas pétreas" (MC na ADI 2.356/DF).

▸ **Como esse assunto foi cobrado em concurso?**

No concurso para Defensor Público do Estado de São Paulo (2007), foi considerada **errada** a seguinte assertiva: "Em relação ao poder constituinte originário, pode-se afirmar: Os positivistas admitem que é um poder de direito que se funda num poder natural, do qual resultam regras anteriores ao direito positivo e decorrentes da natureza humana e da própria ideia de justiça da comunidade."

No concurso para Delegado de Polícia do Maranhão (2018/Cespe), foi considerada **correta** a afirmação: "O poder constituinte originário é fático e soberano, incondicional e preexistente à ordem jurídica."

1.4. Titularidade e exercício

Até a Idade Média, a titularidade do poder constituinte recaía em alguma manifestação ou vontade divinas. Todavia, especialmente a partir da revolução burguesa, passou-se a creditá-lo ao ***povo***. Nesse sentido, como detentor da soberania estatal, o povo passou a ser visto também como o titular do poder constituinte, embora o exercício do poder constituinte seja delegado a representantes (agentes), aos quais se atribui a tarefa de confeccionar ou reestruturar uma constituição.

Contudo, **não se pode confundir** o **titular** com os **agentes** respectivos. O agente, por não ser o titular do poder, age com a aceitação do povo. Essa aceitação é presumida quando eleitos os agentes para compor uma assembleia constituinte (aceitação anterior). O aceite popular, porém, pode efetivar-se posteriormente, mediante instrumentos como o referendo, a exemplo do que ocorre nas constituições cesaristas.

O poder constituinte, entretanto, não se finaliza com a simples edição de uma nova constituição. Mantém-se em estado de latência durante todo o tempo de existência da manifestação estatal a que corresponde. Segundo FERREIRA FILHO (1999, p. 12-13), o próprio SIEYÈS defendeu que "o poder constituinte não desaparece com sua obra realizada. Ele permanece depois dela. É isso o que se chama de **permanência do poder constituinte**. A nação não fica submetida à Constituição que ela estabeleceu, pelo seu poder constituinte. Só os poderes constituídos por ela é que ficam submetidos à Constituição. Decorre disso que a nação pode mudar a Constituição sempre que bem lhe parecer. O estabelecimento de uma Constituição não esgota o poder constituinte da nação. Ele pode sempre refazer a Constituição, estabelecer uma nova Constituição."

▸ **Como esse assunto foi cobrado em concurso?**

No XIII Concurso da Magistratura Federal do TRF/1ª Região (2009) foi considerada **correta** a seguinte alternativa: "O poder constituinte originário não se esgota quando se edita uma constituição, razão pela qual é considerado um poder permanente."

Sobre o mesmo tema, o concurso para Advogado da União (2009 /Cespe), apontou como **incorreta** a seguinte assertiva: "O poder constituinte originário esgota-se quando é editada uma constituição, razão pela qual, além de ser inicial, incondicionado e ilimitado, ele se caracteriza pela temporariedade."

No concurso para Analista de Controle do TCE/PR (2016/Cespe), foram consideradas **incorretas** as afirmações segundo as quais: "O poder constituinte originário não desaparece com a promulgação da Constituição, permanecendo em convívio estreito com os poderes constituídos",

1.4.1. Usurpação do poder constituinte

Para explicar fenômenos como o das constituições outorgadas (*i.e.*, sem legitimidade popular) e de outros desvios que possam ocorrer, a doutrina admite ainda a noção de um **poder constituinte *usurpado***. Daí, embora não se negue o valor normativo de uma constituição outorgada, ela é considerada defeituosa do ponto de vista político, já que fruto de inovação da ordem constitucional vigente sem o aceite popular (anterior ou posterior). Exemplos de usurpação do poder constituinte: alterações constitucionais patrocinadas por golpes de estado; exercício espúrio de poder constituinte por parte de representantes do povo.

1.4.2. *"Bootstrapping" constitucional*

Expressão introduzida na ciência política e no direito constitucional por JON ELSTER para se referir ao "processo pelo qual uma **assembleia constituinte corta seus laços** com as autoridades que a convocaram e **arroga para si mesma alguns ou todos os poderes** delas" (ELSTER, 1993, p. 549). Os exemplos estudados por ELSTER foram a Constituição norte-americana e a Constituição francesa do Terceiro Estado, cujas assembleias constituintes não se submeteram às restrições traçadas pelos respectivos atos de criação e se autoproclamaram soberanas.

> ▸ **Interessante:**
>
> Em inglês, o termo "*bootstrapp*" costumava ser utilizado apenas para denominar o laço que, costurado à parte superior de uma bota, serve para facilitar a inserção do pé no calçado. Contudo, a partir do século XIX, a expressão "*bootstrapping*" passou a denominar a superação de obstáculos por iniciativa e esforço próprios.

Conforme ELSTER, a elaboração de uma constituição envolve a operação de "*bootstrapping*", na qual a assembleia constituinte rompe suas amarras em face das autoridades que a instituíram. Além disso, na maior parte dos casos, as assembleias constituintes não apenas se desengajam das gerações passadas, como também devem buscar forma para vincular as gerações futuras. Portanto, o "*bootstrapping*" constitucional - que necessariamente acompanha a criação de uma nova ordem constitucional - requer dos constituintes a introdução, simultânea, de medidas tanto de diferenciação das identidades passadas quanto de projeção futura de identidade constitucional que seja capaz de ser abraçada até pelas gerações ainda não nascidas.

Em obra mais recente, ELSTER (2013, p. 24) também fez uso do termo "*bootstrapping*" para se referir às tentativas (bem-sucedidas ou não) de **autoinstituição de assembleias não autorizadas**, ainda que destituídas de poderes constituintes.

> ▸ **Atenção:**
>
> No Brasil, **exemplo de *bootstrapping*** parece ser a **EC 26/85**, que rompeu com os limites formais e materiais previstos na Constituição em vigor e acabou por convocar uma "livre e soberana" Assembleia Nacional Constituinte incumbida de elaborar uma nova constituição (que viria a ser a Constituição de 1988). (Ver item 1.5.1.3 e, no Capítulo III, item 3.8.)
>
> Reparar que a EC 26/85 ainda estabeleceu as seguintes condicionantes de natureza formal à Assembleia Nacional Constituinte: ela deveria (a) reunir-se, unicameralmente, no dia 1º-2-87, na sede do Congresso Nacional; (b) ser instalada pelo Presidente do STF, que dirigiria a sessão de eleição do presidente da Assembleia; e (c) promulgar a nova constituição, "depois da aprovação de seu texto, em dois turnos de discussão e votação, pela maioria absoluta dos Membros da Assembléia Nacional Constituinte."

Daí se concluir que o ***bootstrapping* constitucional** está associado a **três questões** importantíssimas ao constitucionalismo:

(a) ***legitimidade* das constituições:** pois as assembleias constituintes que reagem contra os limites postos pela autoridade que as criou buscam justificar a própria legitimidade, em geral sob o argumento de que receberam autoridade final diretamente do povo;

(b) ***limites* do poder constituinte:** como ensina CANOTILHO (1999, p. 1.348), a "libertação de amarras", inerente ao fenômeno do *boostrapping*, tem lá "seus limites". "Significa isso que as normas constitucionais devem revelar-se aptas a conseguir uma articulação das preferências e interesses públicos dos 'produtores' de normas (o povo, os deputados constituintes, os eleitores) e as preferências e interesses dos destinatários (consumidores) dessas normas. As normas constitucionais não podem fugir a esta medida de aptidão (*"fitness"*): grau de adequação do espaço normativo constitucional à constante redefinição interactiva entre interesses públicos e privados" (sobre os limites do poder constituinte originário, v. item 1.5.1.2); e

(c) ***longevidade* das constituições:** como notou ROSENFELD (1994), a obra de ELSTER demonstra que, embora impossível isolar algum conjunto geral de condições de garantia de sucesso, o triunfo dos casos de *"bootstrapping"* constitucional depende da observância de delicado balanceamento entre o passado e o futuro. Nessa linha, a Constituição norte-americana, ao romper apenas parcialmente com o passado, acabou por se revelar bem-sucedida. Já a Constituição francesa do Terceiro Estado, que promoveu uma clara ruptura com o pretérito, fracassou logo depois.

1.5. Espécies de poder constituinte

O poder constituinte qualifica-se de forma diversa quando se trata de *substituição* ou de mera *reforma* de certa constituição vigente. Nesse sentido, a doutrina classifica o poder constituinte em **originário** e **derivado**.

1.5.1. Poder constituinte originário

Também chamado de primário, de primeiro grau, instituidor, inicial ou inaugural. É o poder cujo exercício ocasiona a ***instauração*** de **novas ordens constitucionais**, seja por meio da criação de uma "primeira constituição", seja mediante o rompimento da ordem anterior.

Configuram instaurações constitucionais:

A) em **sentido material**, quando mudanças constitucionais, ainda que procedidas de acordo com procedimentos autorizados, alterarem os princípios supremos da constituição em vigor, *i.e.*, a identidade axiológica da constituição modificada; ou

B) em **sentido formal**, toda vez que mudanças constitucionais ocorrerem sem a observância dos procedimentos necessários.

> ▸ **Atenção:**
> **Poder constituinte material *vs.* formal:** Talvez embasado na distinção schmittiana entre "constituição" e "leis constitucionais", JORGE MIRANDA, a partir da dupla perspectiva (material e formal) acerca das constituições, propõe distinguir entre *poder constituinte material* e *poder constituinte formal*. O poder constituinte material diria respeito ao "poder de autoconformação do Estado segundo certa ideia de Direito", pois "a ideia de Direito precede a regra de Direito". Já o poder constituinte formal significaria o "poder de decretação de normas com a forma e a força jurídica próprias das normas constitucionais", ou seja, a "faculdade do Estado de atribuir tal forma e tal força jurídica a certas normas" (1997, tomo II, p. 12).

Há quem diferencie ainda o poder constituinte ***originário*** do poder constituinte ***revolucionário***. O poder constituinte autenticamente originário teria lugar em hipóteses excepcionais, como no nascimento de novos Estados e nas transformações radicais das estruturas estatais (Constituição soviética, Constituição cubana); o revolucionário, aquele manifestado **sem criar um novo Estado**.

Todavia, em sentido jurídico, não há razão para diferenciar poder constituinte "originário" de poder constituinte "revolucionário". Como o exercício de qualquer deles implica o estabelecimento de nova ordem jurídica, toda manifestação do poder constituinte originário possui a mesma força suficiente para romper a ordem jurídica anterior, ainda que isso não se faça acompanhado da transformação revolucionária de nenhuma estrutura social existente.

Ver item 1.5.1.3.

1.5.1.1. Características do poder constituinte originário

Prevalece na doutrina brasileira a **tese positivista** segundo a qual o poder constituinte é **poder de fato**. Daí, como apresenta natureza essencialmente *política* (e não jurídica), afirma-se que o poder constituinte tem por características ser:

A) **inicial:** pois sua obra (constituição) é a base de uma nova ordem jurídica;

B) **juridicamente ilimitado:** porquanto não tem de respeitar os limites impostos pelo direito antecessor;

C) **incondicionado:** sua manifestação não está sujeita a qualquer regra de forma ou de fundo;

D) **autônomo:** a estruturação da constituição é decidida pelo próprio constituinte originário.

CARACTERÍSTICAS DO PODER CONSTITUINTE ORIGINÁRIO			
Inicial	Juridicamente ilimitado	Incondicionado	Autônomo

▸ **Como esse assunto foi cobrado em concurso?**

No concurso para o cargo de Promotor de Justiça do Estado do Pará (2011), em questão abordando o poder constituinte originário, foram consideradas **erradas** a seguintes alternativas: "Pode ser denominado também como poder reformador;" e "Se corporifica geralmente por meio do instrumento chamado Emenda à Constituição"

No concurso para o Advogado da ECT (2011), foi considerada **errada** a seguinte assertiva: "O poder constituinte originário, por ser aquele que instaura uma nova ordem jurídica, exige deliberação da representação popular, razão pela qual não se admite a outorga como forma de sua expressão."

No concurso para o cargo de Promotor de Justiça do Estado de Sergipe (2010) foi considerada **errada** a seguinte alternativa: "Sendo poder de índole democrática, autônomo e juridicamente ilimitado, o poder constituinte originário tem como forma única de expressão a assembleia nacional constituinte."

O concurso para Procurador da Fazenda Nacional (2012) considerou **correta** a afirmativa: "O poder constituinte originário é inicial, ilimitado e incondicionado" e, também, a afirmativa "a soberania é atributo inerente ao poder constituinte originário".

1.5.1.2. Limites do poder constituinte originário

Não é absolutamente correta a tese segundo a qual o poder constituinte originário não possua limites. Mesmo que se admita que o poder constituinte não esteja submetido a limites jurídicos, deve obediência a *postulados lógico-normativos*. Como explica Von WRIGHT, não adianta querer editar norma a permitir algo que seja necessário ou a determinar que se faça o que é fisicamente impossível. Outro limite dessa natureza parece ser aquele demonstrado pelo "paradoxo da onipotência."

▸ **Importante:**

O paradoxo da onipotência. Mesmo o constituinte originário não pode ditar normas jurídicas inalteráveis ao arbítrio de si próprio. A questão remete ao famoso **paradoxo da onipotência**: se uma divindade é onipotente, pode então criar uma pedra tão pesada que não possa carregar? Ora, se pode criar tal pedra, mas não a carregar, não será onipotente; e se não a pode criar, tampouco o será...

Por outras palavras, se o poder constituinte é considerado juridicamente ilimitado (onipotente), uma disposição constitucional feita por ele poderia regular qualquer aspecto jurídico, no âmbito do sistema jurídico a que lhe correspondesse, incluindo ela mesma. Mas se assim fosse, o constituinte originário poderia tornar alguma parte da constituição imodificável até por ele próprio? A resposta é logicamente negativa. Por isso, ainda que rejeitada a ideia de que ele esteja vinculado ao direito natural, é de se desmistificar a tese segundo a qual o constituinte originário não se sujeita a limites jurídicos.

Ademais, autores como VANOSSI reconhecem ainda a presença de ***limites extrajurídicos*** ao poder constituinte originário, tais como: (a) **limites ideológicos**, consistentes em crenças ou em valores que operam no âmbito supraestrutural; e (b) **limites estruturais**, que conformam o âmbito social subjacente (a infraestrutura), como o sistema produtivo, as classes etc.

Na linha jusnaturalista, autores como RECASENS SICHES sustentam que o "poder constituinte não se faz restringido por *nenhuma autoridade jurídica humana, porém deve obedecer aos princípios da justiça* e aos demais valores jurídicos e a opinião social que o tenha dado origem" (2003, p. 306).

▸ Atenção!

A terminologia a respeito dos limites materiais do poder constituinte originário é das mais variadas. JORGE MIRANDA (1997, Tomo II, p. 107), por exemplo, identifica os três seguintes tipos: (a) os **limites transcendentes**, que são os que se antepõem ou se impõem à própria vontade do Estado, tais como os imperativos do direito natural e de valores éticos superiores e presentes numa "consciência jurídica colectiva", *v.g.*, os "direitos fundamentais imediatamente conexos com a dignidade da pessoa humana". Nessa linha, seria "inválido ou ilegítimo" criar normas constitucionais que negassem a liberdade de crenças ou a liberdade pessoal ou que instituíssem desigualdades em razão da raça; (b) os **limites imanentes**, a decorrerem "da noção e do sentido do poder constituinte formal enquanto poder situado, que se identifica por certa origem e finalidade e se manifesta em certas circunstâncias"; e, ainda, (c) os **limites heterônomos**, ou seja, aqueles "provenientes da conjugação com outros ordenamentos jurídicos" e que se referem à sujeição a certas regras ou atos provenientes do direito internacional.

▸ Como esse assunto foi cobrado em concurso?

No concurso para o cargo de Advogado do Instituto de Previdência dos Servidores do Estado do Espírito Santo – IPAJM (2010), o candidato deveria considerar **correta** a seguinte assertiva: "Segundo a doutrina, apesar de o poder constituinte ser originário, a história revela experiências no sentido da indispensabilidade de observância de certos princípios, como, por exemplo, o princípio da dignidade da pessoa humana, o da justiça, o da liberdade e o da igualdade, quando da criação de uma nova constituição."

No concurso para Analista de Controle do TCE/PR (2016/Cespe), foram consideradas **incorretas** as afirmações segundo as quais: "As assembleias nacionais constituintes são as entidades que titularizam o poder constituinte originário" e "O poder constituinte originário é incondicionado, embora deva respeitar os direitos adquiridos sob a égide da Constituição anterior, ainda que esses direitos não sejam salvaguardados pela nova ordem jurídica instaurada."

1.5.1.3. Poder (ou direito) de revolução

A revolução é o veículo de manifestação do poder constituinte originário (FERREIRA FILHO). Por intermédio de movimentos revolucionários, desperta-se o poder constituinte originário do seu estado de permanente latência e surge um novo ordenamento jurídico (v. item 1 do Capítulo VI). Fundamenta-se na **faculdade implícita de insurreição do povo** (titular do poder estatal) diante de qualquer ordem jurídica considerada insatisfatória.

Para a doutrina **jusnaturalista**, segundo a qual o poder constituinte originário radica numa ordem jurídica suprapositiva, a revolução é um ***direito*** do povo; e para os **positivistas**, que não aceitam a natureza jurídica do poder constituinte, trata-se de ***poder*** inerente à soberania popular, e não de um suposto "direito" de revolução.

De outro lado, a forma com que se manifesta não descaracteriza o exercício do poder de revolução. Segundo KELSEN (1984, p. 290), do "ponto de vista jurídico, é indiferente que esta modificação seja produzida através de um emprego da força dirigida contra o governo legítimo ou pelos próprios membros deste governo, através de um movimento de massas populares ou de um pequeno grupo de indivíduos. Decisivo é o fato de a Constituição vigente ser modificada ou completamente substituída por uma nova Constituição, através de processos não previstos pela Constituição até ali vigente."

Isso porque, no sentido jurídico, a revolução da qual surge um novo ordenamento constitucional não precisa ser, necessariamente, uma revolução no sentido sociológico – i.e., uma radical ruptura das estruturas sociais da ordem anterior, após conflitos armados (Revolução Francesa de 1789, Revolução Russa de 1917, Revolução Cubana de 1959) ou guerra de conquistas. Bem por isso, RECASENS SICHES fala em "revolução em sentido puramente jurídico, como solução de continuidade do sistema anterior, é dizer, como decaimento do sistema anterior e produção originária de outro sistema novo" (2003, p. 298).

Logo, a revolução jurídica pode manifestar-se como ato político de força, mas também como ato político pacífico ou mesmo decorrer da simples. Exemplo de ato revolucionário jurídico pacífico no direito brasileiro: a Emenda Constitucional 26, de 27-11-85, que convocou a Assembleia Constituinte da qual se originou a Constituição de 1988.

Enfim, a palavra revolução, no sentido jurídico, é tomada apenas "nessa acepção de ruptura formal da ordem jurídica anterior e substituição dela por outro sistema com nova base, independentemente de qual seja a magnitude de novidades que esse novo sistema ofereça quanto ao conteúdo material de muitas de suas normas" (RECASENS SICHES, 2003, p. 299).

Seja como for, o exercício do poder/direito de revolução estará caracterizado, independentemente da forma, da extensão ou do *nomen iuris* que se dê ao ato, desde que se manifestem, cumulativamente:

A) uma ***ruptura material*** da constituição, modificações de normas constitucionais até então vigorantes, não importa o número delas; e

B) uma ***ruptura formal*** da constituição, que se caracteriza quando a ruptura material se fizer mediante processos de alteração que estavam implícita ou explicitamente proibidos pela ordem constitucional modificada.

> ▸ **Importante:**
> Essa ideia explica por que, a despeito da nomenclatura utilizada, a Emenda Constitucional 1, de 17-10-69, significou a própria revogação da Constituição de 1967, tal como já reconhecido pelo Plenário do STF ainda em 1972 (Rep 765/CE). Basta considerar que o Congresso Nacional estava fechado desde dezembro de 1968 por força do Ato Complementar 38, de 13-12-68. Daí, como havia regra constitucional a proibir delegação de atribuições entre os Poderes (parágrafo único do art. 6º), a EC 1/69 acarretou brusca ***ruptura formal*** ao Texto Constitucional de 1967, o que, aliado à extensa ***ruptura material*** que promoveu, permite dizer que se tratou de uma "nova" Constituição Federal, nada obstante a autorização conferida ao Poder Executivo para legislar sobre todas as matérias, conforme § 1º do art. 2º do Ato Institucional 5, de 13-12-68.

1.5.2. Poder constituinte derivado

Salvo nos sistemas de constituição imutável, o próprio constituinte originário prevê a necessidade de eventuais mudanças formais no texto constitucional. Tais modificações, contudo, são feitas mediante o exercício de um **poder constituinte derivado**, já que previsto e condicionado pelo próprio poder constituinte originário.

Segundo PETER HÄBERLE (2001, p. 140), as "modificações constitucionais podem servir para adaptar-e a processos evolutivos que já se tenham produzido no âmbito dos fatos; porém também podem pretender induzir tais processos. Devem distinguir-se, pois, a 'modificação de adaptação' e a "modificassem de criação'. Em princípio, a duração e a estabilidade parecem depor contra a modificação da constituição, porém esta modificação também pode ser útil para a duração e estabilidade de uma comunidade, quando são 'oportunas'. Que isso seja assim, somente se pode dizer no caso particular e em âmbitos específicos."

Tais modificações constitucionais, contudo, não acarretam descontinuidade ou ruptura formal da ordem jurídica, pois são feitas mediante o exercício de um **poder constituinte derivado** já previsto e condicionado pelo próprio poder constituinte originário.

1.5.2.1. Características

Chamado também de poder constituinte *secundário*, *reformador*, de *segundo grau* ou *constituído*, é indiscutivelmente um ***poder jurídico***, portanto, **condicionado** e **juridicamente limitado**. Materializa-se por meio do exercício formal de competências normativas deferidas pelo constituinte originário. Caracteriza-se por ser:

A) **derivado**: é criado e instituído pelo poder constituinte originário.

B) **juridicamente limitado**: sua atuação deverá atender às limitações jurídicas estabelecidas, implícitas e explícitas.

C) **condicionado**: diferente do poder constituinte originário, o poder constituinte derivado deve se submeter a formas prefixadas de manifestação.

CARACTERÍSTICAS DO PODER CONSTITUINTE DERIVADO		
derivado	juridicamente limitado	condicionado

▸ **Como esse assunto foi cobrado em concurso?**

Em concurso para o cargo de Juiz do TJMS (2010), elaborado pela Fundação Carlos Chagas, a seguinte assertiva foi considerada **correta**: "o poder constituinte instituído é derivado do poder constituinte originário, que também o limita materialmente e o condiciona a certas formalidades."

O concurso para o cargo de Promotor de Justiça do Estado de Sergipe (2010) considerou **errada** a alternativa que se segue: "Previsto pelo constituinte originário, o poder constituinte derivado decorrente encontra limitações apenas nas cláusulas pétreas."

O concurso para Procurador da Fazenda Nacional (2012) considerou **correta** a afirmativa: "O poder constituinte derivado é limitado e condicionado".

1.5.2.2. Espécies

Nos Estados federais, o poder constituinte derivado apresenta mais de uma espécie. De um lado está o **poder constituinte reformador**, pelo qual se promovem mudanças formais no texto constitucional a partir do qual se organiza a Federação (constituição federal); de outro, como o constituinte originário concede autonomia aos Estados-membros para adotarem diplomas "constitucionais" próprios, há ainda o **poder constituinte decorrente**, responsável por elaborar e reformar o texto das constituições estaduais.

CLASSIFICAÇÃO DO PODER CONSTITUINTE DERIVADO	
Reformador	**Decorrente**
promove mudanças formais no texto constitucional (constituição federal).	responsável por elaborar e reformar o texto das constituições estaduais.

1.5.2.2.A. Poder constituinte derivado reformador

Também conhecido por poder constituinte de "competência reformadora" ou simplesmente "poder de reforma constitucional", trata-se daquele relativo ao exercício formal da competência de **modificar o texto constitucional** elaborado pelo poder constituinte originário. Em Estados federais típicos como o Brasil, representa a faculdade de reformar as disposições normativas da Constituição Federal. (Ver item 2.2)

Como se trata de poder juridicamente **subordinado**, encontra limitações que lhe condicionam o exercício (existem limites ao poder de reforma constitucional), tema que será abordado particularmente no item 2.2.2.

▸ **Como esse assunto foi cobrado em concurso?**

Em concurso elaborado para Analista de Controle Externo do Tribunal de Contas da União (2007/Cespe), a seguinte assertiva foi considerada **correta**: "O poder de reforma recebe, doutrinariamente, as mais diferentes denominações, sendo seus sinônimos as expressões *poder constituinte derivado* ou *poder constituinte de segundo grau*."

1.5.2.2.B. Poder constituinte derivado decorrente

Trata-se do **poder de elaborar as constituições estaduais**, isto é, modalidade de poder constituinte pelo qual, na órbita de um Estado federal típico, assegura-se aos Estados-membros competência autônoma para se auto-organizarem mediante tipo próprio de constituição subalterna às constituições federais.

▸ **Como esse assunto foi cobrado em concurso?**

Em concurso elaborado pela Fundação Carlos Chagas para o cargo de Juiz do TJMS (2010), a seguinte assertiva foi considerada **errada**: "o poder constituinte decorrente é próprio das descentralizações eventualmente havidas em Estados unitários." Em concurso para Procurador da República (2011), a seguinte assertiva foi considerada **correta**: "Para o Supremo Tribunal Federal, as emendas as constituições estaduais não podem criar novos órgãos públicos no Estado-membro."

No concurso para Advogado da ECT (2011), foi considerada **correta** a seguinte assertiva: "Quando, no exercício de sua capacidade de auto-organização, o estado-membro edita sua constituição, ele age com fundamento no denominado poder constituinte derivado decorrente."

No concurso para Analista Judiciário do STM (2011), foi considerada **errada** a seguinte assertiva: "No exercício de sua autonomia política, os estados podem adotar o regime parlamentar de governo."

No Brasil, diz respeito, sobretudo, ao poder que a cada Estado-membro se reconhece para confeccionar a respectiva constituição estadual. Conforme art. 11 do ADCT, as Assembleias Legislativas de todo Estado-membro foram investidas de "poderes constituintes" para elaborar suas constituições estaduais no prazo máximo de um ano, contado da promulgação da Constituição Federal. Da mesma maneira, no art. 25, o constituinte originário preceituou que os "Estados organizam-se e regem-se pelas Constituições e leis que adotarem", observados os princípios da Constituição Federal.

A) **Divisão do poder constituinte derivado decorrente:** Divide-se em ***institucionalizador*** e ***reformador***, quer se refira, respectivamente, à capacidade de ***criar*** ou à de ***modificar*** o texto constitucional das entidades autônomas que compõe a Federação.

B) Poder constituinte decorrente no âmbito do Distrito Federal e dos Municípios: É discutível se ao **Distrito Federal** e aos **Municípios** foram concedidos também poderes constituintes, pois a Constituição de 1988 só os concedeu expressamente às Assembleias Legislativas dos Estados-membros (art. 11 do ADCT).

A **doutrina**, contudo, **não costuma reconhecer** a existência de poder constituinte decorrente além daquele instituído aos Estados-membros. A partir dos poucos que abordam o assunto, percebe-se que essa tese negativa tem três fundamentos básicos:

1) ***fundamento semântico ou formal***: como o DF nem os Municípios possuem constituições, senão apenas leis orgânicas, tampouco disporiam de poderes constituintes (PEDRO LENZA).

2) ***fundamento da vinculação direta***: a característica essencial do poder constituinte decorrente radicaria no fato de estar vinculado diretamente aos comandos advindos do poder constituinte originário. Logo, como as leis orgânicas municipais estão sujeitas aos princípios tanto da Constituição Federal quanto da constituição do Estado-membro respectivo, os Municípios não contam com poder constituinte decorrente (ARAÚJO e NUNES JÚNIOR).

3) ***fundamento do silêncio eloquente (intencional)***: se o poder constituinte originário quisesse outorgar poderes constituintes ao DF ou aos Municípios, teria feito de forma expressa, tal como o fez em relação aos Estados-membros (art. 11 do ADCT).

Contudo, o que realmente importa à caracterização do poder constituinte decorrente é a função normativa que desempenham as leis orgânicas distrital e municipais (***fundamento material***). E se a função delas é absolutamente similar à das constituições estaduais, o fundamento semântico deve ser afastado. Ademais, a Constituição Federal utiliza o termo "lei orgânica" apenas como reminiscência histórico-linguística advinda das Constituições passadas, período em que o DF e os Municípios não eram reconhecidos como entidades federativas.

Quanto ao fundamento da vinculação direta, não se aplica absolutamente ao **Distrito Federal**, cuja lei orgânica só encontra limites jurídicos na própria Constituição Federal (CF/88, art. 32, parte final). Por isso mesmo, a Lei Orgânica do Distrito Federal serve até de parâmetro de controle da "constitucionalidade" dos atos normativos distritais, tal como previsto na Lei de Organização Judiciária do Distrito Federal e dos Territórios (atualmente, Lei 11.697/2008). Daí já ter decidido o Plenário do STF que a Lei Orgânica do DF "equivale, em força, autoridade e eficácia jurídicas, a um verdadeiro estatuto constitucional, essencialmente equiparável às Constituições promulgadas pelos Estados-membros" (MC na ADI 980/DF).

Relativamente aos **Municípios**, a grande questão está em entender a forma federativa peculiar instituída pela Constituição. Isso porque, se o constituinte originário, de um lado, restringiu a autonomia municipal em face dos princípios previstos tanto na Constituição Federal quanto na constituição do Estado-membro onde se localizarem os Municípios (cf. arts. 29 e 35; e parágrafo único do art. 11 do ADCT), de outro lado, concedeu a essas entidades públicas inegável *status* de entidade federativa (ver *caput* do art. 1º). Logo, diante desse especial *status* federativo, é possível defender-se a existência de um poder constituinte decorrente municipal, ainda que atípico em termos de direito comparado, pois tal poder está sujeito a uma dupla vinculação normativa (**limitações** da **Constituição Federal** e da **constituição do Estado respectivo**). Além disso, o argumento da vinculação direta revela-se inteiramente falho para se aplicar aos Municípios localizados em Território Federal, hipótese em que não há falar-se em vinculação a preceitos de nenhuma constituição estadual. (Nesse caso, aliás, a tarefa de estabelecer princípios a limitar a autonomia dos Municípios localizados em Território Federal, a exemplo das constituições estaduais, caberá à própria União, por meio da lei complementar de que trata o § 2º do art. 18 da CF/88). Não bastasse, a vinculação municipal advinda das normas da constituição estadual é restrita pela própria Constituição Federal, como se verá no item C, abaixo. Daí por que o fundamento da vinculação direta tampouco se mostra decisivo.

Por fim, o **fundamento do silêncio eloquente**, pelo menos no que diz respeito ao DF, também se pode afastar com relativa facilidade. É que a identificação de um silêncio eloquente, a partir de uma lacuna normativa contida no art. 11 do ADCT, pressupõe certas preconcepções em torno dos objetivos perseguidos pelo próprio constituinte. Assim, conforme preconcepções diversas daqueles que não compreenderam a extensão da autonomia conferida ao DF, pode-se ver no mesmo artigo 11 uma lacuna não intencional do constituinte originário. Tal como o **STF**, a despeito da lacuna do texto original do art. 103 da CF/88, reconheceu a **legitimidade ativa do Governador e da Câmara distritais para proporem ação direta de inconstitucionalidade** (cf. ADI 655/DF e ADI 645/DF), é possível dizer que o constituinte originário tenha se esquecido do Distrito Federal ao elaborar o *caput* do art. 11 do ADCT.

Já com relação aos **Municípios**, o argumento do **silêncio eloquente** é mais contundente, porquanto acerca deles se manifestou expressamente a Constituição no parágrafo único do art. 11 do ADCT, sem lhes atribuir, contudo, nenhum tipo de poder constituinte. Porém, a partir da inclusão dos Municípios no rol das entidades que compõem a Federação brasileira, faz sentido concluir que o plano da Constituição foi lhes conceder implícitos poderes constituintes decorrentes, embora atípicos. O grande obstáculo à tese do exercício de poder constituinte por parte dos legisladores municipais radica, entretanto, na questão do controle de constitucionalidade. Isso porque, diferentemente do que ocorre com as constituições estaduais e até com a Lei Orgânica do DF, não há base constitucional para se defender a existência de espécie de controle de "constitucionalidade" tendo por parâmetro as leis orgânicas municipais.

Pelo exposto, ao menos no que diz respeito ao **Distrito Federal,** parece bastante aceitável a tese da **existência de poder constituinte decorrente.** Quanto aos

Municípios, a tese encontra problemas adicionais. Não a aceita a maioria da doutrina, mas ainda assim já foi considerada válida por autores como JOSÉ AFONSO DA SILVA (1998a, p. 245), SÉRGIO RESENDE DE BARROS (2015), SARMENTO e SOUZA NETO (2017, p. 339) e UADI BULOS (1997, p. 31), embora este último, em seu *Curso de direito de constitucional* (2009), tenha passado a negar a existência de poder constituinte decorrente tanto ao Distrito Federal quanto aos Municípios.

> **Como esse assunto foi cobrado em concurso?**
>
> O concurso para o cargo de Promotor de Justiça do Estado de Sergipe (2010) considerou **errada** a seguinte alternativa: "É expressamente previsto na CF que os Poderes Legislativos dos estados, do DF e dos municípios devem elaborar suas constituições e leis orgânicas mediante manifestação do poder constituinte derivado decorrente."
>
> No XIII Concurso da Magistratura Federal do TRF/1ª Região (2009), foi considerada **correta** a seguinte assertiva: "Pelo critério jurídico-formal, a manifestação do poder constituinte derivado decorrente mantém-se adstrita à atuação dos estados-membros para a elaboração de suas respectivas constituições, não se estendendo ao DF e aos municípios, que se organizam mediante lei orgânica."

C) Limites do poder constituinte derivado decorrente:

C.1) Limites previstos pela Constituição Federal: Como os Estados-membros não são soberanos, mas apenas autônomos, a autonomia estadual é restringida pela Constituição Federal. Assim, mesmo o **poder constituinte derivado decorrente** deve curvar-se aos seguintes princípios constitucionais:

C.1.1) ***Princípios constitucionais sensíveis*** (ou ***enumerados***): trata-se de princípios de importância tal que, uma vez não observados pelo Estado-membro, é cabível intervenção federal para assegurar que sejam cumpridos, afastando-se, temporariamente, a autonomia do ente federativo. Vêm taxativamente previstos no art. 34, inciso VII. São eles: (a) a forma republicana, o sistema representativo e o regime democrático; (b) os direitos da pessoa humana; (c) a autonomia municipal; (d) a prestação de contas da Administração Pública; e (e) a aplicação do mínimo exigido da receita resultante de impostos estaduais, compreendida a proveniente de transferências, na manutenção e desenvolvimento do ensino (cf. art. 212) e nas ações e serviços públicos de saúde (cf. art. 198).

C.1.2) ***Princípios constitucionais estabelecidos***: conjunto de normas que limitam a autonomia estadual, em obediência à regra segundo a qual aos Estados-membros se reservam os poderes que não lhes sejam vedados. Por isso, a identificação das normas relacionadas a esse tipo de princípios exige pesquisa do Texto Constitucional. Exemplos: as regras de repartição de competências, as normas do sistema tributário, a organização dos Poderes, as garantias individuais, os direitos políticos etc.

C.1.3) ***Princípios constitucionais extensíveis***: são normas que regulam a **organização da União**, mas cuja aplicação, nos termos da Constituição, deve ser também observada pelos Estados-membros, por simetria. Exemplos extraídos da jurisprudência do STF: (a) a forma de investidura dos cargos públicos, incluindo o acesso de advogados aos tribunais conforme o chamado "quinto constitucional" (ADI 4.150/SP); (b) o modelo federal de processo legislativo; (c) o regime federal de substituição (ADI 3.647/MA) e de sucessão (ADI 2.709/SE) do Chefe do Poder Executivo; e (d) a disciplina relativa à organização e à competência do Tribunal de Contas (ADI 916/MT).

Todavia, embora pareça perfeitamente possível incluir tais princípios no âmbito dos princípios constitucionais estabelecidos de maneira implícita (*princípio da simetria implícita*), a doutrina majoritária ainda os trata de maneira diferenciada.

▸ **Atenção:**

O STF já tinha decidido que as limitações ao poder de reforma também restringem, no que couber, a atuação do poder constituinte decorrente (MC na ADI 1.722/TO, Plenário). Nesse sentido, por exemplo, na ADI 486/DF, o Pleno da Corte entendeu que o poder constituinte derivado decorrente não poderia elevar para 4/5 (quatro quintos) o quórum de votação necessário à aprovação de emendas à constituição estadual, pois tal poder se encontra juridicamente subordinado às regras do processo legislativo federal estabelecidas pelo poder constituinte originário.

Todavia, na ADI 825/AP (j. em 25-10-2018), o Plenário do STF fugiu dessa diretriz e admitiu a possibilidade da **iniciativa popular em matéria de proposta de emenda à constituição estadual**, a despeito de proibida tal iniciativa no âmbito das emendas à Constituição Federal. Entendeu a Corte que a ausência de simetria em face das regras existentes na Constituição Federal, em relação ao poder de emenda constitucional, não afasta a faculdade de o Estado-membro aumentar os mecanismos de participação direta. Ver Inf. 921/2018.

LIMITES CONSTITUCIONAIS AO PODER CONSTITUINTE DERIVADO DECORRENTE		
Princípios constitucionais sensíveis (ou enumerados)	**Princípios constitucionais estabelecidos**	**Princípios constitucionais extensíveis**
Princípios cuja inobservância por parte dos Estados-membros torna cabível a intervenção federal (art. 34, VII, CF).	Conjunto de normas que limitam a autonomia estadual, em obediência à regra segundo a qual aos Estados-membros se reservam os poderes que não lhes sejam vedados.	São normas que regulam a organização da União, mas cuja observância deve ser estendida aos Estados-membros, por simetria

▸ **Como esse assunto foi cobrado em concurso?**

O concurso para Juiz do TRT/24ª Região (2006) considerou como **correta** a alternativa que afirmava: "O poder constituinte derivado decorrente advém da capacidade de auto-organização assegurada pela Constituição Federal aos Estados Membros, estando ele, contudo, limitado às regras traçadas pelo poder constituinte originário."

O concurso para Ministério Público do Distrito Federal e Territórios (2009) considerou como **correta** a seguinte assertiva: "Em relação ao Poder Constituinte dos Estados-membros: os princípios constitucionais estabelecidos, ou de subordinação normativa, ordenam previamente a atividade do legislador constituinte estadual, e o fazem na medida em que estabelecem o regime normativo a ser adotado em determinadas matérias, vinculando a disciplina a ser eventualmente positivada na Constituição estadual."

No concurso para Defensor Público/RN (2015/Cespe), foi considerada **correta** a afirmação: "Tendo em vista os limites autônomos ao poder constituinte derivado decorrente, devem as Constituições estaduais observar os princípios constitucionais extensíveis, tais como aqueles relativos ao processo legislativo."

C.2) Limites ao poder constituinte decorrente reformador instituídos pelo próprio constituinte decorrente institucionalizador possa impor limites "heterônomos" ao **poder de reformar** as constituições estaduais. Nesse sentido, UADI BULOS faz remissão a limites à competência reformadora previstos nas Constituições sergipana e goiana.

Todavia, é **discutível** a procedência dessa subordinação do constituinte decorrente reformador ao constituinte decorrente institucionalizador. A Constituição Federal apenas estabeleceu prazo à conclusão das constituições estaduais (ADCT, art. 11), sem que daí se possa extrair uma subdivisão de status formal relativamente aos dois tipos de poder constituinte derivado decorrente. Logo, a relembrar aqui o problema do "paradoxo da onipotência" (item 1.5.1.2), essa competência limitadora **nunca** poderia ser estabelecida pelo **próprio** constituinte estadual.

C.3) Limites constitucionais federais *vs.* supremacia do constituinte decorrente sobre os poderes constituídos estaduais: Segundo a jurisprudência do STF, o constituinte decorrente é poder superior aos poderes instituídos estaduais, mas não pode fraudar a competência a eles assegurada ordinariamente pela Constituição Federal (ADI 104/RO).

Daí a inconstitucionalidade das normas originais das constitucionais estaduais que, por exemplo: **(a)** alteram a composição de tribunais de justiça, pois a iniciativa legislativa sobre o assunto é ordinariamente reservada, pela Constituição Federal, ao Judiciário local (cf. ADI 274/PE, ADI 366/MA, ADI 157/AM e ADI 142/RO); **(b)** criam hipóteses restritivas à propositura de projetos de leis por parte do chefe do Executivo, sobretudo em relação a matérias que, no âmbito federal, conforme a Constituição Federal, são da iniciativa reservada do Presidente da República (ADI 572/PB); e **(c)** impõem o pagamento de décimo terceiro salário aos servidores estaduais em data e forma definidas, em indevida interferência na programação financeira e na execução de despesa pública, porque se trata de atividades que a Constituição Federal deixou a cargo do Executivo (ADI 1.448/RJ).

C.4) Princípio da simetria e limites ao poder legislativo estadual estabelecidos por ato do constituinte derivado decorrente: É bastante controversa a competência do poder constituinte derivado decorrente para estabelecer limites ao poder legislativo estadual que não tenham sido previamente estabelecidos pelo próprio constituinte federal. A discussão, portanto, envolve o grau de vinculação a que se sujeitam os Estados-membros, por força do princípio da simetria, às normas da Constituição Federal que regulam o processo legislativo federal.

Pois bem. No julgamento da ADI 825/AP (j. em 25-10-2018), o Pleno do STF decidiu que o constituinte estadual não está completamente vinculado ao princípio da simetria. Assim, independentemente da inexistência de igual tipo de previsão na Constituição Federal, os Estados-membros, no exercício de seu poder de auto-organização, podem prever caso de "iniciativa popular para o processo de reforma das respectivas Constituições estaduais, em prestígio ao princípio da soberania popular (art. 1º, parágrafo único, art. 14, I e III, e art. 49, XV, da CF)."

Ademais, na ADI 3.225/RJ, em reconhecimento da **autonomia** do poder constituinte decorrente, o STF declarou a constitucionalidade do § 2º do art. 112 da Constituição do Rio de Janeiro, que proibia o legislador estadual de deliberar sobre determinado assunto (no caso, qualquer proposta que visasse a conceder gratuidade em serviço público prestado de forma indireta, sem a correspondente indicação da fonte de custeio). A Corte reputou legítima essa limitação imposta ao Legislativo estadual, ao argumento de que as normas do processo legislativo federal a que se sujeita o poder constituinte decorrente estão restritas a aspectos de "cunho substantivo", enquanto o dispositivo questionado estabelece apenas uma proibição quanto a um produto legislativo específico (*i.e.*, leis que tratam de gratuidade de serviço público).

Contudo, a jurisprudência do STF é contraditória em relação à possibilidade de o constituinte derivado decorrente estabelecer casos de reserva de lei complementar estadual para tratar de assuntos para os quais o constituinte federal não tenha feito reserva semelhante. Na ADI 2.314/RJ (j. em 17-6-2015), o Plenário do STF revogou a liminar concedida e entendeu que o constituinte estadual tem autonomia para eleger e sujeitar determinadas matérias, da competência legislativa estadual, a tratamento por via de lei complementar estadual. Já na ADI 5.003/SC (j. em 5-12-2019), a Corte, por unanimidade, decidiu em sentido diverso. Segundo ementa redigida pelo Min. LUIZ FUX, a ampliação da reserva de lei complementar, para além daquelas hipóteses previstas pelo constituinte federal, "restringe indevidamente o arranjo democrático-representativo desenhado pela Constituição Federal, ao permitir que Legislador estadual crie, por meio do exercício do seu poder constituinte decorrente, óbices procedimentais – como é o quórum qualificado – para a discussão de matérias estranhas ao seu interesse ou cujo processo legislativo, pelo seu objeto, deva ser mais célere ou responsivo aos ânimos populares." (Ver item 6.2.4 do Capítulo 7 do Tomo II.)

Poder constituinte derivado decorrente pode criar novas hipóteses de foro especial por prerrogativa de função? Em razão da abertura da regra do § 1º do art. 125 da CF, a jurisprudência do STF reconhecia ao constituinte estadual legitimidade para, ao fixar a competência dos TJs, estender foro especial por prerrogativa de função a agentes estaduais e municipais não contemplados pelo constituinte federal, observadas as "limitações que decorram explícita ou implicitamente da própria Constituição Federal" (HC 70.474/RS, 1ª Turma).

Logo, a extensão do foro a outras autoridades deveria pautar-se pelo princípio da simetria, até porque a criação de novas hipóteses de foro especial acaba por se refletir na competência da Justiça comum Federal, pois as autoridades com foro especial no TJ deverão ser julgadas, por crimes federais, pelo TRF.

Daí a tese da validade da extensão da prerrogativa somente em favor de autoridades estaduais e municipais que desempenhem funções similares às de agentes federais detentores de prerrogativa de foro estabelecida na Constituição Federal, como no caso dos Vice-Governadores e dos Secretários de Estado, quando comparados ao Vice-Presidente da República e aos Ministros de Estado. Nesse sentido, aliás, a 2ª Turma do STF reputou constitucional "norma de Constituição estadual que atribuíra competência originária do TJ para processar e julgar Vereador" por crimes comuns (RE 464.935/RJ).

Porém, em vários precedentes, o STF não acolheu esse tipo de parâmetro baseado na simetria. Basta ver que, na ADI 2.587/GO (j. em 1º-12-2004), embora declarada inconstitucional a extensão do foro especial deferida aos *Delegados da Polícia Civil* por emenda à Constituição do Estado de Goiás, o STF acabou por validar a mesma extensão da prerrogativa a *Procuradores do Estado e da Assembleia Legislativa*, bem como aos *Defensores Públicos* estaduais, a despeito de os congêneres federais tampouco possuírem prerrogativa semelhante.

Todavia, na ADI 2.553/MA (j. em 15-5-2019), o Pleno do STF confirmou liminar concedida em 2002 e declarou a inconstitucionalidade da Constituição do Estado do Maranhão, na parte em que estendera o foro especial não somente aos Delegados de Polícia Civil, como também aos membros "das Procuradorias-Gerais do Estado, da Assembleia Legislativa e da Defensoria Pública". Segundo o voto vencedor, do Min. ALEXANDRE DE MORAES, descabe aplicar o princípio da simetria no caso, pois a CF, ao estabelecer prerrogativa de foro nos três níveis (federal, estadual e municipal), subtraiu das constituições estaduais a possibilidade de definir outras hipóteses de foro especial. Do contrário, o art. 125, § 1º, da CF "permitiria aos Estados dispor, livremente, sobre essas prerrogativas, o que seria equivalente a assinar um cheque em branco" (*Inf.* 940/2019). Vencidos apenas os Ministros GILMAR MENDES e CELSO DE MELLO, os quais mantiveram o raciocínio de que a competência dos Tribunais de Justiça é estabelecida pelas constituições estaduais (CF, art. 125, § 1º), razão pela qual a competência originária do TJ poderá ser eventualmente estendida, mesmo em favor de autoridades para as quais a Constituição Federal não guarda paralelo.

Enfim, conforme o último precedente do STF a respeito do assunto (ADI 2.553/MA, j. em 15-5-2019), o constituinte estadual não pode estender a prerrogativa de foro especial criminal a nenhuma autoridade, ainda que estadual ou municipal. Porém, restava ainda saber se tal mudança jurisprudencial seria equiparada a uma *mutação constitucional* e, ademais, analisar como ficaria as várias hipóteses de extensão de foro que já tinham sido consideradas válidas pelo STF em ações diretas de inconstitucionalidade julgadas anteriormente – cujos acórdãos, aliás, nem se sujeitam a ação rescisória (v. art. 26 da Lei 9.868/99).

Pois bem. Mais recentemente, na ADI 6.512/GO (j. em 18-12-2020), o Plenário do STF voltou a analisar a questão da prerrogativa de foro assegurada pela Constituição de Goiás. E, em decisão de sentido oposto ao da mencionada ADI 2.587/GO, a Corte declarou inconstitucional, com efeitos *"ex tunc"*, da extensão do foro especial a Procuradores do Estado e da Assembleia Legislativa, bem como a Defensores Públicos estaduais (v. art. 46, VIII, "e", da Constituição do Estado de Goiás, na redação dada pela EC 46/2010). Ou seja, ao atribuir efeitos "ex tunc" a esse julgado, o STF negou a modulação decisória postulada pelo Procurador-Geral da República e, ainda que implicitamente, afastou a tese da ocorrência de mutação constitucional. O que poderá levar à anulação de processos criminais anteriormente instaurados em face de tais autoridades.

No mesmo sentido, aliás, a ADI 6.513/BA (j. em 18-12-2020), cuja decisão também retroagiu os efeitos da declaração de inconstitucionalidade da Constituição baiana, na parte em que estabelecia foro especial para membros do Conselho da Justiça Militar, inclusive os inativos, e da Defensoria Pública estadual.

D) **Constituinte decorrente e autonomia municipal:** Embora a autonomia municipal encontre **restrições** tanto na **Constituição Federal** quanto na **constituição do Estado-membro** onde se localizarem os Municípios (cf. arts. 29 e 35; e parágrafo único do art. 11 do ADCT), o poder constituinte derivado decorrente não pode livremente restringi-la, já que a **autonomia municipal** também faz parte dos **princípios constitucionais sensíveis** a que se sujeitam os Estados-membros (art. 34, VIII, letra "c"). Daí a necessidade de se extraírem da Constituição Federal os vetores que devam direcionar essa complexa relação de mútua interferência entre as competências do Estado-membro e dos Municípios. Nesse sentido, decidiu o STF na ADI 3.549/GO, o "poder constituinte dos Estados-membros está limitado pelos princípios da Constituição da República, que lhes assegura autonomia com condicionantes, entre as quais se tem o respeito à organização autônoma dos Municípios, também assegurada constitucionalmente". Por isso, entendeu-se que descabe à constituição estadual regular a ordem de vocação sucessória dos cargos de Prefeito e de Vice-Prefeito municipal, pois se trata de matéria que, incluída no âmbito da autonomia política local (art. 30, I), deve ser tratada pela lei orgânica municipal.

1.5.3. Poder constituinte difuso

Poder responsável pela criação e modificação de normas constitucionais sem a promulgação de atos normativos. Trata-se de um *poder de fato*, já que não se encontra formalizado nos textos constitucionais.

> **▸ Atenção!**
> A identificação da existência de um poder constituinte difuso é creditada ao francês GEORGES BURDEAU. Todavia, há algum tempo, encontra amplo apoio na doutrina nacional com destaque para obras específicas de ANNA FERRAZ (1986) e UADI BULOS (1997b).

Nessa linha, segundo NELSON DE SOUSA SAMPAIO (1995, p. 32), as **constituições históricas** são obra de poder constituinte cuja titularidade não é possível precisar, pois é exercido "de modo **difuso** por toda a comunidade ou em sua parte. É, por assim dizer, uma **obra anônima**, e que se estende no tempo, através das teias dos costumes e usos elaborados pelas gerações."

Porém, mesmo nas **constituições rígidas**, o poder constituinte não se resume às espécies originária e derivada. Em estado de latência, encontra-se igualmente o chamado **poder constituinte *difuso***. E embora não previsto ou organizado pela constituição, ele realiza notável papel na **criação** e no **desenvolvimento** da **eficácia** de normas constitucionais, **sem alteração formal** dos textos constitucionais.

> **▸ Características do poder constituinte difuso:**
> Segundo UADI BULOS (2008, p. 320), o poder constituinte difuso tem por características: (a) a **latência**: é poder invisível, que só aparece quando necessário; (b) a **permanência**: tem ação permanente e não menos real que a ocasionada pelos poderes formais de reforma constitucional; (c) a **informalidade**: não está previsto entre os mecanismos de reforma constitucional; e (d) a **continuidade**: o exercício do poder difuso permite continuar a obra constituinte, seja complementando-a, seja preenchendo as lacunas e os espaços em branco deixados no texto constitucional.

As manifestações do poder constituinte difuso tornam-se mais evidentes quando órgãos incumbidos de aplicar as normas constitucionais deparam-se com imperfeições ou obscuridades, espaços vazios ou omissões deixados na constituição escrita. Daí por que procuram corrigir esses problemas e defeitos por meio de **expedientes não previstos formalmente** pelo texto constitucional, tais como normas extraídas de ***praxes constitucionais***, como as **convenções constitucionais** e os **costumes constitucionais** (cf. item 4.2.2 do Capítulo VI), bem assim de ***mutações constitucionais*** (cf. item 2.1 abaixo).

Todavia, as normas criadas sob o influxo do poder constituinte difuso também se sujeitam ao controle de constitucionalidade, pois não se sobrepõem às estabelecidas pelo poder constituinte originário. Assim, por exemplo, o Judiciário poderá declarar a invalidade e obstar determinadas práticas e convenções constitucionais, ainda que contínua e ilegitimamente adotadas pelo Poder Público. Tal qual ocorreu no julgamento da ADI 5.127/DF, quando o STF reputou incompatíveis com a Constituição as emendas parlamentares que, apresentadas a projeto de conversão em lei de medida provisória, não mantinham relação de pertinência temática com o ato normativo originário.

Ademais, as normas decorrentes do poder constituinte difuso tampouco prevalecem em face daquelas formalmente instituídas pelo poder constituinte derivado. Sevem de exemplo: (a) a EC 32/2001, que revogou a costume constitucional conforme o qual o Presidente da República era autorizado a reeditar medidas provisórias (v. item 4.2.2 do Capítulo VI; e o item 6.6 do Capítulo VII do Tomo II); e (b) a EC 58/2009, que redefiniu os critérios de fixação do número de vereadores, tornando sem efeito a mutação constitucional reconhecida pelo STF em relação à interpretação dada ao texto original do art. 29, IV, da CF/88 (v. RE 197.917/SP).

▸ **Como esse assunto foi cobrado em concurso?**

No XIII Concurso da Magistratura Federal do TRF/1ª Região (2009), foi considerada **correta** a seguinte assertiva: "Respeitados os princípios estruturantes, é possível a ocorrência de mudanças na constituição, sem alteração em seu texto, pela atuação do denominado poder constituinte difuso."

No concurso para Procurador do Estado de Pernambuco (2018/Cespe), foi considerada **incorreta** a afirmação: "O poder constituinte derivado reformador, também chamado de poder constituinte difuso, refere-se às mutações constitucionais."

CARACTERÍSTICAS DO PODER CONSTITUINTE DIFUSO			
Latente	Permanente	Informal	Contínuo

2. MODIFICAÇÕES CONSTITUCIONAIS

Superada a tese da imutabilidade das constituições, as normas constitucionais não só podem como devem sofrer modificações, sejam para adaptá-las aos processos evolutivos produzidos pela influência do tempo nas sociedades, sejam para induzir tais processos no futuro (HÄBERLE). As modificações constitucionais, de sua vez, podem ser classificadas em duas espécies: ***mutações constitucionais*** e ***reformas constitucionais***.

▸ **Importante:**

Parte da doutrina distingue entre dois momentos relacionados ao tema. Há o **momento de ruptura**, característico da manifestação do poder constituinte originário (*momento constituinte*), em que se modifica a essência da constituição; e existe o **momento de mudança**, situação em que a essência da constituição permanece intacta, embora com a adequação do texto constitucional à evolução da sociedade.

2.1. Mutação constitucional

É o ato ou efeito modificativo da constituição sem revisões formais do texto das disposições constitucionais. Trata-se do fenômeno a partir do qual as normas constitucionais se modificam sem revisões ou emendas textuais.

> **Atenção!**
>
> Para autores como CANOTILHO, a expressão "mutação constitucional" é sinônima de **transição constitucional**, que significa a "revisão informal do compromisso político formalmente plasmado na constituição sem alteração do texto constitucional" (1998, p. 1.153).

Diferentemente das *reformas constitucionais*, que são inovações introduzidas nos enunciados linguísticos da constituição mediante procedimentos formais de emendas, as *mutações constitucionais* decorrem de **processos informais de mudanças**, a partir dos quais, **independentemente de alterações textuais**, atribuem-se novos sentidos à constituição.

Para JELLINEK (1991, p. 7), enquanto a reforma constitucional é a "modificação dos textos constitucionais produzidas por ações voluntárias e intencionais", a mutação das constituições é "modificação que deixa indene seu texto sem modificá-lo formalmente que se produz por fatos que não têm de vir acompanhados pela intenção ou consciência de tal mutação."

Segundo o Min. EROS GRAU, baseado em lições de HSÜ DAU-LIN, a "mutação constitucional decorre de uma incongruência existente entre as normas constitucionais e a realidade constitucional, entre a Constituição formal e a Constituição material. Oposições entre uma e outra são superadas por inúmeras vias, desde a interpretação, até a reforma constitucional. Mas a mutação se dá sem reforma, porém não simplesmente como interpretação. Ela se opera quando, em última instância, a práxis constitucional, no mundo da vida, afasta uma porção do texto da Constituição formal, sem que daí advenha uma ruptura do sistema" (votos proferidos na Rcl 4.335/AC e no MS 26.602/DF, Pleno do STF).

> **As mutações constitucionais segundo HSÜ DAU-LIN**
>
> Na clássica obra "Mutação da Constituição", originalmente publicada em alemão (1932), o chinês HSÜ DAU-LIN, discípulo de SMEND, trouxe importantes contribuições ao assunto. No prólogo à tradução espanhola do livro (1998), aliás, PABLO LUCAS VERDÚ a considera o melhor estudo conhecido sobre as mutações constitucionais.
>
> Para DAU-LIN, a mutação constitucional é "a incongruência que existe entre as normas constitucionais, por um lado, e a realidade constitucional, por outro" (1998, p. 29). Daí as quatro classes de mutações constitucionais: (a) *mutação da constituição mediante uma prática estatal que não viola a constituição;* (b) *mutação da constituição mediante a impossibilidade de exercer certos direitos extraídos constitucionalmente; (c) mutação da constituição mediante uma prática estatal contraditória com a constituição; e (d) mutação da constituição mediante sua interpretação.*

Então, após explicar e exemplificar essas quatro classes de mutação constitucional, DAU-LIN questiona as teorias até então conhecidas a respeito do tema e critica o excessivo positivismo dos precursores do estudo das mutações constitucionais (LABAND e JELLINEK) e de outros teóricos. Segundo DAU-LIN, o "fundamento último da mutação constitucional estriba, de pronto, na natureza do Estado como realidade vital. Esta não necessita fundamentar-se em qualquer tipo de teoria do Estado invocando a organologia ou uma concepção mecanicista ou a doutrina da integração que nos arrasta a outro problema ainda mais difícil, em lugar de solucionar o que nos ocupa" (1998, p. 161). DAU-LIN quis sublinhar com essas críticas a importância dos fenômenos sociológicos e da realidade política no processo de compreensão das constituições, algo que a metodologia positivista da época não conseguia explicar, mas que acabou por influenciar autores como LOEWENSTEIN e sua teoria ontológica das constituições (v. item 2.7 do Capítulo III). Notar, todavia, que DAU-LIN tampouco concordara com a teoria de LASSALE acerca da constituição e os "fatores reais de poder" (v. item 1.1.2 do Capítulo III), concepção à qual se referiu com "uma superestimação das relações sociais existentes e uma infravalorização da constituição escrita" (1998, p. 182).

Já no final da obra, DAU-LIN (1998, p. 169) trata da "dupla natureza" das mutações constitucionais ao identificar dois tipos distintos: (i) *mutação constitucional da constituição em sentido formal:* a se caracterizar "quando as normas positivas de uma constituição escrita já não guardam congruência com a situação constitucional real" ou "quando surge uma diferença entre o direito constitucional escrito e o efetivamente válido"; e (ii) *mutação da constituição em sentido material* (ou transformação do sistema ou de seu significado): a que ocorre "quando na realidade da visão estatal desenvolvem-se relações jurídicas contrapostas ao sistema – não importa se são determinadas por normas ou se somente estão nelas implicadas significativamente – e incorporadas à constituição. Pode ser um instituto jurídico que não corresponda inteiramente ao sistema indicado na constituição, podem ser circunstâncias reais que impedem a realização de uma interação declarada nas normas constitucionais. É indiferente se esta realidade está em contradição direita com certas normas constitucionais ou se formalmente nem sequer toma contato com o texto da constituição".

Ainda para DAU-LIN, é possível que essas duas naturezas de mutações constitucionais gerem relações recíprocas. Contudo, as *mutações das constituições em sentido formal*, por si sós, não gerariam maiores problemas à teoria constitucional, pois "são precisamente as integrações e ampliações do sistema, do sentido indicado pela constituição, permitidas e exigidas por ela mesmo" (1998, p. 177). Já quanto à mutação da constituição em sentido material, comprovada pela "contradição entre a situação real do direito constitucional e a intenção manifestada pela constituição, surge então a questão acerca dos limites da mutação constitucional" (1998, p. 177). Nesses casos, portanto, quando infringidos certos limites, poderá caracterizar-se a "mutação anticonstitucional contraposta ao sistema".

Todavia, a realçar os aspectos sociopolíticos do problema, DAU-LIN afirma que, independentemente da natureza das mutações, incluindo aquelas que indesejadas pela constituição, todas "seguem seus próprios caminhos, são constelações da política prática e da vida real do Estado." Assim, não importa se as normas ou institutos jurídicos sejam mais ou menos rígidos ou elásticos, opostos ou propensos a mutações. "A explicação das duas classes de mutação constitucional é idêntica: apoiase na peculiaridade axiológica do direito constitucional; na insuficiência das normas constitucionais frente às necessidades vitais do Estado, em sua normatização elástica, na natureza teleológica do Estado, na autogarantia da constituição e na impossibilidade de fiscalizar os órgãos supremos do Estado" (1998, p. 176).

Mutações constitucionais, portanto, são *fontes informais diretas* do direito constitucional, pois não encontram previsão no catálogo formal das fontes do direito constitucional, embora sejam reconhecidas como fontes normativas que promovem modificações tácitas às constituições (v. item 4.1 do Capítulo VI).

Como explicou HSÜ DAU-LIN (1998, p. 166), se a "singularidade valorativa do direito constitucional é deduzida como necessária para a realidade estatal e, assim, a mutação constitucional é algo permitido pela intencionalidade da constituição, então a mutação constitucional não é quebrantamento da constituição, nem simples regra convencional, senão direito. É direito, mesmo que não concorde com o texto da lei; é direito, ainda que não possa compreender-se e entender-se mediante os conceitos e construções jurídicas formais."

E, exatamente por advirem de processos informais de elaboração, não se costuma identificar com precisão a autoria, nem o "como" ou o "quando" as mutações constitucionais são implementadas. Daí se atribuir a responsabilidade pelas mutações constitucionais a um tipo de ***poder constituinte "difuso"*** (v. item 1.5.3).

Com efeito, as mutações constitucionais derivam-se, principalmente, do modo como se exerce ou se deixa de exercer o poder estatal regulado numa constituição. Manifestam-se nas práticas legislativas, jurisprudenciais e administrativas por meio das quais se vai alterando o original sentido da constituição, muitas vezes ampliando-se ou restringindo-se o alcance das normas constitucionais, mas sem reformas constitucionais. Por intermédio dessas práticas, tanto as disposições normativas quanto as lacunas da constituição adquirem novos sentidos, de maneira a adaptá-la às forças e necessidades políticas que surgem no decurso do tempo.

Na síntese de UADI BULOS (1997, p. 196), a *mutação constitucional* consiste "no processo dinâmico de mudança da Constituição, onde são atribuídos novos sentidos, conteúdos até então não ressaltados à sua letra, quer através da interpretação, nas diversas modalidades e métodos, quer por intermédio da construção (*construction*) e ainda, por força dos usos e costumes constitucionais."

> **Atenção!**
>
> Em obra específica, após estudar várias vertentes doutrinárias, UADI BULOS (1997b) subdividiu as mutações constitucionais em: (a) ***mutações operadas pela via interpretativa***; (b) ***mutações decorrentes das práticas constitucionais***; (c) ***mutações advindas da construção constitucional***; e (d) ***mutações inconstitucionais***.

Os principais veículos das mutações constitucionais são a **interpretação constitucional**, em suas várias modalidades; a **construção constitucional** (*construction*); além dos ***costumes*** e ***convenções constitucionais*** (ver item 4.2.2 do Capítulo VI). (Sobre a chamada "construção constitucional", v. item 13.3 do Capítulo VII.)

▸ ***Mutação constitucional advinda da atuação do legislador?***

É bastante discutível a possibilidade de a *lei* promover mutações constitucionais. Isso porque, no geral, não se aceita a "interpretação da constituição conforme a lei", mas somente a "interpretação da lei conforme a constituição".

Porém, a se considerar a ausência de formalidades pré-concebidas que caracteriza os processos de mutação, uma simples lei, de fato, poderia representar ou ao menos ensejar uma mutação constitucional. Nessa linha, conforme HSÜ DAU-LIN (1998, p. 168), o processo de mutação constitucional "é um fenômeno fático juridicamente incompreensível. Este processo – pode ser um ato, uma lei ou um instituto – tem, antes de tudo, uma natureza puramente efetiva, geralmente antijurídica, porém pode gerar direito ou contribuir para gerá-lo".

No Brasil, ANNA FERRAZ (1986, p. 92)), em obra clássica, fala que a *interpretação constitucional feita pelo legislador* também constitui espécie de mutação constitucional. Isso ocorreria quando: (a) se "transmuda o sentido atribuído aos conceitos fixados pela norma constitucional, para adaptá-la a realidades novas, a situações distintas, a momentos e circunstâncias sociais, políticas ou econômicas distintas"; (b) "se altera, se amplia ou se restringe o programa apenas esboçado pela norma constitucional"; ou, ainda (c) "quando se preenchem vazios constitucionais, se suprem omissões, se esclarecem obscuridades, dando-se, por via legislativa, novo alcance ao texto constitucional, que irá abranger situações novas ou disciplinar, de modo atual e definido, comportamentos imprecisamente previstos na Constituição".

Nesse sentido, é difícil discordar de ANNA FERRAZ. Afinal, não é incomum que o legislador, ao exercer seu *poder de conformação legislativa,* acabe por acrescentar novas dimensões aos programas normativos das constituições, daí gerando autênticas mutações constitucionais. Para exemplificar, parece ser caso de mutação constitucional revelada pela interpretação legislativa aquela regra do parágrafo único do art. 1º da Lei 9.296/96, que regulamentou a parte final do inciso XII do art. 5º da Constituição. É que o legislador cuidou aí não somente da intercepção "telefônica", prevista pelo constituinte originário, como também da interceptação "em sistemas de *informática* e *telemática*", tecnologias às quais o dispositivo regulamentado não se referira. Portanto, a lei "atualizou" o programa normativo constitucional, numa espécie de mutação constitucional por via da interpretação legislativa. (Ver item 3.2.3.3.A, letra "b", do Capítulo 1 do Tomo II.)

De outro lado, ao tratar especificamente da ***mutação constitucional pela atuação do legislador***, LUÍS ROBERTO BARROSO alude ainda às leis que buscam "modificar a interpretação que tenha sido dada a alguma norma constitucional". Assim, a mutação ocorreria nas hipóteses em que, havendo mais de uma interpretação possível, "o legislador opte por uma delas, exercitando o papel que lhe é próprio, de realizar escolhas políticas" (BARROSO, 2009, p. 132).

Contudo, nessas hipóteses, não parece que a lei possa alterar a Constituição em si, nem modificar interpretações constitucionais divergentes, quando já fixadas pelo Judiciário, sob pena de flagrante inconstitucionalidade desse tipo de "ativismo congressual" (v. item 3.4 do Capítulo 7 do Tomo II.) Uma lei que procurasse modificar interpretação constitucional anterior não seria em si instrumento de mutação constitucional – não, pelo menos, uma mutação constitucional compatível com os limites da própria constituição. Quando muito, poderia ser vista como manifestação da ocorrência de mutação pretérita, caso em que se admitiria a constitucionalidade da legislação, mas desde que se entendesse que a mudança do parâmetro interpretativo constitucional já estivesse em vigor, por força de mutação constitucional, antes da aprovação da lei. (Ver item 6.1.1.1 do Capítulo IV da Parte I.)

Exemplo dos mais famosos de mutação constitucional diz com a releitura que a Suprema Corte norte-americana fez das normas constitucionais acerca da igualdade racial nos Estados Unidos. Embora já tivesse atestado a legitimidade da política de separação de brancos e negros em espaços públicos distintos ("equal but separated doctrine"), a Corte entendeu, em 1954, que tal separação violava princípios básicos da igualdade (caso *Brown* vs. *Board of Education*).

No Brasil, o próprio STF vê a **interpretação judicial** como "instrumento de mutação informal da constituição" (HC 91.361/SP). Nessa linha, apesar de relativamente recente, a CF/88 já sofreu inúmeras mutações constitucionais reconhecidas pela jurisprudência do STF, tais como:

A) a **restrição do foro especial por prerrogativa de função**, com a consequente revogação da Súmula 394 do STF, sem que se alterassem os dispositivos constitucionais à luz dos quais fora a súmula editada ainda na vigência da CF/46 (cf. QO no Inq 687/SP, Plenário, j. em 25-8-99);

B) a superação do entendimento quanto à autonomia municipal para **fixação do número de vereadores**, instituindo-se rígidos critérios aritméticos em face da população dos respectivos Municípios, a despeito de inalterado o texto do inciso IV do art. 29 da CF/88 (RE 197.917/SP, Plenário, j. em 6-6-2002);

> **Atenção:**
> Essa mutação foi superada pela EC 58, de 23-9-2009, que redefiniu o assunto.

C) a mudança de entendimento quanto ao princípio da individualização da pena (art. 5º, XLVI), o que levou o Plenário do STF a rever a constitucionalidade do art. 2º, § 1º, da Lei 8.072/90 (na redação original), concluindo-se pela inconstitucionalidade a vedação da **progressão de regime nos crimes hediondos** (HC 82.959/SP, j. em 23-2-2006) (ver Súmula Vinculante 26);

D) no julgamento do RE 388.359/PE (j. em 28-3-2007), o Pleno do STF alterou radicalmente sua jurisprudência acerca do inciso LV do art. 5º, e concluiu pela proibição constitucional da exigência legal de **depósito pecuniário** como requisito de **admissibilidade de recursos administrativos** (ver Súmula Vinculante 21 e ADPF 156/DF);

E) a atribuição de **hierarquia *supralegal* aos tratados internacionais sobre direitos humanos** (v. RE 466.343/SP, Plenário, j. em 13-12-2008) representou verdadeira *mutação constitucional* decorrente de nova interpretação dada pelo STF ao § 2º do art. 5º da Constituição Federal, como a Corte no HC 90.450/MG (2ª Turma);

F) em mudança interpretativa quanto ao inciso LVII do art. 5º da Constituição, o Plenário da Corte decidiu pela inconstitucionalidade da **execução provisória da pena** antes do trânsito em julgado da sentença ou acórdão condenatório, a menos que presentes os motivos necessários à decretação de prisão cautelar (HC 84.078/MG, j. em 5-2-2009);

▸ **Atenção:**

No HC 126.292/SP (j. em 7-2-2016), o STF revisou essa mutação constitucional, firmada sete anos antes, e retomou o entendimento anterior, segundo o qual a não compromete o princípio constitucional da presunção de não culpabilidade a execução provisória de acórdão penal condenatório proferido em grau de apelação e insuscetível de recurso com efeito suspensivo. Certo que, posteriormente, em 2019, no julgamento de mérito da ADC 43/DF e da ADC 44/DF, o STF proclamou a constitucionalidade do artigo 283 do CPP, na redação da Lei 12.403/2011, razão pela qual foi proibida a execução provisória da pena. Contudo, a considerar que o objeto do julgamento era a legislação infraconstitucional, não houve mudança quanto à interpretação em si do alcance do princípio constitucional da não culpabilidade. Daí que, a rigor, basta uma simples mudança na legislação para retomar-se a possibilidade de execução provisória da pena. Ver item 3.6.4, letra "f", do Capítulo I do Tomo II.

G) no RE 778.889/PE (j. em 10-3-2016), em nova interpretação dada ao inciso XVIII do art. 7º da CF, o Plenário do STF entendeu pela ocorrência de mutação constitucional e superou o entendimento antes manifestado no RE 197.807/RS (1ª Turma), segundo o qual não caberia ao Judiciário, mas ao legislador, estender à mãe adotiva os mesmos direitos à licença instituída em favor da empregada gestante. No novo precedente, com repercussão geral, a Corte aprovou a seguinte tese: "Os prazos da licença adotante não podem ser inferiores aos prazos da **licença gestante**, o mesmo valendo para as respectivas prorrogações. Em relação à licença adotante, não é possível fixar prazos diversos em função da idade da criança adotada".

▸ **Importante:**

Embora mutações constitucionais não devessem surtir efeitos retroativos, pois se consideram *modificações* das normas constitucionais, o STF nem sempre tem observado essa orientação, como se vê: (**a**) das decisões que elevaram a posição hierárquica dos tratados internacionais sobre direitos humanos, cujos efeitos têm sido aplicados retroativamente, de modo a incidirem tanto sobre fatos anteriores quanto sobre tratados internacionais também anteriormente internalizados, como é o caso do Pacto de São José da Costa Rica; e (**b**) da mencionada decisão do Plenário do STF no RE 778.889/PE, que foi acompanhada de autorização para que as adotantes pudessem fruir, a qualquer tempo, do prazo maior da licença assegurado às gestantes, mesmo que a adoção tenha ocorrido em data anterior à decisão, "extinguindo-se tal direito apenas com a maioridade da criança".

▸ ***Mutações constitucionais de segundo grau?***

O STF já chegou ao ponto de consagrar até mutação de mutação constitucional anterior, o que se pode chamar de **mutação constitucional de segundo grau**. Nesse sentido, na QO na AP 937/RJ (j. em 3-5-2018), 19 anos após ditar a mutação constitucional que revogara a Súmula 394 (QO no Inq 687/SP), o Plenário da Corte deu nova interpretação ao art. 102, I, "b", da Constituição e decidiu, numa *outra* mutação constitucional a respeito, que o foro por prerrogativa de função do parlamentar federal passaria a aplicar-se, apenas, aos crimes cometidos durante o exercício do cargo e desde que relacionados às funções desempenhadas.

De outro lado, a legitimidade das mutações constitucionais gira em torno do âmbito de elasticidade textual das disposições constitucionais. Como disse KONRAD HESSE (1992), "o conteúdo da norma constitucional só poderá modificar-se no interior do marco traçado pelo texto" (p. 101). Assim, o "*texto da Constituição erige-se em limite absoluto de uma mutação constitucional*" (p. 102). "Tudo o que se situe mais adiante dessas possibilidades não será mutação constitucional, senão quebra constitucional ou anulação da Constituição" (p. 103). (Sobre a definição de "programa normativo" e sobre o texto como o limite da interpretação, v. itens 13.1.1 e item 3 do Capítulo VII.)

Daí a inconstitucionalidade das chamadas ***mutações constitucionais "exogenéticas"*** (CANOTILHO, 1998, p. 1.154), porquanto produzidas fora das margens admitidas pelo programa normativo das normas constitucionais. Segundo CANOTILHO, "uma coisa é admitirem-se alterações do âmbito ou esfera da norma que ainda se podem considerar suscetíveis de serem abrangidas pelo programa normativo (*Normprogramm*), e outra é coisa é legitimarem-se alterações constitucionais que se traduzem na existência de uma realidade constitucional inconstitucional, ou seja, alterações manifestamente incomportáveis pelo programa da norma constitucional."

Ademais, segundo SARMENTO e SOUZA NETO (2017, p. 358), as mutações constitucionais devem respeitar os "limites impostos pelo sistema constitucional, delineados por meio de escolhas fundamentais feitas pelo constituinte", bem como as cláusulas pétreas.

▸ **Atenção!**

Segundo ANNA FERRAZ, também o **desuso** de prerrogativas constitucionais enseja mutações constitucionais *inconstitucionais*, "na medida em que torna a regra constitucional letra morta" (1986, p. 237). Nessa linha, a autora indica ser caso assim de desuso a falta de utilização do veto por parte de algumas monarquias constitucionais europeias.

▸ **Importante:**

No marco institucional brasileiro, a "última palavra sobre a validade ou não de uma mutação constitucional será sempre do Supremo Tribunal Federal" (BARROSO, 2009, p. 133). Ainda assim, o STF pode colecionar erros. Nessa linha, no que parece ser uma mutação constitucional "inconstitucional", porém chancelada pela jurisprudência da Corte (ADI 3.406/RJ e na ADI 3.470/RJ), pode-se citar a suposta modificação informal do papel da resolução do Senado Federal de que trata o inciso X do art. 52 da Constituição (v. item 7 do Capítulo III da Parte II).

Quanto à **hierarquia normativa**, as mutações constitucionais servem de **parâmetro de controle da constitucionalidade** e tornam sem eficácia e não aplicáveis as normas infraconstitucionais divergentes. Porém, **subordinam-se** às **reformas constitucionais** (v. item 6 do Capítulo VI).

Afinal, se o texto serve de limite tanto à interpretação quanto ao surgimento das mutações constitucionais, novas modificações formais acabam por prevalecer sobre anteriores alterações informais da constituição. Nesse sentido, a EC 58/2009, por exemplo, ao redefinir os critérios de fixação do número de vereadores, tornou sem efeito a mutação constitucional reconhecida pelo STF em relação à interpretação dada ao texto original do art. 29, IV, da CF/88 (v. RE 197.917/SP). (Sobre a sujeição das mutações constitucionais ao controle de constitucionalidade, v. item 1.5.3.)

▸ Como o STF já enfrentou a questão:

No HC 90.450/MG (2ª Turma), ao aplicar a tese do *status* supralegal atribuído a Pacto de São José da Costa Rica, a Corte tratou da "questão dos processos informais de mutação constitucional e o papel do Poder Judiciário", bem como entendeu que a interpretação judicial é "instrumento juridicamente idôneo de mudança informal da Constituição." Ainda conforme a ementa do julgado: "A legitimidade da adequação, mediante interpretação do Poder Judiciário, da própria Constituição da República, se e quando imperioso compatibilizá-la, mediante exegese atualizadora, com as novas exigências, necessidades e transformações resultantes dos processos sociais, econômicos e políticos que caracterizam, em seus múltiplos e complexos aspectos, a sociedade contemporânea."

No julgamento da QO na AP 937/RJ (j. em 3-5-2018), no qual o STF restringiu o foro especial por prerrogativa de função concedido aos parlamentares, sustentou-se a necessidade de reconhecer a mutação constitucional, não porque o entendimento anterior "fosse propriamente errado, mas porque a realidade fática mudou, ou porque a percepção social do Direito mudou, ou porque as consequências práticas de uma orientação jurisprudencial se revelaram negativas" (*Inf.* n. 868/2018).

▸ Como esse assunto foi cobrado em concurso?

O concurso para Procurador da República (2011) considerou **correta** a seguinte assertiva: "A mutação constitucional consiste na alteração da jurisprudência do STF sobre algum tema de índole constitucional, sem que haja mudança formal no Texto Magno."

O concurso para o Ministério Público do Estado de Sergipe (2010) apontou como **correta** a seguinte assertiva: "Tratando-se de mutação constitucional, o texto da constituição permanece inalterado, e alteram-se apenas o significado e o sentido interpretativo de determinada norma constitucional."

No concurso para Juiz do TRT/23ª Região (2010), a seguinte assertiva foi considerada como **errada**: "Mutação constitucional é um processo formal de mudança da constituição, por meio do qual são atribuídos novos sentidos, conteúdos até então não ressaltados à letra da constituição."

Em concurso para Fiscal de Rendas para a Secretaria da Fazenda do Mato Grosso do Sul (2006), elaborado pela FGV, foram apontadas como **erradas** as seguintes afirmações quanto à mutação constitucional: "não tem lugar em nosso sistema jurídico, em razão de a Carta Política ser escrita e rígida" e "só ocorre por meio do poder constituinte originário."

No concurso para Analista de Controle do TCE/PR (2016/Cespe), foi considerada **correta** a seguinte afirmação: "O caráter aberto e vago de muitas das disposições constitucionais favorece uma interpretação atualizadora e evolutiva, capaz de produzir, por vezes, uma mutação constitucional informal ou não textual."

No concurso para Defensor Público/RN (2015/Cespe), foi considerada **incorreta** a afirmação: "A mutação constitucional é fruto do poder constituinte derivado reformador."

▸ **Como esse assunto foi cobrado em questões dissertativas de concurso?**

No concurso para Procurador da República (MPF/26), foi solicitado que o candidato fazendo associação dos seguintes termos: enunciado normativo/norma/mudança jurisprudencial/transição.

No concurso para Juiz do Trabalho do TRT/22ª Região (2013), perguntou-se aos candidatos: "No direito brasileiro, o que se entende por mutação informal da Constituição? Exemplifique com uma hipótese também aplicável em processo na Justiça do Trabalho."

2.2. Reformas constitucionais e poder de reforma constitucional

Reformas constitucionais são as alterações dos enunciados linguísticos dos textos constitucionais introduzidas mediante **procedimentos formais de emendas**, seja para *introduzir*, seja para *suprimir* ou *substituir* uma disposição normativa constitucional.

O poder de reformar a Constituição Federal diz respeito ao *poder constituinte derivado* e está circunscrito ao processo de alteração formal das constituições rígidas. Trata-se, pois, do **poder constituinte derivado "reformador"**.

2.2.1. Espécies do poder de reforma constitucional

Como gênero, o poder de reforma possui duas espécies, a saber, o ***poder de emenda*** e o ***poder de revisão***.

▸ **Como esse assunto foi cobrado em concurso?**

Em concurso para Juiz do TJMS (2010), elaborado pela Fundação Carlos Chagas, o candidato deveria marcar como **correta** a seguinte assertiva: "o poder constituinte de revisão é espécie de poder constituinte instituído."

Sobre o mesmo tema, em concurso elaborado pelo Cespe para o cargo de Analista de Controle Externo do Tribunal de Contas da União (2007), a seguinte assertiva foi considerada **correta**: "O poder de reforma inclui tanto o poder de emenda como o poder de revisão do texto constitucional."

2.2.1.1. Poder de emenda

O **poder de emenda** é a competência deferida ordinariamente ao **constituinte derivado** para alterar os textos constitucionais, desde que observados determinados limites. É exercido por meio de **emendas constitucionais.**

> **Importante:**
>
> O § 3º do art. 5º, com redação da EC 45/2004, permite conceder *status* de emenda constitucional aos tratados internacionais que versem sobre direitos humanos, desde que aprovados pelo mesmo *quorum* de votação.

2.2.1.2. Poder de revisão

Além do poder ordinário de emenda, algumas constituições preveem certas oportunidades específicas de alteração, geralmente conforme períodos de tempo definidos (cf. art. 284 da Constituição portuguesa, que prevê a possibilidade de revisões ordinárias, desde que decorridos cinco anos da última). A fim de facilitar a readaptação da constituição em face dos fatos sociais supervenientes, essas oportunidades pressupõem a **simplificação das formalidades** de reforma constitucional, tais como a diminuição do quórum de votação ou a **ampliação dos temas** sujeitos à modificação. Esse é o chamado **poder de revisão**, que se materializa por intermédio de **emendas revisionais** ou **de revisão.**

No caso brasileiro, o artigo 3º do ADCT previu a realização de apenas uma revisão, contados cinco anos da data de promulgação da CF/88, o que permitiu a alteração do Texto Constitucional pelo voto da **maioria absoluta**, em **sessão unicameral.**

Não obstante, na Revisão de 1993, perdeu-se grande oportunidade para adaptar a Constituição, pois foram editadas apenas seis emendas revisionais sem grande repercussão. Em razão disso, há quem defenda a possibilidade de se emendar a Constituição a fim de permitir novas revisões.

De qualquer modo, a prerrogativa de revisar a Constituição por meio de procedimentos menos dificultosos **não se estende** ao **poder constituinte decorrente reformador** (STF, MC na ADI 1.722/TO).

> **Como esse assunto foi cobrado em concurso?**
>
> Em concurso para o cargo de Promotor de Justiça do Estado de Sergipe (2010), foi considerada **errada** a seguinte alternativa: "A revisão constitucional prevista no ADCT da CF, que foi realizada pelo voto da maioria simples dos membros do Congresso Nacional, gerou seis emendas constitucionais de revisão que detêm o status de normas constitucionais originárias."

No concurso para Juiz do TJSP (2018/Vunesp), foi considerada **correta** a afirmação: "Embora, segundo doutrina majoritária, os termos revisão e emendas, por se tratar de espécies do gênero reforma, não se confundam, nos anos 1990 o Congresso Nacional acabou por equipará-los de fato ao adotar para a revisão os mesmos requisitos formais e materiais exigidos para as emendas."

No concurso para Juiz do TJSP (2018/Vunesp), foi considerada **incorreta** a afirmação: "Inicialmente prevista apenas no artigo 3º do Ato das Disposições Constitucionais Transitórias, a revisão constitucional acabou incorporada ao corpo da Constituição como mecanismo permanente de reforma, mediante edição de emendas de revisão."

TIPOS DE "MODIFICAÇÕES CONSTITUCIONAIS"		
Poder de emenda	**Poder de revisão**	**Mutações constitucionais**
- Modificação constitucional manifestada por **emenda constitucional** (**fonte formal direta**). - Em geral, promove **alterações pontuais** do texto constitucional. - **Maior exigência** quanto às formalidades de aprovação (2 turnos de votação em cada Casa do Congresso Nacional e *quorum* de aprovação de 3/5 dos votos). - São espécies de **fontes formais** do direito constitucional.	- Modificação constitucional manifestada por **emenda revisional** (**fonte formal direta**). - Em geral, promove **alterações amplas** do texto constitucional. - **Simplificação** das formalidades de aprovação (art. 3º do ADCT: sessão unicameral e *quorum* de votação por maioria absoluta). - São espécies de **fontes formais** do direito constitucional.	- Ato ou efeito modificativo da constituição, **sem revisões formais do texto** das disposições constitucionais, mediante expedientes interpretativos, como a chamada *construção constitucional* ("construction"), bem como por via de costumes e convenções constitucionais. - São espécie de **fontes informais** do direito constitucional.

▸ **Como esse assunto foi cobrado em concurso?**

Em concurso elaborado pela Esaf para o cargo de Analista Jurídico da Secretaria da Fazenda do Estado do Ceará (2007), o gabarito apontou como **errada** a seguinte alternativa: "A revisão constitucional prevista por uma Assembleia Nacional Constituinte, possibilita ao poder constituinte derivado a alteração do texto constitucional, com menor rigor formal e sem as limitações expressas e implícitas originalmente definidas no texto constitucional."

2.2.2. Limitações ao poder de reforma

Por não ser soberano, o **poder constituinte derivado reformador** sofre limitações fixadas pelo próprio poder constituinte originário. Elas visam à garantia da identidade constitucional original, pois toda constituição contempla um *núcleo intangível*, a variar de acordo com o grau da respectiva rigidez constitucional.

Em obra clássica, escrita ao tempo da CF/46, NELSON DE SOUSA SAMPAIO listou três categorias de limitações ao poder de reforma constitucional: ***limites expressos***, que constam do texto constitucional; ***limites implícitos***, que se deduzem como consequência dos limites expressos; e ***limites inerentes***, que dizem com as limitações impostas pelo próprio conceito e natureza do poder reformador.

Mais recentemente, autores como JOSÉ AFONSO DA SILVA e MANUEL GONÇALVES FERREIRA FILHO apontam três espécies de limitações: ***temporais***, ***circunstanciais*** e ***materiais*** (subdivididas em ***explícitas*** e ***implícitas***). Porém, muitos enxergam, ainda, limitações ***formais*** (ou ***procedimentais***) e outros identificam também limitações ***lógicas*** ao poder de reforma constitucional.

Seja como for, acentuou o STF, a invalidação de emendas constitucionais "deve ocorrer nas hipóteses de descumprimento do art. 60 da CRFB/88 (*i.e.*, limites formais, circunstanciais, temporais e materiais), encampando, neste particular, exegese estrita das cláusulas superconstitucionais" (ADI 5.105/DF).

> ▸ **Importante:**
>
> No direito brasileiro, as limitações ao poder de reforma também restringem, no que couber, a atuação do **poder de revisão constitucional** previsto no art. 3º do ADCT (STF, ADI 829/DF e MC na ADI 981/PR), bem como o exercício do **poder constituinte decorrente** (STF, MC na ADI 1.722/TO).
>
> Todavia, na ADI 825/AP (j. em 25-10-2018), o Plenário do STF reputou constitucional a possibilidade de **iniciativa popular em matéria de emenda à constituição estadual**. Trata-se, pois, de precedente que contraria a linha jurisprudencial anterior, pois afasta uma das limitações formais existentes quanto ao poder de reforma da Constituição Federal, na qual não consta possibilidade semelhante (v. item 2.2.2.3, bem com o item 6.8.2, letra "d", do Capítulo 1 do Tomo II).

> ▸ **Como esse assunto foi cobrado em concurso?**
>
> No concurso para Juiz do TJSP (2018/Vunesp), foi considerada **incorreta** a afirmação: "Em precedentes dos anos 1990, em especial na ADIN-MC 981, o Supremo Tribunal Federal adotou entendimento no sentido de que as chamadas emendas de revisão não estavam sujeitas aos limites materiais estabelecidos pelo artigo 60, § 4º, da Constituição."

2.2.2.1. Limitações temporais

Classe de restrições ao poder de reforma constitucional baseadas em fatores cronológicos predeterminados.

Fazem-se presentes naquelas constituições que condicionam qualquer reforma constitucional ao transcurso de algum requisito ou termo temporal, como a Constituição brasileira de 1824 (cujo art. 174 proibiu reformas no período de quatro anos) e a Constituição do Equador de 1927 (art. 232).

A Constituição de 1988, em relação ao **poder *geral* de reforma**, não adiou a aprovação de emendas constitucionais por determinado período de tempo. No dia seguinte à promulgação do Texto Constitucional, já poderiam ser apresentadas propostas de emendas constitucionais (PECs). Por isso, a *doutrina majoritária* sustenta que a atual Constituição **não** previu limitações temporais.

Contudo, em relação ao exercício do **poder de revisão** constitucional, houve **previsão expressa de limite temporal**: somente após cinco anos da promulgação da Constituição (ADCT, art. 3º).

> **Importante:**
>
> Ao se considerar que o resultado do **plebiscito** previsto no **art. 2º do ADCT** poderia alterar a forma e o sistema de governo adotados pelo constituinte originário, houve quem sustentasse que a designação de data para realização dessa consulta popular (fixada para ocorrer em 7-9-1993) consagraria outra limitação temporal ao poder de reforma constitucional. Porém, essa tese é particularmente problemática, pois o resultado do plebiscito não faz parte em si dos mecanismos do poder de reforma constitucional. Tratava-se, em verdade, de procedimento prévio que poderia funcionar como causa eficiente para deflagrar mudanças constitucionais acerca da nova forma e/ou sistema de governo eventualmente escolhidos. Bem por isso, o STF considerou válida a emenda constitucional (EC 2/92) que antecipara o plebiscito para 21-4-1993 (ADI 829/DF e ADI 833/DF).

> **Atenção!**
>
> Nos termos da chamada **regra da não repetibilidade**, a "matéria constante de proposta de emenda rejeitada ou havida por prejudicada não pode ser objeto de nova proposta na mesma sessão legislativa" (§ 5º do art. 60). Logo, é possível aí reconhecer **caso especial de limitação temporal**. Afinal, embora não impeça todo tipo de emenda, essa regra restritiva implica impedimento de ordem cronológica e predeterminada a quaisquer propostas de emenda constitucional que já tenham sido recusadas: elas só poderão ser reapresentadas a partir da data de início de outra sessão legislativa. Contudo, esse entendimento não encontra apoio na doutrina majoritária, segundo a qual se trata de limitação do tipo *procedimental* (ou *formal*), e não temporal. Ver item 2.2.2.3.

> **Como o STF já enfrentou a questão:**
>
> No julgamento da ADI 829/DF e da ADI 833/DF, o Plenário do STF entendeu que a prefixação de data para realização da revisão constitucional prevista no art. 3º do ADCT configurava limitação temporal ao poder constituinte derivado. Contudo, afastou a presença de algum tipo de limite semelhante em relação ao termo prefixado no art. 2º do ADCT, que estabelecia data para o plebiscito sobre a forma e o sistema de governo.

▸ **Como esse assunto foi cobrado em concurso?**

No concurso para Analista Judiciário do TJES (2011), foi considerada **errada** a seguinte alternativa: "A Constituição Federal de 1988, em sua redação original, estabelecia limitações de natureza temporal que não permitiram a reforma do texto constitucional durante certo intervalo de tempo."

O concurso para Procurador do Tribunal de Contas do Estado de Alagoas (2008), elaborado pela Fundação Carlos Chagas, considerou como correta a alternativa segundo a qual é de natureza formal a seguinte limitação ao poder de reforma constitucional: "A Constituição da República veda que matéria constante de proposta de emenda constitucional rejeitada ou havida por prejudicada seja objeto de nova proposta na mesma sessão legislativa."

2.2.2.2. Limitações circunstanciais

Grupo de restrições ao poder de reforma constitucional baseadas em critérios circunstanciais.

É comum que o poder constituinte originário preveja impedimentos ao exercício do poder de reforma a manifestarem-se em **excepcionais situações de crise institucional** – também chamadas de *"síncopes constitucionais"*. Trata-se de tentativa de evitar que fatos anormais dessa magnitude impliquem modificações casuístas ou apressadas nas constituições.

No Brasil, desde a Constituição de 1934, estão proibidas emendas constitucionais durante o estado de sítio. Nada obstante, a Constituição de 1988 alargou esse tipo de restrição ao poder constituinte derivado. Nos termos do art. 60, § 1º, a "Constituição não poderá ser emendada na vigência de **intervenção federal**, de **estado de defesa** ou de **estado de sítio**".

▸ ***Quais fases do processo legislativo da emenda constitucional são atingidas pelas limitações circunstanciais?***

Diferentemente do § 4º do mesmo artigo 60, o § 1º não proibiu apenas a "deliberação" de propostas de emenda constitucional. Ele vedou que a Constituição fosse "emendada" durante a intervenção federal, o estado de defesa ou o estado de sítio. Portanto, o dispositivo impede não só a *apresentação* de novas propostas de emenda constitucional (PECs), como ainda determina a *suspensão* de todos os atos do processo legislativo ligados à tramitação das PECs anteriormente apresentadas, incluindo as respectivas discussões e votações. Afinal, se a razão das limitações circunstanciais ao poder reformador é evitar a aprovação de emendas constitucionais casuístas ou apressadas, em momentos de intensa gravidade institucional, não faz sentido permitir que se deflagrem novas propostas, nem que as propostas já em tramitação tenham andamento, pois isso tornaria mais próxima ou provável a mudança constitucional que se pretendeu evitar.

Nesse sentido, ao comentar dispositivo semelhante da Constituição anterior (§ 2º do art. 47), PONTES DE MIRANDA já sustentara a impossibilidade circunstancial tanto da apresentação de propostas de emenda constitucional, como ainda de "sua discussão e votação" (1987, t. III, p. 152). Igualmente, em anotações à Constituição de 1988, IVES GANDRA MARTINS defendeu fique "paralisado o processo de emenda à Constituição, qualquer que seja o seu estágio" (1999, vol. 4., t. I, p. 382); e CRETELLA JÚNIOR exemplificou que eventual decretação do estado de sítio atinge "qualquer fase do procedimento exigido para a emenda – a apresentação do projeto, consubstanciado na proposta, a discussão, a votação" (1997, vol. 5, p. 2.725).

Assim, durante as circunstâncias mencionadas no § 1º do art. 60, deveriam ficar obstadas tanto a **fase introdutória** (apresentação de PECs) quanto suspensa a **fase constitutiva** do processo legislativo das emendas constitucionais já apresentadas (discussão e votação de PECs). Porém, não parece deva ser também obstada a **fase complementar**, pois ela envolve simplesmente a *promulgação* e a *publicação* do texto de emendas constitucionais já aprovadas. Afinal, tais atos são obrigatórios (vinculados), sem que exista a possibilidade de alteração posterior nem de recusa à promulgação do texto aprovado, o que afasta o receio do constituinte quanto a mudanças casuísticas na Constituição.

Contrariamente, em doutrina minoritária, CAVALCANTE FILHO defende que o § 1º do art. 60 só impede "a *votação* da PEC, mas não sua discussão" (2012, p. 141). E, a partir da intervenção federal decretada em 2018 no Estado do Rio de Janeiro, essa tese a restringir o alcance do § 1º do art. 60 da CF somente à proibição de *deliberar* propostas de emendas constitucionais ganhou mais força. Nesse rumo, em 13-3-2018, ao decidir questão de ordem, o Presidente da Câmara dos Deputados considerou que, a despeito da vigência da intervenção federal, as PECs em trâmite poderiam ser discutidas na Comissão de Constituição e Justiça e de Cidadania (CCJ) e nas comissões especiais, desde que não chegassem ao Plenário da Casa para deliberação. Na mesma linha, no STF, o Ministro DIAS TOFFOLI entendeu que o § 1º do art. 60 "não proíbe expressamente a tramitação de PEC", pelo que "ficam suspensos – é certo – todos os atos deliberativos do processo legislativo da emenda constitucional, mas **não** a tramitação das propostas de emendas" (MS 35.535/DF, decisão monocrática de 26-6-2018).

2.2.2.3. Limitações formais ou procedimentais

Restrições ao poder de reforma constitucional fundadas em questões ligadas ao cumprimento de certas formalidades procedimentais necessárias à aprovação de emendas à constituição.

Referem-se, portanto, às **normas de processo legislativo** que devem ser observadas pelo poder constituinte derivado reformador. A validade das emendas constitucionais depende da observância de regras procedimentais especiais referentes: (a) à **iniciativa especial** para propor emenda constitucional (incisos I a III do art. 60); (b) ao **quórum de votação** de **3/5 (três quintos) dos votos**, em **dois turnos de votação** (§ 2º do art. 60); e (c) à **promulgação** da emenda, prerrogativa a ser exercida, conjuntamente, pelas **Mesas da Câmara e do Senado**. (Sobre o específico processo legislativo das emendas constitucionais, v. itens 5.2.1.1.C e 6.1 do Capítulo VII do Tomo II.)

Faz parte também das limitações procedimentais a vedação constitucional à mera ***deliberação*** de propostas de emenda constitucional que sejam tendentes a abolir quaisquer das **cláusulas pétreas** mencionadas no **§ 4º do art. 60** (STF, Pleno, MS 20.257/DF).

Para a doutrina dominante, outra limitação formal decorre, ainda, da **regra da não repetibilidade**, segundo o qual a "matéria constante de proposta de emenda rejeitada ou havida por prejudicada não pode ser objeto de nova proposta na mesma sessão legislativa" (§ 5º do art. 60). (A defender ser caso de limitação temporal, e não procedimental, v. item 2.2.2.1.) (Sobre a incidência da regra da não repetibilidade no processo legislativo das emendas constitucionais, v. item 5.2.2.6.D do Capítulo 7 do Tomo II.)

▸ ***Iniciativa legislativa reservada e emendas constitucionais: limitação procedimental implícita ao poder de reforma?***

A Constituição Federal impõe a iniciativa "qualificada" e taxativa como exigência à apresentação de proposta de emendas constitucionais (art. 60, I a III). Porém, não listou nenhuma matéria a exigir a iniciativa "reservada" por parte de algum órgão ou autoridade específicos. Daí se entender que, ao contrário do que ocorre com o poder constituinte derivado *decorrente* (v. item 1.5.2.2.B deste Capítulo), as regras constitucionais referentes ao poder de iniciativa de "lei" **não** significam limites materiais, sequer implícitos, ao constituinte derivado *reformador*. (Sobre o assunto, v. item 5.2.1.1.C do Capítulo 7 do Tomo II.)

Porém, na MC na ADI 5.017/DF, um dos fundamentos invocados em decisão monocrática do Ministro JOAQUIM BARBOSA para suspender a eficácia da EC 73/2013 foi o suposto vício de iniciativa para criar novos TRFs, o que afrontaria a prerrogativa do STJ a respeito (CF, art. 96, II, letra "a"). Ou seja, o Ministro JOAQUIM BARBOSA entendeu que as regras referentes à iniciativa reservada em matéria "legal" significariam uma limitação procedimental implícita ao poder de reforma constitucional.

Já na MC na ADI 5.296/DF, o Plenário decidiu ser "insubsistente condicionar a legitimação para propor emenda à Constituição, nos moldes do art. 60 da CF, à leitura conjunta desse dispositivo com o art. 61, § 1º, que prevê as hipóteses em que a iniciativa de leis ordinárias e complementares é privativa da Presidência da República" (j. em 18-5-2016). Nesse precedente, destaque para o voto intermediário do Min. TEORI ZAVASCKI, para quem seria "preciso adotar um critério em relação a projetos de emenda constitucional. Assim, se se tratasse de tentativa de constitucionalizar matéria típica de lei ordinária, superando a questão da reserva legal, isso poderia comprometer a higidez do Poder a quem a Constituição atribui reserva de iniciativa" (*Inf.* 804/2015).

▸ Como o STF já enfrentou a questão:

A) No histórico MS 20.257/DF (j. em 8-10-1980), ao analisar o art. 47, § 1º, da Constituição passada ("Não será objeto de deliberação a proposta de emenda tendente a abolir a Federação ou a República"), decidiu o Plenário do STF: "Nesses casos, a inconstitucionalidade diz respeito ao próprio andamento do processo legislativo, e isso porque a Constituição não quer – em face da gravidade dessas deliberações, se consumadas – que sequer se chegue a deliberação, proibindo-a taxativamente. A inconstitucionalidade, se ocorrente, já existe antes de o projeto ou de a proposta se transformar em lei ou em emenda constitucional, porque o próprio processamento já desrespeita, frontalmente, a constituição."

B) Ao julgar várias ações diretas movidas contra a EC 62/2009 (ADI 4.357/DF, ADI 4.425/DF, ADI 4.400/DF e ADI 4.372/DF), o STF rejeitou alegação de inconstitucionalidade formal fundamentada na circunstância de ter sido de menos de uma hora o intervalo entre o primeiro e o segundo turno de votações no Senado Federal. Entendeu a Corte que a Constituição não exige interstício mínimo entre os turnos de votação previstos no processo de aprovação de emendas constitucionais, ao contrário do que o constituinte dispôs sobre a edição das leis orgânicas municipais (art. 29, *caput*) e da Lei Orgânica do DF (art. 32, *caput*). Por outro lado, embora o RISF determinasse intervalo mínimo de cinco dias úteis entre os turnos de votação, o STF decidiu que se tratava de norma interna corporis, razão pela qual não pode ser utilizada como parâmetro no controle de constitucionalidade.

C) No MS 22.503/DF, para afastar alegação de descumprimento do art. 60, § 5º, da CF/88, o Plenário da Corte decidiu que o "que não pode ser votado na mesma sessão legislativa é a emenda rejeitada ou havida por prejudicada, e não o substitutivo que é uma subespécie do projeto originariamente proposto."

D) No julgamento da ADI 3.367/DF, entendeu a Corte não ser necessária a reapreciação, pela Câmara dos Deputados, de "expressão suprimida pelo Senado Federal em texto de projeto [de emenda constitucional] que, na redação remanescente, aprovada de ambas as Casas do Congresso, não perdeu sentido normativo".

E) Na ADI 4.887/DF (j. em 10-11-2020), o voto vencedor acolheu a tese segundo a qual é "possível o reconhecimento de inconstitucionalidade formal no processo constituinte reformador quando eivada de vício a manifestação de vontade do parlamentar no curso do devido processo constituinte derivado, pela prática de ilícitos que infirmam a moralidade, a probidade administrativa e fragilizam a democracia representativa" (v. Inf. 998/2020). Entendeu-se que o exercício do poder constituinte reformador não se sujeita apenas àquelas restrições formais expressas no art. 60 da Constituição, pois o "vício de corrupção da vontade do parlamentar e de seu compromisso com o interesse público subverte o regime democrático e deliberativo adotado pela CF e ofende o devido processo legislativo por contrariar o princípio da representação democrática que deve, obrigatoriamente, nortear a produção de normas jurídicas." Assim, eventualmente demonstrada "a interferência ilícita na fase de votação pela prevalência de interesses individuais do parlamentar, admite-se o reconhecimento de inconstitucionalidade formal de emenda constitucional ou norma infraconstitucional." Contudo, no caso, a Corte decidiu que, à falta da "demonstração inequívoca de que sem os votos viciados pela ilicitude o resultado do processo constituinte reformador ou legislativo teria sido outro, com a não aprovação da proposta de emenda constitucional ou com a rejeição do projeto de lei, não se há declarar a inconstitucionalidade de emenda constitucional ou de lei promulgada." (Ver item 4.1.1.1 da Parte II.)

LIMITAÇÕES FORMAIS OU PROCEDIMENTAIS	
Iniciativa reservada	– 1/3 dos membros da Câmara ou do Senado; – Presidente da República; – mais da metade das Assembleias Legislativas das unidades da federação, manifestando cada uma dela pela maioria relativa de seus membros.
Procedimento para aprovação	– Turnos de votação: dois turnos em cada Casa Legislativa. – Quórum mínimo para aprovação: voto de 3/5 dos membros da Casa Legislativa, em cada turno de votação.
Regra da não repetibilidade	– Proíbe a reapresentação, na mesma sessão legislativa, de PEC rejeitada ou tida por prejudicada (art. 60, § 5º).
Promulgação	– Formalidade a cargo, conjuntamente, das Mesas da Câmara dos Deputados e do Senado Federal.

▸ **Como esse assunto foi cobrado em concurso?**

O concurso para Juiz do TRF/5ª Região (2009) apontou como **incorreta** a seguinte alternativa: "Uma proposta de emenda constitucional que tenha sido rejeitada ou prejudicada somente pode ser reapresentada na mesma sessão legislativa mediante a propositura da maioria absoluta dos membros de cada casa do Congresso Nacional."

O concurso para Assessor Jurídico de Gabinete do Tribunal de Justiça do Piauí (2010), elaborado pela Fundação Carlos Chagas, indicou como **errada** a seguinte assertiva: "No Brasil, o Poder Constituinte Reformador: realiza a modificação da Constituição por meio de Emendas Constitucionais, cujo projeto deverá ser aprovado em cada Casa do Congresso Nacional em dois turnos, pelo voto de três quintos dos respectivos Membros e, posteriormente, sancionado pelo Presidente da República."

O concurso para Procurador da Fazenda Nacional (2012) considerou **correta** a afirmativa: "Os limites do poder constituinte derivado são temporais, circunstanciais ou materiais.

No concurso para Remoção do Cargo de Titular de Cartório do TJSP (2018/ Vunesp), foi considerada **correta** a afirmação: "A emenda à Constituição será promulgada pela Presidência da República, com o respectivo número de ordem."

2.2.2.4. Limitações materiais

Proibições ao poder de alterar determinados conteúdos disciplinados pela constituição.

Qualquer constituição, até mesmo as flexíveis, possui certo **núcleo material que lhe dá identidade** e que não pode ser modificado sem que isso represente substituir por uma nova a constituição original.

No caso das constituições rígidas, isso significa que alguns assuntos só podem ser tratados pelo próprio constituinte originário, e não pelo constituinte derivado. A identificação de tais assuntos leva à configuração das intituladas ***cláusulas***

pétreas – também chamadas de *"garantias de eternidade"*. Elas representam, portanto, aquele núcleo imodificável de qualquer constituição.

Segundo GUSTAVO ZAGREBELSKY, cuida-se da *"parte fixa* da constituição (às vezes, chamada de *superconstituição*, que é constituição em sua parte essencial), cuja modificação, ainda que mediante procedimento de revisão constitucional, envolveria um evento revolucionário, anticonstitucional em sentido forte" (1988, p. 101).

De outro lado, a **melhor doutrina** considera que as **cláusulas pétreas devem ser interpretadas restritivamente**, a fim de evitar comprometimento exagerado à necessidade de alterações constitucionais no decurso do tempo. Como explica EDUARDO APPIO, por exemplo, "uma excessiva limitação imposta pela interpretação da Corte Constitucional ao exercício do poder constituinte derivado pode representar um *'paradoxo da democracia'*, na medida em que as gerações futuras estarão presas a um texto constitucional que pode não corresponder às suas necessidades" (2005, p. 142-143).

Todavia, a **interpretação restritiva** há de recair sobre as **cláusulas pétreas em si**, sem prejudicar o alcance nem o sentido do objeto (valores, princípios) por elas efetivamente protegido.

2.2.2.4.A. Limitações materiais explícitas

São proibições materiais, previstas em dispositivo constitucional expresso, ao exercício da competência reformadora da constituição. Dizem respeito a matérias e conteúdos subtraídos da atuação do constituinte derivado de forma explícita.

No caso da Constituição de 1988, o § 4º do art. 60, incisos I a IV, impedem tanto a **apresentação** quanto a **deliberação** de qualquer emenda **"tendente" a abolir**:

A) **a forma federativa do Estado** (inciso I);

B) **o voto direto, secreto, universal e periódico** (inciso II);

C) **a separação dos Poderes** (inciso III); e

D) **os direitos e garantias individuais** (inciso IV).

Reparar, porém, que apenas os direitos e garantias *"individuais"* foram expressamente protegidos contra o poder de reforma. Nada obstante, grande parte da doutrina reputa que *todos* (ou praticamente todos) os direitos fundamentais previstos na Constituição também estariam abrangidos pela proteção do art. 60, § 4º, IV.

Para INGO SARLET (2001, p. 366), por exemplo, "todos os direitos fundamentais consagrados em nossa Constituição (mesmo os que não integram o Título II) são, na verdade e em última análise, direitos de titularidade individual, ainda que alguns sejam de expressão coletiva." Para DIRLEY CUNHA, a "proteção alcança *todos* dos direitos e garantias fundamentais, incluindo os de natureza coletiva e difuso e os direitos sociais, em razão da concepção hoje dominante da *unidade* e *indivisibilidade* dos direitos e garantias" (2013, p. 247).

Em sentido similar, segundo UADI BULOS, há uma "imprecisão" no inciso IV do § 4º do art. 60. Os direitos e garantias protegidos "não são apenas os individuais, isto é, as liberdades públicas clássicas. Englobam, também, os direitos econômicos, os sociais e, ainda, os difusos, coletivos e individuais homogêneos" (2008, p. 302). Na mesma linha, defende LUÍS ROBERTO BARRROSO, são cláusulas pétreas não somente os direitos e garantias *individuais*, mas também todos os "direitos fundamentais materiais", *i.e.*, aqueles direitos fundamentais que, conectados ao núcleo essencial da dignidade da pessoa humana, são imprescindíveis "para assegurar uma vida digna", "independentemente de sua posição formal, da geração a que pertençam e do tipo de prestação a que dão ensejo" (2009, p. 178-180).

O assunto é bastante polêmico. Contudo, uma corrente de interpretação assim extensiva, embora seja "politicamente progressista" e ofereça "maiores garantias aos titulares dos direitos fundamentais", "do ponto de vista jurídico, não é convincente" (DIMOULIS e MARTINS, 2006, p. 55). Bem ou mal, a Constituição traçou várias distinções entre os diferentes tipos de direitos fundamentais, como se vê na própria subdivisão do Título II em capítulos reservados aos "direitos e deveres individuais e coletivos" (Cap. I), "direitos sociais" (Cap. II), direitos "da nacionalidade" (Cap. III) e "direitos políticos" (Cap. IV) e dos "partidos políticos" (Cap. V). Como afirmou o Min. AYRES BRITTO em voto no RE 630.147/DF, a própria Constituição fez o "seccionamento" dos direitos fundamentais em "individuais e coletivos, sociais e políticos, mostrando que há distinção entre esses blocos de normatividade".

Daí ser preferível entender que a restrição da cláusula pétrea aos direitos e garantias *individuais* decorre, não de uma "imprecisão" terminológica, mas da opção consciente do constituinte originário, que intencionalmente excluiu algumas das outras espécies de direitos fundamentais da proteção assegurada pelo art. 60, § 4º, IV.

Nessa linha, a cláusula pétrea em destaque permitiria abranger todos os direitos e garantias individuais previstos no Capítulo I do Título II, incluindo os individuais "homogêneos" e os "de expressão coletiva". Porém, não alcançaria automaticamente, por exemplo, aqueles direitos fundamentais de natureza tipicamente *coletiva* ou *difusa*. (Sobre tais diferenças entre os direitos, v. itens 1.1 a 1.3 do Capítulo I do Tomo II.)

▸ **Atenção:**

É discutível até se todas as normas incluídas no catálogo dos direitos e garantias individuais são mesmo cláusulas pétreas. Isso porque algumas delas, embora situadas no Capítulo I do Título II da Constituição, não são verdadeiramente direitos nem garantias individuais. Exemplo clássico: o inciso XXXI do art. 5º, na parte em que regula a legislação aplicável à sucessão civil de bens de propriedade estrangeira localizados em território nacional.

Há quem sustente que essa diferenciação é indevida, pois permitiria que os poderes constituídos deliberassem sobre quais são os direitos e garantias efetivamente petrificados, raciocínio que atenta contra a vontade do constituinte originário, "que expressamente já incluiu todas as categorias de direitos no Título II da Constituição Federal" (SARLET *et al*, 2016, p. 148). Porém, autores como DANIEL SARMENTO e CLÁUDIO DE SOUZA NETO concordam em que o alcance desses limites materiais expressos ao poder de reforma constitucional não deve girar em torno da localização das normas no texto constitucional. Nessa diretriz, esse tipo de cláusula pétrea protege "apenas os direitos materialmente fundamentais. Mas existe presunção relativa de fundamentalidade em favor dos direitos incluídos no catálogo constitucional" (2017, p. 314).

De outro lado, naquele mesmo Capítulo I do Título II, mais exatamente no § 2º do art. 5º, a Constituição estabeleceu autêntica **cláusula de expansão do catálogo de direitos e garantias individuais** (v. item 12 da Parte III). Dessarte, vários outros direitos fundamentais não catalogados no Capítulo I do Título II podem ser considerados direitos individuais protegidos por cláusulas pétreas, tais como a garantia de inimputabilidade penal aos menores de 18 anos (art. 228) e o direito de voto a partir dos 16 anos (art. 14, § 1º, II, "c").

▶ **Importante:**

Nos termos do § 2º do art. 5º, os direitos e garantias expressos na Constituição não excluem outros decorrentes do regime e dos princípios por ela adotados. Por isso, há um tipo especial de limitações materiais (não propriamente explícitas) que reclama pesquisa no Texto Constitucional.

E foi com base no próprio § 2º do art. 5º que o STF reputou petrificados certos *direitos sociais* e *políticos*, exatamente por considerá-los como **extensões do rol de direitos individuais**, e não como cláusulas pétreas autônomas. Nesse sentido: **(a)** na ADI 939/DF, entendeu-se que o princípio da anterioridade tributária (art. 150, III, "b") era cláusula pétrea, pois se trata de "garantia *individual* do contribuinte" decorrente da extensão prevista no art. 5º, § 2º; **(b)** na ADI 1.946/DF, reconheceu-se o caráter pétreo da norma constitucional que proíbe diferença de salários, exercício de funções e critérios de admissão, por motivo de sexo (art. 7º, XXX), por se reputá-la "um desdobramento do princípio da igualdade de direitos, entre homens e mulheres, previsto no inciso I do art. 5º da Constituição Federal"; e **(c)** na ADI 3.685/DF, foi também em razão da incidência do § 2º do art. 5º que o STF extraiu o caráter pétreo do princípio da anterioridade eleitoral (art. 16).

Dessarte, até o momento, o STF não adota a tese da automática petrificação de todos os direitos sociais, políticos e da nacionalidade, a menos que possam enquadrar-se na acepção ampla dos direitos individuais em si, nos termos do art. 5º, § 2º.

Por outro ângulo, a partir de vários acórdãos da 2ª Turma do STF (*v.g.*, AgRg no RE 581.352/AM, AgRg no RE 763.667/CE, AgRg no ARE 745.745/MG e ARE 639.337/SP), a jurisprudência da Corte STF já avança no reconhecimento de que o chamado princípio da "proibição do retrocesso" obsta o exercício do poder de reforma constitucional em relação a direitos ligados ao *mínimo existencial*, incluindo diversos direitos sociais (v. item 5.4 da Parte III).

Assim, diante desse quadro polêmico, é melhor adotar **posição intermediária** segundo a qual, embora **não** se encontrem petrificados *todos* os direitos fundamentais, devem ser reconhecidos como cláusulas pétreas:

(a) os direitos e garantias previstos no Capítulo I do Título II, inclusive aqueles direitos individuais "homogêneos" e os "de expressão coletiva";

(b) outros direitos e garantias individuais que, a despeito de não estarem expressamente previstos no Capítulo I do Título II, são alcançados pela cláusula extensiva do art. 5º, § 2º; e

(c) os demais direitos fundamentais, até mesmo certos direitos sociais, à medida que conectados ao conceito de "mínimo existencial".

▸ **Atenção:**

Essa posição intermediária (adotada a partir da 9ª edição deste livro) é a que parece melhor conciliar a literalidade do art. 60, § 4º, IV, da CF com a necessidade de não enrijecer em demasia o rol dos direitos fundamentais considerados cláusulas pétreas, garantindo que as gerações futuras não fiquem eternamente amarradas a concepções passadas, sobretudo em tempos de contração econômica. Desse modo, não haveria impedimento a que se reformasse, por exemplo, o princípio da gratuidade do ensino público em quaisquer estabelecimentos oficiais (art. 206, V), desde que preservada a gratuidade do *ensino fundamental* (art. 208, § 1º), este sim um direito social integrante do conceito de "mínimo existencial".

▸ **Como o STF já enfrentou a questão:**

Na ADI 939/DF, além de considerar como cláusula pétrea o princípio da anterioridade tributária (art. 150, III, "b"), o Plenário decidiu que emenda constitucional não poderia criar determinadas exceções ao princípio da imunidade tributária recíproca (art. 150, VI, "b"), dada a violação do princípio federativo – também petrificado pelo art. 60, § 4º (inciso I).

Na ADI 2.024/DF, o STF rejeitou a tese de que emenda constitucional a incluir os ocupantes de cargos e empregos públicos, estaduais e municipais no Regime Geral da Previdência Social (RGPS), significasse tendência a abolir a forma federativa do Estado (art. 60, § 4º, I).

Na MC na ADI 2.356/DF, o Plenário considerou que a EC 30/2000, ao permitir o parcelamento de precatórios pendentes de pagamento oriundos das condenações já transitadas em julgado contra a Fazenda Pública, configurava violação à cláusula pétrea referente ao princípio da separação dos Poderes (inciso III do § 4º do art. 60).

> ▸ **Como esse assunto foi cobrado em concurso?**
>
> O concurso para Procurador da Fazenda Nacional (2006), elaborado pela Esaf, considerou como **errada** a seguinte assertiva: "Embora nem todos os direitos enumerados no título dos Direitos Fundamentais sejam considerados cláusulas pétreas, nenhum outro, fora desse mesmo título, constitui limitação material ao poder constituinte de reforma."

2.2.2.4.A.1. Significado da expressão "tendente a abolir" contida no § 4º do art. 60 da CF/88

É preciso esclarecer a abrangência da expressão "tendente a abolir", contida no § 4º do art. 60 da Constituição. Embora certos autores a interpretem como se impedisse até alterações superficiais ou "tópicas" (GANDRA MARTINS, 1999, v. 4, t. I, p. 396), prevalece na doutrina a tese de que a restrição só garante imunidade ao ***núcleo essencial*** da disciplina que o constituinte originário quis petrificar.

Para CANOTILHO (2004, p. 141-143), por exemplo, a previsão de cláusulas pétreas não imuniza a "formulação linguística" das normas protegidas, tampouco impede "algumas alterações de natureza substantiva". Porém, implica a inversão do ônus da prova quanto à preservação o "núcleo essencial" da norma petrificada.

Após se referir ao art. 60, § 4º, IV, da Constituição brasileira, CANOTILHO (2004, p. 141) expõe que, "segundo entendimento corrente, os limites materiais de revisão incidem sobre os princípios e disciplina material dos direitos, liberdade e garantia e **não** sobre a **formulação linguística** das normas." Assim, além "de modificações formais na redacção das normas ou na formulação linguística das regras e princípios, cabem ainda no espaço normativo do poder de revisão algumas alterações de natureza substantiva." Contudo, a "eliminação de alguns enunciados linguísticos de normas consagradoras de um direito não pode afectar o seu núcleo essencial" (CANOTILHO, 2004, p. 143). Ademais, as propostas de reforma de normas veiculadoras de direitos protegidos por cláusulas pétreas implicam o ônus de provar que o núcleo essencial desses direitos será mantido incólume. Novamente com CANOTILHO, quem "propõe, em sede de revisão constitucional, a supressão de um preceito formulador de um direito terá de demonstrar que a eliminação do texto escrito deixa imperturbados os princípios ou núcleo essencial do bem protegido, esses sim materialmente irreversíveis" (2004, p. 143).

Também pela jurisprudência do Plenário do STF, as limitações materiais enumeradas pelo § 4º do art. 60 "**não significam a intangibilidade literal** da respectiva disciplina na Constituição originária, mas **apenas a proteção do núcleo essencial** dos princípios e institutos cuja preservação nelas se protege" (MC na ADI 2.024/DF). Ver, ainda, ao tempo da Constituição anterior, precedente em que STF reputou que proposta de emenda constitucional a prorrogar em dois anos certos mandatos parlamentares não configurava tendência de violação à República (cláusula pétrea, à época – art. 47, § 1º), pois não introduzia o "princípio de que os mandatos não mais são temporários", nem envolvia, "indiretamente, sua adoção de fato" (MS 20.257/DF).

▸ **Como esse assunto foi cobrado em concurso?**

Em questão elaborada para o concurso de Defensor Público da União (2015/Cespe), a alternativa considerada **correta** pelo gabarito tinha a seguinte redação: "A proteção dos limites materiais ao poder de reforma constitucional não alcança a redação do texto constitucional, visando sua existência a evitar a ruptura com princípios que expressam o núcleo essencial da CF".

2.2.2.4.A.2. Ampliação virtual das limitações explícitas?

Parte da doutrina entende viável que a **ampliação** do rol de direitos e garantias individuais, por emenda constitucional, implicaria a reflexa conversão dos conteúdos daí adicionados em cláusulas pétreas.

A ideia é simples: o constituinte originário proibiu qualquer reforma "tendente a abolir" direito ou garantia individual (inciso IV do § 4º do art. 60), mas deixou aberta a faculdade de incluir mais direitos ou garantias desse tipo no Texto Constitucional (§ 2º do art. 5º). Logo, eventuais direitos e garantias que assim fossem incluídos passariam, pois, à automática condição de **novas cláusulas pétreas**. Assim, caso alguma emenda constitucional acrescente novos direitos e garantias individuais, por exemplo, reformas supervenientes não poderiam mais suprimi-los, pois só existiria a possibilidade de *ampliar*, e nunca de reduzir o conjunto de elementos integrantes das cláusulas pétreas.

Contudo, esse raciocínio pressupõe que o constituinte derivado seja capaz de editar normas que limitem a si próprio, raciocínio equivocado e com graves inconsistências lógico-normativas. O problema remete, pois, à **impossibilidade lógica** de um **órgão restringir os próprios poderes** (v. *paradoxo da onipotência* – item 1.5.1.2).

Daí que, com exceção de novos conteúdos acrescentados por emenda constitucional apenas para *explicitar* temas ou normas que já estivessem implicitamente petrificadas, emendas supervenientes poderão removê-los no futuro.

▸ **Atenção!**

Ao assegurar "a razoável duração do processo e os meios que garantam a celeridade de sua tramitação", o inciso LXXVIII do art. 5º, acrescentado pela EC 45/2004, apenas reconheceu um direito fundamental já implicitamente contido no *princípio do devido processo legal* (art. 5º, LIV). Logo, integra o rol de cláusulas pétreas. (Exemplo tirado de GONET BRANCO, 2008, p. 227.)

A única forma de contornar tais obstáculos de natureza lógica passaria por entender que o art. 60, § 4º, inciso IV petrificara não apenas os direitos e garantias individuais já existentes, mas quaisquer outros que venham (virtualmente) a ser acrescentados ao catálogo inicialmente promulgado em 5-10-1988. Todavia, isso seria defender a existência de outra classe de limitações implícitas, uma espécie de **limite material *virtual* ou *potencial*** ao constituinte derivado (ver item seguinte).

Contudo, não se pode extrair um tipo de limite implícito dessa natureza sem que exista permissão expressa do próprio constituinte originário. Como ensina GONET BRANCO (2008, p. 225), se "o poder constituinte de reforma não pode criar cláusulas pétreas, o novo direito fundamental que venha a estabelecer – diverso daqueles que o constituinte quis eternizar – não poderá ser tido com um direito perpétuo, livre de abolição por uma emenda subsequente."

Mais correto pensar, portanto, que os limites materiais alcançam só os direitos e garantias individuais concebidos pelo próprio constituinte originário. Dessarte, a despeito da cláusula extensiva de direitos fundamentais prevista no § 2º do art. 5º, o rol petrificado restringe-se àqueles direitos e garantias decorrentes do regime e dos princípios na Constituição já "adotados" pela República Federativa do Brasil (a disposição constitucional traz o verbo no particípio passado), e não dos que venham a ser instituídos daí para frente.

▸ Atenção!

Para autores como BERNARDO GONÇALVES FERNANDES, essas ideias gerariam "uma diferenciação entre direitos fundamentais de primeira e de segunda linha, ou seja, um rol dotado de discriminação arbitrária" (2013, p. 150). No mesmo sentido, INGO SARLET criticou a "questionável divisão dos direitos em duas classes, uma sujeita a um regime de proteção reforçado, a outra disponível ao poder de reforma constitucional" (2016, p. 152).

De fato, a tese de que o constituinte derivado não pode baixar normas que limitem a si próprio implica, no caso, regimes distintos de rigidez entre direitos e garantias fundamentais originalmente constitucionais em face daqueles instituídos por emenda constitucional (ou por tratados internacionais aprovados nos termos do art. 5º, § 3º, da CF). No entanto, críticas fundadas em simples aproximações temáticas entre normas de fontes distintas não eliminam as graves deficiências lógico-normativas detectadas na tese oposta à ora defendida. Ademais, toda constituição rígida discrimina mesmo as normas que se incluem das que não se incluem no conjunto das cláusulas pétreas. Algo que tampouco autoriza, com base em simples analogias entre o conteúdo de umas e outras, a elevar o número das normas petrificadas. Afinal, é a respectiva fonte normativa, e não a eventual ocupação temática, que determina o grau de rigidez que se deve atribuir a uma norma. Sem que nisso exista alguma "arbitrariedade" – muito pelo contrário.

▸ Como esse assunto foi cobrado em concurso?

O concurso para Advogado da União (2012) considerou **correta** a afirmativa: "O poder constituinte de reforma não pode criar cláusulas pétreas, apesar de lhe ser facultado ampliar o catálogo dos direitos fundamentais criado pelo poder constituinte originário".

Em sentido contrário, contudo, no concurso para Procurador da República (2011), foi considerada **errada** a seguinte alternativa: "De acordo com a jurisprudência do STF, uma emenda constitucional não pode instituir novo limite ao poder reformador, pois seria logicamente contraditório que o poder constituinte derivado pudesse limitar o exercício do próprio poder constituinte derivado no futuro."

2.2.2.4.B. Limitações materiais implícitas

Tipo de limitação que se extrai de normas constitucionais não expressas, por meio de técnicas de interpretação e/ou de integração do texto constitucional.

No âmbito de uma constituição rígida, ainda que não exista proibição textual a respeito, o constituinte derivado não pode alterar o *núcleo essencial* que dá identidade à constituição, sob pena de indevida usurpação do poder constituinte originário. Daí se falar em limites ***tácitos*** ou ***implícitos*** ao poder de reforma (*cláusulas pétreas implícitas*).

No direito brasileiro, são genuínos exemplos de cláusulas pétreas implícitas:

A) **a proibição a que se façam novas revisões constitucionais:** limitação implícita revelada pela interpretação *a contrario sensu* do art. 3º do ADCT, ao argumento de que, se fossem permitidas novas revisões, o constituinte originário as teria previsto expressamente;

> ▸ **Atenção!**
> Ao discutir a validade de emenda constitucional (EC 2/92), o Plenário do STF rejeitou a tese segundo a qual o constituinte originário teria consagrado, em relação ao plebiscito previsto no art. 2º do ADCT, alguma limitação material implícita ao poder de reforma (v. ADI 829/DF e ADI 833/DF).

B) **a proteção a direitos e garantias individuais não previstos no Título II da CF/88**: ampliação implícita do alcance do art. 60, § 4º, IV, em razão da interpretação do § 2º do art. 5º, conjugada com a dos demais dispositivos do Texto Constitucional;

C) **a vedação à convalidação retroativa de inconstitucionalidades (*constitucionalidade superveniente*)**: como resumiu o voto do Ministro CELSO DE MELLO, "a superveniência de emenda à Constituição, derivada do exercício, pelo Congresso Nacional, do poder de reforma, não tem o condão de validar legislação comum anterior, até então incompatível com o modelo positivado no texto da Carta Política" (RE 346.084/PR, Pleno do STF). (Ver item 6 do Capítulo V.)

D) **a impossibilidade de eliminação do controle de constitucionalidade das normas**: trata-se de consequência implícita da própria rigidez constitucional (v. ZAGREBELSKY, 1988, p. 102). A existência de limites às reformas constitucionais precisa vir acompanhada de instrumentos de fiscalização contra eventuais abusos do poder reformador.

Ademais, se nenhuma fonte normativa pode dispor de seu próprio regime jurídico, o constituinte derivado não dispõe de competência para alterar os respectivos limites de atuação traçados pelo constituinte originário. Dessarte, com base nas clássicas lições de NELSON DE SOUSA SAMPAIO, a maior parte da doutrina brasileira inclui ainda, entre as limitações materiais implícitas, os preceitos referentes:

I) à **titularidade do poder constituinte originário**, pois nenhuma reforma constitucional poderá deslocar da soberania popular o poder constituinte originário que estabeleceu o próprio poder reformador;

II) à **titularidade do poder constituinte derivado**, porquanto o órgão detentor de seu exercício não pode renunciar nem delegar sua competência reformadora constitucional;

III) ao **procedimento** a que sujeita o poder de reforma, pois não "é possível conceber que a autoridade reformadora, como poder constituído que é, possa alterar as condições estabelecidas para o exercício de sua competência" (SAMPAIO, 1995, p. 106); e

IV) **às matérias** subtraídas do próprio poder de reforma.

> **Atenção!**
>
> Os tipos de restrição fundados no argumento segundo o qual nenhuma fonte pode dispor de seu próprio regime jurídico não se encaixam, propriamente, à classe das limitações materiais implícitas. A rigor, a se considerá-los limites "absolutos" ao poder constituinte reformador, deveriam ser tratados como **limitações lógicas**, e não materiais implícitas (v. item a seguir).

> **Importante:**
>
> Já ao tempo da Constituição de 1988, foi aprovada pelo menos uma emenda constitucional com alterações tanto no processo de reformas constitucionais quanto sobre a própria exclusividade do Congresso Nacional para exercer o poder constituinte derivado reformador. Trata-se da **EC 45/2004**, que acrescentou o § 3º ao art. 5º da CF/88, com a seguinte redação: os "tratados e convenções internacionais sobre direitos humanos que forem aprovados, em cada Casa do Congresso Nacional, em dois turnos, por três quintos dos votos dos respectivos membros, serão equivalentes às emendas constitucionais." (Sobre o assunto, ver item 2.2.2.4.C.)
>
> Porém, os doutrinadores em geral ainda não relacionaram esses problemas ao assunto das limitações materiais implícitas, nem opuseram alguma ressalva à constitucionalidade do § 3º inserido pela EC 45/2004 no art. 5º da Constituição. (Ver discussão mais profunda no item 6.9.5 do Capítulo VII do Tomo II).

> **Como esse assunto foi cobrado em concurso?**
>
> No concurso para Procurador da República (2011), foi considerada **errada** seguinte alternativa: "De acordo com a jurisprudência do STF, uma emenda constitucional não pode instituir novo limite ao poder reformador, pois seria logicamente contraditório que o poder constituinte derivado pudesse limitar o exercício do próprio poder constituinte derivado no futuro."

O concurso para Juiz do TJCE (2012) considerou **correta** a afirmativa: "O poder constituinte derivado reformador submete-se tanto a limitações expressas na CF quanto a limitações implícitas".

Em questão elaborada para o concurso de Juiz do TJPB (2015/Cespe), foi a alternativa considerada **correta** pelo gabarito tinha o seguinte enunciado: "O poder constituinte de reforma está sujeito a limitações materiais que que podem estar presentes nas denominadas cláusulas pétreas implícitas".

No concurso para Delegado de Polícia/PE (2016/Cespe), foi considerada **correta** a seguinte afirmação: "Além dos limites explícitos presentes no texto constitucional, o poder de reforma da CF possui limites implícitos; assim, por exemplo, as normas que dispõem sobre o processo de tramitação e votação das propostas de emenda não podem ser suprimidas, embora inexista disposição expressa a esse respeito."

2.2.2.4.C. Limitações materiais implícitas vs. *limitações lógicas*

Limitações lógicas ao poder de reforma constitucional são aquelas restrições ao constituinte derivado baseadas em postulados lógicos. Decorrem, portanto, do próprio conceito de constituição e de reforma constitucional, razão pela qual se encontram presentes em todas as constituições, independentemente das técnicas de interpretação e/ou integração.

Assim, diversamente das limitações materiais, os **limites lógicos** ao poder de reforma são sempre **absolutos**, pois baseados em fundamentos universais e atemporais, como todo postulado lógico. Exemplo clássico de limitação lógica é o chamado **paradoxo da autoemenda** (ou *"puzzle" constitucional*), segundo o qual seria inválida, por inconsistência lógica, qualquer emenda constitucional que viesse a alterar o procedimento especial estabelecido para a aprovação de outras emendas constitucionais.

▸ ***O "puzzle" constitucional ou paradoxo da autoemenda***

O chamado *"puzzle"* constitucional, também conhecido como *paradoxo da autoemenda* ("self-amendment paradox"), remete à obra de ALF ROSS intitulada "Direito e Justiça" ("On Law and Justice"), primeiramente publicada em 1958. Nessa obra, ROSS refutou a consistência das *autorreflexidades normativas* – *i.e.*, a possibilidade de uma norma regular os próprios efeitos, incluindo o respectivo processo de alteração –, dizendo ser logicamente impossível que "uma norma determine as condições para sua própria sanção, incluindo a maneira pela qual pode ser modificada" (2000, p. 108). Então, concluiu que uma constituição "não pode expressar as condições da própria reforma" (2000, p. 108). Assim, embora constituições como a norte-americana contenham normas que regulem procedimentos especiais de reforma constitucional, tais normas devem ser consideradas, para ROSS, como fruto de uma *"ideologia constituinte superior pressuposta"* (2000, p. 107). Do contrário, não se sustentaria, logicamente, a cadeia de derivação existente entre a norma que regula o procedimento de reforma constitucional e as normas produzidas a partir delas, pois uma nova norma não pode contrariar a norma que lhe serviu de

Trata-se, pois, de classe de contenções ao constituinte derivado que não deveria ser confundida com algum tipo de limitação material, já que independe dos eventuais conteúdos de uma constituição determinada. Afinal, questões relacionadas, por exemplo, à impossibilidade de o poder reformador alterar as normas que lhe servem de fonte jurídica, incluindo as que regulem o procedimento de aprovação de reformas constitucionais, são temas que não se encaixam, propriamente, entre as questões relativas às limitações materiais, ainda que implícitas. A rigor, são problemas relacionados a um suposto conjunto de *limitações lógicas* ao exercício do poder de reforma, razão pela qual incidiriam em quaisquer constituições, independentemente do conteúdo delas.

Porém, a maioria da doutrina brasileira, ao advogar a proibição de alterações no procedimento de reforma constitucional, mistura limites *lógicos* com limites *materiais* (implícitos) ao poder constituinte derivado.

Em razão dessa confusão, até doutrinadores de alto gabarito parecem incorrer em equívocos. JOSÉ AFONSO DA SILVA (1998, p. 70), *v.g.*, após invocar "razões lógicas", reconhece entre as limitações implícitas a impossibilidade de mudanças constitucionais relativas ao próprio processo de reforma. Porém, acaba por admitir a constitucionalidade de emenda constitucional a tornar "mais difícil" o processo de reforma, só "não a aceitando quando vise a atenuá-lo". Da mesma forma, em obra clássica, ao comentar sobre os "limites inerentes" impostos ao poder reformador, NELSON SAMPAIO (1995, p. 107) já defendera a legitimidade de "reforma que torne mais dificultoso o processo revisor", pois o "poder reformador não estaria, então, suprimindo as condições estabelecidas para seu exercício", senão criando novas formalidades que "vinculariam para o futuro".

Entretanto, como se viu, limitações de índole lógicas são absolutas e, por isso, não permitiriam fazer esse tipo de ressalva quanto à possibilidade de aumentar a rigidez do processo de reforma constitucional.

> ▸ **Atenção!**
>
> Para sustentar a presença de limites materiais implícitos a tornar impossíveis quaisquer alterações nas normas constitucionais que estabelecem, por exemplo, o procedimento a que sujeita o poder de reforma ou as matérias subtraídas do poder de reforma (v. item 2.2.2.4.B), a doutrina nacional costuma recorrer a noções teóricas acerca da existência de um poder constituinte *originário* e de um outro que lhe seja *derivado*. Assim, a obra deste não poderia contrariar a vontade daquele, numa espécie de *distinção hierárquica entre os órgãos produtores de normas constitucionais*. Nessa linha, haveria limites materiais implícitos e absolutos – *i.e.*, não alteráveis pelo constituinte derivado –, pois o poder reformador, numa constituição rígida, não estaria autorizado a dispor sobre a medida nem o regime da rigidez que lhe foram impostos pelo poder constituinte originário.
>
> Porém, esses fundamentos, supostamente baseados em limitações materiais assim "implícitas", na verdade, buscam atrelar limites "lógicos" ao poder de reforma a partir de discursos decorrentes de teses doutrinárias, a saber, a teoria da supremacia do poder constituinte originário. Além disso, tomadas isoladamente, tais ideias esbarram em temas como: (**a**) a aceitação ou não dessa teoria como fundamento da autoridade normativa

das constituições; e (**b**) os mecanismos com que um órgão ou autoridade constituídos possam fiscalizar o exercício do poder constituinte derivado.

Com relação ao tema (**a**), ainda que bastante difundida e sedimentada a teoria da supremacia do poder constituinte originário, ela não é aceita, por exemplo, no Reino Unido ou na Nova Zelândia. Nesses países, como se reconhece doutrinariamente e institucionalmente que a soberania é exercida pelo parlamento, e não por outro tipo de poder superior, mesmo que o parlamento aprovasse uma lei a limitar seu próprio poder de elaborar outras leis, essa lei poderia ser revogada por uma lei posterior, sem que se levantasse qualquer hipótese contrária. Aplicar-se-ia, aqui, o *paradoxo de onipotência* (ver item 1.5.1.2), razão pela qual qualquer limitação que o poder soberano quisesse se autoimpor comportaria alteração pelo próprio poder que a impôs. (Reparar, aqui, que o assunto não tem nada a ver com o fato de se adotar ou não uma constituição flexível! Nada impede que o parlamento inglês venha a adotar uma constituição formal e rígida, mas, ainda assim, desde que não perca o caráter soberano, tampouco haverá empecilhos a que o parlamento revogue posteriormente essa rigidez.)

Quanto ao tema (**b**), ainda que exista um órgão ou autoridade com poderes juridicamente suficientes para controlar as reformas constitucionais (tribunal constitucional, *v.g.*), e mesmo que prevaleça a decisão desse órgão ou autoridade contrariamente à reforma da constituição, os parâmetros utilizados nessa fiscalização da atividade do poder constituinte derivado não radicam propriamente no direito positivo constitucional, mas naquelas teorias doutrinárias acerca da supremacia do poder constituinte originário. Logo, toda a fiscalização desses supostos limites materiais implícitos estaria baseada num *discurso doutrinário* a se sobrepor a uma norma produzida pelo parlamento. Daí, esse ato de controle de constitucionalidade não é propriamente jurídico: traduz-se num ato político contrarrevolucionário, *i.e.*, numa tentativa política de neutralizar uma suposta usurpação do poder constituinte originário.

Logo, aqueles fundamentos amplamente utilizados pela doutrina para negar a possibilidade de reformas constitucionais não são lógicos nem absolutos, mas eminentemente políticos e contingentes (portanto, *relativos*). Daí, tampouco conseguem infirmar, por exemplo, a tese da "dupla reforma" ou da reforma "em dois tempos" (ver item seguinte).

Melhor seria se a doutrina nacional, ao se debruçar sobre o assunto, abandonasse a tese da distinção hierárquica entre órgãos **produtores** de normas e trabalhasse mais com as relações de inferência lógica estabelecidas a partir de uma **norma-fonte** a vincular os órgãos e as normas que lhe sejam decorrentes, sobretudo a partir do postulado segundo o qual "nenhuma fonte pode dispor sobre o respectivo regime jurídico" (incluindo seus efeitos, posição sistemática ou o próprio modo de ab-rogação).

Por outro lado, já ao tempo da Constituição de 1988, foi aprovada pelo menos uma emenda constitucional que acabou, indiretamente, por alterar tanto o processo de reformas constitucionais quanto a própria exclusividade do Congresso Nacional para exercer o poder constituinte derivado reformador. Trata-se da EC 45/2004, que acrescentou o § 3º ao art. 5º da CF/88, com a seguinte redação: os "tratados e convenções internacionais sobre direitos humanos que forem aprovados, em cada Casa do Congresso Nacional, em dois turnos, por três quintos dos votos dos respectivos membros, serão equivalentes às emendas constitucionais." (Sobre a constitucionalidade dessa inovação, v. item 6.9.5 do Capítulo VII do Tomo II.)

Nesse sentido, embora igualmente atendidas certas exigências à aprovação de emendas constitucionais (*quorum* de 3/5 dos votos e previsão de dois turnos de votação em cada Casa Legislativa), o novo procedimento previsto pelo art. 5º, § 3º, é bastante diverso daquele concebido pelo art. 60, §§ 1º a 3º, da Constituição. Isso porque o procedimento adotado pelo Congresso Nacional para aprovar tratados internacionais é o mesmo aplicável aos projetos de decreto legislativo, cujo rito é inteiramente diverso daquele utilizado na tramitação de PECs. Basta lembrar que, via de regra, o Congresso Nacional não tem sequer prerrogativas para emendar ou modificar o texto de tratados internacionais, cuja negociação e elaboração ocorrem no âmbito do direito internacional. Ademais, o decreto legislativo daí decorrente é promulgado somente pelo Presidente do Congresso Nacional, e não pelas Mesas de ambas as Casas, como ocorre com as emendas constitucionais. Assim, a despeito da similitude de quórum de aprovação e de turnos de votação, as normas de tratado internacional, embora dotadas de *status* constitucional suficiente até para revogar normas constitucionais originais, sujeitam-se a processo legislativo próprio. Não bastasse, a inovação da EC 45/2004 ainda altera, em parte, o órgão que exerce poder constituinte derivado reformador, pois permite participação ativa e influente do Presidente da República, que manteria poderes discricionários para dar aquiescência final ao tratado (ratificação), bem assim para promulgá-lo na ordem interna com *status* de norma constitucional, sem o que as normas do tratado não contam com executoriedade e interna (v. item 6.9.2 do Capítulo VII do Tomo II).

Daí se concluir que a EC 45/2004, ao acrescentar o § 3º ao art. 5º, acabou por alterar, em parte, as normas que regulam o processo de reforma constitucional, algo inconcebível na visão da quase totalidade dos autores nacionais, ressalvados os poucos que aceitam a teoria da "dupla reforma".

2.2.3. Teoria da "dupla reforma" ou da reforma em "dois tempos"

É a teoria concebida para contornar as limitações constitucionais ao poder de reforma, mediante duas operações subsequentes de alteração formal da constituição. Numa **primeira operação**, revogam-se ou excepcionam-se as limitações criadas pelo poder constituinte originário; numa **segunda operação**, altera-se novamente a constituição, sem nenhum desrespeito ao texto já em vigor após a modificação anterior.

O argumento básico em defesa da dupla revisão está em que são **relativos**, e não absolutos, os eventuais limites impostos ao poder constituinte derivado. Assim, não havendo limites lógicos (absolutos) ao poder de reforma constitucional, os limites materiais a regulá-lo não deixariam de ter a mesma hierarquia que as demais normas constitucionais. Daí, a inexistirem normas constitucionais a proibi-la expressamente, a dupla revisão constitucional seria **juridicamente possível**.

Pois bem. Na doutrina estrangeira, a possibilidade da dupla revisão é rechaçada, *v.g.*, por CANOTILHO, ZAGREBELSKY e VITAL MOREIRA. Mas conta com grande número de defensores, tais como JORGE MIRANDA, MORTATI, QUIROGA LAVIÉ, GUASTINI e BISCARETTI DI RUFFIA.

Para quem defende a tese da dupla revisão, as regras do processo de revisão constitucional são suscetíveis de modificação como quaisquer outras normas; e também as normas que contemplem limites expressos não são lógica nem juridicamente necessárias, de modo que se podem revisá-las do mesmo modo que quaisquer outras normas. Mas as normas que fixem tais limites devem ser cumpridas enquanto não forem alteradas. (v. MIRANDA, 2000, p. 206 e segs.). Conforme BISCARETTI DI RUFFIA (1984, p. 231), as normas a contemplarem limites expressos ao poder de reforma não são logicamente intransponíveis nem juridicamente superiores às demais, pois possuem "a mesma eficácia de todos os demais artigos da Constituição". Daí por que se admite sejam revogadas, do mesmo modo que as outras normas constitucionais. Assim, embora devam ser cumpridas enquanto vigorarem, tais normas poderão ser alvo de "ab-rogação preventiva" e, então, posteriormente, "se poderia propor reformas constitucionais mesmo contrastantes com seu conteúdo".

> **Atenção!**
> Embora o método da dupla revisão contorne o processo de autoemenda da cláusu-la de emenda, acaba por introduzir uma nova cláusula de emenda, ainda que tem-porária. Daí, a dupla revisão implica permitir que regras da mesma hierarquia alte-rem a cláusula de revisão que lhes regulava os pressupostos de validade, o que remonta todo o problema da contradição lógica revelada pelo paradoxo do ROSS (v. item anterior).

No **Brasil**, a **possibilidade de dupla revisão** é **minoritária**. Entre os que a defendem, FERREIRA FILHO afirma inexistirem limites implícitos contra a alteração dos limites materiais explícitos, porque cláusulas implícitas "há por todos os gostos" (1995, p. 14). Já MACHADO HORTA admite a dupla reforma, a menos que venha a alterar o caráter rígido da Constituição brasileira. Nas palavras de HORTA, a dúplice revisão é possível, "desde que não transforme a Constituição rígida, que pressupõe a existência de poder constituinte de reforma ou derivado, em Constituição flexível, que desconheça a distinção entre lei constitucional e lei ordinária" (1995, p. 128)

No entanto, a tese da dupla revisão é **rejeitada** pela esmagadora **maioria da doutrina nacional**, que a considera verdadeira fraude à autoridade do constituinte originário (por todos, v. BRITTO, 2003, p. 75 e segs.). Os argumentos dessa objeção radicam, basicamente, nas diferenças da autoridade do constituinte originário e do constituinte derivado. Quase todos os autores têm por tão evidente tal objeção que nem sequer se dedicam a estudar a suposta existência de limites lógicos à dupla revisão, com exceção de raros estudos, como o já mencionado de VIRGÍLIO AFONSO DA SILVA (2001, p. 11-32). (Ver discussão no item anterior.)

Seja como for, o "Direito só é firme o suficiente para nos salvar de nós mesmos, para nos impedir, por somente um breve período de tempo; a contenção final de nossas piores tendências e a proteção de nossos melhores objetivos é nossa própria vontade" (PETER SUBER, 1990, s.p.).

▸ **Como o STF enfrentou o tema:**

O STF tampouco aceita a tese da dupla revisão. É o que extrai, ao menos implicitamente, de decisões como: (a) a MC na ADI 1.722/TO, segundo a qual, ao "Poder Legislativo, federal ou estadual, não está aberta a via da introdução, no cenário jurídico, do instituto da revisão constitucional" (MC na ADI 1.722/TO); (b) a MC na ADI 981/PR, em cuja ementa constou que: "Emenda ou revisão, como processos de mudança na Constituição, são manifestações do poder constituinte instituído e, por sua natureza, limitado. Está a 'revisão' prevista no art. 3º do ADCT de 1988 sujeita aos limites estabelecidos no § 4º e seus incisos do art. 60 da Constituição. O resultado do plebiscito de 21 de abril de 1993 não tornou sem objeto a revisão a que se refere o art. 3º do ADCT. Após 5 de outubro de 1993, cabia ao Congresso Nacional deliberar no sentido da oportunidade ou necessidade de proceder à aludida revisão constitucional, a ser feita 'uma só vez'" (MC na ADI 981/PR).

▸ **Como esse assunto foi cobrado em concurso?**

O concurso para Procurador do Estado do Pará (2009) considerou **correta** a seguinte assertiva: "A teoria da dupla revisão visa possibilitar que os conteúdos protegidos pelas 'cláusulas pétreas' sejam modificados por intermédio de Emenda Constitucional."

No concurso para Juiz do TJSP (2018/Vunesp), foi considerada **incorreta** a afirmação: "No direito constitucional brasileiro, os limites materiais ao poder de reforma constitucional são os expressos no artigo 60, § 4º, da Constituição, rejeitada pela doutrina majoritária a existência dos chamados limites materiais implícitos."

2.3. Controle de constitucionalidade de preceitos constitucionais: normas "constitucionais" inconstitucionais?

Principalmente a partir de escritos de OTTO BACHOF, há quem sustente o cabimento do **controle** das normas constitucionais com base **princípios de direito suprapositivo.** Para BACHOF, o direito supralegal "vale" independentemente de reconhecimento. Ou seja, o conceito material da constituição exige tome-se em consideração o direito supralegal, até porque a relação de inconstitucionalidade abrange não apenas as infrações aos preceitos textualmente formulados no documento constitucional, mas também as infrações às normas não escritas da constituição material. Assim seria possível reputar-se inconstitucional alguma norma constitucional "fraca", desde que entre em antinomia com outra norma constitucional "forte" ou com determinado preceito suprapositivo.

Nada obstante, prevalece no Brasil a tese de que **não é possível** o reconhecimento da inconstitucionalidade das **normas constitucionais *originais*** (*i.e.*, criadas pelo poder constituinte originário), até porque não há órgão competente para assim reconhecê-las. Qualquer órgão que as reputasse inconstitucionais, inclusive o STF, estaria na verdade agindo como tutor do próprio constituinte originário, e não como órgão simplesmente constituído ou estabelecido por força da Constituição (ver ADI 815/RS, AgRg na ADI 4.097/DF e MC na ADI 3.300/DF).

Diversamente, como o **constituinte derivado** sujeita-se a limites impostos na Constituição, é plenamente **possível** o **controle de constitucionalidade** de normas provenientes de modificações constitucionais, até como mecanismo para garantir a supremacia da vontade do poder constituinte originário. Daí ser cabível a declaração de inconstitucionalidade de preceito normativo de **emenda constitucional**, sempre que desrespeitados quaisquer dos limites ao poder de reforma (v. item 6.1 do Capítulo VII do Tomo II), e até mesmo de normas extraídas de processos difusos de mudança das constituições.

Todavia, já decidiu o STF pelo descabimento do controle de constitucionalidade em face de dispositivo que, embora criado por emenda constitucional, não tenha alterado substancialmente a norma constitucional originária a respeito do mesmo assunto (ADI 2.883/DF).

Conferir o item 1.5.2.1 acima, bem como o item 6 do Capítulo VI.

> **▸ Como esse assunto foi cobrado em questões dissertativas de concurso?**
>
> No concurso para Procurador da República (MPF/20), pediu-se a formulação de dissertação com o seguinte assunto: "Os limites do poder de reforma constitucional".
>
> No concurso para Promotor de Justiça/MS (2013), o candidato deveria dissertar sobre o seguinte tema: "No Brasil, segundo a ordem constitucional vigente, é possível sustentar a existência de normas constitucionais inconstitucionais?"

> **▸ Como esse assunto foi cobrado em concurso?**
>
> No concurso para Analista de Controle do TCE/PR (2016/Cespe), foi considerada incorreta a afirmação: "O caráter ilimitado do poder constituinte originário não impede o controle de constitucionalidade sobre norma constitucional originária quando esta conflitar com outra norma constitucional igualmente originária".

Capítulo V

Efeitos de nova constituição e de reformas constitucionais

Qualificado como uma **ruptura** tanto formal quanto material da ordem jurídica anterior, o exercício do poder constituinte originário estabelece **novo ordenamento jurídico positivo**, que passa a ser regido pelos ditames de uma nova constituição. E também modificações constitucionais acarretam significativas alterações normativas, porém menos drásticas.

Obviamente, as alterações e reflexos jurídicos dessa ruptura dependem de série de variáveis que extrapolam o âmbito jurídico (como a questão da adesão política ao novo projeto constituinte, a suposta conformidade deste em face dos "fatores reais de poder" etc.). Todavia, embora possuam inegável repercussão, tais variáveis não serão aqui estudadas, pois o interesse gira em torno da análise dos efeitos jurídicos das normas constitucionais que já se consideram em vigor.

1. *VACATIO CONSTITUTIONIS*

É o período compreendido entre a data em que publicada a constituição e o início de sua vigência. Só é aceitável quando estabelecida em ato emanado do próprio constituinte originário, pois a vigência de uma nova constituição não pode ser adiada por força ou formas normativas diversas.

Porém, não se trata de fenômeno comum. Segundo JOSÉ AFONSO DA SILVA, o primeiro caso de *vacatio constitutionis* no "constitucionalismo universal" registrou-se com a Constituição brasileira de 1967, a qual, embora promulgada e publicada em 24 de janeiro do mesmo ano, possuía cláusula de vigência com termo inicial fixado para o dia 15 de março seguinte.

Quanto aos efeitos da ***vacatio constitutionis***, são semelhantes aos da ***vacatio legis***: mantêm-se válidas e vigentes as disposições anteriores, ainda que incompatíveis com a constituição nova, até que esta comece a vigorar. E o contrário também ocorre. Como ensina JOSÉ AFONSO DA SILVA (1998, p. 54), toda "lei ordinária que tenha sido criada no período de *vacatio constitutionis* será inválida se contrariar as normas constitucionais existentes, mesmo quando esteja de acordo com a constituição já promulgada, mas não em vigor."

A Constituição de 1988 não contemplou cláusula geral de *vacatio constitutionis*. Porém, adiou a vigência de alguns de seus dispositivos, preservando transitoriamente parte da disciplina constitucional anterior, como se vê, por exemplo, no *caput* do art. 34 do ADCT.

Sobre a vigência das normas em geral, v. item 3 do Capítulo VIII.

▸ **Como esse assunto foi cobrado em concurso?**

No IX Concurso da Magistratura Federal do TRF/1ª Região (2002), foi considerada **errada** a seguinte assertiva: "diferentemente da *vacatio legis*, relativamente às leis infraconstitucionais, é inadmissível o fenômeno da *vacatio constitutionis*, dada a impossibilidade de, após a publicação da nova Constituição, continuar tendo validade a Constituição anterior."

2. NORMAS CONSTITUCIONAIS E ANTINOMIAS: CRITÉRIOS DE RESOLUÇÃO

A edição de normas constitucionais pode gerar **antinomias** em face do direito até então existente. Antinomias ocorrem quando uma ou mais normas preveem consequências jurídicas reciprocamente incompatíveis para a mesma situação.

Costuma-se resolver antinomias com base num dos três critérios seguintes: (a) **critério hierárquico** (*lex superior derogat inferiori*); (b) **critério cronológico** (*lex posterior derogat priori*); e (c) **critério da especialidade** (*lex specialis derogat generali*).

2.1. Nova constituição vs. constituição anterior

Como primeira expressão cronológica da nova ordem jurídica que inaugura, a entrada em vigor da obra do constituinte originário opera a ***revogação*** da constituição anterior, já que não pode haver senão uma constituição vigente, seja em sentido formal, seja em sentido material.

2.2. Nova constituição vs. legislação infraconstitucional anterior

Se a nova constituição assume o papel de norma fundamental do ordenamento jurídico que inaugura, é incontroverso que qualquer conflito antinômico surgido entre ela e as normas infraconstitucionais pré-existentes há de ser resolvido em favor daquela.

Contudo, tratando-se a nova constituição de norma dotada de hierarquia superior, recheada de disposições gerais e ainda editada em data posterior à legislação conflitante, pode-se imaginar a utilização simultânea dos critérios hierárquico (*lex superior derogat inferiori*), cronológico (*lex posterior derogat priori*) e da especialidade (*lex specialis derogat generali*).

De antemão, porém, há motivos para **excluir** a aplicação do **critério da especialidade**. Isso porque a própria natureza ontológica que a caracteriza impõe à constituição uma vocação normativa voltada à regulação de situações gerais, cabendo principalmente aos órgãos constituídos a tarefa de concretização e densificação de suas normas. Daí, em face de eventual choque surgido entre norma constitucional geral e norma infraconstitucional especial, não faz o menor sentido pretender a aplicação do critério da especialidade, sob pena de reduzir a nada o caráter fundamental das normas constitucionais.

Para explicar a não aplicação do direito infraconstitucional conflitante com a nova ordem constitucional, há pelo menos três teorias doutrinárias:

A) **Teoria da simples revogação:** o caso é de **conflito de direito intertemporal** (*lex posterior derogat priori*), que acarreta a **simples revogação** da legislação incompatível, numa colisão a ser resolvida no **plano da vigência** da norma. Segundo POLETTI, a norma revogada por outra de natureza constitucional é norma desfeita, e não regra que contraria a constituição. É a **posição majoritária** da doutrina, especialmente de KELSEN, CARLOS MÁRIO DA SILVA VELLOSO, CELSO RIBEIRO BASTOS e OSWALDO LUIZ PALU.

B) **Teoria da inconstitucionalidade superveniente:** trata-se de **conflito de natureza hierárquica** (*lex superior derogat inferiori*), o que implica a pronúncia da inconstitucionalidade da norma em seu plano de validade. Não há revogação, mas mera perda de fundamento de validade da legislação inferior, até porque a revogação pressupõe duas normas num mesmo plano hierárquico. Nesse sentido: GILMAR MENDES, JOSÉ DE CASTRO NUNES, LUÍS ROBERTO BARROSO e PAULO ROBERTO LYRIO PIMENTA.

C) **Teoria intermediária:** segundo a qual revogação e inconstitucionalidade não são situações inconciliáveis. A inconstitucionalidade é estado de conflito entre uma lei e a constituição, enquanto a revogação é um efeito de tal estado (LÚCIO BITTENCOURT). Conforme CANOTILHO, não existe relação de exclusão: a revogação deriva ou é provocada por contrariedade com a constituição e a contrariedade é a premissa da revogação. Daí, a inconstitucionalidade (plano de validade) conduz à revogação (plano de vigência). É a posição também de JOSÉ AFONSO DA SILVA e MARCELO NEVES.

No Brasil, tradicionalmente, o **STF** adota a **teoria da simples revogação** (alínea "a", acima tratada), também chamada **teoria do conflito cronológico**. Esta posição foi ratificada na ADI 2/DF e é igualmente observada quanto aos efeitos das *reformas constitucionais* (ADI 1.993/DF). Como sintetizou o Ministro CELSO DE MELLO: "Em se tratando de leis anteriores à Constituição Federal vigente, não há de se cogitar – como tem entendido o STF – de inconstitucionalidade, mas sim (e se for o caso) de revogação, matéria estranha à representação de inconstitucionalidade" (ADI 2/DF).

TEORIAS RELACIONADAS AO CONFLITO ENTRE NORMAS INFRACONSTITUCIONAIS E NORMAS CONSTITUCIONAIS SUPERVENIENTES		
Teoria da simples revogação	**Teoria da inconstitucionalidade superveniente**	**Teoria intermediária**
– o caso é de conflito de direito intertemporal (*lex posterior derogat priori*), que acarreta a simples revogação da legislação incompatível, numa colisão a ser resolvida no plano da vigência temporal da norma. – é a **teoria adotada pelo STF** tanto em relação às normas constitucionais originárias quanto às provenientes de emenda constitucional.	– trata-se de conflito de natureza hierárquica (*lex superior derogat inferiori*), o que implica a pronúncia da inconstitucionalidade da norma em seu plano de validade. – não há revogação, mas mera perda de fundamento de validade da legislação inferior, até porque a revogação pressupõe duas normas num mesmo plano hierárquico.	– revogação e inconstitucionalidade não são situações inconciliáveis. – a inconstitucionalidade é estado de conflito entre uma lei e a constituição, enquanto a revogação é um efeito de tal estado.

▸ **Importante:**

A adoção da teoria da simples revogação traz as seguintes importâncias práticas, em matéria de controle de constitucionalidade:

A) No controle abstrato/concentrado:

A.1) não se admite a utilização de ações diretas (não confundir com a ADPF) cujo resultado possa ser a declaração de inconstitucionalidade de **normas anteriores** ao parâmetro constitucional utilizável no controle. Segundo o STF, há impossibilidade jurídica do pedido, porque não se pode declarar inconstitucional em tese o que já fora revogado e não mais vigora no ordenamento jurídico;

A.2) a jurisprudência do STF, primeiramente, reputou inaplicável a chamada "**teoria da limitação temporal dos efeitos**" **(modulação decisória)** em matéria de conflito intertemporal (*lex posterior derogat priori*). Para o Supremo, "a não-recepção de ato estatal pré-constitucional, por não implicar a declaração de sua inconstitucionalidade – mas o reconhecimento de sua pura e simples revogação (RTJ 143/355 – RTJ 145/339) –, descaracteriza um dos pressupostos indispensáveis à utilização da técnica da modulação temporal, que supõe, para incidir, dentre outros elementos, a necessária existência de um juízo de inconstitucionalidade" (AgRg. no AI 453.071/RJ). Contudo, no **RE 600.885/RS** (j. em 9-2-2011), em julgamento com "repercussão geral", o **Plenário do STF modulou os efeitos da não recepção** de ato normativo pré-constitucional e decidiu manter, até 31-12-2011, os efeitos de regra legal incompatível com a atual Constituição.

B) No controle concreto/difuso:

B.1) a questão da antinomia entre **norma infraconstitucional anterior** e a **norma constitucional** posterior pode ser livremente suscitada nos **casos concretos** e até mesmo discutida no STF em recurso extraordinário, pois diz respeito a uma simples controvérsia de direito intertemporal (e não de inconstitucionalidade em sentido estrito);

B.2) como o "conflito de norma com preceito constitucional superveniente resolve-se no campo da não-recepção," mesmo que decidida a questão pelo STF, definitivamente, não caberá "a comunicação ao Senado prevista no inciso X do artigo 52 da Constituição Federal" (RE 387.271/SP);

B.3) a despeito da entrada em vigor de nova constituição, o Judiciário poderá declarar a inconstitucionalidade em concreto de normas pré-constitucionais em face das normas da constituição que vigorava quando elas foram editadas (*inconstitucionalidade original de normas pré-constitucionais*). Exemplo: em 1993, o STF declarou a inconstitucionalidade de decretos-leis com base na Constituição de 1969 (RE 148.754/RJ);

B.4) não se aplica, a respeito, a ***cláusula de reserva de plenário*** (art. 97 da CF/88). (Ver item 3 do Capítulo III.);

▸ **Como esse assunto foi cobrado em concurso?**

Em questão elaborada para o concurso de Defensor Público da União (2015/Cespe-2015), a alternativa considerada **correta** pelo gabarito tinha a seguinte redação: "É possível o controle judicial difuso de constitucionalidade de normas pré-constitucionais, desde que não se adote a atual Constituição como parâmetro".

3. RECEPÇÃO

Ao editar uma nova constituição, o poder constituinte originário substitui a ordem constitucional anterior e institui outro fundamento de validade ao ordenamento jurídico. Porém, a legislatura ordinária não possui condições para reeditar, de plano, todo o complexo normativo que venha a substituir as normas infraconstitucionais precedentes. Por isso, aceita-se a **recepção** do direito positivo anterior, desde que **compatível** com o **conteúdo** da nova constituição. Assim, as normas infraconstitucionais que não conflitem com a constituição superveniente são consideradas ***recepcionadas***, enquanto as que apresentarem alguma incompatibilidade se consideram ***não recepcionadas*** (conforme operação explicada por uma das três teorias estudadas no item anterior).

Dessa conclusão, surgem ainda os seguintes postulados:

1) **a compatibilidade exigida à recepção restringe-se ao aspecto material da legislação recepcionada:** desde que **válidos perante a constituição em que editados**, é irrelevante à nova ordem constitucional qual tenha sido o processo de formação dos atos normativos anteriores. A adequação formal do diploma recepcionado segue a regra *tempus regit actum*.

Por exemplo: ao tempo da Constituição anterior, a Emenda Constitucional 7, de 13-4-77, concedeu ao STF competência legislativa para regular, em regimento interno, o processo e o julgamento dos feitos de sua competência originária. Já sob a égide da Constituição de 1988, embora retirada tal competência da Corte – passando a exigir-se lei ordinária sobre o assunto –, as normas processuais do RISTF foram recepcionadas, pois formalmente válidas ao tempo em que editadas (15-10-80).

> **▸ Importante:**
>
> Se a nova Constituição alterou a **regra de distribuição de competência legislativa entre os entes da Federação**, na aplicação do princípio do *tempus regit actum*, não se pode cogitar de federalização de normas estaduais ou de estadualização de normas municipais. Assim, por força de modificação da regra de competência, opera-se a recepção somente se proveniente a norma de ente constitucional lotado em esfera superior, até que se proceda à derrogação da norma por intermédio de diploma que atenda à nova distribuição de competência. Exemplo seria o complexo normativo promulgado pela União, que subsistiria "estadualizado" ou "municipalizado", até ser derrogado por lei estadual ou municipal. Mas o contrário não pode acontecer (PONTES DE MIRANDA, GILMAR FERREIRA MENDES e LUÍS ROBERTO BARROSO).

2) **a recepção confere novo *status* normativo ao texto recepcionado:** se a nova constituição passa a exigir determinada espécie normativa para disciplinar certo assunto, a legislação anterior é recepcionada com o ***status* normativo** que a partir de então se exige.

Exemplo: como a Constituição de 1988 prevê lei complementar para regular as limitações constitucionais ao poder de tributar (art. 146, II), as normas a esse respeito contidas no Código Tributário Nacional – que originariamente fora veiculado por meio de lei ordinária (Lei 5.172/66) – são recepcionadas com a mesma força do veículo normativo (*i.e.*, lei complementar) previsto pelo artigo 146 da atual Constituição, daí por que só se pode modificá-las por meio de lei complementar, a despeito do *status* normativo inicial.

Mas pode também suceder o **inverso**. As Leis Complementares 7, de 7-9-70, e 8, de 3-12-70, foram recepcionadas pelo *caput* do artigo 239 da CF/88 somente com o *status* de lei ordinária.

> **▸ Como esse assunto foi cobrado em concurso?**
>
> O concurso para Juiz do TRT/14ª Região (2012) considerou **correta** a afirmativa: "A recepção constitucional consiste na análise da compatibilidade material entre as normas já existentes no ordenamento jurídico e a nova Constituição elaborada pelo Poder Constituinte originário".
>
> O concurso para Juiz do TRT/14ª Região (2012) considerou **correta** a afirmativa: "Em relação à Constituição Federal de 1988 prevalece a tese de que a lei anterior incompatível com o novo texto constitucional está revogada por ausência de recepção, restando vencida a tese da inconstitucionalidade superveniente inspirada no Direito Italiano e Português".

> **▸ Atenção!**
>
> No RE 600.885/RS, em julgamento com "repercussão geral", o Plenário do STF entendeu por bem modular os efeitos da não recepção de ato normativo pré-constitucional. Após invocar motivos de segurança jurídica, a Corte decidiu por manter, até 31-12-2011, a validade de concursos públicos realizados sob a regra do art. 10 da Lei 6.880/80, muito embora tal dispositivo não tivesse sido recepcionado pelo art. 142, § 3º, inciso X, da Constituição Federal.

4. FILTRAGEM CONSTITUCIONAL

Parte da doutrina, na trilha de PAULO RICARDO SCHIER, fala em **filtragem constitucional** para se referir a três consequências **automáticas** da edição de nova constituição:

A) as normas preexistentes recepcionadas, bem como os princípios gerais de todos os ramos do direito, devem ser **reinterpretados** à luz das regras e princípios, expressos e implícitos, da ordem constitucional mais recente;

B) as normas infraconstitucionais desconformes com a nova constituição tornam-se **inválidas**; e

C) **salvo** se **não foram exequíveis por si mesmas**, as normas constitucionais são **diretamente aplicáveis**, independentemente da preexistência de leis infraconstitucionais intermediárias ou a despeito do conteúdo em contrário das leis infraconstitucionais porventura existentes anteriormente.

5. REPRISTINAÇÃO

É a reentrada em vigor de uma norma, em razão da revogação da norma que a revogara. Fenômeno jurídico pelo qual se restaura a vigência da norma revogada (norma "A"), diante da perda da vigência da norma revogadora (norma "B"), por força de uma terceira norma (norma "C").

Todavia, a repristinação traz **riscos à segurança jurídica**, dadas as dificuldades que gera para a identificação das normas efetivamente em vigor num determinado sistema jurídico, sobretudo naqueles em que há grande produção normativa. Por isso, países como Portugal simplesmente proíbem a repristinação (ver art. 7º, n. 4, do Código Civil português, segundo o qual a "revogação da lei revogatória não importa o renascimento da lei que esta revogara").

No Brasil, a repristinação de leis não está vedada, mas depende de disposição expressa. Conforme o § 3º do art. 2º da Lei de Introdução às Normas do Direito Brasileiro – LINDB, "*salvo disposição em contrário*, a lei revogada não se restaura por ter a lei revogadora perdido a vigência".

Por outro lado, se há regra a impedir a repristinação automática de *leis*, ainda resta definir se uma nova constituição repristina, automaticamente, normas já revogadas por força de constituições anteriores ou de normas infraconstitucionais pretéritas. A **doutrina majoritária**, porém, responde **negativamente**. Aplica-se, ao caso das normas constitucionais, o mesmo raciocínio do § 3º do art. 2º da LINDB.

Logo, a **repristinação constitucional do direito pretérito**, embora possível, **pressupõe norma constitucional explícita**. Exemplo: para o STF, a disposição expressa contida no art. 75 do ADCT, incluído pela EC 21, de 18-3-99 (que reinstituiu a contribuição provisória sobre movimentação ou transmissão de valores e de créditos e de direitos de natureza financeira – CPMF), repristinou a legislação cujo prazo de eficácia temporária já havia se exaurido (ADI 2.031/DF).

Enfim, admitida apenas excepcionalmente a repristinação constitucional, por meio de previsão expressa, surgem duas importantes consequências interligadas:

1ª) a considerar-se que a norma antiga não retoma automaticamente a vigência pela revogação da constituição que a revogara, uma norma infraconstitucional editada, por exemplo, ao tempo da Constituição de 1946, se não tiver sido recepcionada pelo regime das Constituições de 1967/69 (v. item 2.1), seguirá revogada pelo sistema jurídico inaugurado pela Constituição de 1988, mesmo se estiver conforme a esta, a menos que a nova ordem constitucional disponha expressamente em sentido contrário. Como já decidiu a 1ª Turma do STF, a "**recepção de lei ordinária** como lei complementar pela Constituição posterior a ela só ocorre com relação aos seus **dispositivos em vigor** quando da promulgação desta, não havendo que pretender-se a ocorrência de efeito repristinatório, porque o nosso sistema jurídico, salvo disposição em contrário, não admite a repristinação (artigo 2º, § 3º, da Lei de Introdução ao Código Civil)" (AgRg no AI 235.800/RS); e

2ª) se um diploma normativo já atravessou várias ordens constitucionais, para identificar se ainda continua integralmente em vigor, é preciso verificar se, nessa trajetória, algum de seus preceitos deixou de ser recepcionado pelas constituições anteriores, mesmo que não apresente vícios em relação à atual constituição.

> **▸ Interessante!**
>
> No MS 21.564/DF, ao acatar o voto do Min. CARLOS VELLOSO, o Plenário do STF entendeu que a Lei 1.079/50, na parte em que trata do processo de julgamento do Presidente da República em caso de crimes de responsabilidade (*impeachment*), após ter sido revogada pela EC 4/61 – que criou o sistema parlamentarista no Brasil –, foi repristinada pela EC 3/63, que restabeleceu o sistema presidencial de governo "instituído pela Constituição Federal de 1946". Contudo, embora o Min. CARLOS VELLOSO tenha dito que "ocorreu repristinação expressa de todo o sistema", essa terá sido, tecnicamente, uma inusitada repristinação "implícita" da Lei 1.079/50, pois **não** houve disposição expressa a respeito da legislação infraconstitucional, menos ainda de lei editada anos após a CF/46.

5.1. Repristinação vs. "efeito repristinatório"

Em razão da teoria da nulidade do ato inconstitucional (item 5.1.1 do Capítulo I da Parte II), a **declaração de inconstitucionalidade** normalmente opera efeitos retroativos (***ex tunc***), o que acarreta a restauração da vigência do direito revogado pela norma impugnada (ver item 3.2.5 do Capítulo V da Parte II). Esse efeito revigorador é impropriamente chamado de "efeito repristinatório" do controle de constitucionalidade, fenômeno decorrente do reconhecimento da invalidade constitucional da norma revogadora, com o consequente esvaziamento de sua aptidão para revogar quaisquer normas anteriores. Dada a invalidade constitucional da norma revogadora, tampouco se valida a revogação (explícita ou implícita) de outras normas. Considera-se ter havido apenas uma "pseudorrevogação" (revogação aparente), cujas implicações jurídicas deverão ser desfeitas por força da eficácia retroativa da declaração de inconstitucionalidade.

▸ **Atenção!**

Embora o efeito "repristinatório" seja a regra geral, poderá ser afastado, no âmbito do controle abstrato, em determinadas situações. Sobre o assunto, v. 3.2.5.1 do Capítulo V da Parte II.

▸ **Importante!**

Para o STF, a resolução do Senado Federal que suspende norma declarada definitivamente inconstitucional pelo STF também gera o "efeito repristinatório" da legislação revogada pela norma inconstitucional cuja eficácia fora suspensa (AgRg no AI 677.191/GO, 2ª Turma).

Todavia, no direito brasileiro, ***repristinação*** e **efeito *repristinatório* são institutos inconfundíveis**. Repristinação é fenômeno legislativo a envolver a edição sequencial de pelo menos três normas, todas elas válidas; ao passo que o efeito repristinatório pode referir-se a apenas duas normas, uma delas constitucionalmente inválida. Na **repristinação**, exige-se uma disposição normativa expressa para restaurar a vigência de norma que havia sido validamente revogada. Já o **efeito repristinatório** restabelece, *ipso iure*, a vigência das normas invalidamente revogadas, a despeito de menção expressa na declaração de inconstitucionalidade.

Somente essas distinções já justificariam adotar outra terminologia no lugar do "efeito repristinatório". Daí a preferência pela expressão "**efeito revigorador**" (v. item 3.2.5 do Capítulo V da Parte II). Mas há ainda outras diferenças importantes entre os dois institutos.

A repristinação só ocorre mediante norma expressa contida na legislação superveniente. Por isso, no geral, só costuma surtir efeitos meramente *ex nunc*, pois deve atender ao princípio constitucional da não retroatividade (art. 5º, XXXVI). O efeito revigorador, por sua vez, está conectado à própria eficácia retroativa da decisão que declara a inconstitucionalidade. Assim, como não decorre de norma expressa posterior, mas da inconstitucionalidade retroativa da norma revogadora, nem sempre implicará automática revigoração das normas revogadas por aquela considerada inconstitucional.

A uma, porque tais normas já poderão ter sido revogadas por motivo diverso, tal como um diploma normativo não atingido pela inconstitucionalidade ou mesmo por constituição superveniente que não as tenha recepcionado. Afinal, o "efeito repristinatório" apenas reconhece a invalidade da pseudorrevogação decorrente da norma inconstitucional, mas a efetiva revigoração das normas revogadas pressupõe a inexistência de *outras causas* de perda de vigência. Nesse sentido, concluiu o STF, o "efeito repristinatório da declaração de inconstitucionalidade não revigora a vigência de normas pré-constitucionais", pois elas poderão ter sido revogadas pela atual Constituição (ADI 3.111/RJ, j. em 30-6-2017). Já a repristinação, por surgir de norma expressa, serve de fundamento autônomo de vigência da legislação revogada.

A duas, porque, se a sanção de nulidade normalmente aplicada aos atos inconstitucionais não retroagir até a data de edição da norma revogadora, as normas revogadas não serão revigoradas. Mantidos os efeitos da norma inconstitucional, ainda que por curto período, a revogação já se terá por convalidada. Essa a razão pela qual o efeito revigorador não é deflagrado, por exemplo, pelas decisões que modulam a eficácia temporal da declaração de inconstitucionalidade (Sobre o assunto v. item 3.2.5 do Capítulo V da Parte II.)

REPRISTINAÇÃO *VS.* EFEITO "REPRISTINATÓRIO"	
Repristinação	**Efeito "repristinatório" (ou revigorador)**
- fenômeno normativo a envolver a edição sequencial de pelo menos três normas, todas elas válidas; - não é automática: depende de disposição expressa, nos termos do § 3º do art. 2º da LINDB; - deve obediência ao princípio constitucional da não retroatividade (art. 5º, XXXVI); - é fator autônomo da revigoração das normas que se consideram repristinadas.	- fenômeno decorrente da declaração de inconstitucionalidade da norma revogadora, cuja invalidade bloqueia a respectiva pretensão revocatória; - é automático, mas pode ser afastado, no âmbito do controle abstrato, por decisão do STF; - implica a aplicabilidade retroativa das normas revogadas no lugar daquela declarada inconstitucional; - não é fator autônomo de garantia de revigoração das normas revogadas, cuja vigência dependerá da inexistência de causas independentes de revogação; - depende da retroação dos efeitos da inconstitucionalidade até a data da edição da norma revogadora.

▸ **Como o STF já enfrentou a questão:**

"A declaração de inconstitucionalidade tem efeitos repristinatórios, porquanto fulmina a norma desde o seu surgimento. Ante a nulidade do dispositivo que determinava a revogação de norma precedente, torna-se novamente aplicável a legislação anteriormente revogada" (AgRg no AI 602.277/BA, 1ª Turma).

Para o Plenário do STF, não há falar-se em omissão ou obscuridade no acórdão do RE que declara a inconstitucionalidade, mas sem esclarecer qual deva ser a legislação aplicável no lugar da norma declarada inconstitucional, pois é "de índole infraconstitucional a controvérsia a respeito da legislação aplicável resultante do efeito repristinatório da declaração de inconstitucionalidade" (ED no RE 595.838/SP).

6. CONSTITUCIONALIDADE SUPERVENIENTE

A se examinarem os efeitos de uma *reforma constitucional* em face do direito infraconstitucional incompatível com a ordem constitucional até então em vigor, surge a questão de saber se uma **emenda constitucional posterior** pode **convalidar** a inconstitucionalidade originária de normas infraconstitucionais anteriormente editadas. Porém, interessa aqui analisar somente as implicações relativas às normas infraconstitucionais editadas ao tempo do mesmo ordenamento constitucional em que promulgada a emenda constitucional, pois as leis produzidas sob a égide da constituição revogada ou já eram de se considerar válidas (recepcionadas) ou simplesmente revogadas (não recepcionadas).

Embora haja opiniões em contrário (CELSO BASTOS, CANOTILHO e VITAL MOREIRA), é melhor defender que a nulidade resultante da relação de inconstitucionalidade **não pode ser convalidada** pelo constituinte derivado. Posição, *v.g.*, de BANDEIRA DE MELLO e JORGE MIRANDA.

Em se tratando de ato normativo já editado, a constitucionalização superveniente de dispositivo originalmente inconstitucional, em face de posterior reforma constitucional, será somente possível caso a emenda constitucional sobrevinda, ou mesmo norma da mesma hierarquia que seja posterior a esta (mas já embasada na constituição reformada), dispuser *expressamente* nesse sentido, por adoção analógica da fórmula de repristinação facultada pelo art. 2º, § 3º, da Lei de Introdução às Normas do Direito Brasileiro – LINDB. Ainda assim, essa constitucionalização superveniente teria efeitos meramente *ex nunc*, equivalendo-se a modalidade de procedimento legislativo conciso, pelo qual, em vez de repetir o que havia sido dito pelo ato inconstitucional, a norma posterior reportar-se à antiga, dando-lhe base de validade constitucional. Exemplo: o art. 9º, *caput*, da EC 103/2019, expressamente, acabou por constitucionalizar – e com efeitos "ex nunc" – a aplicação da Lei 9.717/98 em face dos regimes próprios de previdência social dos servidores públicos (RPPS) de Estados e do Distrito Federal.

> **Atenção!**
>
> Em vários precedentes (por todos, v. AO 3.337/PA e AO 2.607/TO, Plenário), o STF entendera que a União, ao editar Lei 9.717/98, que trata de regras gerais para a organização e o funcionamento dos regimes próprios de previdência social dos servidores públicos (RPPS), invadira parcialmente a competência concorrente de Estados e do Distrito Federal para legislar sobre previdência social (art. 24, XII, da CF). Todavia, o *caput* do art. 9º da EC 103/2019 fez expressa referência à observância da Lei 9.717/98 em relação a todos os regimes próprios de previdência social dos servidores públicos, incluindo os de Estados e do DF, até a entrada em vigor lei complementar que trata o novo § 22 do art. 40 da CF. Enfim, as normas da Lei 9.717/98 que invadiam a competência legislativa de Estados e do DF foram expressa e supervenientemente constitucionalizadas pelo caput do art. 9º da EC 103/2019, a contar de 13-11-2019.

No Plenário do **STF**, em julgamento concluído em 2005, prevaleceu a tese segundo a qual o "sistema jurídico brasileiro não contempla a figura da constitucionalidade superveniente" (RE 346.084/PR). Nesse julgado, o Ministro CELSO DE MELLO sintetizou:

"a superveniência de **emenda à Constituição**, derivada do exercício, pelo Congresso Nacional, do poder de reforma, não tem o condão de validar legislação comum anterior, até então incompatível com o modelo positivado no texto da Carta Política." Também contrários à constitucionalização superveniente, v. RE 439.796/PR, RE 474.267/RS e ADI 2.158/PR (todos do Plenário), bem como o AgRg no RE 683.849/RR (1ª Turma, j. em 9-9-2016) e o AgRg na Rcl 16.391/SP (2ª Turma, j. em 15-3-2016).

Todavia, vários acórdãos de Turmas do STF têm divergido dessa orientação do Plenário e acabaram por adotar a tese da "constitucionalidade superveniente". Nesse sentido, tanto a 1ª Turma (*v.g.*, AgRg no RE 457.661/RJ, j. em 7-2-2012; e AgRg nº 508.993/RJ, j. em 26-11-2013) quanto a 2ª Turma (*e.g.*, AgRg no RE 570.016/RJ, j. em 19-8-2008) entenderam que dispositivo de emenda constitucional posterior (art. 4º da EC 42/2003) validara legislação estadual manifestamente contrária a dispositivos constitucionais até então vigorantes (no caso, os artigos 82 e 83 do ADCT, com redação da EC 31/2000). Por isso mesmo, em 2017, no AgRg no RE 592.152/SE, a 1ª Turma deu seguimento ao recurso, a fim de que o assunto fosse reapreciado pelo Pleno da Corte (julgamento ainda inconcluso).

6.1. Emenda constitucional e normas corretivas

O poder constituinte derivado reformador tem competência para "corrigir", em relação a casos futuros, interpretações constitucionais anteriormente dadas pelo STF. Cuida-se do que se costuma impropriamente chamar de ***interpretações corretivas***.

Tais correções devem fazer-se, **necessariamente**, por meio da aprovação de **emendas constitucionais** que contradigam, total ou parcialmente, entendimentos anteriores do STF acerca da Constituição. Exemplo: a EC 58, de 23-9-2009, alterou a definição do número máximo de vereadores, superando assim a interpretação dada pelo STF ao inciso IV do art. 29 da Constituição no julgamento do RE 197.917/SP. Simples mudanças legislativas não podem ser utilizadas para inovar entendimentos acerca das normas constitucionais (ver STF, Pleno, ADI 2.797/DF e ADI 2.860/DF).

Todavia, uma das implicações lógicas da recusa da "constitucionalidade superveniente" é a *impossibilidade* de que interpretações corretivas procedam à *convalidação retroativa* de situações inconstitucionais. Ou seja, se a emenda constitucional não pode sequer constitucionalizar *ex nunc* uma lei originariamente inconstitucional, **menos ainda poderia convalidar**, retroativamente (*ex tunc*), inconstitucionalidades, sobretudo as que já tenham assim sido declaradas pelo STF. Por isso mesmo, como não admite a constitucionalização superveniente (item 6), o STF negou que a alteração promovida pela EC 32/2001 na redação do inciso VI do art. 84 da Constituição tivesse efeitos convalidatórios sobre decretos originalmente inconstitucionais baixados pelo Governador do Tocantins (ADI 3.232/TO, ADI 3.983/TO e ADI 3.990/TO).

Contudo, a jurisprudência do STF mostra-se **contraditória** a respeito. Para ilustrar, veja-se o seguinte caso. Ao interpretar o inciso XVI do art. 37 da Constituição de 1988, o Plenário do STF considerou inconstitucional a acumulação de proventos de aposentadoria de servidor público com a remuneração de cargo, emprego ou função pública, incluindo os casos em que a pessoa aposentada reingressasse no serviço público por meio de novo concurso público – ressalvados os cargos acumuláveis na forma da Constituição, os cargos eletivos e os cargos em comissão declarados em lei de livre nomeação e exoneração (v. RE 163.204/SP). Porém, a **EC 20**, de 15-12-98, embora tenha tornando explícita a proibição reconhecida pelo STF (§ 10 acrescido ao art. 37 da Constituição), acabou por convalidar a situação dos "membros de poder" e dos "inativos, servidores e militares" que, até a publicação da emenda, tivessem "ingressado novamente no serviço público por concurso público de provas ou de provas e títulos, e pelas demais formas previstas na Constituição Federal" (art. 11 da EC 20/98). Trata-se, portanto, de **tentativa de constitucionalizar**, por **emenda constitucional**, e com efeitos retroativos, situação inconstitucional que já fora reconhecida pela jurisprudência do STF. No entanto, essa convalidação indevida **vem sendo aceita** sem discussão pela jurisprudência do próprio STF (*v.g.*, ADI 1.541/MS e RMS 24.737/DF).

Outro exemplo: diante de **leis estaduais que instituíram Municípios** antes da necessária regulamentação do § 4º do art. 18 da Constituição (na redação dada pela EC 15/96), o STF instou o Congresso Nacional a editar lei complementar que resolvesse o problema dos Municípios já criados. Daí ter sido editada a EC 57/2008, pela qual o Congresso Nacional, numa autêntica tentativa de *constitucionalização superveniente*, mas feita a pedido de julgados do próprio STF (ADI 2.240/BA, 3.316/MT, 3.489/SC e n. 3.489/SC), convalidou "os atos de criação, fusão, incorporação e desmembramento de Municípios, cuja lei tenha sido publicada até 31 de dezembro de 2006, atendidos os requisitos estabelecidos na legislação do respectivo Estado à época de sua criação" (art. 96 acrescentado ao ADCT).

Sobre o chamado *ativismo congressual*, v. item 3.4 do Capítulo 7 do Tomo II.

7. DESCONSTITUCIONALIZAÇÃO

O termo "desconstitucionalização" tem dois significados. Pode relacionar-se tanto às **normas da constituição anterior** quanto às **normas da atual constituição.**

7.1. Desconstitucionalização da constituição anterior

Na **acepção terminológica** mais conhecida, a desconstitucionalização é o instituto pelo qual as normas apenas formalmente constitucionais do regime anterior, embora com perda da supremacia constitucional que as caracterizava (*i.e.*, o caráter hierarquicamente superior), continuam a vigorar sob a nova constitucional, mas com ***status* de legislação infraconstitucional**, numa descida na escala hierárquico-normativa.

Significa a recepção, pelo constituinte originário, das normas não materialmente constitucionais da constituição revogada, desde que estejam de acordo com a constituição superveniente, embora com força de lei ordinária, independente da previsão expressa. Posição admitida, *v.g.*, por PONTES DE MIRANDA (1987, vol. 1, p. 249-250), MANOEL GONÇALVES FERREIRA FILHO (1999, p. 92-93) e RAUL MACHADO HORTA (1995, p. 230-231).

Contudo, é melhor entender que a **substituição** de um regime constitucional por outro se dá **por completo**. Descabe, pois, investigar se algumas das normas constitucionais da ordem anterior, não importa se apenas formalmente constitucionais, estão ou não mantidas pela nova constituição. A entrada em vigor da última manifestação do constituinte originário altera por completo o fundamento de validade do ordenamento jurídico pretérito, revogando inteiramente a constituição passada. Entendimento que ainda tem a vantagem de dispensar o exame de quais preceitos da constituição revogada sejam ou não materialmente constitucionais para o fim examinar qual deles terá sido recepcionado pela nova constituição.

Logo, a simples inexistência, a constituição superveniente, de cláusula, de revogação expressa acerca de determinadas normas constitucionais não gera o efeito implícito de manter vigentes alguns preceitos da constituição anterior, mesmo aqueles que não versem sobre matéria constitucional, ainda que possa haver compatibilidade entre eles a nova constituição.

Bem por isso, JOSÉ AFONSO DA SILVA passou a entender que a não reprodução de determinadas normas anteriores, pela constituição superveniente, significa que "a nova ordem constitucional as quis desqualificar, não apenas como normas, mas também como normas jurídicas vigentes" (1998, p. 222). Também para CELSO BASTOS, "se o poder constituinte teve êxito em substituir a ordem constitucional anterior é porque colocou em seu lugar uma nova ordem constitucional. Nada da Constituição anterior sobrevive" (1998, p. 77) Essa também a opinião de TEMER (1997, p. 39) e de BARROSO (1998, p. 57-58).

Também o Plenário do STF não aceita a tese da desconstitucionalização, salvo por norma constitucional explícita (ED no AgRg nos EDv nos ED no AgRg no AI 386.820/RS). Ou seja, o fenômeno da desconstitucionalização **de normas da constituição anterior** é *excepcional*, pois depende de disposição expressa.

Enfim, não há empecilhos a que o constituinte originário promova desconstitucionalização de alguns dispositivos da constituição revogada. Contudo, é preciso que o faça por normas expressas, e não implicitamente, a fim de afastar quaisquer dúvidas quanto à vontade de assim proceder. Exemplo: o *caput* do art. 34 do ADCT recepcionou transitoriamente, normas da Constituição anterior que regulavam o sistema tributário nacional. É dizer: por força de dispositivo explícito da Constituição de 1988, certas normas constitucionais da Constituição de 1969 foram desconstitucionalizadas e mantiveram-se algum tempo em vigor, até que substituídas pela legislação infraconstitucional.

▸ **Como esse assunto foi cobrado em concurso?**

O concurso para o cargo de Juiz do TRT/23ª Região considerou como **errada** a assertiva que se segue: "O fenômeno da desconstitucionalização não é verificado no Brasil como regra geral, podendo ser autorizado pelo poder constituinte derivado."

No XIII Concurso da Magistratura Federal do TRF/1ª Região (2009), foi considerada **correta** a seguinte assertiva: "O poder constituinte originário pode autorizar a incidência do fenômeno da desconstitucionalização, segundo o qual as normas da constituição anterior, desde que compatíveis com a nova ordem constitucional, permanecem em vigor com status de norma infraconstitucional".

O concurso para Juiz do TRT/14ª Região (2012) considerou **correta** a afirmativa: "A desconstitucionalização é fenômeno de origem francesa pelo qual as normas da constituição anterior, desde que compatíveis com a nova ordem, permanecem em vigor, mas com status de lei infraconstitucional". O mesmo concurso considerou **correta** a afirmativa: "O Brasil não adotou a teoria da desconstitucionalização.".

7.2. Desconstitucionalização da atual constituição

Já numa outra acepção, menos difundida, o termo desconstitucionalização está relacionado à atribuição de caráter *flexível* a uma parte do texto de determinada constituição. Representa a desqualificação, por obra do próprio constituinte, da supremacia constitucional formal de alguns dispositivos da constituição formal em vigor, os quais poderão então ser alterados sem formalidades especiais.

Como notou CÁRMEN LÚCIA ANTUNES ROCHA (1991, p. 104), isso "acontece especialmente em Constituições semi-rígidas, nas quais se positivam normas explicitando as matérias que formam os conteúdos fundamentais do ordenamento jurídico inseridos no documento e quais as que não têm a força obrigatória máxima e a qualidade fundamental e suprema que determina tratamento especial".

A depender da extensão desse tipo de desconstitucionalização, portanto, a constituição será considerada do tipo **semirrígida**, a exemplo da Constituição brasileira de 1824 (v. item 2.2 do Capítulo III).

No Brasil, a Assembleia Constituinte da qual se originou a Constituição de 1988 não fez uso dessa modalidade de desconstitucionalização. Todavia, nada impede que o constituinte derivado subtraia o *status* formalmente constitucional de alguma disposição constitucional, ressalvados, obviamente, os limites materiais ao poder de reforma (cláusulas pétreas) – v. item 2.2.2.4. Assim, embora mantidas no atual Texto Constitucional, certas disposições constitucionais assim rebaixadas poderiam ser alteradas por meio da legislação infra-constitucional, sem necessidade de outra emenda constitucional.

Nesse sentido, por exemplo, a EC 103/2019 desconstitucionalizou várias de suas próprias disposições de status constitucionais, incluindo algumas outras previstas no corpo permanente da Constituição de 1988, a fim de permitir que o assunto por elas regulado possa ser disciplinado, no futuro, por legislação ordinária (*v.g.*, art. 10, § 5º; art. 19, *caput*, e § 1º; art. 26; e art. 29, todos da EC 103/2019). Para ilustrar, o art. 23, § 7º, da EC 103/2019 previu que as regras sobre pensão por morte previstas no mesmo artigo 23 "poderão ser alteradas na forma da lei para o Regime Geral de Previdência Social e para o regime próprio de previdência social da União." Ou seja, simples *leis ordinárias* terão força para modificar algumas das regras editadas pelo constituinte derivado, o que significa a *desconstitucionalização* de normas de emenda constitucional.

8. EFEITOS RETROATIVOS DAS NORMAS

Diz-se **retroativa** a norma cujas consequências jurídicas são aplicadas a eventos ocorridos anteriormente à respectiva entrada em vigor. Nessa linha, com base em PAUL ROUBIER, definiu CARLOS MAXIMILIANO a **retroatividade** como "o transporte da aplicação da lei a uma data anterior à de sua publicação, sob a *ficção da preexistência da lei*" (1955, p. 21).

No entanto, como é impossível predizer quais serão editadas no futuro, normas retroativas contrariam os ideais de certeza e segurança valorizados pela ciência jurídica. Por isso, foi-se consolidando, na cultura jurídica, o princípio segundo o qual atos normativos, via de regra, não dispõem para o passado. Nada obstante, a expressa proibição da retroatividade normativa só foi concebida no direito romano pós-clássico.

Como ensina MATOS PEIXOTO (1948, p. 459), as leis civis romanas em geral já repetiam cláusula de estilo a limitar-lhes a aplicação somente a fatos posteriores. Mas isso denotava que não havia ainda um princípio geral a vedar o efeito retroativo da lei, o que tornaria essa repetição desnecessária. Assim, foi apenas numa constituição baixada por Teodósio I, em 393 d.C., que se tornou expresso, no Império Romano, o princípio geral conforme a qual as leis devem dispor apenas para o futuro. Posteriormente, em 440, Teodósio II e Valentiniano confirmaram esse princípio, mas admitiram que a "lei nova pudesse ser retroativa quando expressamente o declarasse, retroatividade que encontrava, sempre, como limite intransponível, a coisa julgada" (MOREIRA ALVES, 1995, vol. I, p. 83). Daí a "Segunda Regra Teodosiana", assim traduzida por LIMONGI FRANÇA (1994, p. 44): "É norma assentada (*certum est*) a de que as leis e constituições dão forma aos negócios futuros (*futuris negotiis*) e de que não atingem fatos passados (*facta praeterita*), a não ser que tenham feito referência expressa (*nominatim cautum sit*), quer ao passado (*praeterito tempore*), quer aos negócios pendentes (*pendentibus negotiis*)".

▸ **Atenção:**

A) São de extrema relevância à compreensão do direito intertemporal essas três *situações jurídicas* ressaltadas pela Segunda Regra Teodosiana: **fatos futuros** (*facta futura*), **fatos pretéritos** (*facta praeterita*) e **fatos pendentes** (*facta pendentia*).

B) Segundo MATOS PEIXOTO, porém, os romanos não se preocupavam tanto com a questão da retroatividade normativa no âmbito das leis penais. "Quanto à matéria penal, o princípio dominante para êles nesta matéria era outro: era a proporcionalidade da pena ao crime, de modo que se devia esperar para cada caso um apena adequada, nada importando que esta lhe fôsse ou não posterior" (1960, p. 235).

No entanto, explica MATOS PEIXOTO (1960, p. 238) como não existia preceito semelhante a vedar a retroatividade da aplicação da *lei penal*, Santo Ambrósio, no século IV, formulou o princípio – posteriormente incorporado ao direito canônico – segundo o qual "a pena do crime é a do tempo da lei que o reprime, e não pode haver condenação por fato anterior à lei, mas somente em virtude dela." Posteriormente, esse princípio da irretroatividade da lei penal foi transposto, "embora sem a suficiente clareza", à Carta Magna inglesa de 1215, cujo art. 39 "vedava a imposição de pena criminal a homem livre, a não ser por julgamento dos seus pares e *per legem* terrae."

Já no constitucionalismo moderno, a proibição da retroatividade passou a figurar na Constituição norte-americana de 1787, que proibiu leis *"ex post facto"*. Então, a Revolução Francesa a universalizou, diante da vedação da retroatividade penal estabelecida no art. 8º da Declaração de Direitos do Homem e do Cidadão (1789). Ainda na França, o princípio da não retroatividade foi incluído entre as regras fundamentais da Constituição do Ano III, pelo que vigorou com *status* constitucional de 1795 a 1799. Posteriormente, constou do Código Civil de Napoleão, cujo art. 2º previa que a "lei não dispõe senão para o futuro; não tem efeito retroativo".

8.1. Teorias subjetivista e objetivista

Há basicamente duas teorias para solucionar os problemas de retroatividade criados pela sucessão de leis no tempo (*direito intertemporal*). Pela **teoria subjetivista**, a questão deve ser encarada sob o prisma dos ***direitos subjetivos*** que surgiram ao tempo da lei velha. Essa escola remete a doutrinadores como SAVIGNY, LASSALE e GABBA, bem como às diferenças conceituais entre "direitos adquiridos", meras "expectativas de direito", simples "faculdades legais" e institutos correlatos (v. item 3.6.2 do Capítulo 1 do Tomo II). Nessa linha, nem toda retroatividade normativa é censurável, mas somente aquela que interfere em direitos subjetivos surgidos anteriormente.

Já pela **teoria objetivista**, defendida principalmente por DE PAGE e ROUBIER, o estudo teórico dos direitos adquiridos não dá solução exata para os problemas do direito intertemporal. Daí, a ênfase dos estudos deve girar em torno das ***situações jurídicas*** **já constituídas ao tempo do surgimento da** lei nova. A retroatividade é o efeito da norma que atinge situações jurídicas anteriormente constituídas, independentemente do exame dos direitos subjetivos decorrentes da lei velha.

O **Brasil** adota a **teoria subjetivista**. Assim, os limites jurídicos à retroatividade não se atrelam propriamente às "situações jurídicas" criadas anteriormente, mas às definições dos **direitos subjetivos** assegurados pelo sistema jurídico. Por isso, tanto a Constituição (art. 5º, XXXVI) quanto a atual redação da Lei de Introdução às Normas do Direito Brasileiro – LINDB (art. 6º, § 2º) aludem às figuras do *direito adquirido*, do *ato jurídico perfeito* e da *coisa julgada* como obstáculos à retroatividade das normas.

Enfim, inspirado na teoria subjetivista, o direito brasileiro acolheu o **princípio da não retroatividade *restrita***. Isso porque, desde que respeitados os direitos subjetivos decorrentes tanto do direito adquirido quanto do ato jurídico perfeito ou da coisa julgada, "nada impede que o Estado edite e prescreva atos normativos com efeito retroativo" (STF, Pleno, MC na ADI 605/DF).

▸ **Atenção:**

A partir da vigência da Constituição de 1937, o princípio da não retroatividade perdeu seu histórico *status* constitucional e se manteve em vigor somente por força da antiga Lei de Introdução ao Código Civil de 1916, que consagrava a **teoria subjetivista**. Porém, em 1942, foi aprovada uma nova Lei de Introdução ao Código Civil (Decreto-Lei 4.657), cujo art. 6º, *caput*, trazia a seguinte redação: "A lei em vigor terá efeito imediato e geral. Não atingirá, entretanto, *salvo disposição em contrário*, as situações jurídicas definitivamente constituídas e a execução do acto jurídico perfeito." Dessarte, além de adotar a **teoria objetivista** – ao fazer referência ao regime das "situações jurídicas" –, o texto primitivo do DL 4.657/46 ainda permitia que, mediante disposição expressa, a lei pudesse surtir efeitos retroativos.

Contudo, a Constituição de 1946 retomou tanto o *status* constitucional do princípio da não retroatividade quanto a **teoria subjetivista**, o que levou à não recepção do *caput* do art. 6º do DL 4.657/42, cujo texto foi posteriormente modificado pela Lei 3.238/57, atualmente em vigor.

Todavia, na prática, o dissídio entre as duas teorias "se reduz a proporções mínimas" (CARLOS MAXIMILIANO, 1955, p. 9). Daí, embora o direito brasileiro adote a teoria subjetivista, muitos dos problemas relativos à retroatividade da lei costumam ser resolvidos com o auxílio de raciocínios conectados à teoria objetivista. Nesse sentido, o próprio STF adota a noção da **tripartição dos tipos de retroatividade**, tese construída a partir dos tipos de situações jurídicas intertemporais em face das quais a incidência da norma deva ser considerada (ver item 8.3).

▸ **Como o STF já enfrentou a questão:**

Na MC na ADI 605/DF, o Plenário do STF decidiu que: "O princípio da irretroatividade 'somente' condiciona a atividade jurídica do estado nas hipóteses expressamente previstas pela Constituição, em ordem a inibir a ação do poder público eventualmente configuradora de restrição gravosa (a) ao *status libertatis* da pessoa (CF, art. 5º, XL), (b) ao *status subjectionais* do contribuinte em matéria tributária (CF, art. 150, III, a) e (c) a segurança jurídica no domínio das relações sociais (CF, art. 5º, XXXVI). Na medida em que a retroprojeção normativa da lei 'não' gere e 'nem' produza os gravames referidos, nada impede que o Estado edite e prescreva atos normativos com efeito retroativo. As leis, em face do caráter prospectivo de que se revestem, devem, 'ordinariamente', dispor para o futuro. O sistema jurídico-constitucional brasileiro, contudo, 'não' assentou, como postulado absoluto, incondicional e inderrogável, o princípio da irretroatividade."

8.2. *Status* constitucional do princípio da não retroatividade

Na maioria dos países, o princípio geral da irretroatividade normativa **não** está consagrado em texto constitucional. Na quase totalidade dos sistemas jurídicos, o princípio só consta de leis ordinárias, geralmente nas de introdução ao código civil, o que é suficiente para impedir a interpretação ou a aplicação de alguma lei retroativamente, mas não obsta que o legislador atribua, ele próprio, efeitos retroativos às leis que editar, desde que os preveja expressamente. Exemplos: direitos alemão, espanhol, francês, português e italiano, cujas constituições só estabelecem o princípio da não retroatividade da lei penal.

O Brasil, contudo, faz parte do grupo dos países que incluíram o princípio geral da não retroatividade no próprio **texto constitucional**, a exemplo dos Estados Unidos da América (Artigo I, Seção 9, n. 3; e Seção X, n. 1) e do México (art. 14). Salvo a Constituição de 1937, todas as Constituições brasileiras consagraram o princípio da não retroatividade das leis em geral.

Porém, no regime das Constituições de 1824 (art. 179, III) e de 1891 (art. 11, item 3º), o princípio da irretroatividade era mais amplo, pois proibia qualquer tipo de retroação. Já nas demais Constituições brasileiras em que previsto, adotou-se o **princípio da não retroatividade restrita**, cuja proibição se restringe a temas legislativos específicos, como as leis prejudiciais ao direito adquirido, ao ato jurídico perfeito e à coisa julgada. Na atual Constituição, v. o art. 5º, XXXVI (*princípio geral da não retroatividade*) e XL (*subprincípio da irretroatividade da lei penal*, salvo para beneficiar), bem como o art. 16 (*subprincípio da irretroatividade da lei eleitoral*) e o art. 150, III, "a" (*subprincípio da irretroatividade tributária*).

Em razão desse ***status* constitucional** da matéria, no Brasil:

A) o princípio da ir retroatividade vincula tanto a atividade do *legislador* quanto a dos juízes, que não podem interpretar nem aplicar leis de modo retroativo, ressalvadas as exceções constitucionais;

B) não se aplicam inteiramente as teorias europeias acerca do caráter retro-operante da lei expressamente retroativa;

C) o princípio geral e os subprincípios da não retroatividade podem ser considerados cláusulas *pétreas* e, portanto, servir de parâmetro de controle da constitucionalidade de normas retroativas, incluindo as provenientes de reforma constitucional (STF, Pleno, ADI 939/DF e ADI 3.685/DF) (v. item 8.5, abaixo);

D) assuntos de direito intertemporal – *i.e.*, ligados ao conflito aparente de normas no tempo – configuram típica matéria constitucional, ainda que o conflito envolva apenas normas de caráter local (estadual, distrital ou municipal) (STF, 1ª Turma, RE 420.431/DF); e

E) as próprias *definições* e *conceitos técnicos* referentes aos *limites à retroatividade normativa* são *matéria constitucional*, razão pela qual, mesmo que existam leis ordinárias a dispor sobre o assunto (*v.g.*, art. 6º da LINDB), o tema não se resume a simples questões de direito infraconstitucional e pode ser discutido no STF por via de recurso extraordinário.

8.3. Tipos de retroatividade

8.3.1. Máxima, média e mínima

Com base na classificação exposta por MATOS PEIXOTO e adotada por autores como MOREIRA ALVES e MARIA HELENA DINIZ, a retroatividade normativa possui três espécies:

A) **Retroatividade máxima:** a nova norma alcança fatos já consumados *(facta praeterita)*. Também chamada *"eficácia restituitória"* (por restituir as partes ao *status quo ante*), é a retroatividade inerente à norma que atinge a coisa julgada ou os fatos consumados, tais como a "transação, prescrição, pagamento ou obrigação extinta por outro modo com o consentimento das partes" (PEIXOTO, 1960, p. 231). Exemplos: Alexandre III, em repúdio à usura, prescreveu que os credores devolvessem os juros recebidos; o parágrafo único do art. 96 da Constituição de 1937 permitia a revisão legislativa de decisões judiciais que declarassem a inconstitucionalidade de lei, sem ressalvar a coisa julgada; acrescido pela EC 32/2001, o § 11 do art. 62 da Constituição de 1988 – a exemplo da redação original do parágrafo único do art. 62 – permite desconstituir eventual coisa julgada proferida com base em medida provisória rejeitada pelo Congresso.

B) **Retroatividade média:** a nova norma atinge efeitos pendentes de atos jurídicos verificados antes dela (*facta pendentia*). A norma interfere em direitos já exigíveis, mas ainda não implementados. Atinge, por exemplo, as prestações vencidas e pendentes de adimplemento, tal como a norma que diminua determinada taxa de juros, aplicando-se aos juros vencidos e não pagos (prestação vencida e não adimplida). Outro exemplo é o efeito previsto no art. 105 do CTN, segundo o qual a aplicação imediata da legislação tributária alcançaria, inclusive, os fatos geradores *pendentes*, "assim entendidos aqueles cuja ocorrência tenha tido início mas não esteja completa". (Ver item 4.1.2 do Capítulo 11 do Tomo II).

C) **Retroatividade mínima (mitigada):** a nova norma atinge apenas os efeitos ou as consequências futuros de atos ou os fatos anteriores, ou seja, somente aqueles efeitos ou consequências produzidos após a respectiva vigência, sem alcançar os fatos consumados (*facta praeterita*) nem os pendentes (*facta pendentia*). Exemplo: o Decreto 22.626/33 (Lei de Usura), que reduziu a taxa de juros para o máximo de 12% ao ano, aplicando-se aos contratos existentes (art. 3º). No mesmo sentido, no RE 140.499/GO, o STF decidiu que o inciso IV do artigo 7º da Constituição proibiu, a partir de 5-10-88, a vinculação ao salário mínimo de pensões por morte instituídas anteriormente.

8.3.2. Retroatividade mínima ou efeito imediato "forte" da norma (retrospectividade)?

Para que não sejam consideradas retroativas, as normas só podem surtir eficácia "imediata", sem atingir fatos ou situações verificados no passado, tampouco direitos subjetivos adquiridos anteriormente. Assim, as normas devem ser interpretadas e aplicadas para gerar consequências jurídicas referentes apenas a fatos e situações futuros. Por isso, diz o atual art. 6º da LINDB, a "Lei em vigor terá **efeito imediato** e geral, respeitados o ato jurídico perfeito, o direito adquirido e a coisa julgada."

Nada obstante, sobretudo por influência de PAUL ROUBIER, há quem defenda que esse "efeito imediato" da norma alcançaria não apenas as situações futuras, mas também os *efeitos futuros de situações jurídicas anteriores*, sem que haja nisso verdadeira retroatividade. Destarte, aquelas hipóteses consideradas exemplos de "**retroatividade mínima**" não passariam de situações alcançadas pela **eficácia imediata da norma**, embora num sentido mais amplo. Daí as teorias acerca do chamado **efeito imediato "forte" das normas** (ou *retroatividade inautêntica* ou *retrospectividade*).

▸ Atenção:

A obra de ROUBIER é importantíssima, pois, além de defender a insuficiência da teoria dos direitos adquiridos para explicar os problemas do direito intertemporal, foi das primeiras a se insurgir contra a então dominante dicotomia "retroatividade/irretroatividade". Assim, ele construiu uma classificação própria, baseada em três categorias: (a) *retroatividade da lei nova*; (b) *efeito imediato da lei nova*; e (c) *sobrevivência da lei antiga* (figura também conhecida como *ultra-atividade* ou *pós-atividade* da lei revogada).

Para ROUBIER, explica WILSON BATALHA (1980, p. 49-50), se "a lei nova atinge situações constituídas ou extintas na vigência da lei antiga, ou se afeta os efeitos dessas situações, produzidos na vigência da lei antiga, então a lei nova será retroativa; mas, se a lei nova incide apenas sobre os efeitos futuros de situações constituídas na vigência da lei antiga, então a lei nova não terá efeito *retroativo*, mas sim efeito *imediato*". Logo, pela teoria de ROUBIER, "os efeitos jurídicos futuros de uma situação existente serão determinados pela lei nova, sem que haja retroatividade, o que se aplica aos efeitos do casamento, da adoção, da menoridade, da interdição, da propriedade, do usufruto, etc." (ESPÍNOLA e ESPÍNOLA FILHO, 1999, p. 252).

Enfim, segundo ROUBIER, as hipóteses de retroatividade estariam restritas somente às dos tipos acima definidos como retroatividade *máxima* e *média*. E os casos de retroatividade *mínima* ficariam abrangidos pelas consequências do chamado efeito imediato "forte" da norma, sem que se pudesse falar em verdadeira eficácia retroativa, com exceção de campos muito específicos – como os contratos em curso –, em relação aos quais ROUBIER defendeu a "sobrevivência da lei antiga".

▸ **Atenção:**

Mesmo para ROUBIER, as situações jurídicas criadas a partir de contratos anteriormente constituídos deveriam ser respeitadas pela lei nova. Nessa linha, os efeitos dos contratos em curso seguem regulados pela lei da época, não obstante o "efeito imediato" da lei nova. Porém, segundo ROUBIER, cabe diferenciar as leis que alteram o "regime do contrato" (*i.e.*, aquelas que cuidam de obrigações e direitos que as partes contraentes estão, em princípio, livres para determinar por si mesmas) das leis que inovem o "estatuto legal" anterior, tal como as que modifiquem ou extinguem institutos jurídicos. Assim, o estabelecimento de novos estatutos legais pode afetar o contrato em curso, pois eles alteram a situação jurídica "primária" em face da qual o contrato não passa de uma situação jurídica "secundária" (v. BATALHA, 1957, p. 360-361).

No Brasil, compartilham da opinião de ROUBIER autores como WILSON BATALHA, para quem é retroativa "a lei que alcança o passado, mas não a que incide apenas sobre a realidade posterior a seu início de vigência, mesmo que essa realidade seja constituída por efeitos de situações jurídicas nascidas na vigência da lei anterior" (1980, p. 56-57). Também para LIMONGI FRANÇA, ressalvados o ato jurídico perfeito, o direito adquirido e a coisa julgada, "as novas leis, ainda quando não expressas, se aplicam às partes posteriores dos *facta pendentia*" (1994, p. 226).

▸ **Atenção:**

Por outro lado, autores como ELIVAL RAMOS reconhecem certo grau de retro-operacionalidade no chamado efeito imediato "forte" da norma, mas advogam outra terminologia para explicar o fenômeno: a "**retrospectividade**". Nessa linha, ensina FERNANDO NORONHA (2005, p. 68), mesmo não se confundido com a verdadeira "retroatividade", pois não atinge fatos passados, o efeito imediato forte da norma pode ser considerado "retrospectivo". Afinal, não deixa de ser "retrospectiva" a lei nova que suprima ou modifique, "a partir dela, o efeito jurídico que a lei velha atribuía, quando reconhece, embora somente a partir dela, um efeito jurídico que anteriormente não existia (retrospectividade)", daí por que "não deixamos de estar perante fatos que já existiam ao tempo da lei velha e que a nova pretende reger, mesmo que unicamente com eficácia *ex nunc*". No mesmo sentido, Min. LUIZ FUX usou a terminologia "prospectividade" na ementa do RE 929.670/DF.

Todavia, já em 1948, MATOS PEIXOTO criticava a teoria do efeito imediato "forte" de ROUBIER. Para MATOS PEIXOTO, desde que a lei nova venha a modificar os efeitos decorrentes das situações jurídicas preestabelecidas, "ela é retroativa, pois interfere na causa que os produziu e que é um fato do passado" (1948, p. 467).

Na mesma linha, no **STF**, sobretudo a partir da ADI 493/DF (salvo acórdãos isolados, como o AgRg no RE 422.268/SP, 1ª Turma), também prevalece o raciocínio que **afasta a tese da eficácia imediata "forte"**. Para a Corte, é "firme" a orientação segundo a qual "a retroação ocorre ainda quando se pretende aplicar de imediato a lei nova para alcançar os efeitos futuros de fatos passados que se consubstanciem em qualquer das referidas limitações, pois ainda nesse caso há retroatividade – a **retroatividade**

mínima –, uma vez que se a causa do efeito é o direito adquirido, a coisa julgada, ou o ato jurídico perfeito, modificando-se seus efeitos por força da lei nova, altera-se essa causa que constitucionalmente é infensa a tal alteração" (RE 188.366/SP, 1ª Turma).

▸ **Atenção!**

É equivocado pensar que o Plenário do STF, no RE 564.354/SE, tenha se desviado da teoria da retroatividade mínima, ao decidir que a norma que elevara o teto dos benefícios previdenciários (art. 14 da EC 20/98 e art. 5º da EC 41/2003) poderia ser invocada para majorar o valor dos pagamentos futuros de benefícios concedidos anteriormente. É que esse teto constitui *elemento externo* ao benefício previdenciário concedido. Acaba por reduzir o valor com que ele é pago, porém somente depois de implementado o direito e calculado o valor que o beneficiário receberia, não fosse tal redutor. Assim, uma vez elevada a faixa de incidência do teto (redutor), não há falar em elevação do valor do benefício em si, mas em simples diminuição do abatimento causado por esse limitador extrínseco. Por tais fundamentos, o Min. GILMAR MENDES revisou a posição que inicialmente adotara sobre o caso (RE 495.941/SC).

▸ **Como o STF já enfrentou a questão:**

No AgRg no RE 422.268/SP, a 1ª Turma adotou a tese da **eficácia imediata forte**, em vez da teoria da retroatividade mínima. Cuidava-se de controvérsia relativa à imediata incidência da Lei 9.032/95, que aumentara o percentual da pensão por morte instituída por segurado do INSS. Para aplicá-la às pensões concedidas anteriormente ao aumento, considerou o STF que inexistia "aplicação retroativa de lei nova para prejudicar ato jurídico perfeito ou suposto direito adquirido por parte da Administração Pública, mas sim de incidência imediata de nova norma para regular situação jurídica que, embora tenha se aperfeiçoado no passado, irradia efeitos jurídicos para o futuro". Entretanto, esse desvio jurisprudencial foi posteriormente **corrigido** no Plenário da Corte, que entendeu "ser inadmissível qualquer interpretação da Lei 9.032/95 que impute a aplicação de suas disposições a benefícios de pensão por morte concedidos em momento anterior a sua vigência" (RE 416.827/SC).

GRAUS DA RETROATIVIDADE NORMATIVA		
Retroatividade máxima	**Retroatividade média**	**Retroatividade mínima**
– atinge a coisa julgada ou os fatos consumados (*facta praeterita*) como a transação, o pagamento e prescrição implementados; – também chamada de "eficácia restituitória", por retornar as partes ao *status quo* anterior.	– atinge fatos pendentes de ato jurídico ocorrido antes dela (*facta pendentia*), interferindo nos direitos já exigíveis, mas ainda não realizados antes da vigência da norma.	– atinge apenas os efeitos dos fatos anteriores, mas produzidos após a data do início da vigência da norma; – para parte da doutrina, não se trata de verdadeira retroatividade, pois equivale ao chamado "efeito imediato forte" da norma; – também chamada de "retroatividade inautêntica" ou "retrospectividade".

> **Como esse assunto foi cobrado em concurso?**
>
> No XIV Concurso da Magistratura Federal do TRF/4ª Região (2010), foi considerada **correta** a seguinte assertiva: "Se a lei alcançar os efeitos futuros de contratos celebrados anteriormente a ela, será essa lei retroativa porque vai interferir na causa, que é um ato ou fato ocorrido no passado."
>
> No IX Concurso da Magistratura Federal do TRF/1ª Região (2002), foi considerada **errada** a seguinte assertiva que afirmava que "no Brasil, o princípio da irretroatividade é meramente legal", e, **correta,** a alternativa que dizia "dá-se a retroatividade mínima (temperada ou mitigada), quando a lei nova atinge os efeitos futuros de atos anteriores à sua vigência."
>
> No concurso para Juiz Federal do TRF/5ª Região (2015/Cespe), foi considerado **incorreto** o seguinte enunciado: "Terá eficácia retroativa média a lei nova que atingir apenas os efeitos dos atos anteriores produzidos após a data em que ela entrar em vigor."

8.4. Normas constitucionais originais e efeitos retroativos

Em aplicação à teoria da tripartição das modalidades de retroação normativa, o STF já decidiu que as **normas constitucionais *originárias*** podem desenvolver quaisquer dos três tipos de retroatividade (*máxima, média* ou *mínima*), ainda que em detrimento de direitos subjetivos. A justificativa desse entendimento está na característica incondicionada do poder constituinte originário. Daí ser incontroversa a tese segundo a qual descabe invocar algum direito adquirido para obstar a incidência de nova constituição, pois não subsiste qualquer direito adquirido contrário às normas originais da constituição.

Porém, embora as normas de uma nova constituição possam retroagir em face de direitos subjetivos, **só** é **automática** a **retroatividade mínima** (ou o efeito imediato "forte"). Para que produzam efeitos retroativos **máximos** ou **médios**, mesmo as normas originalmente constitucionais **têm de ser expressas** a respeito (1ª Turma do STF, RE 140.499/GO).

Assim, excepcionalmente, as normas de uma nova constituição, ainda que não tenham sido explícitas a respeito, possuem **automático efeito imediato forte**, pelo que devem ser interpretadas e aplicadas de modo a sempre alcançarem os efeitos futuros de fatos ou situações passados (**retroatividade mínima**). Ademais, embora possam surtir eficácia **retroativa máxima ou média**, tais efeitos só se obtêm por **disposição expressa**.

Exemplos de disposições constitucionais expressamente dotadas de efeitos retroativos em relação a direitos subjetivos anteriores:

a) **com *retroatividade máxima***: o § 6º do art. 231 da Constituição, ao declarar "nulos e extintos, não produzindo efeitos jurídicos," os atos e situações jurídicas anteriores que tivessem por objeto a ocupação, o domínio e a posse de terras tradicionalmente ocupadas por índios;

b) com ***retroatividade média***: o art. 17 do ADCT, que determinou a imediata redução – incluindo os pagamentos pendentes – dos vencimentos, remunerações, vantagens e adicionais percebidos em desacordo com a nova Constituição, "não se admitindo, neste caso, invocação de direito adquirido ou percepção de excesso a qualquer título"; e

c) com ***retroatividade mínima***: o art. 8º do ADCT, que concedeu anistia a servidores públicos prejudicados por atos normativos anteriores em razão de motivações exclusivamente políticas, na parte em que lhes assegurou vantagens financeiras "somente" "a partir da promulgação da Constituição, vedada a remuneração de qualquer espécie em caráter retroativo".

▸ **Como o STF já enfrentou a questão:**

a) No 140.499/DF, a 1ª Turma decidiu: "Já se firmou a jurisprudência desta Corte no sentido de que os dispositivos constitucionais têm vigência imediata, alcançando os efeitos futuros de fatos passados (retroatividade mínima). Salvo disposição expressa em contrário – e a Constituição pode fazê-lo -, eles não alcançam os fatos consumados no passado nem as prestações anteriormente vencidas e não pagas (retroatividades máxima e média)."

b) No RE 168.168/PR, a 1ª Turma entendeu: "A Constituição tem eficácia imediata, alcançando os efeitos futuros de fatos passados (retroatividade mínima). Para alcançar, porém, hipótese em que, no passado, não havia foro especial que só foi outorgado quando o réu não mais era Prefeito – hipótese que configura retroatividade media, por estar tramitando o processo penal -, seria mister que a Constituição o determinasse expressamente, o que não ocorre no caso."

8.5. Emendas constitucionais e efeitos retroativos

Ao tempo das ***Constituições anteriores***, o STF já havia pacificado o entendimento conforme o qual não só as normas baixadas pelo constituinte originário, como também as normas provenientes de emendas constitucionais prevaleciam contra eventuais direitos adquiridos, sem que se pudesse invocar o princípio da irretroatividade (RE 94.414/SP, Pleno, j. em 13-2-85).

Todavia, a ***Constituição de 1988*** **inovou** a respeito, pois incluiu no rol das **cláusulas pétreas** o **princípio geral da não retroatividade** (inciso XXXVI do art. 5º, c/c inciso IV do § 4º do art. 60). Daí surgirem teses antagônicas sobre a possibilidade de emendas constitucionais surtirem efeitos retroativos em detrimento de direitos adquiridos, de atos jurídicos perfeitos ou da coisa julgada:

A) **Tese negativa:** de acordo com a **maior parte da doutrina**, as emendas constitucionais sujeitam-se ao princípio geral da não retroatividade, o qual se aplica não só às "leis", mas a todo ato normativo. A expressão *"a lei não prejudicará o direito adquirido, o ato jurídico perfeito e a coisa julgada"*, contida no inciso XXXVI do artigo 5º da CF/88, deve ser interpretada extensivamente, de modo a incidir em face de quaisquer tipos de legislação, sejam as leis em sentido formal, sejam as leis em senso material, aí incluídas as emendas constitucionais.

B) **Tese afirmativa:** para não engessar em demasia a Constituição e a vontade das gerações futuras, o princípio geral da não retroatividade (inciso XXXVI do art. 5º), ao se referir ao termo *"lei"*, há de ser interpretado como a incluir somente os atos normativos infraconstitucionais, com exclusão das emendas constitucionais. Assim, o princípio da não retroatividade não tolhe a atuação dos atos normativos do constituinte derivado, pois alcança somente os produzidos pelo legislador – *i.e.*, as leis em sentido formal – e, *a fortiori*, os atos com força de lei. Por conseguinte, embora seja cláusula pétrea, o princípio geral da não retroatividade atinge apenas os atos infraconstitucionais. A inclusão do princípio no rol dos direitos e garantias individuais serve para evitar que o constituinte derivado viole o núcleo essencial do princípio, bem como para bloquear seja suprimido da Constituição, o que tonaria possível às leis retroagirem. Porém, não chega a impedir que emenda constitucional, por seus próprios efeitos, possa surtir eficácia retroativa (PAULO MODESTO, CELSO BASTOS, HUGO DE BRITO MACHADO, JULIANO BERNARDES, DANIEL SARMENTO e CLÁUDIO PEREIRA DE SOUZA NETO).

Nesse sentido, tal como as normas ditadas pelo constituinte originário, as demais normas de *status* constitucional surtem, automaticamente, efeito imediato "forte" (*retroatividade mínima ou retrospectividade*). E poderão ainda surtir efeitos retroativos *máximo* ou *médio*, se houver previsão expressa. O inciso XXXVI do art. 5º não serve para invalidar, por si só, emendas constitucionais retroativas, a menos que elas pretendessem abolir o próprio princípio geral da retroatividade e permitir que atos infraconstitucionais retroajam em detrimento de direito adquirido, ato jurídico perfeito ou coisa julgada – como admitia a Constituição de 1937. Contudo, nada impede que o controle de constitucionalidade das consequências retroativas de emendas constitucionais se faça por outros parâmetros normativos considerados cláusulas pétreas, como o princípio da proporcionalidade e norma protetiva da dignidade da pessoa humana. Por exemplo, se uma emenda constitucional tornasse expressamente nulas aquisições anteriores de terra feitas por estrangeiros, caberia invocar-se o direito à proteção da propriedade, o direito à isonomia ou o direito à livre iniciativa; mas não a proibição da retroatividade em si, pois o inciso XXXVI do art. 5º tem por alvo a "lei", e não as emendas constitucionais.

> ▸ **Atenção!**
>
> Em relação aos tratados internacionais incorporados ao direito brasileiro, a "tese afirmativa" permitira a retroação daqueles a versarem sobre direitos humanos, desde que aprovados com *status* de emenda constitucional (nos termos da CF, § 3º do art. 5º).
>
> Porém, excluiria a possibilidade de efeito retroativo decorrente de outros tipos de tratados ou convenções, pois se trata de atos normativos infraconstitucionais, mesmo aqueles aos quais se deve atribuir hierarquia *supralegal* (v. item 8.7, "G.5", abaixo; e o item 6.9.4 do Capítulo 7 do Tomo II).

De qualquer forma, mesmo pela "tese afirmativa", é evidente que nenhuma emenda constitucional pode retroagir em detrimento da **coisa julgada**, sob pena de violação do núcleo essencial de **outra classe de cláusula pétrea**, a saber, a separação dos Poderes (inciso III do § 4º do art. 5º da CF/88).

C) Teses intermediárias:

c.1) Tese da ponderação concreta: como não é absoluto o princípio da não retroatividade previsto no inciso XXXVI do art. 5º, é possível ponderá-lo, caso a caso, em face de outros princípios de natureza também constitucional. Assim, determinados valores subjacentes à norma veiculada em emenda constitucional poderão validar eventuais efeitos retroativos (ver letra "b" do item 8.7);

c.2) tese da não retroatividade atenuada: numa outra corrente intermediária, voto vencedor do Ministro SEPÚLVEDA PERTENCE, no julgamento do MS 24.875/DF (STF, Pleno), sustentou que a garantia prevista no inciso XXXVI do artigo 5º não deve ser entendida de forma "extremada" nem "conservadora", como se preservasse, em detrimento da posterior vontade do constituinte derivado, até os direitos adquiridos que adviessem de simples normas infraconstitucionais. Para PERTENCE, numa interpretação sistemática da Constituição e dos objetivos por ela pretendidos, só escapam do alcance do poder de reforma constitucional as formas "qualificadas" de direito adquirido, *i.e.*, as hipóteses de direito adquirido provenientes da própria Constituição, como no caso da incidência da norma constitucional que garante a irredutibilidade de vencimentos em face de emenda posterior que lhes queira reduzir o valor nominal. Logo, as normas provenientes de emenda constitucional devem observância a uma modalidade atenuada do princípio da não retroatividade, mas conservam a possibilidade de retroagir em detrimento de direitos adquiridos em razão da incidência de normas infraconstitucionais.

Nada obstante, na jurisprudência do STF, o assunto **não** parece totalmente **pacificado**. Basta notar que:

1) no julgamento da ADI 3.685/DF, ao reputar que não se aplicava às eleições do ano de 2006 a nova redação dada ao § 1º do art. 17 pela EC 52/2006, o Plenário da Corte considerou que o princípio da anterioridade eleitoral (art. 16) também se estendia ao constituinte derivado, embora o dispositivo constitucional só se referisse à "lei" que alterasse o processo eleitoral. Ou seja, o STF interpretou que a **expressão "lei"**, contida no art. 16, alcançava também as **emendas constitucionais**. Porém, como o subprincípio da anterioridade eleitoral decorre da própria Constituição, não ficou claro se este precedente da Corte aderiu à "tese negativa" ou a alguma das teses intermediárias. Além disso, a se considerar que a anterioridade eleitoral está conectada ao conteúdo da cláusula pétrea do devido processo legal (art. 5º, LIV), referida EC 52/2006 poderia ser declarada inconstitucional mesmo por parte dos adeptos da "tese afirmativa";

2) na MC na ADI 4.307/DF, o STF considerou inconstitucional a EC 58/2009, na parte em que determinava a aplicação retroativa, quanto ao resultado das eleições municipais de 2008, da elevação do número máximo de Vereadores promovida pela mesma emenda constitucional. Segundo o STF, nem a disposição expressamente retroativa da emenda constitucional poderia modificar o resultado de processo eleitoral já concluído. Ocorre que, embora no voto vencedor da Ministra CÁRMEN LÚCIA constasse que o inciso XXXVI do art. 5º impedia a retroatividade por parte de emendas constitucionais – o que significa que a Ministra concordou com a **tese negativa** –, não é possível definir a posição dos demais Ministros que a acompanharam, pois o voto dela baseara-se, ainda, na violação de outros dispositivos constitucionais: art. 5º, inciso LIV (cláusula do devido processo, em seu aspecto "eleitoral"), art. 14 (princípio da soberania popular) e art. 16 (princípio da anterioridade eleitoral);

Porém, quando se analisam as decisões do STF sobre o teto salarial instituído pela EC 41/2003 é que as controvérsias jurisprudenciais sobre assunto se tornam mais evidentes. O art. 9º da EC 41/2003 determinou a redução de vencimentos, remuneração, vantagens e adicionais percebidos em desacordo com o teto remuneratório da Constituição (art. 37, XI), "**não** se admitindo, neste caso, **invocação de direito adquirido** ou percepção de excesso a qualquer título". Nada obstante, formaram-se várias correntes decisórias a respeito:

i) no MS 24.875/DF, por apenas um voto de diferença, o Plenário da Corte adotou a **tese intermediária da não retroatividade atenuada**. Afastou-se a invocação do direito adquirido à manutenção do acréscimo remuneratório de 20% garantido por simples lei (art. 184, III, da Lei 1.711/52). Contudo, considerou-se que o direito à irredutibilidade de vencimentos/proventos, por ser modalidade qualificada de direito adquirido, pois previsto na própria Constituição, era oponível a emendas constitucionais. De modo que os valores decorrentes daquela vantagem, embora criada por lei, não deveriam sofrer redução sequer por força de emenda constitucional, mas poderiam ser absorvidos pelos aumentos futuros concedidos à categoria a que pertencesse o aposentado;

ii) no RE 609.381/GO, em 2014, o Plenário do STF decidiu que o "teto de retribuição estabelecido pela Emenda Constitucional 41/03 possui eficácia imediata, submetendo às referências de valor máximo nele discriminadas todas as verbas de natureza remuneratória percebidas pelos servidores públicos da União, Estados, Distrito Federal e Municípios, ainda que adquiridas de acordo com regime legal anterior." Porém, esse precedente não significou abandono da **tese intermediária da não retroatividade atenuada**. A posição vencedora contornou a polêmica sobre a possibilidade de emenda constitucional atingir direito adquirido, e a Corte decidiu que a garantia constitucional da irredutibilidade vencimental "exige a presença cumulativa de pelo menos dois requisitos: (a) que o padrão remuneratório nominal tenha sido obtido conforme o direito, e não de maneira ilícita, ainda que por equívoco da Administração Pública; e (b) que o padrão remuneratório nominal esteja compreendido dentro do limite máximo pré-definido pela Constituição Federal." Todavia, houve três votos vencidos (dos Ministros MARCO AURÉLIO, CELSO DE MELLO e RICARDO LEWANDOWSKI) pela prevalência do direito adquirido em face de emenda constitucional;

iii) já no AgRg no AI 420.137/AM, a 2ª Turma da Corte adotou a **tese negativa**. Assim, embora sem suscitar a inconstitucionalidade do artigo 9º da EC 41/2003, que expressamente impedia a alegação de direito adquirido, a Corte entendeu que as vantagens pessoais adquiridas em período anterior à emenda não deveriam ser alcançadas pelo teto remuneratório;

iv) contudo, no RE 606.358/SP, o Plenário do STF passou a entender que, a partir da EC 41/2003, é proibida qualquer percepção de valores remuneratórios acima do teto, a despeito das vantagens pessoais já adquiridas pelos servidores públicos. Decidiu-se, ainda, que o "âmbito de incidência da garantia de irredutibilidade de vencimentos (art. 37, XV, da Lei Maior) não alcança valores excedentes do limite definido no art. 37, XI, da Constituição da República". Logo, neste precedente, o Pleno do STF adotou a **tese afirmativa**, pois reconheceu que a EC 41/2003 operava efeitos retroativos, ainda que mínimos, em detrimento até daqueles que tivessem direito adquirido a receber vantagens pessoais em valores acima do teto constitucional, e sem margem a invocação sequer da garantia constitucional da irredutibilidade de vencimentos. Nada obstante, a Corte dispensou a restituição dos valores recebidos em excesso e de boa-fé até a data do julgamento.

v) no julgamento de mérito da ADI 3.184/DF (j. em 24-6-2020), o Plenário da Corte, com cinco votos vencidos, voltou a aderir à **tese afirmativa**, ao julgar constitucional referido art. 9º da EC 41/2003. A Corte, portanto, validou o efeito retroativo advindo de norma de emenda constitucional e decidiu não haver direito adquirido ao recebimento de verbas que ultrapassassem o teto remuneratório previsto na Constituição, seja em sua redação originária, seja na proveniente de reformas constitucionais.

De qualquer forma, o assunto segue polêmico e atual. Basta notar as várias disposições retroativas de emenda constitucional, tais como: (a) o artigo único da EC 72/2013, que alterou o parágrafo único do art. 7º da CF, para estender aos empregados domésticos, independentemente da data de início do contrato de trabalho, vários direitos trabalhistas antes reconhecidos somente aos demais trabalhadores (v. item 3.6.2.1, letras "c.3" e "d", do Capítulo 1 do Tomo II); (b) o polêmico art. 25, § 3º, da EC 103/2019, segundo o qual deve ser considerada "nula a aposentadoria que tenha sido concedida" por "regime próprio de previdência social com contagem recíproca do Regime Geral de Previdência Social mediante o cômputo de tempo de serviço sem o recolhimento da respectiva contribuição ou da correspondente indenização pelo segurado obrigatório responsável, à época do exercício da atividade, pelo recolhimento de suas próprias contribuições previdenciárias"; e (c) o art. 2º da EC 107/2020 – que adiou as eleições municipais de outubro de 2020 e os prazos eleitorais respectivos em razão da pandemia da Covid-19 –, afastou expressamente a incidência do princípio da anterioridade eleitoral (art. 16 da CF), muito embora tal princípio já tivesse sido considerado cláusula pétrea pelo STF (v. ADI 3.685/DF). Afastamento somente possível caso a expressão "lei", contida no art. 16, não devesse mesmo aplicar-se às emendas constitucionais.

8.6. Constituições estaduais e efeitos retroativos

As constituições estaduais e respectivas emendas sujeitam-se ao princípio geral da não retroatividade. Daí por que não podem surtir efeitos retroativos, mesmo que mínimos (ou "eficácia imediata forte"), em detrimento de direito adquirido, ato jurídico perfeito nem coisa julgada.

Como já decidiu a 1ª Turma do STF, as "normas constitucionais federais é que, por terem aplicação imediata, alcançam os efeitos futuros de fatos passados (retroatividade mínima), e se expressamente o declararem podem alcançar até fatos consumados no passado (retroatividades média e máxima). Não assim, porém, as **normas constitucionais estaduais** que estão **sujeitas à vedação do artigo 5º, XXXVI**, da Carta Magna Federal, inclusive a concernente à retroatividade mínima que ocorre com a aplicação imediata delas" (AgRg no AI 258.337/MG).

8.7. Normas infraconstitucionais e efeitos retroativos

Nem toda retroatividade legal será censurável, mas somente aquela que interfira ou pretenda atingir direitos subjetivos previamente constituídos. Por isso, decidiu o STF na MC na ADI 605/DF, o princípio da não retroatividade só condiciona a atuação do legislador nas **hipóteses expressamente previstas pela Constituição**. Daí a invalidade das normas que visem a retroagir em detrimento das seguintes garantias constitucionais:

i) "*status libertatis*" das pessoas, no âmbito do direito penal (art. 5º, XL);

ii) patrimônio do contribuinte em matéria tributária (art. 150, III, "a");

iii) segurança jurídica no campo das relações sociais, em proteção ao ato jurídico perfeito, ao direito adquirido e à coisa julgada (art. 5º, XXXVI); e

iv) segurança jurídica no âmbito do direito eleitoral (art. 16).

Fora dessas hipóteses proibitivas, não há restrições expressas a que Estado edite atos normativos de efeito retroativo (**princípio da não retroatividade restrita**). Porém, destacam-se algumas questões particulares.

A) **Leis de ordem pública:** Parte da doutrina considera que o interesse público prepondera sobre os direitos subjetivos do particular. De tal forma que as normas consideradas de **ordem pública** poderiam surtir *efeitos retroativos*. (Nesse sentido, aliás, há vários precedentes do STJ, tais como o do REsp 663.781/RJ e do REsp 2.595/SP.)

Todavia, o STF tem decidido que o inciso XXXVI do art. 5º da CF/88 se aplica a qualquer tipo de lei, incluindo as de ordem pública (v. ADI 493/DF, Plenário; RE

188.366/SP, 1ª Turma). Mesma posição já manifestou a Corte Especial do STJ nos EDv no REsp 173.465/SC.

▸ **Atenção!**

a) No RE 141.190/SP, relevante julgamento concluído em 2005, o Plenário do STF reexaminou a questão das leis de ordem pública e a aplicação do princípio da não retroatividade da lei. Tratava-se da discussão quanto à constitucionalidade da regra de deflação ("tablita") estabelecida pelo DL 2.342/87 (Plano Bresser). A nova regra interferiu nos contratos em curso e determinou a redução (deflação) de valores a serem pagos conforme cláusulas de correção monetária preestabelecida. Entendeu o Plenário da Corte, porém, que "o fator de deflação veio a preservar o equilíbrio inicial dos contratos, diante da súbita interrupção do processo inflacionário, evitando uma distorção distributiva, sendo sua incidência imediata em relação aos ajustes em curso que embutiam a tendência inflacionária, por se tratar de norma de ordem pública, visto que instituiu novo padrão monetário." (Ver, ainda, ADI 608/DF.) Porém, segundo a Corte, não houve violação a direito subjetivos dos contraentes. Conforme voto vencedor, a regra prevista no referido decreto-lei, "ao contrário de desrespeitar, prestigiou o princípio da proteção do ato jurídico perfeito (art. 5º XXXVI, da CF) ao reequilibrar o contrato e devolver a igualdade entre as partes contratantes."

b) Mais recentemente, nos RR. EE. 212.609/SP, 215.016/SP, 211.304/RJ e 222.140/SP (j. em 29-4-2015), o Plenário do STF reafirmou a tese de que mesmo as **normas de ordem pública se sujeitam ao inciso XXXV do art. 5º da CF**, mas afastou a alegação de violência ao princípio da não retroatividade decorrente de mudanças legislativas incidentes em contratos de locação em curso. O caso versava sobre **mudanças monetárias** promovidas pelo Plano Real (Lei 9.069/95) e o STF fez distinção entre (a) **situações jurídicas individuais**, aquelas formadas por ato de vontade (especialmente os contratos) e imunes a modificações legislativas supervenientes; e (b) **situações institucionais** ou **estatutárias**, as constituídas segundo normas gerais e abstratas, de natureza cogente, em cujo âmbito os direitos só se consideram adquiridos quando inteiramente formado o suporte fático previsto na lei como necessário à respectiva incidência. Daí, concluiu que, nos contratos que incorporam cláusulas reguladas por lei, como as referentes à correção monetária, não há direito adquirido a mantê-las em face de alterações legislativas supervenientes. De modo que as normas a implantar novo sistema monetário têm natureza institucional ou estatutária, o que lhes permite disciplinar cláusulas de correção monetária dos contratos em curso, sem violar o princípio da não retroatividade.

▸ **Como esse assunto foi cobrado em concurso?**

No XIV Concurso da Magistratura Federal do TRF/4ª Região (2010), o posicionamento do STF sobre essa matéria foi objeto de questionamento, sendo considerada **errada** a assertiva com a seguinte redação: "A norma de direito público incide imediatamente sobre ato jurídico já praticado, regulando os seus efeitos futuros (retroatividade mínima) e preservando os efeitos anteriormente produzidos." Em contrapartida, o mesmo concurso entendeu como **correta** esta assertiva: "A irretroatividade da lei aplica-se tanto às leis de ordem pública (*jus cogens*) quanto às leis dispositivas (*jus dispositivum*)."

B) Colisão de princípios e retroatividade: Como não é absoluto o princípio da não retroatividade previsto no inciso XXXVI do art. 5º, há quem defenda que outros princípios, de igual *status* constitucional, possam validar a retroação de leis que atentem contra o ato jurídico perfeito, a coisa julgada ou o direito adquirido.

Nesse sentido, sustenta CASTRO NEVES (2005, p. 117), o princípio da não retroatividade pode ser desprezado, excepcionalmente, quando entrar em conflito "com valor cuja não observância, no caso, causar os mais severos danos à coletividade." Assim, ainda com CASTRO NEVES, "o intérprete tem a missão de analisar os valores em colisão, para aferir qual deles deve prevalecer, sendo certo, contudo, que o desrespeito ao princípio da irretroatividade deve dar-se apenas em caso muito excepcionais, nos quais valores sociais de vulto estejam afetados diretamente e isso justifique que outro princípio relevantíssimo – do respeito ao direito adquirido e ao ato jurídico perfeito – sofra um eclipse." Também para FERNANDO NORONHA (2005, p. 78), a norma do art. 5º, XXXVI, da Constituição "há de ser aplicada sempre que não houver outros princípios constitucionais que devam prevalecer sobre os da segurança jurídica e da tutela da confiança (como é o caso do princípio da dignidade da pessoa humana)."

C) Leis interpretativas: A despeito da opinião em contrário de boa parte da doutrina nacional, o princípio da não retroatividade tampouco admite a retroação de leis interpretativas. Como deixa evidente o § 4º do art. 1º da LINDB, até a lei retificadora de uma outra publicada por engano deve ser considerada uma nova lei, a fim de se respeitarem situações consolidadas sob a égide da lei retificada. Daí a manifesta incompatibilidade constitucional do inciso I do art. 106 do CTN, na parte em que determina a aplicação de lei interpretativa a ato ou fato pretéritos, a menos que de modo favorável ao contribuinte (v. item 4.1.2 do Capítulo 11 do Tomo II).

Nesse sentido, ao examinar legislação que se autoproclamava "interpretativa", o Plenário do STF declarou a inconstitucionalidade da LC 118/2005, no trecho que prescrevia a aplicação retroativa de prazo menor para repetição ou compensação de indébito tributário estipulado por lei nova (RE 566.621/RS, Plenário). Da mesma forma, no STJ, v. AI no ERREsp 644.736/PE, Corte Especial.

D) Leis processuais: Aplicam-se imediatamente, conforme o princípio *tempus regit actum*. Mas não podem retroagir em detrimento dos atos passados que importaram em direitos adquiridos à estabilidade de alguma posição jurídica de vantagem assegurada na lei anterior. Salvo essas exceções, a nova lei processual aplica-se imediatamente em face dos demais atos do processo, incluindo os pendentes (*facta pendentia*).

Enfim, embora inexista garantia de estabilidade quanto à manutenção do regime jurídico de algum instituto processual, cabe sempre verificar se a aplicação imediata da lei processual esbarra ou não em autênticos direitos (processuais) adquiridos conforme a legislação anterior. Nesse sentido, diz o art. 14 do CPC/2015 que a "norma processual não retroagirá e será aplicável imediatamente aos processos em curso, respeitados os atos processuais praticados e as situações jurídicas consolidadas sob a vigência da norma revogada."

Caso se conclua pela **inexistência de direito adquirido** a algum tipo de consolidação de **posição processual de vantagens subjetivas**, a norma nova pode aplicar-se imediatamente, ainda que para desconstituir atos processuais anteriores. Exemplo: no RE 179.768/PR, o Plenário do STF entendeu que o exequente não possuía direito adquirido à permanência de penhora já formalizada em processo de execução. Daí ter sido validada a desconstituição de penhoras anteriores a incidirem sobre imóveis protegidos a partir da Lei 8.009/90, que instituíra a impenhorabilidade dos imóveis residenciais da entidade familiar.

> **Atenção!**
>
> O STF tem se mostrado vacilante quanto à consolidação de vantagens jurídicas, quando decorrentes de penhoras já implementadas, em face da legislação superveniente. Ao contrário do mencionado RE 179.768/PR, o Plenário do STF, no RE 693.112/MG (j. em 9-2-2017), entendeu pela prevalência da penhora já implementada, em detrimento da impenhorabilidade decorrente de lei posterior. Nesse precedente, a Corte reputou que a legislação que transferira à União os bens de empresa pública não poderia surtir efeitos retroativos quanto a atos processuais praticados anteriormente, incluindo a penhora de bens. Assim, a lei nova não poderia fazer retroagir a impenhorabilidade de bens da União em face de penhora realizada antes, quando a propriedade penhorada ainda pertencia à empresa pública, cujos bens eram então penhoráveis.

Porém, a se concluir pela existência de direito adquirido, deve-se respeitá-lo, ainda que isso implique a aplicação ultra-ativa da lei processual antiga a ato processual praticado *após* a vigência da lei nova. Exemplo: a lei que modifica o regime dos efeitos do recebimento do recurso se aplica imediatamente, pois não há direito adquirido a respeito; mas a lei que extingue determinado tipo de recurso processual não pode aplicar-se em prejuízo ao direito adquirido de interpor o recurso previsto na lei velha contra uma decisão judicial já proferida, mesmo que a faculdade de recorrer não tivesse ainda sido exercida quando em vigor a lei nova. Daí o raciocínio da Súmula 26 do TRF/1ª Região, segundo a qual a "lei regente do recurso é a que está em vigor na data da publicação da sentença ou decisão".

> ▸ **Atenção!**
>
> Com relação às normas processuais que versam sobre **verbas de sucumbência**, incluindo **honorários advocatícios**, aplicam-se imediatamente aos processos pendentes. A fixação dos honorários rege-se pela lei vigente à data da deliberação que o tenha imposto ou modificado, mesmo na instância recursal. Até porque de decisões recorríveis não surgem qualquer direito adquirido ou posição processual consolidada a respeito dos honorários, seja no plano processual, seja no material. Como já decidira o **STF**, devolvido "ao tribunal, por força de recurso, o conhecimento pleno da causa no tocante à fixação de honorários de advogado, está ele adstrito à observância dos limites legais para essa fixação vigorantes no momento do julgamento do recurso" (RE 85.043/SP, rel. Min. MOREIRA ALVES, 2ª Turma). (Ver, ainda, RE 93.116/RJ, STF Pleno.)
>
> Porém, o **STJ** tem sido **contraditório** na aplicação do princípio *tempus regit actum* em matéria de fixação de honorários advocatícios. A despeito de vários julgados de Turma a entender, corretamente, que a "sucumbência rege-se pela lei vigente à data da sentença que a impõe" (*v.g.*, REsp 783.208/SP, REsp 542.056/SP e REsp 487.570/SP, 1ª Turma; e REsp 439.014/RJ, 2ª Turma), a 1ª Seção do STJ, no REsp 1.111.157/PB (de índole repetitiva, j. em 22-4-2009), reputou que os honorários advocatícios possuem natureza jurídica híbrida (direito processual e material), razão pela qual inviável a aplicação imediata, aos processos em curso, das alterações ou inovações legislativas sobre honorários sucumbenciais (no caso, o art. 29-C da Lei 8.036/90, introduzido pela MP 2.164-40/2001, que dispensou a condenação em honorários em demandas sobre FGTS).
>
> Posteriormente, a jurisprudência do STJ voltou ao entendimento de que "a sucumbência é regida pela lei vigente na data da sentença", ou seja, os "honorários nascem contemporaneamente à sentença e não preexistem à propositura da demanda" (REsp 1.636.124/AL, 2ª Turma, j. em 6-12-2016). Daí a decisão pela aplicação das regras de sucumbência do CPC/2015 às sentenças proferidas a partir da entrada em vigor da nova codificação (18-3-2016), independentemente da data de propositura da ação.
>
> Nada obstante, o STJ ainda fixou uma tese intermediária, em relação aos **honorários recursais** criados pelo CPC/2015: em sessão de 9-3-2016, o Plenário do STJ aprovou o Enunciado Administrativo n. 7, segundo o qual "Somente nos recursos interpostos contra decisão publicada a partir de 18 de março de 2016 [data da vigência do CPC/2015], será possível o arbitramento de honorários sucumbenciais recursais, na forma do art. 85, § 11, do novo CPC". Nessa linha, a instância recursal não pode livremente aplicar novas regras de sucumbência recursal conforme o princípio *tempus regit actum*, pois fica adstrita à data de interposição do recurso.

E) **Leis que alteram prazos extintivos:** O curso de prazos extintivos como a **prescrição**, a **decadência** ou a **preclusão** dá margem a simples expectativas. Não há direito adquirido a regime jurídico de contagem de prazos extintivos ainda não esgotados, de modo que o legislador pode aumentá-los ou reduzi-los por lei que incida na relação jurídica carente de consolidação definitiva.

Nesse sentido, no RE 626.489/SE (de repercussão geral reconhecida), o Pleno do STF afastou a alegação de retroatividade e considerou válida a MP 1.523, de 28-6-97, na parte em que instituiu, a partir de 1º-8-97, o prazo de dez anos para a apresentação de pedido de revisão administrativa de benefícios previdenciários, inclusive quanto àqueles concedidos anteriormente. Conforme entendeu o voto vencedor do Min. AYRES BRITTO, não "há direito adquirido à inexistência de prazo decadencial para fins de revisão de benefício previdenciário."

De outro lado, para fins de cálculo do prazo prescricional à luz da lei nova que o reduziu, não se pode recontar o período em relação ao qual se aplicara a lei antiga, sob pena de a incidência imediata da lei nova resultar em retroatividade. Nesse sentido, o STF considerou retroativa a interpretação segundo a qual a norma que reduzira prazo prescricional deveria incidir em face das pretensões em curso (AgRg no RE 423.575/ES).

Logo, com relação às leis que reduzem prazos de prescrição, decadência ou preclusão, a melhor doutrina (CARLOS MAXIMILIANO e WILSON BATALHA) recomenda a seguinte metodologia: o prazo mais curto só começa a correr a partir da data de vigência da nova lei, salvo se a prescrição/decadência/preclusão, eventualmente iniciada na vigência da lei antiga, vier a completar-se em menos tempo, nos termos da mesma lei antiga – a qual, nesse caso, continua a reger a situação.

Porém, no RE 566.621/RS, com repercussão geral reconhecida, o Plenário do STF simplesmente restringiu a aplicação dos novos e menores prazos prescricionais às ações ajuizadas a contar do início da eficácia da lei que os reduzira, sem nem considerar as hipóteses em que a pretensão tivesse sido iniciada antes da vigência da nova lei.

Em matéria penal, contudo, o subprincípio específico da não retroatividade da lei penal (Constituição, art. 5º, XL) tem âmbito de aplicação mais extenso que o do princípio geral da não retroatividade. Daí, excepcionalmente, a legislação sobre prazo e termos de prescrição penal, quando mais benéfica ao réu, não só pode como deve retroagir. (Sobre as leis que alteram prazos de prescrição penal, v. letra G.1, infra.)

F) Súmulas de tribunais: Como se sabe, as súmulas dos tribunais brasileiros dividem-se em duas espécies: as chamadas *súmulas ordinárias,* que quaisquer tribunais podem baixar; e as *súmulas vinculantes*, de competência exclusiva do STF (art. 103-A da Constituição).

As **súmulas ordinárias** da jurisprudência dos tribunais, por si sós, não são vinculantes nem configuram ato normativo primário. Constituem, na verdade, simples *proposições normativas*, *i.e.*, enunciados que os tribunais usam para descrever ou informar o entendimento adotado *acerca* do direito interpretado. Não passam, portanto, de sínteses de jurisprudência anterior a serem utilizadas para agilizar julgamentos futuros.

> ▸ **Atenção!**
>
> Embora haja leis a determinar a observância obrigatória de certas súmulas ordinárias, como aquelas aprovadas pelo STF, em matéria constitucional, e pelo STJ, em matéria infraconstitucional (v. art. 927, IV, do CPC/2015), a vinculação que daí decorra não surge por força das súmulas em si, mas da própria legislação que tornou obrigatório observá-las. (Sobre a aparente inconstitucionalidade desse tipo de vinculação criada pelo legislador sem apoio na Constituição, v. item 8.4 do Capítulo III da Parte II.)

Logo, a questão da retroatividade das súmulas ordinárias surge como obstáculo somente quando se pretenda aplicar retroativamente a *legislação* que servira de fundamento para editar a súmula, e não quando se queira aplicar o enunciado da súmula em si no julgamento de situações passadas. Daí se concluir que o princípio da não retroatividade tampouco pode ser invocado para obstar a aplicação das súmulas a fatos anteriores (v. AgRg no AI 94.421/RJ, 2ª Turma do STF).

Já as **súmulas vinculantes**, editadas pelo STF nos termos do art. 103-A da Constituição (regulamentado pela Lei 11.417/2006), são autênticos atos normativos primários (v. item 6.12 do Capítulo VII do Tomo II). Assim, a exemplo dos demais atos normativos, a vinculação que delas decorre sujeita-se ao princípio da não retroatividade (Constituição, art. 5º, XXXVI).

Nessa linha, esclarece o art. 103-A da Constituição, o efeito vinculante da súmula surge "a partir de sua publicação na imprensa oficial", pelo que só atinge atos judiciais ou administrativos posteriores. No mesmo sentido, o art. 4º da Lei 11.417/2006 dispõe que a súmula com efeito vinculante tem "eficácia imediata", o que afasta pretensões retroativas. Ademais, embora o mesmo dispositivo preceitue que o STF, por decisão de 2/3 dos seus membros, possa decidir que a súmula vinculante "tenha eficácia a partir de outro momento", essa modulação só será constitucionalmente lícita se feita para o futuro, nunca para o passado.

Contudo, tal entendimento não frustra a aplicação das súmulas vinculantes para disciplinar situações anteriores e ainda não consolidadas, pois somente **impede** que se dê **força retroativa ao efeito vinculante** em prejuízo de atos passados dos demais órgãos do Judiciário e da Administração Pública. Ou seja, a vinculação decorrente das súmulas vinculantes não atinge, automaticamente, atos e fatos consolidados, nem desconstitui atos judiciais ou administrativos passados, tampouco afeta os efeitos futuros que deles advenham por si sós. Do contrário, haveria nisso retroatividade, ainda que *mínima*.

Porém, o efeito vinculante direciona a produção das **futuras decisões** do Judiciário e da Administração Pública a respeito de **casos pendentes**, incluindo aqueles relacionados a situações anteriores à edição da súmula vinculante. Desse modo, enunciados de SV podem servir de fundamento para a futura revisão ou desconstituição de decisões divergentes, ainda que pretéritas, a menos que estas já não sejam mais suscetíveis de impugnação.

Nessa linha, em precedentes como a Rcl 7.101/SP e a Rcl 7.358/SP, o Plenário do STF entendeu que a vinculação decorrente das súmulas vinculantes atinge também as decisões judiciais posteriores, incluindo as que versarem sobre situações anteriores. Conforme ementas da Rcl 6.541/SP e da Rcl 6.856/SP (Plenário), "a tese de que o julgamento dos recursos interpostos contra decisões proferidas antes da edição da súmula não deve obrigatoriamente observar o enunciado sumular (após sua publicação na imprensa oficial), data vênia, não se mostra em consonância com o disposto no art. 103-A, caput, da CF, que impõe o efeito vinculante a todos os órgãos do Poder Judiciário, a partir da publicação da súmula na imprensa oficial."

No mesmo sentido, a jurisprudência do STJ tem aplicado a Súmula Vinculante 24 no julgamento de fatos anteriores (por todos, v. AgRg no AG 1.307.569/BA, 6ª Turma). Conforme já decidiu a 5ª Turma da Corte Superior, cabe afastar "a alegação de que o enunciado 24 da Súmula Vinculante só se aplicaria aos crimes cometidos após a sua vigência, seja porque não se está diante de norma mais gravosa, mas de consolidação de interpretação judicial, seja porque a sua observância é obrigatória por parte de todos os órgãos do Poder Judiciário, exceto a Suprema Corte, a quem compete eventual revisão do entendimento adotado" (RHC 37.375/SP).

▸ **Como o STF enfrentou o tema:**

No AgRg na Rcl 24.396/SP (j. em 20-4-2017), a 2ª Turma decidiu que, nos termos do art. 103-A, *caput*, da Constituição, "somente a partir da data em que o enunciado sumular é publicado em órgão da imprensa oficial é que passa a ter eficácia vinculante, impondo-se, em consequência, à observância dos demais juízes e Tribunais, excluídos do seu alcance todos os atos decisórios anteriores à sua publicação."

"Inexiste ofensa à autoridade de súmula vinculante quando o ato de que se reclama é anterior à decisão emanada da Corte Suprema" (AgRg na Rcl 6.449/RS).

Nos ED no RE 500.171/GO, o Plenário do STF modulou os efeitos da declaração de inconstitucionalidade que dera origem à Súmula Vinculante 12, após reconhecer, implicitamente, que a eficácia da súmula vinculante não deveria retroagir em face de situações passadas. Nesse acórdão, o Min. CELSO DE MELLO consignou que "a súmula vinculante tem eficácia **a partir** da data de sua publicação no órgão oficial, vale dizer, possui eficácia 'ex nunc', projetando-se para o futuro, não apanhando situações pretéritas".

▸ **Como esse assunto foi cobrado em concurso?**

O concurso para Juiz do TJSP (2014), considerou **correta** a seguinte alternativa: "A súmula vinculante deve ser aprovada por dois terços dos Ministros do Supremo Tribunal Federal, mas seu efeito vinculante, que se opera em relação aos demais órgãos do Poder Judiciário e à Administração Pública, só se fará presente a partir de sua publicação na imprensa oficial".

G) Atos normativos infraconstitucionais que podem retroagir:

G.1) Normas penais benéficas: As normas criminais, quando **mais benéficas** ao acusado (*lex mitior*), não só podem como **devem retroagir**, por expressa disposição constitucional (art. 5º, XL).

Nesse sentido, conforme dispõe o art. 2º do Código Penal, considera-se "lex mitior" não só a nova lei penal que deixa de considerar certo fato como crime, mas também a lei penal posterior que, "de qualquer modo", possa "favorecer o agente", mesmo que se trate de fatos já decididos por sentença condenatória transitada em julgado.

> ▸ **Atenção!**
>
> NELSON HUNGRIA fornece os seguintes exemplos de retroatividade da lei penal posterior benéfica: (a) quando a nova pena cominada ao crime é menos rigorosa quanto ao modo de execução; (b) se a nova pena, embora da mesma natureza que a anterior, é menos rigorosa quanto ao modo de execução; (c) se o *quantum* da pena *in abstracto* é reduzido ou, se mantido o *quantum*, o critério de sua medida *in concreto* é menos rigoroso que o da lei anterior; (d) quando são reconhecidas circunstâncias que influem favoravelmente na gradação ou na medida da pena (atenuantes, causas de especial diminuição de pena ou condições de menor punibilidade), diversamente da lei anterior, ou quando suprimidas agravantes ou majorantes (qualificativos, causas de especial aumento de pena ou condições de maior punibilidade); (e) se a nova lei facilita a obtenção de novos benefícios ou institui algum que seja desconhecido da lei pretérita; (f) se lei superveniente cria causas extintivas de punibilidades ou torna mais fácil o seu advento; (g) quando a lei nova estabelece condições de processibilidade que a lei anterior não exigia; (i) caso a lei acresça causas de irresponsabilidade penal, de isenção de pena, de exclusão de crime ou de culpabilidade; (j) quando a lei exclui ou atenua penas acessórias; e (k) se a lei suprime a possibilidade de concessão de extradição. (Sobre a retroatividade de tratados de extradição, v. item "G.5", *infra*.)

Dessarte, nos termos permitidos pela Constituição (art. 5º, XL) e evidenciados pelo CP (art. 2º), a eficácia retroativa da lei penal mais benéfica pode assumir até o tipo mais radical de retroatividade (retroatividade máxima), com efeitos desconstitutivos da própria coisa julgada, ainda que já iniciada a fase de execução da pena.

> ▸ **Atenção!**
>
> Conforme a Súmula 611 do STF: "Transitada em julgado a sentença condenatória, compete ao juízo das execuções a aplicação de lei mais benigna."

Bem por isso, para o STF, o "princípio da retroatividade da 'lex mitior', que alberga o princípio da irretroatividade de lei mais grave, aplica-se ao processo de execução penal e, por consequência, ao livramento condicional" (HC 68.416/DF, 2ª Turma). Daí, por exemplo, a retroatividade da Lei 12.433/2011, na parte em que modificou o art. 127 da LEP, para limitar em um terço a perda dos dias remidos por decorrência de falta grave cometida no curso da execução penal (RHC 115.981/RS, 1ª Turma).

Ainda segundo o STF, as normas relacionadas à prescrição penal são consideradas de direito material (v. RHC 55.294/SP, Pleno, j. em 14-9-77). Logo, novas leis a versarem sobre prescrição penal (incluindo os respectivos marcos iniciais ou interruptivos), mas em detrimento do réu, só podem ser aplicadas em face de crimes praticados anteriormente. Nesse sentido, já decidiu o STJ, a "prescrição é instituto de direito material", de modo que "qualquer alteração que restrinja âmbito de abrangência desta benesse, a fim de agravar a situação do réu, não poderá retroagir para alcançar-lhe, tendo em vista o princípio da irretroatividade da lei penal mais gravosa" (HC 211.001/DF, 6ª Turma). (Ver, ainda, HC 165.860/SP, 5ª Turma do STJ.)

Porém, conforme ensinava NELSON HUNGRIA (1958, p. 112), "não podem ser entrosados os dispositivos mais favoráveis da lex nova com os da lei antiga, pois, de outro modo, estaria o juiz arvorado em legislador, formando uma terceira lei, dissonante, no seu hibridismo, de qualquer das leis em jogo. Trata-se de um princípio prevalente em doutrina: não pode haver combinação de duas leis."

Também para o STF, a retroatividade da *lex mitior* não autoriza "a combinação de duas normas que se conflitam no tempo para se extrair uma terceira que mais beneficie o réu" (HC 68.416/DF, 2ª Turma). Afinal, mediante essa indevida combinação seletiva de preceitos penais, seria o próprio intérprete quem estaria a criar uma terceira norma para, então, fazê-la retroagir (2ª Turma, HC 94.560/MG).

Ainda em matéria criminal, o princípio da retroatividade benéfica aplica-se também às normas infralegais utilizadas na integração dos chamados "tipos penais em branco em sentido estrito", a exemplo do crime de tráfico de entorpecentes. Nessa linha, no HC 94.397/BA, a 2ª Turma do STF decidiu que, nos termos do art. 5º, XL, da CF, a retirada do cloreto de etila (lança-perfume) da lista de substâncias psicotrópicas de uso proscrito, por meio de resolução da Anvisa - Agência Nacional de Vigilância (Resolução n. 104/2000), implicou a extinção da punibilidade dos fatos ocorridos anteriormente, muito embora, oito dias depois, a própria Anvisa tenha editado uma resolução corretiva para reincluir a substância na mesma lista.

> ▸ **Atenção!**
> Não se aplica o preceito da retroatividade penal em relação a atos normativos que devam ser considerados juridicamente inexistentes, ainda que se trate de disposições criminais benéficas (STF, Pleno, HC 77.734/SC e HC 77.724/SP). (Ver item 1 do Capítulo VIII.)

Discute-se, ainda, a extensão da aplicação do inciso XL do art. 5º da Constituição às normas administrativas penais que beneficiem particulares. A rigor, o comando constitucional estaria restrito às regras de direito penal material (v. ED no AgRg no AI 177.313/MG, 1ª Turma do STF). Contudo, o CTN evidencia idêntica intenção de fazer retroagir a legislação tributária em favor de contribuintes infratores. Basta notar que o inciso II do art. 106 do CTN proíbe a retroação que alcance casos definitivamente julgados (retroatividade máxima), mas possibilita a aplicação retroativa da lei tributária que: (a) deixar de definir um ato como infração; (b) deixar de tratar um ato "como contrário a qualquer exigência de ação ou omissão, desde que não tenha sido fraudulento e não tenha implicado em falta de pagamento de tributo"; ou (c) cominar penalidade menos severa que a prevista na lei vigente ao tempo da prática do ato. (Ver item 4.1.2 do Capítulo 11 do Tomo II).

Ressalvado o direito tributário, porém, a jurisprudência não é pacífica quanto à retroatividade das normas penais administrativas de outros setores do direito. Acórdãos do STJ têm recusado a aplicação analógica do art. 106, II, do CTN, a exemplo do recente AgInt no REsp 1.796.106/PR, 1ª Turma, j. em 26-6-2019. Contudo, o próprio Ministro SÉRGIO KUKINA, relator do REsp 1.796.106/PR, já relatara, pouco antes, acórdão segundo o qual "a norma administrativa mais benéfica, no que deixa de sancionar determinado comportamento, é dotada de eficácia retroativa" (REsp 1.402.893/MG, j. em 11-4-2019). Já para outros julgados da 1ª Turma do STJ, embora seja indevida a aplicação analógica do inciso II do art. 106 do CTN, a retroatividade de normas administrativas penais decorreria, implicitamente, do próprio inciso XL do art. 5º da Constituição. Nesse sentido, em caso de multas administrativas aplicadas pela antiga Sunab - Superintendência Nacional de Abastecimento, bem como pela ANTT - Agência Nacional De Transportes Terrestres, a Turma decidiu que o "art. 5º, XL, da Constituição da República prevê a possibilidade de retroatividade da lei penal, sendo cabível extrair-se do dispositivo constitucional princípio implícito do Direito Sancionatório, segundo o qual a lei mais benéfica retroage" (v. REsp 1.153.083/MT, j. em 6-11-2014; e AgInt no REsp 1.602.122/RS, j. em 7-8-2018).

De qualquer forma, especificamente em matéria ambiental penal, há consenso no STJ em recusar aplicação retroativa à legislação mais benéfica ao infrator. Para a Corte, "o novo Código Florestal não pode retroagir para atingir o ato jurídico perfeito, os direitos ambientais adquiridos e a coisa julgada, tampouco para reduzir de tal modo e sem as necessárias compensações ambientais o patamar de proteção de ecossistemas frágeis ou espécies ameaçadas de extinção, a ponto de transgredir o limite constitucional intocável e intransponível da 'incumbência' do Estado de garantir a preservação e a restauração dos processos ecológicos essenciais (art. 225, § 1º, I)" (AgRg no REsp 1.434.797/PR, 2ª Turma). Daí a jurisprudência segundo a qual, nas infrações ao direito ambiental, adota-se o princípio *tempus regit actum*, o que "impõe obediência à lei em vigor quando da ocorrência do fato" (AgInt no REsp 1.404.904/MG, 2ª Turma), sem margem à retroação da lei mais favorável.

▸ Como o STF enfrentou o tema:

A) No HC 110.566/SP, decidiu a 2ª Turma: "O comando que se lê no inciso XL do art. 5º da Constituição Federal faz da retroação da norma penal mais benéfica um direito que assiste a todo réu ou pessoa já penalmente condenada. Com o que a retroatividade benigna opera de pronto, por mérito da Constituição mesma. Constituição que se põe, então, como o único fundamento de validade da retroação penal da norma de maior teor benfazejo. É como dizer: se a benignidade está na regra penal, a retroação eficacial está na Constituição mesma."

B) Nas hipóteses de agravamento da pena no curso da prática de crimes continuados (CP, artigo 71, *caput*), mesmo que iniciada a sequência delitiva durante a lei mais favorável, a 2ª Turma do STF entendeu devida a aplicação da pena prevista na lei posterior, ainda que mais grave (HC 76.978/RS). Para a Corte, se as "condutas devem ser consideradas, por ficção do legislador, como um único crime", mas "não se pode cogitar da aplicação de duas penas diferentes, uma para cada período em que um mesmo e único crime foi praticado", cabe aplicar-se a "*lex gravior*". Daí a Súmula 711: "*A lei penal mais grave aplica-se ao crime continuado ou ao crime permanente, se a sua vigência é anterior à cessação da continuidade ou da permanência.*"

C) No HC 122.213/PR, a 2ª Turma decidiu que "o princípio da insignificância deve ser aplicado ao delito de descaminho quando o valor sonegado for inferior ao estabelecido no art. 20 da Lei 10.522/2002, atualizado pelas Portarias 75/2012 e 130/2012 do Ministério da Fazenda, que, por se tratar de normas mais benéficas ao réu, devem ser imediatamente aplicadas, consoante o disposto no art. 5º, XL, da Carta Magna."

D) Nos ED no ARE 644.850/DF, a 2ª Turma decidiu que a "Lei 12.403/2011, na parte em que alterou o *quantum* da pena máxima para concessão de fiança, é nitidamente processual e por isso se aplica o princípio do *tempus regit actum*, não o da retroatividade da lei penal mais benéfica."

G.2) Anistia, indulto, graça e comutação de penas: A permissão constitucional para retroagir também se aplica, implícita e logicamente, em favor das leis concessivas de anistia de penas (CF, art. 21, XVII, c/c art. 48, VIII e § 6º do art. 150), pois podem desconstituir até a coisa julgada (anistia imprópria). (Ver CP, art. 107, II; e LEP, art. 187.)

▸ Atenção!

O efeito retroativo das normas de anistia restringe-se aos aspectos penais, ainda que de âmbito administrativo, como as multas eleitorais. Segundo WILSON BATALHA (1980, p. 512), a "anistia não pode abranger efeitos civis do ato ilícito, pois tal abrangência envolveria retroatividade proibida".

Em sentido similar, o decreto de concessão de indulto (CF, art. 84, XII, primeira figura), seja na modalidade coletiva, seja o perdão individualizado (graça), bem como o decreto de comutação de penas (CF, art. 84, XII, segunda figura) – impropriamente conhecida como indulto parcial. (V. art. 192 da LEP.)

▸ Como o STF enfrentou o tema:

A) No HC 84.312/RJ, a 1ª Turma decidiu que "a graça individual e o indulto coletivo – que ambos, tanto podem ser totais ou parciais, substantivando, nessa última hipótese, a comutação de pena – são modalidades do poder de graça do presidente da República (art. 84, XII) – que, no entanto, sofre a restrição do art. 5º, XLIII, para excluir a possibilidade de sua concessão, quando se trata de condenação por crime hediondo".

B) No AgRg na EP 11/DF (j. em 8-11-2017), o Plenário decidiu que o "indulto da pena privativa de liberdade não alcança a pena de multa que tenha sido objeto de parcelamento espontaneamente assumido pelo sentenciado."

C) Na ADI 5.874/DF (j. em 9-5-2019), o Plenário do STF cassou liminar dada pela Ministra CÁRMEN LÚCIA e confirmou a constitucionalidade do indulto concedido pelo Decreto 9.246/2017. Reputou-se que a concessão de indulto é ato discricionário privativo do Presidente da República (art. 84, XII, da CF/88), razão pela qual s a tese do desvio de finalidade na concessão do benefício em situações mais elásticas que as tradicionalmente concebidas em decretos anteriores. Segundo voto vencedor do Min. ALEXANDRE DE MORAES, o Judiciário até pode, excepcionalmente, controlar os limites à discricionariedade do chefe do Executivo na concessão do indulto. Exemplos dados pelo Ministro: não cabe indulto ou graça (a) em favor de extraditando, uma vez que o objeto do instituto alcança apenas delitos sob a competência jurisdicional do Estado brasileiro (2ª Turma do STF, Ext. 1.435/DF); nem (b) em caso de crimes hediondos, como tortura, terrorismo e tráfico de entorpecentes, por expressa proibição constitucional (art. 5º, XLIII). Porém, se o Presidente da República editou o decreto de indulto sem esbarrar em algum tipo de proibição constitucional, "o Poder Judiciário não possui legitimidade para substituir legítimas opções do Chefe do Executivo, por aquelas que entende mais benéficas, eficientes ou justas".

G.3) Leis editadas pela própria entidade que seja titular do direito subjetivo alcançado pela retroação: É possível que a entidade pública, embora titular de determinados direitos subjetivos, abra mão desses mesmos direitos, mediante ato normativo próprio e que retroaja em favor daqueles contra os quais se poderiam invocá-los.

Nesse caso, a razão da retroatividade radica no poder que a entidade tem para dispor, pela via legislativa, quanto ao direito subjetivo afetado pela norma retroativa. Por isso, já sumulou o STF, "a garantia da irretroatividade da lei, prevista no art. 5º, XXXVI, da Constituição da República, não é invocável pela entidade estatal que a tenha editado" (**Súmula 654 do STF**). Logo, uma lei federal pode aumentar retroativamente os vencimentos de alguma classe de servidores públicos federais, mas não elevar de tal maneira retroativa o salário mínimo pago pela iniciativa privada.

Contudo, como não são só os particulares que podem invocar o princípio da não retroatividade, a constitucionalidade de leis assim retroativas circunscreve-se à titularidade da própria entidade detentora do direito subjetivo. Daí, no exemplo acima, a lei federal é válida porque somente a União poderia alegar o direito adquirido de não pagar novamente os vencimentos já adimplidos daquela classe de servidores federais. Todavia, embora seja federal a competência para legislar sobre salário mínimo, o princípio da não retroatividade tornaria nula qualquer lei da União que elevasse, de maneira retroativa, o salário mínimo pago por Estados, DF e Municípios a seus servidores e/ou empregados públicos.

G.4) Decreto legislativo que regula efeitos da rejeição de medida provisória: A rejeição de medida provisória tem efeitos *ex tunc*. Daí, o decreto legislativo de que trata o § 3º do art. 62 da Constituição, com redação da EC 32/2001, ao regular os efeitos da rejeição de medida provisória, poderá desconstituir retroativamente quaisquer atos, públicos ou privados, incluindo decisões judiciais passadas em julgado, que tenham aplicado a medida provisória rejeitada.

G.5) Resolução suspensiva da eficácia de ato normativo inconstitucional: Na forma do art. 52, X, da Constituição, o Senado Federal tem competência para editar resolução com o objetivo de "suspender a execução, no todo ou em parte, de lei declarada inconstitucional por decisão definitiva do Supremo Tribunal Federal". Boa parte da doutrina entende que esse tipo de resolução não tem efeito retroativo (somente *ex nunc*). Porém a melhor doutrina e a jurisprudência do STF consideram que a resolução do Senado, em hipóteses tais, tem efeito retroativo (*ex tunc*), pois apenas reflete o mesmo tipo de efeito retroativo proveniente da decisão do STF que declarara a inconstitucionalidade da lei. (Ver ampla discussão no item 7 do Capítulo III da Parte II.)

G.6) Tratados internacionais: Incorporada ao ordenamento positivo interno do Brasil pelo Decreto 7.030/2009, a Convenção de Viena (1969), ao dispor sobre o Direito dos Tratados, estabeleceu o princípio geral da irretroatividade dos tratados. Contudo, o artigo 28 da convenção autoriza, ainda que excepcionalmente, o ajuste de normas retroativas por parte dos Estados celebrantes.

Essa possibilidade de retroação, entretanto, no direito brasileiro (ver art. 102, III, "b", da CF/88), não parece impedir sejam as normas retroativas de tratado internacional declaradas inconstitucionais, por afronta ao inciso XXXVI do art. 5º da CF/88, sempre que violarem direito adquirido, coisa julgada ou ato jurídico perfeito.

Nada obstante, em matéria de tratados de extradição, reputou o STF que, havendo norma expressa, poderão ser aplicados em face de extraditando condenado por fatos praticados antes da celebração do próprio acordo extradicional (v. Ext 664/Espanha e ED na Ext 759/Itália). Isso porque as "normas extradicionais, legais ou convencionais, não constituem lei penal, não incidindo, em consequência, a vedação constitucional de aplicação a fato anterior da legislação penal menos favorável" (Ext 864/Itália).

G.7) Leis que disciplinam causas de inelegibilidade: Na ADI 4.578/DF, ao examinar a constitucionalidade da Lei da Ficha Limpa (LC 135/2010), que ampliara os casos e os prazos de inelegibilidade previstos na LC 64/90, o Plenário do STF decidiu que a nova disciplina legal deveria incidir sobre fatos anteriores à respectiva publicação, muito embora o legislador tivesse utilizado flexões verbais no *futuro do subjuntivo* (políticos "que renunciarem a seus mandatos"; os que "forem condenados"; os que "forem excluídos"; os "que forem demitidos"), deixando clara a intenção de excluir fatos anteriores.

A maioria do STF, com base no princípio da moralidade no exercício de mandatos eletivos, entendeu que essa eficácia retroativa da lei não violava a garantia da irretroatividade da lei (art. 5º, XXXVI, da Constituição). Segundo a Corte, a "elegibilidade é a adequação do indivíduo ao regime jurídico – constitucional e legal complementar – do processo eleitoral", razão pela qual descabe invocar "direito adquirido ou de autoridade da coisa julgada (que opera sob o pálio da cláusula *rebus sic stantibus*) anteriormente ao pleito em oposição ao diploma legal retromencionado; subjaz a mera adequação ao sistema normativo pretérito (expectativa de direito)." Posteriormente, em votação apertada, por seis votos a cinco, o Plenário do STF confirmou esse entendimento (RE 929.670/DF, j. em 5-10-2017).

▸ Atenção!

Essa interpretação retroativa consagrada pelo STF fere o princípio do inciso XXXVI do art. 5º da CF/88, pois faz com que a lei superveniente atribua novas consequências jurídicas a fatos passados, ainda que para fins de inelegibilidade em pleito eleitoral futuro. Conforme disse o Min. GILMAR MENDES num dos votos vencidos no RE 929.670/DF: "Quando a LC 135/2010 estabelece como causa de inelegibilidade a condenação, por órgão judicial colegiado, em ação de improbidade administrativa (alínea 'l' do inciso I do art. 1º), por exemplo, ela inevitavelmente assume um caráter retroativo. Essa retroatividade, poder-se-ia dizer, insere-se, pelo menos, na categoria dogmática da retroatividade mínima, podendo assumir até mesmo contornos de retroatividade máxima. Isso porque ela incide sobre a garantia, já assegurada aos cidadãos antes de seu advento, de que a sanção de suspensão dos direitos políticos por improbidade administrativa somente pode ser aplicada após o trânsito em julgado da ação. Dessa forma, ela repercute diretamente sobre os recursos processuais já interpostos e seus respectivos efeitos. Ela tem o condão, inclusive, de afastar o obrigatório efeito suspensivo do recurso em ação de improbidade administrativa."

Outros exemplos da retroatividade maléfica decorrente da interpretação dada pelo STF na ADI 4.578/DF: **(a)** a alínea "k" acrescentada ao inciso I do art. 1º da LC 64/90 tornou inelegíveis, "para as eleições que se realizarem durante o período remanescente do mandato para o qual foram eleitos e nos 8 (oito) anos subsequentes ao término da legislatura", o "Presidente da República, o Governador de Estado e do Distrito Federal, o Prefeito, os membros do Congresso Nacional, das Assembleias Legislativas, da Câmara Legislativa, das Câmaras Municipais, que renunciarem a seus mandatos desde o oferecimento de representação ou petição capaz de autorizar a abertura de processo por infringência a dispositivo da Constituição Federal, da Constituição Estadual, da Lei Orgânica do Distrito Federal ou da Lei Orgânica do Município." Porém, a interpretação do STF alterou as consequências jurídicas que o sistema normativo até então atribuía a esse tipo de renúncia e, daí, tornou inelegíveis todos aqueles que já tivessem assim renunciado no passado, quando tal renúncia não gerava tal inelegibilidade. Caso evidente de nova regulação aos efeitos futuros de ato passado (**retroatividade mínima**); **(b)** a alínea "d" acrescentada ao mesmo dispositivo legal, elevou para oito anos o prazo de inelegibilidade dos condenados pela Justiça Eleitoral por abuso do poder econômico ou político. Já a interpretação do STF repercute sobre as consequências jurídicas de sentenças condenatórias anteriores, sejam aquelas ainda pendentes de recurso (hipótese de **retroatividade média**), sejam as já transitadas em julgado (**retroatividade máxima**). Afinal, pela legislação aplicável ao tempo dos abusos, essas condenações estavam limitadas a três anos de inelegibilidade.

H) Retroatividade normativa exige disposição expressa: Com exceção das leis penais mais benéficas, cuja retroatividade é expressamente determinada no inciso XL do art. 5º da CF/88, as demais leis e normas, em geral, só dispõem de eficácia imediata, como esclarece o art. 6º da LINDB. Assim, **salvo** a retroatividade mínima reconhecida como atributo das normas constitucionais (efeito imediato "forte"), mesmo nas hipóteses em que a retroação é permitida, os atos normativos, via de regra, precisam ser expressos quanto a quaisquer dos tipos de retroatividade que pretendam produzir.

> **Atenção!**
>
> Sobre o regime da automática retroatividade das normas penais administrativas, v. letra G.1, acima.

Óbvio que essa regra não se aplica para os atos cujas consequências, necessariamente, já se reportam ao passado, tais como as leis que concedem anistia, graça e indulto (item G.2) e o decreto legislativo que regula efeitos da rejeição de medida provisória (item G.4). As resoluções do Senado a suspender a eficácia de lei inconstitucional também fogem à regra geral. Nesse caso, o efeito retroativo é automático, pois decorre da própria decisão declaratória proferida pelo STF e cuja extensão *erga omnes* se pretende obter por via da resolução.

> **Como esse assunto foi cobrado em concurso?**
>
> No concurso para Juiz Federal do TRF/5ª Região (2015/Cespe), foram considerados **incorretos** os seguintes enunciados: "A União pode invocar a proteção do direito adquirido contra lei federal que suprima direitos da própria União"; e "De acordo com a jurisprudência do STF, uma lei processual que altere o regime recursal terá aplicação imediata, incidindo inclusive sobre os casos em que já haja decisão prolatada pendente de publicação."

> **Como esse assunto foi cobrado em questões dissertativas de concurso?**
>
> Uma das questões discursivas da segunda fase do XIV Concurso da Magistratura Federal do TRF/4ª Região (2010) exigia que o candidato discorresse sobre a irretroatividade da lei, abrangendo aspectos do direito civil, direito penal e o direito adquirido.

8.8. Revisões interpretativas e efeitos retroativos

O princípio constitucional da não retroatividade das normas bloqueia interpretações que concedam eficácia retroativa a atos normativos, mas não impede que simples revisões ou correções da interpretação dada a texto normativo se apliquem a fatos ou casos anteriores.

Até mesmo em matéria penal, o STF tem rebatido a invocação do princípio da não retroatividade como óbice à aplicação de alteração de jurisprudência em desfavor do réu (HC 70.761/PI, Pleno; e HC 75.793/RS, 1ª Turma). Como acentuou o Min. SEPÚLVEDA PERTENCE, ressalvadas as ações do controle abstrato de constitucionalidade, "jamais se cogitou de assimilar a mudança de orientação jurisprudencial dominante à superveniência da lei nova" (voto vencedor no HC 75.793/RS). Também para o Min. EDSON FACHIN, os preceitos constitucionais que regem a incidência benéfica retroativa da norma penal e a irretroatividade da regra mais grave ao acusado aplicam-se "apenas às leis penais, mas não à jurisprudência" (*obiter dicta* no voto vencedor na MC na ADC 43/DF).

▸ **Atenção:**

Em matéria de controle abstrato de constitucionalidade, por força do específico *princípio da não retroatividade penal* (art. 5º, LV), não devem surtir efeitos retroativos: (a) a declaração de inconstitucionalidade da norma penal mais benéfica e que vigia à época do fato; e (b) as "sentenças aditivas", quando extraída uma nova interpretação da legislação penal em prejuízo à situação jurídica anterior do infrator. Daí a necessidade de modular, nesses casos, o efeito *ex tunc* típico das decisões proferidas no âmbito da fiscalização abstrata de normas (v. item 6.1.1 do Capítulo III e item 4.3.1.1 do Capítulo V, todos da Parte II).

Nada obstante, a aplicação retroativa de mudanças interpretativas pode esbarrar em valores ligados à segurança jurídica e à proteção da confiança nas relações jurídicas. Nesse sentido, em sede de recurso de índole repetitiva, decidiu o STJ que a revisão administrativa de interpretação errônea da lei não implica, ao servidor público, o dever de restituir a remuneração indevidamente recebida de boa-fé com base na equivocada interpretação anterior (REsp 1.244.182/PB, 1ª Seção).

Nessa linha, a Lei 9.784/99, que regula o processo administrativo federal, veda a aplicação retroativa de nova interpretação da "norma administrativa" (art. 2º, XIII). Ademais, na redação dada pela Lei 13.655/2018, a LINDB dispõe que (a) a "revisão, nas esferas administrativa, controladora ou judicial, quanto à validade de ato, contrato, ajuste, processo ou norma administrativa cuja produção já se houver completado levará em conta as orientações gerais da época, sendo vedado que, com base em mudança posterior de orientação geral, se declarem inválidas situações plenamente constituídas" (art. 24); e (b) a "decisão administrativa, controladora ou judicial que estabelecer interpretação ou orientação nova sobre norma de conteúdo indeterminado, impondo novo dever ou novo condicionamento de direito, deverá prever regime de transição quando indispensável para que o novo dever ou condicionamento de direito seja cumprido de modo proporcional, equânime e eficiente e sem prejuízo aos interesses gerais" (art. 23).

Além disso, mesmo fora do âmbito da fiscalização abstrata da constitucionalidade de normas, quando as novas orientações interpretativas são firmadas em decisões judiciais com efeitos transcendentes ou expansivos do caso concreto, é crescente a utilização do instituto da modulação temporal das mudanças jurisprudenciais (v. item 6.1.1.1 do Capítulo III da Parte II).

A preocupação com o tema, aliás, constou do próprio CPC/2015, segundo o qual, na "hipótese de alteração de jurisprudência dominante do Supremo Tribunal Federal e dos tribunais superiores ou daquela oriunda de julgamento de casos repetitivos, pode haver modulação dos efeitos da alteração no interesse social e no da segurança jurídica" (CPC/2015, art. 927, § 3º). Pelo mesmo código, a "modificação de enunciado de súmula, de jurisprudência pacificada ou de tese adotada em julgamento de casos repetitivos observará a necessidade de fundamentação adequada e específica, considerando os princípios da segurança jurídica, da proteção da confiança e da isonomia" (§ 5º do art. 927).

▸ Atenção:

Sobre os §§ 12 e 13 do art. 525 e os §§ 5º e 6º do art. 535 do CPC/2015 e a permissão a que os juízes ordinários, "em atenção à segurança jurídica", no curso do cumprimento de sentença, possam modular os efeitos concretos de decisões do STF proferidas "em controle de constitucionalidade concentrado ou difuso", v. item 6.1.2 do Capítulo III da Parte II.

De fato, conforme o STF, um dos motivos a justificar a modulação temporal das decisões judiciais radica "nas hipóteses de viragem jurisprudencial, ante os efeitos normativos decorrentes da fixação de precedentes, os quais acarretam uma expectativa legítima aos cidadãos", pois eles "pautam suas condutas orientados pelo entendimento até então consolidado" (RE 929.670/DF, Pleno, j. em 1º-3-2018).

▸ Como o STF já enfrentou a questão:

Após considerar que os atos do TSE "regem normativamente todo o processo eleitoral", o Plenário decidiu, com base no subprincípio da não retroatividade da norma eleitoral (art. 16 da CF), que as mudanças de jurisprudência daquela Corte eleitoral "não têm aplicabilidade imediata ao caso concreto e somente terão eficácia sobre outros casos no pleito eleitoral posterior" (RE 637.485/RJ).

No HC 127.900/AM, o Pleno mudou a orientação jurisprudencial acerca do momento do interrogatório do réu no processo penal militar. Porém, para "não comprometer o princípio da segurança jurídica (CF, art. 5º, XXXVI) nos feitos já sentenciados", a Corte determinou que o novo entendimento só deveria ser aplicado às ações cuja instrução não tivesse sido encerrada.

Capítulo VI

Sistemas normativos jurídicos e constituição

1. SISTEMAS NORMATIVOS JURÍDICOS E ORDENAMENTO JURÍDICO

"Sistema" é a reunião de elementos distintos, mas relacionados entre si. No caso dos **sistemas normativos**, seus elementos constitutivos são basicamente as *normas* (normas morais, sociais, religiosas, jurídicas), e elas se relacionam, reciprocamente, conforme dois requisitos: *ordem* e *unidade* (CANARIS) ou, segundo BOBBIO, *coerência* e *unidade*.

Assim, os **sistemas normativos jurídicos** são conjuntos ordenados de **normas jurídicas.**

▸ **Importante:**

Numa definição genérica, **normas** são prescrições que obrigam, proíbem ou permitem determinadas ações humanas ou estados de coisas no âmbito de certo sistema normativo jurídico. Com mais rigor, cuida-se do produto da interpretação de atos que, produzidos num contexto institucionalizado, proíbem, ordenam ou permitem determinadas condutas humanas. Porém, fazem parte dos sistemas normativos, ainda, as **normas constitutivas** (para alguns, definitórias) que são aquelas pelas quais se promovem apenas definições, ficções e derrogações normativas utilizadas como critérios para definir objetos relevantes. Exemplo: o § 1º do artigo 18 da Constituição de 1988 dispõe: "Brasília é a Capital Federal." Não há aí nenhum comando normativo, senão uma definição que assume alguma importância para o sistema normativo brasileiro, como, *v.g.*, para esclarecer a localização da sede do Governo Federal (ver inciso VII do art. 48 da mesma Constituição).

Ademais, se os sistemas jurídicos são conjuntos "ordenados" de normas jurídicas, devem abranger, também, as normas que cuidam dos próprios critérios pelos quais outras normas são ordenadas e conectadas entre si. Trata-se das chamadas **metanormas** (para alguns, "postulados normativos"), que funcionam como elementos estruturais dos sistemas jurídicos, cuja função é disciplinar a organização e a aplicação de normas por meio de critérios normativos, tais como o princípio da igualdade material, da proporcionalidade, da não retroatividade, além de critérios como o *lex superior derogat inferiori, lex posterior derogat priori* e *lex specialis derogat generali.*

Porém, como o estudo de algum sistema jurídico tem de partir de um ponto temporal determinado – até porque novos atos de promulgação e de derrogação de normas sempre alteram o conjunto original –, é preciso diferenciar:

A) ***Sistema jurídico* propriamente dito**: expressão reservada somente ao conjunto de normas referentes a um momento determinado (sistema jurídico "sincrônico" ou "momentâneo"). Trata-se do **conjunto normativo em vigor** ("direito vigente").

B) ***Ordem jurídica* ou *ordenamento jurídico***: são expressões relativas à **sequência de sistemas jurídicos no decorrer de certo período de tempo** (sistema jurídico diacrônico ou dinâmico). Podem alcançar, portanto, todas as sequências momentâneas de sistemas jurídicos havidos num determinado Estado, incluindo a última versão em vigor. Por exemplo: quando alguém fala do ordenamento jurídico "brasileiro", pode estar a se referir a todos os sistemas normativos adotados no Brasil desde a independência. No sentido mais comum, contudo, tais expressões dizem respeito só à sequência de sistemas jurídicos momentâneos presididos por uma mesma constituição.

SISTEMAS JURÍDICOS	
Sistema jurídico propriamente dito	**Ordem jurídica ou ordenamento jurídico**
Conjunto normativo em vigor em momento determinado.	Sequência de sistemas jurídicos momentâneos presidida por uma mesma constituição.

1.1. Caráter estático e dinâmico dos sistemas jurídicos

Segundo KELSEN, os sistemas normativos podem ser classificados conforme as características com que as normas particulares são extraídas a partir de normas gerais pertencentes a um mesmo sistema normativo.

Nesse sentido, **sistemas normativos estáticos** são os que permitem extrair normas a partir do **conteúdo** de outras normas, por meio de simples operações lógicas, ou seja, à base de conclusões que partam "do geral para o particular". Exemplo: da norma que determina agir com honestidade se pode extrair a norma que veda a apropriação indébita.

Já os **sistemas normativos dinâmicos** são aqueles que atribuem poder (**competência**) a um determinado órgão ou autoridade para editar outras normas que se somarão ao mesmo sistema, mas com conteúdo diverso daquele das normas pré-existentes. Assim, autorizados por normas de competência, certos órgãos ou autoridades podem promulgar novas normas *independentemente do conteúdo* daquelas que já existiam. Exemplo: com base em norma constitucional que lhe atribui competência à União para legislar sobre direito penal, o legislador federal edita lei a estabelecer novo tipo de crime.

Portanto, nos *sistemas normativos estáticos*, as normas ligam-se entre si por atributos materiais (conteúdo), conforme **critérios de *dedutibilidade lógica***, a exemplo do ocorre com os sistemas normativos formados por normas morais (Moral). Assim, as normas pertencentes a um sistema jurídico estático são somente aquelas que possam ser obtidas, mediante raciocínios logicamente consistentes, a partir de determinado *conjunto finito* de elementos que já integram o mesmo sistema.

Contudo, nos *sistemas normativos dinâmicos*, as conexões normativas derivam de atributos formais (delegação de competências) identificados a partir de ***critérios de legalidade***, tais quais os sistemas normativos constituídos por normas jurídicas (Direito). Logo, embora o dinamismo do sistema possa alterar os elementos (normas) a partir dos quais outras normas poderiam ser extraídas pelo critério da dedutibilidade lógica, é preciso que eventuais alterações normativas (promulgação/derrogação de normas) se processem de acordo com critérios formais previstos pelo próprio sistema.

Enfim, os sistemas normativos **jurídicos** podem ser estudados em **perspectiva** tanto **estática** quanto **dinâmica**. Isso porque, a partir das normas gerais produzidas por processos dinâmicos de criação de normativa, é também possível extrair normas jurídicas particulares por meio de deduções lógicas. Afinal, como nenhum sistema jurídico está resumido só às normas que delegam competências para editar outras normas, todos eles acabam por incluir – ainda que implicitamente – as normas jurídicas extraídas de outras normas mediante operações lógicas.

▸ **Desenvolvimento dos sistemas jurídicos:**

Numa **perspectiva estática**, os sistemas jurídicos abrangem todas as consequências lógicas das normas que deles fazem parte. Logo, as relações estáticas entre os elementos dos sistemas jurídicos desenvolvem-se de acordo com o chamado "**critério da dedutibilidade lógica**". Toda norma obtida diferentemente não poderá ser considerada como elemento pertencente a esse sistema jurídico estático.

Já em **perspectiva dinâmica**, as relações de promulgação e de derrogação de normas, num dado sistema jurídico, desenvolvem-se de acordo com o chamado "**critério da legalidade**", que se estabelece de acordo com o exercício da competência outorgada para produzir novas normas. Nesses termos, segundo o *critério da legalidade*, um enunciado normativo pertencerá ao sistema se for editado (promulgado) por autoridade cuja competência para fazê-lo já estiver prevista em norma constante do mesmo sistema. Daí se dizer que o critério da legalidade é que estabelece as relações de unidade entre os sistemas normativos momentâneos considerados parte de uma mesma ordem jurídica.

2. ORDENAMENTO JURÍDICO E CONSTITUIÇÃO

Como demonstrou KELSEN, o ordenamento jurídico não é conjunto de normas ordenadas no mesmo plano, umas ao lado das outras. É construção escalonada de diferentes camadas e níveis normativos. Nele existe **relação hierárquica** de **fundamentação** e **derivação** entre as normas jurídicas, de modo que uma norma obtém validade da norma que lhe é superior.

Nesse sentido, a **constituição** ocupa o **mais alto nível hierárquico** entre as fontes de direito do ordenamento jurídico. E, ao regular o processo de produção das principais normas jurídicas infraconstitucionais, as normas constitucionais servem de **parâmetro superior da validade** de todas as demais normas do mesmo ordenamento jurídico. Além disso, é a constituição também que cumpre o papel de conferir ao ordenamento jurídico os necessários atributos de ***ordem* e *unidade* sistêmicas.** Isso porque são as normas constitucionais que concedem a necessária coerência para que se possa considerar o ordenamento jurídico verdadeiro sistema normativo.

3. ELEMENTOS DAS CONSTITUIÇÕES

Como forma de organizar as variadas matérias constitucionais em função de determinados conteúdos específicos, a doutrina identifica elementos comuns que se fazem presentes nas constituições contemporâneas em geral.

MEIRELLES TEIXEIRA (1991, p. 183-184) apontou quatro espécies desses elementos: elementos *orgânicos*, *limitativos*, *programático-ideológicos* e *formais* (ou de aplicabilidade). Já JOSÉ AFONSO DA SILVA (1998, p. 46-47) identifica cinco categorias de elementos, a saber:

A) **elementos orgânicos:** contêm as normas que dispõem acerca da organização e da estrutura do Estado e do poder. Exemplos na atual Constituição brasileira: Título III (Da organização do Estado); Título IV (Da organização dos Poderes e do Sistema de Governo); Capítulos II e III do Título V (Das Forças Armadas e da Segurança Pública); Título VI (Da Tributação e do Orçamento);

B) **elementos limitativos:** representados pelas normas que limitam a atuação do Poder Público. Abrangem as normas que consagram direitos fundamentais (direitos e garantias individuais, direitos de nacionalidade, direitos políticos e democráticos, excluídos os direitos sociais), limitando a atuação estatal. Exemplo: Título II (Dos Direitos e Garantias Fundamentais) da Constituição de 1988, com exceção do Capítulo II (Dos Direitos Sociais), já que tais direitos são vistos como elementos sócio-ideológicos;

C) **elementos sócio-ideológicos:** reafirmam o compromisso das constituições contemporâneas entre o Estado individualista e o Estado Social, intervencionista. Exemplos da Constituição de 1988: Capítulo II do Título II (Dos Direitos Sociais); Título VII (Da Ordem Econômica e Financeira); e Título VIII (Da Ordem Social);

D) **elementos de estabilização constitucional:** consubstanciados nas normas constitucionais que visam a evitar e a solucionar os conflitos constitucionais, bem como à proteção da constituição, do Estado e das instituições democráticas. Exemplos na atual Constituição: arts. 102 e 103 (controle de constitucionalidade); arts. 34-36 (intervenção nos Estados e Municípios); art. 60 (emendas constitucionais); Título V (Da Defesa do Estado e das Instituições Democráticas, com exceção dos Capítulos II e III (Das Forças Armadas e da Segurança Pública), que se caracterizam como elementos orgânicos;

E) **elementos formais de aplicabilidade:** dizem respeito aos segmentos constitucionais que versam sobre a aplicação das constituições. Exemplos dados por JOSÉ AFONSO DA SILVA: o preâmbulo, as disposições constitucionais transitórias e art. 5°, § 1°, da atual Constituição, ao prescrever que as normas definidoras dos direitos e garantias fundamentais têm aplicação imediata.

ELEMENTOS DAS CONSTITUIÇÕES (José Afonso da Silva)		
Categorias		**Exemplos na CF/88:**
Elementos orgânicos	Regulamentam a estrutura do Estado e do poder.	• **TITULO 3** - DA ORGANIZAÇÃO DO ESTADO. • **TÍTULO 4** - DA ORGANIZAÇÃO DOS PODERES. • **TÍTULO 5, CAP. II** - DAS FORÇAS ARMADAS. • **TÍTULO 5, CAP. III** - DA SEGURANÇA PÚBLICA. • **TÍTULO VI** - Da Tributação e do Orçamento
Elementos limitativos	Disciplinam a atuação do poder estatal.	• **TITULO 2** - DOS DIREITOS E GARANTIAS FUNDAMENTAIS, **exceto o CAP. II (DOS DIREITOS SOCIAIS)**.
Elementos sócio-ideológicos	Identificam a ideologia adotada pelo poder constituinte.	• **TITULO 2, CAP. II** - DOS DIREITOS SOCIAIS • **TITULO 7** - DA ORDEM ECONÔMICA E FINANCEIRA • **TITULO 8** - DA ORDEM SOCIAL
Elementos de estabilização constitucional	Regulam situações de exceção ou crise institucionais, com a finalidade de preservar a constituição e as instituições estatais.	• **art. 102 e 103** - controle de constitucionalidade. • **arts. 34 a 36** - possibilidade de intervenção Federal e Estadual. • **TITULO 5** - DA DEFESA DO ESTADO E DAS INSTITUIÇÕES DEMOCRÁTICAS
Elementos formais de aplicabilidade	Estabelecem diretrizes de aplicação da constituição.	• **PREÂMBULO.** • **ATO DAS DISPOSIÇÕES CONSTITUCIONAIS TRANSITÓRIAS - ADCT.** • **art. 5°, § 1°** - aplicabilidade imediata das normas definidoras dos direitos e garantias fundamentais.

▸ **Como esse assunto foi cobrado em concurso?**

No concurso para Juiz do TJPB (2011), as seguintes assertivas foram consideradas **errada** e **correta**, respectivamente: "Por limitarem a atuação dos poderes estatais, as normas que regulam a ação direta de inconstitucionalidade e o processo de intervenção nos estados e municípios integram os elementos ditos limitativos;" e "Os elementos formais de aplicabilidade são exteriorizados nas normas constitucionais que prescrevem as técnicas de aplicação delas próprias, como, por exemplo, as normas inseridas no Ato das Disposições Constitucionais Transitórias."

Em 2010, o concurso para Juiz do TRT/23ª Região, o candidato deveria apontar como **correta** a seguinte alternativa: "Os elementos da Constituição trazem valores distintos caracterizando a natureza polifacética da Constituição, assim pode-se afirmar que o preâmbulo da Constituição constitui seu elemento formal de aplicabilidade."

No concurso para Juiz Federal do TRF/1ª Região (2009/Cespe), a seguinte assertiva foi considerada **errada**: "Segundo a doutrina, os elementos orgânicos da constituição são aqueles que limitam a ação dos poderes estatais, estabelecem as balizas do estado de direito e consubstanciam o rol dos direitos fundamentais."

4. FONTES DE DIREITO CONSTITUCIONAL

Com base em GUASTINI, pode-se dizer que ***fontes de direito***, em sentido amplo, são "quaisquer" atos ou fatos que produzam normas jurídicas (conceito material); em sentido estrito, somente os atos ou fatos que estejam "autorizados" a produzir normas jurídicas (conceito formal).

FONTES EM SENTIDO MATERIAL *VS.* FONTES EM SENTIDO FORMAL

Segundo GUASTINI, o sentido material de fontes de direito trabalha com noções ligadas à teoria geral dos sistemas normativos, independentemente do exame de algum sistema jurídico específico. Já no sentido formal, as fontes de direito são concebidas dogmaticamente, a depender das diferentes possibilidades com que cada sistema jurídico venha a regular o processo de formação de novas normas ou a catalogar as fontes de direito admitidas.

Assim, segundo a noção material, é fonte de direito todo ato ou fato que produz normas de direito objetivo, *i.e.*, normas gerais, abstratas e que venham a modificar o direito objetivo já existente, seja (**a**) *introduzindo novas normas* (genéricas e abstratas), seja (**b**) *derrogando normas existentes* ou (**c**) *substituindo normas existentes*. Não entram nessa concepção, portanto, as normas que simplesmente reproduzem outras já existentes (normas não originais), nem as que se consideram meras consequências lógicas das normas preexistentes (normas implícitas), tampouco aquelas cujos comandos sejam apenas individuais e/ou concretos. Daí a definição de "lei" em sentido material.

Já pela noção formal, as fontes de direito não são classificadas pelo conteúdo das normas que produzem. Trata-se dos atos ou fatos previamente definidos pelo sistema jurídico como aptos e suficientes a produzir normas, independentemente do conteúdo ou do resultado que deles possa surgir. Nesse sentido, as fontes de direito admitem ser catalogadas *a priori*, seja de acordo com determinados procedimentos de formação (processo legislativo, *v.g.*), seja conforme o *nomen iuris* que se lhes atribua determinado sistema jurídico (exemplo, os atos normativos elencados nos incisos do artigo 59 da Constituição). Nesse sentido, a expressão "lei" em sentido formal especifica apenas que se cuida de um ato produzido de acordo com o mesmo processo de formação previsto para a elaboração das leis em geral, sem nada esclarecer quanto ao conteúdo desse ato.

Todavia, no direito brasileiro, a dicotomia entre leis em sentido material e em sentido formal remanesce, pois o sistema jurídico não utilizou critério único para definir quais são as fontes de direito. Essa a razão pela qual ambos os critérios (material e formal) convivem paralelamente, numa noção mista de fontes de direito, como já notara GUASTINI acerca do direito italiano. Nesse rumo, é com base no critério formal que se consideram como fontes de direito as leis que veiculam apenas normas individuais ou concretas (leis apenas no sentido formal), bem como as que se limitam a reproduzir conteúdo normativo já existente em outros diplomas normativos (normas sem caráter de originalidade); e é com fundamento no critério formal que alguns qualificam como fontes de direito as sentenças judiciais em geral, mesmo quando estas se resumam a aplicar normas genéricas e abstratas já preexistentes.

Já as *fontes do direito constitucional* são os **atos** ou **fatos** que **produzem normas constitucionais**. No **sentido amplo** (conceito material), englobam "quaisquer" atos ou fatos que produzam normas jurídicas constitucionais, incluindo as chamadas **fontes *extra ordinem***. E no **sentido estrito** (conceito formal), alcançam somente os atos ou fatos que estejam previamente "autorizados" a produzir normas constitucionais, de acordo com a ordem constitucional então em vigor.

▸ **Importante:**

O que são fontes de direito constitucional *extra ordinem*? São os atos ou fatos que, a despeito de não autorizados pela ordem constitucional em vigor, acabam por se impor por critérios de "efetividade", produzindo normas constitucionais assim reconhecidas e aceitas pelos respectivos destinatários, ainda que à base da força. Trata-se, exatamente, da espécie de **fonte normativa** por meio da qual se inauguram ***novos* ordenamentos jurídicos**. Exemplo: as normas iniciais criadas por um poder revolucionário ou por um golpe de Estado, sempre que a revolução ou o golpe se concretizarem como realidade fática.

CLASSIFICAÇÃO DAS FONTES DE DIREITO CONSTITUCIONAL	
Sentido amplo (conceito material)	**Sentido estrito (conceito formal)**
quaisquer atos ou fatos que produzam normas jurídicas constitucionais, incluindo as chamadas fontes *extra ordinem*.	somente os atos ou fatos que estejam previamente autorizados, pela ordem constitucional em vigor, a produzir normas constitucionais.

4.1. Tipos de fontes de direito constitucional

4.1.1. Fontes diretas vs. indiretas

A) ***Fontes diretas***: previstas e reguladas no âmbito do **próprio ordenamento**. Exemplo: a Constituição Federal regula o processo de aprovação de emendas constitucionais no artigo 60.

B) ***Fontes indiretas***: aquelas que, embora **disciplinadas por outras ordens jurídicas**, são recepcionadas, incorporadas ou aplicadas pelo ordenamento jurídico considerado. Exemplos: normas de direito internacional podem ser incorporadas ao direito brasileiro com *status* de emenda constitucional (Constituição, art. 5º, § 3º, e art. 49, I); o *caput* do art. 34 do ADCT recepcionou, ainda que transitoriamente, parte do sistema tributário da ordem constitucional anterior.

FONTES DIRETAS *VS.* FONTES INDIRETAS	
Fontes diretas	**Fontes indiretas**
Previstas e reguladas no âmbito do próprio ordenamento.	Disciplinadas por outras ordens jurídicas, mas recepcionadas, incorporadas ou aplicadas pelo ordenamento jurídico considerado.

4.1.2. Fontes formais vs. fontes informais

A) ***Fontes formais***: são as que se encontram formalmente previstas no catálogo das fontes do direito constitucional. Trata-se das **fontes expressamente admitidas** pelas normas "sobre" a produção do direito constitucional. Exemplo: as emendas constitucionais estão catalogadas no inciso I do art. 59 da Constituição.

> **Atenção!**
>
> Parte da doutrina, ao cuidar dessas fontes formais, costuma referir-se aos **poderes normativos** habilitados a editar normas constitucionais. Todavia, é **preferível** estudá-las sob o prisma das **categorias normativas** presentes no catálogo de fontes formais, sobretudo porque uma mesma autoridade normativa pode ser competente para editar mais de um tipo normativo. Exemplo: no Brasil, a Constituição Federal deu ao Congresso Nacional atribuições para, no exercício do poder constituinte derivado, editar tanto emendas constitucionais quanto emendas constitucionais de revisão. Assim, em vez de citar como fonte formal o "poder constituinte derivado", é melhor aludir às "emendas constitucionais".

B) ***Fontes informais***: as que **não estão previstas** no **catálogo formal das fontes** reconhecidas por normas sobre a produção normativo-constitucional. São as responsáveis por **modificações *tácitas/informais*** no sistema constitucional, sem que se possa predeterminar o modo ou as pessoas responsáveis pelos fatos e atos responsáveis pelas normas daí produzidas. Exemplo clássico: as **mutações constitucionais**.

FONTES FORMAIS *VS.* FONTES INFORMAIS	
Fontes formais	**Fontes informais**
Expressamente previstas no catálogo das fontes do direito constitucional. Exemplo: emendas constitucionais.	Sem previsão no catálogo formal das fontes do direito constitucional, mas reconhecidas como fonte normativas que promovem modificações tácitas na constituição. Exemplo: mutações constitucionais.

▸ ***Qual a diferença entre as fontes constitucionais "extra ordinem" e as informais?***

As fontes ***extra ordinem*** não deixam de fazer parte da definição ampla de fontes informais, porque tampouco fazem parte do catálogo formal de fontes do direito constitucional. Porém, são **expressa ou implicitamente proibidas** pela ordem constitucional em vigor, exatamente por representarem **ruptura** do sistema. Já as **fontes informais em sentido estrito**, como não chegam a romper com o sistema, são **tacitamente permitidas** pela ordem constitucional em vigor.

Qual o valor das normas constitucionais produzidas por fontes informais?

O valor das normas produzidas pelas fontes materiais não sofre diminuição só porque a produção normativa se dá de maneira informal. É que as normas produzidas por fontes informais tampouco deixam de se referir ou de se integrar às demais normas. Por isso, uma vez incorporadas ao ordenamento jurídico, têm o **mesmo valor** que as normas produzidas de modo formal. Exemplo: a mutação havida num dispositivo constitucional não desnatura a hierarquia jurídico-normativa da nova norma daí decorrente. Essa a razão por que também as normas constitucionais produzidas por fontes informais de direito, embora possam ser revogadas ou modificadas por obra das fontes formais, servem como **parâmetro de controle de constitucionalidade**.

4.2. Fontes do direito constitucional brasileiro

A identificação do atual catálogo de fontes do direito constitucional brasileiro passa pela identificação dos tipos de normas constitucionais que se podem produzir sem rompimento da ordem constitucional criada com a Constituição de 1988. Por isso, **não pode incluir** as **fontes *extra ordinem***.

De outro lado, a se considerarem as normas constitucionais apenas no sentido "material", não haveria o menor interesse em destacar as fontes de direito constitucional. É que qualquer fonte tradicional do direito poderia converter-se em fonte de direito constitucional (material), desde que viesse a normatizar alguma matéria constitucional. Assim, a catalogação das fontes do direito constitucional brasileiro deve estar relacionada **apenas** à produção de ***normas formalmente constitucionais*** ou com *status* equivalente.

4.2.1. Preâmbulo da Constituição

A maioria das constituições contemporâneas é introduzida por preâmbulos que tentam traduzir as origens, os sentimentos, os desejos e as esperanças do constituinte que as tenha elaborado. A Constituição de 1988 foi precedida do seguinte preâmbulo:

> "Nós, representantes do povo brasileiro, reunidos em Assembleia Nacional constituinte para instituir um Estado Democrático, destinado a assegurar o exercício dos direitos sociais e individuais, a liberdade, a segurança, o bem-estar, o desenvolvimento, a igualdade e a justiça como valores supremos de uma sociedade fraterna, pluralista e sem preconceitos, fundada na harmonia social e comprometida, na ordem interna e internacional, com a solução pacífica das controvérsias,

promulgamos, sob a proteção de Deus, a seguinte CONSTITUIÇÃO DA REPÚBLICA FEDERATIVA DO BRASIL."

Todavia, como tais preâmbulos não fazem parte do corpo articulado de disposições constitucionais, muito se discute se têm ou não **caráter normativo**. As teses a respeito podem ser divididas em três:

A) ***tese da irrelevância jurídica***: o **preâmbulo não é norma**, nem faz parte do domínio do direito, embora possa inserir-se no plano político ou no plano histórico;

B) ***tese relevância jurídica equivalente***: o preâmbulo contém preceitos cuja **eficácia jurídica** assemelha-se à de qualquer outra **norma da constituição**;

C) ***tese da relevância jurídica específica***: o preâmbulo possui **algumas características jurídicas** próprias da **constituição**, mas não deve ser confundido com o articulado no texto constitucional em si.

A tese da *relevância jurídica equivalente* é plenamente admissível na teoria constitucional. Tudo vai depender da forma com que sejam enunciados os preâmbulos. Daí que podem ter valor idêntico ao dos demais preceitos constitucionais ou até mesmo, como sustenta PETER HÄBERLE, uma eficácia jurídica equivalente à das cláusulas pétreas explícitas. Na França, por exemplo, o preâmbulo da atual Constituição de 1958 não só é utilizado pelo Conselho Constitucional como parâmetro de controle da constitucionalidade, como também serve de fundamento normativo à recepção do catálogo de direitos fundamentais aprovado pela histórica Declaração de Direitos de 1789.

No **Brasil**, contudo, o **STF** adota a ***tese da irrelevância jurídica***. Ao julgar improcedente pedido formulado em ação direta ajuizada contra o preâmbulo da Constituição do Estado do Acre, em face do qual se sustentava a inconstitucionalidade por omissão da expressão "sob a proteção de Deus", tal como constante do preâmbulo da CF/88, considerou a Corte que o preâmbulo constitucional não se situava no "âmbito do Direito, mas no domínio da política" (ADI 2.076/AC). Já a **maioria da doutrina nacional** adota a ***tese da relevância jurídica específica***. Considera que os preâmbulos podem servir como elemento de interpretação e integração dos preceitos constitucionais, mas não prevalecem contra disposições constitucionais expressas, nem são utilizáveis como parâmetro para controlar a constitucionalidade de atos normativos quaisquer.

CARÁTER NORMATIVO DOS PREÂMBULOS CONSTITUCIONAIS		
Tese da irrelevância jurídica	**Tese relevância jurídica equivalente**	**Tese da relevância jurídica específica**
O preâmbulo não é norma, nem faz parte do domínio do direito.	A formulação do preâmbulo pode implicar preceitos cuja eficácia jurídica assemelha-se à de qualquer outra norma da constituição.	O preâmbulo possui algumas características jurídicas próprias da constituição (pode ser usado como elemento de interpretação e integração), mas não deve ser confundido com o texto constitucional em si (não prevalece contra disposições constitucionais expressas).

CARÁTER NORMATIVO DOS PREÂMBULOS CONSTITUCIONAIS		
Tese da irrelevância jurídica	**Tese relevância jurídica equivalente**	**Tese da relevância jurídica específica**
Não pode servir como paradigma de confronto no controle de constitucionalidade.	Capaz de servir como paradigma de confronto no controle de constitucionalidade.	Incapaz de servir como paradigma de confronto no controle de constitucionalidade.
Posição do STF.	Posição adotada no direito constitucional francês.	Posição da doutrina nacional majoritária.

▸ **Como esse assunto foi cobrado em concurso?**

No concurso para Advogado da ECT (2011), a seguinte assertiva foi considerada **errada**: "O preâmbulo constitucional estabelece as diretrizes políticas, filosóficas e ideológicas da CF, razão pela qual pode servir de elemento de interpretação e de paradigma comparativo em eventual ação de declaração de inconstitucionalidade."

Em questão do concurso para Analista de Atividades do Meio Ambiente – Advogado (2009/Cespe), a seguinte assertiva foi considerada **errada**: "O preâmbulo, por estar na parte introdutória do texto constitucional e, portanto, possuir relevância jurídica, pode ser paradigma comparativo para a declaração de inconstitucionalidade de determinada norma infraconstitucional."

No concurso para Procurador Federal (2007/Cespe), o candidato deveria apontar como **erradas** as seguintes alternativas: "O preâmbulo constitucional possui destacada relevância jurídica, situando-se no âmbito do direito e não simplesmente no domínio da política" e "O preâmbulo da CF é norma central de reprodução obrigatória na Constituição do referido estado-membro."

O tema também foi objeto de questionamento pelo concurso para Juiz do TJMG (2004), tendo sido apontada como **correta** a assertiva que afirmava que: "A jurisprudência do Supremo Tribunal Federal vem adotando, quanto ao valor jurídico do preâmbulo constitucional, a teoria da: irrelevância jurídica."

4.2.2. Convenções e costumes constitucionais

Convenções constitucionais são práticas observadas por órgãos ou agentes públicos que se desenvolvem no processo contínuo das relações de ação e reação entre os órgãos constitucionais. Caracterizam-se como manifestações não reguladas da autonomia inerente aos órgãos constitucionais, os quais passam a padronizar determinados comportamentos ou situações com base nas expectativas de reação contrária por parte dos demais órgãos que estarão sujeitos às consequências jurídicas da prática convencional adotada. Exemplo no direito brasileiro: a despeito da inexistência de norma constitucional sobre o tema, convencionou-se que o titular da iniciativa legislativa reservada pode retirar do Congresso Nacional o projeto legislativo que propusera.

Já os ***costumes constitucionais***, segundo ZAGREBELSKY, são normas que decorrem de relações de natureza constitucional derivadas de práticas que, após uniforme e continuamente observadas (*longa repetitio*), acabam por se incorporar à consciência jurídica geral (*opinio iuris*). Exemplo brasileiro: a possibilidade de descumprimento, por parte dos chefes de Poder, das leis que entenderem inconstitucionais (v. item 2.1.1 do Capítulo II da Parte II).

As duas figuras (convenções e costumes constitucionais) têm muito em comum, sobretudo por se tratar de tentativas de preencher lacunas constitucionais. Daí por que parte da doutrina as inclui no conceito genérico das **praxes constitucionais.**

Todavia, podem ser listadas as seguintes diferenças: (a) convenções baseiam-se em reações estratégicas orientadas para o **futuro**, enquanto os costumes se reportam ao **passado**; e (b) ao contrário dos costumes, uma convenção nem sempre nasce de comportamentos reiterados, pois pode surgir a partir de **um só precedente** (GUASTINI).

Porém, a consolidação temporal das convenções faz com que se transformem em costumes. No Brasil, foi o que ocorreu com a prática presidencial de reeditar medidas provisórias ainda não apreciadas pelo Congresso, na sistemática anterior à EC 32/2001. Nesse caso, o que começara como simples convenção constitucional politicamente acertada, entre o Presidente da República e o Congresso Nacional, tornou-se regra constitucional costumeira de caráter objetivo, sobretudo após a ratificação da praxe – com algumas ressalvas – pela jurisprudência do STF da época (v. MC na ADI 1.2015/DF e MC na ADI 293/DF).

Exemplos de costumes constitucionais no direito brasileiro: (a) a necessidade de decreto presidencial para dar executoriedade a tratado internacional já aprovado pelo Congresso Nacional (v. item 6.9.2 do Capítulo VII do Tomo II); (b) a regra segundo a qual a vigência das emendas constitucionais inicia-se na data em que publicadas, salvo disposição em contrário da própria emenda (v. item 3.1 do Capítulo VIII da Parte II); (c) a faculdade reconhecida aos chefes de Poder para rejeitar o cumprimento das leis que entenderem inconstitucionais (v. item 2.1.1 do Capítulo II da Parte II); (d) a prerrogativa do Presidente da República para propor alterações, por mensagens aditivas, aos projetos de que apresentar ao Congresso Nacional (v. item 5.2.2.3 do Capítulo VII do Tomo II); e (e) a necessidade de transferência interina da chefia do Executivo, ao respectivo substituto, nos casos de "impedimento por ausência temporária do titular, ainda que por breves períodos" (STF, Pleno, MC na ADI 644/AP).

▸ Qual o *status* normativo das convenções e dos costumes constitucionais?

Nos limites da ordem constitucional vigente, as normas convencionais e costumeiras não podem assumir teor ***contra constitutionem***, sob pena de **inconstitucionalidade**. Devem limitar-se a fazer referências ou detalhamentos (***secundum constitutionem***) ou, ainda, interpretações ou integrações (***praeter constitutionem***) em face das normas constitucionais existentes. Daí se dizer, com certa razão, que as **normas convencionais** e **costumeiras não têm eficácia equivalente** à das normas constitucionais advindas de fontes formais, pois embora possam por estas serem revogadas, são incapazes de revogá-las. Contudo, se conformes à ordem constitucional, enquanto não forem revogadas, as normas convencionais e costumeiras possuem **o mesmo *status* normativo** que as normas da constituição formal.

CONVENÇÕES *VS.* COSTUMES CONSTITUCIONAIS	
Convenções constitucionais	**Costumes constitucionais**
- normas decorrentes de práticas observadas por órgãos ou agentes públicos, desenvolvidas no processo contínuo das relações de ação e reação entre os órgãos constitucionais. - baseiam-se em reações estratégicas orientadas para o futuro. - podem surgir a partir de um só comportamento ou precedente.	- normas decorrentes de práticas que, após uniforme e continuamente observadas (*longa repetitio*), acabam por se incorporar à consciência jurídica geral (*opinio iuris*). - reportam-se ao passado. - somente surgem da reiteração de comportamentos similares.

4.2.3. Fontes em espécie

A catalogação a seguir considera apenas as fontes do direito constitucional de nível "federal", com exclusão, ainda, das fontes normativas transitórias – tal como constam, sobretudo, no ADCT.

Nesse sentido, são fontes de normas constitucionais no direito brasileiro:

A) Fontes diretas e formais:

A.1) Constituição Federal;

A.2) emendas constitucionais; e

A.3) emendas constitucionais de revisão.

B) Fontes diretas e informais:

B.1) as convenções constitucionais;

B.2) os costumes constitucionais; e

B.3) as mutações constitucionais.

▸ **Atenção!**

Em razão do **ativismo judicial** protagonizado pelo STF nos últimos tempos, é possível defender ainda a existência das seguintes **fontes diretas**, mas **informais**:

b.4) determinadas *decisões judiciais do STF*, no que dizem respeito àquelas dotadas de efeitos gerais (*erga omnes*) e vinculantes, sempre que alterarem ou criarem normas constitucionais, sobretudo a pretexto de integrar lacunas. Exemplo: o acórdão da ADI 3.999/DF, pelo qual o STF validou nova hipótese de perda de mandato parlamentar (por infidelidade partidária), muito embora a matéria estivesse tratada *numerus clausus* no artigo 55 da Constituição; e

b.5) as ***súmulas vinculantes***, sempre que tomarem a Constituição Federal por objeto, em vez de parâmetro normativo. Exemplo: Súmula Vinculante 11, pela qual o STF praticamente "regulamentou" o uso de algemas.

C) **Fontes indiretas e formais:**

C.1) ***tratados internacionais sobre direitos humanos***, desde que incorporados de acordo com o procedimento do § 3º do art. 5º da Constituição Federal, na redação dada pela EC 45/2004.

5. CONSTITUIÇÃO COMO SISTEMA NORMATIVO ABERTO

A constituição é conjunto de normas delimitado ou pela forma ou pelo conteúdo que venham a possuir. São normas constitucionais todas as que fazem parte de uma constituição, seja no sentido formal (normas formalmente constitucionais), seja no sentido material (normas materialmente constitucionais). Nessa definição incluem-se:

A) as normas **explícitas** e as **implícitas**;

B) as normas incluídas no **corpo permanente** e as inseridas no **corpo transitório** da constituição, de que é exemplo o ADCT da Constituição de 1988; e

C) as normas produzidas tanto por **fontes formais quanto** por **fontes informais** do direito constitucional.

> ▸ **Atenção!**
> As constituições costumam trazer normas cujo objetivo é regular situações transitórias, de modo que a eficácia desse tipo de norma fica temporalmente condicionada. Na Constituição de 1988, previu-se até o Ato das Disposições Constitucionais Transitórias – ADCT para servir de repertório a essas normas de eficácia transitória.

Por outro lado, além de conferir *ordem* e *unidade* ao ordenamento jurídico, a constituição é ela mesma um sistema normativo. Isso porque as normas constitucionais estão conectadas entre si conforme padrões próprios de unidade e coerência interna (**princípio da unidade constitucional**).

Contudo, o sistema normativo constitucional é do tipo **aberto**, porque:

A) se trata de **sistema dinâmico**, que admite alterações tanto dos valores que lhe servem de fundamento quanto do conjunto de normas que dele fazem parte;

B) a formulação dos preceitos constitucionais costuma utilizar **linguagem de "textura aberta"** (tais como "ordem pública", "grave crise institucional", "interesse relevante", "urgência"), o que permite utilizá-los em situações que não estavam necessariamente preestabelecidas pelo constituinte.

6. CONSTITUIÇÃO COMO SISTEMA NORMATIVO SEM HIERARQUIA INTERNA

A se reputar o constituinte originário um poder superior a todos os demais, os órgãos inferiores (poderes constituídos) estão automaticamente proibidos de traçar distinções de valor normativo entre as normas que aquele tenha produzido sem fazer distinções do mesmo tipo. Do contrário, a tais órgãos seria dado o próprio poder de invalidar o trabalho do constituinte, já que qualquer fixação de hierarquias normativas implica relações de validade/invalidade entre as normas consideradas superiores e as normas consideradas inferiores.

Em outras palavras, a todas as normas indistintamente postas pelo **poder constituinte originário** deve ser atribuído **idêntico *status* normativo**. Não importa se implícitas ou explícitas, se tenham ou não "conteúdo" constitucional, tampouco se disciplinem os limites ao poder de modificar a constituição. Eventual antinomia que possa surgir entre normas constitucionais promulgadas pelo constituinte originário deve ser resolvida pelo **critério da especialidade**, e ***nunca*** pelo **critério da hierarquia normativa**.

Também com argumento no **princípio da unidade da constituição** (v. item 13.2 do Capítulo VII), não se aceita possa o intérprete traçar distinções de valor normativo entre preceitos constitucionais. Daí, como reconheceu o **STF** (ADI 815/RS e AgRg na ADI 4.097/DF), **não procede** a teoria de **OTTO BACHOF**, segundo a qual normas constitucionais "fortes" poderiam invalidar as "fracas". Resumindo, não há como sustentar que normas constitucionais originais apresentem inconstitucionalidade em face de outras normas constitucionais da mesma espécie. (Conferir ainda o item 2.3 do Capítulo IV.)

Tampouco se reconhece maior hierarquia sequer ao conjunto de normas constitucionais que não podem ser revogadas por emendas constitucionais (***cláusulas pétreas***). Como ensina BARROSO, a "proteção especial dada às normas amparadas por cláusulas pétreas sobrelevam seu *status* político ou sua carga valorativa, com importantes repercussões hermenêuticas, mas não lhes atribui superioridade jurídica" (2009, p. 167).

> ▸ **Atenção!**
> Na doutrina estrangeira, autores como ALF ROSS já defenderam a hierarquia superior das normas que regulam o procedimento especial de reformas constitucionais (v. item 2.2.2.4.C do Capítulo IV).

Quanto às normas provenientes de modificações constitucionais (**mutações** e **reformas constitucionais**), poderão até ser consideradas inválidas (inconstitucionais), se desrespeitarem algum dos limites impostos pelo constituinte originário ao poder de reforma constitucional. Ou seja, normas constitucionais produzidas pelo **poder constituinte derivado** ou pelo **poder constituinte difuso** poderão ser consideradas inconstitucionais.

Contudo, não violados nenhum dos limites a que se sujeitam as novas normas introduzidas na constituição, elas valerão como as demais normas constitucionais originárias, sem que tampouco se possa falar em relação de inferioridade, uma em face das outras. Nada obstante, autores como GUSTAVO ZAGREBELSKY dizem que "a norma que prevê o procedimento de revisão [constitucional] é conceitualmente e juridicamente superior a toda norma produzida por meio daquele procedimento" (1988, p. 102).

▸ Importante!

A inexistência de hierarquia "normativa" entre normas constitucionais não importa em negar **outras modalidades de hierarquia**, *desde que não acarretem relações de invalidade no âmbito interno de uma mesma constituição*. Daí ser possível, em teoria, sustentar a maior **hierarquia axiológica** dos **princípios constitucionais fundamentais** (item 8), sobretudo em relação ao princípio da dignidade da pessoa humana (ver discussão no item 8.1.7.3.A), e até uma espécie de **hierarquia lógico-cognitiva** a revestir as **normas que limitam o poder de reforma constitucional**, comparativamente às demais normas da constituição (ver item 2.2.2.4.C do Capítulo IV).

▸ Como esse assunto foi cobrado em concurso?

Em 2011, no concurso para Juiz do TJPB, o candidato deveria apontar como **errada** a seguinte alternativa: "É prevalecente, na doutrina constitucional brasileira, o entendimento de que as normas que consagram as cláusulas pétreas estão em nível hierárquico superior às demais normas constitucionais."

No concurso para Analista Judiciário do STM (2011), foi considerada **correta** a seguinte alternativa:"Os direitos fundamentais, em que pese possuírem hierarquia constitucional, não são absolutos, podendo ser limitados por expressa disposição constitucional ou mediante lei promulgada com fundamento imediato na própria CF."

No concurso para Juiz do TJRS (2016/Faurgs), foi considerada **correta** a afirmação segundo a qual: "não há hierarquia entre normas constitucionais do Poder Constituinte Originário, tendo em vista o princípio da unidade hierárquico-normativa e caráter rígido da Constituição."

No concurso para Juiz do TJRS (2016/Faurgs), foi considerada **incorreta** a afirmação segundo a qual: "há hierarquia e contradição entre normas constitucionais advindas do Poder Constituinte Originário, o que legitima o controle de constitucionalidade de normas constitucionais, produto do trabalho do Poder Constituinte Originário."

7. CONSTITUIÇÃO COMO SISTEMA NORMATIVO COMPOSTO DE REGRAS E PRINCÍPIOS

7.1. Diferenciação entre regras e princípios

Não há dúvidas em que os princípios se diferem das regras. Em geral, **regras** são conceituadas como normas que exigem, proíbem ou permitem algo em face de determinadas situações que elas próprias preveem. Já os **princípios** não delimitam situações específicas em que devam ser aplicados. São intencionalmente formulados em linguagem de "textura aberta", cuja imprecisão semântica lhes permite fixar orientações gerais acerca de uma gama indeterminável de situações.

Nesse sentido, trata-se de uma **regra** a norma do § 6º do art. 225 da CF/88 (que condiciona a instalação de usinas que operem com reator nuclear à respectiva localização definida em lei federal), pois ela traz o suposto fático necessário à sua incidência. Porém, o *caput* do mesmo art. 225 é um **princípio** ("Todos têm direito ao meio ambiente ecologicamente equilibrado, bem de uso comum do povo e essencial à sadia qualidade de vida, impondo-se ao Poder Público e à coletividade o dever de defendê-lo e preservá-lo para as presentes e futuras gerações."), pois não dispõe de formulação linguística que permita identificar em que situações fáticas exatamente se aplica a norma.

Segundo CANOTILHO (1993, p. 1.086) estes são os principais critérios utilizados para distinguir entre regras e princípios:

A) **grau de abstração**: os **princípios** são normas com **grau de abstração superior**;

B) **grau de determinalidade na aplicação ao caso concreto**: as regras são suscetíveis de aplicação direta, mas os princípios dependem de "mediações concretizadoras" antes de serem aplicados;

C) **caráter de fundamentabilidade no sistema das fontes de direito**: os princípios desempenham papel fundamental no ordenamento jurídico, seja devido à posição de hierárquica que possuem no sistema das fontes de direito, seja em razão da importância estruturante que mantêm dentro do sistema jurídico;

D) **proximidade da ideia do direito**: os princípios são *standards* juridicamente vinculantes, que se baseiam nas exigências de justiça ou na ideia de direito, enquanto as regras podem ser vinculantes em razão de conteúdos meramente funcionais;

E) **natureza "normogenética"**: os princípios constituem a razão da criação das regras jurídicas.

CRITÉRIOS UTILIZADOS PARA DIFERENCIAR ENTRE PRINCÍPIOS E REGRAS (Canotilho)	
Regras	**Princípios**
- normas que estabelecem mandamentos, proibições ou permissões de atuação em face de situações concretas que elas próprias preveem. - grau de abstração inferior; - suscetíveis de aplicação direta; - podem ser vinculantes em razão de conteúdos meramente funcionais.	- não delimitam situações específicas em que devam ser aplicados. São intencionalmente formulados em linguagem de "textura aberta". - grau de abstração superior; - dependem de prévias "mediações concretizadoras" para serem aplicados; - *standards* juridicamente vinculantes, que se baseiam nas exigências de justiça ou na ideia de direito; - desempenham papel fundamental no ordenamento jurídico (posição de hierárquica superior ou importância estruturante dentro do sistema jurídico); - constituem a razão da criação das regras jurídicas.

No entanto, é controversa a inclusão dos princípios no gênero das normas. Os itens adiante cuidam desse problema.

7.2. Normatividade dos princípios

7.2.1. Teoria restritiva: só as regras são normas

Pela *metodologia jurídica tradicional,* largamente adotada até meados do século XX, princípios **não são normas**, mas **instrumentos retóricos** ou **indiretos** de produção de normas jurídicas (regras). São no máximo fontes "materiais" cujo conteúdo pode ser utilizado para produzir normas. Nesse sentido, a fim de decidirem casos concretos cujas soluções não estivessem contempladas na "lei", o art. 4º da LINDB autoriza os juízes a extrair normas com base nos "princípios gerais do direito".

Segundo essa tendência negativa, os **princípios jurídicos** ocupam o honroso posto de "ordenações que se irradiam e imantam os sistemas de normas" (JOSÉ AFONSO DA SILVA, 1998, p. 96) ou de "pensamentos diretores e causas de justificação de uma regulação" (LARENZ, 2001, p. 34), mas não assumem a condição de normas propriamente ditas. Para CANARIS, por exemplo, os princípios não são normas, pois precisam "primeiro ser normativamente consolidados ou 'normatizados'" (2002, p. 96) E mesmo para a "teoria da transformação", elaborada por ESSER e responsável por grande parte dos iniciais esforços voltados à diferenciação entre princípios e regras, os princípios não devem ser considerados normas, porque precisam antes ser "transformados" em direito positivo por obra da jurisprudência. Assim, "um princípio jurídico não é um preceito jurídico, nem uma norma jurídica em sentido técnico" (1961, p. 65).

As teses dos que negam a distinção baseiam-se, sobretudo, no **caráter mais genérico** utilizado na **formulação de princípios**, bem como na dificuldade de dissociar as normas das estruturas propositivas tradicionais (do tipo "se ocorrer o evento *x*, aplicar-se-ão as consequências *y*").

Porém, autores como JOSÉ AFONSO DA SILVA negam até a possibilidade de se tentar traçar distinções entre princípios e regras, por entender que se trata de categorias que nem sequer devam ser colocadas sob o mesmo gênero. Para ele, a palavra "princípio" conota propriedades universais, as quais não se encaixam em nenhum gênero, nem admitem ser definidas pelo "método gênero/diferença". Assim, "os princípios não podem ser espécies de outro gênero, porque constituem aquilo que se chama *summum genus*. A dificuldade que a doutrina tem encontrado para distinguir *princípios* de *regras* decorre do fato de ter posto *princípio* como espécie de normas no mesmo plano das regras" (2014, p. 640). Nessa linha, as tentativas de distinção dos princípios e regras sob o mesmo gênero normativo partem de premissas equivocadas, baseadas em definições fundadas nos **resultados** de uma e outra categoria (princípios como algo a ser realizado; regras como algo a ser satisfeito ou não), o que denota uma *definição operacional,* e não propriamente diferenças específicas entre duas categorias pertencentes a um gênero comum.

7.2.2. Teoria extensiva: regras e princípios são espécies de normas

A despeito da teoria restritiva, **prevalece atualmente** a tese de que **tanto** as ***regras*** **quanto** os ***princípios*** se qualificam como **espécies do gênero normas.**

Para a doutrina hoje prevalente, devem ser revistas as ideias a limitarem a definição de norma somente a regras que conectem supostos de fato com consequências jurídicas determinadas.

Conforme já em 1952 havia percebido CRISAFULLI, os princípios jurídicos, sejam os explícitos, sejam os implícitos, constituem normas aplicáveis tal como as regras que condicionam comportamentos públicos ou privados. Se o ordenamento jurídico exclui a possibilidade de os juízes criarem normas, é incoerente entender que os princípios sejam simples diretivas teóricas. Isso porque, quando os juízes aplicassem regras baseadas na analogia ou nos princípios gerais do direito, estariam na verdade criando normas e não se limitando a aplicar a casos específicos normas já existentes.

Segundo ROBERT ALEXY, tanto as regras quanto os princípios são normas porque dizem o que "deve ser" com a ajuda de expressões deônticas traduzidas como *mandamentos, permissões* ou *proibições*. E os princípios, à semelhança das regras, são razões para juízos concretos de dever-ser, mesmo quando sejam razões de tipo diferente. A distinção entre regras e princípios é, portanto, distinção entre dois tipos de normas.

Diferentemente das regras, **princípios** são normas que **carecem de supostos fáticos específicos.** Daí por que apenas antecipam critérios jurídicos a serem considerados no momento em que se deva agir ou tomar posição diante dos casos concretos. São formulados de modo **menos definido** ou **determinado** que as regras, razão pela qual só ordenam que algo seja realizado da **melhor forma possível**.

Por outro lado, como o enunciado das **regras** contém a **formulação precisa** do âmbito das possibilidades jurídicas e fáticas em que atua a norma, a aplicação das regras depende apenas da operação de verificar se foi exteriorizada a situação hipotética nelas previstas. Nesse sentido, a menos que exista outra regra para o caso (uma que seja, *v.g.*, posterior, superior ou especial), a regra deve aplicar-se inteiramente, à maneira de um **"tudo ou nada"** (RONALD DWORKIN). Enfim, as regras aplicam-se mediante simples operações de **subsunção**, mesmo quando se tenha antes de resolver eventual antinomia que se configure entre duas ou mais regras (ver item 11 do Capítulo VII).

Já os **princípios** funcionariam como **mandamentos de otimização** (ALEXY), pois devem ser obedecidos da melhor maneira possível, *sem* que se possa aplicá-los em termos peremptórios – à maneira do tudo ou nada. É que o cumprimento dos princípios ocorre sob diferentes graus, a depender não só das possibilidades reais de aplicação, como também das possibilidades jurídicas decorrentes da eventual incidência de princípios e regras contrapostos. Daí que a maior imprecisão semântica ("**textura aberta**") que caracteriza os princípios impede sejam aplicados sem prévio processo de "**concretização**". Para que um princípio possa ser utilizado na resolução de controvérsias, é antes preciso reformulá-lo a fim de obter sentido mais específico. (Sobre a concretização dos princípios, ver item 10 do Capítulo VII.)

Além disso, quando se constata que duas ou mais **regras** preveem consequências reciprocamente contraditórias, a antinomia normativa aí caracterizada pode ser eliminada mediante a aplicação de alguma das **metanormas** de resolução de antinomias jurídicas (*lex superior derogat inferiori, lex specialis derogat generalis* ou *lex posterior derogat priori*). Assim, também por meio de subsunção (subsunção de segundo nível ou *metassubsunção*), é possível definir qual será a única regra a ser considerada válida para regular o caso concreto (v. item 11.1.1 do Capítulo VII).

Porém, quando são **princípios** de igual hierarquia normativa a colidirem entre si, **operações de subsunção revelam-se insuficientes** para resolver a conflito. A colisão tem de ser solucionada, concretamente, por meio de **juízos de ponderação** a respeito de qual princípio deva prevalecer. O problema tem de ser analisado a partir, não do plano da validade das normas em conflito, mas do prisma do "**valor**" concreto de cada princípio. Decisivo será identificar as condições sob as quais um princípio terá precedência sobre o outro naquele caso concreto, sem que se discuta a necessidade de invalidar ou derrogar o princípio desprezado. O objetivo dessa ponderação é elucidar quais os critérios a serem considerados em situações semelhantes, ainda que tais critérios sejam a própria conjugação, em maior ou menor medida, dos próprios princípios conflitantes. (Sobre a ponderação de princípios, v. item 11.2 do Capítulo VII.)

▸ **Importante:**

Até mesmo o tipo de antinomia que possa envolver regras e princípios é diverso. Regras sujeitam-se a **antinomias em abstrato** e os princípios, a **antinomias em concreto**. É que a antinomia entre regras pode ser detectada, num plano teórico de análise (dissociado da aplicação fática), pela simples verificação hipotética da superposição das hipóteses de incidência previstas em cada regra. Por exemplo: uma norma proíbe o aborto e outra admite o aborto terapêutico. Já antinomia entre princípios é contingente, pois só costuma manifestar-se diante de situações concretas e em face das quais não é possível nem resolver previamente os casos de conflito, dada a inviabilidade de se predeterminar a total extensão da faixa de superposição dos fatos operativos que os colocam em rota de colisão. Exemplo: o princípio da liberdade de expressão, em abstrato, não colide com o princípio da intimidade. Porém, concretamente, podem surgir múltiplas manifestações de antinomia a envolvê-los, como os casos de reportagens de jornal a exporem fatos íntimos de determinadas pessoas. (Ver itens 6, 11.1.1 e 11.2 do Capítulo VII.)

DISTINÇÃO FORTE ENTRE REGRAS E PRINCÍPIOS	
Regras	**Princípios**
Mandamentos de definição.	Mandamentos de otimização (ALEXY).
Natureza: espécie de normas (dever-ser).	**Natureza**: espécie de normas (dever-ser).
Estrutura linguística: formulação mais precisa.	**Estrutura linguística**: formulação mais abstrata.
Estrutura funcional: trazem a previsão de uma hipótese e uma consequência, sendo aplicadas ao modo "se..., então...".	**Estrutura funcional**: apenas estabelecem diretrizes a serem seguidas, antecipando critérios jurídicos a serem utilizados no momento em que se deva agir ou tomar posição diante dos casos concretos.

Aplicação: são aplicadas diretamente, segundo a lógica do "tudo ou nada" (DWORKIN).	**Aplicação**: não podem ser aplicados antes de se submeterem a prévio processo de "concretização", por meio do qual são reformulados num sentido mais específico.
Resolução de antinomias entre regras: mediante **subsunção** do conflito a metanormas de resolução de antinomias jurídicas (*lex superior derogat inferiori, lex specialis derogat generalis ou lex posterior derogat priori*).	**Resolução de antinomias entre princípios**: em se tratando de princípios da mesma hierarquia, antinomias são resolvidas mediante **juízos de ponderação**, identificando-se relações de precedência entre os princípios conflitantes.

▸ **Como esse assunto foi cobrado em concurso?**

No concurso Promotor de Justiça do Ministério Público do Distrito Federal e Territórios (2009), ao ser questionado sobre **princípios**, o candidato deveria considerar como **erradas** as seguintes alternativas: "são considerados normas programáticas, por isso inaplicáveis em qualquer circunstância", "não são considerados normas, mas valores sociais cuja função é orientar o legislador" e "são considerados regras que precisam ser regulamentadas para sua efetividade".

No concurso para Defensor Público/RN (2015/Cespe), foram consideradas **incorretas** as afirmações: "As colisões entre regras devem ser solucionadas mediante a atribuição de pesos, indicando-se qual regra tem prevalência em face da outra, em determinadas condições" e "Tanto regras quanto princípios são normas, contudo, tão somente as regras podem ser formuladas por meio das expressões deontológicas básicas do dever, da permissão e da proibição."

7.2.3. Constituição de 1988 e normatividade dos princípios

Segundo **doutrina majoritária**, a Constituição de 1988 considera como **normas** tanto as ***regras*** quanto os ***princípios***. Daí se dizer que a atual Constituição é conjunto normativo formado por regras e princípios constitucionais.

Também na jurisprudência do **STF** não existem mais dúvidas quanto ao caráter normativo dos princípios constitucionais. Nesse sentido, ao confirmar a validade de resolução do CNJ que abolira o nepotismo no Judiciário, a Corte Suprema entendeu que tal proibição já decorria diretamente do **teor normativo** que se deve reconhecer aos **princípios constitucionais** aplicáveis ao serviço público (RE 579.951/RN). Na mesma linha, no RE 570.392/RS (Pleno), o voto-vencedor consignou que "os princípios do artigo 37, *caput*, da Constituição, sequer precisam de lei para serem obrigatoriamente observados". Ver, ainda, ADC 12/DF e Súmula Vinculante 13.

Todavia, o constituinte não trata os princípios constitucionais de modo único. Podem ser identificadas pelo menos três distintas formas sob as quais a Constituição brasileira se refere aos princípios constitucionais:

A) **Princípios como normas de linguagem vaga ou indeterminada (de "textura aberta"):** casos em que o constituinte cuida de certos princípios por meio de formulações linguísticas que não enumeram exaustivamente os fatos aos quais eles se aplicam. Exemplos: os princípios contidos no *caput* do art. 37 (legalidade, impessoalidade, moralidade, publicidade e eficiência).

B) **Princípios como normas genéricas:** hipóteses em que a Constituição se refere a princípios como normas cujo conteúdo precisa ser "densificado" por parte de outras normas ou decisões mais específicas. Exemplos: a concretização do princípio republicano previsto no *caput* do art. 1º exige outras normas que o tornem mais denso, tais como as que definem o prazo de duração dos mandatos eletivos; os princípios programáticos constantes dos artigos 205, 206, 214 e 215.

C) **Princípios como normas fundamentais:** referências da Constituição a princípios como normas por meio das quais se identificam **valores-chaves** ou **decisões fundamentais** que servem de base axiológica a direcionar o funcionamento de toda a ordem jurídica. Exemplos: os princípios contidos nos incisos do artigo 1º.

7.3. Postulados normativos?

Autores como HUMBERTO ÁVILA e EROS GRAU defendem que, além das regras e princípios, o sistema constitucional é formado ainda por ***postulados normativos***, ou seja, normas de segundo grau que regulam a aplicação das demais normas (regras e princípios).

Nesse sentido, enquanto num **primeiro grau** estariam as normas que prescrevem diretamente comportamentos considerados devidos (as ***regras***) ou então as normas que impõem a promoção de um estado ideal de coisas por meio de prescrições indiretas (os ***princípios***), num **segundo grau** figurariam os **postulados normativos**, os quais não se ocupam em descrever comportamentos nem impor otimizações de estado de coisas, porém em estruturar a aplicação das regras e princípios mediante esquemas de raciocínio e argumentação próprios. Exemplos seriam os "postulados normativos" da igualdade e da proporcionalidade.

Entretanto, parece ocioso criar um tal *tertium genus* normativo. É que a definição dada aos chamados "postulados normativos" se encaixa, perfeitamente, naquilo que a doutrina sempre definiu como **metanormas,** *i.e.*, normas cujo objeto não recai sobre comportamentos humanos, mas sobre as consequências jurídicas de outras normas. E essas metanormas podem ser tanto regras (exemplo: a regra do *caput* do art. 1º da LINDB, que estabelece prazo de *vacatio legis*) quanto princípios (isonomia, proporcionalidade), sem que exista utilidade ou necessidade em recorrer a uma "nova" definição a respeito.

POSICIONAMENTOS QUANTO AOS POSTULADOS NORMATIVOS	
Terceira espécie do gênero norma	**Metanorma**
- postulados normativos são normas de segundo grau que regulam a aplicação das demais normas (regras e princípios).	- postulados normativos não passam de *regras* ou *princípios* que se enquadram na definição já existente das metanormas, por incidirem sobre as consequências jurídicas de outras normas; - não há justificativa para uma terceira espécie de norma.

8. CONSTITUIÇÃO DE 1988 E PRINCÍPIOS FUNDAMENTAIS

Tais como as normas em geral, os princípios podem ser **explícitos** (**expressos**) ou **implícitos** (**não expressos**), a depender de existir disposição textual precisa à qual se possa imputar o respectivo significado (ver item 5 do Capítulo VII).

Os **explícitos** são de fácil localização no Texto Constitucional. Exemplo: o princípio da dignidade da pessoa humana está claramente disposto no art. 1º, III. Já os **implícitos,** embora possuam a **mesma hierarquia normativa** que os explícitos (v. item 6), **não estão previstos textualmente.** Por isso, precisam ser **deduzidos da Constituição** por meio de mecanismos adequados de interpretação. Exemplos: princípio da supremacia constitucional, da presunção da constitucionalidade das leis, da proporcionalidade, da segurança jurídica, do interesse público.

CLASSIFICAÇÃO DOS PRINCÍPIOS SEGUNDO A PREVISÃO TEXTUAL	
Princípios explícitos	**Princípios implícitos**
– obtidos de disposições expressas contidas no texto constitucional.	– não reconduzem a uma disposição determinada; – são deduzidos da constituição mediante adequados mecanismos de interpretação. – possuem a mesma hierarquia normativa dos princípios explícitos

8.1. Princípios fundamentais explícitos

Na linha de outras constituições contemporâneas, a Constituição de 1988 explicita quais são os **princípios considerados "fundamentais"** na ordem jurídica brasileira. E ela assim o faz no Título I, definindo logo de início alguns princípios que nas Constituições anteriores eram extraídos das normas esparsas, tal como as definidoras da forma de Estado, das declarações de direitos, entre outras. Contudo, essa melhor localização promovida pela atual Constituição não significa dizer que todos os princípios fundamentais estejam previstos no Título I. Grande parte deles estão dispersos em outros setores constitucionais (*v.g.*, no rol dos direitos e garantias individuais, dos direitos sociais e políticos).

Além da forma de Estado, sistema e forma de governo e o regime político adotados, são princípios fundamentais expressos os fundamentos e objetivos da República Federativa do Brasil. Diferenciando os **fundamentos** (inerentes à estrutura do Estado e do poder) e os **objetivos** do Estado brasileiro (alvos que o Estado deve buscar em suas ações, como algo a ser realizado externamente: as finalidades do Estado brasileiro), a Constituição de 1988 deles tratou em artigos distintos (arts. 1º e 3º).

Não bastasse, foram expressamente consagrados nos incisos do art. 1º alguns princípios considerados os **fundamentos do Estado brasileiro** (soberania; cidadania; dignidade da pessoa humana; valores sociais do trabalho e da livre iniciativa; e pluralismo político).

De outro lado, a Constituição traçou como **objetivos** do Estado brasileiro:

1) **no âmbito de suas relações internas (art. 3º):**

   A) construir uma sociedade livre, justa e solidária;

   B) garantir o desenvolvimento nacional;

   C) erradicar a pobreza e a marginalização e reduzir as desigualdades sociais e regionais; e

   D) promover o bem de todos, sem preconceitos de origem, raça, sexo, cor, idade e quaisquer outras formas de discriminação;

2) **no âmbito das relações internacionais gerais (incisos do art. 4º):**

   A) independência nacional;

   B) prevalência dos direitos humanos;

   C) autodeterminação dos povos;

   D) não intervenção;

   E) igualdade entre os Estados;

   F) defesa da paz;

   G) solução pacífica dos conflitos;

   H) repúdio ao terrorismo e ao racismo;

   I) cooperação entre os povos para o progresso da humanidade; e

   j) concessão de asilo político (art. 4º);

3) **no âmbito das relações internacionais com os Estados latino-americanos:**

   A) buscar a integração econômica, política, social e cultural dos povos da América Latina, visando à formação de uma comunidade latino-americana de nações.

▸ Como esse assunto foi cobrado em concurso?

No concurso para Magistratura Estadual do Estado de Minas Gerais (2004), foi considerada **correta** a seguinte assertiva: "Princípios constitucionais estruturantes são aqueles que: expressam as decisões políticas fundamentais do constituinte no que pertine à organização básica do Estado e às ideias e aos valores fundamentais triunfantes na Assembleia Constituinte."

O XI Concurso para Magistratura Federal do TRF/3ª Região continha questão: "Os fundamentos da República Federativa do Brasil são:", cuja alternativa **correta** reproduzia as alíneas do art. 1º, da CF. ("soberania, cidadania, dignidade da pessoa humana, valores sociais do trabalho e da livre iniciativa e pluralismo político.").

Enunciado semelhante teve questão elaborada para o concurso de Juiz do TRT/6ª Região (2010), mas especificamente quanto aos objetivos fundamentais da República Federativa do Brasil (art. 3º da CF).

No concurso para provimento do Cargo de Titular de Cartório do TJAM (2018/IESES), foi considerada **incorreta** a afirmação: "A República Federativa do Brasil, formada pela união indissolúvel dos Estados e Municípios e do Distrito Federal, constitui-se em Estado Democrático de Direito e tem como fundamentos a independência nacional; a defesa da paz; a dignidade da pessoa humana; os valores sociais do trabalho e da livre iniciativa; o pluralismo político."

Entre tais aspectos fundamentais da República Federativa do Brasil, destacam-se os estudados a seguir.

8.1.1. Forma de Estado

No *caput* do art. 1º, a Constituição de 1988 deu ao Estado brasileiro a ***forma federativa***. Assim, o Estado brasileiro é do tipo federal, e não há como alterar essa opção do constituinte, pois a forma federativa também foi incluída no rol das ***cláusulas pétreas*** (art. 60, § 4º, I).

Mais sobre o assunto, cf. item 4 do Capítulo I.

8.1.2. Divisão de poderes

A ideia da divisão de poderes foi considerada pela CF/88 como um dos princípios fundamentais. Diz o art. 2º: "São Poderes da União, independentes e harmônicos entre si, o Legislativo, o Executivo e o Judiciário."

Para os fins desse dispositivo, segundo JOSÉ AFONSO DA SILVA, considera-se:

A) **independência**: conjunto de prerrogativas, imunidades e garantias que cercam as atividades dos Poderes e de seus membros, garantindo-lhes autonomia organizacional, funcional e orçamentária;

B) **harmonia**: cordialidade e cortesia no trato recíproco entre os "Poderes".

No direito brasileiro, a separação dos poderes é também considerada **cláusula pétrea** (art. 60, § 4º, III). Daí, qualquer ressalva ao princípio da divisão dos poderes há de estar prevista na CF/88. Entre as exceções constitucionais, merecem ser lembradas:

i) a possibilidade de parlamentar exercer cargo de auxiliar no Executivo (Ministro de Estado, Secretário, ou chefe de missão diplomática temporária), conforme previsão do art. 56, inciso I;

ii) a faculdade concedida ao Presidente da República para editar medidas provisórias (art. 62) e leis delegadas (art. 68);

iii) o julgamento, pelo Senado, de autoridades vinculadas ao Executivo, ao Judiciário e ao Ministério Público da União, em razão da prática de crimes de responsabilidade (art. 52, I e II);

iv) a hipótese de decretação, pelo Presidente da República, do estado de defesa e de sítio (arts. 136-139);

v) a atuação do Judiciário como "legislador negativo", no controle abstrato de constitucionalidade (artigos 97; 102, I, "a" e § 1º; 103; 125, § 2º);

vi) a nomeação, pelo Presidente da República, de membros do Judiciário (*v.g.*, artigos 101, parágrafo único; 103-B, § 2º; 104, parágrafo único; *caput* dos artigos 107, 111-A, 115; artigo 119, II; art. 120, § 1º, II), condicionada à aprovação do Senado nos casos do art. 52, III, "a".

vii) a possibilidade de o STF editar súmulas vinculantes (art. 103-A).

▸ **Importante:**

Para o STF, tanto o **autogoverno** quanto a existência de espaços variáveis de **autonomia** financeira e orçamentária fazem parte da ***independência*** dos Poderes (ADI 135/PB). Com isso, não chegam a ser exceções constitucionais à divisão funcional as hipóteses de:

a) edição de decreto autônomo, pelo Presidente da República, no caso das alíneas do inciso VI do art. 84; e

b) aprovação de regimentos internos por parte dos tribunais (art. 96, I, segunda figura).

Mais sobre o assunto, cf. item 5 do Capítulo I.

▸ **Como esse assunto foi cobrado em concurso?**

No concurso para Juiz do TRF/1ª Região (2009), em questão que tratava da separação dos poderes, mais especificamente da autonomia e independência do Poder Judiciário, a seguinte alternativa foi considerada como **correta**: "Em consonância com o entendimento do STF, o Poder Judiciário pode dispor acerca da especialização de varas, desde que não haja impacto orçamentário, por se tratar de matéria inserida no âmbito da organização judiciária dos tribunais." Na mesma questão, o candidato deveria apontar como **errada** a seguinte assertiva: "Conforme entendimento do STF, a deflagração, pelo Chefe do Poder Executivo, do processo legislativo para a criação de conta única de depósitos judiciais e extrajudiciais não afronta o princípio da independência e harmonia entre os poderes, desde que o ato atribua ao Poder Judiciário a administração e os rendimentos da conta única."

Em questão elaborada para o concurso de Advogado da União (2004/Cespe), foi apontada como **errada** a seguinte assertiva: "A partir da aplicação dos princípios gerais que regem a concepção do sistema de freios e contrapesos na Constituição da República, é possível deduzir controles entre os poderes que não estejam expressos no texto constitucional".

8.1.2.1. Delegação de poderes

Relativamente à possibilidade de delegar funções, embora a Constituição de 1988 não tenha sido expressa em proibi-la como a Constituição anterior (art. 6°, parágrafo único), o art. 25 do ADCT **revogou** "todos os dispositivos legais que atribuam ou deleguem a órgão do Poder Executivo competência assinalada pela Constituição ao Congresso Nacional", especialmente no que tange a "ação normativa" e "alocação ou transferência de recursos de qualquer espécie".

Conforme a jurisprudência do STF, o Legislativo também não pode **substituir,** por **lei ordinária**, o procedimento de **delegação normativa** regulado pelo art. 68 (MC na ADI 1.296/PE).

8.1.3. Sistema de governo

Seguindo a tradição nacional do período republicano – que só foi quebrada entre 1961 a 1963 –, a Constituição de 1988 adotou o **sistema presidencialista**, embora na Assembleia constituinte houvesse grandes pressões em favor do parlamentarismo. Por isso mesmo, a questão do sistema de governo fez parte da **consulta plebiscitária** prevista no art. 2° do ADCT, razão pela qual o presidencialismo não integrou a lista das cláusulas pétreas do § 4° do art. 60. Todavia, como o povo preferiu conservar o presidencialismo, a **doutrina majoritária** entende que o **sistema de governo não pode mais ser alterado**.

Mais sobre o assunto, cf. item 7 do Capítulo I.

8.1.4. Forma de governo

Conforme o art. 1° da CF/88, o Estado brasileiro abraça a **República** como forma de governo. Reparar que, diferentemente do que fez em relação à forma do Estado brasileiro, o constituinte permitiu fosse alterada a forma de governo por meio do plebiscito previsto no art. 2° do ADCT. Daí, a forma de governo **não foi incluída** entre as **cláusulas pétreas** do § 4° do art. 60. Contudo, segundo a **doutrina majoritária**, mantida a forma republicana pela consulta popular, **não se pode mais alterá-la**.

Relativamente aos governos estaduais, distritais e municipais, a Constituição nunca autorizou se modificasse a forma republicana, como fica evidente no art. 34, VII, "a".

Mais sobre o assunto, cf. item 6 do Capítulo I.

8.1.5. Regime político

A Constituição de 1988, no parágrafo único do art. 1°, deixa clara a opção que fez pelo **regime democrático semidireto**, ao prescrever que todo "o poder emana do povo, que o exerce por meio de **representantes eleitos** ou **diretamente**, nos termos desta Constituição."

Mais sobre o assunto, cf. item 8 do Capítulo I.

8.1.6. Estado Democrático de Direito

Tipo de Estado em cujo âmbito o poder deve ser exercido juridicamente, conforme **valores democráticos**, em busca da efetiva implantação das condições necessárias ao pleno exercício dos direitos fundados na dignidade da pessoa humana.

Nitidamente inspirado no **congênere** "Estado de Direito Democrático" incluído na Constituição portuguesa em revisão feita em 1982, o Estado Democrático de Direito está previsto no *caput* do art. 1º da Constituição de 1988.

Segundo JOSÉ AFONSO DA SILVA, trata-se de **nova concepção estatal** que incorpora as principais conquistas de modelos estatais anteriormente concebidos pelo constitucionalismo moderno, mas que ainda enfatiza a necessidade da atuação concreta do Estado em prol da "justiça social".

▸ **Importante:**

Principais concepções estatais anteriores ao Estado Democrático de Direto, na ordem em que surgiram historicamente:

a) **Estado absolutista**: Estado cujo regime político permite que o poder seja exercido pelo soberano sem limitações. Confunde-se com as primeiras versões do Estado moderno;

b) **Estado de Direito:** conceito tipicamente liberal e relacionado aos Estados modernos concebidos a partir de marcos constitucionalistas. Tem por traços principais são: a submissão do poder ao império da lei; a divisão de poderes; e a enunciação e garantia dos direitos individuais;

c) **Estado Social de Direito:** expressão também conhecida como ***Welfare State***. Busca aliar, às concepções do Estado de Direito, a preocupação com a afirmação dos direitos sociais e econômicos e com o estabelecimento de uma "justiça social";

d) **Estado Democrático:** tem por novidade a incorporação do regime político democrático à ideia conceitual de Estado, de modo a afirmar a participação do povo nos mecanismos de tomada e controle das decisões do Estado.

▸ **Como esse assunto foi cobrado em concurso?**

Questão elaborada pela Escola Superior do Ministério Público do Distrito Federal e Territórios, ao afirmar que "O Estado que se sujeita ao império da lei, que realiza o princípio da igualdade e da justiça, não pela generalidade, mas pela busca da igualização dos socialmente desiguais, denomina-se:" apontou como mais adequada a alternativa com a seguinte redação "Estado democrático de direito.", tendo sido desconsideradas, pelo gabarito, as alternativas que afirmavam ser "Estado de Direito" e "Estado Social de Direito".

8.1.7. Fundamentos do Estado brasileiro

8.1.7.1. Soberania

É a base original do exercício do poder do Estado. Trata-se da característica de que se reveste o poder absoluto e originário do governo estatal, que o exercita, em nome do povo, com independência e na forma da respectiva ordem normativa. Deve ser ***una, indivisível, inalienável*** e ***imprescritível***.

No *plano interno*, a soberania **não encontra limites jurídicos**. Mas há quem sustente seja restringida pelos princípios do *direito natural* (leis eternas e imutáveis, decorrentes da própria natureza humana e da ordem universal) ou ainda pelo *direito grupal* (padrões morais sob os quais se organizam grupos sociais menores, como a família, a escola, o sindicato).

No *plano internacional*, a soberania **encontra limites** no ***princípio da coexistência pacífica das soberanias estatais***.

Sobre o assunto, a jurisprudência do STF entende que:

A) sob pena de vulnerar a soberania do Estado estrangeiro, a Corte não pode, em **processo de extradição,** "avaliar o mérito dos elementos formadores da prova, inclusive a autoria e a materialidade dos delitos cometidos" (Extradição 853/Paraguai), nem determinar a aplicação de institutos penais brasileiros como a continuidade delitiva (Extradição 542/EUA);

> **▸ Atenção!**
> O STF passou a condicionar a extradição de preso condenado à **prisão perpétua** à prévia assunção, por parte do Estado estrangeiro, do compromisso de **comutar a pena,** em outra não superior à duração máxima admitida na lei penal brasileira (Extradição 855/Chile). Além disso, a Corte impede a extradição de pessoa condenada à **pena de morte**, a menos que o Estado estrangeiro, "previamente, assuma o compromisso formal de **comutar**, em pena privativa de liberdade, a pena de morte, **ressalvadas**, quanto a esta, **as situações em que a lei brasileira** — fundada na Constituição Federal — **permitir** a sua aplicação, caso em que se tornará dispensável a exigência de comutação." (Extradição 633/China);

B) é absoluta a **imunidade** do Estado estrangeiro à **jurisdição executória,** salvo se a ela renunciar o próprio Estado beneficiário da imunidade (AgRg na ACO 524/SP e AgRg na ACO 543/SP);

> **▸ Atenção!**
> Esse privilégio da imunidade da jurisdição executória não inibe a jurisdição brasileira quanto à fase de conhecimento dos processos trabalhistas instaurados contra Estados estrangeiros (v. STF, Pleno, AgRg no RE 222.368/PE).
> Mais sobre o assunto, cf. item 3.3.1 do Capítulo I.

8.1.7.2. Cidadania

Tem definição estreitamente conectada com a noção da titularidade de direitos políticos e da soberania popular. Como explica LORA ALARCÓN (2007, p. 51), o conceito histórico de cidadania deriva do "latim *civis* – *civita* (homem livre – cidade) e *activa civitatis* (ação do homem livre na cidade e Estado), que originalmente designa a situação ou condição do indivíduo ligado ao regime político, consubstanciada na qualidade de vincular-se juridicamente à vida do Estado desde o momento da sua constituição e participar da direção da sociedade política."

Porém, o conceito contemporâneo de cidadania não se restringe só a essa acepção original. Atualmente – prossegue LORA ALARCÓN –, "além de mera condição formal, a cidadania está **atrelada à dignidade da pessoa humana** para indicar um conjunto de práticas que outorgam ao indivíduo a qualidade de componente ativo da sociedade à qual pertence, tendo acesso sem discriminações aos recursos elementares para o exercício de direitos e obrigações." (2007, p. 51).

Também segundo JOSÉ AFONSO DA SILVA, o artigo 1º da Constituição deu à cidadania uma **conotação mais ampla** que a tradicional, para reconhecer o indivíduo como pessoa integrada na sociedade estatal. Nesse sentido, por exemplo, a fim de remover obstáculos ligados à obtenção e ao gozo da qualidade de cidadão, o constituinte assegurou a obtenção gratuita, aos reconhecidamente pobres, do registro de nascimento e da certidão de óbito (art. 5º, LXXVI), bem como o ajuizamento também gratuito do *habeas corpus* e do *habeas data*, e ainda autorizou que o legislador instituísse gratuidade em relação "aos atos necessários ao exercício da cidadania (art. 5°, LXXVII).

Por outro lado, segundo o STF, "é dever de cidadania opor-se à ordem ilegal", até porque a ninguém se pode exigir o cumprimento de "ordem ilegal, ou a ela se submeter, ainda que emanada de autoridade judicial" (HC 73.454/RJ).

8.1.7.3. Dignidade da pessoa humana

Valor supremo que, dentro da ordem constitucional, **congrega todos os direitos fundamentais do homem** (JOSÉ AFONSO DA SILVA). Princípio positivado na grande maioria das constituições contemporâneas, assume o papel tanto de ***valor-fonte***, a partir do qual filosoficamente surgem os demais direitos fundamentais correlacionados, quanto de ***valor-nuclear*** ao redor do qual gravitam tais direitos fundamentais.

A primeira codificação de normas ligadas à dignidade da pessoa humana pode ser atribuída ao **Cilindro de Ciro** (539 a.C.), um artefato cilíndrico de argila, com impressões em baixo relevo, no qual foi publicado decreto de Ciro II, o rei da Pérsia que permitira a povos exilados na Babilônia retornarem para seus países de origem, além de garantir certa liberdade de religião.

Já a formulação clássica da dignidade da pessoa humana é creditada a KANT, em razão do livro "Fundamentação da Metafísica dos Costumes" (1785). Para KANT, diferentemente de uma coisa que tenha um preço ou que possa ser substituída por outra que lhe equivalha, os seres racionais estão **acima de todo o preço** e não permitem equivalentes. Por isso, são dotados de um "valor íntimo", e não meramente de um preço relativo, denominado **dignidade**. De modo que nenhum ser racional deveria jamais tratar a si próprio "ou aos outros simplesmente como meios, mas sempre simultaneamente como fins em si" (2007, p. 76-77).

Impossível, contudo, obter definição precisa do que seja *dignidade da pessoa humana* sem alguma perda do caráter atemporal e transcendente que o termo evoca. Daí ser melhor pensar a dignidade humana não como uma definição jurídica, mas como um ***status* a ser juridicamente protegido**. Assim o direito constitucional pode receber todos os aportes teóricos que surjam a respeito do tema nas mais diversas áreas do conhecimento humano, notadamente a filosofia, a antropologia e a sociologia.

Para DANIEL SARMENTO (2016, p. 327), o "conteúdo fundamental do princípio da dignidade da pessoa humana na ordem brasileira abrange quatro componentes: ***valor intrínseco da pessoa, autonomia, mínimo existencial*** e ***reconhecimento***." Para SARMENTO, o **valor intrínseco da pessoa** identifica-se com a mencionada visão kantiana, segundo a qual o ser humano não pode ser visto como meio, senão como fim em si. A **autonomia** envolve tanto direito de fazer as escolhas de vida e de agir de acordo com elas (autonomia privada) quanto o direito de participar na formação da vontade coletiva da comunidade política (autonomia pública). O **mínimo existencial** diz com a garantia das condições materiais básicas para a vida digna (ver item 15.2.3 da Parte III). Já o **reconhecimento** tem a ver com o *direito ao igual respeito da identidade pessoal*, o que envolve a vedação da imposição de barreiras a prejudicar o gozo de direitos universais por parte de grupos estigmatizados de pessoas, bem como medidas específicas que visem a valorizar as diferenças e a atender necessidades particulares dessas pessoas, incluindo políticas de ações afirmativas.

A proteção à dignidade da pessoa humana passa pelo reconhecimento de que o indivíduo é o objetivo primacial da ordem jurídica. Envolve tanto a repulsa às práticas que coloquem a pessoa em posição de desigualdade perante as demais quanto as que acabem por desconsiderar o ser humano como pessoa, seja reduzindo-o ou assemelhando-o à condição de "coisa", seja privando-o dos meios minimamente necessários à subsistência com dignidade.

Na jurisprudência alemã, é paradigmático julgamento da Corte Constitucional, de 2006, em que declarada a inconstitucionalidade de dispositivo legal que permitiria à Força Aérea abater aeronaves comerciais sequestradas e que pudessem ser usadas como arma para fins terroristas. Entendeu-se que a norma legal era incompatível com o direito à vida e à dignidade humana, pois transformava as vítimas do sequestro (passageiros e tripulantes) em "objetos", não apenas dos terroristas, mas também da parte do Estado, que não detém autoridade para matar inocentes. Assim, mesmo que a pretensão da norma fosse permitir que o sacrifício de inocentes pudesse salvar número maior de outras vidas, as vítimas do sequestro não deveriam ser reduzidas a meras "coisas", à mercê do poder estatal.

Segundo o STF, **ferem** a dignidade da pessoa humana, por exemplo:

A) o oferecimento de **denúncia-crime genérica**, que não descreve os fatos na sua devida conformação (HC 84.409/SP);

B) a mera instauração de inquérito, quando **evidente a atipicidade da conduta** (HC 82.969/PR);

C) a **duração prolongada, abusiva** e **irrazoável** da **prisão cautelar** (HC 85.988/PA, HC 85.237/DF, HC 86.360/PR e HC 142.177/RS);

D) a manutenção, em prisão comum, do **preso idoso** acometido de **doença grave** e que exija cuidados especiais, os quais não podem ser fornecidos no local da custódia ou em estabelecimento hospitalar adequado (HC 83.358/SP e RHC 94.358/SC);

E) a **coercitiva coleta de material para exame sanguíneo de DNA** (HC 71.373/RS);

F) a instauração de procedimento criminal **originada de documento apócrifo**, *i.e.*, de **autoria anônima** (HC 84.827/TO);

G) o uso de **algemas** e a **manutenção de acusado algemado**, durante audiência criminal, sem que haja risco de resistência ou fundado receio de fuga, nem perigo à integridade física de alguém (HC 91.952/SP e Súmula Vinculante 11);

H) a **interpretação rígida do caráter taxativo da prisão domiciliar** prevista pelo art. 117 da LEP, em detrimento de condenado a pena **em regime aberto**, mas cujo cumprimento ocorria em estabelecimento com "precárias condições de higiene", em casa de albergado com excesso de lotação e que implicava falta de "separação entre condenados que cumprem pena em regime semiaberto e aberto" (HC 95.334/RS, 1ª Turma);

I) o cumprimento de pena em regime mais severo que o determinado na sentença, mesmo quando não houver estabelecimento prisional adequado (RE 641.320/RS, Plenário);

J) autorizar o cancelamento de registro civil de paternidade em hipótese na qual já tenha falecido a pessoa que se declarara o pai (AgRg no RE 708.130/RS, 1ª Turma);

K) a desigualdade na atribuição de direitos sucessórios entre pessoas casadas e as que mantêm união estável (RE 646.721/RS, Plenário, j. em 10-5-2017);

L) a omissão do Estado-membro em implementar medidas que assegurem o direito à saúde a portadores de transtornos mentais, "seja da perspectiva do fornecimento de medicamentos essenciais ao seu tratamento, seja no que diz respeito à estrutura física e organizacional necessárias à consecução dos objetivos previstos pelo legislador constitucional e também pelo ordinário ao editar a Lei 10.216/2001" (AgRg na ACO 1.472/PA, Plenário, j. em 1º-9-2017);

M) o deferimento de extradição requerida por Estados totalitários (no caso, a China), "que desprezam, por força de sua natureza mesma, direitos fundamentais titularizados pela pessoa humana" (voto vencedor do Min. CELSO DE MELLO na Ext. 1.424/DF, 2ª Turma, j. em 20-10-2020).

Todavia, como acentuou DANIEL SARMENTO, no "âmbito jurisdicional, tem também ocorrido no Brasil certa banalização do princípio da dignidade humana, utilizado por vezes de modo forçado e sem fundamentação suficiente. A dignidade figura com frequência nas decisões de forma meramente retórica e ornamenta, como que buscando lhes conferir um tom supostamente mais humanista ou politicamente correto" (2016, p. 324). Porém, para VIRGÍLIO AFONSO DA SILVA, não se trata de "um fenômeno apenas brasileiro. Em outros países, a garantia da dignidade humana tem também servido como um recurso universal para a solução de problemas jurídicos que poderiam ser resolvidos com recurso a outros direitos" (2014, p. 195). E há um grande risco nisso daí. Como adverte o mesmo VIRGÍLIO AFONSO DA SILVA, "com o passar do tempo, quanto mais se recorre a um argumento sem que ele seja necessário, maior é a chance de uma banalização de seu valor. É o que vem ocorrendo com a dignidade humana" (*idem*).

▸ **Como o STF já enfrentou a questão:**

A) "Os arranjos familiares alheios à regulação estatal, por omissão, não podem restar ao desabrigo da proteção a situações de pluriparentalidade, por isso que merecem tutela jurídica concomitante, para todos os fins de direito, os vínculos parentais de origem afetiva e biológica, a fim de prover a mais completa e adequada tutela aos sujeitos envolvidos, ante os princípios constitucionais da dignidade da pessoa humana (art. 1º, III) e da paternidade responsável (art. 226, § 7º)." (RE 898.060/SC, Pleno.)

B) "A 'escravidão moderna' é mais sutil do que a do século XIX e o cerceamento da liberdade pode decorrer de diversos constrangimentos econômicos e não necessariamente físicos. Priva-se alguém de sua liberdade e de sua dignidade tratando-o como coisa e não como pessoa humana, o que pode ser feito não só mediante coação, mas também pela violação intensa e persistente de seus direitos básicos, inclusive do direito ao trabalho digno. A violação do direito ao trabalho digno impacta a capacidade da vítima de realizar escolhas segundo a sua livre determinação. Isso também significa 'reduzir alguém a condição análoga à de escravo'." (Inq 3.412/AL, Pleno.)

C) Em voto vencedor na ADO 26/DF, o Min. CELSO DE MELLO entendeu que "o gênero e a orientação sexual constituem elementos essenciais e estruturantes da própria identidade da pessoa humana e integram uma das mais íntimas e profundas dimensões de sua personalidade" (*Inf.* 931/2019). Conforme o mesmo voto, a "configuração de atos homofóbicos e transfóbicos como formas contemporâneas do racismo objetiva preservar a incolumidade dos direitos da personalidade, como a essencial dignidade da pessoa humana."

D) Com fundamento nos princípios da dignidade da pessoa humana, da personalidade, da intimidade, da isonomia, da saúde e da felicidade, bem como na respectiva convivência desses princípios em face dos princípios da publicidade, da informação pública, da segurança jurídica, da veracidade dos registros públicos e da confiança, o STF aprovou a seguinte tese de repercurssão geral (Tema 761): "i) O transgênero tem direito fundamental subjetivo à alteração de seu prenome e de sua classificação de gênero no registro civil, não se exigindo, para tanto, nada além da manifestação de vontade do indivíduo, o qual poderá exercer tal faculdade tanto pela via judicial como diretamente pela via administrativa; ii) Essa alteração deve ser averbada à margem do assento de nascimento, vedada a inclusão do termo 'transgênero'; iii) Nas certidões do registro não constará nenhuma observação sobre a origem do ato, vedada a expedição de certidão de inteiro teor, salvo a requerimento do próprio interessado ou por determinação judicial; iv) Efetuando-se o procedimento pela via judicial, caberá ao magistrado determinar de ofício ou a requerimento do interessado a expedição de mandados específicos para a alteração dos demais registros nos órgãos públicos ou privados pertinentes, os quais deverão preservar o sigilo sobre a origem dos atos" (RE 670.422/RS).

E) "Autorizar que se viabilize o cancelamento de registro civil por inexistência de filiação, no caso em que o declarante foi o próprio pai, falecido desde 2007, ofende, entre outros princípios, o da dignidade da pessoa humana" (AgRg no RE 708.130/RS).

▸ **Como esse assunto foi cobrado em concurso?**

Em questão elaborada para o concurso de Procurador do Banco Central do Brasil (2006/Cespe), realizado pelo Cespe, diante da afirmação de que "O princípio da isonomia deflui, em termos conceituais, de um dos fundamentos constitucionalmente expressos da República Federativa do Brasil e que é a:" foi considerada como **correta** a alternativa que apresentava o como fundamento a dignidade da pessoa humana.

8.1.7.3.A. "Status" normativo superior?

O item 1 do art. 1º da Constituição alemã proclama que a dignidade da pessoa humana é "inviolável". Daí surgirem as teses a defender que a dignidade da pessoa humana é princípio hierarquicamente superior aos demais. Nesse sentido, o próprio **STF** já considerou, por exemplo, que a dignidade da pessoa humana "sempre será **preponderante**, dada a sua condição de princípio fundamental da República" (1ª Turma, HC 83.358/SP), bem como que a inclusão da dignidade humana entre os princípios fundamentais revela que a Constituição lhe dá preponderância em relação a outros princípios constitucionais (Pleno, HC 79.512/RJ).

No entanto, ainda que a dignidade da pessoa humana seja mesmo o princípio ao redor do qual gravitam os outros princípios ligados aos direitos fundamentais, **não há aí relação de preponderância necessária nem hierarquia entre eles**. Afinal, não se reconhecem hierarquias normativas *a priori* entre princípios igualmente constitucionais. Do ponto de vista jurídico, trata-se de normas provenientes de idêntica fonte, todas pertencentes a um mesmo sistema normativo desprovido de hierarquias internas, sem que se lhes possa atribuir a uma delas maior supremacia normativa. (Sobre a rejeição à tese de BACHOF acerca da existência de normas constitucionais "fortes" e "fracas", v. item 2.3 do Capítulo IV. Sobre o tema da constituição como sistema normativo sem hierarquia interna, v. item 6 do Capítulo VI.)

Nessa linha, para DÍAZ REVORIO – referindo-se ao direito espanhol –, embora a dignidade da pessoa humana possua "certa prioridade sobre os valores restantes", não cabe deduzir "uma superioridade hierárquica no plano jurídico, pois não parece que a Constituição estabeleça critérios suficientes para isso" (1997, p. 253).

Assim, a preponderância que se costuma atribuir à dignidade da pessoa é do tipo axiológica (valorativa) ou mesmo filosófica, e não propriamente jurídico-normativa, sob pena de transformar o princípio em algo absoluto, prevalecente em quaisquer casos, o que daria margens a absurdos (v. item 8.5.1 da Parte III).

Melhor concordar, portanto, com autores como ALEXY, segundo os quais é "inaceitável" conceder a algum princípio, mesmo o da dignidade da pessoa humana, um caráter assim juridicamente absoluto. Conforme INOCÊNCIO MÁRTIRES COELHO (1997, p. 84), o valor da dignidade da pessoa humana é importante, "porque a pessoa é o valor-fonte de todos os valores", mas não se pode daí extrair uma hierarquia entre os diversos valores constitucionais. No mesmo sentido, para DANIEL SARMENTO (2016, p. 327), o "princípio da dignidade da pessoa humana não é absoluto", porém tem "amplíssimo raio de incidência". Assim, "quando a dignidade humana está realmente implicada num caso, ela assume peso extremamente elevado em potenciais ponderações com interesses conflitantes".

> **Interessante:**
>
> Para ALEXY (2001, p. 106-108), a dignidade da pessoa remete a uma "norma", que tanto pode ser um *princípio* quanto uma *regra*. Para ele, a dignidade da pessoa humana, vista como princípio, pode ser livremente ponderada em face de outros princípios. Porém, ela pode ser vista também como uma regra, como se consegue demonstrar por meio dos casos em que a dignidade da pessoa é relevante e não se pergunta se precede ou não a outras normas, mas apenas se é simplesmente violada ou não. Assim, "se ao nível dos princípios *precede* a dignidade da pessoa humana, então, ao nível das regras, a dignidade da pessoa humana é lesionada" (2001, p. 108).

Com efeito, a dignidade de pessoa humana, princípio que é, não deixa de admitir **ponderação relativamente a outros princípios**, ainda que seu peso valorativo (axiológico) lhe permita preponderar na maior parte dos casos. Essa questão da relatividade do princípio se explica pelo **caráter dúplice** da dignidade da pessoa humana. Com efeito, paralelamente, convivem tanto a ***concepção estática*** quanto a ***concepção dinâmica*** de dignidade humana. E somente no âmbito da **primeira concepção** é que a dignidade da pessoa humana possui núcleo irredutível e invariável de indivíduo para indivíduo, de modo que a todos deve ser garantido um *status* mínimo de dignidade, independentemente da origem, credo, raça, sexo, condição social. Já pela **segunda concepção**, determinados fatores podem justificar uma relativização da dignidade humana, desde que preservado o núcleo mínimo garantido pela concepção estática. Isso explica por que, a despeito de a liberdade de locomoção fazer parte da dignidade humana em geral, o Estado pode encarcerar o indivíduo que tenha afrontado valores igualmente relevantes, muito embora esse encarceramento deva preservar, tanto quanto possível, a dignidade da pessoa presa.

Mais sobre o assunto, bem como acerca do caráter relativo do princípio da dignidade da pessoa humana, v. item 8.5.1 da Parte III.

▸ **Como o STF enfrentou o tema:**

No RE 778.889/PE, o voto vencedor do Min. BARROSO, com base no art. 227 da CF/88 (que prescreve "absoluta prioridade" de tratamento "à criança, ao adolescente e ao jovem"), entendeu que a Constituição estabeleceu a "precedência em abstrato e 'prima facie' dos direitos dos menores, em caso de colisão com outras normas".

▸ **Como esse assunto foi cobrado em questões dissertativas de concurso?**

No concurso para Juiz Federal (TRF1ª/2009), foi solicitado que o candidato dissertasse "sobre o tema dignidade da pessoa humana, desenvolvendo, necessariamente e na sequência proposta, os seguintes tópicos: (i) dignidade da pessoa humana como concepção filosófica e moral; (ii) pessoa humana como sujeito e objeto de direitos (aporia?); (iii) marcos de maior repercussão na trajetória histórica desse tema; (iv) dignidade da pessoa humana como concepção humanista e sua inserção nos documentos constitucionais do século XX; (v) significado desse princípio no contexto da ordem jurídica; (vi) princípio fundamental da dignidade da pessoa humana segundo a ordem jurídico-constitucional brasileira; (vii) dignidade da pessoa humana e direitos fundamentais; (viii) dignidade da pessoa humana como garantia negativa; (ix) papel da jurisprudência em face do tema".

8.1.7.4. Valores sociais do trabalho e da livre iniciativa

Representam a base da construção e desenvolvimento do Estado, e, por isso, também servem de **fundamento da ordem econômica** prevista na Constituição (art. 170).

Para o STF, porém, o princípio da liberdade de iniciativa ***não*** pode ser invocado para: (a) "afastar regras de regulamentação do mercado e de defesa do consumidor" (RE 349.686/PE); (b) impedir a fixação de horário de funcionamento de estabelecimento comercial por parte dos Municípios (AgRg no AI 481.886/SP; Súmula 645 do STF); (c) permitir que empresa privada explore o serviço de transporte rodoviário interestadual de passageiros sem autorização, concessão ou permissão da União (RE 214.382/CE); ou (d) invalidar a repressão ao aumento arbitrário dos lucros feita por lei que regule a política de preços de bens e de serviços (ADI 319/DF).

8.1.7.5. Pluralismo político

Fundamento de conteúdo essencial para a livre participação popular (princípio democrático). Trata-se de cláusula a legitimar a **diversidade** não só dos múltiplos partidos políticos como também de todos os vários setores organizados e com interesses específicos em face do Estado (CELSO RIBEIRO BASTOS). É também a base da manifestação dos interesses coletivos e difusos (KILDARE GONÇALVES).

Conforme jurisprudência do STF, afrontam o pluralismo político, por exemplo, as normas que condicionam o número de candidatos a cargo eletivo ao número dos representantes que o respectivo partido político mantenha na Câmara Federal (MC na ADI 1.355/DF).

8.1.8. Objetivos do Estado brasileiro

Boa parte da doutrina diz fazer parte dos elementos do Estado um **conteúdo finalístico**, geralmente identificado com a realização do bem-comum. Nesse sentido, o Preâmbulo da Constituição afirma o compromisso dos membros da Assembleia Constituinte com a instituição de um "Estado Democrático, destinado a assegurar o exercício dos direitos sociais e individuais, a liberdade, a segurança, o bem-estar, o desenvolvimento, a igualdade e a justiça como valores supremos de uma sociedade fraterna, pluralista e sem preconceitos, fundada na harmonia social e comprometida, na ordem interna e internacional, com a solução pacífica das controvérsias".

Já no corpo da Constituição, foram explicitados os seguintes **objetivos da República Federativa do Brasil**:

A) *construir uma sociedade livre, justa e solidária;*

B) *garantir o desenvolvimento nacional;*

C) *erradicar a pobreza e a marginalização e reduzir as desigualdades sociais e regionais; e*

D) *promover o bem de todos, sem preconceitos de origem, raça, sexo, cor, idade e quaisquer outras formas de discriminação.*

8.1.9. Princípios reguladores da atuação do Estado brasileiro nas relações internacionais

Projeção, na ordem internacional, dos **fundamentos** e **objetivos** do Estado brasileiro, representam a postura da República Federativa do Brasil em face de suas relações externas.

Foram arrolados pelo constituinte no artigo 4º os seguintes princípios:

A) *independência nacional;*

B) *prevalência dos direitos humanos;*

C) *autodeterminação dos povos;*

D) *não intervenção;*

E) *igualdade entre os Estados;*

F) *defesa da paz;*

G) *solução pacífica dos conflitos;*

H) *repúdio ao terrorismo e ao racismo;*

I) *cooperação entre os povos para o progresso da humanidade;*

J) *concessão de asilo político.*

Mais detidamente sobre o **asilo político**, o Brasil tem longa tradição em concedê-lo a estrangeiros perseguidos pelos mais diferentes motivos (políticos, étnicos, religiosos). Trata-se de **ato da soberania nacional** incluído entre as atribuições discricionárias do Presidente da República.

Sobre o assunto, a Lei 13.445/2017 (Lei de Migração), que revogou antigo Estatuto do Estrangeiro (Lei 6.815/80), dispõe que o "asilo político, que constitui ato discricionário do Estado, poderá ser diplomático ou territorial e será outorgado como instrumento de proteção à pessoa" (art. 27). A mesma legislação remete ao regulamento as condições de concessão e de manutenção do asilo. Porém, já proíbe conceder "asilo a quem tenha cometido crime de genocídio, crime contra a humanidade, crime de guerra ou crime de agressão, nos termos do Estatuto de Roma do Tribunal Penal Internacional" (art. 28). Ademais, prescreve que a "saída do asilado do País sem prévia comunicação implica renúncia ao asilo" (art. 29).

Por outro lado, não há confundir **asilo** com **refúgio**. Embora se trate de institutos de caráter humanitário, a concessão de "refúgio" a alguém é ato declaratório, sempre precedido do reconhecimento de que a pessoa preenche requisitos previamente definidos em normas de direito internacional ou em leis nacionais. No Brasil, por exemplo, a Lei 9.474/97 considera refugiado todo aquele que tenha fundado temor de perseguição por motivos de raça, religião, nacionalidade, grupo social ou opiniões políticas. Já o asilo é outorgado por ato constitutivo e discricionário a envolver a própria soberania do Estado. Prescinde, portanto, de motivação ou explicações.

> ▸ **Atenção!**
> Por causa dessas diferenças, a condição do asilado é mais frágil que a do refugiado, pois a concessão e a manutenção do asilo dependem apenas da conveniência e oportunidade definidas discricionariamente pelo Chefe do Estado.

8.2. Princípios implícitos fundamentais

Óbvio que o constituinte não identificou quais são os princípios implícitos que considera mais importante. Todavia, pela importância que possuem, bem como pela repercussão que geram no funcionamento do restante da ordem jurídica, é possível listar alguns dos princípios implícitos que a doutrina enfatiza com frequência.

8.2.1. Princípio da supremacia constitucional

Princípio segundo o qual as normas da constituição têm **preponderância** em face das demais normas jurídicas pertencentes ao mesmo ordenamento jurídico.

Divide-se em:

A) ***supremacia material:*** caráter valorativo superior creditado às normas que tratam de matérias constitucionais; e

B) ***supremacia formal:*** qualidade que se reconhece às normas das constituições formais e dos demais documentos normativos aos quais se atribui *status* normativo superior.

A **supremacia material** radica no maior valor e respeito que as normas constitucionais devem inspirar por parte do povo e dos poderes instituídos, independentemente da forma especial com que tenham sido promulgadas. Baseia-se, portanto, no caráter axiológico superior das normas que versam sobre "matérias constitucionais", e não no caráter superior do poder que as promulga. É o único tipo de supremacia a revestir as constituições flexíveis, cujas normas são produzidas por órgãos ordinários de poder, sem que se reconheça a existência de um poder constituinte.

Já a **supremacia formal** tem por base a teoria de que a constituição provém de modalidade de poder superior (poder constituinte). Foi explicada por KELSEN como sendo a particular relação de supra e infraordenação em que se encontram as normas dentro da ordem jurídica, figurando a constituição como a respectiva norma fundamental. Nesse sentido, diferentemente das constituições de sentido apenas material (flexíveis), as constituições assim identificadas como documentos solenemente promulgados por poder superior assumem automática **supremacia** normativa dentro da ordem jurídica.

▸ **Importante:**

Relação necessária entre supremacia formal e rigidez constitucional? Boa parte da doutrina costuma condicionar a supremacia formal das constituições à presença de mecanismos de rigidez constitucional. Contudo, a supremacia formal decorre do simples reconhecimento do caráter superior atribuído ao poder responsável pela promulgação das normas formalmente constitucionais. De modo que, se estas colidirem com normas de outra espécie, haverão sempre de prevalecer, de acordo com o critério *lex superior derogat inferiori*, a despeito tanto da inexistência de mecanismos de rigidez constitucional quanto da data em que promulgadas.

A negativa dessa relação necessária serve ainda para explicar a supremacia formal das normas constitucionais produzidas pelo chamado **poder constituinte difuso**, tais como as normas decorrentes de mutações, convenções e costumes constitucionais.

Nos países que adotam constituições formais, convivem os princípios tanto da supremacia formal quanto da supremacia material das normas constitucionais. No **Brasil**, todavia, é **fraca** a **supremacia material** da Constituição, já que não se costuma devotar respeito por normas constitucionais em razão apenas do conteúdo que possuam.

São **garantias** da observância do princípio da supremacia constitucional em sentido formal:

A) técnicas de **rigidez constitucional**;

B) instrumentos de **controle de constitucionalidade**; e

C) regimes jurídicos de **depreciação dos atos inconstitucionais**.

> ▸ **Supremacia formal e normas modificativas das constituições.**
> Quando validamente produzidas, as normas que modificam as constituições formais também adquirem supremacia normativa (supremacia formal, portanto) em relação às demais normas do ordenamento jurídico. A **mesma supremacia** alcança as normas produzidas pelo chamado **poder constituinte difuso** (normas decorrentes de **mutações**, **convenções** e **costumes constitucionais**), que igualmente prevalecem, segundo critérios hierárquicos (*lex superior derogat inferiori*), em face das normas infraconstitucionais, ainda que estas sejam mais recentes.

8.2.2. Princípio da segurança jurídica

Diz com a **proteção da confiança** das pessoas na **estabilidade das relações** jurídicas. Está previsto expressamente no *caput* do art. 5º. Porém, como essa previsão é por demais genérica, costuma ser extraído, implicitamente, de série de outros dispositivos constitucionais, tais como do princípio do Estado Democrático de Direito (*caput* do art. 1º), do princípio da legalidade (arts. 5º, inciso II, e 150, I), do princípio da não retroatividade das leis (arts. 5º, XXXVI, 16, 150, III, e 195, § 6º), bem assim do princípio da inafastabilidade do Poder Judiciário (art. 5º, XXXV).

Envolve ainda aspectos ligados ao **devido processo** (legislativo, administrativo e judicial), pois a segurança jurídica alcança também o dever de redigir atos estatais que atinjam particulares com a máxima clareza e mínima imprecisão possíveis.

Alguns autores chegam até a sustentar, com base nesse princípio, a **teoria da *proibição de retrocesso***, ou seja, a impossibilidade jurídica de se retroceder, em maior ou menor grau, na disciplina relativa à implementação de direitos fundamentais. (Ver item 5.4 da Parte III.)

8.2.3. Princípio da presunção da constitucionalidade dos atos do Poder Público

Princípio conforme o qual a inconstitucionalidade dos atos do Poder Público só pode ser declarada pela **autoridade competente** e **após superados todos os fundamentos em sentido contrário**.

Tem por finalidades: (a) otimizar e proteger a eficácia dos atos do Poder Público; (b) obter o maior grau de certeza e predeterminação do direito; (c) delimitar a competência institucional para julgar a validade dos atos estatais; e (d) evitar que a obrigatoriedade dos atos do Poder Público fique à mercê de prévia conferência por parte, seja dos que devam cumpri-los, seja dos que podem controlá-los.

Foi originalmente concebido no **direito norte-americano** a partir das teorias acerca da **divisão de poderes**. Baseia-se no raciocínio: tanto o legislador quanto o administrador devem obediência à constituição e possuem "igual dignidade política" que os membros do Judiciário. Logo, embora competentes para realizar controle de constitucionalidade, os órgãos judiciais têm **dever institucional** de respeitar o trabalho executado pelos demais poderes, presumindo a validade dos atos daí produzidos. Assim, a inconstitucionalidade só pode ser declarada se afastadas todas as "dúvidas razoáveis" (*reasonable doubts*) em sentido contrário.

No direito constitucional brasileiro, o **princípio é deduzido**, em especial, a partir de preceitos que regulam o processo legislativo, incluindo a previsão de veto por motivo de inconstitucionalidade (art. 66, § 1º), bem como das disposições que instituem a cláusula de reserva de plenário (art. 97) e a necessidade da atuação do Advogado-Geral da União na defesa de leis e atos normativos questionados em ação direta de inconstitucionalidade (art. 103, § 1º).

Por outro lado, ensinou LÚCIO BITTENCOURT (1997, p. 115), "não se pode presumir que o Parlamento, mesmo iluminado por suas comissões técnicas, haja procurado respeitar as normas constitucionais ainda inexistentes e só mais tarde elaboradas." Assim, a constitucionalidade das normas só se presume em relação à constituição vigorante no momento em que foram promulgadas (PERTENCE, 1992). Referida presunção deixa de subsistir a contar da data de entrada em vigor de uma constituição superveniente, o que torna desnecessária a aplicação da cláusula de reserva de plenário (BERNARDES, 2004a). (Ver item 3 do Capítulo III da Parte II.)

Como qualquer **presunção jurídica**, é mecanismo que define a tomada de posições, impedindo que a decisão fique bloqueada por causa de eventuais dificuldades que poderiam surgir das tentativas de resolver todas as controvérsias acerca da compatibilidade constitucional de algum ato.

Entretanto, não se trata de presunção absoluta (*iuris et de iure*), senão **relativa** (*iuris tantum*). Assim, sempre que **afastados** todos os **argumentos** e "**dúvidas razoáveis**" levantados em torno da constitucionalidade da norma, é **dever** do órgão competente reconhecer a **inconstitucionalidade**, fazendo prevalecer a supremacia constitucional em detrimento do ato inferior.

Ainda por força do mesmo princípio, o "juiz deve abster-se de se manifestar sobre a constitucionalidade, toda vez que, sem isso, possa julgar a causa e restaurar o direito violado" (BITTENCOURT, 1997, p. 116). Quer dizer: o Judiciário tem de evitar discussões que gerem dúvidas quanto à constitucionalidade dos atos normativos. Daí, só deve declarar a inconstitucionalidade de atos normativos quando não puder resolver a causa com base em outros fundamentos. (Sobre as restrições que o princípio gera em matéria de declaração de inconstitucionalidade *ex officio*, v. item 4 do Capítulo III da Parte II.)

> ▸ **Importante:**
>
> A lição de BITTENCOURT acima mencionada retrata a doutrina da "abstenção constitucional" ("constitucional avoidance"). Concebida pela Suprema Corte norte-americana a partir de 1833, essa doutrina determina que os tribunais não devem ingressar em questões constitucionais se o caso admitir resolução baseada em outros tipos de parâmetro (fundamentos extraconstitucionais).

Equivocado, contudo, sustentar que a inconstitucionalidade não possa ser declarada em **decisões provisórias**, tal como nas tutelas de urgência. Se o juiz, já liminarmente, não tiver dúvidas quanto à inconstitucionalidade, deverá suspender a eficácia do ato questionado, sob pena de ferir o princípio da supremacia constitucional.

Também nos tribunais, a inconstitucionalidade pode ser reconhecida liminarmente, embora com observância da cláusula de **reserva de plenário.** Ainda assim, em casos de extrema urgência ou perigo de lesão grave, será possível a suspensão liminar da eficácia de atos normativos inconstitucionais por meio de **decisões monocráticas** (vide, por exemplo, Lei 9.882/99, art. 5º, § 1º). Como já decidiu o STF em acórdão relatado pelo Min. GILMAR MENDES, "a 'presunção de constitucionalidade das leis' não obsta a adoção de providências cautelares, desde que atendidos os requisitos próprios" (AgRg em MC na AC 663/RJ, 2ª Turma).

É também em razão do princípio da presunção de constitucionalidade que os órgãos administrativos, via de regra, não dispõem de competência para declarar a inconstitucionalidade de leis ou atos normativos (v. item 2.1 do Capítulo II da Parte II).

> ▸ **Importante:**
>
> Uma vez rompida a presunção em favor da validade de alguma norma, seja (a) pela superveniente entrada em vigor de nova constituição, seja (b) pela declaração de inconstitucionalidade promovida pelo STF por decisão definitiva; o princípio não servirá mais de empecilho a que a Administração Pública delibere pela não recepção da mesma norma, no primeiro caso; ou por não mais aplicá-la, no segundo caso.
>
> Nesse sentido, a Lei 11.941/2011 alterou o Decreto 70.235/72, para deixar clara a proibição da declaração de inconstitucionalidade por parte de órgãos de julgamento de processos administrativos fiscais federais, mas lhes autorizou, excepcionalmente, a afastar a aplicação ou deixar de observar tratado, acordo internacional, lei ou ato normativo cuja inconstitucionalidade já tenha sido declarada "por decisão definitiva plenária do Supremo Tribunal Federal" (art. 26-A, § 6º, I).

De outro lado, o princípio alcança, inclusive, os casos em que se alega a **inconstitucionalidade por omissão** do Poder Público. Omissões inconstitucionais só podem ser reconhecidas "quando a necessidade de norma regulamentadora se demonstrar acima de qualquer dúvida razoável" (TRF/4ª Região, 2ª Turma, AC 91.04241720/RS).

Por fim, parte da doutrina defende, corretamente, que o princípio comporta certas **graduações**. Nesse sentido, em matéria de leis, o grau da presunção será tanto maior quanto o tenha sido a amplitude do consenso formado a respeito da matéria legislada, de modo a atingir seu mais alto nível quando houver direta participação popular no processo legislativo. Nessa linha, decidiu o Plenário do STF, havendo "desacordo moral razoável" acerca da constitucionalidade de lei, impõe-se o "prestígio da manifestação legítima do legislador" (ADC 30/DF).

Contudo, reconhecem-se, ainda, casos de ***presunção fraca de constitucionalidade*** e até de ***presunção de inconstitucionalidade***, atribuindo-se aos poderes públicos o ônus de provar a regularidade do ato questionado (**inversão da presunção de constitucionalidade**), sobretudo quando o ato impugnado implicar: (a) *restrição dos direitos de minorias*; (b) *riscos aos direitos fundamentais* - o que alcançaria, para alguns, o problema da proibição do retrocesso quanto ao estágio de desenvolvimento alcançado por algum direito fundamental (v. item 5.4 da Parte III); ou, ainda (c) *contrariedade à jurisprudência constitucional* já firmada sobre o assunto.

▸ **Como o STF enfrentou o tema:**

Na ADI 5.105/DF, o Plenário do STF afirmou que a "legislação infraconstitucional que colida frontalmente com a jurisprudência (leis *in your face*) nasce com presunção *iuris tantum* de inconstitucionalidade, de forma que caberá ao legislador ordinário o ônus de demonstrar, argumentativamente, que a correção do precedente faz-se necessária, ou, ainda, comprovar, lançando mão de novos argumentos, que as premissas fáticas e axiológicas sobre as quais se fundou o posicionamento jurisprudencial não mais subsistem, em exemplo acadêmico de mutação constitucional pela via legislativa."

8.2.4. Princípio da proporcionalidade

Trata-se de diretriz utilizada como instrumento na avaliação dos critérios de aplicação do direito a partir de considerações fundadas nos meios empregados e nas finalidades pretendidas pelas normas jurídicas, sejam estas gerais e abstratas, sejam apenas individuais e concretas. É **mecanismo de *controle de excesso do poder***, pois o ordenamento jurídico pressupõe não só a legitimidade dos meios utilizados e dos fins perseguidos pelos órgãos estatais, mas também a adequação e a necessidade desses meios para atingir os objetivos pretendidos.

▸ **Importante:**

Dever de proporcionalidade é *princípio, regra* ou *postulado normativo*? Pela **doutrina** e **jurisprudência majoritárias**, a proporcionalidade é encarada como tipo de **princípio**, o que parece ser a melhor posição. Todavia, há autores que sustentam tratar-se de simples **regra**, pois se o dever de proporcionalidade e suas respectivas máximas parciais (adequação, necessidade e proporcionalidade em sentido estrito) não se aplicam por ponderação, como princípios autênticos, mas mediante subsunção, de forma constante e sem variações (ROBERT ALEXY e VIRGÍLIO AFONSO DA SILVA). E ainda existem os que defendem seja um **postulado normativo** (HUMBERTO ÁVILA e EROS GRAU).

8.2.4.1. Fundamento constitucional

Ninguém duvida que a atual Constituição acolheu implicitamente o princípio da proporcionalidade. Todavia, há certa controvérsia quanto aos fundamentos constitucionais do princípio.

A doutrina identifica que algumas bases constitucionais a partir das quais é deduzido o princípio da proporcionalidade se manifestam de forma mais veemente que outras. Nesse sentido, podem ser apontados os seguintes **fundamentos *fracos***:

A) no **Título I**: a cláusula do Estado Democrático de Direito;

B) no **sistema tributário**: o princípio da capacidade contributiva (art. 145, § 1º) e o princípio do não confisco (art. 150, IV);

C) no **sistema eleitoral**: o art. 45, § 1º, que cuida da representação eleitoral proporcional;

D) no **sistema administrativo**: o inciso VIII do art. 70, que determina a proporcionalidade da multa aplicável pelo TCU em relação ao "dano causado ao erário".

Em contrapartida, a doutrina indica que os **fundamentos constitucionais *fortes*** do princípio decorrem do sistema normativo dos direitos fundamentais, especialmente:

A) do princípio da **igualdade**;

B) do princípio do **devido processo legal**;

C) do **§ 2º do 5º** da Constituição Federal;

D) do princípio da **reserva legal**, que deve ser visto como princípio da reserva legal "proporcional".

Em resumo, pode-se dizer que a proporcionalidade integra a própria estrutura normativa dos direitos fundamentais, consoante lecionam VIRGÍLIO AFONSO DA SILVA e HUMBERTO ÁVILA.

No **STF**, a maior parte dos julgados que discutiram o assunto entenderam que o princípio da proporcionalidade tem fundamento no **devido processo legal material ou substantivo** (ver ADI 855/PR, ADI 1.158/AM e ADI 173/DF).

8.2.4.2. Proporcionalidade vs. razoabilidade

Discute-se a relação entre o **princípio da proporcionalidade** e o **princípio da razoabilidade**. Na **Alemanha**, país considerado a mais importante matriz do princípio da proporcionalidade, utiliza-se expressão que significa "**proporcionalidade**"; já para os **norte-americanos** (que elaboraram doutrina parecida com a alemã, embora com base na cláusula do devido processo legal) usam termo que se traduz como "**razoabilidade**".

No **Brasil**, a questão é bastante polêmica, porque o princípio da proporcionalidade foi recepcionado de forma confusa e contaminada por ideias jusnaturalistas, como demonstrou LEONARDO MARTINS. Ademais, a própria legislação faz referência aos dois princípios de maneira separada e reciprocamente distinta (*v.g.*, *caput* do art. 2º da Lei 9.784/99). De modo que existem basicamente duas teorias a respeito:

A) **Teoria da indistinção ou da fungibilidade:** sustenta que o conceito de princípio da proporcionalidade "mantém uma relação de **fungibilidade** com o princípio da razoabilidade" (BARROSO, 1998, p. 65-78). Assim, o princípio da proporcionalidade seria **sinônimo** daquilo que os norte-americanos consideram como princípio da razoabilidade (SUZANA BARROS e UADI BULOS). Trata-se também da teoria amplamente adotada na jurisprudência do **STF** (*v.g.*, MC na ADI 1.910/DF, MC na ADI 2.667/DF, e MC na ADI 1.407/DF).

B) **Teoria da distinção:** defende que as **diferenças entre os dois princípios** não se resumem às diversas origens dos termos "razoabilidade" e "proporcionalidade". Nesse sentido, subdivide-se em três vertentes:

B.1) **teoria da distinção quanto ao plano de incidência:** tese adotada em artigo doutrinário de HUMBERTO ÁVILA (1999, p. 173-174), para quem, embora o dever de razoabilidade e o de proporcionalidade sejam ambos "postulados normativos", um **não se confunde** com ou outro. O primeiro trata de uma **observação *concreto-individual*** dos bens jurídicos envolvidos, o que se faz, na apreciação de casos concretos, para verificar se há ou não excesso a justificar uma solução excepcional. Já o dever de proporcionalidade diz respeito a **apreciações *abstratas*,** voltadas à generalidade dos casos, sem se preocupar com situações concretas específicas.

B.2) **teoria da continência da proporcionalidade na razoabilidade:** o princípio da proporcionalidade **está contido** no princípio da **razoabilidade**, pois é apenas uma faceta mais destacada deste último (CELSO ANTÔNIO BANDEIRA DE MELLO);

B.3) **teoria da continência da razoabilidade na proporcionalidade:** na opinião de VIRGÍLIO AFONSO DA SILVA, o princípio da razoabilidade equivale a uma simples pauta a sugerir que os atos estatais ou devam ser "razoáveis" ou devam manter uma relação de compatibilidade entre meios e fins. Assim, o conceito de razoabilidade, no primeiro caso, não conta com elementos a partir dos quais se possa mensurá-lo racionalmente; e no segundo, acaba por se resumir à mera análise de compatibilidade entre meios e fins ou no exame da legitimidade dos fins. Diferentemente, o dever de proporcionalidade tem estruturação racional mais ampla e definida, que se traduz em elementos de mensuração específicos (*adequação*, *necessidade* e *proporcionalidade em sentido estrito*). Daí, a **razoabilidade** "corresponde apenas à primeira das três sub-regras da proporcionalidade, isto é, apenas à exigência de **adequação**" (VIRGÍLIO AFONSO DA SILVA, 2002, p. 33). Trata-se da teoria cuja variante parece HUMBERTO ÁVILA ter adotado posteriormente. Para o autor, embora as ideias de proporcionalidade e de razoabilidade não se confundem, o exame da proporcionalidade em sentido estrito acaba por incluir "a razoabilidade como equidade" (ÁVILA, 2004, p. 111).

A rigor, como ensina GUASTINI, "a 'razoabilidade' de uma norma, ou do efeito que uma norma pode produzir na sociedade, depende inteiramente de juízos de valor dos intérpretes. Os *juízos de 'razoabilidade' são juízos de justiça disfarçados*" (2015, p. 29). Assim, a noção de razoabilidade tem carga valorativa demasiadamente subjetiva, algo que a noção de proporcionalidade tenta evitar, com maior grau de sucesso, mediante a introdução de subprincípios voltados ao preenchimento de critérios objetivos mínimos de racionalidade e controlabilidade (v. item 8.2.4.5). Daí por que parece sempre mais conveniente substituir juízos de razoabilidade pelo teste da proporcionalidade. E se é para aplicar o princípio da razoabilidade no direito brasileiro de modo autônomo (como, *v.g.*, no art. 2º da Lei 9.784/99), melhor fazê-lo conforme teoria preconizada por VIRGÍLIO AFONSO DA SILVA e HUMBERTO ÁVILA (letra "B.3").

PROPORCIONALIDADE *VS.* RAZOABILIDADE	
Teoria da indistinção ou da fungibilidade	**Teoria da distinção**
– proporcionalidade é sinônimo da razoabilidade; – posição adotada pelo **STF**.	– proporcionalidade e razoabilidade não se confundem; – Teoria subdividida em três vertentes: **a)** teoria da distinção quanto ao plano de incidência; **b)** teoria da continência da proporcionalidade na razoabilidade; **c)** teoria da continência da razoabilidade na proporcionalidade.

VERTENTES DA TEORIA DA DISTINÇÃO		
Teoria da distinção quanto ao plano de incidência	**Teoria da continência da proporcionalidade na razoabilidade**	**Teoria da continência da razoabilidade na proporcionalidade**
Razoabilidade: trata da observação concreto-individual dos bens jurídicos envolvidos para verificar se há ou não excesso.		**Razoabilidade:** simples pauta a sugerir que os atos estatais ou devam ser "razoáveis" ou devam manter uma relação de compatibilidade entre meios e fins.
Proporcionalidade: diz respeito a apreciações abstratas, voltadas à generalidade dos casos, sem se preocupar com situações concretas específicas.	**Proporcionalidade:** é apenas a faceta mais destacada da razoabilidade.	**Proporcionalidade:** estruturação racionalmente mais ampla e definida, que se traduz em elementos de mensuração específicos (adequação, necessidade e proporcionalidade em sentido estrito).

8.2.4.3. Aplicações do princípio da proporcionalidade

O princípio da proporcionalidade serve como **parâmetro normativo** para controlar a constitucionalidade material tanto da atividade **legislativa** quanto das funções **administrativas** e mesmo **judiciais** (*v.g.*, na dosimetria de pena, na concessão e revogação de medidas cautelares).

> **Importante:**
>
> Acerca da utilização do princípio da proporcionalidade no controle do exercício da **função legislativa**, merecem destaque os seguintes julgados do STF:
>
> **a)** declaração de inconstitucionalidade de lei que determinava a pesagem de botijões de gás na presença dos consumidores (MC na ADI 855/PR);
>
> **b)** declaração de inconstitucionalidade de lei que concedia gratificação de férias a servidores inativos (MC na ADI 1.158/AM e ADI 2.579/ES); e
>
> **c)** declaração da constitucionalidade da MP 2.152-2/2001, que estabeleceu metas de consumo e um regime especial de tarifação durante crise de energia elétrica (ADC 9/DF).

Mas a principal aplicação mais destacada do princípio da proporcionalidade ocorre nas **colisões de normas** a envolver **direitos fundamentais**. Nesses casos, o princípio é utilizado com o objetivo de identificar os limites do poder normativo do Estado, bem como o ponto a partir do qual o exercício desse poder se torna excessivo em relação ao "núcleo essencial" de algum dos direitos fundamentais em discussão.

Por outro lado, na doutrina alemã, quando articulado em relação a certos **deveres de proteção** estatal decorrentes dos direitos fundamentais (v. item 7.1 da Parte III, acerca da perspectiva objetiva dos direitos fundamentais), o princípio da proporcionalidade – além da mencionada função de ***proibição do excesso*** ("Übermassverbot") – assume ainda um significado de ***proibição de proteção deficiente*** ("Untermassverbot"). Nesse sentido, o critério da proporcionalidade pode ser utilizado no ***controle da inconstitucionalidade por omissão***. Servirá, então, para censurar a ***falta*** ou a ***insuficiência*** de medidas estatais ***adequadas*** e ***necessárias*** ao cumprimento do dever estatal de garantia tanto do exercício efetivo dos direitos fundamentais quanto do provimento das condições mínimas de vida condigna (v. itens 13 e 15.2.3 da Parte III, acerca da teoria do *mínimo existencial*).

Nessa linha, segundo informa BERNAL PULIDO, a proteção ineficiente gera uma *afetação negativa* equivalente a uma intervenção indevida no âmbito de proteção do direito fundamental. Essa afetação negativa decorre da ausência de uma relação de "causalidade positiva ótima": a norma legal ou a abstenção do Poder Público não implicará uma causalidade desse tipo – e, portanto, será desproporcional – "se não conduzir a um estado de coisas em que a realização do direito fundamental seja garantida na melhor medida possível" (2003, p. 801).

▶ **Como o STF já enfrentou a questão:**

Constou da ementa da QO no RE 966.177/RS que o "o princípio da proporcionalidade opera tanto na esfera de proteção contra excessos estatais quanto na proibição de proteção deficiente".

No HC 123.971/DF, em expressa aplicação do *princípio da proibição da proteção deficiente*, o Plenário da Corte considerou que o art. 227 da CF/88 paralisava a incidência do art. 225 do Código Penal, em sua redação original, para legitimar a propositura da ação penal pública incondicionada em face de pessoa acusada de atentado violento ao pudor contra menor de idade. Embora se tratasse de fatos ocorridos antes da Lei 12.019/2009, época em que o crime desafiava ação penal de natureza privada, a Corte entendeu que, se fosse concedido *habeas corpus* para trancar a ação penal por ilegitimidade ativa do Ministério Público, "a consequência seria a total desproteção da menor e a impunidade do crime".

Na ADI 4.066/DF, após reconhecer o dever estatal "de agir positivamente quanto à regulação da utilização, na indústria, de matérias-primas comprovadamente nocivas à saúde humana", cinco dos nove Ministros habilitados a fazê-lo votaram pela declaração da "inconstitucionalidade, por proteção deficiente, da tolerância ao uso do amianto crisotila, da forma como encartada no art. 2º da Lei nº 9.055/1995, em face dos arts. 7º, XXII, 196 e 225 da Constituição da República."

No RE 778.889/PE, com fundamento, entre outros, "na violação do princípio da proporcionalidade como vedação à proteção deficiente", o STF equiparou os prazos da licença maternidade (artigo 7º, XVIII, da Constituição) em favor tanto das mães tanto biológicas quanto adotivas.

▶ **Como esse assunto foi cobrado em concurso?**

A relevância do tema e a sua incidência nas diferentes atuações do Poder Público (função legislativa, judicial e administrativa) é refletida na recorrência das questões de concursos. No XIV Concurso para o Ministério Público Federal, uma das questões da prova subjetiva tratava da matéria, exigindo que o candidato discorresse, de forma sintética, sobre o princípio da razoabilidade como forma de limitação ao poder discricionário.

8.2.4.4. A banalização do princípio da proporcionalidade

Como percebeu EROS GRAU, tem sido banalizado o princípio da proporcionalidade, de modo a se querer "aplicá-lo a todo e qualquer caso concreto – o que conferiria ao Poder Judiciário a faculdade de 'corrigir' o legislador, invadindo a competência deste" (2002, p. 168). Também VIRGÍLIO AFONSO DA SILVA já notou que, frequentemente, a invocação do princípio da proporcionalidade é feita "com caráter meramente retórico e não sistemático" (2002, p. 31).

De fato, a pretexto de atender ao princípio da proporcionalidade, há forte tendência em substituir a pauta de valores legitimamente escolhida pelo legislador ou pelo administrador por uma valoração subjetivamente considerada, num sentido leigo e nada técnico, a mais "razoável" ou "proporcional". Muitos não percebem que o princípio da proporcionalidade tem **natureza *instrumental***, daí por que não se confunde com uma norma que pudesse ser aplicada como parâmetro autônomo de controle de constitucionalidade, com base em si mesma, sem referência a alguma outra. O dever de proporcionalidade não é uma norma que possa ela mesmo justificar a tomada de decisão, mas sim um parâmetro normativo a partir do qual se estrutura a aplicação de outras normas e se afere a melhor forma de ponderar bens e valores nestas consagrados, sobretudo nas hipóteses em que tais normas estejam em conflito. Daí, o intérprete, por exemplo, não pode concluir simplesmente *"a norma X é desproporcional"*, pois a proporcionalidade há de ser analisada num contexto que mantenha essa norma X em referência a alguma outra, de maneira que só se poderá considerá-la desproporcional *"em relação à norma tal."*

8.2.4.5. Os subprincípios do princípio da proporcionalidade

O princípio da proporcionalidade pode ser subdivido em três. Qualquer ato ou medida estatal deverá ser considerado inconstitucional, por excesso de poder, se violar pelo menos um dos subprincípios seguintes:

A) **Subprincípio da adequação:** diz respeito à "capacidade empírica do meio de contribuir para a realização do fim" (JANE PEREIRA, 2018, p. 428). Todo ato estatal pressupõe a **aptidão do meio** que utiliza para atingir no todo ou em parte a finalidade pretendida. O ato será adequado somente se os mecanismos da atuação nele previstos puderem alcançar ou pelo menos fomentar a realização dos objetivos buscados.

Exemplo da utilização deste subprincípio pelo STF: na MC na ADI 855/PR, o STF suspendeu a eficácia de dispositivo de lei estadual que impunha a pesagem, à vista do consumidor, de botijões de gás entregues ou recebidos para substituição, de modo que o consumidor obtivesse abatimento proporcional no preço de um botijão recarregado. Entendeu a Corte, conforme parecer do Instituto Nacional de Metrologia, Normalização e Qualidade Industrial (Inmetro), que o dispositivo legal não era adequado, porque (a) o tipo de balança necessária para tal pesagem seria muito sensível, desgastando-se e desregulando-se facilmente; e (b) a pesagem impediria que o consumidor adquirisse o botijão em local distante do veículo, como é feito frequentemente.

B) **Subprincípio da necessidade:** relaciona-se à busca dos meios menos invasivos capazes de atingir as finalidades pretendidas com a medida. Refere-se à **escolha dos meios menos gravosos ou mais suaves** para alcançar o que se deseja (ANDRÉ RAMOS TAVARES). Exige comparações entre as eventuais repercussões negativas que cada meio cogitado possa ocasionar, hipoteticamente, aos direitos fundamentais em questão (JANE PEREIRA). O meio só será considerado necessário (exigível) se o Poder Público **não dispuser de outra opção** que, igualmente adequada, venha a restringir em menor grau os eventuais direitos fundamentais atingidos pela medida.

Exemplo da utilização deste subprincípio pelo STF: no julgamento do HC 76.060/SC, a 1ª Turma do STF impediu fosse o marido da mãe de uma criança (pai presumido) submetido ao compulsório fornecimento de sangue para exame de DNA em ação de investigação de paternidade movida por quem se dizia ser o pai biológico do menor. Considerou a Corte que o mesmo resultado (definição da paternidade) poderia ser alcançado por outros meios (o exame do sangue de quem alega ser o verdadeiro pai da criança) que, no caso, se apresentavam como menos gravosos à dignidade da pessoa cuja paternidade era presumida em razão de a criança ter nascido durante a constância do casamento.

C) **Subprincípio da proporcionalidade em sentido estrito:** diretriz segundo a qual as **vantagens** da medida devem ser **superiores às desvantagens** que ela possa causar. Pressupõe comparar "o grau de afetação do direito fundamental e a importância da realização do princípio que com ele antagoniza e que serve de fundamento à restrição" (JANE PEREIRA, 2018, p. 429). O ato será proporcional em sentido estrito se dessa comparação se chegar a um resultado positivo da ponderação entre o ônus imposto e o benefício trazido pelo ato estatal. Assim, quanto mais intensa for a interferência da medida sobre algum direito fundamental, maiores deverão ser as exigências constitucionais para justificá-la. É dizer: considera-se o meio desproporcional (em sentido estrito) "se a importância do fim não justificar a intensidade da restrição dos direitos fundamentais" (ÁVILA, 2004, p. 131).

▸ **Interessante:**

A escala 'triádica' da proporcionalidade em sentido estrito: Segundo KLATT e MEISTER (2014, p. 32), o teste da proporcionalidade em sentido estrito passa por três fases. "Em primeiro lugar, deve-se determinar a intensidade da interferência no caso concreto. Em segundo lugar, deve-se debater sobre quão importante no caso concreto é o fim perseguido por meio da interferência. E em terceiro lugar, deve-se aferir, considerando a relação entre as duas primeiras classificações, se a importância do objetivo pode justificar a intensidade da interferência."

Já para classificar a intensidade da interferência e da importância do objetivo, KLATT e MEISTER recomendam utilizar a chamada *escala triádica*, cujos níveis são o *leve*, o *moderado* e o *sério*. Daí, o ato será proporcional em sentido estrito se a interferência correspondente for classificada em nível inferior ao atribuído ao objetivo almejado. Exemplo: interferência *moderada* para atingir objetivo *sério*. Nas hipóteses em que os respectivos níveis de classificação forem equivalentes (conjuntos *leve/leve*, *moderado/moderado* e *sério/sério*), a medida estará dentro da margem lícita de atuação do Poder Público, de modo que o tribunal deverá se autoconter e abster-se de declará-la desproporcional.

Trata-se do mais polêmico dos subprincípios, pois implica exames valorativos altamente subjetivos por parte do intérprete que analisa o caráter mais vantajoso da medida estatal. Essa a razão pela qual autores como LEONARDO MARTINS consideram inconstitucional o teste da proporcionalidade em sentido estrito, por entender que ele viola o princípio da separação dos Poderes (art. 2º da CF/88).

▸ **Atenção:**

A natureza subjetiva dos juízos de valor inerentes ao princípio da "razoabilidade" é também fonte de intensas críticas. Aliás, não são falsos alarmes os riscos do subjetivismo decorrentes da aplicação de princípios assim abertos. Basta lembrar o famoso caso *Dred Scott vs. Sandford* (1857), que praticamente deu início a uma sangrenta guerra civil, no qual a Suprema Corte norte-americana fez uso da cláusula do devido processo legal substantivo (*substantive due process of law*) para declarar a inconstitucionalidade de lei que garantia liberdade a escravos que ingressassem em Estados mais ao Norte dos EUA. Ou seja, a "razoabilidade" já foi empregada como pretexto até para defender a escravatura!

Todavia, a jurisprudência do STF também utiliza esse subprincípio. Exemplos:

A) na mencionada MC na ADI 855/PR, que versava sobre a lei estadual que impunha a pesagem de botijões de gás, a Corte considerou que a instalação de balanças em cada caminhão destinado ao transporte de gás acabaria por onerar ainda mais os custos da distribuição do produto, prejudicando assim o próprio consumidor. Ou seja, como demonstrou a respeito HUMBERTO ÁVILA, o STF acabou por aplicar o subprincípio da proporcionalidade em sentido estrito, porque avaliou que os ônus impostos às empresas de gás seriam maiores que os bônus que supostamente adviriam da medida;

B) em vários precedentes, o STF reputou inconstitucionais leis estaduais que fixavam a cobrança de taxa judiciária em alíquotas elevadas ou que não se estabeleciam limites à cobrança do tributo. Para a Corte, como a taxa judiciária é contraprestação pelo desempenho de uma atividade do Poder Público, o valor dessa espécie tributária "deve ser proporcional ao custo da atividade estatal por ela custeada", pois não poderá "ultrapassar o custo do serviço prestado ou posto à disposição do contribuinte" (MC na ADI 2.551/MG).

▸ **Importante:**

Ordem pré-definida para analisar a incidência dos subprincípios: Como ensinam VIRGÍLIO AFONSO DA SILVA e LEONARDO MARTINS, a observância concreta dos três subprincípios mencionados deve ser analisada conforme a seguinte **ordem progressiva**:

1º) a ***adequação***;

2º) a ***necessidade***; e

3º) a ***proporcionalidade em sentido estrito***.

Logo, se o ato não passar no primeiro teste de adequação, nem precisa ser analisado sob o ângulo da necessidade. Assim, o aplicador do princípio da proporcionalidade não está obrigado a examinar a concreta observância dos três subprincípios que compõem o princípio da proporcionalidade, salvo nos casos mais complexos.

SUBPRINCÍPIOS DO PRINCÍPIO DA PROPORCIONALIDADE		
Adequação	**Necessidade**	**Proporcionalidade em sentido estrito**
Aptidão da medida para atingir os objetivos buscados.	Ausência de opção mais suave ou menos invasiva de restrição a direitos fundamentais.	Resultado positivo da ponderação entre ônus e bônus da medida restritiva. Escopos da medida devem justificar a intensidade da restrição dos direitos fundamentais.
1º teste: verificação da capacidade da medida para *alcançar* ou, pelo menos, *fomentar* a realização dos objetivos pretendidos.	**2º teste**: exame da inexistência de medidas opcionais que, igualmente adequadas, trariam menor impacto aos direitos fundamentais atingidos.	**3º teste**: valoração positiva das vantagens em relação às desvantagens da medida.
Adequação ➞ medida faticamente apta para atingir as respectivas finalidades.	Necessidade ➞ medida de menor impacto possível.	Proporcionalidade em sentido estrito ➞ medida mais vantajosa.

▸ **Teoria dos cinco passos da proporcionalidade**

Na doutrina alemã, há quem sustente que o teste da proporcionalidade das medidas estatais possua não três, mas "cinco passos". Assim, antes mesmo de avaliar os subprincípios da *adequação*, da *necessidade* e da *proporcionalidade em sentido estrito*, o teste da proporcionalidade exigiria a identificação da legitimidade tanto dos *objetivos* quanto dos *meios* da medida examinada.

Nessa linha, segundo KLATT e MEISTER (2014), para que seja considerada proporcional, a medida deverá atender a dois pressupostos prévios: **(a) objetivo legítimo:** devidamente identificadas as finalidades da medida, elas deverão ser juridicamente admissíveis; e **(b) meio legítimo:** o meio empregado pela medida deve ser precisamente designado e juridicamente avaliado. E só será legítimo se autorizado, a princípio, pelas consequências jurídicas inerentes à norma que permitira a interferência no direito fundamental levada a cabo pela medida em questão.

▸ **Como esse assunto foi cobrado em concurso?**

Em concurso para Assessor Jurídico do TCE/RO (2009/Cespe), o candidato deveria indicar como **correta** a seguinte assertiva: "O princípio da razoabilidade-proporcionalidade permite ao Poder Judiciário invalidar atos legislativos ou administrativos quando, entre outras situações, a medida adotada não for exigível ou necessária, havendo meio alternativo menos gravoso para se chegar ao mesmo resultado, o que se convencionou denominar necessidade ou vedação do excesso."

8.2.4.6. Aplicação jurisprudencial do princípio da "razoabilidade"

Como visto, o **STF não costuma diferenciar proporcionalidade e razoabilidade**. De modo que, além das várias decisões a fazer referências ao princípio da proporcionalidade, é farta também a jurisprudência da Corte acerca do princípio da "razoabilidade". Confiram-se alguns casos paradigmáticos nos quais a razoabilidade foi utilizada como fundamento para decidir questões constitucionais:

A) na MC na ADI 855/PR, para declarar a inconstitucionalidade de lei que determinava a pesagem de botijões de gás na presença dos consumidores. A Corte reputou que era impraticável tal pesagem, além de onerosa, consoante comprovado pelo órgão técnico (Inmetro);

B) na MC na ADI 1.158/AM e na ADI 2.579/ES, para reconhecer a inconstitucionalidade de lei que concedia gratificação de férias a servidores inativos. A Corte entendeu que as férias pressupõem atividade laboral, daí por que não era razoável conceder tal benefício pecuniário a servidor aposentado;

C) na ADC 9/DF, para declarar constitucional medida provisória que estabelecia metas de consumo e regime especial de tarifação durante crise de energia elétrica. A maioria dos Ministros votou no sentido da proporcionalidade e a da razoabilidade das medidas tomadas, em face da crise de energia elétrica, ao argumento de que a tarifa cobrada consistia em preço público de natureza política, permitindo, portanto, a adoção de um regime especial de tarifação, com vistas a desestimular o consumo de energia, nos termos do art. 175, parágrafo único, IV, da Constituição;

D) na ADI 1.358/DF, para declarar inconstitucional lei que instituía pensão especial e retroativa em benefício de cônjuge, companheira ou dependentes de pessoas assassinadas durante a prática de crimes hediondos. A maioria dos membros da Corte entendeu que os critérios da lei, desvinculados das consequências do crime e da responsabilidade do Estado, não seriam "razoáveis", chocando-se com a regra substantiva do devido processo legal;

E) na ADI 2.294/RS, para declarar inconstitucional lei de iniciativa parlamentar que vedava a publicação, em diário oficial, de certos atos do Poder Executivo. Reputou-se que a medida conflitava com o princípio da razoabilidade e discriminatória, pois não alcançava os demais Poderes;

F) na MC na ADI 2.019/MS, para declarar inconstitucional lei que instituía programa de pensão de um salário mínimo mensal para crianças geradas a partir de estupro. O Tribunal entendeu não haver razoabilidade na concessão de benefício que, nos termos da lei impugnada, não considera o eventual estado de necessidade dos beneficiários, mas tão somente a forma com que as crianças foram geradas;

G) no RE 192.553/SP, para dispensar a comprovação da qualidade de procurador público em processos judiciais, pois o mandato, na hipótese, decorre tanto da Constituição (art. 132) quanto da lei (antigo art. 12 do CPC/73, atual art. 75 do CPC/2015). Considerou-se que o princípio da razoabilidade direciona "no sentido da presunção do que normalmente ocorre", pelo que "afasta a exigência, como ônus processual, da prova da qualidade de procurador do Estado por quem assim se apresenta e subscreve ato processual."

9. LACUNAS CONSTITUCIONAIS

São espécies de **lacunas jurídicas** que se manifestam no âmbito do **sistema normativo constitucional.**

9.1. Lacunas jurídicas

Segundo Von WRIGHT, um ordenamento jurídico apresenta lacunas quando algum estado de coisas realizáveis pela ação humana não se encontrar *deonticamente determinado, i.e.*, não estiver nem proibido nem permitido.

9.1.1. Tipologia das lacunas jurídicas mais importantes para o direito constitucional

Entre as várias classificações criadas a respeito das lacunas jurídicas em geral, a que apresenta maior funcionalidade para o direito constitucional parece ser a seguinte tipologia consolidada por RICCARDO GUASTINI:

A) **lacunas normativas:** as que decorrem da **ausência de uma norma** a conectar alguma **consequência jurídica** a **determinado fato-tipo** (*fattispecie*);

B) **lacunas técnicas:** as derivadas da **ausência de uma norma** que seja **condição necessária** da **eficácia** de uma outra norma;

C) **lacunas axiológicas:** formadas pela **ausência de uma norma** (c.1) requerida pelo **senso de justiça** do intérprete ou (c.2) exigida pelo **conteúdo material** de uma **norma superior**;

D) **lacunas institucionais:** decorrentes não da falta de uma norma, mas da **ausência fática** de certa **instituição** ou **complexo de instituições** essenciais ao funcionamento do sistema jurídico considerado.

De fato, mais do que em qualquer outro ramo jurídico, o direito constitucional enfrenta frequentes problemas referentes a cada um desses tipos de lacunas. Exemplos extraídos da atual Constituição brasileira:

a) **lacuna normativa**: não existe norma constitucional a definir se é na Câmara dos Deputados ou no Senado Federal que deva começar a tramitação dos projetos de lei de iniciativa do Procurador-Geral da República;

b) **lacuna técnica:** as normas constitucionais programáticas (cf. item 8.3.2 do Capítulo VIII) precisam de outras normas (infraconstitucionais) para desenvolverem eficácia plena;

> **Atenção!**
> GUASTINI aponta o caso das normas programáticas como exemplo de lacuna *axiológica*, por entender que se trata da falta de uma norma inferior cuja edição é exigida pela norma (constitucional) superior. Contudo, nada impede que a hipótese seja enquadrada em ambos os tipos de lacuna.

c) **lacuna axiológica**: os casos de inconstitucionalidade por omissão relativa, que ocorrem quando legislador viola o princípio constitucional da isonomia, discriminando indevida e arbitrariamente certos fatos/pessoas/situações, tal qual a norma a conceder aumento salarial para homens, sem o estender às mulheres em igual situação (v. item 4.1.5.1 do Capítulo I da Parte II);

d) de **lacuna institucional:** o direito de receber assistência jurídica gratuita prestada pelo Estado (art. 5º, LXXIV) exige a implementação fática de serviços de defensoria pública (art. 24, XIII, c/c art. 134), mas há unidades federativas que ainda não estruturaram devidamente tais órgãos, embora já contemplados em lei.

ESPÉCIES DE LACUNAS JURÍDICAS (Guastini)		
Lacuna normativa	Ausência de norma a conectar determinado fato fato-tipo (*fattispecie*) a alguma consequência jurídica.	Ex.: inexistência de norma quanto à Casa legislativa onde deva ter início o projeto de lei proposto pelo PGR.
Lacuna técnica	Ausência de norma que seja condição necessária de eficácia de outra norma.	Ex.: normas constitucionais programáticas.
Lacuna axiológica	Ausência de norma requerida pelo senso de justiça do intérprete ou exigida pelo conteúdo material de uma norma superior.	Ex.: inconstitucionalidade por omissão relativa, por violação do princípio constitucional da isonomia.
Lacuna institucional	Ausência fática de instituição ou complexo de instituições essenciais ao funcionamento do sistema jurídico considerado.	Ex.: falta de implementação de órgãos de Defensoria Pública em alguns Estados.

Parte da doutrina cuida de outra classificação particularmente interessante ao direito constitucional. Em relação à ***intencionalidade*** do órgão produtor de direito, as lacunas dividem-se em:

i) **lacunas intencionais (ou descobertas ou voluntárias)**: ocorrem quando o poder constituinte foi consciente acerca da necessidade de uma regulação jurídico-constitucional, mas se omitiu em fazê-lo por alguma razão (LOEWENSTEIN). Consistem, assim, na **intencional ausência de regulação** de certas situações por parte do constituinte, geralmente porque ele preferiu delegar tal disciplina a algum ato normativo específico ou a outro órgão produtor de normas jurídicas. Exemplo clássico: as normas de eficácia limitada, nas quais o constituinte remete ao legislador infraconstitucional, ao administrador e até aos juízes, a incumbência de disciplinar determinadas situações nelas mencionadas;

ii) **lacunas não intencionais (ou ocultas ou involuntárias)**: são as que se produzem quando, no momento da criação da constituição, **não se podia prever** ou **nem sequer existia a necessidade** de disciplinar juridicamente uma situação determinada (LOEWENSTEIN). Envolvem também os **descuidos do constituinte** no emprego de técnicas legislativas que acabam por fazer com que se pareça regulado um caso que na verdade não está ou que deixam de regular um caso que deveria ter sido regulado. Exemplo: a omissão da redação original (antes da EC 45/2004) dos incisos IV e V do art. 103 da CF/88, quanto à ausência de previsão de legitimidade ativa atribuída à Câmara Legislativa e ao Governador do Distrito Federal para ajuizarem ação direta de inconstitucionalidade.

CLASSIFICAÇÃO DAS LACUNAS CONSTITUCIONAIS SEGUNDO O CRITÉRIO DA INTENCIONALIDADE (Karl Loewenstein)	
Lacunas intencionais	**Lacunas não intencionais**
Ausência de norma foi intencional. O poder constituinte foi consciente acerca da necessidade de determinada regulação jurídico-constitucional, mas se omitiu em fazê-lo por alguma razão.	Ausência de norma não decorre de um ato consciente ou deliberado do poder constituinte, seja porque a situação não podia ser prevista, nem sequer existia necessidade de tal disciplina, seja por mero descuido no emprego das técnicas legislativas.

9.2. Integração de lacunas constitucionais

Mencionados os tipos principais de lacunas constitucionais, surge a questão de saber se se pode ou não supri-las mediante processos de "**integração**" ou "**colmatação**".

Em caso de **lacunas involuntárias**, a melhor forma de eliminá-las são as **reformas constitucionais**. Todavia, admite-se a utilização de processos de **integração** conduzidos pelo constituinte difuso, especialmente por via das **convenções** e dos **costumes constitucionais** (v. item 4.2.2). Tolera-se ainda, muito excepcionalmente, a integração por obra do legislador infraconstitucional, a depender da hipótese.

Já o Judiciário costuma reparar lacunas involuntárias pela via **interpretativa**, sobretudo mediante a **analogia** e a **interpretação sistemática**. Foi o que ocorreu, por exemplo, quando o STF, antes da EC 45/2004, procedeu a uma interpretação "compreensiva" do art. 103 da Constituição, para então reconhecer a legitimidade da Câmara

Legislativa e do Governador do Distrito Federal para ajuizarem ação direta de inconstitucionalidade (ADI 645/DF e da ADI 655/DF). Outro exemplo: com relação à liberdade de imprensa, o STF decidiu que, embora a Constituição tenha sido silente "quanto ao regime da internet (rede mundial de computadores), não há como se lhe recusar a qualificação de território virtual livremente veiculador de ideias e opiniões, debates, notícias e tudo o mais que signifique plenitude de comunicação" (ADPF 130/DF, Pleno). Na mesma linha, o Plenário do STF já definiu até que o Judiciário pode suprir lacunas involuntárias decorrentes da falta de normas transitórias a regular situações concretamente atingidas pela implantação de novo regime jurídico estabelecido por emenda constitucional (RE 597.994/PA).

No que diz respeito às **lacunas voluntárias**, a possibilidade de **integração** é bem **controversa.** É que elas são intencionalmente deixadas na constituição a fim de serem preenchidas por órgãos determinados. Por isso, acabam por envolver, implicitamente, regras de definição de competência. Assim, quando a tarefa de eliminar tais lacunas conscientes é atribuída ao Legislativo ou ao Executivo, surgem sérias dúvidas quanto à competência do Judiciário para suprir a mora decorrente da omissão de órgãos desses outros Poderes. No direito constitucional, a questão remete ao velho e sempre debatido "dogma" segundo o qual os juízes não podem substituir a atuação de órgãos executivos ou legislativos, tampouco agir como "legislador positivo". Ver item 4.3.3 do Capítulo IV da Parte II. Sobre o mandado de injunção, v. item 4.2.3 do Capítulo I do Tomo II.

▸ **Como o STF enfrentou o tema:**

"A interpretação do direito, e da Constituição, não se reduz a singelo exercício de leitura dos seus textos, compreendendo processo de contínua adaptação à realidade e seus conflitos. A ausência de regras de transição para disciplinar situações fáticas não abrangidas por emenda constitucional demanda a análise de cada caso concreto à luz do direito enquanto totalidade. A exceção é o caso que não cabe no âmbito de normalidade abrangido pela norma geral. Ela está no direito, ainda que não se encontre nos textos normativos de direito positivo. Ao Judiciário, sempre que necessário, incumbe decidir regulando também essas situações de exceção. Ao fazê-lo não se afasta do ordenamento" (RE 597.994/PA, Pleno).

FORMAS DE SUPERAÇÃO DAS LACUNAS CONSTITUCIONAIS	
Lacunas não intencionais	**Lacunas intencionais**
– **integração primária**: reformas constitucionais, convenções e costumes constitucionais; – **integração secundária**: interpretação judicial, sobretudo por meio do emprego da analogia e da interpretação sistemática.	– **integração primária**: por parte dos órgãos a quem a tarefa integrativa foi intencionalmente confiada; – **integração secundária a cargo do Judiciário**: possibilidade controversa, por esbarrar em questões ligadas ao princípio da separação dos poderes.

9.3. "Silêncios eloquentes" constitucionais

São normas constitucionais proibitivas obtidas, *a contrario sensu*, de interpretações segundo as quais a simples ausência de disposição constitucional permissiva significa a proibição de determinada prática por parte dos órgãos constituídos, incluindo o próprio legislador infraconstitucional.

Exemplos: (a) embora a Constituição Federal tenha instituído imunidades especiais ao Presidente da República (§§ 3º e 4º do art. 86), silenciando-se quanto a outras autoridades, o STF entendeu que se trata de um "silêncio eloquente", pelo que mesmo constituições estaduais e a LODF estão proibidas de estender tais imunidades, seja aos próprios Governadores (v. ADI 978/PB), seja a outras autoridades; (b) a despeito do vazio normativo sobre a matéria, o STF entende inválidas as constituições estaduais na parte em que atribuem aos tribunais de justiça competência para desempenhar controle abstrato da constitucionalidade de atos normativos municipais em face da Constituição Federal.

Não se trata, portanto, de algum tipo de lacuna jurídica, senão de uma **norma implícita** (**proibitiva**) que se extrai da falta de disposição normativa a respeito de certa matéria. Exatamente por isso, detectado um "silêncio eloquente", consideram-se **inválidas** todas as **tentativas infraconstitucionais de preenchimento** (colmatagem) ou de integração do vazio deixado pelo constituinte. Exemplo: no RE 130.552/DF, por enxergar um silêncio eloquente no art. 114 da Constituição, a 1ª Turma do STF reputou inviável o uso da analogia para incluir, na competência da Justiça do Trabalho, as causas referentes ao recolhimento de contribuições estipuladas em convenção ou acordo coletivo de trabalho.

Capítulo VII

Hermenêutica constitucional

1. HERMENÊUTICA E INTERPRETAÇÃO

Hermenêutica é o ramo do conhecimento que estuda os processos interpretativos e as técnicas de interpretação. ***Interpretação*** é a atividade de atribuir sentido a alguma expressão linguística.

Já a ***interpretação jurídica*** consiste na "atribuição" de sentido a expressões linguísticas presentes em atos ou fatos reconhecidos como fonte de direito.

▸ **Atenção:**

Contudo, ensina GUASTINI (2015, p. 17), é preciso identificar dois tipos básicos de interpretação jurídica. De um lado está a **interpretação cognitiva**, que consiste em identificar (considerando as regras linguísticas, as técnicas interpretativas em uso, as teses dogmáticas difundidas na doutrina etc.) os diversos significados possíveis do texto normativo, mas ainda sem escolher nenhum deles. De outro, a **interpretação decisória**, mediante a qual se "escolhe" um significado determinado, que se pretende "correto", descartando os restantes.

GUASTINI ainda subdivide a "*interpretação decisória*" em dois tipos: (a) às vezes, recorre-se à **interpretação decisória *standard***, que consiste em escolher um significado no âmbito dos significados identificados (ou identificáveis) por meio da interpretação cognitiva; (b) outras vezes, tem lugar a **interpretação criativa**, caso em que a decisão interpretativa consiste em atribuir ao texto um significado "novo", não compreendido entre aqueles identificáveis mediante a interpretação cognitiva. Exemplo do último subtipo parece ser a *construção constitucional* (item 13.3).

1.1. *"In claris non fit interpretatio"*?

Para alguns doutrinadores, a interpretação deveria ser entendida como a *solução de dúvidas* sobre os significados da compreensão do texto normativo. Daí a velha máxima segundo a qual, se o texto normativo for claro, não cabe interpretá-lo (***in claris non fit interpretatio***).

Contudo, considera-se hoje tal máxima **superada**. Afinal, mesmo um sentido ou significado óbvio não pode ser extraído de alguma expressão linguística *antes* da atividade interpretativa. Ou seja, somente após interpretá-la é que se pode concluir que uma disposição é "clara".

2. TEORIAS DA INTERPRETAÇÃO

Com referência às finalidades da interpretação, formam-se, basicamente, duas teorias:

A) **Teoria subjetivista** (**estática** ou **originalista** ou **voluntarista**): o objetivo da interpretação é simplesmente apreender o sentido da chamada "vontade histórico-psicológica" do órgão que produziu o enunciado normativo interpretado (***mens legislatoris***). Trata-se de uma teoria cognitiva da interpretação, pois a pretensão do intérprete é simplesmente encontrar ou descobrir a **intenção subjetiva dos autores** dos enunciados linguísticos interpretados.

B) **Teoria objetivista** (**dinâmica** ou **não originalista** ou **não voluntarista**): a interpretação não deve apegar-se à intenção daqueles que produziram o enunciado normativo a se interpretar, mas sim buscar o **sentido inerente e atual que dele se extrai**. A finalidade da interpretação só pode ser o sentido do que é agora juridicamente determinante (***mens legis***).

Na melhor doutrina, porém, há quase um consenso de que a interpretação não se deve fazer só com base numa ou noutra dessas teorias. Como ensina LARENZ, a atividade interpretativa há de buscar resultados a partir de processos de pensamento que considerem tanto o **sentido normativo** do enunciado interpretado quanto as **intenções da regulação** e as **ideias normativas do legislador histórico**. Por isso mesmo, o conceito de interpretação adotado no item acima não se relaciona à *descoberta*, mas à *atribuição de sentido* a alguma expressão linguística.

Teoria subjetivista (originalista ou voluntarista): *mens legislatoris*	**Teoria objetivista (não originalista ou não voluntarista): *mens legis***
Intérprete deve encontrar ou descobrir a intenção subjetiva dos autores dos enunciados linguísticos interpretados (teoria cognitiva da interpretação).	Intérprete deve buscar o sentido inerente e atual que se extrai do enunciado linguístico analisado.

▸ Como o STF tem enfrentado a questão:

Até para justificar a linha ativista da jurisprudência da Corte, o STF tem claramente adotado a teoria objetivista/não originalista. Nesse sentido, por exemplo, o Plenário do STF já entendeu que a "interpretação do direito tem caráter constitutivo e consiste na produção, pelo intérprete, a partir de textos normativos e da realidade, de normas jurídicas a serem aplicadas à solução de determinado caso, solução operada mediante a definição de uma norma de decisão" (ADPF 153/DF).

Todavia, ainda que infrequente, já prevaleceu a interpretação subjetivista/originalista em precedentes como a ADI 4.439/DF (j. em 27-9-2017), na qual o Plenário do STF, por apertada maioria (seis a cinco), entendeu que o ensino religioso nas escolas públicas de ensino fundamental deve ter natureza confessional (vinculado a alguma das diversas religiões). Nesse precedente, para afastar a posição segundo a qual o ensino religioso, previsto no § 1º do art. 210 da Constituição, só poderia ser o de natureza não confessional, o voto vencedor fundamentou-se, entre outros argumentos, nos debates ocorridos durante a Assembleia Constituinte.

2.1. Teorias da interpretação constitucional

No âmbito da interpretação constitucional, segmentos da doutrina - sobretudo os de inspiração norte-americana - costumam diferenciar a corrente *interpretativista* da corrente *não interpretativista*. Embora não passem de variantes das teorias subjetivista e objetivista, é justificado tratar do assunto, pois começa a ser cobrado em concursos públicos importantes.

A **corrente interpretativista** defende uma interpretação originalista da constituição. Considera que os juízes, ao interpretarem a constituição, devem limitar-se a captar o sentido dos preceitos nela expressos ou que pelo menos nela estejam induvidosamente implícitos. A despeito de não defender a interpretação meramente literal (literalismo), fixa dois parâmetros básicos a serem levados em conta na interpretação: **a textura semântica** e a **vontade do legislador**. A essência desta corrente hermenêutica consiste na tese de que a invalidade das leis somente pode ser declarada mediante processos dedutivos que tenham como premissa norma claramente identificável na constituição.

Trata-se de corrente **refratária** ao **ativismo judicial** (*judicial activism*). Sustenta, pelo contrário, a necessidade de autocontenção dos juízes em matéria interpretativa (*judicial self-restraint*), por entender que os magistrados não podem, a pretexto de zelar pela constituição, suprimir a vontade do poder político democrático. Critica o ativismo judicial, pois os juízes não têm legitimidade política para impor seus valores à sociedade.

Já a **corrente não interpretativista** é assim denominada pelos adeptos da corrente diversa, ao argumento de que os resultados obtidos por ela não advêm da interpretação direta do texto constitucional, mas de uma retórica que busca criar a imagem de que, ao se recorrer a certos valores, está-se aplicando a constituição.

Para a corrente não interpretativista, é **legítima** a atividade criadora dos juízes (**ativismo judicial**), pois a interpretação não se limita a revelar o sentido do texto normativo. O intérprete ajuda a construir a norma, podendo recorrer a elementos externos ao texto (realidade social/valores morais). Os juízes devem aplicar, até mesmo contra atos de Legislativo, os valores e os princípios substantivos que estejam em conformidade a um projeto de constituição que evolui e se mantém vivo no decorrer do tempo. Deve buscar-se o sentido substancial da constituição, a fim de permitir uma atuação judicial embasada em valores como a justiça, a igualdade, a liberdade e a evolução social, e não apenas no respeito ao princípio democrático. Nesse sentido, fala-se em **constituição viva** (*"living constitution"*) nos EUA; ou em **constituição dúctil**, como dizem os italianos da linhagem de ZAGRABELSKY.

▸ **Como esse assunto foi cobrado em concurso?**

No concurso para Procurador da República (2011), foi considerada **errada** a seguinte assertiva: "De todo enunciado normativo é possível extrair-se pelo menos uma norma jurídica, pois deve-se presumir que o legislador jamais emprega palavras em vão."

No concurso para Procurador Federal-AGU (2007), foi considerada **errada** a seguinte alternativa: "As correntes interpretativistas defendem a possibilidade e a necessidade de os juízes invocarem e aplicarem valores e princípios substantivos, como princípios de liberdade e justiça, contra atos de responsabilidade do Poder Legislativo que não estejam em conformidade com o projeto da CF. As posições não-interpretativistas, por outro lado, consideram que os juízes, ao interpretarem a CF, devem limitar-se a captar o sentido dos preceitos nela expressos ou, pelo menos, nela claramente explícitos."

No concurso para analista do TRT17 (2009), foi considerada **errada** a proposição: "A corrente que nega a possibilidade de o juiz, na interpretação constitucional, criar o direito e, valendo-se de valores substantivos, ir além do que o texto lhe permitir é chamada pela doutrina de não-interpretativista."

▸ **Como esse assunto foi cobrado em questões dissertativas de concurso?**

O 13º Concurso para Procurador da República, na prova subjetiva, exigiu conhecimento sobre o tema, ao propor a seguinte questão: "Distinguir, discorrendo sobre seus traços essenciais, entre as posições interpretativista e não-interpretativista, no âmbito da hermenêutica constitucional."

3. TEXTO COMO LIMITE DA INTERPRETAÇÃO

Toda atividade interpretativa deve ter por **limite objetivo o enunciado linguístico interpretado**. Como ensina CANOTILHO, o "conteúdo vinculante da norma constitucional deve ser o conteúdo semântico dos seus enunciados linguísticos, tal como eles são mediatizados pelas convenções linguísticas relevantes" (1998, p. 1.143). Por isso, segundo o mesmo autor, a "formulação linguística da norma constitui o limite externo para quaisquer variações de sentido jurídico-constitucionalmente possíveis (**função negativa do texto**)".

E o texto funciona também como limite à obtenção de **normas constitucionais implícitas**. Nesse sentido, explica HESSE, ainda que existam preceitos obrigatórios decorrentes de normas constitucionais não escritas, esse direito não escrito não pode entrar em contradição com a constituição escrita, que é um "limite insuperável da interpretação constitucional" (1998, p. 69).

Ademais, o texto serve como limite à validade das formas de manifestação do ***poder constituinte difuso***: nenhuma **convenção**, **costume** ou **mutação constitucionais** podem ser considerados válidos se esbarrarem na interpretação inequívoca que se extrai do texto constitucional.

> ▸ **Atenção!**
>
> Exemplo de **tentativa de implementar mutação assim "inconstitucional"** parece ser a interpretação pela qual se teria tornado ociosa a intermediação do Senado Federal para estender a eficácia *erga omnes* às decisões proferidas pelo STF no âmbito do controle concreto de constitucionalidade. Isso porque, se o texto do inciso X do art. 52 ainda se mantém vigente, não há como desprezá-lo e converter o Senado Federal num simples órgão que daria somente "publicidade" a certos tipos de decisões do STF. Outra razão para impedir essa tentativa está no texto do art. 103-A da atual Constituição: ora, se as decisões definitivas proferidas pelo STF em casos concretos já vinculassem os demais órgãos judiciais, não seria preciso haver súmula vinculante a respeito.

4. DISPOSIÇÃO NORMATIVA *VS.* NORMA

Do ponto de vista interpretativo, cabe distinguir entre a formulação da norma e a norma em si. De um lado está a *disposição textual* e, de outro, o *sentido* ou *conteúdo normativo* que lhe corresponde, a ser extraído no curso do trabalho de interpretação. As **disposições normativas** formam o ***objeto*** da interpretação; e as **normas**, o ***resultado*** da interpretação. Disposição é parte de um texto ainda a interpretar; e a norma é parte de um texto já interpretado. Essa a razão por que nenhum livro de direito constitucional poderia deixar de tratar de dois conceitos importantes à compreensão das atuais teorias constitucionais:

A) **Disposição normativa:** é a fórmula linguística reconhecida como ato ou fato de produção de direito. Segundo GUASTINI, é cada enunciado linguístico pertencente a uma fonte de direito. Exemplo: o texto contido no inciso II do art. 5º da Constituição: "ninguém será obrigado a fazer ou deixar de fazer alguma coisa senão em virtude de lei".

B) **Norma:** é o conteúdo de sentido resultante da interpretação da disposição normativa. Exemplo: o princípio da legalidade extraído do inciso II do art. 5º da Constituição.

DIFERENCIAÇÃO ENTRE DISPOSIÇÃO NORMATIVA E NORMA	
Disposição normativa [objeto da interpretação]	**Norma [resultado da interpretação]**
– Fórmula linguística reconhecida como ato ou fato de produção de direito. é parte de um texto ainda a interpretar. – Exemplo: o texto contido no inciso II do art. 5º da Constituição: "ninguém será obrigado a fazer ou deixar de fazer alguma coisa senão em virtude de lei".	– Conteúdo de sentido resultante da interpretação da disposição normativa. é parte de um texto já interpretado. – Exemplo: princípio da legalidade decorrente da interpretação do texto do art. 5º, II, da CF.

No sentido corrente, as disposições normativas equivalem aos ***dispositivos normativos***, ou seja, cada artigo, parágrafo, alínea ou item veiculados por fonte formal do direito. (Conferir a definição constante do parágrafo único do art. 12 da LC 95/98, com redação da LC 107/2001, que cuida da elaboração, a redação, a alteração e a consolidação das leis.) De modo que, entre disposição e norma, geralmente, existe uma **relação de correspondência** (reciprocidade): não há norma sem que exista disposição que lhe dê suporte e só há sentido na disposição após descoberta a norma a que corresponde (disposição *x* ➡ norma *x*).

Porém, nem sempre um dispositivo é suficientemente claro ou completo para que dele se possa extrair uma norma. E há ainda casos em que normas são extraídas sem apoio em nenhum dispositivo expresso, tal como as normas consuetudinárias e as normas implícitas. Essas as razões por que parte da doutrina nacional não fala propriamente em disposição normativa, mas em ***enunciado normativo***, que corresponderia a "um discurso prescritivo" (BARROSO, 2009, p. 194).

▸ **Atenção!**

A inexistência de correspondência absoluta entre disposição e norma pode ensejar as seguintes situações:

a) **norma sem disposição:** a norma é obtida de elementos outros que não uma determinada disposição. Exemplo típico são as normas consuetudinárias, bem como as normas implícitas, as decorrentes e todas as que derivem de elementos interpretativos não textuais, como a norma retirada da cor do sinal luminoso de um semáforo.

b) **disposição não normativa:** nesta situação estão as disposições que isoladamente carecem de conteúdo normativo próprio, como as declarações de motivos, as exortações a entidades divinas e, para alguns, os preâmbulos. Inclui-se aqui também o caso de disposição cujo conteúdo de sentido normativo é incompreensível, *i.e.*, não pode ser identificado nem mesmo com o auxílio das melhores técnicas interpretavas (GUASTINI, 2001, p. 29).

c) **várias disposições que ensejam uma só norma:** situação que diz respeito às normas constituídas a partir de várias disposições, como no caso em que a disposição seja incompleta ou insuficiente, por si própria, para dar lugar a uma norma, mas o conjunto delas (de disposições "fragmentárias") conflui à obtenção final de uma norma. Nessa hipótese enquadram-se, ainda, as disposições "sinônimas", pelas quais várias delas só dão ensejo a uma única norma, e as disposições "parcialmente sinônimas", em que de cada uma das disposições se originam diversas normas, algumas das quais coincidem.

d) **uma disposição que dá lugar a várias normas:** pluralidade de normas extraídas de mesma disposição. Mais de uma norma deriva de mesma disposição, fenômeno que se desdobra da seguinte forma: (d') de disposição "polissêmica" (ambígua) defluem normas de sentido antagônico entre si, caso em que a opção por aplicar uma exclui a aplicação da(s) outra(s); e (d") de disposição "complexa" obtêm-se duas ou mais normas parciais, cuja soma exaure o significado do enunciado textual.

A jurisprudência do **STF começa a destacar** as diferenças entre disposição normativa e norma. Na ADPF 153/DF, por exemplo, o Plenário do STF fez distinções entre o texto normativo e a norma jurídica, bem como entre a "dimensão textual e dimensão normativa do fenômeno jurídico." Todavia, ainda que a tese da separação entre disposição e norma não tenha sido enfatizada, serviu de fundamento implícito para o STF decidir os seguintes casos ilustrativos: (a) na ADI 2.883/DF, quando a Corte se recusou a fazer controle da constitucionalidade de preceito de emenda constitucional, por entender que, na espécie, a reforma fora meramente textual, sem mudança do sentido original da norma posta pelo constituinte originário; (b) o STF aceita aditamentos ao pedido formulado em ADI, com a finalidade de redirecioná-lo para outras disposições normativas, desde que equivalentes às mesmas normas originalmente impugnadas (mudança de texto com manutenção de sentido), como nas hipóteses de (b.1) legislação posterior a gerar a simples renumeração do preceito questionado (ADI 1.874 e ADI 246/RJ); (b.2) reedição ou conversão em lei da medida provisória inicialmente impugnada, mas sem mudanças substanciais no texto original; e (b.3) alterações irrelevantes no texto do ato normativo impugnado, ainda que o processo já esteja em pauta para julgamento final (MC na ADI 3.434/PI).

> ▸ **Importante:**
> Como ficará evidente, é também a diferenciação entre disposição normativa e norma que explica, por exemplo, a chamada "**interpretação conforme a constituição**", bem assim as mais complexas técnicas de controle de constitucionalidade hoje adotadas, tal como a **declaração de inconstitucionalidade sem redução do texto**.

5. NORMAS EXPLÍCITAS E NORMAS IMPLÍCITAS

Com base em GUASTINI (2001, p. 29), norma constitucional ***explícita*** (ou ***expressa***) é toda aquela que possa ser imputada como significado de uma determinada disposição normativa constitucional. E é ***implícita*** (ou ***não expressa***) qualquer norma constitucional que não possa ser considerada como significado de uma determinada disposição normativa constitucional.

As normas constitucionais explícitas, portanto, correspondem a uma disposição precisa. Exemplo: o princípio da legalidade é extraído do significado do inciso II do art. 5º da Constituição. Já as normas constitucionais implícitas são deduzidas, por intermédio de certos raciocínios lógico-jurídicos (tais como os argumentos *a contrario sensu*, *a fortiori*, *a simili* etc.), a partir de uma ou mais normas explícitas. Exemplo: da norma explícita que fixou somente uma única revisão constitucional e com data prefixada (art. 3º do ADCT) extrai-se, *a contrario sensu*, a norma implícita que proíbe a realização de quaisquer outras revisões constitucionais.

6. INTERPRETAÇÃO E ANTINOMIAS JURÍDICAS

Antinomias jurídicas são patologias dos sistemas jurídicos que se caracterizam quando, para a ocorrência de certo comportamento ou situação fática, um mesmo ordenamento jurídico prevê mais de uma consequência jurídica, todas elas reciprocamente incompatíveis. Exemplo: uma conduta é proibida por uma norma, mas é permitida por outra.

Na doutrina especializada, discute-se qual é a relação entre a interpretação e as antinomias normativas. Há quem entenda que as antinomias são *evitadas* pela interpretação, de modo que não existem antinomias "reais", mas somente na aparência (antinomias "aparentes"), pois a simples atividade interpretativa corretamente desenvolvida já as consegue prevenir. Mas também há quem pense que as antinomias são *decorrência* da interpretação, pois qualquer conflito normativo só pode ser identificado após o trabalho interpretativo.

O melhor entendimento a respeito parece ser o seguinte: as antinomias são fruto de uma primeira interpretação, mas podem ser eliminadas, numa segunda operação interpretativa (reinterpretação), mediante a atribuição, ao ato interpretado, de um sentido próprio que elimine eventuais conflitos normativos que apresentara. Conforme GUASTINI, nas hipóteses em que o intérprete possa escolher entre métodos interpretativos que tanto evidenciem quanto previnam as antinomias, estas não só decorrem da interpretação, como também podem ser evitadas pela interpretação. Contudo, nas hipóteses em que não haja tal possibilidade de escolha e seja, então, preciso *eliminar* uma das normas em conflito, já não se cuidará da simples prevenção de antinomias mediante atividade interpretativa, senão de "autênticas" antinomias a serem resolvidas.

Assim, para **prevenir antinomias**, ainda no curso da interpretação, são utilizáveis técnicas como: *interpretação sistemática*, *interpretação restritiva*, *interpretação conformadora* (incluindo a chamada *interpretação conforme a constituição*), o *critério da especialidade* (em se tratando de normas contidas no mesmo texto) e a *ponderação* (ou *balanceamento*) de princípios. (Sobre a *interpretação conforme a constituição*, v. item 13.4.)

Já para **resolver antinomias**, são aplicáveis os mencionados critérios **hierárquico** (*lex superior derogat inferiori*), **cronológico** (*lex posterior derogat priori*) e da **especialidade** (*lex specialis derogat generali*).

> **▸ Atenção!**
>
> Para GUASTINI, o critério da **especialidade** serve mais para prevenir do que para eliminar antinomias. Isso porque, em se tratando de normas contidas no mesmo diploma normativo, o contexto operativo da norma mais genérica fica expressa ou implicitamente excepcionado ante o contexto operativo da norma mais específica, sem que seja preciso *eliminar* alguma das normas, pois se deve pressupor a "vontade de cada autoridade normativa é ao menos sincronicamente coerente" (1998, p. 233). Logo, não se trata de antinomia *real*, mas de simples antinomia *aparente*, cuja prevenção se faz na própria atividade interpretativa. E quando a antinomia envolve normas sediadas em diplomas distintos, a ineficácia da norma menos específica só pode ser explicada a partir da conjugação do critério da especialidade ou com o critério hierárquico ou com o cronológico.

6.1. Teoria do "diálogo das fontes"

Com base no chamado **diálogo das fontes** – teoria concebida pelo alemão ERIK JAYME em 1995 e difundida no Brasil por CLÁUDIA LIMA MARQUES –, há quem sustente o abandono da hierarquização e da especialização das fontes jurídicas, com a consequente superação dos métodos tradicionais de resolução de antinomias.

Nas palavras do precursor da teoria, o professor ERIK JAYME, o "*diálogo das fontes* significa que decisões de casos da vida complexos são hoje o somar, o aplicar conjuntamente, de várias fontes (Constituição, Direitos Humanos, direito supranacional e direito nacional). Hoje não mais existe uma fixa determinação de ordem entre as fontes, mas uma cumulação destas, um aplicar lado a lado. Os direitos humanos são direitos fundamentais, mas somente às vezes é possível deles retirar efeitos jurídicos precisos" (2000, p. 66). Ainda com ERIK JAYME, os "direitos do homem, as constituições, as convenções internacionais, os sistemas nacionais: todas estas fontes não mais se excluem mutuamente; elas conversam uma com a outra. Os juízes são necessários para coordenar estas fontes, escutando o que elas dizem" (1995, *apud* BENJAMIM, 2012, p. 5).

Destarte, para os adeptos da teoria do diálogo das fontes, embora normas pertencentes a diplomas jurídicos distintos possam (aparentemente) apresentar conteúdos incompatíveis entre si, nem por isso elas deverão ser automaticamente consideradas antinômicas em definitivo. A aplicação de uma norma não exclui a incidência de outra, e o órgão aplicador do direito, sobretudo o juiz, em vez de afastar a aplicação de normas *a priori* colidentes, deve buscar a coordenação das respectivas fontes normativas, num verdadeiro "diálogo das fontes" (*Dialog der Quellen*). Assim, a teoria do diálogo das fontes permitiria ao juiz coordenar a aplicação de normas provenientes de fontes diversas (constituições, convenções internacionais, sistemas jurídicos nacionais), ainda que estejam em situação de antinomia. Por exemplo, uma norma especial poderia ter seu conteúdo alargado pelo auxílio da aplicação de norma geral posterior, sem necessidade de resolver a (aparente?) antinomia com base no critério da especialidade (*lex specialis derogat generali*).

Segundo CLÁUDIA LIMA MARQUES (2004, p. 44), a teoria de ERIK JAYME propõe, em resumo, "no lugar do conflito de leis, a visualização da possibilidade de coordenação sistemática destas fontes: o diálogo das fontes. Uma coordenação flexível e útil (*effet utile*) das normas em conflito no sistema a fim de restabelecer a sua coerência. Muda-se assim o paradigma: da retirada simples (revogação) de uma das normas em conflito do sistema jurídico ou do 'monólogo' de uma só norma (a „comunicar" a solução justa), à convivência destas normas, ao 'diálogo' das normas para alcançar a sua „ratio", a finalidade visada ou „narrada" em ambas. Este atual e necessário 'diálogo das fontes' permite e leva à aplicação simultânea, coerente e coordenada das plúrimas fontes legislativas convergentes com finalidade de proteção efetiva."

Como sintetizou o Ministro HERMAN BENJAMIN (2012, p. 7), "a aplicação, a integração e a interpretação das normas jurídicas não mais pressupõem a eliminação de uma das regras do sistema, como resultado de uma antinomia ou de um conflito de normas. Antes disso, consiste no método de coordenação e coerência sistemática das várias fontes de direito, assegurando a conformidade entre elas e a supremacia da Constituição e, mais ainda, dos seus valores e direitos fundamentais."

Por outro lado, se a teoria foi concebida por ERIK JAYME em especial consideração ao *direito internacional privado*, no Brasil, sob a influência da eminente professora CLÁUDIA LIMA MARQUES, foi transplantada, sobretudo, para o âmbito do *direito do consumidor*. Nessa linha, o diálogo das fontes é utilizado no STJ em vários acórdãos relacionados ao direito consumerista. No REsp 1.009.591/RS, *v.g.*, a 3ª Turma decidiu que o "mandamento constitucional de proteção do consumidor deve ser cumprido por todo o sistema jurídico, em diálogo de fontes, e não somente por intermédio do CDC. Assim, e nos termos do art. 7º do CDC, sempre que uma lei garantir algum direito para o consumidor, ela poderá se somar ao microssistema do CDC, incorporando-se na tutela especial e tendo a mesma preferência no trato da relação de consumo".

▸ **Atenção!**

Como se percebe, a teoria do diálogo das fontes também serve de ferramenta teórica à disposição do chamado **princípio "pro persona"** ou **"pro homine"** (ver item 5.3 da Parte III). Nesse sentido, para CLÁUDIA LIMA MARQUES, o diálogo das fontes busca evitar "a 'incompatibilidade' total ('conflitos de normas' ou conflitos entre normas de duas leis, conflitos 'reais' ou 'aparentes'), que leve a retirada de uma lei do sistema, a qual levaria a 'não-coerência' do sistema plural brasileiro, que deixaria desprotegido os sujeitos mais fracos, que a Constituição Federal de 1988 visou proteger de forma especial, os consumidores" (2004, p. 42).

Nada obstante, a teoria do diálogo das fontes espalha-se para outros setores jurídicos. Conforme a jurisprudência do STJ, a teoria parece até ter ganhado o *status* de **princípio hermenêutico geral**. No AgRg no REsp 1.483.780/PE, por exemplo, precedente relacionado à pena de perdimento administrativo de bens, a 1ª Turma do STJ julgou que o "Direito deve ser compreendido, em metáfora às ciências da natureza, como um sistema de vasos comunicantes, ou de diálogo das fontes (Erik Jayme), que permita a sua interpretação de forma holística. Deve-se buscar, sempre, evitar antinomias, ofensivas que são aos princípios da isonomia e da segurança jurídica, bem como ao próprio ideal humano de Justiça." Outros exemplos: no REsp 1.184.765/PA, a 1ª Seção do STJ aplicou o diálogo das fontes em caso relacionado a penhora de bens em execução fiscal; e, no RMS 49.370/MT, a 2ª Turma fez uso da teoria para resolver aparente conflito entre normas de lei penal e de lei administrativa.

Todavia, a despeito da crescente dimensão e velocidade com que se incorpora à cultura jurídica brasileira, a teoria do diálogo das fontes segue bastante controvertida. Especialmente e porque deixa o Direito ainda mais propenso a ativismos judiciais e a soluções normativas díspares, além de servir de justificativa teórica para que juízes façam a combinação ("coordenação") de normas antagônicas entre si, para muitas vezes daí extraírem uma *outra* norma, estranha e sem correspondência a quaisquer daquelas previstas nas fontes postas em "diálogo". Talvez por isso, a teoria não desfrute do mesmo prestígio no exterior, sequer no país de origem de quem a concebeu (Alemanha), nem foi ainda encampada pelo STF.

De todo modo, afora a terminologia elegante, a teoria do diálogo das fontes não parece "revolucionária". A menos que a intenção seja mesmo utilizá-la para justificar a aplicação de normas que, diante de antinomias inconciliáveis (e não simplesmente aparentes), não poderiam, de outro modo, ser consideradas válidas, vigentes ou eficazes.

Contudo, os próprios adeptos da teoria sustentam que ela não exclui a possibilidade de "eliminação da norma incompatível", ainda que isso seja visto como "uma via extrema a ser usada quando todos os outros recursos falharam" (AMARAL JÚNIOR, 2008, p. 17). Daí não ser muito diferente dos velhos métodos de **interpretação sistemática e conformadora.**

Afinal, como lembra EROS GRAU (2002, p. XXVIII), "não se interpreta o direito em tiras, aos pedaços." Assim, sem necessidade de recorrer a uma nova teoria ("diálogo das fontes"), todo trabalho interpretativo bem feito já deve considerar as influências recíprocas que as normas (válidas) de um sistema jurídico mantêm entre si. E, como visto no item acima, qualquer intérprete deve adotar métodos interpretativos que *previnam* a ocorrência de antinomias, ainda no curso da interpretação, entre os quais se destacam a interpretação sistemática e a conformadora. Não há novidade nisso.

Enfim, parecem conservar-se ativos e atuais, na resolução de antinomias, os velhos critérios hierárquico, cronológico e da especialidade. Sem que isso implique descartar o trabalho de interpretação sistemática e conformadora, em busca tanto da prevenção de antinomias quanto da aplicação coordenada de normas, no âmbito de um sistema jurídico dotado de unidade e coerência.

7. VARIEDADE SUBJETIVA DOS INTÉRPRETES

Com base em GUASTINI (2001, p. 144-146), quanto aos sujeitos que tipicamente exercem a atividade interpretativa jurídica, é possível dividir a interpretação nos três tipos a seguir:

A) **interpretação doutrinária:** aquela desenvolvida pelos **juristas acadêmicos.** Trata-se de interpretação essencialmente **feita em abstrato**, com valor meramente persuasivo, **sem força vinculante**;

B) **interpretação judicial:** interpretação realizada por **órgãos judiciais** no exercício da **função jurisdicional.** Ressalvada a interpretação feita em processos de natureza objetiva (tal como ocorre nas ações do controle abstrato de constitucionalidade), é eminentemente uma atividade de interpretativa em concreto e de caráter **vinculante somente *inter partes***;

C) **interpretação autêntica:** é a desenvolvida pelo **mesmo órgão responsável pela edição do ato normativo interpretado**, mediante ato normativo interpretativo posterior. Cuida-se de interpretação **em abstrato,** que se faz, geralmente, com a intenção de corrigir interpretações judiciais com as quais aquele órgão não concorda. Exemplo de interpretação autêntica são as chamadas "**normas interpretativas**".

Sobre a eficácia retroativa das normas interpretativas, v. item 8.7 do Capítulo V.

VARIEDADE SUBJETIVA DA ATIVIDADE INTERPRETATIVA JURÍDICA (Guastini)		
Interpretação doutrinária	**Interpretação judicial**	**Interpretação autêntica**
- realizada por juristas acadêmicos; - interpretação feita em abstrato;	- realizada por órgãos judiciais no exercício da função jurisdicional;	- realizada pelo mesmo órgão responsável pela edição do ato normativo interpretado, mediante ato normativo interpretativo posterior;
- sem caráter vinculante: valor meramente persuasivo.	- interpretação feita em concreto; - caráter vinculante *inter partes*: alcança somente os integrantes da relação material discutida; - exceção: interpretação realizada no âmbito do controle de constitucionalidade abstrato, que é feita abstratamente e com vinculação *erga omnes*.	- interpretação feita em abstrato, geralmente com o propósito de "corrigir" interpretações judiciais em sentido diverso.

7.1. Interpretação constitucional "autêntica"?

Uma certa interpretação pode ser considerada "**autêntica**", conforme ensina GUASTINI (2004, p. 118-121), de quatro maneiras distintas:

1) quando realizada pelo **mesmo órgão** que aprovou o documento interpretado;

2) quando feita por documento dotado do **mesmo *nomen iuris*** do documento interpretado;

3) quando efetivada mediante documento dotado da **mesma força jurídica** do documento interpretado;

4) quando desenvolvida por órgão que tenha o **monopólio da última palavra sobre a matéria**, desde que seus pronunciamentos não possam ser contraditados nem desobedecidos por ninguém.

No **regime constitucional brasileiro**, porém, **afastam-se** *a priori* as interpretações autênticas das espécies (**1**) e (**2**), seja porque o "órgão" que elaborou a Constituição de 1988 (*i.e.*, a Assembleia Constituinte) já se desfez, seja porque uma constituição sucessiva não seria entendida como mera reinterpretação da anterior, senão como uma *nova* constituição. Resta analisar, então, somente as interpretações autênticas dos tipos (**3**) e (**4**).

No sentido da interpretação do tipo (**3**), a **doutrina majoritária** não admite quaisquer formas de interpretação constitucional feitas pelo **legislador comum**. Porém, aceita como "autêntica" a interpretação realizada por intermédio de **emendas constitucionais**. (Sobre a possibilidade de retroação de emendas constitucionais "interpretativas", cf. item 8.5 do Capítulo V.)

Já com relação à interpretação do tipo (**4**), GUASTINI dá como exemplo as decisões proferidas pela justiça constitucional italiana. No Brasil, porém, **ao tempo da Constituição anterior**, o **STF recusou o posto de "intérprete autêntico"** das normas constitucionais (Rep 1.273/DF). Naquela oportunidade, decidiu que não poderia dar efeito *erga omnes* à interpretação que fizesse de dispositivos constitucionais, pois, segundo raciocínio vencedor do Min. MOREIRA ALVES, as "Constituições visam a perdurar o mais possível, e isso só é alcançável – como se vê com relação à Constituição americana – graças à flexibilidade de seus textos a essa interpretação evolutiva, incompossível de conviver com a interpretação autêntica".

Atualmente, contudo, certos posicionamentos do STF tornam nítidas as **tentativas de implantar mecanismos judiciais de interpretação autêntica** da Constituição Federal, tais como: (a) a atribuição de efeito vinculante aos "motivos determinantes" das decisões do controle abstrato de constitucionalidade (Rcl 1.987/DF) – raciocínio que vingou durante alguns anos, até ser superado (Rcl 2.475/MG e Rcl 2.990/RN); (b) certos votos e decisões monocráticas tendentes a instituir efeitos *erga omnes* e vinculante às decisões tomadas no controle concreto de constitucionalidade (Rcl 4.335/AC); e (c) algumas súmulas vinculantes, nas quais a interpretação da Constituição Federal, em vez de parâmetro à resolução de questões referentes à validade, à interpretação ou à eficácia de normas infraconstitucionais, passou a ser utilizada como **objeto** da produção normativa realizada pelo STF (cf., *v.g.*, Súmulas Vinculantes n. 2, 11 e 13).

E o próprio legislador vem municiando essa tendência, tal como se vê no artigo 10 da Lei 9.882/99, pelo qual outorgado ao STF o papel de interpretar, de forma vinculante, os preceitos fundamentais da Constituição Federal.

8. AMPLIAÇÃO DOS INTÉRPRETES CONSTITUCIONAIS: A "SOCIEDADE ABERTA DOS INTÉRPRETES DA CONSTITUIÇÃO"

Tese segundo a qual se deve ampliar o conceito de interpretação constitucional para se reconhecer a legitimidade da atividade interpretativa feita por todos aqueles que fazem parte da comunidade política.

No atual direito constitucional, a partir de ideias de PETER HÄBERLE (1997, p. 150-151), predomina conceito amplo de interpretação, pelo qual se admite que, além dos órgãos do Estado, também os cidadãos, os grupos sociais e a opinião pública integram a chamada ***sociedade aberta dos intérpretes da constituição.***

Para HÄBERLE, embora o conceito de **interpretação em sentido estrito** possa exigir que a atividade interpretativa se desenvolva conforme raciocínios conscientes, o que afastaria a pertinência das interpretações feitas por quem desconhece os métodos hermenêuticos, a interpretação constitucional não é, nem na teoria tampouco na prática, processo de natureza exclusivamente estatal, sem que potencialmente tenham acesso a ela todas as forças da comunidade política. Um exame realista do surgimento da interpretação constitucional requer um **conceito mais amplo de interpretação**, para o qual os cidadãos e os grupos sociais, os órgãos do Estado e a opinião pública, são "forças produtivas da interpretação", ou seja, intérpretes em sentido amplo da constituição. Nesse rumo, assim ampliado o conceito de interpretação constitucional, além dos órgãos do Estado, também os cidadãos, os grupos sociais e a opinião pública em geral são "forças produtivas da interpretação", razão por que "não somente a jurisdição constitucional, porém todos nós somos politicamente os 'guardiões da constituição'" (2000, p. 21).

Por outro lado, ainda com HÄBERLE, a despeito do reconhecimento de que os componentes da comunidade política atuem ao menos como "**intérpretes prévios**" (*Vorinterpreten*), a interpretação de "**última instância**" permanece com a jurisdição constitucional.

▸ Como o STF enfrentou o tema:

Sobre a "sociedade aberta dos intérpretes da constituição", afirmou o Plenário do STF que o "princípio fundamental da separação de poderes, enquanto cânone constitucional interpretativo, reclama a pluralização dos intérpretes da Constituição, mediante a atuação coordenada entre os poderes estatais – Legislativo, Executivo e Judiciário – e os diversos segmentos da sociedade civil organizada, em um processo contínuo, ininterrupto e republicano, em que cada um destes *players* contribua, com suas capacidades específicas, no embate dialógico, no afã de avançar os rumos da empreitada constitucional e no aperfeiçoamento das instituições democráticas, sem se arvorarem como intérpretes únicos e exclusivos da Carta da República" (ADI 5.105/DF).

▸ Como esse assunto foi cobrado em concurso?

No concurso para Procurador da República (2011), foi considerada **correta** a seguinte assertiva: "São intérpretes da Constituição não apenas os órgãos do Poder Judiciário, como também os demais poderes políticos, além dos múltiplos atores presentes na sociedade civil, que, em seus debates travados na esfera pública, participam da tarefa de atribuição de sentido as normas constitucionais."

Pressupondo a adoção do conceito de interpretação mais amplo pelo qual se admite também os cidadãos, os grupos sociais e a opinião pública integram a chamada sociedade aberta dos intérpretes da constituição, no concurso para Auditor do Tribunal de Contas do Distrito Federal e Territórios (2002/Cespe), o candidato deveria considerar como **errada** a seguinte assertiva: "A interpretação constitucional é monopólio do STF, em razão de identificar-se como instrumento de afirmação da supremacia da Constituição."

No concurso para Procurador Municipal de Natal (2008/Cespe), a seguinte assertiva foi considerada como **correta**: "A sociedade aberta dos intérpretes da Constituição, defendida por Peter Häberle, propõe que a interpretação constitucional seja tarefa desenvolvida por todos aqueles que vivem a norma, devendo ser inseridos no processo de interpretação constitucional todos os órgãos estatais, os cidadãos e os grupos sociais."

No concurso para Analista Ministerial da área Processual do MPEPI (2018/Cespe), foi considerada **incorreta** a afirmação: "Decorre da noção de supremacia da Constituição o pressuposto da superioridade hierárquica constitucional sobre as demais leis do país, ressalvados os tratados internacionais de direitos humanos."

9. INTERPRETAÇÃO *VS.* APLICAÇÃO

São diferentes os conceitos de interpretação e de aplicação jurídicas. "Interpretar é decidir o significado de um texto normativo, de modo a extrair-lhe uma ou mais normas. Aplicar as normas assim extraídas é usá-las para resolver controvérsias concretas" (GUASTINI, 2009, p. 168). Em outro texto, ensina GUASTINI (2004, p. 9-10):

A) enquanto a **atividade interpretativa** pode ser desempenhada por **qualquer sujeito**, a **aplicação** só se pode fazer por **órgãos ou autoridades estatais** incumbidos de aplicar o direito, geralmente os juízes e outros agentes ou órgãos públicos;

B) interpretação e aplicação possuem objetos diversos: a **interpretação** tem por objeto **enunciados linguísticos**; a **aplicação**, as **normas obtidas da atividade interpretativa referente** a esses enunciados;

C) a **aplicação** envolve um conjunto de operações que, além da interpretação jurídica em si, abrange tanto a qualificação de um suposto fático concreto (exemplo, "Tício cometeu o crime tal") quanto a decisão de uma controvérsia específica ("Tício deve ser condenado à pena tal").

INTERPRETAÇÃO *VS.* APLICAÇÃO (Guastini)	
Interpretação	**Aplicação**
– consiste em decidir o significado de um texto normativo, dele extraindo uma ou mais normas; – pode ser desempenhada por qualquer sujeito; – tem como objeto os enunciados linguísticos.	– consiste em utilizar as normas extraídas pela interpretação para resolver controvérsias concretas; – só pode ser desempenhada por órgãos ou autoridades estatais; – tem como objeto as normas previamente obtidas a partir da atividade interpretativa.

10. APLICAÇÃO *VS.* CONCRETIZAÇÃO

Princípios e *regras* são duas classes de normas que se diferenciam por vários motivos (v. item 7.1 do Capítulo VI), entre os quais a forma com que são aplicados para resolver controvérsias. Segundo GUASTINI, "aplicar uma regra significa usá-la em um raciocínio dedutivo para inferir uma norma individual"; mas aplicar um princípio significa "usá-lo como argumento para construir uma regra não expressa, esta sim suscetível de aplicação no primeiro sentido da palavra" (2009, p. 167).

De fato, a maior imprecisão semântica ("**textura aberta**") que caracteriza os princípios impede sejam diretamente aplicados a casos singulares. Para que um princípio possa ser utilizado na resolução jurídica de algum caso individualizado, é antes preciso dele obter um sentido mais específico. Cumpre submetê-lo a um **prévio processo** de "**concretização**", que pode ocorrer tanto no âmbito abstrato da produção normativa quanto na esfera concreta da decisão do próprio caso particular.

▸ **Atenção:**

Segundo CANOTILHO (1993, p. 202-203): (a) ***concretização constitucional*** é a construção de uma norma jurídica por meio de "um processo que vai do texto da norma (do seu enunciado) para uma norma concreta — norma jurídica — que, por sua vez, será apenas um resultado intermédio, pois só com a descoberta da norma de decisão para a solução dos casos jurídico-constitucionais, teremos o resultado final da concretização" e (b) ***densificação constitucional*** é o processo de "preencher, complementar e precisar o espaço normativo de um preceito constitucional, especialmente carecido de concretização, a fim de tornar possível a solução, por esse preceito, dos problemas concretos". Assim, "as tarefas de concretização e de densificação de normas andam, pois, associadas: densifica-se um espaço normativo (= preenche-se uma norma) para tornar possível a sua concretização e a consequente aplicação a um caso concreto."

▸ **Importante:**

Dinâmica clássica do processo de concretização de princípios constitucionais (baseada em CANOTILHO):

1) **nível primário de concretização:** princípios constitucionais estruturantes ➡ princípios constitucionais gerais ➡ princípios constitucionais especiais ➡ regras constitucionais;
2) **nível político-legislativo de concretização abstrata:** regras legislativas (*concretização legislativa*) e respectivos regulamentos administrativos (*concretização regulamentar*);
3) **nível executivo e judicial de concretização:** – obtenção da "norma de decisão" pelos órgãos administrativos (*concretização administrativa*) e pelo órgão judiciais (*concretização judicial*).

A concretização abstrata – também chamada de "**densificação**" de princípios –caracteriza-se quando a constituição ou outra fonte de direito preveja normas de maior precisão semântica e que sirvam para determinar um conteúdo mais específico ao princípio considerado. Essa "densificação" pode dar-se de forma gradual, como na previsão de um princípio constitucional geral a esclarecer o conteúdo de um princípio constitucional estruturante e de altíssima indeterminação; de um subprincípio, em relação ao um princípio constitucional geral; e assim por diante, até que se chegue a uma regra que delimite um fato operativo preciso e para este estabeleça consequências jurídicas, em conformidade ao que determina o princípio densificado. Processos de concretização abstrata dos princípios ocorrem, principalmente, por meio da produção de regras legais para regulamentar princípios (**concretização legislativa**).

Todavia, mesmo quando inexistam regras prévia e abstratamente instituídas para densificar um princípio, ainda assim será possível aplicá-lo na resolução jurídica de casos singulares. Porém, isso pressupõe outra modalidade **concretização**, agora por atividade dos próprios **órgãos executivos ou judiciais, ao decidirem casos concretos**.

Dada a peculiar forma de indeterminação linguística que o caracteriza, para que um princípio contribua à motivação da decisão, é necessário dele extrair "uma regra (não expressa), dotada de um antecedente (relativamente) determinado, ou seja, de *fattispecie* fechada, indefectível, e não genérica" (GUASTINI 2009, p. 166). Em outras palavras, a aplicação de um princípio que já não tenha sido concretizado abstratamente – *i.e.*, que não fora densificado por fontes de produção normativa – exige do órgão aplicador (sobretudo dos juízes) a identificação de uma regra implícita, à qual se atribua o sentido concreto do princípio em face da controvérsia a decidir. Daí se dizer que "aplicar um princípio significa já não usá-lo para resolver um caso, mas concretizá-lo, isto é, usá-lo para elaborar uma regra expressa, essa sim idônea a resolver o caso" (GUASTINI, 2009, p. 169).

▸ **Atenção!**

O sério problema da necessidade de concretizar as normas jurídicas é estudado pela metodologia jurídica de várias maneiras, sobretudo pelas diferentes vertentes do ***método hermenêutico-concretizador*** e do ***método concretista-estruturante*** (ou ***metódica normativo-estruturante***).

Ver item 13.1.1, abaixo.

11. SUBSUNÇÃO *VS.* PONDERAÇÃO

São duas as modalidades a partir das quais se define qual norma se aplica para decidir um caso concreto: ***subsunção*** e ***ponderação*** (balanceamento).

11.1. Subsunção

Técnica utilizada para **qualificar um suposto fato** e **definir a norma que a ele se deve aplicar**, com exclusão da aplicação de qualquer outra norma. Também chamada de **categorização** (JANE PEREIRA), é o resultado do raciocínio que considera determinado fato concreto incluído no âmbito dos fatos operativos previstos como necessários e suficientes à aplicação de determinada norma.

Segundo ensina GUASTINI, como as disposições normativas utilizam-se de predicados ("jurista", "juiz", "homicídio", "contrato" etc.) que denotam classes (a classe dos juristas, a classe dos juízes etc.), subsumir "significa inscrever um indivíduo (em sentido lógico) a uma classe (subsunção individual), ou seja, incluir uma classe em uma classe mais ampla (subsunção geral)." (2009, p. 168).

A subsunção, contudo, pressupõe normas jurídicas dotadas de **precisão linguística** suficiente para que aos comandos nelas previstos possam ser subsumidos fatos concretos. Com referência aos princípios jurídicos, a peculiar indeterminação linguística que os caracteriza impede a subsunção direta. A aplicação dos **princípios jurídicos exige prévios processos de densificação/concretização**, assim os realizados abstratamente, pelas fontes de direito, como os implementados pelos próprios órgãos aplicadores, com a finalidade de identificar uma regra não expressa, à qual se atribua o sentido concreto do princípio em relação ao caso a decidir. De modo que a **subsunção sempre terá por referência regras jurídicas**, ainda que obtidas mediante a concretização de algum princípio jurídico.

11.1.1. Subsunção e antinomias jurídicas

Nas hipóteses de antinomias jurídica, em que um mesmo suposto fático possa ser subsumido às previsões de duas ou mais normas cujos comandos sejam reciprocamente incompatíveis, é preciso ainda definir que norma deverá ser utilizada para decidir casos concretos. Assim, se a partir da operação de subsunção for constatada a existência de antinomia jurídica, caberá fazer outra operação para identificar a norma aplicável.

Em se tratando de antinomia entre regras jurídicas, será necessário definir uma única regra aplicável, com exclusão das demais envolvidas na antinomia, pois regras se aplicam ao **estilo do "tudo ou nada"** (ver item 7.2.2 do Capítulo VI). Tal definição decorrerá, porém, de uma **segunda subsunção**, agora com referência à ***metanorma*** pertinente – tal como o critério hierárquico (*lex superior derogat inferiori*), o cronológico (*lex posterior derogat priori*) ou o da especialidade (*lex specialis derogat generali*). Por meio dessa subsunção de segundo nível, também chamada de ***"metassubsunção"*** (ALEXY, 2003, p. 433-449), a antinomia detectada é subsumida à metanorma correspondente, daí se definindo a única regra a ser aplicada para resolver a controvérsia fática. Todavia, como adverte ALEXY (2003, p. 433-449), ainda que essa definição exija uma *metassubsunção*, o problema circunscreve-se ao âmbito das subsunções. Exemplo: após constatar que o assassinato de um filho pela respectiva mãe, durante o estado puerperal, está subsumido no conjunto dos fatos operativos previstos pelo Código Penal tanto no art. 121 (homicídio simples: pena de reclusão de 6 a 20 anos) quanto no art. 123 (infanticídio: pena de detenção de 2 a 6 anos), realiza-se uma subsunção de segundo nível em face do critério da especialidade e, então, conclui-se pela aplicação da regra do art. 123.

Entretanto, quando constatada **antinomia entre princípios jurídicos, subsunções são insuficientes** para definir a norma aplicável. Primeiro porque é possível que os princípios em colisão admitam ser compatibilizados em alguma medida, já que não se aplicam ao estilo do "tudo ou nada". Segundo porque, a menos que se trate de princípios com diferentes hierarquias normativas, conflitos desta espécie não podem ser resolvidos sequer mediante subsunções a metanormas (*metassubsunções*), já que os princípios em colisão: (a) têm a mesma hierarquia normativa, o que exclui o critério hierárquico (*lex superior derogat inferiori*); (b) são geralmente promulgados na mesma data, o que afasta o critério cronológico (*lex posterior derogat priori*); e (c) disciplinam duas classes de fatos entrecruzadas entre si, mas em face das quais não existe relação de gênero e espécie, o que bloqueia a utilização do critério da especialidade (*lex specialis derogat generali*). Exemplos de conflitos dessa espécie: princípio da intimidade *vs.* princípio da liberdade de expressão, no caso de se pretender publicar aspectos secretos da vida privada de alguma pessoa; princípio da autonomia individual *vs.* princípio da proteção à vida, no caso de uma grávida pretender realizar aborto. Daí se dizer cuida-se de ***casos difíceis*** ("hard cases"), a exigir o uso de outra técnica para definir a aplicação normativa: a ***ponderação*** (ou ***balanceamento***).

Por último, embora a grande parte dos casos em que se discuta a constitucionalidade de normas envolva a confrontação entre uma regra (infraconstitucional) e um princípio (constitucional), ***não há antinomia entre regras e princípios***. As diferentes estruturas lógicas com que são formulados as regras e os princípios, sobretudo a peculiar indeterminação linguística destes, tornam impossível o confronto direto entre tais espécies de normas. Colisões entre regra e princípio só surgem quando o princípio já tenha sido alvo de concretização, de modo que dele se possa extrair uma regra (não expressa) a disciplinar a mesma classe de fatos alcançada pela outra regra (GUASTINI, 2009, p. 165-166). Logo, eventual conflito entre comandos advindos de regras em relação a mandamentos decorrentes de princípios circunscreve-se ao âmbito das regras.

> ▸ **Atenção!**
> Autores como EROS GRAU também concordam que "não se manifesta jamais antinomia jurídica entre princípios e regras jurídicas" (1990, p. 134). Porém, para assim concluir, GRAU adota **raciocínio inverso**: se as regras são a concreção dos princípios, o problema se resume a conflito entre princípios, pois, "quando, em confronto dois princípios, um prevalece sobre o outro, as regras que dão concreção ao que foi desprezado são *afastadas*" (*idem*). No mesmo sentido, DANIEL SARMENTO (2003, p. 106-107).

11.2. Ponderação

Técnica utilizada para definir a norma aplicável em caso de conflito entre dois ou mais princípios dotados de idêntica hierarquia normativa. Uma vez constatada antinomia entre princípios jurídicos, a se confirmar a insuficiência das operações de subsunção para resolver o conflito, a definição da norma aplicável exigirá ponderações que determinem as situações nas quais um princípio prevalece em detrimento do outro.

Segundo ALEXY, ***ponderar*** é **identificar, entre princípios colidentes, uma "relação de precedência condicionada"** (2001, p. 92). O resultado de toda ponderação feita corretamente conduz à identificação de uma *regra* em face da qual o caso concreto deverá ser subsumido (intitulada *lei de colisão*). E o suporte fático dessa regra radica exatamente naquelas condições cuja exteriorização leva à precedência de um princípio em relação a outro(s) (ALEXY, 2001, p. 94).

Pela técnica da ponderação, examinam-se os princípios colidentes de acordo com hierarquias *axiológicas* e *móveis* (GUASTINI). A elaboração de uma ***hierarquia axiológica*** consiste em estabelecer uma relação de valores que permita ao intérprete definir qual dos princípios em conflito deve ou deverá assumir o **maior peso** (*i.e.*, o maior valor) no caso concreto, o que determinará o princípio a ser aplicado. Já a ***hierarquia móvel*** consiste numa relação instável (modificável), que vale somente para aquele caso concreto e que, por isso, poderá ser alterada em outras situações.

DEFINIÇÃO DA NORMA APLICÁVEL	
Subsunção	**Ponderação (balanceamento)**
– resultado de raciocínio classificatório pelo qual se considera determinado fato concreto incluído no âmbito dos fatos operativos de uma regra determinada; – técnica utilizada também para resolver conflitos normativos entre regras com auxílio de metanormas, tais como os critérios hierárquico, cronológico e da especialidade (*metassubsunção*).	– resultado de raciocínio de graduação normativa pelo qual se busca definir critérios para decidir caso concreto incluído no campo de aplicação de dois ou mais princípios dotados de idêntica hierarquia normativa; – utilizada somente para resolver conflitos entre princípios de igual hierarquia normativa; – envolve hierarquias ***axiológicas*** e ***móveis***; – termina por identificar uma ***regra*** em face da qual o caso concreto deverá ser subsumido ("lei de colisão").

▸ **Como esse assunto foi cobrado em concurso?**

Em 2011, o concurso para Juiz do TJPB considerou **errada** a seguinte assertiva: "No que concerne à forma de aplicação, os princípios operam por via do enquadramento do fato no relato normativo, ainda que, tanto quanto as regras, eles comportem a subsunção."

11.2.1. Ponderação abstrata

Tipo de ponderação materializada na promulgação de regras que antecipam critérios de decisão a compatibilizar **princípios potencialmente colidentes.**

Os órgãos de produção normativa costumam prever eventuais hipóteses de conflito entre princípios. Então, no âmbito dos processos de concretização abstrata de princípios, é possível que venham a editar regras de colisão que antecipam critérios decisórios. Exemplo clássico: as regras que cuidam da exclusão da ilicitude penal do aborto de feto concebido por meio de violência sexual (art. 128, I e II, do Código Penal) disciplinam, abstratamente, a colisão entre o princípio da proteção à vida e o princípio da liberdade e autodeterminação da mulher. Outro exemplo: ao dispor que ninguém "pode ser constrangido a submeter-se, com risco de vida, a tratamento médico ou a intervenção cirúrgica", o artigo 15 do Código Civil ponderou, em abstrato, os princípios da liberdade individual e da proteção à vida.

A ponderação abstrata faz com que o caso concreto possa ser decidido por meras subsunções, ainda que em face do critério da especialidade (*lex specialis derogat generali*), pois a regra de colisão positivada acaba por se traduzir numa norma especial que afasta a aplicação de outras normas mais genéricas.

11.2.2. Ponderação concreta (ou "ad hoc")

Tipo de ponderação realizada, no âmbito decisório, para resolver **conflito entre princípios manifestado em casos concretos**. Trata-se da ponderação que eventualmente têm de fazer os órgãos aplicadores do direito, sobretudo os juízes, para decidir situações concretas em face das quais incidem princípios colidentes.

Essa espécie de ponderação ocorre em duas situações: (a) quando o sistema jurídico não contiver uma explícita regra de colisão aplicável para solucionar a hipótese de conflito; ou (b) quando existir no sistema jurídico uma regra de colisão, mas a aplicação dela é afastada pelo órgão decisório, daí surgindo a necessidade de definir uma nova regra de colisão.

Em nenhuma dessas situações, contudo, os princípios conflitantes são ponderados abstratamente, de maneira dedutiva, porém apenas para identificar o princípio aplicável ao caso singular. O órgão decisório tampouco "aplica – como abstratamente poderia – o critério 'lex specialis', reconstruindo os dois princípios de modo que um dos dois faça exceção ao outro *sempre*, em todas as circunstâncias" (GUASTINI, 2009, p. 172). Daí que, diante de supostos fáticos com nuances distintas, não está excluída a possibilidade de se aplicar o princípio anteriormente desprezado, ainda que isso venha a conflitar com o mesmo princípio que antes prevalecera.

Exemplo de ponderação em concreto: na **Rcl 2.040/DF** (caso *Glória Trevi*), o STF teve de decidir se era legítima a recusa de uma mulher grávida à submissão de exame de paternidade do feto por meio de DNA. A gravidez ocorrera enquanto a mulher, que aguardava julgamento de pedido de extradição, encontrava-se detida nas dependências da Polícia Federal, sem direito a visita íntima. A extraditanda acusou policiais pela suposta violência sexual da qual teria decorrido a gravidez, mas se recusava a permitir fosse feito exame de paternidade do feto. Nesse precedente, como não havia regra a respeito, o STF **ponderou em concreto a colisão dos princípios** da **intimidade** e **integridade** da mulher e do respectivo filho em face do princípio da ampla defesa dos policiais acusados. Daí, após analisar as circunstâncias do caso, incluindo o dano que a acusação causava à imagem tanto dos policiais acusados quanto da própria Polícia Federal, a Corte atribuiu maior peso ao esclarecimento da suposta participação dos policiais na alegada violência sexual. Com isso, foi autorizado o exame de DNA, que revelou a falsidade da acusação.

11.3. Ponderação e princípio da proporcionalidade

A técnica da ponderação em concreto é bastante criticada, por envolver os riscos tanto da **irracionalidade** quanto da **arbitrariedade**. As críticas nesse sentido radicam, sobretudo, nos problemas de hierarquização de valores que toda a ponderação envolve.

Para HABERMAS, por exemplo, como os valores assumem diferentes papéis na lógica da argumentação, as hierarquias a respeito são estabelecidas de modo flexível, a partir de certas tradições e orientações culturais consuetudinárias. Assim, quando os tribunais se deixam conduzir pela ideia da realização de valores materiais postos *a priori* pelo direito constitucional, transformam-se em instâncias arbitrárias. Isso porque, em casos de colisão de princípio, *todas* as razões podem assumir a característica de argumentos decisórios. Cada valor é tão particular como qualquer outro, não havendo lógica no processo pelo qual alguns valores são preferidos e outros rejeitados. Logo, inexistindo medidas racionais para ordenar os valores envolvidos na ponderação de princípios, a avaliação a respeito "realiza-se de modo arbitrário ou irrefletido" (1997, p. 321). Enfim, à medida que "um tribunal constitucional adota a doutrina da ordem de valores e a toma como base de sua prática de decisão, cresce o perigo de juízos irracionais" (1997, p. 321-322).

De fato, embora se possa concordar com GUASTINI (2009, p. 173) acerca do caráter discricionário dos juízos de ponderação, a mecânica neles envolvidas não pode ser arbitrária nem irracional. Os argumentos utilizados para sustentar a prevalência dos valores encampados por um princípio em detrimento dos valores referentes ao outro princípio devem ser estruturados com base em **argumentação lógica** e **objetivamente convincente**. Para tanto, os defensores da técnica do balanceamento sustentam a necessidade de submeter todo o processo intelectivo da ponderação às técnicas de argumentação jurídica e aos testes decorrentes da aplicação do princípio da proporcionalidade (ALEXY, 2003, p. 436). Ver item 8.2.4 do Capítulo VI.

A **doutrina nacional** também costuma enfatizar a grande importância do *princípio da proporcionalidade* na técnica de ponderação, sobretudo na **avaliação do *peso*** a ser atribuído a cada princípio no caso concreto. BARROSO, por exemplo, ensina que a ponderação "socorre-se do princípio da razoabilidade-proporcionalidade para promover a máxima concordância prática entre os direitos em conflito", de maneira que o "intérprete deverá fazer *concessões recíprocas* entre os valores e interesses em disputa, preservando o máximo possível de cada um deles" (2009, p. 338). Ainda conforme BARROSO, "nas hipóteses em que a solução produzida não decorre de uma lógica subsuntiva, o ônus argumentativo se potencializa, devendo o intérprete demonstrar, analiticamente, a construção do seu raciocínio" (2009, p. 338).

Todavia, a praxe judicial tanto no Brasil quanto em outros países tem revelado o **caráter excessivamente subjetivo** da resolução judicial de conflitos entre princípios.

Assim, para aplacar as críticas e afastar os riscos da irracionalidade e da arbitrariedade, autores como ALEXY (2003, p. 433-449) têm se esforçado, ultimamente, em identificar fórmulas aritméticas que sirvam tanto para descrever e explicar ponderações feitas por tribunais no passado quanto para nortear futuros processos de balanceamento.

De qualquer forma, se o princípio da proporcionalidade deva ser observado durante as ponderações *ad hoc*, também o deve ser no processo de ponderação em abstrato. Daí por que largamente aceita a declaração de inconstitucionalidade de leis e atos normativos em razão da inobservância do dever de proporcionalidade durante os trabalhos de concretização de princípios.

▸ Como esse assunto foi cobrado em concurso?

No concurso para Juiz do TJSP (2018/Vunesp), foi considerada **incorreta** a afirmação: "Por representar ampliação dos poderes do juiz em prejuízo da esfera de opção política do legislador, sem que tenha sido adotado como norma geral pelo texto constitucional, o princípio da proporcionalidade só pode ser aplicado pelos tribunais nas hipóteses específicas previstas em preceitos esparsos da Constituição."

▸ Como esse assunto foi cobrado em questões dissertativas de concurso?

No concurso para Promotor de Justiça/RS (2008), foi formulada a questão:

"O constitucionalismo do segundo pós-guerra inaugura e institucionaliza aquilo que vem sendo denominado de "a era dos princípios", circunstância que é amplamente reconhecida pela doutrina e jurisprudência constitucional. Nesse contexto, a interpretação constitucional passou a assumir um papel de especial destaque no plano da jurisdição constitucional, especialmente a partir da preocupação da teoria do direito (e da Constituição) em estabelecer racionalidades interpretativas/argumentativas. Uma das correntes que tratam da interpretação constitucional é, indubitavelmente, a Teoria da Argumentação Jurídica (TAJ), mormente a de Robert Alexy (*v.g.*, STF – RCL 2126; AGR 395662; TJRS 70027526524, 70027525898, 70032218398), o que, em terras brasileiras, pode ser facilmente reconhecido pelas abundantes citações doutrinárias, tanto na dogmática tradicional quanto na mais heterodoxa, assim como nas práticas de juízes e tribunais (Cf., por todos, STF-HC 97197; HC 97677; RMS 27920; ADPF 101; ADI 2240; STJ- HC 68397; QO no REsp 1063343; em especial, refira-se o "caso Elwanger" – HC 82.424 – julgado pelo STF; no TJRS, por todos, acórdãos nos. 70029002441; 70023751365; 70009702366; 70005967740; 70005003520; 70033022237; 70032629396). Efetivamente, os termos –– e os mecanismos –– proporcionalidade e ponderação foram incorporados à linguagem dos juristas. Pode-se dizer, assim, que, com sustento na teoria da argumentação delineada, a ponderação tem sido o mecanismo utilizado cotidianamente para solucionar aquilo que o seu corifeu, Robert Alexy, denomina de "colisão de princípios". Tendo em vista o exposto, responda, fundamentadamente:

1.1. Qual é a relação entre a proporcionalidade e a ponderação?

1.2. A ponderação é, assim, uma regra ou um princípio?"

O concurso para Juiz do TJDFT de (2007) exigiu dissertação sobre o tema: "O princípio da proporcionalidade e a colisão de direitos fundamentais".

12. FENÔMENO DA "DERROTABILIDADE" DAS NORMAS

12.1. Linhas gerais

A derrotabilidade das normas é fenômeno relacionado à não aplicação, total ou parcial, de certa norma jurídica, apesar de exteriorizados os pressupostos a partir dos quais se deveria aplicá-la em condições "normais". Embora o assunto seja ainda pouco enfrentado pela doutrina brasileira, desde a 1ª edição desta obra tem merecido destaque, e agora já começa a ser cobrado nos melhores concursos jurídicos.

> **Atenção!**
>
> **A)** O fenômeno da derrotabilidade das normas jurídicas não é novidade na doutrina estrangeira. Pelo contrário, a expressão "derrotabilidade" (*defeasibility*) surgiu no vocabulário jurídico a partir de fragmento de texto doutrinário escrito por HART ainda em 1949. E, nas últimas décadas, o tema tem merecido série de obras específicas por doutrinadores de vários países (por todos, v. CARLOS ALCHOURRÓN, PABLO NAVARRO, HENRY PRAKKEN, GIOVANNI SARTOR, RICCARDO GUASTINI e BRUCE CHAPMAN).
>
> **B)** No Brasil, o primeiro texto a tocar no assunto foi publicado por JULIANO TAVEIRA BERNARDES em 2005. Porém, a derrotabilidade só ganhou tratamento mais profundo em dissertação de mestrado escrita, em 2009, por FERNANDO ANDREONI VASCONCELLOS. Destaque, ainda, para o capítulo destinado ao tema em livro de ANDRÉ RUFINO DO VALE, bem como para aportes feitos por HUMBERTO ÁVILA e THOMAS BUSTAMANTE, que preferem aludir ao mesmo fenômeno sob a denominação "**superabilidade**" das normas.

Num brevíssimo resumo, a teoria da derrotabilidade normativa parte da premissa segundo a qual as normas jurídicas se baseiam em raciocínios cujas justificativas podem ser "derrotadas" diante da exteriorização de **circunstâncias anormais** e que não foram consideradas na formulação normativa. Como os órgãos que editam atos normativos são incapazes de prever as infinitas circunstâncias que futuramente aparecerão no momento em que uma norma deva ser aplicada, as previsões normativas estão sempre abertas a uma lista de exceções (**cláusulas "a menos que..."**) que podem "derrotar" os comandos inicialmente propostos pela autoridade normativa.

> **Derrotabilidade e a lógica das normas**
>
> A "derrotabilidade" tem a ver com os raciocínios lógicos que, diante da ocorrência de situações não consideradas, superam as conclusões anteriormente obtidas. Assim, quando se formula, por exemplo, enunciado condicional do tipo: "se Maria sair de casa às 19h, deverá chegar ao aeroporto às 19h30", a verificação do consequente esperado (chegar ao aeroporto às 19h30) não depende só da exteriorização do antecedente (se Maria sair de casa às 19h). Trabalha-se, na verdade, com a ocorrência de inúmeros pressupostos (se não houver acidentes, se o tráfego estiver normal, se o carro não estragar) que se devem somar ao antecedente, para que o consequente realmente suceda como se anteviu. Logo, a se exteriorizar qualquer situação não considerada (se houver acidente, se o tráfego estiver ruim ou se o carro apresentar defeito), a conclusão será "derrotada", isto é, não mais se sustentará.

Daí se dizer que a lógica argumentativa utilizada na elaboração e na aplicação de normas é do tipo "não monotônica", no que se diferencia da lógica "monotônica", segundo a qual uma conclusão obtida a partir de um conjunto de premissas permanece logicamente válida mesmo que se somem novas premissas às premissas originais (Exemplo de raciocínio lógico monotônico: a soma de 2 + 2 continuará sempre a ser igual a 4, mesmo que se possa acrescer à operação novos elementos numéricos).

Reparar, contudo, que a derrotabilidade é propriedade lógica das *normas* (*i.e.*, das disposições normativas já interpretadas), e não das *disposições normativas* em si. Segundo GUASTINI, "a derrotabilidade é uma propriedade lógica; porém, antes da interpretação os enunciados não têm propriedades lógicas: só as normas, enquanto significados, podem ter tais propriedades. Então, a derrotabilidade é uma propriedade de normas, não de formulações normativas" (2008a, p. 153). (Sobre as diferenças entre *normas* e *disposições/enunciados normativos*, v. item 4 deste Capítulo.)

Como sintetizado por ANDRÉ RUFINO, afirmar "que uma norma jurídica é 'derrotável' equivale a dizer que ela está sujeita a exceções (implícitas) que não podem ser exaustivamente identificadas previamente, de forma que não é possível antecipar quais as circunstâncias que serão determinantes e suficientes para sua aplicação" (2009, p. 117).

Em sentido amplo a derrotabilidade das normas jurídicas pode surgir como consequência da aplicação: ou (a) de *normas explícitas de exceção* (derrotabilidade *inautêntica*); ou (b) de *normas implícitas de exceção* identificáveis no sistema jurídico, incluindo as obtidas a partir de princípios cuja concretização implique o afastamento da incidência concreta da norma em face de uma situação particular (derrotabilidade *autêntica*). Exemplo do primeiro caso: o inciso II do art. 23 do CP é regra de exceção expressa e que exclui a ilicitude da prática de fatos tipificados como crime. Exemplo do segundo caso: as chamadas excludentes "supralegais" de culpabilidade, tal como detectadas pelos estudiosos do direito penal, são regras implícitas que "derrotam" a configuração delituosa de fatos cuja prática é explicitamente prevista como crime.

De outro lado, não são do tipo hierárquico (lex superior derogat inferiori) os critérios utilizados para identificar e resolver casos de "derrotabilidade" da norma. Por isso, a validade da norma assim "derrotada" tampouco é atingida, sequer em parte. A derrotabilidade não implica invalidar nem declarar normas inconstitucionais, mas a identificação de exceções implícitas que acabam por subtrair certas situações anormais do programa normativo originalmente concebido pelo órgão produtor da norma.

Segundo RICCARDO GUASTINI (2008a, p. 143), a derrotabilidade "é o resultado de uma operação interpretativa (em particular, de uma interpretação não literal, senão restritiva, por meio da qual se criam exceções implícitas)." Logo, ao se "derrotar uma norma excluem-se de seu alcance alguns supostos (que, sem embargo, de acordo com interpretação distinta estariam regulados pela norma)." Daí ser possível concluir que a derrotabilidade surge a partir da interpretação restritiva da disposição normativa, sem juízo de validade constitucional. Nesse sentido, GUASTINI (2008a) exemplificou o próprio raciocínio com casos de derrotabilidade a envolverem até normas de status constitucional e insuscetíveis de invalidação. (Sobre a desnecessidade de observar a *cláusula de reserva de plenário* no julgamento de casos em que reconhecida a derrotabilidade de lei ou ato normativo, v. item 3 do Capítulo III da Parte II.)

Até porque, como já notara KLAUS GÜNTHER (1995 e 2004), o *plano da validez* da norma não se confunde com o respectivo *plano de aplicação*. Assim, após analisadas todas as circunstâncias de um caso concreto (*"all things considered"*), uma norma determinada, ainda que abstratamente válida do ponto de vista constitucional (*plano da validez*), poderá não ser aplicada da mesma forma que abstrata e inicialmente tenha sido prevista (*plano de aplicação*).

Ademais, a derrotabilidade ainda explica algumas das espécies de **lacunas jurídicas** (ver item 9.1 do Capítulo VI). Como explica GUASTINI, se os supostos fáticos excluídos do campo de atuação da norma "derrotada" não estão regulados por outra norma do sistema, o sistema ficará lacunoso. De modo que, nesse sentido, *a derrotabilidade pode produzir lacunas jurídicas*. (Outro exemplo concreto de aplicação da derrotabilidade normativa, v. letra "B" do item 3.2.4.3.B do Capítulo V da Parte II.)

No Brasil, as primeiras decisões judiciais colegiadas a reconhecerem o fenômeno da derrotabilidade surgiram no âmbito do TRF/1ª Região (6ª Turma, ED na AMS 200135000055539, j. em 18-4-2005; e da Turma Recursal dos JEFs da Seção Judiciária de Goiás, Recurso n. 200535007164388, j. em 31-1-2006). A partir daí, diversos outros tribunais aplicaram a teoria da derrotabilidade em casos concretos (por todos, v. TST, 5ª Turma, Recurso de Revista 224-10.2010.5.02.0000, j. em 19-10-2016; TJDFT, 8ª Turma Cível, AC 0034173-68.2016.8.07.0018, j. em 11-10-2018; e TRE/GO, Pleno, Recurso Eleitoral 0603410-32.2018.609.0000, j. em 30-10-2018). Na jurisprudência do STJ, já há várias decisões monocráticas com referências à derrotabilidade das normas (v.g.: REsp 1.530.794/RS, j. em 25-9-2017; e HC 415.598/RJ, j. em 11-9-2017).

▸ **Como o STF já enfrentou a questão:**

Embora o STF ainda não tenha feito uso explícito da teoria, a jurisprudência da Corte registra precedentes que se podem considerar autênticos casos de "derrotabilidade" normativa. Seguem três exemplos:

A) Ao interpretar disposição constitucional segundo a qual, na composição do quinto constitucional dos TRTs, exige-se que o membro do Ministério Público do Trabalho tenha "mais de dez anos de efetivo exercício" (art. 115, I), entendeu o STF, por exceção baseada no "pensamento jurídico do possível", que Procuradores do Trabalho com menos de dez anos de exercício também poderiam concorrer à lista sêxtupla destinada a suprir vagas em TRTs, desde que não houvesse outros candidatos em número suficiente a preencher o requisito de antiguidade constitucional (EI na ADI 1.289/DF). Assim, embora o STF não feito menção à "derrotabilidade", acabou por reconhecer uma exceção implícita ao dispositivo constitucional, numa típica aplicação da metodologia defendida pela teoria. Para a Corte, haveria uma "lacuna constitucional" a ser corrigida por meio do reconhecimento de que a regra constitucional é sempre aplicável, "a menos que" não existam outros Procuradores do Trabalho com mais de dez anos de exercício interessados em compor o quinto constitucional.

B) Outro exemplo de "derrotabilidade" decidida no STF ocorreu no julgamento do MS 33.619/DF (2ª Turma, j. em 5-9-2016). A ação questionava ordem do TCU que proibira a inclusão de novos servidores públicos em determinado plano de saúde mantido pelo Executivo. Já o impetrante era servidor do Executivo que, após cedido à Justiça Federal, retornara ao órgão de origem em razão de aposentaria por invalidez motivada por câncer. O STF concedeu a segurança, a despeito de confirmar a legalidade genérica da ordem do TCU. Entendeu o Supremo que o servidor, excepcionalmente, fazia jus a ser incluído no plano de saúde, pois precisava prosseguir com tratamento de saúde iniciado durante o período de cessão à Justiça Federal. De modo que, por força do princípio da dignidade da pessoa humana e do direito à saúde, a vedação administrativa deveria ser "excepcionada pelas peculiaridades da espécie em exame."

C) Também no julgamento do RE 1.058.333/PR, o Plenário do STF utilizou raciocínios típicos da teoria da derrotabilidade normativa. Tratava-se de examinar se mulheres grávidas, aprovadas nas provas escritas de concurso público, faziam jus à remarcação do teste de aptidão física, independentemente de previsão expressa no edital do certame. Embora o Tribunal já tivesse decidido pela inexistência de direito constitucional à remarcação de provas de concurso público em razão de "circunstâncias pessoais dos candidatos" (RE 630.733/DF, com repercussão geral), a Corte entendeu que a gravidez não se inseria na categoria de "problema temporário de saúde" considerada nesse precedente, pois a "condição de gestante goza de proteção constitucional reforçada, por ter o constituinte estabelecido expressamente a proteção à maternidade, à família e ao planejamento familiar." Daí a conclusão segundo a qual o direito da candidata gestante, "vez que fundado em valores constitucionais maiores cuja juridicidade se irradia por todo o ordenamento jurídico", deveria ser garantido mesmo que houvesse previsão expressa do edital em sentido contrário. Ou seja, a Corte identificou uma situação fática excepcional a merecer tratamento jurídico diferenciado (gravidez da candidata) e a considerou apta para justificar a identificação de exceção à regra geral da inexistência de direito à remarcação de provas em concurso público em razão de "circunstâncias pessoais dos candidatos". Tais circunstâncias pessoais, portanto, não implicam direito à remarcação de testes de aptidão física, a menos que se trate de situação de gravidez.

12.2. Tipos de normas sujeitas à derrotabilidade

Segundo lições de doutrinadores como DWORKIN (1995, p. 140), pode-se concluir que somente os *princípios* são normas derrotáveis, pois qualquer regra comporta a *prévia* e *completa* enunciação de todas as respectivas exceções e hipóteses nas quais não se aplique – seja mediante a identificação das demais regras em sentido contrário, seja pela revisão ou atualização do enunciado original da regra considerada. Assim, quando eventualmente se identificar um caso a excepcionar uma regra, não se tratará do que se ora denominou de "derrotabilidade" normativa, mas apenas da constatação de que o enunciado da regra não havia sido completamente identificado, pois lhe faltava adicionar a exceção posteriormente detectada.

Porém, a maioria dos autores hoje considera que mesmo as regras estão sujeitas à "derrotabilidade", uma vez que é impossível estabelecer, *a priori* ou em abstrato, toda a lista de exceções (explícitas e implícitas) que podem "derrotar" uma regra.

Segundo ALEXY, a própria decisão de um caso concreto pode redundar na introdução de cláusulas de exceção à regra baseadas em princípios. Logo, "ao contrário do que pensa DWORKIN, as cláusulas de exceção introduzíveis às regras com base em princípios não são sequer teoricamente enumeráveis" (2001, p. 100). Também RICCARDO GUASTINI rebateu DWORKIN ao dizer que a "derrotabilidade não é, como às vezes se pensa, uma peculiaridade dos princípios. É possível que os princípios sejam 'intrinsecamente' derrotáveis – no sentido que a derrotabilidade forma parte do próprio conceito de princípio – porém o que é certo é que *qualquer norma pode ser convertida em derrotável:* de fato, os juristas o fazem continuamente" (2008a, p. 151).

No Brasil, pode-se defender a mesma ideia. Para ANDRÉ RUFINO DO VALE, por exemplo, se "se aceita que os princípios podem justificar exceções às regras – o que é admitido por Alexy, Dworkin, Atienza e Ruiz Manero – e ao mesmo tempo entende-se que os princípios são normas abertas cujas exceções não podem ser determinadas de antemão, então é plausível a conclusão de que **todas as normas jurídicas são derrotáveis.**" (2009, p. 118).

Enfim, tanto as regras como os princípios são tipos de normas sujeitas a cláusulas de exceções não catalogáveis *a priori*. São normas que se devem aplicar a casos concretos, "a menos que..." identificadas situações anormais se traduzam em normas implícitas de exceção.

> **▸ Atenção!**
>
> Aplicada a teoria da derrotabilidade normativa também às regras, o direito torna-se bem menos "determinável", se não indeterminado. Claro que isso gera muitas discussões na filosofia jurídica. Mas é melhor que as regras sejam assim "derrotáveis". Primeiro porque são poucos os verdadeiros casos fronteiriços (*hard cases*) em que condições anormais ou imprevistas, articuladas com base em princípios, implicam exceções implícitas às regras positivadas.
>
> Segundo porque, como adverte HART, entender as regras sob rígidas concepções formais, atribuindo-se a cada regra o mesmo sentido para todos os casos nela previstos, "é conseguir uma medida de certeza ou previsibilidade à custa de considerar, de forma cega e preconceituada, o que deve fazer-se numa série de casos futuros, sobre cuja composição nos encontramos em estado de ignorância" (2001, p. 142).

Nada obstante, é preciso ter cuidado para não banalizar o fenômeno da derrotabilidade das normas. Como se viu, trata-se de teoria de utilização excepcional e reservada somente para *situações anormais*. Pressupõe, portanto, circunstâncias realmente inusitadas a justificarem o reconhecimento de exceções (implícitas) que derrotem o programa normativo aplicável em situações de normalidade. Assim, a derrotabilidade não serve de escusa para driblar claras intenções da norma aplicável ou para obstar a implementação de mudanças legislativas, a pretexto de identificar hipóteses específicas de aplicação normativa em casos que não sejam absolutamente assimiláveis a algum tipo de situação anormal.

> **Como esse assunto foi cobrado em concurso?**
>
> No concurso para Analista Judiciário do TRE/PI (2016/Cespe), foi considerada **correta** a seguinte afirmação: "A derrotabilidade de uma norma constitucional ocorrerá caso uma norma jurídica deixe de ser aplicada em determinado caso concreto, permanecendo, contudo, no ordenamento jurídico para regular outras relações jurídicas."

13. HERMENÊUTICA TIPICAMENTE CONSTITUCIONAL

Segundo CANOTILHO (1993, p. 208), a interpretação constitucional "significa (como toda a interpretação de normas jurídicas) compreender, investigar e mediatizar o conteúdo semântico dos enunciados linguísticos que formam o texto constitucional." Todavia, prevalece na doutrina nacional entendimento no sentido de que a interpretação das disposições constitucionais *não* deve ser feita de acordo com a hermenêutica tradicional.

Em obra clássica, JERZY WRÓBLEWSKI (2018, p. 91) indica quatro peculiaridades principais da interpretação constitucional: (a) a variedade das regras constitucionais; (b) as características dos termos utilizados na formulação dessas regras; (c) a aplicabilidade das regras constitucionais; e (d) o caráter político da interpretação constitucional. Ainda para WRÓBLEWSKI (2019, p. 99-100), a especificidade da interpretação constitucional "consiste no enraizamento político das valorações inerentes a dúvidas constitucionais e às opções políticas", bem como em "outros elementos do contexto funcional, como são, por exemplo, a economia (*v.g.*, economia planificada, administração racional) ou valores morais gerais (por exemplo, dignidade humana) ou valores culturais (*e.g.*, racionalidade)."

Já para CANOTILHO (1998, p. 1132 e ss.), a adoção de uma **hermenêutica tipicamente constitucional** tem sido justificada com base nas seguintes: peculiaridades: (i) o fato de a constituição se qualificar como um "**estatuto jurídico do político**" faz com que a interpretação constitucional seja fortemente influenciada por valores políticos, razão pela qual se torna legítima a utilização de princípios políticos constitucionalmente estruturantes; (ii) o caráter **hierarquicamente superior da constituição** implica normas constitucionais de *maior abertura semântica*, daí surgindo a necessidade de se reconhecer às autoridades aplicadoras um maior "espaço de conformação", *i.e.*, de liberdade discricionária; (iii) a interpretação da constituição não se volta apenas à solução judicial de **casos concretos**, mas também à tarefa de **estruturar os modos** ou as **regras** a partir dos quais as normas constitucionais deverão ser aplicadas pelo legislador e pela Administração; e (iv) o domínio constitucional é o espaço jurídico com mais vocação para uma **interpretação evolutiva**, "dada a necessária repercussão das mudanças político-sociais e do desenvolvimento dos elementos políticos do ordenamento na valoração do conteúdo das disposições constitucionais".

Contudo, a existência de uma hermenêutica tipicamente constitucional está longe de ser pacífica. Há boas razões para sustentar que a atividade interpretativa, enquanto tal, não se diferencia pela identidade do texto interpretado (GUASTINI). De modo que, conforme opinião de JORGE MIRANDA, a interpretação constitucional não seria de "natureza diferente da que se opera noutras áreas" (2000, p. 260). Além disso, para autores como VIRGÍLIO AFONSO DA SILVA, muitos dos princípios interpretativos "tipicamente" constitucionais não passariam de "métodos civilistas rebatizados ou de meras reações a situações históricas passadas, ou, por fim, de máximas sem maiores significados além daqueles que o bom senso do intérprete já requereria" (2005, p. 140-141).

13.1. Métodos interpretativos tipicamente constitucionais

Métodos de interpretação são conjuntos de postulados estabelecidos com o objetivo de obter os melhores resultados nas operações inerentes à atividade interpretativa.

Todavia, embora há séculos se estudem métodos de interpretação jurídica, vigora entre os constitucionalistas forte tendência a considerar que os **métodos tradicionais de interpretação** são **insatisfatórios** para lidar com problemas constitucionais. Daí a série de obras a apontar o surgimento de novos métodos com a finalidade de melhor atender às especificidades de uma hermenêutica "tipicamente" constitucional. Porém, mesmo os adeptos da hermenêutica tipicamente constitucional concordam em que esses novos métodos não são excludentes entre si, tampouco afastam a utilidade da hermenêutica tradicional. Para CANOTILHO, acompanhado por doutrinadores pátrios como MÁRTIRES COELHO, os vários métodos interpretativos são, em geral, "**reciprocamente complementares**", o que torna a interpretação da constituição um ***conjunto de métodos*** (CANOTILHO, 1998, p. 1.136; e MÁRTIRES COELHO, 1997, p. 89).

> ▸ **Como esse assunto foi cobrado em concurso?**
>
> Ratificando o caráter complementar dos diferentes métodos interpretativos, no concurso para Promotor de Justiça do MPDFT (2009), a seguinte alternativa deveria ser considerada como **correta**: "A hermenêutica constitucional impõe ao intérprete: a combinação de critérios e métodos, porque o conteúdo e a teleologia da norma impõe o elemento interpretativo que deve ser aproveitado em cada caso."

13.1.1. Espécies de métodos interpretativos

Não cabe aqui expor as críticas que se fazem a cada um desses métodos de interpretação tipicamente constitucional. Segue apenas uma sucinta explicação sobre eles, sem se esquecer do método tradicional (método jurídico):

A) **Método jurídico** (ou **método hermenêutico clássico**): tal como as leis em geral, o intérprete deve interpretar a constituição com base nas **regras clássicas da hermenêutica**, mediante a análise de elementos como o ***filológico*** (interpretação textual); o ***lógico*** (interpretação sistemática); o ***histórico*** (interpretação histórica); o ***teleológico*** (interpretação teleológica).

B) **Método tópico-problemático**: concebido por VIEHWEG, caracteriza-se por ensejar interpretação baseada em considerações práticas ***a partir*** **do problema concreto** a ser resolvido. Nesse sentido, mediante técnicas de argumentação, o intérprete avalia os vários **pontos de vista** (***topoi***) a respeito do mesmo problema, para só então chegar à solução normativa do caso.

▸ **Como esse assunto foi cobrado em concurso?**

O concurso para Juiz do TJBA (2012) considerou **correta** a afirmativa: "O método hermenêutico clássico de interpretação constitucional concebe a interpretação como uma atividade puramente técnica de conhecimento do texto constitucional e preconiza que o intérprete da Constituição deve se restringir a buscar o sentido da norma e por ele se guiar na sua aplicação, sem formular juízos de valor ou desempenhar atividade criativa".

No concurso para Promotor de Justiça do MP/PR (2011), foi considerada **correta** a seguinte afirmação: "Quando houver conflito entre dois ou mais direitos e garantias fundamentais, o operador do direito deve interpretá-los de forma a coordenar e combinar os bens jurídicos em dissenso, evitando o sacrifício total de uns em relação aos outros, realizando uma redução proporcional do âmbito de alcance de cada qual, de forma a conseguir uma aplicação harmônica do texto constitucional."

No concurso para o cargo de Advogado do Instituto de Previdência dos Servidores do Estado do Espírito Santo – IPAJM (2010), o candidato deveria considerar **errada** a seguinte afirmação: "O método tópico-problemático, no âmbito da hermenêutica do direito constitucional, parte, entre outras premissas, do caráter fechado e determinado da lei constitucional; por isso, é correto afirmar que parte da norma para o problema."

No concurso para Juiz do TJAL (2008/Cespe), foi apresentado um texto inicial que afirmava que "O modo de pensar que foi retomado por Theodor Viehweg, em sua obra *Topik und Jurisprudenz*, tem por principal característica o caráter prático da interpretação constitucional, que busca resolver o problema constitucional a partir do próprio problema, após a identificação ou o estabelecimento de certos pontos de partida. É um método aberto, fragmentário ou indeterminado, que dá preferência à discussão do problema em virtude da abertura textual das normas constitucionais." Logo em seguida, exigia-se que o candidato escolhesse entre os métodos de interpretação constitucional indicados, o método tópico-problemático.

C) **Método científico-espiritual**: desenvolvido por SMEND, envolve o raciocínio de que a constituição não é somente o estatuto pelo qual o Estado se organiza, mas também o diploma que disciplina os valores que devem reger a vida das pessoas. Dessa forma, a interpretação deve atentar para as peculiaridades decorrentes tanto do **alto grau de conteúdo valorativo** (axiológico) contido pelas normas constitucionais quanto da **interligação entre o sentido e a realidade constitucionais**. Segundo CANOTILHO (1993, p. 215), esse método obriga o intérprete a promover uma "captação espiritual" dos conteúdos axiológicos da ordem constitucional. Para BONAVIDES (1994, p. 437), a adoção deste método exige que o intérprete constitucional se prenda "à realidade da vida, à 'concretude' da existência, compreendida esta sobretudo pelo que tem de espiritual, enquanto processo unitário e renovador da própria realidade, submetida à lei de sua integração."

D) **Método hermenêutico-concretizador:** diferentemente do método tópico-problemático, este método não tem início no problema em si, mas na ***pré-compreensão* do sentido da norma**, que deverá então ser *concretizada*, como elucida CANOTILHO (1998, p. 1.138), "para e a partir de uma situação histórica concreta", de forma que o intérprete atua como operador de mediações entre o *texto* e o *contexto* (a situação em que a norma vai se aplicar).

E) **Método concretista-estruturante** (ou **metódica normativo-estruturante**)**:** importante variação do método hermenêutico-concretizador, é originário de estudos de FRIEDRICH MÜLLER. Para MÜLLER, o **teor literal da norma** – o qual expressa o chamado "**programa normativo**" – é apenas a ponta do *iceberg* do problema interpretativo. Além desse programa normativo, a partir do qual se obtém da interpretação dos enunciados linguísticos, o intérprete deve ainda precisar o "âmbito da norma" a ser concretizada, ou seja, "o recorte da realidade social na sua estrutura básica, que o programa da norma 'escolheu' para si ou em parte criou como seu âmbito de regulamentação" (2000, p. 57). Logo, a norma jurídica não é um "juízo hipotético" que se isola de seu âmbito de regulamentação, "mas uma interferência classificadora e ordenadora a partir da estrutura material do próprio âmbito social regulamentado" (2000, p. 58). Daí que elementos "normativos" e "empíricos" são interdependentes entre si e, a despeito disso, são "produtores de um efeito normativo de nível hierárquico igual." "Legislação, administração e tribunais que tratam na prática o âmbito da norma como normativo, não sucumbem a nenhuma normatividade apócrifa do fáctico," sem que disso decorra um "sociologismo" que torne tal processo de concretização uma metódica "não jurídica" (2000, p. 59). Enfim, segundo MÜLLER, **a norma aplicável ao caso concreto**, lá na ponta final do processo decisório ("norma de decisão"), é fruto da interpretação de componentes distintos, mas interdependentes: **o *programa normativo*** e o ***domínio*** ou ***âmbito normativo***.

Na síntese de HESSE, "a 'concretização' do conteúdo de uma norma constitucional, assim como sua realização, só resultam possíveis incorporando as circunstâncias da 'realidade' que essa norma é chamada a regular. As singularidades destas circunstâncias – frequentemente já conformadas juridicamente – integram o 'âmbito normativo', o qual, a partir do conjunto dos dados do mundo social afetados por um preceito, e através do mandato contido, sobretudo, no texto da norma, o 'programa normativo' é elevado a parte integrante do conteúdo normativo" (1997, p. 28).

F) **Método da comparação constitucional:** defendido por HÄBERLE (2001, p. 162 e segs.), prega a **comparação** entre os **vários sistemas constitucionais** como forma de compreender o atual estágio do "Estado Constitucional". Segundo o autor alemão, a "comparação constitucional é a via mediante a qual podem 'comunicar-se' entre si as diversas Constituições." Assim, da mesma forma que SAVIGNY enfatizara o papel proeminente da interpretação histórica, cabe agora à comparação constitucional um lugar "paralelamente" importante. Sobretudo em matéria de direitos fundamentais, os órgãos políticos e também os intérpretes devem examinar a dimensão contemporânea com que a questão é tratada em sistemas normativos diversos. Daí se falar, atualmente, em técnicas de troca de experiências sobre questões constitucionais, tais como a *fertilização cruzada constitucional* ("constitucional cross-fertilization"), cuja finalidade é desenvolver e aperfeiçoar possíveis soluções judiciais para problemas da mesma espécie (ver item 2.1 da Parte III).

▸ **Como esse assunto foi cobrado em concurso?**

No concurso para o cargo de Procurador Federal (2010/Cespe), o gabarito considerou **errada** a assertiva que se segue: "O método hermenêutico-concretizador caracteriza-se pela praticidade na busca da solução dos problemas, já que parte de um problema concreto para a norma."

No concurso para Advocacia-Geral da União (2004/Cespe), foi considerada **errada** a seguinte assertiva: "O método de interpretação constitucional denominado hermenêutico-concretizador pressupõe a pré-compreensão do conteúdo da norma a concretizar e a compreensão do problema concreto a resolver, havendo, nesse método, a primazia do problema sobre a norma, em razão da própria natureza da estrutura normativo-material da norma constitucional."

13.2. Princípios interpretativos tipicamente constitucionais

Embora admita a utilização dos princípios tradicionais na interpretação da constituição, a doutrina brasileira majoritária, ao defender uma hermenêutica tipicamente constitucional, acaba por incorporar série de princípios interpretativos próprios, a maioria deles inspirada na obra de KONRAD HESSE (1992, p. 45-48; 1998, p. 65-69).

Para HESSE, em compilação adotada por grande parte da doutrina pátria, são **princípios interpretativos tipicamente constitucionais**:

A) **Princípio da unidade da constituição:** interpreta-se a constituição com a preocupação em evitar contradições entre as normas constitucionais, as quais devem ser consideradas como preceitos integrados num **sistema interno unitário**, sem que se possa atribuir a alguma delas uma hierarquia normativa superior em relação a outras normas constantes do mesmo texto constitucional.

▸ **Como esse assunto foi cobrado em concurso?**

No concurso para Juiz Substituto do TJMG (2007), a questão trazia a seguinte disposição "No âmbito da interpretação da Constituição, a inexistência de hierarquia entre normas constitucionais é explicada pelo princípio:" e exigia que o candidato assinalasse a alternativa "da unidade da Constituição" como correta.

Sobre o princípio da unidade da constituição, em questão elaborada no concurso para Promotor de Justiça do MPGO (2005), foi considerada como **correta** a seguinte assertiva: "desconsiderando a visão de Otto Bachoff, não é possível falar em normas constitucionais inconstitucionais que sejam provenientes do poder constituinte originário, restando, contudo a possibilidade da inconstitucionalidade pelo poder constituinte derivado."

No concurso para Juiz do TJSP (2018/Vunesp), foi considerada **incorreta** a afirmação: "Segundo o princípio da unidade da Constituição, as normas constitucionais devem ser interpretadas como integrantes de um todo, de modo que, se qualquer delas implica ruptura da unidade, deve ser declarada inconstitucional, conforme já decidiu o Supremo Tribunal na ADIN 815."

B) **Princípio da concordância prática (ou harmonização):** busca implementar a **coordenação e combinação de bens jurídicos constitucionais**, mesmo quando entrem em conflito entre si. Na resolução do problema interpretativo, os bens constitucionalmente protegidos devem ser coordenados de tal modo que todos eles conservem sua própria entidade. Essa harmonização deve fazer-se especialmente por **critérios de ponderação**, com o objetivo de concretizar ao máximo cada bem jurídico protegido, evitando-se que, em caso de colisão, haja o sacrifício total de alguns dos bens ou valores em conflito.

▸ **Como esse assunto foi cobrado em concurso?**

No concurso para Procurador Federal (2010/Cespe), o gabarito deu como **correta** a seguinte assertiva: "Pelo princípio da concordância prática ou harmonização, na hipótese de eventual conflito ou concorrência entre bens jurídicos constitucionalizados, deve-se buscar a coexistência entre eles, evitando-se o sacrifício total de um princípio em relação ao outro."

Como forma de exigir a exata compreensão de cada um dos princípios hermenêuticos constitucionais, as questões de concurso costumam misturar as características de cada método hermenêutico. Foi o que aconteceu na questão elaborada no concurso para Procurador do Banco Central (2009), oportunidade em que o candidato deveria considerar como **errada** a seguinte alternativa: "Pelo princípio da concordância prática ou harmonização, os órgãos encarregados de promover a interpretação da norma constitucional não podem chegar a resultado que altere o esquema organizatório-funcional constitucionalmente estabelecido pelo legislador constituinte originário."

Na verdade, esse conceito se refere ao princípio da conformidade ou exatidão funcional tratado na sequência.

No concurso para Defensoria Pública do Mato Grosso do Sul (2008), a seguinte assertiva deveria ser considerada **errada**: "O princípio segundo o qual a interpretação da Constituição deve ser realizada a evitar contradição entre suas normas denomina-se princípio do efeito integrador." O conceito trazido pela alternativa diz respeito ao princípio da unidade da constituição, tratado no item a.

No concurso para Juiz do TJSP (2018/Vunesp), foi considerada **correta** a afirmação: "Segundo o princípio da concordância prática ou da harmonização, eventual conflito entre bens juridicamente protegidos deve ser solucionado pela coordenação e combinação entre eles, de modo que o estabelecimento de limites recíprocos evite o sacrifício de uns em relação aos outros."

C) **Princípio da conformidade (ou exatidão) funcional:** a interpretação **não deve subverter o esquema funcional** criado pela Constituição. Todo órgão que interpreta normas constitucionais tem de se manter nas raias das funções e competências que lhe são atribuídas pelo sistema, de forma que o resultado da interpretação não subverta o quadro de distinções funcionais previsto pelo constituinte.

▸ **Como esse assunto foi cobrado em concurso?**

No concurso para Defensor Público da União (2010), a seguinte assertiva foi considerada como **correta**: "Atendendo ao princípio denominado correção funcional, o STF não pode atuar no controle concentrado de constitucionalidade como legislador positivo."

D) **Princípio do efeito integrador:** na resolução dos problemas jurídico-constitucionais, deve ser dada preferência aos pontos de vista que produzem "efeito criador e conservador", ou seja, aos **critérios favorecedores da integração político e social**, bem como ao **reforço da unidade política** pretendida pela Constituição. A constatação de que a constituição se apresenta como o elemento mais relevante para a integração da comunidade impõe que a interpretação de suas normas busque efetivar essa integração. Assim, por ser um elemento de integração a interpretação deve dar primazia às soluções que favoreçam à unidade política e social. Ou seja, partindo de conflitos entre normas constitucionais, a interpretação deve levar a **soluções pluralisticamente integradoras.**

E) **Princípio da máxima eficácia:** chamado por HESSE de critério interpretativo relativo à força normativa da Constituição, consiste em **atribuir à norma** (ou melhor, ao dispositivo) o **sentido que mais lhe dê eficácia**, segundo as circunstâncias de cada caso. Exemplo de aplicação desse princípio na jurisprudência, já decidiu o STF que, na "solução dos problemas de transição de um para outro modelo constitucional, deve prevalecer, sempre que possível a interpretação que viabilize a implementação mais rápida do novo ordenamento" (ADI 2.596/PA).

Grande parte da doutrina nacional inclui ainda, no rol dos princípios interpretativos tipicamente constitucionais, a chamada ***interpretação conforme a constituição***.

Contudo, o próprio HESSE cuidara desse assunto em item apartado, exatamente por não se tratar de princípio ligado à interpretação da constituição em si, mas dos atos normativos *infraconstitucionais*. Cf. item 13.4 abaixo.

> **Como esse assunto foi cobrado em concurso?**
>
> No concurso para Procurador do Ministério Público junto ao TCE/MG (2007), elaborado pela Fundação Carlos Chagas, as seguintes alternativas deveriam ser consideradas como hipóteses de princípio e regra interpretativa das normas constitucionais: "a unidade da constituição – interpretação de maneira a evitar contradições entre as normas constitucionais", "o efeito integrador – primazia aos critérios favorecedores da integração política e social" e "a força normativa da constituição – adoção de interpretação que garanta maior eficácia e permanência das normas constitucionais"

> **Como esse assunto foi cobrado em questões dissertativas de concurso?**
>
> O concurso para Defensor Público do Distrito Federal (2013/Cespe) pediu que o candidato discorresse "sobre o significado dos seguintes princípios de interpretação constitucional: unidade da Constituição; interpretação conforme a Constituição; presunção de constitucionalidade; efetividade."

13.3. Interpretação *vs.* construção constitucionais

Principalmente na doutrina americana, há quem diferencie a interpretação constitucional da chamada *construção constitucional*. Para essa linha doutrinária, como explica UADI BULOS, a **interpretação constitucional** está ligada à obtenção de sentidos somente das palavras e dos símbolos do dispositivo constitucional interpretado, enquanto a **construção constitucional** vai além da atividade interpretativa, pois examina "as normas jurídicas em seu conjunto, descobrindo e revelando a *ratio essendi* do produto legislado, no intuito de recompô-lo ou construí-lo, sempre sopesando o todo orgânico" (1997a, p. 92).

Essa diferenciação acaba por restringir equivocadamente o conceito de interpretação somente a aspectos linguísticos. Todavia, um bom trabalho interpretativo não se faz sem atenção a elementos lógicos e sistemáticos, até porque, como lembra EROS GRAU (2002, p. XXVIII), "não se interpreta o direito em tiras, aos pedaços." Assim, não haveria razão para se falar num conceito específico de "construção constitucional".

Contudo, como expõe GUASTINI, a **construção jurídica** (da qual a construção constitucional é uma das espécies) não equivale a uma simples interpretação em sentido estrito – *i.e.*, atribuição de significado a um texto normativo. Ela "consiste (essencialmente) em formular normas novas, que se pretendem implícitas no sistema jurídico" (2015, p. 11).

Assim, a "**construção constitucional**" pode ser vista como o conjunto de *artifícios interpretativos* utilizado tanto para suplementar a interpretação gramatical da constituição quanto para recavar normas implícitas no texto constitucional. Nesse rumo, para BULOS, embora esteja incluída no conceito *lato sensu* de interpretação constitucional, a construção constitucional é o "expediente supletivo por meio do qual se constrói ou recompõe o direito aplicável, nas circunstâncias de premência e necessidade, para suprir as deficiências ou imperfeições da manifestação constituinte originária" (1997a, p. 98).

13.4. Princípio da interpretação conforme a constituição

Princípio segundo o qual, sempre que a interpretação de alguma disposição normativa identificar mais de um sentido possível (= mais de uma norma), deve-se preferir aquele que apresentar maior compatibilidade com as normas constitucionais.

Para ser utilizado, depende da presença **concomitante** dos seguintes pressupostos:

A) **plurissignificação do texto interpretado:** a aplicação do princípio só deve ocorrer em face de disposições normativas que comportem múltiplas interpretações. Tal como sintetizou o STF, a interpretação conforme só é "utilizável quando a norma [leia-se, disposição] impugnada admite, dentre as várias interpretações possíveis, uma que a compatibilize com a Carta Magna, e não quando o sentido da norma [leia-se, disposição] é unívoco" (MC na ADI 1.344/ES); e

B) **espaço interpretativo necessário à compatibilização constitucional da disposição interpretada:** se o limite da interpretação é o texto (cf. item 3), a pertinência do princípio está circunscrita aos significados correspondentes à disposição interpretada, sem margem para atribuição de outros sentidos. Como decidiu o STF, o princípio "encontra o limite de sua utilização no raio das possibilidades hermenêuticas de extrair do texto uma significação normativa harmônica com a Constituição" (ADI 3.046/SP). Daí que, "se a única interpretação possível para compatibilizar a norma [leia-se, disposição] com a Constituição contrariar o sentido inequívoco que o Poder Legislativo pretendeu dar, não se pode aplicar o princípio da interpretação conforme a Constituição, que implicaria, em verdade, criação de norma jurídica, o que é privativo do legislador positivo" (STF, Rep 1.417/DF).

Curiosamente, no julgamento da ADPF 130/DF, quando recusou fazer interpretação conforme à Constituição somente em partes da Lei de Imprensa (Lei 5.250/67), o STF acabou por estabelecer um inusitado **terceiro pressuposto** não reconhecido por nenhuma doutrina, qual seja:

C) **divisibilidade normativa da disposição interpretada em relação ao restante do diploma em que inserida:** para o STF, se o diploma normativo só puder ser interpretado como "um bloco ou um todo *pro indiviso*", não se pode utilizar o princípio para preservar-lhe somente algumas disposições, ainda que estas isoladamente pudessem ser interpretadas conforme a constituição (ADPF 130/DF).

▸ **Importante:**

Exemplos de interpretação conforme extraídos da jurisprudência do STF:

1) na **ADI 1.194/DF**, ao examinar a constitucionalidade do parágrafo único do art. 21 da Lei 8.906/94 ("Os honorários de sucumbência, percebidos por advogado empregado de sociedade de advogados, são partilhados entre ele e a empregadora, na forma estabelecida em acordo."), a Corte identificou duas possibilidades interpretativas (= duas normas). Pela primeira, a regra legal é norma cogente, proibida qualquer convenção que retire do advogado empregado parte do direito a honorários de sucumbência. Pela segunda, a norma não é cogente, só se aplicando se o contrato de trabalho não dispuser em sentido contrário. Então, o STF procedeu a uma interpretação conforme à Constituição e decidiu pela impertinência da primeira exegese, de modo a entender que a regra legal é "disposição supletiva da vontade das partes, podendo haver estipulação em contrário, por ser direito disponível";

2) na **ADI 2.916/SC**, pretendia-se a inconstitucionalidade de parte de lei estadual que dizia: "Fica determinado que o Departamento Estadual de Trânsito de Santa Catarina – DETRAN/SC e o Departamento de Estradas de Rodagem de Santa Catarina – DER/SC enviem juntamente com a multa ao contribuinte, foto do momento em que ocorreu a infração, sendo ela registrada pelo Sistema de Foto-Sensor." Ao examinar a disposição, o STF identificou duas interpretações possíveis: (a) a lei estadual condicionou a validade das multas à emissão de fotografia por sistemas de foto-sensor; e (b) a lei estadual apenas regulou o procedimento administrativo de cobrança das multas relativas a infrações em locais *onde já existissem* sistemas de foto-sensor. Entretanto, a interpretação (a) conduzia a uma norma inconstitucional, pois só a União pode legislar sobre trânsito (CF/88, art. 22, XI). Já pela interpretação (b) extraía-se norma compatível com a Constituição, porquanto os Estados-membros dispõem de competência disciplinar o processo administrativo de imposição de multas por órgãos estaduais. Então, a lei estadual foi considerada válida, uma vez que o STF optou por "dar interpretação conforme ao dispositivo impugnado de modo a reduzir o seu alcance às hipóteses em que houver, no local, sistema de foto-sensor."

▸ **Nota:**

À vista dos muitos precedentes em que o STF procedeu a uma *interpretação conforme*, até se pode estranhar a indicação de exemplos mais ou menos complexos, como os mencionados acima. Mas a referência a eles se justifica tanto para explicitar os raciocínios utilizados em cada julgamento quanto por que o STF costuma confundir a "interpretação conforme" com a declaração de inconstitucionalidade sem redução de texto.

Todavia, embora parte da doutrina nacional entenda que sim, a interpretação conforme a constituição **não é** princípio interpretativo ***constitucional***, já que utilizada para interpretar atos normativos ***infraconstitucionais***. Na aplicação do princípio, as normas constitucionais figuram como ***parâmetro* interpretativo**, e não como **objeto** da interpretação. Isso explica por que autores como CANOTILHO a ele se referem como "princípio da interpretação das leis em conformidade com a constituição" (1998, p. 1121).

De fato, a menos que se pretenda desconstituir o caráter unitário que caracteriza o sistema constitucional, que é conjunto formado por **todas** as normas que o compõem, não se justifica interpretar, "conforme a constituição", um dispositivo que já faça parte dela. A exegese de uma disposição constitucional conforme o restante da constituição não passa de simples **interpretação sistemática**.

Idêntico raciocínio se aplica quanto a preceitos de emenda constitucional, com **uma ressalva** apenas: é possível utilizar o princípio da interpretação conforme a constituição para examinar a compatibilidade constitucional das normas produzidas **pelo constituinte derivado**. É nesse sentido excepcional que o STF tem utilizado o princípio para decidir ações diretas de inconstitucionalidade movidas contra preceitos de emendas constitucionais (por todos, v. ADI 1.946/DF, MC na ADI 3.854/DF, MC na ADI 3.684/DF, MC na ADI 3.685/DF e MC na ADI 3.395/DF).

▸ **Como o STF já enfrentou a questão:**

Na ADI 3.510/DF, o Plenário afastou o uso da técnica de "interpretação conforme", após entender que ela implicaria "sentença de caráter aditivo", bem como porque a norma impugnada não padecia de "polissemia ou de plurissignificatividade".

▸ **Como esse assunto foi cobrado em concurso?**

No concurso para Analista do TRE/BA (2010), o gabarito considerou **correta** a seguinte assertiva: "A técnica da interpretação conforme a constituição permite a manutenção, no ordenamento jurídico, de leis e atos normativos que possuam valor interpretativo compatível com o texto constitucional."

No concurso para Juiz do TJPR (2008), foi considerado **errada** a seguinte alternativa: "Na interpretação conforme a constituição, o intérprete pode atuar sobre norma com sentido unívoco." Em contrapartida, foi considerada **correta** a alternativa que se segue: "Na interpretação conforme a constituição, o intérprete não pode atuar como legislador positivo."

No concurso para o mesmo cargo, realizado em 2006, o candidato deveria considerar como **correta** a seguinte assertiva: "Interpretação conforme a Constituição é uma técnica de controle de constitucionalidade que encontra o limite de sua utilização, no âmbito das possibilidades hermenêuticas de extrair do texto uma significação normativa harmônica com a Constituição."

No concurso para Defensoria Pública da União (2010), a seguinte assertiva foi considerada como **correta**: "Atendendo ao princípio denominado correção funcional, o STF não pode atuar no controle concentrado de constitucionalidade como legislador positivo."

13.4.1. Princípio da interpretação conforme a constituição e o controle de constitucionalidade

O princípio da interpretação conforme a constituição tem fortes ligações com as atividades de controle da constitucionalidade. Primeiro, porque são normas constitucionais que lhe servem de parâmetro. Segundo, porque o princípio da interpretação conforme a constituição, articulado com o **princípio da presunção de constitucionalidade** dos atos normativos (cf. item 8.2.3 do Capítulo VI), é utilizado por órgãos de fiscalização da constitucionalidade para preservar a validade das disposições normativas emanadas pelos órgãos produtores de direito.

Assim, sempre que possível atribuir a disposições normativas algum significado constitucionalmente válido, deverá ser esse o sentido adotado como norma pelos agentes responsáveis pelo controle de constitucionalidade, excluindo-se a pertinência dos demais sentidos que colidirem com a constituição. Nessa hipótese, a aplicação do princípio da interpretação conforme a constituição acaba por invalidar, por motivo de inconstitucionalidade, alguns dos possíveis significados (= normas) correspondentes a disposições normativas plurissignificantes.

▸ Atenção!

Não esquecer que, a despeito do princípio da presunção de constitucionalidade, o texto é o limite da interpretação. Assim, como o órgão de controle da constitucionalidade não pode agir como "legislador positivo" (STF, MS 22.690/CE, AgRg no AI 360.461/MG e QO na MC na ADI 1.063/DF), o princípio da interpretação conforme a constituição tampouco poderá servir de justificativa para acrescentar algum sentido àqueles que efetivamente corresponderem à disposição interpretada, ainda que a pretexto de compatibilizá-la à constituição. Nesse caso, o princípio da interpretação conforme não se aplica. A disposição deverá ser julgada inconstitucional, incluindo todos os sentidos que porventura possua.

▸ Como esse assunto foi cobrado em concurso?

No concurso para Juiz Federal do TRF/5ª Região (2015/Cespe), foi considerado **incorreto** o seguinte enunciado: "O STF utiliza-se da chamada técnica da interpretação conforme a Constituição para advertir o legislador de que o ato impugnado encontra-se em regime de transição para a inconstitucionalidade."

Sobre a interpretação conforme a Constituição, no concurso para Juiz do TJPR (2006), o gabarito apontou como **errada** a seguinte assertiva: "A técnica de interpretação conforme a Constituição não pode ser utilizada nas ações declaratórias de inconstitucionalidade, sob o risco de se efetivar dupla declaração de inconstitucionalidade."

13.4.2. Natureza jurídica do princípio da interpretação conforme a constituição: princípio interpretativo ou técnica de controle de constitucionalidade?

Diante da frequente utilização da interpretação conforme a constituição no âmbito do controle da constitucionalidade, é controversa a natureza jurídica do princípio. Discute-se se ele é somente um **princípio interpretativo** que, como os demais princípios do gênero, pode ser empregado no controle de constitucionalidade ou se é uma das **técnicas decisórias** disponíveis para eliminar normas inconstitucionais no trabalho de fiscalização de constitucionalidade. Há basicamente quatro teorias a respeito da interpretação conforme a constituição:

1) **É somente um princípio interpretativo, e não técnica decisória de controle de constitucionalidade:** tal qual os demais princípios interpretativos, a interpretação conforme a constituição é apenas um dos instrumentos hermenêuticos disponíveis ao intérprete, sem que sequer esteja necessariamente relacionada à atividade de controle de constitucionalidade. A teoria baseia-se em três premissas básicas: **(a)** a multiplicidade de sentidos encontráveis numa certa disposição não implica a automática inconstitucionalidade de algum deles, de modo que a *interpretação conforme* pode servir apenas de mecanismo interpretativo para **identificar aquele sentido mais adequado constitucionalmente**, sem envolver qualquer declaração de inconstitucionalidade (CANOTILHO); **(b) todos os intérpretes da constituição**, e não somente os órgãos que possuem competência institucional para realizar controle de constitucionalidade, **podem utilizar** o **princípio da *interpretação conforme*** (GARCÍA DE ENTERRÍA); **(c)** a **inconstitucionalidade resulta da falência da interpretação**, de modo que se trata de condição de admissibilidade da questão de constitucionalidade a circunstância de já terem sido exploradas todas as possibilidades interpretativas, incluindo a *interpretação conforme* (ZAGREBELSKY). Teoria dominante na Alemanha, na Itália e na Espanha, países onde os juízes ordinários, embora proibidos de fazer controle de constitucionalidade, têm o ***dever*** *de interpretar as disposições normativas conforme a constituição*.

> **▸ Atenção!**
>
> Na Itália, em especial, a Corte Constitucional adota tanto (a) as "*sentenças interpretativas de rejeição*", pelas quais se considera infundado o incidente de inconstitucionalidade, ao argumento de que a disposição questionada permitia uma "interpretação conforme" que deveria ter sido a adotada pelo juízo *a quo*; quanto (b) as "*sentenças interpretativas de acolhimento*", nas quais a Corte mantém a disposição (texto), mas considera constitucionalmente ilegítima uma de suas interpretações possíveis. Porém, como ensina
>
> ANTONIO D'ATENA (2009), dado o crescente prestígio da doutrina do ***dever de interpretação conforme*** no direito italiano, as sentenças interpretativas de acolhimento estão em declínio. Isso porque, se a disposição admite ser interpretada conforme a constituição, foi o juízo *a quo* que falhou com esse *dever de interpretação conforme* ao não interpretar dessa maneira, o que resulta na rejeição do incidente de inconstitucionalidade suscitado.

2) **É somente técnica decisória de controle de constitucionalidade, e não um princípio interpretativo:** o princípio *não* é "regra de interpretação, mas um **método de fiscalização da constitucionalidade**", que busca discernir o sentido *necessário* e *possível* para adequar o preceito à força conformadora da constituição (JORGE MIRANDA, 2000, p. 266 e segs.). Na mesma linha, EDUARDO APPIO (2002, p. 37) defende que a *interpretação conforme* não pode ser confundida com nenhum método de interpretação, pois se trata de técnica usada para reduzir o

espectro de variantes interpretativas a uma única interpretação compatível com a constituição, seja na via do controle concreto, seja na via do controle abstrato de constitucionalidade. Conforme ANDRÉ RAMOS TAVARES, a *interpretação conforme* "haveria de ser melhor entendida como um método de trabalho desenvolvido dentro da atividade de controle de constitucionalidade do que como, propriamente, mais uma fórmula puramente interpretativa" (2006, p. 135).

3) **É princípio interpretativo, mas também técnica decisória do controle de constitucionalidade das leis:** segundo a **doutrina majoritária no Brasil**, o princípio pode ser utilizado tanto para **interpretar** os atos normativos infraconstitucionais em geral quanto para **decidir** processos em que se discute a constitucionalidade de normas. Nesse sentido, o legislador incluiu expressamente a interpretação conforme a constituição entre as modalidades de "declaração de constitucionalidade ou de inconstitucionalidade" e ainda lhe atribuiu "eficácia contra todos e efeito vinculante em relação aos órgãos do Poder Judiciário e à Administração Pública federal, estadual e municipal" (art. 28, parágrafo único, da Lei 9.868/99).

4) **É princípio interpretativo *ou* é técnica decisória, a depender do tipo de controle de constitucionalidade:** autores como NELSON NERY JUNIOR e ROSA MARIA ANDRADE NERY (2007, p. 538) sustentam ser contingente o papel exercido pela interpretação conforme: é **norma de hermenêutica**, quando utilizada no controle concreto de constitucionalidade; ou é **técnica decisória,** quando empregada no controle abstrato de constitucionalidade.

▸ **Como esse assunto foi cobrado em concurso?**

Refletindo o posicionamento da doutrina nacional no sentido de considerar a interpretação conforme a constituição como princípio interpretativo e técnica de decisão no controle, o concurso para Juiz do TRT/23ª Região (2010), considerou como **correta** a seguinte assertiva: "A interpretação conforme a Constituição opera não só como instrumento de controle de constitucionalidade mas também como princípio de interpretação do texto constitucional."

Também o concurso para Procurador do Estado do Espírito Santo (2008/Cespe) considerou **correta** a seguinte assertiva: "Entre as modernas formas de interpretação constitucional existentes estão a declaração de constitucionalidade de norma em trânsito para a inconstitucionalidade e a mutação constitucional, a declaração de inconstitucionalidade, com apelo ao legislador e principalmente a interpretação conforme a Constituição."

Nesse mesmo sentido, o concurso para Juiz do TJPR (2008), considerou como **correta** a seguinte alternativa: "A interpretação conforme a constituição opera não só como instrumento de controle de constitucionalidade, mas também como princípio de interpretação do texto constitucional."

O **STF** ainda não expressou clara definição a respeito, embora em 1987 já tenha decidido que a *interpretação conforme* "é princípio que se situa no âmbito do controle da constitucionalidade, e não apenas simples regra de interpretação" (Rep 1.417/DF). Contudo, parece que a Corte adota a teoria n. 4, segundo a qual a aplicação do princípio é contingente. Isso porque, embora no controle abstrato de constitucionalidade já se contem às dezenas os acórdãos nos quais o STF empregou a *interpretação conforme* a constituição como **técnica decisória**, o próprio Tribunal considera não haver declaração de inconstitucionalidade, nem ser preciso observar a cláusula de reserva de plenário (art. 97 da Constituição), quando os tribunais realizam *interpretação conforme* para resolver casos concretos (cf., *v.g.*, RE 184.093/SP, AG(AgRg) 220.508/RJ e RE 460.971/RS).

Nesse sentido, por exemplo, nos RR. EE. 420.816/PR e 636.941/RS, o Plenário do STF deu interpretação conforme à Constituição aos artigos legais discutidos, mas os reconheceu constitucionais, pelo que negou provimento aos recursos. Aliás, bem recentemente, em relação aos mesmos dispositivos considerados **constitucionais** em tese na ADI 3.943/DF (j. em 7-5-2015), o Plenário do STF resolveu interpretá-los conforme a Constituição no RE 733.433/MG (j. em 4-11-2015). Ou seja, a interpretação conforme a Constituição, realizada pelo STF no controle difuso/concreto, acabou por ser resumir a simples princípio interpretativo, sem que houvesse nisso qualquer declaração de inconstitucionalidade dos dispositivos que haviam sido, pouco antes, declarados constitucionais em sede de controle abstrato.

Mais correto, contudo, seria adotar a teoria n. 1. A *interpretação conforme* não passa mesmo de um **princípio interpretativo**, e de **natureza subsidiária**, que é utilizado como forma de *evitar* antinomias e conservar a validade da disposição normativa interpretada. Subsidiariedade que se explica por que o princípio só incide quando a aplicação dos outros cânones de interpretação não for capaz de afastar a multiplicidade de sentidos correspondentes à disposição, surgindo daí a necessidade de o intérprete recorrer à interpretação conforme para identificar o sentido que **melhor** atenda à constituição. Sem que nisso haja necessariamente o exercício de algum tipo de controle de constitucionalidade! (Sobre ser a *interpretação conforme* uma técnica interpretativa de prevenção, e não de resolução de antinomias, v. item 6.)

E nas frequentes hipóteses em que o princípio deva ser utilizado no controle de constitucionalidade, deveria redundar só em decisões declaratórias da **constitucionalidade**, como ocorre na Itália, ou em declaração de "não inconstitucionalidade", como se fala em Portugal, exatamente porque o intérprete "salvou" o ato normativo ao encontrar nele um sentido válido.

Conforme jurisprudência da Corte Constitucional italiana (Sent. 356/96), uma lei deve ser declarada inconstitucional não porque é possível lhe dar uma interpretação inconstitucional, mas porque é impossível lhe dar uma interpretação constitucional. A se pretender a invalidação das normas inconstitucionais que decorram de disposição plurissignificativa, caberia utilizar – esta sim – a verdadeira **técnica decisória** com vocação para tal finalidade, qual seja, a intitulada "**declaração de inconstitucionalidade sem redução do texto**".

No **Brasil**, porém, o princípio da interpretação conforme a constituição foi indevidamente convertido em uma das **técnicas decisórias** utilizáveis na **declaração de inconstitucionalidade**, **confundindo-se** um **princípio interpretativo** com a chamada "**declaração de inconstitucionalidade sem redução do texto**". Ver item 4.2.5 do Capítulo V da Parte II.

Não bastasse, no âmbito do controle abstrato de constitucionalidade, a atribuição de efeitos vinculantes às decisões em que se procede a uma interpretação conforme a constituição (art. 28, parágrafo único, da Lei 9.868/99) acaba por estancar o surgimento de novas interpretações igualmente constitucionais da disposição impugnada. Ver itens 3.2.1 e 3.2.4 do Capítulo V da Parte II.

▸ **Nota:**

Felizmente, parece que o STF começa a se dar conta da indevida utilização da *interpretação conforme* no lugar da declaração de inconstitucionalidade sem redução de texto. Nesse sentido, no julgamento dos ED na ADI 2.591/DF, a Corte decidiu alterar a ementa original do julgado, que havia mencionado o instituto da "interpretação conforme", para nela incluir referência à "declaração de inconstitucionalidade sem redução de texto". Segundo noticiado pelo Informativo STF, n. 452/2006: "No mérito, os embargos declaratórios foram acolhidos para esclarecer-se que a ação direta foi julgada improcedente e que não houve interpretação conforme.

Não obstante afirmando que dizer que qualquer preceito de lei ordinária deve ser interpretado em coerência com a Constituição não significa se esteja a propor a interpretação conforme a esse preceito, entendeu-se que a ementa do acórdão, da forma como redigida nos seus itens 3 e 6, por afastar possibilidade interpretativa, seria mais compatível com o julgamento de procedência parcial, ***mediante interpretação conforme sem redução de texto***. Em razão disso, e, ainda, tendo em conta restar demonstrada, nos debates, a existência de dispersão de fundamentos quanto a outros itens, resolveu-se reduzir a ementa ao conteúdo dos itens em relação aos quais todos os Ministros estavam de acordo."

▸ **Como esse assunto foi cobrado em questões dissertativas de concurso?**

No concurso para Juiz do TRT/24ª Região (2012), perguntou-se ao candidato: "Sob a perspectiva constitucional, responda: (a) Como deve proceder o Juiz do Trabalho Substituto, ao examinar determinado caso concreto, diante de normas de interpretação polissêmica ou plurissignificativa? (b) Tal análise pode ser por ele levada a efeito, apesar da cláusula de reserva de plenário?"

TEORIAS SOBRE A NATUREZA JURÍDICA DA "INTERPRETAÇÃO CONFORME A CONSTITUIÇÃO"	
Princípio interpretativo	– é apenas um dos instrumentos hermenêuticos disponíveis ao intérprete, sem estar necessariamente relacionada à atividade de controle de constitucionalidade.

TEORIAS SOBRE A NATUREZA JURÍDICA DA "INTERPRETAÇÃO CONFORME A CONSTITUIÇÃO"	
Técnica decisória de controle de constitucionalidade	- é apenas um método de fiscalização da constitucionalidade, não método de interpretação, pois busca discernir o sentido necessário e possível para adequar o preceito à força conformadora da constituição.
Princípio interpretativo e técnica de decisão de controle	- pode ser utilizado tanto para interpretar os atos normativos infraconstitucionais em geral quanto para decidir processos em que se discute a constitucionalidade de normas. - doutrina majoritária no Brasil.
Princípio interpretativo ou técnica de decisão, a depender do tipo de controle	- é norma de hermenêutica, quando utilizada no controle concreto de constitucionalidade; e é técnica decisória, quando empregada no controle abstrato de constitucionalidade. - posição que parece ser a atual do STF

Capítulo VIII

Existência, validade, vigência, eficácia, efetividade e aplicabilidade das normas constitucionais

1. EXISTÊNCIA NORMATIVA

É característica relacionada à *pertinência* da norma a um determinado sistema normativo jurídico (existência jurídica).

São consideradas existentes/pertencentes a um dado sistema jurídico tanto as normas que possam ser identificadas como produto normativo dessa correlação normativa ("**critério de legalidade**") quanto as normas que, obtidas por meio de raciocínios lógicos, se consideram implicitamente promulgadas (**normas implícitas**) de acordo com o "**critério da dedutibilidade lógica**". (Sobre os critérios da legalidade e da dedutibilidade lógica, ver item 1.1 do Capítulo VI.)

A existência/pertinência normativa pode ser verificada mediante **operações de "retrotrair"** a norma (MARCELO NEVES, 1988, p. 43), com o auxílio do **critério da legalidade** ou do **critério da dedutibilidade**, a atos ou fatos considerados como fonte de criação normativa pelo sistema. Exemplos de normas inexistentes: as contidas em projeto de lei e as inseridas no corpo de um diploma normativo pelo gráfico responsável por publicá-lo.

▸ **Interessante:**

Por incrível que pareça, o Plenário do STF já teve de enfrentar caso paradigmático de dispositivo inserido no corpo de uma lei federal sem que tivesse ultrapassado qualquer fase do processo legislativo. Tratava-se do parágrafo único do art. 11 da Lei 9.639/98 (publicada no *Diário Oficial* de 26-5-98 e originária da conversão da MP 1.608-14/98), que pretendia estender anistia penal a particulares que cometeram apropriação indébita de contribuições sociais. Ocorre que, embora retificada a lei no dia seguinte, dela se retirando o dispositivo inexistente, alguns órgãos judiciais insistiram na aplicação da anistia, com base na regra do § 4º do art. 1º da LINDB. O Supremo, todavia, a par de reconhecer a inconstitucionalidade do dispositivo, entendeu que tal regra da LINDB não se aplicava em relação às retificações de dispositivo juridicamente inexistente (HC 77.734/SC e HC 77.724/SP).

▸ **Qual o momento a partir do qual se considera existente uma lei?**

Para autores como MARCELO DANTAS (1993, p. 155-170), se a existência da norma coincide com o momento a partir do qual se considera concluído o respectivo processo de formação, o início da existência das leis brasileiras não recairia na data em que promulgadas, mas na **data da sanção** ao projeto do qual se originaram. Isso porque a promulgação não passa de fase complementar do processo legislativo. Contudo, seja porque a maioria dos atos normativos independe de sanção, seja porque, mesmo no caso das leis, a conversão do projeto em lei pode prescindir da sanção (na hipótese em que o veto for rejeitado), cabe unificar o tratamento da matéria, mantendo-se na **promulgação** o **marco inicial** da **existência** de toda norma.

Uma norma **deixa de pertencer** ao sistema normativo quando **revogada** por outra ou, então, quando **expulsa**, por motivo de invalidade, mediante decisão dotada de efeitos *erga omnes*.

▸ **Importante:**

Se uma norma que se reputava existente é depois revogada ou então expulsa *erga omnes* por motivo de invalidade, não será mais considerada pertencente ao **sistema jurídico do momento** (direito vigente), mas continuará a pertencer à mesma **ordem jurídica**, ainda que na qualidade de direito histórico.

1.1. Existência das normas constitucionais

Para que uma norma seja considerada existente/pertinente em face de determinado sistema, é preciso que um tal sistema já exista e esteja dotado de normas que disciplinem a competência para criar outras normas. Daí se dizer que todo sistema normativo jurídico conta com certo número de "**normas independentes**" ou "**superiores**", assim consideradas exatamente porque não se sujeitam a nenhum dos dois critérios (legalidade e dedutibilidade lógica) que determinam a relação de existência/pertinência normativa dentro do sistema.

No caso dos sistemas jurídicos, são as **constituições** que abarcam esse conjunto mínimo de normas independentes/superiores e que formam a base originária de qualquer ordem jurídica. De modo que a nova constituição é fonte normativa *extra ordinem*, cuja existência/pertinência segue **critério diverso de pertinência**: o **critério da efetividade**, também conhecido como "**regra de reconhecimento**" (HART). Por tal critério, a relação de pertinência das normas independentes/superiores que primeiramente regulam os atos de criação normativa da nova ordem jurídica decorre do simples fato de a constituição ser "reconhecida", pelos destinatários em geral, como base inicial dessa ordem jurídica.

2. VALIDADE NORMATIVA

Não há consenso sobre o que se deva entender por validade das normas jurídicas. A **escola jusnaturalista**, entende que a validade tem a ver com os **valores** que servem de fundamentos à norma. A validade das normas depende da conformidade que mantenham com a vontade divina ou com os postulados racionais que emanam da natureza das coisas. É problema, pois, de **conteúdo**.

Para a **escola positivista**, na vertente de KELSEN, a validade confunde-se com a noção acima exposta de existência/pertinência normativa. É problema puramente de **adequação formal**, pois, para ser considerada válida, basta que a norma tenha sido produzida conforme processos autorizados pela norma que lhe é superior. Como nunca aceitou que num ordenamento jurídico existissem normas não válidas, KELSEN acaba por tratar a **validade normativa** como sendo a própria **existência** da norma, de modo que não poderia existir uma norma não válida, ou seja, não existente.

Já para os adeptos do **realismo jurídico**, a validade das normas varia de acordo com a **aceitação fática** que possuam e com a **aplicação** que lhes vêm sendo dada pelas autoridades estatais, sobretudo as judiciais.

Atualmente, porém, a **maior parte da doutrina** concorda em que uma norma jurídica, para ser considerada válida, deverá estar de acordo com as normas superiores que lhe disciplinam o processo de produção (**validez formal**), bem como com as normas superiores que lhe determinam os possíveis conteúdos (**validez material**). A questão, portanto, não envolve fundamentos jusnaturalistas nem suprapositivos, tampouco aspectos fáticos relacionados à aceitação da norma, senão apenas a conformidade da norma em relação a *todas* as normas que lhe são superiores (GUASTINI, 1995, p. 257-270).

No caso de normas veiculadas por **atos normativos primários** (*i.e.*, leis e outras fontes com força de lei), a relação de validade depende da conformidade com as normas constitucionais. Se incompatíveis em algum aspecto, serão inválidas, o que na hipótese significará o mesmo que a **inconstitucionalidade**.

> **Importante:**
>
> ***Diferenças entre validade e existência normativas.*** Ao contrário do que sustentou KELSEN, nem todas as normas pertencentes a um sistema normativo precisam ser consideradas válidas no âmbito do próprio sistema. Para atender ao **critério da legalidade** – e então ser considerada existente num dado sistema –, uma norma precisa apenas ter sido produzida conforme as normas que regulam a competência para promulgá-la. E, como explica GUASTINI (1995, p. 131), no caso das normas produzidas por **fontes *extra ordinem***, a existência depende apenas da circunstância de serem aceitas e observadas pelos respectivos destinatários ("**critério da efetividade**"). Ver item 4.1.2 do Capítulo VI.

POSIÇÕES ACERCA DA VALIDADE DAS NORMAS		
Escola jusnaturalista	**Escola Positivista (kelseniana)**	**Realismo jurídico**
Relaciona a validade com determinados tipos de valores considerados "suprapositivos", geralmente ligados à ideia de justiça. A validade depende da conformidade da norma ou com a vontade divina ou com postulados racionais que emanam da natureza das coisas.	Relaciona a validade com a conformidade meramente formal da norma ao respectivo processo de produção disciplinado por normas superiores.	Relaciona a validade com a aceitação fática e a aplicação da norma por parte das autoridades estatais incumbidas de aplicá-las.

Doutrina CONTEMPORÂNEA majoritária Validade = conformidade material + conformidade formal às normas superiores	
Validade material	**Validade formal**
Conformidade do **conteúdo** da norma às previsões de normas superiores.	Conformidade do **processo de produção** da norma em face da disciplina estabelecida por normas superiores.

2.1. Validade das normas constitucionais?

Embora hoje prevaleça a tese de que a validade das normas infraconstitucionais remete a relações de conformidade com normas superiores, é ainda bastante controversa a questão da necessidade de validação das constituições por meio de relações desse mesmo tipo. O tema remete à famosa concepção kelseniana referente à "**norma fundamental pressuposta**".

Para KELSEN, qualquer outra norma, incluindo as normas constitucionais, têm de buscar fundamento de validade numa norma superior. Assim, para evitar a regressão infinita em busca da norma que inicialmente autorizara a produção da "primeira constituição", surge a necessidade de "**pressupor**" a existência de uma **norma fundamental** que não tenha sido de fato promulgada, mas cuja **validade não possa ser questionada**.

Contudo, a maioria da doutrina hoje refuta a necessidade de uma "norma fundamental pressuposta" para validar a constituição. Autores contemporâneos, após desfazerem a confusão kelseniana entre existência e validade normativas, demonstram que as normas da constituição *pertencem* ao sistema jurídico, mas não são nem válidas, nem inválidas, pois se trata daquele tipo de normas "independentes" ou "soberanas" (GUASTINI) – v. item 1.1, acima.

As constituições, portanto, são **fontes normativas *extra ordinem***, razão pela qual **não carecem de validade** para iniciarem uma ordem jurídica. Cada ordem jurídica é definida pelos termos da constituição que lhe dá início, sem necessidade de se ir além dessa "primeira" constituição, pois é com ela começa a cadeia de derivação normativa (BULYGIN).

> **Atenção!**
> Ao contrário das normas constitucionais postas pelo **constituinte originário**, as demais normas constitucionais devem satisfazer critérios próprios de validação, já que decorrentes de fontes normativas que não são soberanas nem independentes.

3. VIGÊNCIA NORMATIVA

É o **atributo temporal** característico das normas pertencentes à ordem jurídica e que não foram revogadas nem expulsas ou invalidadas com efeitos gerais (*erga omnes*).

A vigência torna **obrigatória** a norma, à medida da respectiva eficácia e aplicabilidade. Vigente a norma, *ignorantia iuris neminem excusat*, ou seja, ninguém pode escusar-se de cumpri-la "alegando que não a conhece" (art. 3º da ***LINDB***).

> **Atenção!**
> Doutrinadores como FERRAZ JR. e MARIA HELENA DINIZ diferenciam a ***vigência*** do ***vigor*** normativo. Para tais autores, enquanto aquela seria o **atributo temporal da norma**, esta seria o **atributo da respectiva imperatividade ou força vinculante**. Porém, essa diferenciação parece ociosa, se não equivocada. Os exemplos que ampararíam a suposta diferença (normas temporárias, normas ultra-ativas e normas convalidáveis) admitem solução por meio de outros atributos normativos. No caso das normas temporárias e ultra-ativas, pela correta definição do alcance da eficácia; no das normas convalidáveis, pela revisão do que se deveria entender pela própria vigência, pois o que ocorre na convalidação é a promulgação de uma nova norma (convalidatória) de conteúdo igual ao da convalidada, e não a suposta obrigatoriedade, por força da convalidação, de uma norma que nem vigora.

Por razões de segurança jurídica, a teoria constitucional condiciona a vigência de uma norma à publicação da disposição normativa correspondente. Em se tratando das leis em geral, o termo inicial da vigência costuma ser fixado em preceito específico e conhecido por ***cláusula de vigência***. Nas hipóteses em que o diploma normativo não veicula cláusula de vigência, aplica-se a cláusula geral de vigência prevista no artigo 1º da LINDB, segundo a qual as normas promulgadas se consideram em vigor **quarenta e cinco dias** após publicadas. Quanto às leis cuja obrigatoriedade é admitida por Estados estrangeiros, a vigência fora do território nacional tem início **três meses** após publicadas (art. 1º, §1º, da LINDB).

▸ **Atenção!**

No Brasil, conforme art. 8º da LC 95, de 26-2-95, a "vigência da lei será indicada de forma expressa e de modo a contemplar prazo razoável para que dela se tenha amplo conhecimento, reservada a cláusula 'entra em vigor na data de sua publicação' para as leis de pequena repercussão." Determina ainda o § 2º do mesmo artigo que as "leis que estabeleçam período de vacância deverão utilizar a cláusula 'esta lei entra em vigor após decorridos (o número de) dias de sua publicação oficial'."

O eventual período entre a publicação da norma até sua entrada em vigor é intitulado ***vacatio legis***.

▸ **Atenção!**

O prazo de *vacatio legis* é contado "com a inclusão da data da publicação e do último dia do prazo, entrando em vigor no dia subsequente à sua consumação integral" (§ 1º acrescentado pela LC 107, de 26-4-2001, ao art. 8º da LC 95/95).

Norma sob *vacatio legis*, embora existente e válida, não está ainda em regime de vigência. Por isso, tampouco é obrigatória, nem implica a revogação de normas anteriores, as quais seguem vigentes até que iniciada a vigência da norma revogadora.

▸ **Importante:**

No âmbito do direito penal, há quem defenda a aplicabilidade da norma mais benéfica, mesmo durante eventual período de *vacatio legis* (HELENO C. FRAGOSO, ALBERTO SILVA FRANCO e PAULO JOSÉ DA COSTA JR.). Outros recusam tal possibilidade, por entenderem que isso permitiria a aplicação de norma ainda não vigente (FREDERICO MARQUES, DELMANTO, DAMÁSIO DE JESUS, GUILHERME DE SOUZA NUCCI). Nessa linha, para NELSON HUNGRIA (1958, p. 111), quando se fala em retroatividade da lei posterior, "se entende a lei que passou a *vigorar* em substituição a outra". O STF também não aceitou anular acórdão que deixara de aplicar institutos penais mais benéficos instituídos por lei ainda sob *vacatio legis* (1ª Turma, HC 74.552/SP).

▸ **Como esse assunto foi cobrado em concurso?**

Na prova oral do concurso de Juiz do TRF/5ª Região, realizada em 2010, os examinadores abordaram a matéria, questionando o posicionamento do candidato quanto à aplicação da norma penal benéfica no período de *vacatio legis*.

Já a vigência das normas decorrentes de **retificação** total ou parcial de diploma normativo publicado com incorreção ou erro material segue uma das seguintes regras:

A) se a retificação atingir diploma normativo **já vigente**, a vigência da parte retificada deve ser considerada isoladamente, a partir da publicação das correções, como se tratasse de "lei nova" (art. 1º, § 4º, da LINDB);

B) se a retificação atingir diploma normativo que **ainda não havia entrado em vigor**, todos os prazos para início da vigência passarão a ser computados a partir da publicação da errata, mesmo em relação às normas não atingidas pelas correções (§ 3º do art. 1º da LINDB), desconsiderando-se os prazos iniciados com a primeira publicação.

> **Atenção!**
>
> A regra do § 4º do art. 1º da LINDB não se aplica às retificações de *ato normativo inexistente*. Nesses casos, a correção não pode ser considerada "lei nova", simplesmente porque é juridicamente inexistente a lei retificada. Daí, as disposições inexistentes, alcançadas pela retificação, não geram nenhum efeito, mesmo que se trate de disposições penais benéficas (STF, Pleno, HC 77.734/SC e HC 77.724/SP).

O fim da vigência por decorrência de **revogação** recai na data em que se considera, explícita ou implicitamente, revogada a norma por outra posterior.

> **Importante:**
>
> Em alguns países, a revogação só pode ocorrer entre normas de igual envergadura. No Brasil, contudo, prevalece no **STF** a teoria segundo a qual também a **norma superior pode revogar normas inferiores** (ADI 2/DF). Ver item 2.2 do Capítulo V.

Já o término da vigência, por **motivo de invalidade**, depende da expulsão com **efeitos *erga omnes*** da norma. No Brasil, no caso das normas inválidas em razão de contrariedade à Constituição Federal, a competência para expulsá-las recai somente nestas autoridades especiais:

A) no **Senado Federal**, na hipótese de normas declaradas inconstitucionais pelo STF no **controle concreto/difuso** de constitucionalidade (Constituição, art. 52, X);

> **Atenção!**
>
> **A)** Em quaisquer dessas duas hipóteses de expulsão, a perda da vigência deveria sempre pressupor "decisão definitiva" do STF, a exemplo do que prevê o inciso X do art. 52 da Constituição. Porém, o **Plenário do STF** já entendeu que a perda de vigência da norma invalidada no âmbito do controle abstrato de constitucionalidade ocorre por força tanto da ***decisão final*** quanto da ***decisão liminar*** que a declare inconstitucional (Rcl 935/DF, j. em 28-4-2003).
>
> **B)** Sobre a suposta *mutação constitucional*, havida no inciso X do art. 52 da CF, a permitir que o próprio STF promova a expulsão *erga omnes* de normas por meio de decisões judiciais proferidas no âmbito do controle concreto/difuso de constitucionalidade, v. item 8.1 do Capítulo III da Parte II.

B) no próprio **STF**, se a inconstitucionalidade for reconhecida, no exercício do **controle abstrato/concentrado** de constitucionalidade, utilizando-se por parâmetro a Constituição Federal (CF, art. 102, § 2º); ou

C) nos **TJs**, em caso de declaração de inconstitucionalidade, também no exercício do **controle abstrato/concentrado** de constitucionalidade, em face das constituições estaduais, bem como da LODF (CF, art. 125, § 2º). (Ver Parte II, Capítulo V, item 5.3.)

Com relação às **normas "temporárias"**, o *caput* do art. 2º da LINDB trata do caso como se fosse problema de vigência ("Não se destinando à *vigência* temporária, a lei terá vigor até que outra a modifique o revogue"). Porém, em termos lógico-normativos, uma norma não pode determinar a revogação de si própria. Logo, a temporariedade aí envolvida não diz propriamente com a vigência, mas com o esgotamento da capacidade de a norma gerar efeitos jurídicos. É dizer: a norma segue vigente, embora tenha perdido aplicabilidade em decorrência do esgotamento da respectiva eficácia. Também na jurisprudência do **STF**, o caráter temporário da norma já foi visto como **exaurimento da eficácia**, e não como perda de vigência da norma (QO na ADI 612/RJ).

3.1. Vigência das normas constitucionais

Diversamente do que se admite acerca das normas infraconstitucionais, a vigência das normas produzidas pelo **constituinte originário** só pode ser condicionada por **comandos dele próprio**, até porque é a nova constituição que inaugura a ordem jurídica na qual ela própria se insere. Logo, para que entre em vigor no dia em que promulgada, a nova constituição não precisa contar com nenhuma cláusula de vigência, sequer implícita, tal como sucedeu com a Constituição de 1988. Pelo contrário: só haverá falar-se em *vacatio constitutionis* se a constituição assim o dispuser expressamente. (Sobre a *vacatio constitutionis*, v. item 1 do Capítulo V.)

Por sua vez, o início de vigência das normas constitucionais advindas do **poder constituinte derivado** segue a disciplina prevista no sistema jurídico a que pertencerem. No caso brasileiro, embora não haja disciplina constitucional específica a respeito, não se aplica a cláusula geral de vigência prevista no artigo 1º da LINDB. Mesmo para aquelas emendas constitucionais que não se fizeram acompanhadas de cláusula específica de vigência (exemplos: Emendas Constitucionais n. 2/92, 3/93, 4/93, 5/95, 6/95, 7/95, 8/95, 9/95, 12/96, 13/96, 15/96, 42/2003), adota-se o *costume constitucional* segundo o qual a vigência das emendas constitucionais inicia-se na data em que publicadas, salvo disposição em contrário contida na própria emenda.

Bem mais complexa é a tarefa de fixar quando começa a vigência de normas constitucionais advindas de **fontes informais**, como é o caso das **mutações constitucionais**. Nessas hipóteses, os novos sentidos dados ao texto constitucional **não têm data** predefinida de vigência, obviamente. Contudo, ao decidir certos casos concretos, o STF acabou por demarcar o início da vigência de algumas mutações constitucionais encampadas pela Corte (v. QO no Inq 687/SP, RE 197.917/SP e HC 82.959/SP).

VIGÊNCIA DAS NORMAS CONSTITUCIONAIS CONFORME AS FONTES		
Nova constituição	**Emenda constitucional**	**Mutação constitucional**
– regime de vigência não pode ser disciplinado por comandos provenientes de fontes diversas; – a vigência de nova constituição inicia-se na data de promulgação. – *vacatio constitutionis* depende de previsão expressa da nova constituição.	– regime de vigência pode ser disciplinado previamente por normas constitucionais; – no Brasil, como inexiste disciplina a respeito, a vigência das emendas constitucionais é fixada por disposição expressa da própria emenda ou, não havendo, tem início na data da respectiva publicação; – não se aplica a cláusula geral de vigência prevista na LINDB.	– regime de vigência impossível de ser disciplinado previamente, pois as mutações ocorrem mediante processos informais; – ao reconhecer alguns casos de mutação constitucional, o STF já fixou data para início da respectiva vigência.

Quanto ao **fim da vigência constitucional**, em relação ao complexo das normas constitucionais que presidiam uma dada ordem jurídica, recairá no momento em que, pelo critério da efetividade, se reconhecer instaurada uma nova ordem constitucional. Nesse sentido, salvo disposição em contrário, a nova constituição revoga toda a constituição anterior (ver item 2.1 do Capítulo V). Todavia, nem sempre será fácil demarcar precisamente essa data de revogação, sobretudo quando a substituição de determinada ordem constitucional for precedida de *revolução* (em sentido sociológico), sem que se saiba ao certo sequer se o poder revolucionário se terá tornado ou não efetivo na esfera estatal.

No que diz respeito às *normas constitucionais isoladamente consideradas*, perdem vigência quando revogadas por outras normas advindas de **emendas constitucionais** ou quando superadas por **mutações constitucionais**. Mesmo fenômeno ocorrerá caso sejam **invalidadas com efeitos gerais** (*erga omnes*), com exceção das normas promulgadas pelo próprio constituinte originário, cuja invalidação é juridicamente impossível (ver item 2.3 do Capítulo IV).

Já as *normas constitucionais protegidas por limitações materiais ao poder de mudança constitucional* (cláusulas pétreas) só podem ser revogadas por uma nova constituição.

4. EFICÁCIA NORMATIVA

É a capacidade da norma para gerar os efeitos e as consequências jurídicas que prevê. Tem relação, portanto, com a possibilidade de a norma produzir, concretamente, os efeitos jurídicos pretendidos.

Tal como ocorre com a vigência, a eficácia da norma depende da respectiva existência/pertinência, e também tem início em certo momento contado a partir da publicação.

Todavia, diferentemente da vigência, a eficácia pode dirigir-se ao passado. Ou seja, se uma norma é retroativa, **a retroatividade diz respeito à eficácia**, e não à vigência normativa. Como resume FERRAZ JR., enquanto a vigência "é sempre *desde já* para o futuro", "a eficácia é *desde já* para o futuro ou para o passado" (2001, p. 246).

Essa a razão por que existem na ordem jurídica **normas não mais vigentes, porém eficazes.** É que, apesar de revogadas, normas dotadas de ultra-atividade seguem aptas a surtir efeitos jurídicos, ainda que para regular somente situações particulares ocorridas durante o prazo de vigência da norma. Basta lembrar os casos proibitivos de retroatividade normativa (art. 5º, XXXVI, da Constituição). Nessas hipóteses, a norma que revoga uma outra não atinge certas posições subjetivas de vantagem (ato jurídico perfeito, direito adquirido e coisa julgada) asseguradas na vigência da norma revogada. Daí se conservar a eficácia normativa da norma revogada (ultra-atividade), mesmo após o fim de sua vigência. Idêntico fenômeno se verifica com a lei penal mais benéfica (*lex mitior*), cuja eficácia se mantém a despeito da revogação (CF, art. 5º, XL).

Porém, o contrário também pode ocorrer: uma norma pode possuir **vigência sem ter eficácia.** No Brasil, são exemplos:

A) a norma temporária e com eficácia já exaurida, mas que ainda não foi revogada;

B) a norma cujos efeitos são adiados pelo princípio da anterioridade, tal como a que institua ou aumente determinados tributos (art. 150, III, "b", da Constituição Federal) e a que altera o processo eleitoral (art. 16 da Constituição Federal);

C) a norma estadual que preenche lacuna deixada pela legislação federal acerca de normas gerais em matéria de competência legislativa concorrente, a partir da data em que editadas normas federais a respeito (v. art. 24, §§ 3º e 4º, da Constituição Federal).

E há situações em que **normas inválidas se mantêm eficazes**, total ou parcialmente. Basta lembrar os exemplos:

A) das normas inconstitucionais cujos efeitos jurídicos já se consolidaram antes de serem invalidadas;

B) das normas inconstitucionais cuja declaração de inconstitucionalidade é: (b.1) equivocadamente recusada pela instância judicial máxima, daí decorrendo uma declaração de constitucionalidade com efeitos *erga omnes*; (b.2) proferida em caráter *erga omnes*, mas com **efeitos temporais restritos** (*ex nunc* ou *pro futuro*); ou (b.3) reconhecida pela instância judicial máxima, porém **sem aplicar a sanção de nulidade**; e

C) das normas de medida provisória decaída ou rejeitada pelo Congresso Nacional, em face das "relações jurídicas constituídas e decorrentes de atos praticados durante sua vigência", enquanto não editado o decreto legislativo previsto no art. 62, § 11, da Constituição.

Nesses casos, o que se registra é a manutenção da eficácia, ainda que parcial, de uma norma inválida. Afinal, como disse BULYGIN (1991, p. 267), a "constitucionalidade de uma lei não depende do que o diga o Tribunal Constitucional e uma lei que não foi ditada por uma autoridade competente segue sendo inconstitucional, mesmo que o Tribunal diga o contrário." Enfim, ainda que tais fenômenos possam ser qualificados como hipóteses de **convalidação normativa**, "a classe das normas convalidadas não coincide com aquela das normas válidas" (GUASTINI, 1998, p. 150).

Por outro ângulo, a eficácia normativa comporta variações tanto de espécie quanto de intensidade, a depender da extensão de certos pressupostos de natureza jurídica e/ou de natureza fática. Segundo FERRAZ JR., são pressupostos de natureza jurídica que dotam a norma de **eficácia técnica**; e são pressupostos de natureza fática que concedem à norma **eficácia social** (ou ***efetividade***)

Os **pressupostos de natureza jurídica** são requisitos normativos com os quais a norma precisa contar para surtir toda a eficácia. Essa plenitude dependerá dos termos em que a norma for obtida pela via interpretativa. Se enunciada mediante formulação que lhe permita produzir concretamente todos os efeitos jurídicos pretendidos, sem necessidade de mediação ou complementação da parte de outras normas, a norma é considerada de **eficácia plena**. Então, poderá ser aplicada concretamente e daí gerar todos os efeitos que lhe são próprios. Porém, ressentindo-se dessa formulação completa, a norma apresentará *lacunas técnicas* (v. item 9.1.1 do Capítulo VI) que lhe comprometerão, em algum grau, a plenitude da eficácia. Trata-se das normas de **eficácia limitada**. Mas o sistema normativo conta ainda com normas que, embora dotadas de todos os pressupostos de natureza jurídica de que necessitam, podem ainda sofrer restrições de efeitos jurídicos por força de normas inferiores que as regulamentem. Nesse caso, em matéria de normas constitucionais, a doutrina brasileira fala em normas de **eficácia contida** ou **restringível**.

Já os **pressupostos de natureza fática** são os requisitos mínimos, de ordem física, social ou institucional, de cuja presença depende a possibilidade de a norma ser efetivamente aplicada. A questão, portanto, remete ao problema da efetividade normativa, tema a ser tratado em item separado.

A eficácia das normas constitucionais será particularmente examinada em itens próprios.

EFICÁCIA TÉCNICA *VS.* EFICÁCIA SOCIAL	
Eficácia técnica	**Eficácia social ou efetividade**
– relacionada à presença de requisitos normativos com os quais a norma precisa contar para surtir toda a eficácia (pressupostos de natureza jurídica);	– relacionada à presença de requisitos mínimos de ordem física, social ou institucional sem os quais não há possibilidade de a norma ser efetivamente aplicada.
– comporta a seguinte graduação: (a) eficácia plena; (b) eficácia limitada; e (c) eficácia contida ou restringível.	

▸ **Como esse assunto foi cobrado em concurso?**

No 180º Concurso para Juiz do TJSP (2008), foi considerada **correta** a seguinte assertiva: "A eficácia é um atributo associado às normas e consiste na consequência jurídica que deve resultar de sua observância, podendo ser exigida judicialmente, se necessário. A doutrina tem procurado expandir a capacidade normativa dos princípios de várias maneiras, diante de uma Constituição eminentemente principiológica, tal como a Constituição da República Federativa do Brasil, de 5.10.1988."

No concurso para Analista Ministerial da área Processual do MPEPI (2018/Cespe), foi considerada **correta** a afirmação: "A eficácia de uma norma constitucional pode ser considerada não só do ponto de vista jurídico, mas também do social, ocorrendo essa eficácia social a partir do respeito à legislação pela população."

5. EFETIVIDADE NORMATIVA

É a magnitude da realização fática dos efeitos jurídicos pretendidos pela norma. Sinônimo de ***eficácia social***, trata-se da adequação dos comandos normativos às circunstâncias fáticas exigíveis para que a norma seja concretamente observada.

Segundo FERRAZ JR., uma norma considera-se dotada de efetividade quando encontrar na realidade as condições adequadas para produzir os efeitos que lhes são próprios. O que depende, portanto, da presença de **pressupostos de natureza fática**, sem os quais fica comprometida a aplicação concreta da norma. FERRAZ JR. dá como exemplo a norma que exige o uso de um equipamento que não exista no mercado. Mas é a ocorrência de ***lacunas institucionais*** que explica boa parte da ineficácia social das normas (v. item 9.1.1 do Capítulo VI). Serve de ilustração a respeito: se uma norma garante ao preso o direito de ser defendido por defensor público, porém não há defensor que possa ser nomeado, a norma não é socialmente eficaz, ou seja, encontra-se desprovida de efetividade.

Por outro lado, efetividade não se confunde com o ato de obedecer à norma, ainda que a obediência seja importante critério para o "reconhecimento" da efetividade (FERRAZ JR, 2001, p. 195-196). A **efetividade** diz com a aptidão da norma para ser obedecida, pois exteriorizados na realidade todos os requisitos necessários para que isso ocorra. Já a **obediência** à norma em si diz respeito a **qualidades extrínsecas** que decorrem, por exemplo, da disposição psicológica dos destinatários em cumprir as respectivas prescrições normativas. Mas é claro que pode haver interseção entre efetividade e obediência. Isso ocorre quando se completa o trânsito entre a aptidão *a priori* da norma para ser aplicada e sua aplicação *a posteriori*. De modo que uma norma, dotada de efetividade, uma vez obedecida, torna-se uma norma "efetivada".

5.1. Efetividade das normas constitucionais

No que diz respeito à efetividade das normas constitucionais, a questão difere parcialmente da efetividade das demais normas. Isso porque, ao contrário das normas que não decorrem de fontes *extra ordinem* (v. item 4.1.2 do Capítulo VI), a própria existência de uma nova constituição depende da satisfação de critérios de efetividade. Uma nova constituição só pode ser assim considerada se contar com a **aceitação** e com a **disposição de ser cumprida** por parte dos respectivos destinatários, além das autoridades constituídas. Todo ato constituinte só deixa de ser uma simples tentativa de revolução (jurídica) se ganhar efetividade. Conforme FERREIRA FILHO (1999, p. 45), o "ato constituinte se aperfeiçoa – e com ele a Constituição – quando implementa uma condição de eficácia (efetividade)."

Contudo, uma vez preenchido genericamente o requisito de efetividade a caracterizar uma nova ordem constitucional, o problema passa a girar em torno da efetividade das normas constitucionais isoladamente consideradas. Nesse âmbito, porém, a questão da efetividade das normas constitucionais não se difere qualitativamente em face da efetividade das demais normas. Com uma ressalva: como as normas constitucionais costumam ter por destinatários o próprio Poder Público, padecem com mais frequência da falta de efetividade, até porque não costumam vir articuladas com as ameaças de sanção que geralmente acompanham as normas infraconstitucionais.

6. APLICABILIDADE NORMATIVA

É a qualidade atribuída à norma que reúne as **condições mínimas de eficácia** para incidir e materializar concretamente os efeitos jurídicos que dela decorrem.

Trata-se de atributo estritamente conectado à eficácia normativa, pois a aplicabilidade também varia de acordo com a presença dos pressupostos de natureza jurídica e/ou de natureza fática que determinam a medida da eficácia de uma norma. Assim, uma norma cuja eficácia esteja comprometida (*v.g.*, por haver sido declarada inconstitucional por decisão *erga omnes*), tampouco conservará sua aplicabilidade. Afinal, como explicou JOSÉ AFONSO DA SILVA ao comentar a **eficácia** e a **aplicabilidade** das normas constitucionais, cuida-se de "**fenômenos conexos**, aspectos talvez do mesmo fenômeno, encaradas por prismas diferentes: aquela como potencialidade; esta como realizabilidade, praticidade" (1998a, p. 60).

Para VIRGÍLIO AFONSO DA SILVA (2014, p. 211), a aplicabilidade da norma "envolve uma dimensão fática que não está presente no conceito de eficácia", pois remete ao problema dos suportes fáticos das normas. Certo, a aplicação em si da norma depende da exteriorização dos suportes fáticos (fatos operativos) a partir dos quais deve ser aplicada. Contudo, essa questão não diz com o atributo da "aplicabilidade" em si, algo relacionado ao abstrato potencial aplicativo da norma. Tanto é que uma norma eficaz e dotada de aplicabilidade poderá não ser concretamente aplicada, caso não verificados os respectivos fatos operativos necessários para que isso ocorra.

Por outro lado, o que determina a aplicabilidade de uma norma é o conteúdo de *outras* normas mediante as quais o sistema jurídico impõe a juízes e órgãos administrativos a obrigação de utilizar a norma como premissas dos provimentos referentes às situações a que ela se refere (GUASTINI). Em outras palavras: a aplicabilidade não depende dos critérios que regulam a pertinência ou a validade (incluindo a constitucionalidade) da norma em face do sistema jurídico em cujo âmbito deva ser aplicada; é determinada pela **pertinência de *metanormas*** que fixam os critérios de aplicação das normas jurídicas em geral. Daí ser absolutamente regular a aplicação tanto de normas que não pertencem mais ao sistema jurídico – por já terem sido revogadas ou expulsas em razão de invalidade – quanto de normas que nem sequer tenham pertencido à ordem jurídica.

No direito brasileiro, basta lembrar os seguintes exemplos:

A) a metanorma do inciso XL do art. 5º da Constituição impõe a aplicação da norma penal revogada, se mais favorável que a norma revogadora;

B) a metanorma do inciso XXXVI do art. 5º da Constituição determina a aplicação da lei revogada em detrimento daquela que estabelecer nova disciplina jurídica quanto a um direito já adquirido;

C) a metanorma do § 11 do art. 62 da Constituição determina a aplicação de medida provisória rejeitada retroativamente pelo Congresso Nacional, caso este não venha a editar decreto legislativo em sentido contrário no prazo de 60 dias;

D) a jurisprudência do STF com base em metanormas constitucionais implícitas (princípios da boa-fé e da segurança jurídica), já confirmou a aplicação de norma anteriormente expulsa do sistema por motivo de inconstitucionalidade declarada com efeitos *erga omnes* e *ex tunc* (v. RE 442.683/RS, 2ª Turma; AgRg no RE 706.698/ES, 1ª Turma; e AgRg no RE 605.762/PE, 2ª Turma);

E) as metanormas constantes do inciso XXXI do art. 5º da Constituição e dos artigos 7º a 10 da Lei de Introdução às Normas do Direito Brasileiro impõem a aplicação de normas estrangeiras em determinadas situações.

E tal fenômeno ocorre não somente na aplicação de normas inconstitucionais, enquanto não tenham sido assim declaradas, como também na aplicação de normas inconstitucionais que hajam sido indevidamente declaradas constitucionais. Como explica BULYGIN, se "o Tribunal disse (erroneamente) que a lei é constitucional, a lei será aplicável, ainda que não seja válida no sistema" (1991, p. 267).

7. CLASSIFICAÇÃO DAS NORMAS CONSTITUCIONAIS CONFORME A APLICABILIDADE

Com frequência maior do que as normas em geral, as normas constitucionais enfrentam problemas que as impedem de surtir inteiramente os efeitos jurídicos que se esperam delas. Não é sempre que normas constitucionais são formuladas de maneira a conter integralmente os requisitos técnicos para incidir de imediato nas relações concretas. Além disso, nem todas as normas constitucionais encontram na realidade as condições adequadas para desenvolver a total potencialidade dos efeitos que lhes são próprios. Assim, a aplicabilidade normativa se pode comprometer em razão ou de **ineficácia técnica** (primeiro caso) ou em virtude de **ineficácia social** (segundo caso).

Atento a tais circunstâncias, o constitucionalista norte-americano THOMAS COOLEY, já em 1868, cuidou da distinção entre ***normas autoaplicáveis*** ("self-executing provisions") e ***normas não autoaplicáveis*** ou ***não autoexecutáveis*** ("not self-executing provisions"). Em meados do século XX, a **doutrina italiana** foi além. Sobretudo a partir da obra de VEZIO CRISAFULLI, teve início a distinção entre normas *preceptivas* daquelas *diretivas* ou *programáticas*, terminando-se por identificar três tipos diferentes de normas: (a) as ***preceptivas de aplicação imediata***, (b) as ***preceptivas de aplicação diferida*** e (c) as ***diretivas*** (ou meramente *programáticas*).

Por outro lado, a falta de requisitos mínimos a obstar a aplicabilidade das normas constitucionais decorre de causas variadas. Algumas são **intencionais** e podem ser vistas como **opções do constituinte** em relegar para o futuro ou à mediação de órgãos constituídos a plenitude das potencialidades das normas constitucionais. Outras causas já **não são intencionais**, o que sinaliza defeitos, seja na concepção, seja na implementação do programa normativo das constituições. De qualquer forma, contudo, a análise da aplicabilidade das normas constitucionais fica mais clara quando se consideram os tipos de lacunas constitucionais que o problema envolve. Nesse sentido, é especialmente relevante não só a diferença entre *lacunas intencionais* e *não intencionais*, como ainda a mencionada distinção entre *lacunas técnicas* e *lacunas institucionais*. (Sobre a classificação das lacunas constitucionais, ver item 9.1.1 do Capítulo VI.)

7.1. Cláusula de aplicabilidade imediata

Algumas constituições procuram resolver o problema da falta de aplicabilidade das normas mediante cláusulas que se traduzem como ***metanormas*** a determinar a aplicação imediata das normas que indicam. Nesse sentido, o art. 1º, n. 3, da Constituição alemã de 1948 e o art. 18, n. 1, da Constituição portuguesa de 1976. À semelhança, dispõe o § 1º do art. 5º da atual Constituição brasileira: *"As normas definidoras dos direitos e garantias fundamentais têm aplicação imediata."* Mas quais são as repercussões jurídicas de cláusulas desse tipo?

A respeito do assunto, formam-se cinco posições:

A) **a cláusula é impertinente:** o § 1º do art. 5º não pode alterar a "natureza das coisas", nem obter, por simples boa vontade, que uma norma incompleta "na sua hipótese e no seu dispositivo" se torne autoexecutável (FERREIRA FILHO, 1998, p. 99-100);

B) **a cláusula é *regra* absoluta:** mesmo que não haja regulamentação a respeito, **todos estão obrigados** – especialmente os juízes – a assegurar plena eficácia a quaisquer normas definidoras de direitos e garantias fundamentais, seja por meio da **integração de lacunas** (LINDB, art. 4º), seja mediante instrumentos como o **mandado de injunção**. Posição de EROS GRAU, ROBERTO BARROSO e DIRLEY CUNHA JÚNIOR;

C) **a cláusula é *regra*, mas de aplicação parcial, pois não permite superar as "lacunas institucionais":** essa parece ser a opinião de JOSÉ AFONSO DA

SILVA, para quem a cláusula implica a aplicabilidade das normas definidoras de direitos fundamentais "até onde as instituições ofereçam condições para seu atendimento", de modo que o **Judiciário**, "sendo invocado a propósito de uma situação concreta nelas garantida, **não pode deixar de aplicá-las**, conferindo ao interessado o direito reclamado, **segundo as instituições existentes**" (1998, p. 165);

D) **a cláusula é *princípio* a impor a máxima otimização da aplicabilidade das normas definidoras de direitos e garantias fundamentais:** em se tratando de princípio, porém, a cláusula não surte efeitos em situações excepcionais nas quais a aplicabilidade da norma de direito fundamental está comprometida pela **falta dos requisitos mínimos para a norma incidir**. Esse o posicionamento, *v.g.*, de GONET BRANCO e INGO WOLFGANG SARLET;

E) **a cláusula é tecnicamente ociosa:** uma vez acolhido o princípio interpretativo constitucional da *máxima eficácia das normas constitucionais* (v. item 13.2, letra "e", do Capítulo VII), já devem ser envidados todos os esforços possíveis para extrair da norma alguma aplicabilidade direta, independentemente ou não da previsão desse tipo de cláusula (v. item 5.1 da Parte III).

TEORIAS SOBRE A CLÁUSULA DE APLICABILIDADE IMEDIATA (ART. 5º, § 1º, CF)				
Impertinente	**Regra absoluta**	**Regra de aplicação parcial**	**Princípio**	**Tecnicamente ociosa**
a cláusula é impertinente, porque: não pode alterar a "natureza das coisas", nem tornar autoexecutável uma norma incompleta "na sua hipótese e no seu dispositivo" (FERREIRA FILHO).	a cláusula garante sempre a aplicabilidade imediata, seja por meio da integração, seja mediante instrumentos judiciais como o mandado de injunção.	a cláusula não permite superar lacunas institucionais que comprometam a aplicabilidade da norma.	a cláusula é princípio a impor a máxima otimização da aplicabilidade das normas definidoras de direitos e garantias fundamentais.	uma vez acolhido o princípio interpretativo constitucional da máxima eficácia, o intérprete já deve envidar todos os esforços possíveis para extrair da norma alguma aplicabilidade direta, independentemente ou não da previsão desse tipo de cláusula.

A **quarta posição** é a que **prevalece** na atualidade. A maior parte da doutrina entende hoje que uma cláusula desse tipo evidencia o **compromisso do constituinte** com a imediata exequibilidade das normas constitucionais a que se refere, o que afasta qualquer interpretação a sustentar o caráter meramente programático delas. Daí, todos estão vinculados, e os juízes principalmente, com a incidência direta das normas de direito fundamental, antes mesmo da edição de lei que as regulamente ou lhes restrinja o conteúdo. Eventuais e excepcionais hipóteses de ineficácia técnica a obstar a aplicabilidade da norma só poderão ser aceitas como decorrência indubitável de lacunas intencionalmente deixadas pelo constituinte. Assim, **sempre que possível**, o intérprete deverá tentar superar, pela via interpretativa, quaisquer lacunas não intencionais que possam ser identificadas como obstáculo involuntário à aplicação direta das normas de direito fundamental. Todavia, simples cláusulas dessa espécie não garantem a aplicabilidade imediata de uma norma, pois isso depende de aspectos outros que são inerentes à formulação da própria norma cuja aplicação se pretende ou à devida estruturação de instituições necessárias à execução daquilo que ela dispõe. Enfim, a cláusula não tem como eliminar **lacunas técnicas irremovíveis pela interpretação**, nem as **lacunas institucionais** que eventualmente comprometam a exequibilidade das normas constitucionais. Nesse sentido, é possível utilizar os mecanismos de integração de lacunas (LINDB, art. 4º), sobretudo a analogia.

Nesse sentido, a despeito do § 1º do art. 5º, há numerosos exemplos de normas definidoras dos direitos e garantias fundamentais cuja aplicabilidade a própria Constituição, expressamente, tornou dependente de legislação ulterior. Servem de ilustração os incisos XXVIII e XXIX do art. 5º. E, como sustenta PAULO GONET BRANCO, mesmo quando a Constituição não tenha sido assim explícita, muitas das normas desse tipo são desprovidas dos mínimos requisitos de aplicabilidade enquanto não forem interpretadas à luz da legislação que as regulamentar, como é o caso dos incisos XXII e XXXV do art. 5º (Ver item 5.1 da Parte III.)

> ▸ **Como esse assunto foi cobrado em concurso?**
>
> Em 2011, no concurso para Promotor de Justiça do MP/PR, foi considerada **correta** a seguinte assertiva: "Em regra, as normas que definem os direitos fundamentais democráticos e individuais são de eficácia e aplicabilidade imediata."
>
> No concurso para Procurador da Fazenda Nacional (2004), elaborado pela Esaf, o candidato deveria considerar **errado** o seguinte enunciado: "Os direitos e garantias fundamentais expressos na Constituição Federal têm aplicabilidade imediata, o que significa dizer que são assegurados materialmente independente de qualquer prestação positiva por parte dos poderes públicos."

8. CLASSIFICAÇÃO DE JOSÉ AFONSO DA SILVA

No Brasil, a classificação de JOSÉ AFONSO DA SILVA já se tornou clássica. Desde a publicação do livro *Aplicabilidade das normas constitucionais* (1967), é amplamente conhecida e adotada pela jurisprudência do STF, apesar das críticas que recebe da doutrina em geral.

JOSÉ AFONSO DA SILVA, após concluir que todas as normas constitucionais são dotadas de eficácia jurídica e imediatamente aplicáveis nos limites dessa eficácia, confeccionou a seguinte classificação:

A) normas constitucionais de eficácia plena e aplicabilidade imediata;

B) normas constitucionais de eficácia contida e aplicabilidade imediata;

C) normas constitucionais de eficácia limitada ou reduzida:

C.1) definidoras de princípio institutivo;

C.2) definidoras de princípio programático.

8.1. Normas de eficácia plena e aplicabilidade imediata

São as normas constitucionais que, a partir da entrada em vigor, produzem ou têm possibilidade de produzir todos os efeitos normativos que preveem, sem margem a outras restrições normativas por parte das fontes de direito infraconstitucional.

Nas palavras de JOSÉ AFONSO DA SILVA, trata-se das normas que "receberam do constituinte normatividade suficiente à sua **incidência imediata**", daí por que "**não necessitam de providência normativa ulterior** para sua aplicação. Criam situações subjetivas de vantagem ou de vínculo, desde logo exigíveis" (1998a, p. 262). Segundo ainda JOSÉ AFONSO DA SILVA, têm eficácia plena, *v.g.*, as normas que: "a) contenham vedações ou proibições; b) confiram isenções, imunidades e prerrogativas; c) não designem órgãos ou autoridades especiais a que incumbam especificamente sua execução; d) não indiquem processos especiais de sua execução; e) não exijam a elaboração de novas normas legislativas que lhes completem o alcance e o sentido, ou lhes fixem o conteúdo, porque já se apresentam suficientemente explícitas na definição dos interesses nela regulados"(1998a, p. 101).

Exemplos: normas que fixam a competência dos entes federados (arts. 21 e seguintes da CF/88); as relativas à repartição de competências tributárias, às atribuições dos Poderes; o art. 201, § 5º, cuja redação original dispunha sobre a fixação do salário mínimo como piso dos benefícios da Previdência Social (RE 159.413/SP, Pleno do STF); o § 2º do art. 230, que assegura gratuidade dos transportes coletivos urbanos aos maiores de 65 anos de idade (ADI 3.768/DF).

8.2. Normas de eficácia contida e aplicabilidade imediata

São aquelas normas "em que o legislador constituinte regulou suficientemente os interesses relativos a determinada matéria, mas **deixou margem à atuação restritiva** por parte da competência discricionária do Poder Público, nos termos que a lei estabelecer ou nos termos de conceitos gerais nelas enunciados" (JOSÉ AFONSO DA SILVA 1998a, p. 116). Cuida-se de normas que o constituinte dotou de todos os elementos necessários à produção de efeitos concretos, e também cuidou de estabelecer o que JOSÉ AFONSO DA SILVA chama de ***regras de contenção*** (para alguns, ***reserva de lei restritiva***).

Em outras palavras, trata-se de normas constitucionais imediatamente aplicáveis – que, por isso, criam direitos subjetivos positivos –, embora o legislador possa restringir e regular o âmbito da produção dos efeitos normativos que delas decorrem.

Exemplo clássico de normas desse tipo, preceitua o artigo 5º, XIII: "É livre o exercício de qualquer trabalho, ofício ou profissão, atendidas as qualificações profissionais que a lei estabelecer". Nesse dispositivo, assegura-se tanto o direito de exercer livremente "qualquer trabalho, ofício ou profissão", quanto a permissão para que o legislador imponha condições ao exercício desse direito. Logo, enquanto não houver lei a condicionar o exercício de determinado trabalho, ele pode ser livremente exercido; mas, aprovada legislação que o condicione, o direito à livre atividade laboral deverá atender às restrições legais. Daí ser constitucional, *v.g.*, da exigência de aprovação em Exame de Ordem como condição ao exercício da profissão de advogado (artigo 8º, IV, da Lei 8.906/94).

Frequentemente, para deixar clara a possibilidade de restrição da eficácia da norma por parte do legislador (***reserva de lei restritiva***), as normas constitucionais de eficácia contida e aplicabilidade imediata preveem expressões como *"na forma da lei"*, *"nos limites que a lei estabelecer"*. Contudo, a ausência de expressões dessa espécie não significa necessariamente a presença de normas de outro tipo. A definição do assunto depende, na verdade, do **trabalho interpretativo**. Para ilustrar, embora o inciso LXIX do art. 5º não preveja nenhuma lei a regulamentar o mandado de segurança, o legislador pode fazê-lo, até porque a matéria carece de detalhamentos específicos (tais como, o prazo extintivo do exercício do direito, o procedimento judicial, os requisitos necessários à concessão da liminar). Esse, aliás, o fundamento jurídico da Súmula 632 do STF, segundo a qual é "constitucional lei que fixa o prazo de decadência para a impetração de mandado de segurança". Sobre as reservas de restrições legislativas em matéria de normas de direito fundamental, v. item 10.4 da Parte III.

Obviamente, essa liberdade de conformação legislativa do programa das normas de eficácia contida está limitada à observância do "núcleo essencial" dos direitos nelas assegurados. De modo que o legislador não pode restringir, em desrespeito ao princípio da proporcionalidade, o alcance da norma constitucional de eficácia contida, sob pena de inconstitucionalidade. Sobre esse assunto em especial, v. item 10.5 da Parte III.

Parcela importante da doutrina prefere denominá-las de normas de ***eficácia relativa restringível***.

> **▸ Como esse assunto foi cobrado em concurso?**
>
> No concurso para o cargo de Advogado do Instituto de Previdência dos Servidores do Estado do Espírito Santo – IPAJM (2010), o candidato deveria considerar **errada** a alternativa que se segue: "O art. 5º, inciso XIII, da CF, que dispõe ser livre o exercício de qualquer trabalho, ofício ou profissão, atendidas as qualificações profissionais que a lei estabelecer, classifica-se, quanto ao grau de eficácia e aplicabilidade, como de eficácia limitada, pois o legislador constituinte regulou os interesses relativos à matéria, mas deixou margem à atuação limitadora do legislador infraconstitucional."

No concurso para Juiz do TRT/24ª Região (2008), a seguinte alternativa foi considerada **correta**: "Normas constitucionais de eficácia contida são aquelas que têm aplicabilidade plena, produzindo efeitos imediatos, desde a entrada em vigor da Constituição, podendo, contudo, ter o seu alcance reduzido por atuação do legislador infraconstitucional."

No concurso para Advogado da Eletrobrás (2007), a seguinte alternativa foi considerada **correta**: são normas de eficácia "plena aquelas que, desde a entrada em vigor da Constituição, produzem todos os efeitos essenciais; normas constitucionais de eficácia contida são aquelas que permitem ao legislador infraconstitucional diminuir o seu alcance."

8.3. Normas de eficácia limitada e aplicabilidade mediata

São as normas constitucionais desprovidas dos pressupostos mínimos que lhes permitam incidir no plano das relações concretas e surtir todas as consequências jurídicas pretendidas pela Constituição. Afirma-se que têm **aplicabilidade *mediata*** (ou indireta, diferida), porque dependem de providências posteriores (tais como a edição de lei ou a implementação de institutos jurídicos) para que desenvolvam a plena eficácia.

No entanto, a partir do momento em que entram em vigor, já possuem uma **eficácia *mínima*** (*i.e.*, *limitada*), que susta os efeitos dos atos contrários à norma constitucional, ainda que pendentes tais providências ulteriores. Em razão disso, para JOSÉ AFONSO DA SILVA, as normas de aplicabilidade mediata chegam a criar situações subjetivas simples e de interesse legítimo, bem assim, às vezes, até **direitos subjetivos negativos** em favor dos particulares, tal como o direito de exigir que o Poder Público não pratique atos que contrariem essa eficácia mínima.

Nesse sentido, já decidiu o STF que mesmo as normas constitucionais de eficácia limitada, como "em linha de princípio e sempre que possível" têm "a imediata **eficácia negativa** de revogar as regras preexistentes que sejam contrárias", também podem ser utilizadas como parâmetro de controle da constitucionalidade (MC na ADI 2.381/RS).

▸ **Importante:**

Atributos da eficácia mínima das normas constitucionais de aplicabilidade mediata:

a) **eficácia conformadora:** impõe o exercício das competências dos órgãos públicos (legislativas, executivas ou jurisdicionais) em conformidade com os fins e objetivos estabelecidos pela norma constitucional;

b) **eficácia interpretativa:** direciona a interpretação das demais normas jurídicas;

c) **eficácia redutora da discricionariedade:** reduz a margem de discricionariedade que os órgãos públicos possuem em relação à matéria abordada na norma; e

d) **eficácia invalidatória:** impede a recepção de normas infraconstitucionais pré-constitucionais, bem como serve de parâmetro para declarar a inconstitucionalidade das normas infraconstitucionais editadas posteriormente à norma constitucional.

São igualmente chamadas, por parte da doutrina, de normas de *eficácia relativa dependente de complementação legislativa*.

Dividem-se, na dicção de JOSÉ AFONSO DA SILVA, em **normas *definidoras de princípio institutivo*** e **normas *de princípio programático***.

> ▸ **Como esse assunto foi cobrado em concurso?**
>
> Em 2011, o concurso para Juiz do TJPB considerou **correta** a seguinte assertiva: "Entre as modalidades de eficácia dos princípios constitucionais inclui-se a eficácia negativa, que implica a paralisação de qualquer norma ou ato jurídico que contrarie um princípio."
>
> No 180º Concurso para Magistratura Estadual (2008), foi considerada **correta** a seguinte assertiva: "A eficácia negativa autoriza que sejam declaradas inválidas todas as normas ou atos que contravenham os efeitos pretendidos pela regra constitucional explícita."
>
> No concurso para Juiz do TRT/24ª Região (2008), a seguinte alternativa foi considerada **errada**: "Normas constitucionais de eficácia limitada são aquelas destituídas de qualquer eficácia jurídica e social enquanto não sobrevier legislação integrativa infraconstitucional que lhes dê aplicabilidade."
>
> A Esaf, no concurso para Procurador da Fazenda Nacional (2006), abordou a matéria exigindo que fosse considerada **correta** a seguinte assertiva: "Uma norma constitucional programática pode servir de paradigma para o exercício do controle abstrato de constitucionalidade."

8.3.1. Normas definidoras de princípio institutivo

Para JOSÉ AFONSO DA SILVA, são normas mediante as quais o constituinte "traça esquemas gerais de estruturação e atribuições de órgãos, entidades ou institutos, para que o legislador ordinário os estruture em definitivo, mediante lei" (1998a, p. 126). São normas que apresentam lacunas (**lacunas técnicas** e/ou **institucionais na dicção de GUASTINI)** que as impede de gerar, imediatamente, a plenitude dos efeitos jurídicos que preveem.

Podem tanto se referir à **necessidade** quanto à **possibilidade** de edição de leis regulamentadoras. No primeiro caso – geralmente indicado por expressões como "a lei deverá...", "a lei indicará...", "a lei regulará...", "a lei disporá", "o direito será exercido nos termos e limites definidos em lei" –, são consideradas normas ***impositivas***, porque implicam o dever constitucional de emitir disciplinas normativas que eliminem as deficiências técnicas ou institucionais que possuam. Exemplos da Constituição de 1988: art. 20, § 2º; art. 33; art. 37, VII (direito de greve do servidor público civil); art. 88.

No segundo caso – geralmente revelado por enunciados do tipo "a lei poderá...", "a União poderá...", "os Estados poderão..." –, são chamadas de ***facultativas***, pois não impõem obrigações ou deveres concretos ao legislador, senão apenas facultam a instituição ou a regulação da situação nelas delineada. Exemplos: artigos 125, § 3º;

25, § 3º; 154, I; art. 192, § 3º, em sua redação original (que limitava as taxas de juros em 12% ao ano).

▸ **Como esse assunto foi cobrado em concurso?**

No concurso para Juiz do TJPB (2011), a seguinte assertiva foi considerada **errada**: "As normas institutivas, que traçam esquemas gerais de organização e estruturação de órgãos, entidades ou instituições do Estado, são dotadas de eficácia plena e aplicabilidade imediata, visto que possuem todos os elementos necessários à sua executoriedade direta e integral."

No concurso para Juiz do TRT/24ª Região (2008), a seguinte assertiva foi considerada **errada**: "Normas constitucionais de princípio institutivo ou organizativo são aquelas através das quais o constituinte traça princípios para serem cumpridos pelos órgãos legislativos, executivos, jurisdicionais e administrativos, como programas das respectivas atividades, objetivando a realização dos fins sociais do Estado."

No concurso para Procurador do Município de Manaus (2018/Cespe), foi considerada **incorreta** a afirmação: "A norma constitucional que garante ao servidor público o direito à greve é classificada como norma de eficácia plena."

8.3.2. Normas definidoras de princípio programático

Para JOSÉ AFONSO DA SILVA, são as "normas constitucionais através das quais o constituinte, em vez de regular, direta e imediatamente, determinados interesses, limitou-se a traçar-lhes os princípios para serem cumpridos pelos órgãos (legislativos, executivos, jurisdicionais e administrativos), como programas das respectivas atividades, visando à realização dos fins sociais do Estado" (1998a, p. 138).

Configuram a ideia do regime político e inspiram a respectiva ordenação jurídica. Mas não impõem ao legislador a tarefa de atuar concretamente ante situações predefinidas (obrigações de meio), pois apenas estabelecem finalidades (obrigações de resultado). O que impõe aos Poderes Públicos é o dever de otimizar programas e políticas pertinentes à satisfação dos fins previstos nelas indicados. Exemplos clássicos de normas desse tipo: artigos 196 e 217 da CF/88.

Como disse JOSÉ AFONSO DA SILVA (1998a, p. 147), "há normas programáticas que mencionam a edição de legislação futura para atuação do programa nelas previsto, enquanto há outras que não a indicam." Quando o fazem, porém, tornam-se vinculadas ao **princípio da legalidade** e, portanto, "dependentes da atividade do legislador e de sua discricionariedade"; se não fazem indicação à lei, todavia, "vinculam todo o Poder Público", mas também abrem "campo à discricionariedade da legislação, da administração e da jurisdição (até onde possam), nem sempre carecendo lei para seu cumprimento" (1998a, p. 147). E existem ainda normas programáticas que "postulam observância de toda a ordem sócio-econômica, diante das quais qualquer sujeito, público ou privado, que age em sentido oposto ao princípio comporta-se inconstitucionalmente" (1998a, p. 147).

Toda norma programática possui, como se disse, **eficácia mínima** (item 8.3). Aliás, por causa da eficácia mínima derrogante que advém das normas programáticas, o STF, em decisão monocrática do Ministro CARLOS VELLOSO, considerou que a EC 26/2000, ao incluir o **direito à moradia** no artigo 6º da Constituição, acabou por revogar o inciso VII do art. 3º da Lei 8.009/90 (com redação da Lei 8.245/91), que instituíra exceção à impenhorabilidade de imóvel residencial quando este pertencesse a avalista de contrato de locação (RE 352.940/SP). Todavia, posteriormente, mas sem prejuízo da tese da eficácia mínima derrogatória, o Plenário da Corte acabou por reconhecer que o direito à moradia era compatível com o inciso VII do art. 3º da Lei 8.009/90, porque a possibilidade de penhorar imóvel do avalista "facilita e estimula o acesso à habitação arrendada, constituindo reforço das garantias contratuais dos locadores, e afastando, por conseguinte, a necessidade de garantias mais onerosas, tais como a fiança bancária" (RE 407.688/SP).

Por fim, ressalte-se que, em estudo mais recente, JOSÉ AFONSO DA SILVA atualizou suas lições sobre as normas de princípio programático em face das novas teorias acerca da garantia do "mínimo existencial" em matéria de direitos fundamentais. Defendeu que, constatada a falta de políticas públicas a respeito, devem os juízes aplicar diretamente o princípio da dignidade da pessoa humana, para garantir aquele mínimo necessário à subsistência. Nas palavras do próprio JOSÉ AFONSO DA SILVA, a "constituição seria desrespeitada, nos seus valores fundamentais, se tal necessidade não fosse socorrida pelo Judiciário, diante da omissão dos outros poderes" (2010, p. 181).

▸ Atenção!

JOSÉ AFONSO DA SILVA, em entrevista publicada no sítio eletrônico do *Conjur* em 13-10-2013, disse que quase não usa mais a expressão "normas programáticas". Segundo o professor, como os "conservadores têm uma concepção de chamar de programáticas todas as normas incômodas, que são as que produzem alguma coisa em favor do pobre", ele hoje prefere falar em "normas dirigentes" ou "normas de direitos de realização progressiva".

Sobre a teoria do *mínimo existencial*, v. itens 13 e 15.2.3 da Parte III.

▸ Como esse assunto foi cobrado em concurso?

Em 2011, o concurso para Juiz do TJPB considerou **errada** a seguinte assertiva: "As normas constitucionais programáticas cingem-se a estipular princípios ou programas que devem ser perseguidos pelos poderes públicos, não possuindo eficácia vinculante nem sendo capazes de gerar direitos subjetivos na sua versão positiva ou negativa, embora impeçam a produção de normas que contrariem o direito nelas inserido."

No concurso para Advogado da ECT (2011), foi considerada **correta** a seguinte assertiva: "Constitui exemplo de norma programática o dispositivo segundo o qual o Estado deve garantir a todos pleno exercício dos direitos culturais e acesso às fontes da cultura nacional, além de apoio e incentivo a iniciativas de valorização e difusão das manifestações culturais."

No concurso da Advocacia-Geral da União (2004/Cespe), o candidato deveria considerar **correta** a seguinte assertiva: "As normas programáticas são normas jurídico-constitucionais de aplicação diferida que prescrevem obrigações de resultados, e não obrigações de meio, sendo, no caso brasileiro, vinculadas ao princípio da legalidade ou referidas aos poderes públicos ou dirigidas à ordem econômico-social."

▸ Como esse assunto foi cobrado em questões dissertativas de concurso?

No concurso para Juiz do TJ/MS (2010), constou esta questão: "seguindo a sistematização apresentada por José Afonso da Silva (Aplicabilidade das Normas Constitucionais), cite dois efeitos jurídicos práticos que podem ser extraídos das normas constitucionais de eficácia limitada".

No concurso para a Magistratura do Trabalho do (TRT/16ª Região (2011), formulou-se a seguinte questão: "O Professor Jorge Miranda reitera: '(...) a Constituição é para as pessoas, e não as pessoas para a Constituição.' (Direitos fundamentais e interpretação constitucional. Revista do Tribunal Regional Federal da 4ª Região. Porto Alegre, 1998, v.9, n.30, p. 22-34/ p.34). Contudo, em que pese a centralidade da pessoa humana no interior das Constituições Democráticas, não se pode desmerecer que as normas constitucionais apresentam níveis de eficácia diferenciados. Assim, analise as modalidades de eficácia jurídica concernentes às normas constitucionais, destacando, ainda, as cargas eficaciais que são comuns a todas as normas de direitos fundamentais, inclusive àquelas que carecem de uma 'interpositio legislatoris'".

CLASSIFICAÇÃO DAS NORMAS CONSTITUCIONAIS QUANTO À EFICÁCIA E À APLICABILIDADE		
Aplicabilidade imediata e eficácia plena:	**Aplicabilidade imediata e eficácia contida:**	**Aplicabilidade mediata e eficácia limitada:**
– possibilidade de aplicação imediata, porque a norma **não depende** de providências posteriores para produzir todos os efeitos que prevê.	– possibilidade de aplicação imediata, porque a norma **não depende** de providências posteriores para produzir todos os efeitos que prevê.	– impossibilidade de aplicação imediata, porque a norma **depende** de providências posteriores para produzir todos os efeitos que prevê.
– a norma conta com eficácia plena, pois não admite restrições normativas por parte de fontes de direito infraconstitucional.	– a norma conta com eficácia contida (ou restringível), pois admite restrições normativas por parte do legislador.	– a norma conta com eficácia limitada, o que lhe garante, pelo menos, os seguintes atributos: (a) eficácia conformadora; (b) eficácia interpretativa; (c) eficácia redutora da discricionariedade; e (d) eficácia invalidatória. – tipo de normas subdivididas em: (a) normas de princípio institutivo; e (b) normas de princípio programático.

9. NORMAS DE EFICÁCIA ABSOLUTA OU TOTAL

Parte doutrina propõe à classificação de JOSÉ AFONSO DA SILVA uma quarta categoria: as ***normas de eficácia absoluta***, também chamadas de ***normas de eficácia total*** (BULOS, 2002, p. 346). Trata-se daquelas normas cuja eficácia impede até que o constituinte derivado as modifique. Nesse sentido, seriam exemplo as normas pelas quais se estabelecem os núcleos imodificáveis da Constituição (**cláusulas pétreas**).

Contudo, JOSÉ AFONSO DA SILVA critica tal nomenclatura. Afirma que essa nova classe é descabida, pois se preocupa com a "modificabilidade constitucional", e não com a aplicabilidade ou a eficácia das normas em si, as quais não deixariam de ter uma aplicabilidade direta e uma eficácia plena (1998a, p. 87).

> **▸ Como esse assunto foi cobrado em concurso?**
>
> Em 2011, o concurso para Analista Judiciário do STM considerou **correta** a seguinte alternativa: "Consideram-se normas de eficácia absoluta os preceitos constitucionais intangíveis, que são inalteráveis mesmo por meio de propostas de emendas constitucionais."
>
> No concurso para Magistratura Estadual do TJMG (2007), o candidato, ao se deparar com o seguinte questionamento: "As normas constitucionais insuscetíveis de emenda, com força paralisante de toda a legislação que vier a contrariá-las, são denominadas normas constitucionais" deveria assinalar a alternativa que previa "com eficácia absoluta."

10. NORMAS DE EFICÁCIA EXAURIDA E APLICABILIDADE ESGOTADA

Na linha de UADI LAMMÊGO BULOS (2002, p. 348), parte da doutrina acolhe, ainda, uma **quinta tipologia**: a das normas transitórias cuja eficácia se exauriu e cuja aplicabilidade se esgotou, em razão da extinção dos efeitos fáticos por elas produzidos. Exemplos: a grande maioria das normas do ADCT, tais como os arts. 1º, 2º e 3º.

> **▸ Como esse assunto foi cobrado em concurso?**
>
> Sobre a matéria, o concurso para Magistratura Estadual do TJMG (2004), ao trazer o seguinte questionamento "As normas constitucionais denominadas de exauridas constam", exigia que o candidato apontasse como **correta** a seguinte assertiva: "do Ato das Disposições Constitucionais Transitórias."

Parte II

CONTROLE DE CONSTITUCIONALIDADE

Capítulo I

I

Controle de constitucionalidade: teoria geral

1. CONSTITUIÇÃO E DIREITO PROCESSUAL

O reconhecimento tanto do **caráter normativo** quanto da **supremacia da constituição** no ordenamento jurídico (*princípio da supremacia constitucional*) fez com que o **direito constitucional** se tornasse, automaticamente, **objeto da tutela jurisdicional**. E à medida que controvérsias ligadas à aplicação da constituição vieram a ser judicializadas, aumentou a necessidade de criar instrumentos e técnicas de direito processual que permitissem concretizar a primazia jurídica da constituição. Ademais, o desenvolvimento do **constitucionalismo** e a catalogação de **novos direitos e garantias constitucionais** conduziram à incorporação de número crescente de normas de conteúdo processual.

Por tudo isso, o direito processual passou a nutrir grande preocupação com o estudo das normas constitucionais que positivaram regras e princípios processuais, especialmente em razão da **supremacia normativa** e do **efeito irradiador** que possuem em face das demais normas processuais de envergadura infraconstitucional.

Assim, dessa convergência entre constituição e processo derivam dois movimentos. No sentido ***processo ➧ constituição***, reforça-se a ideia da tutela processual da constituição, *i.e.*, a *jurisdição constitucional*. O segundo movimento, no sentido ***constituição ➧ processo***, está relacionado ao tratamento constitucional das normas processuais. Já o estudo sistematizado dessa interação divide-se, respectivamente, em duas disciplinas cujo objeto de estudo interessa assim ao direito constitucional como ao direito processual: o ***direito processual constitucional*** e o ***direito constitucional processual***.

> ▸ **Importante:**
>
> **Direito processual constitucional *vs.* direito constitucional processual:** Direito processual constitucional e direito constitucional processual não se confundem. ***Direito processual constitucional*** é a disciplina que estuda as normas que regulam o exercício e a organização da **jurisdição constitucional**.

Já o ***direito constitucional processual*** é a disciplina que se dedica às normas constitucionais que têm a ver com o direito processual. Ou seja, enquanto o primeiro cuida principalmente dos instrumentos judiciais tendentes a tornar efetivas as normas constitucionais, o direito constitucional processual analisa as disposições constitucionais concernentes ao processo.

Todavia, se o direito constitucional processual estuda toda norma de processo inserida na constituição, conclui-se que determinadas normas constitucionais chamam simultaneamente a atenção do direito processual constitucional e do direito constitucional processual. Nesse conjunto estão, em especial, as disposições que tratam dos princípios e regras processuais gerais, bem como da organização e competência do Judiciário.

	DIREITO PROCESSUAL CONSTITUCIONAL *VS.* DIREITO CONSTITUCIONAL PROCESSUAL	
	Direito processual constitucional	**Direito constitucional processual**
Conceito	Disciplina que estuda as normas que regulam o exercício e a organização da jurisdição constitucional.	Disciplina que se dedica às normas constitucionais relativas ao direito processual.
Objeto	Toda norma (constitucional ou infraconstitucional) referente aos instrumentos judiciais tendentes a tornar efetivas as normas constitucionais.	Toda norma de processo inserida na constituição.

2. JURISDIÇÃO CONSTITUCIONAL

No ***conceito formal***, jurisdição constitucional resume-se exclusivamente às atividades desempenhadas por tribunais constitucionais. É a posição dominante na **Europa ocidental**.

Pelo ***conceito material***, todavia, são considerados os aspectos objetivos que possam caracterizar a jurisdição constitucional, independentemente dos órgãos que possam exercê-la. É o conceito que prepondera no **Brasil**, até porque o direito brasileiro não conta com autêntico tribunal constitucional.

Nesse sentido material, a jurisdição constitucional consiste no conjunto de atividades jurisdicionais praticadas por meio de:

A) processos contenciosos instaurados entre órgãos e entidades estatais;

B) remédios processuais que se traduzem em direitos fundamentais previstos na própria Constituição (*writs* constitucionais); ou

C) quaisquer outros instrumentos processuais, contenciosos ou não, por meio dos quais se promova a defesa da constituição, incluindo a fiscalização da constitucionalidade e a aplicação "direta" de normas constitucionais.

> ▸ **Importante:**
> Na definição do que seja "defesa da constitucionalidade" só têm relevância os mecanismos voltados à observância *direta* da constituição, ou seja, das próprias normas constitucionais. Do contrário, caso aí se incluísse também a atividade de observância "indireta" da constituição, o conceito de jurisdição constitucional seria inútil, uma vez que qualquer norma jurídica válida possui por fundamento indireto a própria constituição.

2.1. Jurisdição constitucional e direitos fundamentais

2.1.1. Jurisdição constitucional das liberdades

Uma das mais importantes tarefas da jurisdição constitucional é garantir a observância dos direitos fundamentais. Por isso, a partir de CAPPELLETTI, a doutrina passou a utilizar a expressão ***jurisdição constitucional das liberdades*** para se referir à atividade jurisdicional voltada à tutela dos direitos fundamentais em geral (e não só às liberdades civis), independentemente do tipo de mecanismo processual utilizado.

2.1.2. "Writs" ou remédios constitucionais

Historicamente, as Constituições brasileiras incluem mecanismos processuais entre os direitos fundamentais. Cuida-se dos chamados ***remédios judiciais constitucionais*** ou simplesmente ***"writs" constitucionais***, que podem ser definidos como *especiais instrumentos de provocação da jurisdição constitucional.*

Vale dizer, os remédios constitucionais têm por escopo "**fortalecer**" a **proteção aos direitos fundamentais**. Daí não impedirem nem esgotarem as vias processuais franqueadas à defesa dos direitos fundamentais. Todavia, ante a importância e a celeridade com que por aqui se notabilizaram, são os principais instrumentos da "jurisdição constitucional das liberdades" no direito brasileiro.

Exemplos de remédios constitucionais, conforme previstos no art. 5º da CF/88: o ***habeas corpus*** (inciso LXVIII); o **mandado de segurança individual** (inciso LXIX); o **mandado de injunção** (inc. LXXI); o ***habeas data*** (inc. LXXII); o **mandado de segurança coletivo** (inc. LXX); o **mandado de injunção coletivo** (inc. LXXI c/c LXX); e a **ação popular** (inc. LXXIII). Mas há também quem amplie esse rol à **ação de impugnação de mandato eletivo** (art. 14, § 11) e à **reclamação constitucional** (art. 102, I, "l"; e art. 105, I, "f").

3. SUPREMACIA CONSTITUCIONAL E CONTROLE DE CONSTITUCIONALIDADE

O controle de constitucionalidade tem por fundamento teórico a defesa do *princípio da supremacia constitucional* (item 8.2.1 do Capítulo VI da Parte I). A partir do momento que se atribuem às normas constitucionais hierarquia normativa superior, é necessário **garantir** que os **atos contrários** à constituição **não produzam os mesmos**

efeitos que normalmente produziriam, sob pena de se converter a supremacia da constituição em simples instrumento de retórica. Daí ser preciso não só verificar os casos de incompatibilidade constitucional, como também, eventualmente, depreciar as consequências jurídicas daqueles atos considerados inconstitucionais.

A doutrina majoritária, contudo, só estabelece relações entre o controle de constitucionalidade de atos normativos e a **supremacia constitucional do tipo *formal***. Afirma que somente pode haver controle de constitucionalidade de normas no contexto de constituições rígidas. Assim, como as constituições flexíveis não contam com garantias normativas de **estabilidade** contra a atuação futura do legislador, eventual desconformidade que delas surja com normas da legislação ordinária seria sempre resolvida em favor da norma mais recente, de acordo com o **critério cronológico** (*lex posterior derogat priori*), o que inviabilizaria qualquer modalidade de fiscalização da constitucionalidade dos atos legislativos posteriores.

> ▸ **Atenção!**
>
> Em princípio, porém, **é plenamente cabível** o controle de constitucionalidade também para garantir a **supremacia constitucional do tipo *material***. Basta notar que, mesmo no regime das constituições flexíveis, é possível controlar a constitucionalidade:
>
> a) dos atos normativos inexistentes, sempre que a inexistência jurídica decorrer de relações de desconformidade do ato em face de normas constitucionais, ainda que estas não façam parte de uma constituição rígida. Exemplo: uma "lei" aprovada pelo cerimonial da rainha pode ser considerada inconstitucional mesmo no Reino Unido;
>
> b) dos atos legislativos formalmente inconstitucionais, pois é típica matéria das constituições, mesmo das flexíveis, a prévia fixação de normas referentes ao processo legislativo, o que condiciona a validade dos trabalhos do legislador já na fase *anterior* à produção do ato. Exemplo: uma lei aprovada sem o *quorum* mínimo exigido pode ser considerada inconstitucional, mesmo que a exigência seja posta em norma constitucional destituída de rigidez.

4. INCONSTITUCIONALIDADE

É a **relação de desconformidade** verificada entre um ato (**objeto**) e pelo menos um preceito normativo ao qual se atribui supremacia constitucional (**parâmetro**). Trata-se da desconformidade de certo ato, em referência a determinados preceitos dotados de supremacia constitucional, após esgotados todos os meios interpretativos aptos a compatibilizá-los.

Embora teoricamente até atitudes de particulares possam ser qualificadas como inconstitucionais num sentido amplo (JORGE MIRANDA), a doutrina costuma tratar da inconstitucionalidade somente com referência a **leis** e **atos normativos** do Poder Público. Nessa acepção, a inconstitucionalidade representa um tipo de *antinomia* estabelecida entre normas às quais se atribui supremacia constitucional (*lex superior*) e normas contidas em atos normativos infraconstitucionais (*lex inferiori*). Ver item 4.3.1.

4.1. Tipos de inconstitucionalidade

4.1.1. Inconstitucionalidade formal

Também chamada de inconstitucionalidade extrínseca (NELSON SAMPAIO e MARCELO NEVES), é a incompatibilidade constitucional que incide no **processo de elaboração do ato**. Lei formalmente inconstitucional é a que foi aprovada mediante processo legislativo defeituoso sob a ótica constitucional. (Sobre o processo legislativo, v. item 5 do Capítulo 7 do Tomo II.)

Pode decorrer de três tipos distintos de anomalia, a saber:

A) descumprimento de norma constitucional que institui **competência** a determinado órgão ou agente para elaborar atos normativos. Também conhecida como ***inconstitucionalidade orgânica*** (v. item 4.1.2). Exemplo: medida provisória baixada pelo Ministro da Justiça, e não pelo Presidente da República;

B) contrariedade a normas constitucionais que regulam o **processo de formação adequado** ao exercício da competência normativa. Exemplos: lei ordinária aprovada **sem** o *quórum* mínimo de votação exigido ou que venha a disciplinar matéria reservada à lei complementar; ou

C) desobediência a normas que elegem **certas circunstâncias** como obstáculo à produção normativa. Exemplo: aprovação de emenda constitucional durante a vigência de intervenção federal ou estado de sítio, em violação ao art. 60, § 1º, da Constituição.

> ▸ **Atenção!**
>
> A exposição é similar à classificação de NELSON SAMPAIO (1996, p. 179), para quem a intitulada ***inconstitucionalidade extrínseca*** se subdivide em: (a) **orgânica**: vício de competência do órgão elaborador; (b) **temporal**: processo legislativo "realizado em *tempo proibido*"; e (c) **formal** (propriamente dita): ato elaborado "com *violação das formas prescritas* pela Constituição".

Nas hipóteses (**a**) e (**c**), **é impossível isolar o defeito** em relação a cada disposição normativa produzida. Nesses casos, a inconstitucionalidade formal implica **sempre** a ***inconstitucionalidade total*** de todos os dispositivos que fazem parte do ato normativo. Contudo, o mesmo não ocorre necessariamente quanto à situação (**b**), nas quais a inconstitucionalidade **poderá adstringir-se** apenas a partes ou segmentos do texto aprovado (***inconstitucionalidade parcial***). Por exemplo, se uma lei ordinária invadir o campo temático das leis complementares, serão inconstitucionais somente os dispositivos invasores. Para ilustrar, no julgamento da MC na ADI 2.031/DF e da ADI 2.031/DF, ajuizadas contra a EC 21/99, o **STF** reconheceu que o Senado Federal aprovara emenda substancial à proposta vinda da Câmara dos Deputados, porém sem cumprir a obrigação de enviar o novo texto do projeto à Casa de origem. Por isso, foi declarada a inconstitucionalidade parcial da EC 21/99, somente quanto ao § 3º do art. 75 incluído no

ADCT, reputando-se válidos os demais dispositivos devidamente aprovados pelas duas Casas. (Em particular, sobre as várias manifestações da inconstitucionalidade formal de emendas constitucionais, v. item 6.1 do Capítulo 7 do Tomo II.)

▸ **Atenção!**

Com base em lições de ALFREDO BUZAID (1958a), parte da doutrina diferencia os seguintes tipos de inconstitucionalidade formal: (a) **inconstitucionalidade formal *subjetiva***: se o defeito está relacionado à **fase introdutória** do processo legislativo, *i.e.*, à etapa da *iniciativa legislativa*. Exemplo: emenda constitucional cuja proposta foi enviada por menos de 1/3 dos Deputados Federais; e (b) **inconstitucionalidade formal *objetiva***: quando a incompatibilidade se refere às *fases constitutivas* ou *complementares* da tramitação do processo legislativo. Exemplo: lei promulgada sem observância do quórum mínimo de votação.

▸ **Sanção presidencial a projeto de lei e convalidação de inconstitucionalidade formal**

Conforme raciocínio da Súmula 5, aprovada em 1963, o STF entendia que a "a sanção do projeto supre a falta de iniciativa do Poder Executivo". Contudo, na Representação 890/GB, a Corte passou a considerar que o raciocínio da Súmula 5 fora revogado pela CF/67 (RTJ 66:629), razão pela qual a sanção não afasta o vício de inconstitucionalidade decorrente da inobservância da iniciativa reservada presidencial. Todavia, o STF retomou parcialmente o entendimento da Súmula 5, para admitir o efeito convalidatório da sanção a projeto de lei que, embora com vício de iniciativa, não implicava aumento de despesa (ADI 266/RJ). (Ver item)

▸ **Como esse assunto foi cobrado em concurso?**

Em 2011, o Concurso para Juiz do TJPB considerou **errada** a seguinte alternativa: "A inconstitucionalidade formal relaciona-se, sempre, com a inconstitucionalidade total, visto que o ato editado em desconformidade com as normas previstas constitucionalmente deve todo ele ser declarado inconstitucional."

O concurso para Técnico Administrativo da ANEEL (2006/Esaf), considerou **errada** a seguinte alternativa: "Uma norma que, embora não siga o processo legislativo indicado na Constituição para a sua feitura, não fere nenhum princípio material da mesma Constituição não pode ser tida como inconstitucional."

4.1.1.1. Inconstitucionalidade formal por quebra de decoro parlamentar?

Sobretudo a partir das repercussões do chamado caso Mensalão (AP 470/DF, Pleno do STF), no qual foi comprovada a organização e a execução de esquema de compra sequencial de apoio parlamentar durante o período em que Luís Inácio Lula da Silva ocupava a Presidência da República, autores como PEDRO LENZA passaram a defender a declaração de inconstitucionalidade, por quebra de decoro parlamentar, das medidas legislativas aprovadas em razão do mencionado esquema ilegítimo de cooptação política.

Para LENZA, há vício de inconstitucionalidade no processo legislativo de formação de todos os atos legislativos (incluindo emendas à Constituição) aprovados mediante comprovada compra de votos, dada a quebra do decoro parlamentar exigido pelo art. 55, § 1º, da CF/88, o qual proíbe parlamentares de receber "vantagens indevidas".

Porém, o tema dos vícios de vontade na elaboração de atos legislativos é mais antigo. Em Portugal, por exemplo, a clássica monografia de MARCELO REBELO DE SOUSA acerca do valor dos inconstitucionais também incluiu entre os casos de desvio do poder político os atos praticados com "afastamento do fim real em relação ao fim público que deveria ser perseguido, nomeadamente por motivações pessoais, familiares ou sectoriais". Todavia, para SOUSA, essa hipótese só atingiria os atos administrativos, e não os atos políticos "stricto sensu", tampouco os atos legislativos (1988, p. 125-126). Afinal, como anotou CANOTILHO, a "doutrina tem mostrado reticências quanto à transferência pura e simples dos vícios dos actos administrativos para os domínios da legislação" (1993, p. 1016). Daí ser "questionável a fundamentação de uma decisão de inconstitucionalidade com base em vício de vontade (erro, dolo ou coacção), dado o carácter institucional e colectivo dos órgãos legiferantes" (1993, p. 1017-1018).

No Brasil, essa mesma linha de raciocínio é defendida por ELIVAL DA SILVA RAMOS, para quem a "caracterização de vícios que atinjam especificamente a manifestação da vontade, tal qual sucede no Direito privado (erro, dolo, coação relativa etc.), é totalmente afastada do domínio da invalidade legislativa, pela própria natureza da lei" (1994, p. 35). Ademais, após advertir que tampouco "se pode fazer um simples transplante da teoria da invalidade dos atos administrativos para os lindes do Direito Constitucional" (1994, p. 151), RAMOS novamente insiste em que "os clássicos vícios da vontade, que tão grande importância possuem no Direito privado, não se mostram aptos a geral inconstitucionalidade legislativa, em face da própria natureza da lei. Destarte, as pressões fazem parte da dinâmica do processo legislativo e não viciam a manifestação do Parlamento, sendo, por outro lado, irrelevantes as manifestações de vontade errôneas de parte dos seus integrantes (quer quanto ao substrato fático, quer quanto ao sentido de seu voto) ou mesmo do órgão como um todo" (1994, p. 155).

Já NELSON SAMPAIO, em escrito publicado primeiramente em 1967, embora não tenha tratado dos vícios de vontade em si (muito menos de corrupção parlamentar), já registrara que "todo o exame judicial do processo legislativo deve cingir-se à atividade dos órgãos legiferantes que deixa rastos documentais, desde os autógrafos até publicações oficiais. Não pode o Judiciário descer além, para escrutinar outros aspectos da elaboração legislativa, fazendo investigações de outra espécie, como a tomada de depoimentos. A nosso ver, não pode sequer perquirir gravações das sessões, acaso existentes nos arquivos dos órgãos legislativos. Tudo isso representa manifestações da gestação legislativa, sobre as quais a Justiça não deve lançar os olhos. São atos da vida interna dos órgãos legislativos, *iura interna corporis*" (1996, p. 192).

Com efeito, uma vez aprovado o ato normativo, ele deve ser considerado de modo "despersonalizado" das vontades individuais que se coligaram para elaborá-lo. Não importa mais por que motivos um Deputado ou um Senador votou neste ou naquele sentido; o que interessa é analisar se a disposição normativa foi aprovada de acordo com os ritos do devido processo legislativo aplicável. Até porque, na hipótese analisada, não se pode cravar que vantagem indevida eventualmente recebida pelo parlamentar corrupto tenha sido mesmo o fator determinante que o fez votar de acordo com a disposição aprovada.

Ademais, ainda que se invoque a proibição constitucional a que parlamentares recebam vantagem indevida (art. 55, § 1º), a Constituição também garante a Deputados e Senadores inviolabilidade quanto às respectivas *opiniões* e *votos* (art. 53). O que reforça a tese de que não cabe, no controle da constitucionalidade formal do ato, analisar as razões que eventualmente moveram o parlamentar ao decidir seu voto, por mais sórdidas que elas tenham sido. Sem prejuízo, óbvio, da eventual responsabilização individual pela prática, não só de atos contrários ao decoro parlamentar, como de eventual crime comum.

É dizer, a fiscalização da constitucionalidade formal dos atos normativos tem por parâmetros os princípios e as regras constitucionais que regem o *processo de elaboração* da norma questionada, e não, propriamente, as regras de decoro dos parlamentares, nem os motivos particulares (confessáveis ou não) que os levaram a votar em determinado sentido. Assim, eventuais desvios de finalidade da norma aprovada devem ser verificados a partir do *conteúdo* dela mesma, em contraste com o restante do sistema normativo (incluindo o princípio da proporcionalidade), ou seja, sob a perspectiva da inconstitucionalidade *material*; e não, pelo prisma da inconstitucionalidade *formal*, à luz das vontades individuais que a aprovaram.

Nada obstante, na ADI 4.889/DF (j. em 11-11-2020), a categoria da inconstitucionalidade formal *por quebra de decoro parlamentar* foi **teoricamente admitida** pelo STF quando da discussão acerca da validade da reforma promovida pela Emenda Constitucional 41/2003, editada em plena vigência do esquema "Mensalão".

Ao redigir o voto vencedor, a Min. CÁRMEN LÚCIA anuiu em reconhecer eventual "inconstitucionalidade formal no processo constituinte reformador quando eivada de vício a manifestação de vontade do parlamentar no curso do devido processo constituinte derivado, pela prática de ilícitos que infirmam a moralidade, a probidade administrativa e fragilizam a democracia representativa." No entanto, a Ministra também entendeu que, "de acordo com o princípio da presunção de inocência e da legitimidade dos atos legislativos, há de se comprovar que a norma tida por inconstitucional não teria sido aprovada se não houvesse o grave vício a corromper o regime democrático pela 'compra de votos'. Sem a demonstração inequívoca de que sem os votos viciados pela ilicitude o resultado do processo constituinte reformador ou legislativo teria sido outro, com a não aprovação da proposta de emenda constitucional ou com a rejeição do projeto de lei, não se há declarar a inconstitucionalidade da Emenda Constitucional ou da lei promulgada." Daí ter sido julgado improcedente o pedido da ADI 4.889/DF, pois, ainda que desconsiderados os votos dos sete parlamentares condenados pelo STF por participarem do "Mensalão" (v. AP 470/DF), a EC 41/2003 teria sido aprovada conforme o quórum exigido pela Constituição.

Enfim, o STF **admitiu a tese da inconstitucionalidade formal por quebra de decoro parlamentar**, mas entendeu necessária a comprovação concreta de que essa violação das regras de conduta moral de Deputados e Senadores tenha sido decisiva na aprovação do ato normativo questionado.

4.1.2. Inconstitucionalidade orgânica

Vício de competência do órgão responsável pela edição do ato. Nesse sentido, uma lei será organicamente inconstitucional se aprovada por órgão incompetente. Exemplo: lei penal aprovada por Assembleia Legislativa, em manifesta contrariedade à competência privativa da União para legislar a respeito (art. 22, I). Outro exemplo: medida provisória baixada pelo Ministro da Justiça.

> **Atenção!**
>
> Boa parte da doutrina nacional não diferencia esse tipo de inconstitucionalidade do gênero da inconstitucionalidade formal (v. item 4.1.1). Porém, MARCELO NEVES (1988, p. 114-115) ensina que, a rigor, a *inconstitucionalidade orgânica pode até se converter em inconstitucionalidade material*, "quando a Constituição não prevê outro órgão legislativo competente para emissão do ato: neste caso, surge lei de conteúdo incompatível com a Constituição, sendo irrelevante o órgão legiferante."

> **Como esse assunto foi cobrado em concurso?**
>
> No concurso para Defensoria Pública do Estado de São Paulo (2007), elaborado pela Fundação Carlos Chagas, o candidato, na mesma linha da maioria da doutrina nacional, deveria considerar **correta** a seguinte alternativa: "A doutrina tem entendido que uma lei é formalmente inconstitucional quando elaborada por órgão incompetente (inconstitucionalidade orgânica) ou quando segue procedimento diverso daquele fixado na constituição (inconstitucionalidade formal propriamente dita)."

4.1.3. Inconstitucionalidade material

Anomalia que se manifesta no **conteúdo** do ato, por contrariar o sentido exigido por quaisquer dos padrões normativos dotados de supremacia constitucional ("bloco de constitucionalidade"). É também chamada de *inconstitucionalidade intrínseca* por autores como NELSON SAMPAIO e MARCELO NEVES. Nessa acepção, lei materialmente inconstitucional é a que dispõe algo incompatível com a constituição em vigor. Exemplo: a lei que institui pena de morte por crime ocorrido em tempos de paz.

> **Importante:**
>
> Em relação às **emendas constitucionais**, como o § 4º do art. 60 proíbe até mesmo "deliberar" propostas tendentes a abolir quaisquer das cláusulas pétreas, ***a inconstitucionalidade material*** a respeito equivale **também** a uma ***inconstitucionalidade formal***.

Caracteriza-se sempre que a desconformidade constitucional estiver na **substância** do ato normativo questionado, seja no objeto por ele disciplinado (*i.e.*, as situações que regula), seja no modo com que essa disciplina é estabelecida (as consequências jurídicas que o ato conecta às situações reguladas), aí incluídos os casos de ***desvio da finalidade*** prevista na constituição, bem como de inobservância do **princípio da proporcionalidade** (ver item 8.2.4 do Capítulo VI da Parte I).

> **Atenção!**
>
> Quem começa a aprofundar-se no estudo do tema costuma perguntar: se é a matéria reservada pelo constituinte que define a natureza do ato normativo que deve discipliná-la, por que não é *material* a inconstitucionalidade, por exemplo, da lei ordinária que versar sobre tema reservado à lei complementar? A resposta é relativamente simples: porque, se o conteúdo da lei não contraria a constituição em vigor, a divergência está no **processo legislativo escolhido** para aprovar a lei ordinária. Assim, o defeito recai no ciclo de formação do ato legislativo, e não na substância do ato em si. Tanto é que, se o mesmo conteúdo tivesse sido veiculado por lei complementar, não haveria inconstitucionalidade.

> **Inconstitucionalidade *nomoestática* vs. inconstitucionalidade *nomodinâmica***
>
> Em consideração às teorias dinâmica e estática dos sistemas normativos (KELSEN), MARCELO NEVES escreveu que a inconstitucionalidade material "é uma questão pertinente à nomoestática, enquanto a inconstitucionalidade formal como objeto da nomodinâmica" (1988, p. 119-120). Certamente por isso, algumas bancas de con-curso também já trataram a inconstitucionalidade material como como inconstitu-cionalidade "nomoestática" e a inconstitucionalidade formal como inconstituciona-lidade "*nomodinâmica*". (Sobre o "critério da legalidade", que governa a teoria dinâ-mica das normas, e sobre o "critério da dedutibilidade", que preside a teoria estática das normas, v. item 1 do Capítulo VIII da Parte I.)

INCONSTITUCIONALIDADE FORMAL *VS.* INCONSTITUCIONALIDADE MATERIAL	
Inconstitucionalidade formal	**Inconstitucionalidade material**
Também chamada *inconstitucionalidade extrínseca* ou *nomodinâmica*.	Também chamada *inconstitucionalidade intrínseca* ou *nomoestática*.

INCONSTITUCIONALIDADE FORMAL *VS.* INCONSTITUCIONALIDADE MATERIAL	
Inconstitucionalidade formal	**Inconstitucionalidade material**
É a incompatibilidade constitucional relacionada ao processo de elaboração do ato.	É a incompatibilidade constitucional relacionada ao conteúdo do ato.
Casos possíveis: - violação de norma constitucional relacionada à competência do órgão que produziu o ato (*inconstitucionalidade orgânica*); - violação de norma constitucional que regula o processo de formação adequado ao exercício da competência normativa; - desobediência a normas que elegem certas circunstâncias como obstáculo à produção normativa	Casos possíveis: - divergência quanto ao objeto disciplinado; - divergência quanto ao modo com que a disciplina é estabelecida (consequências jurídicas que o ato conecta às situações que prevê).

4.1.4. *Inconstitucionalidade por ação*

Defeito que se apresenta numa **conduta positiva**, num fazer ou praticar algo (ato comissivo) que seja incompatível com a supremacia constitucional. Exemplo: a aprovação de uma lei cujo processo legislativo não foi corretamente observado.

4.1.5. *Inconstitucionalidade por omissão*

Anomalia resultante da **abstenção** em **cumprir certos deveres constitucionais** dirigidos à produção ou à atualização das medidas necessárias para tornar plenamente efetiva determinada norma constitucional.

▸ **Atenção!**

A) A omissão que interessa não é o evento naturalístico tipificado pelo simples não fazer, mas a abstenção em implementar satisfatoriamente determinadas providências necessárias para tornar aplicável norma constitucional. Omissão genuinamente inconstitucional é aquela cuja fonte que qualifica como devida e necessária a atividade omitida está na própria constituição.

B) Uma omissão inconstitucional não se caracteriza sem o **decurso de algum prazo**. Inexistindo meios para conceder, de hora para outra, aplicabilidade direta a uma constituição, percebe-se que ao conceito de inconstitucionalidade por omissão se deve agregar algum juízo valorativo sobre o período razoavelmente necessário para baixar os atos normativos necessários à exequibilidade das normas constitucionais (STF, MI 361/RJ). Excepcionalmente, contudo, alguns preceitos constitucionais já preveem prazo determinado para que o legislador lhes conceda aplicabilidade (exemplos: ADCT, arts. 12, 20 e 48). Nessas hipóteses, descumprido termo prefixado pela própria constituição, aflora tipo mais grave e evidente de inércia, uma espécie de *mora qualificada* do órgão omisso.

Entretanto, o mero "dever geral de emanação de leis não fundamenta uma omissão inconstitucional" (CANOTILHO, 1994, p. 332). Do contrário, a simples e genérica distribuição de competências legislativas aos entes federados serviria de fundamento à fiscalização judicial em face da omissão de legislar sobre qualquer assunto. Daí se dizer que a inconstitucionalidade por omissão pressupõe o **descumprimento** de uma ***obrigação constitucional concreta de ação*** (CANOTILHO, 1994, p. 333).

Ademais, só propiciam o surgimento de omissão inconstitucional as lacunas que representem *opção consciente* do constituinte de *transferir* a outros órgãos a tarefa de dotar de plena aplicabilidade certas normas constitucionais. Logo, lacunas constitucionais que se traduzam em "silêncios eloquentes" ou em espaços temáticos que o constituinte intencionalmente não quis ocupar tampouco darão ensejo a omissões inconstitucionais (v. item 8 do Capítulo VI da Parte I).

Por fim, uma omissão inconstitucional pode ainda decorrer do descumprimento da tarefa de "melhorar" ou "corrigir" as medidas providenciadas, pois o dever de implementar a plena aplicabilidade das normas constitucionais possui caráter permanente.

Em resumo, uma inconstitucionalidade por omissão caracteriza-se quando a abstenção considerada se traduzir em:

A) impedimento à **aplicabilidade imediata** de normas constitucionais que apresentem ***lacuna técnica*** **intencional** (v. item 8.1.1 do Capítulo VII da Parte I), por decorrência do inadimplemento de **imposição constitucional *concreta* de agir**; ou

B) inobservância quanto à necessidade constitucional de **atualizar** a norma ou a medida editada para cumprir alguma obrigação constitucional concreta de ação.

> ▸ **Importante:**
>
> Pela *atual* jurisprudência do STF, configura-se a omissão inconstitucional, ainda que já apresentados projetos legislativos tendentes a reparar o problema, sempre que constatada **demora injustificável** na discussão e na votação deles. Para o STF, "a *inertia deliberandi* (discussão e votação) também poderia configurar omissão passível de vir a ser reputada morosa, no caso de os órgãos legislativos não deliberarem dentro de um prazo razoável sobre o projeto de lei em tramitação" (ADI 3.682/MT).

INCONSTITUCIONALIDADE POR AÇÃO *VS.* INCONSTITUCIONALIDADE POR OMISSÃO	
Inconstitucionalidade por ação	**Inconstitucionalidade por omissão**
Anomalia que decorre de conduta positiva, num fazer ou praticar algo (ato comissivo) que seja incompatível com a supremacia constitucional.	Defeito decorrente da abstenção em cumprir certo dever constitucional dirigido à produção ou à atualização das medidas necessárias para tornar plenamente efetiva determinada norma constitucional.

> ▸ **Como esse assunto foi cobrado em concurso?**
>
> Em 2007, no concurso para Procurador do Ministério Público do TCE/MG, elaborado pela Fundação Carlos Chagas, a seguinte assertiva foi considerada como **correta**: A inconstitucionalidade por: "ação e a por omissão têm como objeto comum tanto os atos legislativos, como os atos administrativos, respectivamente, produzidos ou omitidos com inobservância à Constituição."
>
> No concurso para Juiz do TJAM (2016/Cespe), foi considerada **correta** a afirmação: "Se o Estado deixar de adotar as medidas necessárias à realização concreta dos preceitos da CF, ou seja, a torná-los efetivos, operantes e exequíveis, abstendo-se, em consequência, de cumprir o dever de prestação que a CF lhe impôs, incidirá em violação negativa do texto constitucional. Desse *non facere* ou *non praestare*, resultará a inconstitucionalidade por omissão, que pode ser total ou parcial."

Sobre a relação entre as omissões inconstitucionais e o problema da *erosão da consciência constitucional*, v. quadro constante do item 1 do Capítulo VI.

Sobre a infelicidade do direito brasileiro em tratar as omissões inconstitucionais como *condutas* ou *comportamentos* omissivos do Poder Público (*i.e.*, a inércia ou a abstenção em cumprir o mandamento constitucional específico para agir), em vez de tratá-las como as *consequências jurídicas inconstitucionais* daí decorrentes, v. item 2 do Capítulo VI.

4.1.5.1. Subtipos da inconstitucionalidade por omissão

A) **Inconstitucionalidade por omissão *total*** (ou de sentido ***formal***)**: completa abstenção** em tomar as medidas exigidas pela constituição. Embora sujeito à prévia obrigação concreta de implementar a aplicabilidade de alguma norma constitucional, o Poder Público não aprova "nenhuma" providência. Exemplo clássico, até hoje não foi regulamentado o direito de greve dos servidores públicos civis, a despeito da obrigação constitucional imposta pelo inciso VI do art. 37.

Nessa categoria inclui-se também o que o STF chamou de ***inertia deliberandi***, *i.e.*, a inércia parlamentar em deliberar ou em aprovar projetos de leis já apresentados como propostas para tornar efetiva a norma constitucional lacunosa (v. ADI 3.682/MT).

B) **Inconstitucionalidade por omissão parcial: insuficiência das medidas tomadas** para tornar efetiva alguma norma constitucional de aplicabilidade mediata. A obrigação constitucional foi cumprida de **maneira incompleta**. Exemplo clássico: as leis que fixam o salário mínimo em valores não suficientes para pagar as despesas previstas no inciso IV do art. 7º da CF/88 (ADI 1.439/DF).

Nessa acepção enquadra-se, ainda, a eventual **falta de atualização** das medidas já implementadas para dotar a constituição de aplicabilidade direta, sempre que a suficiência dessas medidas ficar comprometida pelo transcurso do tempo ou a mudança de certas situações relevantes. Exemplo: nas ADI 875/DF, ADI 1.987/DF, ADI 2.727/

DF e ADI 3.243/MT, o Plenário do STF entendeu que a LC 62/89 estava desatualizada e que, por isso, não mais satisfazia, integralmente, a exigência contida na parte final do inciso II do art. 161 da Constituição, no que diz respeito à distribuição dos recursos do Fundo de Participação dos Estados (FPE).

> ▸ **Atenção!**
>
> Grande desafio do controle de constitucionalidade acerca desse tipo de omissão (parcial) reside no princípio da separação dos Poderes e na (in)competência institucional do Judiciário para corrigir o problema. Na ADO 22/DF (j. em 22-4-2015), por exemplo, o STF discutiu interessante caso da alegada omissão legislativa em atender o art. 220, § 4º, da CF ("§ 4º – A propaganda comercial de tabaco, bebidas alcoólicas, agrotóxicos, medicamentos e terapias estará sujeita a restrições legais, nos termos do inciso II do parágrafo anterior, e conterá, sempre que necessário, advertência sobre os malefícios decorrentes de seu uso"). A ação questionava o critério fixado no parágrafo único do art. 1º da Lei 9.294/96, que restringira a proibição de propaganda só às bebidas alcoólicas de teor alcoólico superior a 13º GL, sem regulamentar a propaganda de bebidas de teor alcoólico inferior. O Plenário, por maioria, conheceu de ação direta de inconstitucionalidade por omissão. Porém, no mérito, julgou improcedente o pedido. Entendeu que, a despeito de relevantes as razões sociais que motivaram a ação direta, o STF não poderia examinar a legitimidade da conveniência política de normas elaboradas por representantes eleitos pelo povo. Assim, considerou-se não se tratar de verdadeira "omissão", mas de uma "opção" legislativa na escolha das propagandas que seriam viáveis.

C) **Inconstitucionalidade por omissão relativa: incompleta isonomia** na disciplina normativa. Manifesta-se nas hipóteses em que, embora inexistisse *prévia* obrigação de aprovar determinado ato, aquele que posteriormente se aprovou fere o **princípio constitucional da isonomia**, por deixar de contemplar situações que igualmente deveriam estar incluídas no programa normativo. Exemplos: a lei que concedesse aumento salarial para servidores públicos do sexo masculino, sem o estender às mulheres em igual situação; o Plenário do STF reconheceu a presença desse tipo de omissão no art. 34, parágrafo único, da Lei 10.741/2003, na parte em que assegurava tratamento privilegiado na concessão de benefícios assistenciais a *idosos*, mas excluía, sem justificativa plausível, os *deficientes físicos* em idênticas circunstâncias (RE 580.963/PR).

> ▸ **Atenção!**
>
> O princípio constitucional da isonomia serve de parâmetro tanto de inconstitucionalidades por ação quanto por omissão. Se a discriminação indevida recair sobre "aquilo que foi feito", trata-se de inconstitucionalidade *comissiva*. Exemplo: lei que proibisse o acesso de mulheres a cargos públicos. Mas se a discriminação indevida incidir sobre "aquilo que faltou fazer", o caso será de inconstitucionalidade *omissiva*. Ver discussão em BERNARDES, 2003b.

▸ ***Há diferença entre a* omissão parcial *e a* omissão relativa?**

A doutrina em geral e a jurisprudência do STF acabam por englobar, indistintamente, os dois tipos de omissão sob a mesma denominação, ora como "omissões parciais", ora como "omissões relativas". Nesse sentido, por exemplo, no mencionado RE 580.963/PR, o Plenário do STF tratou um típico caso de omissão relativa como "omissão parcial. De outro lado, autores como LUÍS ROBERTO BARROSO até identificam alguma diferença entre uma e outra modalidade de omissão. Porém, consideram que a omissão parcial seria o *gênero* a comportar "duas espécies: a chamada omissão relativa e a omissão relativa propriamente dita" (2009, p. 37).

No entanto, as diferenças entre a omissão inconstitucional do tipo parcial e a do tipo relativa são mais destacadas e importantes. Certo, ambas fazem parte do gênero das omissões em *sentido material*, cuja presença é constatada a partir de um ato comissivo (omissão-produto) ao qual se agrega, porém, um juízo de valor acerca da respectiva adequação à constituição. Todavia, na **omissão parcial**, a inconstitucionalidade está no cumprimento insuficiente do preceito constitucional que impõe uma prévia obrigação de atuação normativa voltada a tornar efetiva alguma *norma constitucional* ***desprovida*** *de aplicabilidade imediata*. Por sua vez, na **omissão relativa**, a omissão está na inobservância do *princípio constitucional da isonomia* e das regras constitucionais que dele decorrem. Preceitos, portanto, já dotados de aplicabilidade imediata, mas que funcionam como elemento ulterior constitutivo de qualquer regulação normativa. Nessa perspectiva, trata-se de tipos inteiramente diversos de omissão inconstitucional, o que deveria se refletir até na espécie de ação direta cabível para impugná-las (Sobre a tese da exclusão das omissões inconstitucionais relativas do campo de atuação da ADO, v. quadro no item 3.2 do Capítulo VI.)

SUBTIPOS DA INCONSTITUCIONALIDADE POR OMISSÃO		
Omissão *total*	**Omissão *parcial***	**Omissão *relativa***
- Completa abstenção em tomar as medidas exigidas pela constituição;	- Insuficiência das medidas tomadas para tornar efetiva alguma norma constitucional de aplicabilidade mediata. A obrigação constitucional foi cumprida de maneira incompleta;	- incompleta isonomia na disciplina normativa. O ato normativo aprovado viola o princípio constitucional da isonomia ao deixar de contemplar determinadas situações.
- inclui os casos de *inertia deliberandi* (demora na deliberação) na tramitação legislativa.	- inclui os casos de falta de atualização das medidas providenciadas, sempre que o transcurso do tempo ou a mudança de certas situações relevantes comprometam a suficiência das providências implementadas.	**Atenção**: doutrina e jurisprudência não costumam distinguir entre a omissão inconstitucional *parcial* e a omissão inconstitucional *relativa*.

4.1.6. Inconstitucionalidade originária

Anomalia constitucional que atinge o ato, **desde o momento em que editado**, conforme parâmetros de controle de constitucionalidade vigentes à época. Exemplo: uma lei de 1989 cuja edição descumpriu alguma norma já em vigor da Constituição de 1988.

4.1.7. Inconstitucionalidade superveniente

Inconstitucionalidade que **surge em momento posterior à edição do ato**, a partir de alteração superveniente dos padrões normativos que lhe servem de parâmetro de controle de constitucionalidade. Trata-se dos casos em que o ato, embora originalmente constitucional, passa a apresentar antinomia em face de alguma norma constitucional cuja vigência se tenha iniciado posteriormente. Exemplo: uma lei de 1985, promulgada sem conflitos com a constituição então vigente, mas que venha a apresentar antinomia diante de alguma norma promulgada com a Constituição de 1988.

Teoricamente, esse tipo de inconstitucionalidade pode manifestar-se em razão de: (a) *nova constituição*; (b) *reforma constitucional*; ou (c) *mutação constitucional*. (Sobre a mutação constitucional, v. item 2.1 do Capítulo IV da Parte I.)

▸ **Importante:**

O **STF não aceita** a tese da ***inconstitucionalidade superveniente,*** por entender que toda antinomia entre normas constitucionais posteriores e normas infraconstitucionais anteriores é questão de direito intertemporal, a ser resolvida pelo critério cronológico (*lex posterior derogat priori*), o que leva ao reconhecimento da *simples revogação* do ato infraconstitucional mais antigo (ADI 2/DF). Ver item 2 do Capítulo V da Parte I.

4.1.8. Inconstitucionalidade total

Inconstitucionalidade que abrange a **integralidade**, seja de um diploma normativo, seja de uma disposição normativa. Exemplo do primeiro caso: a inconstitucionalidade que atinge uma lei que não fora aprovada pela maioria exigida. Exemplo do segundo caso: a inconstitucionalidade integral de um artigo contido no corpo de uma lei.

4.1.9. Inconstitucionalidade parcial

Vício que atinge apenas **parte** ou (a) do diploma normativo, como na hipótese de a declaração de inconstitucionalidade recair somente sobre um artigo entre os vários que a lei possua; ou (b) de alguma das expressões linguísticas ou de algum dos sentidos normativos que estejam contidos numa mesma disposição normativa.

▸ **Atenção!**

No controle abstrato, a **declaração de inconstitucionalidade parcial** pode ser dividida em: (a) ***horizontal***: se a declaração gera o efeito de invalidar io de expressões linguísticas contidas no dispositivo, com o aproveitamento das normas decorrentes do restante do texto. Exemplo: declaração de inconstitucionalidade por meio da qual se suspende a eficácia de segmentos ou palavras do dispositivo impugnado; ou (b) ***vertical*** (ou qualitativa): caso em que a declaração, sem afetar o texto do dispositivo, repercute sobre determinada(s) interpretação(ões) [= norma(s)] que dele se extrai(em). Para exemplificar, esse é o caso da declaração de inconstitucionalidade sem redução de texto.

Em razão do **princípio da presunção de constitucionalidade**, os órgãos que realizam controle de constitucionalidade devem preservar ao máximo o trabalho de produção normativa (item 8.2.3 do Capítulo VI da Parte I). Daí, o reconhecimento da inconstitucionalidade deve restringir-se às partes viciadas do ato normativo, preservando-se, **sempre que possível**, os demais segmentos não contaminados.

Contudo, por força do princípio da independência dos Poderes, os juízes não devem deturpar a utilização da declaração de inconstitucionalidade parcial, a fim de obter normas incompatíveis com o programa normativo do ato examinado. Como já explicou o **STF**, descabe pretender que a Corte, "a partir da supressão seletiva de fragmentos do discurso normativo inscrito no ato estatal impugnado, proceda **à virtual criação de outra regra legal**, substancialmente divorciada do conteúdo material que lhe deu o próprio legislador" (MC na ADI 1.063/DF). Trata-se da proibição da conversão do Judiciário em "legislador positivo". Ver item 13.4 do Capítulo VII da Parte I e item 4.3.3 do Capítulo V.

▸ **Atenção!**

a) ***Via de regra,*** não se aplica à declaração de inconstitucionalidade a restrição imposta no § 2º do art. 66 da Constituição, segundo a qual o veto presidencial a projeto de lei deve abranger "texto integral de artigo, de parágrafo, de inciso ou de alínea".

b) ***Por exceção,*** nas hipóteses em que constatados vícios no processo de formação do ato, se não for o caso de inconstitucionalidade total, a declaração de inconstitucionalidade parcial deverá abranger o texto integral do artigo, do parágrafo, do inciso ou da alínea contaminada. Isso porque a instância de controle não pode substituir o trabalho de produção normativa, para, reflexamente, "repromulgar" partes do ato normativo. Para maior aprofundamento, v. BERNARDES, 2006.

INCONSTITUCIONALIDADE TOTAL *VS.* INCONSTITUCIONALIDADE PARCIAL	
Inconstitucionalidade total	**Inconstitucionalidade parcial**
inconstitucionalidade abrange a integralidade, seja de um diploma normativo (ex.: a inconstitucionalidade que atinge uma lei que não fora aprovada pela maioria exigida), seja de uma disposição normativa (ex.: a inconstitucionalidade integral de um artigo contido no corpo de uma lei).	inconstitucionalidade atinge apenas parte ou do diploma normativo (ex.: declaração de inconstitucionalidade de um dispositivo legal entre os vários que a lei possua), ou de alguma das expressões linguísticas ou de algum dos sentidos normativos que estejam contidos numa mesma disposição normativa.

4.1.10. Inconstitucionalidade consequente ou "por arrastamento" ou "por atração"

Anomalia que atinge um ato como **consequência** do reconhecimento da **inconstitucionalidade** de **outro ato** com o qual ele mantém determinada **relação de dependência** normativa. Exemplo: a inconstitucionalidade que alcança a lei delegada em razão da inobservância do quórum ao se aprovar a delegação legislativa ao Presidente da República (art. 68 da Constituição). Outro exemplo: na MC na ADI 4.048/DF, em virtude da falta de urgência da medida provisória inicialmente atacada, o STF estendeu a declaração de inconstitucionalidade à respectiva lei de conversão. (Cf. item 4.2.7 do Capítulo V.)

▸ **Atenção!**

A falta de previsão em lei orçamentária não implica a inconstitucionalidade da lei que cria despesa pública. Nesse sentido, para o STF, a "ausência de dotação orçamentária prévia em legislação específica não autoriza a declaração de inconstitucionalidade da lei, impedindo tão-somente a sua aplicação naquele exercício financeiro" (ADI 3.599/DF).

▸ **Importante:**

Tipos de inconstitucionalidade consequente. Teoricamente, é possível reconhecer duas vertentes desse tipo de inconstitucionalidade:

a) vertente ***hierárquica***: contaminação de normas hierarquicamente inferiores, em decorrência da inconstitucionalidade da norma superior da qual extraem validade. Exemplo: regulamento afetado pela inconstitucionalidade da lei regulamentada; e

b) vertente ***não hierárquica***: vício que atinge norma do mesmo *status* ou envergadura normativa daquela que dá origem à inconstitucionalidade. Subtipos:

b.1) por ***dependência intrínseca***: hipótese em que a inconstitucionalidade de certa norma se reflete no processo de elaboração da que se lhe considera dependente (*v.g.*, a dependência da lei de conversão de medida provisória em relação a esta; e da lei delegada em face da delegação normativa); e b.2) por ***dependência extrínseca***: quando o reconhecimento da inconstitucionalidade de norma faz com que se esvazie a validade de outra norma, total ou parcialmente, seja porque esta daí perde seu significado autônomo (*dependência unilateral*), seja porquanto ambas as normas faziam parte de sistemática normativa comum e que restou irremediavelmente atingida pela declaração de inconstitucionalidade de uma delas (*interdependência*).

▸ Como esse assunto foi cobrado em concurso?

O concurso para Auditor Fiscal da Receita Federal (2005/Esaf) considerou **correta** a seguinte assertiva: "O Supremo Tribunal Federal não aceita a inconstitucionalidade superveniente por entender que a norma incompatível com o novo texto constitucional foi por ele revogada."

No concurso para a Juiz do TRF/1ª Região (2009/Cespe), o candidato deveria considerar **errada** a seguinte assertiva: "O STF admite a teoria da inconstitucionalidade superveniente de ato normativo editado antes da nova constituição e perante o novo paradigma estabelecido."

O concurso para Juiz do TRT/1ª Região (2010/Cespe) considerou **correta** a afirmação: "Ao julgar procedente, em parte, determinada ADI, para conferir ao texto impugnado interpretação conforme a CF, o STF pode, por arrastamento, conferir interpretação conforme a outro dispositivo legal que não foi objeto da ação."

No concurso para Procurador do Estado de Pernambuco (2018/Cespe), foram consideradas **corretas** as seguintes assertivas: "Lei anterior não pode ser inconstitucional em relação à Constituição superveniente" e "Se o conteúdo for compatível, a norma anterior será recepcionada, mesmo que sua forma não seja mais admitida pela Constituição superveniente."

▸ Como esse assunto foi cobrado em questões dissertativas de concurso?

No concurso para Promotor de Justiça/RR (2008): "A doutrina constitucional classifica diferentes tipos de inconstitucionalidades. Entre eles, registra a distinção entre inconstitucionalidade originária e superveniente. Se a norma legal é posterior à Constituição, ter-se-á um caso típico de inconstitucionalidade. Se houver contradição entre a norma constitucional superveniente e o direito ordinário pré-constitucional, indaga-se se seria o caso de inconstitucionalidade ou de mera revogação. Considerando as disposições constitucionais e a jurisprudência do Supremo Tribunal Federal (STF) a respeito da matéria acima tratada, bem como os mecanismos de controle concentrado existentes no ordenamento jurídico brasileiro, redija um texto dissertativo que responda, necessariamente, as seguintes indagações e justifique suas respostas.

- O que ocorre, em regra, com uma lei anterior à Constituição de 1988, se for com ela incompatível, é inconstitucionalidade ou mera revogação?
- Pode o STF apreciar o exame direto da legitimidade do direito pré-constitucional em face de norma constitucional superveniente por mecanismo de controle concentrado diverso da ação direta de inconstitucionalidade (ADI)?"

No concurso para Juiz do TJAL (2008): "Acerca do controle de constitucionalidade, conceitue as expressões 'bloco de constitucionalidade' e 'inconstitucionalidade por arrastamento.'"

O concurso para Defensor Público/MS (2008) perguntou: "No que consiste a inconstitucionalidade por arrastamento?"

4.1.11. Inconstitucionalidade progressiva

Inconstitucionalidade cuja **caracterização já se iniciou, mas não está ainda consumada**. Trata-se de nomenclatura utilizável também para as chamadas ***situações constitucionais imperfeitas***, que se caracterizam quando um ato é considerado "**ainda constitucional**", dada a necessidade de se mantê-lo eficaz, total ou parcialmente, enquanto se aguarda determinado período ou o implemento de alguma condição futura. Nessas hipóteses, embora se prenuncie a desconformidade constitucional do ato, a declaração de inconstitucionalidade é adiada, para evitar maiores prejuízos ao plano normativo traçado pelo constituinte.

O **STF** reconheceu esse tipo de inconstitucionalidade ao analisar, por exemplo:

A) o art. **68 do CPP**, que conferira legitimidade ao Ministério Público à propositura da ação civil *ex delicto*. A despeito de claramente incompatível com os artigos 127, 129, XI e 134 da Constituição de 1988, o preceito foi considerado ainda constitucional, enquanto não instituídos órgãos de defensoria pública que pudessem patrocinar a defesa da vítima ou de seus sucessores (RE 135.328/SP e RE 147.776/SP);

B) o **§ 5º do art. 1º da Lei 1.060/50**, com redação da Lei 7.871/89, na parte em que privilegiava órgãos da defensoria pública com prazo recursal dobrado em processos criminais. No HC 70.514/RS, a Corte reputou que a discriminação inconstitucional decorrente desse preceito não deveria ser reconhecida enquanto a organização das defensorias estaduais alcançasse o mesmo nível organização do Ministério Público que atua no polo processual contrário;

C) o **art. 20, § 3º, da Lei 8.742/93**, conforme o qual fixado rígido parâmetro aritmético (renda mensal familiar per capita inferior a 1/4 do salário mínimo) como requisito objetivo à obtenção do benefício de prestação assistencial continuada de que trata o art. 203, V, da Constituição. Inicialmente, a Corte reputara constitucional esse preceito legal (ADI 1.232/DF). Porém, após várias decisões monocráticas da Corte contrárias a tais critérios legais objetivos preestabelecidos, o Plenário do STF, no RE 567.985/MT, considerou que a norma, depois de atravessar "processo de inconstitucionalização decorrente de notórias mudanças fáticas (políticas, econômicas e sociais) e jurídicas (sucessivas modificações legislativas dos patamares econômicos utilizados como critérios de concessão de outros benefícios assistenciais por parte do Estado brasileiro)", deveria ser declarada inconstitucional, embora sem pronúncia de nulidade. (Ver item 3.2 e 3.2.4.3.B do Capítulo V.)

4.1.12. Estado de coisas inconstitucional (ECI)

Expressão utilizada para definir situações de **violação generalizada e sistêmica de direitos fundamentais**, cuja **persistência ou agravamento**, em razão da **inércia ou incapacidade de atuação do Poder Público**, tornaria excepcionalmente legítima a utilização de ativismo judicial para tentar remediar o problema, dada a necessidade da adoção de conjunto complexo e coordenado de medidas dirigidas a múltiplas entidades.

Trata-se, portanto, de **nova categoria de vício constitucional** conectada ao controle das **omissões inconstitucionais**, à **eficácia objetiva dos direitos fundamentais** e, obviamente, ao **ativismo judicial**. (Temas debatidos, respectivamente, no Capítulo VI e no item 7 do Capítulo I da Parte III deste Tomo I, assim como no item 1.3 do Capítulo 8 do Tomo II.)

A ideia foi originalmente concebida pela **Corte Constitucional da Colômbia**, a partir de precedentes de 1997, para tratar de graves afrontas a direitos sociais, com destaque para caso referente ao deslocamento forçado de milhões de pessoas em razão de conflitos armados no país (Sentença T-25/2004). No Brasil, o **STF acolheu a tese** em 2015, ao reconhecer a existência de "estado de coisas inconstitucional" no sistema prisional brasileiro (MC na ADPF 347/DF).

Embasado na experiência colombiana, AZEVEDO CAMPOS (2015a e 2015b) arrolou três pressupostos necessários ao reconhecimento do *estado de coisas inconstitucional*: (a) a constatação de quadro não simplesmente de proteção deficiente, mas de **violação massiva, generalizada e sistemática** de direitos fundamentais a afetar **amplo número de pessoas**; (b) a verificação da existência de "**falha estatal estrutural**", em decorrência da falta de coordenação entre medidas legislativas, administrativas, orçamentárias e até judiciais, com a consequente perpetuação ou agravamento do problema, dada a existência de bloqueios políticos e institucionais persistentes e aparentemente insuperáveis; e (c) a **necessidade de medidas judiciais estruturais** a serem endereçadas a uma pluralidade de órgãos públicos. Ademais, um quarto requisito pode ser ainda lembrado, qual seja: (d) a **potencialidade de congestionamento da justiça** caso todos as vítimas do problema buscarem individualmente o Judiciário para superá-lo.

Daí, configurada essa grave conjuntura, a corte constitucional estaria autorizada a emitir provimentos revestidos de alto grau de **ativismo judicial**, incluindo intromissões na formulação e implementação de políticas públicas, a realocação de recursos orçamentários e a coordenação de medidas concretas necessárias a solucionar o problema. Afinal, cuida-se de situações excepcionalíssimas, nas quais se identificam "bloqueios institucionais" a impedir a superação do estado de inconstitucionalidade, o que justificaria a atuação judicial atipicamente invasiva da competência constitucional dos demais Poderes.

Todavia, como sustenta a doutrina colombiana, as soluções para esse *estado de coisas inconstitucionais* devem ser buscadas no âmbito de um **ativismo judicial "dialógico"**, a envolver diálogos institucionais diretos e constantes entre os órgãos institucionais e sociais envolvidos, incluindo a participação ativa dos Poder Público, de setores acadêmicos, de organizações ligadas aos direitos humanos e dos próprios beneficiários das medidas judiciais estruturais (ver VIEIRA e BEZERRA, 2015). Na mesma linha, AZEVEDO CAMPOS (2015a) defende tal ativismo "dialógico", por entender que a superação do *estado de coisas inconstitucional* "apenas é possível por meio de 'remédios estruturais', dirigidos a um número abrangente de atores políticos e buscando coordenar as ações dessas autoridades na tarefa de assegurar a proteção eficiente de direitos. Para serem dialógicos, esses remédios estruturais, no entanto, devem ser caracterizados como ordens flexíveis, que fixem objetivos a serem alcançados sem excluir os espaços próprios de deliberação política e técnica dos outros poderes sobre os meios".

▸ **Como o STF enfrentou o tema:**

Na MC na ADPF 347/DF, após reconhecer a presença de um *estado de coisas inconstitucional* relativamente ao sistema penitenciário brasileiro, o STF determinou a adoção de "**providências estruturais**", com objetivo de sanar lesões a preceitos fundamentais sofridas pelos presos em decorrência de ações e omissões dos Poderes da União, dos Estados-membros e do Distrito Federal. Nesse precedente, o STF anotou que o sistema prisional brasileiro seria palco da violação generalizada de direitos fundamentais dos presos no tocante à dignidade, higidez física e integridade psíquica, transformando o cumprimento de penas privativas de liberdade em penas cruéis e desumanas. Nesse contexto, reptou transgredidos dispositivos constitucionais (artigos 1º, III; 5º, III, XLVII, "e", XLVIII, XLIX, LXXIV; e 6º), normas internacionais (Pacto Internacional dos Direitos Civis e Políticos, a Convenção contra a Tortura e outros Tratamentos e Penas Cruéis, Desumanos e Degradantes e a Convenção Americana de Direitos Humanos), além de normas infraconstitucionais como a LEP e a LC 79/94, que criara o Fundo Penitenciário Nacional – Funpen. Assim, embora o STF não pudesse substituir a atuação do Legislativo e do Executivo, "deveria superar bloqueios políticos e institucionais sem afastar esses poderes dos processos de formulação e implementação das soluções necessárias." Todavia, "**em diálogo com os outros poderes e com a sociedade**", no lugar de desprezá-las, o STF deveria coordenar as capacidades institucionais dos demais órgãos estatais, com o objetivo de afastar o estado de inércia e deficiência estatal permanente. Ao final, o Plenário da Corte deferiu liminar para: (a) proibir o Executivo de contingenciar os valores disponíveis no Funpen, com ordem para que a União liberasse o saldo acumulado do fundo para ser utilizado com a finalidade para a qual foi criado; (b) determinar a juízes e tribunais que, no prazo de até 90 dias, implementem procedimentos de **audiência de custódia**, de modo a viabilizar o comparecimento de presos, perante a autoridade judiciária, no prazo de até 24 horas após a prisão. Ademais, de ofício, a Corte deferiu cautelar para (c) determinar à União e aos Estados, especificamente ao Estado de São Paulo, que encaminhem ao STF informações sobre as respectivas situações prisionais.

Contudo, o ativismo judicial inerente às soluções propostas para o *estado de coisas inconstitucional* já desperta ferrenhas críticas da doutrina nacional. Os professores DE GIORGI, FARIA e CAMPILONGO (2015), por exemplo, após falarem que se trata nova faceta da "judicialização da administração", perguntaram: "qual é a competência de uma Suprema Corte para 'compensar a incompetência' do sistema político?". E, logo depois, remataram: "Pobre da Corte que tem a pretensão de fabricar poder político sob a fantasia da normatividade jurídica."

Na mesma linha, STRECK (2015) disse que a ideia do estado de coisas inconstitucional "ameaça o princípio da separação dos poderes" e sustentou que: "não se pode declarar a inconstitucionalidade de coisas, mesmo que as chamemos de 'estado de' ou 'das coisas'. E nem se tem como definir o que é um 'estado dessas coisas' que sejam inconstitucionais no entremeio de milhares de outras situações ou coisas inconstitucionais. Do contrário, poder-se-ia declarar inconstitucional o estado de coisas da desigualdade social e assim por diante."

Já VIEIRA e BEZERRA (2015), numa posição intermediária, apesar de elogiarem a experiência colombiana, afirmaram que o STF incorporou a teoria do *estado de coisas inconstitucional* de modo incompleto. Para eles, tanto o pedido formulado na ADPF 347/DF quanto a liminar concedida "mantiveram a contumaz perspectiva deliberativa do STF: mandatória e monológica, bem como refletiram um profundo alheamento em relação à necessária construção de uma jurisdição supervisora e de sentenças estruturantes, em frontal contraste com a jurisprudência" da Corte Constitucional Colombiana.

De qualquer forma, em reação à decisão do STF na MC na ADPF 347/DF, tramitou no Congresso Nacional projeto de lei que, ao pretender disciplinar o *estado de coisas inconstitucional*, visava a restringir as técnicas que a Corte poderia usar a respeito. Nos termos do PLS 736/2015 (já arquivado), uma vez reconhecido o estado de coisas inconstitucional, caberia ao STF determinar "a celebração de compromisso significativo entre o Poder Público e os segmentos populacionais afetados pela ação ou omissão, com o intuito de tornar efetivo o preceito fundamental, ponderados os princípios e normas constitucionais envolvidos." (Sobre o chamado "compromisso significativo", v. item 4.4 do Capítulo V.)

4.1.13. *Inconstitucionalidade circunstancial ou transitória?*

A inconstitucionalidade circunstancial (ou transitória) é tida como o vício que compromete a validade da norma apenas durante certo período em que exteriorizadas circunstâncias excepcionais. Assim, declarada a inconstitucionalidade circunstancial, a eficácia e a aplicabilidade da norma ficariam temporariamente suspensas, enquanto mantidas as circunstâncias anormais que determinaram tal declaração. Então, superada a situação de excepcionalidade, a norma seria novamente considerada válida e aplicável, pois não apresenta incompatibilidade constitucional definitiva. Ou seja, haveria a possibilidade de declarar normas "por ora" inconstitucionais.

> **▸ Atenção!**
> A terminologia "inconstitucionalidade circunstancial" já fora utilizada por ANA PAULA DE BARCELLOS (2005) e PEDRO LENZA (2010), mas numa *acepção diversa*: a inconstitucionalidade circunstancial seria aquela verificada a partir da incidência da regra sobre situação de fato específica, cujas circunstâncias concretas produziriam uma norma inconstitucional. Nas palavras de BARCELLOS, em razão da "complexidade dos efeitos que se pretendam produzir e/ou da multiplicidade de circunstâncias de fato sobre as quais incidem, também as regras podem justificar diferentes condutas que, por sua vez, vão dar conteúdo a normas diversas." Assim, não seria "de estranhar que determinadas normas possam ser inconstitucionais em função desse seu contexto particular, a despeito da validade geral do enunciado do qual derivam" (2005, p. 232).

Porém, a se considerar a tipologia proposta por BARCELLOS, ainda que um dispositivo normativo possa mesmo ensejar mais de uma norma, seja em razão da polissemia do texto (hipóteses de interpretação), seja em virtude do quadro operativo em face do qual deva incidir (hipóteses de incidência), eventual declaração de inconstitucionalidade será sempre definitiva, embora circunscrita a determinadas hipóteses (de interpretação ou de incidência). Ou seja, o caráter "circunstancial" do tipo de inconstitucionalidade sugerido por BARCELLOS (e também adotado por LENZA) não tem a ver com a "transitoriedade" do vício em si da norma.

Trata-se de nova categoria de inconstitucionalidade defendida por segmento da doutrina, especialmente no contexto das circunstâncias excepcionais surgidas a partir da pandemia de Covid-19. Conforme defenderam FREIRE, FRAZÃO, MUDROVITSCH e RUFINO (2020), "uma lei pode ser inconstitucional em razão de sua incompatibilidade com a realidade vivida em determinado momento, o que faz com que ela não se amolde ou passe a não mais se amoldar às exigências constitucionais, ainda que momentaneamente. Isso significa que, superada a situação, uma norma pré-existente poderá retomar sua compatibilidade com a Constituição".

▸ **Importante:**

Para ilustrar a relevância do assunto, veja-se a medida cautelar deferida monocraticamente pelo Min. ALEXANDRE DE MORAES e referendada pelo Plenário do STF na ADI 6.357/DF (j. em 13-5-2020). Essa decisão atribuiu interpretação conforme à Constituição a dispositivos da Lei de Responsabilidade Fiscal (LRF) e da Lei de Diretrizes Orçamentárias (LDO) de 2020 "para, durante a emergência em Saúde Pública de importância nacional e o estado de calamidade pública decorrente de Covid-19, afastar a exigência de demonstração de adequação e compensação orçamentárias em relação à criação/expansão de programas públicos destinados ao enfrentamento do contexto de calamidade gerado pela disseminação de Covid-19". Segundo o Min. ALEXANDRE DE MORAES, o "surgimento da pandemia de Covid-19 representa uma condição superveniente absolutamente imprevisível e de consequências gravíssimas", razão pela qual estaria justificada a "temporariedade da não incidência dos artigos 14, 16, 17 e 24 da LRF e 114, *caput, in fine*, e § 14, da LDO/2020 durante a manutenção do estado de calamidade pública". Ou seja, a pretexto de realizar "interpretação conforme à Constituição", a decisão acabou, implicitamente, por declarar a inconstitucionalidade "circunstancial" de normas da LRF e da LDO/2020, porém apenas temporariamente, só enquanto mantido o estado de calamidade pública decorrente da pandemia.

Contudo, essa nova categoria de inconstitucionalidade não parece convincente. Isso porque, "rompida a relação de conformidade entre uma norma infraconstitucional e a respectiva constituição que lhe dá validade, não há mais como retomá-la. Verificada a invalidade constitucional, não se admite convalidação posterior" (BERNARDES, 2020). Como ensina GUASTINI, a "validade é uma propriedade de todo atemporal. Com efeito, ela depende exclusivamente da relação (atemporal, somente: lógica, não cronológica) de uma norma – e do ato normativo que lhe tenha produzido

– com outras normas." Assim, na "constância das normas que lhe sejam estruturalmente e materialmente supraordenadas, cada norma é ou válida ou inválida. Não pode adquirir a validade, nem a perder" (2014, p. 302).

Certo que a defesa da tese da inconstitucionalidade circunstancial passa pela crítica ao modelo binário de reconhecimento da relação de inconstitucionalidade (a norma é constitucional ou inconstitucional, sem "tertium genus"). Daí se argumentar que a nova "inconstitucionalidade circunstancial" poderia ser encaixada entre os chamados tipos "intermédios" de inconstitucionalidade, a exemplo da inconstitucionalidade progressiva, das normas "ainda" constitucionais, da inconstitucionalidade "pro futuro" ou da inconstitucionalidade sem pronúncia de nulidade. Outra linha defensiva, também advogada por FREIRE, FRAZÃO, MUDROVITSCH e RUFINO, toma por base as teorias da *constituição viva* (*"Iiving constitucional"* do direito norte-americano). (Sobre as ideias ligadas à teoria da constituição viva, cf. item 2.1 do Capítulo VII da Parte I).

Todavia, nenhum desses argumentos soluciona o maior problema da teoria da "inconstitucionalidade circunstancial": após a superação da situação anormal, como explicar a retomada da validade da norma declarada inconstitucional?

A começar da última linha defensiva, todas as teorias ligadas à *plasticidade constitucional* – seja a constituição viva, a constituição dúctil, a mutabilidade constitucional e outras do mesmo naipe – têm a ver com mudanças a que se sujeita o *parâmetro* de controle (bloco de constitucionalidade). Não servem, portanto, para justificar a "temporização" da relação de invalidade do *objeto* do controle, *i.e.*, as normas infraconstitucionais porventura declaradas circunstancialmente inconstitucionais. A rigor, a inconstitucionalidade é relação de desconformidade verificada entre um ato (*objeto*) e pelo menos um preceito normativo ao qual se atribui supremacia constitucional (*parâmetro*) – v. item 4, acima. Logo, eventual mutabilidade dos parâmetros utilizados para determinar a inconstitucionalidade não diz com a transitoriedade da inconstitucionalidade em si. Se as normas da constituição podem sofrer modificações (formais ou informais), daí não decorre a reflexa superação das relações anteriores de desconformidade constitucional, nem a constitucionalidade superveniente de normas inconstitucionais.

Nesse sentido, conforme antiga jurisprudência do Pleno do STF (AR 878/SP e AgRg na AR 1.365/BA), não se pode pleitear a rescisão de acórdãos proferidos em ADI (ver, ainda, o art. 26 da Lei 9.868/99). Ou seja, a declaração de inconstitucionalidade, se confirmada por decisão final, não admite reversão, o que impede algum tipo de invalidade "transitória" ou "circunstancial". Ademais, o próprio STF rechaça o fenômeno da "constitucionalidade superveniente", ainda que o próprio constituinte derivado, por emenda constitucional, queira validar a norma inconstitucional (v. RE 439.796/PR, RE 474.267/RS e ADI 2.158/PR).

Já a invocação de tipos intermédios de inconstitucionalidade tampouco parece exitosa. Na inconstitucionalidade progressiva, a norma está em processo de "inconstitucionalização", findo o qual será considerada definitivamente inconstitucional. Mesmo fenômeno sucede com as normas "ainda" constitucionais: o tribunal não chega a reconhecer-lhes a inconstitucionalidade; pelo contrário, declara-as "ainda constitucional", embora prenuncie a probabilidade de se converter tal "situação imperfeita" num estado de inconstitucionalidade definitivo (v. item 4.1.11).

Também nas hipóteses de inconstitucionalidade "pro futuro" e de inconstitucionalidade sem pronúncia de nulidade, a norma é declarada peremptoriamente inconstitucional. Sem volta. O que nelas de diferente ocorre é a mera postergação do regime de sanções normalmente decorrentes do reconhecimento da inconstitucionalidade (no caso da inconstitucionalidade "pro futuro"), ou, então, a simples não aplicação dessas sanções (na inconstitucionalidade sem pronúncia de nulidade). (V. item 5.1.2.) É que a inconstitucionalidade não se confunde com o valor do ato inconstitucional, nem com o regime jurídico adotado para sancioná-lo ou para lhe retirar os efeitos jurídicos. Daí, ainda que inválida, a norma pode seguir com aplicabilidade e eficácia, embora excepcionalmente. Mas ela nunca deixará de ser considerada inconstitucional, com ou sem pronúncia de nulidade (v. item 5.1).

Enfim, não parece teoricamente correta a defesa dessa nova categoria da inconstitucionalidade circunstancial. No mesmo sentido: ROBERTA SIMÕES NASCIMENTO (2020).

4.2. Inconstitucionalidade *vs.* ilegalidade: inconstitucionalidade direta e indireta

Nas hipóteses em que a própria constituição sujeita o poder regulamentar ao princípio da legalidade, qualquer desconformidade que se verificar entre o conteúdo da norma regulamentar (secundária) e o estabelecido na norma regulamentada (primária) pode ser considerada uma inconstitucionalidade. Exemplo: a inconstitucionalidade de um regulamento que contraria os termos da lei regulamentada. Porém, como a verificação desse vício pressupõe o exame prévio da norma infraconstitucional regulamentada, trata-se de **inconstitucionalidade *indireta*** ou ***reflexa***.

Por questões de política judiciária, entretanto, o **STF** adota **conceito restrito de inconstitucionalidade** que a restringe às hipóteses de desconformidade ***direta*** e ***frontal*** à constituição. Embora o indevido exercício do poder regulamentar contrarie a Constituição Federal (arts. 5º, II; 49, V; 84, IV; e 87, II), as controvérsias a respeito não se sujeitam a recurso extraordinário nem podem ser examinadas por via de ações diretas de inconstitucionalidade (por todos, v. MC na ADI 1.900/DF). Para o STF, é considerada ***simples ilegalidade*** qualquer modalidade de incompatibilidade material que se constatar na regulamentação de atos normativos primários (leis complementares, leis ordinárias, leis delegadas etc.), por intermédio de atos normativos secundários (decretos regulamentares, portarias, instruções normativas), mesmo que a norma primária tenha conteúdo similar a alguma norma constitucional.

Excepcionalmente, contudo, a jurisprudência do STF trata como inconstitucionalidade direta as antinomias constitucionais a envolver:

A) **regulamentos autônomos:** embora sejam atos administrativos, os regulamentos dotados de autonomia normativa (regulamentos autônomos) não desempenham função meramente regulamentar. E como assumem características de autênticos atos normativos primários, permitem estabelecer relações de inconstitucionalidade direta, e não de simples ilegalidade;

> ▸ **Atenção!**
>
> São considerados autônomos os regulamentos baixados nos seguintes casos:
>
> a) quando o constituinte dispensa a edição de lei para tratar do assunto versado pelo ato administrativo, fazendo com que este obtenha fundamento de validade diretamente da constituição, como nas hipóteses do decreto previsto no art. 84, VI, "a", com redação da EC 32/2001; ou
>
> b) quando o ato regulamentar é editado de maneira *inválida*, sem contar com anterior permissão constitucional ou legal:
>
> b.1) diante da *inexistência* de norma primária que seria por ele regulamentada; ou
>
> b.2) em razão da prévia *revogação* da lei que deveria ser o objeto da regulamentação (ADI 3.190/GO).

B) **decretos delegados:** pois mesmo que editados a pretexto de executar a lei, acabam por indevidamente ocupar o posto de atos normativos primários, e, por isso, geram inconstitucionalidades diretas. Como já decidiu o STF, são inconstitucionais não somente a "lei que autorize o Chefe do Poder Executivo a dispor, mediante decreto, sobre criação de cargos públicos remunerados, bem como os decretos que lhe dêem execução" (ADI 3.232/TO);

C) **atos normativos infralegais que integram o próprio conteúdo material da lei que os prevê e/ou os mandou editar:** caso das portarias editadas em cumprimento à lei que delega, ao Ministro da Fazenda, a fixação de alíquotas de tributos. Nessa hipótese, a se impugnar a lei, cabe igualmente atacar o ato infralegal, sem que se aplique a tese da inconstitucionalidade indireta. Exemplo: portaria ministerial que, atendendo a delegação legislativa, fixa valores e prazo de recolhimento de taxa (ADI 2.586/DF).

> ▸ **Atenção!**
>
> Decretos delegados são aqueles atos que, sob a suposta autorização do legislador, veiculam normas sobre matérias para as quais a Constituição exige lei.

Alguns doutrinadores, todavia, apontam ser casos de inconstitucionalidade direta, também, a divergência ou a exorbitância do *regulamento* em face do conteúdo da *lei regulamentada*. Entretanto, para o STF, é irrelevante perquirir se o ato regulamentar divergiu, extravasou ou restringiu o sentido ou o conteúdo da lei. A questão caracteriza "típica crise de legalidade, e não de inconstitucionalidade, a inviabilizar a utilização do mecanismo processual de fiscalização normativa abstrata" (MC na ADI 561/DF).

▸ **Importante:**

Em matéria de concursos para a magistratura, o STF tem desconsiderado essas diretrizes. Na MC na ADI 1.188/DF, admitiu o questionamento de resolução do TST que regulamentava a Lei Orgânica da Magistratura Nacional (LC 35/79), na parte relacionada aos requisitos para ingresso na magistratura trabalhista. Já na MC na ADI 2.206/AL aceitou a fiscalização em tese até de simples edital de concurso público para ingresso na magistratura estadual.

Sobre os atos impugnáveis nas ações diretas e na ADPF, respectivamente, v. item 2.1.2 do Capítulo V e item 11 do Capítulo VII.

▸ **Como esse assunto foi cobrado em concurso?**

O concurso para Juiz do TJPI (2012) considerou **correta** a afirmativa: "A inconstitucionalidade de lei federal, estadual, distrital ou municipal, reconhecida em controle concreto, pode ser examinada pelo STF por meio de recurso extraordinário, mas somente a ofensa direta, e não a reflexa, autoriza o recurso".

Em 2011, o concurso para Procurador da República considerou **errada** a seguinte assertiva: "Não cabe o controle abstrato de constitucionalidade de decreto expedido pelo Presidente da República."

No concurso para Juiz do TRF/5ª Região (2009/Cespe), o candidato deveria considerar **errada** a seguinte assertiva: "Não se submete ao controle concentrado de constitucionalidade, conforme entendimento do STF, o decreto que, dando execução a lei inconstitucional, cria cargos públicos remunerados e estabelece as respectivas denominações, competências, atribuições e remunerações."

No concurso para Auditor Fiscal do Trabalho, realizado pela Esaf, o candidato deveria considerar **correta** a seguinte alternativa: "A extrapolação, pelo Poder Executivo, no uso do seu poder regulamentar, caracteriza, segundo a jurisprudência do STF, uma ilegalidade e não uma inconstitucionalidade, uma vez que não há ofensa direta e literal de dispositivo da Constituição."

4.3. Inconstitucionalidade e institutos correlacionados

A jurisdição constitucional considera o fenômeno da inconstitucionalidade sob diferentes enfoques.

4.3.1. Inconstitucionalidade como antinomia jurídica

Como se viu no item 4, embora até atitudes de particulares possam ser qualificadas como atos inconstitucionais, a inconstitucionalidade costuma ser relacionada apenas a atos normativos do Poder Público.

Nessa acepção, a inconstitucionalidade representa um tipo de ***antinomia normativa*** estabelecida entre normas provenientes de fontes jurídicas hierarquicamente escalonadas, figurando, de um lado, as normas às quais se atribui supremacia constitucional (*lex superior*) e, de outro, as normas contidas em atos normativos infraconstitucionais (*lex inferiori*). Assim entendida, a inconstitucionalidade é espécie de antinomia jurídica que se resolve pelo critério hierárquico (*lex superior derogat inferiori*), reconhecendo-se a prevalência da norma revestida de supremacia constitucional, em detrimento do ato normativo de menor hierarquia.

É a essa definição que se refere o art. 97 da Constituição, de modo que outros tipos de antinomia, ainda que envolvam normas constitucionais, podem ser decididos pelos tribunais **sem** a observância da **cláusula de reserva de plenário** (ver item 3 do Capítulo III).

> **Importante:**
>
> No Brasil, não é tratada como inconstitucionalidade a antinomia jurídica que possa haver entre norma constitucional superveniente e norma infraconstitucional anterior. Segundo jurisprudência do STF, esse conflito configura outro tipo de antinomia, a saber, simples colisão temporal de normas, pois não envolve o caráter de superioridade da norma constitucional (Plenário, ADI 2/DF). O problema é visto pela Corte como questão de direito intertemporal a ser resolvida pelo critério cronológico (*lex posterior derogat priori*), considerando-se simplesmente revogada a norma infraconstitucional anterior. Não é caso de declaração de inconstitucionalidade, já que os atos normativos pretéritos "não podem ser inconstitucionais, dado que o legislador não estava vinculado a uma constituição inexistente ao tempo em que as ditas leis (e regulamentos) foram editados" (Voto do Min. BROSSARD na ADI 2/DF). Ver item 2.2 do Capítulo V da Parte I.

4.3.2. Inconstitucionalidade em sentido estrito

A fiscalização abstrata de constitucionalidade feita por meio das ações diretas (ADI, ADO e ADC) trabalha com conceito restrito de inconstitucionalidade.

Nessa perspectiva, a inconstitucionalidade está resumida às desconformidades constitucionais ***diretas*** e que envolvam ***atos normativos***.

> **Atenção!**
> No Brasil, até recentemente, também os parâmetros de controle ficavam adstritos à configuração atual das normas dotadas de supremacia constitucional (ordem constitucional vigente). Porém, a partir do julgamento da ADI 2.158/PR (j. em 15-9-2010), o Plenário da Corte passou a entender que o parâmetro de controle das inconstitucionalidades em sentido estrito alcança também os preceitos constitucionais que já tenham sido revogados ou substancialmente modificados, desde editados sob a nova ordem constitucional. (Sobre esse aspecto temporal restrito do bloco de constitucionalidade, cf. item 6.3.2.2.)

4.3.3. Contrariedade constitucional

A fim de zelar pela supremacia constitucional em face das múltiplas dimensões eventualmente envolvidas em casos concretos, a jurisdição constitucional deve promover a defesa da constitucionalidade de maneira mais ampla do que ocorre na fiscalização abstrata da constitucionalidade. Para isso, a jurisdição constitucional concreta está autorizada a reprimir tanto as desconformidades alcançadas pelo conceito estrito de inconstitucionalidade quanto *outras* situações de inobservância constitucional.

A própria Constituição Federal, paralelamente às referências que faz à declaração de inconstitucionalidade (arts. 97 e 102, III, "b"), trata de outra figura no art. 102, III, "a". Ao listar essa hipótese de recurso extraordinário, como notou ANDRÉ RAMOS TAVARES, o constituinte não fala em inconstitucionalidade, mas em decisões que possam contrariar dispositivos constitucionais.

Assim, por meio da sugestiva nomenclatura ***contrariedade constitucional***, é possível tratar de uma **noção mais ampla de inconstitucionalidade**, a permitir a defesa da constitucionalidade não só em face de questões solucionáveis pelo critério hierárquico (*lex superior derogat inferiori*), como também de questões constitucionais a serem resolvidas:

A) pelo **critério cronológico** (*lex posterior derogat priori*), tal como as antinomias entre uma **nova constituição** e as **normas pré-constitucionais**;

B) pelo **critério da especialidade** (*lex specialis derogat generali*), como os conflitos entre normas constitucionais editadas na mesma data.

Em teoria, esse conceito, ainda que *reflexamente*, enseja o controle de constitucionalidade de **atos privados**, pois podem ser consideradas contrárias à Constituição tanto a decisão judicial que valida um ato particular inconstitucional quanto a que repute inconstitucional um ato privado que não o seja.

> **Atenção!**
> Atualmente, a admissão do recurso extraordinário pressupõe haver repercussão geral (§ 3º do art. 102 da Constituição, regulamentado pela Lei 11.418/2006), de modo que, pelo menos nessa modalidade recursal, ficou reduzida a possibilidade de se controlar reflexamente a constitucionalidade de atos privados.

Contudo, embora a noção de contrariedade constitucional seja bem mais elástica que o conceito de inconstitucionalidade em sentido estrito, a jurisprudência do STF não permite estendê-la a ponto de abranger a chamada inconstitucionalidade *indireta* (item 4.2).

> ▸ **Importante:**
>
> A **cláusula de reserva de plenário**, prevista no art. 97 da Constituição (v. item 3 do Capítulo III), só incide nas **hipóteses de declaração de inconstitucionalidade em sentido estrito** reconhecida por tribunais. Assim, no âmbito do controle concreto de constitucionalidade, não será preciso observá-la nos casos em que se reconheça a contrariedade constitucional fundada em outros termos. Logo, a se tratar de questões que se resolvam pelo **critério cronológico** ou pelo **critério da especialidade**, a contrariedade constitucional será decidida por quórum de julgamento fixado em lei. Somente quando a contrariedade se deva resolver pelo **critério hierárquico**, haverá interseção em face do conceito estrito de inconstitucionalidade, o que exigirá quórum especial de julgamento.

4.3.4. Descumprimento de preceito fundamental

Em outra referência a conceito diverso daquele entendido como inconstitucionalidade em sentido estrito, o constituinte originário, na redação original do parágrafo único do art. 102 (atualmente, § 1º do art. 102), fez menção ao cabimento da arguição, perante o STF, do "***descumprimento de preceito fundamental***".

Embora esse conceito trabalhe com parâmetro de controle restrito aos preceitos que se possam considerar "fundamentais", acaba por estender à jurisdição constitucional – pela via da ADPF – a possibilidade de enfrentar antinomias que se resolvam não só pelo critério hierárquico (*lex superior derogat inferiori*), mas também com base:

A) no **critério cronológico** (*lex posterior derogat priori*). Nesse sentido, o inciso I do parágrafo único do art. 1º da Lei 9.882/99 consagra o cabimento da ADPF com relação às controvérsias constitucionais relacionadas a leis ou atos normativos "anteriores à Constituição";

B) no **critério da especialidade** (*lex specialis derogat generali*), tal como para atacar, *v.g.*, um ato que aplique equivocadamente uma norma constitucional qualquer, no lugar de um preceito fundamental que deveria ser aplicado por ser a norma especial para o caso.

5. REGIME DE DEPRECIAÇÃO DA INCONSTITUCIONALIDADE

Nos sistemas jurídicos dotados de rigidez constitucional, para que prevaleça o princípio da supremacia da constituição (em sentido formal), além de mecanismos que impeçam a substituição ou que dificultem a modificação das normas constitucionais, é preciso ainda garantir que condutas contrárias à constituição não possam produzir os exatos efeitos que normalmente produziriam se fossem compatíveis com a ordem constitucional (MARCELO REBELO DE SOUSA). Diante dessas preocupações, no decorrer do desenvolvimento do controle de constitucionalidade, surgiram diversos regimes de depreciação dos efeitos dos atos considerados inconstitucionais.

5.1. Disciplina da invalidação dos atos inconstitucionais

5.1.1. Tese da nulidade

Pela tese da nulidade, não se deve atribuir ao ato inconstitucional nenhuma consequência válida, pois o grau de desvalorização do ato inválido atinge sua maior dimensão. O ato é tido por **nulo** e, por isso, de **nenhuma eficácia**. Ademais, o órgão que assim reconhecê-lo inconstitucional está apenas a "declarar" um vício preexistente. Logo, a sentença desse órgão controlador é simplesmente "declaratória" da nulidade do ato inconstitucional. Já os efeitos da decisão são ***ex tunc*** (retroativos), portanto capazes de alcançar todas as consequências jurídicas decorrentes do ato.

Trata-se do regime geral de desvalorização da inconstitucionalidade adotado pelo modelo norte-americano desde o precedente **Marbury *vs.* Madison** (1803), em que a Suprema Corte americana assentou o raciocínio segundo o qual a lei inconstitucional é nula e inválida. A mesma tese é adotada em países como **Alemanha**, **Espanha** e **Portugal**, bem como no **Brasil**, onde o regime da nulidade é considerado **princípio constitucional implícito**.

5.1.2. Tese da anulabilidade

Na **Áustria**, diferentemente dos Estados Unidos, optou-se por regime distinto de depreciação do ato inconstitucional. Ao constatar a inconstitucionalidade, a Corte Constitucional não declara uma nulidade já existente, senão cassa o ato inconstitucional **daí para a frente**, a contar do dia da promulgação da decisão. Portanto, o ato inconstitucional não é considerado nulo, mas somente ***anulável***; e decisão é desconstitutiva da validade do ato, com efeitos normalmente ***ex nunc***, *i.e.*, sem atingir os efeitos jurídicos anteriormente produzidos com base no ato anulado.

A teoria encontrou seu **grande precursor** em **KELSEN**, o qual defendeu, ainda, que a anulação do ato, excepcionalmente, poderia surtir efeitos somente a partir de algum momento futuro. Bem por isso, o atual art. 140 da Constituição austríaca permite à Corte Constitucional estabelecer que o ato se mantenha aplicável por determinado período. Daí, a sanção decorrente do reconhecimento da inconstitucionalidade gerará efeitos só a contar de certa data futura (***pro futuro***), que não pode ultrapassar o prazo de um ano da data da decisão (ressalvado o caso de determinados tratados internacionais, quando então o lapso não poderá exceder a dois anos).

Atualmente, a complexidade dos problemas enfrentados pela jurisdição constitucional faz com que, mais e mais, vigorem sistemas miscigenados de depreciação do ato inconstitucional. Na Itália, por exemplo, onde inicialmente se adotara o modelo austríaco, passou a vigor um sistema misto: a declaração de inconstitucionalidade só surte efeitos a contar do "dia sucessivo à publicação da decisão" (efeito *ex nunc*), mas a sanção de inaplicabilidade se estende às situações que a norma inconstitucional se aplicou ou deveria ter sido aplicada, incluindo os fatos pendentes e as relações jurídicas ainda não definitivamente exauridas, algo similar ao efeito *ex tunc*. E mesmo nos países em que a nulidade do ato inconstitucional é princípio geral, a tendência é acolher, ainda que em parte ou excepcionalmente, o modelo austríaco.

É o que ocorre no **Brasil**, que passou a adotar a **teoria da anulabilidade** de maneira **subsidiária**. Hoje está até expresso no art. 27 da Lei 9.868/99 e no art. 11 da Lei 9.882/99 que, tendo em vista razões de segurança jurídica ou de excepcional interesse social, é possível *modular os efeitos temporais da sentença* que declara a inconstitucionalidade no âmbito das ações do controle abstrato. Ou seja, o STF poderá atribuir à declaração de inconstitucionalidade efeitos não retroativos, sejam *ex nunc*, sejam *pro futuro*. Nada obstante, décadas antes dessa permissão legal, a jurisprudência do STF, em sede de controle concreto já admitia excepcionar os efeitos *ex tunc* (v. RE 78.209/SP, RE 78.594/SP e RE 79.628/SP; na égide da Constituição de 1988, v. RE 122.202/MG). Ver item 6.1 do Capítulo III.

5.1.3. Tese da declaração de simples incompatibilidade (inconstitucionalidade sem pronúncia de nulidade)

Entendimento segundo a qual, embora reconhecida a inconstitucionalidade do ato, é possível deixar de aplicar o regime das sanções que em princípio segue a declaração de invalidade, mantendo-se quase que inteiramente os efeitos jurídicos decorrentes do ato inconstitucional.

Criação da jurisprudência alemã, a tese é especialmente utilizada quando o reconhecimento da inconstitucionalidade, a despeito de necessário, deva vir acompanhado **sem a pronúncia** de **nulidade** ou de **anulabilidade** do preceito impugnado, porque isso agravaria o estado de desconformidade constitucional.

No direito alemão, a teoria se aplica, sobretudo, quando se reconhecem casos de inconstitucionalidade por **omissão parcial** ou por **omissão relativa**, hipóteses em que o regime da plena invalidação do ato traria consequências jurídicas danosas aos respectivos beneficiários, sem eliminar os problemas da insuficiência da medida (nas omissões parciais) ou da discriminação indevida (no caso de omissão relativa). A simples incompatibilidade pode ainda ser aplicada aos casos de **inconstitucionalidade "progressiva"** de normas (v. item 4.1.11).

O direito canadense, a partir da aprovação da Carta de Direitos e Liberdades Canadense (1982), adota variante dessa teoria. Com fundamento na chamada "cláusula não obstante" ("notwithstanding clause"), o Legislativo pode reeditar determinada norma, a despeito de ela ter sido declarada inconstitucional pela Corte Suprema, superando assim o precedente judicial. Dessarte, "não obstante" inconstitucional, a norma seguirá aplicável, ainda que transitoriamente (prazo de até cinco anos, prorrogáveis). (Ver item 8.1.5 do Capítulo I.)

No **Brasil**, diante da inovação representada pelo art. 27 da Lei 9.868/99 e pelo art. 11 da Lei 9.882/99, o legislador chancelou a possibilidade de aplicar a tese da simples incompatibilidade em casos excepcionais que se verificarem no controle abstrato de constitucionalidade. Aliás, essa tese foi utilizada pelo **STF** no julgamento da ADI 3.489/SC e da ADI 2.240/BA. Outro exemplo: para evitar vácuo legislativo na regulamentação dos parâmetros de distribuição dos recursos do Fundo de Participação dos Estados (FPE), o STF declarou a "inconstitucionalidade, sem pronúncia da nulidade, do art. 2º, I e II, §§ 1º, 2º e 3º, e do Anexo Único, da Lei Complementar 62/89, autorizando-se a aplicação da norma até 31.12.2012, lapso temporal que se entendeu razoável para o legislador reapreciar o tema" (ADI 875/DF, ADI 1.987/DF, ADI 2.727/DF e ADI 3.243/MT).

> ▸ **Atenção!**
> Nesses primeiros precedentes, embora o STF tenha dito expressamente ter sido utilizada a técnica da declaração de inconstitucionalidade sem pronúncia de nulidade, o que houve foram autênticas declarações de anulabilidade *pro futuro*, pois o STF **prefixou** o **prazo máximo de validade do ato impugnado**, findo o qual os preceitos atacados haveriam de ser considerados automaticamente ineficazes.

No âmbito do controle concreto, a tese da simples incompatibilidade também já foi adotada pelo STF em pelo menos dois casos de inconstitucionalidade "progressiva" de normas (v. item 4.1.11), muito embora a Corte tenha resolvido não declarar a inconstitucionalidade das normas examinadas nesses precedentes. (Sobre a excepcional adoção dessa teoria pela Constituição brasileira de 1937, v. Capítulo II, item 1.3, letra "d". Sobre a utilização da técnica da declaração de inconstitucionalidade sem pronúncia de nulidade do no controle abstrato, v. item 4.2.6 do Capítulo V)

5.1.3.1. Simples incompatibilidade e decisões de "apelo ao legislador"

Instituto algumas vezes confundido com a declaração da simples incompatibilidade do ato inconstitucional, cumpre aqui tratar das chamadas ***decisões apelativas***, ou seja, aquelas em que o órgão julgador, após a analisar a questão constitucional, acaba por promover um ***apelo ao legislador*** (no alemão, "Appellentscheidung"). Nesses casos, porém, a diferença está em que a decisão não chega a reconhecer a inconstitucionalidade do ato; pelo contrário, declara-o "ainda constitucional", mas prenuncia a probabilidade de se converter tal situação num estado de inconstitucionalidade. Implica, portanto, o reconhecimento de que o preceito se encontra numa ***situação constitucional imperfeita***, numa espécie de *"rota de colisão"* com o bloco de constitucionalidade.

Trata-se de solução utilizada pelo Tribunal Constitucional alemão para preservar a norma impugnada nos casos em que ela já se tenha tornado obsoleta em razão de motivos variados (mudanças sociais e econômicas, erros de prognósticos legislativos etc.). Em hipóteses tais, por considerar que a tarefa de revisar ou atualizar a norma se insere na competência dos órgãos que a produziram, e não na do órgão que controla a constitucionalidade, a Corte rejeita o pedido de declaração de inconstitucionalidade, porém exorta o responsável pela edição do ato impugnado a corrigir o problema.

No direito brasileiro, **não há previsão expressa** de aplicação do apelo ao legislador. Todavia, a ausência de previsão expressa quanto à possibilidade de decisões apelativas **não impede que os tribunais** em geral promovam apelos ao legislador. Óbvio, porém, esses "apelos" assim promovidos não contarão com nenhuma espécie de sanção indireta a acompanhá-los. Serão, então, de pouca utilidade, menor ainda no controle concreto de constitucionalidade.

> **Importante:**
> No STF, precedente de utilização confusa do "apelo ao legislador" ocorreu no julgamento da ADI 3.689/PA. O caso versava sobre lei estadual por meio da qual fora criado Município por desmembramento, a despeito da ausência da legislação federal exigida pelo § 4º do art. 18 da Constituição, com redação de EC 15/96. O voto-vencedor do Ministro EROS
> GRAU, embora tenha considerado inconstitucional o ato impugnado, propugnou pela **convalidação dos efeitos** da lei estadual atacada, de maneira que a improcedência do pedido formulado na ação haveria de se expressar como que um "**apelo ao Poder Legislativo**", a fim de que, posteriormente, fosse suprida a omissão constitucional a respeito da inércia em editar a lei de que trata o § 4º do art. 18 da Constituição.

6. CONTROLE DE CONSTITUCIONALIDADE

6.1. Conceito

Atividade destinada à garantia da supremacia das constituições por meio da verificação e da eventual reparação ou depreciação dos atos inconstitucionais.

6.2. Controle de constitucionalidade *vs.* controle de convencionalidade

A expressão "**controle de convencionalidade**" é utilizada em referência à fiscalização da compatibilidade do direito nacional (objeto) em face de normas superiores provenientes de tratados e convenções de direitos humanos (parâmetro). Trata-se de nomenclatura originalmente criada em voto do jurista mexicano GARCÍA RAMÍREZ na Corte Interamericana de Direitos Humanos. No Brasil, notabilizou-se, a partir de 2008, com livro de VALÉRIO MAZZUOLI.

Pela **teoria do controle de convencionalidade**, os juízes nacionais estão habilitados a examinar a conformidade da legislação doméstica utilizando como parâmetro as normas de tratados e convenções internacionais, especialmente sobre direitos humanos, incorporadas ao ordenamento jurídico interno.

Logo se vê, a admissão do "controle de convencionalidade" pressupõe o reconhecimento, às normas internacionais incorporadas, de **valor normativo superior** àquele reconhecido a pelo menos alguma das classes de normas legislativas internas. Nesse sentido, constatadas antinomias entre o direito doméstico e o direito internacional incorporado com nível normativo superior, elas serão resolvidas pelo **critério hierárquico**, com a consequente inaplicabilidade da norma interna inferior.

Pois bem. No direito brasileiro, até a década passada, nem se poderia falar em "controle de convencionalidade". Afinal, não se reconhecia hierarquia superior às normas de direito internacional, tampouco às provenientes de tratados e convenções sobre direitos humanos. Para o STF, todas elas possuíam o mesmo valor normativo que as normas de leis ordinárias (v. RE 80.004/SE, Pleno). Logo, não serviam de parâmetro normativo para controlar a validade da legislação nacional. Então, ressalvada a aplicação dos *critérios cronológico* e da *especialidade* em relação à legislação ordinária, as normas de direito internacional só contavam com supremacia em face das normas domésticas *infralegais*.

Esse panorama mudou com a EC 45/2004, que acrescentou o § 3º ao art. 5º da CF/88, de modo a permitir que "tratados e convenções internacionais sobre direitos humanos", desde que "aprovados, em cada Casa do Congresso Nacional, em dois turnos, por três quintos dos votos dos respectivos membros", tornam-se "equivalentes às emendas constitucionais". (Sobre a atual discussão sobre a hierarquia das normas provenientes de tratados e convenções internacionais, v. item 6.9.4 do Capítulo 7 do Tomo II.)

Assim, aprovadas de acordo com tais formalidades, as normas de tratados e convenções internacionais sobre direitos humanos assumem *status* de norma constitucional. Daí, embora originalmente provenientes do direito internacional, terão ingressado no ordenamento jurídico com força equivalente à das emendas constitucionais, pelo que farão parte do *bloco de constitucionalidade* (v. item 6.2.1) e, portanto, estarão aptas a servir de parâmetro de "controle de constitucionalidade" de quaisquer normas infraconstitucionais.

Contudo, em relação a tais **normas internacionais incorporadas com *status* de emenda constitucional**, é **ocioso** falar em "controle de convencionalidade". Isso porque elas, por força da Constituição, já integram os parâmetros de controle da própria "constitucionalidade" das normas. De maneira que, ao menos no âmbito do direito interno, não será preciso recorrer à teoria do controle de "convencionalidade" para justificar a prevalência desse tipo de normas convencionais em face das demais espécies normativas.

A rigor, portanto, parece ser mesmo **impróprio** falar-se em "controle de convencionalidade" baseado nessas normas internacionais admitidas no ordenamento na forma do § 3º do art. 5º. Afinal, elas já contam com verdadeira hierarquia *constitucional*, algo superior à simples hierarquia *supralegal*. E esse *status* normativo as habilita, até, à invalidação de *outras normas convencionais*, incluindo as provenientes de tratados e convenções de direitos humanos incorporados sem a mesma estatura constitucional (v. item 6.9.4.2 do Capítulo 7 do Tomo II).

Logo, a relevância do chamado "controle de convencionalidade", em relação às leis nacionais, surgiu somente em 2008, quando o Plenário do STF passou a entender que, independentemente do cumprimento das formalidades do § 3º do art. 5º da CF/88, "os tratados internacionais de direitos humanos subscritos pelo Brasil possuem *status* normativo supralegal", (RE 466.343/SP). (No mesmo sentido, no STF, vf. HC 87.585/TO, RE 349.703/RS e HC 92.566/SP.) Foi só a partir desse novo entendimento do STF que o Judiciário brasileiro adquiriu competência para realizar autêntico *controle de convencionalidade* das normas legislativas. Tal como fez o STF no HC 95.967/MS, quando entendeu que o art. 7º, item 7, do Pacto de São José da Costa Rica tornara inaplicável a legislação infraconstitucional que regulamentava os casos de prisão civil – exceto na hipótese de pensão alimentícia.

Assim, uma vez identificadas normas internacionais incorporadas com *status* normativo infraconstitucional, mas **supralegal**, é automática a conclusão de que não somente os juízes, mas as autoridades públicas em geral, deverão atribuir-lhes prevalência normativa nas situações em que gerarem antinomias em face da legislação nacional inferior.

▸ **Atenção!**

Segundo GEORGES ABBOUD (2018, p. 458), "não existe, no Brasil, controle jurisdicional de convencionalidade realizado por órgãos jurisdicionais internos, pelo simples fato de que estes lidam com os tratados já incorporados pelo ordenamento doméstico e transformados, seja em texto constitucional, seja em supralegal". Assim, a "nomenclatura 'controle de convencionalidade' seria, tão somente, sucedâneo terminológico do controle de supralegalidade."

Nessa linha, a exemplo do controle de constitucionalidade (v. item 4 do Capítulo III), o controle de convencionalidade não só pode como **deve** ser exercido, por todo órgão judicial brasileiro, até mesmo de ofício, já que também se trata de matéria de ordem pública (v. CIDH, caso *Trabajadores Cesado del Congresso* vs. *Peru*, de 2006).

Contudo, no Brasil, à ausência de instrumentos processuais específicos de controle abstrato/concentrado da convencionalidade, tal fiscalização somente pode ser feita de **modo difuso**, em casos concretos, quando constatada antinomia entre alguma norma interna infraconstitucional e as normas internacionais incorporadas com *status* de supralegalidade.

▸ **Atenção!**

Excepcionalmente, a questão da aplicação de normas convencionais destituídas de força constitucional poderá até surgir em ações do controle abstrato de constitucionalidade, bem como em RE de repercussão geral reconhecida (v. QO no AI no RE 1.054.490/RJ, j. em 5-10-2017). Contudo, não se pode ver aí algum tipo de "controle de convencionalidade", pois tais normas não fazem parte do parâmetro de controle da *constitucionalidade*.

Por outro lado, se tais normas dotadas de supralegalidade estiverem em antinomia com alguma norma de *status* constitucional, tampouco há que se falar em controle de convencionalidade. Haverá, aí, autêntica contrariedade constitucional, o que implica a consequente invalidação da norma convencional (ainda que *supralegal*), dada a *inegável* prevalência da Constituição (v. CF, art. 102, III, "b", primeira parte). Ademais, essas normas convencionais também se sujeitam ao controle de constitucionalidade pela via abstrata, seja mediante as ações diretas, seja mediante ADPF (ver item 2.1.2.2 do Capítulo 5). Afinal, a menos que a norma convencional tenha sido validamente incorporada com *status* constitucional (CF, art. 5º, § 3º), sempre deverá prevalecer a norma constitucional.

▸ **Atenção!**

Mesmo a norma convencional incorporada com *status* constitucional (CF, art. 5º, § 3º) poderá ser julgada inconstitucional, caso vulnere alguma cláusula pétrea ou outro limite imposto ao poder de reforma constitucional. Ademais, é questionável até a constitucionalidade desse dispositivo, criado pela EC 45/2004constitucional que autorizou a incorporação de normas de tratados internacionais com força de emenda constitucional. Ver discussão no item 2.2.2.4.B do Capítulo IV da Parte I e o item 6.9.5 do Capítulo 7 do Tomo II.

Enfim, ressalvados os tratados sobre direitos humanos incorporados ao direito brasileiro nos termos do § 3º acrescentado ao art. 5º da Constituição Federal – aos quais já se estende o conceito de *bloco de constitucionalidade* –, nenhuma das normas provenientes do direito internacional faz parte do parâmetro do controle de constitucionalidade. De conseguinte, a exemplo do chamado "controle de legalidade" dos *atos infralegais*, tema estudado pelo direito administrativo, o controle de "convencionalidade" dos *atos legais* **não** é assunto relacionado ao direito constitucional propriamente dito.

▸ **Atenção!**

Na QO no ARE 1.054.490/RJ (j. em 5-10-2017), em que se pretende seja interpretada a Constituição Federal à luz do Pacto de São José da Costa Rica, o Plenário do STF entendeu possuir repercussão geral a questão de saber "se é possível ao cidadão concorrer em eleições por meio de candidatura independente, sem prévia filiação partidária, à luz do art. 14, § 3º, CF/1988 e do Pacto de São José da Costa Rica". Ocorre que o recurso fora interposto com fundamento no art. 102, III, "a", da Constituição. Conforme constou da ementa do julgado, na aferição da presença de repercussão geral do recurso extraordinário, o STF reputou "plausível" a invocação "do Pacto de São José da Costa Rica e do padrão democrático predominante no mundo".

Todavia, o que a Corte fez foi reconhecer, implicitamente, que norma convencional (de *status* supralegal, mas infraconstitucional) poderia ser utilizada como parâmetro para dizer se normas nacionais que proíbem a candidatura eleitoral avulsa (incluindo o art. 14, § 3º, da CF) descumprem ou não preceito da própria Constituição Federal (?!).

▸ **Como o STF enfrentou o tema:**

No voto vencedor no HC 141.949/DF (2ª Turma, j. em 13-3-2018), afirmou o Min. GILMAR MENDES: "se os tratados de direitos humanos podem ser (i) *equivalentes* às emendas constitucionais (nos termos do art. 5º, § 3º, da Constituição Federal), *se aprovados pelo Legislativo após a EC 45/2004*, ou ainda (ii) *supralegais* (segundo o entendimento atual do STF RE 349.703/RS), *se aprovados antes da referida Emenda*, o certo é que, estando acima das normas infraconstitucionais, hão de ser também paradigma de controle da produção normativa doméstica. Destarte, para além do controle de constitucionalidade, o modelo brasileiro atual comporta, também, um controle de convencionalidade das normas domésticas."

No HC 171.118/SP (j. em 12-11-2019), a fim de evitar a dupla persecução penal, a 2ª Turma realizou controle de convencionalidade para determinar a aplicação dos arts. 5º e 8º do Código Penal "em conformidade com os direitos assegurados na Convenção Americana de Direitos Humanos e com o Pacto Internacional de Direitos Civis e Políticos".

▸ **Como esse assunto foi cobrado em concurso?**

No Concurso Público Nacional Unificado para ingresso na carreira da Magistratura do Trabalho (2017), elaborado pela Fundação Carlos Chagas, considerou-se **correto** o seguinte enunciado: "Tendo como base a jurisprudência do Supremo Tribunal Federal sobre tratados internacionais, o controle concentrado de convencionalidade somente seria possível nos casos em que um tratado ou convenção tenha sido aprovado pelo Poder Legislativo seguindo o processo de aprovação de emendas constitucionais."

6.3. Parâmetro de controle de constitucionalidade

É o **complexo de padrões normativos** dotados de supremacia constitucional suficiente para servir de **paradigma** no exame da constitucionalidade de certos atos.

6.3.1. Aspecto material: o "bloco de constitucionalidade"

No aspecto material (conceito amplo), o **parâmetro de controle de constitucionalidade** está conectado à ideia de ***bloco de constitucionalidade***, *i.e.*, o conjunto de elementos normativos dotados de características que lhes asseguram supremacia constitucional, seja a do tipo material, seja a da espécie formal (v. item 3).

Porém, como não admite o conceito de supremacia constitucional em sentido material para fins de controle de constitucionalidade, a **doutrina majoritária** acaba por adotar definição restritiva para a expressão "bloco de constitucionalidade", restringindo-a somente aos padrões normativos com hierarquia equivalente à das ***normas constitucionais no sentido formal*** (normas formalmente constitucionais).

> **▸ Como esse assunto foi cobrado em concurso?**
>
> O concurso para Juiz do TRF/5ª Região (2009/Cespe), apontou como **correta** a assertiva: "A expressão bloco de constitucionalidade pode ser entendida como o conjunto normativo que contém disposições, princípios e valores materialmente constitucionais fora do texto da CF formal." A posição trazida pela alternativa, ainda que não seja a adotada pela doutrina majoritária, não está equivocada, pois ressaltou a possibilidade de se adotar o conceito amplo de "bloco de constitucionalidade".

De qualquer modo, a noção do bloco de constitucionalidade abrange tanto o **gênero** (normas constitucionais) quanto as **espécies normativas** (regras e princípios constitucionais), não importam se *explícitas* ou simplesmente *implícitas*. Além disso, é irrelevante saber se a norma constitucional é ou não imediatamente aplicável. Isso porque mesmo as normas constitucionais de aplicabilidade somente mediata podem ser utilizadas como parâmetro de controle, já que possuem eficácia mínima que bloqueia a validade da legislação infraconstitucional incompatível (MC na ADI 2.381/RS).

Por outro lado, em teoria, é defensável a extensão do bloco de constitucionalidade aos ***preâmbulos*** das constituições, como ocorre no direito francês. No Brasil, contudo, essa **tese não foi admitida pelo STF**, para quem o preâmbulo da Constituição de 1988 não possui natureza normativa (ADI 2.076/AC).

> **▸ A EC 26/85 faz parte do bloco de constitucionalidade da atual Constituição brasileira?**
>
> No julgamento da ADPF 153/DF, em que se discutia a recepção da chamada "Lei de Anistia" (Lei 6.683/79), o Plenário do STF entendeu que a EC 26/85 é a "norma-origem" da Constituição de 1988, pois servira de instrumento convocatório da assembleia constituinte que elaborou o atual Texto Constitucional. Ademais, considerou a Corte que a nova ordem constitucional compreende "não apenas o texto da Constituição nova, mas também a norma-origem", *i.e.*, a própria EC 26/85. Portanto, nos termos decididos pelo Plenário do STF na ADPF 153/DF, as normas decorrentes da EC 26/85 também se incluiriam no bloco de constitucionalidade do sistema constitucional inaugurado em 1988. E esse foi um dos motivos utilizados para rejeitar o pedido da ADPF, pois a EC 26/85 reafirmara a anistia dada pela lei impugnada. (Sobre as polêmicas a envolver a EC 26/85, v. item 3.8 do Capítulo III e itens 1.4.2 e 1.5.1.3 do Capítulo IV, todos da Parte I deste Tomo.)

Ademais, há quem sustente o uso de normas de ***direito suprapositivo*** como parâmetro de aferição de constitucionalidade. Nesse sentido, a conhecida tese de **OTTO BACHOF**, segundo a qual o conceito material de constituição exige que se considere o "direito supralegal", de maneira que o bloco de constitucionalidade estaria composto, ainda, por "valores superiores" ligados ao direito natural. Todavia, essa concepção **não é aceita no Brasil**. Entende o **STF** que a Constituição Federal não dá poderes a nenhum órgão para "exercer o papel de fiscal do Poder Constituinte originário, a fim de verificar se este teria ou não violado os princípios de direito suprapositivos" (ADI 815/RS).

Mais recentemente, nos termos do § 3º acrescentado ao art. 5º da Constituição pela Reforma do Judiciário (EC 45/2004), ***tratados internacionais sobre direitos humanos*** poderão assumir a hierarquia normativa equivalente às emendas constitucionais, caso sejam aprovados pela Câmara e pelo Senado, em dois turnos de votação, por três quintos dos votos dos respectivos membros. Nessa hipótese, tais tratados farão parte também do bloco de constitucionalidade. (Sobre a constitucionalidade desse mecanismo de aprovação de tratados internacionais com *status* de norma constitucional, v. itens 2.2.2.4, 2.2.2.4.C e 2.2.3 do Capítulo II da Parte I do Tomo I, bem como o item 6.9.5 do Capítulo VII do Tomo II.)

▸ Atenção!

1) O referendo e a promulgação do primeiro tratado sobre direitos humanos com *status* de emenda constitucional (Convenção sobre os Direitos das Pessoas com Deficiência e de seu Protocolo Facultativo, assinados em Nova Iorque, em 30-3-2007) deram-se mediante o Decreto Legislativo 186, de 9-7-2008, e o Decreto 6.949, de 25-8-2009. Mesmo procedimento foi observado na aprovação do segundo tratado sobre direitos humanos com *status* de emenda constitucional (Tratado de Marraquexe para Facilitar o Acesso a Obras Publicadas às Pessoas Cegas, com Deficiência Visual ou com outras Dificuldades para Ter Acesso ao Texto Impresso, celebrado em Marraquexe, em 28-6-2013), conforme Decreto Legislativo 261, de 25-11-2015, e Decreto 9.522, de 8-10-2018.
2) Relativamente às alegações de ***descumprimento de preceito fundamental***, o bloco de constitucionalidade só englobará os preceitos constitucionais considerados "fundamentais". Ou seja, em termos materiais, o parâmetro de controle de constitucionalidade por via da ADPF é mais restrito que nas demais vias de fiscalização.
3) Embora muito importantes do ponto de vista constitucional, as leis financeiras não fazem parte do bloco de constitucionalidade e, portanto, tampouco servem de parâmetro para o controle de constitucionalidade de outras leis. Por isso, a despeito da exigência constitucional de prévia dotação orçamentária e de autorização específica em lei orçamentária (art. 169, § 1º, I e II), o STF considera insuscetível de análise, no controle de constitucionalidade, a alegação de descumprimento de leis financeiras. Ver ADI 3.599/DF, ADI 2.339/SC e ADI 2.343/SC.

▸ Extensão do bloco de constitucionalidade às chamadas "normas interpostas"?

Segundo a doutrina estrangeira, as "*normas interpostas*" (também conhecidas em Portugal como *"leis de valor reforçado"*) são aquelas que, embora veiculadas em ato destituído de *status* formal constitucional, foram editadas por imposição expressa das próprias constituições, para servirem de pressuposto normativo à futura atuação do legislador ordinário. Como a própria terminologia sugere, as normas interpostas ocupariam o conjunto normativo de nível hierárquico intermédio, situado entre a norma constitucional em virtude da qual foram produzidas e as normas infraconstitucionais que lhes devem obediência. Daí por que, nesse patamar intermediário, se somariam ao bloco de constitucionalidade, já que aptas a servirem de parâmetro de controle de constitucionalidade de certos atos normativos primários, tal como se reconhece na Itália, Espanha, Portugal e até na Alemanha.

No Brasil, porém, a própria existência desse tipo de normas é discutível, pois o STF não reconhece caráter hierárquico intermediário a nenhum tipo de lei, tampouco às leis complementares – a despeito da exigência *quorum* qualificado para aprová-las. Ademais, a Corte sempre entendera inviável o controle de constitucionalidade tendo por parâmetro quaisquer normas infraconstitucionais. Conforme jurisprudência pacífica da Corte, há "impossibilidade de controle abstrato da constitucionalidade de lei, quando, para o deslinde da questão, se mostra indispensável o exame do conteúdo de outras normas jurídicas infraconstitucionais de lei ou matéria de fato" (ADI 1.523/SC). No mesmo sentido, decidiu a Corte: "Tem-se inconstitucionalidade reflexa – a cuja verificação não se presta a ação direta – quando o vício de ilegitimidade irrogado a um ato normativo é o desrespeito à Lei Fundamental por haver violado norma infraconstitucional interposta, a cuja observância estaria vinculado pela Constituição" (ADI 3.132/SC).

O tema foi agitado no STF, por exemplo, na decisão monocrática do Min. GILMAR MENDES no MS 26.915/DF, em que se pleiteava a fiscalização judicial da constitucionalidade da tramitação de proposta de emenda constitucional utilizando-se como parâmetro de controle norma de Regimento Interno da Câmara dos Deputados (art. 43). O Ministro fez referências ao conceito de norma interposta dado por GUSTAVO ZAGREBELSKY e chegou até a avançar para a análise do mérito da impetração, após considerar que o "órgão jurisdicional competente deve examinar a regularidade do processo legislativo, sempre tendo em vista a constatação de eventual afronta à Constituição (CANOTILHO, J.J. Gomes. Direito Constitucional, *apud* MENDES, Gilmar. *Controle de Constitucionalidade*: aspectos jurídicos e políticos. Saraiva, 1990, p. 35-36), mormente, aos direitos fundamentais." Porém, o Ministro negou a liminar postulada, por entender que a interpretação conferida pela Mesa da Câmara dos Deputados ao dispositivo do regimento interno estaria, a princípio, de acordo com os ditames do devido processo legal legislativo.

Todavia, num precedente de 2016, o Plenário do STF, reflexamente, aderiu à tese da extensão do bloco de constitucionalidade às normas interpostas. Na MC na ADI 5.449/RR, após atribuir, implicitamente, valor hierárquico superior à lei complementar prevista no art. 169, *caput*, da Constituição Federal, a Corte acabou por declarar inconstitucional uma lei estadual por desrespeito aos limites de gastos fixados na Lei de Responsabilidade Fiscal – LRF (LC 110/2001). Entendeu-se que a questão não se resumia a uma mera "crise de legalidade", pois traduzia "problema de envergadura maior, a envolver a indevida apropriação de competências da União, em especial a de conceber limites de despesas com pessoal ativo e inativo (art. 169, *caput*, da CF)".

No mesmo sentido, em *obiter dicta* na ADI 3.796/PR, o Min. GILMAR MENDES concordou com a tese do precedente da MC na ADI 5.449/RR, por entender que "há casos em que o conflito entre a lei estadual e os ditames da Lei de Responsabilidade Fiscal não se resume à mera crise de legalidade, visto que põe em xeque a própria autoridade da Constituição Federal, notadamente no que se refere às competências legislativas ali demarcadas." Contudo, o Ministro GILMAR MENDES reputou que, na espécie, a afronta à lei complementar cingia-se "ao plano da ofensa reflexa".

Mais recentemente, o Plenário do STF voltou a utilizar disposição de lei complementar (art. 18 da LRF) como parâmetro interposto de controle da constitucionalidade, agora para invalidar disposição de constituição estadual. Na MC na ADI 6.129/GO (j. em 11-9-2019), após referências ao precedente firmado na MC na ADI 5.449/RR, a Corte entendeu que a competência concorrente de Estados para legislar sobre direito financeiro (art. 24, I, da CF) não os desobriga a exercê-la de acordo "com o próprio texto constitucional e com a legislação nacional editada pela União a título de legislar sobre normas gerais de Direito Financeiro (art. 24, inciso I e § 1º, c/c art. 163, I, e 169, caput, da CF), em especial a Lei de Responsabilidade Fiscal, Lei Complementar 101/2001, limitação que também alcança o exercício da autonomia e poder de auto organização do ente político (art. 25 da CF)." Daí ter sido julgado inconstitucional o "art. 113, § 8º, da Constituição goiana, com a redação dada pela EC 55/2017, ao determinar a exclusão do limite de despesa de pessoal das despesas com proventos de pensão e dos valores referentes ao Imposto de Renda devido por seus servidores, *contraria diretamente o art. 18 da LRF, pelo que incorre em inconstitucionalidade formal.*"

Reparar que, conforme ementa redigida pelo Min. ALEXANDRE DE MORAES, a incompatibilidade constitucional teria decorrido de *afronta direta* a regra de lei complementar, o que significa inegável adesão à tese da extensão do bloco de constitucionalidade às chamadas "normas interpostas". Todavia, conforme votos dos Ministros MARCO AURÉLIO, LUIZ FUX e ROSA WEBER, a inconstitucionalidade não decorrera de contrariedade direta ao art. 18 da LRF, senão ao bloqueio normativo representado por essa norma geral financeira editada pela União, o que impede, por parte dos Estados-membros, o exercício da competência legislativa em sentido diverso. Tudo nos termos dos artigos 24, I, e *caput* do 169, ambos da Constituição de 1988.

▸ Como esse assunto foi cobrado em concurso?

O concurso para Juiz de Direito do TJ/RJ (2016), considerou **errada** a assertiva com a seguinte redação: "há hierarquia e contradição entre normas constitucionais advindas do Poder Constituinte Originário, o que legitima o controle de constitucionalidade de normas constitucionais, produto do trabalho do Poder Constituinte Originário."

No concurso para Procurador da Fazenda Nacional (2006), elaborado pela Esaf, foi considerada **errada** a seguinte assertiva: "No Direito Brasileiro, considera-se impossível que uma norma inserida na Constituição possa ser tida como inconstitucional."

O concurso para Advocacia Geral da União (2004/Cespe), apontou como **correta** a assertiva: "Segundo doutrinadores ligados à corrente jusnaturalista, preexistem princípios à constituição escrita, autônomos em relação às decisões do legislador constituinte, e que o vinculam de tal sorte que as normas constitucionais que os contrariem devam ser consideradas juridicamente inválidas e não-obrigatórias."

6.3.2. Aspecto temporal do parâmetro de controle

Em matéria de identificação de parâmetros para controle de constitucionalidade, os aspectos temporais do conjunto de normas paramétricas variam de acordo com o tipo de fiscalização empreendido.

6.3.2.1. Parâmetro temporal amplo

Numa acepção temporal mais ampla daquilo que se entende por bloco de constitucionalidade, a fiscalização de constitucionalidade pode trabalhar tanto com parâmetros constitucionais que não vigoram mais (**normas revogadas**) quanto com normas que já tenham esgotado seu período de eficácia (**normas transitórias**). Daí ser possível declarar, após a vigência de uma nova constituição, a inconstitucionalidade originária de normas aprovadas ao tempo da constituição anterior. Exemplo: em 1993, quando já vigente a Constituição de 1988, o STF declarou a inconstitucionalidade de decretos-leis com base em parâmetros normativos da Constituição de 1969 (RE 148.754/RJ).

No direito brasileiro, contudo, esse tipo temporal mais amplo de parâmetro só pode ser inteiramente utilizado no **controle concreto/difuso de constitucionalidade**. Isso porque, em matéria de controle abstrato de constitucionalidade, a jurisprudência do STF adota certas restrições temporais referentes ao parâmetro utilizável, como ficará mais evidente no item a seguir.

> **▸ Atenção!**
> A partir do julgamento da ADI 2.158/PR, o Plenário do STF passou a entender que o parâmetro de controle abstrato da constitucionalidade alcança também os preceitos constitucionais que já tenham sido revogados ou substancialmente modificados por emendas à Constituição, desde que editados sob a nova ordem constitucional. (Sobre esse aspecto temporal restrito do bloco de constitucionalidade, cf. item 6.3.2.2.)

> **▸ Como esse assunto foi cobrado em concurso?**
> No concurso para Procurador do Banco Central do Brasil (2009/Cespe), o candidato deveria considerar **correta** a alternativa com a seguinte redação: "É possível a declaração de inconstitucionalidade de norma editada antes da atual Constituição e que tenha desrespeitado, sob o ponto de vista formal, a Constituição em vigor na época de sua edição, ainda que referida lei seja materialmente compatível com a vigente CF."

6.3.2.2. Parâmetro temporal restrito

Parâmetro de controle que utiliza apenas normas integrantes do sistema constitucional momentâneo, com exclusão das normas já revogadas, exauridas ou substancialmente modificadas.

Trata-se do tipo de parâmetro que o Plenário do STF sempre utilizou para restringir a fiscalização abstrata da constitucionalidade somente à defesa da *ordem constitucional vigente*. Nessa linha, conforme jurisprudência inaugurada em 1979 (Rep 1.012/SP), a atividade de controle abstrato não alcança parâmetros já superados, seja por novos modelos constitucionais (novas constituições), seja por emendas ou modificações constitucionais. Assim, o "controle concentrado de constitucionalidade é feito com base no texto constitucional em vigor", daí por que a "alteração substancial do texto constitucional em razão de emenda superveniente prejudica a análise da ação direta de inconstitucionalidade" (ADI 2.159/DF).

▸ **Atenção!**

Como sintetizado em decisão monocrática do Ministro CELSO DE MELLO, o controle abstrato de constitucionalidade "reveste-se de um só e único objetivo: o de julgar, em tese, a validade de determinado ato estatal contestado em face do ordenamento constitucional, ainda em regime de vigência" (ADI 595/ES).

Contudo, em relação aos efeitos de **reformas constitucionais** sobre o bloco de constitucionalidade, houve importante mudança de entendimento do STF. Atualmente, a Corte considera que a "alteração substancial do parâmetro constitucional utilizado para aferição de eventual inconstitucionalidade não enseja, automaticamente, prejuízo da respectiva ação direta" (ADI 4.698/DF, j. em 13-6-2018).

Isso porque, a partir de *virada de jurisprudência* ocorrida em 2010, no julgamento da ADI 2.158/PR, o Plenário da Corte passou a entender que o parâmetro de controle invocado na petição inicial, mesmo que posteriormente superado ou revogado por emenda constitucional, ainda poderá ser utilizado para declarar a inconstitucionalidade do ato impugnado. Para a Corte, "mais relevante do que a atualidade do parâmetro de controle é a constatação de que a inconstitucionalidade persiste e é atual, ainda que se refira a dispositivos da Constituição Federal que não se encontram mais em vigor".

▸ **Importante!**

Nessa ADI 2.158/PR, discutia-se a validade de lei estadual que instituíra contribuição previdenciária a ser paga por servidores estaduais inativos, numa época em que a Constituição Federal proibia tal cobrança. Contudo, após a propositura da ação, entrou em vigor a EC 41/2003, a qual passou a permitir a exação. Nada obstante, a Corte entendeu que a lei, "por ser inconstitucional ao tempo de sua edição" (1998), não poderia ser convalidada pela EC 41/2003. Assim, "se a norma não foi convalidada, isso significa que a sua inconstitucionalidade persiste e é atual, ainda que se refira a dispositivos da Constituição Federal que não se encontram mais em vigor". No mesmo precedente, o STF justificou essa extensão do parâmetro de controle abstrato de constitucionalidade, ao argumento de que a "jurisdição constitucional brasileira não deve deixar às instâncias ordinárias a solução de problemas que podem, de maneira mais eficiente, eficaz e segura, ser resolvidos em sede de controle concentrado de normas."

Hoje, portanto, o STF admite flexibilizar o estado de vigência das normas utilizáveis como parâmetro no controle abstrato de constitucionalidade, de modo a permitir a declaração de inconstitucionalidade de atos inicialmente impugnados com base em normas constitucionais já revogadas da Constituição de 1988 (v. ADI 2.189/PR, ADI 239/RJ e ADI 145/CE).

Porém, a análise dos precedentes (ADI 2.158/PR e a ADI 4.698/DF, sobretudo) indica que a preocupação da Corte é evitar seja cogitada a convalidação ou a constitucionalidade superveniente do ato impugnado por força das reformas constitucionais posteriores. Bem por isso, como constou da ementa da ADI 2.087/AM (j. em 12-4-2018), essa extensão do parâmetro de controle a normas constitucionais revogadas só é aceita "em casos excepcionais", "com vistas à máxima efetividade da jurisdição constitucional, ante a constatação de que a inconstitucionalidade persiste e é atual." (Sobre a constitucionalidade superveniente, v. item 6 do Capítulo V da Parte I.)

Com outras palavras: nas hipóteses em que a *inconstitucionalidade for persistente e atual*, a fim de *afastar a constitucionalização superveniente de preceito normativo originalmente inconstitucional*, a Corte poderá desconsiderar a revogação das normas constitucionais responsáveis pela invalidade do ato impugnado e, então, declará-lo inconstitucional no âmbito da fiscalização e abstrata. Nessas ***circunstâncias especiais***, a **restrição temporal do parâmetro** utilizado no controle abstrato de constitucionalidade **só exclui** as **normas constitucionais revogadas por novas constituições**.

7. ESPÉCIES DE CONTROLE DE CONSTITUCIONALIDADE

> ▸ **Atenção!**
> A exposição abordará somente as espécies institucionalizadas de controle de constitucionalidade. Todavia, o controle de constitucionalidade também pode ser exercido de modo *não institucionalizado*, pelo próprio corpo social. Isso porque a constitucionalidade de um ato pode despertar as mais diferentes formas de repulsa por parte de grupos sociais como a opinião pública, mídia, cidadãos, categorias, sindicatos, seja por formas de pressão praticadas de maneira velada, seja por manifestações como o direito individual de resistência e até a desobediência civil.

7.1. Em relação ao órgão

7.1.1. Controle político (não jurisdicional)

Numa *visão extensiva*, consideram-se **políticas** todas as formas de controle realizadas por **órgãos públicos sem natureza jurisdicional** (MAURO CAPPELLETTI e JOSÉ AFONSO DA SILVA). Assim, essa atividade de controle político pode recair, seja sobre órgãos especiais – como o Conselho Constitucional da França (*Conseil Constitutionnel*) ou o *Presidium* do Soviete Supremo da antiga URSS –, seja sobre o próprio Legislativo ou o Presidente da República, quando este, por exemplo, veta projetos de lei por motivo de inconstitucionalidade.

▸ **Atenção!**

Nessa acepção ampla, inclui-se o chamado ***autocontrole de constitucionalidade***, forma de fiscalização em que "somente o Parlamento se controla a si mesmo quando promulga uma lei" (WRÓBLEWSKI, 2018, p. 90), a exemplo do sistema polonês (entre 1952 e 1976) e o da antiga Alemanha Oriental.

Já numa *visão restritiva*, controle político da constitucionalidade é aquele exercido por órgão político de hierarquia superior e que não faz parte da estrutura de nenhum dos três Poderes clássicos. Nesse sentido, trata-se, basicamente, do controle feito por *tribunais constitucionais*, figura comum na Europa continental. É a posição de autores como MICHEL TEMER, ALEXANDRE DE MORAES e PEDRO LENZA.

No Brasil, prevalece a **visão extensiva**. Daí se considerarem formas *políticas* de controle da constitucionalidade (*i.e.*, não jurisdicionais):

(a) a fiscalização preventiva da constitucionalidade exercida pelo Congresso Nacional no curso do processo legislativo;

(b) o veto presidencial motivado por questões constitucionais (*veto jurídico*); bem como

(c) a possibilidade de sustação parlamentar dos atos normativos do Executivo, quando exorbitantes dos limites da delegação.

▸ **Atenção!**

Como afirma FIX-ZAMUDIO, todo juiz que decide sobre a constitucionalidade das disposições legislativas (inclusive a respeito de qualquer ato de autoridade), não importando seja juiz ordinário ou a pretexto de decidir um simples caso concreto, efetua tarefa ao mesmo tempo **jurisdicional** e **política**, entendida esta última como a interpretação e a aplicação dos valores supremos contidos na carta fundamental.

7.1.2. Controle jurisdicional (judicial)

Exercido por órgão a quem se concedem **poderes jurisdicionais**. É a regra brasileira, com relação ao controle repressivo.

▸ **Atenção!**

Num sentido amplo, até as *súmulas vinculantes* podem ser consideradas tipo especial de controle de constitucionalidade realizado pelo STF, pois servem para garantir a supremacia constitucional em face de atos ou interpretações divergentes. Porém, como as súmulas vinculantes são autênticos atos normativos produzidos em atividade materialmente legislativa e sem envolver o exercício jurisdicional, devem ser estudadas juntamente com outras espécies de atos normativos.

> **Como esse assunto foi cobrado em concurso?**
>
> No concurso para Juiz do TRT/23ª Região (2010), o candidato deveria considerar **errada** a seguinte assertiva: "O controle de constitucionalidade decorre do princípio da supremacia da constituição, tendo o Brasil adotado o sistema político, cabendo ao STF precipuamente a guarda da Constituição."

7.1.3. Controle misto

Forma de controle de constitucionalidade mediante a qual certos atos somente se sujeitam a controle político (por órgãos não jurisdicionais), enquanto outros só podem ser controlados por órgãos jurisdicionais (controle judicial). Exemplo clássico: sistema de controle de constitucionalidade observado na Suíça. Ver item 8.3.5.

> **Como esse assunto foi cobrado em concurso?**
>
> No concurso para Procurador do Ministério Público do TCE/MG (2007), elaborado pela Fundação Carlos Chagar, a seguinte assertiva foi considerada como **errada**:
>
> "A combinação dos critérios difuso e concentrado, este de competência do Supremo Tribunal Federal, sendo o controle exercido por via de exceção e por ação direta, declarando a inconstitucionalidade como ocorre no Brasil, e adotado pela Constituição Federal vigente, configura o controle misto."
>
> Em 2007, no concurso para Procurador do Ministério Público do TCE/MG, elaborado pela Fundação Carlos Chagas, a seguinte assertiva foi considerada **errada**:
>
> "Quando a Constituição submete certas categorias de leis ao controle político e outras ao controle jurisdicional, em que as leis federais ficam sob o controle do Congresso Nacional, e as leis locais sob o controle dos Tribunais Superiores, como ocorre na Suíça, caracteriza-se o controle como político, por ser este o predominante."

7.2. Em relação ao momento da realização

7.2.1. Controle preventivo

Tipo de controle exercido **anteriormente à promulgação da norma**. Visa, portanto, a evitar o ingresso de normas inconstitucionais no sistema jurídico. No caso das leis, trata-se da modalidade de controle realizada antes de se completar o processo legislativo, tal como notabilizada na França, por meio do trabalho do Conselho Constitucional (*Conseil Constitutionnel*). Ver item 8.3.2.

No Brasil, o **controle preventivo** da constitucionalidade das leis é exercido pelo **Legislativo** (por meio das mesas, comissões de constituição e justiça ou pelo próprio plenário de cada uma das Casas que compõem o Congresso Nacional). Por simetria, também pode ser realizado por órgãos similares das Assembleias Legislativas, Câmara Distrital e Câmaras municipais.

▸ **Mecanismos de controle preventivo da constitucionalidade previstos em disposições regimentais:**

A) Na Câmara dos Deputados: conforme regimento interno (RICD): (a) a presidência da Mesa da Casa Legislativa devolverá, ao autor da proposta, qualquer proposição que versar sobre matéria "evidentemente inconstitucional" (art. 137, § 1º, II, "b"); (b) o Plenário da Casa, em apreciação preliminar, deve deliberar sobre a constitucionalidade das proposições legislativas que lhe sejam submetidas (art. 145); (c) reputa-se prejudicada a discussão ou a votação de qualquer projeto semelhante a outro já "considerado inconstitucional de acordo com o parecer da Comissão de Constituição e Justiça e de Cidadania" (art. 163, II); e (d) não será submetida a votação a emenda parlamentar declarada inconstitucional ou injurídica pela Comissão de Constituição e Justiça e de Cidadania (art. 186, § 6º).

B) No Senado Federal: nos termos do RISF: (a) caso a Comissão de Constituição, Justiça e Cidadania emita parecer pela inconstitucionalidade e injuridicidade de qualquer proposição, esta é considerada rejeitada e arquivada definitivamente, por despacho do Presidente do Senado, salvo se, não sendo unânime o parecer, for interposto recurso nos termos do art. 254 do RISF (art. 101, § 1º); (b) porém, em se tratando de inconstitucionalidade parcial, a mesma Comissão de Constituição, Justiça e Cidadania "poderá oferecer emenda corrigindo o vício" (art. 101, § 2º); (c) também no âmbito da Comissão de Constituição, Justiça e Cidadania, quando o relator se pronunciar pela inconstitucionalidade ou injuridicidade da proposição, "é permitida sua retirada, antes de proferido o parecer definitivo, mediante requerimento ao Presidente da Comissão, que, o deferindo, encaminhará a matéria à Mesa, através de ofício, a fim de ser arquivada" (art. 257); (d) no Plenário da Casa, "não será submetida a votos emenda declarada inconstitucional ou injurídica pela Comissão de Constituição, Justiça e Cidadania, salvo se, não sendo unânime o parecer, o requererem líderes que representem, no mínimo, a maioria da composição do Senado" (art. 300, XVIII). (Sobre a ilegitimidade do controle preventivo de constitucionalidade decorrente da prática da devolução de medida provisória ao Presidente da República, v. item 6.4.4.1 do Capítulo 7 do Tomo II.)

Também é realizado pelos chefes do **Executivo**, quando decidem vetar propostas legislativas por motivo de inconstitucionalidade (poder de *veto jurídico*). LUÍS ROBERTO BARROSO lembra ainda da possibilidade de rejeição parlamentar do veto jurídico, pois "o juízo do Legislativo acerca da constitucionalidade ou não da norma prevalecerá sobre o do Executivo, convertendo-se o projeto em lei" (2009, p. 73).

Contudo, *excepcionalmente e só pela via concreta,* admite-se o **controle judicial preventivo**, para defender a observância do devido processo legislativo.

▸ **Importante:**

O primeiro precedente do STF a respeito ocorreu no julgamento do MS 20.257/DF, ainda ao tempo da Constituição passada, quando a Corte reconheceu a possibilidade de **controle judicial** das **vedações constitucionais de "apresentação"** e de "**deliberação**" de **propostas de emenda constitucional** acerca de matérias proibidas (*cláusulas pétreas*). Também na atual Constituição, o STF entende viável controlar a constitucionalidade de propostas de emenda constitucional, até porque o § 4º do art. 60 reproduz as mesmas proibições que havia na Constituição anterior (cf., *v.g.*, MS 21.648/DF, MS 22.503/DF e MS 23.047/DF). Ademais, com a evolução da jurisprudência, o STF passou a admitir o controle judicial preventivo não só das propostas de emenda à constituição, como ainda de projetos de **leis**, desde que alegado o desrespeito às normas constitucionais que regulam o devido processo legislativo. Nesse sentido, já decidiu o **STF** que o "processo de formação das leis ou de elaboração de emendas à Constituição revela-se suscetível de controle incidental ou difuso pelo Poder Judiciário" (Pleno, MS 23.565/DF).

O instrumento judicial admitido para tal finalidade é o *mandado de segurança*, cuja legitimidade ativa, segundo o STF, pertence **exclusivamente aos próprios parlamentares** com assento na Casa Legislativa onde tramita a proposta questionada. Para a Corte, eles são os únicos a dispor da prerrogativa "de impugnar, em juízo, o eventual descumprimento, pela Casa legislativa, das cláusulas constitucionais que lhe condicionam, no plano material ou formal, a atividade de positivação das regras legais" (decisão monocrática do Min. CELSO DE MELLO no MS 23.328/DF). Todavia, na linha definida por JOSÉ CARLOS FRANCISCO, parece também admissível que partido político, com representação na Casa Legislativa em que tramita a proposta inconstitucional, possa ajuizar mandado de segurança coletivo com o mesmo objeto.

▸ **Atenção!**

A "**superveniência da aprovação parlamentar** do projeto de lei ou da proposta de emenda à Constituição implica a **perda da legitimidade ativa** dos membros do Congresso Nacional" (STF, decisão monocrática do Min. CELSO DE MELLO no MS 22.487/DF). No mesmo sentido, no STF, cf. MS 21.648/DF e MS 22.986/DF.

No caso de leis federais, o processo judicial é da competência do STF (Constituição, art. 102, I, "d"). Já os fundamentos da ação devem ater-se a **inconstitucionalidades *formais*** (vícios do processo legislativo). Isso porque, diferentemente do que ocorre com as propostas de emenda constitucional, cujos defeitos materiais se repercutem no próprio processo legislativo (cf. item 4.1.3), descabem alegações baseadas no conteúdo dos projetos de lei (inconstitucionalidade material) (STF, MS 24.138/DF e 32.033/DF).

▸ **Atenção!**

Excepcionalmente, conforme § 4º do art. 60 da Constituição, o processo legislativo referente às propostas de emenda constitucional (PECs) acaba por proibir a "deliberação" sobre determinados assuntos (cláusulas pétreas). Daí, o controle judicial preventivo admite discutir até a constitucionalidade do conteúdo de PECs, sempre que invocados os limites materiais do poder de reforma constitucional. Contrariamente, as normas constitucionais relativas às demais formas de processo legislativo não preveem proibição deliberativa semelhante. De modo que a impugnação judicial do conteúdo de outros tipos de propostas que não as PECs (tais como projetos de "lei"), como não diz com o processo legislativo em si, tampouco se pode fazer preventivamente. O ataque judicial, portanto, só será possível na modalidade repressiva, *i.e.*, a partir da finalização do ato normativo. Por isso mesmo, após entender que os fundamentos do pedido não envolviam alguma violação ao devido processo legislativo, o STF indeferiu mandado de segurança no qual se alegava a inconstitucionalidade material de projeto de lei que criava restrições à criação de novos partidos políticos (MS 32.033/DF, Plenário).

Tampouco se admitem causas de pedir fundadas no descumprimento de **regimentos internos** das Casas Legislativas, pois tais normas se inserem no campo ***interna corporis***, "que só pode encontrar solução no âmbito do Poder Legislativo" (MS 22.503/DF).

▸ Como o STF enfrentou o tema:

Conforme decidiu o Plenário do STF, a excepcional legitimidade do parlamentar para exercer controle concreto e preventivo de constitucionalidade está diretamente relacionada a aspectos formais e procedimentais da atuação legislativa. De modo que a "prematura intervenção do Judiciário em domínio jurídico e político de formação dos atos normativos em curso no Parlamento, além de universalizar um sistema de controle preventivo não admitido pela Constituição, subtrairia dos outros Poderes da República, sem justificação plausível, a prerrogativa constitucional que detém de debater e aperfeiçoar os projetos, inclusive para sanar seus eventuais vícios de inconstitucionalidade. Quanto mais evidente e grotesca possa ser a inconstitucionalidade material de projetos de leis, menos ainda se deverá duvidar do exercício responsável do papel do Legislativo, de negar-lhe aprovação, e do Executivo, de apor-lhe veto, se for o caso" (MS 32.033/DF).

▸ Como esse assunto foi cobrado em concurso?

No concurso para Juiz do TRF/2ª Região (2009), o candidato deveria considerar como **errada** a seguinte assertiva: "O controle prévio ou preventivo de constitucionalidade realizado pelo Poder Legislativo incide sobre todos os projetos de atos normativos."

No concurso para Advogado da União (2009), o candidato deveria considerar **correta** a seguinte alternativa: "É admissível o controle de constitucionalidade de emenda constitucional antes mesmo de ela ser votada, no caso de a proposta atentar contra cláusula pétrea, sendo o referido controle feito por meio de mandado de segurança, que deve ser impetrado exclusivamente por parlamentar federal."

Já o concurso para Procurador Federal (2010/Cespe) considerou **correta** a seguinte assertiva: "De acordo com entendimento do STF, o controle jurisdicional prévio ou preventivo de constitucionalidade sobre projeto de lei ainda em trâmite somente pode ocorrer de modo incidental, na via de exceção ou defesa."

Em 2011, o concurso para Juiz do TRF/5ª Região considerou **errada** a seguinte alternativa: "O controle prévio ou preventivo de constitucionalidade não pode ocorrer pela via jurisdicional, uma vez que ao Poder Judiciário foi reservado o controle posterior ou repressivo, realizado tanto de forma difusa quanto de forma concentrada."

No concurso para Juiz do TJPB (2011), foi considerada **correta** a seguinte alternativa: "O controle judicial preventivo de constitucionalidade, que envolve vício no processo legislativo, deve ser exercido pelo STF via mandado de segurança, caracterizando-se como controle em concreto e efetivando-se de modo incidental."

O concurso para Procurador da República (2011) considerou **correta** a seguinte assertiva: "Existe a possibilidade de controle preventivo de constitucionalidade no caso de proposta de emenda constitucional infringente de cláusula pétrea."

O concurso para Procurador da República (2011) considerou **correta** a afirmativa: "Muito embora seja possível o controle de constitucionalidade de emendas constitucionais, este, no que diz respeito ao aspecto material, fica restrito à compatibilidade ou não da reforma constitucional às chamadas 'cláusulas pétreas'."

O concurso para Juiz do TRT/2ª Região (2012) considerou **correta** a afirmativa: "O sistema brasileiro admite o controle judicial preventivo, nos casos de mandado de segurança impetrado por parlamentar com objetivo de impedir a tramitação de projeto de emenda constitucional lesiva às cláusulas pétreas."

No concurso para Agente de Fiscalização do TCESP (2017/Vunesp), foi considerada **correta** a afirmação: "No que diz respeito às espécies de controle de constitucionalidade, é correto afirmar que o sistema brasileiro não contempla o controle judicial preventivo concentrado."

O concurso para o cargo de Analista Legislativo da Assembleia Legislativa/AP (2020/FCC) considerou **correta** a seguinte afirmativa acerca do veto oposto pelo chefe do Executivo a projeto de lei: o "veto jurídico pode ser considerado uma forma de controle de constitucionalidade preventivo e não judicial."

No mesmo concurso para o cargo de Analista Legislativo da Assembleia Legislativa/AP (2020/FCC), foi considerada **correta** a afirmativa: "é cabível mandado de segurança, para tutela do direito dos Deputados Estaduais ao devido processo legislativo, por ofensa a regra constitucional que impede seja reapresentada matéria objeto de projeto de lei na mesma sessão legislativa em que rejeitada, salvo mediante proposta da maioria absoluta dos membros da Casa legislativa.

▸ **Como esse assunto foi cobrado em questões dissertativas de concurso?**

No concurso para Juiz do TRF/5ª Região (2015), arguiu-se ao candidato: **"**Disserte sobre o tema controle de constitucionalidade, abordando, necessariamente, os aspectos a seguir:

No que se refere ao controle preventivo de constitucionalidade de lei federal pelo Judiciário, considere os seguintes pontos: controle concreto ou abstrato; legitimados ativos e passivos; a(s) hipótese(s) de cabimento; meio(s) viável(is) para a realização de tal controle; e os efeitos da decisão".

7.2.2. Controle repressivo

Objetiva declarar a inconstitucionalidade de ato normativo em momento posterior à respectiva promulgação.

No Brasil, via de regra, é da competência exclusiva do **Judiciário** (MC na ADI 221/DF). Em razão do princípio da presunção de constitucionalidade dos atos do Poder Público, apenas o Poder Judiciário tem competência constitucional para invalidar leis ou atos normativos já promulgados.

Porém, são admissíveis **exceções** como:

A) sustação parlamentar de ato normativo do Executivo que exorbite do poder que lhe fora delegado (art. 49, inciso V);

B) rejeição parlamentar de medida provisória baixada pelo Presidente da República (art. 62, § 5º);

C) controle legislativo dos pressupostos constitucionais dos decretos de intervenção federal (Constituição, art. 36, § 1º), do estado de defesa (Constituição, art. 136, §§ 4º a 7º), bem como a sustação do estado de sítio (Constituição, art. 49, IV);

D) controle da constitucionalidade em concreto, por parte dos tribunais de contas, no estrito exercício de suas funções técnicas (Súmula 347/STF).

▸ **Atenção!**

a) Boa parte da doutrina sustenta ser outra exceção o caso, também previsto no inciso V do art. 49, do decreto legislativo que susta ato normativo do Executivo exorbitante do poder regulamentar. Todavia, não se trata de autêntico de controle de constitucionalidade, pois tal sustação se limita ao reconhecimento da ***ilegalidade*** do regulamento. Ver item 4.2.

b) A partir de 2006, embora somente por decisões monocráticas, vê-se que o STF já se inclina pela revogação da Súmula 347/STF, aprovada em 1963. Ver MC no MS 25.888/DF e MC no MS 29.123/DF, Min. GILMAR MENDES; MC no MS 28.745/DF, Min. ELLEN GRACIE; MC no MS 27.796/DF, Min. CARLOS BRITTO; MC no MS 27.337/DF, Min. EROS GRAU; MC no MS 27.743/DF, Min. CÁRMEN LÚCIA; ED na MC no MS 25.986/DF; e MC no MS 26.410/DF, Min. RICARDO LEWANDOWSKI. Mais recentemente, v. MC no MS 35.410/DF (j. em 15-12-2017) e MC no MS 35.490/DF (j. em 6-2-2018), ambas proferidas pelo Min. ALEXANDRE DE MORAES. Porém, como disse o Min. MARCO AURÉLIO na MC no MS 31.439/DF e nos ED na MC no MS 26.783/DF, referida súmula ainda prevalece, pelo menos enquanto não revogada pelo Plenário da Corte. (Ver discussão no item 2.1.2.)

Sobre outras hipóteses controversas de controle repressivo realizado por órgãos não judiciais no Brasil, v. item 2.1 do Capítulo II.

▸ **Como esse assunto foi cobrado em concurso?**

No concurso para Auditor Fiscal do Trabalho, realizado pela Esaf, o candidato deveria considerar **correta** a seguinte alternativa: "A extrapolação, pelo Poder Executivo, no uso do seu poder regulamentar, caracteriza, segundo a jurisprudência do STF, uma ilegalidade e não uma inconstitucionalidade, uma vez que não há ofensa direta e literal de dispositivo da Constituição."

<table>
<tr><th colspan="2">MOMENTO DE REALIZAÇÃO DO CONTROLE DE CONSTITUCIONALIDADE
(Modelo Brasileiro)</th></tr>
<tr><th>Controle preventivo</th><th>Controle repressivo</th></tr>
<tr><td>Poder Legislativo:
- realizado pelas mesas, comissões de constituição e justiça ou pelo próprio plenário de cada uma das Casas que compõem o Congresso Nacional. Por simetria, também pode ser realizado por órgãos similares das Assembleias Legislativas, Câmara Distrital e Câmaras municipais.</td><td>Poder Judiciário (regra geral):
- realizado no âmbito de processos judiciais.
Poder Legislativo e seus órgãos auxiliares:
- excepcionalmente, por meio de:
a) sustação parlamentar de ato normativo do Executivo que exorbite do poder que lhe fora delegado (art. 49, inciso V);</td></tr>
<tr><td>Poder Executivo:
- poder de veto (veto jurídico) concedido a todo chefe do Executivo (Presidente da República, Governadores e Prefeitos).
Poder Judiciário:
- excepcionalmente, por meio de MS impetrado por parlamentar, com a finalidade de defender a observância do devido processo legislativo.</td><td>b) rejeição parlamentar de medida provisória baixada pelo Presidente da República (art. 62, § 5º);
c) controle legislativo dos pressupostos constitucionais dos decretos de intervenção federal (Constituição, art. 36, § 1º) e do estado de defesa (Constituição, art. 136, §§ 4º a 7º) e sustação do estado de sítio (Constituição, art. 49, IV);
d) controle da constitucionalidade em concreto, por parte dos tribunais de contas, no estrito exercício de suas funções técnicas (Súmula 347/STF).
Sobre outras hipóteses controversas, v. item 2.1 do Capítulo II.</td></tr>
</table>

▸ Como esse assunto foi cobrado em concurso?

No concurso para o cargo de Advogado do Instituto de Previdência dos Servidores do Estado do Espírito Santo – IPAJM (2010), o candidato deveria considerar **errada** a seguinte assertiva: "No Brasil, o controle preventivo de constitucionalidade ocorre apenas de duas maneiras: por intermédio das comissões de constituição e justiça do Poder Legislativo e pelo veto do presidente da República."

No concurso para Juiz do TRT/23ª Região, (2010), o candidato deveria considerar **errada** a seguinte assertiva: "O controle de constitucionalidade também pode ser classificado em repressivo e preventivo, este último controle pode ser realizado através do veto político do chefe do Poder Executivo."

Em concurso para Juiz do TRF/1ª Região (2009), foi considerada **errada** a seguinte alternativa: "no Brasil, o controle repressivo é feito exclusivamente pelo Poder Judiciário, e o controle preventivo, pelos Poderes Legislativo e Executivo."

Com redação bastante semelhante, o concurso para Juiz do TRF/2ª Região (2009), realizado pouco depois da prova do TRF/1ª Região, indicou como **errada** a seguinte alternativa: "No Brasil, o controle posterior ou repressivo de constitucionalidade é exercido com exclusividade pelo Poder Judiciário, tanto de forma difusa como concentrada."

No concurso para Juiz do TJSP (2018/Vunesp), foi considerada **correta** a afirmação: "Embora o controle repressivo de constitucionalidade seja, em regra, exercido pelo Judiciário, existem exceções, uma delas correspondente ao juízo sobre a constitucionalidade das medidas provisórias que cada uma das Casas do Congresso Nacional realiza antes de deliberar sobre o seu mérito."

No mesmo concurso para Juiz do TJSP (2018/Vunesp), foram consideradas **incorretas** as afirmações: "De acordo com a jurisprudência do STF, têm legitimidade para a impetração de mandado de segurança com o objetivo de impedir desvios institucionais na elaboração dos atos normativos os mesmos legitimados pelo artigo 103 da Constituição para a propositura de ação direta de inconstitucionalidade":

"Embora o controle preventivo de constitucionalidade seja exercido, em regra, como fase própria do processo legislativo, existe também previsão constitucional de seu exercício por órgão jurisdicional, em via mandamental ou de ação direta de inconstitucionalidade; e"

"De acordo com a jurisprudência do STF, o mandado de segurança pode ser utilizado para impedir a tramitação de projeto de lei ou proposta de emenda constitucional que contenha vício de inconstitucionalidade formal ou material."

8. CONTROLE JUDICIAL DA CONSTITUCIONALIDADE

8.1. Espécies

Relativamente às formas com que se manifesta, é possível dividir o controle de constitucionalidade de tipo judicial sob diversos enfoques.

8.1.1. Quanto à difusão da competência controladora

Com referência ao número de órgãos dotados de competência para realizá-lo, o controle judicial divide-se em:

A) **Concentrado** ou **centralizado**: realizado por **órgão** ou **tribunal especial**, taxativamente identificado pelo ordenamento jurídico para exercer controle de constitucionalidade.

B) **Difuso** ou **descentralizado**: quando se permite a **todo** e **qualquer juiz** ou **tribunal** o controle de constitucionalidade no exercício da jurisdição constitucional.

C) **Misto**: sistema de controle que admite tanto modalidades **difusas** quanto **concentradas** de fiscalização da constitucionalidade.

CONTROLE JUDICIAL SEGUNDO O CRITÉRIO DA DIFUSÃO A COMPETÊNCIA CONTROLADORA		
Concentrado ou centralizado	**Difuso ou descentralizado**	**Misto**
realizado por órgão ou tribunal especial, taxativamente identificado pelo ordenamento jurídico para exercer controle de constitucionalidade.	permite a todo e qualquer juiz ou tribunal o controle de constitucionalidade no exercício da jurisdição constitucional.	admite tanto modalidades difusas quanto concentradas de fiscalização judicial da constitucionalidade.

8.1.2. Quanto ao plano de incidência do controle

A se considerar o plano de incidência da fiscalização em face do ato fiscalizado, o controle judicial divide-se em:

A) **Abstrato**: controle exercido sob o prisma da defesa da supremacia constitucional no âmbito do sistema jurídico positivo, aferindo-se a constitucionalidade do ato fiscalizado **sem situá-lo no plano concreto de incidência fática**, desconsiderando os chamados *fatos singulares da causa*. Nesse sentido, ao declarar que certa norma é inconstitucional, o órgão julgador desempenha papel de *legislador negativo* (KELSEN), pois expulsa do sistema jurídico o ato inconstitucional, da mesma maneira **genérica** e **abstrata** com que este fora concebido, numa decisão dotada de **efeitos gerais** (*erga omnes*).

B) **Concreto**: modalidade de controle de constitucionalidade em que a avaliação da questão constitucional se efetiva de forma vinculada à **incidência concreta do ato fiscalizado**, diante das possíveis consequências jurídicas deste às relações jurídicas concretas examinadas no caso. Não examina a questão constitucional hipoteticamente, mas sim diante das repercussões que ela gera com referência aos *fatos singulares da causa*. Por isso, a declaração de inconstitucionalidade somente afasta a aplicação do ato no caso concreto.

▸ **Importante:**

Diferença entre *fatos singulares da causa* e *fatos gerais* ou *fatos legislativos*. *Fatos singulares da causa* são aqueles que dizem respeito a situações específicas do caso concreto. Não despertam maiores análises no âmbito do controle abstrato, pois a elucidação delas serve apenas para definir qual dos sujeitos envolvidos no processo tem razão quanto ao mérito de demandas concretas. Já os chamados *fatos gerais* (ou *fatos legislativos*) formam o conjunto de relações fáticas que o legislador pretendeu abstratamente sujeitar à disciplina da norma impugnada ou que estejam direta ou indiretamente envolvidas no programa normativo do ato examinado. São fatos cuja determinação pode ser decisiva para resolver a questão da constitucionalidade, seja no âmbito do controle abstrato, seja no âmbito do controle concreto de constitucionalidade. Sobre a possibilidade de se examinar questões de fato no âmbito do controle abstrato de constitucionalidade, v. item 4.1.9 do Capítulo IV, acerca do *princípio do controle material*.

CONTROLE JUDICIAL SEGUNDO O PLANO DE INCIDÊNCIA DO CONTROLE	
Abstrato	**Concreto**
- análise da constitucionalidade é realizada sem situar o ato em seu plano de incidência fática; - função do órgão julgador equivale à de um "legislador negativo" (KELSEN), pois a declaração de inconstitucionalidade é capaz de expurgar o ato	- análise da constitucionalidade do ato é realizada de forma vinculada ao plano de incidência concreta do ato fiscalizado, considerando-se as possíveis consequências jurídicas da aplicação dele ao caso concreto;
inconstitucional do sistema jurídico, de maneira genérica e abstrata, e com efeitos gerais (*erga omnes*).	- função do órgão julgador é simplesmente afastar a aplicação do ato inconstitucional ao caso concreto.

8.1.3. Quanto à finalidade do controle

A defesa da constitucionalidade pode ter por escopo a depuração da ordem jurídica positiva ou o julgamento de controvérsias concretas. Nesses termos, fala-se em dois tipos de fiscalização da constitucionalidade:

A) **Objetiva**: fiscalização que se desenvolve com a finalidade específica de **defender a supremacia constitucional na ordem jurídica**, sem preocupação direta com os efeitos concretos do ato fiscalizado, nem com a eventual posição material das partes que compõem a relação processual. Exemplo: o controle de constitucionalidade exercido nas ações diretas de inconstitucionalidade.

B) **Subjetiva**: sistema de controle de constitucionalidade instituído **para resolver casos concretos** que envolvam pessoas, situações e relações jurídicas determinadas, em face das quais surjam questões constitucionais. Nessas hipóteses, embora a supremacia constitucional seja indiretamente defendida, o provimento judicial tem por objetivo imediato a **solução do conflito de interesses** instaurado entre partes que ocupam posições antagônicas no plano do direito material. Exemplo: o controle de constitucionalidade feito em casos concretos.

CONTROLE JUDICIAL SEGUNDO A FINALIDADE DO CONTROLE	
Objetiva	**Subjetiva**
Fiscalização cuja finalidade específica é **defender a ordem jurídica**, sem preocupação direta com os efeitos concretos do ato fiscalizado, nem com a eventual posição material das partes que compõem a relação processual. Exemplo: o controle de constitucionalidade exercido nas ações diretas de inconstitucionalidade.	Fiscalização cuja finalidade é **resolver casos concretos** que envolvam pessoas, situações e relações jurídicas determinadas, em face das quais surjam questões constitucionais. Exemplo: o controle de constitucionalidade feito em casos concretos.

8.1.4. *Quanto à via de controle*

A) **Via principal:** tipo de controle em que a **declaração de (in)constitucionalidade** diz respeito ao **pedido principal**, ou seja, ao **objeto da ação**. Exemplo: na ação direta de inconstitucionalidade, o pedido é a própria declaração de inconstitucionalidade.

B) **Via incidental:** modalidade de fiscalização em que a controvérsia constitucional é posta como **questão incidental do julgamento judicial**. Exemplo: numa ação tributária em que se pleiteia a restituição do pagamento de imposto instituído por lei inconstitucional, a questão constitucional é mero incidente necessário ao julgamento do objeto da causa.

CONTROLE JUDICIAL SEGUNDO A VIA DE CONTROLE	
Via principal	**Via incidental**
Tipo de controle em que a declaração de (in)constitucionalidade diz respeito ao pedido principal, ou seja, ao objeto da ação. Exemplo: na ação direta de inconstitucionalidade, o pedido é a própria declaração de inconstitucionalidade.	Modalidade de fiscalização em que a controvérsia constitucional é posta como questão incidental do julgamento judicial. Exemplo: numa ação tributária em que se pleiteia a restituição do pagamento de imposto instituído por lei inconstitucional, a questão constitucional é mero incidente necessário ao julgamento do objeto da causa.

8.1.5. *Quanto à prevalência do controle*

A) **Forte:** tipo de fiscalização no qual pertence ao órgão judicial o *monopólio da última palavra* sobre questões constitucionais, de modo que a eventual superação de uma declaração judicial de inconstitucionalidade de normas só pode ocorrer mediante a aprovação de emenda à constituição utilizada como parâmetro de controle. Exemplos: sistemas brasileiro, norte-americano e dos países da Europa continental. (Sobre o problema da superação legislativa de decisões judiciais no direito brasileiro, v. item 6.1 do Capítulo V da Parte I deste Tomo; e item 3.4 do Capítulo 7 do Tomo II.)

B) **Fraco:** modelo em que não radica no Judiciário o monopólio da última palavra em matéria de controle de constitucionalidade, pois o Legislativo detém a prerrogativa de contornar ou sustar decisões judiciais declaratórias da inconstitucionalidade de normas. Trata-se da figura da *superação legislativa* de precedentes judiciais ("legislative override"), instituto que opera por expedientes como resoluções suspensivas ou mesmo a repromulgação da norma declarada inconstitucional. Exemplo clássico: no Canadá, o sistema permite ao legislador reeditar a lei declarada inconstitucional pela Suprema Corte, com a consequente suspensão do pronunciamento desta por até cinco anos (prorrogáveis). Assim, com base na chamada **cláusula não obstante** ("notwithstanding clause"), prevista na Carta de Direitos e Liberdades do Canadá, admite-se que atos legislativos supervenientes possam convalidar a aplicabilidade de determinada norma, *não obstante sua inconstitucionalidade*. Segundo autores como VIRGÍLIO AFONSO DA SILVA (2009) e ANA MANUELA SILVA JOÃO (2019), também se incluem nesse modelo *fraco* o sistema inglês de controle de constitucionalidade, tal como instituído pelo *Human Rights Act* (1998), bem como o sistema neozelandês.

▸ **Atenção!**

1) É possível dizer que o **Brasil** *já adotou o modelo fraco de controle judicial de constitucionalidade durante a vigência da* **Constituição de 1937**, cujo parágrafo único do art. 96 (revogado em 1945) dizia: "No caso de ser declarada a inconstitucionalidade de uma lei que, a juízo do Presidente da República, seja necessária ao bem-estar do povo, à promoção ou defesa de interesse nacional de alta monta, poderá o Presidente da República submetê-la novamente ao exame do Parlamento: se este a confirmar por dois terços de votos em cada uma das Câmaras, ficará sem efeito a decisão do Tribunal."

2) Em 2015, foi arquivada tentativa de reinstituir no Brasil a modalidade fraca de controle de constitucionalidade. Nos termos da PEC n. 33/2011, pretendia-se alterar o art. 102 da CF/88, a fim de que as decisões proferidas em ações diretas, quando declarassem a inconstitucionalidade material de emendas à Constituição Federal, não produzissem efeitos imediatos, devendo antes ser submetidas à apreciação do Congresso Nacional.

3) De qualquer forma, a insubmissão do Legislador ao efeito vinculante das decisões que declaram a inconstitucionalidade em tese acaba por enfraquecer o sistema brasileiro de controle abstrato de constitucionalidade (ver item 3.2.4.1 do Capítulo V), à medida que tem sido frequente a edição de atos legislativos de conteúdo igual ou semelhante àqueles já declarados inconstitucionais pelo STF. Dessarte, embora a decisão judicial em si não seja diretamente atingida, obtém-se a superação parcial da declaração de inconstitucionalidade, ainda que sem caráter retroativo, dada a imediata aplicabilidade da legislação superveniente, "não obstante" padecer de idêntica desconformidade constitucional.

CONTROLE JUDICIAL SEGUNDO A PREVALÊNCIA	
Forte	**Fraco**
- tipo de fiscalização no qual pertence ao órgão judicial o *monopólio da última palavra* sobre questões constitucionais; - eventual superação de uma decisão judicial que declara a inconstitucionalidade de normas só pode ocorrer mediante a aprovação de emenda à constituição utilizada como parâmetro de controle; - modelo adotado no Brasil e na maioria dos países que possuem controle judicial de constitucionalidade.	- modelo de controle em que o legislativo detém a prerrogativa de contornar ou sustar a decisão judicial declaratória da inconstitucionalidade de normas; - admite a superação legislativa de precedentes judiciais ("legislative override"); - sistema adotado no Canadá, no Reino Unido, a partir de 1998, bem como no Brasil, durante a vigência da Constituição de 1937.

8.2. Origem

Antes de qualquer tribunal proceder a modalidades de controle da constitucionalidade, já havia exemplos da atribuição de supremacia a determinado corpo normativo: (a) no direito ateniense, o *nomos* - o direito formal - prevalecia ante o *pséfisma* - espécie de decreto; (b) no caso Bonham (1610), o juiz inglês EDWARD COKE decidiu que a lei não poderia estar em contradição com o direito natural (*natural equity*); (c) em julgamento de 1761, o juiz JAMES OTIS encontrou razões jurídicas "superiores" para invalidar leis fiscais adotadas contra colonos norte-americanos. Entretanto, todos esses registros históricos estavam inteiramente atrelados à ascendência de um tipo de **direito natural** em face do direito positivo.

A ligação entre **constitucionalismo**, **constituições rígidas**, **supremacia constitucional** e **controle judicial de constitucionalidade** só surgiu com **ALEXANDER HAMILTON**, num estudo escrito em 1788 (texto n. 78 de *O federalista*), quando dos debates para referendar o texto da Constituição norte-americana de 1787. Embora não houvesse previsão específica para concluir pela possibilidade de controle judicial da constitucionalidade das leis, HAMILTON embasou-se nas seguintes premissas lógicas: (a) a vontade do povo, materializada na Constituição, é qualitativamente superior à vontade do Legislativo, que se manifesta nas leis em geral; (b) a função do Judiciário é interpretar a lei; (c) a Constituição é a lei básica (*lex superior*) e como tal deve ser considerada pelos juízes; assim: (d) se um juiz se deparar com normas contrastantes entre si, e se uma delas for de natureza constitucional, é esta que deverá prevalecer.

8.2.1. O controle judicial difuso/concreto

Pouco tempo depois de publicadas as ideias de HAMILTON, começou a prosperar na cultura jurídica americana a aceitação da legitimidade política dos juízes para declarar a inconstitucionalidade das leis. Tratava-se, todavia, da defesa de um controle de constitucionalidade de **tipo difuso**, cuja competência era reconhecida como inerente à atividade judicial.

Os primeiros precedentes a negar aplicação de leis por motivo de inconstitucionalidade ocorreram na Justiça dos Estados de Nova Jersey (1780) e da Virgínia (1782). Porém, foi a Suprema Corte americana, interpretando o confuso art. VI, cláusula 2ª, da Constituição de 1787, que proclamou em termos claros o princípio segundo o qual a lei contrária à Constituição é ato sem valor. Tratou-se do famoso voto do ***Chief Justice*** **John Marshall**, no célebre caso **William Marbury *vs.* James Madison (1803)**.

A despeito da experiência americana, seguia forte o pensamento, inspirado na rígida tripartição dos Poderes, segundo o qual a eliminação da lei inconstitucional afigurava-se apenas "possível", mas desde que houvesse explícita previsão e disciplina do controle. Nesse prumo, em países como o Brasil, o modelo americano só foi adotado depois de consagradas formas explícitas de controle da constitucionalidade por parte dos magistrados em geral.

8.2.2. O controle judicial concentrado/abstrato

Na Europa, sempre houve resistência a que juízes em geral fizessem controle de constitucionalidade dos atos parlamentares. Com exceção do modelo difuso adotado por algumas poucas constituições (tal como a Constituição portuguesa de 1911), os europeus não concordavam em conceder a juízes comuns competência para julgar controvérsias de forte conotação política, como aquelas de natureza constitucional. Apesar de aceita como possibilidade teórica, a eliminação judicial das leis inconstitucionais não era considerada decorrência "natural" da adoção de constituição rígida. Assim, a lei desfrutava de indiscutível papel na legitimação do poder estatal (***princípio da soberania do parlamento***).

Esse estado de coisas durou até o **início do século XX**, quando surgiu um tipo novo de controle judicial da constitucionalidade das leis, baseado em premissas inteiramente distintas das do paradigma americano. A partir de projetos elaborados por **KELSEN,** vingou no texto final da Constituição de 1920 da **Áustria** a ideia de conferir a um órgão judicializado a **custódia constitucional**. Todavia, para evitar o risco de um "governo dos juízes", optou KELSEN por concentrar essa tarefa num só tribunal (**tribunal constitucional**).

Daí se falar no modelo austríaco de **controle *concentrado* de constitucionalidade**, em que a guarda da constituição é confiada a órgão especial, uma corte constitucional independente e dissociada dos demais poderes, à qual se atribui competência institucional para invalidar, com força geral, as leis contrárias à Constituição do país.

> ▸ **Atenção!**
>
> De acordo com DIMOULIS e LUNARDI (2011, p. 47), o primeiro tribunal constitucional encarregado do controle concentrado de constitucionalidade foi criado pela Constituição da Checoslováquia, promulgada em fevereiro de 1920. Esse tribunal foi idealizado por FRANZ WEYR (colega e amigo de HANS KELSEN), mas não teve atuação relevante na prática, razão pela qual sua criação foi ofuscada pela do tribunal congênere austríaco.

> ▸ **Como esse assunto foi cobrado em concurso?**
>
> No concurso para Analista Judiciário do STM (2011), o candidato deveria considerar **errada** a seguinte assertiva: "No sistema constitucional brasileiro, o Supremo Tribunal Federal (STF) pode exercer o controle de constitucionalidade apenas via recurso extraordinário e em processos objetivos, nos quais se veiculem as ações diretas."

8.3. Controle de constitucionalidade no direito comparado: breve exposição

8.3.1. Modelo do Reino Unido

No Reino Unido (integrado pela Escócia, pela Inglaterra, pela Irlanda do Norte e pelo País de Gales), é histórica a resistência em se adotar a possibilidade de controle de constitucionalidade das leis, de modo que lá sempre prevaleceu o *princípio da soberania do parlamento*.

De fato, até recentemente, o sistema judicial interno do Reino Unido não oferecia proteção jurídica contra algum tipo de lei que se alegasse contrária a uma norma interna, tampouco à Convenção Europeia de Direitos Humanos, da qual o país já era signatário desde 1950. A impugnação à validade de lei ou decisão de autoridade pública, mesmo sob a alegação de violação à Convenção Europeia de Direitos Humanos, só poderia ser feita no plano do direito internacional, diretamente ao Tribunal Europeu de Direitos Humanos – TEDH, sediado em Estrasburgo (França).

Esse estado de coisas foi alterado com a aprovação dpeloa *Human Rights Act* (1998), que incorporou ao direito interno inglês as normas da referida Convenção Europeia de Direitos Humanos. Nessa linha, de acordo com as Seções 3 e 4 do *Human Rights Act*, os tribunais do Reino Unido devem interpretar a legislação nacional de modo compatível com a Convenção Europeia de Direitos Humanos. E caso isso não seja possível, determinadas cortes do Reino Unido poderão "declarar a incompatibilidade" do direito nacional em face a referida convenção.

Posteriormente, importante reforma constitucional (*Constitutional Reform Act*, de 2005) instituiu a Corte Suprema do Reino Unido, cuja competência também abrange a resolução de conflitos entre o direito interno e a Convenção Europeia de Direitos Humanos, com igual possibilidade de declaração da incompatibilidade de normas internas em face da mencionada convenção.

Enfim, como a Convenção Europeia de Direitos Humanos passou a fazer parte do direito constitucional do Reino Unido desde 1998 (ver item 2.3 do Capítulo III da Parte I), a doutrina passou a encarar tais hipóteses de "declaração de incompatibilidade" como espécies de controle de constitucionalidade.

Contudo, as decisões a declararem a incompatibilidade de um ato normativo em face da Convenção Europeia de Direitos Humanos, mesmo que proferidas pela Suprema Corte do Reino Unido, *não têm efeito vinculante* em relação às autoridades do Reino Unido, *nem suspendem ou revogam* a legislação interna considerada incompatível. O efeito dessas decisões é simplesmente o de pressionar politicamente o Parlamento britânico, que poderá proceder ou não à adequação do direito interno à Convenção Europeia de Direitos Humanos, mas sem prejuízo do *princípio da soberania do parlamento*. Daí se incluir o sistema inglês entre os modelos "fracos" de controle de constitucionalidade (v. item 8.1.5).

8.3.2. Modelo francês

A partir da desconfiança do povo francês para com seus juízes, em virtude dos abusos ocorridos no período que antecedeu a Revolução de 1789, o controle de constitucionalidade na França é conferido apenas a um órgão político, chamado Conselho Constitucional.

Até recentemente, o controle de constitucionalidade das leis era aceito somente na modalidade *preventiva*, exaurindo-se com a promulgação da lei. Assim, as decisões do Conselho Constitucional consistiam, basicamente, em sobrestar a votação de projetos legislativos inconstitucionais, condicionando-a a uma prévia reforma constitucional.

> **▸ Atenção!**
> Já se admitia controle repressivo, mas só de decretos editados pelo Presidente da República (Constituição francesa, artigo 37.2).

A partir de julho de 2008, reformas constitucionais ampliaram a competência do Conselho Constitucional, permitindo-lhe fiscalizar, repressivamente, a constitucionalidade das leis. Esse controle repressivo, porém, depende de exceção de inconstitucionalidade (*exception d'inconstitutionnalité*) a ser suscitada pelo Conselho de Estado ou pela Corte de Cassação.

8.3.3. Modelo norte-americano

Os Estados Unidos, berço do **controle difuso/concreto** (*judicial review*), não adotaram o controle concentrado/abstrato. Todavia, o direito norte-americano, ao abraçar o *common law*, garante a repercussão geral das decisões do controle de constitucionalidade com base no princípio do ***stare decisis***, segundo o qual os juízes das instâncias inferiores estão vinculados aos pronunciamentos dos tribunais hierarquicamente superiores. Sobretudo a partir do procedente da Suprema Corte no caso William Marbury *vs.* James Madison (1803), admite-se que todo juiz possa proceder ao exame da constitucionalidade das leis.

> **▸ Como esse assunto foi cobrado em concurso?**
> No concurso para Procurador do Ministério Público do TCE/MG (2007), elaborado pela Fundação Carlos Chagas, a seguinte assertiva foi considerada **correta**: "O judicial review, como sendo a faculdade que as Constituições outorgam ao Poder Judiciário de declarar a inconstitucionalidade de lei e de outros atos do Poder Público que contrariem, formal ou materialmente, preceitos ou princípios constitucionais, como ocorre nos Estados Unidos da América do Norte, caracteriza o controle como jurisdicional."
>
> No concurso para o cargo de Advogado do Instituto de Previdência dos Servidores do Estado do Espírito Santo – IPAJM (2010), o candidato deveria considerar **errada** a seguinte assertiva: "Uma norma pode ter a sua constitucionalidade aferida pelo modelo de controle difuso ou pelo modelo concentrado. O primeiro teve sua origem na Áustria, sob a influência de Hans Kelsen, e o segundo, nos Estados Unidos da América, a partir do caso Marbury versus Madison, em 1803."

8.3.4. Modelo austríaco

Desde a Constituição de 1920, a Áustria incorporou a doutrina kelseniana do controle concentrado de constitucionalidade, instituindo uma **Corte Constitucional independente** dos demais Poderes. A partir da Constituição de 1929, adotou, também, forma singular de controle concreto, em que os tribunais de segunda instância, nos casos concretos, podem suscitar incidentes de inconstitucionalidade de normas a serem dirimidos pela Corte Constitucional. Dessa forma, os **tribunais** são competentes para *conhecer*, mas não para *decidir* a controvérsia constitucional.

O modelo austríaco, com modificações, é adotado na maioria dos países da Europa continental, tais como **Itália, Alemanha, Espanha, Bélgica** e, mais recentemente, na **França** (a partir de reforma constitucional havida em 2008).

8.3.5. Modelo suíço

A Suíça (Confederação Suíça) adota **modelo misto de controle**, por meio do qual vigora um **controle político** da compatibilidade das ***leis federais*** e um **controle judicial** das ***leis estaduais***. A nova Constituição, de 1999, manteve esse modelo singular de jurisdição constitucional.

8.3.6. Modelo português

Bastante específico, muito influenciou a Constituição brasileira de 1988, sobretudo quanto à possibilidade do **controle das omissões inconstitucionais**. O modelo português concilia tanto o **controle judicial concentrado** quanto o **judicial difuso**. No controle concentrado, atua o Tribunal Constitucional, cujas decisões têm, geralmente, **eficácia *ex tunc*** e **"repristinatória"** (Constituição, art. 282, 1). Todavia, em casos excepcionais, o Tribunal Constitucional pode fixar efeitos diferentes (art. 282, 4).

8.3.7. Modelo italiano

Foi originalmente influenciado pelo modelo austríaco, mas dele se afastou no decorrer do tempo. Nos termos da atual Constituição italiana (1948), nas hipóteses em que a Corte Constitucional declara a ilegitimidade constitucional de alguma norma legal ou de ato com força de lei, "a norma deixa de possuir eficácia a partir do dia sucessivo da publicação da decisão" (item 1 do art. 136). Ou seja, a declaração de inconstitucionalidade não comprometeria a eficácia de atos anteriores, tal como na Áustria.

Porém, ao prever a possibilidade de instauração do controle incidental de constitucionalidade de normas, a Lei Constitucional 1/1948 tornou insustentável a manutenção do sistema, inspirado no congênere austríaco, de cessação de eficácia meramente *ex nunc*, pois a resolução da questão constitucional deveria retroagir, ao menos nos casos concretos em que suscitada, sob pena de completo desinteresse na utilização dos mecanismos de controle incidente. Então, essa incongruência foi corrigida pela regulamentação dada pela Lei 87/1953, que traduziu aquela "cessação de eficácia" num tipo de sanção de inaplicabilidade da norma inconstitucional. Segundo a Lei 87/1953, a norma declarada inconstitucional "não pode ter aplicação" a partir do dia seguinte à publicação da decisão, o que potencializou o efeito da declaração de inconstitucionalidade, permitindo alcançar todos os fatos (*fattispecie*) aos quais a norma inconstitucional deve ou deveria ter sido aplicada, incluindo os fatos passados ainda pendentes de ação ou revisão judicial.

Assim, o direito italiano adota fórmula incomum: embora a sanção de inaplicabilidade estenda-se até a fatos e relações jurídicas pretéritas aos quais a norma inconstitucional deveria aplicar-se (efeito *ex tunc*), a declaração de inconstitucionalidade só surte efeitos a contar do "dia sucessivo da publicação da decisão" (*ex nunc*).

Recentemente, com base nos artigos 35 e 40 da Lei 87/1953, após entender configurado o risco de "irreparável prejuízo ao interesse público" e de "prejuízo grave e irreparável aos direitos dos cidadãos", a Corte Constitucional da Itália, pela primeira vez, deferiu *medida cautelar suspensiva da eficácia de lei* (v. Ordinanza 4/2021).

No mais, o sistema italiano se destaca pelo notável desenvolvimento do controle das omissões inconstitucionais por meio das chamadas **sentenças aditivas**. (Sobre o assunto, v. item 4.3.1 do Capítulo V.)

8.3.8. Modelo alemão

Nos termos da atual Constituição alemã (1949), o sistema adotado de controle de constitucionalidade é do tipo *concentrado*. Para tanto, a Lei Fundamental instituiu um Tribunal Constitucional federal (TC), órgão constitucional independente das demais funções estatais, a quem compete dar a última palavra sobre questões constitucionais. As decisões do TC – incluindo suas razões determinantes – têm força de lei e vinculam os três poderes.

Conforme LEONARDO MARTINS (2005, p. 43), o sistema de controle concentrado de constitucionalidade na Alemanha envolve "três procedimentos centrais, que cobrem toda possibilidade de inconstitucionalidade cometida pelo Estado: o controle abstrato das normas, o seu controle concreto e a reclamação constitucional." (Para não confundir controle *concentrado* com controle *abstrato*, v. itens 8.1.1 e 8.1.2.)

O controle abstrato de normas é o menos frequente, pois tem legitimidade ativa muito reduzida. Só pode ser proposto pelo Governo Federal, pelos governos estaduais ou por um terço dos membros da Câmara Federal. Já o controle concreto de normas é feito de forma concentrada pelo TC, na linha do sistema austríaco: os órgãos do Judiciário devem verificar a constitucionalidade das normas aplicáveis ao caso, mas não podem negar-se a aplicá-las, a menos que previamente declaradas inconstitucionais pelo TC. Assim, quando concluírem pela incompatibilidade constitucional de determinada norma que incidiria na relação processual, caberá aos juízes apenas suspender o processo e remeter a questão para ser decidida pelo TC, único órgão com competência para declarar a inconstitucionalidade.

Contudo, a maior parte dos processos de controle de constitucionalidade chegam ao TC alemão por via das chamadas *queixas* ou *reclamações constitucionais* ("Verfassungsbeschwerde"). Trata-se de ação extraordinária que pode ser proposta por qualquer pessoa com o objetivo de suspender todo tipo de atos do Poder Público (decisões judiciais, inclusive) que violem direitos fundamentais do reclamante, desde que a violação discutida tenha significado geral e não possa ser eliminada por outro meio judicial eficaz (*princípio da subsidiariedade)*. Nessas hipóteses, ao decidir a queixa constitucional com efeito vinculante e força de lei, o TC funciona como espécie de "último refúgio" em matéria de direitos fundamentais. (Sobre a aparente aproximação do princípio da subsidiariedade da queixa constitucional alemã e o princípio similar da ADPF brasileira, v. itens 9.1.2 e 11.2.1.1 do Capítulo VII.)

▸ Como esse assunto foi cobrado em questões dissertativas de concurso?

No concurso para Promotor de Justiça/PR (2011): "Disserte sobre o tema 'controle de constitucionalidade'. (máximo de 60 linhas)".

No concurso para Procurador da República (MPF/23): "Descreva brevemente os mecanismos de controle jurisdicional de constitucionalidade difuso e concentrado no modelo brasileiro e seus vínculos com o Direito Comparado".

Capítulo II

Controle de constitucionalidade no direito brasileiro: linhas gerais

1. ORIGENS E DESENVOLVIMENTO

Logo nos primórdios do Estado brasileiro, ainda na época do Brasil imperial, surgiu a possibilidade de controle da constitucionalidade dos atos do Poder Público. Porém, as hipóteses admitidas eram limitadas e não contemplavam o Judiciário.

Nos termos da Constituição de 1824, o Poder Moderador reconhecido ao Imperador incluía a prerrogativa implícita de anular quaisquer atos estatais, a fim de manter a independência, equilíbrio, e harmonia dos demais Poderes Políticos (art. 98). Nada obstante, competia ao Legislativo (Assembleia Geral) velar "na guarda da Constituição" (art. 15, IX), bem como examinar se a Constituição "tem sido exactamente observada, para prover, como fôr justo" (art. 173). Além disso, assegurava-se a todo cidadão o direito de peticionar, aos Poderes Legislativo e Executivo, expondo "qualquer infracção da Constituição" (art. 179, XXX).

Por outro lado, segundo estudos históricos feitos por VICTOR AGUIAR JARDIM DE AMORIM (2018), as Leis 16/1834 e 105/1840 atribuíram aos Presidentes das Províncias não só o poder de recusar sanção a projeto de lei provincial, por motivo de inconstitucionalidade, como também a prerrogativa de suspender a publicação de leis provinciais, incluindo as já sancionadas, que fossem contrárias à Constituição. (Ressalvada, em ambos os casos, a competência da Assembleia Geral para decidir a questão em definitivo.) Ademais, nos termos do art. 20 da Lei 16/1834, a Assembleia Geral poderia "revogar" atos legislativos provinciais que ofendessem a Constituição.

1.1. Controle judicial concreto

A doutrina em geral considera que a origem do controle judicial de constitucionalidade no Brasil remonta o tempo do **Decreto 848/1890**, que consagrou fórmula segundo a qual, "na guarda e aplicação da Constituição e leis federais, a magistratura federal só intervirá em espécie e por provocação da parte." De forma mais contundente, o § 10 do art. 13 da Lei 221/1894 estipulou que juízes e tribunais federais "apreciarão a validade das leis e regulamentos e deixarão de aplicar aos casos ocorrentes as leis manifestamente inconstitucionais e os regulamentos manifestamente incompatíveis com as leis ou com a Constituição."

Assim, uma vez incorporado o controle judicial concreto no ordenamento jurídico nacional, vem sendo permitido a **todo juiz ou tribunal** fiscalizar a constitucionalidade dos atos normativos estatais, a menos que a resolução de controvérsia possa ser feita por outros fundamentos.

1.2. Controle judicial abstrato

No direito brasileiro, o controle judicial abstrato de constitucionalidade nasceu sob a égide da **Constituição de 1946**, mais exatamente a partir da **Emenda Constitucional 16/65**, que instituiu a "**representação de inconstitucionalidade** de lei ou ato de natureza normativa, federal ou estadual, encaminhada pelo Procurador-Geral da República". Assim, diversamente da então existente representação interventiva, incluiu-se na competência do STF nova ação destinada a decidir em tese da constitucionalidade de atos normativos, sem que houvesse qualquer preocupação com questões conflituosas concretas.

Por outro lado, a despeito de proposta semelhante haver sido rejeitada no curso da aprovação da EC 16/65, o **STF** passou a entender que as decisões pela procedência das representações de inconstitucionalidade contavam, automaticamente, com **efeitos *erga omnes***. Daí, a partir de 1977, o então presidente da Corte, Ministro THOMPSON FLORES, determinou que, para fins de suspensão geral da eficácia de atos julgados inconstitucionais pelo STF, as comunicações ao Senado Federal se restringissem às declarações de inconstitucionalidade *incidenter tantum*.

Todavia, como anotou o Min. MOREIRA ALVES em voto no RE 91.740/RS, o **poder de julgar a inconstitucionalidade em tese *não* é ínsito à jurisdição em geral**, pois se trata de "ato de natureza eminentemente política, uma vez que, por ele, se julga, diretamente e em abstrato, a validade de ato dos outros Poderes do Estado (o Legislativo e o Executivo), em face dos preceitos constitucionais a que todos os Poderes devem guardar obediência". Por isso, é atividade excepcionalíssima, cujo exercício exige permissão constitucional expressa. Nenhuma outra fonte de direito, salvo a Constituição Federal, pode instituir controle abstrato de constitucionalidade a alguma autoridade pública, nem mesmo o constituinte estadual (no STF, por todos, v. RE 94.241/SP, Pleno).

1.3. Evolução constitucional

A) **Constituição de 1824**: o Imperador exercia o chamado Poder Moderador, o qual incluía a prerrogativa implícita de anular quaisquer atos estatais, a fim de manter a independência, equilíbrio, e harmonia dos demais Poderes Políticos (art. 98). Competia ao Legislativo nacional (Assembleia Geral) velar "na guarda da Constituição" (art. 15, IX), bem como examinar se a Constituição Política do Estado estava sendo "exactamente observada" (art. 173). Além disso, assegurava-se a todo cidadão o direito de peticionar, aos Poderes Legislativo e Executivo, expondo "qualquer infracção da Constituição" (art. 179, XXX). Porém, **não havia previsão de controle judicial de constitucionalidade**.

▸ **Atenção!**

As justificativas históricas da falta de previsão do controle judicial de constitucionalidade na Constituição de 1824 são estas: (i) ainda era recente o primeiro precedente da Suprema Corte americana (Marbury *vs.* Madison, de 1803); (ii) a influência da Constituição francesa e da ideologia segundo a qual a interpretação das leis e da constituição deveria ser feita pelo próprio Legislativo, sem interferência do Judiciário; (iii) adoção da Monarquia e do Poder Moderador atribuído ao Imperador indicava certa aversão à sujeição do governo à ideia de controle feito por juízes.

B) **Constituição de 1891:** previu **somente o controle difuso/concreto,** confirmando o controle judicial instituído pouco antes pelo Governo republicano (**Decreto 848/1890**). A primeira Constituição da República brasileira foi clara ao dizer que competia ao Congresso Nacional, "mas não privativamente", a missão de "velar na guarda da Constituição" (art. 35, 1º). Com isso, por inspiração do direito norte-americano, atribuiu ao Judiciário a tarefa de zelar pela legitimidade das leis, reconhecendo, expressamente, a possibilidade de se questionar a validade das leis em geral em face da Constituição, tanto na Justiça local quanto na Justiça Federal, com chance de recurso extraordinário ao STF (art. 59, II, § 1º, "b").

C) **Constituição de 1934:** manteve o controle difuso, mas imprimiu a ele grandes modificações, como o estabelecimento da **cláusula de reserva de plenário** (exigência de *quorum* qualificado) e a previsão da **suspensão da eficácia de normas por parte do Senado**. Também criou a figura da **representação interventiva**, de competência do STF, para assegurar a observância dos princípios constitucionais sensíveis por parte dos Estados-membros. Esse é considerado o marco do surgimento do **controle concentrado**, embora ainda em sede apenas **incidental** e **concreta** (ou seja, não principal nem abstrata).

D) **Constituição de 1937:** Representou **retrocesso no controle**, voltando-se ao modelo de 1891. Aboliu a representação interventiva, abrindo margem, ainda, a que o **Parlamento**, pelo voto de 2/3 de cada Casa, após iniciativa do Presidente, tornasse sem efeito qualquer decisão judicial que declarasse a inconstitucionalidade de lei ou de ato normativo (art. 96, parágrafo único). Essa possibilidade significava a adoção excepcional da teoria da simples incompatibilidade pelo direito brasileiro (item 5.1.3 do Capítulo I), pois uma norma, embora já declarada inconstitucional judicialmente, poderia continuar produzindo efeitos por decisão do Congresso Nacional.

E) **Constituição de 1946:** Manteve o **controle difuso** e restabeleceu o **concentrado** (porém, apenas na modalidade concreta), nos moldes do sistema da Constituição de 1934, com aprimoramento técnico da representação interventiva.

F) **Emenda Constitucional 16/65:** ao lado da representação interventiva, que incidia sobre fatos concretos, a EC 16/65 criou a figura da **representação contra a inconstitucionalidade** de lei ou ato normativo federal ou estadual, da competência do STF e de iniciativa do Procurador-Geral. Daí a instituição do **controle concentrado** e **abstrato** de constitucionalidade. Permitiu, ainda, que os Estados também criassem mecanismos semelhantes de aferição da compatibilidade abstrata das normas municipais em face das Constituições estaduais.

G) **Constituição de 1967:** manteve o sistema da Constituição de 1946, com as alterações da EC 16/65, além das seguintes modificações: (i) **omitiu** a previsão, na esfera estadual, da **representação de inconstitucionalidade**; e (ii) passou ao **Presidente da República** o poder de decretar a **intervenção** no caso de provimento das representações interventivas. Posteriormente, o Ato Institucional 5/68 excluiu do controle de constitucionalidade todos os atos praticados de acordo com o próprio ato institucional ou com seus atos complementares (art. 11).

H) **Constituição de 1969 (EC 1/69):** Manteve basicamente o modelo da Constituição de 1967. Porém, admitiu pela primeira vez a possibilidade de **representação interventiva estadual**, de iniciativa do Procurador-Geral de Justiça, para garantir a observância dos princípios constitucionais sensíveis no âmbito dos Municípios.

I) **Emenda Constitucional 7/77:** Criou: (i) a figura da **representação para a interpretação de lei**, de competência do STF (decisão com efeito vinculante) e iniciativa do Procurador-Geral da República; e (ii) a possibilidade de concessão de **medida cautelar** nas representações de ajuizadas pelo Procurador-Geral da República.

J) **Constituição de 1988:** Manteve e **aperfeiçoou** o sistema de controle de constitucionalidade moldado pela CF/69 e EC 7/77. Destacam-se os seguintes pontos: (i) **ampliação da legitimidade ativa** para a propositura da representação por inconstitucionalidade, que passou a se chamar **ação direta de inconstitucionalidade** (ADI); (ii) previsão de **ADI estadual**; (iii) criação da **ADI por omissão** e do **mandado de injunção**; (iv) exigência da intervenção do **Advogado-Geral da União** no processo de julgamento das ADI; (v) **extinguiu a representação para interpretação de lei**; (vi) criou a figura da **arguição de descumprimento de preceito fundamental – ADPF** (atual § 1º do art. 102); (vii) **restringiu** as hipóteses de cabimento do **RE**, criando o recurso especial – REsp, da competência do STJ, tribunal também concebido pela Constituição de 1988; e (v) fixou no STJ a competência para julgar a **ação interventiva contra a recusa de execução à lei federal** (art. 36, III).

K) **Emenda Constitucional 3/93:** Instituiu a **ação declaratória de constitucionalidade** de lei ou ato normativo federal (ADC) da competência do STF, cuja decisão de mérito tem eficácia contra todos (*erga omnes*) e efeito vinculante. Porém, a legitimidade ativa para a propositura da ADC, **na época da sua criação**, foi restrita ao Presidente da República, às Mesas do Senado Federal e da Câmara dos Deputados, além do Procurador-Geral da República (§ 4º acrescentado ao art. 103 da CF/88).

L) **Emenda Constitucional 45/2004:** A chamada Reforma do Judiciário inovou nos seguintes pontos: (i) transferiu do STJ ao **STF** a competência para julgar a **ação**

interventiva com fundamento na **recusa à execução de lei federal** (art. 36, III); (ii) **corrigiu distorção** do texto original da CF/88, para evidenciar que não é caso de recurso especial, mas de **recurso extraordinário**, a hipótese de julgamento da validade de lei local contestada em face de lei federal (art. 102, III, "d"); (iii) sanou lacuna deixada pelo constituinte originário e incluiu a Mesa da **Câmara Legislativa** e o **Governador do Distrito Federal** no rol dos legitimados à propositura da ADI (art. 103, IV e V); (iv) **estendeu legitimidade ativa** para a propositura de **ADC** a **todos** os que podem propor **ADI** (art. 103, *caput*); (v) criou a ***súmula vinculante*** em matéria constitucional (art. 103-A); (vi) deu **bases constitucionais ao efeito vinculante** das decisões definitivas de mérito proferidas pelo Supremo Tribunal Federal em ações diretas de inconstitucionalidade (art. 102, § 2º); e (vii) previu que, **no recurso extraordinário**, a lei poderá estabelecer requisito de admissibilidade consistente na demonstração da **repercussão geral** das questões constitucionais discutidas no caso.

EVOLUÇÃO CONSTITUCIONAL EM MATÉRIA DE CONTROLE DE CONSTITUCIONALIDADE	
Constituições	**Inovações**
Constituição de 1824	– não havia previsão de controle de constitucionalidade.
Constituição de 1891	– surgimento do controle difuso/concreto.
Constituição de 1934	– instituição da *cláusula de reserva de plenário*; – previsão da suspensão da eficácia de normas por parte do Senado; – criação da figura da representação interventiva (surgimento do controle concentrado/concreto);
Constituição de 1937	– retrocesso no tratamento da matéria, com retorno ao modelo da Constituição de 1891; – possibilidade de o Parlamento (voto de 2/3 da Casa), a pedido do Presidente da República, tornar sem efeitos qualquer decisão judicial que tivesse declarado a inconstitucionalidade de lei ou ato normativo.
Constituição de 1946	– manteve o controle difuso/concreto, restabeleceu o concentrado/concreto, com aprimoramento técnico da representação interventiva; – a **Emenda Constitucional 16/65** criou a figura da representação contra a inconstitucionalidade de lei ou ato normativo federal ou estadual, da competência do STF e de iniciativa do Procurador-Geral (surgimento do controle de constitucionalidade concentrado/abstrato).
Constituição de 1967	– omitiu a previsão, na esfera estadual, da representação de inconstitucionalidade; – passou ao Presidente da República o poder de decretar a intervenção federal no caso de provimento de representações interventivas; – **Ato Institucional 5/68** estabeleceu imunidade de parte dos atos da ditadura militar em face do controle de constitucionalidade.

EVOLUÇÃO CONSTITUCIONAL EM MATÉRIA DE CONTROLE DE CONSTITUCIONALIDADE	
Constituições	**Inovações**
Constituição de 1969 (EC 1/69)	– manteve o modelo da Constituição de 1967; – admitiu, pela primeira vez, a possibilidade de representação interventiva estadual, de iniciativa do Procurador-Geral de Justiça, para garantir a observância dos princípios constitucionais sensíveis no âmbito dos Municípios. – **Emenda Constitucional 7/77** criou (i) a representação para a interpretação de lei, de competência do STF (cuja decisão contava com efeito vinculante) e iniciativa do Procurador-Geral da República; e (ii) a possibilidade de concessão de medida cautelar nas representações de inconstitucionalidade.
Constituição de 1988	– aperfeiçoou o sistema de controle de constitucionalidade estruturado pela Constituição anterior; – ampliou a legitimidade ativa para a propositura da representação por inconstitucionalidade, que passou a se chamar ação direta de inconstitucionalidade (ADI); – previsão de ADI estadual; – criação da ADI por omissão e do mandado de injunção; – exigência de "citação" do Advogado-Geral da União no processo de julgamento das ADI; – extinguiu a representação para interpretação de lei; – criou a arguição de descumprimento de preceito fundamental (atual § 1º do art. 102); – restringiu as hipóteses de cabimento do RE, criando o recurso especial (REsp). – **Emenda Constitucional 3/93** instituiu a ação declaratória de constitucionalidade lei ou ato normativo federal (ADC), da competência do STF, cuja decisão de mérito tem eficácia contra todos (*erga omnes*) e efeito vinculante. – **Emenda Constitucional 45/2004**, conhecida como "Reforma do Judiciário", inovou nos seguintes pontos: i) transferiu do STJ ao STF a competência para julgar a ação interventiva com fundamento na recusa à execução de lei federal (art. 36, III); ii) corrigiu distorção do texto original da CF/88, para evidenciar que não é caso de recurso especial, mas de recurso extraordinário, a hipótese de julgamento da validade de lei local contestada em face de lei federal (art. 102, III, "d"); iii) sanou lacuna constitucional involuntária, para incluir a Mesa da Câmara Legislativa e o Governador do Distrito Federal no rol dos legitimados à propositura da ADI (art. 103, IV e V); iv) estendeu legitimidade ativa para a propositura de ADC a todos os que podem propor ADI (art. 103, *caput*);

EVOLUÇÃO CONSTITUCIONAL EM MATÉRIA DE CONTROLE DE CONSTITUCIONALIDADE	
Constituições	**Inovações**
Constituição de 1988	v) criou a súmula vinculante em matéria constitucional (art. 103-A); vi) deu bases constitucionais ao efeito vinculante das decisões definitivas de mérito proferidas pelo Supremo Tribunal Federal em ações diretas de inconstitucionalidade (art. 102, § 2º); e vii) previu que, no recurso extraordinário, a lei poderá estabelecer requisito de admissibilidade consistente na demonstração da repercussão geral das questões constitucionais discutidas no caso.

▸ Como esse assunto foi cobrado em concurso?

No concurso para o Ministério Público do Estado do Rio Grande do Sul (2009), o candidato deveria considerar **correta** a seguinte assertiva: "Enquanto as democracias europeias adotaram, a partir do segundo pós-guerra, o controle concentrado de constitucionalidade, paradoxalmente no Brasil essa modalidade de jurisdição constitucional somente foi instituída em 1965, já sob a égide do regime militar."

O 25º Concurso para Promotor de Justiça do MPDFT (2002), ao questionar sobre a evolução histórica do controle de constitucionalidade nas constituições brasileiras, considerou **corretas** as seguintes alternativas: "Diferentemente da Constituição americana, fonte de inspiração da primeira Constituição republicana brasileira, nossa Carta de 1891 reconheceu expressamente o controle jurisdicional de constitucionalidade das leis" e "Na Constituição de 1934, criou-se mecanismo para emprestar eficácia *erga omnes* às decisões de inconstitucionalidade de leis proferidas pelo STF, consistente na outorga de competência ao Senado Federal para suspender no todo ou em parte a execução das leis declaradas inválidas" e "Segundo a Constituição do Estado Novo, outorgada por Vargas, o presidente da República poderia submeter a novo exame do parlamento a lei declarada inconstitucional pelo STF."

2. MODELO ATUAL DE CONTROLE DE CONSTITUCIONALIDADE

2.1. Titularidade do controle de constitucionalidade

O Poder Executivo e o Legislativo participam do controle preventivo (cf. item 7.2.1 do Capítulo II), mas o **controle repressivo**, *via de regra*, "é da competência exclusiva do **Poder Judiciário**" (MC na ADI 221/DF).

Contudo, são reconhecidas hipóteses excepcionais em que órgãos estranhos ao Judiciário desempenham funções autênticas ou pelo menos similares de controle de constitucionalidade.

2.1.1. Poder de rejeição de leis inconstitucionais

No Brasil, inspirada nas ideias de CHARLES HUGHES, **a doutrina nunca aceitou houvesse controle repressivo de constitucionalidade por parte do Executivo**, pois essa faculdade iria colocá-lo numa posição por demais superior à do Legislativo. Nesse sentido, com apoio em OSCAR SARAIVA, LÚCIO BITTENCOURT e TEMÍSTOCLES CAVALCANTI, já dizia ALFREDO BUZAID que o "poder de decretar a inconstitucionalidade das leis, no Brasil, compete privativamente ao Judiciário" (1958b, p. 20).

A despeito dessa posição doutrinária, todavia, ainda *antes da Constituição de 1988*, a jurisprudência do **STF** reconhecia aos chefes do Executivo uma prerrogativa peculiar: eles poderiam recusar-se a cumprir as leis que entendessem inconstitucionais (*RTJ* 2/283, 3/760 e 41/669), independentemente de prévio pronunciamento judicial. Porém, essa faculdade só poderia ser utilizada se a inconstitucionalidade fosse "evidente" (RMS 14.557/SP, Pleno). Prerrogativa que se manteve, a despeito da criação, pela EC 16/65, do controle abstrato de constitucionalidade (v. MS 15.886/DF e MS 16.003/DF, todos do Pleno).

A partir da Constituição de 1988, contudo, aumentaram as objeções à prerrogativa de os chefes do Executivo recusarem a aplicação de leis que considerem inconstitucionais. Isso porque, se até então somente o Procurador-Geral da República poderia ajuizar ação direta para declarar a inconstitucionalidade em tese, o art. 103 da Constituição alargou tal possibilidade tanto ao Presidente da República quanto aos Governadores. Daí, como os chefes do Executivo federal e estadual hoje estão legitimados à propositura da ADI, inclusive como pedido de liminar, vários autores questionam a licitude de se manter tal prerrogativa excepcionalmente reconhecida (por todos, cf. ARRUDA ALVIM e ALEXANDRE CAMANHO DE ASSIS). E há posições intermediárias como a de GILMAR MENDES, manifestada em artigo publicado em 1997, para quem a legitimidade da recusa está restrita às hipóteses em que não couber ação direta de inconstitucionalidade.

Porém, a controvérsia a respeito continua grande, seja porque o art. 103 da Constituição Federal não contemplou os chefes do Executivo municipal, seja porque chefes de outros Poderes (do Legislativo e até do Judiciário de alguns Estados) têm se valido da prerrogativa de recusar cumprimento à lei, sem que tampouco tenham sido contemplados com legitimidade para propor ADI perante o STF.

Seja como for, já ao tempo da atual Constituição, constou da ementa da MC na ADI 221/DF (Plenário do STF, j. em 29-3-90) que os chefes dos Poderes Executivo e Legislativo podem "determinar aos seus órgãos subordinados que deixem de aplicar administrativamente as leis ou atos com força de lei que considerem inconstitucionais". Ademais, na MC na ADI 801/RJ (j. em 4-2-93), o Pleno STF validou parcialmente decreto de Governador de Estado que desobrigava a execução de certas normas legais que, antes da edição do ato impugnado (datado de 25-3-91), a própria Corte considerara inconstitucionais na MC na ADI 404/DF (j. em 1-2-91). Por outro lado, também na MC na ADI 801/RJ, foi declarada a inconstitucionalidade do mesmo decreto, na parte em que sustava a aplicabilidade de normas já reconhecidas como constitucionais pela Corte no julgamento da MC da ADI 497/RJ (j. em 15-5-91).

Já o **STJ**, em precedente de 2009, decidiu que os "chefes dos Poderes Executivos federal, estaduais, distrital e municipais, por tomarem posse com o compromisso de guardar especial observância à Constituição da República", podem "deixar de cumprir lei que entendam por inconstitucional, ainda que sem manifestação do Judiciário a respeito, decisão esta que vincula toda a Administração Pública a eles subordinada e que importa na assunção dos riscos que decorrem de suas escolhas político-jurídicas" (2ª Turma, RMS 24.675/RJ). Raciocínio confirmado pela 2ª Turma em 2016, no RMS 48.676/PR, conforme o qual, existindo "orientação pela inconstitucionalidade de determinada norma, é possível aos Chefes dos Poderes não observá-la, assumindo eles as consequências pela orientação firmada".

De qualquer forma, **é questionável** afirmar que se trata de **verdadeira forma de controle de constitucionalidade,** sobretudo porque os chefes de Poder não têm competência para decretar a invalidação do ato que considerarem inconstitucional. Com efeito, como já decidira o STF em 1966, o chefe de Poder (no caso, um Governador de Estado), ao recusar cumprimento a lei havida como inconstitucional, coloca-se "na mesma posição do particular que se recusa, a seu risco, a desobedecer a lei, aguardando as ações e medidas de quem tiver interesse no cumprimento dela" (2ª Turma, RMS 14.136/ES).

De fato, a **efetiva invalidação** e a **expulsão do ato** supostamente inconstitucional só **competem ao Poder Judiciário**, a quem cabe ainda apreciar a licitude da dispensa do cumprimento da norma impugnada, sem prejuízo da responsabilização pessoal dos chefes de Poder pelas consequências da ordem de descumprimento. E se o Judiciário decidir pela constitucionalidade da norma atacada, o chefe de Poder sujeitar-se-á a ampla responsabilização, não somente política (que pode dar margem até a *impeachment*), mas também penal e civil, inclusive por meio de ação civil pública, popular e de improbidade administrativa. Daí prevalecer a tese de que a hipótese não passa da *simples dispensa da observância do ato*, à conta e risco pessoal dos próprios chefes de Poder, que acabam por se igualar aos particulares que resolvessem adotar a mesma atitude.

▸ Como esse assunto foi cobrado em concurso?

No concurso para Procurador do Distrito Federal (2004), elaborado pela Esaf, foi considerada **errada** a seguinte assertiva: "Em virtude de sua subordinação ao princípio da legalidade da administração, o chefe do Poder Executivo não está autorizado a determinar que seus subordinados deixem de aplicar leis, mesmo as que entender flagrantemente inconstitucionais."

2.1.2. Tribunais de contas

Os **tribunais de contas**, no estrito exercício de suas funções técnicas, têm competência para "apreciar a constitucionalidade das leis e dos atos normativos do Poder Público" (Súmula 347/STF). Nesse sentido, por exemplo, o Plenário do TCU, na Decisão 663/2002, declarou a inconstitucionalidade do art. 67 da Lei 9.478/97 e do Decreto 2.745/98, que estabeleciam regime licitatório especial para a Petrobras S/A.

Trata-se de prerrogativa que se atribui aos tribunais de contas, com base na **teoria dos *poderes implícitos***, e que se parece justificada, mesmo após a Constituição de 1988. Afinal, para bem desenvolverem suas atribuições constitucionais, sobretudo as previstas nos incisos do art. 71, dispõem as cortes de contas de poder fiscalizador implícito da própria validade dos atos que examinam. Assim, ainda quando praticados tais atos em obediência à lei, é possível ao órgão fiscalizador de contas verificar a constitucionalidade dessa legislação sob parâmetros e racionalidades jurídicas.

Nessa linha, cuida-se de controle de constitucionalidade repressivo concedido, *implícita* e *excepcionalmente*, a **órgão não judicial**. Porém essa prerrogativa restringe-se ao exame da constitucionalidade em casos concretos, pois não há permissão constitucional implícita para quaisquer órgãos realizarem controle abstrato de constitucionalidade (v. BERNARDES, 2004). Como já reconheceu o próprio Plenário da Corte de Contas da União, a competência atribuída pela Súmula 347 ao TCU "refere-se à apreciação da constitucionalidade das leis e atos do Poder Público em caráter incidental e a cada caso concreto que lhe é submetido, com efeitos apenas entre as partes, haja vista que a declaração de inconstitucionalidade em abstrato, com efeito *erga omnes*, somente compete ao STF" (Acórdão n. 2000/2017, j. em 13-9-2017).

Todavia, se do exercício dessa competência institucional implícita decorrer lesão a direitos subjetivos, a decisão da corte de contas poderá ser revista pelo Judiciário. Isso porque, como as cortes de contas não possuem competências jurisdicionais, o controle concreto que possam realizar não terá índole definitiva, porque **sempre passível da revisão pelo órgão jurisdicional competente**.

> **▸ Súmula 347/STF foi revogada pela Constituição de 1988?**
>
> Como a Súmula 347 foi aprovada em 1963, parte da doutrina defende haver sido revogada (não recepcionada) pela Constituição de 1988. Para essa corrente, a atual Constituição promoveu grande **ampliação da legitimidade** para provocar a fiscalização abstrata de constitucionalidade, daí por que prejudicada a faculdade antes reconhecida às cortes de contas para controlar a constitucionalidade de atos normativos.
>
> Todavia, a considerar a Súmula 347 só assegura competência para as cortes de contas realizarem controle "concreto" de constitucionalidade, a prerrogativa não se esvai quando simplesmente ampliada a legitimação ativa para o controle "abstrato". Ademais, também as atribuições do TCU foram ampliadas pela Constituição de 1988, sem qualquer indicativo de supressão da competência implícita de controle de constitucionalidade reconhecida desde a Constituição de 1946.

Nada obstante, a partir de 2006, várias decisões monocráticas do STF já **acenam pela revogação da Súmula 347/STF** (v. MC no MS 25.888/DF e MC no MS 29.123/DF, Min. GILMAR MENDES; MC no MS 28.745/DF, Min. ELLEN GRACIE; MC no MS 27.796/DF, Min. CARLOS BRITTO; MC no MS 27.337/DF, Min. EROS GRAU; MC no MS 27.743/DF, Min. CÁRMEN LÚCIA; ED na MC no MS 25.986/DF; e MC no MS 26.410/DF, Min. RICARDO LEWANDOWSKI). Nessa linha, segundo decidiu recentemente o Min. ALEXANDRE DE MORAES, a Constituição Federal não permitiria ao TCU sequer o exercício do controle difuso de constitucionalidade, pois isso "representaria usurpação de função jurisdicional, invasão à competência exclusiva do Supremo Tribunal Federal e desrespeito ao Poder Legislativo" (MC no MS 35.490/DF, j. em 6-2-2018).

Porém, como disse o Min. MARCO AURÉLIO em decisão monocrática na MC no MS 31.439/DF, a possibilidade de o TCU "deixar de observar, ante a óptica da inconstitucionalidade, certo ato normativo há de ser apreciada em definitivo pelo Colegiado [do STF], prevalecendo, até aqui, porque não revogado, o Verbete nº 347 da Súmula do Supremo".

No MS 26.739/DF (2ª Turma do STF), o Min. GILMAR MENDES passou a defender que tribunais administrativos (o caso versava sobre o CNJ, mas o Ministro discutiu também o caso do TCU) possam reconhecer a inconstitucionalidade de lei "desenvolvendo a jurisprudência já pacífica sobre uma dada temática constitucional". No voto do Min. GILMAR MENDES, constou a seguinte passagem: "Eu até confesso que, num primeiro momento, quando lidei com o tema do Tribunal de Contas da União, a minha tendência era ser peremptório no sentido de que falecia ao Tribunal de Contas da União a competência para declarar a ilegitimidade do ato, propondo então a revogação na superação da nossa Súmula. No caso do Tribunal de Contas da União – e, portanto, dos tribunais de contas –, na verdade temos uma súmula do Tribunal, do Supremo, que autoriza a não aplicar a lei que considera inconstitucional. A mim, parece-me que talvez agora possamos já fazer uma interpretação, um adendo, para dizer toda vez que estiver simplesmente aplicando, desenvolvendo a jurisprudência já pacífica sobre uma dada temática constitucional." Com ele concordaram os Ministros CÁRMEN LÚCIA e DIAS TOFFOLI, o último dos quais, na condição de relator do acórdão, acabou por incluir na ementa do julgado o seguinte trecho: "Quanto à fundamentação adicional de inconstitucionalidade, o Supremo tem admitido sua utilização pelo Conselho quando a matéria já se encontra pacificada na Corte".

(Mais sobre o assunto, v. o item seguinte, bem como o item 8.2.3 do Capítulo VI da Parte I.)

2.1.3. Tribunais administrativos

Discute-se, ainda, a viabilidade do reconhecimento da inconstitucionalidade de ato normativo por parte de órgãos julgadores administrativos. Em sentido positivo, afirma-se que as cortes administrativas, ao zelarem pela observância do **princípio constitucional da legalidade, devem *desconhecer* as leis inconstitucionais**. Diz-se, ademais, que o postulado constitucional da ampla defesa permite ao administrado suscitar a inconstitucionalidade de atos normativos, razão pela qual o tribunal administrativo tem por dever apreciar a questão.

Todavia, o princípio da legalidade não serve de embasamento para estender essa competência de controle da constitucionalidade. Caso contrário, também os agentes administrativos que deveriam diretamente obedecer a norma impugnada igualmente poderiam, sob tal fundamento, negar-se a cumpri-la, posicionamento que se afigura inteiramente indesejável. Como ensinou MORTATI, afirmar a obrigação de o agente administrativo desaplicar uma lei que lhe confere poderes implica atribuir ao princípio da legalidade um significado que transcende seu exato conteúdo, pois pressupõe que o fim primário da atividade administrativa não seja a satisfação do interesse público, mas a tutela do direito objetivo. Assim, a **presunção da constitucionalidade dos atos normativos vincula** a atuação dos agentes administrativos, impondo sua estrita observância interna, sob pena de responsabilidade funcional, **salvo no caso de orientação em contrário do chefe do Executivo**.

A propósito, a declaração de inconstitucionalidade no âmbito dos processos administrativos fiscais federais foi **expressamente proibida** pela Lei 11.941/2009, que acrescentou o art. 26-A ao Decreto 70.235/72.

Porém, não há empecilho a que o órgão administrativo apenas replique decisão definitiva do STF referente à inconstitucionalidade de algum ato normativo. Nessas hipóteses, uma vez declarada pelo STF a inconstitucionalidade do ato normativo, terá sido fulminada a respectiva ***presunção de constitucionalidade***. Logo, da mesma forma que os tribunais judiciais estarão dispensados de observar a cláusula de reserva de plenário (item 3 do Capítulo III), também a autoridade administrativa poderá deixar de aplicar o ato no caso concreto, ainda que por motivo de inconstitucionalidade. Nesse sentido, o art. 26-A acrescentado pela Lei 11.941/2011 ao Decreto 70.235/72, embora proíba a declaração de inconstitucionalidade por decisão de órgãos de julgamento de processos administrativos fiscais federais, permite a estes, excepcionalmente, afastar a aplicação ou deixar de observar tratado, acordo internacional, lei ou ato normativo cuja inconstitucionalidade já tenha sido declarada "por decisão definitiva plenária do Supremo Tribunal Federal" (§ 6º, I). (Ver item 8.2.3 do Capítulo VI da Parte I.)

2.1.4. Cortes arbitrais

Há quem sustente, como NELSON NERY JUNIOR, que as **cortes arbitrais** possam exercer controle de constitucionalidade, com base numa previsão "implícita" do sistema legislativo que rege a arbitragem.

Todavia, uma simples "lei, ainda que a pretexto de proteger normas constitucionais, não dispõe de competência material para estender o poder de subtrair o valor de outras leis. Só a constituição pode estabelecer órgãos aptos a controlar, institucionalmente, a validade constitucional dos atos legislativos" (BERNARDES, 2004, p. 50). Afinal, até para privilegiar a segurança jurídica e não enfraquecer o princípio da presunção de constitucionalidade dos atos do Poder Público, em matéria de controle da constitucionalidade, a Constituição Federal concede reserva absoluta de jurisdição a órgãos do Poder Judiciário (*monopólio da primeira palavra*), ressalvadas as exceções constitucionais (v. MC na ADI 221/DF, Pleno do STF).

Trata-se, portanto, de tipo de **silêncio eloquente** que interdita a competência arbitral em matéria de fiscalização da constitucionalidade, a menos que houvesse alguma previsão constitucional em contrário, mesmo que implícita. "Da lacuna do atual Texto Constitucional não se pode extrair delegação a que nenhum agente não estatal possa depreciar, de forma institucionalmente válida, quaisquer dos efeitos dos atos normativos estatais, ainda que a pretexto de resolver controvérsia acerca de direitos disponíveis" (BERNARDES, 2004, p. 62).

Porém, a se considerar que a *Constituição Federal* não contém qualquer nenhuma norma, seja textual, seja não textual, que conceda às cortes arbitrais poderes para fiscalizar a constitucionalidade de leis, nem uma previsão explícita do *legislador* poderia lhes atribuir tal prerrogativa. Nesse sentido, os árbitros não dispõem de competência institucional para exercer controle institucionalizado de constitucionalidade de atos normativos estatais, sequer em matéria de direitos patrimoniais disponíveis (BERNARDES).

Ao que parece, contudo, essa opinião proibitiva é minoritária. Embora não haja pronunciamento do STF a respeito, os outros poucos doutrinadores que cuidaram do assunto sustentam, na linha de OLAVO FERREIRA e MARCELO BONIZZI (2017), que árbitros possuem o dever de realizar controle de constitucionalidade de leis, seja porque a aplicação das normas constitucionais é matéria de ordem pública, seja para evitar que a própria sentença arbitral incorra em nulidade, por desconformidade constitucional, viabilizando a propositura de ação anulatória. Nesse sentido, para GEORGES ABBOUD (2018, p. 1.038), "o árbitro, ao se deparar com situação de inconstitucionalidade, deverá realizar controle difuso de constitucionalidade."

2.1.5. Conselho Nacional de Justiça (CNJ) e Conselho Nacional do Ministério Público (CNMP)

Embora faça parte do Judiciário, o Conselho Nacional de Justiça (CNJ) não detém competência jurisdicional. Cumpre-lhe apenas controlar a atuação administrativa e financeira do Poder Judiciário, bem como o cumprimento dos deveres funcionais dos juízes, além de outras atribuições a serem conferidas pelo Estatuto da Magistratura (Constituição, art. 103-B, § 4º, com redação da EC 45/2004). Daí se questionar se o CNJ reúne competência institucional para controlar a constitucionalidade de atos editados por órgãos judiciais cuja atuação esteja sob a fiscalização do conselho.

Com efeito, a exemplo dos tribunais de contas (Súmula 347/STF), é possível sustentar que o CNJ, no estrito exercício de suas funções técnicas, possui competência implícita para "apreciar a constitucionalidade das leis e dos atos normativos do Poder Público". (Sobre a discussão acerca da revogação da Súmula 347/STF, v. item 2.1.2, acima.)

Como o controle da constitucionalidade abstrato de leis e atos normativos, em face da Constituição Federal, foi explicitamente concentrado pelo constituinte no STF, referida competência implícita restringe-se ao **controle administrativo em concreto**. Nem sequer o CNJ pode invalidar, com efeitos *erga omnes*, tampouco desconstituir inteiramente atos normativos primários que sejam genéricos e/ou abstratos. A invalidação, por motivo de inconstitucionalidade, resume-se à prerrogativa de desconstituir atos administrativos, ou simplesmente ao poder de afastar a aplicação de leis ou atos normativos primários só no caso concreto analisado. E o mesmo raciocínio se aplica em relação ao Conselho Nacional do Ministério Público (CNMP), cujas atribuições, embora relacionadas ao Ministério Público, são idênticas, no particular, às do CNJ (cf. art. 130-A, § 3º, II).

Ainda que assim não fosse, caberia ao menos admitir que o CNJ e o CNMP possuam competência para replicar a inconstitucionalidade já reconhecida, de forma definitiva, pelo STF, acerca de alguma lei ou ato normativo. Conforme explicação no item 2.1.3, acima, uma vez rompida **presunção de constitucionalidade** que impediria a declaração de inconstitucionalidade feita de forma autônoma por parte do CNJ/CNMP, tais conselhos podem livremente reconhecer, no âmbito estrito de suas funções técnico-administrativas, a invalidade daquelas normas que o STF declarara inconstitucionais. Nesse sentido, em relação aos órgãos de julgamento de processos administrativos fiscais federais, o art. 26-A, § 6º, I, do Decreto 70.235/72, acrescentado pela Lei 11.941/2011.

Todavia, a questão é bastante polêmica.

O Plenário do CNJ vinha decidindo que o órgão poderia realizar controle de constitucionalidade dos atos administrativos que fiscaliza, ainda que isso implique anulação reflexa dos efeitos de lei ou ato normativo primário. No Procedimento de Controle Administrativo n. 15/2005, por exemplo, o voto-vencedor do Conselheiro DOUGLAS ALENCAR RODRIGUES entendeu que: "o CNJ está autorizado, por norma constitucional de eficácia plena, a examinar todos os atos administrativos praticados pelos tribunais do País, entre os quais se inserem, obviamente, aqueles que dizem respeito à nomeação de servidores para cargos em comissão ou o exercício de funções gratificadas. E esse exame, é bom frisar, inclusive em relação dos primeiros passos deste CNJ, alcança a verificação tanto da legalidade estrita quanto da própria constitucionalidade dos atos administrativos expedidos pelos tribunais". Porém, a despeito das numerosas decisões nas quais o CNJ acaba por, implicitamente, reconhecer a inconstitucionalidade de leis estaduais, a jurisprudência do próprio conselho já decidiu no sentido contrário. No Pedido de Providências n. 3.047/2012, *v.g.*, o CNJ entendeu que, por se tratar de órgão administrativo, "não tem competência para exercer controle de constitucionalidade". (Ver também o Pedido de Providências n. 700/2008.)

A jurisprudência do STF, porém, adotou entendimento pela impossibilidade de o CNJ controlar a constitucionalidade não apenas de leis ou atos normativos primários, bem assim dos atos administrativos dos tribunais fiscalizados. Para o Plenário do STF, como o CNJ possui apenas atribuições de natureza administrativa, não pode apreciar a constitucionalidade de leis. Assim, uma lei "decretada e sancionada pelos Poderes Legislativo e Executivo" (no caso, uma lei do Estado da Paraíba), "não pode ter o controle de constitucionalidade realizado pelo Conselho Nacional de Justiça, pois a Constituição da República confere essa competência, com exclusividade, ao Supremo Tribunal Federal" (MC na AC 2.390/PB, por unanimidade, j. em 19-8-2010). Na mesma linha, no AgRg no MS 28.872/DF (j. em 24-2-2011), também por unanimidade, o Plenário da Corte decidiu que o CNJ, "embora seja órgão do Poder Judiciário, nos termos do art. 103-B, § 4º, II, da Constituição Federal, possui, tão somente, atribuições de natureza administrativa e, nesse sentido, não lhe é permitido apreciar a constitucionalidade dos atos administrativos, mas somente sua legalidade".

▸ **Importante:**

Também no MS 28.141/MT (j. em 10-2-2011), o Plenário do STF decidiu que o **CNJ**, por ser mero órgão administrativo, não possuía competência para determinar o afastamento de cobrança de emolumento fixada em lei, ainda que com fundamento na inconstitucionalidade desta, sendo necessária a propositura de "ação direta de inconstitucionalidade com o intuito de pôr fim à cobrança de tal exação". (Nesse precedente, contudo, os Ministros MARCO AURÉLIO e DIAS TOFFOLI saíram vencidos ao entenderem legítima a prerrogativa de declaração de inconstitucionalidade por parte do CNJ.) À semelhança, no MS 27.744/DF, a 1ª Turma do STF decidiu que o **CNMP** não ostenta competência para efetuar controle de constitucionalidade de lei, pois se trata de órgão de natureza administrativa, cuja atribuição se circunscreve ao controle da legitimidade dos atos administrativos praticados por membros ou órgãos do Ministério Público.

É dizer: pela **tradicional jurisprudência do STF**, o CNJ e o CNMP **não** disporiam de **competência autônoma para declarar a inconstitucionalidade** de lei ou ato normativo. Entretanto, esse entendimento jurisprudencial do STF foi **abalado** por dois precedentes da Corte proferidos em 2016.

No primeiro deles (MS 26.739/DF, j. em 1º-3-2016), embora em discussão ato do CNJ que simplesmente reconhecera a *ilegalidade* de provimento do TJMG, a 2ª Turma do STF acenou que o conselho poderia anular atos normativos, inclusive leis, cuja inconstitucionalidade já tivesse sido reconhecida pela jurisprudência do próprio STF. Em tais hipóteses, como constou voto do Min. GILMAR MENDES, "órgãos com essa autonomia estão apenas aplicando uma jurisprudência, um entendimento já pacífico." Nessa linha, o CNJ e o CNMP possuiriam **competência secundária** para, pelo menos, em sede administrativa, **estender o reconhecimento de inconstitucionalidades declaradas pelo STF**.

No segundo e mais importante, o Pleno do STF abrandou radicalmente a jurisprudência no sentido da impossibilidade de o CNJ realizar controle de constitucionalidade de leis. No julgamento da Pet 4.656/PB (Plenário, j. em 19-12-2016), por unanimidade, o STF tanto declarou a inconstitucionalidade incidental do art. 5º da Lei paraibana n. 8.223/2007 quanto validou decisão do CNJ que determinara ao TJPB a não aplicação do mesmo dispositivo legal, também por motivo de inconstitucionalidade. Conforme voto vencedor da Ministra CÁRMEN LÚCIA, o Supremo já havia reputado inconstitucionais leis semelhantes da Paraíba, de modo que o CNJ agira licitamente ao determinar o afastamento administrativo de outra lei com idêntico vício das anteriores. Contudo, a Ministra foi além e enfatizou doutrina pelo cabimento do controle de constitucionalidade de leis por parte de "órgãos administrativos autônomos, constitucionalmente incumbidos da tarefa de controlar a validade dos atos administrativos, tais como o TCU, o CNMP e o CNJ". Como constou da ementa do julgado, está incluída "entre as competências constitucionalmente atribuídas ao CNJ a possibilidade de afastar, por inconstitucionalidade, a aplicação de lei aproveitada como base de ato administrativo objeto de controle e determinar aos órgãos submetidos a seu espaço de influência a observância desse entendimento, por ato expresso e formal tomado pela maioria absoluta de seus membros". (No mesmo sentido, v. MS 28.112/DF.)

Todavia, o voto vencedor na Pet 4.656/PB também entendeu que, no ato do CNJ, não houve "declaração de inconstitucionalidade da qual resultasse a anulação ou revogação da lei discutida, com exclusão de sua eficácia", mas simples "nulidade dos atos questionados por ser considerada inaplicável, administrativamente, lei estadual com vício de inconstitucionalidade, com a vinculação apenas da atuação de órgão judicial cujos atos administrativos foram submetidos ao controle do CNJ. Assim, não se haveria de cogitar de usurpação da competência do STF, a qual seria passível de impugnação por meio constitucional próprio".

Enfim, extrai-se desses julgamentos a nítida **preocupação** do STF em **evitar** que o **poder fiscalizatório do CNJ implique usurpação da competência da Corte** para declarar, em abstrato, a inconstitucionalidade de leis ou atos normativos primários. Nada obstante, reconheceu o Plenário do Supremo que, observada a *cláusula de reserva de plenário*, o CNJ poderá exercer *controle de constitucionalidade de leis ou atos normativos*, desde que a atuação do conselho se mantenha no â**mbito meramente administrativo** e com **vinculação apenas dos órgãos judiciais sujeitos à fiscalização do próprio conselho**, sem invalidar normas com efeitos gerais (*erga omnes*).

Capítulo **III**

Controle judicial da constitucionalidade concreta no direito brasileiro

1. DO CONTROLE JUDICIAL DA CONSTITUCIONALIDADE CONCRETA/DIFUSA

O controle de tipo ***difuso*** de constitucionalidade é o que permite a **todo juiz ou tribunal,** no exercício jurisdicional, fiscalizar a constitucionalidade de determinados atos em face de casos concretos. Por isso, é comum chamá-lo também de **controle concreto, aberto, incidental, descentralizado** ou **por via de exceção**, em contraposição ao controle abstrato, realizado por órgão ou tribunal especialmente identificado pela Constituição para aferir a constitucionalidade em tese de atos normativos, sem situá-los no campo da respectiva incidência fática.

Na **modalidade concreta** de controle, o juízo de compatibilidade da norma não é objeto da ação, mas mera **questão prejudicial** que surge como necessária ao julgamento do pedido principal. Já a apreciação judicial do tema constitucional é feita de **modo incidental**, nos **fundamentos da decisão**, e não no dispositivo.

Por isso, a decisão nem as motivações acerca da questão constitucional **não fazem coisa julgada.** A resolução da questão constitucional só atinge as **partes ou quem mais deva se submeter à autoridade da sentença**, sem alcançar terceiros ou outras relações jurídicas além daquela examinada no caso concreto.

> **▸ Atenção!**
>
> Ao contrário do CPC/73 (art. 469, I e III), o CPC/2015 passou a permitir a formação de coisa julgada na "resolução de questão prejudicial, decidida expressa e incidentemente no processo" (art. 503, § 1º). Porém, tal regra **não** se aplica às declarações de inconstitucionalidade *incidenter tantum*. É que, no **âmbito do controle concreto de constitucionalidade**, nenhum juízo ou tribunal dispõe de competência para resolver a controvérsia constitucional "como questão principal" – requisito exigido no inciso III do próprio art. 503, § 1º, do CPC/2015.
>
> Nada obstante, há quem defenda a formação de coisa de julgada no julgamento do **incidente de inconstitucionalidade** (ver item 2, seguinte), desde que apreciada a questão constitucional pelo STF (tendo por parâmetro a Constituição Federal) ou por Tribunal de Justiça (se o parâmetro for a respectiva Constituição Estadual ou a LODF), pois esses órgãos detêm competência para resolver o assunto, como "questão principal", por via de ações diretas de inconstitucionalidade (por todos, v. NERY JUNIOR, 2015, p. 1.232).

Contudo, admitir a formação de coisa julgada em casos tais implicaria nova modalidade de controle abstrato de constitucionalidade, algo a depender da edição de emenda à Constituição Federal (nesse sentido, cf. Rcl 337/DF, MC na ADI 347/SP, MC na ADI 508/DF e ADI 409/RS). Assim, como nem o legislador poderia inovar a respeito, a regra do art. 503 do CPC/2015 deve ser interpretada conforme a Constituição, excluindo-se qualquer possibilidade de formação de coisa julgada no julgamento incidental de questões constitucionais.

Mesmo nas hipóteses em que o controle concreto seja deflagrado pela postura ativa do interessado, a questão da inconstitucionalidade é posta pelo autor na **causa de pedir** da ação. Até porque o objeto do processo deverá consistir, sempre, em providência judicial que busque dirimir um **litígio concreto** resultante da incidência dos efeitos pretendidos pelo ato infraconstitucional impugnado.

▸ **Importante:**

Para não abalar desnecessariamente a presunção de constitucionalidade dos atos do Poder Público, a arguição de inconstitucionalidade de lei só deve ser considerada quando, independentemente dela, não se puder dar solução ao litígio. Ver item 8.2.3 do Capítulo VI da Parte I.

Nessa linha, não há falar-se em **preclusão** a respeito. Como esclarece BARBOSA MOREIRA, nada "importa que a questão de inconstitucionalidade só venha a ser suscitada, pela primeira vez, em segundo grau de jurisdição" (1998, p. 37).

▸ ***Preclusão sobre a questão constitucional e instâncias recursais extraordinárias***

A tese da inexistência de preclusão acerca das questões constitucionais só é pacífica até a fase dos recursos ordinários. Ultrapassada esta fase, há fortes argumentos pela tese da preclusão do direito de suscitar questões constitucionais não discutidas ou que não tenham sido de recurso de natureza extraordinária, a menos que elas tenham sido inauguradas no próprio julgamento do recurso especial. Sobre assunto, decidiu o STF: "Se o acórdão emanado de Tribunal de segundo grau assentar-se em duplo fundamento (constitucional e legal), impõe-se, à parte interessada, o dever de interpor tanto o recurso especial para o Superior Tribunal de Justiça quanto o recurso extraordinário para o Supremo Tribunal Federal, *sob pena de, na ausência do apelo extremo, a parte recorrente sofrer, por força de sua própria omissão, os efeitos jurídico-processuais da preclusão pertinente à motivação de ordem constitucional.* Se tal ocorrer, a existência de fundamento constitucional inatacado revelar-se-á bastante, só por si, para manter, em face de seu caráter autônomo e subordinante, a decisão proferida por Tribunal de segunda instância. – O acórdão do Superior Tribunal de Justiça somente legitimará o uso da via recursal extraordinária, se, nele, se desenhar, originariamente, a questão de direito constitucional" (AgRg no RE 365.989/SP, 2ª Turma).

Porém, certos autores propõem soluções intermediárias. Para MARINONI (2016, p. 988), por exemplo, a questão constitucional "pode ser alegada pelas partes em qualquer momento do processo ou em qualquer tribunal, inclusive por ocasião do recurso especial ou do recurso extraordinário", desde que a norma alegada inconstitucional seja prejudicial ao julgamento do próprio REsp ou RE. (Sobre as restrições ao controle de constitucionalidade nas vias recursais extraordinárias, v. item 4.2.)

Nada obstante, **não** se admite controle concreto se a discussão envolver interpretação de **lei ou ato normativo em tese**. O provimento judicial deve pôr fim a *litígio concreto e individualizado*, numa verdadeira fiscalização de constitucionalidade tendente a resolver conflito de interesses instaurado entre as partes. Não há lugar, portanto, para controvérsias relativas a simples teses jurídicas, tampouco casos fictícios concebidos para obter consultas judiciais (v. item 5).

▸ **Como esse assunto foi cobrado em concurso?**

Em 2011 o concurso para Advogado da ECT considerou **correta** a seguinte assertiva:

"O controle difuso de constitucionalidade, que é exercido somente perante caso concreto, pode ocorrer por meio das ações constitucionais do *habeas corpus* e do mandado de segurança."

No concurso para o Ministério Público de São Paulo (2001), a questão dispunha que "A respeito do controle de constitucionalidade por via de exceção, também chamada via de defesa, é correto dizer que a declaração:" e exigia que o candidato considerasse como correta a alternativa com a seguinte redação: "não atinge a lei em tese e opera seus efeitos apenas entre as partes."

No concurso para Analista Judiciário da área Judiciária do STJ (2018/Cespe), foi considerada **incorreta** a afirmação: "Em se tratando de controle difuso de constitucionalidade, a referência do controle pode ser qualquer norma constitucional vigente, não sendo aceita, portanto, como parâmetro norma constitucional já revogada."

2. INCIDENTE DE INCONSTITUCIONALIDADE NOS TRIBUNAIS

Em razão da chamada **cláusula de reserva de plenário** prevista no art. 97 da Constituição Federal (cf. item 3), os órgãos fracionários dos tribunais (turmas, câmaras, seções) não dispõem de competência para declarar a inconstitucionalidade de ato normativo do Poder Público.

O órgão competente é o **plenário** ou a **corte especial** do respectivo tribunal. Por isso, a legislação processual disciplina uma espécie de incidente de declaração de inconstitucionalidade (artigos 948 a 950 do CPC/2015) mediante o qual a questão constitucional é elevada ao órgão do tribunal competente para apreciá-la.

▸ **O que mudou com o CPC/2015?**

O incidente de inconstitucionalidade é tratado pelo CPC/2015 nos artigos 948 a 950. Porém, a nova legislação em nada alterou a matéria antes disciplinada pelos artigos 480 a 482 do CPC/73.

> **▸ Atenção!**
>
> No STJ, é também cabível suscitar o incidente de inconstitucionalidade no âmbito do julgamento de recurso especial. Contudo, a Corte Especial do STJ já decidiu que a parte recorrente não pode pleitear a declaração de inconstitucionalidade no recurso especial, pois a via recursal própria para tal discussão é o recurso extraordinário dirigido ao STF (ver AInt no REsp 1.135.354/PB, Corte Especial do STJ). Esse entendimento está correto quanto ao mérito do recurso especial, mas parece defensável, todavia, que o recorrente possa alegar a inconstitucionalidade de atos normativos que interfiram nos requisitos de admissibilidade do próprio recurso especial.

A) **Procedimento:** O incidente de inconstitucionalidade segue o seguinte procedimento:

> **▸ Atenção!**
>
> A tramitação simultânea de ADI tendo por alvo o mesmo preceito impugnado não impede a tramitação de incidente de inconstitucionalidade nos demais tribunais, nem implica usurpação da competência do Supremo (v. Rcl 26.512/ES, 2ª Turma do STF).

A.1) arguida a questão constitucional, o **relator** deverá submetê-la à apreciação do **órgão fracionário**, após ouvir o Ministério Público;

> **▸ Atenção!**
>
> Conforme o STF, uma vez suscitada, "no voto de um dos juízes do colegiado, a questão de inconstitucionalidade da lei a aplicar, deve o Tribunal decidir a respeito; omitindo-se e persistindo na omissão - não obstante provocado mediante embargos de declaração - viola as garantias constitucionais da jurisdição e do devido processo legal (CF, art. 5º, XXXV e LIV), sobretudo quando, com isso, possa obstruir o acesso da parte ao recurso extraordinário" (RE 198.346/DF, Pleno).

A.2) se a turma ou câmara **rejeitar a alegação**, o julgamento terá normal prosseguimento;

> **▸ Atenção!**
>
> Como a cláusula de reserva de plenário tem relação direta com princípio da presunção de constitucionalidade, a *constitucionalidade* da norma impugnada poderá ser definida pelo próprio relator ou pelo órgão fracionário, dispensando-se a remessa da questão ao plenário ou ao órgão especial (STF, Pleno, AgRg no RE 636.359/AP).

A.3) **acatada a arguição**, lavra-se o acórdão respectivo e remete-se a questão ao **plenário ou órgão especial** da corte respectiva. No STF, há norma expressa, recepcionada com *status* de lei ordinária, a dispensar a confecção de acórdão em casos tais (RISTF, art. 176, § 1º);

> ▸ **Atenção!**
>
> "Não há necessidade de pedido das partes para que haja o deslocamento do incidente de inconstitucionalidade para o Pleno do Tribunal. Isso porque é dever de ofício do órgão fracionário esse envio, uma vez que não pode declarar expressamente a inconstitucionalidade de lei ou ato normativo do poder público, nem afastar sua incidência, no todo ou em parte." (AgRg na Rcl 12.275/BA, Plenário do STF.)

A.4) no plenário ou na corte especial, julga-se somente a questão de constitucionalidade, sem levar em consideração outras circunstâncias do caso concreto em que levantada;

> ▸ **Atenção!**
>
> O incidente de inconstitucionalidade mantém certa autonomia em face do caso concreto do qual é suscitado. Daí a possibilidade da intervenção de sujeitos distintos daqueles que fazem parte da relação processual originária (v. letras "B" e "C"). Como ensina, AMARAL JÚNIOR (2002), a decisão "é tomada em tese, isto é, o plenário julga tão-só a questão de constitucionalidade ou não da norma impugnada e o faz sem levar em consideração o caso concreto em que foi levantada" (p. 51). Ademais, a "decisão plenária não se circunscreve aos autos do caso concreto em que foi suscitada, mas – por mecanismos legais ou regimentais – repercute sobre todos os demais feitos que envolvam a mesma *questio iuris* constitucional" (p. 119).

A.5) decidida a arguição, o julgamento do feito é remetido novamente ao **órgão fracionário**, que fica vinculado ao decidido pelo órgão superior.

> ▸ **Atenção!**
>
> No **STF**, dispensa-se o retorno do processo para julgamento da turma, cabendo ao próprio Plenário decidir as demais questões envolvidas na causa (RISTF, art. 177).
>
> No **STJ**, por motivos de economia processual, a Corte Especial já entendeu desnecessária a devolução dos autos ao órgão suscitante quando se tratar de causa cujo único fundamento seja a questão constitucional, cabendo ao próprio plenário ou ao órgão especial do tribunal completar o julgamento do processo (ED na AI no ROMS 1.178/RS).

B) **Intervenção do Ministério Público:** mesmo que suscitado o incidente em causas em que normalmente não deveria intervir, o Ministério Público **sempre intervém perante o órgão fracionário** em que o incidente é suscitado, bem como perante o órgão julgador do incidente (antigos §§ 1º a 3º ao art. 482 do CPC/73, com redação da Lei 9.868/99; atual artigo 948 do CPC/2015).

C) ***Amicus curiae*:** A partir de alteração feita pela Lei 9.868/99, o CPC/73 incorporou a figura do *amicus curiae* no processo de controle concreto de constitucionalidade. Algo mantido pelo CPC/2015 (§§ do art. 950). Assim, na presença do órgão julgador, podem manifestar-se durante o incidente, na forma e prazos previstos no regimento interno de cada tribunal:

C.1) as **pessoas jurídicas de direito público** responsáveis pela edição do ato impugnado, ainda que não sejam partes no processo originário, se assim o requererem (§ 1º do art. 950 do CPC/2015);

C.2) **quaisquer dos legitimados à propositura da ADI** e da **ADC** previstos no art. 103 da Constituição (§ 2º do art. 950 do CPC/2015);

C.3) outros **órgãos ou entidades** com **representatividade**, se assim os facultar o relator do incidente, por despacho irrecorrível (§ 3º do art. 950 do CPC/2015).

> ▸ **Atenção!**
>
> A) As manifestações previstas nas letras "a" e "b", acima, não podem ser recusadas pela Corte; já a mencionada na letra "c" depende da permissão discricionária do relator do incidente (§ 3º do art. 950 do CPC/2015).
>
> B) O CPC/2015 cuidou da figura do *amicus curiae* em sua própria Parte Geral (art. 138), ao tratar das diversas modalidades de intervenção de terceiros. Algo que o CPC/73 nunca contemplara. Contudo, no âmbito do incidente de inconstitucionalidade, a nova codificação não trouxe inovações a respeito.

Mais sobre a questão do *amicus curiae*, cf. item 2.6 do Capítulo V.

D) **Efeitos do julgamento do incidente:** Decidido o incidente, o processo retoma seu curso perante o órgão fracionário, que terá de julgar a demanda de acordo com a solução dada à questão constitucional pelo plenário ou pela corte especial do tribunal.

Acatado o incidente, a norma declarada inconstitucional já não poderá mais ser aplicada no âmbito da relação jurídica que ensejou o incidente.

> ▸ **Atenção!**
>
> Sobre a possibilidade de formação de coisa julgada no julgamento do incidente de inconstitucionalidade, ver quadro próprio no item anterior

Outra consequência do julgamento do incidente no sentido da inconstitucionalidade do preceito impugnado é a ***dispensa* de nova observância** da cláusula de reserva de plenário em processos semelhantes, no âmbito do mesmo tribunal (parágrafo único do art. 949 do CPC/2015).

Contudo, perante o sistema jurídico, a pertinência e a validade do ato declarado inconstitucional não ficam comprometidas, pois a decisão do incidente **não surte efeitos *erga omnes***. Assim, embora acarrete a vinculação do órgão fracionário no processo que ensejou o incidente, a procedência do incidente não expurga nem afasta a pertinência da norma inconstitucional em face do sistema normativo (v. item 1 do

Capítulo VIII da Parte I), daí por que não deveria impedir que, em casos futuros, os componentes dos órgãos fracionários propusessem a revisão do entendimento fixado no plenário ou pelo órgão especial do tribunal.

> ▸ **Atenção!**
>
> Como sustentou o Min. SEPÚLVEDA PERTENCE ao comentar o instituto da desnecessidade da observância da cláusula de reserva de plenário em caso de precedente do STF a declarar a inconstitucionalidade do mesmo dispositivo questionado, "a dispensa da remessa ao Plenário da arguição de inconstitucionalidade não impede o tribunal inferior de alterá-la enquanto não dotada a jurisprudência do Supremo Tribunal do efeito vinculante, que, ou decorre, no nosso sistema, de decisões nos processos objetivos de controle direto, ou decorrerá da adoção solene, pelo Tribunal, da súmula vinculante" (voto na Rcl 4.335/AC, Pleno do STF).
>
> A tendência atual, porém, é reconhecer que a decisão do incidente gera um tipo específico de **efeito transcendente** (ver item 8.2). Nesse sentido, há até normas de regimento interno de tribunais a reconhecer que a declaração da inconstitucionalidade, pelo órgão competente do tribunal (órgão especial ou plenário), implica a futura vinculação, dos demais órgãos fracionários do mesmo tribunal, em face de outros processos em que se discute a aplicação do mesmo preceito declarado inconstitucional (ver art. 101 do RISTF e art. 359 do RITRF/1ª Região). No mesmo sentido, o CPC/2015 determina a observância da "orientação do plenário ou do órgão especial" aos quais os juízes e tribunais estiverem vinculados (art. 927, V). Cf. itens 3 e 8.2.

E) Recurso contra a decisão do incidente: O julgamento do incidente suscitado não se sujeita a recurso direto, salvo *embargos de declaração*. Isso porque a "decisão que enseja a interposição de recurso ordinário ou extraordinário **não é a do plenário**, que resolve o incidente de inconstitucionalidade, **mas a do órgão** (Câmaras, Grupos ou Turmas) que completa o julgamento do feito" (Súmula 513/STF).

Ainda assim, sob pena de não ser conhecido eventual recurso extraordinário interposto contra a decisão da questão constitucional, o STF tem reputado imprescindível que o recorrente proceda à juntada do inteiro teor do acórdão que julgou o incidente de inconstitucionalidade (por todos, v. AgRg no AI 311.176/SP, 1ª Turma).

> ▸ **Atenção!**
>
> Porém, para dar provimento a RE contra decisão que divergira de pronunciamento anterior do próprio STF, a Corte já dispensou a "juntada do aresto que servira de base ao acórdão recorrido nas hipóteses em que já houver o pronunciamento do STF sobre a questão" (AgRg no RE 196.752/MG, j. em 5-11-2015). Entendeu-se que, como o acórdão recorrido reconhecera **in**constitucional o mesmo preceito que o STF já decidiria ser constitucional (art. 3º, I, da Lei 8.200/91), a exigência da juntada da decisão do incidente de inconstitucionalidade "resultaria em desmedida valoração do julgamento do órgão especial do Tribunal de origem sobre a decisão do STF" (*Inf.* 806/2015).

PROCESSAMENTO DO INCIDENTE DE INCONSTITUCIONALIDADE NOS TRIBUNAIS	
1º passo	– Alegada a inconstitucionalidade, ou suscitada de ofício pelo relator, este submeterá a questão à respectiva turma ou câmara, devendo ser ouvido o Ministério Público. – Se a turma ou câmara entender pela **constitucionalidade** do ato, o processo tem normal seguimento no órgão em que se encontrar.
2º passo	– Se o órgão fracionário entender pela inconstitucionalidade, será lavrado acórdão e encaminhando o feito para o órgão competente (plenário ou órgão especial). – **ATENÇÃO!** Caso o plenário do tribunal ou o Plenário do STF já tenham declarado a inconstitucionalidade do mesmo ato questionado, o julgamento prossegue no próprio órgão fracionário.
3º passo	– O tribunal pleno ou o órgão especial analisará o incidente, após ouvido novamente o Ministério Público; – Admite-se a intervenção: **a)** das pessoas jurídicas de direito público responsáveis pela edição do ato; **b)** de quaisquer dos legitimados à propositura de ações diretas [art. 103, cf]; ou **c)** de *amicus curiae;* – Concluído o julgamento, será elaborado um segundo acórdão.
4º passo	– Os autos voltam ao órgão fracionário, que irá aplicar a decisão resultante do segundo acórdão, lavrando-se um terceiro acórdão.

▸ **Como esse assunto foi cobrado em concurso?**

Em 2011, o concurso para Juiz do TRF/5ª Região considerou correta a seguinte assertiva: "Nenhum órgão fracionário de tribunal dispõe de competência para declarar a inconstitucionalidade de leis ou atos normativos emanados do poder público, visto tratar-se de prerrogativa jurisdicional atribuída, exclusivamente, ao plenário dos tribunais ou ao órgão especial, onde houver."

No concurso para Promotor de Justiça do MPDFT (2002), o candidato deveria indicar como **correta** a seguinte alternativa: "A decisão que enseja a interposição de recurso ordinário ou extraordinário não é a do plenário, que resolve o incidente de inconstitucionalidade, mas a do órgão (câmaras, grupos ou turmas) que completa o julgamento do feito."

3. CLÁUSULA DE RESERVA DE PLENÁRIO

Trata-se de **regra especial de competência judicial** aplicável aos tribunais ao decidirem pela inconstitucionalidade de lei ou ato normativo do Poder Público.

Prevista nas Constituições brasileiras desde 1934 e reproduzida no art. 97 da atual Constituição, a cláusula determina que somente "pelo **voto da maioria absoluta** de seus membros ou dos membros do respectivo órgão especial poderão os tribunais declarar a inconstitucionalidade de lei ou ato normativo do Poder Público".

> ▸ **Atenção!**
> Nos tribunais com menos de 25 componentes e naqueles que não tenham optado pela criação de órgão especial (art. 93, inciso XI, da CF/88), a maioria absoluta obtém-se computando os votos de **todos os membros do tribunal**. No STF, a composição mínima para se iniciar a votação é de 8 ministros, exigidos os votos de **pelo menos 6 deles** para se **declarar a inconstitucionalidade** de atos normativos.

Também chamada de cláusula constitucional do ***full bench*** (ou ***full court***), determina que a "**inconstitucionalidade** de leis ou de outros atos estatais somente pode ser declarada, quer em sede de fiscalização abstrata (método concentrado), quer em sede de controle incidental (método difuso), pelo voto da maioria absoluta dos membros integrantes do Tribunal, reunidos em sessão plenária ou, onde houver, no respectivo órgão especial" (**STF**, AgRg no AI 615.686/RS).

Assim, embora o processo decisório possa iniciar-se sem que estejam presentes todos os membros do plenário ou da corte especial, o reconhecimento da inconstitucionalidade de ato normativo pressupõe votação por maioria absoluta – *i.e.*, votos correspondentes a mais da metade do número total dos integrantes previstos para o órgão –, independentemente de estar vago algum dos cargos de membro do tribunal ou da eventual ausência de parte dos integrantes do plenário ou da corte especial. Daí que, se não for obtido esse quórum mínimo de votação (maioria absoluta), o ato será considerado constitucional para todos os efeitos, ainda que a maioria dos juízes presentes (maioria simples) tenha votado pela declaração de inconstitucionalidade.

> ▸ **Atenção!**
> Sobre o *quorum* especial para julgamento das ações diretas, ver item 2.7 do Capítulo V.

CLÁUSULA DE RESERVA DE PLENÁRIO
Maioria absoluta – voto de mais da metade do número máximo previsto para os integrantes do plenário ou da corte especial.

> ▸ **O que mudou com o CPC/2015?**
> Por força art. 97 da Constituição Federal, segue necessário observar a cláusula de reserva de plenário, sob pena de nulidade da decisão que declarar a inconstitucionalidade de ato normativo, em toda ação ou incidente regulados pelo CPC/2015, incluindo os novos incidentes de assunção de competência (art. 947 do CPC/2015) e de resolução de demandas repetitivas (artigos 976 e seguintes do CPC/2015). De modo que, inexistentes regras de processo específicas, o incidente de inconstitucionalidade (CPC/2015, arts. 948-950) poderá ser instaurado no curso de outros incidentes processuais.

A) **Natureza jurídica: regra especial de competência jurisdicional** cujo fundamento está no princípio da *presunção de constitucionalidade* dos atos normativos.

B) **Extensão:**

B.1) **Extensão subjetiva:** Embora não limite a atuação dos juízes de 1º grau, a cláusula de reserva de plenário aplica-se a **todo tipo de órgão julgador** existente em **tribunais**. Todavia, já entendeu o **STF** ser **dispensável** a observância do art. 97 da Constituição nas ***turmas recursais*** de juizados especiais (AgRg no RE 453.744/RJ). (Sobre a polêmica desnecessidade da observância da cláusula no âmbito das turmas do próprio STF, v. quadro a seguir.)

▸ Cláusula de reserva de plenário e turmas do STF

Historicamente, sempre se entendeu que a cláusula de reserva de plenário se aplica aos órgãos fracionários de quaisquer tribunais, incluindo o próprio STF. Porém, um curioso acórdão da 2ª Turma do STF (ED no RE 361.829/RJ, j. em 2-3-2010) reputou que as turmas da Corte poderiam declarar a inconstitucionalidade de ato normativo sem a necessidade de observar o art. 97 da Constituição, mesmo não havendo prévio pronunciamento do Plenário a respeito. O precedente discutiu, em embargos declaratórios, acórdão que afastara, por inconstitucionalidade, a aplicação de lei municipal de 1994. Os embargos declaratórios impugnaram, exatamente, a falta de observância da cláusula de reserva de plenário, mas a 2ª Turma decidiu que a Corte "exerce, por excelência, o controle difuso de constitucionalidade quando do julgamento do recurso extraordinário, tendo os seus colegiados fracionários competências regimentais para fazê-lo sem ofensa ao art. 97 da Constituição Federal."

Trata-se, porém, de **precedente equivocado e inconsistente**. Afinal, a regra constitucional do art. 97 da CF/88 não comporta exceção sequer em face das ilustradas turmas do STF. Sem margem alguma a ressalvas por lei e, menos ainda, por via de supostas "competências regimentais". Aliás, ao contrário dos ED no RE 361.829/RJ, nos termos dos arts. 176 e 177 do RISTF, deve ser remetida para julgamento do Plenário toda arguição de inconstitucionalidade, se reputada relevante, inclusive "em processo de competência da Turma".

Bem por isso, como constou do voto do Min. TEORI ZAVASCKI nos ED no RE 376.440/DF, também o STF está submetido à cláusula de reserva de plenário, "mesmo no julgamento de recursos extraordinários em que a inconstitucionalidade do preceito normativo esteja sendo questionada incidentalmente." Nesse mesmo sentido, decidira a 2ª Turma do STF que ***nenhum*** "órgão fracionário de ***qualquer Tribunal***, em consequência, dispõe de competência, no sistema jurídico brasileiro, para declarar a inconstitucionalidade de leis ou atos emanados do Poder Público. Essa magna prerrogativa jurisdicional foi atribuída, em ***grau de absoluta exclusividade***, ao plenário dos Tribunais ou, onde houver, ao respectivo órgão especial. Essa extraordinária competência dos Tribunais é regida pelo princípio da reserva de plenário inscrito no art. 97 da CR" (AgRg no AI 591.373/RS, j. 18-9-2007).

Nada obstante, o equívoco dos ED no RE 361.829/RJ parece disseminar-se no STF, ao menos no âmbito da própria 2ª Turma, em clara ofensa à regra constitucional do art. 97. Em precedente posterior (AgRg no ARE 1.008.426/RJ, j. em 26-5-2017), a Turma entendeu que a "jurisprudência desta Corte é firme no sentido de que a vedação do artigo 97 da CF não tem aplicação ao Supremo Tribunal Federal, cuja missão precípua é a guarda da Constituição. O STF exerce, por excelência, o controle difuso de constitucionalidade quando do julgamento do recurso extraordinário, via apropriada à discussão de violação constitucional, ordinariamente realizado por suas turmas." E, para tanto, esse novo precedente fez referência não só aos ED no RE 361.829/RJ, como também ao AI 607.616/RJ (j. em 31-8-2010), no qual a mesma 2ª Turma decidira não ser necessária a reserva de plenário para aplicar a "jurisprudência firmada pelo Pleno ou por ambas as Turmas desta Corte."

Contudo, embora as turmas do STF sejam o juízo natural dos recursos extraordinários, isso tampouco serve de escusa para afastar a aplicação do art. 97 da CF/88, que não as excepciona. Certo que, na grande maioria dos casos, o RE pode ser julgado sem afetação ao Plenário, inclusive por decisões monocráticas. Mas isso não se deve ao afastamento da cláusula de reserva de plenário, mas porque ela só precisa ser observada nos poucos julgamentos em considerada relevante a arguição de inconstitucionalidade de ato normativo. Bem por isso, mais recentemente, no AgRg no RE 1.151.237/SP (j. em 2-4-2019), conforme posição vencedora do Min. MARCO AURÉLIO, a 1ª Turma do STF decidiu que só o Plenário da Corte é que poderia apreciar o mérito de recurso extraordinário que discutia a constitucionalidade de lei municipal apreciada em ADI estadual.

Seja como for, no importante concurso público para o cargo de Procurador da República (2011), o equivocado precedente dos ED no RE 361.829/RJ foi considerado representativo da atual posição do STF (Ver quadro abaixo.)

▸ Cláusula de reserva de plenário e cortes administrativas

A *cláusula de reserva de plenário* deve ser observada nas cortes administrativas às quais se reconheça a prorrogativa de declarar a inconstitucionalidade de ato normativo. Nessa linha, na Pet 4.656/PB (j. em 19-12-2016), precedente em que reconhecida ao CNJ a "possibilidade de afastar, por inconstitucionalidade, a aplicação de lei aproveitada como base de ato administrativo objeto de controle e determinar aos órgãos submetidos a seu espaço de influência a observância desse entendimento", o Plenário do STF também se referiu à exigência de que esse tipo de decisão do CNJ pressupõe "ato expresso e formal tomado pela maioria absoluta de seus membros". No mesmo sentido, v. MS 28.112/DF, Pleno. (Sobre a possibilidade de cortes administrativas controlarem a constitucionalidade de atos normativos, v. itens 2.1.2 e 2.1.3 do Capítulo II.)

▸ Como esse assunto foi cobrado em concurso?

No concurso para Auditor Fiscal da Receita Federal (2005/Esaf), o candidato deveria considerar **errada** a seguinte alternativa: "Os órgãos fracionários de Tribunais, onde houver, podem declarar, em qualquer julgamento, por maioria absoluta de seus membros, a inconstitucionalidade de uma lei."

No concurso para Auditor Fiscal do Trabalho (2006/Esaf), foi considerada **errada** a seguinte alternativa: "O 'princípio da reserva de plenário' impede que o juiz singular declare a inconstitucionalidade de leis em suas decisões."

No concurso para Procurador da República (2011), foi considerada **correta** a seguinte alternativa: "O princípio da reserva de plenário não se aplica ao próprio STF, no julgamento de recursos extraordinários."

B.2) Extensão objetiva: Aplica-se a cláusula de reserva de plenário sempre que alguma antinomia, a envolver norma constitucional e norma infraconstitucional de natureza primária, tiver de ser resolvida pela aplicação do critério hierárquico (*lex superior derogat inferiori*).

Assim, é obrigatório observar a reserva de plenário toda vez que afastada a aplicação de algum ato normativo infraconstitucional (primário) por meio de fundamentos baseados, implícita ou explicitamente, na hierarquia superior de preceitos integrantes do bloco de constitucionalidade.

Todavia, a partir da ideia de que a simples recusa à aplicação de norma, por motivo de inconstitucionalidade, não se confundiria com a declaração formal de inconstitucionalidade, órgãos fracionários de tribunais passaram a driblar a cláusula de reserva de plenário. Porém, como notara RONALDO POLETTI (1997, p. 198), inexiste "diferença ontológica entre declaração de inconstitucionalidade e sentença onde não se aplicou lei formalmente válida por entendê-la inconstitucional seu prolator."

Bem por isso, o **STF** passou a reputar "declaratório de inconstitucionalidade o acórdão que, embora sem o explicitar, afasta a incidência da norma ordinária pertinente à lide para decidi-la sob critérios diversos alegadamente extraídos da Constituição" (AgRg no RE 432.597/SP). Ainda para o STF, a cláusula deve incidir mesmo quando o acórdão não declara propriamente inconstitucional a norma impugnada, mas afasta a aplicação desta por *motivo de inconstitucionalidade* (RE 179.170/CE, RE 240.371/RJ e AgRg no AI 559.176/PR).

Daí ter sido editada a **Súmula Vinculante 10**: "Viola a cláusula de reserva de plenário (CF, art. 97) a decisão de órgão fracionário de tribunal que, **embora não declare expressamente a inconstitucionalidade** de lei ou ato normativo do Poder Público, **afasta a sua incidência** no todo ou em parte."

▸ **Atenção!**

O enunciado da Súmula Vinculante 10 abrange mais situações do que as hipóteses previstas na regra constitucional da cláusula de reserva de plenário. A rigor, a norma especial de competência do art. 97 da Constituição deve ser observada só nas *declarações de inconstitucionalidade de ato normativo*, expressão que alcança apenas as antinomias normativas cuja resolução se deva fazer pelo *critério hierárquico* (*lex superior derogat inferiori*), e desde que utilizado, como *parâmetro de controle*, algum preceito integrante do *bloco de constitucionalidade*. Logo, a SV 10 deveria ser utilizada somente nas hipóteses em que órgãos fracionários de tribunais dissimulassem a declaração de inconstitucionalidade de ato normativo do Poder Público.

Contudo, a abrangência do texto da SV 10 permite ainda incluir vários outros tipos de situações, incluindo casos em que a incidência da norma é total ou parcialmente afastada em razão de simples interpretação restritiva ou mediante utilização do critério da especialidade.

Esse problema ficou claro, por exemplo, no julgamento da Rcl 27.068/MG (j. em 5-3-2018), em que se discutia a negativa de vigência de norma de lei federal. A 1ª Turma do STF entendeu violada a Súmula Vinculante 10, após considerar que a "literalidade do dispositivo", seguida de "sua não aplicação à situação concreta", importaria em "negativa de vigência, sem a devida observância à reserva de plenário." Porém, o julgado confundiu a inobservância da cláusula de plenário com a simples interpretação restritiva da disposição normativa. Nesse sentido, em voto vencido, a Ministra ROSA WEBER entendeu, corretamente, "que a mera interpretação de determinada norma à luz da Constituição Federal, por órgão fracionário de tribunal, não caracteriza violação da reserva de plenário".

A cláusula incide quanto a **todo tipo de ato normativo primário**, inclusive os atos de **natureza individual** e/ou de **efeitos concretos**.

▸ **Atenção!**

No AgRg na Rcl 18.165/RR (j. em 18-10-2016), 2ª Turma do STF reputou desnecessário observar a cláusula de reserva de plenário para afastar a aplicação de decreto legislativo a sustar o andamento de ação penal contra parlamentar (art. 53, § 3º, da CF), pois se tratava de ato individual e concreto, portanto, destituído de caráter normativo. Porém, esse precedente foi **revisto** em nos ED no AgRg na Rcl 18.165/RR (j. em 22-8-2017), ocasião em que a 2ª Turma entendeu que a cláusula incide mesmo em relação aos atos legislativos de efeitos concretos.

Por outro lado, embora a Constituição não tenha sido explícita a respeito, o art. 97 aplica-se, por simetria, à declaração de inconstitucionalidade baseada em parâmetro advindo das **constituições estaduais**, bem como da **Lei Orgânica do Distrito Federal**. Pela observância da cláusula com relação à declaração de inconstitucionalidade utilizando as constituições estaduais como parâmetro, ao tempo da Constituição anterior, cf. STF, 1ª Turma, RE 111.060/PE.

Ademais, é necessária a observância da cláusula de reserva de plenário quando o tribunal, a pretexto de corrigir alguma incompletude da lei, reconhece (implícita ou expressamente) a presença de **omissão inconstitucional** e acaba por ampliar o respectivo do programa normativo, na linha das chamadas "**sentenças aditivas**". Nesse sentido, na Rcl 14.872/DF, a 2ª Turma do STF cassou acórdão do TRF1 que estendera, a determinado segmento de servidores, aumento remuneratório concedido em menor extensão pela Lei 10.698/2003. (Sobre as espécies de omissões inconstitucionais, v. item 4.1.5 do Capítulo I; e sobre o controle das omissões inconstitucionais por meio das sentenças aditivas, v. item 4.3.1 do Capítulo V.)

▸ **Como esse assunto foi cobrado em concurso?**

O concurso para Juiz do TRT/23ª Região (2010), o candidato deveria apontar como **correta** a seguinte alternativa: "Viola a cláusula de reserva de plenário a decisão de órgão fracionário de tribunal que, embora não declare expressamente a inconstitucionalidade de lei ou ato normativo do poder público, afasta sua incidência, no todo ou em parte;"

No concurso para Juiz Substituto do TJMS (2020/TJMS - FCC), considerou-se **correta** a afirmação segundo a qual a cláusula de reserva de plenário tem aplicabilidade à decisão "que declara a inconstitucionalidade de lei, ainda que parcial, inexistindo violação à referida cláusula na decisão de órgão fracionário quando houver declaração anterior proferida pela maioria absoluta do órgão especial ou Plenário do Tribunal respectivo."

C) **Inaplicabilidade da cláusula de reserva de plenário:** Não se aplica a regra do quórum especial:

C.1) quando o STF ou o próprio tribunal julgador **já tiverem observado a cláusula de reserva de plenário** para declarar a inconstitucionalidade do *mesmo preceito* questionado (CPC/2015, art. 949, parágrafo único);

▸ **Atenção!**

A) Tanto o CPC/73 quanto o CPC/2015 dispensaram a observância da cláusula de reserva de plenário quando o STF ou o próprio tribunal julgador já tiverem se pronunciado sobre a mesma "**questão**". Contudo, essa legislação deve ser interpretada conforme o art. 97 da Constituição, que exige seja observada a cláusula de reserva de plenário para declarar a inconstitucionalidade de qualquer "**lei ou ato normativo**". Daí ser necessário suscitar o incidente de inconstitucionalidade, ainda que o tribunal ou STF já tenha declarado inconstitucionais outras leis ou atos normativos de conteúdo semelhante (nesse sentido, v. RE 90.569/RJ, 2ª Turma). Sem que, tampouco, se possa invocar os *motivos determinantes* de outras decisões para dispensar o quórum especial. (Sobre a teoria da transcendência dos motivos determinantes da declaração de inconstitucionalidade, v. item 3.2.4.4 do Capítulo V.)

B) Como já decidiu o STF, essa hipótese de dispensa da cláusula de reserva de plenário observância não exige "identidade absoluta para aplicação dos precedentes dos quais resultem a declaração de inconstitucionalidade ou de constitucionalidade. Requer-se, sim, que as matérias examinadas sejam equivalentes. Assim, cabe à parte que se entende prejudicada discutir a simetria entre as questões fáticas e jurídicas que lhe são peculiares e a orientação firmada por esta Corte" (AgRg no AI 607.616/RJ, 2ª Turma). No mesmo sentido, v. AgRg no RE 578.582/RS, 1ª Turma do STF.

C.2) se o tribunal, no exercício da jurisdição em casos concretos (**controle concreto/difuso**), simplesmente "restringe a aplicação de uma norma a alguns casos, mantendo-a com relação a outros", ainda que a pretexto de realizar uma ***interpretação conforme a Constituição*** (RE 184.093/SP, AgRg no AG 220.508/RJ e RE 460.971/RS), pois aí não há que se falar propriamente em declaração de inconstitucionalidade. (Sobre a inocorrência de controle de constitucionalidade nas decisões que promovam "interpretação conforme" em casos concretos, v. item 13.4 do Capítulo VII da Parte I);

▸ **Atenção!**

Em sentido contrário, na Rcl 14.872/DF a (2ª Turma do STF entendeu que a interpretação conforme a Constituição configurava "claro juízo de controle de constitucionalidade.") A decisão impugnada fizera uso da interpretação conforme, mas se absteve de declarar a inconstitucionalidade da norma. Já o STF entendeu que "tal técnica de interpretação conforme configura claro juízo de controle de constitucionalidade", razão pela qual cassou acórdão do TRF/1ª Região, após reputar violada a cláusula de reserva de plenário.

A rigor, contudo, a pretexto de realizar uma "interpretação conforme", o acórdão do TRF/1ª Região procedera, de fato, a uma declaração de inconstitucionalidade por omissão relativa, para estender aumento remuneratório a outros destinatários não contemplados na lei. Porém, embora se possa concordar que a cláusula de reserva de plenário deveria ter sido observada pelo TRF no caso, o precedente do STF fez nítida confusão entre o uso da "interpretação conforme", no controle concreto (sem declaração de inconstitucionalidade), com a técnica da "interpretação conforme" utilizada (indevidamente, aliás) para declarar a inconstitucionalidade no controle abstrato. Daí a equivocada conclusão do voto vencedor no STF, segundo o qual "não se utiliza a técnica da interpretação conforme à Constituição quando a norma é constitucional".

C.3) para resolver **problemas** de ***direito intertemporal***, por meio do critério do critério cronológico (*lex posterior derogat priori*), incluindo questões relativas à recepção constitucional de atos normativos anteriores à nova Constituição. (cf. itens 4.1.6, 4.1.7 e 4.3.3 do Capítulo I);

▸ **Atenção!**

Conforme tem decidido o STF, a "cláusula de reserva de plenário (*full bench*) é aplicável somente aos textos normativos erigidos sob a égide da atual Constituição." Daí, as "normas editadas quando da vigência das Constituições anteriores se submetem somente ao juízo de recepção ou não pela atual ordem constitucional, o que pode ser realizado por órgão fracionário dos Tribunais sem que se tenha por violado o art. 97 da CF. Precedentes: AIAgR 582.280, Segunda Turma, Rel. Min. Celso de Mello, DJ 6.11.2006 e AI 831.166-AgR, Segunda Turma, Rel. Min. Gilmar Mendes, Dje de 29.4.2011." (AgRg no AI 669.872/RS, 1ª Turma.)

C.4) no controle concreto/difuso da declaração da inconstitucionalidade de **normas pré-constitucionais**, em face das constituições que vigoravam quando elas foram editadas (*inconstitucionalidade original de normas pré-constitucionais*). É que a cláusula de reserva de plenário foi disposta pelo constituinte em proteção à presunção de constitucionalidade dos atos normativos promulgados ao tempo da *atual Constituição*, e não para proteger similar presunção relativa a normas aprovadas sob a égide de constituições passadas (PERTENCE, 1992; e BERNARDES, 2004a);

> **Atenção!**
>
> **A)** A hipótese é diversa daquela comentada no subitem "C.3)", pois este subitem "C.4)" discute a questão da observância da cláusula de plenário em relação ao *período anterior* à recepção da norma pré-constitucional, i.e., no período em que vigorava o regime constitucional em que ela fora editada, incluindo a respectiva cláusula de reserva de plenário prevista no sistema constitucional revogado.
>
> **B)** Sobre o descabimento desse tipo de declaração de inconstitucionalidade originária na via das ações diretas, v. item 6.2.1 do Capítulo I.
>
> **C)** Porém, em sentido contrário ao defendido neste subitem "C.4)", o concurso para Juiz Federal do TRF/5ª Região (2015/Cespe) considerou **errado** o seguinte enunciado: "No controle difuso de normas, é possível declarar a inconstitucionalidade de lei pré-constitucional tendo como parâmetro a Constituição vigente à época de edição da lei, hipótese em que não será necessária a observância da cláusula de reserva de plenário, visto não se tratar de violação à CF."

C.5) para declarar a **ilegalidade de atos normativos *secundários*** (inconstitucionalidade *indireta,* não considerada inconstitucionalidade tecnicamente pelo STF na MC na ADI 1.900/DF);

C.6) nas hipóteses de declaração de inconstitucionalidade de atos ou negócios jurídicos (convênios, contratos etc.) que **não se incluam no conceito de "lei"** ou de **"ato normativo"** do Poder Público.

> **A "derrotabilidade" das normas e a cláusula de reserva de plenário**
>
> Segundo SAMUEL FONTELES, a cláusula de reserva de plenário também incidiria nos casos de reconhecimento judicial de derrotabilidade de normas (v. item 12 do Capítulo VII da Parte I). Para FONTELES (2019, p. 116), "se a formalidade da reserva de Plenário justifica-se para afastar a incidência de uma lei inconstitucional, com mais razão haverá de ser adotada para negar efeitos a uma lei constitucional e que, mesmo válida, é derrotada. Sabe-se que a cláusula de reserva de Plenário ('full bench') é exigida porque milita em favor das normas uma presunção 'iuris tantum' de constitucionalidade, razão pela qual se demandou um consenso maior ('*quorum de maioria absoluta*') para ilidir essa presunção. Na 'defeasibility', sequer se cogita qualquer vício que venha a inquinar a norma da mácula da invalidade, ou seja, a providência é sobremodo mais ousada que a anterior: afasta-se a incidência de uma regra, sem que se declare a sua inconstitucionalidade. Nesse caso, a Súmula Vinculante 10 é de clareza solar: órgãos fracionários de tribunais não poderão pronunciar a derrotabilidade de uma regra, sob pena de violação à cláusula de reserva de plenário."

Trata-se da mesma posição transcrita e adotada no STF em decisão monocrática do Min. CELSO DE MELLO, segundo a qual, "ainda que se admitisse, no ordenamento jurídico brasileiro, a fórmula da 'defeasibility' como hipótese válida para a não aplicação de uma lei, entendo que esse juízo excepcional deveria observar, por igual, a cláusula de reserva de plenário (CF, art. 97), sob pena de violação ao teor do enunciado constante da Súmula Vinculante nº 10/STF" (Rcl 32.837/SC, j. em 18-8-2020).

Certo que a Súmula Vinculante 10, de fato, sugere a necessidade da observância da cláusula de reserva de plenário nas hipóteses de derrotabilidade decididas por tribunais. Afinal, o texto da SV 10 é mais abrangente do que deveria ser, e a derrotabilidade implica mesmo o afastamento, sem declaração formal de inconstitucionalidade, da incidência da norma, "no todo ou em parte".

Contudo, a aplicação dessa súmula vinculante deve ser entendida à luz do art. 97 da Constituição e dos precedentes que lhe deram origem, os quais diziam respeito apenas a decisões judiciais que realizaram *juízos dissimulados* de inconstitucionalidade. E, como se viu, a declaração de inconstitucionalidade, ainda que dissimulada, envolve necessariamente a resolução de antinomia entre normas constitucional e infraconstitucionais por meio do critério hierárquico (*lex superior derogat inferiori*).

Já na derrotabilidade normativa, a norma deixa de ser aplicada no caso concreto em razão de outros critérios interpretativos, sem envolver a maior hierarquia atribuída a algum preceito constitucional. Conforme constou do item 12.1 do Capítulo VII da Parte I, a validade da norma assim "derrotada" não é atingida, sequer em parte. Afinal, **não** se *trata de juízo de invalidação de norma, mas da identificação de exceções implícitas* que acabam por subtrair certas situações anormais do programa normativo originalmente concebido pelo órgão produtor da norma. Assim, a derrotabilidade surge a partir de interpretações restritivas da disposição normativa, e não propriamente da invalidação dela, ainda que parcial. Nessa linha, GUASTINI (2008a) deu exemplo de casos de derrotabilidade até com normas constitucionais teoricamente insuscetíveis de invalidação.

Logo, não parece aplicável a cláusula de reserva de plenário nas operações interpretativas a partir das quais se conclui pela derrotabilidade de alguma lei ou ato normativo do Poder Público.

▸ **Como esse assunto foi cobrado em concurso?**

No concurso para Juiz Substituto do TJMS (2020/TJMS - FCC), foi considerada incorreta a afirmação segundo a qual a cláusula de reserva de plenário tem aplicabilidade à decisão "que deixa de aplicar lei ou ato normativo a caso concreto, ainda que não fundada em sua incompatibilidade com norma constitucional, uma vez que a negativa de vigência equivale à declaração de inconstitucionalidade."

D) Consequências da inobservância: A inobservância da cláusula de reserva de plenário implica a **nulidade absoluta da decisão** do tribunal que a desrespeitar. Nesse sentido, a Súmula Vinculante 10.

CLÁUSULA DE RESERVA DE PLENÁRIO (ART. 97 DA CF)	
Aplica-se:	**Não se aplica:**
– somente nos tribunais (com exclusão das turmas recursais); – como pressuposto de validade da decisão que reconhece a inconstitucionalidade de lei ou ato normativo, ainda que a decisão só afaste parcialmente a aplicação do ato impugnado e mesmo que não o declare expressamente inconstitucional (Súmula Vinculante 10); – nas declarações de inconstitucionalidade baseadas em parâmetros advindos tanto da Constituição Federal quanto das constituições estaduais ou da Lei Orgânica do Distrito Federal.	– caso se decida pela constitucionalidade do ato; – se já houve prévia manifestação do plenário do mesmo tribunal ou do STF no sentido da inconstitucionalidade do mesmo ato impugnado; – se o tribunal restringe a aplicação de uma norma a alguns casos, mantendo-a aplicável em relação a outros, ainda que a pretexto de realizar uma "interpretação conforme a Constituição"; – para resolver problemas de direito intertemporal (*lex posterior derogat priori*), incluindo questões relativas à recepção constitucional de atos normativos anteriores à Constituição; – na declaração da inconstitucionalidade em concreto de normas pré-constitucionais em face das normas da constituição que vigorava quando elas foram editadas (*inconstitucionalidade original de normas pré-constitucionais*); – para decidir acerca da *ilegalidade* de atos normativos secundários; – para resolver a impugnação de atos ou negócios que não se incluam no conceito de "lei" ou de "ato normativo" do Poder Público; – para afastar ato legislativo que não possua caráter normativo, nem constitua lei em sentido formal nem material.

▸ Como esse assunto foi cobrado em concurso?

O concurso para Magistratura Estadual do TJMG (2006), ao ser questionado quanto à hipótese em que a cláusula de reserva de plenário não tinha aplicação, o candidato deveria indicar como **correta** a seguinte alternativa: "aos órgãos recursais de 2º grau dos juizados especiais."

No concurso para Magistratura Estadual do TJMG (2005), o candidato, diante do seguinte enunciado "O princípio da reserva de plenário é prestigiado quando o órgão fracionário do tribunal decide o caso concreto:" deveria apontar como **correta** a alternativa com a seguinte redação "independentemente da instauração do incidente de inconstitucionalidade, em face de o órgão especial já se ter pronunciado sobre a questão."

No concurso para Juiz Federal do TRF/5ª Região (2015/Cespe), foram considerados **incorretos** os seguintes enunciados: "Os órgãos fracionários de tribunais podem afastar, no todo ou em parte, a incidência de lei ou ato normativo sem obedecer à cláusula de reserva de plenário, desde que não haja declaração expressa de inconstitucionalidade"; "A cláusula de reserva de plenário deve ser observada nos casos em que o tribunal conclua que determinada norma pré-constitucional não foi recepcionada pela CF"; "Conforme a cláusula de reserva de plenário, o juiz singular de primeiro grau não pode, incidentalmente, declarar a inconstitucionalidade de lei ou ato normativo em um caso concreto, salvo se já houver precedente no mesmo sentido do pleno ou órgão especial do tribunal ao qual o magistrado se encontre vinculado ou do STF".

4. DECLARAÇÃO DE OFÍCIO DA INCONSTITUCIONALIDADE INCIDENTAL

O controle de constitucionalidade do tipo difuso/concreto permite a todo juiz exercer a jurisdição constitucional no âmbito de quaisquer processos.

Sempre que o órgão julgador se deparar, no julgamento de um caso concreto, com algum ato normativo incompatível com o bloco de constitucionalidade, mas cujo exame seja imprescindível ao julgamento de mérito, não só pode como **deve** declarar-lhe a inconstitucionalidade - mesmo no silêncio das partes, isto é, **de ofício**.

A inconstitucionalidade de ato normativo é matéria de ***ordem pública*** e de **caráter *indisponível***, já que as partes não podem transigir quanto ao direito aplicável. Nem poderia ser diferente, pois a supremacia constitucional não deve ficar à mercê da iniciativa das partes num processo judicial.

Também nos tribunais em geral, em processos da competência tanto originária quanto recursal, não há dúvida sobre a prerrogativa dos órgãos julgadores para declarar a inconstitucionalidade, ainda que *ex officio*. Como já decidira a 1ª Turma do STF, a inconstitucionalidade é tipo de nulidade absoluta, razão pela qual "deve ser decretada pelo juiz ou Tribunal, sempre que a encontrarem configurada, independentemente da natureza jurídica da ação" (RE 86.161/GO, *RTJ* 95/202).

▸ **Atenção!**

Se a questão constitucional já tiver sido enfrentada pelo STF em decisão ou súmula dotadas de **efeitos vinculantes**, os demais órgãos judiciais não poderão decidir de modo diverso. (Sobre a repercussão, no controle concreto, do efeito vinculante da declaração de inconstitucionalidade *ex tunc* reconhecida no controle abstrato, v. item 3.2.4.6 do Capítulo V.)

Nada obstante, em razão do **princípio da presunção de constitucionalidade das normas**, a prerrogativa de declarar a inconstitucionalidade, sobretudo de ofício, só deve ser exercitada somente quando a lide não puder ser decidida com base em fundamentos diversos. Se houver outros motivos capazes de levar à extinção do processo, com ou sem resolução de mérito, descabe reconhecer a anomalia constitucional que também pudesse ser utilizada para extingui-lo. Como já em 1957 anotara o STF, a arguição de inconstitucionalidade de lei "só deve ser considerada pelos tribunais quando, independentemente dela, não puderem dar solução ao litígio" (RE 36.963/MG, 2ª Turma). Do contrário, a presunção de constitucionalidade dos atos normativos ficaria abalada sem necessidade. (Sobre as peculiaridades do princípio da presunção da constitucionalidade, v. item 8.2.3 do Capítulo VI da Parte I.)

> ▸ **Atenção!**
>
> Excepcionalmente, porém, em se tratando de processo da competência originária do STF, o Plenário da Corte reputa possível atenuar o *princípio da presunção de constitucionalidade* em favor do *princípio da supremacia constitucional*. Como se entendeu em questão de ordem suscitada no MS 20.505/DF, os artigos 176 e 177 do RISTF afastam, no âmbito do STF, "o princípio clássico de que o juiz deve abster-se de se pronunciar sobre a inconstitucionalidade sempre que, sem fazê-lo, possa julgar o feito" (voto do suscitante, Min. MOREIRA ALVES). Ver, ainda, o AgRg na SE 5.206/Espanha. No mesmo sentido, no RE 420.816/PR, decidiu o Plenário: "Ainda que não seja essencial à solução do caso concreto, não pode o Tribunal – dado o seu papel de 'guarda da Constituição' – se furtar a enfrentar o problema de constitucionalidade suscitado incidentemente". (Especificamente sobre a questão, no âmbito do recurso extraordinário, v. item 4.2.2.)

De resto, a declaração de inconstitucionalidade *ex officio* deve ser precedida da providência de que trata a regra da **proibição de decisão surpresa**, nos termos do art. 10 do CPC/2015. (Sobre o assunto, v. item 4.3).

> ▸ **Como esse assunto foi cobrado em concurso?**
>
> O concurso para Juiz do TJSP (2014) considerou **correta** a seguinte alternativa: "O controle difuso de constitucionalidade pode ser exercido independentemente de pedido ou requerimento da parte".
>
> No concurso para o Ministério Público da Paraíba (2010), o candidato deveria apontar como **correta** a seguinte alternativa: "Ao contrário dos demais órgãos jurisdicionais, que, no controle difuso, só podem declarar a inconstitucionalidade incidenter tantum de norma que devesse ser aplicada à hipótese concreta de julgamento, ao Supremo Tribunal Federal, conforme sua jurisprudência dominante, é possível, quando apreciada a inconstitucionalidade em sede de controle difuso, emitir juízo quanto à validade ou invalidade da norma, ainda que a aplicação ou não desta se mostre dispensável à solução concreta da controvérsia."

4.1. Declaração da inconstitucionalidade de ofício nas instâncias recursais ordinárias

Decorrência dos amplos *efeitos devolutivo* e *translativo* inerentes aos **recursos ordinários**, os tribunais podem conhecer de todas as matérias suscitadas nos recursos, bem como de quaisquer matérias de ordem pública ou que devam ser examinadas de ofício pelo Judiciário, incluindo a questão da constitucionalidade do direito aplicável ao caso concreto.

> ▶ **Efeito devolutivo *vs.* efeito translativo dos recursos**
>
> **Efeito devolutivo** é aquele a permitir que o tribunal reexamine as matérias que tenham sido objeto do recurso, nos termos do princípio "*tantum devolutum quantum appellatum*".
>
> Já o **efeito translativo** é o que transfere ao tribunal competência para avaliar matérias que, mesmo não tendo sido objeto do recurso e ainda que em prejuízo do recorrente, possam ou devem ser conhecidas de ofício, tais como as matérias de ordem pública e a prescrição.

Assim, conforme idênticos fundamentos expostos no item anterior, nos julgamentos de recursos ordinários, também é possível a todo tribunal **reconhecer de ofício a inconstitucionalidade de normas**, desde que observada a regra de ***proibição de decisão surpresa*** (item 4.3) e a ***cláusula de reserva de plenário*** (item 3).

Prerrogativa que poderá ser exercida, seja para resolver questão de ordem suscitada pelo plenário ou pelo órgão especial, seja mediante o incidente de inconstitucionalidade (v. item 2).

4.2. Declaração da inconstitucionalidade de ofício nas instâncias recursais extraordinárias

Já em relação aos recursos de natureza excepcional ou extraordinária, porém, há certos limites processuais ao pleno exercício da prerrogativa de reconhecer de ofício a inconstitucionalidade de ato normativo.

> ▶ **Atenção!**
>
> São considerados recursos de natureza extraordinária: (a) o **recurso extraordinário (RE)**, da competência do STF; (b) o **recurso especial (REsp)**, da competência do STJ; (c) o **recurso especial eleitoral (REspE)**, da competência do TSE; e (d) o **recurso de revista (RR)**, da competência do TST.

Diversamente do que ocorre nas instâncias recursais ordinárias, sempre se entendeu que os Tribunal Superiores, no exercício da competência recursal extraordinária, atuam com maiores restrições quanto ao âmbito de cognição do recurso. Afinal, a Constituição (art. 102, III; art. 105, III; e art. 121, § 4º) e a legislação aplicável (CPC/2015, art. 1.029 e segs.; Código Eleitoral, art. 276, I; e CLT, art. 896) restringem o cabimento dos recursos extraordinários **somente** a **determinadas questões e hipóteses.** Trata-se, portanto, de recursos de "*fundamentação vinculada*" (DIDIER JR. e CUNHA, 2017, v. 3, p. 352).

Assim, a admissibilidade dos recursos de natureza excepcional pressupõe tenha a decisão recorrida enfrentado as questões legais e constitucionais suscetíveis de discussão perante os Tribunais Superiores (v. Súmula 282 do STF). Daí a necessidade, via de regra, do chamado **pré-questionamento** dos temas abordados no recurso (Súmula 356 do STF), que serve para garantir que a decisão do tribunal inferior se manifeste sobre as questões que poderão ser alvo de recurso excepcional.

▸ **Atenção!**

A) Embora vários doutrinadores escrevam "pré-questionamento", a última edição do VOLP - Vocabulário Ortográfico da Língua Portuguesa, da Academia Brasileira de Letras, indica que a grafia correta do vocábulo continua a ser "prequestionamento", a despeito da reforma ortográfica.

B) Como explicou a 2ª Turma do STF no AgRg 449.137/RS, considera-se "prequestionada a matéria quando a decisão impugnada haja emitido juízo explícito a respeito do tema, inclusive mencionando o preceito constitucional previamente suscitado nas razões do recurso submetido à sua apreciação."

C) Vários precedentes do STJ admitem o chamado *prequestionamento implícito*. Mas essa tendência segue rejeitada no STF. Por todos, confira-se o AgRg no ARE 1.153.540/DF, Pleno, j. em 6-11-2018.

D) Por outro lado, nem sempre haverá necessidade de "pré-questionamento". O importante é que a questão tenha sido abordada pela decisão recorrida. Por exemplo, se o tema recursal tiver sido explicitamente enfrentado, pela primeira vez, na própria decisão recorrida, não será preciso sequer interpor embargos declaratórios com a finalidade de pré-questioná-lo. Bem por isso, o STF já admitiu recurso extraordinário a versar sobre questão constitucional surgida originariamente no julgamento do recurso especial pelo STJ (v. AgRg no RE 365.989/SP, 2ª Turma).

Não preenchidos os específicos de admissibilidade dos recursos excepcionais, mesmo aquelas questões que pudessem, normalmente, ser enfrentadas de ofício, nas instâncias recursais ordinárias, não poderão ser examinadas pelos Tribunais Superiores. Como escreveu GARCIA MEDINA, "não cabe recurso especial ou recurso extraordinário em relação a questões não decididas, mesmo que se trate de matéria de ordem pública que, por força da lei, deva ser conhecida *ex officio*" (1999, p. 216).

Além disso, não se aplica à fase de conhecimento dos recursos extraordinários sequer o princípio *jura novit curia* (STF, AgRg no AI 253.566/RS, 1ª Turma).

Por tudo isso, também questões ligadas à inconstitucionalidade de atos normativos não poderão ser primeiramente suscitadas nos recursos da espécie extraordinária. A menos que discutidas na decisão recorrida e devidamente abordadas no recurso, incide o instituto da preclusão, o que impede o exame de tais questões nos Tribunais Superiores. Como já decidiu o STF, fica "preclusa a questão constitucional que poderia ter sido suscitada perante o Tribunal local, e não o foi" (AgRg no Ag 139.013/BA, 1ª Turma).

Logo, a **preclusão** referente às questões constitucionais não discutidas nem suscitadas em recurso de natureza extraordinária tanto impede a admissibilidade recursal (v. Súmula 283 do STF) quanto acaba por sufocar as possibilidades de o Tribunal Superior declarar a inconstitucionalidade *ex officio*.

Daí o entendimento segundo o qual, nas instâncias recursais extraordinárias, o efeito devolutivo só envolve questões enfrentadas na decisão recorrida e suscitadas na peça recursal, sem margem à aplicação de efeitos translativos. Como acentuado pelo STJ, o "efeito translativo é próprio dos recursos ordinários (apelação, agravo, embargos infringentes, embargos de declaração e recurso ordinário constitucional), e não dos recursos excepcionais, como é o caso do recurso especial" (REsp 1.366.921/PR, 3ª Turma).

Nada obstante, esses limites não comprometem a possibilidade do reconhecimento *ex officio* da inconstitucionalidade de ato normativo, pelas instâncias recursais extraordinárias, nas seguintes **hipóteses excepcionais**:

A) em questão de ordem, na fase de admissibilidade recursal, se a **inconstitucionalidade recair em norma que disciplina o processamento do próprio recurso examinado.** Exemplo: a inconstitucionalidade da lei que instituísse nova modalidade de recurso especial ou extraordinário, com desrespeito às hipóteses constitucionais taxativas; e

> **Atenção!**
>
> No primeiro precedente da Suprema Corte americana (Marbury *vs.* Madison, de 1803), reconheceu-se a inconstitucionalidade em hipótese idêntica. No célebre caso, a Corte reputou, *ex officio*, a inconstitucionalidade da Seção 13 do *Judiciary Act* de 1789, na parte em que atribuía competência originária ao Tribunal para deferir *wirt of mandamus*.

B) no julgamento do mérito recursal, nas situações em que, não fosse a declaração de inconstitucionalidade, algum ato inconstitucional teria de ser aplicado pelo Tribunal Superior, ao prover ou desprover o recurso (v. RE 264.289/CE, Pleno do STF).

> **Atenção!**
>
> Sobre a *proibição da decisão surpresa* e a necessidade de prévia oitiva das partes a respeito da questão constitucional, v. item 4.3.

> **Como o STF enfrentou o tema:**
>
> Nos ED no AI 657.656/MG (j. em 18-5-2010), a 1ª Turma decidiu: "Pacífica a jurisprudência desta Corte no sentido de que, mesmo em se tratando de matéria de ordem pública, é necessário o seu exame na instância de origem para que se viabilize o recurso extraordinário."
>
> No RE 264.289/CE (j. em 3-10-2001), o Pleno reconheceu ser possível realizar controle de ofício, "no julgamento do mérito de RE, da inconstitucionalidade de ato normativo que o Tribunal teria de aplicar para decidir a causa, posto não prequestionada a sua invalidez." Dessarte, em recurso extraordinário que pretendia assegurar paridade da remuneração

entre servidores ativos e inativos, a Corte declarou a inconstitucionalidade *ex officio* da própria norma que havia instituído a vantagem cuja extensão se reivindicava. Ademais, no mesmo precedente, constou da ementa que, em "hipóteses que tais, até ao STJ, na instância do recurso especial, seria dado declarar incidentemente, e de ofício, a inconstitucionalidade da lei ordinária que, se válida, teria de aplicar: seria paradoxal que, em situação similar, não o pudesse fazer o Supremo Tribunal, 'guarda da Constituição', porque não prequestionada a sua invalidade."

No AgRg no AI 145.589/RJ, decidiu o Plenário: "Não se contesta que, no sistema difuso de controle de constitucionalidade, o STJ, a exemplo de todos os demais órgãos jurisdicionais de qualquer instância, tenha o poder de declarar incidentemente a inconstitucionalidade da lei, mesmo de ofício; o que não é dado aquela Corte, em recurso especial, é rever a decisão da mesma questão constitucional do tribunal inferior; se o faz, de duas uma: ou usurpa a competência do STF, se interposto paralelamente o extraordinário ou, caso contrário, ressuscita matéria preclusa."

4.2.1. Recurso extraordinário: causa de pedir aberta?

Até **2003**, o próprio STF entendia que, no julgamento do mérito dos recursos extraordinários, a Corte estava adstrita às questões constitucionais devidamente prequestionadas e suscitadas pelo recorrente.

Como decidira o STF em precedente da relatoria do Min. SEPÚLVEDA PERTENCE, na "instância extraordinária, é de ser recebida com temperamentos a máxima de que, no sistema de controle incidente, o juiz de qualquer grau deve declarar de ofício a inconstitucionalidade de lei aplicável ao caso: assim, quando nem a decisão objeto do recurso extraordinário, nem o recorrente hajam questionado a validade, em face da Constituição, da lei aplicada, mas se hajam limitado a discutir a sua interpretação e consequente aplicabilidade ou não ao caso concreto, *a limitação do juízo do RE, de um lado, ao âmbito das questões constitucionais enfrentadas pelo acórdão recorrido e, de outro a fundamentação do recurso, impede a declaração de ofício de inconstitucionalidade da lei aplicada, jamais arguida pelas partes nem cogitada pela decisão impugnada*" (RE 117.805/PR, 1ª Turma).

Assim, por exemplo, se um RE fora interposto com fundamento apenas na contrariedade da decisão a determinado preceito da Constituição (letra "a" do art. 102, III, da CF), sem prequestionar outros aspectos ou dispositivos constitucionais envolvidos na causa, o recurso não poderia ser apreciado sob prismas diversos (v. RE 255.245/CE, Pleno).

Em resumo, *mesmo que admitido o recurso extraordinário por determinado fundamento*, o STF considerava-se proibido de julgar o mérito recursal com base em preceitos constitucionais distintos daqueles expressamente abordados pelo recorrente. Para a Corte, não se aplicava, na instância recursal extraordinária, o *princípio da causa de pedir aberta* utilizado o julgamento das ações do controle abstrato de constitucionalidade (v. item 4.1.5 do Capítulo IV).

Tal orientação, todavia, foi modificada no RE 298.694/SP (Plenário, j. em 6-8-2003). Nesse precedente, prevaleceu a posição do Min. SEPÚLVEDA PERTENCE, segundo a qual, *ultrapassada a fase de admissibilidade do RE*, para o que é "suficiente que o recorrente alegue adequadamente a contrariedade pelo acórdão recorrido de dispositivos da Constituição nele prequestionados", o *mérito* do recurso "envolve a verificação da compatibilidade ou não entre a decisão recorrida e a Constituição, *ainda que sob prisma diverso daquele em que se hajam baseado o Tribunal a quo e o recurso extraordinário.*"

▸ **Atenção!**

Nesse precedente, o Plenário discutia se, num RE interposto contra decisão que se alega contrária à Constituição (letra "a" do inciso III do art. 102 da CF), a Corte poderia ou não dar provimento ao recurso, porém com base em fundamento constitucional distinto e não prequestionado. Em oposição à jurisprudência então vigente, defendida pelo Min. MOREIRA ALVES (que se aposentou antes do final do julgamento), venceu a tese do relator, Min. SEPÚLVEDA PERTENCE.

Nesse mesmo sentido, em outro voto vencedor (RE 420.816/PR, Pleno), o Ministro SEPÚLVEDA PERTENCE registrou que, em RE interposto contra decisão que declarara a inconstitucionalidade de tratado ou lei federal, o efeito devolutivo inerente ao recurso devolvia ao STF "toda a questão da constitucionalidade da lei, sem limitação aos pontos aventados na decisão recorrida." Segundo o Min. PERTENCE, o "recurso extraordinário, pela letra 'b', devolve ao Tribunal a questão da constitucionalidade da lei, *com fundamentação aberta*".

▸ **Atenção!**

Na ementa do RE 420.816/PR, constou que a justificativa para a mudança jurisprudencial radicava, sobretudo, no papel de guardião da Constituição exercido pelo STF.

Daí que, após o RE 298.694/SP e o RE 420.816/PR, o STF começou a aplicar o *princípio da causa de pedir aberta* também no julgamento do mérito de recursos extraordinários. Assim, bem além daquelas duas hipóteses excepcionais já admitidas (v. item anterior), o STF passou a entender possível a declaração da inconstitucionalidade de ofício, no julgamento de mérito RE, inclusive para *dar provimento* a recurso.

▸ **Atenção!**

Para exemplificar: (a) nos ED no RE 219.934/SP, o Plenário da Corte foi contundente ao afirmar que, "como guardião maior da Constituição", incumbe ao STF "declarar a inconstitucionalidade de lei, sempre que esta se verificar, ainda que *ex officio*, em razão do controle difuso, independente de pedido expresso da parte"; (b) no RE 388.830/RJ, após afastada a pertinência dos preceitos constitucionais tidos por contrariados, a 2ª Turma proveu o recurso e declarou a inconstitucionalidade de dispositivo de lei federal, porém com base em fundamentos constitucionais diversos.

Nesse último precedente, segundo o voto do relator do RE 388.830/RJ, Min. GILMAR MENDES, é preciso reconhecer ao recurso extraordinário caráter de maior "objetivação", para que ele assumisse "de forma decisiva, a função de defesa da ordem constitucional objetiva". A Corte deveria abandonar o "excesso de formalismo do processo constitucional", sob pena de sérios prejuízos à eficácia das decisões da Corte "e, por que não dizer, para o próprio sistema jurídico que, dependente da forma aleatória de provocação, produzirá decisões incongruentes, dando ensejo à interminável sequência de demandas a propósito de casos já resolvidos".

Porém, em **2010**, ao julgar recurso que envolvia os direitos políticos de ex-Governador do DF (caso *Joaquim Roriz*), o Plenário do STF **refluiu** da tese da *causa de pedir aberta* no recurso extraordinário e não admitiu a declaração de inconstitucionalidade *ex officio* (RE 630.147/DF, j. em 29-9-2010).

▸ **Atenção!**

Nesse polêmico precedente, ficaram vencidos os Ministros DIAS TOFFOLI, CEZAR PELUSO, GILMAR MENDES e MARCO AURÉLIO, que mantiveram entendimento quanto a ser cabível, em recurso extraordinário, a adoção da causa de pedir aberta. Para o Ministro MARCO AURÉLIO, "não é crível, não é aceitável que qualquer Juízo possa se pronunciar de ofício - isso é pacífico - quanto ao conflito de uma norma legal com a Constituição Federal, e o Supremo, ultrapassada a barreira do conhecimento do extraordinário, e, portanto, examinando a causa, não o possa".

Do outro lado, a Ministra ELLEN GRACIE, por exemplo, contrariou a posição que emitira nos mencionados ED no RE 219.934/SP e proferiu voto segundo o qual "o RE não comporta, não comportaria a intromissão de uma arguição de inconstitucionalidade *ex officio*, especialmente quando o vício sequer foi cogitado pelas partes, e tampouco foi abordado na decisão recorrida." No mesmo sentido, para o Min. JOAQUIM BARBOSA, os "poucos precedentes da Corte sobre o tema demonstram que a questão da causa de pedir aberta não é pacífica e se justifica unicamente em hipóteses pontuais, geralmente quando se verifica uma possível quebra do princípio da isonomia ou da segurança jurídica com reflexos na força normativa da Constituição." Já o Min. RICARDO LEWANDOWSKI sustentou que, em sede de controle difuso, "a causa de pedir **não** é aberta". Para os Ministros AYRES BRITTO e CÁRMEN LÚCIA, a inconstitucionalidade não poderia ser examinada de ofício naquele precedente, pois não fora prequestionada, nem debatida ou alvo decisão na corte de origem.

Contudo, a **jurisprudência do STF** ainda se mostra bastante **vacilante** a respeito, o que dificulta as tentativas de sistematização. Basta notar que, em 2015, após referências ao posicionamento do RE 298.695/SP, o Min. GILMAR MENDES, em voto vencedor no RE 638.115/CE (Pleno), voltou a insistir que "a causa de pedir do recurso extraordinário é aberta", sem nem mencionar que o precedente referido não fora acatado pelo posterior RE 630.147/DF.

Nada obstante, é possível identificar na Corte uma **tendência intermediária**, segundo a qual, embora não tolerada a causa de pedir aberta, uma vez admitido o recurso, o julgamento de mérito do RE poderia embasar-se em quaisquer dos *fundamentos invocados nas instâncias ordinárias, incluindo aqueles não suscitados na petição recursal nem enfrentados na decisão recorrida*.

Conforme voto vencedor do Min. TEORI ZAVASCKI, houve alargamento do "âmbito horizontal de devolutividade do recurso extraordinário, para abranger todas as questões jurídicas submetidas à cognição do acórdão recorrido, mesmo as que, por desnecessário, não tenham sido por ele examinadas" (ED no AgRg no RE 346.736/DF).

> **▸ Atenção!**
>
> Como explicou a 2ª Turma do STF nos ED no AgRg no RE 346.736/DF (j. em 4-6-2013): "1. Em nosso sistema processual, o recurso extraordinário tem natureza revisional, e não de cassação, a significar que 'o Supremo Tribunal Federal, conhecendo o recurso extraordinário, julgará a causa, aplicando o direito à espécie' (Súmula 456). Conhecer, na linguagem da Súmula, significa não apenas superar positivamente os requisitos extrínsecos e intrínsecos de admissibilidade, mas também afirmar a existência de violação, pelo acórdão recorrido, da norma constitucional invocada pelo recorrente. 2. Sendo assim, o julgamento do recurso do extraordinário comporta, a rigor, três etapas sucessivas, cada uma delas subordinada à superação positiva da que lhe antecede: (a) a do juízo de admissibilidade, semelhante à dos recursos ordinários; (b) a do juízo sobre a alegação de ofensa a direito constitucional (que na terminologia da Súmula 456/STF também compõe o juízo de conhecimento); e, finalmente, se for o caso, (c) a do julgamento da causa, 'aplicando o direito à espécie'. 3. **Esse 'julgamento da causa' consiste na apreciação de outros fundamentos que, invocados nas instâncias ordinárias, não compuseram o objeto do recurso extraordinário, mas que, 'conhecido' o recurso (vale dizer, acolhido o fundamento constitucional nele invocado pelo recorrente), passam a constituir matéria de apreciação inafastável, sob pena de não ficar completa a prestação jurisdicional.**"

Nessa linha, já em 2018, com referências ao julgamento dos ED no AgRg no RE 346.736/DF, o voto vencedor do Min. ALEXANDRE DE MORAES registrou que o Judiciário deve examinar, apenas, as "*alegações formuladas em contraditório*, seja para o acolhimento, seja para a rejeição do pedido, sob pena de ofensa ao devido processo legal" (AgRg no RE 483.110/RJ, 1ª Turma, j. em 17-9-2018).

Desse modo, a vingar essa **tendência intermediária** identificada na jurisprudência do STF, *sem prejuízo daquelas hipóteses excepcionais já admitidas* (item 4.2), o julgamento de mérito do recurso extraordinário poderá versar sobre os **fundamentos suscitados nas instâncias ordinárias**, incluindo aqueles não invocados na petição recursal, nem enfrentados na decisão recorrida.

4.2.2. CPC/2015 e a extensão do princípio da causa de pedir aberta aos recursos de natureza extraordinária

A partir do CPC/2015, ressurgiu o problema da abertura da causa de pedir no julgamento de mérito dos recursos de natureza extraordinária.

É seguro que o atual CPC, pelo menos, ampliou o *efeito devolutivo* dessas modalidades recursais. Retomando velhas polêmicas acerca da Súmula 456 do STF, cujo texto é semelhante ("O Supremo Tribunal Federal, conhecendo do recurso extraordinário, julgará a causa, *aplicando o direito à espécie*"), dispôs o *caput* do art. 1.034 que, uma vez admitido *"o recurso extraordinário ou o recurso especial, o Supremo Tribunal Federal ou o Superior Tribunal de Justiça julgará o processo, aplicando o direito"*. Ou seja, as instâncias extraordinárias não são meros órgãos de *cassação*, senão órgãos de *revisão* de decisões inferiores. Portanto, admitido o recurso excepcional, o Tribunal Superior deverá rejulgar a causa, e não simplesmente anular a decisão recorrida.

Nada obstante, o legislador foi além. Nos termos do parágrafo único do mesmo art. 1.034, caso admitido o RE ou o REsp, *"por um fundamento, devolve-se ao tribunal superior o conhecimento dos demais fundamentos para a solução do capítulo impugnado."*

> ▸ **Atenção!**
>
> Trata-se de regras processuais que também se aplicam, por analogia, aos **recursos especiais eleitorais** (art. 15 do CPC/2015), bem como aos **recursos de revista** (CLT, art. 896-B), da competência do TSE e do TST, respectivamente.
>
> Contudo, diferentemente do TSE ou do TST, o STJ não tem competência para revisar os aspectos constitucionais da decisão recorrida. O assunto será tratado em subitem próprio.

Portanto, a despeito da necessidade de prequestionamento específico, o CPC/2015 determina que, após admitido o recurso excepcional por algum fundamento, os Tribunais Superiores deverão não só julgar "o processo, aplicando o direito", como ainda, eventualmente, utilizar os *"demais fundamentos para a solução do capítulo impugnado."*

Contudo, o legislador não esclareceu se tal expressão "demais fundamentos" (constante do parágrafo único do art. 1.034) abrange somente aqueles suscitados nas instâncias ordinárias e já submetidos ao contraditório, ou se inclui, também, "novos" fundamentos, *i.e.*, aqueles nunca apresentados no processo, até então. Ou seja, o art. 1.034 do CPC/2015 não prevê, expressamente, a concessão de *efeitos translativos* aos recursos de natureza extraordinária.

> ▸ **Atenção!**
>
> Antes do novo CPC, inúmeros acórdãos do STJ já admitiam a apreciação *ex officio* de questões de ordem pública no julgamento de REsp, independentemente de prequestionamento (por todos, v. EREsp 41.614/SP, 2ª Seção). Contudo, essa pretendida ampliação dos efeitos devolutivo e translativo do recurso especial foi sepultada pela Corte Especial do STJ. O órgão máximo do STJ decidiu, em 2011, que mesmo as questões de ordem

pública só podem ser conhecidas, no julgamento de REsp, "caso atendido o requisito do prequestionamento" (AgRg nos EREsp 999.342/SP). Nessa linha, em sede de recurso especial, não há lugar para discutir questões constitucionais, a despeito de suscitadas pela parte recorrente (Corte Especial do STJ, Arguição de Inconstitucionalidade no REsp 1.135.354/PB).

Talvez por isso, a doutrina mostra-se contraditória. Para NERY JUNIOR e ANDRADE NERY (2016, p. 2.341), por exemplo, o parágrafo único do art. 1.034, ao permitir que "os demais fundamentos constantes das razões do recurso" também possam ser apreciados pelos Tribunais Superiores, só teria estendido o *efeito devolutivo* dos recursos excepcionais.

Outros autores, porém, sustentam que o parágrafo único do art. 1.034 do CPC/2015 atribuiu, sim, *efeitos translativos* aos recursos excepcionais. Para DANIEL NEVES, *v. g.*, o dispositivo "consagra a geração do efeito translativo aos recursos excepcionais ao prever a possibilidade do tribunal superior, após a admissão do recurso especial ou extraordinário, de conhecer fundamentos não alegados para a solução do capítulo impugnado" (2017, p. 1.794). No mesmo sentido, DIDIER JR. e CUNHA, segundo os quais, com "o juízo positivo de admissibilidade do recurso extraordinário, a jurisdição do tribunal superior é aberta" (2017, v. 3, p. 372). Ver, ainda, GARCIA MEDINA (2016, p. 1.559-1.560).

A razão parece estar com esses últimos. Conclusão a que se chega ao interpretar o art. 1.034 conjuntamente com o art. 485, § 3º, do mesmo CPC, segundo o qual o juiz conhecerá de ofício matérias de ordem pública, *"em qualquer tempo e grau de jurisdição, enquanto não ocorrer o trânsito em julgado"*.

Some-se a isso a interpretação *a "contrario sensu"* do art. 10 do CPC/2015 ("O juiz não pode decidir, em grau algum de jurisdição, com base em fundamento a respeito do qual não se tenha dado às partes oportunidade de se manifestar, ainda que se trate de matéria sobre a qual deva decidir de ofício"), a permitir que, também nas instâncias recursais extraordinárias, os Tribunais Superiores possam julgar o mérito do recurso com base em *novos fundamentos*, desde que referentes a matérias sobre as quais devam decidir de ofício.

Assim, confirmada a admissão de efeito translativo aos recursos excepcionais, resta examinar se a inconstitucionalidade de normas integra o conjunto de temas cognoscíveis de ofício, em qualquer grau de jurisdição. E, diante do exposto no item 4, não há dúvidas de que a resposta é positiva.

▸ **Atenção!**

Se o problema, antes do novo CPC, residia na falta de sujeição dos novos fundamentos ao crivo do contraditório, fica hoje resolvido. Seja no curso do incidente de inconstitucionalidade – no qual há grande espaço para debates –, seja pela observância do art. 10 do CPC/2015, os Tribunais Superiores, antes de reconhecer a inconstitucionalidade de ofício, deverão dar às partes oportunidade de se manifestar sobre a questão constitucional.

Logo, na forma do art. 10 c/c art. 1.034 do CPC/2015, ultrapassado o juízo de admissibilidade recursal, os Tribunais Superiores deverão julgar o recurso excepcional à luz de dispositivos normativos não suscitados nas instâncias ordinárias. O que inclui, obviamente, as normas constitucionais que servem de parâmetro para controlar de ofício a constitucionalidade incidental de atos normativos, sempre que disso depender o julgamento do mérito do recurso.

Em sentido similar, aliás, LUIZ GUILHERME MARINONI (2016, p. 987) defende que o STF, "ao conhecer o recurso extraordinário e apreciar a questão constitucional, pode eventualmente se deparar com norma inconstitucional prejudicial ao julgamento do recurso. De modo que o próprio prequestionamento, ao abrir a possibilidade para o Supremo Tribunal tratar da questão constitucional, não exclui a possibilidade de a Corte reconhecer a inconstitucionalidade de lei, *ainda que esta jamais tenha sido arguida pelas partes ou discutida perante os tribunais que anteriormente trataram da causa.*"

Enfim, por consequência do efeito translativo consagrado pelos artigos 10 e 1.034, parágrafo único, o CPC/2015 ampliou as possibilidades de declaração de inconstitucionalidade *ex officio* no julgamento dos recursos de natureza extraordinária.

Contudo, **excepcionalmente**, mesmo no regime do CPC/2015, **não** parece possível declarar a inconstitucionalidade *ex officio* no âmbito de **recursos repetitivos**. É que o legislador exigiu que todos os recursos selecionados como paradigma de julgamento já devam conter "abrangente argumentação e discussão a respeito da questão a ser decidida" (art. 1.036, § 6º).

4.2.2.1. Recurso especial e declaração de inconstitucionalidade de ofício

A despeito da atribuição de efeitos translativos aos recursos de natureza extraordinária (v. item 4.2.2), são mais limitadas as possibilidades de declaração de inconstitucionalidade *ex officio* em sede de recurso especial.

É que, diferentemente do STF – e mesmo do TSE ou do TST –, o STJ não tem **competência** para revisar aspectos constitucionais enfrentados pela decisão atacada no recurso especial. Conforme a Súmula 126 do próprio STJ: "É inadmissível recurso especial, quando o acórdão recorrido assenta em fundamentos constitucional e infraconstitucional, qualquer deles suficiente, por si só, para mantê-lo, e a parte vencida não manifesta recurso extraordinário."

Bem por isso, pela jurisprudência tanto do STF quanto do STJ, ultrapassadas as vias recursais ordinárias, se a questão constitucional abrangida pelo julgamento da causa não tiver sido previamente abordada na decisão recorrida e suscitada em recurso extraordinário, opera-se a preclusão a respeito. Daí, o STJ não poderá mais apreciá-la, sob pena de **usurpação da competência do STF** prevista no art. 102, III, da Constituição.

Dessarte, nos recursos especiais, além da **preclusão** (algo parcialmente resolvido pelo reconhecimento de efeito translativo), há ainda o obstáculo da **ausência de competência do STJ** para adentrar questões constitucionais.

Como já decidira a Suprema Corte, embora o STJ "tenha o poder de declarar incidentemente a inconstitucionalidade da lei, mesmo de ofício", não pode rever, em recurso especial, "a decisão da mesma questão constitucional do tribunal inferior; se o faz, de duas uma: ou usurpa a competência do STF, se interposto paralelamente o extraordinário ou, caso contrário, ressuscita matéria preclusa" (AgRg no AI 145.589/RJ, Pleno do STF).

No resumo do Min. CELSO DE MELLO, uma vez interposto o REsp, mas não questionado em RE o fundamento constitucional do acórdão do tribunal inferior, o recorrente sofre, "por força de sua própria omissão, os efeitos jurídico-processuais da preclusão pertinente à motivação de ordem constitucional" (AgRg no RE 365.989/SP, 2ª Turma do STF).Enfim, a despeito das conclusões do item 4.2.2, em relação aos recursos especiais, existem sérias dúvidas sobre se o art. 10 c/c art. 1.034, parágrafo único, do CPC/2015 ampliaram mesmo as possibilidades do reconhecimento de ofício da inconstitucionalidade de normas.

Diversamente do que se admite nas instâncias recursais ordinárias e nas outras instâncias recursais extraordinárias, no julgamento do REsp, as questões constitucionais não poderiam ser conhecidas *ex officio*, seja em razão da incidência da preclusão, seja pela proibição de usurpar a competência do STF para examiná-las em sede de recurso extraordinário. Assim, quando muito, caberia ao STJ apreciar questões constitucionais surgidas "posteriormente ao julgamento pelo tribunal de origem", como já defendeu LUÍS ROBERTO BARROSO (2009b, p. 101).

Contudo, há autores a sustentar que o STJ possa, ao menos, apreciar as *questões constitucionais que não tenham sido alvo da decisão recorrida*. FERNANDO NATAL BATISTA, por exemplo, em livro dedicado especialmente ao assunto, escreveu que, a partir do novo CPC, o STJ pode "apreciar a inconstitucionalidade das leis aplicáveis às hipóteses de sua jurisdição", mas "somente quando a matéria constitucional, constituindo questão prejudicial (ou seja: incidental) ao deslinde do mérito apreciado no recurso especial, não foi apreciada pelo acórdão recorrido" (2018, p. 105).

Também para MARINONI, o "STJ não pode tratar da questão constitucional decidida pelo Tribunal Estadual ou Regional Federal. Porém, ao conhecer do recurso especial para tratar da lei federal, pode se deparar com questão de inconstitucionalidade ainda não ventilada pelas partes, mas de cuja solução dependa o julgamento do especial. Neste caso, o STJ não estará conhecendo questão que, tendo sido discutida no Tribunal Estadual ou Regional Federal, ficou reservada ao STF. O exercício da competência reservada ao STJ obviamente não exclui a possibilidade de a Corte se ver diante de inconstitucionalidade até então não arguida pelas partes, prejudicial à solução do recurso especial" (2016, p. 985-986).

Assim, nessas circunstâncias defendidas pela doutrina, é possível ao STJ reconhecer a inconstitucionalidade de ofício, pois a questão constitucional estaria, excepcionalmente, fora da competência do STF e, portanto, alcançada pelo efeito translativo decorrente dos arts. 10 e 1.034, parágrafo único, do CPC/2015.

> ▸ **Atenção!**
> Obviamente, a decisão do STJ acerca da questão constitucional ficará sujeita a recurso extraordinário. E, caso a decisão do incidente suscitado no STJ tenha sido declaratória da inconstitucionalidade da lei federal, o RE interposto contra ela já contará com repercussão geral automática, nos termos do art. 1.035, § 3º, III, do CPC/2015.

Com uma ressalva: mesmo que a questão prejudicial da inconstitucionalidade não tenha sido arguida pelas partes, nem decidida pelo tribunal inferior, é preciso, ainda, que não pudesse ter sido alvo de recurso extraordinário, sob pena usurpação da competência do STF. Ou seja, o enfoque dado à questão constitucional não pode incluir-se entre as hipóteses de cabimento do RE.

Exemplo: interposto recurso especial contra acórdão que dera por válido ato de governo local contestado em face de lei federal (CF, art. 105, III, "b"), o STJ entende inconstitucional a própria lei federal invocada. Nessa hipótese, como a decisão recorrida não determinara a aplicação da lei inconstitucional, tampouco desafiaria recurso extraordinário, pois descaracterizadas quaisquer das situações das alíneas previstas no art. 102, III, da Constituição.

> ▸ **Atenção!**
> Sobre a *proibição da decisão surpresa* e a necessidade de prévia oitiva das partes a respeito da questão constitucional, v. item 4.3.

Enfim, mesmo no julgamento de REsp, parece cabível a declaração de inconstitucionalidade *ex officio*, mas apenas:

(a) em questão de ordem suscitada na fase de admissibilidade recursal, para reconhecer a inconstitucionalidade da legislação aplicável ao processamento do próprio recurso especial; ou

(b) quando o julgamento do recurso especial envolver questão constitucional que, prejudicial ao exame de mérito recursal, não desafiasse recurso extraordinário, nem tivesse sido decidida pelo tribunal inferior, incluindo as questões surgidas depois da decisão recorrida.

4.3. Declaração da inconstitucionalidade de ofício e a proibição de decisão surpresa (art. 10 do CPC/2015)

Nos termos do art. 10 do CPC/2015, o "juiz não pode decidir, em grau algum de jurisdição, com base em fundamento a respeito do qual não se tenha dado às partes oportunidade de se manifestar, ainda que se trate de matéria sobre a qual deva decidir de ofício".

Trata-se, portanto, da regra de ***proibição da decisão surpresa***, cuja inobservância pode levar à anulação da sentença, por violação dos princípios do contraditório e do devido processo legal, com o consequente "retorno dos autos à origem para adequação do procedimento" (STJ, REsp 1.676.027/PR, 2ª Turma). (No mesmo sentido, v. NERY JUNIOR e ANDRADE NERY, 2015, p. 218).

Pois bem. Por força dessa regra processual, o órgão julgador, antes de declarar a inconstitucionalidade de ofício, deverá ouvir as partes a respeito da questão constitucional tida como prejudicial ao exame da causa. Segundo MARINONI, "embora a inconstitucionalidade possa ser reconhecida de ofício, há de se dar oportunidade às partes para debater a questão de constitucionalidade" (2016, p. 968).

De outro lado, a regra da proibição de decisão surpresa diz respeito aos fundamentos jurídicos envolvidos na causa, e não às disposições normativas que juiz possa ou deva utilizar para solucioná-la. Logo, não há imposição a que o julgador "informe previamente às partes quais os dispositivos legais [ou constitucionais] passíveis de aplicação para o exame da causa" (STJ, AgInt no REsp 1.701.258/ SP, 4ª Turma, j. em 23-10-2018).

Ademais, a vedação não parece incidir quanto àqueles fundamentos jurídicos que façam parte do *"desdobramento natural da controvérsia"* (v. REsp 1.676.027/PR, 2ª Turma do STJ). Ou seja, o art. 10 do CPC/2015 não se aplica aos fundamentos jurídicos ligados entre si por relações de continência ou de causa e efeito, por exemplo. Para ilustrar, se o autor alegou que a cobrança de determinado tributo viola o princípio constitucional da anterioridade de exercício (art. 150, III, "b"), mas o juiz entende contrariado o princípio da anterioridade mínima nonagesimal (art. 150, III, "c"), não será preciso aplicar a diligência do art. 10.

5. CONTROLE CONCRETO/DIFUSO CONTRA ATO NORMATIVO "EM TESE"

Embora se possa instaurar o controle difuso no âmbito de qualquer ação judicial, essa forma de fiscalização é **incabível** para apreciar a validade constitucional de atos normativos de maneira **dissociada** do julgamento de um **caso concreto**. Daí ser inadmissível o controle concreto/difuso quando a discussão ocorre em face de lei ou ato normativo ***em tese***, sob pena de funcionar como sucedâneo do controle abstrato. No mesmo sentido, diz a Súmula 266 do STF, não cabe mandado de segurança "contra lei em tese".

A justificativa desse raciocínio é a seguinte. Pelo controle difuso/concreto de constitucionalidade, instaura-se uma **fiscalização *subjetiva* da constitucionalidade** sem preocupação direta com o problema da depuração do sistema jurídico vigente. Logo, a solução judicial à questão constitucional discutida não pode ser o *objeto* da ação, mas apenas o pano de fundo que se apresenta em face de um litígio *concreto*. Ademais, nessa forma de controle, o órgão julgador não pode apreciar questões postas em hipótese, tampouco teses jurídicas fictícias, senão para reparar lesões ou ameaças de lesão concretas a direitos subjetivos.

Na clássica lição de LÚCIO BITTENCOURT (1997, p. 112), é necessário "que se trate uma *controvérsia real*, decorrente de uma *situação fática objetiva*, surgindo dúvida quanto à constitucionalidade da lei que deve regê-la. Os tribunais não se pronunciam contra a *lei em tese*, mas contra um *ato*, atual ou iminente, que nela se baseie."

▸ **Atenção!**

Consideram-se ações judiciais com **discussões "em tese"**:

a) as ações cujos fatos e fundamentos (*causa de pedir*) indicam que a questão é meramente teórica ou hipotética (*caso fictício*), pois ***não*** envolve situações que levariam à incidência concreta do ato normativo questionado. Exemplo: uma ação movida para discutir a constitucionalidade da cobrança de tributo instituído por lei que não afete - nem possa afetar - concretamente a situação jurídica do autor, tal como a discussão do aumento abusivo do Imposto de Renda patrocinada por quem seja imune a esse tributo;

b) as ações cujo objeto (*pedido*) é a inconstitucionalidade de algum preceito normativo que regule situações mais amplas que a relação jurídica discutida. Exemplo: mandado de segurança impetrado contra ato do Presidente da República para ver declarada inconstitucional a edição de medida provisória que veiculava plano econômico (AgRg na MC no MS 21.077/GO, Pleno do STF); ação tributária na qual o pedido é a declaração da inconstitucionalidade da lei que instituiu determinado tributo, e não a mera declaração de inexigibilidade da relação jurídica que obrigaria o autor, concretamente, a recolher tal tributo.

Na jurisprudência da Suprema Corte, encontram-se precedentes a considerar como questionamento contra ato em tese, ademais:

c) a discussão quanto à inconstitucionalidade de ato normativo genérico e abstrato, mas que exija ainda algum outro ato, medida ou atitude concretos, seja dos poderes públicos, seja até de particulares, para obter efetividade (v. MS 20.993/DF, Pleno do STF).

Porém, a atual tendência do STF é desconsiderar essa restrição (c). Afinal, se o ato normativo, ainda que genérico e abstrato, alcançar a posição jurídica do autor da ação de "maneira direta e imediata", ficará "inteiramente supérfluo o aguardo de novo ato administrativo para que a impugnação se viabilize" (STF, decisão monocrática do Min. GILMAR MENDES na MC no MS 26.325/DF). Ver ainda o procedente de Plenário do STF no MS 26.595/DF. (Sobre o descabimento de mandado de segurança contra lei em tese, v. item 4.2.1.3 do Capítulo 1 do Tomo II.)

De qualquer forma, se o ato normativo impugnado for de caráter ***concreto*** e ***singular***, não há qualquer impedimento ao controle concreto de constitucionalidade. Isso porque a própria edição do ato inconstitucional, do qual advêm efeitos concretos e singulares, já implica violação direta ao direito subjetivo do autor, o que permite ampla discussão quanto à validade do ato, até mesmo como objeto da ação, sem que isso importe em substituição das vias do controle abstrato de constitucionalidade. Ver, STF, Rcl 664/RJ, Pleno.

6. EFEITOS DA DECISÃO FINAL

6.1. Efeito retrospectivo (*ex tunc*)

Como o direito brasileiro adota como princípio constitucional implícito a tese da nulidade do ato inconstitucional (v. item 5.1.1 do Capítulo II), os efeitos da decisão que reconhece a inconstitucionalidade são **retroativos** (***ex tunc***). De conseguinte, reconhecida a invalidade do ato inconstitucional, a eficácia da decisão, via de regra, há mesmo de retroagir, a fim de subtrair daquele ato todos os efeitos que tivesse produzido em face da relação jurídica examinada.

Ademais, se é assim retroativa a invalidação dos efeitos do ato inconstitucional, **não se pode falar** num suposto **direito adquirido**, tampouco em **ato jurídico perfeito** decorrentes do ato invalidado. A decisão declaratória da inconstitucionalidade, mesmo que *incidenter tantum*, pode alcançar todas as consequências jurídicas decorrentes do ato inconstitucional.

6.1.1. Exceções ao efeito retrospectivo (ex tunc): prospectividade decisória e modulação temporal dos efeitos da declaração incidental de inconstitucionalidade

Embora o efeito retrospectivo da decisão que declara a inconstitucionalidade seja consequência lógica da adoção da tese da nulidade como regra geral (item 5.1.1 do Capítulo I), o sistema jurídico brasileiro admite **exceções**. Nessas hipóteses, a declaração surte efeitos retroativos (*'pro praeterito'*), mas que não chegam a ser *'ex tunc'*, ou então efeitos apenas **prospectivos**, seja *'ex nunc'*, seja *'pro futuro'* (Vide item 3.3.1 do Capítulo V.)

> **Atenção!**
>
> Conforme nomenclatura de matriz norte-americana, a decisão não retroativa poderá ser:
>
> (1) de prospectividade pura (*pure prospectivity*): quando a eficácia retroativa é excluída de maneira absoluta, de modo que o novo entendimento se aplica somente a eventos ocorridos posteriormente, sem quaisquer exceções;
>
> (2) de prospectividade limitada (*limited prospectivity*): se a nova orientação, embora prospectiva quanto às demais hipóteses semelhantes, aplica-se retroativamente só aos casos pendentes de julgamento; ou
>
> (3) de prospectividade modificada ou seletiva (*modified or selective prospectivity*): tipo mais raro de não retroatividade, que se caracteriza quando o comando decisório, mesmo que prospectivo em casos semelhantes, incide retroativamente apenas no precedente.

Em artigo referente ao efeito prospectivo no âmbito do controle concreto de constitucionalidade (BERNARDES, 2010b), a tipologia acima foi exemplificada com precedentes da jurisprudência do STF. Consideram-se prospectivos do tipo (1) os precedentes do RE 197.917/SP, do MS 26.602/DF, do MS 26.603/DF e do MS 26.604/DF; do tipo (2), o julgamento do HC 82.959/SP, do RE 559.882/RS e do RE 560.626/RS; e do tipo (3), a resolução da questão de ordem no HC 86.009/DF.

Essas exceções à regra geral da teoria da nulidade são normalmente reconhecidas por meio de decisões excepcionais, nas quais o órgão julgador procede a uma **manipulação/modulação temporal** dos efeitos *ex tunc* que geralmente possuem as decisões que declaram a inconstitucionalidade de atos normativos. (Sobre a manipulação/modulação temporal no controle abstrato de constitucionalidade, v. item 3.3.3 do Capítulo V.)

6.1.1.1. Alterações de jurisprudência

Não é novidade a fixação de limites à regra geral da retroatividade. Mesmo em decisões do controle de constitucionalidade concreto, quando introduzidas alterações na jurisprudência até então vigorante, admite-se que a superação do entendimento jurisprudencial anterior (*overruling*) possa aplicar-se apenas de maneira prospectiva (*prospective overruling*).

Óbvio que, por adotar o sistema brasileiro a tese da nulidade, a atenuação da eficácia retroativa do julgado que declara a inconstitucionalidade de algum ato é **medida excepcional**. Logo, não basta haver alteração jurisprudencial a respeito de temas constitucionais. Para excepcionar a tese da retroatividade, além da "virada de jurisprudência", são necessárias **fortes justificativas** baseadas, especialmente, no **princípio da segurança jurídica**.

▸ **Importante!**

No sentido do texto, dispõe o CPC/2015 que a "modificação de enunciado de súmula, de jurisprudência pacificada ou de tese adotada em julgamento de casos repetitivos observará a necessidade de fundamentação adequada e específica, considerando os princípios da segurança jurídica, da proteção da confiança e da isonomia" (§ 5º do art. 927). Também pelo CPC/2015, a "alteração de tese jurídica adotada em enunciado de súmula ou em julgamento de casos repetitivos poderá ser precedida de audiências públicas e da participação de pessoas, órgãos ou entidades que possam contribuir para a rediscussão da tese" (§ 2º do art. 927).

▸ **Atenção!**

No RE 655.265/DF, o Plenário do STF concluiu que: "mantidas as premissas fáticas e normativas que nortearam aquele julgamento, reafirmam-se as conclusões (*ratio decidendi*) da Corte na referida ação declaratória. 3. O papel de Corte de Vértice do Supremo Tribunal Federal impõe-lhe dar unidade ao direito e estabilidade aos seus precedentes.

4. Conclusão corroborada pelo Novo Código de Processo Civil, especialmente em seu artigo 926, que ratifica a adoção – por nosso sistema – da regra do *stare decisis*, que 'densifica a segurança jurídica e promove a liberdade e a igualdade em uma ordem jurídica que se serve de uma perspectiva lógico-argumentativa da interpretação'. (MITIDIERO, Daniel. *Precedentes: da persuasão à vinculação*. São Paulo: Revista dos Tribunais, 2016). 5. A vinculação vertical e horizontal decorrente do *stare decisis* relaciona-se umbilicalmente à segurança jurídica, que 'impõe imediatamente a imprescindibilidade de o direito ser cognoscível, estável, confiável e efetivo, mediante a formação e o respeito aos precedentes como meio geral para obtenção da tutela dos direitos'. (MITIDIERO, Daniel.
Cortes superiores e cortes supremas: do controle à interpretação, da jurisprudência ao precedente. São Paulo: Revista do Tribunais, 2013). 6. Igualmente, a regra do *stare decisis* ou da vinculação aos precedentes judiciais 'é uma decorrência do próprio princípio da igualdade: onde existirem as mesmas razões, devem ser proferidas as mesmas decisões, salvo se houver uma justificativa para a mudança de orientação, a ser devidamente objeto de mais severa fundamentação. Daí se dizer que os precedentes possuem uma força presumida ou subsidiária.' (ÁVILA, Humberto. *Segurança jurídica: entre permanência, mudança e realização no Direito Tributário*. São Paulo: Malheiro, 2011). 7. Nessa perspectiva, a superação total de precedente da Suprema Corte depende de demonstração de circunstâncias (fáticas e jurídicas) que indiquem que a continuidade de sua aplicação implicam ou implicarão inconstitucionalidade. 8. A inocorrência desses fatores conduz, inexoravelmente, à manutenção do precedente já firmado".

Nesse rumo, a aplicação desse tipo de limite à eficácia retroativa da decisão declaratória de inconstitucionalidade decorre, no controle concreto, sobretudo, de inovações na interpretação do bloco de constitucionalidade (***mutação constitucional***), hipótese em que a decisão inovadora não deveria livremente retroagir em detrimento das soluções dadas a casos anteriores. (Sobre a mutação constitucional, v. item 2.1 do Capítulo IV da Parte I.)

Exemplo disso, no RE 197.917/SP, embora inalterado o texto do inciso IV do art. 29 da CF/88, a Corte Suprema modificou a interpretação pela qual reconhecia implicitamente a autonomia municipal na fixação dos números mínimo e máximo de vereadores e instituiu a respeito rígidos critérios aritméticos proporcionais à população de cada Município. Todavia, a declaração de inconstitucionalidade feita no caso concreto só surtiu efeitos *pro futuro*, *i.e.*, só quanto à legislatura imediatamente posterior ao trânsito em julgado da decisão.

Certo que, nesses casos de mudança/virada jurisprudencial em razão de *mutação constitucional*, não há falar-se, propriamente, em declaração de inconstitucionalidade, pois o *alvo da nova interpretação é a própria constituição*. A mudança interpretativa incide em face do parâmetro ("bloco de constitucionalidade"), e não de alguma lei ou ato normativo infraconstitucional que fosse objeto do controle de constitucionalidade.

> **Atenção!**
>
> Entre os casos de mudança jurisprudencial, é importante diferenciar aqueles que impliquem ou não a **declaração de inconstitucionalidade de normas**. É que essa diferenciação gera consequências quanto ao **quórum** a ser observado como requisito para a concessão de efeitos meramente prospectivos ao julgado. (Para aprofundamento da discussão, v. item 6.1.2.)

Entretanto, ainda que decorrentes de mutação constitucional, essas viradas jurisprudenciais repercutem, reflexa e concretamente, no âmbito dos efeitos de atos normativos infraconstitucionais e decisões judiciais que até então se ajustavam à interpretação constitucional abandonada. Problema que, de modo similar à modulação temporal dos efeitos da declaração de inconstitucionalidade, remete à mitigação do efeito retroativo da aplicação da nova interpretação constitucional em face de atos passados.

É dizer: se inicialmente a mutação constitucional não envolvia uma declaração de inconstitucionalidade que devesse ser modulada, os reflexos desse novo entendimento constitucional a atos normativos infraconstitucionais e a decisões judiciais anteriores podem levar ao reconhecimento de uma *inconstitucionalidade superveniente* cujos efeitos devam ser modulados em concreto. (Sobre a inconstitucionalidade superveniente em razão de mutação constitucional, v. item 4.1.7 do Capítulo I.)

> **Importante!**
>
> Entre os dispositivos acrescentados pela Lei 13.655/2018 à LINDB, interessam, no particular, os artigos 23 e 24:
>
> "Art. 23. A decisão administrativa, controladora ou judicial que estabelecer interpretação ou orientação nova sobre norma de conteúdo indeterminado, impondo novo dever ou novo condicionamento de direito, deverá prever regime de transição quando indispensável para que o novo dever ou condicionamento de direito seja cumprido de modo proporcional, equânime e eficiente e sem prejuízo aos interesses gerais.
>
> Art. 24. A revisão, nas esferas administrativa, controladora ou judicial, quanto à validade de ato, contrato, ajuste, processo ou norma administrativa cuja produção já se houver completado levará em conta as orientações gerais da época, sendo vedado que, com base em mudança posterior de orientação geral, se declarem inválidas situações plenamente constituídas.
>
> Parágrafo único. Consideram-se orientações gerais as interpretações e especificações contidas em atos públicos de caráter geral ou em jurisprudência judicial ou administrativa majoritária, e ainda as adotadas por prática administrativa reiterada e de amplo conhecimento público."

Por isso mesmo, no julgamento de questão de ordem no Inq 687/SP, em 1999, o Plenário do STF considerou constitucionalmente inválido o entendimento da Súmula 394, que vinha sendo aplicada mesmo após a Constituição de 1988, e passou a entender insubsistente o foro especial, por prerrogativa de função, após o fim do exercício da função pública que o determinara. Contudo, o STF teve o cuidado de determinar que o novo entendimento jurisprudencial só se aplicaria *ex nunc*, preservando, assim, a validade constitucional de decisões e processos anteriores, compatíveis com a súmula cancelada.

Mais recentemente, no RE 637.485/RJ, após reconhecer que mudanças radicais "na interpretação da Constituição devem ser acompanhadas da devida e cuidadosa reflexão sobre suas consequências, tendo em vista o postulado da segurança jurídica", o Plenário do STF entendeu que as "decisões do Tribunal Superior Eleitoral que, no curso do pleito eleitoral ou logo após o seu encerramento, impliquem mudança de jurisprudência, não têm aplicabilidade imediata ao caso concreto e somente terão eficácia sobre outros casos no pleito eleitoral posterior".

> ▸ **Atenção!**
>
> O CPC/2015 previu, expressamente, a possibilidade de modulação dos efeitos da alteração de jurisprudência dominante do STF, dos Tribunais Superiores ou daquela oriunda de julgamento de demandas repetitivas, desde que promovida para atender ao interesse social ou à segurança jurídica (art. 927, § 3º, do CPC/2015). O CPC/2015 também dispôs sobre a modificação de enunciado de súmula, de jurisprudência pacificada ou de tese adotada em julgamento de casos repetitivos, observada "a necessidade de fundamentação adequada e específica" e "considerando os princípios da segurança jurídica, da proteção da confiança e da isonomia" (art. 927, § 4º).

6.1.1.2. Situações fáticas consolidadas

Mesmo uma decisão judicial transitada em julgado não possui autoridade para desconstituir **certas situações fáticas já consolidadas**. Como disse GILMAR FERREIRA MENDES, os "atos praticados com base na lei inconstitucional que não mais se afigurem suscetíveis de revisão não são afetados pela declaração de inconstitucionalidade" (1998, p. 416).

Nesse sentido, já decidiu o Plenário do STF até pela consolidação dos efeitos fáticos de atos inconstitucionais contrários a normas julgadas **constitucionais** pelo STF com efeitos *ex tunc* e vinculantes (ver item 3.3.2 do Capítulo V). No julgamento dos ED na ADI 3.756/DF, a Corte entendeu que, embora no campo teórico a improcedência do pedido formulado na ação direta de inconstitucionalidade só comportasse eficácia *ex tunc*, não haveria como exigir o cumprimento retroativo do julgado, no "plano dos fatos", pois definitiva e efetivamente realizadas as despesas de pessoal desautorizadas pela posterior declaração de constitucionalidade proferida em abstrato.

> ▸ **Atenção!**
>
> 1) Não se trata, porém, de autêntico caso de manipulação/modulação temporal dos efeitos da declaração de inconstitucionalidade, mas do reconhecimento da impossibilidade jurídica de desfazer situações faticamente irreversíveis.

> 2) Nas hipóteses em que os efeitos da declaração de inconstitucionalidade não puderem corrigir situações fáticas já consolidadas, restará aos prejudicados pelo ato inconstitucional a possibilidade de obter indenização pelos danos sofridos. O fundamento do pleito indenizatório, por sua vez, radicará no atual art. 182 do CC (correspondente ao art. 158 do antigo CC), segundo o qual, não sendo possível restituir as partes ao estado em que se achavam antes da declaração de nulidade, "são indenizadas com o equivalente".

Sobre as *fórmulas de preclusão* e a atenuação, nos casos concretos, dos efeitos da declaração de inconstitucionalidade proferida em ações do controle abstrato, v. item 3.4.1 do Capítulo V.

6.1.1.3. Princípio da segurança jurídica

Embora se reconheça que o dogma da nulidade do ato inconstitucional tenha sido alçado ao *status* de princípio constitucional implícito, a **segurança jurídica** é também outro princípio de natureza constitucional. Em razão disso, mesmo nas hipóteses em que **não** há reversão de jurisprudência anterior, após proceder a uma autêntica **ponderação de princípios**, o órgão judicial pode **afastar o efeito *ex tunc*** da declaração de inconstitucionalidade em casos excepcionais, para preservar o princípio da segurança jurídica. Exemplos:

A) ainda na década de 70, para proteger a boa-fé de terceiros, em aplicação da teoria da aparência, a Corte absteve-se de invalidar os atos praticados, na qualidade de funcionário público, por quem se investira no cargo com base em lei inconstitucional (RE 78.209/SP, RE 78.594/SP e RE 79.628/SP);

B) na década de 80, em razão da garantia de irredutibilidade dos vencimentos, o STF já entendeu que não precisava ser devolvida ao erário a parte da remuneração paga a magistrados por força de lei estadual inconstitucional, até a data em que a inconstitucionalidade fora decretada (RE 122.202/MG).

Na década de 90, essa possibilidade foi **explicitada** nas Leis 9.868/99 (art. 27) e 9.882/99 (art. 11), que consagraram **expressa exceção** à tese da **nulidade** do ato inconstitucional ao tratarem das decisões finais proferidas em ADI, ADC e ADPF. Tais dispositivos enunciaram ao STF, "tendo em vista razões de segurança jurídica ou de excepcional interesse social", poderes para restringir os efeitos da declaração de inconstitucionalidade ou para decidir que esta só tenha eficácia a partir de seu trânsito em julgado ou de outro momento que venha a ser fixado.

Assim, ainda que as Leis 9.868/99 e 9.882/99 regulem mecanismos do controle abstrato de constitucionalidade, a jurisprudência do **STF**, na linha de precedentes anteriores, sentiu-se mais à vontade para fixar efeitos não retroativos (*ex nunc*) e até *pro futuro* à **declaração incidental** de inconstitucionalidade, seja para proteger **a boa-fé**, seja por **razões de segurança jurídica** ou de **excepcional interesse social**

Daí por que, em julgamento realizado em 2002, com fundamento também no princípio da segurança jurídica e após entender que a "declaração de nulidade, com seus normais efeitos *ex tunc*, resultaria grave ameaça a todo o sistema legislativo vigente", o Plenário do STF, "em caráter de exceção", concedeu até "efeitos *pro futuro* à declaração incidental de inconstitucionalidade" (RE 197.917/SP).

> ▸ **Atenção!**
>
> Alguns acórdãos da 1ª Turma do STF (por exemplo: AgRg no AI 428.886/RJ e AgRg RE 430.421/RJ), contudo, passaram a impressão de que a modulação dos efeitos temporais da declaração de inconstitucionalidade só seria viável no âmbito do ***controle abstrato/concentrado***. Trata-se de **evidente equívoco**, mas que contaminou também a jurisprudência do STJ (por todos, v. ED no AgRg no REsp 636.261/RJ e REsp 650.424/RJ).
>
> Na verdade, o STF tem modulado os efeitos temporais da declaração de inconstitucionalidade em diversos casos concretos (*v.g.*, MS 22.357/DF, HC 82.959/SP, RE 559.943/RS e ED no RE 500.171/GO, HC 97.256/RS, todos do Plenário), além de já ter até confirmado modulação temporal realizada por tribunal inferior, mesmo em relação a uma norma que o próprio STF declarara inconstitucional com efeitos *ex tunc* (precedente: RE 442.683/RS, 2ª Turma; no mesmo sentido, v. AgRg no RE 706.698/ES, 1ª Turma, e AgRg no RE 605.762/PE, 2ª Turma).

Enfim, como resumiu o Min. GILMAR MENDES na MC na Pet 2.859/SP, "a declaração de inconstitucionalidade *in concreto* também se mostra passível de limitação de efeitos. A base constitucional dessa limitação – necessidade de um outro princípio que justifique a não-aplicação do princípio da nulidade – parece sugerir que, se aplicável, a declaração de inconstitucionalidade restrita revela-se abrangente do modelo de controle de constitucionalidade como um todo."

Nada obstante, como já decidiu a 2ª Turma do STF, descabe "a invocação dos princípios da segurança jurídica e da boa-fé no caso em que se pretende o reconhecimento de uma nova posição jurídica incompatível com a Constituição e não a preservação de uma situação concreta sedimentada" (AgRg no RE 602.264/DF).

> ▸ **Importante:**
>
> A jurisprudência do Plenário do STF, em sede de controle concreto, entendia que a manipulação temporal não poderia ser utilizada nos casos em que se reconhece simples **conflito intertemporal** entre a Constituição e a norma infraconstitucional (*lex posterior derogat priori*) – AgRg. no AI 453.071/RJ. Contudo, em julgamento com "repercussão geral", o Plenário do STF reputou possível modular também os efeitos da não recepção de ato normativo pré-constitucional. Nesse precedente, após invocar motivos de **segurança jurídica**, a Corte decidiu por manter, até 31-12-2011, a validade de concursos públicos realizados sob a regra do art. 10 da Lei 6.880/80, muito embora tal dispositivo não tivesse sido recepcionado pelo art. 142, § 3º, inciso X, da Constituição Federal (RE 600.885/RS). Ademais, no mesmo RE 600.885/RS, o STF resolveu até **ampliar** a modulação temporal, em **sede de embargos declaratórios**, para dela excluir "os candidatos com ações ajuizadas nas quais se discute o mesmo objeto deste recurso extraordinário" (ED no RE 600.885/RS, j. em 29-6-2012).

6.1.2. Requisitos formais à manipulação/modulação temporal dos efeitos das decisões proferidas no controle concreto de constitucionalidade

Reconhecida pelo Plenário do STF a possibilidade de mitigar os efeitos retrospectivos da declaração de inconstitucionalidade também no âmbito do controle concreto, é preciso ainda abordar a questão dos requisitos formais a serem observados na hipótese.

▸ **Modulação originária *vs.* modulação derivada:**

É preciso diferenciar duas figuras distintas de modulação, como proposto em estudo específico (BERNARDES, 2010b). De um lado está a chamada "**modulação originária**", conforme a qual o efeito *ex tunc* da declaração de inconstitucionalidade é excepcionado no próprio caso em que a declaração de inconstitucionalidade é proferida. Essa é a forma de modulação mais comum. Exemplos: RE 197.917/SP, do CC 7.204/MG e do HC 82.959/SP, todos do Plenário.

Contudo, há ainda a "**modulação derivada**", que é aquela em que o órgão julgador resolve modular, **noutro caso**, a declaração de inconstitucionalidade, com *efeitos retroativos*, proferida num caso anterior. Essa, aliás, a modalidade utilizada nos primeiros precedentes de modulação do STF, ainda na década de 1970 (RR.EE. 78.209/SP e 79.628/SP, 1ª Turma; e RE 78.594/SP, 2ª Turma). Outro exemplo: no RE 442.683/RS, a 2ª Turma do STF confirmou acórdão do TRF/4ª Região que atribuíra efeitos meramente *ex nunc*, no caso concreto, à declaração de inconstitucionalidade *ex tunc* proferida em abstrato pelo STF na ADI 837/DF.

Quanto à **competência** para modular os efeitos temporais do reconhecimento da inconstitucionalidade de lei ou ato normativo, existem, basicamente, duas correntes:

1) **competência concentrada (exclusiva do STF):** para quem entende que a possibilidade de modulação temporal decorre da previsão das Leis 9.868/99 e 9.882/99, a declaração de inconstitucionalidade com efeitos temporais modulados, quando admissível no controle concreto, é da exclusiva atribuição do STF;

2) **competência difusa (não exclusiva do STF):** não só o STF, mas igualmente os juízes e tribunais jurisdicionais inferiores têm competência para modular os efeitos da declaração de inconstitucionalidade nos casos concretos.

A segunda posição é, certamente, a mais correta. A possibilidade de modulação temporal da declaração de inconstitucionalidade decorre, sobretudo, dos princípios constitucionais da boa-fé e da segurança jurídica, e não propriamente das Leis 9.868/99 e 9.882/99, que apenas a explicitaram ao tratar do processo de julgamento de ações do controle concentrado. Por isso mesmo, a modulação temporal já fora aplicada pelo STF, no controle concreto/difuso, várias décadas antes da própria edição das Leis 9.868/99 e 9.882/99 (ver RE 78.209/SP, RE 78.594/SP e RE 79.628/SP).

Por outro lado, não cabe somente ao STF, mas também às instâncias judiciais ordinárias dar aplicação aos princípios constitucionais da boa-fé e da segurança jurídica, razão pela qual não se lhes pode negar a competência para proceder à modulação temporal no âmbito da fiscalização concreta/difusa da constitucionalidade, sob pena de violação ao princípio da inafastabilidade do controle jurisdicional (CF, art. 5º, XXXV).

Nesse sentido, a partir do precedente do RE 442.683/RS (2ª Turma), o próprio STF vem confirmando acórdãos de tribunais inferiores que atribuem efeitos meramente *ex nunc*, no caso concreto, a uma norma declarada inconstitucional pelo STF com efeitos *ex tunc* (ADI 837/DF). Esse o caso, por exemplo, do AgRg no RE 706.698/ES (1ª Turma) e do AgRg no RE 605.762/PE (2ª Turma). Ou seja, os juízes ordinários podem até modular, no controle concreto/difuso, a declaração de inconstitucionalidade feita pelo STF no âmbito do controle abstrato/concentrado.

Assim, embora os juízes em geral não possam mais aplicar a norma a partir do momento em que invalidada pela declaração vinculante de inconstitucionalidade *erga omnes* feita pelo STF, poderão convalidar, concretamente, a aplicação dada à mesma norma inconstitucional no passado, desde que presentes razões excepcionais de segurança jurídica. (Sobre a repercussão, no controle concreto, do efeito vinculante da declaração de inconstitucionalidade *ex tunc* reconhecida no controle abstrato, v. item 3.2.4.6 do Capítulo V.)

Essa prerrogativa parece incluir, ainda, a eventual preservação dos efeitos de decisões judiciais já transitadas em julgado. Bem por isso, os §§ 12 e 13 do art. 525 e os §§ 5º e 6º do art. 535 do CPC/2015 reconhecem aos juízes ordinários, no âmbito de processos executivos, igualmente com base na segurança jurídica, a faculdade de modular os efeitos de decisões proferidas pelo STF, quando tiverem de decidir impugnações/embargos contra execução fundada em coisa julgada inconstitucional.

▸ Atenção!

Os §§ 12 e 13 do art. 525 e os §§ 5º e 6º do art. 535 do CPC/2015 deferem aos juízos da execução, com base em razões de segurança jurídica, competência até para modular os efeitos de decisões proferidas pelo STF, quando tiverem de decidir impugnações/embargos contra execução fundada em coisa julgada inconstitucional.

Contudo, o Enunciado 176 do Fórum Permanente de Processualistas Civis, ao interpretar o CPC/2015, assentou a tese contrária, segundo a qual compete "**exclusivamente** ao Supremo Tribunal Federal modular os efeitos da decisão prevista no § 13 do art. 525."

Nada obstante, esse enunciado parece equivocado. Nos dispositivos mencionados, o CPC/2015 regula o procedimento da execução de títulos judiciais cuja aplicação compete, óbvio, somente aos próprios juízos executórios, e não ao STF. Ademais, o CPC/2015 não prevê nenhum tipo de incidente que o juízo da execução devesse suscitar ao STF para que ocorra tal modulação nos processos executivos. Nem poderia ser diferente.

De modo que a aplicação dos §§ 12 e 13 do art. 525 e os §§ 5º e 6º do art. 535 do CPC/2015, incluindo a análise dos pressupostos necessários à atenuação dos efeitos temporais da decisão do STF, há mesmo de ser equacionada pelo juízo comum, no qual tramita a execução. Até porque, a seguir-se o Enunciado 176, se a modulação estivesse condicionada à prévia decisão do próprio STF, seria totalmente ocioso que o legislador possibilitasse tal modulação ao tratar do julgamento das impugnações/embargos do executado.

> Afinal, se o ataque à coisa julgada inconstitucional pressupõe divergência desta com decisão anterior do STF, o juízo da execução não teria a opção de considerar ou não as eventuais modulações que o Supremo tivesse promovido. (Sobre a consolidação dos efeitos da coisa julgada inconstitucional, v. 3.4.1.1 do Capítulo V.)
>
> Até porque, "uma decisão judicial inconstitucional é ato existente, embora inválido, que se incorpora ao sistema normativo por força de metanorma específica que lhe dá estabilidade normativa (art. 5º, XXXVI, da Constituição). Assim, a autoridade da coisa julgada decorrente de decisão judicial inconstitucional mantém-se aplicável até que seja desconstituída, pelos meios processuais próprios, no tempo e modo devidos" (BERNARDES, 2017). Logo, é possível que o juízo da execução, ao reconhecer excepcionais razões de segurança, utilize a prerrogativa assegurada pelo CPC/2015 e se abstenha de rescindir a coisa julgada inconstitucional, mesmo que o trânsito em julgado tenha ocorrido depois do paradigma proferido pelo STF.

Pois bem. Discutida a **competência para modular**, ***em concreto***, **os efeitos temporais da declaração de inconstitucionalidade**, surgem questões ligadas ao **quórum necessário** à modulação temporal.

Em relação às mencionadas "modulações originárias", que são as que podem ocorrer no mesmo processo em que primeiramente declarada a inconstitucionalidade do ato normativo, verificam-se quatro posições distintas:

(a) **maioria absoluta dos membros do plenário ou da corte especial do tribunal:** a modulação temporal integra o julgamento do incidente de inconstitucionalidade, pelo que também deve obediência à *cláusula de reserva de plenário*, a exigir maioria absoluta dos membros do plenário ou da corte especial do tribunal (art. 97 da Constituição). Porém, como não se cuida de controle abstrato/concentrado, tampouco se aplica o *quorum* de 2/3 previsto para as ações diretas pela Lei 9.868/99;

> ▸ **Atenção!**
>
> Trata-se de posição defendida, por exemplo, pelos Ministros DIAS TOFFOLI, LUIZ FUX e CELSO DE MELLO (RE 586.453/SE). Nesse sentido, o Pleno do STF deliberou pela modulação temporal com quórum de maioria absoluta nos seguintes precedentes: RE 197.917/SP, MS 22.357/DF e ED no RE 500.171/GO.

(b) **2/3 (dois terços) dos membros do plenário ou da corte especial do tribunal:** aplica-se à modulação temporal, por analogia, o mesmo quórum de 2/3 previsto nos artigos 27 da Lei 9.868/99 e 11 da Lei 9.882/99, referentes à modulação temporal no âmbito das ações do controle abstrato de constitucionalidade;

> ▸ **Atenção!**
>
> Pode-se dizer que é esse o **entendimento atual do STF** (AgRg no RE 392.139/RJ, 1ª Turma; AgRg no AI 681.730/RJ, 2ª Turma), tal como adotado pelo **Plenário da Corte** (RE 586.453/SE e RE 567.985/MT, ambos de repercussão geral e julgados em 2013).

(c) **quórum especial é inexigível:** posição segundo a qual modulação temporal só pode ser decidida no âmbito dos órgãos fracionários (turmas e câmaras) **sem** exigência de observância da cláusula de reserva de plenário, pois envolve questões concretas que não devem ser apreciadas, pelo plenário ou da corte especial do tribunal, no julgamento do incidente de inconstitucionalidade. Cuida-se da corrente defendida pelo TJSP, para quem o incidente de inconstitucionalidade é examinado pelo plenário ou órgão especial do tribunal, porém, "de forma abstrata, sem proferir qualquer juízo de valor acerca dos fatos da causa", pelo que eventual "modulação dos efeitos da eficácia daquela decisão, entre os demandantes," caberá "tão somente ao órgão fracionário, na solução do caso concreto" (ED 0170909-61.2012.8.26.0000/50000).

(d) **quórum especial é dispensável:** nos casos em que a declaração de inconstitucionalidade (com efeitos *ex tunc*) já tenha sido proferida, em processo anterior, pelo órgão competente (seja pelo plenário ou pela corte especial do respectivo tribunal, seja pelo Plenário do STF), eventual modulação temporal do tipo derivada poderá ser decidida pelos próprios órgãos fracionários (turmas e câmaras).

> **▸ Atenção!**
>
> Essa foi a corrente adotada pelo STF nos primeiros casos de modulação (derivada), ainda na década de 1970, todos decididos por Turmas, sem a observância de quórum especial (RR.EE. 78.209/SP e 79.628/SP, 1ª Turma; e RE 78.594/SP, 2ª Turma).
>
> Mais recentemente, já sob a Constituição de 1988, ambas as Turmas do STF já procederam a outras modulações derivadas, também sem quórum especial. Exemplos: (a) no RE 442.683/RS, a 2ª Turma do STF confirmou decisão de turma do TRF/4ª Região, a qual modulara os efeitos da declaração de inconstitucionalidade *ex tunc* que o Plenário do STF havia decidido na ADI 837/DF; (b) no AgRg no RE 217.141/SP, após citar o precedente do RE 442.683/RS, a 2ª Turma procedeu à modulação derivada dos efeitos *ex tunc* da declaração de inconstitucionalidade em abstrato proferida pelo Plenário (Rep 1.278/SP); (c) no mesmo sentido, v. AgRg no RE 706.698/ES (1ª Turma), AgRg no RE 605.762/PE e ED no AgRg no AI 859.766/AP (2ª Turma).

Certo que, a exemplo do que ocorre no controle abstrato, como se trata de exceção à tese da nulidade do ato inconstitucional, quaisquer dos tipos de modulação temporal (originária ou derivada) da declaração de inconstitucionalidade incidental pressupõem *requisitos materiais* específicos (item 3.3.1.1 do Capítulo V). Contudo, no controle concreto de constitucionalidade, parece incorreta a indiscriminada aplicação analógica do quórum de 2/3 referente às ações do controle abstrato.

Primeiro porque o STF já realizara modulações temporais, no controle concreto, muito antes até da previsão das Leis 9.868/99 e 9.882/99, e sem sequer aplicar a cláusula de reserva de plenário, que já vigorava na época (ver RR. EE. 78.209/SP, 78.594/SP e 76.628/SP). Logo, se anteriormente não havia lacuna no sistema jurídico que impedisse a modulação temporal no controle concreto sem *quorum* especial, descabe a analogia pretendida a partir das Leis 9.868/99 e 9.882/99. Segundo porque mencionadas leis regulam hipóteses muito mais veementes de exceção à nulidade do ato inconstitucional, já que envolvem decisões dotadas de efeitos *erga omnes* e vinculantes, algo incomum no controle concreto. Terceiro porque, se a nulidade do ato inconstitucional é princípio constitucional, a segurança jurídica e o interesse público também o são. Logo, a ponderação/balanceamento entre aquele princípio e estes dois outros não pode ser genérica nem analogicamente "dificultada" pela adoção do *quorum* de 2/3, menos ainda quando inexistir previsão expressa nesse sentido. Caso contrário, estaria consagrada a maior hierarquia normativa, *a priori*, do princípio da nulidade, verdadeiro contrassenso em matéria de interpretação de normas constitucionais.

Uma ressalva, porém. Tal como reconheceu o Plenário do STF no RE 586.453/SE, faz sentido eleger o quórum de 2/3, previsto na Lei 9.868/99, como requisito à modulação temporal originariamente decidida nas declarações de inconstitucionalidade proferidas em **recurso extraordinário com repercussão geral**.

Nesses casos de modulação originária, em razão dos efeitos transcendentes que a decisão irá obrigatoriamente surtir em outros processos (v. item 8.3 do Capítulo III), a analogia com a sistemática do controle abstrato/concentrado de constitucionalidade mostra-se menos problemática. Conforme voto do Min. TEORI ZAVASCKI no RE 723.651/PR, é preciso "fazer a distinção entre modular no caso concreto – que o Supremo modula há muitos anos, sem necessidade de quórum especial – e modular com efeitos expansivos, para fora do caso concreto, que é o que acontece na repercussão geral", hipótese em que sempre necessária a observância do quórum de 2/3, como decidira o STF no RE 586.453/SE.

Assim, salvo nessa exceção reconhecida pelo STF (RE com repercussão geral), em que se deva aplicar o quórum de 2/3, nas hipóteses de declaração de inconstitucionalidade de lei ou ato normativo do Poder Público, a se pretender a modulação do tipo "originária" – *i.e.*, com eficácia na própria relação processual em que originariamente reconhecida a inconstitucionalidade –, a observância do *quorum* de maioria absoluta é requisito óbvio, pois a aplicação dos efeitos não retrospectivos ao caso só pode ser determinada pelo próprio órgão especial competente para reconhecer a inconstitucionalidade (Constituição, art. 97). De maneira que a modulação integra o contexto do julgamento do incidente de inconstitucionalidade (art. 480 do CPC/73 e art. 948 do CPC/2015), o que acaba por limitar a atuação dos órgãos fracionários (câmara ou turma) na sequência do julgamento do processo em que suscitado o incidente de inconstitucionalidade, pois a decisão do plenário ou da corte especial do tribunal a respeito, seja para modular, seja para não modular a declaração de inconstitucionalidade, vinculará as decisões subsequentes naquela mesma relação processual. Daí a rejeição à posição (c), segundo a qual o quórum especial é inexigível.

Todavia, nem sequer a exigência do art. 97 da Constituição Federal (*cláusula de reserva de plenário*) parece aplicar-se às situações de modulação "derivada". Aqui, como o efeito não retroativo é decidido em julgamento diverso daquele no qual suscitado o incidente de inconstitucionalidade, da mesma forma que a turma ou câmara está dispensada de suscitar incidentes de inconstitucionalidade de norma já declarada inconstitucional pelo respectivo tribunal ou pelo STF (art. 949, parágrafo único, do CPC/2015), tampouco há necessidade de *quorum* especial para proceder à modulação temporal.

Exemplo ilustrativo: no AgRg no RE 217.141/SP (j. em 13-6-2006), após a citar o precedente similar do RE 442.683/RS, a 2ª Turma do STF procedeu à modulação derivada dos efeitos *ex tunc* da declaração de inconstitucionalidade proferida em abstrato na Rep 1.278/SP. O caso versava sobre aposentadoria deferida com base em lei complementar estadual declarada inconstitucional, pelo Plenário do STF, com efeitos *erga omnes* e *ex tunc*, em representação de inconstitucionalidade (antiga ADI). A rigor, como entendeu o TJSP, a aposentadoria deveria ser desconstituída, pois lastreada em legislação cuja inconstitucionalidade fora declarada pelo STF em sede de controle abstrato. Contudo, entendeu a 2ª Turma do STF, a revisão do ato concreto que concedera a aposentadoria, mesmo que baseada em lei declarada inconstitucional, "não se constitui em efeito imediato da declaração de inconstitucionalidade". Assim, o princípio da segurança jurídica serviu de justificativa para mitigar, no **caso concreto**, a eficácia *ex tunc* da declaração de inconstitucionalidade em tese da legislação estadual. Até porque a Administração, mesmo após a declaração de inconstitucionalidade, demorara cerca de cinco anos para revisar a aposentadoria concedida no período anterior à declaração de inconstitucionalidade. Detalhes: a aposentadoria se dera em 1984; a declaração de inconstitucionalidade, em 1987; a Administração iniciou o procedimento para desconstituição da aposentadoria em 1988; mas o ato só foi finalmente desconstituído em 1992.

> **Atenção!**
>
> Esse raciocínio ainda tem a vantagem de explicar por que as primeiras modulações realizadas pelo STF foram decididas em julgamentos de turma (RR. EE. 78.209/SP, 78.594/SP e 76.628/SP), bem como as modulações mais recentes deferidas pela 2ª Turma da Corte (RE 442.683/RS e AgRg no RE 217.141/SP). Basta notar que tais precedentes são todos de **modulação derivada**, pois apenas mitigaram os efeitos da declaração de inconstitucionalidade *ex tunc* proferida pelo Plenário do STF em processos anteriores.

Logo, nas hipóteses em que a modulação deva reger a própria relação processual no qual é primeiramente declarada a inconstitucionalidade ("**modulação originária**"), parece aplicável a corrente **(a)**, observando-se a cláusula de reserva de plenário (art. 97 da Constituição), muito embora o STF pareça seguir a posição (b), segundo a qual faz-se necessário o quórum de 2/3.

Já nos julgamentos de recursos extraordinários com repercussão geral reconhecida, a modulação temporal (também **originária**) da declaração de inconstitucionalidade deve seguir a corrente **(b)** (quórum de 2/3), por analogia à sistemática das ações do controle abstrato/concentrado.

Porém, quando se trata de modular os efeitos concretos da mesma norma declarada inconstitucional em outro processo no qual já observada a cláusula de reserva de plenário pelos órgãos competentes (" **modulação derivada**"), o órgão fracionário dispõe de competência autônoma para examinar os aspectos concretos que justificam a modulação temporal. Assim, mesmo que a declaração de inconstitucionalidade feita originariamente pelo Plenário do STF (ou pelo plenário ou corte especial do tribunal a que se vincula a câmara ou turma) não tenha cogitado a hipótese de modulação temporal, a corrente **(d)** é a mais indicada: os órgãos fracionários dos tribunais poderão excepcionalmente modular, no caso concreto, os efeitos da anterior declaração de inconstitucionalidade. Tal como fez a 2ª Turma do STF no RE 442.683/RS e no AgRg no RE 217.141/SP. (Sobre as repercussões e restrições, no controle concreto, do efeito vinculante da declaração de inconstitucionalidade *ex tunc* proferida no controle abstrato, v. item 3.2.4.6 do Capítulo V.)

> ▸ **Atenção!**
> No julgamento da eventual modulação, mesmo os magistrados que ficaram vencidos quanto à declaração de inconstitucionalidade poderão votar. Foi o que decidiu o Plenário do STF no RE 586.453/SE.

Por fim, entre os casos passíveis de modulação temporal dos efeitos da decisão judicial, é importante diferenciar aqueles em que **não há declaração de inconstitucionalidade de normas**. Dessarte, hipóteses outras de eficácia prospectiva do julgado, tais como a revisão jurisprudencial sem declaração de inconstitucionalidade, incluindo certos tipos de *mutação constitucional* (v. item 6.1.1.1), não podem ser tratadas de modo igual às decisões declaratórias de inconstitucionalidade, para as quais existe previsão de quórum especial.

O assunto já fora debatido pelo STF, lateralmente, no RE 723.651/PR, precedente em que os Ministros ROBERTO BARROSO, CELSO DE MELLO e GILMAR MENDES entenderam que, fora das hipóteses de declaração de inconstitucionalidade, a atribuição de eficácia prospectiva à decisão (no caso, um recurso extraordinário de repercussão geral), ainda que igualmente baseada em postulados de segurança jurídica e boa-fé, poderia ser determinada por **maioria absoluta**, em vez do quórum de 2/3 dos votos exigido pelo art. 27 da Lei 9.868/99. Para o Ministro BARROSO, "no caso do art. 27, há uma declaração de inconstitucionalidade. Portanto, não dar efeitos retroativos é uma situação excepcional, porque, tendo declarado a inconstitucionalidade, o Tribunal vai admitir que o ato inconstitucional produza efeitos válidos; é tão excepcional que o art. 27 exige o quórum de 2/3. Porém, quando a modulação se dê fora de situações de declaração de inconstitucionalidade, eu acho que aplica-se a regra da maioria absoluta."

Posteriormente, essa posição foi confirmada no julgamento da QO nos ED nos ED no RE 638.115/CE (j. em 19-12-2019), no qual o Plenário do STF decidiu que, "para a modulação dos efeitos de decisão em julgamento de recursos extraordinários repetitivos, com repercussão geral, nos quais não tenha havido declaração de inconstitucionalidade de ato normativo, é suficiente o quórum de maioria absoluta dos membros do Supremo Tribunal Federal".

Contudo, em se tratando de eficácia prospectiva decretada no julgamento de casos concretos, ressalvada a hipótese de RE com repercussão geral reconhecida, é possível entender pela suficiência o quórum de **maioria simples**, como demonstrado nos parágrafos anteriores.

Como se pode notar, o assunto é relativamente novo e ainda bastante controverso. Porém, sem embargo da discussão quanto à (equivocada) tese da exclusividade do STF para realizar modulações dos efeitos das declarações de inconstitucionalidade, já parece possível organizar o seguinte quadro ilustrativo.

QUÓRUM NECESSÁRIO À MODULAÇÃO TEMPORAL DAS DECISÕES PROFERIDAS NO CONTROLE CONCRETO DE CONSTITUCIONALIDADE		
Maioria de 2/3 (por analogia à Lei 9.868/99)	**Maioria absoluta (cláusula de reserva de plenário: art. 97 da Constituição)**	**Maioria simples**
A) Modulação proferida no julgamento do próprio **recurso extraordinário de repercussão geral** em que declarada a inconstitucionalidade de ato normativo. Exemplos no STF: RR. EE. 586.453/SE e RE 567.985/MT (Pleno).	A) Modulação dos efeitos da própria decisão que tenha declarado a inconstitucionalidade (**modulação originária**), ressalvados os casos de inconstitucionalidade reconhecida em RE com repercussão geral. Exemplos no STF: RE 197.917/SP, MS 22.357/DF e ED no RE 500.171/GO (todos do Pleno). B) Modulação dos efeitos da decisão proferida em RE com repercussão geral, mas sem declaração de inconstitucionalidade (v. QO nos ED nos ED no RE 638.115/CE).	A) Modulação dos efeitos da declaração de inconstitucionalidade decidida em outro processo (**modulação derivada**). Exemplos no STF: RR. EE. 78.209/SP, 78.594/SP e 76.628/SP (primeiras modulações feitas), bem como o RE 442.683/RS e o AgRg no RE 217.141/SP, todos da 2ª Turma. B) Modulação dos efeitos da decisão que **não declara a inconstitucionalidade,** ressalvados os julgamentos de RE com repercussão geral

▶ **Como esse assunto foi cobrado em concurso?**

No concurso para Juiz Federal do TRF/5ª Região (2015/Cespe), foi considerado **incorreto** o seguinte enunciado: "O STF, pela maioria absoluta de seus membros, pode modular ou limitar os efeitos da declaração de inconstitucionalidade, tendo em vista razões de segurança jurídica ou de excepcional interesse social."

6.2. Efeito *intra partes*

A jurisdição constitucional exercida no controle difuso/concreto de constitucionalidade está limitada aos efeitos subjetivos fixados pela legislação às decisões judiciais em geral. Diferentemente do controle abstrato, destina-se a resolver relação litigiosa concreta. Assim, mesmo que se declare a inconstitucionalidade de algum ato normativo de natureza geral e abstrata, essa declaração no controle difuso só surte efeitos no **âmbito interno da relação processual** e não faz coisa julgada.

Por isso se diz que os efeitos da decisão são ***intra partes***, ou seja, só vinculam as partes da relação processual, de maneira que terceiros não são atingidos pela eficácia da decisão, salvo nas hipóteses excepcionais previstas na legislação processual comum (*v.g.*, art. 109, § 3º, do CPC/2015).

Entretanto, no STF, já se **registram tentativas de conceder eficácia *erga omnes*** às decisões da própria Corte proferidas em sede de controle incidental de constitucionalidade. Ver discussão no item 8, abaixo.

> **Como esse assunto foi cobrado em concurso?**
>
> O concurso para Juiz do TJPB (2011) considerou **errada** a seguinte alternativa: "No controle difuso de constitucionalidade, os efeitos da decisão são, no aspecto temporal, *ex tunc* e, quanto aos atingidos, *inter partes*, não se admitindo exceções."

7. PAPEL DO SENADO FEDERAL NO CONTROLE CONCRETO DE CONSTITUCIONALIDADE

Originalidade do direito brasileiro, é possível que o **Senado Federal** também participe do **controle concreto de constitucionalidade**. Conforme regra inicialmente estabelecida na Constituição de 1934 (art. 91, IV) e repetida nas Constituições de 1946 (art. 64) e de 1967/69 (art. 42, VIII), o inciso X do art. 52 da atual Constituição permite ao Senado editar **resolução** para **suspender a eficácia** da norma declarada inconstitucional por decisão definitiva do STF.

A considerar que as decisões do controle concreto surtem efeitos apenas entre as partes da relação processual (*inter partes*), a intenção do constituinte é possibilitar que o Senado estenda para todos (efeito ***erga omnes***) o reconhecimento da inconstitucionalidade feito de forma apenas incidental pelo STF. Daí que, editada a resolução do Senado, a norma inconstitucional deixa de pertencer ao sistema jurídico (ver item 1 do Capítulo VIII da Parte I), algo que não sucederia a partir da simples declaração de inconstitucionalidade *incidenter tantum*, ainda que proferida pelo STF.

A edição da resolução, contudo, não é obrigatória. Condiciona-se à **discricionariedade** do próprio Senado (**conveniência política**). Ademais, cabe ao Senado analisar se a decisão do STF cumpriu os requisitos formais necessários, tais como se foi colhido o parecer do Procurador-Geral da República, observado o quórum especial ou se o acórdão é mesmo definitivo.

Reparar que o constituinte não restringiu a atuação do Senado somente às declarações de inconstitucionalidade proferidas pelo STF em sede de recurso extraordinário. Pelo contrário, ressalvadas as declarações de inconstitucionalidade decretadas na via principal (v. item 6 do Capítulo IV), a suspensão de eficácia decorrente de resolução do Senado poderá ter por alvo norma declarada incidentalmente inconstitucional no âmbito de quaisquer ações ou recursos da competência do STF.

▸ **Atenção!**

No caso da declaração de inconstitucionalidade incidental de normas proferida em **ação direita interventiva**, a Constituição prevê a **excepcional** possibilidade de **suspensão da execução do ato impugnado por meio de *decreto do Presidente da República*** (Constituição, art. 36, § 3º). Assim, a intervenção do Senado poderá ser dispensada, desde que o decreto presidencial suspensivo tenha abrangência suficiente a ponto de tornar desnecessário o efeito *erga omnes* decorrente da resolução da Casa Legislativa. (Ver item 10.2.1.)

Embora a Constituição tenha se restringido a prever a suspensão da execução de "lei" declarada inconstitucional, o objeto da resolução pode atingir normas emanadas de quaisquer entidades públicas, incluindo **estaduais** ou **municipais**. Mas o Senado **não pode restringir ou ampliar a extensão** das decisões do STF (QO na ADI 3.929/DF), nem **examinar o mérito** delas (STF: *RTJ* 38/12).

Discute-se ainda se o Senado pode revogar esse tipo de resolução. SÉRGIO RESENDE DE BARROS (2003) defende a possibilidade, por entender que a resolução apenas "subtrai exequibilidade à lei, porém não a revoga." Logo, como "a lei continua existindo para todos e, também, para o Supremo e o Senado, estes têm o dever constitucional de restaurar-lhe a execução, quando for o caso." Contudo, há antigos precedentes do Pleno do STF a declarar a inconstitucionalidade da resolução revogadora. Segundo a Corte, uma vez editada a resolução, não pode o Senado revogá-la posteriormente (MS 16.512/DF, j. em 26-5-66), até porque não se trata de ato propriamente legislativo (MS 16.519/DF, j. em 20-6-66).

Quanto à **eficácia temporal** da resolução do Senado, existem grandes controvérsias. Boa parte da doutrina sustenta ser meramente ***ex nunc***, pois o Senado apenas suspenderia a execução da lei a partir do momento em que a resolução é editada. Nesse sentido, cf. ALEXANDRE DE MORAES, JOSÉ AFONSO DA SILVA, NAGIB SLAIBI FILHO, KILDARE CARVALHO, ADA PELLEGRINI, SÉRGIO RESENDE BARROS.

Todavia, a melhor doutrina é a que reconhece **efeitos *ex tunc*** à resolução do Senado (GILMAR MENDES, CLÈMERSON CLÈVE, MARCELLO CAETANO). Posição adotada pelo **STF**, segundo o qual a resolução que suspende "a vigência da lei por inconstitucionalidade torna sem efeito todos os atos praticados sob o império da lei inconstitucional" (RMS 17.976/SP). No mesmo sentido, RE 86.056/SP e, mais recentemente, o julgamento do AgRg no AI 677.191/GO, no qual a 2ª Turma do STF entendeu que a resolução do Senado Federal possuía efeito repristinatório da legislação revogada pela norma inconstitucional cuja eficácia fora suspensa.

O próprio **Senado Federal** também entende assim, razão por que já expediu resoluções de induvidosa eficácia *ex tunc*, tais como: (a) a Resolução 14, de 19-4-95, que suspendeu a eficácia de texto de lei que já havia sido implicitamente revogado pela legislação superveniente; e (b) a recente Resolução 15, de 13-9-2017, em que assegurados efeitos retroativos (*ex tunc*) à suspensão da eficácia de legislação tributária, de modo a impedir a cobrança de determinada contribuição previdenciária em período anterior.

Igualmente, no âmbito do **Executivo federal**, o § 2º combinado com o § 1º do art. 1º do **Decreto 2.346/97** reconhecem que a resolução do Senado tem efeitos *ex tunc*, a contar da data de entrada em vigor da norma declarada inconstitucional, "salvo se o ato praticado com base na lei ou ato normativo inconstitucional não mais for suscetível de revisão administrativa ou judicial."

De fato, a resolução do Senado é expediente pelo qual simplesmente se **estendem, *erga omnes*, os limites subjetivos da coisa julgada** decorrente da decisão do STF proferida no controle concreto. Como há muito decidira o Plenário da Corte, a atribuição que a Constituição confere ao Senado visa a fazer com que a decisão do STF "produza efeito *erga omnes*", pois o "ato do Senado é complementar de uma decisão judicial, ampliativo dos efeitos desta" (MS 16.519/DF).

Ocorre que essa extensão, porém, não gira em torno só da conveniência de dar tratamento isonômico a terceiros; tem a ver, também, com a preocupação de evitar que o Judiciário seja acionado desnecessariamente. Assim, a resolução produz efeitos *ex tunc*, tal qual a decisão judicial de que se origina, de modo a evitar o ajuizamento de ações judiciais a questionar a incidência da norma inconstitucional no período anterior à publicação da resolução (BERNARDES 2004). Todavia, excepcionalmente, se a decisão paradigma do STF não tiver eficácia retroativa (casos de modulação decisória *ex nunc* ou *pro futuro*, por exemplo), a resolução do Senado tampouco poderá surtir efeitos diversos. Afinal, restringe-se a estender e a complementar, de modo *erga omnes*, os mesmos efeitos temporais assentados pelo STF no julgado paradigma.

Sobre a polêmica **mutação constitucional** que teria reduzido o papel da resolução do Senado à simples concessão de publicidade à decisão definitiva do STF, veja-se item 8.1, abaixo.

▸ Como esse assunto foi cobrado em concurso?

No concurso para o cargo de Advogado do Instituto de Previdência dos Servidores do Estado do Espírito Santo – IPAJM (2010), foi considerada **errada** a seguinte assertiva: "A expressão 'no todo ou em parte' – nos termos do art. 52, X, da CF – deve ser interpretada como sendo possível o Senado Federal ampliar, interpretar ou restringir a extensão da decisão do STF, de forma que, caso tenha toda a lei sido declarada inconstitucional pelo STF, em controle difuso, de modo incidental, é possível que o Senado Federal, por entender conveniente a suspensão da lei, faça-o apenas em parte, como manda a CF."

No concurso para Auditor Fiscal da Receita Federal (2005), elaborado pela Esaf, o candidato deveria apontar como **errada** a seguinte assertiva: "A atribuição do Senado Federal de suspender a execução, no todo ou em parte, de lei declarada inconstitucional por decisão definitiva do Supremo Tribunal Federal é vinculada."

O concurso para Magistratura Estadual do TJMG (2002), o candidato deveria apontar como **correta** a seguinte alternativa: "Mesmo sendo municipal a norma declarada inconstitucional por decisão definitiva do STF, é o Senado Federal o órgão competente para emprestar-lhe eficácia *erga omnes*."

No concurso para Juiz do TRT/23ª Região (2010), o candidato deveria apontar como **errada** a seguinte alternativa: "No Brasil existem dois critérios de controle de constitucionalidade: o difuso e o concentrado, o primeiro por influência do direito norte-americano, também chamado de controle concreto, por via de exceção, nunca poderá ter efeitos *erga omnes*."

O concurso para Auditor Fiscal do Trabalho (2003), elaborado pela Esaf, foi considerada **correta** a seguinte assertiva: "No âmbito da Administração Pública Federal, a suspensão, pelo Senado Federal, da execução de lei declarada inconstitucional por decisão definitiva do Supremo Tribunal Federal tem efeitos *ex tunc*."

Especificamente quanto aos efeitos retroativos da resolução do Senado Federal, em *sentido contrário*, o concurso para o cargo de Advogado do Instituto de Previdência dos Servidores do Estado do Espírito Santo – IPAJM (2010), considerou **correta** a seguinte assertiva: "A suspensão de lei considerada inconstitucional em controle difuso, de regra, acarreta efeitos *ex tunc*. Tais efeitos atingem somente as partes do processo. Todavia, se o Senado Federal, por resolução, usar a prerrogativa constante do art. 52, X, da CF, qual seja, a de suspender, no todo ou em parte, a execução da lei tida por inconstitucional, desde que a decisão tenha sido definitiva e deliberada pela maioria absoluta do pleno do tribunal, os efeitos serão *erga omnes*, porém valerão a partir do momento em que a resolução do Senado Federal for publicada na imprensa oficial."

8. EFEITOS TRANSCENDENTES DAS DECISÕES DO STF NO CONTROLE CONCRETO DE CONSTITUCIONALIDADE

Nos últimos tempos, novos institutos jurídicos e respeitáveis entendimentos doutrinários apontam a tendência de se expandirem os efeitos das decisões proferidas pelo STF, mesmo no controle concreto de constitucionalidade, ao âmbito de relações jurídicas não coincidentes com o caso examinado. Trata-se, pois, do fenômeno intitulado ***transcendência dos efeitos das decisões do STF em matéria de controle incidental de constitucionalidade***, também chamado de "***abstrativização/objetivação***" *do controle concreto de constitucionalidade*.

A seguir, comentários sobre as mais importantes teses e manifestações dessa tendência.

8.1. Tese da mutação constitucional

Parte importante da doutrina sustenta que a Constituição de 1988 sofreu *mutação constitucional* a validar o raciocínio segundo o qual as decisões do STF a reconhecer a inconstitucionalidade de ato normativo, ainda que em sede de controle concreto de constitucionalidade, se proferidas em caráter definitivo, assumem um efeito que **transcende a eficácia *intra partes***, com natureza semelhante à da eficácia contra todos (*erga omnes*) que caracteriza o controle abstrato de constitucionalidade.

Nesse sentido, segundo GILMAR MENDES (2004, p. 149-168), em razão de mutação constitucional, o papel da resolução do Senado Federal de que trata o inciso X do art. 52 (cf. item 7) está atualmente restrito à **concessão de publicidade** à decisão definitiva do STF. Assim, as decisões declaratórias de inconstitucionalidade proferidas pelo STF, mesmo no controle incidental/concreto, acabam por transcender ao caso e gerar "algo assemelhado a um efeito vinculante", tal como reconheceria a própria legislação processual civil (CPC/73, art. 481, parágrafo único, parte final, com redação da Lei 9.756/98; e art. 949, parágrafo único, do CPC/2015). Por isso, **independentemente da intervenção do Senado**, teriam efeitos gerais mesmo as decisões de inconstitucionalidade preferidas pelo STF no controle incidental/concreto.

Contudo, não parece nada convincente essa pretendida "transcendência". Nenhuma mutação constitucional pode prevalecer contra disposição normativa expressa, até porque o limite da interpretação é texto (item 3 do Capítulo VII). E a Constituição contém dispositivo explícito a condicionar, ao juízo discricionário do Senado Federal, o efeito extensivo das declarações incidentes de inconstitucionalidade proferidas pelo STF. Não bastasse, há ainda a advertência do Min. SEPÚLVEDA PERTENCE, segundo o qual caberia evitar-se "mutação constitucional por decreto do poder que com ela se ampliaria" (voto na Rcl. 4.335/AC, Pleno do STF).

De fato, a prevalecer a tese da mutação constitucional, haveria explícita usurpação de poderes conferidos ao Senado Federal pelo constituinte originário. O sistema jurídico brasileiro não permite que efeitos *intra partes* sejam implicitamente estendidos a terceiros, menos ainda quando se sabe que a declaração incidental de inconstitucionalidade não faz coisa julgada sequer em relação às partes do processo (ver item do Capítulo III). Aliás, se procedente o raciocínio da mutação constitucional, não haveria necessidade de se reformar a Constituição para nela incluir a previsão de "**súmulas vinculantes**" do STF em matéria constitucional (art. 103-A, com redação da EC 45/2004).

Enfim, parece que **só mesmo uma reforma constitucional** poderia instituir automático efeito vinculante às decisões de inconstitucionalidade proferidas no âmbito do controle concreto de normas.

Na jurisprudência do **STF**, o assunto foi bastante discutido na Rcl 4.335/AC, cujo julgamento se estendeu de 2006 a 2014. A tese da mutação constitucional encontrou a adesão explícita não só do próprio Ministro GILMAR MENDES quanto dos Ministros EROS GRAU e TEORI ZAVASCKI. Porém, houve três votos expressamente contrários à tese da mutação. E, ao final, o processo foi decidido por outro fundamento (procedência da reclamação por descumprimento de súmula vinculante, e não da decisão do STF proferida em controle concreto de constitucionalidade).

Contudo, enquanto pendia de conclusão o julgamento da referida Rcl 4.335/AC, o Plenário do STF, em 22-11-2011, no AgRg na Rcl 4.563/SP, já ratificara entendimento do Ministro RICARDO LEWANDOWSKI, segundo o qual, mesmo no julgamento de recurso extraordinário, a decisão tem "efeito vinculante apenas para as partes litigantes e para o próprio órgão a que se dirige".

Todavia, em 2017, a tese da mutação constitucional do inciso X do art. 52 da Constituição sagrou-se **vencedora no Plenário do STF** (ADI 3.406/RJ e ADI 3.470/RJ, j. em 29-11-2017). Nessas ações diretas, embora impugnada uma lei estadual, a Corte declarou a inconstitucionalidade incidental de lei federal (art. 2º da Lei 9.055/95), e o fez com efeitos vinculante e "erga omnes". Para tanto, conforme *Inf.* 866/2017, a Corte acompanhou voto do Ministro GILMAR MENDES e "entendeu ser necessário, a fim de evitar anomias e fragmentação da unidade, equalizar a decisão que se toma tanto em sede de controle abstrato quanto em sede de controle incidental," algo que estaria reforçado pelo raciocínio do art. 535 do CPC/2015 (sobre o assunto, v. item 9).

Dessarte, por sete votos a um, foi acolhida pelo Plenário do STF a proposta de "releitura" do disposto no art. 52, X, da CF/88, "no sentido de que a Corte comunica ao Senado a decisão de declaração de inconstitucionalidade, para que ele faça a publicação, intensifique a publicidade." Como defendeu o Min. CELSO DE MELLO, houve "verdadeira mutação constitucional" a expandir "os poderes do STF em tema de jurisdição constitucional". Para o Ministro, "o que se propõe é uma interpretação que confira ao Senado Federal a possibilidade de simplesmente, mediante publicação, divulgar a decisão do STF. Mas a eficácia vinculante resulta da decisão da Corte."

Porém, ainda persiste certa confusão sobre o tema. Menos de um mês após o julgamento mencionado, na própria ADI 3.406/RJ, a Ministra ROSA WEBER, em decisão monocrática (j. em 19-12-2017), deferiu pedido de suspensão dos efeitos da declaração incidental de inconstitucionalidade. Em inusitada espécie de provimento monocrático suspensivo de acórdão do Plenário, a Ministra ROSA WEBER reputou presente o risco de ineficácia do pedido de modulação decisória apresentado em embargos declaratórios e, com fundamento no poder geral de cautela, decidiu "suspender, em parte, os efeitos da decisão, apenas no ponto em que se atribuiu eficácia *erga omnes* à declaração de inconstitucionalidade do art. 2º da Lei nº 9.055/1995, até a publicação do acórdão respectivo e fluência do prazo para oposição dos aventados embargos de declaração."

▸ **Atenção!**

O mesmo dispositivo da Lei 9.055/95 já havia sido declarado inconstitucional, incidentalmente, no julgamento da ADI 3.937/SP (j. em 24-8-2017), mas sem efeitos vinculantes ou *erga omnes*. Porém, três meses depois, em novas ações diretas a envolver a mesma lei federal, o Plenário inovou e resolveu dar à mesma declaração de inconstitucionalidade incidental o caráter vinculante e *erga omnes*.

De qualquer forma, ainda parece cedo para avaliar as repercussões dessa abrupta adesão à tese da mutação constitucional do inciso X do art. 52. A uma, porque a tese da mutação constitucional acabou adotada em declaração de inconstitucionalidade *incidenter tantum*, mas no âmbito de ações do controle abstrato (ADI). A duas, porque o STF, em jurisprudência defensiva contra a elevação do número de reclamações à Corte, vinha sempre a entender em sentido contrário à mesma tese da mutação constitucional.

Daí ser prudente examinar se o novo entendimento será replicado em sede de ações e recursos próprios do controle concreto de constitucionalidade.

> **Atenção!**
>
> A demonstrar a resistência do STF em abonar a tese da eficácia *erga omnes* e vinculante das decisões proferidas em controle concreto/difuso de constitucionalidade, decidia o Plenário do STF que, não existindo "precedente fruto de exercício da fiscalização abstrata de constitucionalidade, a reclamação constitucional não pode ser admitida, sob pena de frustrar a teleologia indispensável para a subsistência do sistema recursal pelo manejo indevido da medida como sucedâneo de recurso de índole ordinária ou extraordinária" (AgRg na Rcl 12.692/DF, j. em 27-2-2014). Reparar ainda que tal precedente apreciara caso em que se alegava descumprimento de recursos extraordinários de repercussão geral reconhecida. Ou seja, para o Plenário do STF, a reclamação constitucional **não** poderia sequer ser usada para invocar a autoridade de decisões proferidas em RE, ainda que de repercussão geral. O que equivale a dizer, tais decisões poderiam até surtir *efeitos transcendentes* (ver item 8.3, abaixo), mas eles não equivaleriam aos *efeitos vinculantes* (item 3.2.4 do Capítulo V), pois não abriam margem à reclamação para cassar as decisões divergentes.

8.2. Decisão do incidente de inconstitucionalidade e a vinculação dos órgãos fracionários do respectivo tribunal

Como se viu no item 3, a observância da cláusula de reserva de plenário é dispensável quando o STF ou o próprio tribunal julgador já a tenha observado anteriormente para declarar a inconstitucionalidade do mesmo preceito (CPC/73, art. 481, parágrafo único, com redação da Lei 9.756/98; e parágrafo único do art. 949 do CPC/2015). Por isso, há quem entenda que a decisão do STF que declara a inconstitucionalidade de alguma lei ou ato normativo, embora proferida no âmbito do controle concreto, implica uma espécie de vinculação aos demais órgãos judiciais.

Todavia, a regra inserta no parágrafo único do art. 481 do CPC/73, reiterada no parágrafo único do art. 949 do CPC/2015, não parece configurar vinculação alguma, mas somente a dispensa da observância da cláusula de reserva de plenário, ante a *perda da presunção de constitucionalidade* do preceito cuja inconstitucionalidade fora reconhecida. Salvo com relação ao processo a partir do qual foi suscitado o incidente de inconstitucionalidade (v. item 2), os tribunais inferiores e seus órgãos fracionários não estariam obrigados a seguir o procedente que derrubou tal presunção, não importa se tal julgamento tenha sido proferido pelo STF ou pelo órgão especial do próprio tribunal inferior. Descabe confundir a hipótese legal de simples *dispensa* da observância de regra especial de competência, a pretexto de economia processual, com uma suposta e indevida extensão funcional do resultado do julgamento de um incidente anterior.

A rigor, portanto, os precedentes de declaração de inconstitucionalidade só serão de observância autônoma e cogente, noutras relações processuais, se proferidos no âmbito do controle abstrato, por meio de decisão dotada de efeito vinculante. Sem prejuízo, óbvio, do efeito persuasivo que surtem no julgamento de outros processos.

Porém, esse **não** é o entendimento prevalecente. É comum haver normas de **regimentos internos de tribunais** (tal como o art. 101 do RISTF e o art. 354 do RITRF/1ª Região) a reconhecer que a declaração da inconstitucionalidade, pelo órgão competente do tribunal (órgão especial ou plenário), implica a **futura vinculação**, dos demais **órgãos fracionários** do **mesmo tribunal**, em face de outros processos em que se discute a aplicação do mesmo preceito declarado inconstitucional. À semelhança, o CPC/2015 determina a observância da "orientação do plenário ou do órgão especial" aos quais os juízes e tribunais estiverem vinculados (art. 927, V).

Enfim, diferentemente do caso das decisões proferidas no controle abstrato, a pretendida eficácia transcendente do julgamento do incidente de inconstitucionalidade não decorre do julgado em si, mas da aplicação de outras normas (regimentais ou processuais) que assim o determinam, cuja constitucionalidade se afigura bastante duvidosa.

▸ **Como o STF enfrentou o tema:**

"A existência de precedente firmado pelo Plenário do STF autoriza o julgamento imediato de causas que versem o mesmo tema (RISTF, art. 101). A declaração de constitucionalidade ou de inconstitucionalidade de lei ou ato normativo, emanada do Plenário do STF, em decisão proferida por maioria qualificada, aplica-se aos novos processos submetidos à apreciação das Turmas ou à deliberação dos Juízes que integram a Corte, viabilizando, em consequência, o julgamento imediato de causas que versem o mesmo tema, ainda que o acórdão plenário – que firmou o precedente no *leading case* – não tenha sido publicado, ou, caso já publicado, ainda não haja transitado em julgado. Precedentes. É que a decisão plenária do STF, proferida nas condições estabelecidas pelo art. 101 do RISTF, vincula os julgamentos futuros a serem efetuados, colegialmente, pelas Turmas ou, monocraticamente, pelos Juízes desta Corte, ressalvada a possibilidade de qualquer dos Ministros do Tribunal – com apoio no que dispõe o art. 103 do RISTF – propor, ao Pleno, a revisão da jurisprudência assentada em matéria constitucional." (2ª Turma, AgRg no RE 216.259/CE, j. em 9-5-2000). No mesmo sentido: Pleno do STF, AR 1.551/RJ.

8.3. Tendência transcendente das decisões do STF em recurso extraordinário

Historicamente, os julgamentos de mérito dos recursos extraordinários sempre tiveram por objetivo precípuo a composição de litígios concretos, numa típica fiscalização subjetiva da observância do sistema jurídico nacional. Essa característica se manteve inalterada por muito tempo, mesmo diante da possibilidade de o Senado editar resolução para suspender *erga omnes* a eficácia de norma declarada inconstitucional pelo STF (ver inciso X do art. 52 da atual Constituição). Até porque tal extensão dos efeitos subjetivos da decisão judicial nunca foi exclusividade do RE: a resolução do Senado pode embasar-se no controle concreto de constitucionalidade exercido pelo STF em quaisquer tipos de ação ou recurso (ver item 7).

Contudo, a partir de 2001, a proliferação do número de processos no STF impulsionou importantes mudanças legislativas e jurisprudenciais que ampliaram a vocação originária do RE.

8.3.1. Transcendência fraca: recurso extraordinário da Lei dos Juizados Especiais Federais

A partir da Lei 10.259/2001, que dispõe sobre a instituição dos juizados especiais no âmbito da Justiça Federal (JEFs), o alcance decisório do RE foi sensivelmente estendido. Nos termos do art. 15, c/c §§ 4º a 9º da Lei 10.259/2001, a interposição de RE passou a admitir a concessão de **medida liminar** cujos **efeitos transcendem** o **processo originário**. Diz a lei que, se "presente a plausibilidade do direito invocado e havendo fundado receio de dano de difícil reparação, poderá o relator conceder, de ofício ou a requerimento do interessado, medida liminar determinando a suspensão dos processos nos quais a controvérsia esteja estabelecida" (§ 5º do art. 14).

Trata-se, portanto, de mecanismo processual que efetivamente transcende o controle de constitucionalidade realizado no caso concreto. Como afirmou o Ministro GILMAR MENDES em voto no RE 418.918/RJ, o recurso extraordinário previsto na Lei 10.259/2001 "tem toda a feição de um processo, se não objetivo, um processo fortemente objetivado." Cuida-se de importante expediente de economia processual, voltado à tentativa de frear a remessa, ao STF, de grande número de recursos extraordinários similares.

Contudo, essa nova forma de funcionamento do RE, em relação a processos distintos, ainda é uma **transcendência fraca**. É que se restringe a **consequências meramente processuais**, como a possibilidade de: (a) suspensão dos processos cuja controvérsia constitucional seja similar; (b) retratação (por parte das Turmas Recursais ou de Uniformização) das decisões recorridas, para ajustá-las à decisão do STF; (c) cabimento da intervenção de *amicus curiae*; e (d) a declaração de prejudicialidade, pelas Turmas Recursais ou de Uniformização, dos recursos extraordinários similares, caso a tese recursal tenha sido rejeitada pelo STF no RE paradigma.

Ou seja, a transcendência do RE da Lei 10.259/2001 não chega a surtir efeitos no campo material. A decisão proferida no RE paradigma não substitui as decisões proferidas em outros processos, nem dispensa o pronunciamento dos órgãos julgadores inferiores nas ações pendentes, tampouco os obriga a decidir de acordo com o entendimento utilizado pela STF. De modo que, quanto ao conteúdo decisório do julgamento do RE, não ocorre qualquer efeito transcendente: a decisão da Suprema Corte a respeito **não** é materialmente vinculante.

8.3.2. Transcendência forte: recurso extraordinário de repercussão geral

Pouco tempo depois da Lei 10.259/2001, a EC 45/2004 acrescentou o § 3º ao art. 102 da Constituição Federal, para condicionar o conhecimento do recurso extraordinário ao requisito da ***repercussão geral***. Diz a nova regra constitucional, aquele que interpuser recurso extraordinário deverá, em preliminar, "demonstrar a repercussão geral das questões constitucionais discutidas no caso, nos **termos da lei**, a fim de que o Tribunal examine a admissão do recurso, somente podendo **recusá-lo** pela manifestação de **dois terços** de seus membros."

Nesse sentido, conforme regulamentação legal, a vocação primária do RE passou a gravitar em contextos mais amplos que os da simples composição de litígios individuais. Conforme § 1º do art. 535-A do CPC/73, na redação da Lei 11.415/2006, bem como o § 1º do art. 1.035 do CPC/2015, o preenchimento do requisito da repercussão geral pressupõe a existência "de questões relevantes do ponto de vista econômico, político, social ou jurídico, **que ultrapassem os interesses subjetivos da causa**".

Ademais, para o Plenário do STF, a eventual perda concreta e superveniente do interesse de agir (perda do objeto), quando não abalar o interesse geral da discussão afeta ao recurso, não impede o processamento do RE (v. RE 583.523/RS e QO no AI no RE 1.054.490/RJ). Ou seja, mesmo que a causa não interesse mais ao recorrente, o STF poderá apreciar a controvérsia, dada a respectiva repercussão geral.

Assim, de maneira mais contundente do que ocorrera na Lei 10.259/2001, como a decisão do RE deverá considerar questões que ultrapassam os interesses meramente subjetivos da causa, o legislador consagrou novos **mecanismos de transcendência (fraca e forte)** dos efeitos do controle de constitucionalidade realizado pelo STF a partir de recursos extraordinários extraídos de casos concretos:

A) **Transcendência fraca:** na linha do previsto na Lei 10.259/2001 (item 8.3.1), o CPC/73, na redação da Lei 11.418/2006, bem como o CPC/2015, estabeleceram os seguintes **mecanismos de transcendência meramente *processual***:

A.1) o § 6º do art. 543-A do CPC/73 e o § 4º do art. 1.035 do CPC/2015 deferem ao relator do recurso extraordinário, quando da análise da repercussão geral, a possibilidade de admitir ***amicus curiae***;

A.2) No caso de haver multiplicidade de recursos extraordinários sobre o mesmo tema (**recursos extraordinários repetitivos**), o *caput* e o § 1º do art. 543-B do CPC/73 permitiam aos "órgãos judiciais de origem" (órgãos que proferiram a decisão ou acórdão recorrido) selecionar um ou mais **recursos representativos** e **sobrestar o seguimento de recursos similares**. Então, por meio desse método de "amostragem", o STF examinaria a repercussão geral somente a partir dos eventuais recursos selecionados pelas instâncias inferiores, enquanto se mantêm suspensos na origem os recursos semelhantes.

A.3) No **CPC/2015**, ainda na hipótese de **recursos extraordinários repetitivos**, o art. 1.036 também determina que o presidente ou o vice-presidente do tribunal de origem selecione dois ou mais recursos representativos da controvérsia, a fim de encaminhá-los para julgamento no STF. Porém, o CPC/2015 ampliou o alcance dessa transcendência processual, ao prever que tal seleção deverá ser acompanhada do **sobrestamento não só dos recursos extraordinários idênticos**, como de **todos os processos pendentes, individuais ou coletivos, que tramitam no Estados ou na região correspondente** à jurisdição do tribunal;

> ▸ **Atenção!**
>
> No RE 855.091/RS, por decisão monocrática de 20-8-2018, "com base no poder geral de cautela", o Min. DIAS TOFFOLI determinou não só a suspensão dos processos judiciais, como também a dos **processos administrativos** referentes à mesma matéria em análise no recurso.

A.4) Admitida a **existência de repercussão geral** pelo STF, caso seja **julgado o mérito dos recursos extraordinários selecionados**, o CPC/73 previa que os recursos sobrestados na origem deveriam ser apreciados pelos próprios órgãos recorridos, "que poderão declará-los prejudicados ou retratar-se" (§ 3º do art. 543-B);

> ▸ **Importante:**
>
> **1)** O reconhecimento da existência de repercussão geral não torna preclusa a reapreciação do assunto, nem impede o exame dos demais requisitos de admissibilidade do recurso extraordinário (v. ED no RE 607.607/RS). Assim, embora já se possa ter admitido a presença da repercussão geral, por decisão do "Plenário Virtual" (artigos 323 e segs. do RISTF) ou do Plenário físico (QO no AI 664.567/RS), o STF ainda poderá deixar de conhecer do recurso extraordinário.
>
> **2)** Por outro lado, o não reconhecimento de repercussão geral sobre a matéria tampouco impede a reanálise da questão, em virtude de fatos novos, tal como no caso do reconhecimento superveniente da inconstitucionalidade da norma impugnada por parte de outro tribunal (STF, Pleno, AgRg em QO no RE 614.232).
>
> **3)** "A despeito do que dispõe o art. 219, "caput", do novo CPC, que determina a contagem do prazo recursal em dias úteis, o caso concreto trata de agravo em recurso extraordinário em matéria criminal. Nessa hipótese, as regras do processo civil somente se aplicam subsidiariamente. Dessa forma, sempre que em conflito regras formalmente expressas em lei, há de ser aplicado o critério da especialidade. No caso, a contagem dos prazos no processo penal está prevista no art. 798 do CPP ("Todos os prazos correrão em cartório e serão contínuos e peremptórios, não se interrompendo por férias, domingo ou dia feriado"). Portanto, o novo CPC não regula o processo penal nesse particular. Logo, diante da nova sistemática processual, o prazo para interposição do agravo que almeja destrancar recurso extraordinário criminal inadmitido na origem passou a ser de 15 dias, com a contagem regida pelo CPP" (ARE 993.407/DF, 1ª Turma). Já a 2ª Turma afetou ao Plenário a decisão sobre a forma de contagem dos prazos no processo penal ser calculada nos termos do CPC/2015, além do prazo para interpor agravo regimental em matéria criminal (ARE 992.066/SP e ARE 988.549/RO).

A.5) Se os órgãos de origem não se retratassem, seria feita nova análise de admissibilidade dos recursos sobrestados ou reiteradas as decisões de admissibilidade previamente proferidas (art. 328-A, § 1º, do RISTF), remetendo-se os autos ao STF, para cassação ou reforma liminar do acórdão divergente (§ 4º do art. 543-B do CPC/73), por ato do Ministro-Relator (art. 21, §§ 1º e 4º, do RISTF), contra o qual caberá agravo interno (art. 557, § 1º, do CPC/73 e art. 317, *caput*, do RISTF) (ver Rcl 7.569/SP e AgRg na Rcl 9471/MG; e ARRUDA ALVIM *et alli*, 2012, p. 1.266).

A.6) Já pelo CPC/2015, uma vez publicado o acórdão de mérito referente ao RE repetitivo: (i) se o acórdão recorrido coincidir com a orientação do STF, o presidente ou o vice-presidente do tribunal de origem negará seguimento aos recursos extraordinários sobrestados na origem (art. 1.040, I); (ii) se a decisão recorrida contrariar a orientação do STF, o órgão que a proferira poderá reexaminar o processo de competência originária, a remessa necessária ou o recurso já julgado (art. 1.040, II). Então, poderá alterar a decisão divergente, a fim de conformá-la ao entendimento STF, e, se for o caso, ainda decidir as demais questões cujo enfrentamento se tornou necessário em decorrência da retratação (art. 1.041, § 1º). Porém, o CPC/2015 prevê que o tribunal de origem poderá optar por manter o acórdão recorrido, ainda que divergente do posicionamento do STF, hipótese em que o RE será remetido para julgamento do STF (art. 1.041).

B) **Transcendência forte:** também no caso de **recursos extraordinários repetitivos**, a Lei 11.418/2006, ao modificar o CPC/73, bem como o CPC/2015, consagraram ainda **mecanismos de transcendência *material***, que geram não somente a *possibilidade*, mas impõem a **obrigação** de os órgãos judiciais inferiores aplicarem o entendimento do STF no julgamento dos recursos análogos àquele que serviu de paradigma. Nesse sentido, uma vez **negada a existência da repercussão geral** nos recursos extraordinários paradigmas, a decisão do STF daí resultante será aplicada pelos órgãos recorridos aos recursos sobrestados, que deverão ser considerados "**automaticamente**" inadmitidos (§ 2º do art. 543-B do CPC/73; e CPC/2015, art. 1.035, § 8º, c/c parágrafo único do art. 1.039).

Por outro lado, **antes do CPC/2015**: (a) o reconhecimento da repercussão geral não implicava automática suspensão dos processos sobre o mesmo tema, senão apenas suspendia o envio, ao STF, dos recursos extraordinários e agravos de instrumentos similares; e (b) o resultado do julgamento de mérito dos recursos extraordinários de repercussão geral vinculava os demais juízes e tribunais inferiores em relação a casos idênticos, mas **não** viabilizava o uso de reclamação ao STF contra eventuais decisões divergentes, as quais deveriam ser normalmente atacadas pelas vias recursais próprias.

▸ **Atenção!**

Na ADPF 174/RN, o Plenário do STF entendeu que a declaração de inconstitucionalidade proferida em RE com repercussão geral reconhecida (no caso, o RE 561.836/RN), ainda que em caráter *incidenter tantum*, implicara a perda superveniente do interesse de agir na ADPF a envolver a mesma questão. Por unanimidade, venceu a tese de que a ADPF estaria prejudicada, seja pelo caráter "objetivo" do RE com repercussão geral reconhecida, seja em razão do princípio da subsidiariedade da ADPF (art. 4º, § 1º, da Lei 9.882/99).

A rigor, porém, a transcendência da declaração de inconstitucionalidade proferida em RE, sobretudo quando desacompanhada da resolução do Senado Federal de que trata o inciso X do art. 52 da CF, não subtrai o interesse de agir de nenhuma ação do controle abstrato de constitucionalidade. O efeito "transcendente" do julgamento do RE de repercussão geral é bem inferior à eficácia decisória das ações do controle abstrato, incluindo a ADPF. Afinal, a declaração de inconstitucionalidade *incidenter tantum* não torna obsoletos os efeitos gerais e vinculantes decorrentes de uma decisão que, em igual sentido, se poderia proferir numa ação do controle abstrato.

▸ **Como o STF enfrentou o tema:**

No AgRg na Rcl 9.732/SP (j. em 20-6-2012), o Plenário decidiu que o "reconhecimento da repercussão geral da matéria constitucional não autoriza a suspensão imediata de todos os processos que versem sobre o assunto, mas apenas determina a suspensão do envio dos autos de recursos extraordinários e de agravos de instrumento ao STF."

Na Rcl 10.793/SP (Pleno, j. em 13-4-2011), a Corte entendeu que as "decisões proferidas pelo Plenário do STF quando do julgamento de recursos extraordinários com repercussão geral vinculam os demais órgãos do Poder Judiciário na solução, por estes, de outros feitos sobre idêntica controvérsia. Cabe aos juízes e desembargadores respeitar a autoridade da decisão do STF tomada em sede de repercussão geral, assegurando racionalidade e eficiência ao Sistema Judiciário e concretizando a certeza jurídica sobre o tema. O legislador não atribuiu ao STF o ônus de fazer aplicar diretamente a cada caso concreto seu entendimento. A Lei 11.418/2006 evita que o STF seja sobrecarregado por recursos extraordinários fundados em idêntica controvérsia, pois atribuiu aos demais tribunais a obrigação de os sobrestarem e a possibilidade de realizarem juízo de retratação para adequarem seus acórdãos à orientação de mérito firmada por esta Corte." No mesmo precedente, o Plenário reputou, porém, que: "Nada autoriza ou aconselha que se substituam as vias recursais ordinária e extraordinária pela reclamação. A novidade processual que corresponde à repercussão geral e seus efeitos não deve desfavorecer as partes, nem permitir a perpetuação de decisão frontalmente contrária ao entendimento vinculante adotado pelo STF. Nesses casos o questionamento deve ser remetido ao tribunal competente para a revisão das decisões do juízo de primeiro grau a fim de que aquela Corte o aprecie como o recurso cabível, independentemente de considerações sobre sua tempestividade."

No AgRg na Rcl 12.600/SP (j. em 17-11-2011), o Plenário decidiu que: "Conquanto o decidido nos recursos extraordinários submetidos ao regime da repercussão geral vincule os outros órgãos do Poder Judiciário, sua aplicação aos demais casos concretos, em observância à nova sistemática instituída pela EC 45/2004, regulamentada pela Lei 11.418/2006, não poderá ser buscada, diretamente, nesta Suprema Corte, antes da apreciação da controvérsia pelas instâncias ordinárias."

Em decisão monocrática no RE 659.424/DF, o Ministro CELSO DE MELLO já entendeu que pessoa física ou natural não possui representatividade suficiente para figurar como *amicus curiae* em recurso extraordinário com repercussão geral reconhecida." (j. em 9-12-2013).

▸ **Como esse assunto foi cobrado em concurso?**

O concurso para Juiz do TJSP (2014) considerou **correta** a seguinte alternativa: "A repercussão geral deve ser demonstrada pelo recorrente em preliminar de recurso extraordinário, e o STF só pode inadmitir o recurso pela manifestação de dois terços de seus membros."

8.3.3. Transcendência fortíssima: CPC/2015 e o efeito vinculante das decisões proferidas em recurso extraordinário repetitivo

Ao tempo do CPC/73, entendia o Plenário do STF, o reconhecimento da repercussão geral da matéria constitucional nem seque autorizava "a suspensão imediata de todos os processos que versem sobre o assunto, mas apenas determina a suspensão do envio dos autos de recursos extraordinários e de agravos de instrumento ao STF" (AgRg na Rcl 9.732/SP).

Já pelo CPC/2015, uma vez reconhecida a repercussão geral, o relator no STF "*determinará a* suspensão do processamento de todos os processos pendentes, individuais ou coletivos, que versem sobre a questão e tramitem no território nacional" (art. 1.035, § 5º). Ou seja, pelo CPC/2015, enquanto se aguarda o julgamento do recurso pelo STF, a própria prestação jurisdicional poderá ficar obstada nas instâncias ordinárias, ressalvada a possibilidade da realização de "atos urgentes a fim de evitar dano irreparável" (art. 314, aplicável por analogia).

▸ **Atenção!**

Embora a determinação do § 5º do art. 1.035 do CPC/2015 esteja no imperativo (o relator "determinará" a suspensão), o Plenário do STF, ao resolver questão de ordem no RE 966.177/RS (j. em 7-6-2017), decidiu que "a suspensão de processamento prevista no § 5º do art. 1.035 do CPC não consiste em consequência automática e necessária do reconhecimento da repercussão geral realizada com fulcro no *caput* do mesmo dispositivo, sendo da discricionariedade do relator do recurso extraordinário paradigma determiná-la ou modulá-la".

Ademais, conforme o CPC/2015, todos os juízes e tribunais inferiores **deverão observar**, em **quaisquer casos concretos**, os julgamentos proferidos em sede de recursos extraordinários na resolução de demandas repetitivas (artigos 927, III, e 987, § 2º), **sob pena de reclamação** nas hipóteses de inobservância (art. 988, II e IV, e art. 985, § 1º).

Trata-se, pois, de **eficácia transcendente "fortíssima"**, verdadeiro **efeito vinculante** criado pelo CPC/2015, algo cuja constitucionalidade é discutida no item seguinte.

8.4. O CPC/2015 e a tentativa de instituir o *stare decisis* por via legislativa: inconstitucionalidade parcial

O CPC/2015 (Lei 13.105/2015) traz grandes novidades em matéria de precedentes vinculantes, o que acaba por se refletir no âmbito do controle concreto de constitucionalidade. Entre as várias outras disposições sobre o assunto (artigos 332; 489, § 1º; 932, IV e V; 955, parágrafo único; 985 e § 1º; e 988 do CPC/2015), destaque especial para o art. 927, segundo o qual os "juízes e os tribunais **observarão**: I – as decisões do Supremo Tribunal Federal em controle concentrado de constitucionalidade; II – os enunciados de súmula vinculante; III – os acórdãos em incidente de assunção de competência ou de resolução de demandas repetitivas e em julgamento de recursos extraordinário e especial repetitivos; IV – os enunciados das súmulas do Supremo Tribunal Federal em matéria constitucional e do Superior Tribunal de Justiça em matéria infraconstitucional; V – a orientação do plenário ou do órgão especial aos quais estiverem vinculados."

Assim, a par das decisões judiciais e súmulas do STF que já vinculavam os demais órgãos do Judiciário e a Administração Pública em geral (ver item 3.2.4 do Capítulo V; e o item 6.1.2 do Capítulo 7 do Tomo II), o CPC/2015 impõe ainda a **vinculação de juízes e tribunais** a **outras espécies de precedentes e súmulas**, as quais **nunca** possuíram eficácia vinculante. E ainda sob pena de reclamação contra a decisão judicial que não as observar (artigos 985, § 1º, 988, II e IV, do CPC/2015).

Logo, pelo CPC/2015, passam a contar com **efeitos vinculantes**, em relação a juízes e tribunais:

(a) os acórdãos em incidente de assunção de competência ou de resolução de demandas repetitivas e em julgamento de recursos extraordinário e especial repetitivos;

(b) os enunciados das súmulas ordinárias do STF, em matéria constitucional, e do STJ, em matéria infraconstitucional;

(c) a "orientação" do plenário ou do órgão especial aos quais estiverem vinculados os juízes e tribunais.

Daí se concluir que o CPC/2015 tenta estabelecer, no sistema jurídico brasileiro, a doutrina do *stare decisis*.

> ▸ **Atenção!**
> *Stare decisis* é a simplificação da expressão latina "stare decisis et non quieta movere", cujo significado é "estar com as coisas decididas e não mover as coisas quietas." Originária do *common law,* o sistema jurídico anglo-saxão, a doutrina do *stare decisis* determina espécie de vinculação de juízes e tribunais inferiores a precedentes julgados por cortes superiores, a menos que o caso em exame apresente peculiaridades a serem identificadas mediante técnicas da distinção (*distinguishing*).

Contudo, embora a iniciativa do CPC/2015 possa até contar com o aplauso de parte da doutrina, trata-se de medida **inconstitucional**, como já se manifestaram autores como NELSON NERY JUNIOR e HUGO NIGRO MAZZILLI.

Não cabe aqui tratar das vantagens e desvantagens da doutrina do *stare decisis*, nem falar das boas intenções que possam ter motivado a inovação do CPC/2015. Cumpre apenas constatar que se cuida de **alteração radical no sistema de fontes do Direito nacional** (ver item 4 do Capítulo VI da Parte I), porém promovida por **simples lei ordinária** (?!). O *stare decisis* do CPC/2015 acaba por atribuir às decisões, súmulas e orientações de quaisquer tribunais força vinculante superior àquela conferida às leis em geral. Mais forte que a vinculação do juiz às normas jurídicas será o poder vinculante da interpretação dada pelos tribunais superiores. Os juízes seguem com o poder afastar o cumprimento de leis, sempre que as entenderem inconstitucionais, mas não poderão, via de regra, desviar-se de precedentes ou de súmulas ordinárias dos tribunais.

Entretanto, parece evidente que nenhuma lei "ordinária" poderia validamente implantar esse regime especial de vinculações escalonadas de decisões judiciais e, assim, romper com a tradição jurídica do *civil law* estabelecida há séculos no Brasil. A introdução da doutrina alienígena do *stare decisis*, com a consequente alteração do catálogo de fontes do Direito nacional, pressupõe prévia **reforma constitucional**. A atribuição de força vinculante genérica e abstrata a atos judiciais, fora das exceções constitucionais, não se pode dar mediante simples inovações legislativas. Seria preciso, pois, **emenda constitucional**, a exemplo da concessão de efeito vinculante às decisões proferidas em ações do controle abstrato (EC 3/93) e da criação das súmulas vinculantes (EC 45/2004).

Ademais, diante do claro prejuízo que traz ao direito fundamental à inafastabilidade jurisdicional (art. 5º, XXXV), especialmente em razão da obrigatória suspensão do processamento de causas semelhantes (art. 1.035, § 5º, do CPC/2015), esse efeito transcendente fortíssimo, atribuído pelo CPC/2015 ao RE, parece contar com **presunção *contrária* de constitucionalidade** (ver discussão no item 8.2.3 do Capítulo VI da Parte I).

Sobretudo em matéria de controle concreto de constitucionalidade, é ainda mais clara a ilegitimidade do *stare decisis* implantado no CPC/2015. Afinal, a Constituição contém dispositivo explícito a condicionar, ao juízo discricionário do Senado Federal, o efeito extensivo das declarações incidentes de inconstitucionalidade proferidas pelo STF (art. 52, X). Sem qualquer margem a que o legislador ordinário pudesse promover outros tipos de vinculações judiciais a precedentes que já não fossem vinculantes por obra do poder constituinte (ver item 8.1).

Certo que, até pouco tempo, só as "decisões definitivas de **mérito**" proferidas em ADC e ADI dispõem de efeito vinculante expressamente previsto na Constituição (§ 2° acrescido pela EC 3/93 ao art. 102). E isso não impediu o STF de reconhecer efeitos vinculantes, também, às liminares em ADC e às liminares e decisões definitivas de mérito proferidas em ADI, características decisórias em parte chanceladas na Lei 9.868/99 e, posteriormente, pela EC 45/2004 (que novamente alterou o § 2° do art. 102). Ademais, foi o próprio legislador, na Lei 9.882/99, que dispôs sobre o efeito vinculante das decisões tomadas em ADPF (v. item 3.2.4 do Capítulo V).

Todavia, essa aparente "ampliação" do efeito vinculante, pelas vias jurisprudencial e legislativa, não parece validar a tentativa do CPC/2015 de instituir o *stare decisis* no Brasil. É que todos aqueles casos se referem a ações do controle **concentrado** de constitucionalidade, cujas decisões, à semelhança da exceção criada pela EC 3/93 em relação à ADC, têm natural vocação genérica e abstrata (v. itens 2 a 4 do Capítulo IV). Logo, essa extensão dos efeitos vinculantes se tem por legítima, ainda que por força de autorização *implícita* do constituinte derivado.

Dessarte, em sendo necessária previsão constitucional (ainda que implícita) para estabelecer regime de vinculação a precedentes, a tentativa do CPC/2015 só se mostra legítima – e não sem algum esforço interpretativo – em face das decisões proferidas no âmbito de RE com "repercussão geral" reconhecida. Isso porque, bem ou mal, foi o próprio constituinte derivado que atribuiu ao RE índole expansiva e genérica, ao exigir do recorrente a demonstração da "repercussão geral das questões constitucionais discutidas no caso" (§ 3° do art. 102, na redação da EC 45/2004).

Assim, a partir do momento em que o constituinte condiciona a admissão do RE à existência de controvérsia que transcenda o caso concreto, autoriza, implicitamente, que a decisão do STF a julgar tais questões também possa assumir "repercussão geral". Daí ser lícito ao legislador, na regulamentação do preceito constitucional, estabelecer mecanismo que vincule os juízes à decisão do STF acerca dessas questões de "repercussão geral". À semelhança, aliás, do que se viu na Lei 9.882/99, que regulamentou o § 1° do art. 102 da Constituição, atribuindo à ADPF contornos de processo objetivo, com previsão de efeitos vinculantes às respectivas decisões de mérito.

Enfim, em relação ao *stare decisis* estabelecido pelo CPC/2015, **só parece válida** a atribuição de efeitos vinculantes aos acórdãos do STF proferidos em ***julgamento de recursos extraordinários repetitivos***. Consequentemente, conclui-se pela **inconstitucionalidade do regime de vinculações** de juízes e tribunais em face dos seguintes atos: (a) *acórdãos em incidente de assunção de competência*; (b) *acórdãos de resolução de demandas repetitivas*; (c) *julgamentos de recursos especiais, ainda que repetitivos*; (d) *enunciados das súmulas ordinárias do STF e do STJ*, ressalvadas as súmulas vinculantes de que trata o art. 103-A da Constituição; e (e) *orientações do plenário ou do órgão especial* aos quais os juízes e órgãos de tribunais estiverem vinculados.

▸ **Atenção!**

É pouco provável que a tese da inconstitucionalidade da extensão do *stare decisis* criado pelo CPC/2015 ganhe adeptos no STF em número suficiente. Nesse sentido, no RE 655.265/DF (Plenário), o Ministro LUIZ FUX (que presidiu a comissão de juristas incumbida da elaboração do anteprojeto que originou o CPC/2015), consignou na ementa do julgado série de observações que, embora feitas *obiter dicta*, sinalizam o apreço da Corte pelo *stare decisis*. Veja-se o trecho mais relevante:

"3. O papel de Corte de Vértice do Supremo Tribunal Federal impõe-lhe dar unidade ao direito e estabilidade aos seus precedentes. 4. Conclusão corroborada pelo Novo Código de Processo Civil, especialmente em seu artigo 926, que ratifica a adoção – por nosso sistema – da regra do *stare decisis*, que 'densifica a segurança jurídica e promove a liberdade e a igualdade em uma ordem jurídica que se serve de uma perspectiva lógico-argumentativa da interpretação'. (MITIDIERO, Daniel. *Precedentes: da persuasão à vinculação*. São Paulo: Revista dos Tribunais, 2016). 5. A vinculação vertical e horizontal decorrente do *stare decisis* relaciona-se umbilicalmente à segurança jurídica, que 'impõe imediatamente a imprescindibilidade de o direito ser cognoscível, estável, confiável e efetivo, mediante a formação e o respeito aos precedentes como meio geral para obtenção da tutela dos direitos'. (MITIDIERO, Daniel. *Cortes superiores e cortes supremas: do controle à interpretação, da jurisprudência ao precedente*. São Paulo: Revista do Tribunais, 2013)."

▸ **Como esse assunto foi cobrado em concurso?**

Sem considerar a aparente inconstitucionalidade do CPC/2015, na parte em que atribui efeitos vinculantes a certas decisões judicial sem previsão constitucional, o concurso para Analista de Controle do TCE/PR (2016/Cespe) reputou **correta** a seguinte afirmação: "A reclamação é a medida que poderá ser utilizada para garantir a observância do caráter vinculante de decisão proferida nos incidentes de resolução de demandas repetitivas e de assunção de competência."

8.5. Outros argumentos em prol da transcendência

Segmento da doutrina aponta, ainda, outros motivos para defender a tendência de "abstrativização/objetivação" do controle concreto de constitucionalidade. Eis os argumentos mais comuns:

A) o instituto da ***súmula vinculante*** estende o conteúdo decisório de acórdãos do STF proferidos no âmbito do controle concreto de constitucionalidade;

B) em matéria de admissibilidade do RE, registra-se no STF tendência tanto de **abertura da causa de pedir** a fundamentos constitucionais não invocados pelo recorrente (ver item 4.2.2 do Capítulo III) quanto de **dispensar o prequestionamento recursal** (de que seria exemplo a decisão monocrática no AI 375.011/RS);

C) admissibilidade de **reclamação** ao STF contra o descumprimento de decisões proferidas no âmbito do controle abstrato (ADI, ADC e ADPF);

D) cabimento de **reclamação** ao STF para garantir a observância de precedente proferido em julgamento do STF em recursos extraordinários repetitivos (art. 988, IV, e 985, § 1º, do CPC/2015).

Porém, a criação da **súmula vinculante** só reforça a convicção de que as decisões do controle concreto de constitucionalidade – ainda que reiteradamente proferidas pelo STF –, por si somente, não surtem efeitos em face de casos similares. Tanto é que a transcendência do raciocínio nelas exposto dependerá da edição de um ato normativo posterior (*i.e.*, a súmula vinculante). Ver item 6.1.2 do Capítulo 7 do Tomo II.

Quanto à **abertura da causa de pedir**, não tem a ver com a extensão do controle concreto a *outros* casos, senão constitui somente uma facilitação ao conhecimento do RE relativo ao próprio caso concreto.

Já a decisão do AI 375.011/RS **não dispensou o prequestionamento como regra geral**, como se vê no julgamento do agravo regimental daí interposto (AgRg no AI 375.011/RS). Simplesmente reconheceu a peculiaridade da situação concreta, pois a decisão do tribunal *a quo* desrespeitara uma decisão anterior do STF dotada de efeitos *erga omnes* (RE contra ADI estadual).

Por fim, o simples cabimento de **reclamação** para garantir o cumprimento de decisões proferidas no âmbito do controle abstrato não significa uma transcendência senão das decisões que se alega descumpridas. Não mais que isso, já que o julgamento da reclamação tampouco valerá para outros casos.

9. RELATIVIZAÇÃO DA COISA JULGADA "INCONSTITUCIONAL"

Coisa julgada *inconstitucional* é a qualificação dada pela doutrina à discutível "autoridade" decorrente do trânsito em julgado de decisões judiciais fundadas ou em ato normativo declarado inconstitucional pelo STF ou em interpretação tida pelo STF como incompatível ante a Constituição Federal.

> **Atenção!**
> Conforme PAULO OTERO, a coisa julgada merecerá a qualificação "inconstitucional" em qualquer das três situações abaixo: (a) quando o conteúdo da decisão judicial violar diretamente a alguma das normas que compõem o bloco de constitucionalidade; (b) quando a decisão judicial proceder à aplicação de algum ato que seja inconstitucional; (c) quando a decisão judicial afastar a aplicação de algum ato por motivo de inconstitucionalidade, sem que ele fosse mesmo inconstitucional.

Boa parte da doutrina considera juridicamente "ineficaz" e até mesmo "inexistente" um título assim transitado em julgado, o que ensejaria ampla margem para atacá-lo. Logo, a coisa julgada "inconstitucional" poderia ser desconstituída tanto pelas vias normais de impugnação (sobretudo a ação rescisória) quanto por meio de ações outras, como a "*querela nullitatis*", ou ainda por simples petição nos autos em que título judicial se constituíra.

Porém, uma decisão judicial transitada em julgado não é ineficaz ou tampouco inexistente só porque a jurisprudência constitucional do STF se fixou de modo diverso. A menos que tenha sido proferida por órgão ou autoridades que não dispusessem de jurisdição, a decisão satisfaz os requisitos mínimos de *existência*. E os eventuais vícios que possa apresentar repercutirão, no máximo, no campo da *validade*. De modo que a decisão judicial transitada em julgado, mas que apresente incompatibilidade constitucional, é ato ***nulo***, pois o direito brasileiro adota a teoria da nulidade do ato inconstitucional (item 5.1.1). Todavia, mesmo uma decisão judicial nula conserva seus efeitos até que desconstituída pelas vias próprias, como deixam evidente o art. 485 do CPC/73 e o art. 966 do CPC/2015.

Pela jurisprudência do STF, tampouco se pode considerar "inexistente" a coisa julgada inconstitucional. Por diferenciar, implicitamente, a inconstitucionalidade da inexistência, o Tribunal há muito tem decidido que os efeitos da coisa julgada são imunes à declaração de inconstitucionalidade proferida em outros processos (por todos, Rcl 148/RS, AgRg no AI 145.589/RJ e RE 187.376/PR). Para a Suprema Corte, a coisa julgada inconstitucional não é concretamente atingida nem se a inconstitucionalidade tiver sido reprimida, com eficácia geral, por meio de resolução do Senado Federal (RMS 17.976/SP, RE 86.056/SP e RE 89.108/GO), tampouco mediante decisão proferida em ações diretas de inconstitucionalidade. Segundo o STF, mesmo que a inconstitucionalidade tenha sido reconhecida com efeitos *erga omnes*, faz-se necessário desconstituir os efeitos da sentença contrária pelas vias processuais próprias, o que não pode ser obtido reflexamente, sequer em sede de recurso extraordinário interposto contra a execução do título executivo inconstitucional (AgRg no RE 473.715/CE).

Assim, como exposto em BERNARDES (2010a e 2017), a coisa julgada inconstitucional, embora se traduza num ato inválido, se não for desconstituída a tempo e modo devidos, acabará por incorporar-se definitivamente ao sistema normativo, por força de metanorma constitucional específica a lhe dar estabilidade normativa (art. 5º, XXXVI, da Constituição).

Nada obstante, doutrinadores ilustres têm defendido a tese da chamada ***relativização da coisa julgada "inconstitucional"***, seja pela admissão de novos instrumentos de impugnação às decisões transitadas em julgado, seja pela possibilidade de se fazerem *ponderações* baseadas em princípios colidentes, com eventual mitigação da autoridade da coisa julgada inconstitucional em determinadas hipóteses. Outros doutrinadores objetam a tese, ao sustentarem que as atuais hipóteses de rescisória são a única forma cabível de se obter a desconstituição da coisa julgada, ainda que inconstitucional. Do contrário, o princípio da segurança jurídica ficaria excessivamente abalado, pois a decisão judicial que enfrentasse questões constitucionais estaria aberta a uma cadeia infinita de impugnações. Daí a inconstitucionalidade de novos instrumentos destinados à obtenção da eficácia rescisória do título judicial, incluindo aqueles acrescentados ao CPC/73 pela MP 1.984-17/2000 (e reedições) e pela Lei 11.232/2005, bem como os incorporados pelo CPC/2015. (Ver discussão abaixo.)

▸ **Atenção!**

A) Só para ilustrar disputa, seguem lições contrapostas de dois constitucionalistas. Em favor da "relativização", LUÍS ROBERTO BARROSO chega a defender que, mesmo quando incabíveis os mecanismos existentes para impugnar decisão judicial transitada em julgado, "pode haver hipótese em que se deva considerar a relativização da coisa julgada, quando ocorra a superveniente pronúncia de inconstitucionalidade da lei" que embasara a decisão, tornando então necessária uma ponderação entre o princípio da segurança jurídica "com outros princípios de igual estatura, como o da justiça ou da moralidade" (2009, p. 224-225). Contudo, para EDUARDO APPIO, a "colisão entre princípios pode ser resolvida à luz da técnica do balanceamento, desde que claramente não existem ponderações realizadas pelo próprio constituinte. Caso contrário, todo e qualquer valor da Constituição poderia, a todo momento, ser confrontado com princípios mais abstratos como o da isonomia. A proteção da coisa julgada, em última análise, não é um princípio suscetível de ponderação, mas uma clara regra constitucional" (2008, p. 84).

B) Há quem já entendeu, porém, que a chamada *relativização da coisa julgada inconstitucional* diz respeito, apenas, à "possibilidade ou não de negar eficácia a decisões judiciais em hipóteses não previstas pelo legislador processual" (*obiter dicta* no voto vencedor do Min. TEORI ZAVASCKI proferido na ADI 2.418/DF, Pleno do STF).

Certo é que a eficácia preclusiva da coisa julgada "inconstitucional", no direito brasileiro, vem sendo continuamente enfraquecida. Esse enfraquecimento decorre, *em primeiro plano*, da histórica jurisprudência do Plenário do STF acerca da não aplicação da Súmula 343/STF ("Não cabe ação rescisória por ofensa a literal disposição de lei, quando a decisão rescindenda se tiver baseado em texto legal de interpretação controvertida nos tribunais"), em face da coisa julgada que contrariar a interpretação dada pela Corte acerca da Constituição Federal, mesmo que a decisão objeto da rescisória seja anterior à orientação fixada pelo STF.

▸ **Atenção!**

O Plenário do STF sempre entendera que a Súmula 343 não se aplicava à ação rescisória que estivesse fundamentada em violação literal de dispositivo da Constituição (v. AR 1.478/RJ, AR 1.527/RJ, AR 1.409/SC, ED no RE 328.812/AM, entre outros). Para o STF, "a manutenção de decisões das instâncias ordinárias divergentes da interpretação adotada pelo STF revela-se afrontosa à força normativa da Constituição e ao princípio da máxima efetividade da norma constitucional", daí por que caberia "ação rescisória por ofensa à literal disposição constitucional, ainda que a decisão rescindenda tenha se baseado em interpretação controvertida ou seja anterior à orientação fixada pelo Supremo Tribunal Federal" (RE 328.812/AM, com repercussão geral, Pleno).

Esse posicionamento foi atenuado, recentemente, nos casos em que a rescisória tenha por fundamento mudança jurisprudencial do STF ocorrida *após* a decisão impugnada. Num precedente ainda isolado, o Plenário da Corte não admitiu rescisória em que se pretendia ajustar, à posterior mudança de entendimento do STF (que passara a julgar pela *constitucionalidade* do ato normativo impugnado), acórdão prolatado segundo entendimento contrário, predominante à época. Para tanto, entendeu-se que a rescisória não se confundia com algum mecanismo de uniformização da jurisprudência, razão pela qual deveria ser reservada a "situações excepcionalíssimas", ante "a natureza de cláusula pétrea conferida pelo constituinte ao instituto da coisa julgada". Daí por que não se poderia afastar o cabimento da Súmula 343, "aprioristicamente", mesmo em matéria constitucional. Nesse julgamento, o STF adotou a tese de processualistas como ADA PELLEGRINI GRINOVER, para quem o afastamento da Súmula 343 haveria de se restringir às situações em que, na decisão rescindenda, a norma em questão fora proclamada *constitucional*, mas o STF, posteriormente, veio a declará-la *inconstitucional*. Conforme citação de GRINOVER feita no voto-vencedor, a "posterior **declaração *incidental* de constitucionalidade** nada nulifica (...), pelo que devem ficar a salvo da rescisória decisões, tomadas em dissídio jurisprudencial, em sentido oposto à nova posição do Supremo" (RE 590.809/RS, rel. Min. MARCO AURÉLIO, j. em 22-10-2014).

No mesmo sentido, o Pleno do STF decidiu que não "cabe ação rescisória de decisões proferidas em harmonia com a jurisprudência do STF, ainda que ocorra alteração posterior do entendimento do Tribunal sobre a matéria" (AR 2.199/SC, j. em 23-4-2015). (Sobre a questão da manutenção da tese pelo afastamento da Súmula 343 no caso de rescisórias fundadas em mudança jurisprudencial do STF dotada de efeito vinculante, ver quadro seguinte.)

Em *segundo plano*, a própria instituição do efeito vinculante implica certa relativização da coisa julgada "inconstitucional", pois os demais órgãos judiciários também estão **obrigados** a adotar **idêntico sentido** dado à questão constitucional pelo STF, quando enfrentarem o **julgamento de mérito** dos instrumentos vocacionados à impugnação de sentenças transitadas em julgado, mesmo que a decisão questionada tenha sido proferida *antes* da decisão vinculante e de acordo com o entendimento liminar manifestado pelo próprio Supremo (v. AgRg na Rcl 2.600/SE). Cf. itens 3.2.4.3 e 3.4.1.1 do Capítulo V.

▸ **Atenção!**

A orientação do STF firmada no RE 590.809/RS, acerca da incidência da Súmula 343 (ver comentários no quadro anterior), **não** se aplica às rescisórias fundadas em mudança jurisprudencial do STF dotada de **efeito vinculante**, ainda que a nova jurisprudência repute constitucional a norma que era anteriormente tida por inconstitucional. Por isso mesmo, na ementa do RE 509.809/RS, ficou consignado que a Súmula 343 deveria de ser observada em situação jurídica na qual, "*inexistente controle concentrado de constitucionalidade*", houvesse "entendimentos diversos sobre o alcance da norma, mormente quando o Supremo tenha sinalizado, num primeiro passo, óptica coincidente com a revelada na decisão rescindenda."

Porém, num *terceiro plano*, o que mais tem chamado a atenção é a possibilidade de criação legislativa de novas hipóteses reflexas de rescisão da coisa julgada, especialmente a **impugnação** e os **embargos à execução** dotados de ***eficácia rescisória***. Com efeito, a partir reedições da MP 1.984-17/2000, e, posteriormente, com a Lei 11.232/2005, o sistema processual brasileiro passou a admitir – por motivo de inexigibilidade do título exequendo – a impugnação à execução de "título judicial fundado em lei ou ato normativo declarados inconstitucionais pelo Supremo Tribunal Federal, ou fundado em aplicação ou interpretação da lei ou ato normativo tidas pelo Supremo Tribunal Federal como incompatíveis com a Constituição Federal" (§ 1º do art. 475-L do CPC/73). No mesmo sentido, v. parágrafo único do artigo 741 do CPC/73, além do § 5º ao art. 884 da CLT. (Sobre a discussão a respeito, no CPC/2015, ver abaixo.)

▸ **Atenção!**

Acerca da constitucionalidade dessas novas hipóteses de embargos executórios de efeitos rescisórios, em outras obras (BERNARDES, 2003, 2004a e 2010a), pode-se concluir são inconstitucionais a MP 1.984-17/2000 e suas reedições, porque elas não satisfizeram o requisito da urgência que se exige para editar medidas provisórias, dado o caráter de estabilidade da coisa julgada. Esse problema de inconstitucionalidade formal só foi superado com a Lei 11.232/2005, pela qual se acresceram ao CPC/73 tanto o § 1º do art. 475-L quanto uma nova redação ao parágrafo único do art. 741. Mas não o foi em relação ao § 5º ao art. 884 da CLT, que segue com a redação dada por medida provisória. O STF, contudo, rejeitou a alegação de vício formal nas medidas provisórias (ADI 2.418/DF).

Pois bem. A **posição do STF** sobre o assunto **inclinava-se pela inconstitucionalidade** dessas novas hipóteses de impugnação/embargos executórios com efeitos rescisórios, sobretudo aquela prevista no parágrafo único do art. 741 do CPC/73, que tratava da impugnação à execução lastreada em "título judicial fundado em lei ou ato normativo declarados inconstitucionais pelo Supremo Tribunal Federal, ou fundado em aplicação ou interpretação da lei ou ato normativo tidas pelo Supremo Tribunal Federal como incompatíveis com a Constituição Federal".

Nesse sentido, no julgamento feito pela 2ª Turma no AgRg no RE 594.350/RS, bem como no AgRg no RE 592.912/RS, todos os quatro Ministros que votaram em seguida ao relator, Ministro CELSO DE MELLO, concordaram com o entendimento segundo a qual "não se revela processualmente ortodoxo nem juridicamente adequado, muito menos constitucionalmente lícito, pretender-se o reconhecimento da inexigibilidade de título judicial, sob pretexto de que a sentença transitada em julgado fundamentou-se em lei declarada inconstitucional pelo Supremo Tribunal Federal."

▸ **Atenção!**

Quanto aos embargos rescisórios à execução trabalhista, tal como previstos no § 5º do art. 884 da CLT (dispositivo semelhante ao art. 741 do CPC/73), ainda pende de julgamento o RE 590.880/CE (Plenário). Contudo, há empate, aguardando o voto do Ministro LEWANDOWSKI.

Na mesma linha, no RE 730.462/SP (com repercussão geral, j. em 28-5-2015), embora sem declarar a invalidade do parágrafo único do art. 741 do CPC/73, então em vigor, o Plenário do STF aprovou a tese segundo a qual a "decisão do Supremo Tribunal Federal declarando a constitucionalidade ou a inconstitucionalidade de preceito normativo não produz a automática reforma ou rescisão das decisões anteriores que tenham adotado entendimento diferente. Para que tal ocorra, será indispensável a interposição de recurso próprio ou, se for o caso, a propositura de ação rescisória própria, nos termos do art. 485 do CPC, observado o respectivo prazo decadencial (art. 495)".

▸ Atenção!

No mesmo RE 730.462/SP, o STF ressalvou da exigência de ação rescisória "a questão relacionada à execução de efeitos futuros da sentença proferida em caso concreto sobre relações jurídicas de trato continuado". Essa ressalva, contudo, só parece justificável caso a decisão do STF conflitante com a coisa julgada tiver sido preferida no âmbito do controle **abstrato** de constitucionalidade. É que, nessa hipótese, dados os efeitos vinculantes da decisão superveniente do STF, o juízo da execução se verá automaticamente impedido de dar sequência a execuções judiciais divergentes. Logo, como já se defendeu em sede doutrinária (BERNARDES, 2004a), a exemplo do § 79 da Lei Orgânica do Tribunal Constitucional da Alemanha, que remete ao § 767 do CPC daquele país, o efeito vinculante das decisões proferidas em controle abstrato obsta o seguimento das execuções de títulos judiciais em sentido divergente, mas não garante a automática reversão dos pagamentos já efetuados anteriormente.

Não bastasse, um dia antes do início da vigência do CPC/2015, nos ED no AgRg nos EDv nos ED no RE 589.513/RS, o Plenário do STF recusou aplicação aos embargos rescisórios previstos no parágrafo único do art. 741 do CPC/73. Em julgamento que deveria implicar a própria declaração de inconstitucionalidade do preceito legal (v. Súmula Vinculante n. 10), mas sem que o tenha feito expressamente, o Plenário da Corte, por unanimidade, acatou voto do Ministro CELSO DE MELLO, para quem se revelavam "conflitantes, com a garantia constitucional da '*res judicata*', as regras legais que autorizam a desconsideração da coisa julgada material em face de declaração de inconstitucionalidade (ou de uma nova interpretação constitucional) emanada do Supremo Tribunal Federal, à semelhança do que prescrevem, p. ex., o art. 475-L, § 1º, e o art. 741, parágrafo único, ambos do Código de Processo Civil."

Curiosamente, porém, *menos de dois meses depois*, na ADI 2.418/DF (j. em 4-5-2016), o Plenário do STF desviou-se desse precedente e reputou constitucionais **todas** essas normas que inovaram o CPC/73 para instituir "hipótese de inexigibilidade de título executivo judicial eivado de inconstitucionalidade qualificada" (art. 741, parágrafo único e art. 475-L, § 1º, do CPC/73). Não só isso. Nesse julgamento, já se antecipando a futuras discussões, a Corte aproveitou para declarar também a constitucionalidade do art. 525, § 1º, III, e §§ 12 e 14, e o art. 535, III, § 5º, do **CPC/2015**, numa espécie de declaração de constitucionalidade *por arrastamento* de normas que nem sequer haviam sido editadas quando da propositura da ação (?!). Para o STF, contudo, são "dispositivos que, buscando harmonizar a garantia da coisa julgada com o primado da Constituição, vieram agregar ao sistema processual brasileiro um mecanismo com eficácia rescisória de sentenças revestidas de vício de inconstitucionalidade qualificado, assim caracterizado nas hipóteses em que (a) a sentença exequenda esteja fundada em norma reconhecidamente inconstitucional – seja por aplicar norma inconstitucional, seja por aplicar norma em situação ou com um sentido inconstitucionais; ou (b) a sentença exequenda tenha deixado de aplicar norma reconhecidamente constitucional; e (c) desde que, em qualquer dos casos, o reconhecimento dessa constitucionalidade ou a inconstitucionalidade tenha decorrido de julgamento do STF realizado em data anterior ao trânsito em julgado da sentença exequenda."

▸ **Como o STF enfrentou o tema:**

No RE 611.503/SP (j. em 20-8-2018), o Plenário aprovou a seguinte tese de repercussão geral: "São constitucionais as disposições normativas do parágrafo único do art. 741 do CPC, do § 1º do art. 475-L, ambos do CPC/73, bem como os correspondentes dispositivos do CPC/15, o art. 525, § 1º, III e §§ 12 e 14, o art. 535, § 5º. São dispositivos que, buscando harmonizar a garantia da coisa julgada com o primado da Constituição, vieram agregar ao sistema processual brasileiro um mecanismo com eficácia rescisória de sentenças revestidas de vício de inconstitucionalidade qualificado, assim caracterizado nas hipóteses em que (a) a sentença exequenda esteja fundada em norma reconhecidamente inconstitucional - seja por aplicar norma inconstitucional, seja por aplicar norma em situação ou com um sentido inconstitucionais; ou (b) a sentença exequenda tenha deixado de aplicar norma reconhecidamente constitucional; e (c) desde que, em qualquer dos casos, o reconhecimento dessa constitucionalidade ou a inconstitucionalidade tenha decorrido de julgamento do STF realizado em data anterior ao trânsito em julgado da sentença exequenda".

▸ **Como esse assunto foi cobrado em concurso?**

No concurso para Juiz do TJDFT (2016/Cespe), foi considerada **correta** a afirmação segundo a qual: "Decorrido o prazo da rescisória, a imutabilidade da sentença de mérito transitada em julgado é insuperável, ainda que aplicada lei objeto de ulterior ADC improcedente, com a inconstitucionalidade proclamada pelo STF."

9.1. Meios de impugnação da coisa julgada inconstitucional e o CPC/2015

Como se viu no item anterior, a jurisprudência do STF rebateu a tese segundo a qual a coisa julgada inconstitucional seria ato juridicamente "ineficaz" ou até mesmo "inexistente". Também de acordo com o CPC/2015, a autoridade da coisa julgada não fica "automaticamente" comprometida, mesmo quando divergir de decisões vinculantes proferidas pelo STF no controle abstrato/concentrado de constitucionalidade, já que necessário desconstituí-la pelos meios próprios de impugnação, a tempo e modo devidos, sob pena de consolidação definitiva.

Logo, para obstar os efeitos da coisa julgada inconstitucional, deverão ser utilizados os instrumentos processuais adequados, tais como, no processo penal, a revisão criminal (CPP, artigos 621 e seg.) e o *habeas corpus* (por todos, v. HC 93.942/RS, 2ª Turma do STF).

No âmbito do processo civil, todavia – sobretudo porque nem o mandado de segurança, tampouco a reclamação podem ser utilizados para atacar a coisa julgada –, os instrumentos autônomos de impugnação de sentença inconstitucional transitada em julgado acabam resumidos a duas modalidades: (a) a *ação rescisória* (artigos 966 e segs. do CPC/2015); e (b) a *impugnação executória a título executivo judicial inconstitucional,* tal como atualmente regulada no § 12 do art. 525 e o § 7º do art. 535 do CPC/2015. (Sobre a possibilidade (não aceita pelo STF) de utilização da ADPF contra a coisa julgada, v. item 11.2.1.1 do Capítulo VII.)

9.1.1. Ação rescisória

A ação rescisória é o meio de impugnação autônoma a permitir o mais amplo reexame da coisa julgada inconstitucional. Nesse sentido, sempre se entendera que o cabimento da rescisória contra decisão transitada em julgado que violasse "literal disposição de *lei*" (art. 485, V, do CPC/73) se estendia, ainda, às hipóteses de violação da **Constituição**. Porém, pelo CPC/2015, já não é mais preciso recorrer à interpretação extensiva do termo "lei".

Diferentemente do código anterior, o inciso V do art. 966 do CPC/2015 diz ser cabível a ação rescisória contra decisão transitada em julgado que violar manifestamente *"norma jurídica"*, inclusive aquela sediada na Constituição. Assim, ao prever a rescisória para casos de violação a "norma jurídica", o legislador assegura, automaticamente, a possibilidade de desconstituição da coisa julgada contrária a qualquer norma jurídica *constitucional* (*regra* ou *princípio*).

Ademais, ao trocar a expressão "violar literal *disposição* de lei" pela expressão "violar manifestamente *norma* jurídica", além de enfatizar as diferenças entre disposição e norma (item 4 do Capítulo VII da Parte I), o CPC/2015 ainda tornou claro o cabimento da rescisória fundamentada na violação de normas constitucionais *implícitas, i.e.*, aquelas obtidas a despeito da existência de disposição expressa, tais como o princípio da proporcionalidade.

Entretanto, a mesma expressão legislativa passou exigir que a violação a norma constitucional seja *"manifesta"* – ou seja, evidente, incontestável. O que parece sempre atrair o entendimento da mencionada Súmula 343 do STF, inclusive nos casos em que a interpretação constitucional tenha se firmado antes da decisão rescindenda. (Sobre a Súmula 343, v. discussão em quadro do item 9, acima.)

Quanto ao prazo decadencial para a propositura da rescisória, o legislador criou imbróglio desnecessário, que não havia no sistema anterior. O CPC/2015 manteve circunscrito em dois anos o prazo normal para ajuizamento da rescisória, a contar do "trânsito em julgado da última decisão proferida no processo" (art. 975, *caput*). Contudo, previu ainda que, para desconstituição da coisa julgada inconstitucional, o prazo extintivo da ação rescisória "será contado do trânsito em julgado da decisão proferida pelo Supremo Tribunal Federal" (§ 15 do art. 525 e § 8º do art. 535 do CPC/2015). Destarte, o CPC/2015 não estabeleceu, expressamente, o período máximo dentro do qual a coisa julgada inconstitucional poderá ser questionada a contar da decisão divergente do STF.

Porém, a falta de definição legislativa do prazo decadencial para esse tipo de rescisória fere o princípio da garantia fundamental da intangibilidade da coisa julgada (art. 5º, XXXVI, da CF). Afinal, a coisa julgada não pode ficar, indefinidamente, à mercê da possibilidade de desconstituição pela via rescisória, sob pena de reprovável insegurança jurídica. Daí, diante da inconstitucionalidade material dessa lacuna legislativa quanto ao prazo para propositura da rescisória em destaque, é preciso recorrer a mecanismos interpretativos de integração.

Por isso, há quem proponha restringir, pela **"regra do 2 + 2"**, o prazo decadencial do § 15 do art. 525 e do § 8º do art. 535 do CPC/2015. Assim, somente poderia ser iniciado o prazo da rescisória, a partir do trânsito em julgado da decisão do STF, "se ainda não tiver sido extinta a pretensão rescisória cujo prazo tenha-se iniciado do trânsito em julgado da decisão exequenda" (NERY JUNIOR e ROSA NERY, 2015, p. 1.039).

Parece mais correto, contudo, utilizar outra diretriz para corrigir essa anomalia material e identificar um prazo máximo à rescisória contra a coisa julgada inconstitucional. Em analogia à regra quinquenal da ação rescisória prevista para o caso de descoberta da prova nova (§ 2º art. 975 do CPC/2015), o termo final do prazo de decadência da rescisória também ficaria limitado em "5 (cinco) anos, contado do trânsito em julgado da última decisão proferida no processo". Logo, embora o prazo da rescisória contra a coisa julgada inconstitucional seja de dois anos (art. 975, *caput*, do CPC/2015), porém "contado do trânsito em julgado da decisão proferida pelo Supremo Tribunal Federal", a ação deverá ser proposta dentro do prazo máximo de cinco anos, sob pena de decadência (§ 15 do art. 525 e § 8º do art. 535, c/c § 2º do art. 975 do CPC/2015).

9.1.2. Impugnação rescisória de título executivo judicial

Conforme o § 12 do art. 525 e o § 7º do art. 535 do CPC/2015, a impugnação à execução de títulos executivos, tanto sentenças judiciais quanto "sentenças" arbitrais (v. § 3º acrescentado ao art. 33 da Lei 9.307/96 – Lei de Arbitragem), poderá ter por alvo o reconhecimento da **inexigibilidade** da "obrigação reconhecida em título executivo judicial fundado em lei ou ato normativo considerado inconstitucional pelo Supremo Tribunal Federal, ou fundado em aplicação ou interpretação da lei ou do ato normativo tido pelo Supremo Tribunal Federal como incompatível com a Constituição Federal, em controle de constitucionalidade concentrado ou difuso."

Trata-se, a rigor, de tipo similar à impugnação/embargos executórios previstos no CPC/73 (art. 475-L, § 1º, e art. 741, parágrafo único, respectivamente). Todavia, diferentemente da redação dúbia inserida na legislação anterior, o CPC/2015 garantiu maior autoridade à coisa julgada, mesmo quando divergente de decisões proferidas pelo STF no controle abstrato/concentrado de constitucionalidade. Afinal, ainda que fundamentada em decisões do STF com efeito vinculante, a impugnação à execução de títulos executivos por motivo de inconstitucionalidade só terá sucesso se o precedente invocado tiver sido proferido "**antes** *do trânsito em julgado da decisão exequenda*" (§ 12 do art. 525 e § 7º do art. 535 do CPC/2015). Caso contrário, a ineficácia do título executivo dependerá de prévia desconstituição por via de *ação rescisória* (§ 13 do art. 525 e § 8º do art. 535 do CPC/2015).

> **▸ Atenção!**
> Conforme art. 1.057 do CPC/2015, o "disposto no art. 525, §§ 14 e 15, e no art. 535, §§ 7º e 8º, aplica-se às decisões transitadas em julgado após a entrada em vigor deste Código, e, às decisões transitadas em julgado anteriormente, aplica-se o disposto no art. 475-L, § 1º, e no art. 741, parágrafo único, da Lei nº 5.869, de 11 de janeiro de 1973."

Por outro lado, ao contrário do que vinha decidindo sob a égide do CPC/73, o STF acabou por declarar a constitucionalidade dos preceitos do CPC/2015 a permitir a impugnação à execução de títulos executivos judiciais. Na ADI 2.418/DF (j. em 4-5-2016), muito embora se tratasse de ação direta de inconstitucionalidade movida contra dispositivos do CPC/73 (art. 741, parágrafo único e art. 475-L, § 1º), a Corte aproveitou para rebater as teses contrárias à invalidade constitucional dos dispositivos semelhantes previstos no CPC/2015 (§ 12 do art. 525 e § 7º do art. 535 do CPC/2015). Para o STF, não há inconstitucionalidade nesses dispositivos do CPC/2015, pois buscam "harmonizar a garantia da coisa julgada com o primado da Constituição". Razão pela qual "apenas agregariam ao sistema processual brasileiro um mecanismo com eficácia rescisória de certas sentenças inconstitucionais, *em tudo semelhante* às *hipóteses de ação rescisória*".

> **▸ Atenção!**
> Diferentemente do que entendeu o STF na ADI 2.418/DF, porém, há **algo bem diverso** neste tipo de impugnação em relação à ação rescisória. É que as disposições do § 12 do art. 525 e do § 7º do art. 535 do CPC/2015 acabam por permitir ao juiz de primeiro grau subtrair eficácia executiva de títulos judiciais consolidados por obra de *quaisquer* órgãos jurisdicionais. De modo que o CPC/2015, originalmente, tampouco o STF, posteriormente, não se atentaram à necessidade de observar o *princípio constitucional implícito da hierarquia jurisdicional* (BERNARDES, 2010a).

Diante do esquema hierárquico de distribuição de competências estabelecido pela Constituição de 1988, a exemplo do que ocorre na ação rescisória, os órgãos de primeiro grau não dispõem de poderes para desconsiderar os efeitos da coisa julgada material proveniente de acórdãos de instâncias judiciais superiores. Porém, a generalizada admissão das impugnações significa que o juiz de primeiro grau poderá, ele próprio, reformar *error in iudicando* havido em decisões de órgãos jurisdicionais superiores, os quais teriam violado entendimento do STF proferido *antes* do trânsito em julgado.

Dessarte, o bloqueio da execução de decisões irrecorríveis não deveria surgir como simples reflexo de decisões judiciais comuns, mesmo que proferidas pelo STF no controle concreto de constitucionalidade. A única forma constitucionalmente lícita de utilização dos novos instrumentos de impugnação da coisa julgada parece resumida aos casos nos quais a decisão paradigmática do STF (fundamento para impugnar a coisa julgada) possua *efeito vinculante*. Nessas hipóteses, a desconstituição, por juiz de primeiro grau, da coisa julgada emanada de órgãos superiores, não apresentará anomalia. Afinal, o *princípio da hierarquia jurisdicional* estará preservado, pois a própria Constituição determina que os demais órgãos do Judiciário (incluindo o juízo da execução) devam observar aquilo que decidido pelo STF, o que implica óbice ao prosseguimento da execução fundada em ato judicial divergente.

Enfim, a impugnação de que tratam o § 12 do art. 525 e o § 7º do art. 535 do CPC/2015 já foi considerada constitucional pelo STF, e a própria Corte detalhou que a "inexigibilidade do título executivo a que se referem os referidos dispositivos se caracteriza exclusivamente nas hipóteses em que (a) a sentença exequenda esteja fundada em norma reconhecidamente inconstitucional – seja por aplicar norma inconstitucional, seja por aplicar norma em situação ou com um sentido inconstitucionais; ou (b) a sentença exequenda tenha deixado de aplicar norma reconhecidamente constitucional; e (c) desde que, em qualquer dos casos, o reconhecimento dessa constitucionalidade ou a inconstitucionalidade tenha decorrido de julgamento do STF realizado em data anterior ao trânsito em julgado da sentença exequenda."

Ademais, no voto vencedor na ADI 2.418/DF, disse o Min. TEORI ZAVASCKI que referida impugnação "não abarca todos os possíveis casos de sentença inconstitucional. Muito pelo contrário, é solução legislativa para situações específicas, razão pela qual, convém alertar, não envolve e nem se confunde com a controvertida questão, aqui impertinente e por isso não tratada, a respeito da denominada 'relativização da coisa julgada', questão essa centrada, como se sabe, na possibilidade ou não de negar eficácia a decisões judiciais em hipóteses não previstas pelo legislador processual, o que não é o caso."

De fato, a impugnação executiva de efeitos rescisórios não é autorização genérica para relativização da coisa julgada inconstitucional, nem visa a rescindir a integralidade da decisão transitada em julgado, mas apenas a respectiva exigibilidade executória. O objetivo da medida é obstar seja executada somente aquela obrigação que, não fosse o capítulo da sentença contaminado por inconstitucionalidade, nem teria sido estabelecida. Daí, o remédio processual não atinge outros comandos decisórios, ainda que presentes na mesma sentença.

Nessa linha, explica MARINONI (2016, p. 1.185), a "obstaculização da execução exige juízo no sentido de que a não adoção da norma ou da interpretação declaradas inconstitucionais pelo Supremo conduziria à modificação do sinal da sentença, que, de procedência, passaria a ser de improcedência. Se o desrespeito ao procedente do Supremo Tribunal Federal não impuser a alteração da sentença, mas admitir apenas a modificação da sua fundamentação, não há como acolher a impugnação".

Quanto ao prazo para impugnar o título executivo inconstitucional, em se tratando de execuções comuns, é de 15 dias (*caput* do art. 525 do CPC/2015). Se movida a execução em face da Fazenda Pública (art. 535, *caput*, do CPC/2015), é de 30 dias.

Todavia, a impugnação não surte eficácia retroativa. Se acatada, bloqueará a exigibilidade do título executivo, mas não garantirá a reposição de eventuais prestações adimplidas na fase pré-executiva. Algo a depender de pedido próprio de restituição, mesmo que o recebimento indevido tenha ocorrido por força de medidas de tutela de urgência. Afinal, não se aplicam ao caso as regras de responsabilização objetiva previstas no art. 302 do CPC/2015. Ademais, a impugnação não pode ser vista nem utilizada como execução às avessas, de modo a obrigar o exequente a devolver o que houvesse recebido anteriormente.

Por fim, o juízo da execução poderá modular os efeitos da decisão do STF em que fundamentada a impugnação, "em atenção à segurança jurídica" (§ 13 do art. 535 do CPC/2015). Sobre a possibilidade de "modulação derivada" de decisões do STF e a (discutida) competência de outros órgãos judiciais para empreendê-la, v. item 6.1.2.

10. CONTROLE CONCRETO/DIFUSO E TIPOS DE AÇÕES

No direito brasileiro, a amplitude da jurisdição constitucional permite a qualquer juiz, no julgamento de casos concretos, o exercício do controle difuso da constitucionalidade, inclusive de atos normativos.

Assim, via de regra, o controle concreto pode ser empreendido em **qualquer tipo de ação**, sempre que surgirem questões ligadas à compatibilidade constitucional de atos normativos cujos efeitos concretos tragam consequências que se deveriam aplicar às relações jurídicas em exame num processo judicial.

Dessarte, a controvérsia sobre a aplicação concreta de alguma norma pode ser em princípio analisada independentemente do tipo de ação, em sede seja de jurisdição contenciosa, seja de jurisdição voluntária, e até mesmo no curso de ações sumárias (como o mandado de segurança e o *habeas corpus*) ou cautelares.

Tampouco há restrições quanto ao controle difuso de constitucionalidade dos atos normativos de natureza concreta (cf. item 5), até porque não se trata de normas genéricas nem abstratas que pudessem ser questionadas pelas vias do controle abstrato.

Contudo, excepcionalmente, a jurisprudência do STF vem a restringir a admissibilidade plena do controle concreto no âmbito dos seguintes tipos de ação:

A) ***mandado de injunção:*** a causa de pedir dessa ação é a ocorrência de "omissão inconstitucional". Daí por que não pode ser utilizada para sustentar a inconstitucionalidade comissiva da legislação já editada para regulamentar a Constituição (v. AgRg no MI 609/RJ, que tratou de caso em que o impetrante pretendia a declaração de inconstitucionalidade formal da legislação editada para regulamentar o § 7º do art. 195 da CF/88);

> ▸ **Atenção!**
>
> A jurisprudência do STF só admitia mandado de injunção para impugnar a **falta** de norma regulamentadora (omissão inconstitucional *total*). Nesse sentido, também o constituinte previu o mandado de injunção para os casos de "falta de norma regulamentadora" (art. 5º, LXXI). Contudo, ao regulamentar o mandado de injunção, a Lei 13.300/2016 permitiu ajuizar o *writ* para atacar também a **insuficiência** (omissão inconstitucional *parcial*) das "normas editadas pelo órgão legislador competente" (art. 2º, parágrafo único Lei 13.300/2016).
>
> Ainda assim, o mandado de injunção não pode ser utilizado declarar a inconstitucionalidade comissiva de normas. (Sobre a diferença entre inconstitucionalidade omissiva e comissiva, v. item 4.1.4 e 4.1.5 do Capítulo I.)

B) ***reclamação constitucional***: o Plenário do STF a entendeu incabível para discutir a constitucionalidade de normas estranhas àquelas já examinadas anteriormente pela própria Corte na decisão que se alega descumprida. Na Rcl 3.014/SP, por seis votos a cinco, o Supremo reputou que o cabimento da reclamação adstringe-se à proteção da competência ou da autoridade de decisões da Corte ("guarda do guardião da Constituição", e não "guarda da Constituição" em si mesma);

C) ***ação civil pública*** e ***ação popular***: a possibilidade de se atribuírem efeitos *erga omnes* à respectivas sentenças dessas ações faz com que surjam polêmicas consideráveis em torno da possibilidade de se utilizá-las no controle de constitucionalidade. Esses dois problemas merecem ser debatidos em separado (item 10.1).

> ▸ **Como esse assunto foi cobrado em concurso?**
>
> O concurso para Juiz do TJMS (2010), o candidato, ao ser questionado sobre o controle incidental brasileiro, deveria indicar como **erradas** as seguintes alternativas: "não se sujeita ao efeito vinculante de ação direta de inconstitucionalidade", "não pode ser realizado em habeas corpus, mas cabe em mandado de segurança", "pode ser realizado por todo e qualquer juiz, mas não de ofício" e "não cabe contra lei municipal em face da Constituição da República."

10.1. Limites e possibilidades da utilização da ação civil pública e da ação popular no controle de constitucionalidade difuso/concreto

Tendo em vista a previsão de efeitos ***erga omnes*** às sentenças tanto das **ações populares** (art. 18 da Lei 4.717/65) quanto das **ações civis públicas** (art. 16 da Lei 7.437/85), existem **restrições** ao pleno exercício do controle concreto de constitucionalidade por meio desses instrumentos processuais.

No controle concreto, embora a declaração da inconstitucionalidade de ato normativo genérico não seja o objeto (pedido) da ação, a atribuição de efeitos *erga omnes* à decisão respectiva suscita o problema da **invasão do campo temático das ações do controle abstrato de constitucionalidade**. Isso porque, se declarada a inconstitucionalidade em sede de ação civil pública ou de ação popular, mesmo que somente no julgamento do caso concreto, a eficácia contra todos proveniente da decisão faria com que esta tornasse inútil a instauração de controle abstrato de constitucionalidade em face do mesmo objeto.

É bem verdade, parte da doutrina, ao diferenciar a declaração ***incidenter tantum***, como causa de pedir, do verdadeiro objeto da ação civil pública – que consiste numa obrigação de fazer ou de não fazer –, reputa equivocada a tese da impossibilidade do uso da ACP no controle concreto. Porém, doutrinadores de peso posicionam-se contrariamente à viabilidade do controle em sede de ação civil pública. Entre outros fundamentos, alegam que, "ainda que se pudesse acrescentar algum outro desiderato adicional a uma ação civil pública destinada a afastar a incidência de dada norma infraconstitucional, é certo que o seu objetivo precípuo haveria de ser a impugnação direta e frontal da legitimidade de ato normativo", razão pela qual, a se conferir efeitos *erga omnes* à respectiva sentença, estar-se-ia diante de "eficácia semelhante à das ações diretas de inconstitucionalidade, isto é, eficácia geral e irrestrita" (GILMAR MENDES, 1998a, p. 380).

Pois bem. Num primeiro momento, o STF não admitiu, em ações civis públicas, a alegação de inconstitucionalidade de lei ou ato normativo estadual ou federal em face da Constituição Federal, mesmo que suscitada somente *incidenter tantum*. Para a Corte, se cabível a ACP em casos tais, haveria violação indireta de competência exclusiva do STF (Reclamação 434/SP).

Porém, a partir de 1997, no julgamento das Reclamações 597/SP, 602/SP e 600/SP, a **Suprema Corte** passou a **aceitar** o **controle incidental da constitucionalidade de normas** por via de **ações civis públicas**, embora com algumas **restrições**. Para assim entender, estes foram os **motivos dados pelo STF**:

A) desde que a pretensão da ACP diga respeito a bem jurídico concreto, individual e perfeitamente definido, daí por que inalcançável pela via do controle abstrato, não haverá invasão da competência privativa do STF; e

B) como a decisão da ACP também se sujeita aos recursos em geral, especialmente o recurso extraordinário, podem conviver harmonicamente os dois modelos de controle de constitucionalidade (abstrato e concentrado).

Dessarte, a se tratar de ACP em defesa de ***direitos individuais homogêneos***, passou a ser possível o controle incidental, pois inexistente o risco de substituição da ação direta de inconstitucionalidade. Até porque eventual procedência do pedido desse tipo de ACP não surte autêntica eficácia *erga omnes*, já que os beneficiários da sentença serão pessoas determinadas (ver Rcl 564/MG, Rcl 601/SP e Rcl 554/MG).

Por outro lado, a jurisprudência do **STF** inclinou-se pela proibição do controle concreto exercido em ações civis públicas fundadas em ***interesses coletivos ou difusos***, casos em que "a decisão teria os mesmos efeitos de uma ação direta, pois alçaria todos, partes ou não, na relação processual estabelecida na ação civil" (Rcl 554/MG).

Contudo, essa corrente restritiva quanto à natureza do interesse tutelado parece ter sido alterada em precedente relatado pelo próprio Ministro GILMAR MENDES, que sempre combatera a utilização da ACP no controle de constitucionalidade, independentemente do tipo de interesse envolvido. No RE 511.961/SP, o Pleno do STF confirmou não só vocação da "ação civil pública como instrumento de fiscalização incidental da constitucionalidade", como também sentença da Justiça Federal que, proferida em defesa de autênticos **interesses difusos**, reconhecera a não recepção de norma do DL 972/69 que exigia curso superior para o exercício da profissão de jornalista.

Todavia, mesmo que exista litígio concreto em julgamento na ação civil pública, segue aplicável o entendimento do **STF** segundo o qual não se admite processamento de ACP ou ação popular cujo **pedido principal**, e não simplesmente a causa de pedir, envolva a declaração de inconstitucionalidade com efeitos *erga omnes* (Rcl 1.017/SP e Rcl 2.224/SP).

Enfim, de modo a contornar a inadmissão do controle de constitucionalidade feito por meio de ACP, há a preocupação de verificar se a controvérsia tem por **objeto** uma **relação jurídica determinada** (litígio concreto), e não o simples questionamento de atos normativos em tese. Do contrário, haverá usurpação da competência do STF, sobretudo "quando configurado o ajuizamento de ação civil pública com o intento de dissimular o controle abstrato de constitucionalidade" (Rcl 19.662/MT, 2ª Turma do STF, j. em 6-9-2016).

Idêntico fundamento serve para impedir casos de usurpação da competência do STF para o julgamento da **ADI por omissão** (v. Rcl 1.017/SP) e para inviabilizar ACP que visa ao controle concreto de leis ou atos normativos estaduais e municipais em face da Constituição Estadual (cujo controle abstrato cabe ao TJ)

Ademais, na MC na Rcl 2.460/RJ, o Plenário do STF entendeu que não havia usurpação da competência da Corte em decorrência de ações civis públicas a questionarem a constitucionalidade da legislação local que regulamentava o funcionamento de bingos, mas resolveu suspender decisões nelas proferidas, a fim de evitar que transitassem em julgado e, com isso, fosse esvaziada a utilidade do julgamento de ADI acerca da mesma legislação.

De qualquer forma, se o ato normativo impugnado for de caráter ***concreto*** e ***singular***, não há qualquer impedimento ao controle concreto de constitucionalidade, ainda que por via de ACP ou ação popular (STF, Rcl 664/RJ, Pleno).

Como o STF enfrentou o tema:

"Há usurpação da competência do STF inscrita no art. 102, I, '*a*', da CF/88 quando configurado o ajuizamento de ação civil pública com o intento de dissimular o controle abstrato de constitucionalidade de ato normativo estadual em face da Constituição Federal." (Rcl 19.662/MT, 2ª Turma, j. em 06/09/2016.)

Como esse assunto foi cobrado em concurso?

O concurso para Magistratura Estadual do TJMG (2002), o candidato deveria apontar como **correta** a seguinte alternativa: "O juiz não usurpa a competência do STF quando declara, *incidenter tantum*, a inconstitucionalidade de norma legal em sentença que possua eficácia erga omnes."

Como esse assunto foi cobrado em questões dissertativas de concurso?

No concurso para Juiz do TJMS (2015), foi formulada a questão:

"É possível a realização de controle de constitucionalidade no âmbito da ação civil pública? Fundamente sua resposta de modo que aborde o seguinte:

a) exercício do controle de constitucionalidade mediante instrumentos que qualifiquem a questão constitucional como questão prejudicial ou incidental;
b) exercício do controle de constitucionalidade mediante instrumentos que qualifiquem a questão constitucional como questão principal;
c) se a ação civil pública serve como instrumento de constitucionalidade de caráter prejudicial/incidental e/ou principal;
d) posicionamento do Supremo Tribunal Federal acerca do controle de constitucionalidade na ação civil pública".

10.2. Representações interventivas federais

Cuida-se do gênero de ações por meio das quais o Procurador-Geral da República poderá obter, perante o STF, ordem para que o Presidente da República decrete a intervenção federal em algum Estado-membro ou no Distrito Federal. São duas as espécies de representação interventiva previstas na Constituição Federal: a ***ação direta interventiva*** (inciso VII do art. 34, c/c a primeira parte do inciso III do art. 36) e a ***representação contra recusa à execução de lei federal*** (primeira parte do inciso VI do art. 34, c/c a segunda parte do inciso III do art. 36).

Atenção!

A Lei 12.562/2011 estabelece o mesmo processo de julgamento de para ambas as representações interventivas.

10.2.1. Ação direta interventiva

Trata-se da ação da competência do STF cujo objetivo é assegurar a observância, por parte dos Estados-membros e do Distrito Federal, dos chamados "princípios constitucionais sensíveis" previstos no inciso VII do art. 34.

Historicamente, está incluída entre os instrumentos de controle de constitucionalidade, pois os fundamentos da ação direta interventiva acabam por envolver o reconhecimento da inconstitucionalidade de ato estadual. Todavia, apesar de fazer parte dos mecanismos de controle *concentrado* de constitucionalidade, a ação direta interventiva **não** implica controle *abstrato* (ver item 8.2.2 do Capítulo I), pois não é apta para declarar a inconstitucionalidade em tese de atos normativos.

Segundo afirma MENDES, na ação direta interventiva, *não* "se declara a nulidade ou ineficácia do ato questionado, limitando-se a afirmar a violação do texto constitucional" (1990, p. 235-236). O objetivo da causa consiste em dar solução a **conflito federativo concreto**, que surge em razão da inobservância - também *concreta* - de algum dos princípios constitucionais sensíveis. Como sustenta CLÈMERSON CLÈVE (2000, p. 130), a ação direta interventiva **não** configura **processo objetivo**, nem implica declaração incidental de inconstitucionalidade que autorize alguém a "subtrair-se da esfera de incidência do ato normativo viciado".

Certo, grande parte da doutrina considera a ADI interventiva uma das espécies das ações de controle abstrato de constitucionalidade, embora diferenciada da ADI de "caráter genérico" (JOSÉ AFONSO DA SILVA, ALEXANDRE DE MORAES e GEORGES ABBOUD). Nessa linha, para autores como ALFREDO BUZAID e GUILHERME MORAES, não existe litígio entre a União e o Estado ou o DF, mas verdadeira fiscalização da constitucionalidade em tese de atos estaduais ou distritais, com o objetivo de expurgar da ordem jurídica aqueles capazes de pôr em risco a estrutura do Estado Federal.

Registrem-se, ainda, posições intermediárias, como a de ANDRÉ RAMOS TAVARES, para quem se trata de "ação direta que, na realidade, não se insere nem no contexto de controle concentrado-abstrato, tampouco é forma de controle concreto de constitucionalidade" (2006, p. 984). Também para LUÍS ROBERTO BARROSO (2009, p. 322), a "declaração de inconstitucionalidade da lei ou ato normativo estadual não é o objeto da demanda, embora seja uma questão prejudicial a sua solução. Nesse sentido, há uma declaração de incidental de inconstitucionalidade, embora com conseqüências distintas das que se produzem nas ações subjetivas em geral."

Todavia, como já se inclinara o Ministro MOREIRA ALVES no RE 92.169/SP, é mesmo ***concreto*** (e não abstrato) o controle de constitucionalidade que se faz na ação direta interventiva. Nesse sentido, o art. 3º da Lei 12.562/2011 determina que petição inicial da ação direta interventiva contenha não só a indicação do princípio constitucional sensível que se considera "violado", como também a "prova" dessa violação, requisito a pressupor um conflito concreto, e não simplesmente em tese.

Assim, embora o fundamento da decisão possa até conter uma declaração de inconstitucionalidade do tipo incidental, a procedência do pedido da ação direta interventiva **não implica** a **suspensão definitiva da eficácia do ato impugnado, nem** possui **efeitos *erga omnes***; apenas viabiliza a decretação da intervenção federal por parte do Presidente da República, que é quem tem competência, no caso, para "suspender a execução do ato impugnado" (art. 36, § 3º, da Constituição).

Todavia, ainda que se reconheça que a ADI interventiva não envolva controle abstrato de constitucionalidade, se ao julgá-la o STF acaba por reconhecer a inconstitucionalidade de alguma lei ou ato normativo, descabe simplesmente desprezar esse reconhecimento. Há nisso, sim, juízo incidental de incompatibilidade constitucional de preceito normativo, ainda que somente para legitimar a requisição da intervenção federal.

Logo, como se trata mesmo de uma espécie de declaração de inconstitucionalidade em concreto, nada impede seja o Senado Federal comunicado da decisão, para fins de suspensão, "no todo ou em parte, de lei declarada inconstitucional por decisão definitiva do Supremo Tribunal Federal" (Constituição, art. 52, X). A menos que se considere que a intervenção do Senado não se faça necessária, dada a eventual amplitude do decreto do Presidente da República a suspender a execução do ato impugnado (Constituição, art. 36, § 3º). Ver item 7.

> **▸ Atenção!**
>
> Não se pode confundir a ação direta interventiva com a representação para execução de lei federal. Mesmo que ambas as ações sejam propostas exclusivamente pelo Procurador-Geral da República e possam levar à decretação da intervenção federal, possuem finalidades distintas. Enquanto a primeira visa à defesa de princípios constitucionais sensíveis, a segunda protege a vigência e a eficácia da legislação federal.

O **parâmetro do controle** realizado pela ADI interventiva, de sua vez, está reduzido aos **princípios constitucionais sensíveis**, tal como taxativamente enumerados pelo inciso VII do artigo 34 (com redação da EC 45/2004): (a) a forma republicana, sistema representativo e regime democrático; (b) os direitos da pessoa humana; (c) a autonomia municipal; (d) a prestação de contas da administração pública; e (e) a aplicação do mínimo exigido da receita resultante de impostos estaduais, compreendida a proveniente de transferências, na manutenção e desenvolvimento do ensino e nas ações e serviços púbicos de saúde.

A **legitimidade ativa**, como se viu, é exclusiva do **Procurador-Geral da República**. Já a **legitimidade passiva** recai sobre o **Estado-membro** ou o **Distrito Federal**, por meio das autoridades responsáveis pela prática do ato questionado.

▸ **Ação direta interventiva em face de Municípios localizados em Território Federal?**

Embora a Constituição disponha sobre a intervenção federal em Município localizado em Território Federal (art. 35, *caput*), a hipótese de ação interventiva prevista no inciso IV do art. 35 não se aplica à União, até porque Territórios Federais não dispõem de constituições cujos princípios sensíveis vinculassem os Municípios neles localizados. Ou seja, não há falar em *ação direita* interventiva com objetivo de requisitar a intervenção da União em Município.

Todavia, numa interpretação a conciliar as partes finais tanto do inciso IV do art. 35 quanto do inciso III do art. 36, cabe sustentar que o Procurador-Geral de República tem legitimidade ativa para propor, ao próprio STF, *representação para execução de lei federal* em face de Município localizado em Território Federal (v. item 10.2.2).

O **objeto** da ação direta interventiva, no geral, incide sobre atos normativos estaduais ou distritais. Porém, admite-se ainda a impugnação de ***atos omissivos***, incluindo ***atos concretos***, desde que a medida não seja confundida nem utilizada para substituir a chamada ***representação para execução de lei federal*** (v. item 10.2.2). Nesse sentido, aliás, o art. 3º da Lei 12.562/2011 determina que petição inicial da representação interventiva contenha a indicação tanto do princípio constitucional sensível que se considera violado quanto "do *ato normativo*, do *ato administrativo*, do *ato concreto* ou da *omissão* questionados".

Essa característica torna ainda mais patente o enquadramento da ADI interventiva entre as formas de controle concreto, pois nem sequer é preciso que o ato impugnado se revista de normatividade. Daí a razão por que o Plenário do STF conheceu de representação interventiva movida contra a omissão de autoridades estaduais em proteger a vida de presos custodiados no interior do Estado de Mato Grosso (IF 114/MT).

O procedimento da ação direta interventiva era regulado pela Lei 4.337/64 e pelo RISTF, com as modificações decorrentes da Constituição de 1988. Contudo, a Lei 12.562/2011 veio a regulamentar o inciso III do art. 36 da CF, trazendo as seguintes novidades:

a) oitiva não só das "autoridades responsáveis pela prática do ato questionado", como também do Advogado-Geral da União, que funcionará como curador da presunção da constitucionalidade do ato – embora o legislador não tenha sido explícito a respeito;

b) possibilidade de o relator: (b.1) "requisitar informações adicionais, designar perito ou comissão de peritos para que elabore laudo sobre a questão ou, ainda, fixar data para declarações, em audiência pública, de pessoas com experiência e autoridade na matéria"; e (b.2) autorizar "a manifestação e a juntada de documentos por parte de interessados no processo";

c) dever de o STF tentar dirimir o conflito que ensejou o pedido, "utilizando-se dos meios que julgar necessários, na forma do regimento interno";

d) em caso de procedência do pedido, a Corte fixará o prazo improrrogável de 15 dias, a contar da publicação do acórdão, para que o Presidente da República, em cumprimento aos §§. 1º e 3º do art. 36 da Constituição, decrete a intervenção ou a suspensão definitiva do ato impugnado, se isso for suficiente para restabelecer a normalidade; e

e) proibição de impugnação da decisão final, seja por recurso, seja por ação rescisória (art. 12).

O legislador fixou, ainda, que a sessão de deliberação de mérito depende da presença mínima de **oito Ministros** e que a procedência ou a improcedência do pedido pressupõe o voto de pelo menos **seis Ministros** da Corte.

▸ É cabível a desistência da ação direta interventiva?

A lei não esclareceu se segue aplicável à ação direta interventiva a regra do art. 169, § 2º, do RISTF, segundo a qual é proibida a desistência do pedido. Parece melhor entender que essa proibição é impertinente e só se aplica às ações de controle abstrato de constitucionalidade (processos autenticamente objetivos) – ver item 4 do Capítulo IV. Já a ação direta interventiva não tem por finalidade a depuração normativa do sistema jurídico, mas a intervenção federal, medida cuja decretação é excepcionalíssima, somente em casos pontuais de conflitos federativos gravíssimos. Daí não se aplicarem a respeito regras inquisitórias de condução *ex officio* de processos do tipo objetivo, até porque tampouco faz sentido prosseguir com uma ação, que poderá redundar na requisição da intervenção federal, quando o único legitimado a propô-la já tiver anuído em desistir. Em vez disso, aplicam-se regras processuais de natureza dispositiva do processo comum. Aliás, o próprio legislador determinou ao relator sejam feitas tentativas de dirimir o conflito, "utilizando-se dos meios que julgar necessários" (art. 6º, § 2º, da Lei 12.562/2011), hipótese em que o Procurador-Geral da República poderá manifestar-se pela desistência do pedido. Sem prejuízo, claro, do futuro ajuizamento das ações cabíveis, incluindo a ação direta de inconstitucionalidade, se for o caso.

Porém, a **grande novidade** da Lei 12.562/2011 está na previsão da **concessão de medida liminar**, "por decisão da maioria absoluta" dos Ministros do STF (art. 5º). Não se trata, contudo, de liminar para antecipar a intervenção federal em si, até porque isso dependerá da edição de decreto de intervenção federal, ato da competência exclusiva do Presidente da República. Cuida-se, apenas, de liminar para suspender os efeitos concretos do ato impugnado ou, ainda, "o andamento de processo ou os efeitos de decisões judiciais ou administrativas ou de qualquer outra medida que apresente relação com a matéria objeto da representação interventiva", como esclareceu o § 2º do mesmo artigo.

▸ **Atenção!**

Ao regular o procedimento da ação direta interventiva *estadual*, o art. 2º da Lei 5.778/72 já permitia ao relator do processo "suspender liminarmente o ato impugnado".

▸ **Como esse assunto foi cobrado em concurso?**

No concurso para Juiz do TJMG (2007), diante do enunciado "Detém legitimidade ativa para a propositura de ação direta de inconstitucionalidade interventiva nos Estados-Membros, por descumprimento de princípio constitucional sensível:" o candidato deveria indicar como **correta** a seguinte alternativa: "o Procurador -Geral da República."

No concurso para Juiz Federal do TRF/5ª Região (2015/Cespe), foram considerados **incorretos** os seguintes enunciados: "A representação interventiva só é cabível contra atos normativos gerais e abstratos que firam princípios constitucionais sensíveis, excluindo-se de sua apreciação os atos concretos"; e "Em razão da excepcionalidade da intervenção federal, não se revela possível a concessão de medida cautelar em processo de representação interventiva submetido ao crivo do STF."

10.2.1.1. Ação direta interventiva estadual

A Constituição também previu a figura da ação direta interventiva *estadual*, cujos fundamentos básicos seguem o modelo federal, mas que, porém, é da competência dos tribunais de justiça dos Estados-membros (CF, art. 35, IV).

O **parâmetro de controle**, nesses casos, recai sobre os princípios sensíveis estabelecidos pelo constituinte decorrente. No entanto, com relação a Estados como Goiás, em que a Constituição Estadual foi omissa a respeito (problema corrigido por emenda constitucional só em 2010), é possível sustentar a aplicação subsidiária dos princípios sensíveis previstos no inciso VII do art. 34 da Constituição Federal, a despeito da excepcionalidade de que se reveste toda forma de intervenção estadual.

▸ **Atenção!**

É óbvio que inexiste previsão de ação direta interventiva *distrital*, pois o DF não pode subdividir-se em municípios. Contudo, o constituinte federal esqueceu-se de regular eventuais hipóteses de ação interventiva que pudesse ser usada na intervenção federal nos Municípios localizados em Territórios Federais (*caput* do art. 35).

Já a legitimidade ativa é exclusiva do Procurador-Geral de Justiça de cada Estado-membro, conforme interpretação sistemática do inciso IV do art. 129, c/c inciso III do art. 36, todos da Constituição Federal. O procedimento é regulado pela Lei 5.778/72, cujo artigo 2º permite ao relator do processo "suspender liminarmente o ato impugnado".

De resto, aplicam-se, subsidiariamente, as regras da Lei 12.562/2011. Contudo, ao contrário das ações diretas interventivas federais, cujas decisões finais são irrecorríveis (art. 12 da Lei 12.562/2011), os acórdãos dos tribunais de justiça que julgam ação interventiva estadual ainda estão sujeitos a recurso extraordinário dirigido ao STF (Constituição, art. 102, III, "a"), a despeito do raciocínio da Súmula 637 do STF.

> **Atenção!**
>
> A Súmula 637/STF diz respeito à intervenção de que trata o art. 34, VI, da CF. Ou seja, refere-se ao ato político-administrativo dos TJs que defere a intervenção estadual. Nesse sentido, não se trata de uma 'causa' em sentido próprio, mas de simples 'providência administrativa'. Logo, a decisão do TJ não pode ser atacada por RE (v. RE 149.986/SP, 1ª Turma do STF). Já a ação direta interventiva estadual tem previsão constitucional diversa (art. 34, VII, da CF). E como se cuida de 'causa' propriamente dita, verdadeira ação judicial, o acórdão que a apreciar será ato jurisdicional, e não simplesmente ato político-administrativo do TJ. Daí se sujeitar a RE. (Conferir item 5.4.2.2 do Capítulo 3 do Tomo II.)

10.2.2. Representação contra a recusa à execução de lei federal

Espécie de representação interventiva instituída para **assegurar** a **aplicação da legislação federal** por parte dos Poderes Públicos estaduais e distrital, sob pena de intervenção federal.

Não costuma ser incluída entre os instrumentos do controle de constitucionalidade, pois o parâmetro da fiscalização é a *legislação federal*, e não a Constituição Federal. Contudo, a representação contra a recusa à execução de lei federal pode redundar em autêntico controle concreto (*incidenter tantum*) da constitucionalidade de atos normativos estaduais ou distritais nas hipóteses em que a negativa da aplicação às normas federais seja justificada pela suposta prevalência da legislação estadual (ou distrital). Por essa razão, foi tecnicamente correta a decisão do constituinte derivado de transferir, do STJ para o STF, a competência para julgar representação contra a recusa à execução de lei federal (ver nova redação dada pela EC 45/2004 ao inciso III do art. 36).

Por outro lado, não há procedimento específico instituído para a representação contra a recusa à execução de lei federal. A Lei 12.562/2011 estabeleceu o mesmo processo de julgamento de para ambas as representações interventivas (v. item 10.2.1).

De maneira específica, contudo, o legislador determinou que a petição inicial da representação em caso de recusa à execução de lei federal deverá conter a indicação: (a) das disposições da lei federal cuja execução esteja comprometida; (b) do ato normativo, do ato administrativo, do ato concreto ou da omissão questionados; (c) a prova da recusa de execução de lei federal; bem como (d) do pedido, com suas especificações.

No mais, aplica-se, subsidiariamente, a mesma disciplina dada às ações diretas interventivas.

> **Representação para execução de lei federal em face de Municípios localizados em Território Federal**
>
> Como mencionado no item 10.2.1, é possível sustentar que o Procurador-Geral de República tem legitimidade ativa para propor, ao STF, *representação para execução de lei federal* em face de Município localizado em Território Federal (v. parte final do art. 35, IV, c/c parte final do III do art. 36).

Capítulo **IV**

Controle judicial da constitucionalidade abstrata no direito brasileiro: linhas gerais

1. QUESTÕES TERMINOLÓGICAS

A doutrina brasileira – ressalvadas exceções como DIRLEY CUNHA JÚNIOR – costuma referir-se, indistintamente, às modalidades de controle da constitucionalidade dos seguintes tipos: *abstrata, concentrada, centralizada* e *principal*. Porém, não se trata de expressões sinônimas. Como já disse o Min. SEPÚLVEDA PERTENCE em voto no AgRg na Pet 2.788/RJ, os "adjetivos difuso e concentrado nada têm a ver com a outra dicotomia: controle abstrato ou controle concreto."

A noção de **controle *abstrato*** de constitucionalidade surge em função do **plano de incidência** do ato fiscalizado. Abstrato é o controle exercido com a finalidade de defender a **coerência objetiva do sistema normativo**, aferindo-se a constitucionalidade do ato fiscalizado sem situá-lo no plano fático no qual incide concretamente.

Já a expressão **controle *concentrado*** de constitucionalidade está relacionada ao **número de órgãos** aos quais se atribui competência para fiscalizar a constitucionalidade. Equivale à noção de controle *centralizado*, por representar tipo de **jurisdição constitucional especial**, que se concede somente a alguns órgãos taxativamente identificados pela constituição, com exclusão dos demais (v item 8.1.2 do Capítulo I).

Por sua vez, a denominação **controle *principal*** de constitucionalidade diz respeito ao **objeto da ação** em cujo âmbito a questão constitucional é examinada. É utilizada para qualificar as ações em que o **próprio pedido**, e não somente a causa de pedir, envolve a fiscalização da constitucionalidade, o que acaba por limitar o âmbito de cognição judicial só a problemas desse tipo. Implica, assim, sentenças de mérito que também podem limitar-se a simplesmente declarar a (in)constitucionalidade pretendida, sem envolver outro tipo de controvérsia (v. item 8.1.4 do Capítulo I).

Dito isso, no Brasil, tanto o **controle "principal"** quanto o **"abstrato"** estão **"centralizados"** ou **"concentrados"** em **órgãos judiciais específicos**. Contrariamente, seja o **controle "incidental"**, seja o **"concreto"**, são difusamente incluídos na **competência jurisdicional de *todos* os juízes** (ver item 8.1.1 do Capítulo I.)

Porém, embora na maior parte das vezes essas denominações estejam interligadas entre si, tal interseção não é absolutamente necessária nem tecnicamente perfeita, o que revela o equívoco de equipará-las indistintamente. Vejam-se os seguintes casos ilustrativos:

A) existem ações judiciais que, a despeito de **concentradas** ou **centralizadas** somente em determinados órgãos, podem ensejar **controle de constitucionalidade não abstrato**. Exemplos: ação direta interventiva; o controle da constitucionalidade concretamente exercido num mandado de segurança contra ato do Congresso Nacional;

B) no âmbito de ações do **controle abstrato**, é possível o reconhecimento de inconstitucionalidade por via "**incidental**". Exemplo: no julgamento de ADI, a Corte pode apreciar constitucionalidade de alguma norma que regule o procedimento da própria ação direta de inconstitucionalidade (v. QO na ADC 1/DF); ao julgar uma ADI estadual, o TJ tem competência para reconhecer, *incidenter tantum*, a inconstitucionalidade de norma da constituição estadual (STF, Pleno, Rcl 526/SP).

▸ **Importante:**

O que no controle abstrato não pode haver é controle incidental realizado em fundamentação de *mérito* prévia e necessariamente feita para se analisar a procedência do pedido. Por esse motivo, aliás, o STF não admitiu a ADI 80/PE, cujo pedido de declaração de inconstitucionalidade de lei estadual só poderia ser examinado se a Corte previamente declarasse a inconstitucionalidade, de ofício, de convênio no qual se baseara tal lei estadual.

DISTINÇÕES RELEVANTES QUANTO À TERMINOLOGIA		
Controle abstrato	**Controle concentrado ou centralizado**	**Controle principal**
– classificação do controle relacionada ao **plano de incidência** do ato fiscalizado. – Abstrato é o controle exercido com a finalidade de defender a coerência constitucional objetiva do sistema normativo.	– classificação do controle relacionada ao **número de órgãos** aos quais se atribui competência para fiscalizar a constitucionalidade.	– classificação do controle relacionada ao **objeto da ação** em cujo âmbito a questão constitucional é examinada.

2. CARACTERÍSTICAS DO CONTROLE ABSTRATO

Trata-se do tipo de controle judicial que funciona em prol da **garantia da harmonia e consistência abstratas** do **ordenamento jurídico**, independentemente de haver litígio concreto. Por isso, incide sobre determinados atos sem situá-los no respectivo plano de incidência. Pelo controle abstrato, decide-se **em tese** sobre a eventual antinomia entre a constituição e algum ato que lhe seja desconforme, com vistas à depuração do sistema normativo vigente.

A atividade se distingue da ordinariamente feita pelo Judiciário, porque não há aplicação concreta do ato questionado. O tribunal que realiza controle abstrato da constitucionalidade age à margem dos conflitos interpessoais que eventualmente possam surgir acerca da aplicação do ato controlado. Por isso, as respectivas decisões têm necessariamente **efeitos gerais** (***erga omnes***), salvo as que deixam de analisar o mérito da causa.

No julgamento abstrato da constitucionalidade, avalia-se, em tese, a conformidade constitucional do preceito atacado, numa atividade cujos efeitos são similares aos de uma atividade de **legislação "negativa"**, sem preocupação direta com questões ligadas a algum tipo de materialização concreta ou determinada das consequências do ato fiscalizado. Ademais, ressalvadas hipóteses excepcionais (v. item 5.1.3 do Capítulo I), uma vez reconhecida a inconstitucionalidade, o ato inconstitucional é expulso do sistema normativo, com efeitos *erga omnes* (ver item 1 do Capítulo VIII da Parte I)

3. CONTROLE ABSTRATO E TIPO ESPECÍFICO DE PROCESSO JUDICIAL

A tarefa de interpretar em tese a vontade constitucional e os efeitos gerais que tipificam as respectivas decisões fazem com que o controle judicial abstrato assuma função proeminente em relação aos demais órgãos do Estado.

De outro lado, sem perder a natureza jurídica da racionalidade com que opera, tampouco a vinculação a parâmetros normativos preexistentes, o pronunciamento do órgão que controla abstratamente a constitucionalidade de atos normativos possui, inevitavelmente, transcendência e projeção marcadamente **políticas**. Daí a especialidade da jurisdição conferida a algum órgão jurisdicional para controlar a constitucionalidade em tese de atos estatais, pois o órgão controlador, ao realizar tal tarefa, ocupa plano essencialmente distinto dos tribunais ordinários.

Destarte, também o processo por meio do qual se desenvolve o controle de constitucionalidade abstrato pode ser considerado "especial" em relação aos processos comuns. Isso porque, além da especialidade da jurisdição desempenhada na fiscalização abstrata de constitucionalidade, o próprio tipo de conflito aí analisado assume caracteres específicos que o distinguem das demais formas processuais. Por essas razões, sobretudo, fala-se que o processo judicial de controle abstrato configura uma classe especial intitulada ***processo objetivo***.

4. PROCESSO OBJETIVO

Tipo de processo judicial que serve de instrumento à defesa em tese da supremacia constitucional, com finalidade de tornar efetivos os escopos fundamentais do Estado.

Diferentemente dos processos comuns, o processo do controle abstrato de constitucionalidade não visa à composição de conflitos de interesses pessoalizados. Trata-se de processo de **natureza *objetiva***, pois **destinado a garantir a própria higidez constitucional do sistema normativo**, sem preocupações diretas em dirimir conflitos intersubjetivos de interesse.

No processo objetivo de controle abstrato, a intervenção judicial "realiza-se à margem de um interesse pessoal, directo e legítimo na argüição da inconstitucionalidade" (JORGE MIRANDA, 1996, p. 273). **Não se cogita**, propriamente, **da defesa de interesse do requerente** (GILMAR MENDES), até porque **não há partes** no sentido material, mas apenas figurantes processuais (partes formais). Já proclamou o STF, no "controle abstrato de normas, em cujo âmbito instauram-se relações processuais objetivas, visa-se a uma só finalidade: a tutela da ordem constitucional, sem vinculações quaisquer a situações jurídicas de caráter individual ou concreto" (AgRg na ADI 203/DF). Como disse o Ministro CELSO DE MELLO em decisão monocrática, "o processo de fiscalização concentrada de constitucionalidade — por revestir-se de caráter objetivo — destina-se a viabilizar 'o julgamento **não de uma relação jurídica concreta**, mas de validade de lei em tese'". (MC na ADI 1.552/DF). Também em razão da natureza objetiva dos processos de controle abstrato de normas, os "eventuais requerentes atuam no interesse da preservação da segurança jurídica e não na defesa de um interesse próprio" (ED na ADI 2.982/CE).

> ▸ **Como esse assunto foi cobrado em concurso?**
> No concurso para o Promotor do Ministério Público do Estado do Rio Grande do Sul (2009) o candidato deveria considerar **correta** a seguinte assertiva: "não existe lide no processo de ação direta de inconstitucionalidade."

4.1. Princípios gerais do processo objetivo

As características diferenciadas do processo objetivo implicam princípios processuais próprios, que não se confundem com os princípios do processo civil comum. O processo de controle abstrato de constitucionalidade exige corpo próprio de regras processuais, daí por que a incidência das normas de processo tradicional é apenas ***subsidiária*** (cf. decisão monocrática do Min. CELSO DE MELLO na ADI 1.063/DF).

Numa apertada síntese, baseada em CANOTILHO (1998) e em obra específica (BERNARDES, 2004a), destacam-se os seguintes princípios gerais do processo objetivo.

4.1.1. Princípio da instrumentalidade "reforçada"

Embora a instrumentalidade não seja princípio processual exclusivo do controle abstrato de constitucionalidade, a natureza eminentemente política e a difícil determinação do conteúdo semântico das normas constitucionais concedem ao processo objetivo caráter instrumental mais reforçado do que aquele que se manifesta nos processos subjetivos.

Assim, não obstante o dever geral de observância das normas processuais, o controle de constitucionalidade trabalha com **formas processuais mais livres** que as das atividades jurisdicionais comuns. Tudo isso para assegurar ao órgão julgador liberdade de atuação processual, de maneira a satisfazer as exigências de eficiência do processo objetivo e, sobretudo, para acomodar melhor o impacto que as respectivas decisões causam às relações sociais.

4.1.2. Princípio da acessibilidade limitada ao processo objetivo

No controle abstrato de constitucionalidade, não se aplica a garantia constitucional do amplo acesso à jurisdição (art. 5º, XXXV). A **legitimidade ativa** para deflagrar o processo de controle abstrato da constitucionalidade não é concedida a qualquer pessoa, mas somente a determinados órgãos, autoridades públicas ou entidades representativas da sociedade civil, conforme **rol taxativo** (art. 103 da Constituição).

> ▸ **Atenção!**
> Em razão do princípio da acessibilidade limitada, nem mesmo o Estado-membro "dispõe de legitimidade para interpor recurso em sede de controle normativo abstrato, ainda que a ação direta de inconstitucionalidade tenha sido ajuizada pelo respectivo Governador" (AgRg na ADI 2.130/SC e AgRg no AgRg na ADI 1.663/AL).

4.1.3. Princípio do interesse objetivamente considerado

O regime de garantias jurisdicionais objetivas da constitucionalidade realiza-se à margem de interesses pessoais na arguição da inconstitucionalidade (JORGE MIRANDA). Nos instrumentos processuais das garantias objetivas, a pretensão – se é que nisso se pode falar – está ligada à **regularidade abstrata da observância do ordenamento jurídico**, pois a atividade jurisdicional não atende a qualquer tipo de satisfação material ou imaterial que se pudesse atribuir a alguém de forma diferenciada da dos demais membros da sociedade.

4.1.4. Princípio da congruência ao pedido

O órgão judicial não age de ofício, mas somente após a provocação de quem detenha legitimidade especial para provocá-lo. Depende do requerente não só o momento em que o processo se inicia, mas também a própria fixação do objeto respectivo feita na inicial.

▸ **Atenção!**

A) Excepcionalmente, o STF vem reconhecendo a possibilidade de estender a declaração de inconstitucionalidade em abstrato a preceitos não impugnados (inconstitucionalidade consequente ou "por arrastamento"). Ver item 4.1.10 do Capítulo I e item 4.2.7 do Capítulo V.

B) O princípio do pedido não retira do tribunal que exerce controle abstrato de constitucionalidade o poder de declarar, ***incidentalmente***, a inconstitucionalidade de norma que não tenha sido inicialmente impugnada. Como qualquer juiz, também os órgãos judiciais que fazem controle abstrato de constitucionalidade detêm competência para realizar controle de constitucionalidade do tipo concreto (*incidental*) toda vez que depararem com questões constitucionais concretas e que devam ser decididas como incidente do julgamento de alguma ação da fiscalização abstrata. Aqui, como se trata de declaração emitida como prejudicial de mérito da ação de controle abstrato de constitucionalidade, não há exceção ao princípio do pedido.

▸ **Como o STF enfrentou o tema:**

Na ADI 4.209/DF, o STF declarou a inconstitucionalidade incidental de dispositivos da Resolução/CN n. 1/2002 (que dispõe sobre o rito da apreciação de medidas provisórias pelo Congresso Nacional), ato normativo que não fora impugnado na ação. Contudo, inusitadamente, embora se cuidasse de declaração *incidenter tantum*, acabou tratada como se fora uma declaração proferida pela via principal. Tanto é que a Corte ainda modulou a eficácia decisória, nos termos do art. 27 da Lei 9.868/99, a fim de preservar outras medidas provisórias aprovadas com base nos dispositivos considerados inconstitucionais. Ademais, curiosamente, o Congresso Nacional retirou do texto da resolução mencionada os dispositivos inconstitucionais. Ver discussão em quadro do item 7 do Capítulo III.

4.1.5. Princípio da abertura da causa de pedir

A despeito do princípio da congruência ao pedido, o órgão julgador aprecia com elasticidade a adequação abstrata do preceito impugnado em face de quaisquer dos padrões normativos que integram o bloco de constitucionalidade. Diferentemente do *princípio da substanciação* adotado nos processos subjetivos, o tribunal **não fica adstrito** às **causas de pedir** que lhe tenham sido **apresentadas pelo requerente**. Daí se dizer que a ***causa de pedir é aberta*** no controle abstrato de constitucionalidade.

Por outro lado, em razão do princípio da causa de pedir aberta, a jurisprudência do STF tem entendido que a proclamação do resultado do julgamento final da ação gera a **presunção** (absoluta) de que o ato controlado fora examinado em face de "todas" as normas que compunham o respectivo parâmetro de constitucionalidade.

Daí, uma vez declarada a (in)constitucionalidade em abstrato de determinado preceito, o STF tem recusado novas análises a respeito, nem mesmo a partir de normas constitucionais sequer mencionadas no julgamento (STF, 1ª Turma: RE 343.818/MG e AgRg no RE 431.715/MG). Para a Corte, a menos que apresentado fato novo, não se pode apreciar novamente a inconstitucionalidade de idêntico preceito, ainda que feito com base em outra argumentação constitucional, já que a causa de pedir é aberta (MC na ADI 1.967/DF). Segundo decidiu o Plenário do STF, a "causa de pedir, no controle objetivo de normas, é aberta, o que significa dizer que a adequação ou não de determinado texto normativo é realizada em cotejo com todo o ordenamento constitucional vigente ao tempo da edição do dispositivo legal. Assim, caso declarada a constitucionalidade de uma norma, consideram-se repelidos todos e quaisquer fundamentos no sentido da sua inconstitucionalidade, e vice-versa" (AgRg na ADI 5.180/DF, j. em 27-4-2018).

Nada obstante, são problemáticos tais obstáculos deliberativos decorrentes do princípio da causa de pedir aberta. Como constou de voto do Ministro SEPÚLVEDA PERTENCE em questão de ordem na ADI 2.182/DF, "esse princípio não pode ser levado às suas últimas consequências", dada a inviabilidade de exigir que a Corte examine todos os aspectos constitucionais de determinado ato normativo, ou de "impor, com efeito vinculante, um exame que, na realidade, não foi feito, ou não pode ser feito, em muitas circunstâncias." Bem por isso, nesse precedente, a Corte reconheceu que não examinaria a constitucionalidade material da lei impugnada, pois a inicial da ação direta suscitara apenas sua inconstitucionalidade formal.

▸ Atenção!

No Brasil, até recentemente, o STF considerava que a causa de pedir, embora aberta, ficava restrita à configuração atual das normas dotadas de supremacia constitucional (ordem constitucional vigente). Porém, a partir do julgamento da ADI 2.158/PR (j. em 15-9-2010), o Plenário da Corte passou a entender que o parâmetro de controle abstrato da constitucionalidade alcança também os preceitos constitucionais que já tenham sido revogados ou substancialmente modificados, desde que editados sob a nova ordem constitucional. (Sobre esse aspecto temporal restrito do bloco de constitucionalidade, cf. item 6.3.2.2 do Capítulo I).

Daí se concluir que a abertura da causa de pedir, com essa mudança de entendimento, acaba por incluir todas as normas que façam ou tenham feito parte do bloco de constitucionalidade instituído pela Constituição de 1988.

Resta agora saber se, com a ampliação da causa de pedir às normas constitucionais já revogadas ou substancialmente modificadas (ADI 2.158/PR), a Corte manterá tais repercussões relativas ao princípio.

Sobre a extensão desse princípio a processos de controle concreto da constitucionalidade, mais exatamente no julgamento de recursos extraordinários, v. item 4.1.1 do Capítulo III.

▶ **Como esse assunto foi cobrado em concurso?**

Em questão elaborada pelo concurso para Juiz do TRT/1ª Região (2010), foi considerada **errada** a seguinte assertiva: "A decisão do STF que, em ação declaratória de constitucionalidade, declara a constitucionalidade de determinada lei ou ato normativo pode ser objeto de novo exame, se fundado em novos argumentos que levariam à interpretação no sentido da inconstitucionalidade."

No concurso para Juiz do TRT/7ª Região (2006), foi considerada **correta** a seguinte assertiva: "Na ação direta de inconstitucionalidade, a atividade judicante do STF está condicionada pelo pedido, mas não pela causa de pedir, que é tida como 'aberta'."

4.1.6. Princípio da especificação das normas paramétricas

Apesar de nos processos objetivos ser admissível a abertura da causa de pedir por parte do tribunal, nem por isso o autor da ação está liberado da **obrigação de indicar as normas constitucionais** que lhe parecem dar **suporte ao pedido** formulado. Como já decidiu o STF, impõe-se ao requerente, "sob pena de não-conhecimento da ação direta, indicar as normas de referência – que são aquelas inerentes ao ordenamento constitucional e que se revestem, por isso mesmo, de parametricidade – em ordem a viabilizar a aferição da conformidade vertical dos atos normativos infraconstitucionais" (ADI 561/DF).

4.1.7. Princípio da indisponibilidade

Após ajuizada a ação, **não mais se admite a desistência** (cf. arts. 5º e 16 da Lei 9.868/99 e art. 169, § 1º, do RISTF), seja *total* (MC na ADI 387/RO e ADI 164/DF), seja *parcialmente* (ADI 2.049/RJ), tampouco quanto ao pedido de *liminar* (MC na ADI 892/RS).

▶ **Como esse assunto foi cobrado em concurso?**

Em questão elaborada pelo concurso para Juiz do TRT/7ª Região (2006), foi considerada **correta** a seguinte assertiva: "O requerente não pode desistir da ação direta de inconstitucionalidade que haja proposto."

No concurso para Auditor Fiscal do Trabalho (2003), elaborado pela Esaf, o candidato deveria considerar como **errada** a seguinte assertiva: "Segundo entendimento do STF, é possível o Autor requerer a desistência em relação a uma Ação Direta de Inconstitucionalidade, desde que demonstre razões de interesse público para essa desistência."

4.1.8. Princípio da instrução

O tribunal tem **poderes para investigar** a fundo as complexidades, incluindo questões de fato, envolvidas tanto na formulação quanto no programa normativo do ato questionado. Daí ser permitida a requisição de informações adicionais, a designação de perito ou comissão de peritos, bem como a fixação de data para audiências públicas e oitiva de pessoas (arts. 8º, § 1º, e 20, § 1º, da Lei 9.868/99).

▸ **Atenção!**

Importante diferenciar os *fatos singulares da causa*, que dizem respeito a fatos individuais e concretos (cuja apreciação se dá exclusivamente em sede de controle difuso), daqueles *fatos gerais, i.e.*, os fatos que o legislador considerou para editar a norma abstrata.

4.1.9. Princípio do controle material

Ligado ao princípio da instrução, trata-se do princípio segundo o qual o órgão julgador não pode negar a importância da ligação existente entre os fatos e a norma impugnada (mundos do *ser* e do *dever-ser*), razão pela qual se justifica a investigação integrada de **elementos fáticos** e **jurídicos** no julgamento do mérito dos processos objetivos (GILMAR MENDES).

▸ **Como esse assunto foi cobrado em concurso?**

No concurso para Procurador Federal (2010/Cespe), elaborado pelo Cespe, foi considerada **correta** a seguinte assertiva: "A doutrina destaca a possibilidade de apuração de questões fáticas no controle abstrato de constitucionalidade, já que, após as manifestações do advogado-geral da União e do procurador-geral da República, pode o relator da ADI ou da ação declaratória de constitucionalidade requisitar informações adicionais ou mesmo designar perito para o esclarecimento de matéria ou circunstância de fato."

4.1.10. Princípio da publicidade

A exemplo do ocorre nos processos comuns, as decisões judiciais dos processos objetivos são fundamentadas, assim como normalmente devem ser públicas as respectivas sessões de julgamento (Constituição, art. 92, IX). A peculiaridade está em que todas as decisões, além de publicadas no *Diário da Justiça da União*, também o são no ***Diário Oficial da União***.

Por outro lado, segundo a letra "c" do art. 12 da LC 95/98, nas alterações legislativas, é vedado o aproveitamento do número de dispositivo declarado inconstitucional pelo Supremo Tribunal Federal, devendo a lei alterada manter essa indicação, seguida da expressão "declarado inconstitucional, em controle concentrado, pelo Supremo Tribunal Federal".

Contudo, diferentemente da prática adotada em países como a Itália, até os votos vencidos são publicados, o que não deixa de enfraquecer a presunção de constitucionalidade dos atos do Poder Público.

4.1.11. Princípio da irrecorribilidade

Embora as decisões monocráticas possam ser impugnadas por **agravo regimental**, o julgamento final das ações de controle abstrato é definitivo, ressalvada apenas a integração do julgado por meio da interposição de **embargos declaratórios** (art. 26 da Lei 9.868/99).

> **Atenção!**
>
> I) Na MC na ADI 3.626/MA, o Plenário do STF julgou prejudicado agravo regimental interposto contra liminar deferida por decisão monocrática do relator no período de recesso. Entendeu-se que a decisão, como estava automaticamente sujeita a referendo do próprio Pleno da Corte, não desafiava agravo a ser julgado pelo mesmo órgão.
>
> II) A adoção de rito abreviado (artigo 12 da Lei 9.868/99), pelo relator, nas hipóteses em que o pedido de declaração de inconstitucionalidade se fizer acompanhado de pretensão cautelar, não é passível de impugnação por agravo regimental, ante a ausência de previsão legal (AgRg na ADI 3.521/PR).
>
> III) Num inusitado precedente (Suspensão de Liminar 1.188/DF, j. em 19-12-2018), a fim de evitar grave lesão à ordem e à segurança públicas, o Presidente do STF suspendeu liminar concedida na ADC 54/DF, por decisão monocrática do Min. MARCO AURÉLIO, no último antes do recesso da Corte. A suspensão de liminar baseou-se no art. 4º da Lei 8.437/91 e no art. 297 do RISTF. Contudo, a previsão legal tem por alvo a suspensão da "execução da liminar em ações movidas contra o Poder Público ou seus agentes"; e a norma regimental trata da suspensão da "execução de liminar, ou da decisão concessão de mandado de segurança". Logo, por se referirem exclusivamente a processos subjetivos, não poderiam ser utilizadas como meio impugnativo nas ações diretas. Nada obstante, o Ministro Presidente da Corte fundamentou a utilização atípica da medida com base no poder geral de cautela.
>
> IV) Em se tratando de controle abstrato de constitucionalidade feito por tribunais de justiça dos Estados-membros e pelo TJDFT, a Suprema Corte admite a interposição de outros recursos, a ela dirigidos, contra o acórdão final do tribunal inferior. Ver item 5.5.1.2 do Capítulo V.

> **Como esse assunto foi cobrado em concurso?**
>
> O concurso para Advogado do Instituto de Resseguro do Brasil – IRB (2006), o candidato deveria considerar **errada** a seguinte alternativa: "Não cabe nenhum recurso contra a decisão que declara a constitucionalidade de uma norma em uma ação declaratória de constitucionalidade; tampouco caberá ação rescisória."

4.1.12. Princípio da não rescindibilidade

Como já decidira o Plenário do STF (AR 878/SP e AgRg na AR 1.365/BA), não se admite a rescisão dos julgados proferidos em processos objetivos. Por questões ligadas à segurança jurídica, **não se sujeita à ação rescisória** a autoridade da coisa julgada formada pelo julgamento definitivo de mérito da "decisão que declara a constitucionalidade ou a inconstitucionalidade da lei ou do ato normativo em ação direta ou em ação declaratória é irrecorrível, ressalvada a interposição de embargos declaratórios" (art. 26 da Lei 9.868/99). No mesmo sentido, a "decisão que julgar procedente ou improcedente o pedido em arguição de descumprimento de preceito fundamental é irrecorrível, *não podendo ser objeto de ação rescisória*" (art. 12 da Lei 9.882/99). (Sobre a inconveniência da rígida adoção desse princípio no caso das declarações de constitucionalidade, v. item 3.2.1 do Capítulo V.)

Certo, a proibição da irrescindibilidade não impede, por si só, a **nova propositura de ação semelhante**, em caso de anterior **extinção do processo sem julgamento de mérito** (v. ADI 4.430/DF, Pleno). Nada obstante, o *princípio vem sendo contornado pelo STF* por diversas outras maneiras.

A partir da Rcl 4.374/PE, o Plenário do STF considerou possível, em sede de **reclamação constitucional**, *revisar até decisão de mérito proferida numa ação direta anterior* (ADI 1.232/DF), a fim de exercer nova "compreensão" sobre o dispositivo então considerado constitucional. Ademais, na Rcl 18.636/PB, decisão monocrática do Min. CELSO DE MELLO entendeu pelo cabimento de reclamação contra o descumprimento de entendimento decorrente da *reinterpretação*, por via de reclamação anterior, de decisão do STF proferida em controle abstrato de constitucionalidade. Nessa linha, segundo o STF, o julgamento proferido em ADI, embora insuscetível de rescisória, pode ser modificado por decisão posterior tomada em reclamação constitucional, cujo entendimento, por se integrar ao acórdão da ADI, passará a assumir os mesmos contornos *erga omnes* e vinculantes que caracterizam a decisão modificada e, portanto, poderá servir de paradigma para sustentar outras reclamações.

Atenção!

Na Rcl 18.636/PB (j. em 10-11-2015), o Min. CELSO DE MELLO anotou que, a partir do precedente firmado pelo Plenário na Rcl 4.374/PE, é "por meio da reclamação, portanto, que o Supremo Tribunal Federal, no desempenho de sua jurisdição constitucional, reaprecia o conteúdo e revisa o alcance de suas próprias decisões proferidas em sede de controle abstrato de constitucionalidade", pois o processo da reclamação "em nada se distingue nem diverge ontologicamente de qualquer jurisdição de perfil constitucional, uma vez que o instrumento da reclamação visa e objetiva proteger a integridade da ordem constitucional, de tal modo que a possível superação, por esta Suprema Corte, de uma anterior decisão sua, mesmo proferida em sede de fiscalização normativa abstrata, resultará legítima em decorrência do exercício pleno dessa mesma jurisdição constitucional." Entendeu-se que, no caso, a decisão em reclamação tida por desobedecia (Rcl 4.374/PE) não apenas resolvera "o conflito individual deduzido naquela causa", mas procedera, "expressamente, à reinterpretação dos comandos emergentes da decisão anteriormente proferida, em sede de fiscalização normativa abstrata, no exame da ADI 1.232/DF, vindo a redefinir, dessa forma, o próprio conteúdo e o alcance de referido julgamento, revestido de eficácia '*erga omnes*' e de efeito vinculante".

Não é tudo. Em outro precedente curioso, na ADI 5.081/DF (j. em 27-5-2015), o STF admitiu **nova ação direta** para declarar a *inconstitucionalidade* do mesmo *ato normativo que já havia sido declarado constitucional* na ADI 3.999/DF e na ADI 4.086/DF. (Mais sobre o assunto, ver item 3.2.1 do Capítulo V.)

Também em sede de **recurso extraordinário dotado de repercussão geral**, o Plenário do STF foi explícito ao atropelar o princípio da não irrescindibilidade previsto no art. 26 da Lei 9.868/99. Conforme constou da própria ementa do RE 593.849/MG (j. em 19-10-2016), a Corte decidiu, expressamente, pela alteração parcial do julgamento na ADI 1.851/AL, ainda que apenas para surtir efeitos em face dos "litígios judiciais futuros e os pendentes submetidos à sistemática da repercussão geral."

Além disso, o STF já contornou o princípio da não rescindibilidade até por via de **simples liminares** monocráticas em ações diretas. Esse o caso, por exemplo, da decisão cautelar na ADO 23/DF: o Plenário da Corte havia autorizado a aplicação de normas inconstitucionais da LC 62/89 somente até 31-12-2012 (ADI 875/DF, ADI 1.987/DF, ADI 2.727/DF e ADI 3.243/MT), mas como não fora aprovada a tempo a legislação que substituísse tais regras de distribuição do Fundo de Participação dos Estados e do Distrito Federal, o Min. RICARDO LEWANDOWSKI, em liminar, estendeu por mais 180 dias o prazo que a Corte fixara em acórdãos transitados em julgado. Equivalente flexibilização do princípio ocorreu em decisão monocrática do Min. NUNES MARQUES (ADI 6.630/DF, j. em 19-12-2020), em que liminarmente considerado inconstitucional trecho de dispositivo da Lei da Ficha Limpa (art. 1º, I, letra "e", da LC 64/1990, com redação da LC 135/2010) que já fora declarado constitucional, pelo Plenário da Corte, na ADC 29/DF e na ADC 30/DF.

Ressalte-se, ainda, o imbróglio referente à decisão proferida na ADO 25/DF, que fixara prazo de 12 meses ano para que o TCU suprisse a mora do Congresso Nacional em editar a lei complementar prevista no artigo 91 incluído pela EC 42/2003 ao ADCT. A decisão final transitou em julgado novembro de 2016 e referido prazo fixado nunca foi cumprido. Então, após prorrogações sequenciais concedidas por decisões monocráticas (?!), a Corte homologou acordo realizado entre a União, os Estados-membros e o DF, razão pela qual a questão foi encaminhada "ao Congresso Nacional para as deliberações cabíveis" (QO na ADO 25/DF, j. em 20-5-2020). Ou seja, não bastassem as decisões monocráticas a prorrogar o prazo de um ano fixado em decisão transitada em julgado, o superveniente julgamento da mencionada questão de ordem acabou por surtir *efeitos rescisórios* em face da decisão final proferida da ADO 25/DF.

▸ Como esse assunto foi cobrado em concurso?

No concurso para Analista Fiscal da Receita Federal (2005), foi considerada **errada** a seguinte assertiva: "A decisão prolatada em sede de arguição de descumprimento de preceito fundamental pode ser objeto de ação rescisória."

No concurso para Agente de Fiscalização na área Administração do TCESP (2017/Vunesp), foi considerada **correta** a afirmação: "A decisão que declara a inconstitucionalidade da lei ou do ato normativo em ação direta não pode ser objeto de ação rescisória".

PRINCÍPIOS GERAIS DO PROCESSO OBJETIVO	
Princípio da instrumentalidade "reforçada":	formas processuais mais livres asseguram ao órgão julgador maior liberdade de atuação processual, de maneira a satisfazer as exigências de eficiência do processo objetivo e, sobretudo, para acomodar melhor o impacto que as respectivas decisões causam às relações sociais.
Princípio da acessibilidade limitada ao processo objetivo:	a legitimidade ativa para deflagrar o processo de controle abstrato da constitucionalidade é concedida somente a determinados órgãos, autoridades públicas ou entidades representativas da sociedade civil, conforme *rol taxativo* (art. 103 da Constituição).
Princípio do interesse objetivamente considerado:	a atividade jurisdicional está ligada à consistência abstrata do ordenamento jurídico, e não ao atendimento de qualquer tipo de satisfação material ou imaterial que se pudesse atribuir a alguém de forma diferenciada da dos demais membros da sociedade.
Princípio da congruência ao pedido:	o órgão judicial não age de ofício, mas somente após provocação de quem detenha legitimidade especial para provocá-lo, bem como nos limites em que esta for realizada. *Exceções ao princípio:* (i) declaração da inconstitucionalidade consequente ou "por arrastamento"; e (ii) declaração incidental da inconstitucionalidade de norma que não tenha sido inicialmente impugnada.
Princípio da abertura da causa de pedir:	o órgão julgador aprecia livremente a adequação abstrata do preceito impugnado em face de quaisquer dos padrões normativos que integram o bloco de constitucionalidade, sem restringir-se às causas de pedir que lhe tenham sido apresentadas na petição inicial.
Princípio da especificação das normas paramétricas:	o autor da ação deve indicar as normas constitucionais que dão suporte ao pedido formulado.
Princípio da indisponibilidade da instância:	uma vez ajuizada, não mais se admite a desistência da ação, total ou parcialmente, tampouco quanto ao pedido de liminar.
Princípio da instrução:	o órgão julgador dispõe de poderes para investigar a fundo as complexidades, incluindo questões de fato, envolvidas tanto na formulação quanto no programa normativo do ato questionado.
Princípio do controle material:	o órgão julgador deve proceder à investigação integrada de elementos fáticos e jurídicos no julgamento do mérito dos processos objetivos.
Princípio da publicidade:	todas as decisões devem ser publicadas, não só no Diário da Justiça da União, como também no Diário Oficial da União. Ademais, nas alterações legislativas, é vedado o aproveitamento do número de dispositivo declarado inconstitucional pelo STF, de modo que a lei alterada deve manter a indicação numérica anterior, seguida da expressão "declarado inconstitucional, em controle concentrado, pelo Supremo Tribunal Federal".

PRINCÍPIOS GERAIS DO PROCESSO OBJETIVO	
Princípio da irrecorribilidade:	as decisões finais proferidas nas ações do controle abstrato de constitucionalidade são irrecorríveis, com exceção das seguintes possibilidades: (i) interposição de agravo regimental contra as decisões monocráticas que extinguem o processo sem julgamento de mérito; e (ii) oposição de embargos declaratórios.
Princípio da não rescindibilidade:	as decisões de mérito em ação do controle abstrato de constitucionalidade transitadas em julgado, incluindo as que declaram a constitucionalidade de lei ou ato normativo, não podem ser desconstituídas sequer por via de ação rescisória. **Atenção:** O STF tem contornando esse princípio, sobretudo, por via de reclamação, mas também por decisões em RE e até liminares monocráticas proferidas em ações direta.

4.2. Materializações dos princípios específicos do processo objetivo

Assentados os princípios básicos do processo objetivo de controle abstrato de constitucionalidade, emergem as seguintes características processuais reconhecidas pelo STF:

A) não há jurisdição de composição de conflito de interesses, mas **ato de fiscalização dos Poderes**;

B) **inexiste contraditório formal**, pois se trata de processo essencialmente unilateral, no qual há um requerente, mas não necessariamente um requerido. Nesse sentido, pode até ser dispensada a citação da parte contrária, como no caso de uma ADI, movida pelo atual Governador do Estado, contra ato de seu predecessor;

C) o preceito normativo pode ser impugnado mesmo por quem tenha aquiescido ao ato atacado ao participar do respectivo processo de produção. Exemplo: Governador de Estado pode propor ADI contra lei cujo projeto ele próprio houvera sancionado (v. QO na QO na ADI 807/RS);

▸ Atenção!

No julgamento anterior (QO na ADI 807/RS), a Corte entendera que o Governador não poderia posicionar-se como litisconsorte **ativo** na ação direta movida contra lei originária de projeto por ele sancionado. Porém, a proibição reconhecida pelo STF dizia respeito apenas ao *problema da preclusão acerca da polaridade processual* ocupada pelo Governador, pois este já havia prestado informações no processo sob a condição de litisconsorte **passivo**. Daí que, em questão de ordem posterior (QO na QO na ADI 807/RS), a Corte admitiu que o Governador propusesse uma *nova* ADI contra a mesma lei.

> **Como esse assunto foi cobrado em concurso?**
>
> Em sentido contrário ao que decidiu o STF na QO na QO na ADI 807/RS, porém, no concurso para o cargo de Procurador do Distrito Federal (2007), promovido pela Esaf, diante da premissa "Suponha que uma lei distrital, sancionada pelo Governador, que limita o horário de funcionamento do comércio varejista em Brasília, seja objeto de dúvidas quanto à sua constitucionalidade", o candidato deveria considerar **correta** a seguinte assertiva: "O Governador do Distrito Federal, mesmo que arrependido politicamente da sanção ao projeto de lei, não poderá ajuizar ação direta de inconstitucionalidade perante o STF contra tal lei."

D) a ***causa petendi* é aberta**, pois abarca todas as normas que compõem o bloco de constitucionalidade. Por isso, o tribunal não está adstrito aos fundamentos constitucionais invocados pelo requerente, já que pode desconsiderar e até suprir, por outras, as causas de pedir formuladas na inicial (MC na ADI 1.358/DF);

E) **não se admite** a **desistência da ação** nem sequer do **pedido de liminar**;

F) **descabe** a **intervenção assistencial** ou a formação de **litisconsórcio passivo** por parte de pessoas, órgãos ou entidades que não tenham participado da produção de elaboração do ato impugnado (ADI 1.434/SP);

> **Atenção!**
>
> Em matéria de ADPF incidental, a lei faculta ao relator ouvir "as partes nos processos que ensejaram a arguição" (§ 1º do art. 6º da Lei 9.882/99).

G) é **incabível** tanto a **suspeição** quanto o **impedimento** dos julgadores, mesmo na hipótese de terem sido corresponsáveis pela edição do ato impugnado (por todos v. MC na ADI 2.321/DF, ADI 3.365/DF e ADPF 144/DF), bem como o voto esclarecedor do Min. CELSO DE MELLO na QO na ADI 2.238/DF), *ressavaldos* casos excepcionais e a declaração de **suspeição por motivo de foro íntimo** (ADI 3.345/DF);

> **Atenção!**
>
> Exemplos de *casos excepcionais* de impedimento para julgar processos objetivos de controle da constitucionalidade: (a) Ministro que interviera na mesma relação processual, na qualidade de Procurador-Geral da República (ADI 4/DF) ou de Advogado-Geral da União (ADI 2.588/DF); (b) Ministro que, quando Procurador-Geral da República, se recusara a propor ação direta contra o ato impugnado (QO na MC na ADI 55/DF); e (c) Ministro que, como Desembargador, participara do julgamento de ADI estadual cujo acórdão se discutia no STF em sede de recurso extraordinário (MC na Pet 2.859/SP).
>
> Todavia, na ADI 3.365/DF, na ADI 3.345/DF e na ADPF 144/DF, ao analisar a constitucionalidade de resoluções do TSE, a Corte afastou o impedimento de julgadores que, por acumularem a função de **Ministros do TSE**, haviam subscrito o ato impugnado, incluindo o Presidente do TSE, que ainda assinara o ofício com as informações solicitadas pelo STF.

Por outro lado, na ADI 3.345/DF (j. em 25-8-2005), embora tenha entendido que os "institutos do impedimento e da suspeição restringem-se ao plano dos processos subjetivos (em cujo âmbito discutem-se situações individuais e interesses concretos), não se estendendo nem se aplicando, ordinariamente, ao processo de fiscalização concentrada de constitucionalidade", a Corte ressalvou a possibilidade de qualquer Ministro do STF invocar **razões de foro íntimo** como fundamento legítimo para afastar-se do julgamento. Nesse sentido, em despacho de 15-5-2018, o Min. ROBERTO BARROSO manifestou suspeição por motivo de foro íntimo na ADI 3.184/DF.

H) **não cabe ação rescisória** contra acórdão proferido no controle abstrato (art. 26 da Lei 9.868/99 e art. 12 da Lei 9.882/99);

I) só se admite interposição de **embargos de declaração** por parte de quem tenha composto a relação processual, ainda que o embargante figure entre os colegitimados para a propositura da ação (QO nos ED na ADI 1.105/DF), o que exclui a legitimidade recursal do *amicus curiae*, mesmo que este tenha feito sustentação oral (ED na ADI 3.615/PB, ED na ADO 6/PR), bem como de quaisquer terceiros, incluindo os concretamente prejudicados pela decisão;

J) são **inaplicáveis** disposições processuais que dispõem sobre **prerrogativas de prazo** para manifestações, tal como o art. 188 do CPC/73 e o art. 183 do CPC/2015, ainda que a parte disponha dessa prerrogativa nos processos de índole subjetiva (v. AgRg na ADI 1.797/PE, AgRg na ADI 2.130/SC e AgRg no AgRg na MC na ADI 5.814/RR); e

▸ **Atenção!**

No caso específico dos "recursos extraordinários interpostos em ações diretas de inconstitucionalidade no âmbito dos Tribunais de Justiça", há acórdão isolado da 1ª Turma do STF a validar a aplicação do prazo em dobro previsto no art. 188 do CPC/73 (ARE 661.288/SP, j. em 6-5-2014). Todavia, esse precedente foi superado pelo Plenário da Corte no julgamento do AgRg no ARE 830.727/ SC (j. em 6-2-2019), quando se entendeu inaplicável a contagem em dobro do prazo recursal para a Fazenda Pública em quaisquer processos de natureza objetiva, inclusive para interposição de recurso extraordinário em processo de fiscalização normativa abstrata da competência dos TJs. (Sobre a interposição de RE contra acórdão proferido em ADI estadual, v. item 5.5.1.2 do Capítulo V.)

K) diferentemente do art. 103 do CPC/73 e do art. 113 do CPC/2015, a mera identidade das causas de pedir não justifica a **cumulação de pedidos** de declaração de (in)constitucionalidade formulados em face de vários dispositivos, até porque o tribunal não fica vinculado aos fundamentos apresentados na peça inicial (QO na ADI 28/SP);

> ▸ **Atenção!**
>
> **A) Cumulação de pedidos típicos de ADI e de ADC:** na MC na ADI 5.316/DF (j. em 21-5-2015), o Plenário do STF entendeu que a cumulação simples de pedidos típicos de ADI e de ADC "é processualmente cabível em uma única demanda de controle concentrado de constitucionalidade, desde que satisfeitos os requisitos previstos na legislação processual civil".
>
> **B) Cumulação de pedidos típicos de ADI e de ADO:** na ADI 4.650/DF, o Pleno STF decidiu que a cumulação simples de pedidos típicos de ação direita de inconstitucionalidade e de ação direta de inconstitucionalidade por omissão "é processualmente cabível em uma única demanda de controle concentrado de constitucionalidade, desde que satisfeitos os requisitos previstos na legislação processual civil".

L) no STF o processo objetivo tem **prioridade de julgamento** em relação aos processos subjetivos acerca das mesmas questões constitucionais, inclusive sobre aqueles cuja deliberação já tenha sido, iniciada, a despeito da regra do art. 138 do RISTF em sentido contrário (QO na MC na ADC 18/DF);

M) **não há** que se falar em **prescrição** ou em **decadência** da prerrogativa de acionar as vias do controle abstrato de constitucionalidade (v. Súmula 360 do STF), pois tais institutos repercutem apenas na esfera das relações jurídicas subjetivas, sem interferir no âmbito das relações processuais de caráter objetivo. Como ensinou LÚCIO BITTENCOURT (1997, p. 129), podem "prescrever, sim, os direitos decorrentes de situações afetadas pela lei [inconstitucional], mas a própria inconstitucionalidade, essa não prescreve nunca."

> ▸ **Importante:**
>
> Na clássica lição de LÚCIO BITTENCOURT (1997, p. 129), podem "prescrever, sim, os direitos decorrentes de situações afetadas pela lei [inconstitucional], mas a própria inconstitucionalidade, essa não prescreve nunca." (Ver item 3.4.1 do Capítulo V.)

5. ÓRGÃOS CONTROLADORES

Os **órgãos competentes** para exercer *controle concentrado/abstrato de constitucionalidade* são, **exclusivamente**:

A) o **STF**: se o controle é feito em face da Constituição Federal (**bloco de constitucionalidade federal**);

B) os **tribunais de justiça** dos Estados-membros e do Distrito Federal: se o controle é exercido em face das constituições estaduais (**bloco de constitucionalidade estadual**) ou da LODF.

> ▸ **Importante:**
>
> Segundo jurisprudência do STF, até mesmo o constituinte derivado decorrente está proibido de estender a tribunais de justiça dos Estados-membros a competência para verificar a constitucionalidade abstrata de quaisquer atos, inclusive os municipais, em face da Constituição Federal (cf. Rcl 337/DF, MC na ADI 347/SP, MC na ADI 508/DF e ADI 409/RS).

> ▸ **Como esse assunto foi cobrado em concurso?**
>
> No X Concurso para Magistratura Federal do TRF/4ª Região (2001), o candidato deveria considerar **errada** a seguinte alternativa: "Os Estados podem instituir um sistema próprio de fiscalização e tutela *in abstracto* do direito objetivo positivado no texto constitucional federal, mediante ação direta de inconstitucionalidade perante os Tribunais de Justiça."
>
> No concurso para Juiz de Direito do TJPR (2017/Cespe), foi considerada incorreta a seguinte alternativa: "No procedimento das ações diretas de inconstitucionalidade, o STF tem admitido a interposição de embargos de declaração por terceiros.".

6. PARTICIPAÇÃO DO SENADO FEDERAL?

Independentemente de norma constitucional expressa, as decisões proferidas no âmbito do controle abstrato de constitucionalidade têm **automática eficácia *erga omnes*, sem necessidade** da intervenção do **Senado Federal**.

Como o controle abstrato de constitucionalidade é feito com o objetivo de proteger a própria ordem jurídica em tese, não faria sentido exigir que as decisões judiciais respectivas tivessem de ser chanceladas por outro órgão. Do contrário, como tampouco têm preocupação com situações concretas, tais decisões de pouco ou nada adiantariam. Por isso, já em 1977, o então Presidente do STF, Min. THOMPSON FLORES, determinou que as comunicações ao Senado se restringissem às declarações de inconstitucionalidade *incidenter tantum* (controle concreto de constitucionalidade).

> ▸ **Atenção!**
>
> Curiosamente, o artigo 12, III, letra "c", da LC 95/98, com redação da LC 107/2001 ("é vedado o aproveitamento do número de dispositivo... declarado inconstitucional pelo Supremo Tribunal Federal..., devendo a lei alterada manter essa indicação, seguida da expressão... 'declarado inconstitucional, em controle concentrado, pelo Supremo Tribunal Federal'..."), vem sendo indevida e extensivamente interpretado pelo Congresso Nacional, como se eliminasse o papel do Senado Federal também nas declarações *incidenter tantum* proferidas no âmbito das ações do controle concentrado.
>
> Exemplo disso, em razão do julgamento da ADI 4.209/DF, no qual o STF declarou a inconstitucionalidade meramente incidental de dispositivos da Resolução/CN n. 01/2002, o Congresso Nacional retirou do texto da resolução mencionada os dispositivos inconstitucionais.

A rigor, contudo, esse tipo de declaração *incidenter tantum*, embora tecnicamente admissível em sede de ação do controle concentrado, não dispensaria a atuação do Senado para obter-se a suspensão da eficácia da norma inconstitucional (CF, art. 52, X). Afinal, não se trata de inconstitucionalidade reconhecida em abstrato – o que tornaria mesmo ociosa suspensão por obra do Senado –, mas de declaração feita apenas para resolver questão incidente, ainda que surgida no âmbito do julgamento de ação do controle concentrado. Em sentido contrário, v. novo posicionamento do STF detalhado no item 8.1 do Capítulo III.

▸ **Como esse assunto foi cobrado em concurso?**

No concurso para Juiz o TJSC (2004), foi considerada **errada** a seguinte assertiva: "A declaração de inconstitucionalidade de uma lei pelo Supremo Tribunal Federal, numa ação direta de inconstitucionalidade somente produzirá efeito contra todos depois de suspensa a execução da lei pelo Senado Federal.

"O concurso para Juiz do TRT/3ª Região (2012) considerou **correta** a afirmativa: "O controle difuso de constitucionalidade, também chamado de pela via da exceção, ou defesa, ou controle aberto, pode ser realizado por qualquer juízo ou tribunal do Poder Judiciário, observadas as regras de competência processual. O controle difuso dá-se em um caso concreto e seus efeitos serão 'inter partes' (somente entre as partes do processo) e 'ex tunc' (retroativos), mas o Supremo Tribunal Federal também entendeu que estes efeitos podem ser 'ex nunc' ou para o futuro. O controle concentrado de constitucionalidade de lei ou ato normativo concentra-se em um único tribunal e pode ser verificado nas situações: de ação direta de inconstitucionalidade genérica, arguição de descumprimento de preceito fundamental, ação direta de inconstitucionalidade por omissão, ação direta de inconstitucionalidade interventiva e ação declaratória de constitucionalidade."

7. ESPÉCIES DE AÇÕES DO CONTROLE ABSTRATO

7.1. Contra atos comissivos

Uma vez excluída a ação direta interventiva do seleto rol de instrumentos de fiscalização judicial da constitucionalidade em abstrato (cf. item 10.2.1 do Capítulo III), são utilizadas as seguintes ações para controlar atos comissivos.

A) ação direta de inconstitucionalidade (ADI);

B) ação direta de inconstitucionalidade por omissão (ADO);

C) ação declaratória de constitucionalidade (ADC); e

D) arguição de descumprimento de preceito fundamental (ADPF).

▸ **Atenção!**

Ao contrário do que se poderia supor, a ADO também pode ser utilizada para impugnar atos normativos já editados (atos comissivos, portanto), sob a alegação de que padecem de *omissões inconstitucionais "parciais"*. Ver item 3.2 do Capítulo VI.

7.2. Contra atos omissivos

Já omissões inconstitucionais, no modelo brasileiro, podem ser controladas, abstratamente, por meio das seguintes ações:

A) ação direta de inconstitucionalidade por omissão (ADO); e

B) arguição de descumprimento de preceito fundamental (ADPF).

▸ **Importante:**

No presente texto, tanto a ADI quanto a ADC e a ADO serão tratadas por **ações diretas**, o que as diferenciará da arguição de descumprimento de preceito fundamental (ADPF), que será analisada em capítulo próprio.

▸ **Como esse assunto foi cobrado em concurso?**

Em 2019, no concurso para outorga de delegação de serviços notariais e registrais realizado pelo TJRS, considerou-se **correta** a assertiva segundo a qual a ação declaratória de constitucionalidade, dentre as diversas ações de controle de constitucionalidade no direito brasileiro, é aquela que tem por objetivo transformar uma presunção relativa de constitucionalidade em presunção absoluta.

▸ **Como esse assunto foi cobrado em questões dissertativas de concurso?**

No concurso para Promotor de Justiça/PR (2011), foi solicitado que o candidato dissertasse sobre "controle de constitucionalidade".

Capítulo V

Controle abstrato da constitucionalidade de atos comissivos: as ações diretas

1. AÇÕES DIRETAS E CONTROLE DA CONSTITUCIONALIDADE EM FACE DE ATOS COMISSIVOS

Como visto no item 7 do Capítulo III, a ADPF também faz parte do grupo de ações do controle abstrato de constitucionalidade utilizáveis contra atos comissivos. Todavia, como se trata de instrumento muito específico, será abordado em ponto destacado. Assim, para atender a questões metodológicas, justifica-se aqui o tratamento em separado da ADI e da ADC, as quais serão tratadas doravante por "ações diretas", para diferenciá-las, entre os instrumentos de controle abstrato de constitucionalidade contra atos comissivos, da arguição de descumprimento de preceito fundamental (ADPF).

2. TEORIA GERAL DAS AÇÕES DIRETAS MOVIDAS CONTRA ATOS COMISSIVOS

2.1. Objeto das ações diretas

2.1.1. Disposição e norma

O objeto do controle abstrato de constitucionalidade é algum ***preceito*** contido em lei ou ato normativo. Todavia, como se viu (item 2.1.1 do Capítulo V), o preceito pode ser decomposto em duas partes, quais sejam, a ***disposição*** (normativa) e a ***norma*** respectiva.

Pois bem. No âmbito do controle abstrato de constitucionalidade, essas diferenças entre disposição e norma pareceriam supérfluas, pois a eliminação da disposição textual implica, geralmente, a da norma respectiva. Todavia, nem sempre há uma correspondência biunívoca entre disposição e norma. Daí por que o controle, em hipóteses frequentes, recai **somente sobre a norma**, *sem* atingir o texto da disposição, que deverá ser conservado na íntegra, já que dele se extrai pelo menos uma outra interpretação compatível com a constituição (= outra norma válida). Ademais, existem casos em que não há sequer texto determinado que possa ser subtraído pela atividade de controle, como ocorre quando se questiona a constitucionalidade de uma norma implícita. Daí, a jurisdição constitucional tem incorporado técnicas decisórias que permitem restringir o controle de constitucionalidade só às normas, o que ocorre, *v.g.*, com a declaração de (in)constitucionalidade mediante técnicas como a ***interpretação conforme a constituição*** e a ***declaração de inconstitucionalidade sem redução de texto***. Tudo isso sem falar das "decisões aditivas", cujo objeto pode recair sobre normas implícitas. Ver itens 4.2.4, 4.2.5 e 4.3.

2.1.2. Atos impugnáveis

Em matéria de fiscalização da constitucionalidade de atos comissivos, o objeto das ações diretas só poderá recair sobre preceitos de "***lei***" e de "***ato normativo***" (art. 102, I, "a"), o que exclui não somente atos e comportamentos públicos destituídos de atributos normativos, como também qualquer tipo de ato privado.

Porém, a definição de "ato normativo" permite incluir ampla gama de **fontes normativas**, tais como: (a) emendas constitucionais; (b) leis complementares; (c) leis ordinárias; (d) leis delegadas; (e) medidas provisórias; (f) decretos legislativos; (g) decretos autônomos, incluindo os "decretos delegados"; (h) constituições estaduais e suas emendas; (i) regimentos internos dos tribunais e casas legislativas; (j) atos normativos editados por pessoa jurídica de direito público; (k) resoluções do CNJ; e (l) outros atos dotados de força normativa, tais como resoluções e pareceres aprovados pelo chefe do Executivo.

> ▸ **Como esse assunto foi cobrado em questões dissertativas de concurso?**
>
> No concurso para Procurador da República (MPF/19), exigia-se do candidato dissertação sobre o seguinte tema: "As emendas constitucionais estão sujeitas ao controle jurisdicional de constitucionalidade?"

> ▸ **Como esse assunto foi cobrado em concurso?**
>
> Em questão elaborada para o concurso de Defensor Público da União (2015/Cespe), a alternativa considerada **incorreta** pelo gabarito tinha a seguinte redação: "De acordo com o STF, é possível o controle judicial de constitucionalidade de emendas constitucionais, desde que ele ocorra por meio da ação direta de inconstitucionalidade ou da arguição de descumprimento de preceito fundamental e desde que, na emenda, haja violação de cláusula pétrea".

Todavia, como **não possuem atributos normativos**, tampouco podem ser atacados pela via das *ações diretas*: (a) preceitos contidos em simples projetos legislativos; (b) atos ou negócios jurídicos privados; (c) ajustes ou convênios realizados entre entidades públicas, mas sem vincular terceiros; (d) súmulas não vinculantes dos tribunais em geral; (e) respostas dadas pelo TSE a consultas eleitorais; (f) sentenças normativas e convenções coletivas.

> **Atenção!**
> No julgamento do AgRg na ADPF 501/SC (j. em 16-9-2020), o Pleno do STF revisou entendimento firmado no AgRg na ADPF 80/DF e passou a entender cabível a utilização de ADPF contra súmula da jurisprudência de tribunais (no caso, súmula do TST). Todavia, essa mudança de entendimento não se estende às ações diretas.

Sobre os tratados internacionais, v. item 2.1.2.2.

Sobre as súmulas vinculantes, v. item 2.1.2.3.

Sobre as políticas públicas, v. item 2.1.2.7.

2.1.2.1. Restrições quanto à hierarquia do ato impugnável

Segundo o STF, embora a abrangência da expressão "ato normativo" - contida na alínea "a" do inciso I do art. 102 - permita incluir ***emendas constitucionais*** no objeto das ações diretas, não há possibilidade jurídica no pedido de declaração de inconstitucionalidade de preceitos constitucionais elaborados pelo **constituinte originário** (ADI 815/RS e AgRg na ADI 4.097/DF), tampouco de dispositivos que, criados por emenda constitucional, não alteram substancialmente a norma constitucional originária a respeito do mesmo assunto (ADI 2.883/DF). Ver item 2.3 do Capítulo IV da Parte I.

Por outro lado, a despeito de o constituinte não diferenciar as duas figuras, o STF separa a **inconstitucionalidade *direta*** da **inconstitucionalidade *indireta*** (item 4.2 do Capítulo I). Assim, nada obstante incluírem-se os atos normativos secundários na acepção genérica de "ato normativo", o STF não admite ADI ou ADC para questioná-los, ainda que possam exorbitar do conteúdo do ato normativo primário a que deveriam simplesmente regulamentar.

> **Atenção!**
> Conforme já entendeu o STF, podem ser impugnados, por via das ações diretas, os atos normativos infralegais (portanto, formalmente secundários) que integram o próprio conteúdo material da lei que os prevê e/ou os mandou editar, para lhes complementar os comandos legais. Esse o caso das portarias editadas em cumprimento à lei que delega, ao Ministro da Fazenda, a fixação de alíquotas de tributos. Nessa hipótese, a se impugnar a lei, cabe igualmente atacar o ato infralegal, sem que se aplique a tese da inconstitucionalidade indireta. Ver discussão travada na ADI 2.586/DF, na qual o STF conheceu de ADI contra portaria ministerial que, atendendo a delegação legislativa, fixava valores e prazo de recolhimento de taxa recolhida ao DNPM.

Para a Corte, com exceção dos regulamentos "autônomos", o problema situa-se no campo da simples ***ilegalidade***, não envolvendo a garantia da supremacia constitucional. Ver item 4.2 do Capítulo I.

▸ Atenção!

Por vias oblíquas, em razão de deformações no uso da declaração de inconstitucionalidade "por arrastamento" (itens 4.1.10 do Capítulo I e 4.2.7 do Capítulo V), ao declarar a inconstitucionalidade de certas leis, o STF tem estendido a declaração de inconstitucionalidade aos atos normativos secundários que as regulamentavam. Ver: ADI 2.947/RJ e ADI 2.158/PR. Esse entendimento, além de pouco técnico (por incluir numa declaração de "inconstitucionalidade" um ato normativo secundário), ainda se revela ocioso, pois nem é preciso estender a declaração de inconstitucionalidade às normas regulamentares: elas são automaticamente invalidadas como consequência da inconstitucionalidade das normas a que pretendiam regulamentar (ver MC na ADI 173/DF). Tanto é que o art. 1º-A do Decreto 2.346/97 determina que a Administração, de ofício, considere automaticamente suspensa a aplicação dos atos normativos regulamentadores de disposição declarada inconstitucional em ADI.

▸ Como esse assunto foi cobrado em concurso?

O concurso para Procurador da Fazenda Nacional (2012) considerou **correta** a afirmativa: "Na ação direta de inconstitucionalidade, é admissível a impugnação de decretos executivos quando estes representem atos de aplicação primária da Constituição".

No concurso para Procurador do Banco Central do Brasil (2009/Cespe), foi considerada **errada** a alternativa com a seguinte redação: "O ordenamento jurídico nacional admite o controle concentrado ou difuso de constitucionalidade de normas produzidas tanto pelo poder constituinte originário, quanto pelo derivado."

2.1.2.2. Restrição quanto à origem do ato impugnável

Na forma da letra "a" do inciso I do art. 102, a **ADI** pode ser utilizada no controle de leis e atos de origem tanto ***federal*** quanto ***estadual***, nessa acepção compreendidos também os distritais derivados da mesma competência deferida aos Estados-membros. Por exclusão, **não pode ser utilizada** para controlar atos normativos ***municipais*** contrários à Constituição Federal.

Quanto às leis e **atos normativos *distritais***, admitem ser controlados mediante ADI, **por simetria**, desde que editados no exercício da **mesma competência** deferida aos **Estados-membros**. Daí a Súmula 642 do STF, segundo a qual não "cabe ação direta de inconstitucionalidade de lei do distrito federal derivada da sua competência legislativa municipal."

Com relação à **ADC**, atualmente, só se presta ao controle de leis e de atos normativos ***federais***. Todavia, tramita projeto de emenda constitucional entre cujas mudanças propostas está a equiparação do objeto da ADC em face daquele da ADI.

<table>
<tr><th rowspan="2"></th><th colspan="3">RESTRIÇÕES QUANTO AO OBJETO DA CONSTITUCIONALIDADE ABSTRATA SEGUNDO A ORIGEM</th></tr>
<tr><th colspan="2">ADI</th><th>ADC</th></tr>
<tr><td>Lei ou ato normativo federal</td><td colspan="2">possibilidade</td><td>possibilidade</td></tr>
<tr><td>Lei ou ato normativo estadual</td><td colspan="2">possibilidade</td><td>impossibilidade</td></tr>
<tr><td rowspan="2">Lei ou ato normativo distrital</td><td colspan="2">dependerá da natureza do ato:</td><td rowspan="2">impossibilidade</td></tr>
<tr><td>se editado no exercício de competência estadual: possibilidade</td><td>se editado no exercício de competência municipal: impossibilidade</td></tr>
<tr><td>Lei ou ato normativo municipal</td><td colspan="2">impossibilidade</td><td>impossibilidade</td></tr>
</table>

▸ **Como esse assunto foi cobrado em concurso?**

O concurso para Promotor de Justiça do Distrito Federal e Territórios (2009) considerou **errada** a seguinte assertiva: "Pela característica especial do Distrito Federal, é possível o controle de constitucionalidade perante o STF mesmo quando a lei advém de sua competência legislativa municipal."

No concurso para cargo de Auditor Fiscal do Trabalho (2006), elaborado pela Esaf, o candidato deveria considerar **errada** a seguinte alternativa: "É cabível ação direta de inconstitucionalidade, perante o Supremo Tribunal Federal, contra lei do Distrito Federal que discipline assunto de interesse local."

Por outro lado, embora a Constituição só tenha feito menção à hipótese ao tratar do *controle concreto* (art. 102, III, "b"), é possível controlar a constitucionalidade abstrata de normas originárias de ***tratados internacionais*** (v. MC na ADI 1.480/DF). A justificativa é simples: como é preciso editar atos normativos nacionais para que tais tratados adquiram vigência no direito interno, o controle abstrato realiza-se, **reflexamente**, pelo exame da constitucionalidade dos próprios preceitos normativos por meio dos quais são internalizadas as disposições constantes dos tratados. Ou seja, a despeito de não caber ADI nem ADC contra os tratados internacionais propriamente ditos, a fiscalização por via das ações diretas pode ter como objeto (a) o **decreto legislativo** que os referenda ou (b) o **decreto presidencial** que os promulga no âmbito da ordem jurídica brasileira.

2.1.2.3. Restrição quanto ao conteúdo do ato impugnável

A jurisprudência do STF sempre restringiu o cabimento das ações diretas às leis e aos atos normativos concebidos no *sentido material*, ou seja, somente aos revestidos de grau mínimo de ***abstração***, ***generalidade*** e ***impessoalidade***, excluindo-se aqueles atos de conteúdo concreto e/ou singular e/ou pessoalizado. Nesses termos, mesmo quando se tratasse de *leis*, se os preceitos atacados fossem desprovidos daquele mínimo de densidade normativa (*i.e.*, leis apenas no *sentido formal*), o STF extinguia o processo sem julgamento de mérito.

> ▸ **Atenção!**
>
> **Abstração, generalidade e impessoalidade normativas:** Como ensina NORBERTO BOBBIO, o atributo da ***abstração* normativa** tem por objetivo cumprir o postulado da *certeza* do Direito, de modo a permitir que as pessoas sujeitas à incidência das normas estejam em condições de saber, com antecedência, quais são as consequências jurídicas das respectivas ações que vierem a praticar. Assim, **normas *abstratas*** são "universais em relação à ação", conquanto regulam uma ação-tipo ou uma classe de ações (2001b, p. 180-182). Já o atributo da ***generalidade* normativa** visa a atender ao postulado da *igualdade* do Direito, pois privilégios são sempre estabelecidos mediante normas não gerais. Assim, **normas *gerais*** são aquelas "universais em relação aos destinatários", porque se dirigirem a uma classe de pessoas (2001b, p. 182).
>
> De conseguinte, pode haver **normas gerais e abstratas** (a exemplo das leis que tipificam condutas como crime); **normas gerais e concretas** (*v.g.*, uma lei cujos efeitos se exaurem na determinação dirigida a uma classe de pessoas para a realizar ação singular, como numa simples convocação para vacinação em dia determinado); **normas individuais e abstratas** (tal como o decreto que nomeia alguém para ocupar cargo público ao qual são atribuídas várias competências); e, também, **normas individuais *e* concretas** (*e.g.*, o decreto presidencial que concede graça a criminoso determinado).
>
> Embora alguns acórdãos só falem dos requisitos da abstração e da generalidade (v. ADI 3.573/DF), a jurisprudência majoritária do STF consagra, ainda, um terceiro requisito de densidade normativa: a ***impessoalidade***. Nesse sentido, tal como explicitado na MC na ADC 12/DF: (a) a **abstração** significaria um "modelo normativo com âmbito temporal de vigência em aberto, pois claramente vocacionado para renovar de forma contínua o liame que prende suas hipóteses de incidência aos respectivos mandamentos"; (b) a **generalidade** teria a ver com a padronização de ações; e (c) a **impessoalidade** representaria a "ausência de indicação nominal ou patronímica de quem quer que seja". Contudo, pode-se considerar que a característica da impessoalidade normativa é ociosa, pois abrangida pelo mencionado conceito de generalidade traçado por BOBBIO ("universalidade em relação aos destinatários").
>
> De qualquer modo, o fato de serem *determináveis* os beneficiários e/ou os atingidos por uma norma não obsta o reconhecimento da generalidade normativa. Como já decidiu o STF ao admitir ação direta contra lei que cancelara multas de trânsito aplicadas, durante certo tempo, a determinados tipos de veículos, "a determinabilidade dos destinatários da norma não se confunde com a sua individualização, que, esta sim, poderia convertê-lo em ato de efeitos concretos, embora plúrimos" (MC na ADI 2.137/RJ).

Todavia, a **Corte rompeu parcialmente com essas restrições** baseadas no conteúdo do ato impugnado. A partir do julgamento da MC na ADI 4.048/DF, ocorrido em abril de 2008, o STF passou a admitir a impugnação de preceitos tanto de *leis* quanto de outros *atos normativos com força de lei*, ainda que **desprovidos** de abstração, generalidade ou impessoalidade. Pela atual jurisprudência do STF, "exige-se densidade normativa" – *i.e.*, abstração e generalidade – "apenas para o ato de natureza infralegal" (MC na ADI 4.049/ DF). Consequentemente, o controle abstrato de constitucionalidade por via das ações diretas passou a alcançar as leis orçamentárias em geral.

▸ Como o STF enfrentou o tema:

A) No AgRg na ADI 2.630/RJ, o Plenário do STF confirmou que a "noção de ato normativo, para efeito de fiscalização abstrata, pressupõe, além da autonomia jurídica da deliberação estatal, a constatação de seu coeficiente de generalidade abstrata, bem assim de sua impessoalidade. Esses elementos – abstração, generalidade, autonomia e impessoalidade – qualificam-se como requisitos essenciais que conferem, ao ato estatal, a necessária aptidão para atuar, no plano do direito positivo, como norma revestida de eficácia subordinante de comportamentos estatais ou determinante de condutas individuais. A jurisprudência do Supremo Tribunal Federal tem ressaltado que atos estatais de efeitos concretos não se expõem, em sede de ação direta, à fiscalização concentrada de constitucionalidade. A ausência do necessário coeficiente de generalidade abstrata impede, desse modo, a instauração do processo objetivo de controle normativo abstrato."

B) Na ADI 3.202/RN, o Pleno do STF declarou a inconstitucionalidade de decisão proferida em processo administrativo no qual o TJRN estendera, para todos os servidores do tribunal em igual situação, gratificação concedida judicialmente a apenas dois servidores. Para tanto, o STF entendeu que, a despeito de formalmente se tratar de simples decisão administrativa, o ato impugnado apresentava características materialmente normativas (generalidade e abstração).

C) Na ADI 5.468/DF, o Pleno concluiu que: "salvo em situações graves e excepcionais, não cabe ao Poder Judiciário, sob pena de violação ao princípio da separação de Poderes, interferir na função do Poder Legislativo de definir receitas e despesas da Administração Pública, emendando projetos de leis orçamentárias, quando atendidas as condições previstas no art. 166, §§ 3º e 4º, da Constituição Federal" (*Inf.* 832/2016).

D) Na MC na ADI 3.929/SP, o STF reputou cabível a ação direta contra resolução do Senado Federal que, nos termos do inciso X do art. 52 da Constituição, suspendera a execução de leis relativas à cobrança do ICMS no Estado de São Paulo. Entendeu a Corte que o "ato normativo impugnado, ao conferir eficácia *erga omnes* a um julgado singular, revela sua feição geral e obrigatória, sendo, portanto, dotado de generalidade, abstração e impessoalidade."

▸ Como esse assunto foi cobrado em concurso?

Em 2011, o concurso para Procurador da República considerou **errada** a seguinte assertiva: "E incabível a propositura de ADI contra lei formal, dotada de efeitos concretos."

O concurso para o cargo de Procurador do Banco Central (2009/Cespe) considerou **errada** a seguinte assertiva: "Segundo posicionamento atual do STF, não se revela viável o controle de constitucionalidade de normas orçamentárias, por serem estas normas de efeitos concretos."

Por outro lado, autores como PEDRO LENZA também excluem do objeto das ações diretas as **súmulas vinculantes**, ao argumento de que elas não são "marcadas pela generalidade e abstração, diferentemente do que ocorre com as leis" (2010, p. 239), bem como porque o legislador previu procedimento próprio para se cancelá-las (Lei 11.417/2006).

Com efeito, nenhuma ação judicial é via própria para obter a *interpretação*, a *revisão* ou o mesmo *cancelamento* de súmula vinculante, como entendeu o STF acerca da ADPF (Plenário, AgRg na ADPF 147/DF). Isso porque o constituinte aboliu a antiga representação para interpretação de lei e a disciplina jurídica acerca das súmulas vinculantes contempla expediente próprio para revisar ou cancelá-las (§ 2° do art. 103-A da Constituição e Lei 11.417/2006). Contudo, nada disso se confunde com a possibilidade de declarar a inconstitucionalidade de súmula vinculante, pois o ato de simplesmente revisá-la ou até mesmo cancelá-la nem de longe se equipara à invalidação *ex tunc*.

Certo, não se admite ação direta contra súmulas não vinculantes de tribunais, até porque nem são atos normativos (AgRg na ADI 923/DF). Todavia, diferentemente das súmulas comuns, as súmulas vinculantes editadas pelo STF são autênticos atos normativos, porque vinculam os demais órgãos judiciais e a própria Administração Pública (Constituição, art. 103-A). Ademais, embora produzidas a partir da reiteração de julgamentos de casos concretos, as súmulas vinculantes contam com enunciados que se aplicam tanto abstratamente (a uma classe de ações não demarcável no tempo ou no espaço) quanto genericamente (sem predeterminar os respectivos destinatários). Basta notar o teor das Súmulas Vinculantes 1 a 14. Afinal, não fossem assim potencialmente abstratas e genéricas, não as teria concebido o constituinte derivado com a finalidade de frear a "multiplicação de processos sobre questão idêntica".

Essa também a opinião de DIRLEY DA CUNHA JÚNIOR (2013, p. 368-369), para quem, "em razão da vinculação e obrigatoriedade, ao lado da generalidade e abstração, a súmula vinculante pode ser objeto de controle abstrato de constitucionalidade através da ação direta de inconstitucionalidade, porque equipara-se a uma verdadeira lei em sentido material". Aliás, em decisões monocráticas, o STF também já decidira que a ADI é o remédio para atacar a constitucionalidade em tese de súmulas vinculantes (v. HC 96.301/SP, Ministra ELLEN GRACIE; e HC 95.921/RN, Ministro JOAQUIM BARBOSA). Contudo, essa **não** é a tese que predomina na doutrina majoritária, nem a posição adotada por bancas de importantes concursos públicos, como se vê no quadro a seguir.

▸ Como esse assunto foi cobrado em concurso?

Bancas de importantes concursos públicos, porém, mesmo em provas objetivas, têm reputado incabível o controle de constitucionalidade a recair sobre súmulas vinculantes. O que parece descabido, pois o tema é altamente controvertido e ainda não há posicionamento do STF a respeito.

No concurso para Juiz do TRT/18ª Região (2014), elaborado pela Fundação Carlos Chagas, o candidato deveria considerar **falsa** a seguinte afirmativa: "súmula vinculante pode ser objeto de ação direta de inconstitucionalidade que, se julgada procedente, produzirá eficácia contra todos e efeito vinculante relativamente aos órgãos do Poder Judiciário e à Administração pública direta, indireta, nas esferas federal, estadual e municipal."

No concurso para Juiz do TJSP (2013), o candidato deveria reputar **correta** a proposição segundo a qual súmula vinculante "não pode ser objeto de ação direta de inconstitucionalidade."

No concurso para Juiz do TRF/2ª Região (2017), foi considerada errada a seguinte alternativa: "De acordo com a delimitação de competências para o controle abstrato de constitucionalidade, não é cabível o ajuizamento de Ação Direta de Inconstitucionalidade em face de Súmulas Vinculantes, sendo admissível contra elas o ajuizamento de Arguição de Descumprimento de Preceito Fundamental."

2.1.2.4. Restrição quanto à vigência e à eficácia do ato impugnável

Como a preocupação do controle abstrato é com a harmonia do sistema normativo **vigente**, não pode ser utilizado na **fiscalização de preventiva** da constitucionalidade (v. item 7.2.1 do Capítulo I). Por isso, recai somente sobre atos estatais "em regime de plena vigência" (STF, decisão monocrática do Min. CELSO DE MELLO na ADI 1.063/DF).

▸ Atenção!

O STF tem admitido a fiscalização preventiva da constitucionalidade por meio de mandado de segurança (controle concreto) impetrado pelo parlamentar na defesa da devido processo legislativo. Ver item 7.2.1 do Capítulo I.

Desse raciocínio segue a conclusão de que não cabe ação direta contra simples **projetos legislativos**, tampouco **propostas de emenda à constituição**. Exige-se "que a ação direta tenha, e só possa ter, como objeto juridicamente idôneo, apenas leis e atos normativos, federais ou estaduais, já promulgados, editados e publicados" (ADI 466/DF).

▸ Atenção!

Na ADI 3.367/DF, o Plenário do STF admitiu o cabimento de ação direta de inconstitucionalidade contra emenda constitucional ainda não publicada, ao argumento de que a publicação ocorrera antes da sessão de julgamento.

▸ Como esse assunto foi cobrado em concurso?

O concurso para Juiz do TRF/1ª Região (2009) considerou **errada** a seguinte assertiva: "Se determinado legitimado constitucional ajuizar, perante o STF, ação direta de inconstitucionalidade, tendo por objeto emenda constitucional pendente de publicação oficial, então, nesse caso, de acordo com entendimento do STF, mesmo que a publicação venha a ocorrer antes do julgamento da ação, a hipótese será de não conhecimento da ação direta de inconstitucionalidade, uma vez ausente o interesse processual."

Ademais, o STF não admite utilizar ações diretas no controle de antinomias que envolvam o **critério cronológico**. Isso porque o problema é tratado pela Corte como caso de simples revogação, e não de inconstitucionalidade superveniente (cf. item 2 do Capítulo V da Parte I e item 4.1.7 do Capítulo I). Daí, por impossibilidade jurídica do pedido, ações diretas são imprestáveis para atacar leis ou atos normativos anteriores à Constituição vigente, incluindo leis ou atos cuja **incompatibilidade constitucional** só tenha surgido **após** a edição de alguma emenda constitucional.

À semelhança, em regra, não há lugar para fiscalização de **atos normativos revogados** ou cuja **eficácia jurídica** já se tenha **exaurido** (ADI 2.980/DF). Como consta de voto do Min. MOREIRA ALVES na Rep 971/RJ, o "interesse de agir, em se tratando de ação direta de declaração de inconstitucionalidade da lei em tese, só existe se a lei está em vigor". Da mesma forma, segundo ementa da ADI 15/DF, não foi admitido o controle abstrato de ato normativo cuja eficácia fora suspensa, por resolução do Senado Federal, após declarado inconstitucional por decisão definitiva do STF (art. 52, X, da CF).

▸ **Atenção!**

A) A ementa da ADI 15/DF não retrata fielmente o resultado da ata de julgamento, pois, por sugestão do Min. MARCO AURÉLIO, a Corte incluiu na declaração de inconstitucionalidade o dispositivo cuja eficácia fora suspensa por resolução do Senado, para deixar claro o efeito *ex tunc* a respeito, evitando polêmicas sobre a eficácia temporal da resolução suspensiva (v. discussão no item 7 do Capítulo III).

B) Noticiou o *Inf.* 721/2013, o Plenário da Corte entendeu que a declaração de inconstitucionalidade proferida em RE de repercussão geral (RE 561.836/RN), ainda que em caráter *incidenter tantum*, implicava a perda superveniente de objeto da ação de controle abstrato em que se discutia o mesmo assunto (no caso, a ADPF 174/RN). Trata-se de decisão inusitada, pois a declaração de inconstitucionalidade *incidenter tantum* não deveria surtir efeitos gerais nem vinculantes que pudessem subtrair o interesse de agir no âmbito do controle abstrato. (Sobre o atual estágio da discussão, v. item 8.1 do Capítulo III.)

Logo, ainda que a revogação ou o exaurimento da eficácia tenham ocorrido posteriormente à propositura da ação, a Corte sempre julgava extinto o processo, por perda superveniente do objeto, independentemente dos efeitos concretos decorrentes do ato impugnado (ADI 352/SC, ADI 448/MG, ADI 636/RS, ADI 963/BA, ADI 1.407/DF, QO na ADI 748/RS).

Todavia, em **revisões jurisprudenciais**, a Corte passou a entender cabível o julgamento de mérito da ação direta movida contra preceitos revogados ou com eficácia exaurida nos ***casos* excepcionais** em que: (**a**) a revogação do ato atacado, ocorrida no curso do processo, seja considerada *fraude processual* (ADI 3.232/TO); (**b**) emendada a petição inicial, antes de apreciada a liminar, para incluir no objeto da causa a lei revogadora que, editada na pendência do processo, haja reproduzido a norma impugnada (MC na ADI 4.298/TO); (**c**) a ação cujo julgamento tenha se dado anteriormente à notícia da revogação da norma questionada (ED na ADI 951/SC, j. em 27-10-2016); e (**d**) a norma impugnada tiver sido reproduzida por texto posterior de ato normativo equivalente (ADI 2.418/DF, j. em 4-5-2016; e ADI 5.122/DF, j. em 3-5-2018).

> **Atenção!**
>
> A rigor, o julgamento dos ED na ADI 951/DF pode ser entendido como simples recusa ao caráter infringente de embargos declaratórios cuja intenção era anular julgamento anterior em razão de circunstância (revogação do ato impugnado) não comunicada a tempo a STF.
>
> Já a decisão na ADI 2.418/DF foi bastante curiosa. Nesse precedente, o Pleno do STF decidiu que a ação direta (proposta em 2001 contra dispositivos acrescentados ao CPC/73), além de não ter sido prejudicada pela revogação dos dispositivos impugnados por força de lei posterior (no caso, o CPC/2015, que entrara em vigor em 18-3-2016), ainda poderia atingir os próprios dispositivos da lei revogadora, na qual a matéria disciplinada recebera "tratamento normativo semelhante, embora não igual" (voto vencedor do Min. TEORI ZAVASCKI).
>
> A ADI 5.122/DF impugnava preceito de resolução do TSE já revogada e com eficácia restrita a período eleitoral passado (eleições de 2014). Porém, o STF entendeu que a ação não perdera seu objeto, já que o dispositivo impugnado possuía "relevância transcendente", pois ainda produzia "efeitos sobre processos ainda em trâmite na Justiça Eleitoral", além de ter seu conteúdo "reproduzido em outras resoluções relativas a eleições posteriores" (*Inf.* 900/2018).

Entretanto, ressalvadas essas exceções, segue em vigor a regra geral segundo a qual "a remanescência de efeitos concretos pretéritos à revogação do ato normativo não autoriza, por si só, a continuidade de processamento da ação direta de inconstitucionalidade" (AgRg na ADI 4.620/MG). Daí a recente decisão final da ADI 2.238/DF (j. em 24-6-2020), na qual o Plenário do STF reputou "prejudicada a análise da norma impugnada quando já exaurida sua eficácia."

<table>
<tr><td rowspan="3">DESCABIMENTO DO CONTROLE ABSTRATO POR VIA DAS AÇÕES DIRETAS</td><td>1) Para fiscalização preventiva (projetos legislativos e propostas de EC)</td></tr>
<tr><td>2) Para atacar atos normativos já revogados ou com eficácia suspensa ou já exaurida.
<u>Exceções</u>: casos em que: (a) a revogação do ato normativo atacado, quando ocorrida no curso do processo, seja considerada fraude processual; (b) fora emendada a petição inicial, antes da apreciação do requerimento de liminar, com a finalidade de incluir no objeto da ação a lei revogadora que reproduzira as normas impugnadas, desde que a revogação tenha ocorrido na pendência do processo; (c) a ação já tenha sido julgada antes da notícia da revogação; e (d) a norma impugnada seja reproduzida em texto posterior de ato normativo equivalente.</td></tr>
<tr><td>3) Para controlar antinomias que envolvam o critério cronológico.</td></tr>
</table>

> **Como esse assunto foi cobrado em questões dissertativas de concurso?**
>
> No concurso para Promotor de Justiça/PB (2011), constou a seguinte questão: "Considerando a jurisprudência dominante do Supremo Tribunal Federal, responda: Em Ação Direta de Inconstitucionalidade, pode haver interesse processual em se pedir a declaração de inconstitucionalidade de lei já revogada? Fundamente".

2.1.2.5. Espécies de atos impugnáveis

De tudo que foi dito, extrai-se que, em linha de princípio, podem ser alvo de **ADI** quaisquer preceitos de:

A) emendas constitucionais;

B) leis complementares;

C) leis ordinárias;

D) leis delegadas;

E) medidas provisórias;

F) decretos legislativos;

G) decretos autônomos, incluindo os "decretos delegados";

H) tratados internacionais, seja por meio do decreto legislativo que os referenda, seja mediante o decreto presidencial que os promulga;

I) constituições estaduais e suas emendas;

J) regimentos internos dos tribunais e casas legislativas;

K) atos normativos editados por pessoa jurídica de direito público;

L) resoluções do CNJ e do CNMP;

M) outros atos dotados de força normativa genérica e abstrata, tais como resoluções e pareceres aprovados pelo chefe do Executivo;

N) súmulas vinculantes do STF (*posição minoritária*).

Com relação à **ADC**, como só se presta ao controle de leis e de atos normativos *federais* (ver item 2.1.2.1), pode ser utilizada no controle de quaisquer dos atos mencionados nas letras acima – com a óbvia exceção da letra (i) –, desde que provenientes de órgão ou autoridade também federais.

▸ Como o STF já enfrentou a questão:

"Com relação a emendas constitucionais, o parâmetro de aferição de sua constitucionalidade é estreitíssimo, adstrito às limitações materiais, explícitas ou implícitas, que a Constituição imponha induvidosamente ao mais eminente dos poderes instituídos, qual seja o órgão de sua própria reforma" (MS 24.875/DF, Plenário).

▸ Como esse assunto foi cobrado em concurso?

O concurso para Juiz do TJPA (2012) considerou **correta** a afirmativa: "Resoluções do CNJ e do Conselho Nacional do Ministério Público podem ser objeto de controle concentrado por meio de ação direta de inconstitucionalidade, de ação declaratória de constitucionalidade e de arguição de descumprimento de preceito fundamental".

O concurso para o Ministério Público da Paraíba (2010) considerou **errada** a seguinte assertiva: "São insuscetíveis de ser objeto de Ação Direta de Inconstitucionalidade perante o Supremo Tribunal Federal disposições normativas de regimentos internos de tribunal de justiça e de assembleia legislativa estaduais." No mesmo concurso, foi considerada **correta** a afirmação que se segue: "Podem ser objeto de ação direta de inconstitucionalidade o decreto legislativo do Congresso Nacional que aprova tratado internacional, como também o decreto do Presidente da República que o promulga."

No concurso para Juiz do TJPR (2010), elaborado pela PUC – PR, o candidato deveria considerar **correta** a seguinte alternativa: "Emendas à Constituição constituem obra do poder constituinte derivado reformador, que se submete a limitações diversas emanadas do Poder

Constituinte Originário. Se alguma emenda constitucional for aprovada com desrespeito, formal ou material, ao comando preconizado no art. 60 da CF, deverá ser declarada inconstitucional, podendo a impugnação se dar por meio de uma ADI genérica perante a Corte Suprema (STF)."

No concurso para Juiz do TRF/1ª Região (2009), deveria ser considerado **correta** a assertiva com a seguinte redação: "os tratados internacionais, devidamente incorporados no ordenamento jurídico nacional, são passíveis de controle difuso e concentrado de constitucionalidade."

2.1.2.6. Espécies de atos não impugnáveis

Nenhuma das ações diretas disponíveis contra atos comissivos pode ser utilizada para controlar a constitucionalidade de:

A) atos ou negócios jurídicos privados, pois estes não se incluem no conceito de "lei" ou "ato normativo";

B) ajustes ou convenções que não implicam deveres a terceiros, ainda que pactuados entre entidades de Poder Público;

C) simples propostas de emenda constitucional ou meros projetos legislativos (ADI 466/DF);

D) atos normativos de efeitos concretos e/ou individuais, salvo as leis e os atos com força de lei, para os quais a jurisprudência do STF passou a dispensar a exigência de generalidade e abstração (MC na ADI 4.048/DF);

E) atos normativos do Distrito Federal editados sobre matéria de competência *municipal* (Súmula 642/STF);

F) súmulas não vinculantes dos tribunais em geral (AgRg na ADI 923/DF);

G) atos normativos anteriores à Constituição vigente (ADI 2/DF), bem como atos normativos cuja incompatibilidade tenha surgido somente após alguma reforma constitucional (ADI 1.993/DF), pois tais casos não envolveriam "inconstitucionalidade", senão simples revogação (ver item 2.2 do Capítulo V da Parte I);

▸ Atenção!

O STF tem, paulatinamente, mitigado esse entendimento, para ampliar o objeto das ações diretas rumo a atos normativos editados anteriormente ao parâmetro constitucional que se alega violado:

a) na MC na ADI 3.833/DF, embora a ação não tenha sido admitida em razão de reforma constitucional superveniente, a Corte resolveu incluir, no dispositivo do acórdão, a inusitada afirmação ("obiter dicta"?) de que a eficácia da norma impugnada já se encontrava exaurida;

b) na ADI 3.660/MS, voto do Min. GILMAR MENDES, a título de "obiter dicta", acentuou a possibilidade da admissão de ADI para declarar a *não recepção* de normas pré-constitucionais eventualmente impugnadas a fim de evitar o "efeito repristinatório" decorrente da declaração de inconstitucionalidade de norma posterior;

c) então, na ADI 3.111/RJ (j. em 20-6-2017), após alusão àquele voto do Min. GILMAR MENDES na ADI 3.660/MS, o Plenário do STF admitiu o questionamento de atos pré-constitucionais em ADI, a pretexto de impedir que o "efeito repristinatório" da declaração de inconstitucionalidade de lei estadual de 2002 revigorasse normas de conteúdo semelhantes, mas anteriores à Constituição de 1988. (Ver item 3.2.5.1 do Capítulo V.) Nesse precedente, a Corte decretou, no próprio dispositivo do acórdão, a "não recepção, pela ordem constitucional vigente," de normas editadas em 1969, 1979, 1981 e 1982.

H) texto elaborado pelo constituinte originário (ADI 815/RS), incluindo os dispositivos normativos constitucionais que, embora criados por emenda constitucional, não alteraram substancialmente a norma constitucional originária que havia a respeito (ADI 2.883/DF);

I) ato normativo que já fora revogado, ainda que implicitamente, salvo se a revogação ocorrer no curso do processo e se traduzir em fraude processual (ADI 3.232/TO);

J) ato normativo cuja eficácia já se exauriu ou esteja suspensa por força de resolução do Senado (CF, art. 52, X);

K) respostas a consultas eleitorais (MC na ADI 1.805/DF);

L) atos normativos secundários;

M) sentenças normativas e convenções coletivas;

N) preâmbulos e exposições de motivos sem caráter normativo.

AÇÃO DIRETA DE INCONSTITUCIONALIDADE	
Atos impugnáveis	**Atos não impugnáveis**
a) emendas constitucionais; **b)** leis complementares; **c)** leis ordinárias; **d)** leis delegadas; **e)** medidas provisórias; **f)** decretos legislativos; **g)** decretos autônomos, incluindo os "decretos delegados"; **h)** tratados internacionais, seja por meio do decreto legislativo que os referenda, seja mediante o decreto presidencial que os promulga; **i)** constituições estaduais e suas emendas; **j)** regimentos internos dos tribunais e casas legislativas; **k)** atos normativos editados por pessoa jurídica de direito público; **l)** outros atos dotados de força normativa genérica e abstrata, tais como resoluções e pareceres aprovados pelo chefe do Executivo; **m)** súmulas vinculantes do STF.	**a)** atos ou negócios jurídicos privados, pois estes não se incluem no conceito de "lei" ou "ato normativo"; **b)** ajustes ou convenções que não implicam deveres a terceiros, ainda que pactuadas entre entidades de Poder Público; **c)** simples propostas de emenda constitucional ou meros projetos legislativos; **d)** atos normativos de efeitos concretos e/ou individuais, salvo as leis e os atos com força de lei; **e)** atos normativos do Distrito Federal editados sobre matéria de competência municipal (Súmula 642/STF); **f)** súmulas não vinculantes dos tribunais em geral; **g)** atos normativos anteriores à Constituição vigente, nem atos normativos cuja incompatibilidade tenha surgido após alguma reforma constitucional; **h)** texto elaborado pelo constituinte originário, bem como os dispositivos normativos constitucionais que, embora criados por emenda constitucional, não alteram substancialmente a norma constitucional originária que havia a respeito; **i)** ato normativo cuja eficácia já se exauriu ou esteja suspensa por força de resolução do Senado (CF, art. 52, X); **j)** ato normativo que já fora revogado, ainda que implicitamente, salvo se a revogação ocorrer no curso do processo e se traduzir em fraude processual; **k)** respostas a consultas eleitorais; **l)** atos normativos secundários; **m)** sentenças normativas e convenções coletivas; **n)** preâmbulos e exposições de motivos sem caráter normativo.

2.1.2.7. Controle abstrato de constitucionalidade das políticas públicas

É preciso distinguir a **política pública** das **normas** e **atos que ela acaba por englobar** como componentes ou instrumentos de ação comuns. Nesse sentido, sustentou COMPARATO, as políticas públicas equivalem a uma "atividade, isto é, um conjunto organizado de normas e atos tendentes à realização de um objetivo determinado" (1997, p. 18). Daí, os atos, decisões ou normas que integram uma mesma política pública devem ser considerados isoladamente, embora possam ser vistos de maneira unificada, à luz da finalidade do programa político a que simultaneamente pertencem.

Assim, o juízo de validade de uma política pública não se confunde com o das normas e atos que dela fazem parte. É possível, *v.g.*, que lei editada para cumprir determinada política pública possa ser considerada inconstitucional, sem que esta também o seja, assim como se reputar inconstitucional certa política pública, a despeito da validade isolada dos atos e normas a partir das quais foi concebida.

Por tais razões, como a constitucionalidade de uma política pública independe da constitucionalidade dos atos e normas respectivos, **não seria possível o controle judicial abstrato de constitucionalidade das políticas públicas em si**, pois a atual configuração da Constituição brasileira só permite fiscalizar os atos normativos que fazem parte de determinada política pública, e não esta propriamente.

Também CANOTILHO, em palestra proferida em 28-11-2003, já manifestou seu desconforto com a convicção de colegas brasileiros quanto a ser "possível e desejável a fiscalização judicial das políticas públicas". Para CANOTILHO (2006), embora o Tribunal Constitucional português empreenda trabalho de "alta política constitucional" quando analisa processos em que se discutem políticas públicas, a atuação da Corte não desperta críticas da doutrina constitucional, entre outras razões, porque mantém a discussão centrada na "inconstitucionalidade da norma e não das políticas públicas".

No **STF**, porém, nota-se a clara **tendência** pela **admissão do controle de constitucionalidade das políticas públicas**. Nesse sentido, em decisão monocrática proferida em ação do controle abstrato de constitucionalidade (ADPF 45/DF), o Min. CELSO DE MELLO já fez constar na ementa ser possível ao Judiciário controlar em tese a implementação das políticas públicas, de modo a garantir o cumprimento do "mínimo existencial" em matéria de direitos sociais, econômicos e culturais.

Ademais, em MC na ADPF 347/DF, precedente em que incorporou ao direito brasileiro a teoria do **estado de coisas inconstitucional** (item 4.1.12 do Capítulo I), o Plenário do STF acabou por reconhecer a **inconstitucionalidade das políticas públicas** aplicadas ao sistema penitenciário brasileiro, pelo que determinou a adoção de "providências estruturais" com objetivo de sanar graves, constantes e generalizadas lesões a preceitos fundamentais sofridas pelos presos em decorrência de ações e omissões dos Poderes da União, dos Estados-membros e do Distrito Federal.

2.2. Legitimidade ativa

Até a edição Constituição de 1988, a legitimação ativa para a propositura da então chamada representação de inconstitucionalidade era reservada somente ao Procurador-Geral da República. A partir de então, ampliou-se a legitimidade ativa para a propositura da ADI a diversas autoridades e entidades, todas elas listadas na redação original do art. 103 da Constituição.

Ocorre que o constituinte originário deixou de incluir no rol do art. 103 o **Governador do Distrito Federal** e a **Mesa da Câmara Distrital**. Todavia, por considerar que se tratava de uma **lacuna involuntária**, o STF procedeu à interpretação sistemática dos incisos IV e V do art. 103, em combinação com o art. 32, de modo que tais entidades tiveram legitimidade ativa reconhecida para propor ADI (cf. ADI 655/DF e ADI 645/DF). (Sobre as lacunas voluntárias, v. item 9 do Capítulo VI da Parte I.)

Com relação à **ADC** instituída pela EC 3/93, a legitimidade foi inicialmente restrita ao Presidente da República, às Mesas da Câmara dos Deputados e do Senado Federal e ao Procurador-Geral da República. Entretanto, com a EC 45/2004, o rol de legitimados ativos foi assimilado ao da ADI.

> ▸ **Atenção!**
> O rol constante do art. 13 da Lei 9.868/99, a respeito dos legitimados ativos à propositura da ADC, ainda não reflete o acréscimo havido por força da EC 45/2004.

Enfim, conforme nova redação dada pela EC 45/2004 ao art. 103, podem propor tanto ADI quanto ADC as seguintes autoridades e entidades:

A) o Presidente da República;

B) a Mesa do Senado Federal;

C) a Mesa da Câmara dos Deputados;

> ▸ **Atenção!**
> "Mesa" é a denominação dada ao órgão de direção dos parlamentos. O Legislativo federal é integrado pela Mesa do Congresso Nacional, pela Mesa do Senado Federal e pela Mesa da Câmara dos Deputados. O art. 103 da CF apenas atribui legitimidade às Mesas do Senado Federal e da Câmara dos Deputados, silenciando-se, de forma intencional, quanto à legitimidade da Mesa do Congresso Nacional para propositura de ADI ou ADC. É comum que tal situação seja objeto de questionamento em concurso, fazendo o candidato reconhecer, de forma equivocada, a legitimidade da Mesa do Congresso Nacional.

D) a Mesa de Assembleia Legislativa ou da Câmara Legislativa do Distrito Federal;

E) o Governador de Estado ou do Distrito Federal;

> ▸ **Atenção!**
> Os Estados-membros "não se incluem no rol dos legitimados a agir como sujeitos processuais em sede de controle concentrado de constitucionalidade" (AgRg nos ED na ADI 4.420/SP). Por isso, não contam com "legitimidade para interpor recurso em sede de controle normativo abstrato, ainda que a ação direta de inconstitucionalidade tenha sido ajuizada pelo respectivo Governador" (AgRg na ADI 2.130/SC e AgRg no AgRg na ADI 1.663/AL).

F) o Procurador-Geral da República;

G) o Conselho Federal da Ordem dos Advogados do Brasil;

H) partido político com representação no Congresso Nacional;

> ▸ **Atenção!**
>
> O STF alterou sua antiga jurisprudência, para atualmente considerar que a perda superveniente da representação do partido no Congresso Nacional não acarreta a extinção da ADI (v. ADI 2.159/DF).

I) confederação sindical ou entidade de classe de âmbito nacional.

> ▸ **Atenção!**
>
> A) Nos termos do inciso IX do art. 103 da CF/88, além das confederações sindicais, também as *associações de classe de* âmbito *nacional* fazem parte do rol de legitimados para a ação direta de inconstitucionalidade. Ademais, a Lei 9.882/99 lhes estendeu legitimidade ativa para propositura de ADPF.
>
> B) O STF revisou sua jurisprudência e atualmente reconhece legitimidade ativa à "associação de associações". A partir do AgRg na ADI 3.153/DF, a Corte passou a aceitar a propositura de ações diretas por parte de pessoas jurídicas compostas de diversas pessoas jurídicas – no caso, uma federação nacional constituída por várias associações regionais (Federação Nacional das Associações dos Produtores de Cachaça de Alambique).
>
> C) As confederações sindicais legitimadas para propositura de ações diretas devem ser organizadas nos termos da CLT. As federações e os sindicatos, ainda que nacionais, gozam da mesma legitimidade, pois não são entidades sindicais de grau máximo (STF, ADI 1.795/PA).
>
> D) Como já decidiu o STF, só possui legitimidade para propor ação direta a entidade de classe nacional que, além de representar toda a categorial profissional cujos interesses pretenda tutelar, tenha ainda representação em, pelo menos, nove unidades federativas (AgRg na ADI 3.617/DF). Porém, o próprio STF já afastou tal critério territorial em razão da relevância nacional da atividade desenvolvida pelos associados da postulante (MC na ADI 2.866/RN).
>
> E) Já no AgRg na ADPF 254/DF, decidiu o STF que as "associações que representam fração de categoria profissional não são legitimadas para instaurar controle concentrado de constitucionalidade de norma que extrapole o universo de seus representados";
>
> F) Na MC na ADI 4.064/DF, o Plenário decidiu que os sindicatos, ainda que possuam âmbito nacional, não dispõem de legitimidade ativa para ajuizar ADI (e, consequentemente, ADPF). Entendeu-se que a prerrogativa descrita no inciso IX do art. 103 estende-se somente às confederações sindicais, que se constituem em entidades de grau superior.

> ▸ **Como esse assunto foi cobrado em concurso?**
>
> No concurso de remoção para o cargo de Titular de Serviços de Notas e de Registros do TJSC (2019), considerou-se **correta** a seguinte assertiva: "Podem propor a ação direta

de inconstitucionalidade e a ação declaratória de constitucionalidade: o Presidente da República; a Mesa de Assembleia Legislativa ou da Câmara Legislativa do Distrito Federal; o Governador de Estado ou do Distrito Federal; o Procurador-Geral da República; o Conselho Federal da OAB; o partido político com representação no Congresso Nacional; e a confederação sindical ou entidade de classe nacional".

2.2.1. Pertinência temática

Em relação a alguns dos colegitimados previstos no art. 103 da Constituição, a jurisprudência do STF exige a presença de uma condição específica, denominada ***pertinência temática***. Trata-se de exigência consistente na correlação entre os efeitos da norma impugnada e os interesses específicos do requerente.

Assim, embora a Constituição não tenha consagrado tal discriminação, o STF acabou por adotar **duas classes de legitimados ativos**. Há os que têm **legitimidade ativa *universal*** e que podem livremente questionar a constitucionalidade de atos normativos, e há os que só dispõem de **legitimidade ativa *parcial***, em relação aos quais é necessária a demonstração de pertinência temática.

Nesse sentido, segundo a restritiva jurisprudência do STF, devem satisfazer o requisito da pertinência temática os seguintes colegitimados:

A) a **Mesa de Assembleia Legislativa** ou da **Câmara Legislativa do Distrito Federal**;

B) o **Governador de Estado** ou do **Distrito Federal**; e

C) **confederação sindical** ou **entidade de classe de âmbito nacional**.

Daí, para atacar atos normativos federais ou provenientes de outras unidades da Federação, devem os Governadores e Mesas das Assembleias Legislativas e da Câmara Distrital demonstrar a existência de "vínculo objetivo de pertinência entre o conteúdo material das normas impugnadas" e a competência ou os interesses do Estado-membro respectivo. Exemplo: o Governador de São Paulo não pode atacar todo tipo de lei aprovada por outras unidades federativas, mas poderá questionar a constitucionalidade de lei promulgada por outro Estado a conceder isenção de ICMS a determinadas atividades, pois tal legislação favorece a migração das empresas paulistas, com a consequente diminuição da arrecadação respectiva. À semelhança, é preciso haver relação de pertinência entre a norma atacada, os interesses das categorias representadas e os objetivos institucionais das confederações e entidades de classe de âmbito federal.

▸ **Importante:**

A) Diverge a doutrina quanto à natureza jurídica do requisito da pertinência temática. Alguns sustentam estar relacionada à legitimidade ***ad causam***; outros, ao interesse de agir. Para LUÍS ROBERTO BARROSO, por exemplo, a pertinência temática liga-se ao interesse processual, pois a legitimidade já está estabelecida no rol do art. 103

da Constituição. No mesmo sentido, GILMAR MENDES (1996) e BERNARDES (2004a). Contrariamente, há quem entenda a pertinência temática como legitimidade *ad causam*. Isso porque, considerada a hipótese em que propostas duas ações com o mesmo objeto, mas por legitimados diferentes (um *universal* e um *especial*), a diferença entre elas diria respeito à legitimação para agir, não ao interesse processual. Assim, seria possível dividir a legitimidade ativa *abstrata*, a ser preenchida pela simples inclusão na lista do art. 103, e legitimidade ativa *concreta*, decorrente da análise do caso concreto.

B) No STF, o Min. DIAS TOFFOLI reconhece que a exigência da "pertinência temática como projeção do interesse de agir no processo objetivo" (v. decisão monocrática na MC na ADI 4.426/CE e voto vencedor na ADI 4.364/SC).

A justificativa encontrada pelo STF para estabelecer tal distinção é a seguinte: os legitimados universais possuem presumido interesse (para alguns, legitimidade) geral de agir, pois a defesa da ordem constitucional faz parte de suas atribuições institucionais. Contudo, essa explicação não convence a maior parte da doutrina especializada, já que implica tratamento discriminatório sem previsão constitucional nem legal, subtraindo dos legitimados discriminados parcela da prerrogativa que o constituinte incondicionalmente lhes concedeu para promover a depuração objetiva do ordenamento jurídico. Além disso, a exigência de pertinência temática importa em indesejável miscigenação do processo objetivo com hipótese de interesse de agir típica dos processos de índole subjetiva. Por mais que se queira atribuir ao requisito da pertinência temática um caráter "objetivo", a íntima conexão que mantém ante os "interesses" específicos dos legitimados discriminados termina por conduzir o tribunal à análise da presença de interesse autenticamente "subjetivo" do legitimado *parcial*.

▸ **Importante:**

I) O problema da pertinência temática não aparecia na ADC, cujo rol de colegitimados ativos não abrangia aqueles para os quais o requisito era exigido. Contudo, a partir da EC 45/2004, estendida a legitimidade ativa ao ajuizamento da ADC à Mesa de Assembleia Legislativa ou da Câmara Legislativa do Distrito Federal, bem como ao Governador de Estado ou do Distrito Federal e às confederações sindicais ou entidades de classe de âmbito nacional, a tendência da jurisprudência do STF parece ser também a de lhes exigir a pertinência temática, até mesmo para evitar que, com base no efeito ambivalente (cf. item 3.2.6), se contorne a exigência aplicada em sede de ADI.

II) Questão interessante está em saber se a exigência de pertinência temática impede o amplo conhecimento da ação, para além dos interesses institucionais do legitimado especial. Sobre o assunto, o STF já entendeu que, em caso de alegação de *inconstitucionalidade formal*, é inviável a cisão da ação, para dela se conhecer apenas em relação aos dispositivos que apresentassem pertinência temática com os interesses da confederação que a propusera (ADI 3.710/GO). No mesmo sentido: ADI 15/DF, ADI 4.375/RJ e MC na ADI 4.696/DF. Nessa linha, embora sem enfatizar que o caso também versava sobre inconstitucionalidade formal, constou da ementa da ADI 4.364/SC: "A exigência de pertinência temática não impede, quando o vício de inconstitucionalidade for idêntico para todos os seus destinatários, o amplo conhecimento da ação nem a declaração de inconstitucionalidade da norma para além do âmbito dos indivíduos representados pela entidade requerente."

AMPLITUDE DA LEGITIMIDADE PARA PROPOR AÇÕES DIRETAS	
Legitimados universais	**Legitimados parciais**
– **não** precisam preencher o requisito da *pertinência temática*, podendo questionar a constitucionalidade de qualquer tipo de lei ou ato normativo impugnável nas ações diretas; – são legitimados universais: a) o Presidente da República; b) a Mesa do Senado Federal; c) a Mesa da Câmara dos Deputados; d) o Procurador-Geral da República; e) o Conselho Federal da Ordem dos Advogados do Brasil; e f) os partidos políticos com representação no Congresso Nacional.	– precisam satisfazer o requisito da pertinência temática, de modo que o questionamento de lei ou ato normativo está condicionado à demonstração da existência de correlação entre os efeitos da norma impugnada e os interesses específicos de quem a ataca; – são legitimados parciais: a) as Mesas de Assembleia Legislativa ou da Câmara Legislativa do Distrito Federal; b) os Governadores de Estado ou do Distrito Federal; e c) as confederações sindicais e as entidades de classe de âmbito nacional.

▸ **Como esse assunto foi cobrado em concurso?**

O concurso para Juiz do TRF/3ª Região (2010) considerou **correta** a seguinte assertiva: "A OAB tem legitimidade ativa para agir, pois está enquadrada entre as pessoas e órgãos, cuja atuação neste caso não depende de demonstração de qualquer interesse próprio, ou seja, não precisa preencher o requisito de pertinência temática entre o conteúdo da norma impugnada e o interesse da advocacia."

No concurso para Delegado de Polícia/PE (2016/Cespe), foi considerada **correta** a seguinte afirmação: "São legitimados universais para propor ADI, não se sujeitando ao exame da pertinência temática, o presidente da República, as mesas da Câmara dos Deputados e do Senado Federal, o procurador-geral da República, partido político com representação no Congresso Nacional e o Conselho Federal da OAB."

No concurso para Delegado de Polícia/PE (2016/Cespe), foi considerada **incorreta** a seguinte afirmação: "Se o governador de um estado da Federação ajuizar ADI contra lei editada por outro estado, a ação não deverá ser conhecida pelo STF, pois governadores de estado somente dispõem de competência para ajuizar ações contra leis e atos normativos federais e de seu próprio estado."

No concurso para outorga de delegação de serviços notariais e registrais do TJRS (2019), considerou-se como **correta** a seguinte assertiva: "Os partidos políticos com representação no Congresso Nacional podem ajuizar a ADI, independentemente de seu conteúdo material, eis que não incide sobre as agremiações partidárias a restrição da pertinência temática."

2.2.2. Capacidade postulatória

A especialidade do processo objetivo de controle abstrato de constitucionalidade repercute também quanto à capacidade postulatória dos sujeitos processuais. Segundo o Plenário do STF, as autoridades e entidades públicas referidas nos incisos I a VII do art. 103 da Constituição Federal "possuem capacidade processual plena e dispõem, *ex vi* da própria norma constitucional, de capacidade postulatória", razão pela qual podem praticar, nas ações diretas, "quaisquer atos ordinariamente privativos de advogado" (QO na MC na ADI 127/AL).

Assim, com exceção (a) dos *partidos políticos com representação no Congresso Nacional* e (b) das *confederações sindicais e as entidades de classe de âmbito nacional*, todos os demais colegitimados à propositura de ações diretas podem ajuizá-las e praticar os respectivos atos processuais sem necessidade de advogado.

CAPACIDADE POSTULATÓRIA PARA PROPOSITURA DE AÇÕES DIRETAS	
Com capacidade postulatória especial	**Sem capacidade postulatória especial**
– dispensam representação por advogado: **a)** o Presidente da República; **b)** a Mesa do Senado Federal; **c)** a Mesa da Câmara dos Deputados; **d)** o Procurador-Geral da República; **e)** o Conselho Federal da Ordem dos Advogados do Brasil; **f)** as Mesas de Assembleia Legislativa ou da Câmara Legislativa do Distrito Federal; e **g)** os Governadores de Estado ou do Distrito Federal.	– precisam ser representados por advogado: **a)** os partidos políticos com representação no Congresso Nacional; e **b)** as confederações sindicais e as entidades de classe de âmbito nacional.

Todavia, sempre que o ajuizamento de ações diretas for patrocinado por advogados, mesmo que estes sejam procuradores de pessoas jurídicas de direito público, o STF exige outorga de *procuração com poderes específicos*, na qual deverá constar, ainda, expressa referência à lei ou ao ato normativo a ser impugnado (QO na ADI 2.187/BA e ADPF 110/RO).

> ▸ **Atenção!**
> A capacidade postulatória especial só é reconhecida aos órgãos públicos dotados de legitimidade ativa para a propositura da ADI (art. 103, incisos I a VII, da CF/88). Por isso, embora outras entidades igualmente públicas possam ocupar o polo passivo das ações diretas e, nessa condição, até prestarem informações sem necessidade de advogado, precisam da representação de advogado para interpor eventuais recursos contra decisões tomadas em processos objetivos (ED no AgRg na ADI 2.098/AL).

Ademais, o STF exige semelhantes formalidades para que seja admitido eventual *recurso extraordinário* interposto contra decisão de TJ em ADI *estadual*. Para o Supremo, o "procurador judicial do órgão legitimado para a propositura da ação direta não pode ajuizar, singularmente, ações de controle abstrato de constitucionalidade, assim como os respectivos recursos cabíveis, inclusive o recurso extraordinário, sem que as peças processuais também estejam subscritas ou ratificadas pelo órgão ou entidade legitimada" (voto vencedor do Min. LUIZ FUX no AgRg no RE 993.822/AM, 1ª Turma, j. em 22-2-2019). No mesmo sentido, v. AgRg no RE 1.136.322/MG e AgRg no RE 788.022/SP, ambos da 1ª Turma.

> **▸ Como esse assunto foi cobrado em concurso?**
>
> No concurso para Promotor de Justiça do Ministério Público do Estado do Rio Grande do Sul (2009), foi considerada **correta** a seguinte assertiva:
>
> "Embora a previsão da Constituição de que o advogado seja indispensável à administração da justiça, o governador do Estado possui capacidade postulatória, não necessitando da assistência de advogado para ingressar com Ação direta de inconstitucionalidade ou declaratória de constitucionalidade."

2.3. Legitimidade passiva

A) Na ADI: Compõem o polo passivo da relação processual as **autoridades e/ou os órgãos responsáveis pela edição do ato impugnado**, vedada a intervenção de terceiros (art. 7º da Lei 9.868/99). Se atacada uma lei federal, por exemplo, forma-se litisconsórcio passivo entre o Congresso Nacional e o Presidente da República, já que ambos são responsáveis pela aprovação do diploma normativo.

> **▸ Atenção:**
>
> Embora a legislação proíba a intervenção de terceiros, o Plenário do STF já converteu em diligência o julgamento de embargos de declaração opostos em ADI, a fim de "permitir a intervenção de todos os interessados na causa", no caso, todos os Estados-membros atingidos pela declaração de inconstitucionalidade da emenda constitucional em discussão (ver ED na ADI 4.357/DF e ED na ADI 4.425/DF),

Contudo, se impugnado dispositivo legal cujo veto do chefe do Executivo fora derrubado pelo Legislativo, só o Parlamento deve figurar no polo passivo da relação processual. Nesse sentido, em precedentes relacionados com ações movidas contra leis estaduais, v. ADI 3.177/AP, ADI 2.417/SP e ADI 56/PB.

De qualquer forma, os titulares de direitos subjetivos que eventualmente possam ser prejudicados com a decisão final da ação não podem sequer intervir no feito como assistentes litisconsorciais da parte requerida.

B) Na ADC: Como se trata de ação tendente à declaração da constitucionalidade da norma, ***não existe polo passivo*** na relação processual.

Nada obstante, quando da resolução da questão de ordem suscitada no julgamento da ADC 1/DF, ressalvou-se, *de lege ferenda*, a possibilidade de intervir no feito algum dos colegitimados para a propositura da ADI. Isso seria extremamente salutar, aliás, pois ensejaria a formulação de teses antagônicas à defendida na ADC, já que inexistente a figura do requerido. No entanto, foi vetado o dispositivo do projeto convertido na Lei 9.868/99 que permitiria aos demais titulares referidos no art. 103 da Constituição Federal o oferecimento de manifestação escrita sobre o objeto da ação declaratória de constitucionalidade (§ 1º do art. 18).

2.4. Intervenção do Ministério Público

O chefe do Ministério Público da União – *i.e.*, o **Procurador-Geral da República** –, além de ser um dos colegitimados à propositura das ações diretas, deve sempre intervir no feito (Constituição, art. 103, § 1º). Ademais, mesmo que ajuizada a ação pelo Procurador-Geral da República, ele poderá manifestar-se, no parecer final, pela improcedência do pedido.

▸ Como esse assunto foi cobrado em concurso?

Em questão elaborada no concurso para Juiz do TJPR (2010), o candidato deveria considerar **errada** a seguinte alternativa: "O Procurador-Geral da República, chefe do Ministério Público da União, deverá ser ouvido nas ações de inconstitucionalidade e em todos os processos de competência do STF, mesmo não tendo, constitucionalmente, legitimidade para impetrar uma ação direta de inconstitucionalidade."

2.5. Intervenção do Advogado-Geral da União

Na forma do § 3º do artigo 103 da Constituição, antes de apreciar a inconstitucionalidade em tese de atos normativos, o STF dará prévia ciência ao Advogado-Geral da União, "que defenderá o ato ou o texto impugnado."

Logo se vê, ao utilizar o verbo defender no imperativo ("defenderá"), o constituinte não deixou dúvidas de que, no processo de julgamento de qualquer ADI, o Advogado-Geral da União deve exercer a tarefa de ***curador da presunção da constitucionalidade*** dos atos normativos atacados. Daí a concepção rígida, segundo a qual ao "Advogado-Geral da União, ou quem lhe faça as vezes, não cabe admitir a invalidez da norma impugnada, incumbindo-lhe sim, para satisfazer requisitos de validade do processo da ação direta, promover-lhe a defesa, veiculando os argumentos disponíveis" (QO na ADI 72/ES). Ademais, esse dever processual do Advogado-Geral da União incide independentemente da origem federativa dos atos impugnados (*RTJ* 131:470 e 131:958), tampouco de quem os tenha atacado. Ou seja, ainda que o objeto da ação recaia sobre lei estadual, será o Advogado-Geral da União quem atuará na defesa da respectiva presunção da constitucionalidade.

▸ **Atenção:**

Para ilustrar a tradicional **concepção rígida** do STF acerca da atuação do AGU nos processos objetivos, veja-se a seguinte ementa do AgRg na ADI 1.254/RJ (j. em 14-8-96): "A função processual do advogado-geral da União, nos processos de controle de constitucionalidade por via de ação, é eminentemente defensiva. Ocupa, dentro da estrutura formal desse processo objetivo, a posição de órgão agente, posto que lhe não compete opinar e nem exercer a função fiscalizadora já atribuída ao PGR. Atuando como verdadeiro curador (*defensor legis*) das normas infraconstitucionais, inclusive daquelas de origem estadual, e velando pela preservação de sua presunção de constitucionalidade e de sua integridade e validez jurídicas no âmbito do sistema de direito, positivo, não cabe ao advogado-geral da União, em sede de controle normativo abstrato, ostentar posição processual contrária ao ato estatal impugnado, sob pena de frontal descumprimento do *munus* indisponível que lhe foi imposto pela própria Constituição da República."

Todavia, apesar da literalidade do § 3º do art. 103 da Constituição, o STF modificou a interpretação dada ao dispositivo e passou adotar uma concepção temperada acerca da atuação do Advogado-Geral da União. Em precedente de 2001, a Corte decidiu que o "*munus* a que se refere o imperativo constitucional (CF, art. 103, § 3º) deve ser entendido com temperamentos. O Advogado-Geral da União não está obrigado a defender tese jurídica se sobre ela esta Corte já fixou entendimento pela sua inconstitucionalidade" (ADI 1.616/PE). Ou seja, se já existir entendimento do STF em sentido contrário, o Advogado-Geral da União **poderá deixar de** defender a constitucionalidade do ato normativo impugnado.

Nada obstante, em 2009, no julgamento da QO na ADI 3.916/DF, o Plenário deu concepção flexível à função de curadoria prevista no art. 103, § 3º, da CF/88. Em claro conflito com o texto constitucional, o STF **rejeitou** questão de ordem suscitada pelo Min. MARCO AURÉLIO, para quem o Advogado-Geral da União deveria apresentar "defesa da lei impugnada, nos termos do art. 103, § 3º, da Constituição". Nesse curioso precedente, o **STF considerou abolida** a **obrigação** nitidamente **estabelecida pelo § 3º do art. 103 da Constituição**, para entender que o Advogado-Geral da União disporia de "autonomia funcional" para avaliar se irá ou não defender a constitucionalidade do ato impugnado.

▸ **Atenção!**

No precedente, contudo, o STF não resolveu a divergência quanto ao alcance da autonomia funcional reconhecida ao Advogado-Geral da União. Alguns Ministros entenderam que a defesa do ato impugnado não era exigível, no caso, em razão dos interesses da União em sentido contrário. Outros sustentaram que essa relação subjetiva de interesse não deveria ser considerada, dado o caráter objetivo do processo da ADI (voto do Min. CEZAR PELUSO). De modo que a atuação do Advogado-Geral da União haveria de preservar suas próprias convicções pessoais acerca do direito constitucional, sem que se pudesse constrangê-lo a defender o ato atacado quando isso representasse agredir a própria Constituição Federal (voto do Min. AYRES BRITTO).

A discussão foi retomada na ADI 3.916/DF, em que novamente vencido o Min. MARCO AURÉLIO, acompanhado do Min. JOAQUIM BARBOSA. Segundo o voto do Min. GILMAR MENDES, o Advogado-Geral da União não poderia ser obrigado a manifestar-se pela constitucionalidade do ato, pois, eventualmente, será o responsável por suscitar "uma ação direta em nome do Presidente e, depois, ter que defender em relação ao ato estadual."

Porém, em julgamento de 2011, o Plenário da Corte parece ter abandonado a conceção flexível. Isso porque, na ADI 2.376/RJ, *por unanimidade*, o STF referendou a posição do Ministro MARCO AURÉLIO, razão pela qual a ementa do julgado fez constar que, consoante "dispõe a norma imperativa do § 3º do artigo 103 da Constituição Federal, incumbe ao Advogado-Geral da União a defesa do ato ou texto impugnado na ação direta de inconstitucionalidade, não lhe cabendo emissão de simples parecer, a ponto de vir a concluir pela pecha de inconstitucionalidade". No mesmo sentido, as ementas da ADI 2.433/RN (j. em 4-2-2015) e da ADI 4.963/CE (j. em 6-10-2016), todas da relatoria do Min. MARCO AURÉLIO.

▸ **Importante:**

No primeiro desses julgamentos, contudo, o Plenário não retomou a discussão sobre as prerrogativas do Advogado-Geral da União. Já no segundo, dois Ministros (TEORI ZAVASCKI e ROSA WEBER) opuseram-se à tese do Min. MARCO AURÉLIO, ao argumento de que a jurisprudência do STF se consolidara no sentido contrário. Os demais Ministros, porém, não emitiram opinião a respeito. Mesmo assim, a ata de julgamento constou que a votação se dera por "unanimidade".

Mais recentemente, no julgamento da ADPF 337/MA (j. em 17-10-2018), também por votação unânime, o Plenário da Corte voltou a decidir que, ante "a imperatividade do preceito constitucional, o papel da Advocacia-Geral da União é a defesa da norma impugnada." Assim, ao que tudo indica, o STF abandonou a concepção flexível e voltou a seguir a chamada concepção temperada da atuação do Advogado-Geral da União.

Contudo, são ainda frequentes os pareceres do Advogado-Geral da União a sustentar a inconstitucionalidade do ato impugnado, conduta processual que fere § 3º do art. 103 da Constituição, como registrou expressamente o Min. MARCO AURÉLIO na ADI 4.963/CE. Nada obstante, mesmo em casos tais, o STF não tem determinado nova apresentação de parecer do Advogado-Geral da União. A ação é julgada, a despeito dessa anomalia funcional.

Por outro lado, a curatela de presunção de constitucionalidade só é obrigatória no âmbito da ADI – e da ADPF. **Não há razão para o** Advogado-Geral da União **intervir no curso da ADC**, porque o pedido nesta ação já é pela declaração de constitucionalidade do ato impugnado, o que dispensa a presença de curador (cf. QO na ADC 1/DF).

Por fim, o STF não admite embargos de declaração interpostos pela AGU contra decisões proferidas em ação direta (ADI 2.323/DF). Essa restrição, porém, não parece justificável, pois impede que o curador especial da norma impugnada contribua com a eventual integração do julgado, ainda que para solicitar a modulação dos efeitos temporais da decisão que declarar a inconstitucionalidade da norma cuja validade o Advogado-Geral da União estiver a defender.

▸ **Como esse assunto foi cobrado em concurso?**

O concurso para Advogado da União (2009) considerou **errada** a seguinte assertiva: "Quando o STF apreciar a inconstitucionalidade, em tese, de norma legal ou ato normativo, compete ao Advogado-Geral da União exercer a função de curador especial do princípio da presunção de constitucionalidade da norma, razão pela qual não poderá, em hipótese alguma, manifestar-se pela inconstitucionalidade do ato impugnado."

No concurso para Procurador da Fazenda Nacional (2004), elaborado pela Esaf, foi considerada **errada** a seguinte alternativa: "É obrigatória a oitiva do Advogado-Geral da União em todos os processos de controle abstrato de constitucionalidade no Supremo Tribunal Federal."

O concurso para Titular de Serviços de Notas e Registros do TJMG (2015) considerou **correta** a afirmativa: "Quando o Supremo Tribunal Federal apreciar a inconstitucionalidade, em tese, de norma legal ou ato normativo, citará, previamente, o Advogado-Geral da União que defenderá o ato ou texto impugnado".

2.6. Intervenção do *amicus curiae*

Amicus curiae (no plural, "amici curiae") é expressão latina que se traduz ao vernáculo por "**amigo da corte**". Representa também aquele que pode prestar informações à corte quando algum de seus juízes tem dúvidas ou comete equívocos em questões legais.

A) **Histórico:** Apesar do nome latino, a figura do *amicus curiae* tem origem no direito norte-americano, no qual possui larga aplicação. No Brasil, conforme noticiou o Min. CELSO DE MELLO, "a disciplina legal pertinente ao ingresso formal do *amicus curiae* já se achava contemplada, desde 1976, no art. 31 da Lei nº 6.385, de 07/12/76, que permite a intervenção da Comissão de Valores Mobiliários (CVM) em processos judiciais de caráter meramente subjetivo" (decisão monocrática na MC na ADI 2.130/SC). Todavia, foi a Lei 9.868/99 que incorporou a figura do *amicus curiae* tanto no controle abstrato como no controle concreto de constitucionalidade.

▸ ***Amicus curiae* no CPC/2015:**

Em relação aos processos subjetivos, em geral, o CPC/2015 disseminou o instituto do *amicus curiae*, ao regulamentá-lo da seguinte forma:

> "Art. 138. O juiz ou o relator, considerando a relevância da matéria, a especificidade do tema objeto da demanda ou a repercussão social da controvérsia, poderá, por decisão irrecorrível, de ofício ou a requerimento das partes ou de quem pretenda manifestar-se, solicitar ou admitir a participação de pessoa natural ou jurídica, órgão ou entidade especializada, com representatividade adequada, no prazo de 15 (quinze) dias de sua intimação.

> § 1º. A intervenção de que trata o *caput* não implica alteração de competência nem autoriza a interposição de recursos, ressalvadas a oposição de embargos de declaração e a hipótese do § 3º.
>
> § 2º. Caberá ao juiz ou ao relator, na decisão que solicitar ou admitir a intervenção, definir os poderes do *amicus curiae*.
>
> § 3º. O *amicus curiae* pode recorrer da decisão que julgar o incidente de resolução de demandas repetitivas."
>
> Especificamente sobre a regulamentação dada pelo CPC/2015 à figura dos *amici curiae* no controle concreto de constitucionalidade, v. item 2, letra "c", da Capítulo III.

B) ***Amicus curiae* no controle abstrato de constitucionalidade:** O *caput* do art. 7º da Lei 9.868/99 foi expresso em manter a regra geral de **proibição da intervenção de terceiros** no processo de ação direta de inconstitucionalidade, tal como prevista no § 2º do art. 169 do RISTF. Entretanto, o § 2º do mesmo dispositivo legal permite ao relator, "considerando a relevância da matéria e a representatividade dos postulantes", admitir a manifestação de órgãos ou entidades estranhos à relação processual.

Certo que, anteriormente, no processamento da ADI, o STF já tolerava a participação de um tipo de *amicus curiae*, *ao* permitir a juntada, "por linha", de documentos aos autos do processo. Porém, como reconhecera o próprio STF, essa modalidade de *amicus curiae* não passava de mero ***colaborador informal* da Corte** (ADI 748/RS). Só depois é que "o ordenamento positivo brasileiro processualizou, na regra inscrita no art. 7º, § 2º, da Lei nº 9.868/99, a figura do 'amicus curiae', permitindo, em consequência, que **terceiros**, desde que investidos de representatividade adequada, sejam **admitidos na relação processual**" (MC na ADI 2.321/DF).

Trata-se, portanto, de **forma excepcional de intervenção de terceiro** na relação processual objetiva, mas que não representa o fim da regra a proibir a intervenção assistencial no âmbito do processo objetivo. Cuida-se apenas da possibilidade de instaurar um contraditório *sui generis*, sem romper, no âmbito das ações diretas, com a proibição geral da intervenção de terceiros, nem as restrições referentes à legitimidade ativa.

Bem por isso, o *amicus curiae* não pode ampliar o objeto da ação (v. voto vencedor na ADPF 187/DF), aditar a petição inicial (ADI 4.711/RS), tampouco requerer o deferimento de medida cautelar (ADI 2.904/PR, decisão monocrática). Daí que simples pessoas físicas (naturais), ainda que titulares de cargos ligados ao sistema de Justiça (no caso, um Procurador da Fazenda Nacional), não satisfazem a condição especial exigida em lei para serem admitidos como amicus curiae (v. AgRg na ADI 3.396/DF, j. em 6-8-2020).

Como também já disse o STF, a intervenção do *amicus curiae* "tem por objetivo essencial **pluralizar o debate constitucional**, permitindo, desse modo, que o Supremo Tribunal Federal venha a dispor de todos os elementos informativos possíveis e necessários à resolução da controvérsia, visando-se, ainda, com tal abertura procedimental, superar a grave questão pertinente à legitimidade democrática das decisões emanadas desta Suprema Corte, quando no desempenho de seu extraordinário poder de efetuar, em abstrato, o controle concentrado de constitucionalidade." (MC na ADI 2.321/DF).

Ainda para o STF, com a participação do *amicus curiae,* o tribunal "passa a contar com os benefícios decorrentes dos subsídios técnicos, implicações político-jurídicas e elementos de repercussão econômica que possam vir a ser apresentados". Assim, a admissão de *amicus curiae* confere ao processo um "colorido diferenciado, emprestando-lhe caráter pluralista e aberto, fundamental para o reconhecimento de direitos e a realização de garantias constitucionais em um Estado Democrático de Direito" (decisão monocrática do Min. GILMAR MENDES na ADI 3.494/GO).

Enfim, a intervenção do *amicus curiae* promove democrática **abertura do rol de intérpretes da constituição** no processo de controle da constitucionalidade. Nesse sentido, parece tratar-se de repercussão da tese de PETER HÄBERLE acerca da chamada "sociedade aberta dos intérpretes da constituição". Ver item 8 do Capítulo VII da Parte I.

> **▸ Como esse assunto foi cobrado em concurso?**
>
> O concurso para Juiz do TRT/15ª Região (2012) considerou **correta** a afirmativa: "O Supremo Tribunal Federal admite *amicus curiae* em ação direta de inconstitucionalidade".
>
> O concurso para Promotor do Estado do Rio Grande do Sul (2009) considerou **errada** a seguinte assertiva: "se passou a admitir, com a aprovação do Instituto do Amicus Curiae, intervenção de terceiros em ação direta de inconstitucionalidade."
>
> No concurso para cargo de Auditor Fiscal do Trabalho (2006), elaborado pela Esaf, o candidato deveria considerar **correta** a seguinte alternativa: "Em sede de ação direta de inconstitucionalidade é vedada a intervenção de terceiros."
>
> No concurso para Advogado do Instituto de Resseguro do Brasil – IRB (2006), elaborado pela Esaf, foi considerada **errada** a seguinte assertiva: "Nos termos da legislação que disciplina a matéria, não há, na ação direta de inconstitucionalidade, possibilidade de intervenção de terceiros ou de manifestação de outros órgãos ou entidades distintos daquele que propôs a ação."

C) ***Amicus curiae* na ADC e na ADPF:** Embora omissa a legislação a respeito, é **admissível** a presença de *amicus curiae* na ADC (v. ADC 14/DF e ADC 24/DF), por aplicação analógica do art. 7º, § 2º, da Lei 9.868/99. Mesmo raciocínio se aplica em relação à ADPF (cf. ADPF 46/DF e ADPF 73/DF).

> **▸ Como esse assunto foi cobrado em concurso?**
>
> No concurso para Juiz do TJAL (2015/FCC), foi considerada **correta** a afirmação segundo a qual: "A ação declaratória de constitucionalidade observa processo objetivo que admite a manifestação de órgãos ou entidades a título de *amici curiae*, ainda que o permissivo legal específico que autorizaria sua intervenção tenha sido vetado pelo Presidente da República".

D) **Procedimento de admissão do *amicus curiae*:** No modelo brasileiro, a intervenção do *amicus curiae* independe da concordância ou de autorização das partes. Está condicionada à discricionária vontade do **relator**. Nesse sentido, a decisão que admite o ingresso de amicus curiae é **irrecorrível**.

> **Atenção!**
> A decisão que **admite** o ingresso de *amicus curiae* é **irrecorrível** (art. 7º, § 2º, da Lei 9.868/99). Porém, o STF reconhece legitimidade recursal aos *amici curiae* para impugnarem a decisão que lhes tenha *indeferido* o ingresso na relação processual (ADI 1.104/DF e ADI 3.615/PB).

No direito estrangeiro, a Suprema Corte norte-americana condiciona a participação dos *amici curiae* à apresentação de argumentos que não tenham ainda sido manifestados por nenhum dos sujeitos processuais. No Brasil, o entendimento do STF nunca fora tão restritivo. Nada obstante, a Corte já decidira que a "intervenção do 'amicus curiae', para legitimar-se, deve apoiar-se em razões que tornem desejável e útil a sua atuação processual na causa, em ordem a proporcionar meios que viabilizem uma adequada resolução do litígio constitucional" (MC na ADI 2.321/DF).

Ultimamente, porém, em razão do crescente número de pedidos de manifestação de *amici curiae*, percebe-se a tendência de limitar o acesso à Corte somente a pessoas e entidades que possam incrementar a discussão da causa. Bem por isso, em hipótese análoga (recurso extraordinário de repercussão geral), o Plenário do STF consignou que, além dos requisitos da "representatividade adequada", da "capacidade de representação de um conjunto de pessoas" e da "existência de uma preocupação institucional", a intervenção do *amicus curiae* depende, ainda, da "capacidade de efetivamente contribuir para o debate" (AgRg no RE 817.338/DF, j. em 1º-8-2018). Na mesma linha, anotou o Min. LUIZ FUX, a finalidade precípua da "intervenção do amicus curiae consiste na pluralização do debate constitucional, com vistas a municiar a Suprema Corte dos elementos informativos necessários ou mesmo trazer novos argumentos para o deslinde da controvérsia" (decisão monocrática na ADI 5.875/DF, j. em 26-11-2018).

Por outro lado, decisões monocráticas de Ministros do STF têm reconhecido que o requisito da **pertinência temática** (item 2.2.1) **também deve ser exigido para se admitir o *amicus curiae*** (ADI 3.931/DF, ADI 3.943/DF, ADI 4.154/MT e ADPF 46/DF). Além disso, a Corte só aceita pedidos de intervenção de *amicus curiae* formulados até a data em que o relator pede a inclusão do processo na pauta de julgamento (por todos, v. ADI 4.071/DF).

> **Atenção!**
> O *caput* do art. 138 do CPC/2015, expressamente, permite o ingresso de pessoas físicas como *amici curiae*. Contudo, no âmbito do controle abstrato de constitucionalidade, a permissão legal restringe-se à "manifestação de outros órgãos ou entidades" (art. 7º, § 2º, da Lei 9.868/99). Dessarte, são vários os precedentes do STF a não admitirem pessoas físicas, mesmo que interessadas no feito, por não preencherem a representatividade exigida pelo art. 7º, § 2, da Lei 9.868/99 (v. ADI 4.178/GO, ADI 4.403/DF, ADI 4.167/DF e ADPF 205/PI).

E) **Formas de manifestação do *amicus curiae*:** Inicialmente, entendeu o STF que a participação do *amicus curiae* deveria dar-se somente **por escrito**, vedada a sustentação oral. Todavia, por ocasião do julgamento da ADI 2.675/PE e da ADI 2.777/SP, a Corte aceitou manifestação oral. Hoje, a permissão de **sustentação oral** consta expressamente do § 3º do art. 131 do RISTF, com redação da Emenda Regimental 15/2004.

De outro lado, o STF não reconhece ao "amicus curiae" legitimidade recursal (v. ADI 2.996/SC e ADI 3.706/MS), salvo para recorrer da decisão de indeferimento do próprio pedido de ingresso na relação processual (ADI 1.104/DF e ADI 3.615/PB).

▸ Como esse assunto foi cobrado em concurso?

Em questão elaborada pelo concurso para Procurador Federal (2010/Cespe), o candidato deveria considerar **errada** a seguinte assertiva: "No processo objetivo de controle de constitucionalidade, o *amicus curiae* tem legitimidade para interpor recurso nas mesmas hipóteses facultadas ao titular da ação."

AMICUS CURIAE   **"amigo da corte"**
– figura originária do direito norte-americano, foi incorporada ao controle abstrato de constitucionalidade brasileiro por força da Lei 9.868/99;   – é forma excepcional de intervenção de terceiros, sem romper com a proibição geral à intervenção assistencial no âmbito do processo objetivo das ações diretas;   – tem como objetivo essencial a pluralização do debate constitucional, e se caracteriza pela democrática abertura do rol de intérpretes da Constituição brasileira no processo de controle da constitucionalidade;   – admissível em todas as ações diretas, bem como na ADPF;   – ingresso no processo depende de decisão discricionária e irrecorrível do relator;   – a pertinência temática também é requisito para a admissão de *amicus curiae;*   – pedidos de intervenção de *amicus curiae* só são admitidos se formulados até a data em que o relator pede a inclusão do processo na pauta de julgamento;   – *amicus curiae* pode manifestar-se tanto por escrito quanto por meio de sustentação oral, mas não dispõe de legitimidade recursal, salvo para recorrer contra a decisão que indefere seu pedido de ingresso.

2.7. Quórum de julgamento

A **cláusula de reserva de plenário**, prevista no art. 97 da Constituição, também se aplica às ações do controle abstrato de constitucionalidade (cf. item 3). Porém, há legislação específica acerca das ações diretas.

A Lei 9.868/99, art. 22, exige a presença mínima de ***oito* membros** do STF para que seja **instalada a sessão** de julgamento. Já as **decisões finais de mérito**, até em razão do *efeito ambivalente* (cf. item 3.2.6), dependem do voto convergente de pelo menos ***seis* Ministros** do STF, ainda que o acórdão venha a proclamar a *constitucionalidade* da norma. Diz o art. 23 da Lei 9.868/99, uma vez efetuado o julgamento, "proclamar-se-á a constitucionalidade ou a inconstitucionalidade da disposição ou da norma impugnada **se num ou noutro sentido** se tiverem manifestado **pelo menos seis Ministros**, quer se trate de ação direta de inconstitucionalidade ou de ação declaratória de constitucionalidade."

> **Atenção!**
> Como decidiu o STF em QO na ADI 2.949/MG, a análise da ação direta de inconstitucionalidade é realizada de **maneira bifásica**: (a) primeiro, discute-se a questão da constitucionalidade da norma impugnada; então, (b) declarada a inconstitucionalidade, discute-se a possibilidade de *modulação dos efeitos decisórios* (ver item 3.3.1, abaixo).

Todavia, como o quórum de instalação da sessão de julgamento é de oito Ministros, é também possível que não se obtenha a maioria absoluta de votos (seis votos) num ou noutro sentido. Assim, quando não puder ser alcançada a maioria absoluta necessária à declaração de inconstitucionalidade, mas havendo Ministros licenciados ou ausentes em número que possa influir no resultado do julgamento, o RISTF determina a suspensão do feito, "a fim de aguardar-se o comparecimento dos Ministros ausentes, até que se atinja o *quorum*" (art. 173, parágrafo único).

> **Atenção!**
> Curiosamente, em 14-5-2009, na ADI 3.154/SP, o STF desviou-se desse último raciocínio e da literalidade tanto do art. 23 da Lei 9.868/99 quanto do art. 173 do RISTF, para considerar que "o quórum exigido pelo art. 97 da CF concerne apenas à pronúncia de inconstitucionalidade, não à rejeição de sua argüição" (*Inf.* 546/2009). Com isso, chegou-se ao contrassenso de permitir a extensão de efeito vinculante a decisão de mérito em ADI (parágrafo único do art. 28 da Lei 9.868/99), no sentido da constitucionalidade da norma impugnada, mas com quórum inferior ao exigido para o julgamento de mérito da ADC.

Por outro lado, mesmo tal suspensão do julgamento, prevista em regra regimental, poderá não ser suficiente à obtenção do *quorum* mínimo de seis votos pela constitucionalidade ou pela inconstitucionalidade do ato impugnado. Afinal, ainda que a composição da Corte esteja completa, na hipótese de impedimento de algum Ministro, por exemplo, é possível que a votação termine sem maioria absoluta de votos convergentes. Foi o que ocorreu nos julgamentos da ADI 4.167/DF, da ADI 2.588/DF e da ADI 4.874/DF (cinco votos a cinco), bem como da ADI 4.066/DF (cinco votos a quatro), precedentes em que o STF optou por solução intermediária: em aplicação à cláusula de reserva de plenário, não obtida a maioria absoluta de votos num ou noutro sentido, considera-se o ato impugnado **constitucional**, mas a decisão **não** contará com efeitos vinculantes nem *erga omnes*.

Assim, pela jurisprudência do STF, o cumprimento da cláusula de reserva de plenário é determinante tanto para declarar a inconstitucionalidade de lei ou ato normativo, quanto para atribuírem-se efeitos *erga omnes* e vinculantes à decisão que aprecia a constitucionalidade em abstrato.

As mesmas exigências de quórum qualificado aplicam-se, ainda, às decisões concessivas de ***medida cautelar*** (art. 10, *caput*, e art. 21 da Lei 9.868/99), salvo durante o período de recesso. Essa ressalva foi prevista em lei somente em relação à ADI, mas se aplica, por analogia, à ADC. Ademais, predomina no STF entendimento segundo o qual, mesmo fora do período de recesso, porém havendo excepcional urgência, o relator poderá deferir a cautelar monocraticamente (v. MC na ADI 2.849/RN, MC na ADI 1.899/AM, MC na ADI 3.273/DF, entre outras). De qualquer modo, em atenção ao princípio da cláusula de reserva de plenário, a decisão monocrática deverá ser submetida, assim que possível, à imediata apreciação do Plenário da Corte.

▸ Atenção!

A) Por analogia ao 5º, § 1º, da Lei 9.882/99, predomina no STF entendimento segundo o qual, mesmo fora do período de recesso, hipóteses de urgência poderão justificar a concessão da medida cautelar por decisão monocrática do relator, que deverá submetê-la, depois, ao referendo do Pleno (por todas, v. MC na ADI 4.465/DF e MC na ADI 4.598/DF, MC na ADI 2.849/RN, MC na ADI 1.899/AM, MC na ADI 3.273/DF).

B) Liminares assim concedidas monocraticamente devem ser levadas para referendo *incontinenti*, na próxima reunião do Plenário. Porém, contam-se várias liminares monocráticas pendentes de apreciação do Pleno há muito tempo, tal como a ADI 4.917/RJ e a ADI 1.949/RS. E essa preocupante situação estende-se, inclusive, a caso de decisão monocrática concedida em detrimento de emenda constitucional (v. ADI 5.017/DF, cuja liminar vigora desde 17-7-2013). De modo que até atos do poder constituinte derivado ficam com eficácia indefinidamente suspensa, por decisão monocrática, em total inobservância à cláusula de reserva de plenário.

Já nos casos de inépcia ou de manifesta improcedência do pedido, a Lei 9.868/99 (arts. 4º e 16) admite, expressamente, o indeferimento liminar da petição inicial das ações diretas por decisão singular do relator, ressalvada a interposição de agravo regimental.

Quorum mínimo para iniciar a sessão de julgamento	**Oito Ministros.**
Quorum mínimo para conceder a liminar	**Seis Ministros.** Exceção: no período de recesso do Tribunal e em hipóteses de urgência, o relator poderá conceder a liminar monocraticamente, submetendo a decisão ao referendo do Plenário na próxima sessão.
Quorum mínimo para decisão final de mérito	**Seis Ministros**, mesmo que para proclamar a constitucionalidade do ato questionado. Exceção: na impossibilidade de obtenção de maioria absoluta num ou noutro sentido, o ato impugnado é declarado constitucional, mas a decisão não contará com efeitos vinculantes nem *erga omnes*.

2.8. Medida cautelar nas ações diretas

Ao tempo da Constituição anterior, quando o controle abstrato de constitucionalidade era exercido por meio da chamada "representação por inconstitucionalidade de lei ou ato normativo", a possibilidade de concessão de medida cautelar só foi instituída pela EC 7/77. Todavia, com base em seu regimento interno e no **poder geral de cautela**, o STF já concedia medidas cautelares no âmbito dos processos de controle abstrato.

A atual Constituição, previu explicitamente a hipótese de medida cautelar em relação à ADI (art. 102, I, "p"). Contudo, ao instituir a ADC, a EC 3/93 foi omissa a respeito do cabimento de medida cautelar. Nada obstante, novamente com fundamento no poder geral de cautela inerente à atividade jurisdicional, o STF entendeu possível a concessão de medida cautelar também nas ADCs, inclusive com efeitos vinculantes (MC na ADC 4/DF).

A) **Natureza jurídica:** Para o STF, o pedido de medida cautelar admissível nas ações diretas não configura propriamente um processo cautelar. Trata-se de simples requerimento processado e apreciado nos próprios autos da ação direta, como mero incidente da causa (QO na Pet 2.246/SP). Conforme doutrina especializada, não se cuida mesmo de provimento de natureza cautelar, senão de caso especial de ***antecipação dos efeitos da tutela*** (HUMBERTO THEODORO JÚNIOR, TEORI ZAVASCKI e GIBRAM MOYSÉS FILHO).

De qualquer forma, não há dúvidas em que a medida cautelar incidental às ações diretas difere das medidas cautelares reguladas pelo processo civil comum, seja porque se refere processo do tipo objetivo (AgRg na AC 688/SP), seja porque não é preciso garantir a utilidade do provimento final, pois inexiste execução de julgado no controle abstrato de constitucionalidade (2ª Turma do STF, AgRg na Pet 1.326/CE).

B) **Pressupostos materiais:** A concessão de medida liminar nas ações diretas depende da presença dos seguintes pressupostos gerais:

   b.1) ***fumus boni iuris*:** plausibilidade jurídica das alegações do requerente da medida;

   b.2) ***periculum in mora*:** possibilidade de prejuízo decorrente do retardamento da decisão postulada.

Via de regra, o STF entende descaracterizado o *periculum in mora* quando já decorrido tempo considerável desde a edição do ato normativo impugnado em sede de ADI. Todavia, são frequentes os casos em que o STF adota critérios casuísticos, baseados na conveniência pontual de conceder liminar em ADI, independentemente do tempo em que já esteja em vigor a norma questionada (v. MC na ADI 568/AM, ADI 125/SC, ADI 165/MG, ADI 154/RJ, MC na ADI 1.087/RJ e MC na ADI 2.314/RJ). Para a Corte, a "suspensão cautelar da eficácia de preceito normativo pode ter por fundamento razões de conveniência ditadas pela necessidade de preservar a incolumidade da ordem política local e de manter, no plano jurídico-institucional, a harmonia e a independência entre os Poderes Executivo e Legislativo do Estado-Membro" (MC na ADI 834/MT).

> **Atenção!**
>
> O STF também já indeferiu cautelar em ADI por entender ser hipótese de *periculum in mora* inverso (MC na ADI 2.435/RJ).

C) **Pressupostos formais:** A concessão de medida cautelar nas ações diretas depende da observância dos seguintes pressupostos formais:

c.1) prévia **oitiva do polo passivo**, salvo em caso de excepcional urgência (art. 10, *caput*, c/c § 3º, e art. 21 da Lei 9.868/99);

c.2) concordância da **maioria absoluta** dos membros da Corte, com exceção do período de recesso e nos casos de excepcional urgência, hipótese em que é possível conceder a medida por decisão monocrática, *ad referendum* do Plenário do STF. (Ver item 2.7, *supra*.)

> **Atenção!**
>
> Como já decidiu o Min. CELSO DE MELLO na MC na Rcl 31.158/PE (j. em 12-7-2018), "o referendo pelo Plenário do Supremo Tribunal Federal qualifica-se como verdadeira condição resolutiva, jamais suspensiva, da eficácia do provimento cautelar concedido, monocraticamente, em caráter excepcional, no âmbito de processo de controle normativo abstrato" (MC na ADI 2.435/RJ). Assim, o eventual descumprimento da decisão concessiva da tutela cautelar "comporta, até mesmo, o ajuizamento, perante o Supremo Tribunal Federal, do instrumento constitucional da reclamação", ainda que tal decisão não tenha ainda sido referenda pelo Plenário da Corte."

PRESSUPOSTOS PARA CONCESSÃO DE MEDIDA CAUTELAR	
Pressupostos materiais	**Pressupostos formais**
– plausibilidade jurídica das alegações do requerente da medida (*fumus boni iuris*); – possibilidade de prejuízo decorrente do retardamento da decisão postulada (*periculum in mora*).	– prévia oitiva do polo passivo, salvo em caso de excepcional urgência; – concordância da maioria absoluta dos membros da Corte, com exceção dos períodos de recesso ou quando houver fundada urgência, hipóteses em que é possível conceder a medida por decisão monocrática, *ad referendum* do Plenário do STF.

D) **Procedimento:** Conforme art. 10 da Lei 9.868/99, salvo nos casos de excepcional urgência, a medida cautelar só poderá ser concedida após manifestação, no prazo de 5 dias, dos órgãos ou autoridades dos quais emanou a lei ou ato normativo impugnado. Se o relator considerar indispensável, também serão previamente ouvidos o Advogado-Geral da União e o Procurador-Geral da República, no prazo de 3 dias.

Concedida a medida cautelar e publicada a parte dispositiva da decisão, a lei prevê a retomada do procedimento normal da ação direta, com a requisição das informações às autoridades das quais tiver emanado o ato (ver. itens 5.1, "C", e 5.2, "D").

Contudo, permite-se uma espécie de **julgamento final antecipado**. Pelo art. 12 da Lei 9.868/99, desde que já prestadas as informações do polo passivo e colhida a manifestação do Advogado-Geral da União e do Procurador-Geral da República, o relator do processo, ao apreciar o pedido de medida cautelar, considerando a "relevância da matéria e seu especial significado para a ordem social e a segurança jurídica", poderá submeter o feito diretamente ao Plenário do STF, que terá a faculdade de julgar definitivamente a ação.

E) **Provisoriedade:** Tal como qualquer medida cautelar, também aquelas proferidas nas ações diretas têm caráter provisório. Vigoram, portanto, só até serem expressa ou implicitamente substituídas ou, então, revogadas por decisão posterior. Neste último sentido, a despeito de disposição expressa, o julgamento final pela improcedência do pedido implica a automática revogação, com a consequente perda da eficácia da cautelar eventualmente concedida na mesma ação. (Sobre o início desse efeito revogatório, v. item 3.1.)

F) **Efeitos:** Sobre os efeitos particulares da concessão de medida cautelar em ADI e em ADC, conferir os itens 5.1.1 e 5.2.1.

G) **Recorribilidade:** Não cabe recurso contra a medida cautelar concedida pelo Plenário do STF, ressalvados os embargos declaratórios.

Em relação à medida cautelar deferida, excepcionalmente, por decisão monocrática *ad referendum* do Plenário, parece cabível, ainda, a interposição de agravo regimental. Contudo, na MC na ADI 3.626/MA, o Plenário do STF julgou prejudicado agravo regimental interposto contra liminar deferida por decisão monocrática do relator no período de recesso. Entendeu-se que a decisão recorrida, como estava automaticamente sujeita a referendo do próprio Pleno da Corte, não desafiava agravo a ser julgado pelo mesmo órgão.

De outro lado, em inusitado precedente (Suspensão de Liminar 1.188/DF, j. em 19-12-2018), o Presidente do STF suspendeu liminar monocrática concedida pelo Min. MARCO AURÉLIO na ADC 54/DF, no último antes do recesso da Corte. A suspensão de liminar, curiosamente, baseou-se no art. 4º da Lei 8.437/91 e no art. 297 do RISTF. Contudo, a previsão legal tem por alvo a suspensão da "execução da liminar em ações movidas contra o Poder Público ou seus agentes"; e a norma regimental trata da suspensão da "execução de liminar, ou da decisão concessão de mandado de segurança". Logo, por se referirem exclusivamente a processos subjetivos, não poderiam ser utilizadas como meio impugnativo nas ações diretas. Nada obstante, o Ministro Presidente da Corte fundamentou a utilização atípica da medida suspensiva com base no *poder geral de cautela*, a fim de evitar grave lesão à ordem e à segurança públicas.

3. EFEITOS DAS DECISÕES FINAIS DE MÉRITO NAS AÇÕES DIRETAS

3.1. Termo inicial

A eficácia das decisões proferidas no controle abstrato, tanto das *sentenças finais* quanto das *liminares*, não depende de trânsito em julgado, nem de intimações ou comunicações posteriores, tampouco sequer da publicação do acórdão respectivo. Tem início com a simples **publicação da ata de julgamento** no *Diário da Justiça da União*, "exceto em casos excepcionais a serem examinados pelo Presidente do Tribunal, de maneira a garantir a eficácia da decisão" (QO na ADI 711/AM e MC na ADI 1.434/SP).

Via de regra, portanto, todas as decisões proferidas pelo STF, no exercício do controle abstrato, produzem efeitos desde a publicação da ata da respectiva sessão de julgamento, independentemente de outras formalidades, mesmo que pendentes de exame eventuais embargos declaratórios (Rcl 2.576/SC, Plenário) ou pedidos de modulação dos efeitos da decisão. (Sobre a manipulação/modulação temporal no controle abstrato de constitucionalidade, v. item 3.3 do Capítulo V.)

▸ **Atenção!**

Excepcionalmente, caso concedida por decisão monocrática (v. item 2.7), a medida cautelar surte efeitos desde a publicação, pois não há "ata de julgamento".

▸ **Como o STF enfrentou o tema:**

Num precedente bastante curioso, após o próprio Plenário do STF haver decidido pela inconstitucionalidade de lei federal na ADI 3.406/RJ, o que implicaria a imediata ineficácia da legislação invalidada, a Min. ROSA WEBER, com base no "poder geral de cautela", em simples decisão monocrática (j. em 19-12-2017), suspendeu em parte os efeitos da decisão plenária, na parte em que atribuía "eficácia *erga omnes* à declaração de inconstitucionalidade", "até a publicação do acórdão respetivo e fluência do prazo para oposição dos aventados embargos de declaração." Ou seja, a fim de contornar a jurisprudência da Corte, segundo a qual a decisão de mérito em ADI surte efeitos independentemente da publicação do acórdão ou da fluência do prazo de embargos declaratórios, uma decisão monocrática suspendeu parcialmente a eficácia de uma decisão plenária.

3.2. Efeitos ordinários

3.2.1. Coisa julgada

Transcorrido o prazo para interposição de embargos declaratórios, a decisão final proferida nas ações diretas faz ao menos coisa julgada *formal*, tornando-se então

irrecorrível. Ademais, a partir do trânsito em julgado de decisões de mérito, opera-se ainda a coisa julgada *material*, cuja autoridade é **irrescindível**. De modo que todos que estejam sujeitos à eficácia direta da decisão não poderão mais discutir as questões decididas, nem sequer por via da ação rescisória. (Sobre os *princípios da irrecorribilidade* e da *não rescindibilidade*, itens 4.1.11 e 4.1.12 do Capítulo IV.)

De fato, tal como prevaleceu no STF quando da AR 878/SP, a "declaração da **inconstitucionalidade** em tese importa a desconstituição, a nulificação da própria lei em si, como efeito imediato da sentença desconstitutiva", gerando a "impossibilidade de restaurar o que foi desconstituído" (voto do Ministro RAFAEL MAYER). Todavia, contrariando as experiências de países como Portugal, Itália e Espanha, consagrou-se aqui a tese de que também faz coisa julgada material a decisão que declara a ***constitucionalidade*** do ato questionado, seja nas ações diretas (art. 26 da Lei 9.868/99), seja na ADPF (art. 12 da Lei 9.882/99).

Contudo, conceder tal grau de estabilidade à declaração de constitucionalidade da norma gera graves distorções. Como já acentuou GARCÍA DE ENTERRÍA, o bloqueio a novo questionamento de norma cuja constitucionalidade haja sido anteriormente fixada implica obstáculo a uma das funções políticas mais importantes do tribunal constitucional, que é a de elaborar **interpretação constitucional evolutiva** adaptadora do texto da constituição às mudanças de situações históricas, além de ignorar as diferenças substanciais entre um controle "abstrato" das leis e um controle "concreto", com a riqueza inventiva da casuística, sem a qual a técnica jurídica se esgota e se resseca.

Aliás, a rigidez desse entendimento positivado no Brasil tem recebido várias críticas. Antes mesmo da Lei 9.868/99, ao julgar a QO na ADC 1/DF, o Ministro CARLOS VELLOSO recomendou não se impedisse a propositura da ação direta de inconstitucionalidade, ainda que já julgado procedente pedido da ação declaratória de constitucionalidade, em face do mesmo preceito normativo. Na doutrina, BARROSO defende que a declaração de constitucionalidade "não se reveste de coisa julgada material" (2009, p. 200). E são frequentes as opiniões favoráveis à possibilidade de se rediscutir, em outra ação direta, a inconstitucionalidade do ato, em virtude da mudança de circunstâncias fáticas e até das "concepções jurídicas dominantes" (GILMAR MENDES *et al.*, 2008, p. 1277).

Porém, em razão do *princípio da causa de pedir aberta* (ver item 4.1.5 do Capítulo IV), a Corte considera analisada a controvérsia à luz de todas as normas constitucionais. Além disso, já entendeu que o trânsito em julgado da decisão que reconhece a constitucionalidade da norma **impediria** a propositura até mesmo de uma **nova ADI**, ainda que sob outra fundamentação (ADI 1.073/SP).

Por outro lado, no próprio STF, já se falava em atenuar a rigidez da coisa julgada em caso de declaração de *constitucionalidade*. No julgamento da ADI 2.154/DF e da ADI 2.258/DF, ao reafirmar a constitucionalidade do art. 26 da Lei 9.868/99 – na parte em que torna irrescindíveis as decisões tomadas em ADI ou ADC –, embora tenha entendido que a segurança jurídica também ficaria comprometida se a decisão que declara constitucional uma norma "pudesse ser desconstituída por força de simples variações na composição do STF", o voto do Min. PERTENCE ressalvou os casos de "mudança relevante do contexto histórico e das concepções jurídicas subjacentes ao julgado rescindido" (*Inf.* 456/2007).

Então, em 2013, a despeito do meio processual inusitado, o Plenário do STF reconheceu a possibilidade de revisão da declaração de constitucionalidade proferida em ação direta de inconstitucionalidade. Na Rcl 4.374/PE, em razão de posteriores mudanças fáticas (políticas, econômicas e sociais) e jurídicas (sucessivas modificações legislativas), o STF aceitou revisar a declaração de constitucionalidade decretada no julgamento de mérito de ação direta, para reconhecer a *inconstitucionalidade superveniente* do art. 20, § 3º, da Lei 8.742/93, embora o dispositivo antes tivesse sido considerado constitucional na ADI 1.232/DF. Já no RE 567.985/MT, o Plenário do STF procedeu à expressa "declaração de inconstitucionalidade parcial, sem pronúncia de nulidade", do mesmo dispositivo legal. Vale dizer, inusitadamente, a despeito da proibição legal às rescisórias contra decisão do controle abstrato, o STF, em ação do controle concreto, revisou a declaração de constitucionalidade de julgado proferido em ADI.

Em outro precedente curioso, na ADI 5.081/DF (j. em 27-5-2015), o STF admitiu nova ação direta e declarou a inconstitucionalidade do mesmo ato normativo que já fora declarado constitucional na ADI 3.999/DF e na ADI 4.086/DF. Para tanto, a Corte escusou-se dizendo que, anteriormente, "apenas se pronunciara sobre a constitucionalidade formal da norma", bem como que o fundamento utilizado na declaração de inconstitucionalidade não havia sido suscitado antes, "muito embora a causa de pedir, na hipótese, fosse aberta".

> ▸ **Atenção!**
> Melhor solução parece ser articular a chamada **cláusula *rebus sic stantibus***, implícita em toda sentença, com as diferenças teóricas entre *disposição normativa* e *norma* (v. item 4 do Capítulo VII da Parte I). Então, como já se defendeu em obra específica sobre o controle abstrato, será "factível que a aplicação da cláusula *rebus sic stantibus* reformule a própria interpretação da disposição antes considerada válida. Nesse caso, a alteração decomporá a norma que fora alvo do controle em momento anterior. Daí, não recaindo o objeto da nova ação sobre a norma decomposta, mas sobre outra norma (interpretação) obtenível daquela disposição, a rediscussão do julgado pretérito não acarretará qualquer arranhão ao princípio da irrescindibilidade. É que, embora se trate da mesma disposição, terá havido mudança do objeto do controle, já que alterada a norma impugnada." (BERNARDES, 2004a, p. 478).

3.2.2. Efeito "ex tunc"

Como o direito brasileiro, via de regra, adota a tese da ***nulidade*** *do ato inconstitucional*, a decisão final do controle abstrato, ordinariamente, surte efeitos retroativos (***ex tunc***), o que implica a ineficácia do ato inconstitucional desde a origem (v. item 5.1.1 do Capítulo I).

Nessa linha, segundo o STF, a "declaração de inconstitucionalidade de uma lei alcança, inclusive, os atos pretéritos com base nela praticados, eis que o reconhecimento desse supremo vício jurídico, que inquina de total nulidade os atos emanados do Poder Público, desampara as situações constituídas sob sua égide e inibe - ante a sua inaptidão para produzir efeitos jurídicos válidos - a possibilidade de invocação de qualquer direito" (QO na ADI 652/MA).

Outra decorrência dos efeitos *ex tunc*, o acórdão final da ação direta revoga, tácita e automaticamente, sem necessidade de disposição expressa, a decisão liminar eventualmente proferida em sentido contrário. Em consequência, fica retroativamente prejudicada a subsistência jurídica dos atos decorrentes do julgamento provisório, ressalvadas as hipóteses de modulação temporal dos efeitos da decisão final (v. itens 3.2.4.6 e 3.3.1).

▸ **Como o STF enfrentou o tema:**

"As medidas cautelares deferidas em controle concentrado de constitucionalidade são decisões provisórias de urgência, proferidas em juízo de cognição sumária. São, portanto, decisões temporárias, necessariamente substituídas pela decisão final e definitiva nos autos" (trecho do voto vencedor da Min. CÁRMEN LÚCIA no AgRg na ADI 2.381/RS, Plenário).

Na Rcl 2.756/SC, o Plenário decidiu que, ao "ser julgada improcedente a ação direta de inconstitucionalidade - ADI nº 2.335 - a Corte, tacitamente, revogou a decisão contrária, proferida em sede de medida cautelar. Por outro lado, a lei goza da presunção de constitucionalidade. Além disso, é de ser aplicado o critério adotado por esta Corte, quando do julgamento da Questão de Ordem, na ADI 711 em que a decisão, em julgamento de liminar, é válida a partir da data da publicação no Diário da Justiça da ata da sessão de julgamento."

3.2.3. *Efeito* "erga omnes"

Efeito mediante o qual a eficácia decisória é ampliada à generalidade de pessoas relacionadas com o objeto da ação, independentemente da composição subjetiva da relação processual originária.

▸ **Atenção!**

Efeitos gerais (*erga omnes*) são atribuídos a determinadas decisões judiciais por razões pragmáticas, para conciliar o caráter subjetivo necessariamente limitado da relação processual – até porque a atividade jurisdicional não se pode desenvolver mediante processos com elevado número de participantes – ante a amplitude ilimitada ou indeterminável de pessoas que devam eventualmente ser alcançadas pelos efeitos do julgamento. Exemplo: ação civil pública movida em prol de interesses difusos da sociedade.

Faz parte da própria natureza jurídica do controle abstrato de constitucionalidade a atribuição de efeitos *erga omnes* às decisões de mérito tomadas, sejam provisoriamente (liminares), sejam em caráter definitivo (sentenças finais). É que esse tipo de fiscalização trabalha com **processos objetivos**, cujo escopo principal é depurar o ordenamento jurídico e garantir a supremacia constitucional. Daí, a decisão que declara a (in)constitucionalidade deve necessariamente surtir efeitos *erga omnes*, para que todos os destinatários do ato normativo questionado fiquem automaticamente compreendidos entre os que se sujeitam aos efeitos substanciais do julgamento. Por isso mesmo, a despeito de proposta semelhante haver sido rejeitada no momento da aprovação da EC 16/65, o STF passou a entender que as decisões pela procedência das antigas representações de inconstitucionalidade contavam, automaticamente, com efeitos *erga omnes*.

Também é por causa do efeito *erga omnes* que a declaração de inconstitucionalidade proferida em abstrato implica a expulsão do ato inconstitucional do sistema jurídico – ressalvadas as hipóteses excepcionais de aplicação da teoria da simples incompatibilidade (item 5.1.3 do Capítulo I). Somente por meio do efeito *erga omnes* é que a eficácia da decisão declaratória da inconstitucionalidade em tese pode sobrepor-se à eficácia igualmente *erga omnes* do ato normativo impugnado, tornando assim possível comparar o controle abstrato de constitucionalidade à atividade de um "**legislador negativo**".

Importante, contudo, desfazer duas ideias disseminadas, quais sejam, a de que o efeito *erga omnes* está necessariamente relacionado (a) com a esfera territorial da jurisdição do órgão julgador (*v.g.*, STF, Pleno, RE 187.142/RJ) e (b) com a coisa julgada e a imutabilidade do julgado (nesse sentido, Plenário do STF, QO na ADC 1/DF).

A rigor, a atuação do efeito *erga omnes* não tem a ver com os **limites territoriais da jurisdição do órgão julgador**, mas com a ampliação subjetiva dos efeitos decisórios em virtude do potencial âmbito de incidência da norma impugnada. Se a declaração de inconstitucionalidade em tese fulminar norma estadual, por exemplo, o efeito *erga omnes* circunscrever-se-á ao âmbito de incidência desta. Porém, atingirá a todos os originais destinatários da norma impugnada, onde quer que se encontrarem, não se aplicando eventuais limitações relativas à competência territorial do tribunal do qual partiu a decisão. Por exemplo: embora um tribunal de justiça estadual só tenha jurisdição no território do respectivo Estado-membro, caso reconheça a inconstitucionalidade *in abstracto* de lei estadual que concedia pensões a particulares, todos os beneficiários da pensão serão atingidos pela decisão, independentemente do local (ou do Estado-membro) em que estiverem domiciliados.

Ademais, ao contrário do que afirma parte da doutrina, os efeitos *erga omnes* **não têm necessária relação com a coisa julgada** ("coisa julgada *erga omnes*"), nem são responsáveis por tornar obrigatório o julgado para o próprio STF. Tanto é que mesmo provimentos provisórios podem contar com efeitos *erga omnes*, sem que o órgão julgador esteja impedido de revogá-los posteriormente, tal qual ocorre com as liminares concedidas nas ações diretas de inconstitucionalidade. A eficácia *erga omnes* não gera efeitos preclusivos por si mesma. Serve apenas para generalizar os atributos da decisão. O que impede a renovação da discussão de questões já decididas é o sistema clássico de preclusões processuais, cujo maior exemplo radica na coisa julgada. De modo que, se a decisão transitar em julgado, será a autoridade da coisa julgada, e não os efeitos *erga omnes*, a responsável por imunizar o conteúdo declaratório do ato judicial.

Por outro lado, no entendimento do STF, o efeito *erga omnes* da decisão proferida no controle abstrato de constitucionalidade, **por si só** (*i.e.*, **sem vir conjugado com o efeito vinculante**):

A) não obriga os demais agentes públicos ou órgãos do Judiciário a decidir de forma semelhante, de modo que a decisão dotada de efeitos gerais não pode ser considerada "desobedecida" por outras decisões conflitantes (QO na ADC 1/DF);

B) não impede que as autoridades ou os órgãos responsáveis pela edição do ato inconstitucional o revoguem, nem que voltem a reincidir na inconstitucionalidade, mediante a edição de outros atos de conteúdo semelhante, ressalvada a propositura de nova ação direta (QO na Rcl 380/DF);

C) não desconstitui automaticamente decisões judiciais divergentes, tampouco a coisa julgada em sentido contrário (Rcl 148/RS, AgRg no AI 145.589/RJ e RE 187.376/PR);

D) não autoriza a utilização da *reclamação constitucional* em caso de alegação da inobservância da decisão, ressalvadas as hipóteses em que houver "identidade de partes" (na ação direta e na reclamação) e naquelas em que "a prática de atos concretos fundados na norma declarada inconstitucional" provier do próprio órgão que a editara (Rcl 556/TO).

3.2.4. Efeito vinculante

Como a atribuição de efeitos *erga omnes*, por si só, não era considerada obstáculo jurídico a impedir que juízes, e mesmo administradores, desrespeitassem as decisões do STF proferidas no âmbito do controle abstrato de constitucionalidade, surgiu a ideia segundo a qual era preciso estabelecer um tipo de mecanismo que as revestisse de "**força vinculante**" tal que obstasse decisões divergentes. Desse movimento surgiu, em 1993, a EC 3, que criou a ADC e estabeleceu que suas "decisões definitivas de mérito" contam com efeitos vinculantes (§ 2º acrescido ao art. 102 da Constituição).

Apesar de veiculada por emenda constitucional, a inovação sofreu muitos ataques da doutrina pátria. Os principais defendiam a tese de que a independência funcional da magistratura autorizaria os juízes em geral a firmar convencimento próprio e a decidir de maneira contrária ao decidido pelo STF, bem como que o efeito vinculante representava violência aos princípios do devido processo legal e do juízo natural. Todavia, o **STF assentou** a **validade do efeito vinculante criado pela EC 3/93** em questão de ordem suscitada no julgamento da primeira ADC (QO na ADC 1/DF).

De outro lado, a EC 3/93 só previra efeitos vinculantes às "decisões definitivas de **mérito**" proferidas em ação declaratória de constitucionalidade (**ADC**), o que deixava dúvidas quanto à eventual vinculação decorrente, seja das liminares em ADC, seja das decisões proferidas em ADI.

Nada obstante, tudo se encaminhou no sentido da extensão do efeito vinculante. Primeiramente, a jurisprudência do **STF** entendeu que também as **decisões liminares** da **ADC** contavam com efeitos vinculantes (cf. MC na ADC 4/DF). Depois, as Leis 9.868/99 e 9.882/99 estenderam o efeito vinculante às decisões tomadas em **ADI** e em **ADPF**, o que gerou novas objeções doutrinárias, ao argumento de que tal extensão não poderia ser determinada pelo legislador, mas somente pelo constituinte derivado. Entretanto, ao julgar questão de ordem suscitada no AgRg na Rcl 1.880/SP, o **STF reconheceu a constitucionalidade da extensão do efeito vinculante estabelecida pelo legislador ordinário**, por considerar que a vinculação é qualidade inerente à própria natureza da jurisdição constitucional exercida em tese. Então, o Supremo passou a atribuir efeitos vinculantes também às **liminares** proferidas tanto em ADI (Rcl 2.256/RN) quanto em ADPF (MC na Rcl 6.064/RS).

Enfim, sob a óptica do STF, é hoje incontroverso que o sistema normativo brasileiro consagra efeitos vinculantes assim às **decisões finais,** como às **decisões liminares** proferidas em **todas as ações do controle abstrato**.

▸ **Importante:**

O ***indeferimento*** da **medida cautelar** pleiteada em **ADI** (e, por analogia, em ADPF) **não implica vinculação** no sentido da constitucionalidade do ato impugnado; e o ***indeferimento*** de **medida cautelar** formulada em **ADC tampouco gera efeito vinculante** quanto à inconstitucionalidade. Por isso, a despeito do indeferimento de liminares em ação direta (no caso, ADI), o STF:

a) permite que, no controle concreto, se prossiga normalmente com julgamento de idêntica questão constitucional, sem que o órgão julgador esteja vinculado à orientação traduzida pelo indeferimento da liminar (cf., *v.g.*, AgRg no AI 384.121/PR e AgRg no AI 519.294/PR);
b) não admite utilizar reclamação constitucional para eventual salvaguarda da autoridade da decisão pela qual o STF indeferira a liminar (QO na MC na Rcl 2.063/RJ e AgRg na Rcl 2.431/RJ), não importa a fundamentação do indeferimento (AgRg na Rcl 2.810/MG).

▸ **Como esse assunto foi cobrado em concurso?**

No concurso para Advocacia-Geral da União (2004/Cespe), o candidato deveria considerar **correta** a seguinte assertiva: "Segundo o entendimento do STF, por ser a ADI uma ADC com sentido invertido, é constitucional a extensão, por lei ordinária, do efeito vinculante atribuído à ADC pela Constituição Federal."

O concurso para Procurador Federal (2010) considerou **correta** a seguinte assertiva: "Para o STF, o indeferimento da medida cautelar na ADI não significa confirmação da constitucionalidade da lei com efeito vinculante."

No concurso para Procurador do Distrito Federal (2004), elaborado pela Esaf, ao ser questionado sobre qual das opções indicadas continha decisão em que a reclamação fundada na garantia da autoridade das decisões tomadas pelo Supremo Tribunal Federal não seria cabível, o candidato deveria apontar a alternativa com a seguinte redação: "Decisão liminar em ação direta de inconstitucionalidade que indefere medida cautelar requerida pelo autor da ação."

3.2.4.1. Extensão subjetiva

No âmbito subjetivo, o efeito vinculante abrange os "demais órgãos do Poder Judiciário" e a "administração pública direta e indireta, nas esferas federal, estadual e municipal" (§ 2º do art. 102, com redação da EC 45/2004). Assim, mesmo que não tenham integrado a relação processual, consideram-se vinculados à decisão do STF todos os demais órgãos do **Judiciário**, bem como quaisquer entidades da **Administração** direta e indireta da União, dos Estados-membros, do Distrito Federal e dos Municípios.

▸ **Atenção!**

Relativamente ao **Presidente da República**, só as atribuições como *chefe da Administração federal* é que se sujeitam ao efeito vinculante. Nesse sentido, a vinculação atinge somente os atos presidenciais de que trata o artigo 84, incisos II, XVI, segunda parte, XXIV e XXV, bem como, parcialmente, a competência de que trata o inciso VI do mesmo artigo.

Nessa linha, a atuação do Presidente da República em âmbito *materialmente legislativo* (edição de medidas provisórias e de lei delegadas), incluindo sua participação no processo legislativo (poder de iniciativa, veto/sanção, promulgação, publicação), não está adstrita aos efeitos vinculantes decorrentes de ações diretas, sob pena de, indiretamente, atingir-se o próprio Legislativo. Nesse sentido, em matéria de fixação de prazo para suprimento de omissões inconstitucionais (art. 103, § 2º, *in fine*, da Constituição), o Plenário do STF tem assemelhado às funções legislativas o poder de iniciativa atribuído pela Constituição aos chefes do Executivo (v. ADI 2.061/DF e ADI 2.497/AC).

Por simetria, como se cuida de atos normativos primários, tampouco parecem estar sujeitos à vinculação os decretos autônomos baixados pelo Presidente da República para regular a organização e funcionamento da administração federal e a extinção de funções ou cargos públicos (inciso VI do art. 84, com redação da EC 32/2001).

Já o **Legislativo**, quando no exercício de atividade legislativa - federal, estadual, distrital ou municipal - não está adstrito ao efeito vinculante. Assim, conforme jurisprudência do STF, não há impedimento a que o legislador reedite o texto de lei considerada anteriormente inconstitucional pela Corte em sede de controle abstrato de constitucionalidade (ADI 2.903/PB). Como já decidiu o Plenário do STF, "o efeito vinculante de decisão, proferida pelo Supremo Tribunal Federal, em ação direta de constitucionalidade ou de inconstitucionalidade de lei ou ato normativo federal, só atinge os demais órgãos do Poder Judiciário e todos os do Poder Executivo, não alcançando o legislador, que pode editar nova lei com idêntico conteúdo normativo, sem ofender a autoridade daquela decisão" (AgRg na Rcl 2.617/MG).

▸ **Atenção!**

A) Ressalvadas as atividades legislativas típicas, as demais atividades exercidas pelo Legislativo estão sujeitas ao efeito vinculante, sejam as atividades judiciais (Senado, no julgamento de crimes de responsabilidade), sejam as atividades administrativas. Aliás, em matéria de vinculação decorrente de súmulas, a Súmula Vinculante 13 foi expressa em estabelecer que a proibição ao nepotismo na Administração Pública se aplicava "em qualquer dos Poderes da União, dos Estados, do Distrito Federal".

B) Da mesma forma, embora os Tribunais de Contas auxiliem o Legislativo numa de suas funções legislativas típicas (função fiscalizadora), estão também adstritos ao efeito vinculante, pois atuam como simples órgãos técnico-administrativos (MARCELO NOVELINO).

EXTENSÃO SUBJETIVA DO EFEITO VINCULANTE		
Poder Judiciário	**Poder Executivo**	**Poder Legislativo**
alcança todos os demais órgãos do Judiciário, ressalvado o próprio STF, cuja jurisdição não está abrangida pelo efeito vinculante.	alcança quaisquer entidades da Administração direta e indireta da União, dos Estados-membros, do Distrito Federal e dos Municípios.	não alcança as Casas Legislativas, enquanto no exercício de funções legislativas típicas.

▸ **Como esse assunto foi cobrado em concurso?**

No concurso para Delegado de Polícia do Amapá (2010), o candidato deveria considerar **errada** a seguinte assertiva: "As decisões definitivas de mérito, proferidas pelo Supremo Tribunal Federal, nas ações diretas de inconstitucionalidade e nas ações declaratórias de constitucionalidade produzirão eficácia contra todos e efeito vinculante, relativamente aos demais órgãos do Poder Judiciário, mas não à administração pública direta e indireta, nas esferas federal, estadual e municipal."

O concurso para Advogado da União (2009) considerou **correta** a seguinte assertiva: "De acordo com entendimento do STF, a decisão declaratória de inconstitucionalidade de determinada lei ou ato normativo não produzirá efeito vinculante em relação ao Poder Legislativo, sob pena de afronta à relação de equilíbrio entre o tribunal constitucional e o legislador."

No concurso para Procurador do MP junto ao TCU (2015/Cespe), foi considerada **correta** a seguinte alternativa: "A deliberação do STF em controle abstrato de constitucionalidade acerca da interpretação de determinada cláusula constitucional não impede que o Congresso Nacional, observados os limites ao poder de reforma, aprove emenda constitucional em sentido contrário à referida deliberação".

3.2.4.2. Extensão objetiva

Com base, sobretudo, na doutrina alemã, autores nacionais e o STF (a partir da questão de ordem suscitada na ADC 1/DF) concordam que a vinculação determina as seguintes **obrigações por parte de quem esteja vinculado ao conteúdo da decisão vinculante:**

A) o dever de aplicar a decisão vinculante aos casos pendentes e futuros, o que inclui a chamada "proibição de repetição" – *i.e.*, o dever de abstenção de eventuais comportamentos que contrariem a decisão vinculante; e

B) o dever de não aplicar ou de desfazer os atos que impliquem inobservância da decisão vinculante, sempre que fática ou juridicamente ainda possível.

Relativamente ao dever de que trata o item (b), no julgamento da questão de ordem na ADC 1/DF, o voto-vencedor do Ministro MOREIRA ALVES reconheceu que o efeito vinculante:

C) atinge outros atos normativos de "igual conteúdo" e provenientes do Poder Judiciário e do Poder Executivo, mas não "alcança os atos editados pelo Poder Legislativo".

> ▸ **Atenção!**
>
> Em julgamento de 17-12-2007, o STF confirmou esse entendimento, ao reconhecer que o efeito vinculante relativo ao julgamento da constitucionalidade de uma norma administrativa se estendia a outras normas semelhantes e de igual natureza (Rcl 4.906/PA).

É cabível sustentar, também, que o efeito vinculante gera outra obrigação, qual seja:

D) o dever de editar os atos normativos regulamentares que eventualmente se façam necessários à fiel observância da decisão vinculante.

Em textos doutrinários, defende GILMAR MENDES, ainda, que a inobservância da decisão dotada de efeitos vinculantes caracteriza violação do dever funcional da autoridade administrativa ou judicial. Contudo, esse posicionamento nunca chegou a ser adotado pelo STF.

> ▸ **Atenção!**
>
> Em se tratando de vinculação decorrente de *súmula vinculante*, o art. 64-B incluído pela Lei 11.417/2006 à Lei 9.784/99 prevê responsabilização pessoal nas esferas cível, administrativa e penal. Todavia, essa responsabilização, além de se restringir às autoridades administrativas (e não judiciais), pressupõe o acolhimento, pelo STF, de "reclamação fundada em violação de enunciado da súmula vinculante".

3.2.4.3. Efeito vinculante e limites da atuação jurisdicional

3.2.4.3.A. Em relação ao próprio STF

O efeito vinculante **não atinge as atividades jurisdicionais** exercidas pelo **próprio STF**. Assim, o STF pode desviar-se de sua jurisprudência, como forma de adaptar a interpretação constitucional às novas correntes de pensamento e às necessidades do mundo moderno. Administrativamente, porém, todas as autoridades do STF consideram-se vinculadas, incluindo o Presidente da Corte, quando pratica atos de natureza administrativa.

3.2.4.3.B. Em relação aos demais órgãos judiciais

No que toca aos demais órgãos judiciais, a decisão vinculante equivale a espécie de ***pressuposto processual negativo*** que impede julgamentos em sentido contrário (art. 485, IV, do CPC/2015), a exemplo das hipóteses de ocorrência de litispendência, coisa julgada, perempção e convenção arbitral (CPC/2015, art. 485, V e VII). Dessa forma, quando aplicável a vinculação, mesmo que inexista ordem expressa do STF para suspender os processos em tramitação perante as demais instâncias jurisdicionais, estas não devem sequer apreciar pedidos ou alegações cujo objetivo ou repercussão prática impliquem obter decisões *divergentes* ao conteúdo da decisão vinculante.

Por outro lado, o efeito vinculante não impede o órgão julgador de decidir a causa: (i) de acordo com o sentido da decisão vinculante; ou (ii) por fundamentos de natureza não constitucional.

No Brasil, porém, considerando que tanto a declaração de inconstitucionalidade quanto de constitucionalidade da norma gera efeitos vinculantes, é preciso atentar para as seguintes diferenças:

A) Se a vinculação vier no sentido da *inconstitucionalidade* da norma: A norma inconstitucional é expulsa do sistema jurídico, o que impede seja aplicada em casos concretos.

Os órgãos sujeitos à vinculação tampouco podem decidir em sentido divergente a questão constitucional já decidida pelo STF, ainda que a pretexto de utilizar fundamentação constitucional diversa daquelas examinadas na decisão vinculante. Isso porque a decisão vinculante é proferida no contexto de processo objetivo no qual se aplica o **princípio da causa de pedir aberta** (v. item 4.1.5 do Capítulo IV), daí se presumindo, "ao menos implicitamente, hajam sido considerados **quaisquer fundamentos** para eventual argüição de inconstitucionalidade" (MC na ADI 1.896/DF).

Só excepcionalmente, se não for aplicada sanção de nulidade à norma impugnada (**inconstitucionalidade sem pronúncia de nulidade**) ou no caso de declaração de inconstitucionalidade ***pro futuro*** (art. 27 da Lei 9.868/99 e art. 11 da Lei 9.882/99), é que os juízes poderão ainda reconhecer algum efeito jurídico válido decorrente da norma inconstitucional.

> **Atenção!**
>
> Embora bastante controversa esta tese, parece também admissível que os juízes possam proceder, ainda que de modo excepcional, à **modulação difusa/concreta da declaração de inconstitucionalidade em tese**. (Ver discussão no item 6.1.2 do Capítulo III.)
>
> Nesse sentido, num caso paradigmático (RE 442.683/RS), a 2ª Turma do STF confirmou acórdão do TRF/4ª Região que, excepcionalmente, atribuíra efeitos *ex nunc* à declaração de inconstitucionalidade dos mesmos artigos declarados inconstitucionais com eficácia *ex tunc* na ADI 837/DF. Esse precedente, portanto, consagrou a tese de que, no âmbito do controle concreto de constitucionalidade, embora os juízes não possam mais aplicar a norma a partir do momento em que invalidada pela declaração vinculante de inconstitucionalidade, podem validar a aplicação dada no passado à norma inconstitucional, desde que presentes razões excepcionais para tanto.

B) Se a vinculação vier no sentido da *constitucionalidade* da norma: As instâncias judiciais inferiores também não podem divergir do pronunciamento dado pelo STF.

Porém, não configuram descumprimento à decisão vinculante:

I) decisões a reputar que a situação fática examinada em concreto não se inclui no âmbito de aplicação da norma considerada constitucional;

II) interpretações segundo as quais a legislação posterior acabou por comprometer, total ou parcialmente, a aplicação da norma antes reputada constitucional (no STF, v. AgRg no AI 590.169/RS, 1ª Turma);

III) decisões que optem por uma das diversas correntes interpretativas possíveis acerca da mesma disposição declarada constitucional, mas sem reputá-la inconstitucional (v. decisão monocrática na MC na Rcl 8.989/PI).

Problema grave no direito brasileiro, contudo, é o da articulação do efeito vinculante com o princípio da causa de pedir aberta (item 4.1.5 do Capítulo IV). De fato, se nos países europeus que adotam controle abstrato de constitucionalidade a vinculação decorre somente da declaração de **inconstitucionalidade**, não impedindo seja impugnada a mesma norma por outros fundamentos, no Brasil, a declaração de **constitucionalidade** da norma também vincula (parágrafo único do art. 27 da Lei 9.868/99). Daí que, porventura levada esse tipo de vinculação às últimas consequências, o reconhecimento da constitucionalidade impediria fossem reconhecidas hipóteses particulares em que a aplicação concreta da norma conduz a graves inconsistências constitucionais, sobretudo porque do princípio da causa de pedir aberta deriva a regra conforme a qual se consideram rebatidos todos os argumentos em prol da inconstitucionalidade da norma.

Todavia, a melhor doutrina diferencia as **antinomias em abstrato** das **antinomias em concreto** (ver quadro exposto no item 7.2.2 do Capítulo VI da Parte I), bem como o *plano abstrato da validade* do *plano concreto da aplicação* normativas (*v.g.*, PRIETO SANCHÍS e KLAUS GÜNTHER). Assim, embora abstratamente constitucional, uma norma infraconstitucional, após consideradas todas as circunstâncias do caso concreto, poderá entrar em antinomia concreta com alguma norma constitucional, daí surgindo a necessidade de não se aplicá-la a determinadas situações, sob pena de comprometer a supremacia das constituições. Esse tipo de antinomia aparece somente em concreto, no plano da aplicação das normas, e deve ser resolvido sem juízo de invalidação da norma que deixou de ser aplicada ao caso, a qual segue válida (e vigente) para todos os demais efeitos.

Trata-se de uma das faces do fenômeno conhecido como ***derrotabilidade das normas*** (v. item 12 do Capítulo VII da Parte I), tese que – no que ora interessa – pode ser utilizada para identificar exceções implícitas, baseadas na Constituição Federal, as quais tornariam inconstitucional a aplicação concreta de uma norma, mesmo que esta seja abstratamente constitucional.

> ▸ **Atenção!**
>
> Caso paradigmático dessa ideia envolve a aplicação do § 3º do art. 20 da Lei 8.742/93, que proíbe a concessão de benefício assistencial a pessoas cuja renda mensal familiar per capita supera o limite de 1/4 (um quarto) do salário mínimo. Embora julgado constitucional pelo STF na ADI 1.232/DF, juízes federais de todo o Brasil costumavam a analisar, caso a caso, a aplicabilidade dessa disposição, por entenderem que a simples verificação aritmética da renda bruta familiar pode não refletir a real condição da miserabilidade da família. A respeito do assunto, a Turma Recursal dos JEFs do Estado de Goiás, por exemplo, decidiu que, embora "o STF já tenha reconhecido a constitucionalidade em tese do § 3º do art. 20 da Lei 8.742/93, o requisito da renda mensal *per capita* inferior a 1/4 (um quarto) do salário mínimo, consideradas todas as circunstâncias do caso, pode apresentar **antinomia concreta** em face de algum princípio constitucional ou regra implícita deste decorrente." Assim, o "reconhecimento dessa antinomia concreta gera a 'derrotabilidade' (*defeasibility*) da regra legal, mas não viola a autoridade da decisão do STF proferida na ADI 1.232/DF" (Recurso 200535007164388/14ª Vara, rel. Juiz JULIANO T. BERNARDES). Bem por isso, na Rcl 4.374/PE, o Plenário do STF se recusou a cassar decisão de turma recursal que afastara a eficácia da norma declarada constitucional na ADI 1.232/DF. Embora sob o fundamento da inconstitucionalidade superveniente do dispositivo, o Supremo acabou por validar decisão judicial que invocara circunstâncias concretas para não aplicar norma já definitivamente julgada constitucional pelo STF em ação direta. Ver item 3.2.1 acima.

No STF, contudo, há precedente de Plenário a refutar que uma norma declarada **constitucional** no ***plano abstrato*** possa ser declarada **inconstitucional** no ***plano concreto***, sem que haja nisso qualquer desobediência à decisão declaratória da constitucionalidade em tese (Plenário, AgRg na Rcl 2.303/RS). Todavia, há também julgados a partir dos quais o próprio STF aceitou que decisões de outros órgãos jurisdicionais afastassem a aplicação concreta de norma já declarada constitucional em sede de controle abstrato (v. ADI 1.213/DF, Plenário; e RE 442.683/RS, 2ª Turma).

Por fim, é preciso enfatizar que o efeito vinculante está atrelado ao **parâmetro de controle**. Daí que, teoricamente, um ato normativo estadual ou distrital (e mesmo municipal, se a decisão vinculante tiver sido proferida no âmbito de uma ADPF), embora declarado constitucional *em face da Constituição Federal*, poderá ser declarado inconstitucional *em face de alguma constituição estadual* (ou da LODF). Nesse caso, não haverá falar-se em desobediência à vinculação, pois se trata de parâmetros diversos de controle. Descumprimento à decisão vinculante só haveria se a norma da constituição estadual (ou da LODF), que serviu de parâmetro de controle para fins de declaração da inconstitucionalidade, tiver conteúdo similar ou idêntico a alguma norma contida na versão da Constituição Federal antes utilizada pelo STF para declarar a constitucionalidade do ato questionado. (Sobre a utilização paramétrica de normas das constituições estaduais similares a normas da Constituição Federal, ver item 5.3.1.2.)

▸ **Como esse assunto foi cobrado em concurso?**

Em concurso para Procurador do Distrito Federal (2007), realizado pela Esaf, considerou-se **correta** a seguinte proposição: "Mesmo que a lei já tenha sido, anteriormente, declarada constitucional pelo Supremo Tribunal Federal em controle abstrato, não é impossível que o Tribunal de Justiça do Distrito Federal venha a declarar essa mesma lei inválida em ação de controle abstrato a ele submetida."

3.2.4.4. Efeito vinculante e transcendência dos motivos determinantes

A ***teoria da transcendência dos motivos determinantes*** sustenta que a vinculação das decisões proferidas no controle abstrato de constitucionalidade decorre do conteúdo tanto do dispositivo decisório quanto das respectivas razões de decidir (***rationes decidendi***).

▸ **Atenção!**

Como qualquer outra decisão, aquela dotada de efeito vinculante conta, necessariamente, com duas partes distintas: (a) o ***dispositivo***, no qual se proclama a declaração de (in)constitucionalidade total ou parcial do ato impugnado; e (b) a ***fundamentação***, segmento em que se expõem os fundamentos que levaram o órgão julgador à conclusão traduzida na parte dispositiva. Por sua vez, há dois tipos de fundamentação. Num primeiro plano de importância estão os chamados "motivos determinantes" da decisão, ou seja, as razões de decidir (***rationes decidendi***) num ou noutro sentido; e em segundo plano, os simples ***obiter dicta***, *i.e.*, os argumentos dados como mero reforço argumentativo, mas desprovidos de força suficiente para, por si sós, alterar o sentido da parte dispositiva. Não há dúvidas em que a **parte dispositiva conta com efeito vinculante** e que os ***obiter dicta*** **não contam com efeito vinculante**. Contudo, é bastante controversa a tese segundo a qual os efeitos vinculantes conduzem à vinculação das razões determinantes da decisão (*teoria da transcendência dos motivos determinantes*).

A teoria surgiu na Alemanha, mediante a interpretação extensiva do art. 31, item 1, da Lei Orgânica do Tribunal Constitucional. Embora a literalidade dessa disposição legal só se referisse à vinculação dos órgãos constitucionais às "decisões" do Tribunal, vingou raciocínio segundo o qual também as respectivas razões de decidir têm efeitos obrigatórios, pois é a partir dessas razões que o Tribunal Constitucional expressa suas interpretações acerca da Constituição alemã.

▸ **Atenção!**

Mesmo no país onde se originou, a teoria da transcendência conta com muitos opositores. Autores como SCHLAICH e HÄBERLE arrolam várias objeções formuladas pela maioria da doutrina à chamada "canonização" das frases e motivos usados pelo Tribunal Constitucional em suas decisões. As principais críticas afirmam que a transcendência transforma indevidamente o TC alemão em intérprete autêntico da Constituição, além de bloquear o surgimento eventual de opiniões e interpretações divergentes, comprometendo assim "a sociedade aberta dos intérpretes da constituição".

Pois bem. Na doutrina brasileira, alguns concordam que o efeito vinculante só deva abranger o dispositivo da decisão (***tese da vinculação restrita***). Outros sustentam que, a exemplo do direito alemão e espanhol, a vinculação inclui também as razões determinantes da decisão (***tese da vinculação ampliada***). E essa controvérsia também se reflete na jurisprudência do STF.

Em 1993, quando reputou constitucional a instituição do efeito vinculante (§ 2º acrescido ao art. 102 pela EC 3/93), o Plenário da Corte entendeu que a vinculação decorria somente do dispositivo do acórdão, sem alcançar as razões de decidir (QO na ADC 1/DF). Já em 1998, com o julgamento da Rcl 1.987/DF, o Plenário do STF passou a adotar a tese ampliativa, para acolher a teoria da transcendência dos motivos determinantes. A partir de 2008, porém, o STF abandonou a teoria da transcendência. No AgRg na Rcl 2.475/MG, por 5 votos a 4, o Plenário rejeitou a tese de que os motivos que determinaram o julgamento de uma ação declaratória de constitucionalidade vinculassem o teor de decisão do STJ. E esse abandono já foi confirmado posteriormente, à unanimidade dos Ministros votantes, quando o Pleno da Corte apreciou o AgRg na Rcl 2.990/RN. Nessa linha, série de precedentes de Turmas do STF vêm a confirmar o entendimento segundo o qual o Plenário da Corte "manifestou-se contrariamente à 'transcendência' ou aos 'efeitos irradiantes' dos motivos determinantes das decisões proferidas em sede de controle abstrato de normas" (2ª Turma, AgRg na Rcl 17.206/DF, j. em 24-6-2014).

Enfim, a atual jurisprudência do **STF abandonou a *teoria da transcendência dos motivos determinantes*,** para adotar a teoria da vinculação restrita à parte dispositiva da decisão.

Já no CPC/2015, não houve alteração legislativa que pudesse impor qualquer mudança desse entendimento hoje pacífico no STF. Até porque se trata de matéria referente à interpretação constitucional do alcance do efeito vinculante criado por emenda constitucional, razão por que o legislador nem sequer teria competência para alterar a jurisprudência do STF a respeito. Ademais, a exemplo do CPC/73 (art. 469, I), o CPC/2015 (art. 504, I) manteve a regra segundo a qual não fazem coisa julgada os motivos determinantes, "ainda que importantes para determinar o alcance da parte dispositiva da sentença". Logo, mesmo sob o CPC/2015, os motivos determinantes das decisões proferidas em ações do controle abstrato de constitucionalidade seguem não sendo vinculantes.

> ▸ **Atenção!**
>
> Com base na interpretação do inciso I do art. 927 e do inciso III do art. 988 do CPC/2015, o Enunciado 168 do Fórum Permanente de Processualistas Civis sustenta que os "fundamentos do julgamento de ação de controle concentrado de constitucionalidade realizado pelo STF caracterizam a *ratio decidendi* do precedente e possuem efeito vinculante para todos os órgãos jurisdicionais". Contudo, os dispositivos legais acima mencionados só impõem a obrigatoriedade do cumprimento de **decisões** do STF "em controle concentrado de constitucionalidade", e não dos respectivos motivos determinantes, que seguem, na nova codificação, sem fazer coisa julgada.

<table>
<tr><th colspan="4">EFEITO VINCULANTE E CONTEÚDO DECISÓRIO</th></tr>
<tr><th colspan="3">Fundamentação da decisão</th><th>Dispositivo da decisão</th></tr>
<tr><td colspan="3">– parte da decisão onde se expõem os fundamentos que levaram o órgão julgador à conclusão traduzida na parte dispositiva;
– subdivide-se em: (1) razões determinantes da decisão (rationes decidendi); e (2) argumentos de mero reforço (obiter dicta).</td><td>– parte da decisão que proclama a declaração de (in) constitucionalidade total ou parcial do ato impugnado.
– possui efeito vinculante.</td></tr>
<tr><td colspan="2">rationes decidendi
– há divergência se possuem, ou não, efeito vinculante. São, basicamente, duas as teorias a respeito:</td><td rowspan="2">obiter dicta
– não possuem efeito vinculante.</td><td rowspan="2"></td></tr>
<tr><td>a) vinculação restrita:
– vinculação só abrange o dispositivo da decisão, e não a fundamentação decisória;
– tese atualmente adotada pelo STF.</td><td>b) transcendência dos motivos determinantes (vinculação ampliada):
– vinculação inclui também as razões determinantes da decisão;
– tese superada no STF.</td></tr>
</table>

3.2.4.5. Cabimento de reclamação constitucional

Para reverter eventual inobservância das decisões do STF dotadas de efeito vinculante, a jurisprudência da Corte, a partir da ADC 1/DF, passou a admitir o ajuizamento de ***reclamação constitucional***, perante o próprio STF (Constituição, art. 102, I, "l"), por parte de qualquer pessoa eventualmente prejudicada pelo descumprimento do efeito vinculante em situações concretas.

▸ **Importante:**

A reclamação constitucional é "instrumento processual" que "tem por finalidade neutralizar situações anômalas, que, criadas por terceiros estranhos ao Supremo Tribunal Federal, venham a afetar a integridade da **competência institucional**" da Corte ou "a comprometer a **autoridade de suas próprias decisões**" (STF, Rcl 2.106/RS). Está prevista tanto na Constituição Federal (artigo 102, I, "l") quanto na Lei 8.038/90 (artigos 13-18) e no RISTF (artigos 156-162). O CPC/2015 tratou do instituto nos artigos 988 a 993.

Como já decidiu o STF, tem legitimidade ativa para ajuizar a reclamação todo aquele, particular ou não, "que venha a ser afetado, em sua esfera jurídica, por decisões de outros magistrados ou Tribunais que se revelem contrárias ao entendimento fixado, em caráter vinculante, pelo Supremo Tribunal Federal, no julgamento dos processos objetivos de controle normativo abstrato" (AgRg na Rcl 2.143/SP).

Trata-se, pois, de outra decorrência da atribuição de efeitos vinculantes às decisões cuja autoridade se pretende resguardar pela via reclamatória. Tanto é que, antes da criação do efeito vinculante, o simples reconhecimento de efeitos *erga omnes* não ensejava a utilização da reclamação constitucional. Até então, o STF só admita reclamação para garantir a autoridade de decisão *erga omnes* quando houvesse "identidade de partes" (considerada a ação direta e a reclamação) e desde que "a prática de atos concretos fundados na norma declarada inconstitucional" promanasse do próprio órgão que a editara (Rcl 556/TO).

Nessa linha, a EC 45/2004 alterou a Constituição, para estabelecer que a reclamação é também o instrumento processual disponível contra atos administrativos ou decisões judiciais que contrariarem súmula vinculante ou a aplicarem indevidamente (§ 3º do art. 103-A), certo que contra omissão ou ato da administração pública, o uso da reclamação só será admitido após esgotamento das vias administrativas. (Ver art. 7º, § 1º da Lei 11.417/2006.)

▸ **Atenção!**

Para o STF, é cabível reclamação até mesmo contra violação de súmula vinculante editada **após** o ato reclamado. Para tanto, entendeu-se que a súmula vinculante apenas consolidara jurisprudência já sedimentada há muito pela Corte (v. Rcl 14.872/DF e Rcl 4.335/AC).

Todavia, a reclamação constitucional não esgota as possibilidades de reparar o descumprimento do efeito vinculante. Também as ações judiciais e os recursos em geral podem ser livremente utilizados para corrigir o desrespeito à decisão vinculante.

Ademais, de acordo com o CPC/2015, não se admite reclamação proposta: (i) após o trânsito em julgado da decisão reclamada (art. 988, § 5º, I); nem (ii) para garantir a observância de acórdão de recurso extraordinário com repercussão geral reconhecida ou de acórdão proferido em julgamento de recursos extraordinário ou especial repetitivos, quando não esgotadas as instâncias ordinárias (art. 988, § 5º, II).

▸ **Como o STF enfrentou o tema:**

A jurisprudência do STF, decerto em razão do crescente número de reclamações que chegam à Corte, adota posições cada vez mais restritivas quanto ao cabimento do instituto. Nessa linha, tem decidido que:

a) uma vez julgada extinta a ação direta, sem julgamento de mérito, é incabível a reclamação, ainda que para garantir a autoridade da liminar anteriormente concedida na mesma ação (AgRg na Rcl 15.423/RJ, Pleno);

b) acórdãos do STF prolatados em sede de controle concreto/difuso de constitucionalidade não podem ser invocados para fundamentar a propositura de reclamação constitucional por quem não tenha sido parte no processo originário (ED na Rcl 5.335/MG, Pleno);

c) se não existe "precedente fruto de exercício da fiscalização abstrata de constitucionalidade, a reclamação constitucional não pode ser admitida, sob pena de frustrar a teleologia indispensável para a subsistência do sistema recursal pelo manejo indevido da medida como sucedâneo de recurso de índole ordinária ou extraordinária" (Pleno, AgRg na Rcl 12.692/DF). Ademais, "não cabe reclamação por afronta a direito objetivo ou jurisprudência sem efeitos vinculantes" (AgRg na Rcl 5.253/PI). Contudo, essa jurisprudência deve ser reexaminada a partir do art. 988 do CPC/2015, que acabou por ampliar o rol de decisões dotadas de efeito vinculante. (sobre a aparente inconstitucionalidade dessa ampliação legal, v. item 8.4 do Capítulo III);

d) a reclamação não pode ser utilizada como "atalho processual destinado a permitir, por razões de caráter meramente pragmático, a submissão imediata do litígio ao exame direto do Supremo Tribunal Federal" (AgRg na 5.926/SC, Pleno). "Afigura-se inviável o recebimento de reclamação como habeas corpus, ainda que a pretexto de analisar a possibilidade de concessão da ordem de ofício, se a suposta ilegalidade não é atribuída a autoridade diretamente sujeita à jurisdição desta Corte. Inconformismo que deve ser solucionado pelas vias próprias, sem que se reconheça ao interessado o direito subjetivo de *per saltum*, socorrer-se da via reclamatória a fim de alcançar a submissão imediata da matéria ao crivo da Suprema Corte" (Pleno, Rcl 25.509/PR);

e) a reclamação não pode se confundir com algum sucedâneo recursal, ação rescisória, nem ser usada para emprestar efeito suspensivo a recurso extraordinário (Pleno, AgRg na Rcl 5.703/SP, AgRg na Rcl 5.926/SC, e AgRg na Rcl 5.684/PE);

f) "a reclamação somente é cabível quando esgotados todos os recursos ordinários na causa em que proferido o ato supostamente contrário à autoridade de decisão do STF com repercussão geral reconhecida" (ED no AgRg na Rcl 24.686/RJ, 2ª Turma);

g) é cabível a intervenção de *amicus curiae* em reclamação (Pleno, Rcl 11.949/RJ); e

h) é cabível a "condenação da sucumbente na reclamação ao pagamento dos respectivos honorários, devendo o respectivo cumprimento da condenação ser realizado nos autos do processo de origem, quando se tratar de impugnação de decisão judicial" (AgR na Rcl 24.417/SP, 1ª Turma). No mesmo sentido, ED no AgRg na Rcl 25.160/SP.

▸ **Como esse assunto foi cobrado em concurso?**

O concurso para Juiz do TRF/1ª Região (2009), considerou **errada** a seguinte assertiva: "Conforme posicionamento do STF, não deve ser extinta a reclamação constitucional ajuizada para garantir a autoridade de decisão proferida pelo tribunal em medida cautelar em ação direta de inconstitucionalidade, quando for reconhecida a prejudicialidade da ação direta por perda superveniente de objeto."

No concurso para Juiz o TJSC (2006), foi considerada **correta** a assertiva com a seguinte redação: "Cabe reclamação ao STF, por parte de todos que forem atingidos e comprovem prejuízo, se um juiz não observa os efeitos de uma Ação Direta de Inconstitucionalidade ou Ação Declaratória de Constitucionalidade julgada pelo STF, em face de Lei ou ato normativo federal."

No concurso para Procurador do MP junto ao TCU (2015/Cespe), foi considerada incorreta a seguinte alternativa: "Permite-se a utilização da reclamação constitucional como sucedâneo recursal, de modo excepcional, quando houver violação a direito fundamental".

No concurso para Juiz do TJCE (2018/Cespe), foi considerada **incorreta** a afirmação: "A admissão de reclamação constitucional ajuizada contra omissão do poder público que contrarie súmula vinculante independe do esgotamento da via administrativa."

3.2.4.6. Efeito vinculante e manipulação/modulação temporal dos efeitos decisórios

No controle concreto/difuso de constitucionalidade, todos os órgãos do Judiciário também podem modular os efeitos da declaração de inconstitucionalidade ("modulação originária"), se presentes os requisitos necessários (itens 6.1.1 e 6.1.2 do Capítulo III).

Todavia, o assunto torna-se problemático quando o alvo da modulação recair sobre preceitos cuja inconstitucionalidade o STF já decidira no controle abstrato, pois o efeito vinculante daí decorrente acaba por abranger a eficácia temporal da decisão declaratória proferida em tese. O que desperta discussões acerca do impedimento quanto a outros órgãos judiciais promoverem a chamada "modulação derivada".

Pois bem. Se o STF tiver **deferido** a modulação dos efeitos da declaração de inconstitucionalidade em abstrato (art. 27 da Lei 9.868/99 e art. 11 da Lei 9.882/99), os demais órgãos judiciais estarão impedidos de atribuir efeitos diversos à norma assim julgada inconstitucional de maneira mitigada. (Vide item 3.3.1, abaixo.) E se a modulação temporal tiver sido **expressamente indeferida** pelo STF, em sede de controle abstrato – ainda que por *quorum* superior à maioria simples, mas inferior aos 2/3 exigidos pelas Leis 9.868/99 e Lei 9.882/99 –, pode-se também sustentar que os demais órgãos judiciários, conquanto vinculados à decisão, também não poderão modular os efeitos da inconstitucionalidade.

▸ **Atenção!**

Ainda assim, a declaração de (in)constitucionalidade em abstrato poderá não atingir as **situações fáticas definitivamente consolidadas** (item 6.1.1.2 do Capítulo III) ou tampouco incidir automaticamente nos casos concretos, quando constatada alguma das chamadas **fórmulas de preclusão**, sobretudo a coisa julgada (ver item 3.4.1). Nesse sentido, como constou do voto-vencedor do Min. GILMAR MENDES no AgRg no RE 217.141/SP (2ª Turma), é possível dar "proteção ao ato singular, em homenagem ao princípio da segurança jurídica, procedendo-se à diferenciação entre o efeito da decisão no plano normativo (*Normebene*) e no plano do ato singular (*Einzelaktebene*) mediante a utilização das chamadas fórmulas de preclusão", até por que "os atos praticados com base na lei inconstitucional que não mais se afigurem suscetíveis de revisão não são afetados pela declaração de inconstitucionalidade". No julgamento do ED na ADI 3.756/DF, o Plenário da Corte entendeu que, embora no campo teórico a improcedência do pedido formulado na ação direta de inconstitucionalidade só comportasse eficácia *ex tunc*, não haveria como exigir o cumprimento retroativo do julgado, no "plano dos fatos", pois definitiva e efetivamente realizadas as despesas de pessoal desautorizadas pela declaração de constitucionalidade proferida em abstrato. Ver, ainda, o item 3.4.1 deste Capítulo e o item 6.1.1.2 do Capítulo III.

Porém, é bastante controversa a possibilidade de modulação temporal, no controle concreto, quando o STF simplesmente não tiver examinado a hipótese de modulação temporal durante o julgamento no controle abstrato. Daí a pergunta: não apreciada a questão da modulação temporal no curso da ação direta/ADPF em que se concluiu pela declaração *ex tunc* da inconstitucionalidade, o efeito vinculante impedirá os demais órgãos judiciários de promover a chamada "modulação derivada", *i.e.*, a modulação, em casos concretos, da eficácia do reconhecimento da inconstitucionalidade em tese da mesma norma?

Sobre o assunto, na jurisprudência do STF, contam-se ao menos duas correntes:

A) **Em razão do efeito vinculante, se o STF não tiver expressamente feito uso da técnica da modulação decisória, os demais órgãos judiciários estarão implicitamente proibidos de promover modulações no controle concreto.** A menos que o STF a tenha modulado, a declaração de inconstitucionalidade decidida em ação do controle abstrato surte efeitos *ex tunc* e vinculantes, o que restringe a competência dos demais órgãos judiciários no controle concreto, que ficam proibidos de promover modulações, ainda que excepcionais, nos casos que decidirem.

Nesse sentido, em decisão monocrática na Rcl 15.171/DF e na Rcl 15.309/SP, a Ministra ROSA WEBER cassou julgado que modulara os efeitos da declaração de inconstitucionalidade proferida na ADI 4.424/DF. Entendeu a Ministra que, pretendesse "o Supremo limitar temporalmente a eficácia da decisão, ter-se-ia servido da norma prevista no art. 27 da Lei 9.868/1999 que permite tal espécie de modulação. Não foi, porém, estabelecido qualquer limitador temporal ao decidido nas referidas ações constitucionais." No mesmo rumo, as decisões monocráticas do Min. AYRES BRITTO, na Rcl 14.132/SP, e do Min. GILMAR MENDES, na Rcl 12.610/PB.

B) **Ainda que a decisão tenha efeito vinculante, a simples eficácia da declaração da inconstitucionalidade *ex tunc* não impede a modulação, no controle concreto, nas hipóteses em que o STF tampouco tenha decidido a respeito.** A menos que a decisão no controle abstrato tenha explicitamente apreciado a questão, os demais órgãos judiciais conservam competência implícita para determinar a modulação decisória, embora em caráter excepcional, após examinadas questões concretas referentes ao plano de incidência fática da norma cuja inconstitucionalidade fora reconhecida em abstrato. Como acentuou o Min. GILMAR MENDES em voto acolhido pela 2ª Turma, "a jurisprudência do Supremo Tribunal Federal procede à diferenciação entre o plano da norma (*Normebene*) e o plano do ato concreto (*Einzelaktebene*) também para excluir a possibilidade de anulação deste em virtude da inconstitucionalidade do ato normativo que lhe dá respaldo" (MC na Pet 2.859/SP).

Nesse sentido, no RE 442.683/RS, a 2ª Turma do STF confirmou modulação temporal realizada pelo TRF/4ª Região em detrimento de norma que o próprio STF declarara inconstitucional, com efeitos *ex tunc*, na ADI 837/DF. Ademais, em reclamação a alegar descumprimento ao efeito vinculante da declaração de inconstitucionalidade *ex tunc* proferida na ADI 1.199/ES, o Min. CELSO DE MELLO, para "preservar a integridade do caráter alimentar que tipifica o valor dos rendimentos auferidos" pelos beneficiários da legislação julgada posteriormente inconstitucional, validou a modulação temporal determinada pela Justiça Estadual (decisão monocrática na Rcl 14.768/ES).

Contudo, não se pode dizer haja alguma definição a respeito do assunto no STF. Pelo contrário, no AgRg no AI 769.510/SC, o mesmo Ministro GILMAR MENDES, que entendera pela validade da "modulação derivada" no RE 442.683/RS, decidiu que a "declaração de inconstitucionalidade proferida pelo Supremo Tribunal Federal em controle concentrado possui eficácia *erga omnes* e vincula tanto o Poder Judiciário quanto o Poder Executivo, além do mais, possui efeito *ex tunc*, a não ser que o Tribunal proceda à modulação de seus efeitos, o que não ocorreu no caso em comento. (2ª Turma). E, no idêntico sentido desse precedente, os acórdãos do AgRg no RE 706.698/ES (1ª Turma) e do AgRg no RE 605.762/PE (2ª Turma).

▸ **Atenção!**

Certo que o precedente da ADI 837/DF é de época em que a Corte ainda não reconhecia efeitos vinculantes a decisões de ações diretas (ver item 3.2.4 do Capítulo V). Daí a aparente coerência do RE 442.683/RS, pelo qual a 2ª Turma do STF confirmou modulação "derivada" realizada pelo TRF/4ª Região. Contudo, o acórdão da ADI 1.199/ES já contava com efeitos vinculantes e, mesmo assim, o STF validou modulações derivadas promovidas pela Justiça estadual.

Também a ilustrar a divergência no STF, a Ministra ROSA WEBER, que decidira pela impossibilidade de modulação na Rcl 15.171/DF e na Rcl 15.309/SP, reconheceu na Rcl 9.691/ES a "existência de limitação à revisão dos atos pela administração, mesmo nos casos de declaração de inconstitucionalidade", daí por que validou decisão da Justiça Estadual que modulara os efeitos da declaração de inconstitucionalidade *ex tunc* proferida na ADI 1.199/ES.

Já o CPC/2015 traz alguns esclarecimentos a respeito. Os §§ 12 e 13 do art. 525 e os §§ 5º e 6º do art. 535 do CPC/2015 parecem permitir aos juízos da execução, com base em razões de segurança jurídica, modularem os efeitos da decisão proferida pelo STF (tanto em "controle difuso" quanto em "controle concentrado", ressalte-se), quando tiverem de decidir impugnações/embargos contra execuções fundadas em coisa julgada reputada inconstitucional (v. item 6.1.2 do Capítulo III).

▸ Atenção!

Os §§ 12 e 13 do art. 525 e os §§ 5º e 6º do art. 535 do CPC/2015 deferem aos juízos da execução, com base em razões de segurança jurídica, competência até para modular os efeitos de decisões proferidas pelo STF, quando tiverem de decidir impugnações/embargos contra execução fundada em coisa julgada inconstitucional.

Contudo, o Enunciado 176 do Fórum Permanente de Processualistas Civis, ao interpretar o CPC/2015, assentou a tese contrária, segundo a qual compete "**exclusivamente** ao Supremo Tribunal Federal modular os efeitos da decisão prevista no § 13 do art. 525."

Nada obstante, esse enunciado não parece correto. Nos dispositivos mencionados, o CPC/2015 regula o procedimento da execução de títulos judiciais, cuja aplicação compete, óbvio, somente aos próprios juízos executórios, e não ao STF. Ademais, o CPC/2015 não prevê nenhum tipo de incidente que o juízo da execução devesse suscitar ao STF para que ocorra tal modulação nos processos executivos. Nem poderia ser diferente.

De modo que a aplicação dos §§ 12 e 13 do art. 525 e os §§ 5º e 6º do art. 535 do CPC/2015, incluindo a análise dos pressupostos necessários à atenuação dos efeitos temporais da decisão do STF, há mesmo de ser equacionada pelo juízo comum, no qual tramita a execução. Até porque, a seguir-se o Enunciado 176, se a modulação estivesse condicionada à prévia decisão do próprio STF, seria totalmente ocioso que o legislador possibilitasse tal modulação ao tratar do julgamento das impugnações/embargos do executado. Afinal, se o ataque à coisa julgada inconstitucional pressupõe divergência desta com decisão anterior do STF, o juízo da execução não teria a opção de considerar ou não as eventuais modulações que o Supremo tivesse promovido.

Desse modo, parece que o legislador, no CPC/2015, chancelou a possibilidade de os juízos ordinários promoverem a chamada "**modulação derivada**" dos efeitos temporais das decisões proferidas em ações de controle abstrato, em face da execução do título judicial inconstitucional, pelo menos nos casos em que o STF não tenha expressamente indeferido a modulação.

3.2.5. Efeito revigorador (ou "repristinatório") da legislação anterior

Efeito segundo o qual, em razão da declaração de inconstitucionalidade da norma revogadora, considera-se inoperante a revogação de norma anteriores. Também conhecido como ***efeito repristinatório***, em alusão ao item 1 do art. 282 da Constituição portuguesa.

> ▸ **Atenção!**
> Ao contrário do que sustenta a doutrina em geral, o **efeito revigorador**, na maioria dos casos, não pode sequer ser assimilado a um tipo de **efeito "repristinatório"**. Isso porque a revigoração da legislação anterior é consequência automática da invalidação retroativa da lei revogadora. Assim, o efeito revigorador é também *ex tunc*, enquanto na repristinação a norma revogada retoma a vigência *ex nunc*. Num sentido técnico, portanto, o efeito revigorador só equivale a um efeito repristinatório nas hipóteses de concessão de liminar em ADI ou ADPF, tipo decisório cuja eficácia temporal é igualmente *ex nunc*, salvo manifestação em contrário do STF (§ 1º do art. 11 da Lei 9.868/99). (Sobre as distinções entre efeito "repristinatório" (melhor, efeito revigorador) e repristinação, ver, ainda, item 5.1 do Capítulo V da Parte I.)

Decorre da aplicação do **princípio da nulidade do ato inconstitucional**. Em sendo *nula* uma lei declarada inconstitucional, "permanece vigente a legislação anterior a ela e que teria sido revogada não houvesse a nulidade" (voto do Min. MOREIRA ALVES na Rep 1.077/RJ). Ainda de acordo com o STF, a "declaração final de inconstitucionalidade, quando proferida em sede de fiscalização normativa abstrata, importa - considerado o efeito repristinatório que lhe é inerente - em restauração das normas estatais anteriormente revogadas pelo diploma normativo objeto do juízo de inconstitucionalidade, eis que o ato inconstitucional, por juridicamente inválido (RTJ 146/461-462), não se reveste de qualquer carga de eficácia derrogatória" (ADI 2.884/RJ)

No âmbito do controle abstrato, essa revigoração normativa pode ocorrer por força da declaração de inconstitucionalidade proferida, em julgamentos finais, tanto pela **procedência do pedido da ADI** quanto pela **improcedência do pedido da ADC**, bem como pela **procedência de ADPF**.

Mas é também possível obter-se o efeito revigorador como consequência da **concessão de medidas liminares** a reconhecer a inconstitucionalidade de normas em **ADI** ou **ADPF**. Nesse sentido, o § 2º do art. 11 da Lei 9.868/99 explicitou que a concessão da medida cautelar em ADI "torna aplicável a legislação anterior acaso existente, salvo expressa manifestação em sentido contrário." E não há dúvidas de que o aludido efeito pode surgir também, por analogia, como consequência da concessão de liminar em ADPF proposta contra atos normativos (v. item do Capítulo VII).

Porém, mesmo efeito revigorador **não** ocorre no **indeferimento de medidas liminares** em **ADC**. É que, nessas hipóteses, embora possa até ter sido reconhecida pelo STF a inconstitucionalidade da norma, não incide o chamado "efeito ambivalente" - que permitiria a obtenção do efeito revigorador -, pois ele só se aplica aos julgamentos finais das ações diretas (ver item 3.2.6). Ademais, é possível que a liminar seja indeferida por outros motivos (falta de urgência, por exemplo), sem necessariamente envolver o reconhecimento da inconstitucionalidade do preceito questionado.

Por outro lado, o efeito repristinatório não deve ser aplicado nas hipóteses em que a norma revogada pelo ato declarado inconstitucional também seja constitucionalmente inválida. Trata-se do fenômeno denominado de ***efeito repristinatório indesejável***, cujo remédio poderá ser a **modulação temporal dos efeitos da declaração de inconstitucionalidade** (ver item 3.3.1).

De qualquer forma, para evitar o surgimento desse fenômeno não desejável, decisões do STF têm exigido que o autor da ação direta formule **pedidos sucessivos** de declaração de inconstitucionalidade tanto do diploma ab-rogatório quanto das normas por ele revogadas. Caso contrário, o processo deverá ser extinto, pois o *princípio da congruência ao pedido* (cf. item 4.1.4, letra "d", do Capítulo IV) impede o reconhecimento de ofício da inconstitucionalidade das normas revogadas pelo ato impugnado (ver ADI 2.215/PE, ADI 2.883/DF, ADI 2.760/DF e ADI 3.660/MS).

▸ Atenção!

Obviamente, não será necessário formular esse tipo de pedido sucessivo nas hipóteses em que a revogação do dispositivo anterior e igualmente inválido tenha se dado por força de outras normas, e não da norma impugnada em si. Nesse sentido, após entender que o dispositivo anterior já havia sido revogado pela atual Constituição (não recepção), a Corte reconheceu a desnecessidade de o autor da ADI impugnar toda a cadeia normativa anterior a 5-10-1988 (ADI 3.111/RJ, j. em 20-6-2017). Vide, ainda, o item 3.2.5.1.

▸ Como esse assunto foi cobrado em concurso?

Em 2011, o concurso para Procurador do Estado de Rondônia considerou **correta** a seguinte assertiva: "A ativação do efeito repristinatório quando houver o silêncio na medida cautelar que suspende determinada lei, de modo que, a legislação anterior, se existente, torne-se novamente aplicável."

O concurso para Promotor de Justiça do Distrito Federal e Territórios (2009), considerou **errada** a seguinte assertiva: "Quando uma lei é declarada inconstitucional a lei anteriormente revogada não pode voltar a viger, ante a proibição da repristinação de lei no Brasil."

No concurso para Promotor de Justiça para o Ministério Público do Estado do Rio Grande do Sul (2009), o candidato deveria considerar **errada** a seguinte assertiva: "Se a lei Y, uma vez revigorada, também for inconstitucional, perderá automaticamente a sua validade."

Como esse assunto foi cobrado em questões dissertativas de concurso?

No concurso para Promotor de Justiça/SP (2012), constou a seguinte questão: "Em relação ao controle de constitucionalidade brasileiro, responda de maneira fundamentada:

A) A transformação da ação direta de inconstitucionalidade (ADI) e da ação declaratória de constitucionalidade (ADC) em ações dúplices contribuiu para o aumento da eficácia das decisões do Supremo Tribunal Federal?

B) A natureza dúplice da ADI e ADC também é aplicável em relação às decisões do STF em sede de medida liminar?

C) Os efeitos repristinatórios se aplicam na ADI e ADC? O que o Supremo Tribunal Federal entende por 'efeitos repristinatórios indesejados'?

D) Há diferenças entre os efeitos repristinatórios e o instituto jurídico da repristinação?"

3.2.5.1. Exceções ao efeito revigorador ou "repristinatório"

Determinados tipos de decisões proferidas no controle abstrato de constitucionalidade acabam por afastar a incidência do efeito revigorador.

Tais exceções ocorrem, principalmente, nas declarações de inconstitucionalidade cujos efeitos não retroagem até a data de edição do ato inconstitucional. Afinal, mantida a eficácia da norma inconstitucional, ainda que durante curto período, a revogação por ela pretendida terá sido convalidada, em prejuízo à revigoração das normas revogadas. (Sobre o assunto v. item 5 do Capítulo V da Parte I.) Esse o caso, portanto:

a) das decisões declaratórias de inconstitucionalidade cujos efeitos temporais são modulados pelo STF (*caput* do art. 27 da Lei 9.868/99 e art. 11 da Lei 9.882/99), tais como nas declarações de inconstitucionalidade *ex nunc* ou *pro futuro* (cf. item 3.3.1);

b) das decisões que reconhecem a inconstitucionalidade sem pronúncia de nulidade (item 4.2.6); e

c) das decisões, em ADPF, que rejeitarem a validade de ato pré-constitucional, pois o efeito decisório não retroage além da data de edição da atual Constituição (v. item 19.1 do Capítulo VII).

Porém, há hipóteses em que o efeito revigorador também acaba prejudicado, por outros motivos, tais como:

i) nas decisões concessivas de liminar em ADI ou em ADPF, *se houver expressa manifestação do STF em sentido contrário à revigoração* (Lei 9.868/99, art. 11, § 2º, aplicável por analogia também à ADPF);

► **Importante:**

O indeferimento da liminar de ADC não gera efeito revigorador, ainda que o fundamento para indeferir tenha sido a falta de plausibilidade jurídica do pedido, pois o efeito ambivalente só se aplica às decisões finais de mérito. Ver item 3.2.6.

ii) nas decisões que estendem o reconhecimento da inconstitucionalidade à legislação revogada pelo ato impugnado, seja por meio da procedência de pedido sucessivo assim formulado na ação direta, seja em virtude de declaração de inconstitucionalidade consequente ou "por arrastamento" (v. item 4.1.10 do Capítulo I e item 4.2.7 do Capítulo V); e

iii) nas decisões que, para impedir a aplicação das normas que seriam revigoradas (*efeito repristinatório indesejável*), declaram a inconstitucionalidade de uma norma, mas acabam por reconhecer também: (**a**) a inconstitucionalidade de normas revogadas e contaminadas por inconstitucionalidade idêntica ou similar (v. MC na ADI 1.949/RS); ou (**b**) a revogação de normas anteriores, ainda que pré-constitucionais (v. ADI 3.111/RJ, j. em 20-6-2017).

▸ **Atenção!**

A ADI 3.111/RJ versava sobre lei de 2002, cujo conteúdo era similar ao de diplomas 1969, 1979, 1981 e 1982. Então, para garantir que a declaração de inconstitucionalidade da lei pós-constitucional não acarretasse a revigoração de normas pré-constitucionais, o Plenário do STF declarou também, no dispositivo do acórdão, a "não recepção, pela ordem constitucional vigente," de normas editadas em 1969, 1979, 1981 e 1982.

Esse raciocínio, apesar de correto do ponto de vista da defesa da constitucionalidade *lato sensu*, revela alguma incoerência ante a teoria do conflito cronológico (tese da simples revogação) adotada pelo próprio STF. É que acaba por estender os efeitos da declaração de inconstitucionalidade abstrata (*erga omnes* e vinculantes) a hipóteses de simples *revogação* de normas pré-constitucionais. Ou seja, embora o STF não admitisse ADI para declarar a inconstitucionalidade de preceito anterior aos parâmetros de controle invocados na ação (ADI 2/DF e ADI 1.993/DF), terminou por aceitar a impugnação de atos pré-constitucionais, ainda que a pretexto de evitar o chamado "efeito revigorador indesejado". (Sobre esse avanço progressivo do controle de constitucionalidade, em sede de ações diretas, em relação às normas pré-constitucionais, v. item 2.1.2.6 do Capítulo V.)

3.2.6. Efeito ambivalente

Efeito pelo qual o julgamento das ações diretas tem dúplice conotação: (a) a procedência do pedido da ADI ou a improcedência do pedido da ADC implica decisão declaratória de inconstitucionalidade, com todos os efeitos que normalmente acompanham esse tipo decisório; e (b) a improcedência do pedido da ADI ou a procedência do pedido da ADC implica decisão declaratória de constitucionalidade, com todos que normalmente acompanham esse tipo decisório.

Foi expressamente previsto no art. 24 da Lei 9.868/99, mas só se aplica às decisões finais de mérito. Logo, o ***indeferimento de medidas cautelares*** em ADI (e, por analogia, em ADPF) ***não* implica qualquer ambivalência** no sentido da constitucionalidade do ato impugnado, nem vice-versa, o indeferimento de medida cautelar formulada em ADC.

▸ **Como esse assunto foi cobrado em concurso?**

No concurso para Advogado do Instituto de Resseguro do Brasil – IRB (2006), elaborado pela Esaf, foi considerada **correta** a seguinte assertiva: "Observadas as peculiaridades relativas às suas proposituras, a ação direta de inconstitucionalidade e a ação declaratória de constitucionalidade têm caráter fungível."

3.3. Efeitos extraordinários

3.3.1. Manipulação (ou modulação) dos efeitos da decisão que reconhece a inconstitucionalidade

Embora já tivessem naufragado propostas semelhantes apresentadas na Assembleia Constituinte e até na Revisão Constitucional de 1993-1994, o legislador acabou por atenuar a tese da nulidade do ato declarado inconstitucional no âmbito do controle abstrato. (Ver item 5.1 do Capítulo I.)

O artigo 27 da Lei 9.868/99 e o artigo 11 da Lei 9.882/99 permitem, *excepcionalmente,* que o STF, ao declarar a inconstitucionalidade de lei ou ato normativo, tendo em vista razões de segurança jurídica ou de excepcional interesse social, por maioria de dois terços de seus membros, possa restringir os efeitos temporais daquela declaração ou decidir que ela só tenha eficácia a partir de seu trânsito em julgado ou de outro momento que venha a ser fixado.

Há quem defenda a inconstitucionalidade dessa inovação, já que introduzida por disposição legal, e não por emenda à Constituição. Porém, ainda que de "status" constitucional, nenhum princípio é absoluto (ALEXY), tampouco o da nulidade do ato inconstitucional. Assim, ele admite ponderação em face de outros princípios, desde que igualmente sediados na constituição.

Porém, conforme explicação dada pelo Min. GILMAR MENDES em voto no AgRg no AI 582.280/RJ, uma vez configurado "eventual conflito entre os princípios da nulidade e da segurança jurídica, que, entre nós, tem *status* constitucional, a solução da questão há de ser, igualmente, levada a efeito em processo de complexa ponderação. O princípio da nulidade continua a ser a regra também. O afastamento de sua incidência dependerá de severo juízo de ponderação que, tendo em vista análise fundada no princípio da proporcionalidade, faça prevalecer a ideia de segurança jurídica ou outro princípio constitucionalmente relevante manifestado sob a forma de interesse social preponderante. Assim, aqui, a não-aplicação do princípio da nulidade não se há de basear em consideração de política judiciária, mas em fundamento constitucional próprio."

Com efeito, é equivocado falar que a atribuição de efeitos meramente *ex nunc* às decisões de inconstitucionalidade implique a temporária concessão de eficácia superior às leis inconstitucionais em relação às normas paramétricas. O que ocorre é a prevalência de outro princípio constitucional (*v.g.*, o princípio da segurança jurídica) em relação ao princípio da nulidade e à norma constitucional paramétrica violada. Vale dizer, a preservação dos efeitos de determinado ato, ainda que ele seja inconstitucional (em relação a determinado parâmetro), encontra justificativas na própria Constituição Federal.

Enfim, caberá ao STF exercer rigoroso **juízo de ponderação** para saber se deve preponderar o **princípio da nulidade** ou determinadas razões de **segurança jurídica** ou de excepcional **interesse social.** Essa operação reclama, óbvio, exame revestido de grande conteúdo político, como já o possuem, aliás, todas as decisões de mérito no controle de constitucionalidade abstrato. Mas daí não decorre inconstitucionalidade alguma. Como os princípios a serem ponderados em face do princípio da nulidade possuem também *status* constitucional (segurança jurídica e interesse social), a escolha pela prevalência daqueles não vulnera a Constituição.

De qualquer modo, têm sido frequentes os exemplos de julgados nos quais o STF procede à modulação dos *efeitos temporais* da declaração de constitucionalidade. Vejam-se:

A) com **efeitos '*ex nunc*'**: assim a partir do trânsito em julgado (ADI 3.615/PB), como a partir da data da sessão de julgamento (ADI 2.904/PA);

B) com **efeitos '*pro praeterito*', mas não '*ex tunc*':** ADI 3.660/MS, julgada em 13-3-2008, cuja declaração de inconstitucionalidade retroagiu para atingir lei estadual de 1998, porém com efeitos fixados a contar de data posterior à em que a legislação fora editada (a partir da EC 45/2004);

C) com **efeitos '*pro futuro*':** ADI 3.022/RS, julgada em 2-8-2004, cujos efeitos da declaração de inconstitucionalidade foram postergados para 31-12-2004; ADI 3.458/GO, com eficácia a partir de 60 dias após a publicação do acórdão; e ADI 3.819/MG, com eficácia diferida por 6 meses contados de 24-10-2007.

Há também precedentes em que o STF procedeu à manipulação dos próprios *efeitos materiais* da declaração de inconstitucionalidade, como no julgamento da ADI 2.240/BA, no qual a Corte aplicou a tese da *declaração de inconstitucionalidade sem pronúncia de nulidade* do ato impugnado, para manter a eficácia da Lei estadual baiana 7.619/2000, que criara município de maneira indevida, antes mesmo da necessária regulamentação do § 4º do art. 18 da Constituição (com redação da EC 15/96). No mesmo sentido, a ADI 3.489/SC.

▸ **Como o STF enfrentou o tema:**

Nos ED no RE 870.947/SE (j. em 3-10-2019), ao examinar o requerimento de modulação de efeitos do acórdão, o Plenário decidiu que "o art. 27 da Lei 9.868/1999 permite a estabilização de relações sociais surgidas sob a vigência da norma inconstitucional, com o propósito de prestigiar a segurança jurídica e a proteção da confiança legítima depositada na validade de ato normativo emanado do próprio Estado." Todavia, há "um juízo de proporcionalidade em sentido estrito envolvido nessa excepcional técnica de julgamento. A preservação de efeitos inconstitucionais ocorre quando o seu desfazimento implica prejuízo ao interesse protegido pela Constituição em grau superior ao provocado pela própria norma questionada. Em regra, não se admite o prolongamento da vigência da norma sobre novos fatos ou relações jurídicas, já posteriores à pronúncia da inconstitucionalidade, embora as razões de segurança jurídica possam recomendar a modulação com esse alcance, como registra a jurisprudência da Corte." Daí que, no caso, o STF indeferiu a modulação, após entender insuficientes razões de segurança jurídica e o interesse social inteiramente relacionados "ao interesse fiscal das Fazendas Públicas".

3.3.1.1. Requisitos

A modulação dos efeitos da decisão que reconhece a inconstitucionalidade pode ser **decretada de ofício** ou **a requerimento** de quem participa da relação processual.

> ▸ **Importante:**
>
> O STF não acolhia pedidos de modulação temporal manifestados em embargos declaratórios (v. ED na ADI 2.791/PR e ED na ADI 3.601/DF). Todavia, a Corte passou a admitir *embargos de declaração* para suscitar o tema da modulação temporal dos efeitos decisórios (ED no RE 500.171/GO, AgRg no RE 563.386/MG, ED na ADI 2.797/DF, QO na Pet 3.030/RO e ED no RE 500.171/GO). Ademais, no julgamento dos ED na ADI 5.617/DF (j. em 2-10-2018), embora não conhecidos os embargos declaratórios opostos com tal finalidade, a Corte procedeu de ofício à modulação temporal dos efeitos da decisão embargada.

Todavia, a decisão pela modulação temporal é absolutamente **excepcional**. Por isso, dependerá de:

A) **ponderação rigorosa** entre o **princípio da nulidade do ato inconstitucional** e os **princípios da segurança jurídica** e **do interesse social**; e

> ▸ **Atenção!**
>
> Em 2014, o Pleno do STF decidiu negar a modulação de efeitos nas ações diretas que versavam sobre leis estaduais que instituíram benefícios sem o prévio convênio exigido pelo art. 155, § 2º, XII, da CF, o que consistiria em incentivo à guerra fiscal (ADI 3.794/PR). Contudo, em dois casos (ADI 4.481/PR, em 2015, e ADI 3.796/PR, em 2017), a Corte decidiu pela modulação, ressaltando que, nas hipóteses em que a lei vigorara por muitos anos, a não modulação apenaria as empresas que a tivessem cumprido. Por essa razão, o entendimento do Tribunal evoluiu no sentido de permitir a modulação a fim de que a declaração de inconstitucionalidade produza efeitos *ex nunc*.

B) **quórum** especial de **2/3 (dois terços)** dos votos dos Ministros do STF.

> ▸ **Atenção!**
>
> **A)** Como decidiu o STF na QO na ADI 2.949/MG (j. em 8-4-2015), a análise da ação direta de inconstitucionalidade é realizada de **maneira bifásica**: (a) primeiro, discute-se a questão da constitucionalidade da norma impugnada; então, (b) declarada a inconstitucionalidade, discute-se se é caso de modulação dos efeitos decisórios. Caso não atingido o quórum de 2/3 necessário à modulação temporal, é proclamado o resultado final, dando-se por concluído e encerrado o julgamento da ADI. Daí, não se pode reabri-lo para rediscutir, numa outra sessão, a possibilidade de modular o julgado, mesmo que diante da presença de Ministro que estivera ausente quando primeiramente deliberada a modulação.
>
> **B)** No eventual julgamento da modulação, os magistrados que ficaram vencidos quanto à declaração de inconstitucionalidade também poderão votar.

REQUISITOS PARA A MODULAÇÃO TEMPORAL DOS EFEITOS DA DECISÃO	
Ponderação entre o princípio da nulidade do ato inconstitucional e os princípios da segurança jurídica e do interesse social	Quórum especial de 2/3 dos votos dos Ministros do STF

▸ **Como esse assunto foi cobrado em concurso?**

O concurso para Juiz do TRF/1ª Região (2009), considerou **errada** a seguinte assertiva: "Sabe-se que o STF tem reconhecido, excepcionalmente, a possibilidade de modulação ou limitação temporal dos efeitos da declaração de inconstitucionalidade, mesmo quando proferida em sede de controle difuso. Nesse sentido, revela-se aplicável, segundo entendimento da Suprema Corte, a mesma teoria da limitação temporal dos efeitos, se e quando o colegiado, ao julgar determinada causa, nela formular juízo negativo de recepção, por entender que certa lei pré-constitucional se mostra materialmente incompatível com normas constitucionais a ela supervenientes."

O concurso para Procurador do Estado do Acre (2012) considerou **correta** a afirmativa: "A decisão do STF em sede de Ação Direta de Inconstitucionalidade tem efeito *ex tunc* (retroativo), podendo ser alterado para *ex nunc*, caso em que haverá necessidade de votação por maioria qualificada (dois terços) dos ministros, assim como poderá ter efeitos diferidos no tempo."

No concurso para Defensor Público/RN (2015/Cespe), foi considerada **incorreta** a afirmação: "Consoante entendimento do STF, em ADI, após a deliberação a respeito do mérito da declaração de inconstitucionalidade e, mesmo já proclamado o resultado final do julgamento, é possível a reabertura do julgamento para fins de deliberação a respeito da modulação dos efeitos da decisão."

3.3.1.2. Reflexos materiais

A partir da adoção da manipulação dos efeitos da declaração de inconstitucionalidade, ainda que em caráter excepcional, passou a ser possível, no modelo brasileiro de controle abstrato de constitucionalidade:

A) **excepcionar a *teoria da nulidade do ato inconstitucional***, para adotar a *teoria da anulabilidade do ato inconstitucional* ou a *teoria da simples incompatibilidade* (v. item 5.1 do Capítulo I);

B) **obstar a incidência do efeito revigorador**, pois a suspensão da eficácia do ato impugnado não coincidirá com a data em que este foi editado. Assim, embora o ato seja considerado inconstitucional, surtirá consequências jurídicas suficientes para revogar a legislação com ele incompatível;

C) **incorporar técnicas decisórias mais elásticas de controle de constitucionalidade**, tal como a *declaração de inconstitucionalidade com efeitos "ex nunc" ou "pro futuro"*, a *declaração de inconstitucionalidade sem pronúncia de nulidade*, além do chamado *apelo ao legislador*, pois a decisão poderá surtir efeitos a partir de algum momento futuro que vier a ser fixado pelo STF.

3.3.2. Manipulação (modulação) temporal "invertida"?

Discute-se, ainda, se a modulação temporal das decisões proferidas em sede de controle abstrato de constitucionalidade pode ser utilizada **somente** a partir de decisões que reconheçam a **inconstitucionalidade** ou se pode **também** ser empregada quando se constatar até mesmo a **constitucionalidade** do ato impugnado, numa espécie de "**modulação invertida**".

É certo que o legislador só previu a modulação temporal nas hipóteses em que a decisão final do STF declara a **in**constitucionalidade (art. 27 da Lei 9.868/99). Contudo, também nos casos em que a sentença final seja declaratória da constitucionalidade, parece defensável a modulação "invertida" em pelo menos uma situação: para convalidar os efeitos decorrentes da observância de eventual medida cautelar que, concedida no mesmo processo, tivesse declarado o ato provisoriamente inconstitucional.

De qualquer forma, os ED na ADI 1.040/DF, o Plenário do STF, por unanimidade, negou pedido de modulação temporal a julgamento em que se concluíra pela constitucionalidade do preceito atacado. Para a Corte, o pedido de modulação configurava, na verdade, "pretensão de declaração de constitucionalidade da norma com efeitos *ex nunc*", o que seria juridicamente impossível, pois implicaria "inversão do princípio da presunção de constitucionalidade das leis."

Todavia, ao julgar os ED na ADI 3.756/DF, embora a Corte já tivesse reputado *constitucionais* os preceitos impugnados, permitiu que eles continuassem a ser descumpridos nos "dois quadrimestres seguintes à decisão final". O STF reputou que a hipótese concreta era "*sui generis*", porque o Legislativo do Distrito Federal descumprira o preceito impugnado movido pela "boa-fé". Daí ter a Corte conferindo uma inusitada eficácia *pro futuro* à declaração de constitucionalidade (?!), o que se traduz, pragmaticamente, na aplicação do art. 27 da Lei 9.868/99 em caso de improcedência do pedido da ADI.

Em matéria de controle concreto de constitucionalidade, a mesma discussão foi travada, no Pleno do STF, quando do julgamento do RE 370.682/SC e do RE 353.657/PR. A Ministra ELLEN GRACIE e o Ministro CEZAR PELUSO (implicitamente), bem como os Ministros MARCO AURÉLIO, EROS GRAU, JOAQUIM BARBOSA e CARLOS BRITTO (explicitamente) concluíram que a prospectividade só poderia ser utilizada quando se declarasse a **in**constitucionalidade do ato impugnado; já os Ministros RICARDO LEWANDOWSKI, GILMAR MENDES, SEPÚLVEDA PERTENCE e CELSO DE MELLO votaram no sentido da possibilidade teórica de adotar a prospectividade nos casos de revisão substancial da jurisprudência em matéria constitucional ("virada" jurisprudencial), a despeito de haver ou não declaração de **in**constitucionalidade.

3.3.3. Manipulação (modulação) temporal e declaração de não recepção de normas

É discutível a utilização da técnica da modulação temporal em decisões que reconhecem a não recepção de atos normativos pré-constitucionais. Certo, essa discussão não parece ter sentido quando se pensa nas ações diretas, que nem podem impugnar atos anteriores à Constituição.

> **Atenção!**
>
> Curiosamente, na ADI 3.111/RJ (j. em 20-6-2017), o Plenário do STF, ao declarar a inconstitucionalidade de lei estadual de 2002, acabou por declarar, também, no dispositivo do acórdão, a "não recepção, pela ordem constitucional vigente," de normas editadas em 1969, 1979, 1981 e 1982.

Todavia, inclusive em relação à ADPF, não parece viável a modulação temporal decisória a respeito. Isso porque, muito embora o conceito de descumprimento de preceito fundamental seja mais amplo que o da inconstitucionalidade (ver item 4.3.4 do Capítulo I), ao se referir à modulação temporal no processo da arguição de descumprimento de preceito fundamental, o art. 11 da Lei 9.882/99 restringiu a utilização do mecanismo somente à hipótese de o STF "declarar a inconstitucionalidade de lei ou ato normativo". Ou seja, mesmo na ADPF, a manipulação temporal da sentença restringe-se aos casos em que o STF resolve a controvérsia à luz do critério hierárquico e, ainda assim, só quando o objeto da ação recair sobre "lei ou ato normativo".

> **Importante:**
>
> Até 2011, também a jurisprudência do Plenário do STF, em sede de controle concreto, entendia que a manipulação temporal não poderia ser utilizada nos casos em que se reconhece o simples **conflito intertemporal** entre a Constituição e a norma infraconstitucional (*lex posterior derogat priori*). Para o Supremo, "a não-recepção de ato estatal pré-constitucional, por não implicar a declaração de sua inconstitucionalidade – mas o reconhecimento de sua pura e simples revogação (RTJ 143/355 – RTJ145/339) –, descaracteriza um dos pressupostos indispensáveis à utilização da técnica da modulação temporal, que supõe, para incidir, dentre outros elementos, a necessária existência de um juízo de inconstitucionalidade" (AgRg. no AI 453.071/RJ). Contudo, no RE 600.885/RS (j. em 9-2-2011 e publicado em 1º-7-2011), em julgamento com "repercussão geral", o Plenário do STF modulou os efeitos da não recepção de ato normativo pré-constitucional e decidiu manter, até 31-12-2011, a eficácia de regra legal incompatível com a atual Constituição.

3.4. Atenuação dos efeitos das decisões finais do controle abstrato de constitucionalidade

No presente item serão estudados não propriamente os efeitos das decisões finais nas ações do controle abstrato de constitucionalidade, mas determinadas causas que atenuam os reflexos que deles se produzem.

3.4.1. Fórmulas de preclusão

Fórmulas de preclusão (ou de exaurimento) são institutos que consolidam juridicamente posições de vantagem, quando alcançados determinados períodos de tempo, tendo em vista a **segurança** e a **estabilidade das relações jurídicas**. Em razão dessas fórmulas é possível que, embora reconhecida a inconstitucionalidade do preceito impugnado, a pronúncia de nulidade que daí decorra não venha a eliminar todas as consequências jurídicas concretamente provenientes do ato inconstitucional.

> **Importante:**
>
> As observações acima dizem respeito à incidência das fórmulas de preclusão no **âmbito das relações jurídicas concretas**, quando estas devam ser consideradas à luz das decisões do controle abstrato de constitucionalidade. Ou seja, a eventual existência de coisa julgada, prescrição, decadência ou preclusão, em face de determinadas situações ou direitos, não impede a declaração de inconstitucionalidade em tese e com efeitos *erga omnes* e retroativos (*ex tunc*). Por isso mesmo, não há falar-se em prescrição ou decadência do direito de propor alguma ação do controle abstrato de constitucionalidade (v. Súmula 360 do STF).

O assunto é bastante estudado pela doutrina italiana, segundo a qual a declaração de inconstitucionalidade, a despeito de surtir efeitos sancionatórios retroativos, não retroage em detrimento de certas relações jurídicas já exauridas, ou seja, aquelas insuscetíveis de ação ou revisão judicial, especialmente as decisões com trânsito em julgado – ressalvadas a sentenças criminais que tenham aplicado a norma inconstitucional para condenar ou agravar a condenação de alguém.

Para ZAGREBELSKY, constituem fórmulas de preclusão/exaurimento:

A) a **sentença passada em julgado** (*coisa julgada*), com exceção das sentenças criminais condenatórias que tenham aplicado a norma inconstitucional;

B) a **prescrição**, que impede qualquer discussão sobre o fundamento das eventuais pretensões do titular do direito prescrito;

C) a **decadência** do exercício de determinado poder; e

D) a **preclusão** decorrente do princípio *tempus regit actum*, em se tratando de inconstitucionalidade de norma processual.

Também no direito brasileiro, autores como GILMAR MENDES defendem que tais fórmulas de preclusão podem obstar, em face de determinadas relações jurídicas concretas, a aplicação retroativa dos efeitos da declaração de inconstitucionalidade proferida no controle abstrato.

> **Importante:**
>
> As fórmulas preclusivas apenas atenuam, na esfera das relações concretas, e excepcionalmente, o efeito retroativo que normalmente acompanha esse tipo de declaração de inconstitucionalidade *erga omnes*.

Nessa linha, no AgRg no RE 217.141/SP, a 2ª Turma do STF seguiu voto do Ministro GILMAR MENDES, para confirmar aposentadoria baseada em lei declarada inconstitucional pela própria Corte em anterior ação do controle abstrato (Rep 1.278/SP), pois o processo administrativo de revisão da aposentadoria só foi instaurado mais de 5 anos após concedido o benefício. Ou seja, a Corte reconheceu a **decadência** administrativa como limite à retroatividade da declaração de inconstitucionalidade.

No AgRg no RE 638.413/RJ, a 1ª Turma do STF, mesmo após confirmar a inconstitucionalidade de certo tributo, fez expressa referência à possibilidade de haver a **prescrição** da pretensão de repetir o tributo indevido. Também o STJ (ERESP 435.835/SC, 1ª Seção) pacificou o entendimento de que a prescrição incide em face das ações de repetição de indébito, independentemente da causa do recolhimento indevido (*v.g.*, pagamento a maior ou declaração de inconstitucionalidade do tributo pelo STF).

Sobre a coisa julgada como limite aos efeitos da declaração de inconstitucionalidade em tese, v. item abaixo.

3.4.1.1. Controle abstrato de constitucionalidade e coisa julgada divergente

Mesmo que uma questão constitucional tenha sido definida no âmbito do controle abstrato, a decisão daí decorrente não implica a automática cassação, desconstituição nem a **reforma** das decisões eventualmente divergentes proferidas na via do controle concreto. Para cassar, desconstituir ou reformar uma decisão assim divergente faz-se necessário que a parte prejudicada utilize os recursos e meios de impugnação previstos no sistema processual.

Por outro lado, se tais decisões divergentes podem ser revertidas por meio dos recursos disponíveis – além do instituto da reclamação constitucional (ver item 3.2.4.5 do Capítulo V) –, os maiores problemas surgem *após* a formação da coisa julgada.

Certo que a eficácia preclusiva da coisa julgada vem sendo paulatinamente enfraquecida em matéria constitucional. Trata-se do fenômeno conhecido por ***relativização da coisa julgada "inconstitucional"***, algo já estudado com mais detalhes no item 9 do Capítulo III, inclusive em relação aos novos instrumentos criados para desconstituir títulos executivos em fase de execução.

Contudo, por ser uma das **fórmulas de preclusão** (ver item 3.4.1), a coisa julgada acaba por imunizar, até mesmo em face dos efeitos da declaração de inconstitucionalidade em abstrato, determinados aspectos da relação jurídica examinada pela decisão judicial. Como há muito disse GILMAR MENDES, embora "não se possa cogitar de direito adquirido ou de ato jurídico perfeito, fundado em lei inconstitucional, afigura-se evidente que a nulidade *ex tunc* não afeta a norma concreta contida na sentença ou acórdão" (1990, p. 214, rodapé).

A rigor, a autoridade proveniente da coisa julgada é fator autônomo e relativamente independente a garantir a estabilidade jurídica do comando da sentença passada em julgado, ainda que esta venha a divergir daquilo que foi ou que vier a ser decidido, pelo STF, em decisão dotada de efeitos vinculantes e *erga omnes* (Sobre a coisa julgada inconstitucional e a teoria geral do direito, v. BERNARDES, 2010a.)

Nessa linha, no RE 730.462/SP (j. em 28-5-2015), de repercussão geral reconhecida, o Plenário do STF, na vigência do CPC/73, aprovou a tese segundo a qual a "decisão do Supremo Tribunal Federal declarando a constitucionalidade ou a inconstitucionalidade de preceito normativo não produz a automática reforma ou rescisão das decisões anteriores que tenham adotado entendimento diferente. Para que tal ocorra, será indispensável a interposição de recurso próprio ou, se for o caso, a propositura de ação rescisória própria, nos termos do art. 485 do CPC, observado o respectivo prazo decadencial (art. 495)".

Daí que, obviamente, as **decisões *liminares*** proferidas em sede de controle abstrato de constitucionalidade, ainda que vinculantes, **tampouco afetam a autoridade da coisa julgada**. Não faz nenhum sentido obstar os efeitos de uma decisão concreta e transitada em julgado por consequência dos efeitos de outra decisão abstrata e ainda provisória, mesmo que proferida pelo STF. A propósito, o legislador foi explícito ao proibir que a liminar concedida em ADPF pudesse resvalar na coisa julgada (parte final do § 3º do art. 5º da Lei 9.882/99).

Também pelo CPC/2015, a autoridade da coisa julgada está garantida, mesmo quando divergente de decisões vinculantes proferidas no âmbito do controle abstrato/concentrado de constitucionalidade. Conforme o § 12 do art. 525 e o § 7º do art. 535 do CPC/2015, a impugnação à execução de títulos executivos, sob a alegação de "inconstitucionalidade da coisa julgada", ainda que traga fundamentos baseados no efeito vinculante de decisões do STF, só terá sucesso se o precedente invocado tiver sido proferido "**antes do trânsito em julgado da decisão exequenda**". Caso contrário, a ineficácia do título executivo dependerá de prévia desconstituição por via de ação rescisória (§ 13 do art. 525 e § 8º do art. 535 do CPC/2015). (Sobre a questão do prazo decadencial desse tipo de ação rescisória, v. item 9 do Capítulo III.)

Ainda assim, a decisão vinculante proferida pelo STF no âmbito do controle abstrato de constitucionalidade pode surtir certos efeitos em face de sentenças em sentido contrário, mesmo que já transitados em julgado.

Em primeiro lugar, ressalte-se que, ***excepcionalmente***, por força do inciso XL do art. 5º da Constituição de 1988, a doutrina é pacífica em aceitar que a **declaração de inconstitucionalidade em tese** de uma norma penal incriminadora **desconstitui** a **coisa julgada das sentenças penais** que tenham se baseado na norma inconstitucional. Só não se aplica essa regra excepcional na seguinte hipótese: se o efeito "repristinatório" da decisão (item 3.2.5) implicar a revigoração de norma penal desfavorável ao sentenciado, deve ser mantida a coisa julgada que se baseara na norma penal mais favorável, ainda que inconstitucional. Nesse sentido, o item 3 do art. 282 da Constituição portuguesa dispõe que a declaração de inconstitucionalidade em abstrato não atinge os casos julgados, "salvo decisão em contrário do Tribunal Constitucional", quando a norma inconstitucional "respeitar a matéria penal, disciplinar ou de ilícito de mera ordenação social e for de conteúdo menos favorável ao arguido".

▸ **Atenção!**

Nesses casos, pode ocorrer que a repercussão da declaração de inconstitucionalidade em tese não precise sequer ser postulada por via de revisão criminal. Se a sentença penal já não tiver sido executada integralmente, caberá ao juízo da execução penal revisar o título condenatório, de ofício ou a requerimento do condenado ou do Ministério Público, nos termos do inciso I do art. 66 da Lei de Execuções Penais (Lei 7.210/84) e Súmula 611 do STF.

Em segundo lugar, embora as decisões proferidas no controle abstrato normalmente não atinjam diretamente a sentença divergente nem os casos julgados, o **efeito vinculante** que as caracteriza acaba por gerar uma **eficácia reflexa** que ***propicia* ou até *determina* a reversão das decisões anteriores em sentido contrário** (item 3.2.4.2). E essa decorrência do efeito vinculante acaba por "relativizar", de certa forma, a coisa julgada inconstitucional, já que obriga os demais órgãos judiciários a adotar o mesmo sentido dado pelo STF à questão constitucional quando tiverem de julgar o mérito dos instrumentos de impugnação de sentenças transitadas em julgado. Nesse sentido, o Plenário do STF entendeu que a eficácia vinculante (e *ex tunc*) da decisão final proferida em ADI era fundamento suficiente para determinar a procedência do pedido de ação rescisória ajuizada contra sentença divergente (AgRg na Rcl 2.600/SE).

▸ **Importante:**

O precedente da AgRg na Rcl 2.600/SE é bastante paradigmático, porque reputou atentatório "à autoridade de sentença de mérito proferida em ação direta de inconstitucionalidade, com efeito *ex tunc*, o acórdão que, julgando improcedente ação rescisória, adotou entendimento contrário, **ainda que na vigência e nos termos de liminar concedida na mesma ação direta de inconstitucionalidade**."

Além disso, o mesmo fenômeno da vinculação das decisões do controle abstrato de constitucionalidade implica **consequências diretas em face das execuções ainda em curso**. É que, nessas hipóteses, em razão dos efeitos vinculantes da decisão superveniente do STF, o juízo da execução se verá automaticamente impedido de processar execuções judiciais divergentes. Assim, a exemplo do direito alemão (§ 79 da Lei Orgânica do Tribunal Constitucional, combinado com o § 767 do CPC daquele país), a eficácia vinculante das decisões proferidas em controle abstrato de constitucionalidade, embora não gere a automática reversão das execuções nem das respectivas prestações já implementadas, acaba por obstar o seguimento das execuções de títulos judiciais em sentido divergente (BERNARDES, 2004a).

> **Importante!**
> No mesmo RE 730.462/SP, em que assentada a tese segundo a qual a decisão proferida pelo STF, em controle abstrato de constitucionalidade, "não produz a automática reforma ou rescisão das decisões anteriores que tenham adotado entendimento diferente", o Plenário da Corte ressalvou "a questão relacionada à execução de efeitos futuros da sentença proferida em caso concreto sobre relações jurídicas de trato continuado".

Sobre a controvertida possibilidade de utilizar a ADPF contra atos judiciais transitados em julgado, v. item 11.2.1.1 do Capítulo VII.

4. TÉCNICAS DECISÓRIAS

4.1. Tentativa europeia de uniformização terminológica

Na VII Conferência dos Tribunais Constitucionais Europeus realizada em Lisboa entre 27 e 30 de abril de 1987, tentou-se agrupar os vários tipos de sentenças proferidas pelos tribunais constitucionais da Europa. Nesse rumo, o relatório de JOSÉ MANUEL M. CARDOSO DA COSTA identificou três tipos básicos de decisões nos tribunais europeus:

1) ***Decisões de "tipos simples ou extremos":*** aquelas pelas quais se emite um juízo simples acerca da questão constitucional, ou seja, **sem reservas, nem condições**. Trata-se, pois, de pronunciamentos que se situam num de dois extremos decisórios possíveis. São decisões que, **pura e simplesmente** (*tout court*), reconhecem a **inconstitucionalidade** ou a **constitucionalidade** do ato questionado.

2) ***Decisões de "tipos intermédios":*** as que enfrentam a questão constitucional sem se incluírem em nenhum dos dois extremos que caracterizam as decisões do primeiro tipo (inconstitucionalidade ou constitucionalidade "pura e simples"). Nessa classificação intermediária entram técnicas decisórias como (a) decisões declaratórias da constitucionalidade mediante uma "interpretação conforme a constituição"; (b) decisões que declaram a inconstitucionalidade parcial, seja do tipo "horizontal" ou "quantitativa", seja do tipo "vertical" ou "qualitativa"; (c) decisões de mero "reconhecimento" da inconstitucionalidade, sem pronúncia de nulidade; e (d) decisões "apelativas", em que o tribunal promove um "apelo ao legislador".

3) **Decisões de "tipo integrativas e substitutivas":** decisões que, adotadas na Itália e na Espanha, têm por objetivo, em relação à norma impugnada, ou "adicionar" o padrão jurídico que lhe falta para que se compatibilize à constituição, ou "substituir" um regime jurídico inadequado por outro constitucionalmente compatível.

Essa tentativa de uniformização das terminologias, ainda que interessante, não costuma contar com o apoio da doutrina europeia nem brasileira. No Brasil, à exceção, foi utilizada por JOSÉ ADÉRCIO SAMPAIO (2001) em artigo doutrinário que tratou das "sentenças intermediárias de constitucionalidade e o mito do legislador negativo".

TENTATIVA EUROPEIA DE UNIFORMIZAÇÃO TERMINOLÓGICA		
Decisões de "tipos simples ou extremos"	**Decisões de "tipos intermédios"**	**Decisões de "tipo integrativas e substitutivas"**
caracterizam-se pelo juízo simples acerca da questão constitucional, ou seja, sem reservas, nem condições; são decisões que, pura e simplesmente, reconhecem a inconstitucionalidade ou a constitucionalidade do ato questionado.	enfrentam a questão constitucional sem se incluírem em nenhum dos dois extremos que caracterizam as decisões do primeiro tipo.	têm por objetivo, em relação à norma impugnada, ou "adicionar" o padrão jurídico que lhe falta para que se compatibilize à constituição, ou "substituir" um regime jurídico inadequado por outro constitucionalmente compatível.

De qualquer forma, segue adiante exposição acerca das técnicas decisórias que já vêm sendo utilizadas no contexto brasileiro.

4.2. Técnicas decisórias empregadas pelo STF

O STF tem adotado várias técnicas decisórias no julgamento de mérito das ações diretas, sobretudo a partir da Lei 9.868/99, que delas tratou com bom nível de detalhamento. Porém, já se reconhecem novas tendências decisórias na jurisprudência da Corte, tema que será alvo de item específico (itens 4.3 e 4.4).

Sobre a publicidade das decisões proferidas no controle abstrato de inconstitucionalidade, v. item 4.1.10 do Capítulo IV.

4.2.1. Declaração de constitucionalidade simples

Por aplicação do "efeito ambivalente" das decisões de mérito do controle abstrato de constitucionalidade (item 3.2.6), caso se julgue improcedente o pedido formulado na ADI ou então procedente o pedido da ADC, o resultado será a proclamação da constitucionalidade do ato impugnado (cf. art. 24 da Lei 9.868/99).

4.2.2. Declaração de inconstitucionalidade simples

Modalidade decisória em que, sem outras ressalvas, o texto integral do preceito impugnado na ação é considerado inconstitucional. Atingido pela declaração de inconstitucionalidade simples, o preceito é invalidado, conforme **teoria geral da nulidade** (item 5.1.1 do Capítulo I), com todos os efeitos que daí decorrem ordinariamente (cf. item 3.2).

Quando utiliza essa técnica, porém, em vez de meramente reconhecer a procedência do pedido da ADI ou a improcedência do pedido da ADC, a praxe do STF é a de indicar, na ata de julgamento do acórdão, os preceitos declarados inconstitucionais. Ressalte-se que por declaração de inconstitucionalidade simples se entende tanto aquela que recai sobre todo o diploma normativo quanto a que atinge apenas a integralidade de uma ou mais disposições que nele estão contidas.

> ▸ **Importante:**
>
> ***Exemplo de dispositivo decisório da primeira hipótese***: "O Tribunal, por decisão unânime, julgou procedente ação, declarando da inconstitucionalidade da Lei nº 11.561, de 17 de setembro de 2000, do Estado de Santa Catarina" (ADI 3.080/SC).
>
> ***Exemplo de dispositivo decisório da segunda hipótese***: "O Tribunal, por unanimidade, julgou procedente a ação e declarou a inconstitucionalidade do parágrafo único do artigo 9º da Lei Complementar nº 66, de 22 de dezembro de 1999, do Estado de Mato Grosso, nos termos do voto do relator"(ADI 3.244/MT).

> ▸ **Atenção!**
>
> Não esquecer que o pedido pode não envolver todo um diploma legal, nem sequer todo um preceito normativo. Nesses casos, muito embora acolha integralmente o pedido, a decisão implicará apenas o reconhecimento de inconstitucionalidade *parcial*, com ou sem redução de texto (itens 4.2.3 e 4.2.4).

4.2.3. Declaração de inconstitucionalidade parcial com redução de texto

Tipo de decisão em que o tribunal reconhece apenas a inconstitucionalidade parcial do(s) preceito(s) impugnado(s). Nessas hipóteses, a decisão preserva em parte o texto da disposição atacada, mas elimina dela o segmento textual cujo sentido (= norma) contraria a constituição.

A fórmula usualmente empregada a respeito, no STF, é identificar as **expressões textuais** atingidas pela inconstitucionalidade, de modo a delas excluir qualquer eficácia normativa. A interpretação da disposição atingida deverá ser feita, portanto, sem considerar essa **parte "subtraída"**, o que explica a nomenclatura técnica: declaração de inconstitucionalidade parcial ***com*** redução de texto.

> ▸ **Importante:**
>
> ***Exemplo de dispositivo decisório***: o "Tribunal, por maioria, vencido o Min. Marco Aurélio, julgou procedente o pedido formulado na inicial para declarar a inconstitucionalidade da expressão 'reservando-se metade das vagas dos cargos de nível superior para provimento por progressão funcional das categorias de nível médio', contida no § 7º do artigo 119 da Lei Orgânica do Distrito Federal, publicada no Diário Oficial de 09 de junho de 1993" (ADI 960/DF).

A intenção em se preservar em parte o texto normativo é atender ao **princípio da presunção de constitucionalidade**, salvando-se o que houver de aproveitável do trabalho de produção normativa.

Contudo, segundo a jurisprudência do STF, a declaração da inconstitucionalidade parcial não pode resultar em alteração radical do sentido ou do alcance original do preceito impugnado, nem mesmo a pretexto de conformá-lo à Constituição. É que o órgão judicial **não** deve investir-se na condição de produtor de normas jurídicas ("**legislador positivo**"). (Sobre outras peculiaridades a respeito, v. item 13.4 do Capítulo VII da Parte I, item 4.1.9 do Capítulo I e item 4.3.3 do Capítulo V dessa Parte II.)

Assim, pela jurisprudência tradicional do STF, se a interpretação resultante da eventual decisão declaratória de inconstitucionalidade parcial implicar a potencial criação normativa, o **órgão fiscalizador não poderá adotar esse tipo decisório**. Deverá escolher entre duas alternativas: ou declara a inconstitucionalidade total do preceito, se assim o permitir o pedido inicialmente formulado, ou então deverá extinguir o processo sem julgamento de mérito (MC na ADI 896/DF e ADI 3.459/RS).

> ▸ **Atenção!**
>
> Em caso de pedido de declaração de inconstitucionalidade parcial, após perceber que a procedência total acarretaria alteração radical do sentido original do preceito impugnado, o STF, *excepcionalmente*, já facultou a **emenda da inicial**, para o fim de ampliar o objeto da ação ao restante do preceito atacado (MC na ADI 1.949/MC).

4.2.4. Declaração de inconstitucionalidade sem redução do texto

Técnica decisória aplicável quando a inconstitucionalidade recai sobre determinada interpretação (= norma) extraída do ato normativo impugnado, mas *não se deve* ou *não é possível* suspender a eficácia de enunciado linguístico utilizado para se extrair tal interpretação.

> ▸ **Importante:**
>
> A técnica da declaração de inconstitucionalidade sem redução de texto só pode ser usada no **controle *abstrato* de constitucionalidade**. Isso porque, na aplicação concreta da disposição normativa, quando se opta por determinado sentido interpretativo dela (= norma) em detrimento dos demais, o que sucede é a simples resolução de disputa sobre qual norma – entre aquelas que podem ser obtidas – deve ser aplicada concretamente.
>
> Daí, a decisão a respeito não foge dos limites da própria interpretação da disposição polissêmica. Logo, não se trata de uma antinomia concreta, mas de simples identificação da norma que deve ser *aplicada* a caso, sem necessidade nem pertinência em se declarar a inconstitucionalidade de uma norma que não seria mesmo aplicada. Assim, se o juiz pretendesse declarar a inconstitucionalidade da(s) interpretação(ões) relegada(s), estaria julgando em tese, porquanto a norma do caso – aquela concretamente aplicada – não apresenta nenhum vício. Nesse sentido, cf. STF: RE 184.093/SP e AgRg no AG 220.508/RJ.

Relativamente aos casos em que a suspensão da eficácia *não deve* atingir o texto, a declaração de inconstitucionalidade parcial sem redução é utilizada para invalidar alguma(s) das múltiplas interpretações que podem ser obtidas de disposição normativa plurissignificativa, quando desta, porém, ainda se obtém **pelo menos uma interpretação compatível** com o bloco de constitucionalidade. Nessa acepção, a técnica comentada é indevida e frequentemente **confundida** com a chamada "**interpretação conforme a constituição**". Cf. item 13.4 do Capítulo VII da Parte I e item 4.2.5, a seguir.

> **Importante:**
> ***Exemplo dispositivo assim adotado pelo STF***: "O Tribunal, por unanimidade, julgou procedente, em parte, a ação para, sem redução do texto do artigo 1º da Lei nº 9.536, de 11 de dezembro de 1997, assentar a inconstitucionalidade no que se lhe empreste o alcance de permitir a mudança, nele disciplinada, de instituição particular para pública, encerrando a cláusula 'entre instituições vinculadas a qualquer sistema de ensino' a observância da natureza privada ou pública daquela de origem, viabilizada a matrícula na congênere. Em síntese, dar-se-á a matrícula, segundo o artigo 1º da Lei nº 9.536/97, em instituição privada se assim o for a de origem e em pública se o servidor ou o dependente for egresso de instituição pública, tudo nos termos do voto do Relator" (ADI 3.324/DF).

Quanto às hipóteses em que *não é possível* recair a suspensão da eficácia sobre o texto, a técnica é empregada quando o sentido do ato impugnado é unívoco, porém, "pela redação do texto no qual se inclui a parte da norma que é atacada como inconstitucional, não é possível suprimir dele qualquer expressão para alcançar essa parte" (

1.344/ES).

> **Importante:**
> ***Exemplo de precedente desse tipo***: na MC na ADI 491/AM, o STF fez uso da declaração de inconstitucionalidade sem redução de texto porque a norma inconstitucional estava compreendida em remissão feita pelo parágrafo único do art. 86 da Constituição amazonense – que fazia referência à aplicação ao Ministério Público dos "incisos IV a XIII" do art. 64 –, já que não havia como suspender o texto objeto da remissão (inciso V do art. 64), pois este se mantinha válido em relação ao Judiciário.

> **Como esse assunto foi cobrado em concurso?**
> No concurso para Procurador do Município de Manaus (2018/Cespe), foi considerada **correta** a afirmação: "Ao afirmar que a aplicação de uma norma a determinada hipótese fática é inconstitucional, o STF se utiliza da técnica de decisão denominada declaração de inconstitucionalidade sem redução do texto."

4.2.5. *Declaração de (in)constitucionalidade da norma mediante interpretação conforme a constituição*

Tipo de decisão a partir da qual, após retirar de ato normativo polissêmico múltiplas interpretações (= normas), o órgão julgador decide qual delas deve prevalecer ante o bloco de constitucionalidade, rejeitando os demais sentidos interpretativos.

> ▸ **Importante:**
> A rigor, a *interpretação conforme* não passa de um **princípio interpretativo** que pode ser utilizado para prevenir antinomias e, então, concluir-se pela constitucionalidade da disposição normativa impugnada (ver itens 6 e 13.4 do Capítulo VII da Parte I). Todavia, no Brasil, foi equivocadamente convertida em técnica decisória do controle abstrato de constitucionalidade, e é com essa natureza que a "interpretação conforme" passa aqui a ser analisada.

Ao proceder a uma *interpretação conforme*, o tribunal identifica qual é o sentido (= norma) constitucionalmente mais adequado que se pode extrair da disposição normativa, cujo texto é conservado integralmente, exatamente porque dele foi possível obter pelo menos uma interpretação compatível com o bloco de constitucionalidade. Aliás, na definição de ROBERTO ROMBOLI, a *interpretação conforme a constituição* consiste na possibilidade/obrigação de, quando admissível, "atribuir à lei um significado tal que ***exclui*** a necessidade de uma declaração de inconstitucionalidade" (2006, s.p.).

Portanto, o juízo que extrai diversos significados da mesma disposição normativa, mas verifica que ela ainda assim admite interpretação conforme a constituição, equivale, tecnicamente, ao reconhecimento da compatibilidade constitucional do preceito, tal como este deva ser interpretado, *evitando-se*, e não *remediando-se*, a ocorrência de antinomias (ver itens 6 e 13.4 do Capítulo VII da Parte I).

Certo, na via do controle abstrato de constitucionalidade, em que o tribunal analisa *em tese* o preceito normativo impugnado, a utilização da *interpretação conforme* acaba por rejeitar, também em tese, ao menos alguma norma (= sentido interpretativo) que igualmente poderia ser obtida da mesma disposição normativa questionada. Porém, a utilização da "interpretação conforme" implica decisões pelas quais se declara a "constitucionalidade" da disposição normativa, exatamente porque ela admite extrair pelo menos *uma* norma compatível com a constituição. Por isso, em países como Alemanha, Espanha e Itália, quando o preceito admite uma interpretação conforme, é ***rejeitada*** a arguição de inconstitucionalidade. Ver item 13.4.2 do Capítulo VII da Parte I.

A rigor, o juízo mediante o qual se extraem diversos significados da mesma disposição normativa, mas ainda constata que dela é possível obter ao menos uma interpretação conforme a constituição, tecnicamente, equivale ao reconhecimento da compatibilidade constitucional do preceito, tal como admite ser interpretado. Há nisso apenas uma atividade de *prevenção* de antinomias mediante a utilização de expedientes interpretativos "conformadores". Já a técnica da declaração de inconstitucionalidade sem redução de texto, embora também mantenha intacto o enunciado linguístico da disposição normativa, pressupõe a *inexistência* de interpretações (= normas) compatíveis à constituição. Daí por que envolve verdadeira *resolução* de antinomias. (Ver item 6 do Capítulo VII da Parte I).

Todas as situações em que utilizada a *interpretação conforme* para declarar a inconstitucionalidade não passam de casos em face dos quais a utilização da declaração de inconstitucionalidade sem redução do texto traria mais vantagens e segurança jurídica. Até porque, na declaração de inconstitucionalidade sem redução de texto, as hipóteses de **in**constitucionalidade do preceito impugnado devem necessariamente constar da *parte dispositiva*, e não simplesmente nos *fundamentos* da decisão, como costuma ocorrer nas equivocadas declarações de **in**constitucionalidade mediante *interpretação conforme*. A única modalidade em que é preferível a aplicação dessa última "técnica", em contraposição à declaração de inconstitucionalidade sem redução de texto, é mesmo aquela apontada por CANOTILHO: quando se tratar de "casos de interpretação em conformidade com constituição em que nenhuma das possibilidades interpretativas é inconstitucional" (1998, p. 956).

Porém, grande parte da doutrina e da jurisprudência do STF costuma entender que a decisão que promove uma interpretação conforme à Constituição Federal é um tipo especial de declaração de **in**constitucionalidade, embora sem redução de texto (item 4.2.4).

> ▸ **Importante:**
>
> ***Exemplo de dispositivo decisório assim adotado pelo STF***: "O Tribunal, por votação majoritária, julgou parcialmente procedente a ação direta, para, sem redução de texto, conferir, ao inciso V do art. 44 da Lei nº 8.625, de 12/02/93 (Lei Orgânica Nacional do Ministério Público), interpretação conforme à Constituição, definindo como única exegese constitucionalmente possível aquela que apenas admite a filiação partidária de representante do Ministério Público dos Estados-membros, se realizada nas hipóteses de afastamento, do integrante do Parquet, de suas funções institucionais, mediante licença, nos termos da lei..." (ADI 1.377/DF).

De toda forma, mesmo os doutrinadores que incluem a "interpretação conforme" entre as técnicas de declaração de inconstitucionalidade esforçam-se em diferenciá-la da *declaração de inconstitucionalidade sem redução de texto*. Nesse sentido, a declaração de inconstitucionalidade sem redução de texto seria técnica decisória apta a invalidar determinada ***hipótese de aplicação*** do ato normativo, enquanto a *interpretação conforme* seria técnica utilizada para excluir determinadas ***hipóteses de interpretação***. Na que parece ser a melhor elaboração doutrinária a respeito, DIMOULIS e LUNARDI chegam a sustentar que, na *interpretação conforme*, "o problema diz respeito à interpretação da norma", pois passa pela avaliação das possibilidades interpretativas do dispositivo impugnado (premissa maior do silogismo jurídico); já na *declaração de inconstitucionalidade sem redução de texto*, o "problema diz respeito aos casos reais em que sua aplicação é permitida", isto é, não havendo dúvidas acerca da interpretação do dispositivo impugnado, o controle recai sobre as "situações que podem compor a premissa menor do silogismo jurídico" (2011, p. 273-274).

> **▸ Atenção!**
> Tampouco esse esforço convence. Entendida a *norma* como produto da interpretação – e não como objeto dela – e adotadas as diferenças entre *prevenção* e *resolução* de antinomias (itens 4 e 6 do Capítulo VII da Parte I), o exame tanto das "hipóteses de interpretação" quanto das "hipóteses de aplicação" de um preceito ocorre no âmbito da própria atividade interpretativa. É dizer, a determinação dos conteúdos de sentido da disposição normativa abrange ambas as hipóteses mencionadas, pois a extração da norma decorrente de certa disposição normativa não pode fazer-se sem que a atividade interpretativa se tenha dedicado, também, às situações em que a disposição interpretada pretenda aplicar-se. Do contrário, as possibilidades interpretativas da disposição é que ainda não foram completamente exploradas.

De fato, o **STF não** vem dispensando o devido cuidado ao assunto. Caso paradigmático, na ADI 3.324/DF, a Corte expressamente admitiu até a possibilidade de se formular, em ação direta de *inconstitucionalidade*, pedido de interpretação da lei conforme a Constituição Federal. Outro exemplo da confusão está na "aparente" contradição entre os julgados da MC na ADI 1.556/PE e da MC na ADI 1.926/PE. Na primeira, a liminar foi concedida parcialmente, para dar a um dispositivo de lei estadual interpretação conforme à Constituição Federal. Porém, na segunda ação, ajuizada no ano seguinte, ao apreciar medida cautelar contra o mesmo preceito, o STF já o considerou constitucional, sem nem fazer referência ao julgamento anterior. Nesses precedentes, a contradição da Corte se resolveria simplesmente se considerasse que a "interpretação conforme" conduz a uma declaração de constitucionalidade.

> **▸ Atenção!**
> Lentamente, o STF começa a perceber a indevida utilização da "interpretação conforme" no lugar da "declaração de inconstitucionalidade sem redução de texto". No julgamento dos ED na ADI 2.591/DF, por exemplo, o Supremo decidiu alterar a ementa original do julgado, que havia aplicado o instituto da "interpretação conforme", para nela incluir referência à "declaração de inconstitucionalidade sem redução de texto". Também no julgamento da ADI 3.168/DF, o STF "afastou a inconstitucionalidade do dispositivo impugnado", por entender que este comportava interpretação conforme a Constituição. Na ADI 3.510/DF, o Plenário afastou o uso da técnica de "interpretação conforme", pois isso implicaria "sentença de caráter aditivo", até porque a norma impugnada não padecia de "polissemia ou de plurissignificatividade".

▸ **Como esse assunto foi cobrado em concurso?**

O concurso para Juiz do TRT/1ª Região (2010), considerou **errada** a seguinte assertiva: "Considerando que a técnica da interpretação conforme tem por finalidade possibilitar a permanência no ordenamento jurídico de leis ou atos normativos que possuam valor interpretativo compatível com a CF, o intérprete não pode, a pretexto da aplicação da referida técnica, declarar a inconstitucionalidade parcial do texto impugnado."

No concurso para Juiz do TJSC (2006), foi considerada **errada** a assertiva com a seguinte redação: "A técnica de interpretação conforme a Constituição não pode ser utilizada nas ações declaratórias de inconstitucionalidade, sob o risco de se efetivar dupla declaração de inconstitucionalidade." Interessante destacar que, apesar de ter sido considerada **correta** a alternativa que afirmava que "A interpretação conforme a Constituição, com ou sem redução de texto, proferida pelo Supremo Tribunal Federal, tem efeito vinculante e eficácia contra todos", o gabarito deveria ter sido alterado, a menos que se restringisse o enunciado às hipóteses de controle abstrato de constitucionalidade.

No concurso para Juiz do TJSP (2018/Vunesp), foi considerada **incorreta** a afirmação: "A interpretação conforme a Constituição, instrumento previsto no artigo 28, parágrafo único, da Lei nº 9.868/1999, permite a interpretação contrária à literalidade da norma (*contra legem*), desde que necessária à preservação do princípio da supremacia da Constituição."

No concurso para Delegado de Polícia do Maranhão (2018/Cespe), foi considerada **correta** a afirmação: "A técnica da interpretação conforme pode ser utilizada tanto no controle de constitucionalidade difuso quanto no abstrato."

No concurso para Delegado de Polícia do Maranhão (2018/Cespe), foi considerada **incorreta** a afirmação: "Como técnica de exegese, a interpretação conforme impõe a decretação da inconstitucionalidade da norma, atendendo à vontade do legislador."

No concurso para Juiz do TJCE (2018/Cespe), foi considerada **incorreta** a afirmação: "A interpretação conforme a Constituição é admitida para ajustar o sentido do texto legal com a Constituição, ainda que o procedimento resulte em regra nova e distinta do objetivo do legislador."

No concurso para Juiz do TJCE (2018/Cespe), foi considerada **incorreta** a afirmação: "A interpretação conforme a Constituição é um método cabível mesmo em se tratando de texto normativo inconstitucional que apresenta sentido unívoco."

4.2.6. Declaração de inconstitucionalidade sem pronúncia da nulidade

Como mencionado no item 5.1.3 do Capítulo I a respeito da **teoria da simples incompatibilidade**, não é estranha ao direito brasileiro a possibilidade de se declarar inconstitucional determinado preceito normativo, sem lhe aplicar efeitos invalidatórios.

Certo que, na casuística do modelo brasileiro de controle abstrato de constitucionalidade, essa declaração de inconstitucionalidade sem pronúncia de nulidade só encontrava exemplos no âmbito da ADO, ante o reconhecimento de omissões inconstitucionais dos tipos parcial e relativa (ver item 4.1.5.1 do Capítulo I), seguido da simples comunicação da mora ao legislativo.

Porém, mesmo em sede de ADI e ADC, nada impediria que o STF adotasse tal técnica decisória em casos de inconstitucionalidade progressiva, como já o havia feito no controle concreto de constitucionalidade (cf. item 4.1.11 do Capítulo I). E para quem ainda tivesse dúvidas a respeito, o art. 27 da Lei 9.868/99 as sepultou definitivamente.

É que referido preceito conferiu ao STF poderes para **restringir os efeitos da declaração de inconstitucionalidade** (cf. item 3.3.1). Assim, o ordenamento jurídico nacional passa expressamente a admitir, por exceção, também no controle abstrato contra atos comissivos, a técnica de decisão consistente na declaração da inconstitucionalidade da norma, sem sanção de nulidade. Nesse sentido, é possível ao STF, inclusive, optar por fazer o chamado ***apelo ao legislador***, a exemplo do direito alemão (v. item 5.1.3.1 do Capítulo I).

Na ADI 2.240/BA, o STF aplicou a tese da declaração de inconstitucionalidade sem pronúncia de nulidade do ato impugnado, para manter a Lei estadual baiana 7.619/2000, pelo prazo de 24 meses, até que o legislador estadual estabeleça nova disciplina a respeito. A Corte utilizou, no caso, a faculdade do art. 27 da Lei 9.868/99, por considerar prevalente o princípio da segurança jurídica em face do princípio da nulidade das leis inconstitucionais. No mesmo sentido, a ADI 3.489/SC.

▸ Atenção!

No âmbito do controle abstrato, a aplicação da técnica da declaração de inconstitucionalidade sem pronúncia de nulidade envolve, portanto, a procedência do pedido do ADI (ou a improcedência do pedido da ADC), seguida da modulação dos efeitos da declaração de inconstitucionalidade (art. 27 da Lei 9.868/99). Contudo, o STF não vem observando esse rigor técnico, como ficou claro nos seguintes precedentes:

(a) na ADI 2.415/SP, o STF concluiu pela *inconstitucionalidade* dos atos normativos impugnados (provimentos do Conselho Superior da Magistratura do TJSP), por violarem a exigência de lei formal. Contudo, após reconhecer que a declaração de inconstitucionalidade traria prejuízos ao interesse social, o Plenário do STF preservou alguns dos efeitos concretos dos atos impugnados. Nada obstante, em vez de modular os efeitos da procedência do pedido e aplicar a técnica da "declaração de inconstitucionalidade sem pronúncia de nulidade", a Corte simplesmente julgou "improcedente" o pedido de ADI, para atribuir ao ato normativo um *status* de "ainda constitucional";

(b) na ADI 4.029/DF, um dia após ter sido julgado procedente o pedido da ação, em face da inconstitucionalidade formal de medida provisória atacada (por falta de deliberação da comissão mista exigida pelo § 9º do art. 62 da Constituição), a Corte resolveu acatar questão de ordem suscitada pelo Advogado-Geral da União e julgar "improcedente" o pedido, tendo em conta razões de segurança jurídica, a fim de garantir a "manutenção dos diplomas legais já editados com esse vício de tramitação" (*Inf.* 657/2012).

▸ **Como esse assunto foi cobrado em concurso?**

No concurso para Juiz Federal do TRF/5ª Região (2015/Cespe), foi considerado **incorreto** o seguinte enunciado: "A técnica da declaração de inconstitucionalidade sem pronúncia de nulidade é utilizada para considerar inconstitucional apenas determinada hipótese de aplicação da lei, sem proceder à alteração do seu programa normativo."

4.2.7. Declaração de inconstitucionalidade estendida ou "por arrastamento"

Técnica decisória mediante a qual a declaração de inconstitucionalidade é estendida a preceitos que não haviam sido impugnados pelo autor da ação, por considerar o tribunal que eles apresentam algum tipo de inconstitucionalidade consequente. (Sobre a inconstitucionalidade consequente, cf. item 4.1.10 do Capítulo I).

O grande problema gerado por esse tipo decisório radica no eventual descumprimento do ***princípio da congruência*** (item 4.1.4 do Capítulo IV), que serve de limites à competência do STF, pois mesmo a decisão proferida no âmbito do controle abstrato deve adstringir-se aos termos em que formulado o pedido inicial. Isso porque, ao declarar inconstitucionalidade de preceitos que não haviam sido impugnados, o tribunal acaba por ampliar *ex officio* o objeto da ação.

Daí que, como bem analisado na ADI 2.895/AL, o princípio da congruência ao pedido impede o tribunal de estender o objeto da ação a preceitos que não tenham sido impugnados, a menos que devidamente caracterizada alguma das hipóteses de inconstitucionalidade consequente ou "por arrastamento".

Na jurisprudência do STF, passou-se a admitir a extensão da declaração de inconstitucionalidade "por arrastamento" a partir do raciocínio inicialmente aplicado no julgamento de questão de ordem na ADI 2.982/CE. Todavia, nesse precedente, a Corte só reputou possível a declaração de inconstitucionalidade de dispositivos que não haviam sido expressamente impugnados na ação, porque eles não possuíam autonomia normativa própria, já que simples normas instrumentais dos dispositivos impugnados e invalidados. (Nesse sentido, aliás, o art. 1º-A do Decreto 2.346/97 determina que a Administração, de ofício, considere automaticamente suspensa a aplicação dos atos normativos regulamentadores da disposição declarada inconstitucional em medida cautelar concedida em ADI.)

Posteriormente, no julgamento da ADI 3.645/PR, fazendo remissão à QO na ADI 437/SC e à MC na ADI 173/DF, a Corte procedeu à "declaração de inconstitucionalidade consequencial ou por arrastamento de decreto regulamentar superveniente em razão da relação de dependência entre sua validade e a legitimidade constitucional da lei objeto da ação." Mesma extensão foi dada pelo STF em ações diretas de inconstitucionalidade movidas contra legislação do Estado do Tocantins (ADI 3.232/TO, ADI 3.983/TO e ADI 3.990/TO), hipóteses em que a Corte declarou inconstitucionais, "por derivação", todos os decretos do Governador editados para regulamentar as leis consideradas inconstitucionais.

▸ **Atenção!**

Não confundir a declaração de inconstitucionalidade "por arrastamento" com a *teoria do efeito vinculante ou transcendente dos motivos determinantes* (item 3.2.4.4 do Capítulo V). A declaração de inconstitucionalidade "por arrastamento" implica a extensão do juízo de invalidade, na **parte dispositiva** da decisão, a preceitos não impugnados na inicial, de modo que a norma principal e a norma dependente ("arrastada") são simultaneamente declaradas inconstitucionais no mesmo julgamento. Já a teoria da transcendência ou da vinculação dos motivos determinantes, para os que a admitem, envolve a aplicação extensiva dos **fundamentos decisórios** utilizados no processo para extrair juízos acerca da (in)validade de atos que não fizeram parte do objeto nem da parte dispositiva do julgado.

▸ **Como esse assunto foi cobrado em concurso?**

No concurso para Juiz do TRT/1ª Região (2010/Cespe), o candidato deveria considerar **correta** a seguinte assertiva: "Ao julgar procedente, em parte, determinada ADI, para conferir ao texto impugnado interpretação conforme a CF, o STF pode, por arrastamento, conferir interpretação conforme outro dispositivo legal que não foi objeto da ação."

O concurso para Juiz do TRF/5ª Região (2009/Cespe), apontou como **errada** a assertiva: "Ocorre inconstitucionalidade por arrastamento quando a declaração de inconstitucionalidade alcança outra norma constitucional que não tenha sido impugnada inicialmente. Em tal situação, conforme entendimento do STF, diante do princípio da demanda, o referido tribunal não pode apreciar a norma consequente caso ela não tenha sido arrolada como inconstitucional pelo autor da ação direta de inconstitucionalidade."

No concurso para Juiz do TRF/2ª Região (2009), o candidato deveria considerar **correta** a seguinte alternativa: "De acordo com a doutrina, a técnica da declaração de inconstitucionalidade por arrastamento pode ser aplicada tanto em processos distintos como no mesmo processo."

No concurso para Procurador do Município de Manaus (2018/Cespe), foi considerada **correta** a afirmação: "Se a inconstitucionalidade de uma norma atinge outra, tem-se a denominada inconstitucionalidade consequencial ou por arrastamento."

No concurso para outorga de delegação de serviços notariais e registrais realizado pelo TJRS (2019), considerou-se **correta** a assertiva segundo a qual padece de "inconstitucionalidade por reverberação normativa" o decreto baseado em lei já declarada inconstitucional em decisão proferida em ação direta de inconstitucionalidade.

4.3. Nova tendência: incorporação de técnicas decisórias "manipulativas"

Embora tímida e muitas vezes inadvertidamente, o STF começa a adotar decisões que se enquadram na definição de **sentenças manipuladoras** ou **manipulativas** do direito italiano (*sentenze 'manipolative'*).

Num sentido amplo, consideram-se *manipuladoras* as decisões em que o tribunal, no exercício do controle de constitucionalidade, não se limita a agir como "legislador negativo", pois a simples subtração da eficácia do ato inconstitucional mostra-se insuficiente para preservar a supremacia constitucional. Nesses casos, em vez de simplesmente reconhecer a inconstitucionalidade e invalidar o ato impugnado (invalidação *tout court*), para então eliminar a "vontade positiva" nele manifestada pelo legislador, o tribunal se vê obrigado a resolver problema mais complexo e que exige certa dose de "manipulação" do contexto normativo examinado.

Como ensinam RUGGERI e SPADARO, as decisões manipuladoras surgem como solução decisória às hipóteses nas quais é necessário "transformar" o significado normativo do preceito examinado, para torná-lo compatível com a constituição. Enfim, segundo ROMBOLI, decisões manipuladoras são aquelas pelas quais o tribunal procede a uma modificação ou integração das disposições submetidas a seu exame, de maneira que estas saem do processo constitucional com um alcance normativo e um conteúdo diferente do original.

▸ **Atenção!**

Num sentido amplo, incluem-se na definição de decisões manipulativas alguns tipos decisórios bastante conhecidos e utilizados no direito brasileiro, como as *decisões declaratórias de inconstitucionalidade parcial* (com redução de texto), as *decisões declaratórias de inconstitucionalidade sem redução do texto*, além da impropriamente utilizada *declaração de inconstitucionalidade mediante "interpretação conforme a constituição"*. Isso porque, em tais decisões, o programa normativo do preceito impugnado não é simplesmente expurgado do sistema jurídico. Apesar de aparentemente o órgão fiscalizador se limitar a reconhecer a invalidade de parte do conteúdo de significados presente no preceito atacado, essa redução normativa acaba por modificar a "vontade positiva" que originalmente se extraía do ato questionado, ainda que a pretexto de adequá-lo ou de conformá-lo aos ditames da constituição.

Ao reconhecer a inconstitucionalidade do preceito "na parte em que ele inclui" alguma dimensão normativa, a decisão redutora imprime ao ato impugnado uma modificação de sentido que o torna substancialmente diverso do que era antes do processo de controle de constitucionalidade.

Parte da doutrina italiana inclui também no gênero das decisões manipulativas aquelas pelas quais se modulam os efeitos temporais da decisão de inconstitucionalidade (*decisioni manipolative nel tempo*). Nessa linha, a modulação temporal admitida no direito brasileiro (art. 27 da Lei 9.868/99 e art. 11 da Lei 9.882/99) consistiria noutra espécie de decisão manipulativa em sentido amplo, embora com efeitos pertinentes ao momento a partir do qual se deva considerar inválido o preceito impugnado. Porém, o tema da manipulação (ou modulação) temporal dos efeitos das decisões já foi estudado no item 3.3.1. Além disso, tal manipulação não envolve uma técnica decisória específica, mas apenas uma ressalva temporal quanto a quaisquer das modalidades de declaração de inconstitucionalidade com pronúncia de nulidade.

> **Como esse assunto foi cobrado em concurso?**
>
> Em questão elaborada para o concurso de Defensor Público do Estado de São Paulo (2010), o candidato deveria apontar, como técnicas diferenciadas de decisão em sede de controle de constitucionalidade, as seguintes alternativas: "interpretação conforme e declaração de nulidade parcial sem redução de texto"; "suspensão parcial da eficácia da norma sem redução de texto"; "a mitigação dos efeitos da declaração de inconstitucionalidade, bem como a manipulação dos efeitos da decisão no tempo" e "a declaração de inconstitucionalidade, reconhecendo- se situação de fato que não pode ser desconstituída em virtude do princípio da segurança jurídica e de interesse público de excepcional relevo."

4.3.1. Decisões manipulativas "aditivas"

Conjunto de técnicas decisórias nas quais o preceito normativo é declarado inconstitucional, na parte em que exprime **conteúdo normativo** de **alcance menor** que o constitucionalmente exigido, com a pretensão de ver adicionado ao sistema jurídico o conteúdo normativo faltante e que não pode ser obtido pela interpretação extensiva nem pela analogia.

> **Importante:**
>
> Decisões aditivas são impertinentes quando o caso puder ser resolvido mediante simples operações de integração judicial de lacunas não intencionais. Só devem ser utilizadas para declarar a inconstitucionalidade de preceitos cujo significado, implícita ou explicitamente, exprime a "vontade negativa" de não contemplar a situação que deveria ter sido contemplada.
>
> Não constatada essa "vontade negativa", o princípio da presunção de constitucionalidade dos atos do Poder Público afasta a opção radical de declarar a inconstitucionalidade, cabendo apenas integrar a norma lacunosa pelos meios ordinários de preenchimento de lacunas.

Nas decisões aditivas, o ato impugnado é declarado **inconstitucional somente *na parte em que não prevê*** aquilo que, segundo a constituição, deveria ter previsto. A declaração de inconstitucionalidade não atinge o preceito em relação ao que ele contempla, mas exatamente naquilo que a constituição exige também tivesse sido contemplado.

Tais decisões, portanto, **não se prestam** a resolver inconstitucionalidades por **omissões absolutas** (totais), porque nessas hipóteses simplesmente não existe um preceito que possa ser declarado parcialmente inconstitucional (item 4.1.5.1 do Capítulo I). Porém, mostram-se bastante **úteis** nos casos de **inconstitucionalidade por omissão** tanto **parcial** quanto **relativa**. Uma sentença aditiva, por exemplo, é capaz de resolver omissões inconstitucionais relativas ao declarar a inconstitucionalidade do preceito "na parte em que" impede a expansão do programa normativo a certas situações que deveriam ter sido reguladas ou "na parte em que não equipara" determinada situações a outras.

São ainda tecnicamente aditivas as decisões que declaram a inconstitucionalidade de um preceito "na parte em que" ele estabelece *exceções* ou *condições* que excluem sujeitos ou situações que nele deveriam constar (inconstitucionalidade por exclusão). Exemplo, a invalidação de uma regra especial que exclui determinadas situações da disciplina contida numa regra geral.

> **Atenção!**
> Para autores portugueses como MARIA URBANO (2012), as sentenças aditivas são também chamadas de "parificatórias", por estarem associadas ao cumprimento do princípio da igualdade.

Consideradas as características do efeito aditivo que envolvem, as decisões aditivas dividem-se em duas classes: ***aditivas de garantia/de prestação*** e ***aditivas de princípio.***

4.3.1.1. Decisões aditivas de garantia/de prestação

Tipos de decisão aditiva na qual o tribunal se considera constitucionalmente obrigado a articular a declaração parcial de inconstitucionalidade com a **extensão do conteúdo** do ato inconstitucional às situações que nele deveriam ter sido incluídas ou previstas.

Neste tipo de decisão aditiva, a declaração de inconstitucionalidade surte a automática ***adição***, com efeitos gerais (*erga omnes*), de novas situações ao programa normativo do preceito impugnado. Além de reputar inconstitucional um preceito "na parte em que" ele exclui ou não contempla algo, a decisão introduz uma regra constitucional imediatamente vinculante que soluciona o déficit do programa normativo examinado.

Para ilustrar, nos idos de 1970, pela Sentença n. 190, a Corte Constitucional italiana considerou inconstitucional o art. 304 do CPP, "na parte em que" excluía o direito do acusado de se fazer assistido por defensor durante o interrogatório. Como a disposição autorizava a presença do Ministério Público no mesmo ato processual, a declaração de inconstitucionalidade invocou a necessidade de tratar igualmente ambas as partes da relação processual, daí resultando a automática inclusão de nova norma a respeito do assunto (permissão à presença de defensor em ato processual), a despeito da vontade em contrário do legislador (a norma original proibia tal presença).

Sentenças aditivas dessa espécie podem assumir dois subtipos:

A) **Aditivas de garantia:** aquelas cujo efeito aditivo surge em **garantia de direitos fundamentais** que não envolvam prestações de natureza econômica ou social. Exemplo: a mencionada sentença de 1970, que garantiu ao acusado o direito à presença do defensor no respectivo interrogatório.

B) **Aditivas de prestações**: aquelas cujo efeito aditivo implica extensão de **prestações de natureza econômica** ou **conectadas a serviços públicos**. Exemplo: na Sentença n. 219/1975, a Corte Constitucional italiana estendeu a professores universitários certos benefícios salariais devidos a outra categoria profissional.

▸ **Atenção!**

Não são todos os casos de inconstitucionalidade por omissão relativa ou parcial que proporcionam sentenças "manipulativas" aditivas. A Corte Constitucional italiana, por exemplo, com base no rigoroso princípio da legalidade em *matéria penal*, não aceita sentenças aditivas *in malam partem*. Por isso, tem se recusado a estender o programa normativo de leis penais, ainda que a pretexto de isonomia, em casos como os que envolviam a ampliação das hipóteses de interrupção da prescrição (Ordinanza 245/1999) e de confisco de bens (Ordinanza 88/2000). Ademais, atenta ao problema financeiro que a solução judicial pode ensejar, a doutrina italiana tem questionado a legitimidade de **decisões aditivas de prestação** que implicam aumento de gastos públicos sem a indicação das receitas suficientes para suportá-los (decisões *additive di spese*). Essa discussão tem por pano de fundo o art. 81, § 4º, da Constituição italiana, o qual exige – de forma até mais contundente que o art. 63 da CF/88 – que qualquer lei que importar em novos ou maiores gastos deve indicar os meios para lhes fazer frente. A melhor solução para o problema, contudo, tanto no Brasil quanto na Itália, parece estar no raciocínio exposto por ROBERTO ROMBOLI, para quem o art. 81, § 4º, da Constituição italiana não vincula diretamente os pronunciamentos judiciais, mas deve ser visto como princípio a ser considerado e valorado pela Corte no momento de julgar a legitimidade constitucional de uma lei.

No direito brasileiro, o estudo das sentenças aditivas andava atrasado, mas começou a avançar a partir da virada jurisprudencial acerca das possibilidades decisórias em mandados de injunção (MI 708/DF e do MI 712/PA).

▸ **Importante:**

Nesses precedentes, o STF adotou um tipo decisório que se aproxima das decisões aditivas. Após reconhecer que a mora legislativa acerca da regulamentação do direito de greve já ultrapassara todos os limites toleráveis, o STF **estendeu o programa normativo da Lei 7.783/89**, para garantir a servidores públicos civis o exercício do direito de greve, muito embora tanto a Constituição (art. 37, VII) quanto essa mesma lei (art. 16) contivessem preceitos que expressamente remetiam a matéria para legislação específica.

Todavia, são autênticos exemplos de **sentenças aditivas**, seja de garantia, seja de prestações, alguns outros precedentes nos quais o STF acabou por manipular e expandir o programa normativo inicialmente contemplado pelo ato normativo examinado:

A) **no controle concreto de constitucionalidade:**

A.1) nas hipóteses de leis que elevam vencimentos de servidores públicos da ativa, mas sem beneficiar os servidores inativos, a Corte identifica no **§ 8º**

do art. 40 da Constituição uma regra unívoca e vinculante que implica a extensão do aumento a aposentados e pensionistas (ver todos, cf. RE 173.682/SP e RE 145.005/DF);

A.2) no julgamento do RMS 22.307/DF, o STF considerou ser autoaplicável a disposição constante da redação original do **inciso X do artigo 37 da Constituição**, razão por que estendeu, a outros segmentos do serviço público, a revisão salarial concedida pelas Leis 8.622/93 e 8.627/93 somente a determinadas categorias funcionais;

A.3) no RE 580.963/PR (com repercussão geral), o Plenário do STF reconheceu a inconstitucionalidade por omissão parcial (*rectius*, relativa) do art. 34, parágrafo único, da Lei 10.741/2003, na parte em que tratou de *idosos*, mas excluíra, sem justificativa plausível, os *deficientes físicos* em idênticas circunstâncias. Logo, a partir dessa sentença aditiva, o valor do benefício assistencial concedido a qualquer membro da família (não importa se idoso ou deficiente físico) não pode ser computado, no cálculo da renda familiar *per capita*, para fins de obstar o recebimento de outro benefício similar;

A.4) no RE 778.889/PE (de repercussão geral), com fundamento na isonomia de situações e na mutação constitucional do inciso XVIII do art. 7º da Constituição, o Plenário do STF estabeleceu que os prazos da licença-adotante não podem ser inferiores aos prazos da licença-gestante. A Corte reputou que o art. 7º, XVIII, da Constituição (c/c art. 227, § 6º), "ao se valer da expressão 'licença-gestante', produziu, inadvertidamente, um comando cujo teor literal foi subinclusivo." Assim, a partir da interpretação sistemática, o constituinte teria assegurado uma "licença-maternidade" que se aplica "tanto em caso de mãe gestante, quanto em caso de mãe adotante", sem margem a quaisquer diferenciações entre "filhos biológicos e filhos adotivos, quaisquer que sejam as idades destes últimos." Daí, em típica sentença aditiva, a Corte declarou a inconstitucionalidade de normas específicas aplicáveis às servidoras públicas adotantes (art. 210 e §§ 1º e 2º da Lei 8.112/90), para lhes estender a disciplina mais favorável estabelecida em favor das servidoras gestantes;

A.5) no RE 646.721/RS (de repercussão geral), o Plenário do STF entendeu "inconstitucional a distinção de regimes sucessórios entre cônjuges e companheiros prevista no art. 1.790 do CC/2002". Dessarte, numa autêntica sentença aditiva, determinou a aplicação do regime do art. 1.829 do CC/2002 "tanto nas hipóteses de casamento quanto nas de união estável";

A.6) no MI 4.733/DF (j. em 13-6-2019), após reconhecer a mora do Congresso Nacional no cumprimento do mandado de incriminação previsto nos incisos XLI e XLII do art. 5º da Constituição, a fim de garantir proteção penal aos integrantes do grupo LGBT, o Plenário a Corte julgou procedente o pedido para "aplicar, com efeitos prospectivos, até que o Congresso Nacional venha a legislar a respeito, a Lei nº 7.716/89 a fim de estender a tipificação prevista para os crimes resultantes de discriminação ou preconceito de raça, cor, etnia, religião ou procedência nacional à discriminação por orientação sexual ou identidade de gênero".

B) no controle abstrato de constitucionalidade:

B.1) ao apreciar a ADI 2.652/DF, o STF corrigiu omissão inconstitucional relativa verificada no **parágrafo único do art. 14 do CPC/73**, com redação da Lei 10.358/2001. Referido preceito legal ressalvava da imposição de multa pela prática de ato atentatório ao exercício da jurisdição tão só os advogados que se sujeitassem "exclusivamente aos estatutos da OAB". Assim redigida, a regra continha inequívoca "vontade negativa" de excluir da ressalva os advogados e procuradores de entidades públicas, já que sujeitos ainda à disciplina estatutária dessas entidades. Contudo, por entender violado o princípio da isonomia, o STF julgou procedente o pedido para, sem reduzir o texto da disposição atacada, dar uma interpretação conforme a Constituição à expressão "ressalvados os advogados que se sujeitam exclusivamente aos estatutos da OAB", de modo a incluir na ressalva legal também os "advogados do Setor Privado e do Setor Público", independentemente de estes estarem sujeitos a outros regimes jurídicos;

B.2) na MC na ADC 12/DF, a Corte declarou constitucionais normas de resolução do CNJ, que proibiam **práticas nepotistas no Judiciário** e ainda deu uma suposta interpretação conforme à Constituição, "para incluir o termo 'chefia' nos incisos II, III, IV, V do artigo 2°" da Resolução nº 7/2005 do Conselho Nacional de Justiça. Ou seja, nesse precedente, o STF admitiu que acrescera ao ato impugnado uma expressão que não havia, mas que nele deveria constar. Porém, a Corte restringiu-se a declará-lo constitucional, de modo que o acréscimo normativo decorreu de uma pretensa "interpretação conforme à Constituição". Já no julgamento do mérito da mesma ADC 12/DF, a Corte optou por não mais "incluir" ao ato a expressão faltante, mas por "deduzir" que a função de chefia estava abrangida pelo substantivo "direção" contido na referida resolução;

B.3) na ADPF 132/RJ e na ADI 4.277/DF, o STF promoveu uma "interpretação conforme à Constituição" em face do art. 1.723 do Código Civil e determinou fosse dele excluído "qualquer significado que impeça o reconhecimento da união contínua, pública e duradoura entre pessoas do mesmo sexo como família". Nesses precedentes, portanto, a Corte proferiu típica sentença aditiva de garantia, pois estendeu, às **uniões entre pessoas de mesmo sexo**, a mesma regulamentação do instituto da união estável previsto no Código Civil apenas para as uniões entre "o homem e a mulher";

B.4) na ADI 4.424/DF, o STF decidiu dar "interpretação conforme" aos artigos 12, I, e 16, da **Lei Maria da Penha** (Lei 11.340/2006), para excluir a necessidade de representação da vítima como condição da ação penal por crime de lesão corporal praticado contra mulher no ambiente doméstico. Ou seja, numa decisão tipicamente aditiva, com fundamento na isonomia, na dignidade da pessoa humana e no dever estatal de proteção à mulher, a Corte manipulou o conteúdo normativo da Lei 11.340/2006, para invalidar regras que excluíam o caso do regime geral da ação penal pública incondicionada (art. 100, § 1º, do CP). Daí ter sido transformada em "incondicionada" a ação penal que a lei, expressamente, determinava ser "condicionada";

B.5) na ADI 5.617/DF (j. em 15-3-2018), após admitir a possibilidade jurídica de ação direta de inconstitucionalidade a redundar em "sentenças manipulativas de efeitos aditivos", o Plenário considerou inconstitucional regra legal que restringia a 15% dos recursos do Fundo Partidário o valor máximo destinado ao financiamento exclusivo de campanhas eleitorais de candidatas mulheres. Entendeu-se que, em virtude do princípio da igualdade, não poderia o partido político criar distinções na distribuição de recursos exclusivamente baseadas no gênero. Dessarte, a Corte deu "interpretação conforme" ao art. 9º da Lei 13.165/2015, para (a) equiparar o patamar legal mínimo de candidaturas femininas (ao menos 30%) ao mínimo de recursos do Fundo Partidário a lhes serem destinados, e (b) para "fixar que, havendo percentual mais elevado de candidaturas femininas, o mínimo de recursos globais do partido destinados a campanhas lhes seja alocado na mesma proporção". Ou seja, por meio de duvidosa aplicação da "interpretação conforme", a Corte estendeu o programa normativo original da legislação eleitoral e determinou que, ao menos, 30% do montante do fundo alocado a cada partido deverão ser gastos com candidaturas do sexo feminino;

B.6) na ADO 26/DF (j. em 13-6-2019), a par de reconhecer "o estado de mora inconstitucional do Congresso Nacional na implementação da prestação legislativa destinada a cumprir o mandado de incriminação a que se referem os incisos XLI e XLII do art. 5º da Constituição, para efeito de proteção penal aos integrantes do grupo LGBT", o Plenário do STF, num tipo inusitado do "interpretação conforme à Constituição", para "enquadrar a homofobia e a transfobia, qualquer que seja a forma de sua manifestação, nos diversos tipos penais definidos na Lei nº 7.716/89, até que sobrevenha legislação autônoma, editada pelo Congresso Nacional". Para o STF, "as condutas homofóbicas e transfóbicas, reais ou supostas, que envolvem aversão odiosa à orientação sexual ou à identidade de gênero de alguém, por traduzirem expressões de racismo, compreendido este em sua dimensão social, ajustam-se, por identidade de razão e mediante adequação típica, aos preceitos primários de incriminação definidos na Lei nº 7.716, de 08/01/1989, constituindo, também, na hipótese de homicídio doloso, circunstância que o qualifica, por configurar motivo torpe (Código Penal, art. 121, § 2º, I, 'in fine')." A rigor, portanto, a pretexto de fazer uma "interpretação conforme", o STF declarou a inconstitucionalidade da Lei 7.716/89, na parte em que ela não procedera à inclusão da homofobia e da transfobia entre os tipos penais de racismo. Logo, trata-se de autêntica sentença aditiva a acrescer novos tipos penais aos crimes previstos na Lei 7.716/89, ainda que provisoriamente (até que sobrevenha outra lei).

▸ **Atenção!**

Embora o STF tenha sustentado que "as práticas homotransfóbicas qualificam-se como espécies do gênero racismo, na dimensão de racismo social consagrada pelo Supremo Tribunal Federal no julgamento plenário do HC 82.424/RS (caso Ellwanger)", o julgamento da ADO 26/DF, a rigor, consagrou *novos tipos penais* que não eram reconhecidos na lei até então. Afinal, se a homofobia e a transfobia já pudessem ser enquadradas na "dimensão social" contida na tipificação legal dos crimes de racismo previstos na Lei 7.716/89, não haveria necessidade de o STF reconhecer que o Congresso Nacional se encontrava em mora legislativa quanto à proteção penal aos integrantes do grupo LGBT. Daí que, artifícios retóricos à parte, a decisão da ADO 26/DF consagra *evidente sentença aditiva de tipos penais*, numa clara violação ao princípio da legalidade penal estrita (art. 5º, XXXIX, da Constituição).

B.7) na ADO 30/DF (j. em. 21-8-2020), em que se discutia a inconstitucionalidade omissiva da Lei 8.989/95, na parte em que discriminava deficientes auditivos quanto à isenção de IPI a "pessoas portadoras de deficiência física, visual, mental severa ou profunda, ou autistas" na aquisição de veículos automotores assegurada, o STF determinou a extensão da regra isentiva ao grupo discriminado. Conforme dispositivo da decisão, o Plenário da Corte "julgou procedente o pedido formulado na ação, de modo que se declare a inconstitucionalidade por omissão da Lei nº 8.989, de 24 de fevereiro de 1995, determinando-se a aplicação de seu art. 1º, inciso IV, com a redação dada pela Lei nº 10.690/03, às pessoas com deficiência auditiva, enquanto perdurar a omissão legislativa." (Sobre o equívoco da utilização da ADO para corrigir omissões inconstitucionais do tipo relativa, v. item 4.1.5, letra "C", do Capítulo I e item 3.2 do Capítulo VI.)

Logo se vê, embora cada vez mais frequentes as sentenças aditivas do STF, a Corte tem indevidamente utilizado a técnica da "interpretação conforme" para proferi-las. Contudo, tal qual notara o próprio STF no julgamento da ADI 3.510/DF, não se pode usar a "interpretação conforme" para se obter uma "sentença de caráter aditivo", especialmente quando a norma impugnada não padece de "polissemia ou de plurissignificatividade". A despeito dessa advertência, porém, Ministros do próprio STF admitem que a ideia do legislador negativo "a toda hora vem sendo rompida pela Corte por interpretação conforme que confere decisão aditiva" (v. intervenção do Min. GILMAR MENDES na Rcl 4.335/AC). (Sobre o assunto, ver item 13.4 do Capítulo VII da Parte I e item 4.2.5).

Outro grave problema: ao contrário do que ensinam a jurisprudência da Corte Constitucional italiana e a doutrina especializada, o STF não tem sequer evitado que sentenças aditivas surtam efeitos retroativos *in malam partem*, nem mesmo em matéria penal. Nessa linha, até por aplicação analógica da garantia do inciso XL do art. 5º da CF, o STF deveria ter modulado, v.g., os efeitos temporais da mencionada decisão da ADI 4.424/DF, pois ela agravou a situação penal dos acusados de crime de lesão corporal praticado contra mulher no ambiente doméstico.

> **Atenção!**
>
> No julgamento de casos concretos relacionados ao efeito aditivo decorrente da ADI 4.424/DF, o STF não tem atentado para a necessidade de modulação, tampouco para a possibilidade de as instâncias inferiores modularem, elas próprias, os efeitos da declaração de inconstitucionalidade (ver item 6.1.1 do Capítulo III). Equivocadamente, por exemplo, na Rcl 14.620/MS e na Rcl 14.132/SP, decisões monocráticas deram aplicação retroativa à decisão da ADI 4.424/DF, para cassar anteriores sentenças extintivas de processos penais.

Entre os poucos autores nacionais a estudar o assunto com profundidade, GABRIEL ACCIOLY GONÇALVES (2016, p. 312) fornece outro exemplo: o julgamento da ADI 3.096/DF, em que a Corte, sob "denominação exótica à operação realizada" (foi equivocadamente utilizada a técnica da *interpretação conforme*), acabou por agravar a disciplina penal dos crimes previstos no Estatuto do Idoso (Lei 10.741/2003), em típica sentença aditiva com efeitos *in malam partem*.

Já mais recentemente, porém, na mencionada ADO 26/DF, o Plenário do STF resolver modular a extensão dos tipos penais da Lei 7.716/89 as condutas homofóbicas e transfóbicas. Daí ter atribuído ao precedente apenas efeitos *ex nunc*, a partir da data de conclusão do julgamento. (Ver, em especial, o item 4.3.3.)

4.3.1.2. Decisões "aditivas" de princípio

Técnica de decisão pela qual a declaração de inconstitucionalidade não vem automaticamente articulada com a extensão do conteúdo do ato inconstitucional, mas com a simples **indicação de princípios que deverão ser posteriormente considerados** na superação da disciplina deficitária.

Outra espécie do gênero das decisões manipulativas, nas sentenças aditivas de princípio, o tribunal se depara com problema algo diverso daquele enfrentado mediante sentenças aditivas de garantia e/ou de prestação. Enquanto nestas se identifica uma regra "unívoca" e imediatamente vinculante para solucionar o problema, nas aditivas de princípio, o tribunal não consegue identificar, no bloco de constitucionalidade, qual seria a "única" solução para corrigir a imperfeição do ato inconstitucional. Daí, como são identificadas **múltiplas e possíveis formas *teoricamente capazes* de reparar a deficiência normativa**, o tribunal reafirma que a solução *erga omnes* a respeito caberá aos órgãos responsáveis pela produção normativa, mas já menciona os *princípios constitucionais* que deverão ser por eles considerados na resolução do problema.

Tais decisões são consideradas aditivas, porque, embora mantenham nos órgãos considerados fontes de direito a competência para solucionar o problema de forma ampla e geral, **autorizam os juízes, nos casos concretos**, a **concretizar *intra partes*** os princípios identificados pelo tribunal e a aplicar as regras daí concretizadas no âmbito das relações concretas que examinam.

Na jurisprudência do STF, em matéria de controle abstrato de constitucionalidade, inexistem casos de autênticas decisões aditivas de princípio, pois a Corte nunca deixou que os juízes ordinários concretizassem, sequer *intra partes*, os princípios a serem utilizados na produção normativa genérica e abstratamente. Nada obstante, a Corte já reconheceu a possibilidade jurídica da formulação, em ação direta de inconstitucionalidade, de pedido de sentença aditiva de princípio (v. ADI 4.650/DF).

No controle concreto, porém, ao julgar o MI 283/DF, o Plenário do STF autorizou que juízes federais disciplinassem, caso a caso, a compensação pecuniária prevista no § 3º do art. 8º do ADCT, se o Congresso Nacional não regulamentasse tal dispositivo no prazo fixado pela mesma decisão.

▸ Como o STF enfrentou o tema:

Na ADI 4.650/DF, ao examinar a possibilidade jurídica de pedido para que o STF instasse o Congresso Nacional a editar legislação com certos limites às doações eleitorais, sob pena de atribuir-se ao TSE "a competência para regular provisoriamente a questão", a Corte entendeu que o pleito não revelava "qualquer impossibilidade que nos autorize a, de plano, reconhecer sua inviabilidade, máxime porque o Requerente simplesmente postula que a Corte profira uma 'sentença aditiva de princípio' ou 'sentença-delegação', técnica de decisão comumente empregada em Cortes Constitucionais algures, notadamente a italiana, de ordem a instar o legislador a disciplinar a matéria, bem assim a delinear, concomitantemente, diretrizes que devem ser por ele observadas quando da elaboração da norma, exsurgindo como método decisório necessário em casos em que o debate é travado nos limites do direito posto e do direito a ser criado."

DECISÕES ADITIVAS		
Decisões aditivas de garantia	**Decisões aditivas de prestação**	**Decisões aditivas de princípio**
aquelas cujo efeito aditivo surge em garantia de direitos fundamentais que não envolvam prestações de natureza econômica ou social.	aquelas cujo efeito aditivo implica extensão de prestações de natureza econômica ou conectadas a serviços públicos.	aquelas cuja declaração de inconstitucionalidade não vem automaticamente articulada com a extensão do conteúdo do ato inconstitucional, mas com a simples indicação de princípios que deverão ser posteriormente considerados na superação da disciplina deficitária.

4.3.2. Decisões manipulativas "substitutivas"

Técnica decisória mediante a qual a declaração de inconstitucionalidade parcial vem articulada com a substituição do segmento inconstitucional do preceito pelo conteúdo normativo exigido pela constituição. O ato é declarado inconstitucional por conter determinado significado em vez daquele constitucionalmente obrigatório, o que implica alteração ou emenda da disciplina jurídica anterior. Na fórmula destacada pelo direito italiano, o preceito é inconstitucional "na parte em que prevê *aquilo*, no lugar de prever *aqueloutro*".

As sentenças manipulativas substitutivas possuem dois componentes. Pelo **componente ablatório/demolitório** (*pars destruens*), o ato é considerado inconstitucional em razão daquilo que dispõe; e pelo **componente reconstrutivo/integrativo** (*pars construens*), o segmento normativo invalidado é substituído como efeito da indicação do segmento necessário para compatibilizar o restante do preceito à constituição e evitar o vazio aberto em virtude do efeito ablatório (invalidatório).

Serve de exemplo o primeiro precedente italiano. Na Sentença n. 15/1969, a Corte Constitucional declarou a inconstitucionalidade de disposição do Código Penal, na parte em que sujeitava a iniciativa da ação penal por delito de vilipêndio à Corte Constitucional à autorização do Ministro da Justiça, no lugar de ("anziché") atribuir tal poder à própria Corte vilipendiada. Assim, o julgamento acabou por introduzir essa atribuição no rol das competências administrativas da Corte, a despeito da lei em outro sentido.

Inadvertidamente ou não, também o STF já proferiu decisões manipulativas do mesmo tipo, inclusive no controle abstrato de constitucionalidade. Basta notar as ações diretas de inconstitucionalidade movidas contra várias constituições estaduais que fixavam em 5/7 o número de indicações das Assembleias Legislativas para os sete cargos de conselheiro dos tribunais de contas, limitando a 2/7 o número de indicações por parte dos Governadores de Estado (por todos, v. MC na ADI 419/DF e ADI 1.068/ES). Nesses precedentes, o STF considerou inconstitucional a indicação das Assembleias Legislativas em número superior a 4/7 dos cargos e, então, atribuiu aos Governadores de Estado a prerrogativa de indicar pessoas para as demais três vagas (3/7), o que significou a substituição do titular do direito de indicar **um** dos nomes, a despeito da norma original em contrário. (Ver Súmula 653 do STF.)

Outro caso de sentença manipulativa substitutiva, com suprimento de lacuna legislativa por decisão judicial, parece ser a ADI 1.949/RS. Nesse precedente, o Pleno do STF declarou inconstitucional lei estadual, na parte em que condicionava à aprovação legislativa a destituição de dirigentes de agência reguladora estadual no curso dos respectivos mandatos. Porém, como a lei impugnada não previa qualquer outro procedimento ou garantia contra a exoneração imotivada desses dirigentes, a Corte optou por preencher o vácuo normativo daí decorrente, enquanto não sobreviesse lei própria. Assim, a disciplina estadual, tida por inconstitucional, foi substituída por determinadas hipóteses específicas de perda de mandato, em analogia à legislação federal.

4.3.3. Decisões manipulativas e "legislação positiva"

O grande obstáculo levantado contra a legitimidade das decisões manipulativas radica no dogma segundo o qual o Judiciário não pode atuar como "**legislador positivo**". De fato, quando emite decisões desse tipo, o tribunal "manipula" o conteúdo do preceito impugnado, ampliando as respectivas hipóteses de aplicação. Em vez de modular os efeitos temporais da decisão ou de meramente reduzir o conteúdo de sentido do ato questionado, o órgão julgador acaba por estender ou por substituir parte do programa normativo, mesmo que contra a "vontade negativa" nele originalmente manifestada.

Por isso, no Brasil, a pretexto de evitar uma atividade de "legislação positiva", a jurisprudência tradicional do STF nega possibilidade jurídica às sentenças manipulativas, sobretudo àquelas *aditivas de prestação*, especialmente em casos a envolver servidores públicos. Basta notar o enunciado da Súmula Vinculante 37, antiga Súmula 339/STF ("Não cabe ao Poder Judiciário, que não tem função legislativa, aumentar vencimentos de servidores públicos, sob fundamento da isonomia") e o da Súmula Vinculante 4 ("Salvo os casos previstos na Constituição Federal, o salário mínimo não pode ser usado como indexador de base de cálculo de vantagem de servidor público ou de empregado, nem ser substituído por decisão judicial").

Contudo, o raciocínio adotado pela Corte Constitucional italiana para legitimar as sentenças manipulativas é convincente: a manipulação do preceito só é juridicamente possível caso a solução adotada seja "**logicamente necessária**" ou esteja "**implícita no contexto normativo**". É dizer, o **efeito aditivo** e o **efeito substitutivo** pressupõem a identificação de uma regra "unívoca e constitucionalmente vinculatória", que deva ser utilizada para estender ou substituir o programa normativo do preceito impugnado. Na celebrizada expressão de CRISAFULLI, a Corte age "a rime obbligate", ou seja, não "cria" algo de novo, senão apenas resolve a questão conforme a única solução constitucionalmente admissível para preservar o segmento constitucional do preceito impugnado. No caso da mencionada sentença da Corte Constitucional acerca do CPP italiano (item 4.3.1.1), por exemplo, só havia duas opções possíveis: ou se confirmava a proibição legislativa ou se permitia a presença do defensor no interrogatório do acusado. Daí que, considerada inconstitucional a norma proibitiva, sobrou uma "única" solução constitucionalmente possível: a garantia do direito do defensor de assistir ao interrogatório.

Assim, quando **a própria constituição prevê regras imediatamente vinculantes** e que possam ser utilizadas tanto para preservar o preceito examinado quanto corrigir-lhe o conteúdo normativo deficiente, fica descaracterizada uma atuação do juiz como "legislador positivo". **Não há desrespeito ao princípio da separação dos Poderes**, pois o que se verifica é a simples utilização de uma regra constitucional, preexistente e exigível, para sanar a deficiência do ato inconstitucional. E como tal regra constitucional dispõe de eficácia plena, não poderia mesmo o órgão judicial recusar-se a utilizá-la, seja por meio de sentenças aditivas, seja mediante as substitutivas.

> ▸ **Importante:**
>
> O próprio STF, em cumprimento a regras constitucionais de aplicação lógica e imediatamente vinculante, já se viu, em inúmeros casos, na contingência de romper com sua jurisprudência tradicional, para conceder sentenças aditivas que garantiram aumento remuneratório a servidores públicos (ativos e inativos). Tal como mencionados no item 4.3.1.1, v. RE 173.682/SP e RE 145.005/DF, em que a Corte identificou no **§ 8º do art. 40 da Constituição** uma regra unívoca e vinculante que implicava a extensão do aumento a aposentados e pensionistas; bem como o RMS 22.307/DF, no qual o STF considerou ser autoaplicável a disposição constante da redação original do **inciso X do artigo 37 da Constituição**, razão por que estendeu, a outros segmentos do serviço público, a revisão salarial concedida pelas Leis 8.622/93 e 8.627/93 somente a determinadas categorias funcionais.

Já no caso das **aditivas de princípio**, como se viu, a preocupação do órgão judicial é exatamente preservar a margem de liberdade de conformação legislativa. Como são identificadas múltiplas soluções para remediar a deficiência constatada no programa normativo do ato inconstitucional, a atuação da Corte limita-se a indicar os princípios a serem considerados na formulação futura da disciplina que deverá corrigir o problema de maneira geral (*erga omnes*). E mesmo com relação à possibilidade que abrem aos juízes para eliminar o déficit normativo nos casos concretos, trata-se de solução que nem por isso interdita a competência de conformação normativa geral.

4.4. Novíssima tendência: incorporação de decisões "dialógicas"

Atenta às polêmicas questões a envolver o **ativismo judicial** no controle de constitucionalidade, sobretudo a fiscalização das omissões inconstitucionais, a doutrina nacional já começa a refletir sobre técnicas decisórias menos invasivas à competência institucional dos Poderes Executivo e Legislativo.

Por isso, ao lado das conhecidas ***decisões apelativas*** provenientes do direito alemão ("apelo ao legislador") – ver item 5.1.3.1 do Capítulo I e item 4.2.6 deste Capítulo – e das ***decisões aditivas de princípio*** concebidas pelo direito italiano (item 4.3.1.2), estudiosos dedicam-se a outras técnicas utilizadas em cortes constitucionais de países não europeus.

Nessa linha, destacam-se as chamadas **decisões ou soluções "dialógicas"**, pelas quais, sobretudo na Colômbia e na África do Sul, as cortes constitucionais tentam resolver graves problemas constitucionais.

Como se viu no item 4.1.12 do Capítulo I, para solucionar o chamado ***estado de coisas inconstitucionais***, a Corte Constitucional colombiana profere "sentenças estruturais", que não deixam de ser invasivas da competência dos demais Poderes, incluindo intromissões na formulação e implementação de políticas públicas, a realocação de recursos orçamentários e a coordenação de medidas concretas necessárias a solucionar o problema. Ainda assim, há a preocupação da Corte colombiana em mantê-las no âmbito do intitulado **ativismo judicial "dialógico"**. De modo que os "remédios ou sentenças estruturais", embora dirigidos a múltiplos órgãos públicos, não chegam a excluir os espaços próprios de deliberação política e técnica dos outros Poderes (v. CAMPOS, 2015a). Cuida-se, pois, de "ordens flexíveis e sob monitoramento", por meio das quais se conservam "a participação e as margens decisórias dos diferentes atores políticos e sociais sobre como superar os problemas estruturais" (CAMPOS, 2015b). No mesmo sentido, como expuseram VIEIRA e BEZERRA (2015), as novas técnicas decisórias colombianas envolvem **diálogos diretos e constantes** entre os órgãos institucionais e sociais envolvidos, incluindo a participação ativa do Poder Público, de setores acadêmicos, de organizações ligadas aos direitos humanos e dos próprios beneficiários das medidas judiciais estruturais.

Também o STF, ao incorporar o instituto do *estado de coisas inconstitucional* ao repertório de vícios constitucionais passíveis de controle constitucionalidade no direito brasileiro (v. MC na ADPF 347/DF, j. em 9-9-2015), preocupou-se em que as "providências estruturais" determinadas liminarmente não impedissem o "diálogo com os outros poderes e com a sociedade". Conforme decidiu o STF, as medidas judiciais deferidas não deveriam substituir a atuação do Legislativo e do Executivo, mas apenas superar bloqueios políticos e institucionais verificados, sem afastar esses poderes dos processos de formulação e implementação das soluções necessárias.

Na mesma linha dialógica, na ADPF 165/DF, o Plenário da Corte admitiu até a possibilidade de **acordos intersubjetivos** no âmbito do processo objetivo. Algo realmente inusitado em matéria de controle abstrato de normas.

▸ **Atenção:**

Na ADPF 165/DF (j. em 1º-3-2018), o Pleno do STF homologou acordo firmado entre poupadores e instituições financeiras a respeito das repercussões patrimoniais concretas decorrentes de planos econômicos (Planos Bresser, Verão e Collor II). Porém, segundo esclarecimentos da Corte, tal homologação "não chancela nenhuma interpretação peculiar dada à lei. Pelo contrário, não obstante o ajuste veicule diversas teses jurídicas, a homologação não as alcança, nem as legitima, e abrange apenas as disposições patrimoniais firmadas no âmbito de disponibilidade das partes. Portanto, a homologação apenas soluciona um incidente processual, para dar maior efetividade à prestação jurisdicional. O Tribunal assinalou, ainda, que a ausência de disposição normativa expressa no que concerne a associações privadas não afasta a viabilidade do acordo. Isso porque a existência de previsão explícita unicamente quanto aos entes públicos diz respeito ao fato de que somente podem fazer o que a lei determina, ao passo que aos entes privados é dado fazer tudo que a lei não proíbe. Estabeleceu haver cinco pontos passíveis de exame pelo julgador quanto à viabilidade do acordo: a) se realmente houve declaração de vontade de reconhecer o pedido, de renunciar ao direito ou de ajustar mútuas concessões entre as partes; b) se a matéria comporta ato de disposição; c) se os contratantes são titulares do direito do qual dispõem total ou parcialmente; d) se são capazes de transigir; e e) se estão adequadamente representados" (*Informativo STF* n. 892/2018).

Posteriormente, em 29-5-2020, o Min. RICARDO LEWANDOWSKI ainda homologou um aditivo ao acordo dos planos econômicos, por decisão que, entre outros comandos, determinou a "prestação de contas" nos autos, "no tocante à adesão dos poupadores ao acordo, com indicação do número do processo e o valor pago a cada um dos aderentes, ao final do prazo de 30 meses, para eventual prorrogação por mais 30 meses."

Mesma linha decisória foi adotada na resolução de QO na ADO 25/DF (j. em 20-5-2020), precedente no qual o Plenário da Corte **homologou acordo entre a União e os Estados-membros** sobre imbróglio financeiro decorrente da mora na edição da lei complementar prevista no art. 91 do ADCT, incluído pela EC 42/2003.

▸ Atenção:

Referido art. 91 previa a edição de LC para disciplinar a entrega a Estados e ao Distrito Federal, por parte da União, de montante financeiro anual, "de acordo com critérios, prazos e condições nela determinados". O STF já julgara procedente o pedido da ADO 25/DF, com fixação do prazo de 12 meses para que o Congresso Nacional sanasse a omissão legislativa, sob "pena" da transferência, ao Tribunal de Contas da União (TCU), da competência para fixar o valor do montante total a ser transferido anualmente aos Estados-membros e ao Distrito Federal.

Reparar que, antes da homologação do acordo, alguns Estados-membros haviam manifestado interesse numa composição amigável com a União, o que levou o Ministro relator a designar até uma excepcional "audiência de tentativa de conciliação" no âmbito da ADO. Então, após várias reuniões da comissão formada para solucionar o impasse, um acordo entre as "partes" foi finalmente apresentado e homologado pelo STF, muito embora se tratasse de ação a envolver um processo objetivo de controle da constitucionalidade abstrata.

Por outro lado, até em reação à decisão do STF na MC na ADPF 347/DF, tramitava no Congresso Nacional projeto de lei que, a par de regulamentar o *estado de coisas inconstitucional*, acaba por limitar as técnicas que a Corte poderia usar a respeito, reduzindo-as ao chamado "**compromisso significativo**" (*"meaningful engagement"*) proveniente do direito sul-africano.

▸ Atenção!

Tratava-se do PLS 736/2015 – já arquivado em razão do transcurso da legislatura finalizada em 2018 –, pelo qual se pretendia alterar a Lei 9.882/99 e o CPC/2015, "para estabelecer termos e limites ao exercício do controle concentrado e difuso de constitucionalidade pelo Supremo Tribunal Federal, dispor sobre o estado de coisas inconstitucional e o compromisso significativo." Pela proposta, uma vez reconhecido o estado de coisas inconstitucional, caberia ao STF determinar "a celebração de compromisso significativo entre o Poder Público e os segmentos populacionais afetados pela ação ou omissão, com o intuito de tornar efetivo o preceito fundamental, ponderados os princípios e normas constitucionais envolvidos."

Cuida-se de outra técnica decisória da linha **dialógica**, a exemplo das soluções empregadas pela Corte Constitucional colombiana para remediar o problema do *estado de coisas inconstitucional*. Contudo, o **compromisso significativo** importa em menos ativismo judicial.

Diferentemente da técnica de matriz colombiana, pelo **compromisso significativo**, o tribunal não aplica medidas invasivas, nem interfere nas políticas públicas, tampouco na alocação de recursos orçamentários. Ele apenas estabelece um tipo de procedimento a exigir o "constante intercâmbio entre cidadãos e comunidades, de um lado, e o Estado, de outro, em que as partes tentam, a partir da compreensão das perspectivas do outro, um acordo na formulação e implementação de programas socioeconômicos que afetam comunidades ou grupos de pessoas" (VIEIRA JUNIOR, 2015, p. 35). Assim, como explica DAVID PARDO (*apud* VIEIRA JUNIOR, 2015, p. 30), o "método do compromisso significativo apresenta a vantagem de ser modelo de revisão judicial compatível com a democracia. Propicia que os indivíduos e comunidades sejam posicionados como parceiros no processo de tomada de decisões, que a decisão final seja construída em conjunto". Por isso, constitui postura judicial respeitosa com os representantes eleitos pelo público e fomenta a participação e a política democrática." "O controle imediato do orçamento permanece com a administração pública, ainda que sob a ordem judicial de atendimento aos direitos. A ideia é que o Estado deve se comprometer significativamente com a situação em que há violação dos direitos, por meio de iniciativas e políticas para uma solução razoável e tempestiva, antes de receber veredito judicial substantivo."

> ▸ **Atenção!**
>
> Conforme proposto pelo PLS 736/2015, o **compromisso significativo** consistiria "em constante intercâmbio entre os segmentos populacionais afetados e o Estado, em que as partes tentam celebrar acordo para a formulação e implementação de programas socioeconômicos que visem a afastar a violação ao preceito fundamental detectada." Nessa linha, o compromisso significativo deveria observar determinadas diretrizes, incluindo a observância "ao princípio da independência e harmonia dos Poderes, mediante a preservação de suas competências e prerrogativas constitucional e legalmente fixadas"; "às vinculações orçamentárias constitucionalmente fixadas"; "à disponibilidade financeira dos entes federados interessados", além do "respeito à legitimidade dos Chefes do Poder Executivo na definição de prioridades da ação governamental e à sua competência precípua de elaborar e implementar políticas públicas com vistas à concretização dos direitos fundamentais com assento constitucional."

Com base em doutrina estrangeira, autores como VIRGÍLIO AFONSO DA SILVA e MARCELO CONTINENTINO também apontam como caso de solução dialógica o da chamada *cláusula não obstante* ("notwithstanding clause") do direito canadense. Previsto na Seção 33 da Carta de Direitos e Liberdades do Canadá, referido instituto autoriza o legislador a reeditar uma lei, superando temporariamente a respectiva declaração de inconstitucionalidade proferida pela Suprema Corte (v. item 8.1.5 do Capítulo I). Nesse sentido, conforme CONTINENTINO (2011), é possível estabelecer diálogos institucionais entre Judiciário e Legislativo sob quatro perspectivas: (a) o legislador não apresenta qualquer reação contra a decisão judicial e esta passa a valer normalmente; (b) o legislador edita nova lei, em conformidade com o parâmetro fixado pela Corte; (c) o legislador refaz o diploma legal com leves alterações, mas sem alterar as disposições mais questionadas pela corte; ou (d) o legislador procede à superação da declaração de inconstitucionalidade, editando ato idêntico ao declarado inconstitucional, *não obstante* a decisão judicial.

▸ **Como o STF enfrentou o tema:**

Na MC na ADPF 347/DF, após reconhecer a presença de um *estado de coisas inconstitucional* relativamente ao sistema penitenciário brasileiro, o STF determinou a adoção de "**providências estruturais**", com objetivo de sanar lesões a preceitos fundamentais sofridas pelos presos em decorrência de ações e omissões dos Poderes da União, dos Estados-membros e do Distrito Federal. Contudo, "não se autorizaria o STF a substituir-se ao Legislativo e ao Executivo na consecução de tarefas próprias. O Tribunal deveria superar bloqueios políticos e institucionais sem afastar esses poderes dos processos de formulação e implementação das soluções necessárias. Deveria agir em diálogo com os outros poderes e com a sociedade. Não lhe incumbiria, no entanto, definir o conteúdo próprio dessas políticas, os detalhes dos meios a serem empregados. Em vez de desprezar as capacidades institucionais dos outros poderes, deveria coordená-las, a fim de afastar o estado de inércia e deficiência estatal permanente. Não se trataria de substituição aos demais poderes, e sim de oferecimento de incentivos, parâmetros e objetivos indispensáveis à atuação de cada qual, deixando-lhes o estabelecimento das minúcias para se alcançar o equilíbrio entre respostas efetivas às violações de direitos e as limitações institucionais reveladas" (*Inf.* 798/2015).

No âmbito do controle conflito federativo em concreto – e não propriamente no controle abstrato de constitucionalidade –, o Plenário do STF, no julgamento do MS 34.023/DF, do MS 34.110/DF e do MS 34.122/DF, acolheu proposta de solução dialógica apresentada pelo Ministro ROBERTO BARROSO e decidiu sobrestar o processo, por 60 dias, a fim de que Estados e União se compusessem acerca do cálculo dos juros devidos por aqueles ao erário federal.

5. AÇÕES DIRETAS EM ESPÉCIE

5.1. Ação direta de inconstitucionalidade (ADI)

Trata-se da ação direta cujo objetivo é a emissão de **juízo negativo quanto à constitucionalidade** de atos normativos federais e estaduais em face da Constituição Federal (art. 102, I, "a"). Além dos traços genéricos abordados nos itens anteriores, cabe realçar as seguintes peculiaridades da ADI.

A) **Histórico:** A atual ADI é a nova denominação dada à antiga "representação de inconstitucionalidade de lei ou ato de natureza normativa, federal ou estadual", tal como instituída por emenda à **Constituição de 1946** (**EC 16/65**). Já na Constituição passada, a EC 7/77 ratificou jurisprudência do STF quanto à admissibilidade de medida cautelar nas representações de inconstitucionalidade. Então, a partir de 1977, o STF passou a entender que as decisões pela procedência das representações de inconstitucionalidade contavam, automaticamente, com efeitos *erga omnes*.

No texto da **Constituição de 1988**, que lhe deu a atual denominação, a ADI passou pelas seguintes transformações: (a) ampliação da legitimidade ativa para a propositura da representação por inconstitucionalidade, abolindo-se a exclusividade até então consagrada em favor do Procurador-Geral da República; (b) restabelecimento da representação de inconstitucionalidade da competência dos Tribunais de Justiça (ADI estadual); (c) criação da congênere ação direta de inconstitucionalidade por omissão (ADO); e (d) exigência de que o Advogado-Geral da União defenda atos normativos cuja inconstitucionalidade esteja em discussão em tese no STF.

Posteriormente à promulgação da atual Constituição, registraram-se ainda as seguintes inovações: (a) a **Lei 9.868/99** regulou o processo de julgamento das ações diretas (ADI e ADC); (b) a chamada "Reforma do Judiciário", promovida pela **EC 45/2004**, dispôs sobre a eficácia vinculante da decisão final das decisões proferidas em ADI.

B) **Prazo extintivo:** A propositura da ADI **não está sujeita a qualquer prazo extintivo**, seja prescricional, seja decadencial (Súmula 360 do STF). Afinal, os atos inconstitucionais jamais se convalidam pelo mero decurso do tempo.

C) **Procedimento:** Regulado pela Lei 9.868/99 e pelo RISTF.

Tem início por petição que deve atender aos requisitos do art. 3º da Lei 9.868/99. Assim, não obstante o princípio da causa de pedir aberta, a inicial tem de indicar: **(a)** o *dispositivo da lei ou do ato normativo impugnado* e os *fundamentos jurídicos do pedido* em relação a cada uma das impugnações; e **(b)** o *pedido*, com suas especificações.

> ▸ **Atenção!**
> Na ADI 1.856/RJ, o STF convalidou irregularidade de petição inicial que deixara de individualizar os dispositivos impugnados constantes de lei que permitia "rinhas de galo" no Estado do Rio de Janeiro. Entendeu a Corte que a impugnação se dirigia a todo o "complexo normativo" que regulava as rinhas de galo naquela unidade federativa, o que tornava desnecessária a indicação, um a um, dos preceitos atacados.

A legislação permite ao relator indeferir liminarmente a inicial nos casos de inépcia, de falta de fundamentação ou de manifesta improcedência. Hipóteses em que será cabível a interposição de agravo regimental (art. 4º).

Com base nos princípios processuais da *instrução* e do *controle material* (ver Capítulo IV, itens 4.1.8 e 4.1.9), a lei passou a permitir ao tribunal, em caso de necessidade de esclarecimento de matéria ou circunstância de fato ou de notória insuficiência das informações existentes nos autos, a requisição de informações adicionais, a designação de perito ou comissão de peritos para que emita parecer sobre a questão ou a fixação de data para, em audiência pública, oitiva de depoimentos de pessoas com experiência e autoridade na matéria sob julgamento (art. 9º, § 1º, da Lei 9.868/99). Na mesma linha, a legislação permite ao relator do processo solicitar informações aos tribunais superiores, aos tribunais federais e aos tribunais estaduais acerca da aplicação da norma questionada no âmbito das respectivas jurisdições (§ 2º do art. 9º).

O art. 12 da Lei 9.868/99 também admite o julgamento antecipado do mérito da ação, a critério do relator, em face da relevância da matéria e de seu especial significado para a ordem social e a segurança jurídica. Nesse caso, poderá o relator submeter o processo diretamente para julgamento final, desde que após a prestação das informações (no prazo de dez dias) e a manifestação do Advogado-Geral da União e do Procurador-Geral da República (sucessivamente, no prazo de cinco dias).

Procedimento da ADI (sem pedido de liminar):

Petição inicial
↓
Pedido de informações
↓
Manifestação do AGU
↓
Manifestação do PGR
↓
Esclarecimentos adicionais
↓
Julgamento

5.1.1. Medida cautelar em ADI

Presentes os pressupostos materiais e formais analisados no item 2.8, a concessão da medida cautelar em ADI surte os seguintes efeitos ordinários:

A) ***erga omnes*****:** mesmo que deferida liminarmente, a declaração de inconstitucionalidade gera efeitos contra todos, pois a eficácia do ato normativo inconstitucional fica suspensa, ainda que provisoriamente;

B) ***ex nunc*****:** a suspensão da eficácia do ato inconstitucional não retroage por força da concessão de medida cautelar, *salvo se o STF assim o decidir de maneira expressa* (art. 11, § 1º, da Lei 9.868/99);

▸ **Importante!**

A) **Medida cautelar com efeitos *ex tunc*:** *Excepcionalmente*, o STF tem concedido efeitos retroativos a medidas cautelares deferidas em ADI. Em geral, isso ocorre "quando a norma impugnada tem os seus efeitos exauridos logo após sua entrada em vigor, mas com repercussão indireta no futuro pela desconstituição de atos pretéritos, repercussão essa a justificar a concessão da liminar", até porque "não se pode suspender para o futuro o que já se exauriu no passado" (MC na ADI 596/RJ).

Porém, para "que se outorgue eficácia *ex tunc* ao provimento cautelar, em sede de ação direta de inconstitucionalidade, impõe-se que o Supremo Tribunal Federal assim o determine, expressamente, na decisão que conceder essa medida extraordinária" (MC na ADI 2.195/MT). Logo, essa "ausência de determinação expressa importa em outorga de eficácia 'ex nunc' à suspensão cautelar de aplicabilidade da norma estatal impugnada em ação direta" (QO na ADI 711/AM).

B) **Medida cautelar *ex nunc* e efeitos futuros de atos embasados na norma impugnada**: Já decidiu o STF, a "concessão da cautelar alcança os efeitos supervenientes do ato administrativo, proferido com base na lei atacada" (QO na ADI 711/AM). Ademais, em *obiter dictum* na MC na ADI 1.938/DF, por exemplo, os Ministros GILMAR MENDES e CEZAR PELUSO entenderam que a suspensão *ex nunc* da norma que embasara determinados tipos de contratos redundaria na própria ineficácia destes. Mas os Ministros JOAQUIM BARBOSA, MARCO AURÉLIO e RICARDO LEWANDWSKI adotaram posição contrária, segundo a qual a eficácia *ex nunc* só atingiria o surgimento de novos contratos, preservadas as situações jurídicas anteriores. Parece mais correto o raciocínio destes últimos, até porque a jurisprudência do STF considera retroativa a lei que atinge efeitos futuros de atos passados (retroatividade mínima). Assim, a natureza *ex nunc* da decisão cautelar deveria preservar os efeitos futuros dos atos passados, pois, do contrário, será parcialmente *ex tunc*. Nesse sentido, ao deferir a medida cautelar na MC na ADI 2.135/DF, o STF, expressamente, ressalvou que, "em decorrência dos efeitos *ex nunc* da decisão", subsistiria, "até o julgamento definitivo da ação", "a validade dos atos anteriormente praticados com base em legislações eventualmente editadas durante a vigência do dispositivo ora suspenso."

C) **Repercussão dos efeitos *ex nunc* em face de processos judiciais**: A 1ª Seção do STJ segue seguinte diretriz a respeito: é aplicável a norma cuja eficácia tenha sido suspensa *ex nunc*, até a data de publicação da decisão do STF que lhe suspenda a eficácia (v. REsp 437.577/SP).

▸ **Como esse assunto foi cobrado em concurso?**

Em 2011, o concurso para Advogado da ECT considerou **correta** a seguinte assertiva: "Em regra, decisão proferida pelo Supremo Tribunal Federal (STF) que defere a medida cautelar em ação direta de inconstitucionalidade tem efeitos *ex nunc*."

O concurso para Juiz do TRF/4ª Região (2001) considerou **erradas** as seguintes assertivas: "A medida cautelar, em ação direta de inconstitucionalidade, reveste-se, ordinariamente, de eficácia *ex tunc*, produzindo efeitos a partir do momento em que o Supremo Tribunal Federal a defere";

"Excepcionalmente, para que não se frustrem os seus objetivos, a medida cautelar poderá revestir-se de eficácia *ex nunc*, desde que o Supremo Tribunal Federal expressamente assim o determine." A alternativa considerada **correta** continha a seguinte redação: "Embora a medida cautelar, em ação direta de inconstitucionalidade, revista-se, ordinariamente, de eficácia *ex nunc*, poderá o Supremo Tribunal Federal, excepcionalmente, em decisão expressa, outorgar-lhe eficácia retroativa, com repercussão sobre situações pretéritas."

C) **vinculantes**: embora nem a Constituição, nem a legislação tenham estendido o efeito vinculante às decisões liminares proferidas em ADI, o STF as considera vinculantes, inclusive para fins de admissibilidade de reclamação constitucional (ver item 3.2.4);

D) **revigoradores da legislação anterior**: mesmo que revestidas somente de efeitos *ex nunc*, a concessão de medida cautelar "torna aplicável a legislação anterior acaso existente, salvo expressa manifestação em sentido contrário" (§ 2º do art. 11 da Lei 9.868/99).

▸ **Importante:**

A concessão da medida cautelar, embora de natureza vinculante, não surte efeitos diretos contra **decisões já transitadas em julgado**. Aplica-se, por analogia, a regra da parte final do § 3º do art. 5º da Lei 9.882/99.

A medida cautelar surte eficácia a partir da data de publicação da decisão ou da respectiva ata de julgamento no Diário de Justiça da União (QO na ADI 711/AM). E vigora até ser substituída ou revogada, explícita ou implicitamente, por decisão posterior (v. itens 2.8, letra "E", e 3.1).

Por outro lado, vem ganhando adeptos o reconhecimento de que a concessão de liminar em **ADI** "acarreta necessidade de **suspensão dos julgamentos** que envolvam aplicação da lei cuja vigência restou suspensa" (Pleno, Rcl 935/DF). (No mesmo sentido, MC na ADI 5.353/MG.) Porém, essa tendência deve ser adotada com parcimônia. Diferentemente do que pode suceder na **ADC** (art. 21 da Lei 9.868/99), o legislador não previu essa espécie de suspensão de processos, que tramitam em **outros juízos**, por força de cautelares concedidas em ADI.

▸ **Atenção!**

No âmbito dos processos em tramitação no ***próprio STF***, já decidiu pela automática suspensão (QO na RE 168.277/RS), o que levou à alteração do RISTF nesse mesmo sentido.

Bem verdade que, por analogia ou por invocação de poderes gerais de cautela, é possível ao STF determinar expressamente tal suspensão na própria decisão concessiva da cautelar, tal como já se decidiu na QO na MC na ADI 1.244/SP. Todavia, não havendo decisão expressa nesse sentido, caberá aos próprios órgãos judiciais inferiores decidir se suspenderão ou não os feitos que dirigem.

Certo que a suspensão processual pode ser decretada pelo STF como forma de evitar que a convicção em contrário dos demais órgãos judiciais sirva ao descumprimento dos efeitos vinculantes que decorrem da concessão da medida cautelar em ADI, bem como para impedir o trânsito em julgado de decisões divergentes. Porém, se os juízos inferiores entenderem que a decisão que pretendam proferir não descumprirá a decisão vinculante do STF, o princípio constitucional da celeridade processual (art. 5º, LXXVIII) impõe a sequência do julgamento. Exemplos disso são as hipóteses em que (a) os juízes decidem no mesmo sentido que o STF, pela inconstitucionalidade (*incidenter tantum*) do ato ou (b) o caso se refere à incidência do ato impugnado em período não atingido pela eficácia *ex nunc* da concessão da cautelar.

De qualquer forma, a eventual suspensão processual determinada em medida cautelar deferida em ação direta não obsta que os juízos inferiores realizem "atos urgentes a fim de evitar dano irreparável" (CPC/2015, art. 314). A menos que a prática de tais atos implique divergir quanto à própria declaração de inconstitucionalidade decidida provisoriamente na ADI, caso em que caberá reclamação dirigida ao STF.

5.2. Ação declaratória de constitucionalidade (ADC)

Trata-se da ação direta em que se pretende a emissão de **juízo positivo quanto à constitucionalidade** de atos normativos federais, em face da Constituição Federal (art. 102, I, "a"), com a finalidade eliminar a insegurança jurídica ou o estado de incerteza sobre a conformidade constitucional do ato questionado.

A) **Histórico:** A ADC foi instituída pela **EC 3/93**, que alterou a redação da alínea "a" do inciso I do art. 102 da Constituição de 1988. Logo que criada, surgiram fortes questionamentos quanto à constitucionalidade da ADC, especialmente em razão do efeito vinculante de suas decisões (cf. item 3.2.4.3). O STF, contudo, ao apreciar questão de ordem levantada quando do julgamento da ADC 1/DF, afirmou a constitucionalidade da medida, além de dizer que se tratava de ação prevista em norma de aplicabilidade imediata, razão pela qual utilizou, por analogia, a disciplina processual então prevista para a ADI, com as devidas alterações.

B) **Previsão da ADC no âmbito dos Estados-membros e Distrito Federal:** Embora a EC 3/93 não tenha se ocupado em instituir uma ADC da competência dos Estados-membros, não há empecilhos a que estes venham a instituí-la, por **simetria** ao modelo federal, desde que o façam por meio de emenda à constituição estadual.

Aliás, relativamente ao Tribunal de Justiça do Distrito Federal e Territórios, já existe previsão expressa de competência para julgamento de "ação declaratória de constitucionalidade de lei ou ato normativo do Distrito Federal em face de sua Lei Orgânica" (artigo 8º, I, letra "o" da Lei de Organização Judiciária – Lei 11.697/2008).

No mesmo sentido, o *caput* do art. 60 da Constituição do Estado de Goiás, na redação da EC 46/2010.

> **▸ Como esse assunto foi cobrado em concurso?**
>
> Em questão elaborada para o concurso de Procurador da República (2015), a alternativa considerada incorreta pelo gabarito tinha a seguinte redação: "Por força do disposto no art. 125, § 2º, da CF, os Estados não estão legitimados a instituir ação declaratória de constitucionalidade".

C) **Condição específica da ADC:** Se os atos normativos contam naturalmente com a presunção de constitucionalidade, o ajuizamento de uma ação vocacionada à declaração da própria constitucionalidade deles deve ser precedido do cumprimento de condição específica. Nesse sentido, em razão do princípio da presunção da constitucionalidade das normas, a jurisprudência do STF passou a exigir, como forma de indicar a presença do **interesse processual** no ajuizamento da ADC, a demonstração do estado de insegurança jurídica ou de incerteza quanto à conformidade constitucional do ato questionado. O cumprimento desse requisito é feito mediante a instrução da petição inicial da ADC com cópias de **pronunciamentos judiciais reciprocamente conflitantes quanto à constitucionalidade** do ato que serve de objeto da ação (ver artigo 14, III, da Lei 9.868/99).

D) **Procedimento:** Regulado pela Lei 9.868/99 e pelo RISTF.

A petição inicial da ADC deve cumprir os requisitos do art. 14 da Lei 9.868/99, entre os quais está a obrigação de demonstrar a existência de controvérsia judicial relevante sobre a aplicação do dispositivo impugnado (art. 14, III, da Lei 9.868/99).

A exemplo da ADI, pode o relator indeferir a petição inicial liminarmente, nos casos de inépcia, falta de fundamentação ou de manifesta improcedência, cabendo, dessa decisão, a interposição de agravo regimental (art. 15).

Como se trata de ação tendente à declaração da constitucionalidade da norma, não existe polo passivo na relação processual, nem há razão para que o Advogado-Geral da União intervenha no feito. Assim, uma vez *vetado* o dispositivo que permitiria aos demais titulares referidos no art. 103 da Constituição Federal o oferecimento de manifestação escrita sobre o objeto da ação declaratória de constitucionalidade, os argumentos contrários à manutenção do texto impugnado são basicamente extraídos das decisões judiciais que servem de comprovação da existência de controvérsia jurídica.

A presença de ***amicus curiae*** na ADC é possível, por analogia ao art. 7º, § 2º, da Lei 9.868/99.

Aplica-se à ADC o que se disse sobre os *princípios da instrução* e do *controle material*, ora positivados no artigo 20 da Lei 9.868/99, que permitem ao relator, em caso de necessidade de esclarecimento de matéria ou circunstância de fato ou de notória insuficiência das informações existentes nos autos, requisitar informações adicionais, designar perito ou comissão de peritos para que emita parecer sobre a questão ou fixar data para, em audiência pública, ouvir depoimentos de pessoas com experiência e autoridade na matéria (art. 20, § 1º, da Lei 9.868/99).

Da mesma forma, faculta-se ao relator a solicitação de informações aos Tribunais Superiores, aos Tribunais federais e aos Tribunais estaduais acerca da aplicação da norma questionada no âmbito de sua jurisdição (§ 2º do mesmo artigo).

> **▸ Como esse assunto foi cobrado em concurso?**
>
> No Concurso para Juiz do TJSC (2006), foi considerada **errada** a assertiva com a seguinte redação: "A Ação Declaratória de Constitucionalidade de Lei Estadual julgada pelo STF possui eficácia *erga omnes* e efeito vinculante. Contudo, essas consequências decorrem da observação do princípio constitucional da reserva de plenário."

5.2.1. Medida cautelar em ADC

Presentes os pressupostos materiais e formais analisados no item 2.8, a medida cautelar concedida em ADC, a partir da simples publicação da ata de julgamento no *Diário da Justiça da União*, surte os seguintes efeitos:

A) ***erga omnes*:** mesmo que concedida liminarmente, a declaração de constitucionalidade gera efeitos contra todos, tornando absoluta a presunção de constitucionalidade do ato examinado, ainda que provisoriamente;

B) ***ex nunc*:** a exemplo da regra geral aplicável à medida cautelar em ADI, apesar da ausência de lei a respeito, o STF considera que cautelar concedida em ADC também surte efeitos apenas *ex nunc* (MC NA ADC 4/DF);

> **▸ Atenção!**
>
> Já no primeiro precedente (MC NA ADC 4/DF, pela qual se pretendia a declaração da constitucionalidade das limitações impostas pela Lei 9.494/97 à concessão de antecipações de tutela contra a Fazenda Pública), embora a cautelar tivesse sido expressamente deferida *ex nunc*, a Corte acabou por lhe aplicar efeitos retroativos (***retroatividade mínima***), ao determinar a sustação de efeitos futuros de decisões em contrário que já haviam sido proferidas. Depois, ao interpretar a extensão temporal dos efeitos dessa mesma medida cautelar *ex nunc*, o STF ainda lhe estendeu mais a eficácia retroativa, para impedir também o cumprimento das decisões já proferidas e ainda pendentes de execução (***retroatividade média***). Ver Petição 1.406/DF. Na prática, a extensão temporal dos efeitos da cautelar *ex nunc* foi elastecida pela jurisprudência do STF, para abranger efeitos retroativos *médios* e *mínimos*. (Sobre tais definições, v. item 8.3 do Capítulo V da Parte I.)

C) **vinculantes:** embora nem a Constituição, nem a legislação tenham estendido o efeito vinculante às decisões liminares proferidas em ADC, o STF as considera vinculantes desde o julgamento da ADCQO 4/DF, inclusive para fins de admissibilidade de reclamação constitucional (ver item 3.2.4);

▸ **Como esse assunto foi cobrado em concurso?**

No concurso para cargo de Auditor Fiscal do Trabalho (2006), elaborado pela Esaf, o candidato deveria considerar **errada** a seguinte alternativa: "A decisão do Supremo Tribunal Federal que concede liminar em ação declaratória de constitucionalidade não produz efeito vinculante relativamente à administração pública indireta."

D) **suspensão do julgamento dos processos que envolvam a aplicação do ato impugnado:** por expressa previsão legal, a medida cautelar em ADC poderá consistir "na determinação de que os juízes e os Tribunais suspendam o julgamento dos processos que envolvam a aplicação da lei ou do ato normativo objeto da ação até seu julgamento definitivo" (art. 21 da Lei 9.868/99).

▸ **Importante:**

Pela interpretação estrita do art. 21 da Lei 9.868/99, a concessão da medida implicaria apenas e necessariamente a suspensão de toda causa judicial que envolvesse a aplicação concreta do preceito questionado na ADC. Porém, como afirma TEORI ZAVASCKI, a suspensão dos processos ***é um* dos efeitos possíveis** da cautelar em ADC. Mas não obsta que o STF determine **outras providências** para afastar o *periculum in mora*, até porque não cabe ao legislador fixar um rol exaustivo das medidas necessárias ao enfrentamento da situação de urgência. Outra coisa. Se o próprio STF reconheceu plausibilidade jurídica na alegação de **constitucionalidade** da norma, seria total contrassenso impor a suspensão de *todos* os processos a respeito, o que impediria que os demais juízes também concordassem com a mesma tese considerada plausível pelo STF na ADC.

Todavia, a vigência da cautelar teve **prazo de duração** fixado em lei. Pelo parágrafo único do art. 21 da Lei 9.868/99, se o julgamento do mérito da ADC não for concluído em até 180 dias, a medida cautelar eventualmente concedida perde eficácia. Nada obstante, o **STF admite prorrogar esse prazo** por outro período 180 dias (v. ADC 18/DF).

▸ **Importante:**

A mesma prorrogação tem sido admitida em ADPF. Nesse sentido, na QO na ADPF 130/DF, na qual o STF havia decidido pela aplicação desse prazo do art. 21 da Lei 9.868/99, a Corte renovou por mais 180 dias o período de eficácia da liminar anteriormente concedida.

▸ **Como esse assunto foi cobrado em concurso?**

O concurso para Juiz do TRF/1ª Região (2009) considerou **correta** a seguinte assertiva: "A decisão que concede medida cautelar em ação declaratória de constitucionalidade é investida da mesma eficácia contra todos e efeito vinculante presentes na decisão de mérito, razão pela qual é cabível o ajuizamento de reclamação em face de decisão judicial que, após a concessão da cautelar, contrarie o entendimento firmado pelo STF, desde que a decisão tenha sido exarada em processo sem trânsito em julgado, ou seja, com recurso pendente. A reclamação, segundo entendimento da Suprema Corte, tem natureza de remédio processual de função corregedora."

No concurso para Juiz de Direito do DF (2015/Cespe), foi considerada **correta** a seguinte alternativa: "Cabe medida cautelar em ADC que determine a suspensão de processos que envolvam a aplicação da norma em análise na ADC até que haja o julgamento definitivo do pedido principal.".

Sobre as especificidades quanto ao início da eficácia da medida cautelar, bem como acerca das características dos efeitos *erga omnes*, *ex nunc* e vinculantes, v. item 3.

5.3. Ação direta de inconstitucionalidade perante os Tribunais de Justiça

O § 2º do art. 125 da Constituição Federal defere às constituições estaduais poderes para instituir, na esfera das competências dos respectivos tribunais de justiça, controle concentrado/abstrato da constitucionalidade das leis e atos normativos estaduais e municipais, vedada a atribuição da iniciativa a um único órgão.

Também o Tribunal de Justiça do Distrito Federal e Territórios, conforme dispõe a respectiva lei de organização judiciária (atual Lei 11.697/2008, art. 8º, inciso, letra "n"), possui a mesma competência para julgar a constitucionalidade abstrata de atos normativos distritais.

5.3.1. Parâmetro de controle

A modalidade de controle admitida pelo § 2º do art. 125 da Constituição Federal tem necessariamente por parâmetro o bloco de constitucionalidade formado pelas normas das respectivas ***constituições estaduais*** ou pelas da **Lei Orgânica do Distrito Federal**.

Nesse sentido, como já consignou o Ministro CELSO DE MELLO, "o processo objetivo de fiscalização normativa abstrata, instaurável perante os Tribunais de Justiça locais, somente pode ter por objeto leis ou atos normativos municipais, estaduais ou distritais, desde que contestados em face da própria Constituição do Estado-membro (ou, quando for o caso, da Lei Orgânica do Distrito Federal), que representa, nesse contexto, o único parâmetro de controle admitido pela Constituição da República" (trecho de decisão monocrática na MC na Rcl 3.436/DF).

5.3.1.1. Extensão do parâmetro às normas da Constituição Federal

Embora a Constituição Federal não tenha dado competência a nenhum órgão judicial para julgar *ações diretas* contra **atos normativos municipais**, o STF interpreta tal lacuna como um tipo de **silêncio eloquente**, ou seja, uma lacuna que se deve considerar intencional, num sentido proibitivo. Desse modo, mesmo o constituinte derivado decorrente está proibido de estender aos tribunais de justiça dos Estados-membros competência para verificar a constitucionalidade abstrata de quaisquer atos, inclusive os municipais, em face da Constituição Federal (cf. Rcl 337/DF, MC na ADI 347/SP, MC na ADI 508/DF e ADI 409/RS).

> **▸ Como esse assunto foi cobrado em concurso?**
>
> Em concurso para Promotor de Justiça do MPES, elaborado pelo Cespe, foi considerada **errada** a seguinte assertiva: "A jurisprudência do STF é pacífica no sentido de que os TJs estaduais poderão exercer o controle de constitucionalidade de leis e demais atos normativos municipais em face da CF."
>
> No concurso para Juiz do TJSC (2004), foi considerada **errada** a seguinte assertiva: "Os Tribunais dos Estados-membros podem efetuar o controle abstrato de leis estaduais e municipais em face da Constituição Federal, por meio de representação de inconstitucionalidade."
>
> No concurso para Defensor Público do RN (2015/Cespe), foi considerada **incorreta** a seguinte alternativa: "Lei orgânica municipal, por seu caráter hierárquico-normativo superior no âmbito local, pode servir de parâmetro no controle abstrato de constitucionalidade estadual.".

5.3.1.2. Normas da Constituição Federal reproduzidas pelo constituinte decorrente

Discute-se muito sobre a legitimidade constitucional do alargamento do parâmetro de controle das ADIns estaduais por meio remissões normativas, feitas pelo constituinte derivado decorrente, às normas da Constituição Federal. O problema abrange, de um lado, as normas constitucionais de observância obrigatória por parte dos Estados-membros e Distrito Federal; de outro, aquelas que não precisariam ser obrigatoriamente observadas, mas que ainda sim foram reproduzidas pelo constituinte decorrente.

A) **Norma de observância obrigatória**: em se tratando de reprodução, pelo constituinte decorrente, de normas da Constituição Federal de observância obrigatória por parte dos Estados-membros, a jurisprudência do **STF admite** a utilização da **ADI estadual**. Nessa linha, conforme precedente firmado pelo STF na Rcl 383/SP, os "Tribunais de Justiça podem exercer controle abstrato de constitucionalidade de leis municipais utilizando como parâmetro normas da Constituição Federal, desde que se trate de normas de reprodução obrigatória pelos estados" (STF, RE 650.898/RS, Pleno, com repercussão geral).

▸ **Atenção!**

A) O STF, porém, sempre ressalvou a possibilidade de interposição de **recurso extraordinário** para o STF, "se a interpretação da norma constitucional estadual, que reproduz a norma constitucional federal de observância obrigatória pelos Estados, contrariar o sentido e o alcance desta" (Rcl 383/SP). No mesmo sentido, cf. Rcl 596/MA e QO na ADI 1.529/MT. Ver item 5.5.1.2, abaixo.

B) Não confundir a hipótese com a impugnação, em ADI da competência do STF, de *norma de lei estadual que reproduz lei federal de observância obrigatória.* Nesses casos, conforme o STF, não há interesse de agir no processamento da ADI, pois as normas federais "sempre prevaleceriam, independentemente da sorte do diploma estadual" (MC na ADI 2.084/SP). No mesmo sentido, v. AgRg na ADI 3.954/SC, j. em 27-3-2020.

Ainda sobre o assunto, pode-se levantar a questão a respeito da utilização paramétrica de norma de que, embora fosse de *reprodução obrigatória*, acabou *não reproduzida* pelo constituinte estadual. Nesse caso, contudo, trata-se de uma omissão do constituinte estadual que não pode ser remediada pelo TJ, nem servir de parâmetro de julgamento da ADI estadual, a menos que tal norma se possa extrair, implicitamente, do contexto constitucional do Estado-membro ou do Distrito Federal.

B) **Norma de observância não obrigatória**: quanto às normas da Constituição Federal que não precisariam ser obrigatoriamente observadas no âmbito dos Estados-membros, entendeu o Plenário do **STF**, igualmente, pela **viabilidade do controle** feito pelos tribunais de justiça. Na Rcl 383/SP, aliás, decidiu-se pela possibilidade da propositura de ADI estadual tendo por parâmetro de controle quaisquer "dispositivos" das constituições estaduais.

C) **Remissão genérica e superficial a preceitos da Constituição Federal**: no RE 213.120/BA, o **STF** entendeu que, se a norma da constituição estadual apenas faz remissão genérica e superficial a preceitos da Constituição Federal, mas sem os reproduzir, é incabível a **ADI** estadual. Entretanto, como informou o Ministro GILMAR MENDES em decisão monocrática na Rcl 4.432/TO, esse precedente foi superado pelo julgamento da Rcl 733/BA, no qual o STF decidiu que também as normas de constituições estaduais, embora de caráter simplesmente remissivo a determinada matéria contida na Constituição Federal, podem compor o parâmetro de controle ADI estadual.

▸ **Como esse assunto foi cobrado em concurso?**

No concurso para Analista do Tribunal Regional Eleitoral da Bahia (2010), foi considerada **correta** a seguinte assertiva: "Quando uma lei municipal afronta simultaneamente dispositivos previstos na CF e na constituição estadual, mesmo em se tratando de preceitos de repetição obrigatória, compete ao tribunal de justiça do estado processar e julgar originariamente eventual ação direta de inconstitucionalidade."

5.3.2. Legitimidade ativa

A Constituição Federal foi lacônica quanto à legitimidade ativa para ajuizar ADI estadual. O § 2º do art. 125 apenas vedou a atribuição da iniciativa do controle abstrato a um único órgão. Daí, cada Estado-membro estabeleceu o próprio rol de legitimados ativos, quase sempre em simetria com o modelo federal.

Estados como Goiás e Rio de Janeiro, porém, inovaram ao estender legitimidade ativa para entes como tribunais de contas estaduais, o Procurador-Geral de Contas (art. 60 da Constituição goiana), Deputados Estaduais, Comissões da Assembleia Legislativa, Procurador-Geral do Estado e da Defensoria Pública (art. 159 da Constituição fluminense). Contudo, na MC na ADI 558/RJ, o STF validou tal extensão promovida pelo constituinte fluminense, a despeito da falta de simetria com o art. 103 da Constituição Federal.

De qualquer forma, não há dúvidas em que o requisito da *pertinência temática* é simetricamente aplicável ao processo de controle abstrato de nível estadual.

▸ Como esse assunto foi cobrado em concurso?

O concurso para Defensor Público da União (2010) considerou **correta** a seguinte assertiva: "Considere que o art. Y da Constituição do estado X estabeleça a legitimidade de deputado estadual para propor ação de inconstitucionalidade de lei municipal ou estadual em face da Constituição estadual. Nesse caso, conforme entendimento do STF, o referido art. Y poderá ser considerado constitucional."

No concurso para Juiz do TJPI (2015), considerou-se **correta** a afirmativa: "O Tribunal de Justiça do Estado pode conhecer de representação para fiscalização abstrata de inconstitucionalidade ajuizada individualmente por Deputado Estadual, caso assim permita a Constituição do Estado)."

No concurso para Procurador do MP junto ao TCU (2015/Cespe), foi considerada **incorreta** a seguinte afirmação: "É de observância obrigatória para o controle abstrato de constitucionalidade instituído nos estados a norma da CF que estabelece o rol de legitimados para propor ADI perante o STF."

5.3.3. Procedimento e efeitos decisórios

O procedimento da ADI estadual é disciplinado, por analogia, pela Lei 9.868/99, que cuida da ADI de competência do STF.

É também possível a concessão de medida cautelar (*v.g.*, art. 46, VII, letra "a", da Constituição do Estado de Goiás). Contudo, por similaridade, à função exercida pelo Advogado-Geral da União na ADI federal, quem deve funcionar como curador da presunção de constitucionalidade do ato normativo impugnado é o Procurador-Geral do Estado (*e.g.*, art. 60, § 3º, da Constituição do Estado de Goiás).

No mais, as decisões proferidas em ADI estadual seguem, analogicamente, as mesmas diretrizes aplicáveis à ADI da competência do STF (itens 3 e 4), incluindo as questões relacionadas ao quórum de julgamento, bem como a possibilidade de modulação dos efeitos decisórios. Nesse sentido, aliás, o TJSP modulou os efeitos da declaração de inconstitucionalidade proferida na ADI estadual 0159232-34.2012, para manter, por seis meses, os efeitos da lei que criara cargos de assessoria do Legislativo municipal, com dispensa de concurso público.

> ▸ **Como o STF enfrentou o tema decidiu a questão:**
> Já decidiu o STF que "o deferimento de medida liminar, em sede de controle concentrado de constitucionalidade, por maioria simples dos membros de Órgão Especial de Tribunal de Justiça", implica violação à cláusula de reserva de plenário prevista no art. 10 da Lei 9.868/99 – embora não caracterize ofensa à Súmula Vinculante 10, que diz respeito somente a "órgão fracionário de tribunal" (Pleno, AgRg na Rcl 10.114/MT).

5.3.4. Peculiaridades da ADI estadual

5.3.4.1. Declaração incidental de inconstitucionalidade em face da Constituição Federal

Como qualquer juiz, também os tribunais de justiça detêm competência para exercer controle de constitucionalidade difuso quando se depararem com questões constitucionais que devam ser decididas como incidente do julgamento de algum caso concreto. Essa prerrogativa, obviamente, não se suspende quando tais tribunais exercem o controle concentrado/abstrato de constitucionalidade das constituições estaduais.

Desse modo, podem os tribunais de justiça apreciar, ***incidenter tantum***, até mesmo a arguição de inconstitucionalidade formulada em face da Constituição Federal, desde que tal questão surja como prejudicial no julgamento da ADI estadual. Nesse sentido, é possível, por exemplo, que o tribunal de justiça, ao julgar uma ADI estadual, reconheça a inconstitucionalidade de norma de constituição estadual em face da Constituição Federal, pois a questão da validade do parâmetro utilizado pelo tribunal apresenta-se como prejudicial do julgamento do mérito da ADI estadual (cf. STF, Pleno, Rcl 526/SP).

5.3.4.2. Tramitação simultânea de ADI federal e ADI estadual

Nada impede que a constitucionalidade de certa norma estadual seja simultaneamente discutida, em face da Constituição Federal, por meio de ADI ajuizada no STF, bem como em face de constituição estadual, no âmbito de ADI estadual proposta perante o TJ respectivo. Afinal, as ações empregam parâmetros de controle diversos.

Contudo, é também possível que aa ADI norma estadual venha a ser atacada, na ADI da competência do STF, com base em preceitos da Constituição Federal idênticos aos reproduzidos pela constituinte derivado decorrente e igualmente utilizados como parâmetro de controle na ADI estadual (v. item 5.3.1.2). Nessas hipóteses, a prevalência dos efeitos da decisão do STF poderá influir no julgamento do TJ, razão pela qual deve ser suspensa a tramitação da ADI estadual, até que o Supremo decida a ADI federal (v. AgRg na Rcl 425/RJ e MC na ADI 2.361/CE, Pleno do STF). Isso porque a "interpretação pelo STF da norma constitucional federal reproduzida na Carta estadual vincula, 'erga omnes', restando, no Tribunal local, prejudicada a representação de inconstitucionalidade nele ajuizada, por ofensa à regra constitucional estadual que reproduza dispositivo constitucional federal" (AgRg na Rcl 425/RJ). Então, se o STF reconhecer a procedência do pedido da ADI da sua competência, o julgamento da ADI estadual ficará prejudicado quanto ao mesmo objeto; mas se o STF julgar improcedente o pedido, caberá ao TJ prosseguir com o julgamento da causa em relação aos fundamentos remanescentes, com desconsideração das normas da constituição estadual que não passem de reproduções de normas da Constituição Federal – as quais já se devem considerar analisadas pelo STF, ainda que implicitamente, em razão do princípio da *causa de pedir aberta* (v. item 4.1.5 do Capítulo IV).

> ▸ **Atenção!**
>
> Em sentido pouco diverso, explicou o Min. MOREIRA ALVES em voto no AgRg na Rcl 425/RJ: se a norma for declarada inconstitucional pelo STF, "a eficácia 'erga omnes' dessa decisão se imporá ao Tribunal local, ficando a ação direta proposta perante ele sem objeto, já que inconstitucional em face da Constituição Federal que tem primazia quanto às Constituições Estaduais; se a norma estadual for declarada, por esta Corte, constitucional, essa mesma eficácia 'erga omnes' de sua decisão se imporá ao Tribunal local quanto às normas constitucionais reproduzidas obrigatoriamente da Constituição Federal, porquanto o Supremo para declarar a constitucional a norma estadual a teve como compatível com os preceitos constitucionais federais reproduzidos obrigatoriamente pela Constituição do Estado-membro, os quais não podem ser interpretados diferentemente, por ser inconstitucional essa interpretação diversa." Contudo, se o STF reputar a norma estadual impugnada compatível com a Constituição Federal, "a ação direta proposta perante o Tribunal local não perde o seu objeto, mas o exame da constitucionalidade por parte deste fica restrito, apenas, aos preceitos da Constituição Estadual que não reproduzidos obrigatoriamente da Constituição Federal."

Ainda sobre a coexistência dos dois tipos de ação de controle abstrato, caso já tenha sido julgada a ADI estadual, entendeu o STF (ADI 3.659/AM, j. em 13-12-2018) que "a decisão proferida pelo tribunal de justiça somente prejudicará a que está em curso perante o STF se for pela procedência e desde que a inconstitucionalidade seja por incompatibilidade com dispositivo constitucional estadual tipicamente estadual (= sem similar na CF). "De modo que, declarada pelo TJ a inconstitucionalidade do preceito normativo "com base em norma constitucional estadual que constitua reprodução (obrigatória ou não) de dispositivo da CF, subsiste a jurisdição do STF para o controle abstrato tendo por parâmetro de confronto o dispositivo da CF reproduzido".

▸ Como esse assunto foi cobrado em concurso?

Em questão do concurso para Promotor de Justiça do MPES (2010/Cespe), foi considerada **errada** a seguinte assertiva: "Segundo jurisprudência pacífica do STF, na hipótese de propositura simultânea de ação direta de inconstitucionalidade contra lei estadual perante o STF e o TJ, o processo no âmbito do STF deverá ser suspenso até a deliberação final do TJ estadual."

5.3.5. Controle recursal pelo STF: recurso extraordinário contra acórdão de ADI estadual

As decisões dos tribunais de justiça, embora proferidas em sede de controle da constitucionalidade abstrata das constituições estaduais ou da Lei Orgânica do Distrito Federal, não estão imunes de questionamentos em relação às normas da Constituição Federal. Assim, aceita a tese de que o parâmetro de controle utilizável na ADI estadual se estende a normas das constituições estaduais que apenas reproduzem o conteúdo de normas semelhantes da Constituição Federal (v. item 5.3.1.2), cabe também admitir o controle recursal posterior da compatibilidade constitucional das decisões proferidas pelos TJs, mediante **recurso extraordinário**, nos termos do art. 102, III, da CF/88 (Pleno do STF, Rcl 383/SP, j. em 11-6-92).

5.3.5.1. Âmbito de alcance do controle recursal

A Constituição Federal não atribui ao STF competência para analisar a compatibilidade abstrata de atos normativos estaduais ou municipais em face das constituições estaduais (tampouco da LODF). Logo, o cabimento do recurso extraordinário, nestas hipóteses, está restrito aos casos de alegada contrariedade do acórdão do TJ a alguma norma da Constituição Federal (v. art. 102, III, letra "a", da CF/88). Consequentemente, os **fundamentos** do recurso extraordinário deverão restringir-se: (a) a vícios formais de natureza constitucional presentes no acórdão recorrido (v.g., inobservância da cláusula de reserva de plenário, ausência de fundamentação); e (b) à alegação de que interpretação dada, pela decisão recorrida, a alguma norma constitucional estadual que reproduz *norma constitucional federal de observância obrigatória* acabou por *contrariar o sentido ou o alcance da própria Constituição Federal.*

▸ Atenção!

Conforme explicação do Min. MOREIRA ALVES no AgRg no AI 244.933/RJ (1ª Turma, j. em 9-11-99, RTJ 172:997), em "se tratando de acórdão proferido em ação direta de inconstitucionalidade de ato normativo municipal e decidido em face da Constituição do Estado-membro, só é cabível, em princípio, recurso extraordinário para a anulação do acórdão recorrido por vício formal ou de competência constitucionais, como, quanto ao primeiro, a falta de fundamentação, ou, excepcionalmente, por vício material, quando a ação foi julgada em face de princípio cuja reprodução se tenha de fazer exatamente no teor do existente na Constituição Federal, e se sustenta que a interpretação dada ao dispositivo constitucional estadual que o contém é diversa do que esta Corte deu ou dará ao correspondente na Carta Magna Federal. Essa limitação se explica porque, no primeiro caso, se fiscaliza o respeito à Constituição da República, sem que esta Corte venha a julgar o mérito da ação direta que se situa no âmbito da competência estadual; e, no segundo, em face da ampla fundamentação em que se baseia a jurisprudência que se firmou nesta Corte, a partir do julgamento da Reclamação 383, e que permite que este Tribunal mantenha a decisão de mérito recorrida ou a reforme."

5.3.5.2. Peculiaridades processuais

A jurisprudência do STF opta pela diretriz de restringir a legitimidade ativa recursal somente aos sujeitos processuais que integraram a relação processual original. Contudo, é possível defender a faculdade de interposição do RE por parte de *quaisquer dos colegitimados* tanto para propor a ADI estadual quanto daqueles previstos no art. 103 da Constituição Federal.

▸ **Importante:**

A) Legitimidade recursal do MPF: nos termos do parágrafo único do art. 37 da LC 75/93, o "Ministério Público Federal será parte legítima para interpor recurso extraordinário das decisões da Justiça dos Estados nas representações de inconstitucionalidade." A constitucionalidade dessa autorização, contudo, é duvidosa. Ela só parece harmonizar-se com a Constituição Federal se interpretada de modo restritivo, i.e., a legitimar somente o chefe do MPF, o Procurador-Geral da República, único com legitimidade para provocar o STF em matéria de fiscalização abstrata da constitucionalidade de normas.

B) Petição recursal subscrita apenas pelo procurador público: conforme jurisprudência tradicional do STF, a admissão de RE contra acórdão de ADI estadual exige seja a petição recursal subscrita ou ratificada pelo próprio órgão ou entidade legitimados à propositura da ação direta perante o TJ (v. AgRg no RE 1.136.322/MG e AgRg no RE 788.022/SP, 1ª Turma; e AgRg no RE 993.226/SP e AgRg no RE 1.038.014/SP, 2ª Turma). Como exposto no voto vencedor do Min. LUIZ FUX no AgRg no RE 993.822/AM (j. em 22-2-2019, 1ª Turma), o "procurador judicial do órgão legitimado para a propositura da ação direta não pode ajuizar, singularmente, ações de controle abstrato de constitucionalidade, assim como os respectivos recursos cabíveis, inclusive o recurso extraordinário, sem que as peças processuais também estejam subscritas ou ratificadas pelo órgão ou entidade legitimada". Mais recentemente, contudo, em *virada de jurisprudência*, o Plenário da Corte flexibilizou essa exigência processual ao julgar os EDiv nos ED no AgRg no RE 1.068.600/RN (j. em 4-6-2020). No caso, o chefe do Executivo municipal, que já havia subscrito a petição inicial, também outorgara procuração com poderes específicos ao procurador, não só "para instaurar o processo de controle normativo abstrato de constitucionalidade, bem como para recorrer das decisões proferidas".

C) Poder Público e privilégio de prazo recursal: diferentemente do entendimento do Plenário do STF acerca dos processos objetivos de controle abstrato em geral (v. item 4.2, letra "J", do Capítulo IV), a 1ª Turma do STF, no ARE 661.288/SP (j. em 6-5-2014), entendeu que, na interposição de RE contra acórdão proferido em ADI estadual, aplicava-se a prerrogativa do prazo em dobro estipulada no art. 188 do CPC/73, em favor do Poder Público (Fazenda Pública) e do Ministério Público.

D) Impedimento de Ministro do STF: o Ministro que atuara como julgador da ADI estadual, no âmbito do TJ originário, está impedido de participar do julgamento do RE interposto contra o acórdão respectivo (MC na Pet 2.859/SP).

Quanto ao **quórum de julgamento**, o STF decidiu que a simples circunstância de se tratar de recurso contra ADI estadual não implicava a necessidade de observar a cláusula de plenário (Pleno, AgRg na Pet 2.788/RJ, j. em 24-2-2002). Esse entendimento, porém, parece superado. Nos termos do voto vencedor do Min. TEORI ZAVASCKI nos ED no RE 376.440/DF (j. em 18-9-2014), entendeu-se que, regra geral, incide a cláusula de reserva de plenário também nos julgamentos de RE em ADI estadual. Contudo, no caso, o quórum especial foi dispensado, pois o acórdão do TJ refletira pacífica jurisprudência do STF, de modo a tornar admissível a confirmação da decisão recorrida até por decisão monocrática em RE. Mais recentemente, no AgRg no RE 1.151.237/SP (j. em 2-4-2019), conforme posição vencedora do Min. MARCO AURÉLIO, a 1ª Turma do STF decidiu que só o Plenário da Corte é que poderia apreciar o mérito de recurso extraordinário que discutia a constitucionalidade de lei municipal apreciada pelo acórdão recorrido.

Seja como for, é desnecessária a comunicação ao Senado Federal para fins de suspensão da eficácia da norma eventualmente invalidada no acórdão do RE. Nos termos da QO no RE 187.142/RJ (j. em 13-8-98), o Pleno do STF decidiu que, "em recurso extraordinário interposto em ação direta de inconstitucionalidade estadual, tem eficácia erga omnes, por se tratar de controle concentrado, eficácia essa que se estende a todo o território nacional."

De outro lado, nada impede que o STF, ao julgar RE contra acórdão de ADI estadual, promova a **modulação dos efeitos da declaração de inconstitucionalidade**. Foi o que ocorreu, v.g., no julgamento da segunda MC na Pet 2.859/SP (j. em 3-2-2005), precedente em que o Plenário do STF referendou decisão monocrática do Ministro GILMAR MENDES que alterara, de *ex tunc* para *ex nunc*, a eficácia da inconstitucionalidade originalmente declarada no acórdão recorrido.

Por fim, mesmo depois de transitado em julgado o acórdão do TJ, o STF, em precedente excepcional, já entendeu cabível o ajuizamento de reclamação para cassar a decisão da corte estadual, na parte em que apreciara *causa petendi* relativa a dispositivo da Constituição Federal não integrante da Constituição estadual (Rcl 360/SP, Pleno, j. em 24-3-94).

▸ **Como esse assunto foi cobrado em concurso?**

Em concurso para Promotor de Justiça do MPES (2010/Cespe), foi considerada **correta** a seguinte assertiva: "Segundo jurisprudência majoritária do STF, a decisão proferida em sede de recurso extraordinário interposto contra decisão de mérito proferida em controle abstrato de norma estadual de reprodução obrigatória da CF possui eficácia *erga omnes*."

No concurso para Defensor Público/RN (2015/Cespe), foram consideradas **incorretas** as seguintes afirmações: "Se o autor de representação de inconstitucionalidade estadual invocar como parâmetro de controle norma da Constituição estadual incompatível com a CF, o TJ deverá, mesmo assim, julgar a ação, ainda que em face desse parâmetro local, não lhe sendo admitido controlar incidentalmente a constitucionalidade dessa norma constitucional estadual em face da CF" e "A decisão de TJ que, em ação direta, declarar inconstitucional lei estadual somente terá eficácia contra todos após a assembleia legislativa do respectivo estado suspender a execução do referido ato normativo."

No concurso para o cargo de Analista Legislativo da Assembleia Legislativa do Amapá (2020/FCC), à vista do enunciado: em "sede de ação direta de inconstitucionalidade ajuizada originariamente perante o Tribunal de Justiça estadual, o Procurador-Geral de Justiça requereu que fosse declarada a inconstitucionalidade de determinada lei municipal por ofensa a dispositivo da Constituição estadual que reproduz dispositivo da Constituição Federal de observância obrigatória pelos Estados"; foi considerada **correta** a afirmativa de que a ação direta é "admissível, sendo cabível recurso extraordinário em face do acórdão estadual para o STF, na hipótese de a interpretação da norma constitucional estadual contrariar o sentido da norma constitucional federal de observância obrigatória"; e considerada incorreta a afirmativa de que a ação direta é "inadmissível, por ser cabível apenas em caráter incidental, e não principal, o controle de constitucionalidade de leis municipais que, direta ou indiretamente, tenha por parâmetro normas da Constituição Federal."

5.3.5.3. Natureza jurídica do controle

É bastante polêmico, porém, o tipo de controle de constitucionalidade realizado pelo STF quando aprecia o RE interposto contra acórdãos proferidos em ADI estadual. A doutrina não costuma debater o assunto, mas ele já foi discutido no STF.

No julgamento da mencionada QO no RE 187.142/RJ (j. em 13-8-98), ao decidir pela desnecessidade da comunicação ao Senado Federal para fins de suspender a aplicação da norma declarada inconstitucional, o Pleno do STF acolheu raciocínio do Min. MOREIRA ALVES, segundo o qual a decisão da Corte, "embora em recurso extraordinário, tem os efeitos que teria a decisão recorrida, e, portanto, eficácia *erga omnes*".

Por sua vez, no AgRg na Pet 2.788/RJ (j. em 24-10-2002), entendeu o Min. MOREIRA ALVES que o julgamento do RE interposto contra acórdão de ADI estadual não é forma de controle concentrado/abstrato da constitucionalidade, pois a Corte só analisa a eventual violação do dispositivo da Constituição Federal que tenha sido prequestionado na petição recursal. Logo, o STF não age, nem poderia agir, em substituição ao controle abstrato/concentrado da competência exclusiva dos TJs, até porque tampouco incide no RE o princípio da causa de pedir aberta, típico dos processos objetivos (v. item 4.1.5 do Capítulo IV), que permitiriam à Corte examinar todos os fundamentos constitucionais envolvidos na ação. Assim, para MOREIRA ALVES, os *pressupostos* do RE, na espécie, permitem concluir que se trata de "um meio de controle difuso, sem que, na realidade, se esteja julgando um caso concreto. É um instrumento de controle difuso utilizado com as características processuais peculiares dele". Contudo, ainda para MOREIRA ALVES, o julgamento do RE poderá surtir *efeitos* semelhantes aos do controle abstrato/concentrado de constitucionalidade. Isso porque a decisão do STF, se reformar o acórdão do TJ, contará com eficácia *erga omnes*, sem sequer necessidade de comunicá-la ao Senado Federal, para fins do art. 52, X, da Constituição, na hipótese de ser declarada a inconstitucionalidade do ato.

Em sentido contrário, porém, no mesmo AgRg na Pet 2.788/RJ, o Min. MARCO AURÉLIO reputou que o STF, quando ingressa no exame do mérito recursal, atua "no processo objetivo e no controle concentrado." Essa também a posição do Min. SEPÚLVEDA PERTENCE – com a qual concordou o Min. CARLOS VELOSO – para quem "um processo concentrado, na origem, não pode virar difuso, no recurso." Já nos ED no RE 376.440/DF, em linha similar, consignou o Min. TEORI ZAVASCKI que a "admissibilidade do recurso extraordinário não compromete a natureza objetiva do processo de controle de constitucionalidade. Pelo contrário, o processo mantém preservadas as suas características originais, até porque não está em causa qualquer litígio em torno de interesses subjetivos antagônicos, mas tão somente o juízo a respeito da validade, em abstrato, de determinado ato normativo".

Pois bem. Atualmente, após a aposentadoria do Min. MOREIRA ALVES, a definição do assunto ficou ainda mais difícil, pois o STF passou a adotar o princípio da causa de pedir aberta também no âmbito do julgamento dos recursos extraordinários (v. item 4.2.1 do Capítulo II). Nada obstante, numa tentativa de traçar a natureza do controle realizado pelo STF na hipótese, pode-se dizer que o recurso extraordinário contra decisão de ADI estadual é instrumento jurisdicional de controle misto de constitucionalidade. Inicia-se como meio impugnativo de controle difuso, a partir da decisão de uma ação em particular (ADI estadual), conforme pressupostos recursais do art. 102, III, da Constituição e legislação processual aplicável. Porém, *se o STF adentrar o exame do mérito do recurso e reformar o acórdão recorrido* (e não o simplesmente *anular* por vícios formais), o julgamento do RE acabará por *substituir* a decisão do TJ (*efeito processual substitutivo*), com todas as consequências daí decorrentes. Nessas circunstâncias, a atuação do STF assumirá a feição de **controle abstrato** de constitucionalidade, conforme tipicidade própria da ação originária (ADI estadual). Daí a explicação do surgimento dos efeitos *erga omnes* e *vinculantes* da declaração de (in)constitucionalidade do ato normativo estadual ou municipal impugnado, bem como da desnecessidade de comunicá-la ao Senado Federal.

Capítulo VI

Controle abstrato da constitucionalidade de atos omissivos

1. CONTROLE DA CONSTITUCIONALIDADE ABSTRATA EM FACE DE ATOS OMISSIVOS

1.1. Considerações iniciais

Um dos maiores problemas do direito constitucional, senão o maior deles, é a **inoperância jurídica das normas elaboradas pelo constituinte**. Por isso, a Constituição Federal de 1988 alargou a jurisdição constitucional ao campo do controle abstrato das omissões do Poder Público quanto à implementação da plena aplicabilidade das normas constitucionais.

▸ As omissões inconstitucionais e o fenômeno da erosão da consciência constitucional (LOEWENSTEIN)

Ao tratar da desvalorização da constituição escrita na democracia constitucional, KARL LOEWENSTEIN falou de casos em que os "detentores do poder, sem respeito às disposições constitucionais, descuidam frequentemente dos deveres que lhes há imposto a constituição" (1976, p. 223). Nessa linha, os tipos de "inobservância consciente da aplicação da constituição" fazem com que surja o fenômeno da **erosão da consciência constitucional** (1976, p. 226), o que leva à "perda de prestígio das constituições escritas".

O assunto já foi lembrado pelo STF em decisão monocrática na ADI 1.484/DF (j. em 21-8-2001). Nesse precedente, ao cuidar do problema as omissões inconstitucionais, o Min. CELSO DE MELLO acentuou: "O desprestígio da Constituição – por inércia de órgãos meramente constituídos – representa um dos mais graves aspectos da patologia constitucional, pois reflete inaceitável desprezo, por parte das instituições governamentais, da autoridade suprema da Lei Fundamental do Estado. Essa constatação, feita por KARL LOEWENSTEIN ("Teoria de la Constitución", p. 222, 1983, Ariel, Barcelona), coloca em pauta o fenômeno da erosão da consciência constitucional, motivado pela instauração, no âmbito do Estado, de um preocupante processo de desvalorização funcional da Constituição escrita." Na mesma decisão, o Ministro consignou que a "inércia estatal em adimplir as imposições constitucionais traduz inaceitável gesto de desprezo pela autoridade da Constituição e configura, por isso mesmo, comportamento que deve ser evitado. É que nada se revela mais nocivo, perigoso e ilegítimo do que elaborar uma Constituição, sem a vontade de fazê-la cumprir integralmente, ou, então, de apenas executá-la com o propósito subalterno de torná-la aplicável somente nos pontos que se mostrarem ajustados à conveniência e aos desígnios dos governantes, em detrimento dos interesses maiores dos cidadãos."

Antes da atual Constituição brasileira, porém, dois sistemas constitucionais já haviam previsto específicos instrumentos de controle abstrato de atos omissivos. A *primeira fórmula* concebida para corrigir omissões inconstitucionais era apenas uma espécie de *denúncia da omissão* a um órgão superior (art. 377 da Constituição de 1974 da extinta Iugoslávia). A *segunda tentativa* de remediar o problema das omissões inconstitucionais pelo controle abstrato coube ao art. 279 da Constituição portuguesa de 1976, em sua versão original. Tratava-se de uma simples *emissão de recomendação* ao órgão inadimplente: a atividade do órgão controlador circunscrevia-se a recordar o órgão omisso acerca do dever de emitir as providências solicitadas pela constituição. A *terceira tentativa* também se deve ao direito português. Após reforma constitucional, a atual redação do art. 283 da Constituição de 1976 avançou para a *comunicação para o suprimento da omissão*. O Tribunal Constitucional, após verificar a ocorrência de omissão, procede à intimação do órgão inadimplente para que edite as medidas necessárias à exequibilidade da norma constitucional desprovida de aplicabilidade.

Já no direito brasileiro, o § 2º do art. 103 da Constituição tem nítida inspiração no reformado art. 283 da Constituição portuguesa. Todavia, o mecanismo previsto pelo constituinte pátrio representou alguma inovação. É que embora tenha optado pela fórmula lusitana da ***simples comunicação*** (no caso em que a mora provenha do Legislativo), a Constituição brasileira adotou ainda a ***intimação com cominação de prazo*** para a hipótese de a inatividade ser de órgãos administrativos.

2. DAS POSSÍVEIS SOLUÇÕES JUDICIAIS PARA O PROBLEMA DAS OMISSÕES INCONSTITUCIONAIS NO ÂMBITO DO CONTROLE ABSTRATO

Num Estado Democrático de Direito que elege como fundamental o **princípio da separação e independência dos Poderes** (art. 2º da CF/88), a mora na edição de normas exigidas pela Constituição deve ser exclusivamente – ou pelo menos *preferencialmente* – reparada pelos órgãos legislativos aos quais o próprio poder constituinte prescreve a obrigação de legislar. Até porque a *conduta*, o *comportamento* que deveria implementar a aplicabilidade da constituição não pode nunca ser suprido abstratamente pela emissão de um comando judicial (GUASTINI).

De outro lado, a simples constatação da presença de uma omissão inconstitucional, ainda que seguida da exortação para que se a corrija, tampouco resolve o problema. Nessa linha, é decepcionante a solução brasileira posta no § 2º do art. 103 da Constituição. Mesmo o julgamento pela procedência do pedido da ADO não costuma surtir resultados, pois tampouco sensibilizam o Congresso Nacional as comunicações que o STF lhe envia após constatar casos de inércia legislativa.

Pior ainda. A tentativa constituinte de se espelhar no direito português para superar as omissões inconstitucionais acabou por desviar o Brasil das melhores soluções possíveis para o problema. Ao qualificar a omissão inconstitucional como o próprio *ato* ou *conduta omissiva* (comportamento omissivo) que viola a Constituição, o direito brasileiro se afastou das técnicas mais eficazes para corrigir as omissões inconstitucionais. Bem melhor seria se o constituinte brasileiro tivesse se inspirado no direito italiano e espanhol, que há muito já utilizam decisões manipulativas no controle abstrato de constitucionalidade (item 4.3 do Capítulo V). Equivocada, também, é a tentativa constitucional de criar remédios e procedimentos judiciais específicos para o problema (**ação direta de inconstitucionalidade por omissão** e **mandado de injunção**). Resultados melhores produzem-se quando as omissões inconstitucionais são tratadas, não como a conduta ou comportamento omissivos em si mesmos (*i.e.*, a inércia ou a abstenção em cumprir o mandamento constitucional específico para agir), mas como as *consequências jurídicas* inconstitucionais daí decorrentes.

A omissão inconstitucional, portanto, seria mais bem representada como o *significado inconstitucional* de um ato, conduta ou comportamento omissivo, quando daí se criam ou se conservam situações jurídicas contrárias à constituição, ou seja, como uma *norma*, implícita ou explícita, que decorre da abstenção em implementar a conduta exigida pela norma constitucional (VILLAVERDE MENÉNDEZ).

Como demonstra VILLAVERDE MENÉNDEZ, não há motivos para pensar ou insistir que a única possível solução judicial para as omissões inconstitucionais seja a substituição do órgão normativo omisso por qualquer outro órgão estatal. O melhor remédio para o problema está em **restabelecer a supremacia constitucional**, sempre que possível, expulsando do ordenamento os efeitos jurídicos produzidos pela norma implícita decorrente do silêncio legislativo que contraria o programa constitucional.

3. AÇÃO DIRETA DE INCONSTITUCIONALIDADE POR OMISSÃO (ADO)

Instrumento processual instituído especialmente para fiscalizar abstratamente as omissões do Poder Público em editar as medidas necessárias a "**tornar efetiva**" **alguma norma constitucional** (art. 103, §§ 2º e 3º).

> ▸ **Atenção!**
>
> O constituinte originário não usou de convenções linguísticas científicas na redação do § 2º do art. 103 da Constituição de 1988. Se o termo "**efetividade**" denota significado técnico ligado à materialização dos efeitos da norma no mundo dos fatos, tem mais a ver com o controle concreto de constitucionalidade. Logo, é inadequado falar em "medida para tornar **efetiva**" a norma constitucional, em se tratando de uma ação do controle abstrato. Por isso, o conceito técnico que parece melhor traduzir a noção de omissão inconstitucional está conectado ao de "**aplicabilidade**" da norma constitucional. Assim, a medida de que trata o § 2º do art. 103 da CF/88 é aquela necessária ao aparelhamento normativo do preceito constitucional, para que este possa, por consequência, incidir adequadamente nas situações concretas. Vale dizer, a omissão é anomalia que precisa ser corrigida, para que só então seja possível reconhecer, na norma constitucional, o atributo da "efetividade".

3.1. Finalidades

A ação tem por objetivo não a defesa de interesses subjetivos, mas defender a concretização da vontade do constituinte ante a inércia dos órgãos e entidades aos quais ele transferiu a tarefa de tornar efetivas as normas constitucionais desprovidas de aplicabilidade direta.

Trata-se, portanto, de outro instrumento de ***processo objetivo*** de controle de constitucionalidade, no que se diferencia do mandado de injunção, que deveria cuidar somente de direitos subjetivos, ainda que de caráter coletivo.

3.2. Objeto

Pela teoria adotada no direito brasileiro, o objeto da ADO recai ordinariamente sobre o comportamento omissivo que se reputa inconstitucional (ver item 4.1.5 do Capítulo I e item 2), o que geralmente se confunde com as chamadas **omissões inconstitucionais *totais***.

Todavia, admite-se também a impugnação de atos normativos já editados, sob a alegação de que padecem de **omissões inconstitucionais *parciais***. Exemplo: na ADI 1.458/DF, o STF conheceu de pedido de declaração de inconstitucionalidade por omissão formulado contra a MP 1.145/96, que fixara o valor do salário mínimo a partir de maio de 1996.

Aliás, à medida que a Constituição Federal vai sendo regulamentada, diminui o número de omissões absolutas a serem controladas, aumentando-se a possibilidade de surgirem omissões parciais, sobretudo em razão da necessidade de *atualizar* o programa normativa dos regulamentos editados.

▸ Atenção!

A rigor, as omissões inconstitucionais relativas não admitiriam ser objeto de ADO, já que se referem ao descumprimento de norma constitucional autoaplicável (isonomia), e não à inobservância de alguma norma constitucional desprovida de aplicabilidade direta, como exige o § 2º do art. 103 da CF/88. Assim, uma omissão inconstitucional relativa só deveria ser controlada abstratamente pelos instrumentos disponíveis contra atos comissivos (BERNARDES, 2003b). Porém, se a doutrina e jurisprudência não enfatizam sequer a distinção entre omissões **parciais** e as **relativas** (item 4.1.5.1 do Capítulo I), tampouco percebem mais essa sutileza. Nessa linha, por exemplo, na ADO 30/DF (j. em 21-8-2020), embora a ação impugnasse típica omissão relativa tendo por parâmetro de controle o princípio autoaplicável da isonomia, o STF acolheu o pedido formulado, para declarar "a inconstitucionalidade por omissão da Lei nº 8.989, de 24 de fevereiro de 1995, determinando-se a aplicação de seu art. 1º, inciso IV, com a redação dada pela Lei nº 10.690/03, às pessoas com deficiência auditiva, enquanto perdurar a omissão legislativa."

Por outro lado, é cabível utilizar a ADO para atacar a omissão de qualquer "medida" para tornar efetiva a norma constitucional (§ 2º do art. 103). Daí, o objeto da ação não se limita às omissões quanto à edição de ***atos normativos legislativos*** ou ***administrativos***. Engloba também as omissões em tomar simples medidas de índole administrativa (como a realização de uma licitação, por exemplo). Nesse sentido, o inciso I do artigo 12-A da Lei 9.868/99, com redação dada pela Lei 12.063/2009, prevê que a petição inicial da ADO deve indicar "a omissão inconstitucional total ou parcial quanto ao cumprimento de dever constitucional de legislar ou quanto à adoção de providência de índole administrativa".

3.3. Legitimação

A) **Legitimação ativa:** Congênere da ADI, a ADO pode ser proposta pelos mesmos legitimados ativos previstos no art. 103 da Constituição.

B) **Legitimação passiva:** O polo passivo é ocupado pelo órgão ou entidade a quem a Constituição atribuiu a tarefa de editar a medida normativa. Ressalte-se que, em caso de mora na edição de legislação pendente de iniciativa reservada:

B.1) o legitimado passivo não é o Congresso Nacional, mas o órgão ou autoridade titular do **direito de iniciativa**. Exemplo: se a medida faz parte daquelas incluídas no poder de iniciativa do Presidente da República (art. 61, § 1º), caso este não tenha ainda apresentado o projeto de lei à Câmara dos Deputados, a ADO deverá ser proposta em face somente do Presidente da República (*v.g.*, ADI 2.061/DF); e

B.2) o direito de iniciativa não se resume a uma simples atribuição administrativa do respectivo titular. Configura, na verdade, especial espécie de prerrogativa legislativa, razão por que são inaplicáveis o prazo de 30 dias e o efeito cominatório previstos para os órgãos administrativos no § 2º do art. 103 da Constituição.

3.4. Procedimento

Não havia grandes preocupações em destacar ou em regular procedimento próprio para a ADO. O próprio STF, até o final de 2008, *autuava e registrava* as petições de ADO *sem distingui-las* das petições da ADI, de modo que ambas as ações compartilhavam da mesma ordem de numeração crescente. Também o legislador se esquecera da ADO quando regulamentou a ADI e a ADC por meio da Lei 9.868/99, de modo que a jurisprudência do STF se aplicava à ADO, analogicamente, as mesmas normas procedimentais relativas à ADI "genérica". E esse problema da falta de disciplina legal própria só foi corrigido em 2009, pela **Lei 12.063**, que acresceu à **Lei 9.868/99** os artigos **12-A a 12-H**, com a finalidade de cuidar, especificamente, da ADO.

Contudo, antes mesmo da Lei 12.063/2009, a jurisprudência do STF já estabelecera as seguintes peculiaridades quanto ao procedimento da ADO: (a) o Advogado-Geral da União não intervinha no feito, por considerar a Corte que, na ação direta de inconstitucionalidade por omissão, inexistia algum ato normativo a ser defendido (QO na ADI 23/DF); (b) era incabível o pedido de medida cautelar (ADI 361/DF); e (c) uma vez editada a legislação que supre a mora do Poder Público, ocorria a perda do objeto da ação (v. decisão monocrática do Min. CELSO DE MELLO na ADI 1.484/DF).

A partir da Lei 12.063/2009, essas diretrizes jurisprudenciais foram sensivelmente modificadas. Atualmente:

A) o relator pode solicitar a manifestação do **Advogado-Geral da União** (art. 12-E, § 2º), providência essa, contudo, que parece se aplicar apenas nos casos de *omissões parciais*, já que nas omissões totais não há um "ato ou texto impugnado" que devam ser defendidos na forma do art. 103, § 3º, da Constituição (v. QO na ADI 23/SP);

B) é possível a concessão de **medida cautelar** (artigos 12-F e 12-G);

C) mesmo que não tenham sido os responsáveis pela propositura da ADO, quaisquer dos colegitimados previstos no art. 103 da Constituição Federal poderão manifestar-se "por escrito, sobre o objeto da ação e pedir a juntada de documentos reputados úteis para o exame da matéria, no prazo das informações, bem como apresentar memoriais" (art. 12-E, § 1º).

De resto, seguem aplicáveis subsidiariamente, à ADO, no que forem pertinentes, as normas relativas à ADI, como deixou claro o legislador no art. 12-E incluído na Lei 9.868/99.

▸ **Como o STF enfrentou o tema:**

Em posicionamento que se mantém atual, no julgamento da QO na ADI 23/SP, o Pleno do STF entendeu que a "audiência do Advogado-Geral da União, prevista no art. 103, § 3º, da CF de 1988, é necessária na ação direta de inconstitucionalidade, em tese, de norma legal, ou ato normativo (já existentes), para se manifestar sobre o ato ou texto impugnado – não, porém, na ação direta de inconstitucionalidade, por omissão, prevista no § 2º do mesmo dispositivo, pois nesta se pressupõe, exatamente, a inexistência de norma ou ato normativo."

3.5. Medida cautelar

Até a edição da **Lei 12.063/2009**, o STF não aceitava pedido de medida cautelar no âmbito da ADO. Segundo a Corte, o provimento cautelar não seria compatível com o objeto mediato da ação, já que nem mesmo a decisão final implica o afastamento da omissão (ADI 361/DF). E esse entendimento, ao contrário do que sugere parte da doutrina, não era excepcionado pela Corte sequer quando se atacavam omissões de tipo parcial (v. MC na ADI 1.439/DF e MC na ADI 1.458/DF), tampouco omissões parciais/relativas (MC na ADI 1.384/DF, ADI 526DF, MC na ADI 529/DF e MC na ADI 525/DF).

Atualmente, com redação da Lei 12.063/2009, a Lei 9.868/99 cuida de modo expresso da medida cautelar em ADO. Conforme o § 1º do art. 12-F, o legislador preceitua até que a medida cautelar "poderá consistir na suspensão da aplicação da lei ou do ato normativo questionado, no caso de omissão parcial, bem como na suspensão de processos judiciais ou de procedimentos administrativos, ou ainda em outra providência a ser fixada pelo Tribunal".

Nesse sentido, após a inovação legal, em decisões monocráticas concedidas *ad referendum* do Plenário, o STF concedeu medida cautelar em precedentes como: (a) na MC na ADO 23/DF, para determinar continuassem em vigor, por mais 180 dias, as regras de distribuição do Fundo de Participação dos Estados e do Distrito Federal fixadas pela LC 62/89; (b) na MC na ADO 24/DF, por liminar monocrática, decidiu-se pela fixação do prazo de 120 dias para que o Congresso Nacional editasse a Lei de Defesa do Usuário de Serviços Públicos prevista pelo artigo 27 da EC 19/98.

Daí que, por analogia, a disciplina dessa medida cautelar pode ser aplicada também em relação à ADPF que tiver por objeto atos omissivos. Ver item 11 do Capítulo VII.

▸ Como esse assunto foi cobrado em concurso?

Em 2011, concurso para Magistratura Federal considerou **errada** a seguinte assertiva: "Não se admite a concessão de medida cautelar em ação direta de inconstitucionalidade por omissão, em razão da natureza e da finalidade desse tipo de ação."

No concurso para Defensoria Pública da União (2010), foi considerada **errada** a seguinte assertiva: "A legislação em vigor não admite a concessão de medida cautelar em ação direta de inconstitucionalidade por omissão."

No concurso para Juiz do TJAL (2015/FCC), foi considerada **correta** a afirmação segundo a qual: "É cabível a concessão de medida cautelar em sede de ação direta de inconstitucionalidade por omissão para suspender a aplicação da lei ou do ato normativo questionado, no caso de omissão parcial".

3.6. Confluências da ADO e da ADI

A) **Conversão de ADO em ADI:** Embora nas duas ações se pretenda a declaração de inconstitucionalidade, o STF não aceitava a conversão de uma ADO em ADI, nem vice-versa (cf. MC na ADI 986/DF e MC na ADI 1.439/DF).

Porém, o STF já conheceu como petição de ADI uma petição inicial de ação direta de inconstitucionalidade por omissão, após considerar que o objeto da causa recaía, na verdade, sobre uma postura ativa do órgão requerido (MC na ADI 1.600/DF).

B) Processamento simultâneo em face do mesmo objeto: É possível processar simultaneamente uma ADO e uma ADI contra o mesmo preceito normativo, mas sob prismas divergentes de manifestação da inconstitucionalidade.

Nesse sentido, a ADO terá por objeto o ato normativo quanto àquilo que "deixou de contemplar", *i.e.*, a inconstitucionalidade por *omissão parcial*, em razão da insuficiência da norma; e a ADI versará sobre os aspectos comissivos do ato impugnado (inconstitucionalidade por ação), ou seja, com relação ao que por ele foi "contemplado".

Por idênticas razões, em caso de omissão inconstitucional *relativa*, o STF já determinou o apensamento das duas espécies de ação direta a impugnar a mesma medida provisória que concedera aumento de vencimento a militares sem o estender aos servidores civis (cf. MC na ADI 525/DF e MC na ADI 529/DF).

> **Atenção!**
>
> Ressalte-se novamente: as omissões inconstitucionais relativas **não** admitiriam ser objeto de ADO, já que se referem ao descumprimento de norma constitucional autoaplicável (isonomia), e não à inobservância de alguma norma constitucional desprovida de aplicabilidade direta, como exige o § 2º do art. 103 da CF/88. Só deveriam ser controladas abstratamente pelos instrumentos disponíveis contra atos comissivos, cujo alvo seria a *norma* (= sentido normativo), seja a que exclui a situação que deveria incluir (norma explícita de exclusão), seja aquela que impede a extensão do programa normativo às situações que nele também deveriam estar reguladas (norma implícita de não inclusão). Mais sobre o assunto, ver BERNARDES, 2003b.

C) Relativa fungibilidade entre ADO e ADI: No julgamento da ADI 875/DF, ao apreciar quatro ações diretas de inconstitucionalidade ajuizadas contra uma mesma lei complementar, o STF, após constatar que o alvo da impugnação recaía sobre omissão do tipo parcial, entendeu haver certa fungibilidade entre a ADI e a ADO.

Conforme voto-vencedor do Min. GILMAR MENDES, em casos tais, há "uma relativa, mas inequívoca fungibilidade entre a ação direta de inconstitucionalidade (da lei ou ato normativo) e processo de controle abstrato da omissão, uma vez que os dois processos – o controle de normas e o controle da omissão – acabam por ter o mesmo objeto, formal e substancialmente, isto é, a inconstitucionalidade da norma em razão de sua incompletude." Daí que, após discordar dos precedentes segundo os quais a Corte deveria zelar pela rígida distinção entre uma e outra ação direta, o Min. GILMAR MENDES defendeu que o problema "não se trata mais de saber se as ações são de inconstitucionalidade por ação ou por omissão (parcial), mas de encontrar uma técnica de decisão para superar o alegado estado de inconstitucionalidade decorrente da omissão parcial."

> **Como esse assunto foi cobrado em concurso?**
>
> O concurso para Advogado da União (2012) considerou **correta** a afirmativa: "O atual posicionamento do STF admite a fungibilidade entre a ADI e a ADIO".

3.7. Efeitos das decisões da ADO

A sentença da ADO possui reduzidos efeitos práticos. Nos termos do art. 103, § 2º, da CF/88, **não é possível que o STF supra a omissão inconstitucional**, nem mesmo quando se tratar de omissões relativas (cf. MC na ADI 529/DF).

Como já decidiu o STF, a Corte, "em sede de controle abstrato, ao declarar a situação de inconstitucionalidade por omissão, não poderá, em hipótese alguma, substituindo-se ao órgão estatal inadimplente, expedir provimentos normativos que atuem como sucedâneo da norma reclamada pela Constituição, mas não editada – ou editada de maneira incompleta – pelo Poder Público" (decisão monocrática do Min. CELSO DE MELLO na ADI 1.484/DF).

Todavia, a grande importância desse instituto está no reconhecimento da existência de interesse objetivo em fazer cumprir o dever de implementação da exequibilidade das normas constitucionais.

> ▸ **Interessante!**
>
> Na ADO 22/DF (j. em 22-4-2015), o STF discutiu o caso da alegada omissão legislativa em atender ao art. 220, § 4º, da CF ("§ 4º – A propaganda comercial de tabaco, bebidas alcoólicas, agrotóxicos, medicamentos e terapias estará sujeita a restrições legais, nos termos do inciso II do parágrafo anterior, e conterá, sempre que necessário, advertência sobre os malefícios decorrentes de seu uso"). A ação questionava o critério fixado no parágrafo único do art. 1º da Lei 9.294/96, que restringira a proibição de propaganda só às bebidas alcoólicas de teor alcoólico superior a 13º GL, sem regulamentar a propaganda de bebidas de teor alcoólico inferior. O Plenário, por maioria, conheceu de ação direta de inconstitucionalidade por omissão. Porém, no mérito, julgou improcedente o pedido. Entendeu que, a despeito de relevantes as razões sociais que motivaram a ação direta, o STF não poderia examinar a legitimidade da conveniência política de normas elaboradas por representantes eleitos pelo povo. Assim, considerou-se não se tratar de verdadeira "omissão", mas de uma "opção" legislativa na escolha das propagandas que seriam viáveis, ou não.

3.7.1. Efeitos diretos

Mesmo quando procedente o pedido da ADO, o provimento do STF limita-se à ***mera comunicação*** da mora ao órgão inadimplente, sem que a Corte possa, ela própria, suprir a omissão detectada. Porém, a depender da entidade passiva, os efeitos da decisão são diversos.

Se omisso for algum **órgão administrativo**, deverá adotar as providências necessárias para remediar a omissão em **30 dias** (Constituição, § 2º do art. 103). De forma similar, o recém-incluído art. 12-H, § 1º, da Lei 9.868/99 dispõe que, em "caso de omissão imputável a órgão administrativo, as providências deverão ser adotadas no prazo de 30 (trinta) dias, ou em prazo razoável a ser estipulado excepcionalmente pelo Tribunal, tendo em vista as circunstâncias específicas do caso e o interesse público envolvido."

> **Atenção!**
>
> As competências ligadas ao processo legislativo, mesmo quando asseguradas a órgãos não legislativos, possuem caráter *materialmente* legislativo. Daí a impertinência, a respeito, da fixação do prazo de 30 dias aplicável para omissões de natureza administrativa (art. 103, § 2º, in fine, da Constituição). Nesse sentido, em relação à demora na propositura de projetos de lei de iniciativa reservada ao Presidente da República e a Governador de Estado, v. ADI 2.061/DF e ADI 2.497/AC, respectivamente.

Contudo, se a inconstitucionalidade decorrer da inércia de **órgão legislativo**, a Constituição Federal e a lei **não cogitaram** sequer de **prazo para suprimento** da omissão. Por isso, tanto a doutrina quanto o STF sempre entenderam que o Judiciário não pode obrigar o órgão a legislar nem fixar prazo para que seja produzida a norma de natureza legislativa, sob pena de violência ao princípio da separação dos Poderes.

Sobre o assunto, ensina CARRAZZA que a procedência do pedido da ADO surte efeitos "basicamente", mas não "exclusivamente declaratórios". Isso porque, em relação ao **Executivo**, há uma "***eficácia mandamental média***, pois o concita a praticar o ato, sob pena de responsabilidade e, em relação ao **Legislativo**, ***eficácia mandamental mínima***, já que, como vimos, embora não o compila a editar a lei, atesta publicamente sua omissão, aplicando-lhe, *grosso modo*, uma sanção de natureza política" (1994, p. 231).

Nada obstante, a Suprema Corte, em julgamento de 2007, já fixou o prazo de 18 meses para que o Congresso Nacional regulamentasse o § 4º do art. 18 da Constituição, na redação dada pela EC 15/96. E o Congresso não cumpriu o prazo fixado...

> **Ativismo judicial e controle abstrato das omissões constitucionais:**
>
> Embora a doutrina majoritária e a própria jurisprudência tradicional do STF se recusassem a obrigar o Congresso Nacional a legislar, tampouco a fixar prazos para edição da legislação faltante, as composições da Corte têm adotado posturas mais ativistas a respeito.
>
> Numa revisão radical da jurisprudência anterior, por maioria de votos (vencidos os Ministros MARCO AURÉLIO e SEPÚLVEDA PERTENCE, que não fixavam prazo, e ausente o Min. JOAQUIM BARBOSA), na ADI 3.682/MT (rel. Min. GILMAR MENDES, j. em 9-5-2007), ajuizada em face da omissão em regulamentar o § 4º do art. 18 da Constituição na redação dada pela EC 15/96, o STF fixou o prazo de 18 meses para que o Congresso Nacional editasse a lei complementar federal reclamada e ainda predeterminou que tal legislação deveria trazer como conteúdo normas específicas destinadas a solver o problema dos Municípios já criados. No mesmo julgamento, a Corte afirmou "que a decisão que constata a existência de omissão constitucional determina ao legislador que empreenda as medidas necessárias à colmatação da lacuna inconstitucional constitui sentença de caráter nitidamente **mandamental**, que impõe, ao legislador em mora, o dever, dentro de um prazo razoável, de proceder à eliminação do estado de inconstitucionalidade, e que, em razão de esse estado decorrente da omissão poder ter produzido efeitos no passado, faz-se mister, muitas vezes, que o ato destinado a corrigir a omissão inconstitucional tenha caráter retroativo" (*Inf* 466/2007).

Certo que, na ementa desse julgado, a Corte amenizou a interferência judicial, dizendo que não "se trata de impor um prazo para a atuação legislativa do Congresso Nacional, mas apenas da fixação de um parâmetro temporal razoável". Contudo, a ata de julgamento foi clara: a Corte "julgou procedente ação para reconhecer a mora do Congresso Nacional, e, por maioria, estabeleceu o prazo de 18 (dezoito) meses para que este adote todas as providências legislativas ao cumprimento da norma constitucional imposta pelo artigo 18, § 4º, da Constituição Federal".

Ver, ainda, a ADO 25/DF (j. em 30-11-2016), caso em que o Plenário do STF não só fixou prazo para que o Congresso Nacional legislasse, como ainda decidir por transferir tal competência legislativa ao TCU (?!), caso o Parlamento não cumprisse o prazo fixado na decisão judicial. (Sobre o desfecho desse inusitado precedente, v. quadro mais abaixo.)

Contudo, nada indica que a Corte vá retroceder no ativismo judicial acerca do assunto. Basta notar que, na MC na ADO 24/DF (j. em 1º-7-2013), foi concedida até liminar, *monocraticamente*, para que o Congresso Nacional editasse, em 120 dias, a Lei de Defesa do Usuário de Serviços Públicos prevista pelo artigo 27 da EC 19/98.

▸ Atenção!

Posteriormente, mas sem que a liminar tivesse ainda sido referendada pelo Plenário, a ADO 24/DF acabou extinta por outra decisão monocrática proferida em 19-12-2017, ao fundamento de que a omissão detectada na medida cautelar fora suprida pela aprovação da Lei 13.460/2017.

Ademais, a se considerar a recente regulamentação do mandado de injunção pela Lei 13.300/2016, a tendência na Corte parece ser mesmo a contínua expansão dos efeitos decisórios da ADO, a despeito da regra do art. 103, § 2º, da Constituição.

▸ Atenção!

Nos termos do art. 8º da Lei 13.300/2016, a sentença do mandado de injunção poderá (a) determinar prazo razoável para que o impetrado promova a edição da norma regulamentadora; e, ainda, (b) estabelecer as condições em que se dará o exercício dos direitos, das liberdades ou das prerrogativas reclamados ou, se for o caso, as condições em que poderá o interessado promover ação própria visando a exercê-los, caso não seja suprida a mora legislativa no prazo determinado.

De fato, com base nessa regulamentação destinada a outro instrumento processual, o Plenário do STF, na ADO 25/DF (j. em 30-11-2016), acabou por assemelhar os efeitos da sentença da ação direita de inconstitucionalidade por omissão àqueles previstos pelo legislador para o mandado de injunção. Não só isso. No mesmo precedente, o STF concordou até em **transferir a competência legislativa do Congresso Nacional** a órgão **administrativo** (TCU), a quem caberá regulamentar, na prática, o assunto para o qual a Constituição exige lei complementar, caso o Parlamento não cumpra o prazo fixado na decisão judicial. Transferência essa que, além de totalmente inusitada, não encontra base legal sequer na nova disciplina legislativa do mandado de injunção.

▸ **Importante!**

A ADO 25/DF versava sobre a omissão do Congresso Nacional em editar a lei complementar prevista no art. 91 do ADCT, incluído pela EC 42/2003 ("Art. 91. A União entregará aos Estados e ao Distrito Federal o montante definido em lei complementar, de acordo com critérios, prazos e condições nela determinados, podendo considerar as exportações para o exterior de produtos primários e semielaborados, a relação entre as exportações e as importações, os créditos decorrentes de aquisições destinadas ao ativo permanente e a efetiva manutenção e aproveitamento do crédito do imposto a que se refere o art. 155, § 2º, X, 'a'").

O pedido foi julgado procedente e, então, a Corte fixou o prazo de 12 meses para que o Congresso Nacional editasse a lei complementar, determinação incompatível com o art. 103, § 2º, da CF. Contudo, a decisão foi bem além. Por maioria de oito a três votos, o Plenário ainda decidiu que: "Na hipótese de o mencionado prazo transcorrer 'in albis', caberá ao Tribunal de Contas da União (TCU): a) fixar o valor do montante total a ser transferido aos Estados-membros e ao DF, considerando os critérios dispostos no art. 91 do ADCT para fixação do montante a ser transferido anualmente, a saber, as exportações para o exterior de produtos primários e semielaborados, a relação entre as exportações e as importações, os créditos decorrentes de aquisições destinadas ao ativo permanente e a efetiva manutenção e aproveitamento do crédito do imposto a que se refere o art. 155, § 2º, X, 'a', do texto constitucional; b) calcular o valor das quotas a que cada um deles fará jus, considerando os entendimentos entre os Estados-membros e o Distrito Federal realizados no âmbito do Conselho Nacional de Política Fazendária – Confaz."

Ademais, a Corte determinou que a decisão fosse comunicada ao TCU, ao Ministério da Fazenda, para os fins do disposto no § 4º do art. 91 do ADCT, e ao Ministério do Planejamento, Desenvolvimento e Gestão, para adoção dos procedimentos orçamentários necessários ao cumprimento da decisão, notadamente no que se referia à oportuna inclusão dos montantes definidos pelo TCU na proposta de lei orçamentária anual da União.

Nada obstante, a decisão final proferida na ADO 25/DF transitou em julgado em novembro de 2016, e a fixação desse prazo de um ano nunca foi cumprida. Assim, após prorrogações sequenciais de prazo concedidas por decisões monocráticas (?!), a Corte acabou por entender que fatos supervenientes justificavam "o abrandamento do prazo fixado no julgamento de mérito". Daí ter sido homologado um acordo "realizado entre a União e todos os Entes Estaduais e Distrital", com o consequente encaminhamento da questão "ao Congresso Nacional para as deliberações cabíveis" (QO na ADO 25/DF, j. em 20-5-2020). Ou seja, foram totalmente esvaziados os efeitos da decisão final de mérito da ADO 25/DF.

▸ **Como esse assunto foi cobrado em concurso?**

Em do concurso para Auditor Fiscal da Receita Federal (Esaf/2003), foi considerada **errada** a seguinte assertiva: "Diante da omissão do Legislativo em editar leis que sejam necessárias para que o cidadão goze efetivamente dos direitos fundamentais dispostos na Constituição Federal, o STF pode, provocado por ação direta de inconstitucionalidade por omissão, criar, ele próprio, as normas faltantes."

O concurso para Promotor de Justiça do MPDFT (2002) considerou **errada** a seguinte assertiva: "O reconhecimento demora do Poder Legislativo na edição de lei autoriza o STF a ordenar, com eficácia mandamental, o cumprimento do dever de legislar no prazo que assinar, findo o qual editará o tribunal o ato normativo necessário."

No concurso para Auditor Fiscal do Trabalho (Esaf/2006), foi considerada **errada** a alternativa com a seguinte redação: "Segundo a corrente majoritária no Supremo Tribunal Federal, a procedência da ação direta de inconstitucionalidade por omissão possibilita ao Tribunal, de plano, elaborar o ato normativo faltante de maneira a suprir a omissão legislativa."

3.7.2. Efeitos reflexos

3.7.2.1. Efeitos políticos

A se considerar o bom funcionamento do Estado Democrático de Direito, uma vez constatada omissão inconstitucional por parte de órgãos legislativos ou de autoridades titulares da respectiva iniciativa legislativa, a procedência da ADO, embora possa até não implicar sanções jurídicas, assume dimensões importantes no campo político. Afinal, trata-se do reconhecimento formal, pela mais alta corte do país, de que **órgãos políticos estão inadimplentes com o constituinte** em matéria de aparelhamento da aplicabilidade das normas constitucionais.

Daí a lição de CARRAZZA segundo a qual a procedência do pedido da ADO, em relação ao Legislativo, representa, pelo menos, um tipo específico de "sanção de natureza política" (1994, p. 213). No mesmo sentido, segundo ZAVASCKI, a eficácia prática dos provimentos decorrentes do controle de omissão, "desamparados que são de força executiva, fica na dependência do efeito político que a sua inobservância poderá gerar para os responsáveis" (2001, p. 18).

3.7.2.2. Efeitos jurídicos

Diante dos parcos efeitos diretos da procedência da ADO, doutrinadores como CARRAZZA passaram a entender que a simples procedência do pedido abriria margem a que a parte lesada reclamasse **perdas e danos**. Para CARRAZZA, sempre que o Legislativo remanescer omisso, mesmo após comunicado da mora pelo STF, a questão pode ser resolvida em perdas e danos, com fundamento na inércia do Poder Público.

No mesmo rumo, sustenta ALEXANDRE DE MORAES (2010, p. 177), declarada a inconstitucionalidade e dada ciência ao Poder Legislativo, "fixa-se judicialmente a ocorrência da omissão, com efeitos retroativos *ex tunc* e *erga omnes*, permitindo-se sua responsabilização por perdas e danos, na qualidade de pessoa de direito público da União Federal, se da omissão ocorrer qualquer prejuízo." Aliás, a jurisprudência do TRF/4ª Região veio a adotar essa linha decisória ao caso da inércia presidencial em tomar a iniciativa da lei de revisão salarial exigida no inciso X do art. 37 com redação da EC 19/98 (cf., *v.g.*, AC 2003.72050061648/SC).

Todavia, descabe dizer que a procedência do pedido feito em ação do controle abstrato de constitucionalidade omissiva assegure direito geral de indenização. Se o interesse que move o autor dessa ação é do tipo *objetivo* – ou seja, não identificado com os interesses subjetivos de quem quer que seja –, só se poderia falar em direito subjetivo à indenização pela omissão se também se pudesse vislumbrar a existência de direito subjetivo à atuação normativa tendente à exequibilidade da norma constitucional violada.

Nesse sentido, aliás, decidiu o **STF** que, não "sendo possível, pela via do controle abstrato, obrigar o ente público a tomar providências legislativas necessárias para prover omissão declarada inconstitucional – na espécie, o encaminhamento de projeto de lei de revisão geral anual dos vencimentos dos servidores públicos – com mais razão não poderia fazê-lo o Poder Judiciário, por via oblíqua, no controle concreto de constitucionalidade, deferindo pedido de indenização para recompor perdas salariais em face da inflação" (1ª Turma, AgRg no RE 510.467/SP). Ademais, já entendeu a Corte não haver direito subjetivo a ser indenizado pelo Estado sob a alegação de descumprimento de dever previsto em norma programática, pois normas desse tipo impõem ao Estado somente um dever genérico e progressivo de agir (2ª Turma, AgRg no AI 400.336/RJ).

Ainda que inteligente, a opção por desviar a impossibilidade de atuação judicial, por meio de um suposto direito indenizatório, não soluciona o problema da inexistência de critérios para que o juiz fixe o *quantum* da reparação sem que aí se veja um ativismo judicial contrário à independência dos Poderes. É que identificar o *quantum* devido a título de ressarcimento por inércia na atuação normativa, de certa forma, é virtualmente presumir qual seria a disciplina que o órgão inadimplente "deveria" ter editado, para daí extrair o montante que indenizaria o prejuízo experimentado pela pessoa lesada. No entanto, tal operação esbarra no mesmo problema da substituição, pelo juiz, da discricionariedade do legislador quanto às escolhas disponíveis em relação às providências tendentes a desenvolver a aplicabilidade da norma constitucional violada pela omissão. Em outras palavras, se o juiz pudesse quantificar o valor do dano decorrente da omissão inconstitucional, estaria ele próprio, no lugar do legislador, cuidando da concretização da norma constitucional violada, quando tal tarefa só pode ser desempenhada pelo Legislativo, por força do art. 2º da CF/88.

A questão, portanto, remete à vedação a que o juiz se intrometa, inclusive num sentido virtual, na **discricionariedade do órgão normativo**. Todavia, como a

Constituição não prevê sanções jurídicas à inércia legislativa em casos de omissão inconstitucional, não se pode esperar muito do Judiciário, a menos que este adote uma postura ativista a afrontar o princípio da independência dos Poderes.

3.8. Diferenças da ADO em face do mandado de injunção (MI)

Estas são as principais diferenças entre os dois institutos de controle da constitucionalidade por omissão:

A) ao contrário do MI, a ADO é espécie de ação do **processo objetivo**, em que não se discutem lesões a direitos subjetivos por decorrência da omissão inconstitucional;

B) a ADO visa à **defesa abstrata da concretização constitucional**. Já o MI, a defesa de direito subjetivo cujo exercício se encontra inviabilizado pela omissão inconstitucional;

C) a ADO é instrumento do controle concentrado/abstrato de constitucionalidade, daí por que somente ajuizável perante o STF. Diferentemente, o MI deve ser processado pelo órgão judicial com competência para julgar a autoridade com atribuição para suprir a omissão impugnada;

D) ADO possui **legitimidade ativa restrita** aos colegitimados do art. 103 da Constituição;

E) a aplicação do MI adstringe-se aos casos de inércia (e também de insuficiência) na regulamentação de direitos, liberdades e prerrogativas inerentes à soberania. A ADO abarca **qualquer "medida"** necessária para tornar efetiva a norma constitucional;

F) a sentença pela procedência do pedido da ADO tem **efeitos *erga omnes***. Na do MI, o efeito decisório, **regra geral**, é *intra partes* (art. 9º, *caput*, e art. 13, todos da Lei 13.300/2016). Ou seja, restringe-se ao impetrante (MI individual) ou às pessoas integrantes da coletividade, do grupo, da classe ou da categoria substituídos pelo impetrante (MI coletivo), salvo as exceções previstas nos §§ 1º e 2º do art. 9º da Lei 13.300/2016;

▸ **Importante:**

A) Na mudança jurisprudencial havida no MI 708/DF (j. em 25-10-2007), o STF já inovara quanto aos efeitos subjetivos da decisão do mandado de injunção. No caso, após reconhecer a omissão do Congresso Nacional em regulamentar o inciso VII do art. 37 da Constituição, o STF julgou procedente mandado de injunção coletivo, para assegurar o exercício do direito de greve dos servidores públicos civis, mediante aplicação subsidiária das Leis 7.701/88 e 7.783/89. Nesse julgado, contudo, em vez de o STF restringir os efeitos da decisão à categoria representada pelo sindicato-impetrante, sagrou-se vencedora a proposta do Ministro-Relator, de estender a ordem de injunção *"aos conflitos e ações judiciais que envolvam a interpretação do direito de greve dos servidores públicos civis"*. Logo se vê, na prática, o STF acabou por conceder efeitos ***erga omnes*** à decisão do MI, vencidos três Ministros, "que limitavam a decisão à categoria representada pelo sindicato".

B) Essa linha decisória do STF acabou por inspirar o legislador. Pela Lei 13.300/2016, art. 9º, *caput*, a decisão do mandado de injunção, regra geral, "terá eficácia subjetiva limitada às partes e produzirá efeitos até o advento da norma regulamentadora". Contudo, os parágrafos do mesmo dispositivo dispõem que, excepcionalmente: (a) poderá ser conferida eficácia *ultra partes* ou *erga omnes* à decisão, "quando isso for inerente ou indispensável ao exercício do direito, da liberdade ou da prerrogativa objeto da impetração" (§ 1º); e (b) transitada em julgado a decisão, "seus efeitos poderão ser estendidos aos casos análogos por decisão monocrática do relator" (§ 2º).

G) a sentença pela procedência do pedido formulado no MI poderá fixar provisoriamente as normas aplicáveis à hipótese (art. 9º, *caput*, 2ª parte, c/c art. 11, todos da Lei 13.300/2016), tal como o STF decidira no caso do direito de greve dos servidores públicos civis (v. MI 670/ES e MI 708/DF). Na terminologia sugerida por ABBOUD, a concessão do mandado de injunção equivale a uma *decisão de inconstitucionalidade com pronúncia de normatividade*. Na ADO, os **efeitos decisórios são mais limitados** (v. item 3.7).

	DIFERENÇAS DA AÇÃO DIRETA DE INCONSTITUCIONALIDADE POR OMISSÃO (ADO) EM FACE DO MANDADO DE INJUNÇÃO (MI)	
	ADO	**MI**
Objetivo	proteção da ordem jurídica	proteção de direito subjetivo
	cabível para obter a implementação da eficácia de qualquer norma constitucional de eficácia limitada	cabível para garantir direitos e liberdades constitucionais, além de prerrogativas inerentes à nacionalidade, à soberania ou à cidadania cujo exercício esteja inviabilizado pela falta de norma regulamentadora
Legitimidade	mesmos legitimados da ADI	**MI individual**: qualquer pessoa física ou jurídica
		MI coletivo: (a) Ministério Público; (b) partido político com representação no Congresso Nacional; (c) organização sindical, entidade de classe ou associação legalmente constituída e em funcionamento há pelo menos 1 (um) ano; (d) Defensoria Pública
Competência	STF	órgão judicial com competência para julgar a autoridade com atribuição para suprir a omissão impugnada.

	DIFERENÇAS DA AÇÃO DIRETA DE INCONSTITUCIONALIDADE POR OMISSÃO (ADO) EM FACE DO MANDADO DE INJUNÇÃO (MI)	
	ADO	**MI**
Natureza do controle	controle abstrato	controle concreto
Efeitos da decisão	*erga omnes*	**Regra geral:** efeito *intra partes;* **Excepcionalmente:** efeitos *erga omnes* ou *ultra partes*, permitida ainda, a extensão da decisão a casos análogos (art. 9º, §§ 1º e 2º, da Lei 13.300/2016)

▸ **Como esse assunto foi cobrado em questões dissertativas de concurso?**

No concurso para Juiz do TJDFT (2015), arguiu-se ao candidato: "Responda, justificadamente, aos seguintes quesitos de Direito Constitucional. Estabeleça a distinção entre Ação Declaratória de Inconstitucionalidade por Omissão e Mandado de Injunção, quanto à Competência, objeto de controle e efeitos da decisão"

4. AÇÃO DIRETA DE INCONSTITUCIONALIDADE POR OMISSÃO (ADO) NOS TRIBUNAIS DE JUSTIÇA

O § 2º do art. 125 da Constituição Federal defere às constituições estaduais poderes para instituir, na esfera das competências dos respectivos tribunais de justiça, controle concentrado/abstrato da constitucionalidade das leis e atos normativos estaduais e municipais, vedada a atribuição da iniciativa a um único órgão.

À vista dessa autorização, os Estados-membros criaram também ações diretas de inconstitucionalidade por omissão na tarefa de implementar a aplicabilidade das normas das constituições estaduais. Nesse sentido, o § 2º do art. 60 da Constituição do Estado de Goiás. Com relação ao Distrito Federal, coube ao legislador federal disciplinar a matéria. Atualmente, a regulamentação da ADO de competência do Tribunal de Justiça do Distrito Federal e dos Territórios consta do inciso II do § 4º do art. 8º da Lei 11.697, de 13-6-2008.

A ADO estadual, por **simetria**, segue as mesmas diretrizes da ADO federal.

Cf. item 3 deste Capítulo e item 5.3 do Capítulo VI.

Capítulo VII

Controle da constitucionalidade por meio da arguição de descumprimento de preceito fundamental

1. EXPLICAÇÃO INICIAL

Embora a ADPF possa ser utilizada no controle abstrato de constitucionalidade em face de atos tanto **comissivos** quanto **omissivos**, questões metodológicas justificam dela tratar num item específico. Todavia, aplica-se à ADPF, no geral, o que já se disse acerca das demais ações do controle abstrato de constitucionalidade, ressalvadas as peculiaridades a seguir expostas.

2. HISTÓRICO

A arguição de descumprimento de preceito fundamental foi primeiramente instituída pelo parágrafo único do art. 102 da CF/88, posteriormente renumerado para § 1°, por força da EC 3, de 17/03/93.

Do histórico dos trabalhos da Assembleia Constituinte, chega-se à conclusão de que a finalidade então concebida à ADPF estava ligada à substituição da chamada **arguição de relevância** necessária à admissão do recurso extraordinário, tal como prevista na Constituição anterior. Porém, pela forma com que aderiu ao texto final da nova Constituição, assumiu a ADPF posição processual independente, divorciada de alguma modalidade recursal.

Ademais, conforme o STF, o dispositivo constitucional pelo qual se instituiu a ADPF contém norma desprovida de autoaplicabilidade. Assim, bastante imprecisa a configuração dada à ADPF pelo constituinte, transferiu-se ao legislador a tarefa de lhe fixar as características. Nesse sentido, o § 1° do art. 102 só veio a dispor de eficácia plena após regulamentado pela **Lei 9.882**, de 03/12/99.

Já a origem da Lei 9.882/99 está associada às preocupações do Executivo com o intenso número de liminares concedidas, especialmente pela Justiça Federal, sob a alegação de inconstitucionalidade de normas federais. Dessarte, com a regulamentação da ADPF, desejava-se mecanismo processual que propiciasse rápida uniformização da interpretação da Constituição Federal, por parte de seu guardião maior, com efeitos vinculantes às demais esferas do Judiciário. Pretendeu-se também complementar o intricado sistema nacional de controle abstrato de constitucionalidade, permitindo ao STF seu exercício mesmo em relação às **normas municipais** e **pré-constitucionais**. Sobre o assunto, disse GILMAR FERREIRA MENDES, a ADPF ofereceria solução superior à alternativa da extensão da competência aos Tribunais estaduais para apreciar, em ações diretas de inconstitucionalidade, a legitimidade de leis ou atos normativos municipais em face da Constituição Federal, pois se evitaria a formação de interpretações divergentes entre as cortes locais, além de estancar a multiplicação de recursos extraordinários destinados ao STF.

3. CONCEITO

A ADPF é instrumento da jurisdição constitucional voltado à depuração objetiva do ordenamento jurídico por meio da identificação e eventual reparação de atos que impliquem o descumprimento de preceitos constitucionais considerados fundamentais.

4. NATUREZA JURÍDICA

Trata-se de instituto processual de controle da constitucionalidade do tipo ***concentrado***, porque a competência para processá-lo é conferida com exclusividade ao STF; e também do tipo ***abstrato***, já que visa ao exame do ato impugnado a partir de perspectiva principalmente voltada à preservação objetiva da supremacia constitucional. Essa a razão por que as decisões finais da ADPF têm eficácia contra todos e efeito vinculante relativamente aos demais órgãos do Poder Público (Lei 9.882/99, art. 10, § 3º).

Além disso, no caso de sua modalidade "incidental" (item 8.2), a ADPF representa uma forma *conjugada* de controle de constitucionalidade (BERNARDES, 2000), que tem início a partir de controvérsia judicial instaurada no âmbito do controle concreto, seguida do posterior deslocamento da questão constitucional ao crivo do STF, já na via do controle abstrato.

> ▸ **Atenção!**
>
> Na polêmica ADPF 378/DF, que versou sobre a definição do rito do *impeachment* de Presidentes da República, o STF admitiu o processamento de ADPF para **controle simultâneo** da **constitucionalidade de atos concretos** e de **atos normativos em tese**. O objeto da ação era a declaração da não recepção de dispositivos de lei pré-constitucional e a inconstitucionalidade por omissão parcial de ato normativo posterior à Constituição, e o STF ainda admitiu "cautelar incidental", para anular atos concretos já praticados pela Câmara dos Deputados.

5. PARÂMETRO DE CONTROLE

5.1. Aspectos materiais: o que é preceito fundamental?

Uma das grandes celeumas despertadas pela regulamentação do § 1º do art. 102 da CF/88 reside na delimitação do que vem a ser "**preceito fundamental**". De início percebe-se que o parâmetro de controle – por consequência, a causa de pedir da arguição – não poderá recair sobre qualquer dispositivo constitucional, pois a própria Constituição restringiu seu alcance somente aos considerados "fundamentais". Nesse prumo, surgem interpretações as mais diversas.

Com base na antiga jurisprudência do STF acerca do cabimento da representação interventiva – que acabou alargando o conceito dos princípios constitucionais sensíveis –, os esforços interpretativos podem chegar à conclusão de que a medida reacende a importância da desprestigiada diferenciação entre normas materialmente e apenas formalmente constitucionais. Não para reabrir o debate da existência de hierarquia entre normas constitucionais, tampouco para ensejar novos fundamentos à declaração de inconstitucionalidade de preceitos constitucionais originais – tese não aceita na jurisprudência pátria –, a relevância da distinção estaria tão-somente ligada à possibilidade de utilização processual da ADPF como instrumento de controle de constitucionalidade. Afastar-se-ia, porém, a pertinência da invocação de normas materialmente constitucionais situadas em diplomas outros, pois a redação do § 1º do art. 102 é enfática ao dizer que a proteção oferecida pela ADPF adstringe-se aos preceitos fundamentais decorrentes "desta Constituição".

Quanto aos aspectos materiais do que se deve entender por "preceitos fundamentais", também existem várias interpretações. Há quem defenda, por exemplo, "que toda norma constitucional é 'preceito fundamental'" (FERREIRA FILHO, 2000, p. 14). Todavia, a melhor solução está na restrição da arguição aos preceitos decorrentes de temas considerados "fundamentais" pela dicção do próprio Constituinte originário, como aqueles elencados no Título I (Dos Princípios Fundamentais), além dos direitos e garantias fundamentais dispostos no Título II, o que acabaria por englobar, reflexamente, todas as cláusulas pétreas arroladas no § 4º do art. 60 da CF/88. E há, ainda, os que defendem que os princípios constitucionais sensíveis (art. 34, VII) também fazem parte do rol de preceitos fundamentais (GILMAR MENDES). Sem embargo, a matéria só será definitivamente definida com a construção jurisprudencial do STF, caso a caso.

▸ **Como esse assunto foi cobrado em concurso?**

O concurso para Procurador do Distrito Federal (2002) considerou **correta** a seguinte assertiva: "Tanto a ADPF como a ADI e a ADC são instrumentos do controle concentrado de constitucionalidade. Nada obstante, o parâmetro de fiscalização é distinto: no caso dessas duas últimas, é a Constituição da República de 1988, ao passo que na ADPF são apenas algumas de suas normas."

No concurso para Juiz do TJCE (2018/Cespe), foi considerada **correta** a afirmação: "Embora seja ação típica do modelo concentrado, a arguição de descumprimento de preceito fundamental se presta, entre outros fins, ao controle concreto de constitucionalidade."

5.2. Aspectos temporais

No que diz respeito aos aspectos temporais do parâmetro de controle utilizável em ADPF, estão obviamente excluídas do parâmetro de controle as normas das constituições revogadas, pois o constituinte se referiu somente aos preceitos fundamentais decorrentes "**desta**" Constituição.

Entretanto, nem o § 1º do art. 102 da Constituição tampouco a Lei 9.882/99 esclareceram se o parâmetro de controle da ADPF abrange: (a) somente a configuração "atual" dos preceitos fundamentais - ordem constitucional vigente; ou (b) *também* os modelos paramétricos superados da atual Constituição, i. e., a configuração original de preceitos fundamentais que tenham sido alvo de modificação posterior.

Em razão da mudança de entendimento do STF acerca da extensão temporal do parâmetro de controle utilizável no julgamento das ações diretas (ADI 2.158/PR), tudo leva a crer que a ADPF possa igualmente ser utilizada na fiscalização da constitucionalidade de atos que contrariarem tanto o teor original quanto as eventuais alterações referentes a preceitos fundamentais (ver item 6.3.2.2 do Capítulo I).

Sobre as dimensões do conceito de "descumprimento de preceito fundamental", cf. item 4.3.4 do Capítulo I.

6. LEGITIMIDADE

A) **Legitimação ativa:** Recai sobre as **mesmas autoridades** e **entidades** legitimadas ao ajuizamento da **ADI** (inciso I do art. 2º da Lei 9.882/99), aplicando-se ao assunto a mesma sistemática observada quanto à ADI, incluindo o requisito da pertinência temática (item 2.2 do Capítulo V).

Por outro lado, o inciso II do art. 2º do projeto em que se converteu a Lei 9.882/99 permitiria o ajuizamento de ADPF por parte de "qualquer pessoa lesada ou ameaçada por ato do Poder Público". Todavia, foi vetado pelo Presidente da República. Contudo, a despeito desse veto, foi mantida a disposição segundo a qual eventuais interessados poderão, "mediante representação, solicitar a propositura de arguição de descumprimento de preceito fundamental ao Procurador-Geral da República, que, examinando os fundamentos jurídicos do pedido, decidirá do cabimento do seu ingresso em juízo" (§ 1º do art. 2º da Lei 9.882/99).

B) **Legitimação passiva**: Aplicam-se a respeito, também, as mesmas regras pertinentes à ADI (item 2.3 do Capítulo V).

> ▸ **Como esse assunto foi cobrado em concurso?**
>
> O concurso para Procurador do Distrito Federal (2002) considerou **correta** a seguinte assertiva: "A ADPF somente poderá ser proposta pelos legitimados para a ação direta de inconstitucionalidade, mas qualquer interessado poderá solicitar ao procurador-geral da República a sua propositura."

No concurso para Delegado de Polícia/PE (2016/Cespe), foram consideradas **incorretas** as seguintes afirmações: "A ADPF pode ser proposta pelos mesmos legitimados ativos da ADI genérica e da ADC, além do juiz singular quando, na dúvida sobre a constitucionalidade de uma lei, este suscita o incidente de arguição de inconstitucionalidade perante o STF" e "Se a câmara de vereadores de um município entender que o prefeito local pratica atos que lesam princípios ou direitos fundamentais, ela poderá propor uma ADPF junto ao STF visando reprimir e fazer cessar as condutas da autoridade municipal."

7. DUPLICIDADE DAS HIPÓTESES DE CABIMENTO DA ADPF

Ao regulamentar o § 1º do art. 102 da Constituição, a Lei 9.882/99 acabou por dividir as hipóteses de cabimento da ADPF em dois dispositivos:

A) pelo *caput* do art. 1º da Lei 9.882/99, o legislador previu o cabimento da ADPF tanto para "evitar" quanto para "reparar" lesão a preceito fundamental resultante de ato do Poder Público";

B) pelo parágrafo único do mesmo artigo, caberá "também" a ADPF "quando for relevante o fundamento da controvérsia constitucional sobre lei ou ato normativo federal, estadual ou municipal, incluídos os anteriores à Constituição" (inciso I).

Por isso, como escrito no primeiro estudo a divisar as duas figuras, a regulamentação da ADPF deu-lhe a característica de um "instituto bivalente, situado na esfera da competência constitucional do STF, ora revestindo-se de caráter processual autônomo, funcionando como verdadeira ação sumária (**arguição autônoma**) tendo por objeto 'evitar ou reparar lesão a preceito fundamental, resultante de ato do Poder Público' (*caput* do art. 1º da Lei 9.882/99), ora equivalendo-se a um incidente processual de inconstitucionalidade (**arguição incidental**), cabível 'quando for relevante o fundamento da controvérsia constitucional sobre lei ou ato normativo federal, estadual ou municipal, incluídos os anteriores à Constituição' (art. 1º, parágrafo único, inciso I, da Lei 9.882/99)" (BERNARDES, 2000).

Todavia, com o veto ao inciso II do parágrafo único do art. 1º, é incabível ADPF nas hipóteses de violação de normas regimentais das Casas Legislativas.

7.1. Constitucionalidade

Parte da doutrina, porém, reputa inconstitucional a dupla divisão das hipóteses de cabimento da ADPF em dois dispositivos da Lei 9.882/99.

Para ALEXANDRE DE MORAES, por exemplo, a inconstitucionalidade está nas hipóteses de cabimento do parágrafo único, pois o legislador não poderia ampliar a competência do STF a casos não albergados no § 1º do art. 102 da Constituição. A opinião do autor tem por fundamento a impropriedade legislativa da expressão caberá "*também* arguição", contida no texto do parágrafo único que introduz o atacado inciso I. No mesmo sentido, o voto do Min. NÉRI DA SILVEIRA na MC na ADI 2.231/DF.

Já para SÉRGIO RESENDE DE BARROS, a inconstitucionalidade radica nas hipóteses de cabimento previstas no *caput* do art. 1º da Lei 9.882/99, porque a lei acabou por criar uma ADPF sob a forma de ação direta, o que implicou indevida extensão do caráter tipicamente incidental das arguições.

Contudo, justamente porque o constituinte originário não especificou quais seriam os contornos específicos da ADPF, a melhor interpretação é aquela segundo a qual a disciplina exata quanto a tais aspectos foi incluída no âmbito do poder de conformação legislativa deferido pela norma, de eficácia limitada, de que trata o § 1º do art. 102 da Constituição. Logo, a regulamentação das hipóteses do inciso I não exclui automaticamente as do *caput* do art. 1º, nem vice-versa. E **não há nada de errado** em que um mesmo remédio constitucional apresente duas **facetas distintas**, ambas disciplinadas pela lei, desde que o escopo finalístico dele não seja alterado. Serve de exemplo o *habeas corpus*, modalidade de ação autônoma de impugnação que é frequentemente utilizada em substituição a recursos processuais, assim como para rescindir sentença penal condenatória já transitada em julgado, bastando que o objeto do *habeas corpus* não se distancie da garantia constitucional de locomoção do paciente.

Assim, como o constituinte especificou somente a destinação, e não as hipóteses de cabimento da ADPF, a distinção empreendida no *caput* e no parágrafo único **não é por si só inconstitucional**. Destarte, como o descumprimento a preceito fundamental tanto se pode dar nas hipóteses elencadas no *caput* quanto nas disciplinadas pelo inciso I do art. 1º da Lei 9.882/99, o cabimento da ADPF em face de umas delas não afasta a adequação do remédio em face das demais. Como sustentou TAVARES (2001, p. 65), "trata-se de facetas complementares de um instituto único, que só contribuem para sua estruturação ampla dentro do sistema. Não se trata de um instituto 'monolítico'."

8. TIPOS DE ADPF

Em razão da mencionada duplicidade das hipóteses de cabimento da ADPF (item 7), é possível extrair dois tipos de arguição: a ADPF ***autônoma*** e a ADPF ***incidental***.

Ademais, a redação do *caput* do art. 1º da Lei 9.882/99 deixa clara a viabilidade da propositura de ADPF nas formas tanto ***preventiva*** quanto ***repressiva***.

8.1. ADPF autônoma

Conforme prevista no *caput* do art. 1º da Lei 9.882/99, a ADPF autônoma consiste numa ação constitucional sumária destinada a prevenir ou a reparar "lesão" a preceito constitucional fundamental derivada de ato do Poder Público.

Diz-se *autônoma*, porque o ajuizamento dessa espécie de ADPF **independe esteja em andamento outro processo judicial**.

8.2. ADPF incidental

Trata-se de ação incidental de declaração de inconstitucionalidade em abstrato ajuizada por ensejo da tramitação de questão constitucional de relevância geral em processo do controle difuso/concreto. Afirma-se *incidental*, porque a propositura desse tipo de ADPF requer **necessária referência a processo judicial em curso**.

Está prevista no parágrafo único do art. 1º da Lei 9.882/99, segundo o qual caberá "também" a ADPF "quando for relevante o fundamento da controvérsia constitucional sobre lei ou ato normativo federal, estadual ou municipal, incluídos os anteriores à Constituição" (inciso I).

▸ **Importante:**

Embora o legislador não tenha sido explícito a respeito, o caráter incidental desse outro tipo de ADPF extrai-se dos seguintes dispositivos da Lei 9.882/99:

a) no parágrafo único do art. 1º, o legislador utilizou-se da expressão caberá "também" para introduzir a norma relativa à arguição incidental;

b) no inciso I do mesmo parágrafo único, ao tratar do cabimento da ADPF, a lei referiu à prévia necessidade de haver "controvérsia constitucional" sobre lei ou ato normativo;

c) na forma do inciso V do art. 3º, percebe-se que tal controvérsia constitucional é uma "controvérsia judicial relevante sobre a aplicação do preceito fundamental que se considera violado";

d) pelo § 1º do art. 6º, permite-se ao relator ouvir "as partes nos processos que ensejaram a arguição".

Com a ADPF incidental, é possível agora cindir a questão constitucional das demais suscitadas pelas partes no processo originário e, com isso, antecipar o pronunciamento do STF quanto ao tema constitucional, toda vez que se o considera revestido de relevância geral.

Nesse sentido, a ADPF institui modalidade conjugada de controle judicial de constitucionalidade, que tem início a partir de controvérsia judicial instaurada no âmbito do **controle concreto**, seguida do posterior deslocamento da questão constitucional ao crivo do STF, já na via do **controle abstrato**.

Cuida-se de ação incidental de natureza extraordinária, mas que não se confunde com a extinta "avocatória", pois o STF não age de ofício para requisitar o julgamento da lide originária e tampouco julga integralmente a controvérsia. Na ADPF incidental, um dos legitimados ativos apresenta ao STF uma relevante controvérsia constitucional já ajuizada no âmbito do controle concreto de constitucionalidade. Porém, a Corte Suprema restringe-se ao exame da alegação de descumprimento de preceito fundamental, sem interferir nas demais nuanças do processo originário. De outro lado, por decisão do STF (§ 3º do art. 5º da Lei 9.882/99) ou do próprio juízo de origem (CPC/73, art. 265, IV, letra "a"; e art. 313, V, letra "a", do CPC/2015), poderá ser decretada a suspensão do processo a partir do qual foi suscitada a ADPF incidental e, além disso, o resultado do julgamento incidental vincula tanto as partes como o juízo originário (ver item 19.3).

Por fim, apesar da ausência de disciplina legal, a ADPF incidental pode ser suscitada quando em tramitação o processo perante qualquer órgão judicial, inclusive o próprio STF, desde que o feito já não tenha sido definitivamente julgado.

8.3. ADPF preventiva

Conforme previsão do *caput* do art. 1°, será cabível a ADPF para "*evitar* ou *reparar* lesão a preceito fundamental, resultante de ato do Poder Público". Óbvio, essa ADPF tendente a **evitar lesão** a preceito fundamental é a do tipo *preventivo*, que interessa no particular.

Aqui, a despeito da terminologia "**preventiva**", não há baralhar a ADPF preventiva com algum tipo de controle de constitucionalidade cujo *momento* de realização possa ocorrer de maneira preventiva (ver item 7.2.1 do Capítulo I). Essa característica não foi explicitada pelo legislador, mas o veto ao inciso II do parágrafo único do art. 1° do projeto que redundou na Lei 9.882/99 significou, implicitamente, bloqueio às discussões quando ainda se desenvolve o processo legislativo. Em outras palavras, a previsão da ADPF preventiva não significa que o direito brasileiro tenha criado instrumento de controle abstrato a ser utilizado em momento anterior à conclusão do ciclo de formação do ato impugnado. Nesse sentido, o STF negou seguimento a ADPF movida contra proposta de emenda constitucional, por entender que, uma vez incluída a arguição entre ações do controle abstrato de constitucionalidade, não poderia ser utilizada para impugnar "ato com tramitação ainda em aberto", mas somente ato do Poder Público "pronto e acabado" (AgRg na ADPF 43/DF).

Por outro lado, embora a possibilidade de se propor ADPF para "evitar" lesão a preceito fundamental só tenha sido evidenciada no dispositivo que cuida da **ADPF autônoma**, também caberá **ADPF incidental** de maneira preventiva, sempre que o processo a partir da qual se suscitar o incidente tiver por alvo o ataque preventivo a algum ato normativo editado pelo Poder Público.

Todavia, se porventura entendida num aspecto abstrato a "lesão" a preceito fundamental (ver discussão no item 9.1.1), fica difícil imaginar hipóteses em que a ADPF autônoma possa ser ajuizada preventivamente, pois todo ato "pronto e acabado", mesmo que não esteja ainda em vigor, quando descumpre algum preceito fundamental, já representaria uma lesão atual ao sistema jurídico constitucional. Daí por que não haveria mais como evitá-la, senão simplesmente "repará-la".

8.4. ADPF repressiva

Feita explicação sobre a ADPF preventiva, resta evidente que o campo de mais frequente atuação da ADPF é mesmo aquele que, tal como ocorre na ADI, visa a **reparar** a higidez objetiva do ordenamento jurídico, diante da indevida subsistência de atos do Poder Público a descumprir algum preceito considerado fundamental, ainda que se trate de atos pré-constitucionais.

TIPOS DE ADPF	
ADPF autônoma	ajuizamento independentemente de estar em andamento outro processo judicial.
ADPF incidental	ajuizamento requer necessária referência a processo judicial em curso.
ADPF preventiva	visa a evitar a concretização de lesão a preceito fundamental.
ADPF repressiva	visa a reparar a higidez objetiva do ordenamento jurídico, diante da indevida subsistência de atos do Poder Público a descumprir algum preceito considerado fundamental.

9. CONDIÇÕES ESPECÍFICAS DA ADPF

A ADPF apresenta pelos menos duas condições específicas que merecem destaque.

9.1. Princípio da subsidiariedade

Trata-se do princípio segundo o qual não se admite o processamento de ADPF "quando houver qualquer outro meio eficaz de sanar a lesividade" (§ 1º do art. 4º da Lei 9.882/99). Representa condição específica criada pelo legislador e que concede à ADPF um **papel subsidiário** entre os mecanismos de controle de constitucionalidade.

A respeito do assunto, porém, a doutrina é bastante controvertida.

9.1.1. Teorias negativas

Segmentos da doutrina não concordam, total ou parcialmente, com a aplicação do princípio da subsidiariedade. Há basicamente duas teorias a respeito: (a) o princípio é inteiramente inconstitucional (***teoria negativa total***); e (b) embora constitucional, a subsidiariedade só incide quanto a um dos dois tipos de ADPF (***teoria negativa parcial***).

Pela ***teoria negativa total***, cujo precursor mais destacado é ANDRÉ RAMOS TAVARES (2001b), não há que se falar nesse caráter subsidiário da ADPF, já que o legislador não poderia restringir a arguição a um campo de atuação subalterno, a menos que houvesse norma constitucional nesse sentido.

Todavia, o § 1º do art. 102 da CF, como qualquer norma constitucional de aplicabilidade mediata, não impede que o legislador ordinário institua condições de admissibilidade a determinado instrumento processual, como já reconheceu o STF no AgRg na ADPF 17/AP.

Outra linha é a ***teoria negativa parcial***, a sustentar que o princípio da subsidiariedade, embora constitucional, não se aplica à ADPF incidental (BERNARDES, 2004a). Isso porque o § 1º do art. 4º da Lei 9.882/99 refere-se à eficácia dos meios em relação ao afastamento da "lesividade", mas a necessidade de comprovação da presença de "lesão" ou "lesividade" diz respeito unicamente à ADPF autônoma (v. itens 8.1 e 9.1.2, "b").

No entanto, a grande maioria da doutrina não se refere a quaisquer restrições à aplicação do princípio da subsidiariedade em face de ambos os tipos de ADPF.

TEORIAS QUE EXCLUEM A ADPF DO PRINCÍPIO DA SUBSIDIARIEDADE	
Teoria negativa total	**Teoria negativa parcial**
É inconstitucional a atribuição de caráter subsidiário à ADPF, já que o legislador não poderia restringir a arguição a um campo de atuação subalterno, a menos que houvesse norma constitucional nesse sentido.	O princípio da subsidiariedade, embora constitucional, só se aplica à ADPF autônoma.

9.1.2. Dimensões do princípio da subsidiariedade

Com referência às dimensões do princípio da subsidiariedade, há três correntes acerca do que se deva entender por outros meios eficazes de "sanar a lesividade" (art. 4º, § 1º, da Lei 9.882/99):

A) **Corrente restritiva ao controle abstrato:** os meios de que trata o princípio da subsidiariedade são unicamente os **instrumentos de controle abstrato** que possam resolver a controvérsia de forma **ampla**, **geral** e **imediata**. Nesse sentido, como explicou GILMAR MENDES em artigo doutrinário, "não se verificando a existência de meio apto para solver a controvérsia constitucional relevante de forma ampla e geral e imediata, há de se entender possível a utilização da arguição de descumprimento de preceito fundamental" (2000b, p. 3). Logo, caberá a utilização da ADPF sempre que o descumprimento a preceito fundamental não puder ser reparado pela via das ações diretas, mesmo que existam outros mecanismos eficazes para remediar o problema no âmbito do controle concreto. Como constou do voto vencedor do Min. GILMAR MENDES na ADPF 33/PA, não se pode "admitir que a existência de processos ordinários e recursos extraordinários deva excluir, *a priori*, a utilização da arguição de descumprimento de preceito fundamental. Até porque o instituto assume, entre nós, feição marcadamente objetiva."

B) **Corrente restritiva ao controle concreto:** a partir da premissa segundo a qual as expressões "lesão" e "lesividade" não se relacionam a casos de descumprimento em tese a preceito fundamental, mas a violações *concretas*, é possível defender que o princípio da subsidiariedade se restringe aos meios judiciais disponíveis no âmbito do controle também **concreto** de constitucionalidade. Assim, a ADPF autônoma funciona de maneira similar à queixa constitucional alemã (*Verfassungsbeschwerde*) e ao amparo constitucional espanhol, que são instrumentos de impugnação utilizados para remediar lesões concretas, mas cuja relevância jurídica impõe ao Tribunal Constitucional uma decisão dotada de efeitos gerais (*erga omnes*). Logo, já que a lei exige como condição específica da ADPF autônoma a presença de lesão concreta e que precisa se demonstrada pela própria petição inicial da ADPF (art. 3º, III, da Lei 9.882/99), por outros meios capazes de "sanar a lesividade" devem ser entendidos os instrumentos processuais disponíveis para evitar ou remover lesões igualmente concretas (JULIANO BERNARDES, 2004).

C) **Corrente ampliativa:** os meios cuja eficácia impede o processamento da ADPF devem ser identificados a partir de **quaisquer dos mecanismos processuais** existentes no ordenamento jurídico, não importam se do controle de constitucionalidade do tipo abstrato ou do tipo concreto. Nessa linha, a transposição do "filtro" da subsidiariedade pressupõe não só a demonstração do descabimento de outros mecanismos do controle abstrato de constitucionalidade, como também a inaptidão dos instrumentos disponíveis no âmbito do controle concreto. Só então, se nenhum desses mecanismos forem adequados ou aptos a corrigir o problema, é que surge justificada a intervenção do STF por via da ADPF. Essa a posição doutrinária, *v.g.*, de ALEXANDRE DE MORAES e LUÍS ROBERTO BARROSO. No STF, foi a posição adotada inicialmente pelo Min. CELSO DE MELLO, bem como, mais recentemente, na ADPF 309/PB (Plenário, j. em 6-11-2014) e no AgRg na ADPF 390/DF (Plenário, j. em 30-6-2017).

Embora ainda pouco difundida, a discussão é das mais importantes, porque dela depende a identificação da amplitude com que o controle abstrato desenvolvido mediante ADPF irá vincular o exercício do controle concreto.

Logo se vê, a corrente descrita na letra "A" (aqui intitulada *restritiva ao controle abstrato*) permite maior extensão na faixa de cabimento da ADPF, já que simplesmente desconsidera as possibilidades de superação do descumprimento de preceito fundamental por meio da jurisdição ordinária (ações do controle concreto de constitucionalidade). Não importa se há ou não mecanismos ordinários aptos e capazes para remediar o problema; o STF investe-se no papel de precursor da resolução da questão constitucional, como fez no caso referente ao aborto de fetos anencefálicos (ADPF 54/DF), a despeito das decisões judiciais que, concretamente, poderiam resolver, caso a caso, as lesões a preceito fundamental. O STF passa a concentrar ainda mais poderes, mas sob o custo da interdição das férteis discussões na jurisdição ordinária, que ficará vinculada à decisão da Corte Suprema, sem ter tido, muitas vezes, a chance de oferecer algum outro tipo de solução para o mesmo problema constitucional. Assim, ao invés de assumir o honroso posto de *última trincheira* em matéria de direitos fundamentais, como sucede com os Tribunais Constitucionais alemão e espanhol, tal corrente *restritiva ao controle abstrato* permite ao STF converter-se na *primeira* e ***única*** *trincheira*.

Com a corrente da letra "C" (ora denominada *ampliativa*) ocorre o contrário: como defende só ser cabível a ADPF se tanto as ações diretas *quanto* todas as demais ações do controle concreto revelarem-se insuficientes ou ineficazes, quase nada sobraria ao novo instituto processual.

Por isso, a corrente de letra "B" (corrente *restritiva ao controle concreto*) afigura-se mais correta: não chega a inviabilizar de maneira tão drástica o cabimento da ADPF quanto a corrente de letra "C" e ainda valoriza as soluções que o controle concreto pode oferecer à questão constitucional, pois a ADPF só poderá ser processada se a jurisdição constitucional difusa se revelar inapta a resolver a lesão ao preceito fundamental.

Na **doutrina**, prevalece a *corrente restritiva ao controle abstrato*. Já a **jurisprudência do STF** mostra-se bastante indecisa sobre o tema. Porém, acórdãos mais recentes parecem indicar a atual preferência da Corte pela ***corrente ampliativa*** (por todos, v. AgRg na ADPF 390/DF, Plenário, j. em 30-6-2017).

▸ Como o STF tem enfrentado o tema:

Do Plenário da Corte, retiram-se inúmeros precedentes, ora a aplicar a *corrente ampliativa*, ora a *corrente restritiva ao controle abstrato*. Vejam-se, ilustrativamente, alguns acórdãos reciprocamente contraditórios: (a) no sentido defendido pela **corrente ampliativa**: MC na ADPF 13/SP, AgRg na ADPF 17/AP, ADPF 3/CE, AgRg na ADPF 18/CE, ADPF 12/DF, ADPF 128/DF, MC na ADPF 157/DF, MC na ADPF 155/PB, ADPF 53/PI, AgRg na ADPF 249/DF, AgRg na ADPF 237/SC, ADPF 319/PB, AgR na ADPF 390/DF, MC na ADPF 172/RJ, AgRg na ADPF 141/RJ e MC na ADPF 157/DF; (b) no sentido advogado pela **corrente restritiva ao controle abstrato**: ADPF 33/PA, ADPFMC 47/PA, ADPF 96/DF, ADPFMC 126/DF, ADPFMC 129/DF, ADPF 101/DF e ADPF 144/DF. Há, ainda, outros precedentes pela *corrente restritiva ao controle abstrato*, mas considerando, também, como fator impeditivo, a possibilidade de controle abstrato por via de ADI estadual, seja originariamente nos Tribunais de Justiça (MC na ADPF 100/TO), seja pela via recursal (interposição de RE contra o acórdão da ADI estadual) (ADPF 111/SC).

Essa ambiguidade da Corte reflete-se em precedentes relatados por um mesmo Ministro: (i) no AgRg na ADPF 249/DF (j. em 13-8-2014), considerou-se desatendido o filtro da subsidiariedade, diante da possibilidade de utilização de "outros meios processuais – tais como o mandado de segurança, o 'agravo regimental' e os recursos excepcionais (RE e REsp, que admitem, excepcionalmente, a possibilidade de outorga cautelar de efeito suspensivo), além da reclamação"; (ii) na ADPF 144/DF (j. em 6-8-2008), fazendo referência à ADPF 33/DF, foi consignado que "a invocação do princípio da subsidiariedade, para conflitar com o caráter objetivo de que se reveste a arguição de descumprimento de preceito fundamental, supõe a impossibilidade de utilização, em cada caso, dos demais instrumentos de controle normativo abstrato".

Mais recentemente, todavia, no que parece ser uma tentativa de pôr fim à indefinição a respeito, o Plenário do STF, por unanimidade, adotou a **corrente ampliativa**. Entendeu-se que: a "ADPF será cabível desde que não exista, para a hipótese *in concreto*, qualquer outro meio eficaz de sanar a lesividade, tais como o *habeas corpus, habeas data*; mandado de segurança individual e coletivo; mandado de injunção; ação popular; ADI estadual, entre outros meios. No caso, a decisão recorrida demonstrou a viabilidade de acionamento, com igual proveito, de diversas outras ações constitucionais, evidenciando a inobservância da regra da subsidiariedade" (AgRg na ADPF 390/DF, rel. Min. ALEXANDRE DE MORAES, j. em 30-6-2017).

É fora de discussão, todavia, que o princípio da subsidiariedade **não obriga o esgotamento dos meios judiciais ainda disponíveis**, desde que já se perceba, previamente, a **inutilidade** deles para evitar ou reparar a lesão a preceito fundamental. É que a lei exige a inexistência somente dos meios "eficazes".

Conforme reconheceu o STF, a "mera possibilidade de utilização de outros meios processuais, contudo, não basta, só por si, para justificar a invocação do princípio da subsidiariedade, pois, para que esse postulado possa legitimamente incidir – impedindo, desse modo, o acesso imediato à arguição de descumprimento de preceito fundamental – revela-se essencial que os instrumentos disponíveis mostrem-se capazes de neutralizar, de maneira eficaz, a situação de lesividade que se busca obstar com o ajuizamento desse *writ* constitucional" (AgRg na ADPF 17/DF, Pleno do STF).

Assim, a observância do princípio da subsidiariedade "exige o esgotamento de todas as vias possíveis para sanar a lesão ou a ameaça de lesão a preceitos fundamentais, ou a verificação, *ab initio*, da inutilidade de tais meios para a preservação do preceito" (Plenário do STF, AgRg na ADPF 261/GO, j. em 9-2-2018).

Nessa linha, por exemplo, o Min. ALEXANDRE DE MORAES admitiu ADPF movida contra a paralisação dos caminhoneiros havida em maio de 2018, ao argumento de que, "desde o primeiro momento", se pôde "verificar a ineficiência dos demais mecanismos jurisdicionais para a proteção do preceito fundamental" (decisão monocrática na MC na ADPF 519/DF, j. em 25-5-2018).

▸ **Atenção!**

O STF já entendeu que o princípio da subsidiariedade não impede o processamento de ADPF a veicular pleitos típicos de ações diretas de inconstitucionalidade, desde que formulados, em **cumulação indivisível de pedidos**, com outro pedido que só possa ser veiculado em ADPF. Foi o que se decidiu na polêmica ADPF 378/DF, em que cumulados pedidos tanto de declaração de não recepção de dispositivos de lei pré-constitucional quanto de declaração de inconstitucionalidade de ato normativo posterior à Constituição. Nesse precedente, o voto vencedor considerou atendido o requisito da subsidiariedade, "tendo em vista que somente a apreciação cumulativa de tais pedidos" seria "capaz de assegurar o amplo esclarecimento" da matéria discutida (rito do *impeachment*).

▸ **Como esse assunto foi cobrado em concurso?**

Em 2011, o concurso para Procurador da República considerou **correta** a seguinte assertiva: "O pressuposto da subsidiariedade, na arguição de descumprimento de preceito fundamental de natureza incidental, leva em consideração a existência de outro instrumento no controle abstrato de normas apto a sanar a lesão ao preceito fundamental não apenas para as partes do processo originário, mas para todos os que se encontrarem em situação similar."

Em questão elaborada para o concurso para Advogado da União (2004), foi considerada **errada** a seguinte assertiva: "De acordo com a jurisprudência do STF, em razão do princípio da subsidiariedade, que rege o ajuizamento da ação constitucional de arguição de descumprimento de preceito fundamental, a mera possibilidade de utilização de outros meios processuais, por si só, basta para justificar o não conhecimento da ação."

No concurso para Procurador do Estado MT (2016/FCC), foi considerada **correta** a seguinte alternativa: "A ADPF submete-se ao princípio da subsidiariedade, pois não será admitida quando houver outro meio eficaz de sanar a lesividade.".

9.2. Relevância objetiva

Como se trata de instrumento do controle abstrato de constitucionalidade, a ADPF, seja autônoma, seja incidental, só pode ser utilizada quando a discussão sobre o eventual descumprimento de preceito fundamental alcançar uma **dimensão *objetiva* de relevância**. Referido pressuposto da relevância objetiva diz respeito ao significado jurídico-constitucional da discussão, que deve despertar, conforme assim o entender o STF, o interesse geral em resolver a questão constitucional com efeitos *erga omnes* e vinculantes.

O interesse da questão discutida em quaisquer dos tipos de ADPF deve transcender a órbita dos interesses meramente particulares ou episódicos. Se a relevância da questão se restringir ao campo somente dos interesses subjetivos, não há interesse em ajuizar a ADPF.

Nesse sentido, já decidiu o STF que a "fórmula da relevância do interesse público para justificar a admissão da arguição de descumprimento (explícita no modelo alemão) está implícita no sistema criado pelo legislador brasileiro, tendo em vista, especialmente, o caráter marcadamente objetivo que se conferiu ao instituto" (MC na ADPF 33/PA).

10. FUNGIBILIDADE ENTRE ADPF E AS AÇÕES DIRETAS

Não obstante as especificidades do processo da ADPF, incluindo sua natureza dúplice, o Supremo Tribunal Federal vem aplicando a respeito o **princípio da fungibilidade processual** em face da ADI e da ADC. Nesse sentido, em questão de ordem suscitada na ADPF 72/PA, após considerar que a arguição em exame não satisfazia o princípio da subsidiariedade, o Plenário do STF converteu em ADI uma ADPF autônoma. Conversões semelhantes já se fizeram no Plenário (MC na ADI 4.180//DF) e até por decisões monocráticas (MC na ADPF 143/DF).

Por outro lado, há decisão monocrática a indeferir a conversão em sentido contrário – *i.e.*, de ADI em ADPF – ao argumento de que seria possível propor uma nova ADI para o caso (ADI 3.864/DF).

▸ **Atenção!**

Na ADPF 378/DF, o Plenário do STF decidiu pela admissão da ADPF que cumulava pedidos tanto de declaração de não recepção de dispositivos de lei pré-constitucional quanto de declaração de inconstitucionalidade por omissão parcial de ato normativo posterior à Constituição. Entendeu a Corte que, embora a ADPF veiculasse também pedido típico de ação direta, havia uma **cumulação indivisível de pedidos**, razão pela qual somente a apreciação conjunta de todos eles seria capaz de assegurar o amplo conhecimento da matéria discutida (esclarecimento do rito do *impeachment* por parte do STF), algo inatingível se houvesse o fracionamento da discussão no âmbito de mais de uma ação do controle abstrato.

Já na ADI 3.111/RJ (j. em 20-6-2017), curiosamente, ao declarar a inconstitucionalidade de lei estadual de 2002, o Plenário do STF, acabou por declarar, também, no dispositivo do acórdão, a "não recepção, pela ordem constitucional vigente," de normas editadas em 1969, 1979, 1981 e 1982. Ou seja, o STF admitiu que ADI fosse usada na mesma situação que antes se entendera justificar o cabimento da ADPF. Mas parece tratar-se de precedente inusitado, pois chancelou a utilização de ADI para atacar atos pré-constitucionais.

▸ **Como esse assunto foi cobrado em concurso?**

No concurso para Juiz Substituto do TJMS (2020/TJMS - FCC), considerou-se **incorreta** a seguinte afirmação: "considerado seu caráter subsidiário, não pode a ADPF ser conhecida como ação direta de inconstitucionalidade, acaso manejada em hipótese de cabimento desta, sendo inaplicável o princípio da fungibilidade entre ações de controle concentrado."

11. OBJETO DA ADPF

11.1. Disposição e norma

Quando utilizada para atacar diplomas normativos, a ADPF, tal como nas ações diretas, poderá impugnar os respectivos *preceitos normativos*, o que abrange tanto a *disposição normativa* quanto a(s) *norma(s)* dela decorrente(s). Cf. item 2.1.1 do Capítulo V.

11.2. Atos impugnáveis

Como expresso no texto da Lei 9.882/99, extrai-se o cabimento da ADPF em face de certos atos que não podem ser questionados por meio das ações diretas.

11.2.1. Atos impugnáveis por meio de ADPF autônoma

Segundo o *caput* do art. 1º, a ADPF autônoma pode impugnar "**atos**" **do Poder Público** de que resultem lesões a preceitos fundamentais. Em razão dessa perspectiva ampliada do objeto de controle, uma vez atendidas as condições específicas da ação (ver item 9), pode-se concluir pelo cabimento da ADPF autônoma contra uma ampla gama de atos do Poder Público, tais como:

A) atos omissivos e comissivos;

B) atos do Poder Público de qualquer esfera da Federação, mesmo de Municípios e Territórios;

C) atos de efeitos concretos ou singulares;

> ▸ **Atenção!**
>
> Na MC da ADPF 307/DF, o Plenário do STF admitiu a ADPF autônoma movida contra ato concreto, de Governador de Estado, praticado "no exercício da atribuição conferida constitucionalmente a esse agente político de reunir as propostas orçamentárias dos órgãos dotados de autonomia para consolidação e de encaminhá-las para a análise do Poder Legislativo."
>
> Na MC da ADPF 405/RJ (j. em 14-6-2017), o Pleno admitiu o cabimento de ADPF contra o "conjunto de decisões judiciais" que determinavam a expropriação de recursos do Estado do Rio de Janeiro com objetivo de garantir o pagamento de fornecedores e da remuneração de servidores públicos.
>
> Sobre o problema da utilização da ADPF autônoma para atacar *decisões judiciais*, v. item 11.2.1.1, abaixo.

D) *atos normativos secundários;*

E) *atos pré-constitucionais* (atos anteriores à Constituição de 1988) (MC na ADPF 130/DF);

F) *atos normativos já revogados (ADPF 33/PA);*

G) *atos normativos de eficácia exaurida (ADPF 77/DF);* e

H) *interpretações judiciais que causem ou possam causar lesão a preceito fundamental (ADPF 101/DF e ADPF 130/DF),* incluindo *súmulas. da jurisprudência de tribunais* (v. quadro abaixo). (Sobre o cabimento da ADPF para impugnar decisões judiciais, v. item 11.2.1.1.).

> ▸ **ADPF contra súmula de tribunais**
>
> O STF não admitia ADPF contra súmulas de tribunais desprovidas de caráter vinculante. Conforme precedentes firmados a partir do AgRg na ADPF 80/DF, a Corte entendia que súmulas da jurisprudência dos tribunais não passavam da mera expressão de entendimentos judiciais reiterados, sem consubstanciar ato do Poder Público, nem lesionar preceito fundamental.
>
> Todavia, no julgamento da ADPF 130/DF, embora confirmada a impossibilidade de utilizar o controle abstrato de constitucionalidade para atacar súmula não vinculante de tribunal (no caso, a Súmula 13 do TSE), o Plenário do STF admitiu a propositura de ADPF para impugnar a "interpretação judicial de que possa resultar lesão a preceito fundamental". No caso, porém, tratava-se da própria "interpretação judicial" veiculada na súmula, de modo, se procedente o pedido, a obstar que novas decisões judiciais fossem proferidas no mesmo sentido sumulado.

Posteriormente, no AgRg na ADPF 501/SC (j. em 16-9-2020), em típica **virada de jurisprudência**, a Corte reformou decisão monocrática que aplicara o raciocínio do AgRg na ADPF 80/DF. O voto vencedor, após citar liminares monocráticas que suspenderam processos que envolviam a aplicação de súmulas do TST (ADPFs 276, 277, 304 e 323), admitiu a ADPF contra a Súmula 450 do TST, por considerar "viável o uso da ADPF como meio idôneo para, em controle concentrado de constitucionalidade, atacar ato do Poder Público que tem gerado controvérsia judicial relevante."

O STF, porém, **não admite** ADPF autônoma cujo alvo seja:

i) veto a projeto de lei, por considerar que o veto constitui "ato político" do Poder Executivo, insuscetível de ser enquadrado no conceito de ato do Poder Público, previsto no art. 1º da Lei 9.882/99 (QO na ADPF 1/RJ);

ii) **projeto legislativo** (no caso, uma proposta de emenda constitucional), por entender que, uma vez incluída a ADPF entre ações do controle abstrato de constitucionalidade, não pode ser utilizada para impugnar "ato com tramitação ainda em aberto", mas somente ato do Poder Público "pronto e acabado" (AgRg na ADPF 43/DF);

iii) **lei editada para determinar o cumprimento de acordo coletivo de trabalho**, pois considerou a Corte que: (a) o acordo coletivo era ato único e negocial que, ao ser aprovado por uma lei, adquirira "força de coisa julgada em relação a alguns dos contraentes", razão pela qual não se poderia mais cindir esse ato, reputando-o ilegal "somente em relação a alguns contraentes"; e (b) a ADPF fora utilizada indevidamente como ação "substitutiva de embargos à execução" (ADPF 83/ES);

iv) **lei orçamentária de eficácia já exaurida** (decisão monocrática na ADPF 49/PI); e

v) **a interpretação**, a **revisão** ou o **cancelamento** de **súmula vinculante** (AgRg na ADPF 147/DF).

ADPF AUTÔNOMA E ATOS IMPUGNÁVEIS	
Podem ser impugnados	**Não podem ser impugnados**
a) atos omissivos e comissivos; **b)** atos do Poder Público de qualquer esfera da Federação; **c)** atos de efeitos concretos ou singulares; **d)** atos normativos secundários; **e)** atos anteriores à Constituição de 1988 (atos pré-constitucionais); **f)** atos normativos já revogados; **g)** ato normativo de eficácia já exaurida; **h)** a interpretação judicial de que possa resultar lesão a preceito fundamental, incluindo súmulas da jurisprudência de tribunais.	**i)** veto de prefeito municipal a projeto de lei; ii) projetos legislativos (o caso versou sobre proposta de emenda constitucional); iii) lei editada para determinar o cumprimento de acordo coletivo de trabalho; iv) lei orçamentária cuja eficácia já se exaurira; v) súmula vinculante, quando a pretensão da ADPF for revisá-la, interpretá-la ou cancelá-la.

▸ **Como esse assunto foi cobrado em concurso?**

Em 2011, o concurso para Procurador da República considerou **errada** a seguinte assertiva: "A arguição de descumprimento de preceito fundamental constitui instrumento adequado a viabilizar revisão ou cancelamento de súmula vinculante."

O concurso para Promotor de Justiça do MPDFT (2005) considerou **correta** a seguinte assertiva: "É incabível a arguição de descumprimento de preceito fundamental contra veto do Chefe do Executivo a projeto de lei, dado que o veto constitui ato político do Poder Executivo, insuscetível de ser enquadrado no conceito de ato do Poder Público, previsto no artigo 1º da Lei 9.882/99."

O concurso para Juiz do TRT/3ª Região (2012) considerou **correta** a afirmativa: "A arguição de descumprimento de preceito fundamental, decorrente da Constituição, será apreciada pelo Supremo Tribunal Federal e terá por objeto evitar ou reparar lesão a preceito fundamental, resultante de ato do Poder Público. Caberá também arguição de descumprimento de preceito fundamental quando for relevante a controvérsia sobre lei ou ato normativo federal, estadual ou municipal, incluídos os anteriores à Constituição."

O Concurso para Juiz do TJBA (2012) considerou **correta** a afirmativa: "Embora lei municipal que contrarie a CF não possa ser objeto de ação direta de inconstitucionalidade perante o STF, cabe o controle difuso de constitucionalidade, ou mesmo o controle concentrado, dessa lei, por meio de arguição de descumprimento de preceito fundamental".

O concurso para Juiz do TJSP (2014), considerou **correta** a seguinte alternativa: "A arguição de descumprimento de preceito fundamental pode servir para contrastar atos normativos, atos administrativos e atos jurisdicionais".

No concurso para Analista de Controle do TCE/PR (2016/Cespe), foi considerada **correta** a afirmação de que caberá ADPF "contra normas secundárias regulamentares — como, por exemplo, decretos presidenciais — vulneradoras de preceito fundamental."

11.2.1.1. ADPF autônoma e impugnação de decisões judiciais

A se considerar correta a posição a restringir a aplicação do princípio da subsidiariedade aos instrumentos do controle concreto de constitucionalidade (ver item 9.1), como dito em obra específica (BERNARDES, 2004a), a ADPF autônoma deveria ter sempre por alvo uma **decisão judicial** (*transitada em julgado ou não*), para tal efeito identificada como o ato do Poder Público: (a) do qual decorra afronta direto ao preceito fundamental ou (b) que não tenha sido capaz de afastar a lesão a preceito fundamental decorrente de outros atos ou comportamentos.

Nessa linha, o regime jurídico da ADPF autônoma parece similar à **queixa constitucional** alemã (*Verfassungsbeschwerde*) e ao **recurso de amparo constitucional** espanhol, instrumentos que, na prática, se convertem em mecanismos de impugnação exclusiva de decisões judiciais, salvo nos casos em que o ordenamento jurídico não disponibiliza a via judicial. Essa a razão por que tais mecanismos tornam os tribunais constitucionais alemão e espanhol, respectivamente, o "**último refúgio**" (HÄBERLE) e o "**garante último**" (RUBIO LLORENTE) das **normas constitucionais relativas a**

direitos fundamentais, mas ***sem esvaziar*** o caráter principal da *jurisdição ordinária* a respeito. (Daí o princípio da subsidiariedade tanto da *Verfassungsbeschwerde* quanto do amparo constitucional espanhol.)

Embora o objeto "imediato" da ADPF autônoma radique no ato do qual partiu a concreta lesão ao preceito fundamental (*i.e.*, numa decisão judicial), a constitucionalidade de atos e comportamentos outros (ver item 11.2.1) é **controlada de maneira "mediata"** ou **"indireta"**, sob a alegação de que o ato judicial falhou quando lhes deu aplicação ou se negou a reconhecer que descumpriam preceito fundamental.

Enfim, *somente quando não mais existirem meios judiciais eficazes para sanar concretamente a lesividade contra o preceito fundamental* e, concomitantemente, houver *relevância objetiva na questão constitucional*, é que seria cabível a propositura da ADPF autônoma. Daí, o objeto imediato da ADPF autônoma, regra geral, recairia sobre **decisões judiciais transitadas em julgado.**

▸ **Atenção!**

Nem sempre será necessário aguardar-se o trânsito em julgado da decisão judicial impugnada pela ADPF autônoma. Como a Lei 9.882/99 contenta-se com a inexistência de **outros meios judiciais *eficazes*** para sanar a lesividade (diz o §1º do art. 4º da Lei 9.882/99: "quando houver qualquer outro meio eficaz de sanar a lesividade"), é possível imaginar a utilização da ADPF autônoma para atacar decisões judiciais ainda sujeitas a recurso, desde que a via recursal se mostre incapaz de afastar a concreta lesão ou ameaça de lesão.

Aliás, ao enfatizar a lei que a **liminar** poderá consistir na suspensão dos efeitos de decisão judicial, "salvo se decorrentes da coisa julgada" (art. 5º, § 3º, da Lei 9.882/99), conclui-se, *a contrario sensu*, que as **decisões finais** de mérito em ADPF poderão atingir atos judiciais transitados em julgado. Não fosse assim, a lei faria referência a tal obstáculo quando tratasse dos atos impugnáveis ou da própria decisão final da ADPF.

Porém, **inexiste precedente do STF no sentido acima proposto**. Pelo contrário, a Corte tem visto no mencionado o § 3º do art. 5º da Lei 9.882/99 um óbice ao próprio cabimento da ADPF contra decisões transitadas em julgado, sem considerar que a proibição legal se dirige somente aos efeitos da concessão de liminares (por todos, v. decisão monocrática do Min. GILMAR MENDES na ADPF 105/AL).

Para o Plenário da Corte, desde que haja controvérsia relevante sobre determinado preceito fundamental, a ADPF pode ser utilizada para atacar decisões judiciais ainda não transitadas em julgado, (v. ADPF 387/PI, AgRg na ADPF 79/PE e AgRg na ADPF 249/DF) e até para questionar **interpretações judiciais que venham ou possam ser aplicadas** para fundamentar atos jurisdicionais (v. ADPF 130/DF e ADPF 484/AP). Contudo, não se pode usar a ADPF para impugnar a eficácia da coisa julgada em si.

Ou seja, o **Plenário do STF** não admite **ADPF contra decisões transitadas em julgado**, por entender que a ação "não tem como função desconstituir coisa julgada" (AgRg na ADPF 134/DF), "não dispõe de função rescisória" (AgRg na ADPF 249/DF), nem pode "cumprir uma função substitutiva de embargos à execução" (ADPF 83/ES). Para a Corte, descabe utilizar a ADPF sequer para obter a limitação dos efeitos da decisão judicial transitada em julgado (ADPF 97/PA).

▸ **Atenção!**

Em **precedente isolado**, o Plenário do STF já admitiu ADPF contra decisões transitadas em julgado. Ao julgar parcialmente procedente pedido formulado na ADPF 101/DF, a Corte declarou "inconstitucionais, com efeitos ex tunc, as interpretações, incluídas as judicialmente acolhidas, que permitiram ou permitem a importação de pneus usados de qualquer espécie, aí insertos os remoldados." No caso, a decisão alcançou não só (a) as decisões pendentes de recurso, como também (b) os efeitos das decisões transitadas em julgado e que já fossem alvo de ação rescisória, com exceção daquelas "cujo conteúdo já tenha sido executado e exaurido seu objeto", incluindo (c) decisões judiciais, transitadas em julgado ou não, cujos conteúdos decisórios fossem "abertos" ou "dispostos de forma ilimitada para o futuro".

Porém, nesse precedente, a decisão só atingiu a produção de novos efeitos das decisões transitadas em julgado no passado. Foi o que explicou o Min. GILMAR MENDES, em decisão monocrática na ADPF 105/AL, para quem a decisão na ADPF 101/DF, embora tivesse alcançado certas decisões transitadas em julgado, só o fez em relação à eficácia futura delas, pois preservada a coisa julgada em face de operações temporalmente identificadas. De modo que a "atual jurisprudência do Supremo Tribunal Federal não autoriza o processamento de ADPF que tenha por objeto, **exclusivamente**, decisão judicial transitada em julgado."

▸ **Como esse assunto foi cobrado em concurso?**

O concurso para Procurador da República (2011) considerou **correta** a afirmativa: "Para o STF não cabe arguição de descumprimento de preceito fundamental em face de sentenças transitadas em julgado".

No concurso para Analista de Controle do TCE/PR (2016/Cespe), foram consideradas **incorretas** as afirmações segundo as quais caberia ADPF: "para desconstituir coisa julgada material oriunda de decisão judicial já transitada em julgado" e "para revisar, alterar ou cancelar súmula vinculante do STF."

11.2.2. Atos impugnáveis por meio de ADPF incidental

Como já mencionado, o parágrafo único do artigo 1º da Lei 9.882/99 fixou o cabimento da ADPF incidental contra "lei" ou "ato normativo" proveniente de quaisquer das esferas da Federação, incluídos os anteriores à atual Constituição. Assim, ao contrário do que ocorre com as ações diretas, o objeto da ADPF incidental abrange:

A) *atos normativos municipais;*

B) *atos normativos anteriores à Constituição de 1988.*

Ademais, como a ADPF incidental surge no contexto de processos judiciais em andamento, acaba por atingir ou direcionar, reflexa e automaticamente, determinadas decisões judiciais proferidas nesses processos. Daí se falar na eficácia *intraprocessual* da decisão proferida na ADPF incidental (v. item 19.3).

Porém, diferentemente do tratamento dado à ADPF autônoma, o legislador restringiu o cabimento da ADPF incidental só a leis e a autênticos atos "normativos". Logo, *a* "contrario sensu", **não** cabe ADPF incidental contra:

i) *atos normativos desprovidos do caráter de generalidade e abstração* (*i.e.*, atos que não sejam materialmente normativos);

> ▸ **Importante:**
>
> A partir da MC na ADI 4.089/DF, a jurisprudência do STF passou a dispensar a exigência de generalidade e abstração quanto às *leis* e aos atos com *força de lei*. A mesma dispensa parece aplicável também à ADPF incidental. Ver item 2.1.2 do Capítulo V.

ii) *atos omissivos puros* (omissões de caráter absoluto – v. item 4.5.1.1 do Capítulo I).

> ▸ **Importante:**
>
> Embora permita atacar atos pré-constitucionais, a regulamentação da ADPF não significa haver sido superada a tese da "simples revogação" em matéria de conflito entre a nova constituição e a legislação infraconstitucional anterior. Na jurisprudência do STF, segue inadmissível a alegação de inconstitucionalidade superveniente (ver item 4.1.7 do Capítulo II). O que ocorre na ADPF é simplesmente a extensão do âmbito de cognição judicial a controvérsias que se traduzam como alegado "descumprimento de preceito fundamental", cuja acepção, como visto no item 4.3.4 do Capítulo II, não se restringe ao conceito da inconstitucionalidade em sentido estrito.

> ▸ **Como esse assunto foi cobrado em concurso?**
>
> No concurso para Promotor de Justiça do Estado do Espírito Santo (2010) foi considerada **errada** a seguinte assertiva: "Não se admite controle de constitucionalidade de direito estadual mediante a Propositura de arguição de descumprimento de preceito fundamental, mesmo porque existe procedimento diverso para o exercício do seu controle de constitucionalidade."
>
> O concurso para Promotor de Justiça do Estado da Paraíba (2010) considerou **erradas** as seguintes assertivas: "A ordem jurídica vigente não contempla hipótese de controle concentrado de constitucionalidade pelo Supremo Tribunal Federal sobre lei ou ato normativo municipal em face da Constituição da República" e "O direito infraconstitucional anterior à Constituição é insuscetível a processo de controle normativo objetivo por parte do Supremo Tribunal Federal."

Em questão elaborada para o concurso de Juiz do TJMS (2015/Vunesp) a alternativa considerada **correta** pelo gabarito tinha a seguinte redação: "Uma lei federal em vigor antes da atual Constituição Federal pode ser objeto de controle de constitucionalidade por meio da Arguição de Descumprimento de Preceito Fundamental".

Em questão elaborada para o concurso de Defensor Público do Estado do Pará (2015), a alternativa considerada **correta** pelo gabarito tinha a seguinte redação: "Com relação ao controle de constitucionalidade de norma municipal cuja vigência tenha se iniciado em janeiro de 1985, é correto afirmar que, em abstrato, somente é possível via ADPF, que será julgada pelo Supremo Tribunal Federal".

12. PROCEDIMENTO

O procedimento da ADPF é regido por lei especial (Lei 9.882/99). Ademais, em se tratando de instrumento processual do tipo objetivo, a aplicação do CPC/2015 ocorre de modo apenas subsidiário, naquilo que não contrariar as especificidades da ação.

A petição inicial da ADPF, nos termos do art. 3º da Lei 9.882/99, deverá conter: (a) a indicação do preceito fundamental que se considera violado; (b) a indicação do ato questionado; (c) a prova da violação do preceito fundamental; (d) o pedido, com suas especificações; e (e) se for o caso, a comprovação da existência de controvérsia judicial relevante sobre a aplicação do preceito fundamental que se considera violado.

▸ **Atenção:**

a) Conforme demonstrado no item 9.1.2, o requisito da "prova" da violação do preceito fundamental só faz sentido se restrito o cabimento da ADPF na correção de lesões concretas, ainda que dotadas de relevância objetiva (corrente restritiva da ADPF ao controle concreto). Como esse não é o entendimento adotado pelo STF, tal requisito acaba por tornar-se ocioso na maior parte dos casos. Afinal, se a ADPF é utilizada como instrumento de controle abstrato, à semelhança das ações diretas, não há falar em "prova da violação" de algum preceito fundamental, pois a controvérsia envolve, no geral, apenas atos em tese. Sem que daí surja alguma "prova" a respeito da violação do ato impugnado e os preceitos fundamentais utilizados como parâmetro de controle.

b) O requisito da "comprovação da existência de controvérsia judicial relevante sobre a aplicação do preceito fundamental que se considera violado" parece aplicar-se somente nas ADPF incidentais e nas ADPF autônomas cujo alvo sejam decisões judiciais, tal como ocorreu no AgRg na ADPF 249/DF, na ADPF 167/DF e na ADPF 519/DF (decisão monocrática).

Conforme art. 3º, parágrafo único, da Lei 9.882/99, a petição é apresentada em duas vias, com cópias do ato questionado e dos documentos necessários para comprovar a impugnação. Nas hipóteses em que não houver reconhecimento de capacidade postulatória ao legitimado ativo, será ainda necessário juntar instrumento procuratório (v. item 2.2.2 do Capítulo V).

Distribuída a ação ao relator, ele poderá indeferir liminarmente a petição inicial nos seguintes casos (art. 4º da Lei 9.882/99): (a) se inepta; (b) quando lhe faltar algum requisito exigido pela lei; ou (c) se não for cabível a ADPF, tal como na hipótese de aplicação do princípio da subsidiariedade (v. item 9.1).

> ▸ **Atenção:**
>
> Nos termos do art. 4º, § 2º, da Lei 9.882/99, a decisão monocrática que indefere a inicial da ADPF poderá ser impugnada, no prazo de cinco dias, por via de recurso de agravo regimental, a ser apreciado pelo Plenário do STF.

Deferida a inicial e uma vez apreciado pedido de liminar, se houver, o relator requisitará informações às autoridades ou aos órgãos responsáveis pela edição do ato impugnado.

Após o prazo para informações, o relator lança o relatório e o processo é encaminhado para julgamento.

No curso do procedimento, como ocorre na ADI e na ADC, é possível ainda: (a) a requisição de informações adicionais; (b) a designação de peritos ou comissão de peritos para emitirem parecer acerca das questões discutidas; e (c) a designação de data para declarações, em audiência pública, de pessoas com experiência e autoridade na matéria. Na ADPF incidental, também se admite a oitiva das partes nos processos que ensejaram a arguição. Ver art. 6º da Lei 9.882/99.

Segundo a Lei 9.882/99, uma vez julgada a ADPF, "far-se-á comunicação às autoridades ou órgãos responsáveis pela prática dos atos questionados, fixando-se as condições e o modo de interpretação e aplicação do preceito fundamental." (Sobre a constitucionalidade da última parte desse dispositivo, v. item 20, abaixo).

A decisão conta com eficácia imediata, a partir da data de julgamento. Essa a razão pela qual o Presidente do STF deverá determinar seja imediatamente cumprida, a despeito da posterior lavratura do acórdão (art. 10, § 1º, da Lei 9.882/99).

De outro lado, a exemplo das ações diretas, a decisão final da ADPF não se submete a recurso, nem a ação rescisória (art. 12 da Lei 9.882/99). Nada obstante, para dar maior publicidade ao julgamento, em até dez dias do trânsito em julgado, a decisão terá sua parte dispositiva publicada em seção especial do Diário da Justiça e do Diário Oficial da União (art. 10, § 2º, da Lei 9.882/99).

> ▸ **Como esse assunto foi cobrado em concurso?**
>
> O concurso para Juiz do TRF/1ª Região (2010) considerou **errada** a seguinte assertiva: "O relator da ADPF, constatando a ausência de requisitos necessários ou mesmo a inépcia da inicial, deverá indeferir a petição inicial, em decisão irrecorrível."
>
> No concurso para Juiz Substituto do TJMS (2020/TJMS - FCC), considerou-se **incorreta** a seguinte afirmação: "considerado seu caráter subsidiário, não pode a ADPF ser conhecida como ação direta de inconstitucionalidade, acaso manejada em hipótese de cabimento desta, sendo inaplicável o princípio da fungibilidade entre ações de controle concentrado."

No concurso para Juiz Substituto do TJMS (2020/TJMS - FCC), foi considerada **incorreta** a afirmação de que "as normas processuais destinadas a resguardar os interesses da Fazenda Pública, a exemplo da exigência de intimação pessoal dos entes públicos para início da contagem de prazos, são aplicáveis no âmbito da ADPF, embora não o sejam nos demais processos de controle concentrado, por sua natureza objetiva."

13. INTERVENÇÃO DO MINISTÉRIO PÚBLICO

Segue a mesma diretriz das ações diretas. O **Procurador-Geral da República**, além de ser um dos colegitimados à propositura das ações diretas, deve sempre intervir no feito (Constituição, art. 103, § 1º). Ademais, mesmo que ajuizada a ADPF pelo Procurador-Geral da República, poderá este manifestar-se, no parecer final, pela improcedência do pedido.

14. INTERVENÇÃO DO ADVOGADO-GERAL DA UNIÃO

Ocorre da mesma forma que nas ações diretas. O Advogado-Geral da União deve exercer a tarefa de ***curador da presunção da constitucionalidade*** dos atos normativos atacados. Antes de apreciar a inconstitucionalidade em tese de atos normativos, o STF dará prévia ciência ao Advogado-Geral da União, "que defenderá o ato ou o texto impugnado" (§ 3º do artigo 103 da Constituição), tal como na ADI. (Ver discussão quanto ao caráter obrigatório da defesa do ato impugnado no item 2.5 do Capítulo V.)

Relembrar, porém, que, nas ADPFs movidas contra **atos omissivos puros** (omissões inconstitucionais do tipo total), descabe ouvir o Advogado-Geral da União, pois não editado algum ato que contasse com presunção de constitucionalidade a ser defendida.

15. INTERVENÇÃO DO *AMICUS CURIAE*

Segue a mesma diretriz das ações diretas. Embora **omissa** a legislação a respeito, é admissível a presença de *amicus curiae* na ADPF, por aplicação analógica do art. 7º, § 2º, da Lei 9.868/99, como já reconheceu o STF (ADPF 46/DF e ADPF 73/DF).

Mais detalhes no item 2.6 do Capítulo V.

▸ Como esse assunto foi cobrado em concurso?

No concurso para Juiz do TJMS (2020/TJMS - FCC), considerou-se **correta** a seguinte afirmação: "admite-se o ingresso de *amici curiae* na ADPF, pela aplicação, por analogia, do estabelecido em lei relativamente à ação direta de inconstitucionalidade, desde que demonstradas a relevância da matéria e a representatividade dos postulantes."

16. INTERVENÇÃO ESPECIAL

A Lei 9.882/99 prevê um tipo especial de interlocução, no processo de julgamento da **ADPF incidental**, que foge inteiramente da sistemática das ações diretas. Na forma do § 1º do art. 6º da Lei 9.882/99, se o relator entender necessário, é possível ouvir as "**partes nos processos que ensejaram a arguição**".

> **Atenção!**
>
> Essa possibilidade só parece aplicável ao procedimento da **ADPF incidental**, pois, na ADPF autônoma, não há que se falar em processos que ensejam a propositura da arguição.

A explicação para tal intervenção especial decorre da circunstância de que, na ADPF incidental, a decisão final, embora tenha efeitos contra terceiros (*erga omnes*), por possuir também a natureza *intraprocessual* (v. item 19.3), acaba reflexamente por obstar também o prosseguimento da dialética processual iniciada pelas partes no processo que serve como pano de fundo à propositura da arguição.

17. QUÓRUM DE JULGAMENTO

Segue a mesma diretriz das ações diretas, a despeito do veto ao § 1º do art. 8º do projeto que se converteu na Lei 9.882/99 (Cf. item 2.7 do Capítulo VI). Logo, ainda que se trate de controvérsia que não exigisse a observância da *cláusula de reserva de plenário* (art. 97 da CF), aplica-se a regra do quórum de votação por **maioria absoluta**, por imperativo legal.

Excepcionalmente, contudo, em "caso de extrema urgência ou perigo de lesão grave, ou ainda, em período de recesso, poderá o relator conceder a liminar, *ad referendum* do Tribunal Pleno" (§ 1º do art. 5º da Lei 9.882/99).

18. MEDIDA LIMINAR

É cabível a concessão de liminar, nos termos do art. 5º da Lei 9.882/99. A liminar consistirá em provimento que **antecipe os efeitos da tutela** pleiteada na ADPF, garantindo-se a observância do preceito fundamental violado.

Diz ainda o § 3º do art. 5º, a liminar "poderá consistir na determinação de que juízes e tribunais **suspendam** o **andamento** de processos ou os **efeitos** de decisões judiciais, ou de qualquer outra medida que apresente relação com a matéria objeto da arguição de descumprimento de preceito fundamental, salvo se decorrentes da coisa julgada."

> **Importante:**
>
> A) A concessão de liminar em ADPF, embora tenha natureza vinculante, não prejudica os efeitos das decisões já transitadas em julgado (parte final do § 3º do art. 5º da Lei 9.882/99). Ver AgRg na ADPF 79/PE.
>
> B) Na MC na ADPF 347/DF (j. em 9-9-2015), que tratava do *estado de coisas inconstitucional* no sistema penitenciário brasileiro, o Plenário do STF, além de deferir vários dos pedidos de liminar formulados, ainda concedeu medida cautelar de ofício.

Antes da decisão liminar, porém, faculta-se a prévia oitiva dos órgãos ou autoridades responsáveis pelo ato questionado, bem como do Advogado-Geral da União - se for caso de ouvi-lo - ou do Procurador-Geral da República, no prazo comum de cinco dias (Lei 9.882/99, art. 5º, § 2º).

Acerca das demais características da liminar da ADPF, aplica-se, *mutatis mutandis*, o que foi dito acerca das ações diretas nos itens 2.8, 5.1.1 e 5.2.1 do Capítulo V, bem como no item 3.5 do Capítulo VI, no caso de ser impugnado ato omissivo.

> ▸ **Como esse assunto foi cobrado em concurso?**
>
> No concurso para Juiz do TJMS (2020/TJMS - FCC), considerou-se **incorreta** a seguinte afirmação: "em sede de medida liminar, pode ser determinada a suspensão dos efeitos de decisões judiciais relacionadas com a matéria objeto da ADPF, admitida a relativização dos decorrentes de coisa julgada, por decisão de maioria qualificada do STF, diante de circunstâncias de excepcional interesse social."

19. EFEITOS DA DECISÃO FINAL

19.1. Efeitos ordinários

Regra geral, as decisões finais de mérito da ADPF têm os mesmos efeitos ordinários que se reconhecem às decisões das ações diretas (ver itens 3.1 e 3.2 do Capítulo V). Igual raciocínio se aplica às hipóteses de ADPF contra atos omissivos, cujas decisões seguem a sistemática da ADO (cf. item 3.7 do Capítulo VI).

Todavia, no regime particular das ADPFs, embora possam ser impugnados atos pré-constitucionais, o parâmetro de controle não inclui normas das Constituições passadas. Assim, a eficácia ***ex tunc***, que normalmente acompanha a declaração de descumprimento de preceito fundamental, tampouco pode retroagir para antes do início da vigência da atual Constituição. Ou seja, tem por **limite temporal** máximo a data de **5-10-88** o efeito retroativo que ordinariamente surte a decisão que reconhece que a aplicação em tese de algum ato pré-constitucional descumpre a Constituição. Por isso mesmo, na ADPF 33/PA, a despeito da procedência do pedido, o STF limitou o efeito retroativo da decisão à data da promulgação da atual Constituição, "sem se pronunciar sobre o período anterior".

19.2. Efeitos extraordinários

A exemplo do art. 27 da Lei 9.868/99, também o art. 11 da Lei 9.882/99 permite a **manipulação** ou **modulação dos efeitos** da decisão da ADPF.

A concessão desse tipo de efeito extraordinária segue a mesma sistemática observada nas ações diretas (v. item 3.3 do Capítulo V.).

▸ **Como esse assunto foi cobrado em concurso?**

No concurso para Juiz do TJAC (2007/Cespe), foi considerada **correta** a seguinte assertiva: "Em um processo de arguição de descumprimento de preceito fundamental, por motivos de segurança jurídica ou de excepcional interesse social, é lícito que o STF restrinja, por maioria de dois terços de seus membros, os efeitos de declaração de inconstitucionalidade ou decida que esta tenha eficácia somente a partir de seu trânsito em julgado ou de outro momento que venha a ser fixado."

O concurso para Juiz do TRT/3ª Região (2012) teve questão semelhante.

No concurso para Juiz do TJMS (2020/TJMS - FCC), considerou-se **incorreta** a seguinte afirmação: "não se admite a modulação dos efeitos da declaração de inconstitucionalidade em sede de ADPF, por ausência de previsão legal, diferentemente do que ocorre em relação às ações direta de inconstitucionalidade e declaratória de constitucionalidade."

19.3. Peculiaridades da ADPF incidental

Sobretudo porque a ADPF incidental refere-se a processos em curso, a decisão final respectiva traz duas implicações:

A) **de natureza *intraprocessual*:** faz com que o deslinde da questão constitua antecedente lógico do julgamento da própria causa a partir da qual surgiu o incidente, vinculando tanto as partes quanto o juízo originário;

B) **de natureza *extraprocessual*:** os efeitos da decisão são *erga omnes* (atingindo inclusive aqueles que não participaram da relação processual originária) e vinculantes em face dos demais órgãos do Poder Público (§ 3º do art. 10 da Lei 9.882/99).

20. INCONSTITUCIONALIDADE DO ART. 10, *CAPUT*, DA LEI 9.882/99

A parte final do *caput* do art. 10 da Lei 9.882/99 dá a entender que a decisão de mérito na ADPF permite ao STF fixar "as condições e o modo de interpretação e aplicação do preceito fundamental". Essa peculiaridade levou doutrinadores do porte de GILMAR MENDES (2001a, p. 149) a sustentar que o dispositivo legal "abre uma nova perspectiva, não por criar uma nova via processual, mas justamente por fornecer suporte técnico-legal em subsídio ao desenvolvimento de técnicas que permitam superar o estado de inconstitucionalidade decorrente da omissão."

Todavia, embora a doutrina em geral não tenha se atentado ao ponto, essa parte final do *caput* do artigo 10 da Lei 9.882/99 afigura-se inconstitucional. Isso porque tenta atribuir ao STF o papel de verdadeiro **intérprete autêntico** dos **preceitos fundamentais** da Constituição Federal, mas essa atribuição não compete ao Judiciário. Em vez de esclarecer que o STF pode fixar as condições para que o *ato impugnado* se concilie com a Constituição, o *caput* do artigo 10 faculta à Corte decidir *como* se deveria interpretar ou aplicar o **próprio preceito fundamental**! Ou seja, o legislador, sem a devida autorização constitucional, acabou por ampliar o objeto da ADPF aos respectivos parâmetros de controle.

Parte III

TEORIA GERAL DOS DIREITOS FUNDAMENTAIS

Capítulo I

Teoria geral dos direitos fundamentais

1. DEFINIÇÕES PRÉVIAS

A questão dos direitos fundamentais é extremante importante para o constitucionalismo. Isso porque, além da tentativa de estruturar os Estados modernos, uma das principais preocupações que impulsionaram o constitucionalismo foi a tentativa de enunciar e garantir os direitos da pessoa humana. Como bem expõe DAVID WILSON DE ABREU PARDO (2003, p. 5), "o constitucionalismo moderno passa por variações históricas de acordo com a evolução dos direitos que garante, reforçando a tese da origem congênita do constitucionalismo e a doutrina dos direitos fundamentais." Destarte, quer se encontrem ou não incluídos numa "constituição formal", os direitos fundamentais não deixam de fazer parte da "constituição material".

De outro lado, apesar do grande número de expressões utilizadas a respeito do mesmo assunto (por exemplo: "direitos naturais", "direitos humanos", "direitos do homem", "liberdades fundamentais", "liberdades públicas", "direitos fundamentais do homem"), a doutrina em geral costuma abordar pelo menos duas expressões distintas: **direitos humanos** e **direitos fundamentais**.

1.1. Direitos fundamentais

Conjunto de direitos *estabelecidos* por determinada comunidade política organizada, com o objetivo de satisfazer ideais ligados à dignidade da pessoa humana, sobretudo a liberdade, a igualdade e a fraternidade.

1.2. Direitos humanos

Conjunto de direitos que, segundo doutrina majoritária, são *reconhecidos* pela ordem jurídica internacional, pois se consideram inerentes à própria condição humana.

1.3. Direitos humanos *vs.* direitos fundamentais

A expressão *"direitos humanos"* costuma referir-se a direitos correspondentes ao ***gênero humano***, sem importar com as peculiaridades e características das diversas comunidades existentes em cada núcleo estatal (religiões, etnias, sistemas socioeconômicos). Assim, a questão dos direitos humanos é tratada de maneira ***supranacional***, no âmbito do **direito público internacional**, sobretudo por organismos multilaterais como a ONU – Organização das Nações Unidas, a OEA – Organização dos Estados Americanos, a Comunidade Europeia.

Já os *direitos fundamentais* são objeto do **direito público interno** de cada Estado, especialmente do direito constitucional. Trata-se dos direitos do homem "objectivamente vigentes numa ordem jurídica concreta" (CANOTILHO 1993, p. 517). Não correspondem necessariamente, portanto, ao rol dos direitos humanos, pois cada ordenamento jurídico estatal pode estabelecer catálogo próprio de direitos fundamentais, de acordo com as respectivas especificidades. Daí por que o sistema jurídico de alguns Estados pode estabelecer direitos fundamentais que a ordem internacional ainda não reconhece, e vice-versa. Exemplos: o direito constitucional brasileiro não admite pena de prisão perpétua, tampouco a de trabalhos forçados, mas ambas são admitidas no direito internacional; a Constituição de 1988 prevê prisão civil por dívidas, no caso de depósito infiel, enquanto o direito internacional não a admite.

Também a ***metodologia jurídica*** a envolver um e outro conceito não costuma ser a mesma. Os direitos humanos são vistos como posições jurídicas de projeção "universal" e "atemporal", que beneficiam qualquer indivíduo, independentemente da ordem estatal a que ele esteja vinculado. Nessa linha, conforme doutrina específica, os direitos são simplesmente "***reconhecidos***" pelo direito internacional, como se existissem antes mesmo dos próprios documentos mediante os quais são "declarados". Daí a larga difusão das chamadas *declarações de direitos*, tais como a Declaração Universal dos Direitos Humanos (ONU, 1948).

Já os direitos fundamentais consideram-se "***estabelecidos***" pelo Estado, conforme dispuser o direito positivo estatal. Os direitos fundamentais só existem *após* a promulgação de normas estatais a respeito deles.

> **▸ Atenção!**
>
> Como explica BOBBIO, a ***teoria dos direitos humanos*** possui **fundamentação jusnaturalista**, mesmo sob as novas roupagens dadas atualmente (tal como a expressão *moral rights*, utilizada por DWORKIN). Ou seja, como os direitos humanos têm a pretensão de possuírem validade atemporal e universal, *i.e.*, "são direitos válidos para todos os povos e em todos os tempos", acabam por assumir uma inegável "dimensão jusnaturalista-universalista" (CANOTILHO, 1993, p. 517). De modo que o tratamento teórico dispensado aos direitos humanos ainda não superou certos dogmas de direito natural típicos do início do constitucionalismo (século XVIII), a exemplo do que ocorre com a suposição de que existiriam direitos "imanentes" à condição humana e cuja validade apenas se reconheceria por meio de posteriores e solenes declarações de direitos.
>
> Já a ***teoria dos direitos fundamentais*** conta com uma **fundamentação positivista**, que não reconhece o teor autenticamente jurídico das declarações solenes de direitos humanos. Como sustenta BOBBIO (2004, p. 96-97), os sistemas de direito internacional promovem, com certa hipocrisia, o uso enganoso do "direito" nas declarações deste ou daquele direito do homem. Porém, as cartas e declarações concebidas nos fóruns internacionais "não são propriamente cartas de direitos", mas "documentos que tratam do que deverão ou deveriam ser os direitos num futuro próximo, se e quan-do os Estados particulares os reconhecerem, ou se e quando o sistema internacional houver implantado os órgãos e os poderes necessários para fazê-los valer sempre que forem violados".

Por outro lado, autores como PÉREZ LUÑO, desconfortáveis entre as teses jusnaturalistas e juspositivistas, preferem hoje buscar **fundamentações *alternativas***. Assim, em vez enfatizar os direitos humanos/fundamentais como alvo do simples "reconhecimento" por meio de declarações solenes (corrente jusnaturalista), ou então como alvo de normas estatais que os "estabeleça" juridicamente (correntes juspositivista), PÉREZ LUÑO prefere utilizar as expressões "promover" ou "propugnar". De modo que – segundo PÉREZ LUÑO – os direitos fundamentais contidos no Texto Constitucional (o espanhol, no caso) não podem ser vistos como categorias voltadas ao reconhecimento de valores ou ideais eternos nem como meta de chegada ou como instrumentos de garantia do *status quo*, senão como ponto de partida para a promoção de amplo programa que leve a profundas transformações políticas e sociais.

Outra tentativa conciliatória foi concebida por HORST DREIER sob a fórmula do *"direito natural positivado"*. Conforme explica LEONARDO MARTINS (2005, p. 79), essa "fórmula de combinação sustenta que pré-estatal nos direitos fundamentais é o fato de seu uso perante o Estado não precisar ser justificado, mas, ao contrário, que as intervenções do Estado na propriedade e liberdade exigem sempre uma justificação".

DIREITOS HUMANOS *VS.* DIREITOS FUNDAMENTAIS	
Direitos Humanos	**Direitos Fundamentais**
- costumam referir-se a direitos correspondentes ao gênero humano; - são tratados de maneira supranacional, no âmbito do direito público internacional; - metodologia jurídica: consideram-se "reconhecidos" pelo direito internacional; - teoria dos direitos humanos possui fundamentação de matriz jusnaturalista.	- são os direitos do homem "objectivamente vigentes numa ordem jurídica concreta" (CANOTILHO). - são objeto do direito público interno de cada Estado. - metodologia jurídica: consideram-se "estabelecidos" pelo direito positivo estatal; - teoria dos direitos fundamentais possui fundamentação de matriz positivista.

1.4. Direitos *vs.* deveres fundamentais

A Constituição de 1988, no Título II, menciona tanto os ***direitos*** quanto os ***deveres*** individuais e coletivos, mas não há dispositivos a respeito destes últimos. Conforme doutrina majoritária, essa lacuna é intencional, pois quando a constituição enuncia um *direito* em favor de alguém (sujeito ativo), está a prescrever, consequentemente, *deveres* que outras pessoas têm de cumprir (sujeitos passivos). Daí por que não seria mesmo necessário tratar dos "deveres" fundamentais.

Como ensina JOSÉ AFONSO DA SILVA (1998a, p. 199), "uma Constituição não tem que fazer declaração de deveres paralela à declaração de direitos. Os deveres decorrem destes na medida em que cada titular de direitos individuais tem o dever de reconhecer e respeitar igual direito do outro, bem como o dever de comportar-se, nas relações inter-humanas, com postura democrática, compreendendo que a dignidade da pessoa humana do próximo deve ser exaltada como a sua própria."

▶ Atenção!

Autores como CANOTILHO criticam essa suposta correspondência necessária entre direitos e deveres fundamentais, sobretudo porque os direitos fundamentais podem vincular também as entidades privadas, sem que haja nisso um "dever" fundamental, senão apenas uma eficácia daqueles direitos em face da ordem jurídica privada.

▶ Direitos fundamentais vistos como "cluster-rights" ou direitos aglomerados

"Cluster-rights" ou "direitos aglomerados" (em tradução livre) é expressão criada por JUDITH JARVIS THOMSON para designar certos direitos fundamentais "que contêm outros direitos" (1990, p. 55), tais como o direito à vida, à liberdade e o direito de propriedade. Nessa linha, não se trataria de direitos em sentido estrito, pois não vêm correlacionados a uma obrigação determinada. Na ilustração de THOMSON, se de um lado existem direitos qualificáveis como *pretensões* ("claims") e, do outro, direitos que funcionam como *prerrogativas* ("privileges"), os "cluster-rights" englobariam ambas as modalidades. No caso da liberdade, por exemplo, não é uma prerrogativa em si; a liberdade de fazer isto ou aquilo inclui a prerrogativas de fazer isto ***e*** a pretensão de não sofrer interferências enquanto se o faça. Assim, as "liberdades são aglomerados de direitos ("clusters of rights"), mas elas próprias são direitos" (1990, p. 56).

1.5. Normas de direitos fundamentais e normas de garantias fundamentais

Segundo doutrina ainda majoritária no Brasil, as normas que cuidam dos direitos fundamentais podem ser formuladas (i) de maneira a simplesmente enunciar os próprios direitos fundamentais ou (ii) com a intenção de assegurar os meios de defesa desses direitos fundamentais.

No primeiro caso, a disposição normativa faz menções ao tipo e às características do ***direito fundamental enunciado*** (direito a ir, vir e permanecer; liberdade de consciência, de religião e de culto; direito à intimidade e à vida privada etc.). Já no segundo caso, o constituinte utiliza outra espécie de formulação normativa e estabelece ***garantias fundamentais***, cujo objetivo não é enunciar direitos fundamentais, mas prevenir ou, eventualmente, corrigir violações a eles.

Assim, como duas faces da mesma moeda, surge a seguinte relação entre direito e garantia fundamentais: enquanto os "***direitos***" costumam ser estabelecidos por normas que enunciam e estabelecem as características dos próprios direitos fundamentais, as "***garantias***" fundamentais são veiculadas por normas que indicam como eles podem ser exercidos e protegidos, incluindo os instrumentos para correção de violações a tais direitos. Exemplo clássico da Constituição de 1988: o inciso XV do art. 5º enuncia o direito fundamental à livre "locomoção no território brasileiro em tempo de paz" (art.

5º, XV) e o inciso LXVIII do art. 5º trata de instituir remédio constitucional específico para assegurar esse direito de liberdade contra eventuais violações contra eventuais violações (*habeas corpus*).

▸ **Importante:**

A rigor, todas as garantias fundamentais não deixam de ser também direitos fundamentais (CANOTILHO).

▸ **Atenção!**

As ***garantias fundamentais*** dividem-se em:

a) ***garantias gerais:*** aquelas cujo objetivo é tornar efetivos os direitos a que se referem, bem como proibir o abuso de poder e todas as espécies de violação aos direitos por elas assegurados. Exemplos: o princípio da legalidade, o princípio da inafastabilidade da apreciação pelo Judiciário, o princípio do devido processo legal;

b) ***garantias específicas:*** as que servem de instrumento de proteção não apenas dos direitos fundamentais a que se referem, como também das próprias garantias fundamentais gerais. Exemplos são todos os *remédios constitucionais* como o *habeas data*, o mandado de segurança e o mandado de injunção. Ver item 4.2 do Capítulo I do Tomo II.

DIREITOS *VS.* GARANTIAS FUNDAMENTAIS	
Direitos	**Garantias**
Contemplados por disposição normativa que enuncia o próprio direito fundamental (direito a ir e vir; à liberdade de consciência e religião etc.).	Previstas em disposição normativa que estabelece mecanismos de prevenção ou correção de violações a certo direito fundamental.

GARANTIAS FUNDAMENTAIS	
Gerais	**Específicas**
Têm por objetivo tornar efetivos os direitos a que se referem, bem como proibir o abuso de poder e todas as espécies de violação aos direitos por elas assegurados	Visam a indicar os instrumentos específicos de proteção efetiva dos direitos e garantias fundamentais gerais. Materializam-se sob a forma dos *remédios constitucionais*.

1.6. Garantias institucionais

Em paralelo às normas de *direitos e garantias fundamentais*, fala-se, ainda, em **normas** de garantias institucionais. Contudo, as garantias institucionais não se confundem com direitos ou posições de vantagens atribuídos a pessoas determinadas, tampouco com os instrumentos para garanti-los. Em vez disso, devem ser vistas como "relações vitais juridicamente conformadas" ou "âmbitos vitais institucionalmente garantidos" (HÄBERLE, 2003, p. 112 e 114).

As garantias constitucionais podem ser conceituadas como *produto do complexo normativo pelo qual o Estado, ao regulamentar as relações que considera vitais, conforma e protege determinadas instituições (públicas ou privadas)*. Dizem respeito, pois, a institutos jurídicos cuja importância os tornou alvo de proteção normativa especial.

Como explica VIEIRA DE ANDRADE, essas garantias referiam-se, inicialmente, àqueles institutos ou instituições já existentes no ordenamento jurídico, "tradicionalmente reguladas pelo legislador". Porém, a constituição as quis reconhecer e, assim, assegurar-lhes "proteção especial na sua essência ou nos seus traços característicos" (2001, p. 139).

Daí se perceber que as garantias constitucionais podem ser de natureza tanto *constitucionais*, quando contam com previsão nas constituições, quanto meramente *legais*, se sediadas apenas na legislação infraconstitucional. No âmbito da Constituição de 1988, são múltiplos os exemplos de instituições e institutos jurídicos convertidos em garantias constitucionais, tais como a *família*, o *casamento*, a *paternidade*, a *filiação*, a *adoção*, além da *coisa julgada*, a *propriedade*, a *herança*, a *imprensa* etc.

Conforme CANOTILHO (1993), tais garantias institucionais, muitas vezes, es-tão "associadas às normas de direitos fundamentais, visando proteger formas de vida e de organização social indispensáveis à própria protecção de direitos dos cidadãos" (p. 177). Exemplo: a Constituição portuguesa reconhece como fundamental o direito de contrair casamento e constituir família, mas, ao mesmo tempo, assegura proteção à família e ao casamento como *instituições*. Porém, as garantias institucionais não são "verdadeiros direitos atribuídos directamente a uma pessoa; as instituições, como tais, têm um sujeito e um objecto diferente dos direitos dos cidadãos" (p. 521). Por isso, "as garantias institucionais não garantem aos particulares posições subjectivas autónomas e daí a inaplicabilidade do regime dos direitos, liberdades e garantias" (p. 522). A rigor, a proteção constitucional proporcionada pelas garantias institucionais objetiva "não tanto 'firmar', 'manter" ou 'conservar' certas 'instituições naturais', mas impedir a sua submissão à completa discricionariedade dos órgãos estatais, proteger a instituição e defender o cida-dão contra ingerências desproporcionadas ou coactivas" (p. 178).

Dessarte, ao se referirem a institutos atrelados a certos direitos e garantias fundamentais, as garantias institucionais acabam, em termos objetivos, por proteger posições jurídicas de vantagem subjetiva, ainda que indiretamente. Por exemplo: os direitos do *proprietário* sobre certo bem são reflexamente protegidos pelo tratamento constitucional dado ao instituto da *propriedade* (art. 5º, XXII). Da mesma forma, o regime jurídico que disciplina o instituto da "coisa julgada" protege o indivíduo, indiretamente, contra a retroatividade normativa neste setor (art. 5º, XXXVI).

Nada obstante, ensina CANOTILHO, a "protecção das garantias institucionais aproxima-se, todavia, da protecção dos direitos fundamentais quando se exige, em face das intervenções limitativas do legislador, a salvaguarda do 'mínimo essencial' (núcleo essencial) das instituições" (1993, p. 522).

Na Constituição brasileira, os limites ao poder de reforma constitucional, em-bora direcionados aos direitos e garantias individuais (art. 60, § 4º, IV), dão estabilidade ao núcleo essencial dos institutos jurídicos em face dos quais esses direitos e garantias mantêm relação. Assim, para ilustrar com os exemplos anteriores, emendas constitucionais deverão preservar o núcleo essencial da propriedade e da coisa julgada, tal como previstas nos incisos XXII e XXXVI do art. 5º, mesmo que estas não sejam propriamente direitos ou garantias individuais, senão garantias institucionais. (Sobre os limites materiais ao poder de reforma constitucional, v. item 2.2.2.4 do Capítulo IV da Parte I.)

1.7. Direitos fundamentais em sentido formal e em sentido material

Em ***sentido formal***, direitos fundamentais são aqueles previstos nos ordenamentos jurídicos de cada Estado, seja em textos constitucionais dotados de hierarquia normativa superior, seja em outros tipos de diplomas normativos. É nesse sentido, por exemplo, a definição de JOSÉ AFONSO DA SILVA, para quem os direitos fundamentais "são situações jurídicas (objetivas e subjetivas) definidas no direito positivo em prol da dignidade, igualdade e liberdade da pessoa humana" (1998a, p. 183).

Dessa maneira, os direitos fundamentais são estabelecidos pelos Estados por vários mecanismos, tais como: (a) em disposições do próprio texto constitucional; (b) em declarações específicas (conhecidas como "cartas de direitos"), como a Declaração dos Direitos do Homem e do Cidadão (França, 1789); (c) por meio de enunciações feitas em preâmbulos constitucionais (caso das Constituições francesas de 1798, 1795, 1848 e 1946); (d) mediante remissões a declarações de direitos já conhecidas (tal como o fizeram a Constituição francesa de 1958 e a Constituição argentina de 1994, art. 75, § 22); ou (e) em disposições contidas em atos normativos infraconstitucionais.

▸ Atenção!

Segundo a doutrina majoritária, os direitos fundamentais fazem parte das "matérias constitucionais", estejam ou não previstos em normas formalmente constitucionais. Daí, mesmo que estabelecidos somente em algum diploma infraconstitucional, as normas respectivas consideram-se materialmente constitucionais. Contra: DIMOULIS e MARTINS, para quem "não pode ser considerado como fundamental um direito criado pelo legislador ordinário, mas passível de revogação na primeira mudança da maioria parlamentar, por mais relevante e 'fundamental' que seja seu conteúdo" (2006, p. 55).

Já no ***sentido material***, os direitos fundamentais são encarados sob metodologia jusnaturalista similar à que caracteriza o estudo dos "direitos humanos". Assim, também os direitos fundamentais não seriam propriamente "estabelecidos" pelas normas constitucionais que os eventualmente possam catalogar. As normas internas, ao tratarem dos direitos fundamentais, estão apenas a "enunciar" direitos histórica e precedentemente conquistados pelas lutas sociais e pelo aprimoramento da convivência humana em sociedade. Nessa linha, seria equivocado entender que os direitos fundamentais, no sentido formal, possam resumir todo o catálogo dos direitos fundamentais num senso material, pois os direitos fundamentais estariam em estado contínuo de formação e já se considerariam "existentes" mesmo no período anterior ao respectivo reconhecimento formal pela ordem estatal.

2. ORIGEM E EVOLUÇÃO DOS DIREITOS FUNDAMENTAIS

Os antecedentes mais remotos da teoria dos direitos humanos/fundamentais, segundo TAVARES, estão relacionados ao *período axial* (entre os séculos VII e II a.C.). Época em que célebres pensadores como ZARAUSTRA, BUDA, CONFÚCIO, PITÁGORAS e DÊUTERO-ISAÍAS elaboraram ideias sobre a convivência humana, porém destituídas das explicações mitológicas então vigorantes.

Por outro lado, parte da doutrina atribui o papel de precursor das declarações de direitos humanos ao chamado **Cilindro de Ciro** (539 a.C.). Trata-se de um cilindro de argila, com impressões em baixo relevo, no qual se publicou decreto de Ciro II, o rei persa que autorizara povos então exilados na Babilônia a retornarem para seus países de origem, além de garantir certa liberdade de religião na Mesopotâmia.

Já a concepção moderna dos direitos fundamentais é creditada às teorias do direito natural e às tentativas de limitação do poder dos governantes, sobretudo na Inglaterra, em documentos como a **Magna Carta** de 1215, a ***Petition of Rights***, de 1628 e o ***Bill of Rights***, de 1689. A primeira declaração moderna de direitos, inspirada nas ideias iluministas de JOHN LOCKE, ROUSSEAU e MONTESQUIEU, foi a **Declaração de Direitos do Bom Povo da Virgínia** (EUA, 1776). E a primeira declaração universal terá sido a **Declaração dos Direitos do Homem e do Cidadão** (França, 1789), a partir da qual se reconheceu a pertinência de certos direitos a todos os homens e sociedades (***universalidade***).

Todavia, mesmo nesse período, os direitos fundamentais permaneciam com simples enunciados político-ideológicos. Salvo raras exceções, não eram reconhecidos ainda como fonte de prerrogativas juridicamente exigíveis em face do Estado. Enquanto não existissem leis que os regulamentassem, os catálogos de direitos fundamentais não passavam de declarações políticas desprovidas de imperatividade. Para superar esse quadro de "apatia" jurídica, foi necessário, então, que houvesse a chamada ***subjetivação*** dos direitos fundamentais, ou seja, o reconhecimento de que o rol de direitos fundamentais integra o patrimônio jurídico de cada beneficiário, cujas faculdades que daí decorram são garantidas e podem ser exigidas em face do Estado, inclusive pela via judicial. Quanto ao histórico da subjetivação dos direitos fundamentais, conforme doutrina estrangeira, começou com o catálogo de direitos da Constituição belga de 1831. Mas para autores nacionais como JOSÉ AFONSO DA SILVA, teve início pouco antes, com o rol de direitos fundamentais contido na Constituição brasileira de 1824.

Enfim, a chamada ***universalização*** (ou *nova universalidade*, para alguns) dos direitos fundamentais teve como marco de suma importância a **Declaração Universal dos Direitos do Homem** (ONU, 1948), documento que representa a convergência e a síntese do humanismo político da liberdade, com a afirmação de três categorias básicas de direitos fundamentais: ***individuais***, ***sociais*** e ***difusos***.

> **Atenção!**
> Autores como PAULO BONAVIDES distinguem entre a "velha" universalidade da Declaração francesa de 1789 e a "nova" universalidade da Declaração da ONU de 1948. Outros, como ANDRÉ RAMOS TAVARES, preferem diferenciar a ***universalidade*** da ***universalização*** dos direitos humanos. A primeira seria uma qualidade dos direitos humanos, ante a consideração de que todo ser humano é beneficiário desses direitos; já a "universalização", o termo a designar a ideia de movimento, englobando o processo evolutivo tanto dos homens quanto dos próprios direitos humanos.

2.1. Novas tendências evolutivas: a "fertilização cruzada" e o "diálogo judicial"

Atualmente, uma das principais formas de evolução em matéria de direitos humanos/fundamentais é a troca de experiência e o diálogo entre juízes. Nesse sentido, são cada vez mais frequentes as decisões de tribunais que, ao enfrentarem casos de direitos fundamentais, acabam por fazer remissões à jurisprudência e ao direito estrangeiros ou a normas de tratados supranacionais.

Afinal, se há um repertório comum de normas de direitos humanos/fundamentais, as decisões de casos relacionados a direitos fundamentais servem como verdadeiros "laboratórios" a partir dos quais surgem discussões e conclusões que podem ser examinadas e compartilhadas por tribunais de países diversos. Assim, o **direito comparado** surge como campo propício à troca de experiências sobre questões de direitos fundamentais, num processo conhecido como **fertilização cruzada** ("cross-fertilization"), cuja finalidade é desenvolver e aperfeiçoar possíveis soluções judiciais para problemas da mesma espécie. Daí se falar, também, em "constitucional cross-fertilization" (*fertilização cruzada constitucional*) e em "judicial cross-fertilization" (*fertilização cruzada judicial*).

Em paralelo, a mútua convivência de tribunais nacionais e internacionais, incluindo a possibilidade de juízes nacionais fazerem questionamentos a cortes supranacionais sobre a aplicação de normas de direitos humanos/fundamentais (a exemplo do que ocorre no âmbito do Tribunal de Justiça da União Europeia), favorece uma espécie própria de **diálogo judicial** ("judicial dialogue") a respeito de questões de direito fundamental. (Não confundir com um *monólogo* judicial, no qual um tribunal cita decisões de outros, sem ser correspondido.)

No Brasil, sobretudo no STF, já é crescente a influência do direito comparado na fundamentação de decisões judiciais. Exemplos: (a) na MC na ADPF 347/DF, ao reconhecer o "estado de coisas inconstitucional" no sistema penitenciário brasileiro, o Plenário do STF baseou-se na jurisprudência da Corte Constitucional colombiana; (b) no HC 126.292/SP, o Pleno do STF fez exame do direito de países como EUA, Inglaterra, Canadá, Alemanha, França, Portugal, Espanha e Argentina.

Da mesma forma, decisões da Corte Interamericana de Direitos Humanos (CIDH), cuja jurisdição é vinculante para o Estado brasileiro, assumem cada vez mais importância no processo decisório das Cortes nacionais, incluindo o STF. Para ilustrar, na Ext 1.362/DF, que tratava da imprescritibilidade dos crimes contra a humanidade, o voto do relator, Min. EDSON FACHIN, trouxe várias referências a precedentes da CIDH. (Porém, a extradição acabou negada pelo Plenário do STF).

3. DIMENSÕES (OU GERAÇÕES) DOS DIREITOS FUNDAMENTAIS

Os direitos fundamentais são direitos históricos, "ou seja, nascidos de modo gradual, não todos de uma vez e nem de uma vez por todas" (BOBBIO, 2004, p. 25). Já dizia PONTES DE MIRANDA, a "afirmação e o reconhecimento da dignidade humana, o que se operou por lentas e dolorosas conquistas na história da humanidade, foi o resultado de avanços, ora contínuos, ora esporádicos, nas três dimen-sões: democracia, liberdade, igualdade" (1987, v. IV, p. 618).

Nesse sentido, a partir da fórmula de universalização dos direitos fundamentais e sob os princípios cardeais da Revolução Francesa (***liberdade***, ***igualdade*** e ***fraternidade***), é comum identificarem-se três "**gerações**" dos direitos fundamentais.

> **Atenção!**
>
> A esquematização dos direitos fundamentais conforme "***dimensões***" é mais adequada, pois valoriza o aspecto histórico e contínuo da incorporação sucessiva de novos direitos, sem o risco de parecer que estes acarretem a superação dos anteriormente reconhecidos numa "geração" precedente.

> **Como esse assunto foi cobrado em concurso?**
>
> O concurso para Procurador do Trabalho (2007) considerou **correta** a seguinte assertiva: "o termo "geração" conduz à ideia equivocada de que os direitos humanos fundamentais se substituem ao longo do tempo, enquanto "dimensão" melhor reflete o processo gradativo de complementaridade, pelo qual não há alternância, mas sim expansão, cumulação e fortalecimento".

3.1. Direitos fundamentais de primeira dimensão

São os conectados à ***liberdade***, ***resistência*** e ***oposição*** perante excessos do Estado. Também chamados de "liberdades públicas", tais direitos encontram seus maiores exemplos nos denominados *direitos civis* e *políticos*. Congênitos ao constitucionalismo do século XVIII, foram concebidos para serem opostos pelos indivíduos em face de agentes do Estado. Traduzem-se como faculdades pessoais a serem utilizadas tanto como direitos potestativos, a cujos efeitos o Estado se sujeita juridicamente (direito a não prestar serviço militar em razão de convicção religiosa, por exemplo), quanto como direitos subjetivos à prestação de deveres estatais negativos (direito de ir e vir, liberdade de reunião, *v.g.*). Em matéria de liberdades públicas, os direitos desta dimensão constituem *poderes de exclusão* das prerrogativas estatais, ou seja, "liberdades *perante* o Estado". Já no âmbito dos direitos políticos, são *poderes de controle*, *i.e.*, "liberdades *no* Estado". A primeira dimensão dos direitos, portanto, está intimamente ligada aos **direitos individuais**.

> ▸ **Como esse assunto foi cobrado em concurso?**
> No concurso para Analista Judiciário do TRE/ES (2011/Cespe), foi considerada **correta** a seguinte assertiva: "Os direitos fundamentais considerados de primeira geração compreendem as liberdades clássicas, negativas ou formais."

3.2. Direitos fundamentais de segunda dimensão

Trata-se daqueles atrelados ao ***princípio da igualdade***, tais como os *direitos sociais, culturais* e *econômicos*. Tiveram origem nas primeiras décadas do século XX (ideologias socialistas e social-democratas). Relacionam-se com o trabalho, o seguro social, o amparo à velhice, à doença. Representam *poderes de reivindicação* de determinadas prestações estatais. É a geração dos **direitos coletivos**.

> ▸ **Como esse assunto foi cobrado em concurso?**
> No concurso para Advocacia Geral da União (2004) foi considerada **correta** a seguinte assertiva: "As garantias institucionais, uma decorrência dos direitos fundamentais de segunda geração, tiveram papel importante na transformação do Estado em agente concretizador dos direitos coletivos ou de coletividades, sociais, culturais e econômicos."

3.3. Direitos fundamentais de terceira dimensão

São os concernentes à ***fraternidade*** e à ***solidariedade***, tal como o *direito ao desenvolvimento, à paz, ao meio ambiente equilibrado, à autodeterminação dos povos, à propriedade sobre o patrimônio comum da humanidade*. Decorrem da divisão entre Estados desenvolvidos e subdesenvolvidos. Surgiram em cartas e tratados internacionais de direitos humanos assinados a partir da segunda metade do século XX. Possuem alto teor de humanismo e universalidade, pois não se destinam especificamente à proteção dos interesses de indivíduos ou segmentos determinados ou determináveis. É a geração dos **direitos difusos.**

▸ **Como o STF enfrentou o tema:**

A) "Enquanto os direitos de primeira geração (direitos civis e políticos) – que compreendem as liberdades clássicas, negativas ou formais – realçam o princípio da liberdade e os direitos de segunda geração (direitos econômicos, sociais e culturais) – que se identifica com as liberdades positivas, reais ou concretas – acentuam o princípio da igualdade, os direitos de terceira geração, que materializam poderes de titularidade coletiva atribuídos genericamente a todas as formações sociais, consagram o princípio da solidariedade e constituem um momento importante no processo de desenvolvimento, expansão e reconhecimento dos direitos humanos, caracterizados, enquanto valores fundamentais indisponíveis, nota de uma essencial inexauribilidade" (Plenário, MS 22.164/SP);

B) "Todos têm direito ao meio ambiente ecologicamente equilibrado. Trata-se de um típico direito de terceira geração (ou de novíssima dimensão), que assiste a todo o gênero humano (RTJ 158/205-206). Incumbe, ao Estado e à própria coletividade, a especial obrigação de defender e preservar, em benefício das presentes e futuras gerações, esse direito de titularidade coletiva e de caráter transindividual (RTJ 164/158-161)" (Plenário MC na ADI 3.450/DF).

3.4. Direitos fundamentais de quarta dimensão

Considerado o caráter da historicidade dos direitos fundamentais, é possível defender que eles não se esgotam nessa terceira dimensão. Conforme adverte DÍAS REVORIO, "quando um texto constitucional passa tempo sem ser reformado, resulta imprescindível uma adaptação interpretativa que lhe incorpore, nem que seja pela via jurisprudencial, os novos direitos cuja garantia se vá fazendo necessária com o passar do tempo" (2009, p. 36).

Daí hoje já se falar numa ***quarta dimensão*** de direitos fundamentais, relacionada à proteção e à garantia de direitos já constituídos em face das repercussões e desafios decorrentes do ***desenvolvimento tecnológico contemporâneo***.

Nessa mesma linha, BOBBIO sustentava que a quarta geração tem a ver com os "efeitos cada vez mais traumáticos da pesquisa biológica" (2004, p. 25). No Brasil, UADI BULOS defende que os direitos de quarta geração estão relacionados "à informática, *softwares*, biociências, eutanásia, alimentos transgênicos, sucessão dos filhos gerados por inseminação artificial, clonagens, dentre outros acontecimentos ligados à engenharia genética" (2007, p. 404).

De qualquer forma, determinadas constituições contemporâneas já refletem muitas dessas novas preocupações. Na Constituição de 1988, por exemplo: (a) o art. 7º,

XXX, assegura aos trabalhadores, na forma da lei, "proteção em face da automação"; (b) o § 4º do artigo 199 proíbe todo tipo de comercialização de órgãos, tecidos e substâncias humanas; (c) o art. 216, III, inclui entre os bens do patrimônio cultural brasileiro as criações tecnológicas; e (d) o § 3º do art. 222, com redação da EC 36/2002, estende aos "meios de comunicação social eletrônica, independentemente da tecnologia utilizada para a prestação do serviço", os princípios referentes à produção e a programação das emissoras de rádio e televisão (art. 221).

Já constituições ainda mais recentes, como a Constituição da Confederação Suíça de 1999 (art. 109), enunciaram novos direitos, tais como: (a) proteção contra os abusos da medicina de reprodução e da engenharia genética; (b) proibição de todas as formas de clonagem e de intervenções no patrimônio genético das células embrionárias e embriões humanos; (c) proibição da doação de embriões e de todos os tipos de maternidade emprestada; (d) proibição do exame, registro e revelação do patrimônio genético do indivíduo, salvo se este concordar ou se a lei assim o determinar; e (e) garantia individual de acesso aos dados relativos à respectiva ascendência.

Ademais, é crescente a importância do **direito à informação**, tanto no aspecto *reivindicatório* (direito de acesso às redes virtuais de informação, p. ex.), como no da *exclusão* e *controle* da atividade de terceiros (*e.g.*, direito do consumidor de não ter seus dados cadastrais compartilhados sem prévia autorização; direito da pessoa de saber sua própria origem genética ou a dos ingredientes dos produtos que consome). Nessa última vertente, destaque para os chamados **direitos à autodeterminação informativa** e **à governança algorítmica** (v. item 3.2.5.1 do Capítulo 1 do Tomo II).

Afinal, é cada vez mais frequente e relevante a utilização de algoritmos no tratamento de dados pessoais nos mais variados setores da sociedade, a ponto de determinar a tomada de inúmeras decisões, seja no cálculo de riscos contratuais e até em exames criminalísticos em execuções penais, seja na seleção de candidatos a uma vaga de trabalho, incluindo diagnósticos médicos.

De outro lado, o "direito de investigar a caixa preta algorítmica, exigir explicações e desafiar a tomada de decisão automatizada é fundamental para realizar o direito de ser ouvido no contexto da governança digitalizada" (BHARTHUR e GURUMURTHY, 2018).

Bem por isso, em 2018, entrou em vigor na Europa o **GDPR**, sigla em inglês atribuída ao Regulamento Geral de Proteção de Dados na União Europeia. Trata-se de extensa e detalhada legislação para regular a coleta, o armazenamento e o uso de dados pessoais, por parte tanto de órgãos públicos quanto de pessoas privadas, especialmente no ambiente digital.

À semelhança, inspirada no próprio GDPR, foi recentemente promulgada no Brasil a **Lei de Proteção de Dados Pessoais** (Lei 13.709/2018).

DIMENSÕES (OU GERAÇÕES) DOS DIREITOS FUNDAMENTAIS			
1ª dimensão	2ª dimensão	3ª dimensão	4ª dimensão
Direitos relacionadas à liberdade, resistência e oposição perante excessos do Estado (direitos civis e políticos).	Direitos atrelados ao princípio da igualdade, a exemplo dos direitos sociais, culturais e econômicos.	Direitos ligados à fraternidade e à solidariedade, tal como o direito ao desenvolvimento, à paz, ao meio ambiente equilibrado, à autodeterminação dos povos, à propriedade sobre o patrimônio comum da humanidade.	Relacionada à proteção e à garantia de direitos já constituídos em face dos desafios do desenvolvimento tecnológico contemporâneo.

3.5. Direitos fundamentais de quinta dimensão?

Alguns autores falam ainda em direitos de quinta **geração/dimensão**. Porém, ao defenderem tal posição, acabam por rebaixar, à quarta geração/dimensão, muitos dos direitos difusos que fazem parte da terceira geração/dimensão, tal como os direitos das minorias, o direito à preservação do pluralismo político, o direito ao meio ambiente e à qualidade de vida. Por isso, a suposta quinta geração/dimensão não é aqui abonada.

Assim, parece suficiente, ao menos no atual estágio civilizatório, a catalogação dos direitos fundamentais de quarta dimensão, por meio da qual já podem ser incluídos todos os demais direitos que, relacionados aos direitos das outras dimensões, possam ainda ser identificados.

4. CARACTERÍSTICAS NORMATIVAS DOS DIREITOS FUNDAMENTAIS

4.1. Natureza constitucional dos direitos fundamentais

Estejam ou não incluídos no texto de constituição rígida, os direitos fundamentais fazem parte da constituição em sentido material, pois o tema sempre ocupou ***preocupação central no constitucionalismo***. Aliás, costuma-se dizer que uma constituição contemporânea não se considera completa sem alguma referência ao rol de direitos fundamentais. Daí se concluir que todas as normas referentes a direitos fundamentais podem ser consideradas ***normas materialmente constitucionais***.

Todavia, é desnecessário que o catálogo dos direitos fundamentais esteja consagrado expressamente na própria constituição. Para exemplificar, é o preâmbulo da atual Constituição francesa (1958) que incorpora ao atual ordenamento jurídico francês os direitos do homem definidos na Declaração de 1789. Além disso, direitos fundamentais podem ser estabelecidos em normas constitucionais não escritas, tais como as normas implícitas, as decorrentes ou mesmo as costumeiras. E é possível, também, haver direitos considerados fundamentais previstos em normas esparsas, que não precisam ser *formalmente* constitucionais, tais como leis ordinárias e tratados internacionais devidamente internalizados.

4.2. Regras e/ou princípios?

Não há dúvidas em que "a distinção entre regras e princípios é um dos pilares fundamentais do edifício da teoria dos direitos fundamentais" (ALEXY, 2001, p. 82). Portanto, é grande a importância em definir se as normas que veiculam direitos fundamentais devam ser concebidas como regras e/ou como princípios. (Sobre a diferença entre regras e princípios, v. item 7.1 do Capítulo VI da Parte I). Nesse sentido, em capítulo dedicado ao tema, ALEXY discutiu tanto (a) o *modelo puro de princípios* quanto (b) o *modelo puro de regras*, para só então optar por (c) o ***modelo duplo de regras/princípios***.

1) Resumo do modelo duplo concebido por ALEXY:

Embora as normas de direitos fundamentais sejam regras **ou** princípios, adquirem na prática um caráter dúplice (regras **e** princípios). Isso porque, tanto um princípio quanto uma regra de direito fundamental – *i.e.*, todas as normas de direito fundamental – podem sofrer restrições expressa ou implicitamente autorizadas pela constituição, pois nenhum direito fundamental é absoluto (ver item 10). Por outro lado, a lista dessas possíveis restrições reconduz a cláusulas restritivas que determinam não só as limitações constitucionais impostas ao âmbito de proteção do direito fundamental, como também as condições que cada restrição tem de preencher para atender aos princípios constitucionais que condicionam a própria atividade restritiva (v. itens 10.3, 10.4 e 10.5). Logo, tais cláusulas acabam por expressar regras que sempre remetem a princípios – sejam aos princípios contrapostos que justificam as restrições à norma de direito fundamental, seja ao próprio princípio da proporcionalidade que norteia a intensidade das restrições. Enfim, a partir da inevitável possibilidade de haver restrições aos direitos fundamentais, bem como da necessidade de se fazerem ponderações/balanceamentos entre os princípios envolvidos em cada restrição, o exame integral da complexa estrutura do catálogo de direitos fundamentais revela que nenhuma norma de direito fundamental tem inteiramente o caráter de regra ou de princípio, senão um caráter normativo de duplo nivelamento (nível das regras e nível dos princípios).

2) Exemplo de aplicação do modelo duplo:

ALEXY ilustra sua tese do modelo duplo com a norma da Constituição alemã que dispõe sobre a liberdade artística. Por razões didáticas, à luz da Constituição brasileira, pode-se considerar o inciso LVII do art. 5º, segundo a qual "ninguém será considerado culpado até o trânsito em julgado de sentença penal condenatória" – também conhecido como princípio da presunção de não culpabilidade (ou da inocência, para alguns). Esse preceito costuma ser aplicado, como recomenda a doutrina específica, como se fosse uma *regra de tratamento* a proibir qualquer supressão de vantagens do titular do direito fundamental, pelo menos enquanto não transitar em julgado a respectiva sentença condenatória. Nesse "***nível das regras***", a materialização da garantia contra o tratamento indevido depende apenas da operação de subsunção de certas situações concretas (tais como uma ordem judicial de inscrição do nome do titular no "rol dos culpados", o uso desnecessário de algemas etc.) ao âmbito de proteção efetiva do inciso LVII do art. 5º. Contudo, o mesmo preceito constitucional – como ocorre com todo direito fundamental – admite uma série de restrições condizentes com a preservação de outros bens jurídicos e princípios constitucionais igualmente relevantes. Daí ser preciso também analisar o inciso LVII do art. 5º no "***nível dos princípios***", a exemplo do que se exige na definição da constitucionalidade ou não de certas intervenções, tais como: (a) a da Lei 10.826/2003, na parte em proíbe a venda de armas de fogo a quem estiver simplesmente "respondendo a inquérito policial ou a processo criminal" (artigo 4º, I);

(b) a da Lei 7.102/83, cujo art. 16 condiciona o exercício da profissão de vigilante à inexistência de "antecedentes criminais registrados"; (c) a execução imediata da decisão da Justiça Eleitoral que cancela o registro ou o diploma de candidato condenado por captação ilícita de sufrágio ("compra de votos"), independentemente do trânsito em julgado (art. 41-A da Lei 9.504/97, com redação da Lei 9.840/99); e (d) a da LC 135/2010 (Lei da Ficha Limpa), ao estabelecer que mesmo condenações sem trânsito em julgado podem gerar inelegibilidades; entre outros casos polêmicos.

▸ **Atenção:**

Claro que tais restrições devem atender ao *princípio da proporcionalidade*. Antecedentes por crime culposo, por exemplo, não parecem justificar a interdição da profissão de vigilante. Mas essa constatação só torna ainda mais evidente o caráter dúplice das normas de direitos fundamentais.

A doutrina nacional, porém, dedica pouca atenção ao assunto. Em geral, limita-se a dizer que a "maioria" das normas de direitos fundamentais é constituída por princípios, mas que elas também podem ser regras. Nessa linha, afirma-se, por exemplo, que os direitos fundamentais são "geralmente estruturados como princípios" (BARROSO, 2009, p. 332) ou que, no "âmbito dos direitos fundamentais", "normas que configuram princípios são mais frequentes" (GONET BRANCO, 2008, p. 284). Contudo, essa pouca definição da doutrina brasileira abre margem não só a perplexidades técnicas como também a manipulações arbitrárias do método de aplicação dos direitos fundamentais. Ou seja, a depender do caso, um direito fundamental poderia ser tratado só como princípio, desprezando-se certas determinações constantes nas respectivas cláusulas restritivas, sob alegações genéricas baseadas em supostas "ponderações"; ou, então, ser concebido apenas como uma regra, para daí se lhe atribuir um indevido caráter absoluto a permitir aplicações por subsunção, à moda do "tudo ou nada", sem margens para ponderações em face de outros princípios e bens constitucionais.

▸ **Atenção:**

Esse problema responde em parte por certas incoerências tanto da doutrina quanto da própria jurisprudência na interpretação do catálogo de direitos fundamentais. Para ilustrar, a garantia da ***presunção de não culpabilidade*** (art. 5º, LVII) sempre fora aplicada pelo STF como um típico *princípio*, cujo âmbito de proteção *a priori* não impedia, por exemplo, o automático recolhimento à prisão de pessoas antes do trânsito em julgado da sentença condenatória penal, caso isso dependesse apenas do julgamento de recursos sem efeito suspensivo. O caráter principiológico da garantia ficava claro em acórdãos que acentuavam a excepcionalidade dos recursos especial e extraordinário como motivo para afastar alegações de ofensa à garantia presunção da inocência (por todos, v. HC 90.645/PE). Porém, a partir do HC 84.078/MG (julgado em 5-1-2008), passou a predominar na Corte uma aplicação da presunção de não culpabilidade como se fosse apenas uma *regra*, para então decidir pela absoluta impossibilidade de haver execução da pena antes do trânsito em julgado. Nada obstante, essa interpretação foi novamente alterada no julgamento do HC 126.292/SP (j. em 17-2-2016), precedente no qual o Plenário do STF voltou a interpretar a cláusula constitucional como um *princípio*, e não uma *regra*, de modo a permitir a execução provisória da pena a partir da condenação do acusado em 2º grau de jurisdição. Sobre esse assunto, bem como sobre as decisões de mérito da ADC 43/DF e da ADC 44/DF, pelas quais se entendeu, outra vez, proibida a execução penal antes do trânsito em julgado da sentença condenatória, v. item 3.6.4, letra "F", do Capítulo 1 do Tomo II.

4.3. Eficácia e aplicabilidade

Com base na famosa classificação de JOSÉ AFONSO DA SILVA (v. item 8 do Capítulo VIII da Parte I), a se considerar que todo direito fundamental é relativo – e, portanto, sujeito também a restrições legislativas expressas ou implícitas –, as normas constitucionais de direitos fundamentais **não** se enquadram na definição das normas de eficácia plena. Daí por que só podem ser ou normas de *eficácia contida* (ou *restringível*) ou normas de *eficácia limitada*.

A definição do tipo de eficácia de uma norma de direito fundamental, portanto, passa a girar em torno dos atributos da respectiva *aplicabilidade* (v. item a seguir). Assim, as ***normas dotadas de aplicabilidade imediata*** devem ser consideradas de ***eficácia contida***. Nessa acepção se insere, por exemplo, a imensa maioria das normas dos direitos fundamentais de 1º geração/dimensão.

Já as ***normas desprovidas de aplicabilidade imediata***, sobretudo as normas de direitos fundamentais de 2º geração/dimensão (direitos sociais), como dependem da intermediação (especialmente da lei), são consideradas de ***eficácia limitada***, incluindo tanto aquelas normas de direito fundamental programáticas (art. 6º, por exemplo) quanto as normas de princípio institutivo (*v.g.*, incisos I, II, III e IV do art. 7º).

▸ Atenção!

Na doutrina contemporânea, VIRGÍLIO AFONSO DA SILVA sustenta que, como todos os direitos fundamentais são restringíveis, a distinção entre normas de eficácia plena e de eficácia contida perdeu "sua razão de ser" Assim, "todas as normas [de direito fundamental] seriam de eficácia limitada" (2006, p. 49-50). Contudo, essa distinção posta em xeque não existe só para classificar as normas de direito fundamental, daí por que se mantém pertinente.

Sobre a teoria do *mínimo existencial* e o caráter diretamente aplicável de algumas normas de direito social, no que se referem às prestações exigidas para satisfazer as mais básicas condições de vida condigna, v. itens 13 e 15.2.3.

5. DIRETRIZES ESPECÍFICAS PARA INTERPRETAÇÃO E APLICAÇÃO DAS NORMAS DE DIREITOS FUNDAMENTAIS

5.1. Cláusula da aplicabilidade imediata

Para garantir que os direitos fundamentais em sentido formal não se convertam em mera retórica constitucional, o ideal seria viessem definidos em normas autoaplicáveis, *i.e.*, normas que não dependessem da atuação posterior do legislador para incidirem nas relações jurídicas concretas. Com esse intuito, o art. 5º, § 1º, da Constituição de 1988 prevê que as normas definidoras dos direitos fundamentais são de "aplicabilidade imediata".

Contudo, conforme posições já analisadas no item 7.1 do Capítulo VIII da Parte I, prevalece a opinião de que cláusulas como esta não garantem, por si só, que as normas relativas a direitos fundamentais sejam efetivamente aplicáveis de imediato. Como ensina CANOTILHO, a "expressa afirmação da vinculatividade não significa, nem pode significar, que as normas consagradoras de direitos fundamentais excluam a necessidade de uma densificação operada sobretudo através de lei" (2008, p. 117).

A despeito desse tipo de cláusula, as "normas garantidoras de direitos, liberdades e garantias são directamente aplicáveis *desde que possuam suficiente determinabilidade*" (CANOTILHO, 2004, p. 147). Por isso, conforme doutrina majoritária, o preceito do § 1º do art. 5º não é absoluto. Não se trata de uma regra, mas de **princípio** voltado à ***otimização da eficácia*** das normas definidoras de direitos fundamentais.

Logo, *sempre que possível*, o intérprete deverá tentar superar, pela via interpretativa, incluindo os mecanismos de integração (v. LINDB, art. 4º), quaisquer lacunas não intencionais que possam ser identificadas como obstáculo involuntário à aplicação direta das normas de direito fundamental.

Todavia, a cláusula, por si só, não garante a aplicabilidade imediata de uma norma, pois isso irá depender de outros aspectos inerentes à formulação da própria norma cuja aplicação se pretende ou à devida estruturação de instituições necessárias à execução daquilo que ela dispõe. Daí se concluir que a cláusula não tem como eliminar *lacunas técnicas* irremovíveis pela interpretação, nem as *lacunas institucionais* que eventualmente comprometam a exequibilidade das normas constitucionais (v. item7.1 do Capítulo VIII da Parte I).

Enfim, quando os próprios termos em que formulada a disposição de direito fundamental tornarem imprescindível a intermediação legislativa – tais como os incisos XXVIII e XXIX do art. 5º –, nem mesmo a cláusula do § 1º do art. 5º, ainda que concebida pelo constituinte originário, é suficiente para garantir a aplicabilidade direta. Sobretudo aqueles de segunda e terceira dimensões, muitos dos direitos fundamentais são estabelecidos por normas que apresentam certas lacunas técnicas, o que gera sérios problemas sobre o quê e o como fazer para lhes dotá-las de plena eficácia – sem falar da questão dos direitos definidos em normas programáticas.

A rigor, portanto, cláusulas dessa espécie podem parecer tecnicamente ociosas, especialmente quando o intérprete já está vinculado o *princípio da máxima eficácia das normas constitucionais* (v. item 13.2, letra "e", do Capítulo VII da Parte I), razão pela qual deve envidar todos os esforços possíveis para extrair da norma alguma aplicabilidade direta, independentemente ou não da previsão desse tipo de cláusula. Ainda assim, contudo, conforme CANOTILHO, a cláusula representa, pelo menos, algum "reforço de normatividade" (2004, p. 147).

▸ **Como o STF enfrentou o tema:**

"Impenhorabilidade da pequena propriedade rural de exploração familiar (CF, art. 5º, XXVI): aplicação imediata. A norma que torna impenhorável determinado bem desconstitui a penhora anteriormente efetivada, sem ofensa de ato jurídico perfeito ou de direito adquirido do credor: precedentes sobre hipótese similar. A falta de lei anterior ou posterior necessária à aplicabilidade de regra constitucional – sobretudo quando criadora de direito ou garantia fundamental – pode ser suprida por analogia: donde a validade da utilização, para viabilizar a aplicação do art. 5º, XXVI, CF, do conceito de 'propriedade familiar' do Estatuto da Terra" (RE 136.753/RS, Pleno).

Ao examinar a constitucionalidade do art. 39 da Lei 10.741/2003 (Estatuto do Idoso), na parte em que assegura gratuidade dos transportes públicos urbanos e semiurbanos aos que têm mais de 65 anos, o Plenário da Corte entendeu que a disposição "apenas repete o que dispõe o § 2º do art. 230 da Constituição do Brasil. A norma constitucional é de eficácia plena e aplicabilidade imediata, pelo que não há eiva de invalidade jurídica na norma legal que repete os seus termos e determina que se concretize o quanto constitucionalmente disposto" (ADI 3.768/DF).

▸ **Como esse assunto foi cobrado em concurso?**

No concurso para Tribunal de Justiça do Distrito Federal e Territórios (2007), foi considerada **errada** a seguinte assertiva: "a concretização normativa de um direito fundamental, realizada pelo legislador ordinário, será inconstitucional se limitar o exercício desse direito;"

5.2. Cláusula da complementaridade

Princípio segundo o qual o rol de direitos humanos reconhecidos pelo direito internacional serve de complemento ao catálogo de direitos fundamentais previstos pelo direito interno. Foi acolhida pela Constituição de 1988, no § 2º do art. 5º, na parte em que dispõe que os direitos e garantias fundamentais estabelecidos pelo constituinte originário "não excluem outros decorrentes" "dos tratados internacionais em que a República Federativa do Brasil seja parte".

No direito brasileiro, todavia, o princípio da complementaridade foi adotado com certas ressalvas. Trata-se de um ***princípio da complementaridade condicionada*** (DIMOULIS e MARTINS), pois a aplicação interna das normas de direito internacional depende:

A) **do tipo de fonte normativa:** o constituinte só se referiu aos direitos e garantias fundamentais provenientes de "tratados internacionais" (direito convencional), sem alcançar outras fontes do direito internacional, tais como os costumes e os princípios gerais;

B) **da conformidade constitucional da norma de direito internacional:** o princípio da supremacia constitucional exclui a validade dos tratados internacionais que entrem em antinomia com a Constituição Federal (STF, Pleno, RHC 79.785/RJ); e

C) do devido processo de internalização: o direito constitucional brasileiro impõe certos requisitos à incorporação do tratado internacional ao direito interno, entre os quais está a prévia aprovação por parte do Congresso Nacional (art. 49, I). Ver item 6.9 do Capítulo 7 do Tomo II.

Sobre as teorias, os procedimentos necessários e a forma com que deve ocorrer a internalização das normas provenientes do direito internacional, ver item 6.9.2 do Capítulo VII do Tomo II.

▸ Como o STF enfrentou o tema

(a) em precedentes de ambas as Turmas, a Corte decidiu que o art. 5º, § 2º, da Constituição Federal só "se refere a tratados internacionais relativos a direitos e garantias fundamentais, o que não é matéria objeto da Convenção de Varsóvia e do Protocolo de Haia no tocante à limitação da responsabilidade civil do transportador aéreo" (RE 214.349/RJ, 1ª Turma; e RE 297.901/RN, 2ª Turma);

(b) no RHC 79.785/RJ, o Plenário da Corte decidiu pela prevalência da "Constituição, no Direito brasileiro, sobre quaisquer convenções internacionais, incluídas as de proteção aos direitos humanos", de modo a afastar a "aplicabilidade das cláusulas convencionais antinômicas", ainda que mais favoráveis. Nesse precedente, entendeu-se que até as restrições ao duplo grau de jurisdição feitas de modo *implícito* pelo constituinte deveriam prevalecer em detrimento do princípio do duplo grau reconhecido sem restrições por tratado internacional (Convenção Interamericana de Direitos Humanos – Pacto de São José da Costa Rica);

(c) no AgRg no AI 601.832/SP, a 2ª Turma entendeu que a incorporação de um direito fundamental, pela via dos tratados internacionais (no caso, o princípio do duplo grau de jurisdição), não implica superar as exceções que a própria Constituição Federal estabelece a respeito.

5.3. Cláusula da primazia do tratamento mais favorável

Também conhecida como **princípio *pro persona*** ou ***pro homine***, trata-se da diretriz a regular a ***interpretação*** e a ***aplicação*** das normas definidoras de direitos humanos/fundamentais, com a finalidade de garantir a prevalência daquelas mais benéficas aos titulares de direito humano/fundamental, não importam se provenientes do direito internacional ou se estabelecidas pelo direito interno.

A cláusula da primazia do tratamento mais favorável busca disciplinar eventuais zonas de convergência e de divergência entre o direito internacional e o direito interno em matéria de direitos humanos/fundamentais. Nessa linha, serve de **metanorma** específica tanto para preencher *lacunas* quanto para resolver *antinomias* identificadas no âmbito das normas definidoras de direitos humanos (ordenamento jurídico internacional) e de direitos fundamentais (ordenamento jurídico estatal). (Sobre a questão das metanormas, v. item 1 do Capítulo VI da Parte I.)

Quem a defende sustenta, ainda, que a cláusula conduz sempre à prevalência da norma de direitos humanos/fundamentais mais favorável (*princípio "pro persona" ou "pro homine"*), ainda que às custas da **desconsideração dos critérios gerais de interpretação** e de **resolução de conflitos normativos**, tais como o critério hierárquico (*lex superior derogat inferiori*), o critério cronológico (*lex posterior derogat priori*) ou o critério da especialidade (*lex specialis derogat generali*). Assim, cuidar-se-ia de uma **metanorma setorial** apta a resolver *antinomias de segundo grau*, ou seja, colisões entre outras metanormas que regulem a interpretação ou a aplicação das normas jurídicas. Exemplo: se determinado ordenamento estatal contém norma a limitar em 30 anos o prazo máximo da pena privativa de liberdade, mas o direito internacional permite pena de prisão perpétua, ou vice-versa, a cláusula determinaria sempre a aplicação do limite de 30 anos, a despeito da hierarquia ou da data de promulgação das normas envolvidas.

▸ **Importante:**

A questão acerca da cláusula de primazia põe em evidência a conhecida divisão, no direito público, entre os adeptos da **teoria monista** e os defensores da **teoria dualista** (v. item 6.9.1 do Capítulo 7 do Tomo II). Isso porque a eventual aplicação da cláusula de primazia, no fundo, poderá representar ou a supremacia pontual do sistema jurídico internacional sobre o interno, ou vice-versa, e nenhuma dessas alternativas se admite pela teoria dualista. Assim, nos países que – como o Brasil – adotam a teoria dualista com preponderância do direito interno, com relação à eventual antinomia entre normas de direito fundamental previstas nas respectivas constituições, a incidência de cláusula desse tipo só é juridicamente possível se encontrar previsão na própria constituição.

Do contrário, a supremacia da constituição e do direito interno ficaria à mercê de critérios que poderiam redundar em prejuízos da própria aplicação das normas constitucionais, em favor de normas infraconstitucionais, o que não é aceito.

A cláusula da primazia começa a ser acolhida em constituições contemporâneas, tal como a Constituição da Venezuela (1999), cujo art. 23 dispõe que os "tratados, pactos e convenções relativos a direitos humanos, subscritos e ratificados pela Venezuela, têm hierarquia constitucional e prevalecem na ordem interna, na medida em que contenham normas sobre seu gozo e exercício de modo mais favorável às estabelecidas por esta Constituição e a lei da República". Também a Constituição do México, a partir de reforma constitucional de 2011, passou a adotar o princípio "pro persona" em matéria de direitos fundamentais/humanos. Conforme § 2º acrescentado ao art. 1º da Constituição de 1917, as "normas relativas aos direitos humanos se interpretarão em conformidade com esta Constituição e com os tratados internacionais da matéria, favorecendo em todo tempo às pessoas a proteção mais ampla".

No Brasil, contudo, a **Constituição Federal *não* prevê nenhuma cláusula da primazia** de tratamento mais favorável em matéria de direitos fundamentais/humanos. Porém, autores como CANÇADO TRINDADE e ANDRÉ RAMOS TAVARES defendem ser necessário superar a velha polêmica entre monistas e dualistas, para então, com base no princípio da dignidade da pessoa humana, adotar o critério da primazia. Outros, como ANDRÉ DE CARVALHO RAMOS, defendem que o constituinte originário, implicitamente, acolheu a cláusula de primazia.

> **Atenção!**
>
> Ao tratar da "prevalência dos direitos humanos", o constituinte foi explícito ao se referir ao âmbito das "relações internacionais" protagonizadas pelo Brasil (art. 4º, II). Mas nada permite concluir que aí estivesse a conceder primazia ao direito internacional em detrimento da própria Constituição. Pelo contrário, na alínea "b" do inciso III do art. 102, a Constituição prevê a possibilidade da declaração de inconstitucionalidade de tratados internacionais, sem maiores ressalvas.

De qualquer forma, no *âmbito infraconstitucional*, o direito brasileiro incorporou a cláusula de primazia expressamente prevista no art. 29 da Convenção Americana de Direitos Humanos (Pacto de São José da Costa Rica). E isso serviu de fundamento para que o Min. CELSO MELLO consignasse, em várias ementas de julgamentos da 2ª Turma do STF, que o Judiciário, "no exercício de sua atividade interpretativa, especialmente no âmbito dos tratados internacionais de direitos humanos, devem observar um princípio hermenêutico básico (tal como aquele proclamado no Artigo 29 da Convenção Americana de Direitos Humanos), consistente em atribuir primazia à norma que se revele mais favorável à pessoa humana, em ordem a dispensar-lhe a mais ampla proteção jurídica" (por todos, v. HC 90.450/MG e HC 96.772/SP).

> **Atenção!**
>
> A se considerar como correta a tese de que a cláusula de primazia só foi incorporada pelo direito brasileiro no âmbito infraconstitucional, nenhuma norma de direito internacional, ainda que estabeleça regime de direitos humanos mais favorável, poderá prevalecer caso entre em antinomia com alguma norma constitucional. Porém, o Min. CELSO DE MELLO atribui "hierarquia constitucional" às convenções internacionais em matéria de direitos humanos, posição essa que não prevalece no STF. Sobre a hierarquia normativa dos tratados internacionais de direitos humanos, v. item 6.9.4 do Capítulo 7 do Tomo II.

Certo é que, na hipótese de **lacuna constitucional** acerca de algum direito reconhecido em tratado internacional de direitos humanos, nem sequer será preciso invocar qualquer cláusula de primazia. Como se viu, o constituinte originário teve o cuidado de adotar o chamado *princípio da complementaridade condicionada* (item 5.2), de modo que os direitos e garantias constitucionais "**não excluem** outros decorrentes" dos tratados internacionais "em que a República Federativa do Brasil seja parte" (§ 2º do art. 5º da Constituição).

Contudo, em caso de **antinomia** entre normas constitucionais e normas provenientes de tratado ou convenção internacionais, não parece jurídica nem logicamente sustentável a utilização de alguma cláusula de primazia que possa levar à aplicação das normas de direito internacional que colidem com o disposto na Constituição de 1988. Diante da soberania do poder constituinte, enquanto não introduzida a cláusula da primazia por meio de alguma reforma constitucional (tal como ocorreu no México em 2011), eventual antinomia entre o direito constitucional e o direito internacional só pode ser resolvida em prol da aplicação da própria Constituição. Daí que, a rigor, só faz sentido no campo político-ideológico a justificativa para aplicar a cláusula de primazia em detrimento de normas constitucionais superiores.

▸ **Como o STF enfrentou o tema:**

(a) no RHC 79.785/RJ, o Plenário do STF decidiu que: "A Constituição do Brasil e as convenções internacionais de proteção aos direitos humanos: prevalência da Constituição que afasta a aplicabilidade das cláusulas convencionais antinômicas. 1. Quando a questão – no estágio ainda primitivo de centralização e efetividade da ordem jurídica internacional – é de ser resolvida sob a perspectiva do juiz nacional – que, órgão do Estado, deriva da Constituição sua própria autoridade jurisdicional – não pode ele buscar, senão nessa Constituição mesma, o critério da solução de eventuais antinomias entre normas internas e normas internacionais; o que é bastante a firmar a supremacia sobre as últimas da Constituição, ainda quando esta eventualmente atribua aos tratados a prevalência no conflito: mesmo nessa hipótese, a primazia derivará da Constituição e não de uma apriorística força intrínseca da convenção internacional. 2. Assim como não o afirma em relação às leis, a Constituição não precisou dizer-se sobreposta aos tratados: a hierarquia está ínsita em preceitos inequívocos seus, como os que submetem a aprovação e a promulgação das convenções ao processo legislativo ditado pela Constituição e menos exigente que o das emendas a ela e aquele que, em consequência, explicitamente admite o controle da constitucionalidade dos tratados (CF, art. 102, III, b)";

(b) em QO no HC 83.113/DF, relatado pelo próprio Min. CELSO DE MELLO em 2003, o Plenário decidiu que o regime constitucional referente às hipóteses de perda da nacionalidade brasileira não pode sofrer nenhuma modificação por obra de tratados internacionais, ainda que para restringi-las, estabelecendo um regime mais favorável aos nacionais;

(c) no AgRg no AI 601.832/SP, a 2ª Turma entendeu que a incorporação de um direito fundamental pela via dos tratados internacionais (no caso, o princípio do duplo grau de jurisdição) não implica superar as exceções que a própria Constituição Federal estabelece a respeito;

(d) no ARE 709.21/DF (Pleno), que reduziu de 30 para cinco anos o prazo de prescrição aplicável à cobrança de valores não depositados no FGTS, um dos motivos determinantes do julgado foi o argumento segundo o qual não se pode aplicar o princípio da proteção máxima dos direitos fundamentais em detrimento de regra fixada na Constituição, ainda que a legislação infraconstitucional seja mais favorável ao titular do direito fundamental.

▸ **Atenção!**

Ao revisar a jurisprudência e reconhecer a ilicitude da prisão civil em razão de depósito infiel (RE 466.343/SP e HC 95.967/MS), o Plenário STF não se atinou ao problema e acabou por dar prevalência a norma de tratado internacional que colidia com a Constituição Federal. Nesses procedentes, "escapou" à Corte que a própria Constituição continha norma expressa a permitir, ainda que excepcionalmente, não só a prisão do inadimplente de obrigação alimentícia, como *também* do depositário infiel (art. 5º, inciso LXVII). Ou seja, o dispositivo constitucional previa **duas exceções** à proibição da prisão por dívidas. Contudo, o STF fez prevalecer a **única exceção** a respeito prevista no Pacto de São José da Costa Rica (prisão de inadimplente de prestação alimentícia), o que implica resolver, em favor da norma de direito internacional, uma antinomia entre a Constituição e um tratado internacional. Certo que a decisão do STF se embasou na suposta hierarquia *supralegal* (mas infraconstitucional) da norma constante no tratado internacional, de modo a concluir pela inaplicabilidade das normas internas (e igualmente infraconstitucionais) que regulavam a prisão civil do depositário infiel. Contudo, como existia antinomia entre o Pacto de São José da Costa Rica e a própria Constituição Federal a respeito, a norma do tratado, em sendo inferior à Constituição, não possuiria validade alguma sequer para tornar inaplicáveis outras normas de direito interno. Tanto é que, após esse julgamento do STF, ante o reconhecimento da força *supralegal* do Pacto de São José da Costa Rica, a única forma admissível para regulamentar a permissão constitucional à prisão do depositário fiel passou a ser a via da emenda constitucional (?!), o que é total contrassenso. Sobre o assunto e a melhor solução da questão, v item 3.6.4.1, letra "d", do Capítulo 1 do Tomo II.

▸ **Como esse assunto foi cobrado em concurso?**

No concurso para Promotor de Justiça do Ministério Público da Paraíba (2010), foi considerada **correta** a seguinte assertiva: "Sem prejuízo da supremacia da Constituição sobre os tratados e convenções internacionais, a norma convencional internacional em vigor e aplicável no Brasil e que disponha acerca de direitos humanos, não tendo sido objeto de processo legislativo que a equiparasse a emenda constitucional, tem força jurídico-normativa suficiente para restringir a eficácia e indiretamente obstar a aplicabilidade da norma constitucional paradigma."

5.4. Cláusula da proibição do retrocesso

Em **sentido amplo**, a cláusula da proibição ou da vedação de retrocesso abrange toda forma de garantia contra medidas do Poder Público que tenham por objetivo suprimir ou reduzir a disciplina protetiva proporcionada pelos direitos fundamentais, sejam eles direitos sociais ou não.

Nessa acepção, para SARLET, incluem-se na cláusula institutos bastante conhecidos como: **a)** a garantia da não retroatividade da lei em detrimento dos direitos adquiridos, dos atos jurídicos perfeitos e da coisa julgada; **b)** as normas que controlam as restrições/intervenções nos direitos fundamentais; **c)** as cláusulas pétreas a estabelecer limites materiais ao poder de reforma constitucional em face das normas de direitos fundamentais; e **d)** a eficácia negativa que decorre das normas constitucionais de natureza programática.

Num **sentido estrito**, a cláusula de vedação do retrocesso está relacionada à defesa da tese segundo a qual são constitucionalmente proibidas as tentativas de involução na disciplina referente aos direitos fundamentais, incluindo os ***direitos sociais***. Também denominada (num contexto altamente ideologizado) de *cláusula proibitiva da evolução reacionária* ou *cláusula da contrarrevolução social*, impediria retrocessos em matéria de direitos sociais que já tivessem sido reconhecidos pelo ordenamento jurídico. Nessa linha, seriam ilícitas mesmo as hipóteses de retrocesso decorrente de atos normativos de eficácia somente futura (normas não retroativas), mas que acabassem por repercutir negativamente na proteção social até então assegurada por algum direito fundamental, mesmo em face das ***simples expectativas de direito***. Exemplos de retrocesso social dessa ordem: a redução dos níveis de prestação social ou da cobertura do sistema de seguridade social; a minoração dos recursos disponíveis ao sistema público de saúde (v. MC na ADI 5.595/DF, decisão monocrática); o "aumento desproporcional de contribuições sociais por parte dos participantes do sistema de proteção social" (SARLET, 2009, p. 124); bem como a criação de contribuição previdenciária em desfavor de aposentados (tal como reconhecido pela CIDH – Corte Interamericana de Direitos Humanos).

CLÁUSULA DE PROIBIÇÃO DE RETROCESSO	
Sentido amplo	**Sentido estrito**
Abrange toda forma de garantia contra medidas do Poder Público que tenham por objetivo suprimir ou reduzir a disciplina protetiva proporcionada pelos direitos fundamentais, sejam eles direitos sociais ou não.	Considera constitucionalmente proibidas as tentativas de involução na disciplina referente aos direitos fundamentais, especialmente os direitos sociais.

▸ **Atenção!**

Conforme terminologia do Conselho Constitucional francês, importante concurso público já se referiu à proibição de retrocesso (em sentido estrito) sob a denominação "***efeito cliquet***", em alusão a uma espécie de catraca que restringe a uma só direção os movimentos de cordas usadas na prática do alpinismo.

Na Europa continental, onde não costuma sequer haver normas constitucionais para garantir a irretroatividade da lei, a teoria desfruta de algum prestígio, sobretudo para proteger a segurança jurídica contra leis que pretendam retroagir contra direitos adquiridos. Em Portugal, o Tribunal Constitucional tem vários precedentes a respeito, todos eles a partir do Acórdão 39/84, no qual se decidiu que "as tarefas constitucionais impostas ao Estado em sede de direitos fundamentais, no sentido de criar certas instituições ou serviços, não o obrigam apenas a criá-los, obrigam também a não aboli-los uma vez criados".

Contudo, há fortes objeções à legitimidade dessa teoria. Os argumentos em contrário giram em torno, basicamente, das seguintes observações: (a) o legislador deve ter liberdade para decidir acerca das estratégias que utiliza para tentar satisfazer as diversas finalidades sociais impostas pela constituição; (b) se as constituições cometem às leis a tarefa de desenvolver e configurar os direitos sociais, não se pode defender que o legislador esteja impossibilitado de retroceder quanto a direitos sociais concebidos por ele próprio; (c) as possibilidades de escolha estratégica e a necessidade de ponderação dos bens constitucionais envolvidos na questão ficariam gravemente comprometidas se o parlamento estivesse obrigado a *"regular problemas de hoje com soluções de ontem"* BERNAL PULIDO (2003, p. 389).

Até mesmo antigos adeptos da inflexibilidade na vedação do retrocesso já reveem suas opiniões. CANOTILHO, por exemplo, já afirmou que a "dramática aceitação do 'menos trabalho e menos salário, mas trabalho e salário para todos', o desafio da bancarrota da previdência, o desemprego duradouro, parecem apontar para a insustentabilidade do princípio da não reversibilidade social" (2004, p. 111).

Bem por isso, o próprio Tribunal Constitucional português abandonou a rígida fórmula com que acolhera a doutrina proibitiva de retrocesso social no referido Acórdão 39/1984. No Acórdão 101/1992, a Corte reputou que o retrocesso social constitucionalmente proibido só ocorreria quando afetada a proteção da confiança resultante de "direitos adquiridos". Ademais, a partir do Acórdão 509/2002, passou a entender que o reconhecimento da proibição pressupõe a "necessidade de harmonizar a estabilidade da concretização legislativa já alcançada no domínio dos direitos sociais com a liberdade de conformação do legislador". Assim, a "proibição do retrocesso social apenas pode funcionar em casos-limite, uma vez que, desde logo, o princípio da alternância democrática, sob pena de se lhe reconhecer uma subsistência meramente formal, inculca a revisibilidade das opções político-legislativas, ainda quando estas assumam o carácter de opções legislativas fundamentais". Daí a constitucionalidade da lei que revogara regime dos créditos boni-ficados para jovens adquirirem habitações, pois considerada compatível com a reversibilidade legislativa decorrente do princípio da alternância democrática (Acórdão 590/2004). (No mesmo sentido, v. Acórdão 336/2007.)

▸ Importante:

Na atual práxis constitucional, a teoria da proibição do retrocesso enfrenta grandes desafios ante a dura realidade política e socioeconômica. Até países desenvolvidos tiveram de se curvar à crise econômica iniciada em 2008, o que os levou a aprovar reformas que implicaram séria redução de direitos sociais já implementados. Na Espanha, por exemplo, foi inteiramente abolido o "cheque-bebê" (auxílio previdenciário pago a título de natalidade ou de adoção), sem que se criasse algum outro benefício substitutivo.

> Mesmo em Portugal, cujo TC foi precursor da doutrina a proibição do retrocesso, as medidas de contenção orçamentária iniciadas em 2010 importaram em graves involuções em programas sociais. Somente a redução da cobertura de um benefício previdenciário ("abono de família") causou prejuízo a quase 15% da população do país. Tudo isso sem falar do caso da crise orçamentária vivenciada pela Grécia. Pior ainda, vêm sofrendo retrocessos, inclusive, certos direitos fundamentais de primeira geração/dimensão. Após o atentado de 11 de setembro de 2001, várias liberdades públicas foram restringidas nos EUA e, na Europa, hoje se discutem involuções ao direito individual de livre trânsito entre os países que compõem a Comunidade Europeia (Convenção de Schengen).

No **âmbito do direito internacional**, a Convenção Americana de Direitos Humanos (Pacto de São José da Costa Rica) foi expressa em reconhecer a proibição de retrocesso, pelo menos para alguns setores normativos. Nos termos do art. 4º, item 3, da convenção, não "se pode restabelecer a pena de morte nos Estados que a hajam abolido. "Ademais, há quem ainda sustente que o art. 26 da mesma convenção acolheria a proibição de retrocesso, também, na parte em que dispôs sobre o direito ao "desenvolvimento progressivo". Nesse sentido, a Corte Interamericana de Direitos Humanos, na Sentença de 28-2-2003, condenou o Estado peruano pela suposta violação a direitos humanos decorrente do retrocesso representado pela taxação de aposentadorias.

> **▸ Atenção!**
> Referido art. 26 do Pacto de São José contemplou o compromisso dos Estados interamericanos de "conseguir progressivamente a plena efetividade dos direitos que decorrem das normas econômicas, sociais e sobre educação, ciência e cultura", embora "na medida dos recursos disponíveis, por via legislativa ou por outros meios apropriados."

Entre os que admitem a cláusula da proibição do retrocesso em sentido estrito, há pelo menos quatro tendências principais:

1) ***Tendência radical:*** na linha jusnaturalista, a proibição do retrocesso é vista como **limite suprapositivo** a impedir até mesmo a atuação do constituinte originário, que não poderia ficar aquém de determinados progressos reconhecidos em ordens constitucionais anteriores. Nesse rumo, sustenta JORGE MIRANDA (1997, p. 107) que os direitos fundamentais imediatamente conexos com a dignidade da pessoa humana serviriam como "limites transcendentes" do poder constituinte originário. Daí por que seria "inválido ou ilegítimo" decretar normas constitucionais que gravemente ofendessem a liberdade de crenças ou a liberdade pessoal, que criassem desigualdades em razão da raça ou que restaurassem a pena de morte já abolida em constituições anteriores;

> **Atenção!**
>
> Embora JORGE MIRANDA, com relação aos direitos fundamentais imediatamente conexos com a dignidade da pessoa humana, pareça aderir à ora intitulada "teoria radical", ele não aceita a proibição do retrocesso social como princípio geral, por entender que não existem direitos criados por lei que não possam ser extintos também por lei.

2) ***Tendência peremptória:*** embora não vincule o constituinte originário, a proibição do retrocesso é **regra geral** que limita tanto o constituinte derivado quanto o legislador ordinário, que ficariam peremptoriamente proibidos de suprimir ou revogar quaisquer normas que estabelecessem disciplinas acerca de direitos fundamentais, a menos que para substituí-las por regimes de proteção mais ampla e favorável;

3) ***Tendência intermediária:*** posição majoritária na doutrina, a proibição de retrocesso não é regra peremptória, mas **princípio geral constitucional**, que assim pode ser ponderado em face de outros princípios, desde que a involução preserve ao menos o "núcleo essencial" do direito fundamental considerado (ver item 10.5). É **a posição majoritária** na doutrina e pode ser subdividida em:

   3.1) ***tendência intermediária forte:*** sem prejuízo das eventuais cláusulas pétreas a proteger o núcleo essencial dos direitos fundamentais, certos autores defendem que as medidas a restringir direitos sociais devem passar "pelos testes da *razoabilidade* e da *proporcionalidade*", além de respeitar "as barreiras do ***núcleo essencial*** e da ***dignidade da pessoa humana*** (SARLET, 2009, p. 141). Para GEORGE MARMELSTEIN, o "princípio do retrocesso social não deve ser visto como uma barreira intransponível para qualquer mudança no âmbito dos direitos fundamentais. O que ele exige é que a revogação de leis que regulamentem os direitos fundamentais seja justificada do ponto de vista do desenvolvimento humano" (2016, p, 286). No mesmo sentido, em voto vencedor no RE 646.721/RS (Plenário do STF, j. em 10-5-2017), o Min. BARROSO consignou que o princípio da vedação do retrocesso "não significa, por óbvio, que nenhum passo atrás possa ser dado na proteção de direitos. Todavia, a proibição de retrocesso veda que, diante de uma mesma situação de fato, sejam implementadas involuções desproporcionais na proteção de direitos ou que atinjam o seu núcleo essencial";

   3.2) ***tendência intermediária fraca:*** posição *atual* de CANOTILHO, para quem, nas "épocas de escassez e austeridade", a proibição não pode ser invocada para "neutralizar a liberdade conformação do legislador", já que "a chamada tese da 'irreversibilidade de direitos sociais adquiridos' deve entender-se com razoabilidade e com racionalidade, pois poderá ser necessário, adequado e proporcional baixar os níveis de prestações essenciais para manter o núcleo essencial do próprio direito social" (2008b, p. 64). Também para CRISTINA QUEIROZ, o legislador dispõe, em princípio, "de amplas possibilidades de conformação do direito infraconstitucional, e, em especial, para reduzir, ou eventualmente eliminar, um padrão de protecção já alcançado, sem com isso descer aquém do 'nível mínimo' de protecção constitucionalmente requerido e, portanto, sem ofender o princípio da 'proibição de insuficiência' (*Untermassverbot*)" (2006, p. 122); e

4) ***Tendência mitigada:*** a proibição do retrocesso não é princípio geral constitucional, porém espécie de **regra excepcional** de combate ao arbítrio. Para VIEIRA DE ANDRADE, por exemplo, a "liberdade constitutiva" e a "autorrevisibilidade" da atividade legislativa só poderão ser restringidas quando a disciplina anterior (mais favorável) estiver enraizada na "*consciência jurídica geral*" (2001, p. 394). Fora dessas hipóteses excepcionais, eventuais obstáculos ao retrocesso social não decorreriam de uma garantia específica, mas apenas da garantia do "conteúdo mínimo social" (v. item 15.2.3) ou como medida impeditiva do arbítrio e da não razoabilidade manifesta.

▸ Atenção!

Há ainda uma ***corrente intermediária***, que defende a impossibilidade circunstancial de haver retrocesso social, não por força de um princípio específico a respeito, mas com base no próprio *princípio da proporcionalidade*. Para JORGE MIRANDA, por exemplo, embora não existam direitos criados por lei que não possam ser extintos também por lei, o retrocesso social poderá ser proibido quando feito de modo desproporcional ou arbitrário em relação ao interesse público invocado para justificá-lo. Também o Ministro GILMAR MENDES, em voto na ADI 3.104/DF, após defender a superação do modelo binário "direito adquirido/expectativa de direito", afirmou que até as emendas constitucionais, quando abusivamente criadas para frustrar o preenchimento das condições jurídicas necessárias à configuração de direitos adquiridos, poderão ser consideradas inconstitucionais, por violência ao princípio da proporcionalidade/razoabilidade.

TENDÊNCIAS RELACIONADAS À PROIBIÇÃO DO RETROCESSO	
Tendência radical	Proibição do retrocesso é **limite supraposititvo** a impedir até mesmo a atuação do constituinte originário.
Tendência peremptória	Embora não vincule o constituinte originário, a proibição do retrocesso é **regra geral** que limita tanto o constituinte derivado quanto o legislador ordinário.
Tendência intermediária (majoritária na doutrina)	Proibição de retrocesso é *princípio geral constitucional* a ser ponderado em face de outros princípios, desde que a involução preserve ao menos o "núcleo essencial" do direito fundamental considerado. Subdivide-se em duas: a) *tendência intermediária forte*: as medidas a restringir direitos sociais devem passar "pelos testes da razoabilidade e da proporcionalidade", além de respeitar "as barreiras do núcleo essencial e da dignidade da pessoa humana" (INGO SARLET); b) *tendência intermediária fraca*: a proibição "deve entender-se com razoabilidade e com racionalidade, pois poderá ser necessário, adequado e proporcional baixar os níveis de prestações essenciais para manter o núcleo essencial do próprio direito social" (CANOTILHO).

TENDÊNCIAS RELACIONADAS À PROIBIÇÃO DO RETROCESSO	
Tendência mitigada	A vedação do retrocesso não é princípio geral constitucional, mas apenas **regra excepcional de combate ao arbítrio**. Assim, ressalvadas as disciplinas normativas já enraizadas na "consciência jurídica geral", a proibição ao retrocesso social decorre apenas da garantia do "conteúdo mínimo social" ou como medida impeditiva do arbítrio (VIEIRA DE ANDRADE).

No **Brasil**, o constituinte assegurou a irretroatividade da lei (art. 5º, XXXVI), mas não acolheu explicitamente a proibição de retrocesso. No entanto, sustenta-se na doutrina que a vedação de retrocesso é um tipo de **mandamento constitucional implícito** (GEORGE MARMELSTEIN). Autores como INGO SARLET defendem a aplicação da cláusula no direito brasileiro, por entenderem que a Constituição Federal exige a *maximização da proteção dos direitos fundamentais*, de modo a proteger a confiança dos indivíduos na estabilidade das relações jurídicas, não somente em face de atos retroativos, mas também, implicitamente, contra retrocessos sociais. Assim, a proibição de retrocesso decorreria, sobretudo, de fundamentos constitucionais como: (a) o princípio da dignidade da pessoa humana (art. 1º, III); (b) o princípio da garantia do desenvolvimento nacional (art. 3º, II); (c) princípio do Estado democrático de direito (art. 1º); (d) o princípio da máxima eficácia das normas definidoras de direitos fundamentais (§ 1º do artigo 5º); e (e) do princípio da proteção da confiança (art. 5º, *caput*, 4ª figura).

De fato, a cláusula da proibição do retrocesso não encontra previsão constitucional expressa no direito brasileiro. Mas pode ser extraída em articulação, seja com a ***garantia de proteção ao conteúdo essencial*** dos direitos fundamentais (v. item 10.5), seja com o direito ao mínimo de existência condigna (***teoria do mínimo existencial***) (v. item 13).

Nesse sentido, a vedação ao retrocesso surgiria a partir de determinados **marcos de consolidação de posições de vantagem** abstratamente asseguradas pelo sistema normativo, o que viria a solidificar aquilo que se deva considerar como o "núcleo essencial" do direito fundamental envolvido. Assim, **a garantia de proteção ao conteúdo essencial** impediria determinados retrocessos em face dos aspectos nucleares dos direitos fundamentais, incluindo aqueles padrões mínimos da manutenção existencial dos indivíduos ("**mínimo vital intangível**").

Enfim, mesmo em tempos de crise, medidas estatais que impliquem regressão no tratamento dos direitos fundamentais não estão absolutamente vedadas "a priori". Contudo, exigirão do Estado: (a) o ônus de demonstrar a impossibilidade material de manter o estágio de desenvolvimento até então alcançado (*inversão da presunção de constitucionalidade*); e (b) a preservação do conteúdo essencial dos direitos fundamentais afetados, garantindo assim o "mínimo existencial".

> **Atenção!**
> Esse raciocínio tem a vantagem de unificar metodologias, pois remete as discussões sobre eventuais retrocessos à análise da constitucionalidade da suposta ofensa, seja ao **núcleo essencial**, seja à garantia ao **mínimo existencial** dos direitos fundamentais, o que se faz, sobretudo, com o auxílio do **princípio da proporcionalidade**.

Nada obstante, como se notava em diversos precedentes (*v.g.*, MC na ADI 1.664/DF, MS 24.875/DF, ADI 3.104/DF, ADI 3.105/DF e ADI 3.128/DF), o Plenário do ***STF*** costumava rejeitar a aplicação da proibição do retrocesso social, por não a considerar sequer algum tipo de princípio constitucional implícito. Contudo, esse panorama foi bastante alterado nos últimos tempos.

A começar de vários acórdãos da 2ª Turma da Corte, relatados pelo Min. CELSO DE MELLO, a proibição do retrocesso passou a ser incluída entre os princípios constitucionais (*v.g.*, AgRg no RE 581.352/AM, AgRg no RE 763.667/CE, AgRg no ARE 745.745/MG). Na ementa do ARE 639.337/SP, por exemplo, o Ministro fez consignar que o "princípio da proibição do retrocesso impede, em tema de direitos fundamentais de caráter social, que sejam desconstituídas as conquistas já alcançadas pelo cidadão ou pela formação social em que ele vive. A cláusula que veda o retrocesso em matéria de direitos a prestações positivas do Estado (como o direito à educação, o direito à saúde ou o direito à segurança pública, *v.g.*) traduz, no processo de efetivação desses direitos fundamentais individuais ou coletivos, obstáculo a que os níveis de concretização de tais prerrogativas, uma vez atingidos, venham a ser ulteriormente reduzidos ou suprimidos pelo Estado."

Também ementas de precedentes do Plenário, redigidas pelo Min. LUIZ FUX, reconheceram o ***status* constitucional do princípio**, ainda que para negar tivesse sido violado nos casos examinados (v. ADC 29/DF, ADC 30/DF, ADI 4.578/AC e ADI 4.350/DF).

Então, em julgamento de 10-5-2017, o princípio da vedação do retrocesso, além de considerado como **parâmetro de controle de constitucionalidade das normas**, foi efetivamente empregado pelo Plenário do STF declarar a inconstitucionalidade de preceito do Código Civil (RE 646.721/RS). Entendeu a Corte que o art. 1.790 do CC, ao revogar as Leis 8.971/94 e 9.278/96, acabara por discriminar "a companheira (ou o companheiro), dando-lhe direitos sucessórios bem inferiores aos conferidos à esposa (ou ao marido)", o que contrastava com vários princípios constitucionais (da igualdade, da dignidade humana, da proporcionalidade), incluindo aos princípios da "vedação à proteção deficiente e da vedação do retrocesso."

Posteriormente, embora em decisão monocrática, o princípio da proibição de retrocesso foi alçado até à condição de **cláusula pétrea**. Nessa linha, na MC na ADI 5.595/DF (j. em 31-8-2017), o Min. RICARDO LEWANDOWSKI utilizou a vedação do retrocesso como fundamento para suspender artigos da EC 86/2015, na parte em que poderiam levar à redução de recursos alocados ao SUS – Sistema Único de Saúde.

▸ **Ativismo judicial, efeito "backlash" e retrocessos em matéria de direitos fundamentais**

Conforme expõe GEORGE MARLMENSTEIN, o efeito "backlash" é espécie de efeito colateral do ativismo judicial, uma "reação do poder político contra a pretensão do poder jurídico de controlá-lo". Nesse sentido, ao examinar matérias polêmicas do ponto de vista da opinião pública, se o Judiciário profere decisão de cunho liberal, assumindo posição de vanguarda na defesa dos direitos fundamentais, em favor de certo grupo minoritário ou politicamente mais fraco, caso a consciência social ainda não estiver bem consolidada, a decisão judicial será bombardeada por discursos conservadores. Daí, o grupo conservador majoritário poderá aprovar leis e outras medidas que impliquem retrocesso jurídico capaz de criar situação normativa ainda pior que a existente antes da decisão judicial, prejudicando os grupos que, supostamente, seriam beneficiados pela decisão.

De outro lado, embora não se trate de fenômeno jurídico setorizado, o efeito "backlash" costuma manifestar-se em reação a decisões judiciais referentes a direitos fundamentais, sobretudo em casos a envolver minorias ou controversas pautas políticas ou de costumes. Nesse sentido, são frequentes as referências da doutrina às intensas reações sócio-políticas decorrentes do julgamento, pela Suprema Corte americana, dos casos *Brown vs. Board of Education* e *Roe vs. Wade*, em que discutiriam, respectivamente, a igualdade racial e a legitimidade do aborto.

No Brasil, a doutrina aponta como claro exemplo de "backlash" as reações de grupos religiosos contrários às decisões preferidas na ADPF 132/RJ e na ADI 4.277/DF, pelas quais o STF promoveu uma "interpretação conforme à Constituição" em face do art. 1.723 do Código Civil e determinou fosse dele excluído "qualquer significado que impeça o reconhecimento da união contínua, pública e duradoura entre pessoas do mesmo sexo como família". (Ver item 1.3 do Capítulo 8 do Tomo II, bem como, sobre o chamado "ativismo congressual", v. item 3.4 do Capítulo 7 do Tomo II.)

▸ **Como o STF enfrentou o tema:**

Inicialmente, a cláusula da proibição do retrocesso social não era aceita pelo Plenário do STF (por todos, v. MC na ADI 1.664/DF, MS 24.875/DF e ADI 3.104/DF). Conforme MC na ADI 1.664/DF, a tese da proibição do retrocesso não representaria sequer *fumus boni iuris* a justificar a concessão de liminar em ADI, pois "implicaria, na prática, a constitucionalização, e até a petrificação, das condições de expectativa de aquisição de benefícios previdenciários, impedindo sua revisão por lei, elaborada nos limites da Constituição" (voto do Min. OCTÁVIO GALLOTTI).

Também no polêmico caso da tributação de aposentadorias e pensões do setor público – nítido retrocesso social aprovado ainda no Governo Lula –, após afastar a tese da existência de direito adquirido de aposentados e pensionistas a não mais contribuírem à Previdência Social, a Corte entendeu que, no ordenamento jurídico, "não há norma, expressa nem sistemática" que subtrairia os aposentados do retrocesso financeiro decorrente da cobrança de contribuição social sobre proventos e pensões (Plenário, ADI 3.105/DF e ADI 3.128/DF).

Nada obstante, a proibição de retrocesso passou a ser admitida em posicionamentos de vários Ministros do STF. A título exemplificativo: (a) o Min. CELSO DE MELLO, tal como em votos no AgRg na STA 175/CE e no MS 24.875/DF; (b) o Min. CARLOS BRITTO, que, embora vencido na ADI 3.104/DF, defendeu que "um dos sentidos das cláusulas pétreas é impedir o retrocesso"; (c) o Min. MARCO AURÉLIO, para quem o art. 60, § 4º, IV, da Constituição garante a estabilidade não só dos direitos adquiridos, mas também das "situações jurídicas", que passariam a integrar o patrimônio dos indivíduos, os quais não poderiam ficar à mercê da retrocessos como a imposição de novos requisitos à aposentadoria (ADI 3.104/DF); (d) a Ministra ROSA WEBER, em voto no ARE 709.212/DF, ao divergir da maioria da Corte quanto à redução do prazo de prescrição para o empregado reclamar créditos de FGTS; e (e) o Min. LUIZ FUX, ao redigir a ementa do julgamento de várias ações diretas (Plenário, ADC 29/DF, ADC 30/DF e ADI 4.578/AC), acabou por reconhecer, implicitamente, o *status* constitucional do princípio da proibição de retrocesso. (Tratava-se da discussão acerca da constitucionalidade de lei complementar que estabelecera a inelegibilidade em razão de condenações ainda sem trânsito em julgado. O voto do Min. LUIZ FUX rejeitou a invocação do princípio do retrocesso, mas por falta do "pressuposto de sua aplicabilidade", no que concerne à "existência de consenso básico, que tenha inserido na consciência jurídica geral a extensão da presunção de inocência para o âmbito eleitoral".) O mesmo Ministro, no ARE 709.212/DF e na ADI 4.350/DF, embora tenha reconhecido o *status* constitucional do princípio da vedação de retrocesso, acabou por entender que ele não fora violado, pois concebidos mecanismos substitutivos de compensação.

Já no RE 646.721/RS, o Plenário decidiu: "Não é legítimo desequiparar, para fins sucessórios, os cônjuges e os companheiros, isto é, a família formada pelo casamento e a formada por união estável. Tal hierarquização entre entidades familiares é incompatível com a Constituição de 1988. Assim sendo, o art. 1790 do Código Civil, ao revogar as Leis nº 8.971/1994 e nº 9.278/1996 e discriminar a companheira (ou o companheiro), dando-lhe direitos sucessórios bem inferiores aos conferidos à esposa (ou ao marido), entra em contraste com os princípios da igualdade, da dignidade humana, da proporcionalidade como vedação à proteção deficiente e da vedação do retrocesso." Nesse precedente, o voto vencedor do Min. BARROSO – no que foi ex-pressamente acompanhado pelos Ministros ALEXANDRE DE MORAES e CÁRMEN LÚCIA – consignou que o princípio da vedação do retrocesso "não significa, por óbvio, que nenhum passo atrás possa ser dado na proteção de direitos. Todavia, a proibição de retrocesso veda que, diante de uma mesma situação de fato, sejam implementadas involuções desproporcionais na proteção de direitos ou que atinjam o seu núcleo essencial."

Em voto vencedor na ADI 4.543/DF (j. em 6-11-2013), ao declarar a inconstitucionalidade da impressão do registro eletrônico de votos determinada pela Lei 12.034/2009, a Ministra CÁMEN LÚCIA entendeu que, tal como "se dá quanto aos direitos sociais, a proibição de retrocesso político-constitucional impede que direitos conquistados, como o da democracia representativa exercida segundo modelo de votação que, comprovadamente, assegura o direito ao voto com garantia de segredo e invulnerabilidade da escolha retroceda para dar lugar a modelo superado exatamente pela vulnerabilidade em que põe o processo eleitoral." No mesmo julgado, os Ministros LUIZ FUX e JOAQUIM BARBOSA também abraçaram a proibição do retrocesso como fundamento constitucional de invalidação da lei impugnada. Já os Ministros ROBERTO BARROSO e GILMAR MENDES concordaram que a lei era inconstitucional, mas o fizeram por outros fundamentos, sem se filarem à tese do *status* constitucional da proibição do retrocesso político. Os demais julgadores não se pronunciaram sobre o princípio. Aliás, no julgamento da medida cautelar concedida na mesma ADI 4.543/DF (j. em 19-10-2011), o Min. GILMAR MENDES já advertira que a tese do princípio do não retrocesso poderia levar ao risco de se passar "a ter como parâmetro de controle não apenas a Constituição, mas as leis que nós consideramos boas. Daqui a pouco, todas as leis que nós considerarmos boas passarão a integrar, de alguma forma, o conceito constitucional e, no futuro, elas serão então, também, irrevogáveis por esse princípio."

Posteriormente, decisão monocrática reconheceu ao princípio da proibição de retrocesso o status até de cláusula pétrea (MC na ADI 5.595/DF, j. em 31-8-2017). Conforme o Min. RICARDO LEWANDOWSKI, a "ocorrência de reforma constitucional que vise ao aprimoramento dos direitos e garantias fundamentais é medida desejável de atualização dos fins e preceitos da CF, mas alterações que impliquem retrocesso no estágio de proteção por eles alcançado não são admissíveis, ainda que a pretexto de limites orçamentário-financeiros."

Mais recentemente, no julgamento da ADI 4.717/DF (j. em 5-4-2018), para entender que medidas provisórias não poderiam substituir a exigência de lei para diminuir ou suprimir espaços territoriais especialmente protegidos (art. 225, § 1º, III), um dos argumentos dados pelo Plenário do STF foi o de que a utilização da medida provisória impugnada contrariava o *princípio da proibição de retrocesso socioambiental*, pois as alterações dela decorrentes atingiram o núcleo essencial do direito fundamental ao meio ambiente ecologicamente equilibrado (art. 225 da CF).

▸ Como esse assunto foi cobrado em concurso?

No concurso para Procurador da República (2011) foi considerada **errada** seguinte assertiva: "O princípio da proteção do retrocesso social veda qualquer restrição de políticas públicas que já tenham concretizado direitos sociais constitucionalmente positivados."

No concurso para Procurador da República (2006) foi considerada **correta** a seguinte assertiva: "O efeito *cliquet* está mais diretamente associado aos direitos sociais."

6. SUJEITOS DOS DIREITOS FUNDAMENTAIS

6.1. Sujeitos ativos

Historicamente, os direitos fundamentais foram concebidos para ser invocados em favor de qualquer **pessoa humana** (*pessoa física* ou *natural*). Porém, o *caput* do artigo 5º da Constituição de 1988 restringe a titularidade ativa dos direitos fundamentais somente aos ***"brasileiros"*** e aos ***"estrangeiros residentes no País"***. Aqui, em primeiro lugar, é preciso interpretar extensivamente o conceito de *residência*, de modo a alcançar a situação de todo estrangeiro que resida no Brasil, ainda que por pouco tempo, incluindo aquele em situação irregular no país. Em segundo lugar, é preciso discernir se estrangeiros não residentes (turistas, por exemplo) podem gozar da proteção dos direitos fundamentais, a despeito da literalidade do *caput* do art. 5º.

> **▸ Importante:**
> "A assistência social prevista no artigo 203, inciso V, da Constituição Federal beneficia brasileiros natos, naturalizados e estrangeiros residentes no País, atendidos os requisitos constitucionais e legais" (tese fixada em sede de repercussão geral, STF Pleno, RE 587.970/SP).

Sobre as discussões acerca da inclusão dos ***estrangeiros não residentes*** no rol de beneficiários dos direitos fundamentais, formam-se três correntes:

A) **corrente restritiva:** o intérprete não pode desconsiderar que o constituinte foi claro ao não estender o catálogo constitucional dos direitos fundamentais aos estrangeiros não residentes, mas isso não impede que eles sejam beneficiários dos direitos fundamentais previstos em *normas infraconstitucionais*, tais como as leis e os tratados internacionais adotados pelo país, na forma do § 2º do art. 5º. Entendimento, *v.g.*, de JOSÉ AFONSO DA SILVA e de DIMOULIS e MARTINS.

> **▸ Importante:**
> A corrente restritiva parece ser a tese adotada:
>
> **A)** pela Presidência da República ao vetar o inciso I do § 1º do art. 1º do projeto convertido na Lei de Migração (Lei 13.445/2017) e, que permitiria estender, a determinados estrangeiros não residentes (*i.e.*, que residissem em país fronteiriço ou que só estivessem de passagem ou em simples visita ao Brasil), o "acesso igualitário e livre do migrante a serviços, programas e benefícios sociais, bens públicos, educação, assistência jurídica integral pública, trabalho, moradia, serviço bancário e seguridade social" (inciso XI do art. 3º);
>
> **B)** pela jurisprudência do STJ, segundo a qual o art. 98 do CPC/2015 possibilita concessão da gratuidade da justiça a estrangeiros não residentes. Para a Corte, a permissão do artigo 2º da Lei 1.060/50 (que restringia a justiça gratuita a "estrangeiros residentes") foi ampliada pelo novo CPC, que não exige mais dos estrangeiros o requisito residencial (v. Pet 9.815/DF, Corte Especial; e REsp 1.225.854/RS, 4ª Turma). Ou seja, para o STJ, o legislador poderia validamente restringir a concessão do direito fundamental somente a estrangeiros residentes, tal como o fizera o art. 2º da Lei 1.060/50. Porém, a lei também pode estender direitos fundamentais a estrangeiros não residentes – mesmo que se trate de *direito social*, como é o caso da gratuidade da justiça –, desde que não condicione o gozo do direito à residência em território nacional.

B) **corrente ampliativa:** a pretexto, sobretudo, de resguardar a dignidade da pessoa humana, sustenta a desconsideração da literalidade do preceito constitucional, sem outras ressalvas que não aquelas inerentes à especificidade da disciplina constitucional de cada direito fundamental (exemplo dessa especificidade, a Constituição só concede direitos políticos a pessoas brasileiras: § 2º do art. 14). Trata-se da ***posição majoritária*** na doutrina.

C) corrente ampliativa moderada: embora os estrangeiros não residentes sejam beneficiários do catálogo constitucional de direitos fundamentais, aplicam-se lhes algumas ressalvas:

c.1) o estrangeiro não residente deve encontrar-se em situação regular no país (UADI BULOS);

c.2) os *direitos sociais* "tendem a ser também compreendidos como não inclusivos dos estrangeiros sem residência no País" (PAULO GONET BRANCO, 2007, p. 263).

DIREITOS FUNDAMENTAIS E ESTRANGEIROS NÃO RESIDENTES		
Corrente restritiva	**Corrente ampliativa**	**Corrente ampliativa moderada**
– interpretação literal do texto constitucional para não estender o catálogo constitucional dos direitos fundamentais aos estrangeiros não residentes, mas isso não impede que eles sejam beneficiários dos direitos fundamentais previstos em normas infraconstitucionais, – posição de JOSÉ AFONSO DA SILVA, DIMOULIS e MARTINS.	– sustenta a desconsideração da literalidade do preceito constitucional, sem outras ressalvas que não aquelas inerentes à especificidade da disciplina constitucional de cada direito fundamental; – posição da doutrina majoritária.	– embora os estrangeiros não residentes sejam beneficiários, aplicam-se lhes algumas ressalvas: 1) deve encontrar-se em situação regular no país (UADI BULOS); 2) os direitos sociais tendem a não estendidos (PAULO GONET BRANCO).

▸ **Como o STF enfrentou a questão:**

Há jurisprudência do STF a garantir a estrangeiros não residentes certos direitos e garantias individuais de *primeira geração*. Conferir:

(a) "O súdito estrangeiro, mesmo aquele sem domicílio no Brasil, tem direito a todas as prerrogativas básicas que lhe assegurem a preservação do *status libertatis* e a observância, pelo Poder Público, da cláusula constitucional do *due process*. O súdito estrangeiro, mesmo o não domiciliado no Brasil, tem plena legitimidade para impetrar o remédio constitucional do ***habeas corpus***, em ordem a tornar efetivo, nas hipóteses de persecução penal, o direito subjetivo, de que também é titular, à observância e ao integral respeito, por parte do Estado, das prerrogativas que compõem e dão significado à cláusula do devido processo legal. A condição jurídica de não nacional do Brasil e a circunstância de o réu estrangeiro não possuir domicílio em nosso País não legitimam a adoção, contra tal acusado, de qualquer tratamento arbitrário ou discriminatório" (2ª Turma, HC 94.016/SP);

(b) "Ao estrangeiro, residente no exterior, também é assegurado o direito de impetrar ***mandado de segurança***, como decorre da interpretação sistemática dos arts. 153, *caput*, da Emenda Constitucional de 1969 e do 5º, LXIX, da Constituição atual" (1ª Turma, RE 215.267/SP);

(c) no HC 97147/MT, a 2ª Turma do STF entendeu que o estrangeiro é destinatário dos direitos fundamentais, com fundamento na dignidade humana, motivo pelo qual fazem jus a possibilidade de progressão de regime, isto é, não é lícito cogitar de proibição genérica de progressão de regime a nenhuma pessoa pelo só fato de ser estrangeira, em particular à vista da cláusula constitucional que impõe a individualização da pena;

(d) no RE 33.919/DF, ao interpretar dispositivo da CF/46 similar ao *caput* do art. 5º da CF/88, a 1ª Turma do STF reconheceu que o "***direito de propriedade*** é garantido a favor de estrangeiro não residente". Nesse precedente, a Corte decidiu que a aparente exclusão constitucional dos estrangeiros não residentes estaria relacionada aos "limites da soberania territorial do País". Daí, quando se questionar ato de autoridade brasileira por meio de processo judicial (no caso, mandado de segurança), mas de efeitos circunscritos ao território nacional, o local de residência do impetrante.

É pacífico, contudo, que também as ***pessoas jurídicas*** contam com a proteção do catálogo de direitos fundamentais. Nessa linha, explicam DIMOULIS e MARTINS, "as pessoas jurídicas são equiparadas às físicas, desde que o exercício de um direito seja compatível com as peculiaridades estruturais da pessoa jurídica e, principalmente, com a sua inexistência biológica" (2007, p. 97). De fato, o *caput* do artigo 5º da Constituição de 1988 não exclui as pessoas jurídicas brasileiras, *i.e.*, as constituídas sob as normas brasileiras, mesmo que de capital estrangeiro. Aliás, foi revogado o art. 171 da Constituição, que permitia tratamento favorecido às empresas brasileiras de capital nacional.

▸ **Importante:**

A exata definição dos beneficiários do catálogo de direito fundamentais depende do exame da natureza jurídica de cada um dos direitos fundamentais, bem como das normas pelos quais são estabelecidos. Essa a razão pela qual há direitos fundamentais que, por suas próprias características, só podem ser exercidos por:

(a) ***pessoas físicas,*** como os direitos de que trata o inciso LXI do art. 5º (garantias relativas à prisão) e o inciso LXVIII, relativo ao *habeas corpus* (HC 92.921/BA, 1ª Turma do STF);

(b) ***pessoas jurídicas,*** tal como o do art. 5º, incisos XXI (direito à liberdade de funcionamento das associações e cooperativas) e XVIII (direito de as entidades associativas representaram seus filiados judicial ou extrajudicialmente);

(c) ***cidadãos brasileiros,*** como os direitos políticos (art. 14, § 2º), incluindo a prerrogativa de ajuizar ação popular (art. 5º, LXXIII);

(d) ***brasileiros natos,*** de que é exemplo o direito de não ser extraditado em nenhuma hipótese (art. 5º, LI); e

(e) direitos especialmente concebidos para ***estrangeiros,*** como o direito à não extradição por crime político ou de opinião (inciso LII do art. 5º).

▸ **Como esse assunto foi cobrado em concurso?**

No concurso para Procurador da República (2002), foi considerada **errada** a seguinte assertiva: "Os direitos fundamentais consagrados na Constituição, porque visam à preservação da dignidade humana, somente podem ter como titulares as pessoas físicas."

No concurso para Juiz de Direito do TJDF (2016/Cespe), foi considerada **correta** a seguinte alternativa: "Há direitos fundamentais cuja titularidade é reservada aos estrangeiros". Neste mesmo concurso foi considerada **errada** a seguinte assertiva: "O gozo da titularidade de direitos fundamentais pelos brasileiros depende da efetiva residência em território nacional."

Conforme autores como CELSO DE MELLO FILHO e UADI BULOS, admite-se ainda que as ***quase-pessoas jurídicas*** sejam titulares de direitos fundamentais, excepcionalmente, porém.

▸ **Lembrete:**

Quase-pessoa jurídica é o "complexo patrimonial" ou a "estrutura orgânica" desprovidos de personalidade jurídica plena, mas que são "centros de imputação de alguns direitos e obrigações" (MELLO FILHO, 1986, p. 427). Trata-se daqueles núcleos patrimoniais, como os *condomínios*, a *massa falida* e a *herança jacente*, que não possuem personalidade jurídica no sentido próprio, porém titularizam certas relações jurídicas, tais como: relações tributárias (são contribuintes), relações trabalhistas (podem contratar empregados) etc. E cuida-se, também, das ***entidades orgânicas despersonalizadas,*** a exemplo da Câmara dos Deputados, dos tribunais federais ou do MPF, que fazem parte da União (que é a pessoa jurídica que lhes abrange), mas não possuem personalidade jurídica própria. Essas estruturas orgânicas também podem exercer certos atributos e prerrogativas constitucionais, inclusive em face da pessoa jurídica à qual pertencem. Daí por que se asseguram, tanto aos complexos patrimoniais quanto às entidades orgânicas direitos fundamentais como o acesso à jurisdição, o sigilo de correspondência, entre outros.

▸ **Como o STF enfrentou o tema:**

O Plenário do STF admite que entidades coletivas estaduais ingressem com ações judiciais, contra autoridade ou mesmo o próprio Estado-membro ao qual estejam vinculados, com o objetivo assegurar prerrogativas constitucionais que representem direito subjetivo específico da entidade. Nesse sentido, com referência ao direito dos tribunais de justiça ao repasse de duodécimos orçamentários (CF, art. 168), ver AO 311/AL e MS 22.384/GO, entre outros.

Por fim, ao contrário do que sustenta parte da doutrina, até mesmo pessoas de direito público e entidades estatais, nacionais e estrangeiras, podem ser titulares de direitos fundamentais, sobretudo – mas não somente - aqueles direitos de natureza procedimental. Embora os direitos fundamentais tenham sido originalmente concebidos para proteger os súditos contra o Estado (v. item seguinte), a atual extensão do catálogo de direitos fundamentais não deixa dúvidas de que entes estatais também podem estar entre os sujeitos ativos desses direitos. Para exemplificar, o inciso XXXVI do art. 5º é invocável na proteção dos Estados-membros, do Distrito Federal e dos Municípios contra leis federais retroativas (cf., *a contrario sensu*, a Súmula 654 do STF). Outros exemplos: inclusive Estados estrangeiros podem provocar o Judiciário e ingressar com medidas judiciais (art. 5º, XXXV), bem como invocar o sigilo de correspondências (art. 5º, XII) etc.

▸ **Como o STF enfrentou o tema:**

No AgRg na ACO 1.848/MA, o Pleno do STF decidiu que a garantia do devido processo legal está "assegurada, pela Constituição da República (art. 5º, LIV), à generalidade das pessoas, inclusive às próprias pessoas jurídicas de direito público".

6.2. Sujeitos passivos

Historicamente, os direitos fundamentais foram concebidos para serem opostos em face de *órgãos* ou *agentes estatais*. Nesse sentido, do ponto de vista estatal, a norma que define algum direito fundamental constitui-se numa norma de "competência negativa" a restringir as possibilidades de atuação dos órgãos do Estado.

Contudo, embora remanesçam direitos fundamentais cuja exequibilidade está mesmo restrita a entidades do Estado (tal como a garantia de irretroatividade da lei), muitos deles têm aplicação naturalmente direcionada às *relações privadas* (os direitos trabalhistas, por exemplo). E há outros que possuem indiscutível oponibilidade contra todos (*erga omnes*), como os direitos de propriedade, de personalidade, de sigilo das comunicações telefônicas.

6.3. Relações especiais de sujeição

Há situações em que a *própria Constituição* promove restrições especiais ao regime geral de sujeição ativa dos direitos fundamentais, tais como nos seguintes casos: (a) dos militares, que não podem, *v.g.*, exercer direito de greve, à sindicalização, nem se filiarem a partidos políticos enquanto em atividade (art. 142, IV e V); e (b) dos magistrados, que não têm a liberdade de escolher local de domicílio (art. 92, VII), tampouco para exercer qualquer atividade político-partidária (art. 95, parágrafo único, III).

Porém, além das exceções previstas na Constituição, a doutrina defende está o *legislador* também está autorizado, em matéria de direitos fundamentais, a instituir disciplinas diferenciadas para determinadas pessoas que mantêm posição jurídica singular em face dos Poderes Públicos. Trata-se, portanto, de ressalvas legais ao regime geral e constitucional de direitos fundamentais, cuja disparidade (anti-isonomia) é vista como não arbitrária nem desproporcional.

No direito brasileiro, são exemplos de segmentos submetidos a relações específicas de restrição legislativa a direitos fundamentais: (a) os servidores públicos em geral, sobretudo os militares, porquanto sujeitos a regime jurídico diferenciado de trabalho (PAULO GONET BRANCO); (b) os magistrados, cuja lei orgânica impõe restrições, por exemplo, à liberdade de expressão, proibindo-os de manifestar opinião, "por qualquer meio de comunicação", "sobre processo pendente de julgamento, seu ou de outrem", bem como de exteriorizar "juízo depreciativo sobre despachos, votos ou sentenças, de órgãos judiciais, ressalvada a crítica nos autos e em obras técnicas ou no exercício do magistério" (inciso III do art. 35 da LOMAN); (c) os custodiados em estabelecimento prisional, cujo sigilo de correspondência poderá sofrer restrições pela autoridade administrativa (art. 41, parágrafo único, da LEP), especialmente aqueles presos em estabelecimentos federais de segurança máxima, situação em que são monitorados "todos os meios de comunicação, inclusive de correspondência escrita" (art. 3º, § 2º, IV, da Lei 11.671/2008, com redação da Lei 13.964/2019); (d) os estudantes de colégios militares, a quem foi expressamente negado, pela Lei 13.796/2019, o direito à invocação da escusa de consciência para justificar ausência a prova ou a aula marcada para dia de guarda religiosa, algo só reconhecido pela lei aos estudantes de escolas civis (públicas ou particulares) - ver art. 7º-A acrescido à Lei 9.394/96 - Lei de Diretrizes e Bases da Educação Nacional.

Também a *jurisprudência* pode reconhecer relações especiais de sujeição em determinadas situações. Nessa linha, por exemplo, pacificou-se o entendimento segundo o qual as "pessoas públicas" (políticos, artistas, esportistas etc.) sujeitam-se a regime diferenciado e mais flexível em matéria de proteção à privacidade (sobre a *teoria da proteção débil das pessoas públicas,* v. item 3.2.1 do Capítulo 1 do Tomo II).

> **Atenção!**
>
> Na mesma linha, discute-se a constitucionalidade de restrições judiciais ao regime geral de direitos fundamentais, como na hipótese do registro das conversas mantidas entre advogado e custodiado em prisão de segurança máxima.

Todavia, quaisquer restrições legais ou judiciais que decorram dessas especiais relações de sujeição devem observar o ***princípio da proporcionalidade***, com referência aos direitos fundamentais por elas restringidos. Daí por que tais restrições: (a) devem ser pertinentes, adequadas e necessárias em face das finalidades que norteiam cada relação especial de sujeição; (b) salvo nas relações especiais de sujeição compulsória (tais como o serviço militar obrigatório e o regime de cumprimento de pena), não bloqueiam a autonomia da pessoa em escolher pela observância do direito fundamental restringido, ainda que à custa do desligamento da relação especial (GONET BRANCO). Exemplo: o servidor pode renunciar ao cargo público cujo exercício lhe impuser restrições especiais.

> **Como o STF já enfrentou o tema:**
>
> A jurisprudência do STF é farta a respeito do assunto. Exemplos:
>
> (a) no HC 79.285/RJ, a 1ª Turma do STF entendeu que o direito à intimidade (inciso X do art. 5º da CF/88) não pode ser invocado contra a proibição da pederastia entre militares (art. 235 do CPM);

(b) no HC 70.814/SP, a 1ª Turma do STF decidiu pela constitucionalidade da interceptação, por parte da administração do presídio e sem ordem judicial, de cartas remetidas por presidiário, a despeito do princípio da reserva de jurisdição e a garantia constitucional de sigilo de correspondência (inciso XII do art. 5º); e

(c) no RE 570.177/MG, o Plenário reputou que praças em serviço militar inicial (obrigatório) não fazem jus à garantia geral do salário mínimo contida na Constituição Federal, o que redundou na Súmula Vinculante 6: "*Não viola a Constituição da República o estabelecimento de remuneração inferior ao salário mínimo para os praças prestadores de serviço militar inicial*".

▸ **Como esse assunto foi cobrado em concurso?**

O concurso para Procurador da República (2015) considerou **incorreta** a seguinte alternativa: "O conceito de 'relação especial de sujeição' deve ser entendido como parâmetro interpretativo exclusivo no que diz respeito as restrições de direitos fundamentais dos presos".

6.4. Eficácia horizontal dos direitos fundamentais

Também chamada de *aplicabilidade* ou *vinculação dos direitos fundamentais nas relações privadas*, diz respeito à viabilidade de se aplicarem, nas relações entre pessoas de direito privado (físicas e/ou jurídicas), normas de direitos fundamentais historicamente concebidas para regular somente relações jurídicas polarizadas por algum órgão ou agente do Estado. Trata-se de ideia segundo a qual os direitos fundamentais, além da eficácia "vertical" típica do plano das relações entre particulares e órgãos do Estado, possuem ainda ***eficácia "horizontal"***, *i.e.*, surtem efeitos jurídicos no âmbito das relações entre os próprios particulares (particulares *vs.* particulares), mesmo quando tais direitos não tivessem essa expressa finalidade, seja pela origem histórica, seja pela redação do dispositivo que os assegura.

▸ **Atenção!**

Determinados direitos fundamentais têm a exequibilidade:

(a) naturalmente *excluída* das relações privadas (*v.g.*, a garantia de não retroatividade da lei, o direito à não extradição dos brasileiros natos); ou

(b) necessariamente *associada* às relações privadas (direitos trabalhistas, por exemplo); ou, ainda,

(c) eventualmente *ligada* às relações privadas (direitos oponíveis contra todos, como o direito à propriedade, à intimidade etc.).

Logo, a teoria da eficácia horizontal está logicamente circunscrita aos direitos fundamentais que, se estritamente considerados, teriam como sujeitos passivos apenas órgãos estatais, mas que, conceitualmente, podem estender-se às relações privadas, tais como: o princípio da igualdade material (*caput* do art. 5º), a garantia do contraditório e da ampla defesa (inciso LV do art. 5º), a liberdade de crença (inciso VI do art. 5º) e o princípio da não culpabilidade (inciso LVII do art. 5º). Assim, ao contrário do que sustenta parte da doutrina, quando se discute, por exemplo, a possibilidade de um empregador revistar um empregado ou analisar o conteúdo de seu correio eletrônico, a discussão não deveria envolver a teoria da eficácia horizontal, porque o direito à intimidade aí subjacente é daqueles direitos oponíveis *erga omnes* e que vinculam o particular *independentemente* da aplicação dos postulados da teoria da eficácia "horizontal".

▸ **Como esse assunto foi cobrado em concurso?**

Em 2011, o concurso para Procurador da República considerou errada a seguinte alternativa: "A teoria da eficácia horizontal imediata dos direitos fundamentais sustenta que a vinculação dos particulares a estes direitos é equiparável a vinculação dos poderes públicos."

O concurso para Magistratura do Trabalho do TRT da 21ª Região (2010) considerou **correta** a seguinte assertiva: "as violações a direitos fundamentais

não ocorrem somente no âmbito das relações entre o cidadão e o Estado, mas igualmente nas relações travadas entre pessoas físicas e jurídicas de direito privado (fenômeno conhecido como eficácia horizontal dos direitos fundamentais)".

Tema dos mais importantes e férteis do direito constitucional, diz também respeito à chamada ***constitucionalização do direito privado***. E dele depende a solução de muitos dos problemas hoje verificados na órbita das relações privadas, como, *v.g.*, a possibilidade de que (a) alguma empresa venha a contratar empregados ou a recusar clientes seguindo padrões discriminatórios (sexo, aparência, orientação sexual, idade); (b) profissionais liberais elaborem escalas paralelas e discriminatórias de atendimento (exemplo: médico que dê preferência a pacientes particulares sem convênio a planos de saúde); (c) associações ou clubes sociais recusem novos filiados conforme critérios discriminatórios (tempo de residência na cidade, *status* social); (d) entidades coletivas expulsem algum de seus membros, sem lhes dar oportunidade de defesa; (e) o testador contemple algum dos filhos com quinhão maior do que o dos demais; entre inúmeros outros casos.

Pois bem. Na doutrina de inspiração alemã, há basicamente duas posições a respeito:

A) **Teoria da eficácia indireta ou mediata** (*indirekte Drittwirkung*): baseia-se em direito fundamental (liberdade privada) para ***negar a eficácia direta*** dos demais direitos fundamentais no âmbito das relações privada. Defende que, embora o Estado deva proteger os particulares em face de outros particulares, essa ***proteção*** deve fazer-se por ***intermédio da lei***. Os direitos fundamentais são concebidos para regular a atuação dos órgãos estatais. Logo, não podem ser automaticamente aplicados às relações particulares, a não ser por meio das normas do próprio direito privado. Mesmo que o conteúdo das leis esteja vinculado à constituição e ainda que a interpretação do direito privado tenha de ser feita conforme os direitos fundamentais, eles não geram reflexos diretos nos atos e negócios jurídicos privados, pois os particulares não são seus destinatários originais. A possibilidade de os direitos fundamentais nortearem a interpretação das normas de direito privado, especialmente as que veiculam cláusulas gerais e conceitos indeterminados, não implica nenhuma vinculação direta à atuação dos particulares, sob pena de violência ao direito fundamental à liberdade e à autonomia privadas.

B) **Teoria da eficácia direta ou imediata** (*direkte Drittwirkung*): sustenta que a eficácia das normas de direitos fundamentais atinge, objetivamente, toda a ordem jurídica. Daí por que também ***se aplicam, direta e imediatamente***, no âmbito das relações privadas, independentemente da intermediação do legislador. É necessário proteger os particulares não apenas contra o Estado, mas inclusive dos abusos cometidos por outros particulares.

Logo se percebe, o problema é estudado a partir do prisma das limitações constitucionais ao princípio constitucional da ***autonomia privada***. Pela teoria da eficácia mediata, a autonomia privada não é diretamente atingida pelas normas de direitos fundamentais concebidas para disciplinar relações a envolver entidades estatais. Já pela teoria da eficácia imediata, a despeito de legislação específica, a autonomia privada pode ser atenuada pela aplicação direta de outros direitos fundamentais, sobretudo o direito à dignidade da pessoa humana, embora a prevalência da autonomia privada seja tanto mais forte quanto mais próxima estiver relacionada a direitos de ordem personalíssima ou a direitos ligados ao pluralismo político.

C) **Teoria intermediária da eficácia direta moderada ou atenuada:** defende que os direitos fundamentais podem surtir eficácia horizontal nas relações privadas, a despeito da intermediação do legislador, mas somente quando houver ***assimetria substancial*** de poder jurídico ou poder de fato de uma das partes em face da outra. Nesses casos, a aplicação direta das normas constitucionais de direitos fundamentais passa a ser justificável, a fim de tanto proteger a parte que esteja em posição de vulnerabilidade quanto equilibrar a relação em que um dos polos tem poderio desproporcional comparável ao tipo de poder vertical exercido pelo Estado em face dos particulares. Exemplos dessas relações privadas: associação vs. associado; conveniado vs. plano de saúde; cooperativa vs. cooperado; grande empresa vs. empregado; partido político vs. filiado; condomínio vs. condômino. Posição de autores como o português VIEIRA ANDRADE e o espanhol BILBAO UBILLOS.

▸ **Importante:**

A ideia da "assimetria substancial" remeteria a um outro tipo de terminologia, a saber, a ***"eficácia 'diagonal' dos direitos fundamentais"***, sobretudo para enfatizar a desproporcionalidade de poder entre empresas e trabalhadores no âmbito do contrato de trabalho. Esse o termo utilizado, por exemplo, pela 7ª Turma do TST, ao julgar caso de dispensa discriminatória de empregado portador do vírus HIV (Recurso de Revista 7894-78.2010.5.12.0014, j. em 28-08-2013). Ver comentários no item 6.4.1, abaixo.

▸ Como esse assunto foi cobrado em concurso?

No concurso para Procurador da República (2011) foi considerada **errada** seguinte assertiva: "A teoria da eficácia horizontal imediata dos direitos fundamentais sustenta que a vinculação dos particulares a estes direitos é equiparável à vinculação dos poderes públicos."

No concurso para Juiz de Direito do TJPR (2017/Cespe), foi considerada **correta** a seguinte alternativa: "A eficácia imediata dos direitos fundamentais encontra limites no núcleo irredutível da autonomia pessoal, situação em que se configura a eficácia moderada na relação entre os poderes privados e os indivíduos".

Nos ***EUA***, a questão é enfrentada de modo pragmático, mediante a leitura ampliada do conceito de "Poder Público". Nessa linha (doutrina *"state action"*), a Suprema Corte americana acaba por ampliar a eficácia dos direitos fundamentais àquelas pessoas privadas cujas atividades estejam, de determinada forma, conectadas a alguma atuação estatal específica. Assim, restaurantes privados, mas situados em estádio público, por exemplo, não podem discriminar consumidores, pois estão sujeitos à mesma eficácia dos direitos fundamentais que atingem a entidade estatal proprietária do estádio no qual funcionem. Da mesma forma, obtém-se a vinculação, *v.g.*, de entidades que recebam verbas públicas ou que precisem do reconhecimento estatal em seus produtos ou serviços.

▸ Atenção!

No ***Brasil***, o critério da ampliação do conceito de Poder Público vem sendo utilizado para permitir a utilização de garantias constitucionais como o mandado de segurança contra entidades privadas delegatárias de serviços públicos. Exemplo: a jurisprudência do STJ entende que o corte de fornecimento de energia elétrica, por motivo de inadimplência do consumidor, pode ser atacado pela via do mandado de segurança, embora se trate de simples relação de consumo (direito privado) entre pessoas igualmente privadas. Por todos, v. REsp 402.082/MT, 2ª Turma.

Algumas constituições contemporâneas incorporaram a tese da eficácia horizontal dos direitos fundamentais. O art. 18, n. 1, da Constituição portuguesa de 1976, por exemplo, estabelece que os "preceitos constitucionais respeitantes aos direitos, liberdades e garantias são directamente aplicáveis e vinculam as entidades públicas e privadas."

No Brasil, a Constituição é omissa sobre o tema. Contudo, isso não impediu o STF de promover a aplicação direta de direitos fundamentais no âmbito das relações privadas. Num primeiro momento, ainda sem grande profundidade nas discussões, decidiu o STF: (a) pela observância ao devido processo legal como requisito prévio à exclusão de cooperado ante a cooperativa (RE 158.215/RS); e (b) pela extensão, a empregado nacional, de vantagem salarial paga somente a empregados franceses por parte de filial brasileira de empresa francesa (RE 161.243/DF). Nesse precedente, entendeu a Corte que o princípio da autonomia da vontade não era fundamento a justificar a discriminação a trabalhador brasileiro.

> **Atenção!**
>
> A rigor, esse último exemplo, embora sempre lembrado pela doutrina, não evoca a teoria da eficácia horizontal. Isso porque, a despeito de a Constituição não proibir expressamente a discriminação remuneratória entre estrangeiros e brasileiros, assim já o fazia a CLT (arts. 358 e 461), de modo a tornar desnecessária a invocação da eficácia direta dos direitos fundamentais no âmbito das relações privadas.

Já num segundo momento, no RE 201.819/RJ, a 2ª Turma do STF analisou detidamente a questão e reconheceu que as "violações a direitos fundamentais não ocorrem somente no âmbito das relações entre o cidadão e o Estado, mas igualmente nas relações travadas entre pessoas físicas e jurídicas de direito privado. Assim, os direitos fundamentais assegurados pela Constituição vinculam diretamente não apenas os poderes públicos, estando direcionados também à proteção dos particulares em face dos poderes privados." O procedente versou sobre o caso de um artista que fora excluído, sem direito ao contraditório ou ampla defesa, dos quadros de uma entidade associativa integrante do sistema Escritório Central de Arrecadação e Distribuição – Ecad, cujas atividades são essenciais à cobrança de direitos autorais. Conforme voto do Ministro GILMAR MENDES, a identificação da presença tanto do "caráter público ou geral da atividade" quanto de "dependência do vínculo associativo para o exercício profissional" do artista foi considerada fator decisivo para "legitimar a aplicação direta dos direitos fundamentais concernentes ao devido processo legal, ao contraditório e à ampla defesa (art. 5°, LIV e LV, da CF) ao processo de exclusão de sócio de entidade." Nesse julgado, portanto, ao enfatizar a assimetria de poder na relação privada em exame, o STF adotou a posição intermediária defendida pela *teoria da eficácia direta moderada*.

> **Como esse assunto foi cobrado em concurso?**
>
> No Concurso para Advocacia Geral da União (2004) foi considerada **errada** a seguinte assertiva: "Segundo a doutrina, os efeitos horizontais dos direitos, liberdades e garantias individuais dizem respeito às suas limitações recíprocas, na ordem constitucional."

6.4.1. *Eficácia "diagonal" dos direitos fundamentais?*

Doutrinadores ligados ao direito do trabalho, a começar do chileno SÉRGIO GAMONAL, com base na ideia da "assimetria substancial" de poder entre empresas e trabalhadores, passaram a defender a adoção da terminologia "**eficácia *diagonal* dos direitos fundamentais**" para explicar a eficácia direta de direitos fundamentais nas relações trabalhistas. Conforme sustentou o precursor da terminologia, "mais que uma eficácia horizontal entre iguais, é melhor uma *eficácia diagonal* dos direitos fundamentais entre empregador e trabalhador" (GAMONAL, 2009, p. 78).

A utilidade dessa nova terminologia estaria em enfatizar, sobretudo no âmbito trabalhista, o tratamento especial que se deva dar às assimetrias substanciais de poder, jurídico ou de fato, que uma das partes exerce em face da outra nas relações empresa *vs.* empregado. Conforme sustentou o precursor da terminologia, "mais que uma eficácia horizontal entre iguais, é melhor uma **eficácia diagonal** dos direitos fundamentais entre empregador e trabalhador" (GAMONAL, 2009, p. 78).

Porém, a novidade não parece acrescentar nada aos argumentos já trabalhados pelos adeptos da *teoria da eficácia direta moderada ou atenuada*, os quais condicionam a própria eficácia "horizontal" dos direitos fundamentais à existência do mesmo tipo de assimetria de poder, tal como ocorre em outros tipos de relações privadas assimétricas (relações entre associação *vs.* associado; conveniado *vs.* plano de saúde; cooperativa *vs.* cooperado; grande empresa *vs.* empregado; partido político *vs.* filiado; condomínio *vs.* condômino). Ver item 6.4, letra "C".

Pelo contrário, a nova terminologia, a rigor, acaba por desconsiderar que certos teóricos *só* admitem a eficácia "horizontal" ***se*** houver assimetria de poder. Assim, a teoria da eficácia "diagonal" encontra justificativas somente entre os que admitem a possibilidade da eficácia horizontal nas relações onde *não exista* assimetria poder (*teoria da eficácia imediata "pura"*). Para quem já tenha aderido à teoria da eficácia horizontal *moderada* ou *atenuada*, como parece ter feito o STF no RE 201.819/RJ, a teoria da eficácia diagonal torna-se ociosa.

TEORIAS SOBRE A APLICAÇÃO DOS DIREITOS FUNDAMENTAIS NAS RELAÇÕES PRIVADAS			
Teoria da eficácia indireta ou mediata	**Teoria da eficácia direta ou imediata**	**Teoria da eficácia direta moderada ou atenuada**	**Teoria da eficácia diagonal**
Eficácia dos direitos fundamentais nas relações privadas não decorre diretamente da constituição, senão depende da intermediação do Estado, mediante lei.	Direitos fundamentais aplicam-se, direta e imediatamente, nas relações privadas, por força da própria constituição, independentemente da necessidade de intermediação do legislador.	Direitos fundamentais incidem diretamente nas relações privadas, a despeito da necessidade de intermediação do legislador, mas somente quando houver assimetria substancial de poder entre as partes.	Eficácia direta dos direitos fundamentais não ocorre de maneira "horizontal" (entre iguais), e sim de forma "diagonal" (entre partes portadoras de poderes assimétricos). Prestigiada entre estudiosos do direito trabalhista, a teoria equivale, na prática, à da eficácia horizontal moderada ou atenuada.

7. DUPLA PERSPECTIVA DOS DIREITOS FUNDAMENTAIS

Os direitos fundamentais possuem *dupla perspectiva*, pois funcionam tan-to como faculdades e pretensões de índole subjetiva quanto como "elementos fundamentais da ordem objetiva da comunidade" (HESSE).

7.1. Perspectiva subjetiva dos direitos fundamentais

É a dimensão dos direitos fundamentais que os torna ***fontes de direitos subjetivos*** a seus respectivos titulares.

E maior ou menor grau de eficácia, as normas de direito fundamental criam direitos subjetivos, em prol de alguém (sujeito ativo), que se traduzem em faculdades imponíveis ou em pretensões exigíveis em face de quem quer que tenha o dever de sujeição ou a obrigação de adimplir o direito fundamental em referência (sujeito passivo). Exemplo: o direito à livre locomoção assegura ao respectivo titular (sujeito ativo), a pretensão de exigir obrigações negativas por parte do Estado e de terceiros (sujeitos passivos), os quais, não poderão obstar a liberdade de ir e vir do indivíduo, salvo em determinadas hipóteses toleradas pelo ordenamento jurídico.

Essa perspectiva subjetiva é ilustrada pela mecânica própria de funcionamento dos direitos fundamentais. Segundo LEONARDO MARTINS (2005, p. 80), aqueles direitos fundamentais de *status* negativo conferem liberdades negativas aos indivíduos "(liberdade de alguma coisa, liberdade contra certos imperativos definidos pelo Poder Público)"; já os direitos fundamentais de *status* positivo implicam pretensões (positivas) à obtenção de algo "(liberdade para [obter] alguma coisa)". (Ver itens 14.2 a 14.4.)

No outro polo da relação jurídica, a perspectiva subjetiva importa em contraprestações a cargo dos sujeitos passivos dos direitos fundamentais. No caso dos direitos fundamentais de *status* negativo, o Estado e os demais particulares devem respeitar as liberdades atribuídas aos indivíduos e absterem-se de intervir no âm-bito de proteção por elas proporcionado. Ônus que se converte em obrigações *de não fazer* por parte dos sujeitos passivos. Exemplo: o direito à intimidade implica o dever de respeito e de não intromissão nas esferas da vida privada por ele prote-gidas.

Já os direitos fundamentais de natureza prestacional (v. item 14.5), sob a mesma perspectiva subjetiva, implicam outras modalidades de contraprestações. Quando a constituição atribui ao Estado o dever de proteger a saúde das pessoas, surgem aos indivíduos certas faculdades e pretensões conectadas a *obrigações de fazer* e *de dar* a serem adimplidas pelos poderes públicos (fornecimento de instalações sanitárias e de serviços médicos, entrega de medicamentos etc.).

Todavia, como ensina CANOTILHO (2004, p. 35 e segs.), nem todo direito fundamental assegura "direitos subjectivos de tipo definitivo" a seus titulares. As posições garantidas pelo catálogo de direitos fundamentais comportam "nuances" ou "graduações", a depender do direito em discussão. Os *direitos de defesa*, também conhecidos como *direitos de resistência* ou de *status* negativo (v. item 14.3), geram posições de vantagem definitiva, tutelável pelas vias judiciais. Já os *direitos a prestação*, salvo quanto às prestações ligadas ao "mínimo existencial" (v. item 13), não originam direitos subjetivos propriamente ditos, mas apenas o "simples dever objectivo-*prima facie* do Estado garantido por normas não vinculantes" (CANOTILHO, 2004, p. 61).

7.2. Perspectiva objetiva dos direitos fundamentais

Diz respeito às várias modalidades de *afirmação* e *proteção* dos direitos fundamentais desconectadas de sua perspectiva subjetiva. Nesse sentido, os direitos fundamentais transcendem a interface meramente inter-subjetiva e convertem-se em ***fontes objetivas de proteção normativa***.

Na perspectiva objetiva, portanto, o Estado deixa a posição de ***adversário/inimigo*** – típica da visão em *perspectiva subjetiva* – para ser encarado como ***guardião/amigo*** dos direitos fundamentais, *i.e.*, aquele que os afirma e protege contra ameaças vindas de terceiros, sejam eles particulares, sejam até outros Estados.

▸ Atenção!

Sem entrar no mérito ou no âmbito filosófico das questões adiante, é sob tal perspectiva objetiva que se defende a legitimidade do Estado para editar medidas que restrinjam ou limitem o conteúdo ou o alcance de certos direitos fundamentais, a fim de protegê-los até mesmo contra a atuação dos próprios titulares desses direi-tos. Exemplos seriam as normas que, em prol do direito à vida, à saúde e da incolumidade física: (a) impõem o uso obrigatório de cinto de segurança no interior de veículos automotores, a despeito da autonomia da vontade das pessoas; (b) proíbem o uso espontâneo de substâncias entorpecentes por parte de indivíduos adultos e conscientes, mesmo em locais considerados protegidos pelo direito à intimi-dade. E é também sob a perspectiva objetiva dos direitos fundamentais que se podem analisar outras sérias questões filosóficas, tais como a *eutanásia* e a *recusa de certos tratamentos médicos* por motivos religiosos.

Isso porque, sob tal perspectiva, os direitos fundamentais são reconhecidos como "elementos da ordem objetiva" (KONRAD HESSE, 1998, p. 239), como "princípios básicos da ordem constitucional" (GONET BRANCO, 2000, p. 153) ou, ainda como "elementos essenciais de um orde-namento objetivo da comunidade nacional" (PEREZ LUÑO, 2005, p. 26).

A primeira implicação desse significado jurídico-objetivo dos direitos funda-mentais são as "determinações de **competência negativas** para os poderes estatais" (HESSE, 1998, p. 239). Nessa linha, o Estado vê reduzidas suas potestades em medida equivalente à extensão da proteção e da liberdade asseguradas pelos direi-tos fundamentais em perspectiva subjetiva. Em outras palavras: o *status* que os direitos fundamentais proporcionam aos respectivos titulares subtrai, da compe-tência funcional dos poderes públicos, idêntica margem de atuação.

Ademais, essas competências negativas, para DIMOULIS e MARTINS (2007, p. 119), estão relacionadas ao dever estatal de realizar *o controle abstrato de constitucionalidade de normas*, numa "espécie de **autocontrole em função dos direitos fundamentais**, podendo (e devendo) uma série de autoridades estatais provocar seu exercício." De modo similar, para VIEIRA DE ANDRADE o "efeito invalidatório de normas ordinárias é, assim, diretamente referido ao preceito constitucional, ao direito objectivo, que constitui em si o padrão pelo qual se julga a constituciona-lidade, sendo absolutamente irrelevante a circunstância de se tratar de norma que confira posições jurídica subjectivas" (2001, p. 154).

Encarados sob a perspectiva objetiva, os direitos fundamentais implicam, ainda, a chamada eficácia irradiante. Um desses efeitos de irradiação é a "obrigação estatal de interpretar e aplicar todo o direito infraconstitucional, sobretudo por intermédio das assim chamadas *cláusulas gerais*, como a boa-fé no direito civil, de modo consoante aos direitos constitucionais" (MARTINS, 2005, p. 82). Assim, os "direitos funcionariam como um 'sistema de valores' capaz de legitimar todo o ordenamento, exigindo que toda a interpretação jurídica leve em conside-ração a força axiológica que deles decorre" (MARMELSTEIN, 2016, p. 298). Daí se falar no dever estatal de "**interpretação conforme os direitos fundamentais**", subespécie da interpretação "conforme a constituição" (MARTINS, 2005, p. 82). (Sobre a *interpretação conforme*, v. item 13.4 do Capítulo VII da Parte I.)

Outro efeito irradiador diz com a chamada **eficácia horizontal dos direitos fundamentais**, pela qual também os particulares ficam vinculados a observá-los, ao menos em determinadas situações (v. item 6.4).

Autores como KONRAD HESSE (1998, p. 247 e seg.) e ANDRÉ RUFINO DO VALE atribuem à perspectiva objetiva dos direitos fundamentais, ademais, a obrigação estatal de instituir ***normas de organização e procedimento*** "destinadas a proporcionar aos indivíduos os instrumentos (processuais, procedimentais, de organização etc.) necessários para o devido resguardo de seus interesses" (VALE, 2009, p. 171).

Porém, a principal implicação da perspectiva objetiva consiste mesmo em gerar **deveres estatais de proteção aos direitos fundamentais.**

Na Alemanha, esses deveres decorrem da Constituição de 1949, que atribui ao Estado não só a tarefa de observar, como também de **proteger** a dignidade da pessoa humana (art. 1°, I, segunda parte). Daí, o "Estado é obrigado, pelo dever de tutela, derivado dos direitos fundamentais, a forçar a observância, a forçar a omissão de ação ameaçadora aos respectivos direitos fundamentais, proveniente de particulares. Ele o faz, sobretudo de forma preventiva, por meio do Poder Legislativo" (LEONARDO MARTINS, 2005, p. 84). Cabe ao Estado, pois, tentar prevenir a ocorrência de violações a direitos fundamentais, em especial nos casos em que a "proteção estatal repressiva, que viria depois de ocorrida a violação, seria por demais tardia" (MARTINS, 2005, p. 87).

No Brasil, não há norma constitucional equivalente à referência alemã. Todavia, a dignidade da pessoa humana é um dos fundamentos da República Federativa do Brasil (CF, art. 1°, III). Ademais, em dezenas de dispositivos, a Constituição de 1988 cuida do dever de garantia e proteção a múltiplos direitos fundamentais (v.g., art. 5°, incisos VI, XXVIII, XXIX e XXXII; art. 6°, caput; art. 7°, I, VII, X, XX e XXVII; art. 22, XIX; art. 23, II, III, V e VII; art. 24, IV, VI, VII, XII, XIV e XV; art. 30, IX; art. 144; art. 182, caput; art. 196, caput; art. 200, VIII; art. 225 e art. 227, § 4°). Daí se concluir que o constituinte brasileiro acolheu a perspectiva objetiva dos direitos fundamentais.

De outro lado, na linha da doutrina alemã exposta por GILMAR MENDES (2000c, p. 210) e LEONARDO MARTINS (2005, p. 83 e segs.), é possível subdividir esse **dever de proteção estatal**, também no direito brasileiro, em três grandes vertentes:

A) ***dever de proibição de condutas***: obrigação estatal de editar medidas proibitivas de condutas que contrariem, direta ou indiretamente, os direitos fundamentais. Esse dever passa, especialmente, pela criação de normas legais que antecipem problemas de colisão de direitos fundamentais e, então, tornem ilícitos certos comportamentos considerados ofensivos. Porém, à falta de normas legais, envolve também o dever judicial de adjudicar obrigações de não fazer, em situações jurídicas específicas, a fim de proteger algum direito fundamental. Ademais, referido dever pode ser ainda implementado – embora não necessariamente – pela legislação penal. Todavia, a criação de tipos penais para dar proteção a direitos fundamentais sujeita-se a regimes mais rígidos de verificação da respectiva proporcionalidade, razão pela qual deve ser evitada em casos para os quais existam outras medidas suficientemente protetivas. Daí, *v.g.*, a discussão sobre a criminalização do aborto voluntário como forma de proteger a inviolabilidade da vida (v. item 3.1.1, letras "A" e "B", do Capítulo I do Tomo II). De qualquer modo, a Constituição de 1988 chega a prever "mandamentos de incriminação" para reprimir violações a direitos fundamentais específicos (incisos XLI e XLII do art. 5º da CF/88). Fundamen-to, aliás, que serviu para que o STF editasse até sentença aditiva penal *in malam partem* (v. ADO 26/DF), decisão radical em termos de controle de consti-tucionalidade (sobre as sérias críticas a esse tipo de decisão aditiva, v. item 4.3.1.1 do Capítulo V da Parte II);

B) ***dever de promover a segurança***: impõe ao Estado a obrigação de proteger o indivíduo contra ataques ou violações aos respectivos direitos fundamentais. Exemplo é o dever estatal de garantir a segurança pública, com a finalidade de "preservação da ordem pública e da incolumidade das pessoas e do patrimônio" (art. 144 da CF). Outro exemplo, para DIMOULIS e MARTINS (2007, p. 123), seria o dever estatal de assegurar a proteção aos dados pessoais; e

C) ***dever de evitar riscos***: o Estado tem a tarefa de atuar para evitar riscos aos direitos fundamentais em geral, "mediante a adoção de medidas de proteção ou de prevenção, especialmente em relação ao desenvolvimento técnico ou tecnológico" (MENDES, 2000c, p. 210). Exemplos, na Constituição de 1988, parecem ser as restrições constitucionais à exploração da atividade nuclear em território nacional (art. 21, XXIII) e o dever de proteger os trabalhadores ante o risco da perda de empregos em face da automação (art. 7º, XXVII).

Reflexamente, se o Estado está assim obrigado a atuar para *proibir condutas, promover a segurança e evitar riscos* aos direitos fundamentais, logo surgem questões ligadas ao controle da (in)eficiência estatal no cumprimento dessas obrigações. Conforme SARLET (2016, p. 349), por "força dos deveres de proteção, aos órgãos estatais incumbe assegurar níveis eficientes de proteção para os diversos bens fundamentais, o que implica não apenas a vedação de omissões, mas também a proibição de uma proteção manifestamente insuficiente, tudo sujeito a controle por parte dos órgãos estatais, inclusive por parte do Poder Judiciário". Daí a invocação, no Brasil, de teses típicas do direito alemão, como a da *proibição da proteção estatal deficiente* (v. item 8.2.4.3 do Capítulo VI da Parte I).

Daí se discutir se a perspectiva objetiva dos direitos fundamentais repercute na perspectiva ***subjetiva,*** isto é, se surgem pretensões pessoais tuteláveis (*perspectiva subjetiva*) a partir do eventual descumprimento dos deveres de atuação estatal decorrentes dos direitos fundamentais (*perspectiva objetiva*). Numa pergunta: ***a total omissão em observar os*** deveres estatais ligados à perspectiva objetiva dos direitos fundamentais, ***ou a observância ineficiente*** deles, pode converter-se em *direitos subjetivos* dos particulares?

Segundo SARLET (2016, p. 349), "deveres de proteção implicam deveres de atuação (prestação) do Estado e, no plano da dimensão subjetiva – na condição de direitos à proteção –, inserem-se no conceito de direitos a prestações (direito à proteção) estatais."

Todavia, ensina KONRAD HESSE (1998, p. 280-281), os direitos fundamentais, mesmo sob a perspectiva objetiva, não impõem ao Estado como se deve agir para protegê-los, razão pela qual a procedência de pretensões subjetivas baseadas no descumprimento desse tipo de dever estatal dependerá do reconhecimento de que o espaço de conformação dos poderes públicos está reduzido "a zero".

Também para VIEIRA DE ANDRADE (2001, p. 150), não se deve alargar a ideia de uma *presunção a favor da dimensão subjetiva,* "ao ponto de pretender subordi-ar à lógica dos direitos fundamentais toda a actividade pública." Ainda para VIEIRA DE ANDRADE (2001, p. 153), "é indispensável considerar os limites materiais e jurídicos da atividade estadual [leia-se, estatal], incluindo, além das possibi-lidades financeiras, a garantia da liberdade geral e a ponderação dos direitos das outras pessoas, bem como a divisão de poderes que assegure uma certa liberdade constitutiva ao legislador – sob pena de, afinal, estarmos a metamorfosear o Estado-protector num Estado-totalitário ou a transformar os tribunais, em especial, o Tribunal Constitucional, no 'Guardião da Constituição', no mau sentido de proporcionar a consolidação de um desequilibrado 'Estado Judicial'."

> **▸ Atenção!**
>
> Para VIEIRA DE ANDRDADE (2001, p. 152-153), somente surgem aos particulares pretensões ou direitos subjetivos: (a) em relação a *deveres de prestação estatal,* "quando essas pretensões sejam, em abstrato (perante o legislador) ou no caso concreto (perante a Administração ou o juiz), necessárias à realização do conteúdo essencial do direito fundamental de um determinado indivíduo"; (b) diante de *deveres de proteção estatal,* "quando se trate de uma actuação pública que seja indispensável à realização ou à salvaguarda de um determinado direito subjetivo, nos seus aspectos nucleares, podendo ser relevante a circunstância de haver previsão constitucional expressa de um *dever especial de protecção*"; (c) quanto à criação de *normas de organização e procedimento,* "quando aquela

ou este constituírem, em abstracto ou no caso concreto, *a única forma* ou *o único procedimento adequado* ao exercício ou à garantia de um direito fundamental; e (d) no âmbito das *garantias institucionais*, "quando estejam em causa interesses *individualizáveis* referidos ao núcleo essencial da instituição, quando se trate de prestações necessárias, protecções indispensáveis ou procedimentos únicos".

No direito brasileiro, porém, o reconhecimento de pretensões subjetivas decorrentes da inadimplência estatal quanto aos deveres de agir próprios da perspectiva objetiva dos direitos fundamentais parece exigir, ao menos, a demonstração do descumprimento de um *dever específico de proteção* – sem prejuízo de outros requisitos, tais como o prejuízo concreto e o nexo causal. Não basta, pois, a genérica identificação da obrigação estatal de agir, sob pena de transformar o Estado numa espécie de segurador ou garantidor universal do cumprimento dos direitos fundamentais. (Sobre as polêmicas relacionadas ao regime de responsabilização civil do Estado por atos omissivos, v. item 7 do Capítulo IV do Tomo II.)

Seja como for, "ainda que não se reconheça, em todos os casos, uma pretensão subjetiva contra o Estado, tem-se, inequivocamente, a identificação de um dever deste de tomar todas as providências necessárias para a realização ou concretização dos direitos fundamentais" (GILMAR MENDES, 1998a, p. 214).

▸ Como esse assunto foi cobrado em questões dissertativas de concurso?

No concurso para Procurador da República (MPF/26), foi solicitado que o candidato explicasse "em que consiste a dimensão objetiva dos direitos fundamentais".

8. PREDICADOS DOS DIREITOS FUNDAMENTAIS

De maneira similar às características reconhecidas aos direitos humanos, a doutrina costuma referir-se a seis caracteres principais dos direitos fundamentais.

PREDICADOS DOS DIREITOS FUNDAMENTAIS					
Historicidade	Universalidade	Indisponibilidade/ inalienabilidade	Imprescritibilidade	Relatividade	Não taxatividade

8.1. Historicidade

Característica ligada à circunstância de os direitos fundamentais surgirem no caminhar da evolução humana. Nesse sentido, afirma-se que os direitos fundamentais são conquistados em etapas, ao longo das transformações históricas, como se vê das várias gerações/dimensões de direitos. Os direitos fundamentais são "direitos históricos, que emergem gradualmente das lutas que o homem trava por sua própria emancipação e das transformações das condições de vida que essas lutas produzem" (BOBBIO, 2004, p. 51).

O caráter da *historicidade* dos direitos fundamentais é inegável. Mas não é necessariamente verdadeira a impressão de continuidade histórica da evolução ou das conquistas humanas, tampouco o surgimento contínuo de novas gerações/dimensões de direitos. Além disso, fora as concepções jusnaturalistas que atribuem natureza "atemporal" aos direitos fundamentais, a historicidade não os garante, por si só, contra a ocorrência de retrocessos.

8.2. Universalidade

Os direitos fundamentais são da titularidade de todo o gênero humano, sem restrições de grupo, sexo, categoria ou qualquer classe de pessoas. São direitos cuja repercussão beneficia a todos, independentemente de outras peculiaridades. Basta ser humano para poder exercer as faculdades inerentes aos direitos fundamentais. A universalidade decorre da ***igual dignidade de todos os seres humanos***, sem discriminações. Deriva, ainda, do reconhecimento de que todo ser humano possui direitos essenciais e que fazem parte do chamado *patrimônio comum da humanidade*, tal como o direito à liberdade, o direito a receber um nome e de possuir uma nacionalidade.

Em matéria de direitos fundamentais, contudo, o caráter da *universalidade* só é parcialmente correto. Ao contrário do que se defende em relação aos direitos *humanos*, os direitos *fundamentais* não são inerentes ao "gênero humano". Muitos deles têm por beneficiários/titulares apenas determinadas classes de pessoas, tais como os cidadãos (no caso dos direitos políticos), os maiores de certa idade, as mulheres presidiárias (art. 5º, L), os nacionais (art. 5º, LI) etc. Ver item 6.1.

8.3. Indisponibilidade

A doutrina em geral considera **indisponíveis** os direitos fundamentais, *i.e.*, **inalienáveis** (intransferíveis e inegociáveis) por quem quer que seja, incluindo o próprio titular. Dizem-se ainda **irrenunciáveis**, pois mesmo que nunca venham a ser exercidos, não se admite renúncia a respeito dos direitos fundamentais.

A rigor, a indisponibilidade/inalienabilidade implica a ideia segundo a qual um direito fundamental nunca pode ser preterido, suprimido ou transferido, nem sequer mediante a expressa aquiescência do próprio titular. Contudo, estão longe de serem absolutos os aspectos ligados à indisponibilidade dos direitos fundamentais.

Com efeito, a aplicação da tese da inalienabilidade e da irrenunciabilidade tem a ver com o próprio direito fundamental abstratamente reconhecido, mas não com as consequências que dele possam decorrer, concretamente, em certa relação jurídica determinada. Não equivale a autêntica renúncia de direitos fundamentais, por exemplo, aquela feita em caráter transitório e relacionada a uma situação jurídica concreta. Por isso, *v.g.*, também não há negar a alguém o poder de transigir quanto ao valor da indenização devida a título de dano cometido à própria à honra, embora sejam fundamentais tanto o direito violado quanto o direito à respectiva reparação (art. 5°, V). É que o direito fundamental à honra não se confunde com as implicações jurídicas dessa violação, e assim por diante. Daí se falar na possibilidade de renúncia circunstancial e provisória ao exercício, e não à titularidade, de dado direito fundamental.

Nesse sentido, após remissão ao Enunciado 4 da I Jornada de Direito Civil do CJF (2002), decidiu o STJ que os "direitos da personalidade podem ser objeto de disposição voluntária, desde que não permanente nem geral, estando seu exercício condicionado à prévia autorização do titular e devendo sua utilização estar de acordo com o contrato" (REsp 1.630.851/SP, 3ª Turma).

Daí a constitucionalidade, por exemplo, da renúncia antecipada do contribuinte ao direito de discutir débitos fiscais determinados que queira incluir em parcelamento fiscal, exigência comum em leis que tratam de programas de recuperação fiscal; bem como dos negócios particulares que imponham a disposição prévia do direito de imagem (caso dos esportistas, atores, modelos fotográficos, participantes de *reality shows* etc.) ou da liberdade de expressão das pessoas (a exemplo das cláusulas contratuais que prevejam o dever de não divulgar segredos profissionais).

Outro exemplo importante: nas hipóteses de "colaboração premiada" prevista na Lei 12.850/2013, o réu colaborador deverá renunciar, "na presença de seu defensor, ao direito ao silêncio e estará sujeito ao compromisso legal de dizer a verdade" (§ 14 do art. 4°).

Ângulo diverso, autores como PAULO GONET BRANCO (2000, p. 123) sustentam que a indisponibilidade não alcança todo ou qualquer direito fundamental, mas só aqueles que, fundados na *dignidade da pessoa humana*, visam a "resguardar diretamente a potencialidade do homem de se autodeterminar", tais como o direito à vida, à saúde, à integridade física e às liberdades pessoais (liberdade ideológica, religiosa, de expressão e de reunião).

Na mesma linha, segundo CANOTILHO (1993, p. 624), embora os direitos fundamentais "como totalidade" sejam irrenunciáveis, é juridicamente permitida a **limitação voluntária** ao exercício concreto de certos direitos. Desde que as condições com que limitados preservem o ***núcleo essencial*** dos próprios direitos fundamentais, é admissível a autorrestrição do exercício de direitos fundamentais, ainda que de modo mais amplo que os limites eventualmente previstos no ordenamento jurídico, sempre que preservada a faculdade de revogá-la a qualquer tempo.

▸ **Como esse assunto foi cobrado em concurso?**

Em questão elaborada para o concurso de Procurador da República (2015), a alternativa considerada **correta** pelo gabarito tinha a seguinte redação: "I– O exercício dos direitos fundamentais pode ser facultativo, sujeito, inclusive, a negociação ou mesmo prazo fatal".

▸ **Como o STF já enfrentou o tema:**

(a) "Todos têm direito ao meio ambiente ecologicamente equilibrado. Trata-se de um típico direito de terceira geração (ou de novíssima dimensão), que assiste a todo o gênero humano (RTJ 158/205-206). Incumbe, ao Estado e à própria coletividade, a especial obrigação de defender e preservar, em benefício das presentes e futuras gerações, esse direito de titularidade coletiva e de caráter transindividual (RTJ 164/158-161). O adimplemento desse encargo, que é irrenunciável, representa a garantia de que não se instaurarão, no seio da coletividade, os graves conflitos intergeneracionais marcados pelo desrespeito ao dever de solidariedade, que a todos se impõe, na proteção desse bem essencial de uso comum das pessoas em geral." (Plenário, MC na ADI 3.450/DF);

(b) no julgamento do AgRg na SE 5.206/Espanha, contudo, o Plenário da Corte entendeu lícita a renúncia genérica ao direito fundamental de acesso à jurisdição. O STF reputou constitucional a Lei 9.307/96, mesmo na parte em validava a adesão do particular a cláusula genérica de compromisso arbitral, cuja consequência era a renúncia antecipada à garantia de acesso à jurisdição (CF/88, inciso XXXV, art. 5º). Nesse precedente, ficaram vencidos os Ministros SEPÚLVEDA PERTENCE, SYDNEY SANCHES, NÉRI DA SILVEIRA e MOREIRA ALVES, que entenderam inconstitucionais tanto a prévia manifestação de vontade da parte na cláusula compromissória (dada a indeterminação de seu objeto) quanto a possibilidade de a outra parte, havendo resistência quanto à instituição da arbitragem, recorrer ao Poder Judiciário para compelir a parte recalcitrante a firmar o compromisso;

(c) o Plenário da Corte entendeu não violado o direito constitucional de petição ao decidir pela constitucionalidade do parágrafo único do art. 38 da Lei 6.830/80, na parte em que dispõe que a propositura de ação judicial importa renúncia tácita ao devido processo administrativo acerca do mesmo tema (por todos, cf. RE 233.582/RJ);

(d) no HC 1.020.19/PB, 1ª Turma do STF decidiu que a "defesa técnica é aquela exercida por profissional legalmente habilitado, com capacidade postulatória, constituindo direito indisponível e irrenunciável". Assim, a "pretensão do paciente de realizar sua própria defesa mostra-se inadmissível, pois se trata de faculdade excepcional, exercida nas hipóteses estritamente previstas na Constituição e nas leis processuais";

(e) "A declaração do extraditando de que deseja ser imediatamente entregue ao Estado requerente revela-se ato juridicamente irrelevante. O processo extradicional constitui, no ordenamento positivo brasileiro, garantia indisponível e irrenunciável do súdito estrangeiro" (Plenário, Ext 583/Itália).

8.4. Imprescritibilidade

O exercício das prerrogativas e pretensões referentes aos direitos fundamentais não se sujeita a prazos prescricionais (tampouco decadenciais). Característica reconhecida no art. 2º da célebre Declaração dos Direitos do Homem (1789), baseia-se na ideia segundo a qual os direitos fundamentais não se extinguem pelo decurso do tempo, "nem mesmo pelos povos que não os exerceram durante um longo período de tempo, *ab imemorabili*" (BOBBIO, 2004, p. 125).

Entretanto, quando se afirma que direitos fundamentais são imprescritíveis, o que se pretende dizer é que não se extinguem diante do simples não exercício do direito, a despeito da inércia do respectivo titular. Exemplo: alguém que tenha sido vítima da escravidão desde o nascimento, sem nunca se rebelar, nem por isso perdeu o direito à liberdade. Daí o caráter imprescritível, *v.g.*, da pretensão à defesa da honra, ao reconhecimento do estado de filiação (art. 27 do ECA), à proteção do meio ambiente etc. Contudo, a *imprescritibilidade* também não é predicado absoluto.

Em relação a direitos fundamentais lesionados **em concreto**, a Constituição não impede a prescrição da pretensão reparatória – ressalvadas as eventuais exceções expressas no sistema jurídico. Nesse sentido, aliás, o próprio constituinte (art. 7º, inciso XXIX) estabeleceu prazo prescricional para reclamar direitos trabalhistas, que também são considerados fundamentais.

Afinal, as eventuais violações concretas que possam sofrer os direitos fundamentais geram pretensões igualmente concretas (delimitadas no tempo e no espaço) e, por isso, sujeitas a prazos prescricionais, via de regra. Exemplo: uma pessoa que é xingada pelo vizinho e sempre se manteve inerte, nem por isso perderá o direito à própria honra, tampouco as garantias fundamentais para protegê-la, diante de novas ofensas. Porém, diante de toda violação concreta ao direito (cada xingamento), surge uma pretensão indenizatória concreta e determinada, que está sujeita aos eventuais prazos prescricionais estabelecidos em lei.

> **Atenção!**
>
> Certos autores apontam a *usucapião* como exceção à imprescritibilidade do direito fundamental de propriedade. Essa ilustração, contudo, não é ideal. Isso porque a inércia do titular, por si só, não implica a perda do direito de propriedade pela usucapião. A rigor, a transferência de domínio pela usucapião decorre é da atribuição da propriedade a outrem (o possuidor do bem), após observadas determinadas condições previstas no sistema jurídico. Daí se tratar de "prescrição *aquisitiva*", e não "extintiva" da propriedade. Afinal, se ninguém assumir a posse de determinada coisa, a propriedade dela conserva-se com o titular, indefinidamente, a despeito ou não da inércia do proprietário.

No Brasil, como a segurança jurídica é também considerada valor e direito fundamental (v. preâmbulo constitucional e caput do artigo 5º), a imprescritibilidade de violações concretas a direitos fundamentais não pode mesmo ser encarada como atributo geral, mas apenas como exceção. Esse o caso, v.g., dos incisos XLII e XLIV do art. 5º da CF, que consagram a imprescritiblidade da "prática do racismo", bem como da "ação de grupos armados, civis ou militares, contra a ordem constitucional e o Estado Democrático". Outro exemplo, o § 6º do art. 37 da CF afasta a incidência de prazos prescricionais nas ações de ressarcimento em face de "ilícitos praticados por qualquer agente, servidor ou não, que causem prejuízos ao erário".

Porém, segue polêmico o tema da imprescritibilidade das violações concretas a direitos fundamentais, sobretudo nos casos de indenização estatal por danos decorrentes de atos de exceção praticados durante o Regime Militar.

Pois bem. Para o STJ, são de "caráter imprescritível" as "pretensões indenizatórias decorrentes dos danos a direitos da personalidade ocorridos durante o regime militar" (AgRg no Ag 1.428.635/BA, 2ª Turma). Segundo a Corte, é "imprescritível a pretensão de reparação de danos sofridos durante o regime exceção" (EREsp 816.209/RJ, 1ª Seção), incluindo as ações ajuizadas "em decorrência de perseguição, tortura e prisão, por motivos políticos" (AgRg no REsp 1.160.643/RN, 1ª Turma). Ainda conforme o STJ, a "violação dos direitos humanos ou dos direitos fundamentais da pessoa humana como a proteção da sua dignidade lesada, pela tortura e prisão por delito de opinião durante o Regime Militar de exceção, enseja ação de reparação 'ex delicto' imprescritível que ostenta amparo constitucional no art. 8º, § 3º, do Ato das Disposições Constitucionais Transitórias" (REsp 1.715.200/SP, 2ª Turma, j. em 14-5-2019).

Entretanto, o STF já **rejeitou a tese da imprescritibilidade geral** das pretensões indenizatórias decorrentes de violações de direitos fundamentais, mesmo quando a vítima tenha sido alvo de perseguição durante o Regime Militar. Ao apreciar a AOE 27/DF, a despeito dos votos dos Ministros LUIZ FUX, AYRES BRITTO e CELSO DE MELLO, para quem a pretensão era imprescritível, o Plenário da Corte reconheceu a prescrição quinquenal e extinguiu o processo com base no art. 1º do Decreto 20.910/1932, cujas disposições aplicam-se a "qualquer direito ou ação contra a Fazenda federal, estadual ou municipal, seja qual for a sua natureza".

Para o STF, questões referentes à prescrição de pretensões indenizatórias, incluindo as relacionadas a graves violações a direitos fundamentais, situam-se no âmbito infraconstitucional, o que impossibilita a utilização de recurso extraordinário (v. AgRg no AI 781.787/GO, 2ª Turma; e AgRg no RE 715.268/RJ, 1ª Turma). Consequentemente, não há falar que a imprescritibilidade de violações concretas a direitos fundamentais integre o âmbito de proteção constitucional assegurado aos próprios direitos fundamentais que tenham sido violados em concreto. O tema está sujeito, portanto, ao poder geral de conformação legislativa. Daí a possibilidade de incidir a prescrição, nos termos previstos pelo legislador, ainda que se aleguem concretamente violados direitos fundamentais durante regimes políticos de exceção, tal como o Plenário do STF reconheceu na mencionada AOE 27/DF.

▸ **Atenção!**

Nada obstante, vários acórdãos do STJ defendem a imprescritibilidade geral de quaisquer pretensões fundadas em violações a direitos fundamentais. Nesse rumo, a começar de julgado da relatoria do Min. LUIZ FUX – então membro do STJ –, a 1ª Turma da Corte aceitou a ideia de que "a proteção da dignidade da pessoa humana (direito inato, universal, absoluto, inalienável e imprescritível, conforme a doutrina), como corroborado pelas cláusulas pétreas constitucionais, perdura enquanto subsistente a própria República Federativa, pois se cuida de seu fundamento, de um de seus pilares, e, como tal, não há que se falar em prescrição da pretensão tendente a implementá-la" (REsp 816.209/RJ, v. *Inf. STJ* n. 523/2007). Daí no mesmo sentido amplo, embora se tratasse de casos ocorridos no Regime Militar, as ementas de muitos acórdãos do STJ passaram a sustentar serem "imprescritíveis", genericamente, os "danos decorrentes de violação de direitos fundamentais" (v. AgRg no Ag 1.392.493/RJ e AgRg no REsp 1.467.148/SP, ambos da 2ª Turma).

Nada obstante, no REsp 1.251.993/PR, de índole repetitiva, a 1ª Seção do STJ aprovou a tese segundo a qual, nas ações indenizatórias ajuizadas contra a Fazenda Pública, aplica-se o prazo prescricional quinquenal previsto no Decreto 20.910/32, independentemente do tipo de pretensão envolvida.

Dessarte, a tendência pela imprescritibilidade das pretensões fundadas na violação a direitos fundamentais parece hoje restrita aos casos de atos praticados durante o Regime Militar. Nesse sentido, a seguintes decisões monocráticas: o AREsp 1.549.327 (Ministro MAURO CAMPBELL MARQUES, de 17-9-2019), os EDcl no AREsp 1.502.585 (Ministra ASSUSETE MAGALHÃES, de 20-8-2019), e o AREsp 1.514.024 (Ministro SÉRGIO KUKINA, de 21-6-2019).

De outro lado, segundo também decidiu o STF, "o Brasil não subscreveu a Convenção sobre a Imprescritibilidade dos Crimes de Guerra e dos Crimes contra a Humanidade, nem aderiu a ela". De modo que "apenas lei interna pode dispor sobre prescritibilidade ou imprescritibilidade da pretensão estatal de punir" (Pleno, Ext 1.362/República Argentina). Daí ter sido, mais uma vez, ratificado o acórdão da polêmica ADPF 153/DF, pelo qual o Plenário do STF entendeu constitucional a Lei de Anistia (Lei 6.683/79), na parte em que impede a persecução de agentes estatais responsáveis pela prática de crimes durante o Regime Militar.

▸ Atenção!

A CIDH - Corte Interamericana de Direitos Humanos, por sua vez, no caso "Guerrilha do Araguaia" (*Gomes Lund e outro vs. Brasil*), ao examinar a convencionalidade da Lei de Anistia brasileira, entendeu que "a jurisprudência, o costume e a doutrina internacionais consagram que nenhuma lei ou norma de direito interno, tais como as disposições acerca da anistia, as normas de prescrição e outras excludentes de punibilidade, deve impedir que um Estado cumpra a sua obrigação inalienável de punir os crimes de lesa-humanidade, por serem eles insuperáveis nas existências de um indivíduo agredido, nas memórias dos componentes de seu círculo social e nas transmissões por gerações de toda a humanidade."

Obviamente, o assunto é dos mais polêmicos. Todavia, para o STF, a recepção constitucional da Lei de Anistia decorreu da vontade do próprio poder constituinte originário responsável pela edição da Constituição de 1988 (v. ementa da ADPF 153/DF). Dessarte, a despeito da antinomia declarada pela CIDH à luz da Convenção Interamericana de Direitos Humanos, parece prevalente o entendimento do STF, o Guardião da Constituição de 1988, até em razão da superioridade normativa desta em relação ao Pacto de São José da Costa Rica. Não bastasse, o próprio julgamento da CIDH esbarra em cláusula pétrea da Constituição Federal, pois a condenação do Brasil teve por relator juiz brasileiro nomeado *ad hoc*, o que contraria o inciso XXXVII do art. 5º da CF/88.

8.5. Relatividade

De longe, a mais importante das características dos direitos fundamentais é a *relatividade*. Segundo doutrina majoritária no Brasil, ***não há direitos fundamentais absolutos***. Como explica BOBBIO, "não existem direitos fundamentais por natureza", de modo que é impossível "atribuir um fundamento absoluto a direitos historicamente relativos" (2004, p. 38).

Todos eles encontram limites na necessidade de assegurar o exercício de outros direitos, sejam aqueles reconhecidos em favor da coletividade, sejam os da titularidade de indivíduos diversos, ou mesmo de algum outro direito que, pertencente ao mesmo titular, deva prevalecer em caso de colisão. Daí a chamada ***máxima da cedência recíproca*** (TAVARES e DIMOULIS/MARTINS): quaisquer direitos fundamentais podem, em maior ou menor medida, sofrer restrições em favor de outros direitos fundamentais.

O ideal é que as próprias constituições já prevejam e delimitem o regime das reservas legais a que se sujeitam os direitos fundamentais. Nesse sentido, como ensina LEONARDO MARTINS (2005, p. 88), a "criação das reservas legais, ao contrário do que aparenta, viabiliza a concretização dos direitos fundamentais, pois sem elas o legislador de qualquer forma teria, em muitos casos, que intervir, mesmo não estando formalmente autorizado para tanto, o que, de uma tal maneira, acabaria enfraquecendo sobremaneira a força normativa dos direitos fundamentais."

Porém, o constituinte brasileiro omitiu a previsão de reservas legais ao estatuir muitos direitos fundamentais, o que desgraçadamente fomenta controvérsias doutrinárias e jurisprudenciais acerca até da simples possibilidade de a lei traçar limites a esses direitos fundamentais. Exemplo disso é a discussão acerca do princípio da presunção de não culpabilidade (ou da presunção de inocência), tal como previsto no inciso LVII do art. 5º da Constituição, e o cabimento da chamada execução provisória da pena (v. item 3.6.4, letra "F", do Capítulo I do Tomo II).

▸ Como esse assunto foi cobrado em concurso?

No concurso para Juiz do TJPR (2010) foi considerada **errada** a seguinte assertiva: "Os direitos fundamentais dispõem de caráter absoluto, salvo o direito à vida, visto que no Brasil, de acordo com a Carta Magna vigente, admite-se pena de morte em caso de crimes contra os direitos humanos e na hipótese de guerra declarada."

No concurso para o cargo de Analista Ministerial do MPE/CE (2020/Cespe - Cebraspe), foi considerada **correta** a seguinte afirmativa: "Os direitos fundamentais não podem ser considerados absolutos, posto que todos os direitos são passíveis de relativização e podem entrar em conflito entre si."

8.5.1. Dignidade da pessoa humana como exceção à relatividade dos direitos fundamentais?

Embora na doutrina se reconheça o caráter relativo dos direitos fundamentais, alguns autores entendem haver direitos fundamentais absolutos, ainda que excepcionalmente. A maioria dos que pensam assim sustenta o caráter juridicamente superior do ***princípio da dignidade da pessoa humana***, ao qual se garantiria o especial *status* de direito fundamental de natureza absoluta.

Sobretudo na Alemanha, cuja Constituição proclama que a dignidade da pessoa humana é "inviolável" (item 1 do art. 1º), são frequentes as teses a defender que esse princípio não admite nenhum tipo de ponderação, exatamente por ser "absoluto". Nesse sentido, em 2006, a Corte Constitucional alemã invalidou norma que permitiria à Força Aérea abater aeronaves comerciais sequestradas e que pudessem ser usadas como arma para fins terroristas. Segundo KAI MÖLLER, nesse precedente, o Tribunal alemão recusou qualquer tipo de ponderação, exatamente em razão do caráter absoluto atribuído à dignidade da pessoa humana, e entendeu que uma permissão desse tipo violava a dignidade da pessoa humana e o direito à vida dos passageiros e dos tripulantes vítimas do sequestro.

> **Atenção!**
> A partir de certas projeções do direito à dignidade da pessoa humana, há quem identifique outros direitos fundamentais de prevalência absoluta, tais como: (a) o direito à liberdade, em face da escravidão, e o direito à incolumidade físico-psíquica, em face da tortura (BOBBIO, 2004, p. 40); (b) a proibição à tortura e ao tratamento desumano ou degradante (UADI BULOS, 2007, p. 406-407; e DÍAZ REVORIO, 2009, p. 92); (c) o direito à vida, o direito a não ser torturado nem submetido a penas de caráter cruel, o direito à identidade pessoal e o direito à não retroatividade da lei penal (VIEIRA ANDRADE, 2001, p. 298); e (d) o direito à observância do princípio do juiz natural, à vedação ao anonimato e à vedação de extradição de brasileiro nato (Min. CELSO DE MELLO, em decisão no HC 83.113/DF).

Todavia, para DIETER GRIMM (*apud* SARMENTO, 2016, p. 95), a elevação do princípio da dignidade da pessoa humana ao *status* absoluto, por parte da jurisprudência da Corte Constitucional alemã, tem como preço a redução do âmbito de incidência do próprio princípio, sob pena de resultados inaceitáveis. Daí, na Alemanha, como explica SARMENTO, "só raramente o princípio é diretamente aplicado em razão do âmbito de sua incidência" (2016, p. 95).

No entanto, mesmo na doutrina alemã, nomes como ROBERT ALEXY sustentam ser inaceitável conceder caráter absoluto a algum princípio, mesmo que referente a direito fundamental. Para ALEXY, se houvesse algum princípio absoluto, haveria que ser modificada a própria definição do conceito de princípio. Segundo ALEXY (2001, p. 109), a "norma da dignidade da pessoa humana não é um princípio absoluto", embora quase não existam razões jurídico-constitucionais que justifiquem dar preferência a outros direitos fundamentais que com ela venham a colidir. Já para WINFRIED BRUGGER, devem ser toleradas certas interferências no princípio da dignidade de algum indivíduo determinado, quando se trata de proteger a dignidade de outras pessoas. Assim, seria excepcionalmente lícita até mesmo a tortura de terroristas com o objetivo de localizar e desarmar explosivo prestes a explodir, de modo a salvar grande quantidade de pessoas.

Nessa linha, o autor faz referência à decisão da Suprema Corte de Israel a reputar legal a "extração de informações" de detentos a fim de prevenir prováveis e iminentes ataques terroristas (Decisão HCJ n. 804, de 14-11-96, caso *Muhammad Abd al-Aziz Hamdan* vs. *Serviço de Geral de Segurança*).

Semelhantemente, na Espanha, autores como DÍAZ REVORIO acentuam que todos "os direitos fundamentais têm seus limites e a dignidade da pessoa humana não é uma exceção, apesar de sua inquestionável transcendência e de sua centralidade no sistema constitucional" (2009, p. 92).

Na doutrina brasileira, prevalece a tese do caráter relativo do princípio da dignidade da pessoa humana. ANDRÉ RAMOS TAVARES, por exemplo, diz que **não** "se pode, equivocadamente, inferir do conteúdo da dignidade da pessoa humana que se trataria de um direito ou um princípio absoluto. Não é, assim como não é o direito à vida, que em diversas situações hipotéticas poderia ser afastado" (2002, p. 397).

Também DANIEL SARMENTO, que em dissertação de mestrado defendera a natureza absoluta do princípio da dignidade, passou a sustentar-lhe o caráter relativo. Para SARMENTO, atribuir ao princípio tonalidade absoluta, além de gerar "problemas insuperáveis do ponto de vista prático", ainda conduziria, "na prática, a resultados que poucos aceitariam" (2016, p. 96). No Brasil, exigiria, por exemplo, "fossem soltos desde já todos aqueles que estivessem presos em condições degradantes, se não fosse possível transferi-los imediatamente para estabelecimentos em condições condignas, independentemente de sua periculosidade". Assim, prossegue SARMENTO, numa "sociedade hipercomplexa" como a brasileira, não parece "viável sustentar o caráter absoluto de um princípio que tem a pretensão de disciplinar tantas questões e dimensões das relações sociais" (2016, p. 97).

(Para mais discussões sobre a refutação do caráter normativo superior do princípio da dignidade da pessoa humana, v. item 8.1.7.3.A do Capítulo VI da Parte I.)

▸ Como o STF já enfrentou o tema:

Já decidiu o Plenário do STF que os "direitos e garantias individuais não têm caráter absoluto. Não há, no sistema constitucional brasileiro, direitos ou garantias que se revistam de caráter absoluto, mesmo porque razões de relevante interesse público ou exigências derivadas do princípio de convivência das liberdades legitimam, ainda que excepcionalmente, a adoção, por parte dos órgãos estatais, de medidas restritivas das prerrogativas individuais ou coletivas, desde que respeitados os termos estabelecidos pela própria Constituição. O estatuto constitucional das liberdades públicas, ao delinear o regime jurídico a que estas estão sujeitas – e considerado o substrato ético que as informa – permite que sobre elas incidam limitações de ordem jurídica, destinadas, de um lado, a proteger a integridade do interesse social e, de outro, a assegurar a coexistência harmoniosa das liberdades, pois nenhum direito ou garantia pode ser exercido em detrimento da ordem pública ou com desrespeito aos direitos e garantias de terceiros" (MS 23.452/RJ).

8.6. Não taxatividade

Decorrência tanto do caráter da *historicidade* (item 8.1) quanto da *cláusula de complementariedade* (item 5.2), o catálogo de direitos fundamentais não é taxativo. Está continuamente aberto, pois, à incorporação de "novos direitos".

Em adaptação às lições de DÍAZ REVORIO (2009, p. 38-39), pode-se dizer que a incorporação de novos direitos fundamentais, no Brasil, pode dar-se por via das seguintes fontes: (a) *reformas constitucionais*, incluindo as normas de tratado internacional aprovadas nos termos do art. 5º, § 3º, da Constituição; (b) *outras vias de evolução constitucional*, tais como as mutações, os costumes e as convenções constitucionais; (c) *decisões judiciais*, sobretudo as provenientes do STF; e (d) *normas infraconstitucionais*, às quais se incluem aquelas provenientes de tratados internacionais desprovidos de *status* formalmente constitucional. (Sobre as normas de tratado internacional de direitos humanos, v. itens 6.9.3.2 e 6.9.5 do Capítulo 7 do Tomo II.)

9. CONFLITOS DE DIREITOS FUNDAMENTAIS

Diante da abertura semântica (*open texture*) e do caráter principiológico das normas de direito fundamental, são frequentes as situações incluídas, *a priori*, no âmbito de proteção de múltiplos direitos fundamentais. Como explica BARROSO, "em rigor, a estrutura normativa e o modo de aplicação dos direitos fundamentais se equiparam aos princípios. Assim, direitos que convivem em harmonia no seu relato abstrato podem produzir antinomias no seu exercício concreto" (2009, p. 329).

As hipóteses de conflitos de direitos fundamentais dividem-se entre casos de concorrência e casos de colisão de direitos fundamentais.

9.1. Concorrência de direitos fundamentais

Conflito caracterizado pelo enquadramento de certo suposto fático nas hipóteses de incidência de múltiplas normas de direito fundamental favoráveis aos mesmos sujeitos ativos. Exemplo: o teor de uma conversa telefônica está constitucionalmente protegido contra interceptações clandestinas, assim pelo direito geral de intimidade (art. 5º, X), como pela garantia de sigilo prevista no inciso XII do art. 5º.

▸ Atenção!

Como expõe CANOTILHO, as concorrências de direito fundamental manifestam-se de duas maneiras:

a) ***pela acumulação de direitos fundamentais*** decorrente da proteção dada a certo "bem jurídico". Exemplo no direito brasileiro: a proteção constitucional ao exercício do mandato parlamentar faz com que Deputados Federais e Senadores, além do direito geral à liberdade de expressão (art. 5º, IX), acumulem o direito à inviolabilidade de "opiniões, palavras e votos" (art. 53); ou

b) ***pelo cruzamento pontual da faixa de incidência*** de várias normas de direito fundamental. Exemplo: diante de uma busca domiciliar feita pela polícia, sem autorização judicial, o indivíduo pode invocar tanto o direito genérico à intimidade (art. 5º, X) quanto a garantia da inviolabilidade do domicílio (art. 5º, XI).

Todavia, se a concorrência de direitos fundamentais implica proteção *a priori* assegurada por uma pluralidade de normas, gera também problemas jurídicos, especialmente quando os direitos em conflito se sujeitarem a diferentes regimes de limitação. Nesses casos, a fim de definir qual parâmetro normativo (que normas de direito fundamental) irá pautar a análise da constitucionalidade das eventuais intervenções/restrições feitas em detrimento dos direitos concorrentes, é preciso antes estudar os dois tipos básicos de concorrência de direitos fundamentais.

9.1.1. *Tipos de concorrência de direitos fundamentais*

São basicamente dois os tipos de concorrência de direitos fundamentais:

A) ***concorrência "aparente" (inautêntica ou parcial)*:** aquela verificada, *a priori*, entre direitos fundamentais definidos por normas que mantêm entre si relação de gênero/espécie, mas que é afastada, *a posteriori*, pela utilização do critério da especialidade (*lex specialis derogat generali*). Exemplo: na aparente concorrência entre o direito geral à intimidade e o direito específico da inviolabilidade do domicílio, a incidência da norma referente a este direito afasta a da norma que define aquele. Outro exemplo importante: na concorrência entre o direito à vida e o direito à saúde, a se pretender um tratamento médico que não busque nem remotamente proteger o paciente contra risco de morte (tratamento contra acne, v.g.), a aplicação do direito à saúde afasta a invocação do direito à vida; e

B) ***concorrência "real" (autêntica ou ideal)*:** concorrência entre normas de direitos fundamentais entre as quais não existe relação de generalidade/especialidade. Exemplo: a participação de alguém numa procissão religiosa está protegida tanto pelo direito de reunião (art. 5º, XVI) quanto pelo direito à liberdade religiosa (art. 5º, VI), e até pela liberdade de locomoção (art. 5º, XV), sem que entre esses direitos haja alguma relação de especialidade.

TIPOS DE CONCORRÊNCIA DE DIREITOS FUNDAMENTAIS	
Concorrência "aparente" (inautêntica ou parcial):	**Concorrência "real" (autêntica ou ideal):**
Verificada, "a priori", entre direitos fundamentais definidos por normas que mantêm entre si relação de gênero/espécie, mas que é afastada, a posteriori, pela utilização do critério da especialidade.	Concorrência entre normas de direitos fundamentais entre as quais não existe relação de generalidade/especialidade.

9.1.2. *Critérios de resolução*

Em se tratando de direitos concorrentes com relação de especialidade entre si (***concorrência "aparente"***), a doutrina em geral recomenda aplicar o ***critério da especialidade*** (*lex specialis derogat generali*). Daí, o exame do conflito utilizará como parâmetro **apenas *a norma de direito fundamental mais específica***. Para ilustrar com o exemplo acima da busca e apreensão, a licitude da intervenção policial deverá ser examinada somente de acordo com as restrições admitidas pela norma especial (inciso XI do art. 5º).

Já nos casos em que os direitos concorrentes não mantenham relação de especialidade (***concorrência "real"***), há dois posicionamentos doutrinários. Autores como DIMOULIS e MARTINS sustentam que o conflito terá de ser analisado sob os múltiplos parâmetros constitucionais envolvidos – *i.e.*, conforme **todas *as normas de direito fundamental em conflito***. Porém, melhor concordar com doutrinadores como CANOTILHO e GILMAR MENDES, para quem a concorrência deve ser examinada à luz daquele direito fundamental que proporcionar a ***mais ampla proteção*** ao titular. Assim, por exemplo, a despeito da condição prevista no inciso XVI do art. 5º, não será preciso dar prévio aviso à autoridade competente quanto à realização de reunião em prédio privado e fechado ao público, devido à proteção mais ampla decorrente da inviolabilidade do domicílio (art. 5º, XI).

> **▸ Atenção!**
>
> A identificação da norma que confere proteção mais ampla não envolve uma "escala de valor" entre os direitos fundamentais (CANOTILHO, 1993, p. 643), e sim o exame da pretensão do titular dos direitos concorrentes em face dos seguintes fatores de prevalência concreta: (a) *menor possibilidade de limitação/restrição* e (b) *maior possibilidade de aplicação direta e imediata.*

Na prática, portanto, qualquer intervenção restritiva num ambiente de concorrência autêntica de direitos fundamentais pressupõe justificativa apta a satisfazer os mais rígidos pressupostos constitucionais de restrição/contenção dos direitos envolvidos. Exemplo: uma pessoa que queira trabalhar como músico profissional pode invocar, *a priori*, tanto o direito à liberdade de expressão artística quanto o direito à liberdade profissional. Logo, como inexiste relação de especialidade entre tais direitos e como o direito à liberdade de expressão não se submete a licença prévia (Constituição, art. 5º, IX), a reserva de legislação restritiva prevista no inciso XIII do art. 5º não é fundamento bastante para que o Estado possa exigir do músico quaisquer requisitos de qualificação profissional, tampouco inscrição em conselho profissional específico.

> **▸ Como o STF já enfrentou o tema:**
>
> No RE 511.961/SP, o Plenário do STF entendeu que o direito geral à liberdade profissional (art. 5º, XIII) deve ser interpretado em conjunto com o direito à liberdade de expressão e de informação (artigos 5º, IV, IX e XIV, e 220). Daí, concluiu ser contrária à Constituição a exigência de curso superior como requisito ao exercício da profissão de jornalista, ao argumento de que, no "campo da profissão de jornalista, não há espaço para a regulação estatal quanto às qualificações profissionais" (como permitidas pelo inciso XIII do art. 5º), pois o "art. 5º, incisos IV, IX, XIV, e o art. 220, não autorizam o controle, por parte do Estado, quanto ao acesso e exercício da profissão de jornalista";

Em inquérito que investigava relações espúrias entre Ministro do STJ e advogados (Inq 2.424/RJ), o Plenário do STF debruçou-se sobre a questão da licitude de diligência policial que, em cumprimento de ordem judicial, instalara aparelhos de escuta ambiental em escritório de advocacia durante a noite. No caso, manifestavam-se, concorrentemente, em favor das pessoas atingidas pela medida, vários direitos fundamentais: o direito geral à intimidade, o direito ao sigilo das comunicações telefônicas e o direito à inviolabilidade do domicílio, o qual o Plenário da Corte já havia estendido aos escritórios de advocacia (por todos, MS 23.595/DF e MS 23.642/DF). A questão foi analisada à luz do direito à inviolabilidade domiciliar, o qual, em tese, proporcionava proteção mais ampla, ao restringir o cumprimento do mandado judicial no período diurno (inciso XI do art. 5º da Constituição). Ainda assim, entendeu a Corte que esse direito não fora afetado pela simples instalação de equipamentos de escuta durante o período noturno, pois se tratava do "único meio de prova" utilizável para demonstrar o fato delituoso.

9.2. Colisão de direitos fundamentais

Conflito resultante de situações que se encontram, *a priori*, no âmbito de proteção decorrente de normas de direito fundamental titularizadas por pessoas ou entidades distintas e com pretensões antagônicas. Trata-se dos casos em que o exercício de certo direito fundamental afeta interesses de outrem. Por exemplo: um fotógrafo jornalístico, ao tirar fotos constrangedoras de alguém com a pretensão de publicá-las em periódico, põe em rota de colisão, de um lado, o direito ao exercício profissional e o direito à liberdade de expressão artística do fotógrafo e, do outro, o direito à intimidade e à privacidade da pessoa fotografada.

9.2.1. Tipos de colisões de direito fundamental

A doutrina costuma mencionar dois tipos de colisão entre direitos fundamentais:

A) **colisões de direitos fundamentais em sentido estrito:** colisões de direitos titularizados por pessoas individuais. Subdivide-se em: (a) **colisões de direitos fundamentais idênticos:** envolvem o exercício de direitos fundamentais objetivamente simétricos (direitos idênticos), porém subjetivamente diversos (titulares diversos). Exemplo: a colisão do direito de liberdade de expressão e de reunião titularizados por grupos políticos adversários e que pretendessem fazer campanha no mesmo local e horário; e (b) **colisões de direitos fundamentais diversos:** relativas ao exercício de direitos fundamentais com diversidade de objeto e de sujeitos ativos. Exemplo: a colisão entre a liberdade de informação jornalística e o direito à intimidade de um preso que não queira ser identificado pelo repórter policial; e

B) **colisões de direitos fundamentais em sentido amplo ou (impróprio):** caracterizada nas situações em que o interesse no exercício de um direito fundamental colide com bens ou direitos de outra natureza, mas igualmente protegidos por normas constitucionais dispostas em favor da coletividade (interesse público *lato* *sensu*). Exemplo: a colisão entre o direito de propriedade e o interesse social em utilizar a coisa para fins de reforma agrária.

TIPOS DE COLISÕES DE DIREITO FUNDAMENTAL	
Colisões de direitos fundamentais em sentido estrito:	**Colisões de direitos fundamentais em sentido amplo ou impróprio**
Colisões de direitos titularizados por pessoas individuais. Subdivide-se em: (a) colisões de direitos fundamentais idênticos; e (b) colisões de direitos fundamentais diversos.	O interesse no exercício de um direito fundamental colide com bens ou direitos de outra natureza, mas igualmente protegidos por normas constitucionais dispostas em favor da coletividade.

9.2.2. Critérios de resolução

As colisões entre direitos fundamentais geram constantes tensões na sociedade e, por isso, devem ser solucionadas por intervenções/restrições estatais que harmonizem os direitos colidentes.

Nessa linha, como examinado no item 11.2 do Capítulo VII da Parte I, a solução de conflitos normativos desse tipo costuma exigir ***ponderações/balanceamentos***, sejam as feitas prévia e abstratamente, por via do poder geral de conformação/restrição legislativa dos direitos fundamentais (*ponderação em abstrato*), sejam aquelas realizadas concretamente, pelos órgãos de aplicação do direito, sobretudo os juízes (*ponderação "ad hoc"*). (Sobre as restrições legislativas a direito fundamental, ver item 10.)

Segundo DIMITRI DIMOULIS, são duas as principais ferramentas para lidar com o problema das colisões entre direitos fundamentais: (a) a *interpretação constitucional sistemática*, "que consiste em levar em consideração todas as disposições relacionadas ao caso concreto e identificar os parâmetros que o constituinte mesmo estabeleceu para a solução do problema"; e (b) o "*critério da proporcionalidade*, que permite constatar se determinada limitação é lícita, adequada e necessária para permitir o exercício de outro direito fundamental ou se é injustificada e, portanto, inconstitucional" (2007, p. 55-56). Grande parte da doutrina indica ainda (c) o *princípio da concordância prática* ou da *harmonização* como diretriz interpretativa em casos de colisão.

▸ **Como o STF já enfrentou o tema:**

1) **Colisão de direitos fundamentais idênticos:** no RE 145.023/RJ, em caso de colisão a envolver o direito de propriedade, a 1ª Turma do STF entendeu que o "proprietário do prédio vizinho não ostenta o direito de impedir que se realize edificação capaz de tolher a vista desfrutada a partir de seu imóvel, fundando-se, para isso, no direito de propriedade".

2) **Colisão de direitos fundamentais diversos:** a despeito dos muitos precedentes de Plenário, o caráter didático da decisão monocrática do Min. CELSO DE MELLO justifica a transcrição a seguir: a "Constituição da República, embora garanta o exercício da liberdade de informação jornalística, impõe-lhe, no entanto, como requisito legitimador de sua prática, a necessária observância de parâmetros - dentre os quais avultam, por seu relevo, os direitos da personalidade - expressamente referidos no próprio texto constitucional (CF, art. 220, § 1º), cabendo, ao Poder Judiciário, mediante ponderada avaliação das prerrogativas constitucionais em conflito (direito de informar, de um lado, e direitos da personalidade, de outro), definir, em cada situação ocorrente, uma vez configurado esse contexto de tensão dialética, a liberdade que deve prevalecer no caso concreto" (AI 595.395/SP).

3) **Colisão em sentido amplo:** (a) ao resolver a QO na ADI 319/DF, o Pleno do STF entendeu que, para conciliar o fundamento da livre iniciativa e do princípio da livre concorrência com os da defesa do consumidor e da redução das desigualdades sociais, em conformidade com os ditames da justiça social, pode o Estado, por via legislativa, regular a política de preços de bens e de serviços, abusivo que é o poder econômico que visa ao aumento arbitrário dos lucros; (b) na MC na ADI 3.540/DF, ao decidir pela constitucionalidade de restrições legais à execução de obras e serviços em áreas rurais de preservação permanente, o STF entendeu justificada a intervenção estatal nos direitos de propriedade e à liberdade econômica, pois o "direito à preservação do meio ambiente" representa um "bem de uso comum da generalidade das pessoas, a ser resguardado em favor das presentes e futuras gerações"; e (c) no famoso *caso Gerald Thomas*, a envolver um diretor de teatro que, em reação a vaias dos expectadores, exibira as nádegas no palco logo após o término de peça teatral, a 2ª Turma da Corte reputou que o bem coletivo (pudor público) não justificava a tipificação penal do ocorrido, pois o fato se inseria no âmbito de proteção efetiva da liberdade de expressão (HC 83.996/RJ).

10. RESTRIÇÕES A DIREITOS FUNDAMENTAIS

Em razão da ***relatividade*** com que se caracterizam (v. item 8.5), os direitos fundamentais **não** implicam posições de vantagem nem proteção jurídica definitivas a seus titulares. Daí a questão das *restrições* a que se sujeitam os direitos fundamentais.

10.1. Teoria interna *vs.* teoria externa

Na linha das discussões iniciadas há muito tempo no âmbito do direito civil francês, a doutrina alemã tenta explicar a questão das restrições aos direitos fundamentais conforme duas teorias principais:

A) **teoria interna das limitações:** defende que toda restrição a direito fundamental é imanente a ele próprio, pois o conceito de qualquer direito fundamental abrange as respectivas restrições (tese dos *limites imanentes*). Os direitos fundamentais e suas restrições/limites imanentes formam um único objeto. Como pretende

HÄBERLE, "toda limitação de um direito é, ao mesmo tempo, parte da determinação de seu conteúdo, e vice-versa" (2003, p. 43). Nessa linha, o suporte fático de um direito fundamental só se estende até o ponto em que não lesiona outros direitos fundamentais ou bens constitucionais igualmente protegidos (*teoria do suporte fático restrito*). Em resumo, ainda que os direitos fundamentais estejam coordenados uns com os outros, é teoricamente possível atribuir a cada direito fundamental um âmbito de proteção *definitiva*, que é o âmbito que resulta da exata definição dos respectivos limites; e

B) **teoria externa das limitações:** sustenta que um direito fundamental existe paralelamente às respectivas restrições. As restrições são categorias jurídicas separadas, mediante as quais se estabelecem certos regimes de desvantagem em relação aos direitos fundamentais. Segundo ALEXY, famoso adepto da teoria externa, "existe, primeiro, o *direito em si*, que não está restringido, e, segundo, o que sobra do direito quando a ele se somam as restrições, é dizer, o *direito restringido*" (2001, p. 268). Nessa perspectiva, o suporte fático de um direito fundamental é mais amplo, *a priori*, do que aquele que lhe resta após identificadas as restrições que o limitam (*teoria do suporte fático amplo*). Para resumir, os direitos fundamentais contam inicialmente apenas com um âmbito de proteção *não definitiva*, que sofre as reduções decorrentes do regime de limitações a que se submete, para só então se obter o âmbito de proteção *efetiva*.

> **▸ Atenção!**
>
> Termos como *limites imanentes* são característicos da teoria interna, que não aceita utilizar, porém, certos termos típicos da teoria externa, tais como *restrição a direitos* e *abuso de direito*.

TEORIAS ACERCA DAS LIMITAÇÕES A DIREITOS FUNDAMENTAIS	
Teoria interna das limitações:	**Teoria externa das limitações:**
Toda restrição a direito fundamental é imanente a ele próprio, pois o conceito de qualquer direito fundamental abrange as respectivas restrições (*tese dos limites imanentes*).	Os direitos fundamentais existem paralelamente às respectivas restrições. Eles contam, inicialmente, apenas com um âmbito de proteção não definitiva, que sofre as reduções decorrentes do regime de limitações a que se submete, para só então se obter o chamado âmbito de proteção efetiva.

> **▸ Como esse assunto foi cobrado em concurso?**
>
> Em concurso para Procurador da República (2002), foi considerada **correta** a seguinte assertiva: "Os limites imanentes dos direitos fundamentais delineiam o âmbito máximo de proteção constitucional, ou seja, quais condutas e quais valores jurídicos estão preservados pela norma de direito fundamental."

Na doutrina nacional, conscientemente ou não, há forte predileção pela *teoria externa*. Em oposição a postulados da teoria interna, no Brasil, é dominante a ideia de que as normas de direito fundamental (a) não garantem posições de vantagem definitivas e (b) podem ser concebidas como princípios (ao menos em grande parte delas), pelo que admitem tanto restrições/intervenções quanto a possibilidade de ponderação/balanceamento. Enfim, prevalece no sistema jurídico brasileiro a tese de que direitos fundamentais são **direitos *prima facie*,** cujo âmbito de proteção inicialmente delimitado pode sofrer ainda restrições criadas por necessidades externas, para "compatibilizar os direitos de diferentes indivíduos, assim como os direitos individuais e os bens coletivos" (ALEXY, 2001, p. 268).

▸ **Como o STF já enfrentou o tema:**

Já decidiu o Plenário do STF que: "Não há, no sistema constitucional brasileiro, direitos ou garantias que se revistam de caráter absoluto, mesmo porque razões de relevante interesse público ou exigências derivadas do princípio de convivência das liberdades legitimam, ainda que excepcionalmente, a adoção, por parte dos órgãos estatais, de medidas restritivas das prerrogativas individuais ou coletivas, desde que respeitados os termos estabelecidos pela própria Constituição. O estatuto constitucional das liberdades públicas, ao delinear o regime jurídico a que estas estão sujeitas – e considerado o substrato ético que as informa – permite que sobre elas incidam limitações de ordem jurídica, destinadas, de um lado, a proteger a integridade do interesse social e, de outro, a assegurar a coexistência harmoniosa das liberdades, pois nenhum direito ou garantia pode ser exercido em detrimento da ordem pública ou com desrespeito aos direitos e garantias de terceiros" (MS 23.452/RJ).

10.2. Natureza jurídica das restrições

A doutrina majoritária tende a considerar como restrições a direitos fundamentais somente aquelas **normas** que ***reduzem o âmbito de proteção*** dos direitos fundamentais, especialmente as veiculadas por "leis restritivas". Nesse sentido, "as restrições a direitos fundamentais são normas que restringem posições jusfundamentais" (ALEXY, 2001, p. 272). Trata-se de uma teoria que defende o ***caráter normativo das restrições***.

▸ **Atenção!**

Para ALEXY, as normas restritivas de direitos fundamentais podem ser tanto *regras* quanto *princípios*. As regras funcionam como normas restritivas dos direitos fundamentais quando, em razão de sua vigência, em lugar de um direito fundamental *prima facie*, surge um não direito definitivo de igual conteúdo. Exemplo o princípio da liberdade de atuação de um motociclista abrange a liberdade *prima facie* de não usar capacete. Assim, quando uma regra o obriga a usar capacete, surge daí uma restrição ao direito fundamental. Os princípios também podem assumir função restritiva ao colidirem com outro princípio de direito fundamental, mas a restrição que daí decorra será igualmente *prima facie*

A restrição que a prevalência de um princípio assume em relação a outro princípio de direito fundamental só será definitiva quando identificada a "regra de colisão" do caso, após juízos de ponderação/balanceamento.

Contudo, para ALEXY, as normas restritivas não se resumem só às regras, pois a simples vigência de princípios contrapostos já restringe materialmente as possibilidades jurídicas de realização de outros princípios de direito fundamental, ainda que em caráter *prima facie*. Logo, o problema não está no caráter restritivo dos princípios, mas na determinação do alcance de suas restrições definitivas.

Outros autores, como CANOTILHO, parecem aderir a uma teoria do ***caráter interventivo das restrições***, ao sustentar que elas abrangem não só as normas, mas *também* os *atos concretos* de aplicação de normas restritivas de direitos fundamentais, bem como os *negócios jurídicos privados* dos quais decorra alguma redução do âmbito de proteção dos direitos fundamentais.

Segundo CANOTILHO, as restrições a direitos fundamentais precisam ser vistas numa noção "mais operacional" (2004, p. 198). Nesse sentido, configuram intervenções restritivas todas "as cargas coativas impostas concreta e individualmente ao titular de um direito fundamental", incluindo os "atos, atividades ou comportamentos (públicos e privados), que produzem uma redução ou encurtamento do âmbito de proteção de um direito" (CANOTILHO, 2004, p. 198), tais como uma sentença judicial privativa de liberdade, um ato administrativo de desapropriação de propriedade, um contrato de cessão de direitos de imagem etc.

▸ **Importante:**

Com efeito, ***decisões judiciais*** também podem implicar ***restrições*** a direitos fundamentais. A base constitucional para tais restrições decorre do princípio da inafastabilidade da jurisdição (art. 5º, XXXV), que implica a impossibilidade de os juízes se absterem de julgar casos de lesão ou ameaça de lesão que lhes sejam apresentados (subprincípio da indeclinabilidade da jurisdição). Já o parâmetro para identificar tais restrições é o princípio da proporcionalidade, aplicado em consideração ao princípio interpretativo da concordância prática ou da harmonização de direitos fundamentais.

Assim, nas hipóteses de conflitos a envolver normas de direito fundamental contrapostas, toda vez que a garantia do exercício de um direito fundamental esbarrar no gozo de um direito fundamental colidente, sem que haja prévias definições normativas a respeito, serão os juízes quem, mediante *ponderação/balanceamento*, irão identificar o regime de restrições aos direitos fundamentais.

10.3. Instâncias de restrições normativas

No caso de direitos fundamentais sediados numa constituição, toda sorte de restrições deve derivar, *direta* ou *indiretamente*, da própria constituição. Nada obstante, segundo CANOTILHO, é possível catalogar três **instâncias no procedimento de restrição normativa** dos direitos fundamentais:

A) **Primeira instância:** *fixação do **âmbito de proteção** (ou* domínio abrangido*) da norma de direito fundamental.* Diz respeito à identificação das situações convertidas em bens juridicamente tutelados pelo catálogo de direitos fundamentais. Cuida-se de determinar a "área de regulamentação" da norma de direito fundamental. Compreende a definição das parcelas da realidade (domicílio, fé, profissão etc.) incluídas na hipótese de incidência da norma de direito fundamental, bem como das zonas de contato com outros direitos fundamentais.

Para tanto, cumpre examinar: (a) a extensão do programa normativo do preceito que veicula o direito fundamental, a fim de determinar quais são os bens jurídicos protegidos pela norma; (b) se os bens jurídicos protegidos sofreram alguma restrição estabelecida pela própria constituição (*restrições constitucionais diretas*); e (c) se a constituição autoriza a lei a fazer outras restrições quanto ao âmbito de proteção dos direitos fundamentais (*restrições constitucionais indiretas*). Exemplo: o bem juridicamente protegido pelo inciso IV do artigo 5º da Constituição brasileira é a "manifestação do pensamento". Contudo, a mesma Constituição, ao vedar o anonimato, restringiu a liberdade de manifestação de pensamento, e ainda autorizou o legislador a fazer outras restrições, sob determinadas condicionantes (ver art. 5º, inciso IV, parte final, e art. 220).

> ▸ **Como o STF já enfrentou o tema:**
> No HC 82.424/RS, o Plenário da Corte entendeu que as "liberdades públicas não são incondicionais, por isso devem ser exercidas de maneira harmônica, observados os limites definidos na própria Constituição Federal (CF, artigo 5º, § 2º, primeira parte)."

B) **Segunda instância:** *fixação do **âmbito de proteção efetiva** (ou* domínio protegido*) da norma de direito fundamental.* Fase na qual se analisam os tipos de restrições que podem incidir sobre determinado direito fundamental. Essa a instância em que se consideram os próprios limites ao exercício do direito fundamental, tal como identificados na primeira instância do procedimento de restrições. Trata-se de definir "o domínio dentro do qual qualquer ingerência, pública ou privada, é ilícita" (CANOTILHO, 2004, p. 197). Nessa linha, cabe analisar a *natureza*, a *extensão* e a *finalidade* dos seguintes tipos de restrições:

I) ***limites ou restrições constitucionais imediatas:*** são as restrições postas pela própria constituição quanto às condições de exercício e garantia dos direitos fundamentais. Exemplo: no inciso IV do art. 5º, a Constituição brasileira restringiu a liberdade de manifestação do pensamento ao proibir o anonimato;

II) ***limites ou restrições estabelecidas por lei:*** os direitos fundamentais, no geral, estão sujeitos a regimes de conformações e restrições legislativas (*poder de conformação/restrição/contenção legislativa*). Exemplo: no art. 220, § 3º, a Constituição de 1988 autorizou restrições à liberdade de manifestação do pensamento, em eventos e espetáculos públicos, conforme faixas etárias, locais e horários de apresentação a serem estabelecidos em lei. (Sobre as diferenças entre conformações e restrições legislativas, bem como acerca dos tipos de restrições legislativas, v. item 10.4.)

III) ***limites constitucionais implícitos:*** também chamados de *limites imanentes* pelos adeptos da teoria interna, funcionam não como restrição dos direitos fundamentais em si mesmos considerados, mas sob a forma de limites dos pressupostos jurídicos e fáticos do exercício de direitos fundamentais, em virtude da necessidade de assegurar o exercício de outros direitos. Tais limites representam situações que uma dada constituição teria implicitamente excluído do programa da norma de direito fundamental. Exemplo: a liberdade de culto e a garantia das respectivas liturgias (inciso VI do art. 5º da CF/88) não legitima sacrifícios humanos nem penas de caráter cruel, mesmo quando exercida conforme tradições indígenas (*caput* do art. 231); o direito à liberdade de expressão não autoriza injúrias, tampouco a incitação à prática de crimes. Na visão de adeptos da teoria interna, como VIEIRA DE ANDRADE, não há propriamente uma colisão de princípios nessas hipóteses, pois "é a própria Constituição que, ao enunciar os direitos, exclui do respectivo programa normativo a protecção a esse tipo de situações" (2001, p. 285).

▸ **Como o STF já enfrentou o tema:**

No HC 82.424/RS (caso *Ellwanger*), o Plenário da Corte identificou limitação constitucional implícita a conter a amplitude do direito à liberdade de expressão. Entendeu a maioria da Corte que o "direito à livre expressão não pode abrigar, em sua abrangência, manifestações de conteúdo imoral que implicam ilicitude penal", de modo que o "preceito fundamental de liberdade de expressão não consagra o 'direito à incitação ao racismo', dado que um direito individual não pode constituir-se em salvaguarda de condutas ilícitas, como sucede com os delitos contra a honra. Prevalência dos princípios da dignidade da pessoa humana e da igualdade jurídica."

C) **Terceira instância:** fixação dos ***limites dos limites.*** Em terceiro plano, existem ainda limites constitucionais estabelecidos às próprias restrições que podem ser feitas aos direitos fundamentais. Trata-se de limites pelos quais se controlam os limites representados, sobretudo, pelas leis restritivas dos direitos (*limites dos limites*). Assim, mesmo que uma dada constituição permita ao legislador conformar/restringir direitos fundamentais, os regimes legais daí resultantes devem obedecer tanto aos parâmetros constitucionais que regem a própria atividade legislativa (devido processo legislativo) quanto a outros limites que visam a proteger o *conteúdo/núcleo essencial* do direito fundamental, limites esses que se baseiam, sobretudo, no princípio da proporcionalidade. (Sobre a garantia do núcleo essencial, v. item 10.5).

▸ **Como esse assunto foi cobrado em concurso?**

No concurso para Procurador do Distrito Federal (2004) foi considerada **errada** a seguinte assertiva: "os direitos e garantias fundamentais expressos na Constituição Federal não poderão ser objeto de restrição ou suspensão, salvo na vigência de estado de defesa ou estado de sítio."

No concurso para Procurador da República (2002) foi considerada **correta** a seguinte assertiva: "O princípio da proporcionalidade, como ideia jurídica geral de que as restrições a direitos fundamentais devem ser adequadas e necessárias aos fins a que se destinem, pode constituir parâmetro de controle de constitucionalidade da atividade legiferante."

10.4. Reservas de restrições legislativas

Trata-se das autorizações constitucionais, explícitas ou implícitas, para que o legislador promova restrições às normas de direitos fundamentais. Têm por fundamento o *princípio democrático*, pois as reduções legislativas ao âmbito de proteção dos direitos fundamentais ocorrem em ambiente de pluralismo político (processo legislativo) e dependem da aprovação de representantes eleitos pelo voto popular (parlamentares e chefe do Executivo).

▸ **Conformação/configuração vs. restrição legislativa de direitos fundamentais:**

Há quem se refira ao *poder de conformação legislativa* num sentido amplo, a abranger também as restrições legislativas. Contudo, doutrinadores como ALEXY e GILMAR MENDES afirmam que as *restrições* de direito fundamental não devem ser confundidas com as meras *conformações/configurações* dos direitos fundamentais. Isso porque, ao contrário das restrições, aquilo "que é qualificado como configuração não necessita ser fundamentado frente o direito fundamental" (ALEXY, 2001, p. 329). Segundo ALEXY, o traço distintivo está no chamado *critério da "obstaculização" da realização de um princípio de direito fundamental*. Nessa linha, as conformações legislativas são normas que visam a completar, a definir ou a densificar um direito fundamental, mas sem lhe dificultar o exercício. Exemplo: as definições que a lei faz acerca de conceitos ou institutos jurídicos mencionados em normas de direito fundamental, tais como "herança", "casamento", "partido político" etc. Já as restrições são normas que estabelecem dificuldades ou condicionantes ao exercício ou à realização dos direitos fundamentais. Exemplo: na forma prevista pelo inciso XIII do art. 5 da Constituição, as leis a estabelecer requisitos para o exercício de profissões determinadas, tal como a exigência de aprovação em exame de ordem, no caso da advocacia (Lei 8.906/94).

Em paralelo às restrições previstas em normas de hierarquia constitucional (*restrições constitucionais imediatas*), como se viu, as constituições autorizam o legislador, indiretamente, a promover restrições às normas de direito fundamental. Claro que tais reservas constitucionais às restrições legislativas não impedem que atos normativos de hierarquia superior à lei possam conter igual tipo de restrições. Exemplo disso é a atual jurisprudência do STF acerca do caráter *supralegal* dos tratados internacionais sobre direitos humanos (item 6.9.4 do Capítulo VII do Tomo II), atos esses que também podem fazer restrições a direitos fundamentais, se devidamente incorporados ao direito interno.

Contudo, as reservas de restrições legislativas subtraem competência para que outros órgãos, que não o legislador, possam normatizar o âmbito de proteção dos direitos fundamentais. Nessa linha, *via de regra,* representam ***reservas de lei em sentido formal*** (lei ordinária e lei complementar).

> ▸ **Atenção!**
>
> ***Excepcionalmente***, a Constituição de 1988 autoriza que restrições a direitos fundamentais se façam por outros atos normativos com força de lei. Por exemplo: ***lei delegada*** pode veicular restrições a direitos sociais de âmbito coletivo (art. 68, § 1º, II, *a contrario sensu*); admite-se ***medida provisória*** a restringir certos direitos fundamentais, sobretudo aquelas aprovadas antes da vigência da EC 32/2001, que lhes reduziu o campo temático (art. 62, § 1º). Também nessa linha excepcional, nas hipóteses de estado de defesa e estado de sítio, o constituinte autoriza restrições temporárias (suspensões) a direitos fundamentais por meio de ***decreto*** do Presidente da República (artigos 136, § 1º, e 138). Outro tipo de ato normativo que vem sendo indevidamente utilizado como fonte de restrições são as ***súmulas vinculantes***, naqueles casos em que o STF toma a própria norma de direito fundamental por objeto, em vez de parâmetro normativo. Exemplo mais explícito dessa anomalia é a Súmula Vinculante 11, mediante a qual a Corte praticamente que "regulamentou" o uso de algemas.

Por outro lado, as reservas de restrição legislativa não impedem o legislador de contar com a colaboração do Executivo no preenchimento e no detalhamento de restrições veiculadas por lei (poder regulamentar), sobretudo com relação às matérias a exigir especificações técnicas ou sujeitas a constantes mudanças tecnológicas. Todavia, tais reservas implicam automática interdição de delegação de competências legislativas, pois a lei não pode "deslegalizar" o regime de reservas legislativas, tampouco veicular disciplinas tão genéricas que importem transferência do poder de configuração ou, pior ainda, do poder de contenção dos direitos fundamentais.

As restrições legislativas a direitos fundamentais dividem-se em:

A) reservas legislativas expressas *vs.* implícitas:

A.1) reservas expressas: são as permissões específicas pelas quais o legislador é expressamente autorizado a reduzir o âmbito de proteção de um direito fundamental determinado. Exemplo: no inciso XIII do art. 5º, a Constituição facultou a edição de lei que estabelecesse requisitos para o exercício de profissões determinadas;

A.2) reservas implícitas: autorizações tácitas ou genéricas mediante as quais se reconhece ao legislador o poder de estabelecer restrições ao âmbito de proteção de determinado direito fundamental, mesmo diante da ausência de reservas constitucionais específicas ou explícitas. Essa possibilidade é aceita tanto por adeptos da teoria interna, para quem "a reserva de leis gerais é imanente aos direitos fundamentais" (HÄBERLE, 2003, p. 51), quanto para autores da teoria externa, para os quais as "normas de direito fundamental estabelecidas sem reserva, se se as toma literalmente, garantem em demasia" (ALEY, 2001, p. 124).

▸ **Importante:**

No Brasil, o *princípio constitucional da legalidade* (art. 5º, II) vem sendo utilizado como fundamento subsidiário para legitimar intervenções legislativas no âmbito de proteção dos direitos fundamentais em geral, incluindo aqueles direitos veiculados por normas constitucionais que se silenciaram acerca dessa possibilidade. Exemplo: conforme Súmula 632 do STF, é constitucional a fixação do prazo de 120 dias à decadência do direito à impetração do mandado de segurança, ainda que o inciso LXIX do art. 5º não tenha contemplado nenhuma reserva de lei restritiva ao prever tal remédio constitucional.

RESERVAS LEGISLATIVAS EXPRESSAS *VS.* IMPLÍCITAS	
Reservas expressas	**Reservas implícitas**
Permissões específicas pelas quais o legislador é expressamente autorizado a reduzir o âmbito de proteção de um direito fundamental determinado.	autorizações tácitas ou genéricas mediante as quais se reconhece ao legislador o poder de estabelecer restrições ao âmbito de proteção de determinado direito fundamental, mesmo diante da ausência de reservas constitucionais específicas ou explícitas.

B) Reservas legislativas simples *vs.* qualificadas:

B.1) reservas simples: permissões de restrição a direito fundamental concedidas ao legislador pelo constituinte sem condicionantes específicas. Costumam ser explicitadas por meio de *cláusulas genéricas de simples reserva legal*, tais como "na forma da lei", "nos termos da lei", "assim definidas em lei", "salvo as exceções legais";

B.1) reservas qualificadas: autorizações constitucionais de restrição legislativa a direito fundamental determinado, mas que se fazem acompanhadas de condições formais ou materiais. Para ilustrar, a Constituição de 1988 elegeu condicionantes como: (a) exigência de maioria absoluta (lei complementar), tal qual no inciso I do art. 7º e no § 9º do art. 14; (b) fixação de prazos para legislar (art. 5º, XXXII, c/c ADCT, art. 48); e (c) definição tanto dos *meios* a serem utilizados quanto das *finalidades* a serem perseguidas pelas restrições legislativas, a exemplo das condições impostas às leis restritivas previstas nos incisos XII, XXXVIII e LX do art. 5º, bem como nos §§ 1º a 3º do art. 220, todos da Constituição.

RESERVAS LEGISLATIVAS SIMPLES *VS.* QUALIFICADAS	
Reservas simples	**Reservas qualificadas**
Permissões de restrição a direito fundamental concedidas ao legislador pelo constituinte sem condicionantes específicas.	Autorizações constitucionais de restrição legislativa a direito fundamental determinado, mas que se fazem acompanhadas de condições formais ou materiais.

▸ "Derrotabilidade" das reservas legislativas qualificadas?

Com base em juízos de ponderação, parte da doutrina defende a possibilidade de "relativizar" até mesmo essas condicionantes especiais contidas em cláusulas de reserva qualificada.

Para ALEXY, por exemplo, o "princípio da sujeição ao texto constitucional" faz com que as determinações adotadas pelas regras postas em reservas legislativas precedam as determinações alternativas decorrentes de princípios contrapostos (2001, p. 134). Porém, essa precedência não se aplica caso militem razões, baseadas nesses princípios contrapostos, que "sejam tão fortes que também desloquem o princípio da sujeição ao texto da Constituição" (2001, p. 135).

Ou seja, para ALEXY, em situações excepcionais, é admissível ampliar as hipóteses de incidência das restrições a direitos fundamentais para além daquelas previstas pelo constituinte mediante reservas qualificadas.

Na jurisprudência, aliás, isso não é novidade, como se pode ver nos seguintes casos: (a) no Inquérito 2.424/RJ, o Plenário do STF considerou que um espaço protegido *a priori* pelo direito à inviolabilidade do domicílio (no caso, escritório de advocacia) poderia sofrer intervenção policial no *período noturno*, para cumprimento de mandado judicial de instalação de escuta ambiental, mesmo que a reserva qualificada prevista no inciso XI do art. 5º da Constituição só permitisse tal diligência "durante o dia". Para o STF, a intervenção se justificava porque se tratava do "único meio de prova" utilizável para demonstrar o fato delituoso; (b) a 7ª Câmara Cível do TJRS (Processo n. 70018683508-Porto Alegre) deferiu quebra de sigilo telefônico, em *processo cível*, embora o inciso XII do art. 5º da Constituição só a permitisse para "fins de investigação criminal ou instrução processual penal". Reputou-se que esse era o único meio de localizar devedor de pensão alimentícia com prisão civil decretada, bem como que, na ponderação entre o direito à vida dos alimentados e o direito à intimidade do executado, a "própria possibilidade da prisão civil no caso de dívida alimentar evidencia o caráter superior da verba alimentar".

▸ Como o STF já enfrentou o tema:

"A Constituição de 1988, ao assegurar a liberdade profissional (art. 5º, XIII), segue um modelo de reserva legal qualificada presente nas Constituições anteriores, as quais prescreviam à lei a definição das 'condições de capacidade' como condicionantes para o exercício profissional" (RE 511.961/SP, Plenário).

10.5. Garantia do conteúdo ou núcleo essencial dos direitos fundamentais

Trata-se da garantia jurídica contra restrições ou intervenções que invadam o âmbito nuclear de proteção proporcionado pelos direitos fundamentais.

A despeito da *relatividade* dos direitos fundamentais (ver item 8.5), é preciso zelar para que esses direitos não fiquem inteiramente à mercê das restrições/intervenções a que se sujeitam. Daí por que várias constituições contemporâneas - a começar da alemã - têm norma explícita a rejeitar limitações/restrições legislativas que atinjam o chamado ***conteúdo*** ou ***núcleo essencial***. Na linguagem da atual Constituição suíça (1999), por exemplo, toda "restrição aos direitos fundamentais deve ser proporcional a seu fim", mas a "essência dos direitos fundamentais é intangível" (art. 36º, itens 3 e 4).

Portanto, a expressão "*conteúdo/núcleo essencial*" designa aquele âmbito mínimo de proteção efetiva proporcionado por todos os direitos fundamentais e que serve de limite às próprias limitações que estes possam sofrer (*limite dos limites*). Como explica ANA MARIA D'ÁVILA LOPES, a "garantia do conteúdo essencial é concebida como um limite à atividade limitadora dos direitos fundamentais, isto é, como o 'limite dos limites'. O conteúdo essencial atua como uma fronteira que o legislador não pode ultrapassar, delimitando o espaço que não pode ser 'invadido' por uma lei sob o risco de ser declarada inconstitucional" (2004, p. 13).

Para ilustrar, a lei pode restringir a liberdade profissional assegurada no inciso XIII do art. 5º da Constituição, mas não poderá fazê-lo em termos tais que inviabilizem em demasia o ingresso de novas pessoas ao mercado de trabalho, criando uma espécie de "reserva de mercado" em favor daqueles que já exercessem a profissão. Nessa linha, configuraria inconstitucionalidade, por violação ao núcleo essencial do direito à liberdade de profissão e à livre iniciativa, uma lei que exigisse, por exemplo, 20 anos de estágio profissional para que alguém pudesse exercer a advocacia.

Ademais, o limite representado pelo núcleo essencial garante, em certa medida, posições de vantagem não somente contra *restrições/limitações legislativas*, como também contra *interpretações* e *aplicações normativas* que indevidamente esvaziem o âmbito de proteção mínima dos direitos fundamentais.

Além disso, mesmo que a norma de direito fundamental utilize conceitos que necessariamente precisem de alguma definição legal, o *poder de conformação legislativa* a respeito é igualmente limitado pela garantia do núcleo essencial. Segundo HÄBERLE, nessa hipótese incide "uma relação de coordenação funcional e de condicionamento recíproco" entre a constituição e a lei, pois a legislação "só pode concretizar e precisar os limites aos direitos fundamentais e ao conteúdo destes, porém não determiná-los à vontade" (2003, p. 195).

No caso brasileiro, inexiste norma expressa a tratar da proteção ao "núcleo essencial" dos direitos fundamentais. Mas tanto a doutrina quanto a jurisprudência consideram que a garantia é norma constitucional implícita.

> **Importante:**
>
> Aliás, diferentemente do que ocorre em outros ordenamentos jurídicos, no Brasil, a garantia do núcleo essencial é vista como limite não só às restrições legislativas, como também ao próprio *poder de reforma constitucional*, pelo menos em relação aos "direitos e garantias individuais" (Constituição, art. 60, § 4º, IV). (Sobre a extensão dessa cláusula pétrea a outros tipos de direitos fundamentais, v. item 2.2.2.4.B do Capítulo IV da Parte I.)

Por outro lado, é bastante problemático saber e controlar *se* e *em que medida* o núcleo essencial de determinado direito fundamental foi atingido indevidamente. Para tanto, existem várias ***teorias acerca do controle da garantia do núcleo essencial***, das quais estas duas merecem especial destaque:

A) ***teoria relativa do núcleo essencial:*** a definição do conteúdo essencial de um direito fundamental **não** pode ser fixada *a priori*, mas somente caso a caso, de acordo com os valores, interesses e bens constitucionais envolvidos, numa típica ponderação feita com apoio no princípio da proporcionalidade; e

B) ***teoria absoluta do núcleo essencial:*** o núcleo essencial de um direito fundamental deve ser definido *a priori* e, a partir de então, não estará mais sujeito a reavaliações baseadas nas contingências do caso, pois esse mínimo de proteção efetiva não pode ficar à mercê de ponderações posteriores.

> **Atenção!**
>
> Há ainda ***teorias mistas***, tais como:
>
> *1)* ***teoria da relativização recíproca de resultado absoluto:*** assim se pode intitular a teoria mista defendida por HÄBERLE, para quem, diferentemente da teoria absoluta, o "conteúdo essencial dos direitos fundamentais não é uma medida que se deve deduzir 'em si' e independentemente do conjunto da Constituição e dos bens jurídicos reconhecidos junto a tais direitos" (2003, p. 59). É resultado da utilização do princípio "imanente" da ponderação de bens, a partir dos outros "conteúdos essenciais" igualmente previstos nas constituições. Porém, ao contrário da teoria relativa, essas "relativizações" recíprocas entre os diversos conteúdos essenciais gera por resultado a "transformação" deles em medidas absolutas; e
>
> 2) ***teoria do núcleo acidental relativo:*** adotada por vários autores espanhóis, como identificados por BERNAL PULIDO, advoga que o conteúdo dos direitos fundamentais compreende duas partes distintas: (a) um *núcleo essencial*, cujo âmbito de proteção é definido e garantido em termos definitivos, tal qual pretende a teoria absoluta; e (b) um *núcleo acidental*, *i.e.*, uma zona periférica que se sujeita às contingências de caso e às ponderações típicas da teoria relativa.

TEORIAS ACERCA DO CONTROLE DA GARANTIA DO NÚCLEO ESSENCIAL	
Teoria relativa do núcleo essencial	Definição do conteúdo essencial de um direito fundamental não pode ser fixada *a priori*, mas somente caso a caso, de acordo com os valores, interesses e bens constitucionais envolvidos, numa típica ponderação feita com apoio no princípio da proporcionalidade.
Teoria absoluta do núcleo essencial	O núcleo essencial de um direito fundamental deve ser definido a priori e, a partir de então, não estará mais sujeito a reavaliações baseadas nas contingências do caso, pois esse mínimo de proteção efetiva não pode ficar à mercê de ponderações posteriores.
Teorias mistas	1) *Teoria da relativização recíproca de resultado absoluto*: o conteúdo essencial dos direitos fundamentais é resultado da utilização do princípio "imanente" da ponderação de bens, a partir dos outros "conteúdos essenciais" igualmente previstos nas constituições (PETER HÄBERLE) 2) *Teoria do núcleo acidental relativo*: o conteúdo dos direitos fundamentais compreende duas partes distintas: (a) um núcleo essencial garantido em termos absolutos; e (b) um núcleo acidental ou zona periférica contingencialmente garantida (BERNAL PULIDO).

Claro que há controvérsias acerca da teoria a prevalecer. A ***teoria relativa*** importa em menor proteção ao direito, pois acredita que o conteúdo essencial não pode ser preestabelecido *a priori*, ou seja, "antes" das situações conflituosas. Logo, a depender das contingências, não havendo margem para conciliar, em alguma medida, os princípios e bens constitucionais em conflitos, poderá ocorrer o esvaziamento absoluto da proteção proporcionada em tese por algum direito fundamental. Já a ***teoria absoluta***, ao considerar a existência (*a priori*) de um âmbito de proteção definitivamente garantido por cada direito fundamental, assegura sempre alguma margem remanescente de proteção, independentemente da relevância dos bens ou princípios colidentes. Porém, como nega a possibilidade de haver ponderações *a posteriori*, a teoria absoluta apresenta dificuldades quando se trata de resolver conflitos entre direitos fundamentais inteiramente incompatíveis entre si. Por exemplo, como assegurar uma mínima margem de proteção ao direito à vida diante da aplicação de pena de morte em caso de guerra (Constituição, art. 5º, XLVII, "a")?

No Brasil, pouco se discute qual é a melhor dessas teorias. Porém, ao recomendar o ***princípio da proporcionalidade*** para zelar pela garantia do núcleo essencial, a doutrina em geral acaba por se filiar à ***teoria relativa***. Nessa linha, VIRGÍLIO AFONSO DA SILVA – um dos poucos a expressamente declinar a teoria que adota – defende que os conceitos de conteúdo essencial e proporcionalidade "guardam uma íntima relação: *restrições a direitos fundamentais que passam no teste da proporcionalidade não afetam o conteúdo essencial dos direitos restringidos*" (2006, p. 43).

Atenção!

Também a casuística do STF revela a ***predominância*** dos métodos de trabalho da **teoria relativa**, pois o exame das supostas violações ao núcleo essencial não costuma partir de uma medida preestabelecida quanto à margem de proteção garantida pelo direito fundamental, senão do exame da proporcionalidade das intervenções externas a incidir o direito fundamental considerado.

▸ **Como o STF já enfrentou o tema:**

(a) "as limitações materiais ao poder constituinte de reforma, que o art. 60, § 4º, da Lei Fundamental enumera, não significam a intangibilidade literal da respectiva disciplina na Constituição originária, mas apenas a proteção do núcleo essencial dos princípios e institutos cuja preservação nelas se protege" (ADI 2.024/DF);

(b) no RE 511.961/SP, ao declarar não recepcionada a exigência de curso superior para exercício da profissão de jornalista, o Plenário do STF consignou que a "reserva legal estabelecida pelo art. 5º, XIII, não confere ao legislador o poder de restringir o exercício da liberdade profissional a ponto de atingir o seu próprio núcleo essencial";

(c) a "imunidade do advogado – além de condicionada aos 'limites da lei', o que, obviamente, não dispensa o respeito ao núcleo essencial da garantia da *libertas conviciandi* – não alcança as relações do profissional com o seu próprio cliente" (RE 387.945/AC); e

(d) ao reputar inconstitucional o regime integralmente fechado de cumprimento de pena previsto na redação original da Lei 8.072/90, o STF acabou por entender que o legislador violara o núcleo essencial do direito à individualização da pena (Plenário, HC 82.959/SP).

▸ **Como esse assunto foi cobrado em concurso?**

No concurso para Procurador da República (2011) foi considerada **correta** a seguinte assertiva: "A teoria relativa do núcleo essencial dos direitos fundamentais funde o conceito de núcleo essencial com o de respeito ao princípio da proporcionalidade nas medidas restritivas de direitos."

O concurso para Analista Tributário da Receita Federal (2009) considerou **errada** a seguinte alternativa: "Quanto à delimitação do conteúdo essencial dos direitos fundamentais, a doutrina se divide entre as teorias absoluta e relativa. De acordo com a teoria relativa, o núcleo essencial do direito fundamental é insuscetível de qualquer medida restritiva, independentemente das peculiaridades que o caso concreto possa fornecer."

10.6. Proteção contra o efeito resfriador ("chilling effect")

Em matéria de direitos fundamentais, o chamado **efeito resfriador** ("chilling effect") diz com a potencial inibição causada ao exercício de direitos fundamentais em razão do temor de sofrer sanções jurídicas. Trata-se, portanto, de efeito que pode comprometer ou adiar a efetividade dos direitos fundamentais já assegurados, especialmente a liberdade de expressão, ante o risco da aplicação de punições diretas ou indiretas. No geral, surge do receio quanto às repercussões negativas da incidência de uma nova lei restritiva de direitos ou mesmo do simples risco de sofrer processos administrativos ou judiciais.

Nesse sentido, tais temores podem servir de mecanismo de **deterrência jurídica**, *i.e.*, como estratégia de intimidação suficiente para prevenir, desencorajar ou dissuadir o exercício de algum direito, ainda que legítimo. Exemplos: o jornalista que abandona reportagem investigativa ante o receio de sofrer ação indenizatória; o trabalhador que deixa de ingressar com reclamação trabalhista com medo da condenação ao pagamento de verba de sucumbência.

Logo se vê, as preocupações em evitar indesejáveis efeitos dissuasórios desse tipo acabam por envolver o **princípio da proporcionalidade** e a mensuração da **legitimidade do exercício** do **poder de conformação das restrições** a direitos fundamentais. Nessa linha, é preciso sejam consideradas as consequências práticas de certas medidas estatais na atuação dos titulares de direitos fundamentais. Por exemplo: a edição de disposição proibitiva formulada com excesso de vagueza ou abertura semânticas ("overbreadth doctrine") poderá configurar efeitos resfriadores inconstitucionais, caso a proibição acabe por ultrapassar os limites necessários à proteção dos valores envolvidos na regulação e, então, passe a atingir, desproporcionalmente, a propensão dos próprios titulares de exercer determinado direto fundamental.

As teses referentes ao efeito resfriador tiveram início na jurisprudência norte-americana, a partir da década de 1950, e ganharam impulso em julgado de 1965 (caso *Lamont* vs. *Postmaster General*), no qual a Suprema Corte decidiu pela inconstitucionalidade de ato normativo federal que impunha, aos destinatários de correspondências com material de propaganda comunista, o dever de confirmar a intenção de recebê-las, sob pena de serem devolvidas ao remetente. Entendeu o Tribunal que a obrigação imposta ao destinatário implicava indevido desestímulo à distribuição do material publicitário, em desrespeito ao direito à liberdade de expressão.

No Brasil, o STF já invocou a proteção contra o efeito resfriador em casos a envolver a liberdade de expressão e a imunidade material parlamentar. Nesse sentido, em voto no Inq 3.817/DF, consignou o Min. BARROSO que "o debate público não pode ser paralisado sob a ameaça constante e generalizada da responsabilização penal e cível, especialmente no que se refere à manifestação de opiniões dos detentores de mandato parlamentar. O designado 'efeito resfriador' sobre o discurso (*chilling effect*) deve ser evitado, sob pena de induzir à autocensura e à mitigação do debate democrático e difusão da informação." Na mesma linha, em voto vencedor no RE 600.063/SP (Pleno, j. em 25-2-2015), o Min. BARROSO consignou que a Constituição quis "proteger os parlamentares da reprimenda judicial. Isso para evitar que a ameaça de persecução cível e penal gerasse um efeito resfriador de seus discursos (*chilling effect*) e, consequentemente, prejudicasse a livre exposição de pensamentos na esfera legislativa, vocacionada que é ao debate público."

No STJ, o problema do "efeito resfriador" foi suscitado no julgamento do REsp 1.640.084/SP (5ª Turma, j. em 15-12-2016), no qual se decidiu pela perda de eficácia do art. 331 do Código Penal, que tipifica o crime de desacato. Conforme voto vencedor acentuou que punir "o uso de linguagem e atitudes ofensivas contra agentes estatais é medida capaz de fazer com que as pessoas se abstenham de usufruir do direito à liberdade de expressão, por temor de sanções penais, sendo esta uma das razões pelas quais a CIDH estabeleceu a recomendação de que os países aderentes ao Pacto de São José abolissem suas respectivas leis de desacato." (Mais sobre o "efeito resfriador" e os limites à liberdade de expressão, v. item 3.4.5.3 do Capítulo 1 do Tomo II.)

Atenção!

Parece fora de lugar a invocação da teoria do "efeito resfriador" para se afastar a constitucionalidade do crime de desacato a autoridade, cujo fundamento é a proteção da respeitabilidade do serviço público. Bem por isso, o precedente da 5ª Turma foi logo superado pela 3ª Seção do STJ no HC 379.269/MS. Ademais, o STF já confirmou a recepção constitucional do "art. 331 do Código Penal, que tipifica o crime de desacato" (ADPF 496/DF, j. em 20-6-2020).

11. SUSPENSÃO DOS DIREITOS FUNDAMENTAIS

A própria Constituição prevê a possibilidade de suspensão temporária do âmbito de proteção dos direitos e garantias fundamentais, em situações de ***grave crise constitucional***, durante a vigência do ***estado de defesa*** e do ***estado de sítio*** (artigos 136 a 139 da Constituição).

O assunto será tratado em item próprio do Tomo II (item 2.2 do Capítulo V), mas cabe antecipar que o grande problema está em saber quais os tipos de garantias constitucionais que podem ser suspensas durante o estado de sítio previsto no inciso II do art. 137, pois a Constituição não as enumerou.

De qualquer forma, parece que mesmo no estado de sítio a suspensão de direitos fundamentais não pode afetar aquelas garantias compreendidas pelo *mínimo existencial*, notadamente o direito de acesso à justiça.

▸ Como esse assunto foi cobrado em concurso?

No concurso para Defensoria Pública do Estado de São Paulo (2007) foi considerada **correta** a seguinte assertiva: "A Constituição Federal deu enorme relevância a esses direitos assegurando-os de maneira quase absoluta, mas certas conturbações sociais podem desencadear a necessidade de supressão temporária de certos direitos no atendimento do interesse do Estado e das instituições democráticas.

12. TEORIA DA "RESERVA DO POSSÍVEL"

Teoria que sistematiza argumentos a defender que objeções de ordem fática e jurídica, mas sobretudo de ordem econômica, são constitucionalmente válidas para justificar a impossibilidade, total ou parcial, de prestar certas obrigações decorrentes das normas de direito fundamental.

No percurso entre a previsão de direitos fundamentais por parte de um certo sistema normativo e a plena implementação fática deles (*efetividade*), surgem obstáculos das mais diferentes naturezas. Além dos desafios do âmbito jurídico (tais como a positivação e a aplicabilidade das normas definidoras de direitos fundamentais), variadas questões de outra natureza (políticas, econômicas, sociológicas, antropológicas) podem comprometer a efetiva materialização dos direitos fundamentais no plano da realidade fática. Nessa linha, para se referir a todas essas dificuldades que cercam a implementação dos direitos fundamentais, sob inspiração da cláusula civilista "*ad impossibilia nemo tenetur*" (ninguém é obrigado a fazer o impossível), a doutrina específica utiliza a expressão ***reserva do possível.***

Num **sentido amplo**, a reserva do possível tem a ver tanto com as ***impossibilidades fáticas e materiais*** quanto com as ***impossibilidades jurídicas*** que possam interditar, adiar ou até mesmo impedir a aplicação dos direitos fundamentais.

A primeira ordem de impossibilidades tem a ver com os **obstáculos fáticos**, tais como problemas físicos ou tecnológicos, de estruturação de órgãos administrativos etc. Para exemplificar, se alguém pleiteia tratamento médico experimental e ainda indisponível ao público ou se pretende remédio que não seja mais fabricado, o direito à saúde não poderá ser implementado, ante a impossibilidade fática de se prestar a obrigação respectiva; se um bairro ficou isolado em razão da cheia de um rio, o Estado não pode garantir a plena liberdade de ir e vir etc.

Já a segunda ordem de impossibilidades está relacionada aos **obstáculos jurídicos** que servem como escusas lícitas para justificar a impossibilidade de cumprir os deveres impostos pelos direitos fundamentais. Exemplo: uma norma de direito social, quando necessariamente depender de lei que a regulamente, não terá como ser aplicada antes da edição dos regulamentos pertinentes; a norma que garanta a prestação de um medicamento pode não se aplicar pela falta da licitação necessária à compra do produto etc.

> ▸ **Atenção!**
>
> Por razões didáticas, considerando que os problemas jurídicos relacionados à aplicabilidade das normas constitucionais são estudados em item próprio, bem como a impertinência de estudar problemas jurídicos de cunho exclusivamente administrativo (necessidade de licitações, da contratação de servidores públicos, de outorga da concessão de serviços públicos etc.), a expressão "reserva do possível" será usada somente para designar aquelas dificuldades de natureza não propriamente jurídica, mas que possam ser suscitadas, no âmbito jurídico, como motivo apto a justificar o inadimplemento total ou parcial dos direitos fundamentais.

Autores como INGO SARLET e MARCELO NOVELINO sustentam, ainda, que a reserva do possível pode ser invocada quando a prestação exigida do Estado não atender ao critério da ***proporcionalidade*** ou quando faltar ***razoabilidade*** à própria exigência da prestação. Nessa linha, SARLET informa que a Corte Constitucional alemã tem decidido que a "prestação reclamada deve corresponder ao que o indivíduo pode razoavelmente exigir da sociedade, de tal sorte que, mesmo em dispondo o Estado dos recursos e tendo o poder de disposição, não se pode falar em uma obrigação de prestar algo que não se mantenha nos limites do razoável" (2001, p. 265).

Nesse sentido, o critério da proporcionalidade/razoabilidade evoca a questão do tratamento **isonômico** ou **universalista** da pretensão. Isso porque, mesmo que em foco apenas um pedido individual, não se deve reconhecer a legitimidade da pretensão a prestações materiais que não possam ser estendidas para outras pessoas, em iguais condições, sob pena do exagerado comprometimento de determinada estrutura estatal (v. itens 13 e 15.2.3).

> ▸ **Atenção!**
> Certos autores incluem essa preocupação universalista entre aqueles **obstáculos fáticos** à implementação dos direitos fundamentais. Nesse sentido, para DANIEL SARMENTO, "a reserva do possível fática deve ser compreendida como a capacidade financeira do Estado de arcar com a *universalização* da prestação material postulada para todas as pessoas que estiverem nas mesmas condições daquele que a requereu" (2016, p. 231).

Já num **sentido estrito**, a reserva do possível (gênero) costuma ser vista como a ***reserva do "financeiramente" possível*** (espécie). Nessa acepção, diz somente com os *obstáculos econômico-financeiros* inerentes à *efetivação* dos direitos fundamentais que envolvam prestações materiais (direitos sociais, sobretudo). Como recorda GONET BRANCO, a "escassez de recursos econômicos implica a necessidade de o Estado realizar opções de alocação de verbas, sopesadas todas as coordenadas do sistema econômico do país" (2000, p. 146). Exemplo: a ausência de cobertura, pelo Sistema Único de Saúde - SUS, de caro tratamento médico realizado somente no exterior.

Porém, como demonstraram HOLMES e SUNSTEIN na conhecida obra "O custo dos direitos" (1999), **todos os direitos fundamentais acabam por envolver despesas** públicas, inclusive os direitos de primeira dimensão (liberdades públicas), pois quaisquer deles pressupõem contribuintes a financiar o aparato estatal que lhes garanta executoriedade ("enforcement").

Ademais, lembra CANOTILHO, o "*recorte jurídico-estrutural* de um direito não pode nem deve confundir-se com a questão do seu financiamento" (2004, p. 108). Na verdade, embora não desconfigure o direito nem esvazie a eficácia das normas de direito fundamental, a *reserva do financeiramente possível* constitui-se em princípio jurídico que se traduz em **limite à efetividade dos direitos fundamentais**.

> **Atenção!**
>
> Conforme ALEXY, a reserva do financeiramente possível **não** gera a "ineficácia" em si das normas de direito fundamental, porém sinaliza a necessidade de ponderações para determinar o âmbito de proteção definitiva dos direitos fundamentais.

Mais especificamente sobre o problema da *reserva do financeiramente possível* e os direitos a prestação material, v. item 15.2.2.

> **Como o STF enfrentou o tema:**
>
> **a)** Em notabilizada decisão monocrática na MC na ADPF 45/DF, o Ministro CELSO DE MELLO consignou que "os condicionamentos impostos, pela cláusula da 'reserva do (1) a razoabilidade da pretensão individual/social deduzida em face do Poder Público e, de outro, (2) a existência de disponibilidade financeira do Estado para tornar efetivas as prestações positivas dele reclamadas. Desnecessário acentuar-se, considerado o encargo governamental de tornar efetiva a aplicação dos direitos econômicos, sociais e culturais, que os elementos componentes do mencionado binômio (razoabilidade da pretensão + disponibilidade financeira do Estado) devem configurar-se de modo afirmativo e em situação de cumulativa ocorrência, pois, ausente qualquer desses elementos, descaracterizar-se-á a possibilidade estatal de realização prática de tais direitos."
>
> **b)** No AgRg no ARE 639.337/SP, a 2ª Turma decidiu: "A cláusula da reserva do possível – que não pode ser invocada, pelo Poder Público, com o propósito de fraudar, de frustrar e de inviabilizar a implementação de políticas públicas definidas na própria Constituição – encontra insuperável limitação na garantia constitucional do mínimo existencial, que representa, no contexto de nosso ordenamento positivo, emanação direta do postulado da essencial dignidade da pessoa humana."

> **Como esse assunto foi cobrado em concurso?**
>
> No concurso para Defensoria Pública da União (2010) foi considerada **errada** a seguinte assertiva: "Os direitos sociais previstos na Constituição, por estarem submetidos ao princípio da reserva do possível, não podem ser caracterizados como verdadeiros direitos subjetivos, mas, sim, como normas programáticas. Dessa forma, esses direitos devem ser tutelados pelo poder público, quando este, em sua análise discricionária, julgar favoráveis as condições econômicas e administrativas"
>
> No concurso para Defensor Público/RN (2015/Cespe), foi considerada **correta** a afirmação: "Para o STF, a tese da reserva do mínimo possível é aplicável apenas se restar comprovada a real falta de recursos orçamentários pelo poder público, pois não é admissível como justificativa genérica para eventual omissão estatal na efetivação dos direitos fundamentais."

No concurso para Analista Judiciário do STJ (2015/Cespe), foi considerada **correta** a afirmação segundo a qual "A garantia do mínimo existencial, que decorre da proteção constitucional à dignidade da pessoa humana, restringe a invocação da reserva do possível como óbice à concretização do acesso aos direitos sociais."

▸ **Como esse assunto foi cobrado em questões dissertativas de concurso?**

O concurso para Defensor Público do Acre (2012/Cespe) pediu que o candidato dissertasse "sobre os aspectos jurídico-constitucionais que envolvem a 'judicialização das políticas públicas de saúde', fazendo referência à posição do STF a respeito", exigindo que o candidato, ainda, abordasse, "necessariamente, os seguintes tópicos: garantia do direito social à saúde; reconhecimento do direito a medicamento; princípio da separação dos poderes; cláusula da reserva do possível."

13. TEORIA DO "MÍNIMO EXISTENCIAL"

Teoria segundo a qual todos têm o direito a receber do Estado um conjunto de prestações que efetivamente garanta mínimas condições vida digna (direito ao *mínimo de existência condigna*).

Também chamada de **teoria do mínimo vital** ou dos **direitos fundamentais mínimos**, apoia-se na ideia da existência do direito fundamental a um conjunto de prestações estatais que assegure a cada indivíduo uma vida como padrões mínimos de dignidade.

▸ **Atenção!**

Autores como INGO SARLET e CAROLINA ZOCKUN, porém, sustentam que o mínimo existencial, nos termos da experiência alemã, "não pode ser confundido com o que se tem chamado de mínimo vital ou um mínimo de sobrevivência, de vez que este último diz com a garantia da vida humana, sem necessariamente abranger as condições para uma sobrevivência física em condições dignas, portanto, de uma vida com certa qualidade" (2016, p. 123).

Baseada, sobretudo, no **princípio da dignidade da pessoa**, foi originalmente concebida na Alemanha Ocidental, em meados do século XX, quando o Tribunal Federal Administrativo, seguido do Tribunal Constitucional, reconheceram o mínimo existencial como direito fundamental de *status* constitucional.

No Brasil, a teoria começou a ganhar corpo em estudos referentes ao princípio constitucional da "capacidade tributária", como informa ANA LUIZA LEAL. Nada obstante, os constitucionalistas em geral já sustentam que o direito ao mínimo existencial decorre, implicitamente, não só de sua matriz originária (*princípio da dignidade da pessoa humana* – inciso III do art. 1º), como de *múltiplas disposições constitucionais*, tais como o inciso III do art. 3º e o inciso X do art. 23 (objetivo de erradicação da pobreza e integração social dos "setores desfavorecidos"); o art. 203, V (direito de idosos e deficientes a benefício assistencial de natureza continuada), entre outras.

> **▸ Atenção!**
>
> Conforme jurisprudência da Corte Constitucional colombiana, além do princípio da dignidade da pessoa humana, o princípio do **Estado Social de Direito** também serve de fundamento ao direito ao mínimo vital, "cujo objeto não é outro distinto do de garantir as condições materiais mais elementares, sem as quais a pessoa arrisca a perecer e quedar-se convertida num ser que sucumbe ante a impossibilidade de assegurar, autonomamente, a própria subsistência" (Sentença T-458, de 24-9-97).

A grande relevância da teoria do mínimo existencial está em driblar, ao menos em parte, o caráter meramente programático que se costuma atribuir às normas definidoras de direitos sociais. Assim, independentemente da intermediação legislativa, as prestações abrangidas pelo conceito de *mínimo existencial* tornam-se juridicamente exigíveis, em certa medida, inclusive pela via judicial.

Como explica CRISTINA QUEIROZ, embora "não se reconheça o direito fundamental social como direito subjectivo, a preservação do 'mínimo de existência condigna' é sempre qualificada de 'direito subjectivo', acabando assim por ser garantida nos mesmos termos dos direitos fundamentais de defesa" (2006, p. 150).

Contudo, há grandes divergências em relação tanto ao *objeto* (quais direitos?) quanto à *extensão* (o direito mínimo à educação compreende o ensino superior?) e ao *valor* (quanto se deve gastar?) referentes aos bens e serviços abrangidos pelo direito ao mínimo existencial.

Certo é que o conceito de mínimo existencial **não deve ser reduzido** à noção de "**mera sobrevivência física**". Como explica GEORGE MARMELSTEIN LIMA (2008), "se o mínimo existencial fosse apenas o mínimo necessário à sobrevivência, não seria preciso constitucionalizar os direitos sociais, bastando reconhecer o direito à vida".

Nessa linha, pode-se dizer que o direito ao mínimo existencial alcança ao menos aquelas condições materiais sem as quais restaria inviabilizado, por falta de seus pressupostos fáticos mais básicos, o exercício dos demais direitos fundamentais previstos nas constituições.

De outro lado, grande parte dos autores concorda que ***nem todos os direitos sociais*** são exigíveis "em termos de direitos sociais fundamentais mínimos" (ALEXY, 2001, p. 496). E nomes importantes como VIEIRA DE ANDRADE sustentam que a garantia judicial do "conteúdo mínimo" dos direitos sociais só pode ser retirada diretamente da constituição "em casos excepcionais", como nas "situações de necessidade ou injustiça extremas, de tal modo que, a verificarem-se, permitam configurar este recurso judicial como uma 'válvula de segurança' da ordem jurídico-constitucional", ou ainda em hipóteses de "insuficiência manifesta ou de incompletude discriminatória da actuação legislativa" (2001, p. 384-385).

Ademais, não se podem fixar padrões universais de atendimento ao mínimo existencial, pois as condições socioeconômicas de cada Estado, que não são as mesmas, haverão de ser necessariamente consideradas. Assim, a ***fixação do mínimo existencial deve ser ponderada*** ante o *contexto histórico* e *socioeconômico* de cada Estado.

Nessa linha, informam SARLET e ZOCKUN (2016, p. 134), decidiu o Tribunal Constitucional alemão em 9-2-2010, o legislador tem margem considerável de ação para definir não só "a natureza das prestações estatais que servem ao mínimo existencial", mas também os "critérios para tal definição". Porém – prosseguem os mesmos autores –, essa liberdade de conformação legislativa encontra limites na própria garantia do mínimo existencial. De modo que o "legislador está obrigado a avaliar de modo responsável e transparente, mediante um procedimento controlável e baseado em dados confiáveis e critérios de cálculo claros, a extensão concreta das prestações vinculadas ao mínimo existencial."

Na doutrina nacional, de sua vez, há certo consenso em que o direito ao mínimo existencial cobre, *pelo menos*, aquelas posições de vantagem asseguradas pelas normas definidoras dos seguintes direitos: ***direito à saúde***, ***direito à assistência social***, ***direito à educação fundamental***, bem como o ***direito de acesso à justiça***.

Contudo, não chega a ser inusitado ver autores como KAZUO WATANABE a defender a ampliação desse rol a outros direitos, tais como os *direitos à moradia, ao trabalho, ao salário mínimo, à proteção à maternidade e à infância.*

> **▸ Atenção!**
> Não basta que um serviço seja gratuito para ser considerado integrante do *mínimo existencial*. É preciso que esteja relacionado aos pressupostos inerentes à manutenção de uma "vida digna". Exemplos de serviços cuja gratuidade é constitucionalmente assegurada, mas que não parecem incluídos no *mínimo existencial*: (a) educação superior prestada em estabelecimentos oficiais (art. 206, IV); (b) propaganda eleitoral gratuita em rádio e televisão (§ 3º do art. 17); (c) gratuidade dos transportes urbanos às pessoas idosas (art. 230, § 2º); e (d) fornecimento de um exemplar da Constituição Federal a cada "cidadão brasileiro" (art. 64 do ADCT).

Já quanto aos problemas econômicos subjacentes à implementação dos direitos relativos ao mínimo existencial, ressurge a velha questão da **reserva do financeiramente possível**, tal como debatida nos itens 12 e 15.2.2.

Para alguns, os direitos inerentes ao "mínimo existencial" configuram posições jurídicas de vantagens absolutas e, portanto, insuscetíveis de quaisquer restrições, incluindo as de natureza orçamentária. Todavia, ensina DANIEL SARMENTO, a "escassez é um fato e, se não existirem na sociedade os recursos necessários para a garantia de prestações ligadas ao mínimo existencial, simplesmente não haverá alquimia jurídica que possa contornar o limite, que não é imposto pelo Direito, mas pela própria realidade" (2016, p. 231).

Dessarte, não se pode reconhecer a absoluta prevalência do mínimo existencial em face da reserva do financeiramente possível. Contudo, sustenta o próprio DANIEL SARMENTO (2016, p. 232), "pode-se afirmar pelo menos a *forte prioridade* das prestações concernentes ao mínimo existencial em relação a todas as demais despesas estatais, suscetível inclusive de controle judicial". (Ver item 15.2.2.)

▸ **Importante!**

Como enfatizado pelo Min. CELSO DE MELLO, o Poder Público não pode, "mediante indevida manipulação de sua atividade financeira e/ou político-administrativa", "criar obstáculo artificial que revele o ilegítimo, arbitrário e censurável propósito de fraudar, de frustrar e de inviabilizar o estabelecimento e a preservação, em favor da pessoa e dos cidadãos, de condições materiais mínimas de existência" (ADPF 45/DF).

Ademais, as preocupações com a reserva do possível remetem a outro limitador do direito ao mínimo existencial: o *princípio da igualdade*. É que a disponibilidade de recursos econômicos não deve ser mensurada apenas a partir de contextos concretos ou individualizados. Sob pena de ferir o princípio da isonomia, o Estado não pode ser obrigado a prestar algo, em benefício de alguém, ainda que a título de garantir o mínimo existencial, caso também devesse e não pudesse suportar a mesma prestação em favor de todas as pessoas em semelhante situação de necessidade. (Ver item 12, acima.)

Sobre os problemas relacionados à tutela pela efetividade dos direitos a prestações materiais, v. item 15.2.

▸ **Como o STF enfrentou o tema:**

a) no voto-vencedor na STA 175/CE (Plenário), o Min. CELSO DE MELLO afirmou que, "entre proteger a inviolabilidade do direito à vida e à saúde – que se qualifica como direito subjetivo inalienável a todos assegurado pela própria Constituição da República (art. 5º, "caput", e art. 196) – ou fazer prevalecer, contra essa prerrogativa fundamental, um interesse financeiro e secundário do Estado, entendo, uma vez configurado esse dilema, que razões de ordem ético-jurídica impõem, ao julgador, uma só e possível opção: aquela que privilegia o respeito indeclinável à vida e à saúde humanas";

b) em decisão monocrática na ADPFMC 45/DF, o Ministro CELSO DE MELLO consignou que "Não obstante a formulação e a execução de políticas públicas dependam de opções políticas a cargo daqueles que, por delegação popular, receberam investidura em mandato eletivo, cumpre reconhecer que não se revela absoluta, nesse domínio, a liberdade de conformação do legislador, nem a de atuação do Poder Executivo.

É que, se tais Poderes do Estado agirem de modo irrazoável ou procederem com a clara intenção de neutralizar, comprometendo-a, a eficácia dos direitos sociais, econômicos e culturais, afetando, como decorrência causal de uma injustificável inércia estatal ou de um abusivo comportamento governamental, aquele núcleo intangível consubstanciador de um conjunto irredutível de condições mínimas necessárias a uma existência digna e essenciais à própria sobrevivência do indivíduo, aí, então, justificar-se-á, como precedentemente já enfatizado – e até mesmo por razões fundadas em um imperativo ético-jurídico –, a possibilidade de intervenção do Poder Judiciário, em ordem a viabilizar, a todos, o acesso aos bens cuja fruição lhes haja sido injustamente recusada pelo Estado"

c) No AgRg no ARE 639.337/SP, a 2ª Turma consignou: "A noção de 'mínimo existencial', que resulta, por implicitude, de determinados preceitos constitucionais (CF, art. 1º, III, e art. 3º, III), compreende um complexo de prerrogativas cuja concretização revela-se capaz de garantir condições adequadas de existência digna, em ordem a assegurar à pessoa acesso efetivo ao direito geral de liberdade e, também, a prestações positivas originárias do Estado, viabilizadoras da plena fruição de direitos sociais básicos, tais como o direito à educação, o direito à proteção integral da criança e do adolescente, o direito à saúde, o direito à assistência social, o direito à moradia, o direito à alimentação e o direito à segurança. Declaração Universal dos Direitos da Pessoa Humana, de 1948 (Artigo XXV)."

▸ Como esse assunto foi cobrado em questões dissertativas de concurso?

O concurso para Promotor de Justiça/ES (2013) exigiu explicações sobre "o que vêm a ser a denominada cláusula da reserva do possível, a proibição do retrocesso e o mínimo existencial", bem como que o candidato, em seguida, mencionasse uma situação jurídica concreta de atuação do Promotor de Justiça em relação a algum desses institutos".

13.1. Dupla dimensão do direito ao mínimo existencial

Conforme parte da doutrina, o direito ao mínimo existencial possui uma dupla dimensão:

A) Dimensão negativa do mínimo existencial: garante aos indivíduos o direito de não serem negativamente atingidos por determinadas medidas estatais ("*status* negativo do mínimo existencial"), o que implica pretensões de resistência contra o Estado, sobretudo em matéria de cobrança de tributos e outros encargos públicos. Essa a dimensão referente à proteção proporcionada por preceitos constitucionais como o princípio da capacidade contributiva (art. 145, § 1º), o direito à assistência e à justiça gratuitas (art. 5º, LXXIV e LXXVII), o direito à gratuidade de certos serviços públicos essenciais, como os serviços cartorários (arts. 5º, LXXVI, e 226, § 1º) e aqueles referentes aos atos necessários ao exercício da cidadania (art. 5º, LXXVII). Essa dimensão negativa também serve de fundamento à resistência contra medidas que representem retrocesso quanto a direitos fundamentais compreendidos pelo mínimo existencial (cláusula da vedação de retrocesso) (ver item 5.4.); e

B) Dimensão positiva do mínimo existencial: também conhecida como "*status* positivo do mínimo existencial", permite invocar determinadas vantagens, sobretudo com referência aos direitos sociais que assegurem ao indivíduo não somente a subsistência, como também os meios e as condições de vida digna. Nessa dimensão, o direito ao mínimo existencial reflete-se em direitos como a garantia de percepção do salário mínimo, incluindo a garantia de atualização monetária respectiva (art. 7º, IV, e art. 203, V), bem como o ensino fundamental (arts. 206, IV, c/c 208, I, § 1º, e art. 211, § 4º) e, progressivamente, o ensino médio (art. 208, II), além dos direitos à saúde e à assistência social, com coberturas universal e gratuita (art. 194, parágrafo único, I, c/c arts. 196 e 203).

14. CLASSIFICAÇÃO DOS DIREITOS FUNDAMENTAIS

14.1. Classificação segundo a Constituição de 1988

Na dicção utilizada pelo constituinte, os direitos fundamentais estão enquadrados nas seguintes classes:

A) direitos individuais;	B) direitos coletivos;	C) direitos sociais;	D) direitos da nacionalidade;	E) direitos políticos.

▸ **Como esse assunto foi cobrado em concurso?**

No concurso para Defensoria Pública do Estado de São Paulo (2007), foi considerada **errada** a seguinte assertiva: "A Constituição Federal compreende-os como sendo os direitos individuais e os direitos coletivos previstos no artigo 5º, excluindo dessa categoria os direitos sociais e os direitos políticos."

14.2. Classificação funcional dos direitos fundamentais

Fortemente influenciada pela ***teoria dos quatros status*** (JELLINEK), grande parte da doutrina contemporânea classifica os direitos fundamentais segundo a seguinte ótica funcional: (a) *direitos de defesa*; (b) *direitos de participação*; e (c) *direitos a prestações*.

Teoria dos quatro *status*: Concebida pelo alemão GEORG JELLINEK no final do século XIX, essa teoria defende que os indivíduos se podem ver colocados sob quatro posições (*status*) perante o Estado:

1) ***status subjectionis*** ou ***passivo***: os indivíduos encontram-se posicionados passivamente, *i.e.*, em situação de mera sujeição ou subordinação aos deveres que lhe podem ser atribuídos pelo Estado;

2) ***status nagativus*** ou ***negativo***: o poder estatal não é ilimitado, de modo que as pessoas dispõem de certas liberdades em relação ao Estado, ou seja, são titulares de pretensões de resistência contra a intromissão de agentes estatais;

3) ***status civitatis*** ou ***positivo***: os indivíduos podem estar posição que lhes permita exigir prestações, a seu favor, a serem adimplidas pelo Estado;

4) ***status activus*** ou ***ativo***: as pessoas detêm o poder de interferir ou influenciar na formação da vontade do Estado.

TEORIA DOS QUATRO *STATUS* (JELLINEK)			
STATUS SUBJECTIONIS OU PASSIVO	**STATUS NEGATIVUS OU NEGATIVO**	**STATUS CIVITATIS OU POSITIVO**	**STATUS ACTIVUS OU ATIVO**
Posição de mera sujeição ou subordinação aos deveres estatais;	Posição que assegura direitos e de pretensões de resistência contra a intromissão dos poderes públicos;	Posição que permite exigir prestações a serem adimplidas pelo Estado;	Posição que garante detêm o poder de interferir ou influenciar na formação da vontade do Estado.

▸ **Como esse assunto foi cobrado em concurso?**

No concurso para Procurador do Estado de Pernambuco (2009) foi considerada **errada** a seguinte assertiva: "De acordo com a teoria dos quatro *status de Jellinek*, o *status* negativo consiste na posição de subordinação do indivíduo aos poderes públicos, como detentor de deveres para com o Estado. Assim, o Estado tem competência para vincular o indivíduo, por meio de mandamentos e proibições."

▸ **Como esse assunto foi cobrado em questões dissertativas de concurso?**

O concurso para Juiz do TJDFT (2007) cobrou dissertação sobre o tema: "As diferentes funções dos direitos fundamentais na ordem jurídica, a partir da 'Teoria dos quatro *status*' de Jellinek".

14.3. Direitos de defesa

Também conhecidos como ***direitos de resistência*** ou (de *status* negativo), caracterizam-se, de um lado, por assegurarem ao respectivo titular ***pretensões de resistência*** à intromissão por parte de terceiros, e, de outro lado, por imporem *obrigações negativas* ao sujeito passivo, *i.e.*, deveres de abstenção ou de não intromissão na esfera de liberdade e de autodeterminação dos titulares desses direitos.

Materializam a função "clássica" dos direitos fundamentais, relacionada, basicamente, às *liberdades públicas* (direitos de 1ª geração/dimensão), tais como o direito à liberdade de ir e vir, o direito de reunião, o direito à intimidade.

▸ **Atenção!**

Para autores como INGO SARLET, são exemplos de direitos de defesa, ainda, aqueles ligados à nacionalidade e à cidadania, bem assim alguns direitos sociais, como os previstos no art. 7º, incisos XIII, XIV, XXVI, XXIX, XXX, XXXIII e XXXIV, e nos arts. 8º e 9º.

▸ **Como esse assunto foi cobrado em concurso?**

No concurso para Procurador da República (2006) foi considerada **errada** a seguinte assertiva: "Os direitos reprodutivos e sexuais são posições ou situações jurídicas de autodeterminação, caracterizadas quase exclusivamente pelo seu caráter defensivo ou de resistência."

14.4. Direitos de participação

São os ***direitos de status ativo***, pois destinados a garantir a influência e a participação dos indivíduos (cidadãos) na formação da vontade e no exercício da soberania estatais. Exemplo clássico: os ***direitos políticos*** em geral.

Há quem os inclua entre os direitos de defesa ou, ainda, entre os direitos a prestações. Porém, os direitos de participação merecem classificação em separado, como defendem CANOTILHO e EDILSON PEREIRA DE FARIA.

Nessa linha, sustenta VIEIRA DE ANDRADE (2001, p. 175), os direitos de participação "são *mistos* de direitos de defesa e direitos a prestações, mas que são autônomos em virtude da sua função de garantia da participação individual na vida política, mas concretamente, na formação da vontade política da comunidade".

14.5. Direitos a prestações

Trata-se de ***direitos de status positivo*** que implicam ***contraprestações positivas*** em favor dos respectivos titulares (sujeitos ativos) – desde que tais contraprestações não se enquadrem na categoria genérica dos direitos de defesa (SARLET).

Geram pretensões voltadas à realização daquilo que está assegurado nas normas correspondentes a tais direitos, o que exige o adimplemento de *obrigações de dar* ou *de fazer* por parte do sujeito passivo desses direitos. Exemplos: os direitos à educação e à cultura envolvem o fornecimento tanto de serviços específicos quanto de materiais e locais adequados; o direito a um salário mínimo implica a obrigação de entregar quantia certa (pagamento) etc.

DIREITOS DE DEFESA	DIREITOS DE PARTICIPAÇÃO	DIREITOS A PRESTAÇÕES
Direitos de resistência ou (de *status* negativo), são direitos que se caracterizam, de um lado, por assegurar ao respectivo titular pretensões de resistência à intromissão por parte de terceiros, e, de outro lado, por impor obrigações negativas ao sujeito passivo.	Direitos de *status* ativo, pois destinados a garantir a influência e a participação dos indivíduos (cidadãos) na formação da vontade e no exercício da soberania estatais.	Direitos de *status* positivo que implicam contraprestações positivas em favor dos respectivos titulares (sujeitos ativos), desde que tais contraprestações não se enquadrarem na categoria genérica dos direitos de defesa.

▸ **Como esse assunto foi cobrado em concurso?**

O concurso para Juiz do TJPA (2008) considerou **correta** a seguinte assertiva: "A doutrina assinala como espécies de direitos fundamentais (de acordo com a predominância de sua função): 1º: direitos de defesa – que se caracterizam por impor ao Estado um dever de abstenção, um dever de não interferência no espaço de autodeterminação do indivíduo; 2º: direitos de prestação – que exigem que o Estado aja para atenuar as desigualdades; 3º: direitos de participação – que são os orientados a garantir a participação dos cidadãos na formação da vontade do Estado."

15. DIREITOS A PRESTAÇÕES: PROBLEMÁTICA ATUAL

As muitas questões a envolver os direitos a prestações justificam abrir item próprio para delas tratar.

15.1. Subclassificação dos direitos a prestações

Em *sentido estrito*, os direitos a prestações dizem respeito a "algo que o titular do direito, caso dispusesse dos meios financeiros suficientes e encontrasse no mercado uma oferta suficiente, poderia obter também de pessoas privadas" (ALEXY, 2001, p. 428). Correspondem, portanto, ao que se costumou chamar de ***direitos a prestações materiais***.

Em *sentido amplo*, compreendem objetos que o mercado não dispõe ou não tem legitimidade para oferecer. Nesse sentido, ALEXY alude a outros tipos de direitos à prestação: os ***direitos a proteção*** e os ***direitos a organização*** e ***a procedimentos***.

▸ **Atenção!**

Os denominados *direitos a prestações em sentido estrito* serão tratados no item reservado aos *direitos a prestações materiais* (item 15.1.2). Com relação aos *direitos a prestação em sentido amplo*, optou-se, para fins didáticos, pela compilação de PAULO GONET BRANCO, que enquadrou na definição dos *direitos a prestações jurídicas* tanto os *direitos a proteção* quanto os *direitos a organização e a procedimentos*.

15.1.1. Direitos de prestações jurídicas

Trata-se dos direitos ligados à edição das disciplinas normativas necessárias à efetiva proteção ou à materialização daquilo que é assegurado pelas normas definidoras de direitos fundamentais. Nessa categoria, incluem-se os chamados ***direitos a proteção*** e os ***direitos a organização*** e ***procedimento***.

Os ***direitos a proteção*** dizem respeito às normas que exigem do Estado o cumprimento do *dever de proteção* dos direitos fundamentais contra determinados tipos de ofensas, mediante a edição de disciplinas normativas específicas, geralmente por meio de leis penais. Exemplo, o art. 5º da Constituição determina ao legislador o dever de punir "qualquer discriminação atentatória dos direitos e liberdades fundamentais" (inciso XLI), bem como a "prática do racismo" (inciso XLII) e da tortura (inciso XLIII).

Já os ***direitos a organização e procedimento*** estão relacionados às normas de direito fundamental que dependam da emissão de outras normas que organizem e estruturem instituições, institutos jurídicos ou os procedimentos necessários à viabilidade do pleno exercício do próprio direito fundamental. Por exemplo, o direito fundamental de acesso à justiça pressupõe normas que disciplinem o funcionamento do Poder Judiciário, e assim por diante. Todavia, como adverte ALEXY, trata-se mais de um direito de *status* positivo (direito à participação) do que de um direito de *status* ativo.

> ▸ **Como o STF enfrentou o tema:**
> Conforme jurisprudência do STF, o inciso LXXI do art. 5º confere um *direito subjetivo à legislação*, a fim de reparar omissões do Poder Público na expedição de alguma norma regulamentadora cuja falta haja inviabilizado "o exercício dos direitos e liberdades constitucionais e das prerrogativas inerentes à nacionalidade, à soberania e à cidadania" (por todos, cf. MI 542/SP). Essa concepção acaba por estender a categoria de direito a prestações normativas a um quadrante inusitado e inédito no direito comparado.

15.1.2. Direitos a prestações materiais

Também chamados de ***direitos fundamentais a prestação em sentido estrito*** (ALEXY), são aqueles direitos a prestações cuja satisfação depende da própria implementação material daquilo que é garantido pelas normas que os definem. Exemplo: se há norma a assegurar o direito à educação pública, o sujeito passivo (o Estado) tem o dever de disponibilizar os pressupostos materiais necessários ao processo educacional, tais como professores, salas de aula, livros escolares etc.

Como anota CLÈMERSON CLÈVE, são direitos cujo "cumprimento integral implica uma caminhada progressiva sempre dependente do ambiente social no qual se inserem, do grau de riqueza da sociedade e da eficiência e elasticidade dos mecanismos de expropriação (da sociedade, pelo Estado) e da alocação (justiça distributiva) de recursos" (2006, p. 32). Desse tipo de direito fazem direitos fundamentais de 2ª geração/dimensão, tais como os *direitos à educação, à moradia, à saúde, à assistência social.*

> ▸ **Atenção!**
>
> Ao contrário dos *direitos a prestações jurídicas*, tais direitos não têm a ver **diretamente** com a edição de normas ou disciplinas jurídicas, muito embora a realização deles frequentemente exija, por exemplo, a prévia estipulação de receitas orçamentárias em legislação própria, bem como leis que criem cargos ou funções públicas.

15.1.3. Direitos a prestação originários e derivados

Os ***direitos prestacionais originários*** (ou *direitos originários a prestações*) são aqueles que, extraídos de normas dotadas de aplicabilidade imediata, geram posições de vantagem garantidas juridicamente, mesmo quando não haja regulamentação ou ainda que o Poder Público nem sequer tenha colocado o serviço à disposição dos particulares.

São direitos fundamentais cuja incidência implica *direitos subjetivos* a seus titulares, o que lhes permitem exigir judicial ou extrajudicialmente as devidas prestações do sujeito passivo de forma direta, ou seja, sem necessidade de aguardar providências ulteriores. Nesses casos, ensina CANOTILHO (2008a, p. 118), o "problema está, não contestação da bondade política e dogmática da vinculatividade imediata, mas no alargamento não sustentável da força normativa directa das normas constitucionais a situações necessariamente carecedoras da *interpositio legislativa*. É que o acontece, a nosso ver, com a acrítica transferência do princípio da aplicabilidade imediata, consagrado no art. 5º, LXXVII, 1º, da Constituição Brasileira, a todos os direitos e garantias fundamentais, de forma a abranger indiscriminadamente os direitos sociais consagrados no Capítulo II, no caso de existência de omissões inconstitucionais."

Seja como for, são exemplos de direitos prestacionais originais previstos na Constituição e, portanto, diretamente exigíveis, a despeito da ausência de regulamentação: (a) o § 1º do art. 208 da Constituição a estabelecer que o "acesso ao ensino obrigatório é direito público subjetivo", o que viabiliza determinações judiciais para que se matriculem crianças em escolas de ensino fundamental, a despeito da alegação de falta de vagas, sem prejuízo da responsabilização do Estado (§ 6º do art. 37, c/c § 2º do art. 208): (b) o direito subjetivo das crianças ao atendimento em creches e pré-escolas (redação original do inciso IV do art. 208 da Constituição) – v. AgRg no RE 554.075/SC e AgRg no AI 592.075/SP, 1ª Turma; e AgRg no RE 410.715/SP e AgRg no RE 592.937/SC, 2ª Turma, 2ª Turma do STF); (c) a gratuidade do transporte coletivo urbano às pessoas idosas (§ 2º do art. 230) – v. ADI 3.768/DF, Plenário do STF; e (d) a garantia de gratificação natalina a aposentados e pensionistas tendo "por base o valor dos proventos do mês de dezembro de cada ano" (redação original do § 6º do art. 201) – v. RE 206.074/SP, 1ª Turma do STF.

Já os ***direitos prestacionais derivados*** (ou *direitos derivados a prestações*) são os que "não se realizam, inteiramente, sem a prévia regulamentação, ou seja, sem a prévia existência de uma política, de um serviço e/ou de uma rubrica orçamentária" (CLÈVE, 2006, p. 34). Nessa categoria inclui-se a maior parte dos direitos sociais, pois dependem de prévias providências legislativas e administrativas para se tornarem exigíveis e serem adimplidos. Daí que, à falta dessas providências, tais direitos não geram posições de vantagem qualificadas como *direitos subjetivos*, o que impede sejam obtidos judicialmente. São aqueles direitos a prestação cujos deveres correspondentes estão diretamente sediados em normas infraconstitucionais, de acordo com as previsões ditadas pelo *poder de conformação legislativa*. Exemplo: os direitos sociais previstos no art. 6º, com exceção daquelas prestações que se considerem abrangidas pelo *mínimo existencial* (itens 13 e 15.2.3).

▸ **Como o STF tem enfrentado o tema:**

Além dos precedentes do STF identificados no texto acima, vale a referência à parte da ementa do AgRg no RE 393.175/RS, na qual a 2ª Turma da Corte acabou por reconhecer o caráter originário do direito das pessoas carentes ao fornecimento gratuito de medicamentos considerados indispensáveis: "O direito público subjetivo à saúde representa prerrogativa jurídica indisponível assegurada à generalidade das pessoas pela própria Constituição da República (art. 196).

Traduz bem jurídico constitucionalmente tutelado, por cuja integridade deve velar, de maneira responsável, o Poder Público, a quem incumbe formular – e implementar – políticas sociais e econômicas idôneas que visem a garantir, aos cidadãos, o acesso universal e igualitário à assistência farmacêutica e médico-hospitalar. O direito à saúde – além de qualificar-se como direito fundamental que assiste a todas as pessoas – representa consequência constitucional indissociável do direito à vida."

15.2. Tutela da efetividade dos direitos prestacionais

Talvez o maior problema da teoria dos direitos fundamentais resida em saber se os direitos a prestação podem ou não ser considerados direitos subjetivos diretamente exigíveis ou se devem ser entendidos como simples interesses individuais que, embora legítimos, não têm valor vinculante em face do Poder Público.

15.2.1. Poder de conformação autônoma do Poder Público

Um dos grandes desafios do constitucionalismo atual está em definir o papel das funções legislativa, executiva e judicial na implementação dos direitos fundamentais a prestações. Se tais direitos costumam ser enunciados por normas desprovidas de aplicabilidade imediata, cabe analisar o grau da autonomia e da discricionariedade do Legislativo e do Executivo no desenvolvimento da efetividade desses direitos e, então, determinar em que medida o Judiciário pode interferir na esfera da independência e da autonomia dos outros Poderes, ainda que a pretexto de garantir a observância desse tipo de direito. Cuida-se, claro, de problema de *repartição de competências constitucionais* a ser encarado sob o prisma da independência entre os Poderes (art. 2º), e não somente com base no princípio da inafastabilidade da jurisdição (art. 5º, XXXV).

Ocorre que, na maioria das vezes, a Constituição brasileira não procede – nem seria de boa técnica que o fizessem – à delimitação da forma com que tais direitos haverão de ser implementados. O constituinte preocupa-se com o "que", ou, se muito, com o "quando" deve ser feito; mas só em raríssimas vezes entra em detalhes acerca de "como" isso se deve fazer. Ademais, a Constituição Federal acomete ao Judiciário competência tanto para decidir casos a envolver lesões ou ameaças de lesões a "direitos" quanto para declarar a inconstitucionalidade por omissão do Poder Público. Daí a inevitável pergunta: quais são os limites judiciais referentes à definição dos rumos das políticas públicas quando se trata de assegurar o adimplemento dos direitos fundamentais a prestações?

Sobre o assunto, sustenta VIEIRA DE ANDRADE (2001, p. 386), "na maior parte dos casos, o juiz tem de aceitar o poder de *conformação* do legislador e só em casos *excepcionais* ou em aspectos *limitados* se poderá concluir pela violação, que terá de ser *manifesta*, das normas constitucionais." Também para CANOTILHO (2008b, p. 15-68), embora os tribunais não possam "ficar alheios à concretização das normas directoras da constituição social", também não deveriam impor "à metódica constitucional a criação de *pressupostos* de facto e de direitos claramente fora da sua competência ou extravasando os limites jurídico-funcionais". Assim, conclui CANOTILHO, os "tribunais não podem neutralizar a liberdade conformação do legislador, mesmo num sentido regressivo, em épocas de escassez e de austeridade".

▸ Como o STF tem enfrentado o tema:

No AgRg no RE 410.715/SP, a 2ª Turma do STF decidiu que, embora "resida, primariamente, nos Poderes Legislativo e Executivo, a prerrogativa de formular e executar políticas públicas, revela-se possível, no entanto, ao Poder Judiciário, determinar, ainda que em bases excepcionais, especialmente nas hipóteses de políticas públicas definidas pela própria Constituição, sejam estas implementadas pelos órgãos estatais inadimplentes, cuja omissão – por importar em descumprimento dos encargos políticos-jurídicos que sobre eles incidem em caráter mandatório – mostra-se apta a comprometer a eficácia e a integridade de direitos sociais e culturais impregnados de estatura constitucional".

▸ Como esse assunto foi cobrado em concurso?

No concurso para Procurador da República (2002), foi considerada **correta** a seguinte assertiva: "Direitos a prestações positivas de índole material, embora sujeitos à cláusula da "reserva do possível", vinculam o legislador e o administrador a concretizá-los."

No concurso para Juiz de Direito do TJSP (2015/Vunesp), foi considerada **correta** a seguinte alternativa: "é correto afirmar que os direitos fundamentais previstos têm natureza prestacional quando correspondem aos denominados direitos positivos".

15.2.2. Reserva financeiramente do possível

Como se viu nos itens 12 e 13, o problema da *reserva do "financeiramente" possível* gira em torno não somente da medida com que se mostram judicialmente exigíveis os direitos fundamentais a prestações, mas também dos limites da função jurisdicional na efetivação desses direitos. Cabe examinar, portanto, se os direitos fundamentais concedem a seus titulares pretensões juridicamente tuteláveis pelo Judiciário e suficientemente legítimas para alterar a vinculação ou a alocação de recursos decidida pelo Legislador e pelo Executivo.

Para GONET BRANCO (2000, p. 147), em opinião compartilhada pela maioria de doutrina, na "medida em que a Constituição não oferece comando indeclinável para as opções de alocação de recursos, essas decisões devem ficar a cargo de órgão político, legitimado pela representação popular, competente para fixar as linhas mestras da política financeira e social."

O próprio Pacto Internacional de Direitos Econômicos, Sociais e Culturais, elaborado na Assembleia das Nações Unidas em 1966, já manifestava preocupação com os custos da implementação dos direitos fundamentais. Também a Convenção Americana sobre Direitos Humanos (Pacto de São José da Costa Rica, de 1969, promulgado no Brasil pelo Decreto 678, de 06-11-92), no art. 26, reconheceu a questão da disponibilidade de recursos como medida da progressiva efetividade dos direitos que decorrem das normas econômicas, sociais e sobre educação, ciência e cultura.

Por isso que, após comentar que a exigência de elevado nível de proteção à saúde humana e até os direitos dos doentes que daí decorram estão relacionados à "excelência e governação clínica (clinical governance)", CANOTILHO (2008b) afirmou ser necessário "ter serenidade bastante para reconhecer que a optimização dos direitos sociais não deriva só ou primordialmente da proclamação exaustiva do texto constitucional, mas da *good governance* dos recursos públicos e privados afectados ao sistema de saúde."

Porém, ao tratar da escassez de recursos estatais e a necessidade de garantir o "mínimo existencial" (v. item 13), DANIEL SARMENTO lembra que o Estado "não poderá denegar prestações voltadas ao atendimento de necessidades básicas das pessoas, sob a invocação de ausência de recursos, se estiver realizando despesas supérfluas - obras de embelezamento, publicidade, promoção de festas e eventos etc." (2016, p. 232).

Por fim, cabe ressaltar que o ***ônus da prova***, quanto à incidência da reserva do financeiramente possível, recai sobre a entidade pública que invoca a impossibilidade econômica de cumprir o direito social.

▸ **Como o STF tem enfrentado o tema:**

1) Pela admissão da reserva do financeiramente possível como justificativa suficiente: a) o Plenário do STF considerou que a reserva do financeiramente possível constituía obstáculo à intervenção federal em Estado-membro que deixara de quitar precatório requisitado para o pagamento de dívidas judiciais (IF 2.915/SP); **b)** em decisão monocrática na SS 3.073/RN, a respeito de decisão judicial que obrigara Estado-membro a adquirir medicamento que não constava na lista do Programa de Dispensação de Medicamentos em Caráter Excepcional do Ministério da Saúde, a Ministra ELLEN GRACIE, no exercício da Presidência da Corte, deliberou que: (i) a "responsabilidade do Estado em fornecer os recursos necessários à reabilitação da saúde de seus cidadãos não pode vir a inviabilizar o sistema público de saúde"; e (ii) no caso concreto, a ordem judicial que obrigara o custeio estatal de medicamento em favor de determinada pessoa diminuía "possibilidade de serem oferecidos serviços de saúde básicos ao restante da coletividade".

2) Pela não admissão da reserva do financeiramente possível como justificativa eficiente: a) no RE 226.835/RS, a 1ª Turma do STF decidiu que obstáculos de ordem burocrática ou orçamentária não podem ser alegados para justificar o descumprimento de decisão judicial que determinara a internação hospitalar especial de paciente que necessitava de quarto privativo; **b)** na STA 175/CE (Plenário) e no AgRg no RE 410.715/SP (2ª Turma), o voto-vencedor do Min. CELSO MELLO acentuou que a "cláusula da 'reserva do possível' – ressalvada a ocorrência de justo motivo objetivamente aferível – não pode ser invocada, pelo Estado, com a finalidade de exonerar-se, dolosamente, do cumprimento de suas obrigações constitucionais, notadamente quando, dessa conduta governamental negativa, puder resultar nulificação ou, até mesmo, aniquilação de direitos constitucionais impregnados de um sentido de essencial fundamentalidade."

15.2.3. Teoria do "mínimo social" (ou "mínimo existencial")

Se a *reserva do financeiramente possível* pode ser entendida como princípio que se contrapõe à efetividade dos direitos a prestações materiais, a doutrina passou a construir raciocínios pelos quais esse princípio não é absoluto nem serve de desculpa peremptória para desonerar o Estado do cumprimento, pelo menos, das prestações compreendidas pelo *direito ao mínimo existencial*.

▸ **Atenção!**

Os fundamentos de uma e outra teoria já foram expostos anteriormente (item 13), o que dispensa novos detalhamentos. Contudo, segundo lições de ALEXY (2001, p. 482-500), cabe enfatizar que:

(a) a dependência dos direitos sociais a questões orçamentárias não significa a ineficácia nem a inexistência desses direitos, senão apenas reforça a necessidade de juízos de ponderação que considerem, também, a reserva do financeiramente possível;

(b) a própria identificação dos direitos abrangidos pelo mínimo existencial passa pela prévia ponderação de princípios e bens constitucionais colidentes, entre os quais se insere o problema da reserva do financeiramente possível;

(c) os direitos ligados ao mínimo existencial são aqueles que implicam deveres "definitivos" do Estado, contra os quais já não caberá invocar a reserva do possível, pois a ponderação terá revelado não existirem razões suficientemente fortes, tampouco aquelas de ordem orçamentária, que justifique a recusa em cumpri-los.

A questão, portanto, traduz-se numa colisão de direitos fundamentais cuja solução deverá pautar-se por juízos de ponderação. E esse problema da articulação da reserva do financeiramente possível em face do mínimo existencial, como ressaltou o Min. CELSO DE MELLO no AgRg na STA 175/CE, remete às denominadas "escolhas trágicas", pois exprimem o "estado de tensão dialética entre a necessidade estatal de tornar concretas e reais as ações e prestações" asseguradas pela Constituição e as "dificuldades governamentais de viabilizar a alocação de recursos financeiros, sempre tão dramaticamente escassos".

No Brasil, contudo, são vários os precedentes em que as preocupações em garantir um "mínimo social" preponderaram sobre a invocação da "reserva do financeiramente possível", especialmente em matéria de fornecimento de medicamentos e de tratamentos médico-hospitalares. Nesse sentido – até mesmo porque a disputa envolve não só um direito social, mas frequentemente o próprio direito à vida –, a jurisprudência do STF tem confirmado decisões judiciais que obrigam o Estado a custear *tratamentos farmacológicos* e *hospitalares*, incluindo alguns não oferecidos pelo SUS – Sistema Único de Saúde. Há caso até de *tratamento odontológico* cuja imposição judicial, em sede antecipação dos efeitos da tutela, foi mantida pela Presidência do STF (STA 238/TO). De forma semelhante, a teoria do mínimo existencial foi um dos argumentos dados pela 2ª Turma do STF, no julgamento do AgRg no RE 410.715/SP, para manter decisão judicial que determinara a uma entidade municipal o *atendimento de crianças em creche e em pré-escola*.

De qualquer forma, uma vez jurisdicionalizado esse tipo de colisão, o órgão judicial deverá proceder à ponderação de bens utilizando, especialmente, as técnicas processuais de distribuição do ônus argumentativo e de provas. Para ilustrar, o autor da demanda deverá argumentar que o direito alegado está compreendido entre aqueles adscritos ao mínimo existencial, bem como demonstrar a proporcionalidade da prestação solicitada. E ao Poder Público recairão os ônus em sentido contrário, incluindo os argumentos ligados à reserva do financeiramente possível. Ver item 15.1.3.

15.2.4. Metodologia "fuzzy" aplicada aos direitos à prestação

As ciências sociais são frequentemente criticadas por utilizarem *metodologia "fuzzy"* – métodos confusos, indeterminados e vagos – para tratar dos respectivos objetos de estudo. E, no âmbito da ciência jurídica, é sobretudo a teoria dos direitos fundamentais que recebe mais críticas dessa ordem.

Segundo CANOTILHO (2004, p. 100), "paira sobre a dogmática e teoria jurídica dos direitos econômicos, sociais e culturais a carga metodológica da 'vaguidez', 'indeterminação' e 'impressionismo' que a teoria da ciência vem apelidando, em termos caricaturais, sob a designação de ***'fuzzysmo'*** ou ***'metodologia fuzzy'***." Ainda para CANOTILHO, ao "falarem de direitos económicos, sociais e culturais os juristas não sabem muitas vezes do que estão a falar" (2004, p. 124). Daí por que os constitucionalistas haveriam de "ter consciência dos seus limites e reconhecer com humildade que a constituição já não é o lugar do *superdiscurso* social" (2004, p. 125).

De fato, embora admita as sérias dificuldades que envolvem a efetivação dos direitos a prestação, a doutrina jurídica não aponta soluções claras à questão. Em geral, não aceita mais o caráter "meramente" programático das normas definidoras de direitos a prestações, porém tampouco reconhece que delas surjam direitos subjetivos plenamente exigíveis em face do Estado. Fica-se, então, num desconfortável meio-termo, entre o caráter jurídico-vinculante das normas de direitos fundamentais a prestação e os obstáculos que lhe são contrapostos, como a *reserva do financeiramente possível* e a liberdade de conformação legislativa do conteúdo desses direitos fundamentais.

▸ Exemplo de metodologia "fuzzy":

Em artigo que aborda a questão dos "direitos fundamentais imediatamente judicializáveis", certo autor sustentou que a "cláusula da *reserva do possível* não é invocável na tutela jurisdicional no *mínimo existencial*" (WATANABE, 2011, p. 24). Porém, um parágrafo antes, admitira o mesmo autor que o "conceito de *mínimo existencial* é dinâmico e evolutivo, varia histórica e geograficamente, presidido pelo princípio da proibição de retrocesso, de sorte que, dependendo das condições socioeconômicas do país, direitos fundamentais sociais que não são judicializáveis na atualidade, poderão vir a sê-lo no futuro, imediato ou mediato". Ora, se a fixação do mínimo existencial depende das "condições socioeconômicas do país", como então sustentar a inviabilidade da objeção fundada na reserva do financeiramente possível? E se o conteúdo do mínimo existencial é "dinâmico" e varia "histórica e geograficamente", por que seria necessariamente "evolutivo" e "presidido pela proibição de retrocesso"? A dinâmica da história só admite evoluções?

Infelizmente, parece que o atual estágio da teoria dos direitos fundamentais não conseguiu ainda afastar por completo essa metodologia "*fuzzy*". Decerto porque não se trata de problema somente jurídico, mas que envolve a ciência política e, sobretudo, a economia.

Porém, nenhum jurista deveria esquecer que as questões ligadas aos direitos fundamentais não podem ser resolvidas com base numa pretensa autossuficiência das normas constitucionais, como se bastasse interpretar a constituição e, então, concluir-se pela efetividade dos direitos fundamentais detectados. Até porque essa metodologia pode chegar a resultados que "não são razoáveis nem racionais e acabam por produzir efeitos contrários aos pretendidos" (CANOTILHO, 2004, p. 105). "Assim, por exemplo, dizer que o 'direito a ter casa' e o 'direito a ter e estar na universidade' são dimensões do 'mínimo social' postulado pela dignidade da pessoa humana e derivar o 'direito à habitação' como um resultado da interpretação do preceito constitucional garantidor deste direito, só pode ter por consequência a capitulação da 'validade' das normas constitucionais perante a facticidade económico-social" (CANOTILHO, 2004, p. 105). Essa a razão pela qual CANOTILHO propõe que o "recorte do âmbito normativo constitucional dos direitos fundamentais" se faça mediante "a introdução de *elementos poli-contextuais* e de *discursos sociais especializados* para sabermos com rigor do que é que estamos a falar (o que é um embrião?, o que é o HIV e quais as características da doença da SIDA?, quando é que afinal começa a vida?)" (2004, p. 129).

Uma das mais bem-sucedidas tentativas de estruturar um método "coerente" a respeito dos direitos fundamentais é aquela elaborada por ALEXY, no clássico *Teoria dos direitos fundamentais*. Nada obstante, mesmo uma teoria muito bem elaborada, como a de ALEXY, parece não fugir do *camaleão normativo* identificado por CANOTILHO, pois tampouco deixa de padecer daquela "confusão entre *conteúdo* de um direito juridicamente definido e determinado e *sugestão de conteúdo* sujeita a modelações político-jurídicas cambiantes" (2004, p. 101).

Atenção!

ALEXY defende um modelo normativo dos direitos sociais baseado na **ponderação de princípios** (2001, p. 482-500). Para ele, o fato de os direitos sociais dependerem de questões financeiras não implica a inexistência desses direitos, seja porque alguns direitos podem ter mais peso que as razões financeiras do Estado, seja porque todos "os direitos fundamentais limitam a competência do legislador" (2001, p. 495). Desse modo, não há falar-se em direitos sociais baseados em normas meramente programáticas, sem caráter vinculante, e sim em direitos vinculantes *prima facie*, porém abertos a ponderações que lhe podem reduzir o âmbito de proteção definitiva. Nessa linha, direitos vinculantes *prima facie* geram deveres estatais igualmente *prima facie*, mas um dever *prima facie* conduz a um dever definitivo quando inexistirem razões aceitáveis para não se cumpri-lo. E mesmo que o cumprimento dos direitos sociais se sujeite a limitações fundadas em questões de competência legislativa e problemas financeiros, a reserva do possível não importa na "ineficácia" desses direitos. Simplesmente indica a necessidade de utilizar mecanismos de ponderação para definir quais deveres definitivos se extraem de direitos *prima facie*. Já os direitos ligados ao mínimo existencial geram deveres definitivos, pois as ponderações realizadas podem conduzir a diferentes direitos definitivos.

No Brasil, os autores mais festejados também se inclinam por metodologias semelhantes à ponderação proposta por ALEXY. Porém, não evitam certas perplexidades, por exemplo, quando defendem que a definição do mínimo existencial não é "tarefa fácil", mas as pessoas podem recorrer ao Judiciário, o qual está, "do ponto de vista constitucional, autorizado a decidir a respeito", mediante a "ponderação dos bens constitucionais, princípios e direitos em jogo, para melhor decidir a questão" (CLÈVE, 2006, p. 38). Como se o problema metodológico fosse solucionado pela força da autoridade constitucional dos juízes ou por meio da excelência das ponderações que eles estariam aptos a fazer.

Muito difícil, portanto, fugir de todo esse "fuzzysmo". E não será este livro que o fará com sucesso. Todavia, a menos que se queira demitir os direitos fundamentais do papel de protagonismo constitucional que deles se espera, não resta outra opção que não seja confiar na "racionalidade" das ponderações judiciais, sobretudo aquelas desenvolvidas pelas mais altas cortes constitucionais, com todo o aparato técnico-científico de que potencialmente dispõem. Talvez por isso, o próprio CANOTILHO admita ser "um jurista constitucional que afivela conscientemente a sua máscara: as *colisões dos discursos reais* terão de ser supervisionadas a partir de colisões de valores ideais (a vida, a segurança, a integridade física, a liberdade) que integram o 'justo' de uma comunidade 'bem' (ou 'mal') ordenada" (2004, p. 129).

15.2.5. Estratégias utilizadas na judicialização dos direitos prestacionais

Se por um lado permanece firme a utilização da retórica das limitações econômicas e institucionais quanto à plena exigibilidade dos direitos a prestações, de outro lado, começam a surgir algumas estratégias de superação dessas limitações.

Todas essas estratégias devem principiar pelas tentativas de extrair da norma de direito prestacional requisitos mínimos que lhe proporcionem aplicabilidade imediata (v. item 5.1).

> ▶ **Importante:**
>
> Não há mais dúvidas, por exemplo, quanto à exigibilidade imediata das prestações asseguradas pelos seguintes dispositivos constitucionais:
>
> (a) § 6º do art. 201, em sua redação original, na parte em que garantia gratificação natalina a aposentados e pensionistas (RE 206.074/SP, 1ª Turma do STF);
>
> (b) § 1º do art. 208, que estabelece o direito de "acesso ao ensino obrigatório"; e
>
> (c) inciso IV do art. 218, que prevê o direito das crianças ao atendimento em creches e pré-escolas (AgRg no RE 410.715/SP, 2ª Turma do STF).

Porém, mesmo quando tais tentativas se revelam infrutíferas, a jurisprudência brasileira demonstra impaciência com o contínuo adiamento, por parte do Poder Público de todas as esferas federativas, em dar efetividade às normas definidoras de direitos fundamentais. Daí que, a despeito dos problemas metodológicos envolvidos na operação (v. item 15.2.4), já se verificam outras tentativas de fixar graus mínimos de eficácia e efetividade às normas constitucionais que asseguram direitos prestacionais. Eis as principais estratégias:

A) ***teoria da proibição do retrocesso:*** envolve a rejeição dos efeitos dos atos (normativos ou não) que reduzam o grau de proteção já atingido na disciplina dos direitos fundamentais, incluindo os direitos a prestações (ver item 5.4 acima);

B) ***controle de omissão estatal:*** mediante a fiscalização das omissões do Poder Público, seja em editar e/ou atualizar as medidas infraconstitucionais requeridas pela norma constitucional definidora de direitos fundamentais (*fiscalização da inconstitucionalidade por omissão*), seja em disponibilizar os bens e serviços já assegurados por normas de aplicabilidade imediata. Uma vez constatada a omissão do Estado, o Judiciário remediaria o problema, por meio de decisões que provisoriamente assegurem o gozo do direito fundamental (sobre as intituladas *"decisões aditivas de prestação"*, ver item 4.3.1 do Capítulo V da Parte I);

C) ***teoria do conteúdo mínimo dos direitos sociais*** (*mínimo existencial*): nessa linha estratégica, o Judiciário reputa imediatamente aplicáveis certas normas de direito prestacional, pelo menos na parte em que asseguram aquelas prestações compreendidas pelo *mínimo existencial*, e então o Poder Público é condenado ao cumprimento de obrigações de prestar os bens e serviços que se reputam necessários ao atendimento das mínimas condições de vida condigna (v. itens 13 e 15.2.3);

D) ***tese da responsabilização civil do Estado:*** estratégia teórica segundo a qual o Estado pode ser diretamente responsabilizado pela inércia ou insuficiência na prestação de bens e serviços assegurados por normas de direito fundamental. Hipóteses nas quais o Judiciário condenaria o Poder Público ao pagamento da correspondente indenização ao titular do direito "violado".

Embora já não sejam incomuns os precedentes favoráveis à tese da proibição do retrocesso (item "A"), verifica-se forte tendência jurisprudencial a superar a inaplicabilidade de algumas das normas que definem direitos fundamentais mediante a utilização das estratégias listadas nos itens "B", "C" e "D". No STF, porém, a responsabilização do Estado não costuma ser acolhida em termos gerais (§ 6º do art. 37 da Constituição), salvo em casos muito específicos, todos a envolver direitos definidos por normas constitucionais que fixavam prazo para início do gozo das prestações (v. item 5 do Capítulo IV do Tomo 2).

▸ Como o STF enfrentou o tema:

A) Aplicação da teoria do *mínimo existencial*: a.1) no voto vencedor na STA 175/CE (Plenário), o Min. CELSO DE MELLO afirmou que, "entre proteger a inviolabilidade do direito à vida e à saúde – que se qualifica como direito subjetivo inalienável a todos assegurado pela própria Constituição da República (art. 5º, "caput", e art. 196) – ou fazer prevalecer, contra essa prerrogativa fundamental, um interesse financeiro e secundário do Estado, entendo, uma vez configurado esse dilema, que razões de ordem ético-jurídica impõem, ao julgador, uma só e possível opção: aquela que privilegia o respeito indeclinável à vida e à saúde humanas"; a.2) em decisão monocrática na ADPFMC 45/DF, o Ministro CELSO DE MELLO consignou que, se os Poderes do Estado "agirem de modo irrazoável ou procederem com a clara intenção de neutralizar, comprometendo-a, a eficácia dos direitos sociais, econômicos e culturais, afetando, como decorrência causal de uma injustificável inércia estatal ou de um abusivo comportamento governamental, aquele núcleo intangível consubstanciador de um conjunto irredutível de condições mínimas necessárias a uma existência digna e essenciais à própria sobrevivência do indivíduo, aí, então, justificar-se-á, como precedentemente já enfatizado – e até mesmo por razões fundadas em um imperativo ético-jurídico –, a possibilidade de intervenção do Poder Judiciário, em ordem a viabilizar, a todos, o acesso aos bens cuja fruição lhes haja sido injustamente recusada pelo Estado".

B) ***Controle da inconstitucionalidade por omissão:*** b.1) no AgRg no RE 271.286/RS e no AgRg no RE 393.175/RS, a 2ª Turma, ao manter decisão que obrigara o Estado a fornecer medicamentos gratuitos, fez constar que o "caráter programático da regra inscrita no art. 196 da Carta Política – que tem por destinatários todos os entes políticos que compõem, no plano institucional, a organização federativa do Estado brasileiro – não pode converter-se em promessa constitucional inconsequente, sob pena de o Poder Público, fraudando justas expectativas nele depositadas pela coletividade, substituir, de maneira ilegítima, o cumprimento de seu impostergável dever, por um gesto irresponsável de infidelidade governamental ao que determina a própria Lei Fundamental do Estado".

C) ***Responsabilização estatal por omissões legislativas:*** nos ED no AgRg na ACO 792/PR (j. em 11-9-2017), o Pleno do STF decidiu que o "reconhecimento judicial de omissão legislativa em cumprir seu mister institucional em contrariedade a dispositivo constitucional não implica em reconhecer, de pleno direito, que durante o período de vigência do comando sem a edição da espécie legislativa houve violação ao patrimônio jurídico dos destinatários da norma, sob pena de restar caracterizada atípica hipótese de responsabilidade civil do Estado por ausência de ato legislativo."

16. TRATAMENTO DADO AOS DIREITOS FUNDAMENTAIS PELA CONSTITUIÇÃO DE 1988

A) **Enumeração topograficamente privilegiada:** Ao contrário das demais constituições nacionais, a Constituição de 1988 procedeu ao inventário dos direitos fundamentais logo no Título II, antes mesmo da própria estruturação do Estado brasileiro. Daí se pode constatar a simbólica importância de que desfrutam os direitos fundamentais na ordem constitucional brasileira.

B) **Enumeração exemplificativa:** O constituinte não quis frear a chamada "vocação expansiva" dos direitos fundamentais. Por isso, estipulou que os "*direitos e garantias expressos nesta Constituição não excluem outros decorrentes do regime e dos princípios por ela adotados...*" (art. 5º, § 2º).

▸ **Importante:**

A título ilustrativo, foi com base no art. 5º, § 2º, que o STF reputou serem desdobramentos do rol de garantias individuais e, portanto, também cláusulas pétreas: (a) o princípio da anterioridade tributária (art. 150, III, "b") – ADI 939/DF; (b) o princípio da anterioridade eleitoral (art. 16) – ADI 3.685/DF; e (c) a proibição do tratamento desigual entre homens e mulheres em matéria trabalhista (art. 7º, XXX) – MC na ADI 1.946/DF.

C) **Princípio da complementaridade condicionada:** Além de atribuir ao catálogo de direitos fundamentais um caráter exemplificativo, a Constituição deixou em aberto a possibilidade de complementá-lo por meio da incorporação de direitos humanos previstos em normas de tratado internacional. Como prevê o § 2º do art. 5º, os "*direitos e garantias expressos nesta Constituição não excluem outros decorrentes (...) dos tratados internacionais em que a República Federativa do Brasil seja parte.*"

Ademais, com redação da EC 45/2004, foi acrescentado ao art. 5º o § 3º, segundo o qual os "*tratados e convenções internacionais sobre direitos humanos que forem aprovados, em cada Casa do Congresso Nacional, em dois turnos, por três quintos dos votos dos respectivos membros, serão equivalentes às emendas constitucionais*".

▸ **Atenção:**

Assunto não enfatizado pela doutrina em geral, essa inovação da EC 45/2004, a menos que se adote a tese do cabimento da "dupla revisão" (cf. item 2.2.3 do Capítulo IV da Parte I e item 6.9.5 do Capítulo 7 do Tomo II) – ideia rebatida pela imensa maioria da doutrina brasileira majoritária –, parece inconstitucional. Ver item 2.2.2.4.B do Capítulo IV da Parte I e item 6.9.5 do Capítulo 7 do Tomo II.

▸ **Importante:**

Na Constituição anterior, o princípio da presunção de não culpabilidade não estava previsto no Texto Constitucional. Todavia, com base no art. 153, § 36 (o qual continha disposição semelhante ao atual art. 5º, § 2º), o STF considerou aplicável ao direito brasileiro o princípio da presunção de não culpabilidade, tal qual acolhido no art. XI da Declaração Universal de Direitos Humanos (v. RE 86.297/SP, Pleno, j. em 17-11-1976).

Sobre a hierarquia das normas de tratados internacionais sobre direitos humanos, ver item 6.9.4 do Capítulo VII do Tomo II.

▸ **Como esse assunto foi cobrado em concurso?**

No concurso para Provimento do Cargo de Titular de Cartório do TJAM (2018/IESES), foi considerada **correta** a afirmação: "Os tratados e convenções internacionais sobre direitos humanos que forem aprovados, em cada Casa do Congresso Nacional, em dois turnos, por três quintos dos votos dos respectivos membros, serão equivalentes às emendas constitucionais."

▸ **Como esse assunto foi cobrado em questões dissertativas de concurso?**

Em concurso para Procurador da República, foi solicitado que o candidato dissertasse sobre: "Os Direitos e Garantias Fundamentais na Constituição da República".

Referências Bibliográficas

ABBOUD, Georges. *Processo constitucional brasileiro*. 2. ed. rev. atual. ampl. São Paulo: Revista dos Tribunais, 2018.

______. ______. 4. ed. rev. atual. ampl. São Paulo: Revista dos Tribunais, 2020.

ALCHOURRÓN, Carlos E. Sobre derecho y lógica. *Isonomía: Revista de Teoría y Filosofía del Derecho,* Alicante, n. 13, p. 11-33, out. 2000. Disponível em: <http://www.cervantesvirtual.com/servlet/SirveObras/01260841011163752970035/index.htm>. Acesso em: 10 out. 2004.

ALCHOURRÓN, Carlos E.; BULYGIN, Eugenio. *Introducción a la metodología de las ciencias jurídicas e sociales*. 4. reimp. Buenos Aires: Editorial Astrea, 2002.

ALEXY, Robert. *El concepto y la validez del derecho*. Trad. Jorge M. Seña. 2. ed. Barcelona: Gedisa, 1997.

______. Sistema juridico, principios juridicos e razón práctica. *Doxa. Cuadernos de Filosofía del Derecho*, Alicante, n. 5, p. 139-151, 1988. Disponível em: <http://descargas.cervantesvirtual.com/servlet/SirveObras/doxa/12471730982570739687891/cuaderno5/Doxa5_07.pdf>.

______. *Teoría de los derechos fundamentales*. Trad. Ernesto Garzón Valdés. 2. reimp. Madrid: Centro de Estúdios Políticos y Constitucionales, 2001.

______. Direito constitucional e direito ordinário. Jurisdição constitucional e jurisdição especializada. *Revista dos Tribunais*, São Paulo, n. 799, p. 33-51, maio 2002.

______. *Tres escritos sobre los derechos fundamentales y la teoría de los principios*. Trad. Carlos Bernal Pulido. Bogotá: Universidad Externado de Colômbia, 2003.

______. *Epílogo a la teoría de los derechos fundamentales*. Trad. Carlos Bernal Pulido. Madrid: Fundación Beneficentia et Pertitia Iuris, 2004.

______. *On Balancing and Subsumption*. A Structural Comparison. *Ratio Juris*, Bologna, vol. 16, n. 4, p. 433-449, dez. 2003.

ALVES, José Carlos Moreira. O controle de constitucionalidade no Brasil. *Revista da Procuradoria-Geral da República*, São Paulo, n. 9, p. 127-140, jul./dez. 1996.

______. *Direito romano*. 10. ed., Rio de Janeiro: Forense, 1995. 2 v.

ALVIM, Arruda. ASSIS, Araken. ALVIM, Eduardo de Arruda. *Comentários ao Código de Processo Civil*. 2. ed., São Paulo: Revista dos Tribunais, 2012.

AMARAL JÚNIOR, Alberto do. O "diálogo" das fontes: fragmentação e coerência no direito internacional contemporâneo. In: *III Anuário Brasileiro de Direito*

Internacional. Belo Horizonte: CEDIN, 2008, p. 11-33. Vol. 2. Disponível em: <http://centrodireitointernacional.com.br/static/anuario/3_V2/anuario_3_v2.pdf >. Acesso em: 20 fev. 2017.

AMARAL JÚNIOR, José Levi Mello do. Incidente de arguição de inconstitucionalidade: comentários ao art. 97 da Constituição e aos arts. 480 a 482 do Código de Processo Civil. São Paulo: Revista dos Tribunais, 2002.

AMORIM, Victor Aguiar Jardim de. *Aspectos históricos referentes ao controle de constitucionalidade por parte de órgãos não jurisdicionais no Brasil*. 2018. 26 slides.

ANDRADE, José Carlos Vieira de. *Os direitos fundamentais na Constituição portuguesa de 1976*. 2. ed. Coimbra: Livraria Almedina, 2001.

ANTUNES, Miguel Lobo. Fiscalização abstracta da constitucionalidade. Questões processuais. In: ARAÚJO, António de et al. *Estudos sobre a jurisprudência do Tribunal Constitucional*. Lisboa: Aequitas, 1993, p. 397-426.

APPIO, Eduardo Fernando. *Interpretação conforme a constituição*: instrumentos de tutela jurisdicional dos direitos fundamentais. Curitiba: Juruá, 2002.

______. *Teoria geral do Estado e da constituição*. Curitiba: Juruá, 2005.

______. *Controle difuso de constitucionalidade*: modulação dos efeitos, uniformização de jurisprudência e coisa julgada. Curitiba: Juruá, 2008.

ARAGÓN, Manuel. *Constitución, democracia y control*. México: Universidad Nacional Autónoma de México, 2002. Disponível em: <http://www.bibliojuridica.org/libros/libro.htm?l=288>. Acesso em: 5 jun. 2002.

ARAÚJO, Luiz Alberto David; NUNES JÚNIOR, Vidal Serrano. *Curso de direito constitucional*. 10. ed. São Paulo: Saraiva, 2006.

ARRUDA ALVIM, José Manuel de. *Manual de direito processual civil*. 6. ed. São Paulo: RT, 1997. 2 v.

ASSIS, Alexandre Camanho de. Inconstitucionalidade de lei – poder executivo e repúdio de lei sob a alegação de inconstitucionalidade. *Revista de Direito Público*, São Paulo, n. 91, p. 117-122, jul./set. 1989.

ATIENZA, Manuel; MANERO, Juan Ruiz. Sobre principios y reglas. *Doxa. Cuadernos de Filosofía del Derecho*, Alicante, n. 10, p. 103-106, 1991. Disponível em: <http://www.cervantesvirtual.com/servlet/SirveObras/12482196462352624198846 /cuaderno10/doxa10_04.pdf>.

ÁVILA, Humberto Bergmann. Redefinição do dever de proporcionalidade. *Revista de Direito Administrativo*, Rio de Janeiro, n. 215, p. 151-179, jan./mar. 1999.

______. *Teoria dos princípios*: da definição à aplicação dos princípios jurídicos. 4. ed. rev. São Paulo: Malheiros, 2004.

______. Princípios e regras e a segurança jurídica. *Revista de Direito do Estado*, Rio de Janeiro, n. 1, p. 189-206, jan/mar 2006.

AZEVEDO, Luiz H. Cascelli de. *O controle legisltativo de constitucionalidade*. Porto Alegre: Sergio Antonio Fabris, 2001.

BACHOF, Otto. *Normas constitucionais inconstitucionais?* Trad. José Manuel M. Cardoso da Costa, Coimbra: Almedina, 1994.

BALAGUER CALLEJÓN, Francisco. *Fontes del derecho*. Principios del ordenamiento constitucional. Madrid: Tecnos, 1991. t. 1.

BALAGUER CALLEJÓN, Francisco (Coord.) et al. *Derecho constitucional*.2. ed. Madrid: Tecnos, 2003. v. I.

BANDEIRA DE MELLO, Celso Antônio. *Curso de direito administrativo*. 8. ed. São Paulo: Malheiros, 1996.

______. *Conteúdo jurídico do princípio da igualdade*. 3. ed. 9. tir. São Paulo: Malheiros, 2001.

______. Leis originalmente inconstitucionais compatíveis com emenda constitucional superveniente. *Revista de Direito Administrativo, Rio de Janeiro*, n. 215, p. 85-98, jan./mar. 1999.

BANDEIRA DE MELLO, Oswaldo Aranha. *Princípios gerais do direito administrativo*. Rio de Janeiro: Forense, 1969. v. 1.

BARROS, Sérgio Resende. O nó górdio do sistema misto. In: TAVARES, André Ramos; ROTHENBURG, Walter Claudius (org.) et al. *Argüição de descumprimento de preceito fundamental*: análises à luz da Lei nº 9.882/99. São Paulo: Atlas, 2001, p. 180-197.

______. Constituição, artigo 52, inciso X: reversibilidade? *Revista de Informação Legislativa*, Brasília, n. 158, p. 233-239, abr./jun. 2003. Disponível em: <http://www.senado.gov.br/web/cegraf/ril/Pdf/pdf_158/RIL158-14.pdf>. Acesso em: 7 set. 2005.

______. Noções sobre poder constituinte. Disponível em: <http://www.srbarros.com.br/pt/nocoes-sobre-poder-constituinte.cont>. Acesso em: 8 dez. 2015.

BARROS, Suzana de Toledo. *O princípio da proporcionalidade e o controle de constitucionalidade de leis restritivas de direitos fundamentais*. Brasília: Brasília Jurídica, 1996.

BARROSO, Luís Roberto. *O direito constitucional e a efetividade de suas normas*: limites e possibilidades da constituição brasileira. Rio de Janeiro: Renovar, 1990.

______. *Constituição da República Federativa do Brasil anotada*. São Paulo: Saraiva, 1998a.

______. *Interpretação e aplicação da constituição*. 2. ed. São Paulo: Saraiva, 1998b.

______. Os princípios da razoabilidade e da proporcionalidade no direito constitucional. *Cadernos de Direito Constitucional e Ciência Política*, São Paulo, n. 23, p. 65-90, abr./jun. 1998c.

______. Neoconstitucionalismo e constitucionalização do Direito. O triunfo tardio do Direito Constitucional no Brasil. *Jus Navigandi*, Teresina, ano 9, n. 851, 1 nov. 2005. Disponível em: <http://jus2.uol.com.br/doutrina/texto.asp?id=7547>. Acesso em: 8 ago. 2006.

______. *Curso de direito constitucional contemporâneo*: os conceitos fundamentais e a construção do novo modelo. São Paulo: Saraiva, 2009.

______. *Controle de constitucionalidade no direito brasileiro*. 4. ed. São Paulo: Saraiva, 2009b.

BHARTHUR, Deepti; GURUMURTHY, Anita. Democracia e a virada algorítmica. Trad. Adriana Guimarães. *Revista Internacional de Direitos Humanos*, São Paulo, n. 27, jul. 2018. Disponível em: <http://sur.conectas.org/democracia-e-a-virada-algoritmica/>. Acesso em: 31 jul. 2018.

BASTOS, Celso Ribeiro. *Hermenêutica e interpretação constitucional*. São Paulo: Celso Bastos/IBDC, 1997.

______. *Curso de direito constitucional*. 19. ed. São Paulo: Saraiva, 1998.

BASTOS, Celso Ribeiro; MARTINS, Ives Gandra da Silva. *Comentários à Constituição do Brasil*. São Paulo: Saraiva, 1989. v. 1.

BASTOS, Celso Ribeiro; VARGAS, Alexis Galiás de Souza. Argüição de descumprimento de preceito fundamental. *Revista de Direito Constitucional e Internacional*, São Paulo, n. 30, jan./mar. 2000.

BATALHA, Wilson de Souza Campos. *Lei de introdução ao Código Civil*. São Paulo: Max Limonad, 1957, vol. II, tomo II.

______. *Direito intertemporal*. Rio de Janeiro: Forense, 1980.

BATISTA, Fernando Natal. *A questão da arguição de inconstitucionalidade no recurso especial e a legitimação do STJ no exercício da jurisdição constitucional*. Salvador: JusPodivm, 2018.

BENJAMIN, Antonio Herman de Vasconcellos e. Prefácio. In: MARQUES, Claudia Lima (Coord.). *Diálogo das fontes: do conflito à coordenação de normas do direito brasileiro*. São Paulo: Revista dos Tribunais, 2012. p. 5-7. Disponível em: <http://bdjur.stj.jus.br/jspui/bitstream/2011/47552/prefacio2.pdf>. Acesso em 10 jun. 2016.

BERCOVICI, Gilberto. A Constituição de 1988 e a teoria da constituição. In: TAVARES, André Ramos; FERREIRA, Olavo A. V. Alves; LENZA, Pedro (org.) et al. *Constituição*

Federal – 15 anos: mutação e evolução – comentários e perspectivas. São Paulo: Método, 2003, p. 9-31.

BERNAL PULIDO, Carlos. *El Principio de proporcionalidad y los derechos fundamentales: el principio de proporcionalidad como criterio para determinar el contenido de los derechos fundamentales vinculante para el legislador*. Madrid: Centro de Estudios Políticos y Constitucionales, 2003.

______. Refutación y defensa del neoconstitucionalismo. In: CARBONELL, Miguel et al. *Teoría del neoconstitucionalismo*. Madrid: Editorial Trotta, 2007, p. 289-326.

BERNARDES, Juliano Taveira. Argüição de descumprimento de preceito fundamental. *Revista Jurídica Virtual*, n. 8, jan. 2000, Presidência da República. Disponível em: <http://www.planalto.gov.br/ccivil_03/revista/Rev_08/arg_descump_Juliano.htm> Acesso em: 10 fev. 2000.

______. *Efeitos das normas constitucionais no sistema normativo brasileiro*. Porto Alegre: Sergio Antonio Fabris, 2002.

______. Novas perspectivas processuais de utilização da ação civil pública e da ação popular no controle concreto de constitucionalidade. *Revista Jurídica Virtual*, n. 52, set. 2003, Presidência da República. Disponível em:<https://www.planalto.gov.br/ccivil_03/revista/Rev_52/index.htm> Acesso em: 21 set. 2003a.

______. Novas perspectivas do controle da omissão inconstitucional no direito brasileiro. In: TAVARES, André Ramos; FERREIRA, Olavo A. V. Alves; LENZA, Pedro (org.) et al. *Constituição Federal – 15 anos*: mutação e evolução – comentários e perspectivas. São Paulo: Método, 2003b, p. 225-282.

______. *Controle abstrato de constitucionalidade*: elementos materiais e princípios processuais. São Paulo: Saraiva, 2004a.

______. Artigo 16 da Lei da Ação Civil Pública e efeitos *erga omnes*. *Revista de Direito Processual Civil*, Curitiba, n. 34, p. 752-760, out./dez. 2004b.

______. Aborto de feto anencefálico e "derrotabilidade". *Correio Braziliense*, Brasília, 7 mar. 2005. Caderno "Direito & Justiça", p. 1.

______. Declaração parcial de inconstitucionalidade formal e seus limites: veto judicial? *Revista de Informação Legislativa*, Brasília, n. 171, p. 49-54, jul./set. 2006.

______. Efeito vinculante das decisões do controle abstrato de constitucionalidade: transcendência aos motivos determinantes? In: NOVELINO, Marcelo (org.) et al. *Leituras complementares de direito constitucional*: controle de constitucionalidade e hermenêutica constitucional. 2. ed. rev. atual. Salvador: JusPodivm, 2008, p. 355-381.

______. Coisa julgada inconstitucional e teoria geral do direito. *Interesse Público – IP*, Belo Horizonte, ano 12, n. 60, p. 161-190, mar./abr. 2010a.

______. "Viradas" de jurisprudência do STF e suas repercussões em casos similares. In: NOVELINO, Marcelo (org.) et al. *Leituras complementares de direito constitucional*: controle de constitucionalidade. 3. ed. rev. atual. Salvador: JusPodivm, 2010b, p. 177-226.

______. Ação direta de inconstitucionalidade por omissão (ADInO). In: DIDIER JR., Fredie (org). *Ações constitucionais*. 6. ed. rev. ampl. atual. Salvador: JusPodivm, 2012, p. 541-582.

______. Coisa julgada inconstitucional na teoria geral do direito e o Novo Código de Processo Civil. *Revista Publicum*, Rio de Janeiro, n. 4, vol. 1, p. 307-351, 2017.

______. Evolução normativa do controle judicial da constitucionalidade no direito brasileiro. In: NISTICÒ, Michele; ROMBOLI, Roberto (orgs.) et al. *Esperienze di tutela dei diritti fondamentali a confronto*. Pisa: Pisa University Press, 2018, p. 55-66.

______. Normas Constitucionais 'Circunstancialmente' Inconstitucionais? *Blog Emagis Cursos Jurídicos*. s. l., maio de 2020. Disponível em <https://www.emagis.com.br/area-gratuita/artigos/normas-constitucionais-circunstancialmente-inconstitucionais-por-juliano-taveira-bernardes/>. Acesso em 26 maio 2020.

BEZERRA, Rafael; VIEIRA, José Ribas. Estado de coisas fora do lugar? *Jota*, Brasília, 5 out. 2015. Disponível em: <http://jota.info/estado-de-coisas-foralugar#_ftn15>. Acesso em: 28 dez 2015

BINENBOJM, Gustavo. Aspectos processuais do controle abstrato da constitucionalidade no Brasil. *Revista de Direito Administrativo,* Rio de Janeiro, n. 218, p. 151-174, out./dez. 1999.

BISPO, António de Jesus. Globalização e globalismo. *Revista Militar*, Lisboa, n. 2581-2582, p 163-188, fev./mar. 2017.BITTENCOURT, Carlos Alberto Lúcio. *O controle jurisdicional da constitucionalidade das leis.* 2. ed. atual. por José Aguiar Dias. Brasília: Ministério da Justiça, 1997.

BOBBIO, Norberto. *Teoria generale del diritto.* Torino: G. Giappichelli. 1993.

______. *O positivismo jurídico*: lições de filosofia do direito. Trad. de Márcio Pugliesi, Edson Bini e Carlos E. Rodrigues. São Paulo: Ícone, 1995.

______. *Teoria do ordenamento jurídico.* Trad. Maria Celeste Cordeiro Leite dos Santos. 10. ed. Brasília: UnB, 1999.

______. *Teoria das formas de governo.* Trad. Sérgio Bath. 10. ed. Brasília: UnB, 2001a.

______. *Teoria da norma jurídica.* Trad. Fernando Pavan Baptista e Ariani Bueno Sudatti. São Paulo: Edipro, 2001b.

______. *A era dos direitos*. Trad. Carlos Nelson Coutinho. Rio de Janeiro: Elsevier, 2004.

______. MATTEUCCI, Nicola; PASQUINO, Gianfranco. *Dicionário de política*. 5. ed. São Paulo: Imesp, 2004.

BOCANEGRA SIERRA, Raul. *El valor de las sentencias del tribunal constitucional.* Madrid: Instituto de Estudios de Administración Local, 1982.

BONAVIDES, Paulo. *Curso de direito constitucional.* 5. ed. São Paulo: Malheiros, 1994.

BOUVIER, John. *A law dictionary adapted to the Constitution and laws of the United States of America and of the several States of the American Union*. 6th. ed. rev. 1856. Disponível em: <http://www.constitution.org/bouv/bouvier_a.htm>. Acesso em: 25 fev. 2002.

BRANCO, Paulo Gustavo Gonet. Aspectos de teoria geral dos direitos fundamentais. In: ____; COELHO, Inocêncio Mártires; MENDES, Gilmar Ferreira. *Hermenêutica constitucional e direitos fundamentais.* Brasília: Brasília Jurídica, 2000.

BRITTO, Carlos Ayres. *Teoria da constituição.* Rio de Janeiro: Forense, 2003.

BRITTO, Carlos Ayres; PONTES FILHO, Valmir. Direito adquirido contra as emendas constitucionais. *Revista de Direito Administrativo,* Rio de Janeiro, n. 202, p. 75-87, out./dez. 1995.

BRITO, J. Sousa e et al. *Legitimidade e legitimação da justiça constitucional.* Coimbra: Coimbra Ed., 1995.

BROSSARD. Paulo. A Constituição e as leis posteriores. *Arquivos do Ministério da Justiça,* Brasília, n. 45, p. 125-148, jul./dez. 1992.

BRUGGER, Winfried. May Government Ever Use Torture? Two Responses From German Law. The American Journal of Comparative Law, Oxford, vol. 48, n. 4, p. 661-678, Oct. 2000.

BUENO. Cássio Scarpinella. *Novo Código de Processo Civil anotado.* São Paulo: Saraiva, 2015.

BULYGIN, Eugenio. Algunas consideraciones sobre los sistemas jurídicos. *Doxa. Cuadernos de Filosofía del Derecho,* Alicante, n. 9, p. 257-279, 1991.

______. Los jueces ¿crean derecho? *Isonomía: Revista de Teoría y Filosofía del Derecho,* Alicante, n. 18, p. 7-25, abr. 2003. Disponível em: <http://www.cervantesvirtual.com/servlet/SirveObras/01482529789055928540035/isonomia18/isonomia18_01.pdf>. Acesso em 18 jun. 2004.

______. Creación y aplicación del derecho. In: ATRIA, Fernando et al. *Lagunas en el derecho.* Madrid: Marcial Pons, 2005a, p. 29-44.

______. *Il positivismo giuridico*. Milano: Giuffrè, 2007.

BULYGIN, Eugenio; ALCHOURRÓN, Carlos E. *Introducción a la metodologia de las ciencias jurídicas e sociales.* 4. reimp. Buenos Aires: Editorial Astrea, 2002.

BULYGIN, Eugenio; KELSEN, Hans; WALTER, Robert. *Validez y eficacia del derecho*. Trad. Eugenio Bulygin. Buenos Aires: Editorial Astrea, 2005.

BULYGIN, Eugenio; MENDONCA, Daniel. *Normas y sistemas normativos*. Madrid: Marcial Pons, 2005.

BULOS, Uadi Lammêgo. *Manual de interpretação constitucional*. São Paulo: Saraiva, 1997a.

______. *Mutação constitucional*. São Paulo: Saraiva, 1997b.

______. *Constituição Federal anotada*. 4. ed. São Paulo: Saraiva, 2002.

______. *Curso de direito constitucional*. São Paulo: Saraiva, 2007.

______. ______. 2. ed. São Paulo: Saraiva, 2008.

______. ______. 6. ed. São Paulo: Saraiva, 2009.

______. *Direito constitucional ao alcance de todos*. São Paulo: Saraiva, 2009a.

BUZAID, Alfredo. *Da ação direta de declaração de inconstitucionalidade no direito brasileiro*. São Paulo: Saraiva, 1958a.

______. Da ação direta de declaração de inconstitucionalidade no direito brasileiro. *Revista Forense*, Rio de Janeiro, n. 179, p. 14-37, set./out. 1958b.

CABRERA, Carlos Alarcón. El «puzzle» constitucional de Ross en el marco teórico de las reglas constitutivas. *Doxa. Cuadernos de Filosofía del Derecho*, Alicante, n. 13, p. 215-234, 1993.

CAETANO, Marcello. *Manual de ciência política e direito constitucional*. Coimbra: Almedina, 1996. t. 1.

CALAMANDREI, Piero. *La illegittimità costituzionale delle legge nel processo civile*. Padova: Cedam, 1950.

______. *Proceso y democracia*. Trad. Héctor Fix-Zamudio. Buenos Aires: Ediciones Jurídicas Europa-América, 1960.

______. *Questa nostra Costituzione*. Milano: Bompiani, 1995.

______. *Direito processual civil*. Trad. Luiz Abezia e Sandra Drina Fernandez Barbery. Campinas: Bookseller, 1999. v. 1 e 3.

CÂMARA, Alexandre Freitas. A coisa julgada no controle direto da constitucionalidade. In: SARMENTO, Daniel (org.) et al. *O controle de constitucionalidade e a Lei 9.868/99*. Rio de Janeiro: Lumen Juris, 2001, p. 3-37.

CAMPOS, Carlos Alexandre de Azevedo. Da Inconstitucionalidade por Omissão ao "Estado de Coisas Inconstitucional". Rio de Janeiro, 2015. 254 f. Tese (Doutorado em Direito e Estado) — Faculdade de Direito, Universidade Estadual do Rio de Janeiro.

______. *Devemos temer o "estado de coisas inconstitucional"? Conjur - Consultor Jurídico*, São Paulo, 15 out 2015, Disponível em: < http://www.conjur.com.br/2015-out-15/carlos-campos-devemos-temer-estado-coisas-inconstitucional> Acesso em 28 dez 2015.

CAMPOS, German J. Bidart. *Manual de la constitución reformada*. 1. reimp. Buenos Aires: Edair, 1998. t. 1.

CANARIS, Claus-Wilhelm. *Pensamento sistemático e conceito de sistema na ciência do direito*. Trad. A. Menezes Cordeiro. 3. ed. Lisboa: Fundação Calouste Gulbenkian, 2002.

CANAS, Vitalino. *Os processos de fiscalização da constitucionalidade e da legalidade pelo tribunal constitucional*. Coimbra: Coimbra Ed., 1986.

CANOSA USERA, Raúl. *Interpretación constitucional y fórmula política*. Madrid: Centro de Estudios Constitucionales, 1988.

CANOTILHO, José Joaquim Gomes. *Direito constitucional*. 6. ed. Coimbra: Almedina, 1993.

______. *Constituição dirigente e vinculação do legislador*. Coimbra: Coimbra Ed., 1994.

______. *Direito constitucional e teoria da constituição*. 3. ed. Coimbra: Almedina, 1998.

______. *Estudos sobre direitos fundamentais*. Coimbra: Coimbra Ed., 2004.

______. *Tribunal Constitucional, jurisprudências e políticas públicas*. Trabalho apresentado no XX Aniversário do Tribunal Constitucional, Lisboa, 28 de novembro de 2003. Disponível em: <http://www.tribunalconstitucional.pt/tc/textos030102.html#>. Acesso em: 5 abr. 2006.

______. *"Brancosos" e inconstitucionalidade*: itinerários dos discursos sobre a historicidade constitucional. 2. ed. Coimbra: Almedina, 2008a.

______. O direito constitucional como ciência de direcção: o núcleo essencial de prestações sociais ou a localização incerta da sociabilidade (Contributo para a reabilitação da força normativa da "constituição social"). *Revista do Tribunal Regional Federal da 4ª Região*, Porto Alegre, n. 67, p. 15-68, 2008b.

CANOTILHO, José Joaquim Gomes; MOREIRA, Vital. *Fundamentos da constituição*. Coimbra: Coimbra Ed., 1991.

CAPPELLETTI, Mauro. *La giurisdizione costituzionale delle libertà*. Reimpr. Milano: Giuffrè, 1976.

______. *O controle de constitucionalidade das leis no direito comparado*. Trad. Aroldo Plínio Gonçalves. Rev. José Carlos Barbosa Moreira. 2. ed. Porto Alegre: Sergio Antonio Fabris, 1992.

CARBONELL, Miguel. A constituição no tempo: uma reflexão. Trad. de Rafael Caiado Amaral e Cláudia Perottto Biagi. *Revista de Direito do Estado*, Rio de Janeiro, n. 12, p. 45-53, out. 2008.

CARBONELL, Miguel et al. *Teoría del neoconstiucionalismo*. Madrid: Editorial Trotta, 2007.

CARRAZZA, Roque Antonio. *Curso de direito constitucional tributário*. 6. ed. São Paulo: Malheiros, 1994.

______. Ação direta de inconstitucionalidade por omissão e mandado de injunção. *Cadernos de Direito Constitucional e Ciência Política*, São Paulo, n. 3, p. 120-135, abr./jun. 1993.

CARVALHO, Kildare Gonçalves. *Direito constitucional didático*. 5. ed. Belo Horizonte: Del Rey, 1997.

CASARA, Rubens. Na pós-democracia, os direitos e garantias fundamentais também são vistos como mercadorias. *Justificando*, São Paulo, 9 jul. 2016. Disponível em: <http://www.justificando.com/2016/07/09/na-pos-democracia-os-direitos-e-garantias-fundamentais-tambem-sao-vistos-como-mercadorias/>. Acesso em: 19 out. 2018.

CAVALCANTE FILHO, João Trindade. *Processo legislativo constitucional*. Salvador: JusPodivm, 2012.

CAVALCANTI, João Barbalho Uchoa. *Constituição federal brasileira*. Edição fac-similar dos *Comentários à Constituição de 1891*. Brasília: Senado Federal, 1992.

CENEVIVA, Walter. *Direito constitucional brasileiro*. São Paulo: Saraiva, 1989.

CERRI, Augusto. *Corso de giustizia costituzionale*. 3ª ed. Milano: Giuffrè, 2001.

CHIMENTI, Ricardo Cunha; CAPEZ, Fernando; ROSA, Márcio Fernando Elias; SANTOS, Marisa Ferreira. et al. *Curso de direito constitucional*. 3. ed. São Paulo: Saraiva, 2006.

CHIOVENDA, Giuseppe. *Instituições de direito processual civil*. Trad. Paolo Capitanio. Campinas: Bookseller, 1998. 3 v.

CLÈVE, Clèmerson Merlin. Declaração de inconstitucionalidade de dispositivo normativo em sede de juízo abstrato e efeitos sobre os atos singulares praticados sob sua égide. *Cadernos de Direito Constitucional e Ciência Política*, São Paulo, n. 19, p. 279-307, abr./jun. 1997.

______. *A fiscalização abstrata da constitucionalidade no direito brasileiro*. 2. ed. rev., atual. e ampl. São Paulo: RT, 2000.

______. A eficácia dos direitos fundamentais sociais. *Cadernos de Direito Constitucional e Ciência Política*, São Paulo, n. 54, p. 28-39, jan./mar. 2006.

COELHO, Inocêncio Mártires. Constituição: conceito, objeto e elementos. *Revista de Informação Legislativa*, Brasília, n. 116, p. 5-20, out./dez. 1992.

______.*Interpretação constitucional*. Porto Alegre: Sergio Antonio Fabris, 1997.

______. Konrad Hesse/Peter Haberle: um retorno aos fatores reais do poder. *Revista de Informação Legislativa*, Brasília, n. 138, p. 185-191, abr./jun. 1998.

______. Elementos de teoria da constituição e de interpretação constitucional. In: ____; BRANCO, Paulo Gustavo Gonet; MENDES, Gilmar Ferreira. *Hermenêutica constitucional e direitos fundamentais*. Brasília: Brasília Jurídica, 2000, p. 15-99.

______. Métodos e princípios da interpretação constitucional. *Revista de Direito Administrativo*, Rio de Janeiro, n. 230, p. 163-186, out./dez. 2002.

COELHO, Sacha Calmon Navarro. *Curso de direito tributário brasileiro*. 3. ed. Rio de Janeiro: Forense, 1999.

COMANDUCCI, Paolo. Principios jurídicos e indeterminación del derecho. *Doxa. Cuadernos de Filosofía del Derecho*, Alicante, n. 21, vol. II, p. 89-104, 1998. Disponível em: <http://www.cervantesvirtual.com/servlet/SirveObras/01382654244572617321435/cuaderno21/volII/DOXA21Vo.II_07.pdf>. Acesso em: 15 mar. 2004.

______. Formas de (neo)constitucionalismo: un análisis metateórico. *Isonomía: Revista de Teoría y Filosofía del Derecho*, Alicante, n. 16, p. 90-112, abr. 2002. Disponível em: <http://descargas.cervantesvirtual.com/servlet/SirveObras/doxa/90250622101470717765679/isonomia16/isonomia16_06.pdf>.

COMPARATO, Fábio Konder. Ensaio sobre o juízo de constitucionalidade de políticas públicas. *Revista dos Tribunais*, São Paulo, v. 737, p. 12-22, mar. 1997.

CONTINENTINO, Marcelo Casseb. A 'notwithstanding clause' e a Constituição do Canadá. *Observatório da Jurisdição Constitucional*. Brasília: IDP, Ano 4, 2010/2011.

COOLEY, Thomas McIntyre. *A treatise on the constitutional limitations which rest upon the legislative power of the states of the American union*. Boston: Little, Brown, and Company, 1868. Disponível em: <http://books.google.com.br/books?id=vOI9AAAAIAAJ&.>. Acesso em: 15 mar. 2008.

CRISAFULLI, Vezio. *La costituzione e le sue disposizioni de principio*. Milano: Giuffrè, 1952.

______. Disposizione (e norma). In: ENCICLOPEDIA DEL DIRITTO. Milano: Giuffrè, 1958. Vol. XIII, p. 195-209.

CROUCH, Colin. "Five minutes with Colin Crouch: 'A post-democratic society is one that continues to have and to use all the institutions of democracy, but in which they increasingly become a formal shell'." *LSE – The London School of Economics and Political Science*, 9 fev. 2014. Disponível em: <http://blogs.lse.ac.uk/europpblog/2013/02/09/five-minutes-with-colin-crouch-a-post-democratic-society/>. Acesso em: 18 out. 2018.

______. "Five minutes with Colin Crouch: 'We have to move onwards to a more substantive European democracy, which means stopping striking postures about a national sovereignty that does not exist'." *LSE – The London School of Economics and Political Science*, 7 ago. 2014. Disponível em: <http://blogs.lse.ac.uk/europpblog/2014/08/07/five-minutes-with-colin-crouch-we-have-to-move-onwards-to-a-more-substantive-

european-democracy-which-means-stopping-striking-postures-about-a-national-sovereignty-that-does-not-exist/>. Acesso em: 18 out. 2018.

CRUZ VILLALÓN, Pedro. *La formación del sistema europeo de control de constitucionalidad* (1918-1939). Madrid: Centro de Estudios Constitucionales, 1987.

CRUZ VILLALÓN, Pedro; JIMÉNEZ CAMPO, J.; LÓPEZ GUERRA, L. *Los procesos constitucionales*. Madrid: Centro de Estudios Constitucionales, 1992.

CUNHA JÚNIOR, Dirley. *Controle judicial das omissões do poder público*: em busca de uma dogmática constitucional transformadora à luz do direito fundamental à efetivação da constituição. São Paulo: Saraiva, 2004.

______. *Controle de constitucionalidade*: teoria e prática. 2. ed. Rev. ampl. atualiz. Salvador: JusPodivm, 2007.

______. *Curso de direito constitucional*. 7. ed. rev. ampl. atualiz. Salvador: JusPodivm, 2013.

D'ATENA, Antonio di. *Interpretazioni adeguatrici, diritto vivente e sentenze interpretative della Corte costituzionale*. Relazione conclusiva al Seminario "Corte Costituzionale, giudici comuni, interpretazioni adeguatrici", Corte costituzionale – Palazzo della Consulta, Roma, 6.11.2009. Disponível em: <http://www.cortecostituzionale.it/documenti/convegni_seminari/06_11_09_DAtena.pdf>. Acesso em: 2 fev. 2012.

DALLARI, Dalmo de Abreu. *Elementos de teoria geral do estado*. 16. ed. São Paulo: Saraiva, 1991.

DALLAZEM, Dalton Luiz. O princípio da ampla defesa e a "competência" dos tribunais administrativos para apreciarem matéria constitucional. *Cadernos de Direito Constitucional e Ciência Política*, São Paulo, n. 23, p. 118-127, abr./jun. 1998.

DANTAS, Ivo. Coisa julgada inconstitucional: declaração judicial de inexistência. *Fórum Administrativo*, Belo Horizonte, n. 15, p. 588-607, maio 2002.

DANTAS, Paulo Roberto de Figueiredo. *Curso de direito constitucional*. São Paulo: Atlas, 2012.

DANTAS, Marcelo Navarro Ribeiro. Existência, vigência, validade, eficácia e efetividade das normas jurídicas. *Revista da Procuradoria-Geral da República*, São Paulo, n. 2, p. 155-170, jan./fev. 1993.

DAU-LIN, Hsü. *Mutacíon de la constitución*. Trad. Pablo Lucas Verdú e Christina Förster. Bilbao: Instituto Vasco de Administracíon Pública, 1998.

DAVID, René. *Os grandes sistemas do direito contemporâneo*. 3. ed. 2. tir. São Paulo: Martins Fontes, 1998.

DE GIORGI, Raffaele; FARIA, José Eduardo; CAMPILONGO, Celso. Opinião: Estado de coisas inconstitucional. São Paulo, 19 set 2015. Disponível em: <http://opiniao.estadao.com.br/noticias/geral,estado-de-coisas-inconstitucional,10000000043>. Acesso em 28 dez. 2015.

Correio Braziliense, Brasília, 7 mar. 2005. Caderno "Direito & Justiça", p. 1.

DÍAZ REVORIO, Francisco Javier. *Valores superiores e interpretación constitucional.* Madrid: Centro de Estudios Políticos y Constitucionales, 1997.

______. *Las sentencias interpretativas del Tribunal Constitucional.* Valladolid: Lex Nova, 2001.

______. *Los Derechos Humanos ante los nuevos avances Científicos y Tecnológicos*: genética e internet ante la Constitución. Valencia: Tirant lo Blanch, 2009.

DIDIER JR., Fredie; CUNHA, Leonardo Carneiro da. *Curso de direito processual civil.* 14. ed. rev. ampl. aum. Salvador: JusPodivum, 2017. 4 v.

DIMOULIS, Dimitri. *Positivismo jurídico*: introdução a uma teoria do direito e defesa do pragmatismo jurídico-político. São Paulo: Método, 2006.

DIMOULIS, Dimitri (coord. geral) et al. *Dicionário brasileiro de direito constitucional.* São Paulo: Saraiva-IBEC, 2007.

DIMOULIS, Dimitri; MARTINS, Leonardo. *Teoria geral dos direitos fundamentais.* São Paulo: Revista dos Tribunais, 2007.

DIMOULIS, Dimitri; LUNARDI, Soraya. *Curso de Processo Constitucional.* São Paulo: Atlas, 2011.

DINIZ, Maria Helena. *Norma constitucional e seus efeitos.* São Paulo: Saraiva, 1989.

DOGLIANI, Mario. *Introduzione al diritto costituzionale.* Bologna: Il Mulino, 1994.

DWORKIN, Ronald. *Los derechos en serio.* Trad. Marta Guastavino. 2. reimpr. Barcelona: Ariel, 1995.

ELIAS, Paulo Sá. Algoritmos e inteligência artificial exigem atenção do Direito. *Conjur – Consultor Jurídico,* São Paulo, 20 nov. 2017. Disponível em: <https://www.conjur.com.br/2017-nov-20/paulo-sa-elias-inteligencia-artificial-requer-atencao-direito>. Acesso em 31 jul. 2018.

ELSTER, Jon. Constitucional bootstrapping in Philadelphia and Paris. Cardozo Law Review, New York, n. 14, p. 549-575, jan. 1993: Disponível em:< http://heinonline.org/HOL/LandingPage?handle=hein.journals/cdozo14&div=34&id=&page=> Acesso em 12 jan. 2016.

______. *Securities against misrule*: juries, assemblies, elections. Cambridge: Cambridge University Press, 2013. Disponível em:< https://books.google.com.br/books?id

=8okgAwAAQBAJ&dq=ELSTER+bootstrapping+Paris+Cardozo+Law+Review&hl=pt-BR&source=gbs_navlinks_s>. Acesso em: 12 jan. 2016.

ELY, John Hart. *Democracy and distrust*: a theory of judicial review. 14th print. [s.l.]: Harvard University Press, 2002.

ESSER, Josef. *Principio y norma en la elaboración jurisprudencial del derecho privado*. Trad. Edurado Valentí Fiol. Barcelona: Bosch, 1961.

ESTEVES, Maria de Assunção. Legitimação da justiça constitucional e princípio majoritário. In: BRITO, J. Sousa e et al. *Legitimidade e legitimação da justiça constitucional*. Coimbra: Coimbra Ed., 1995.

FARIAS, Edilsom Pereira de. *Colisão de direitos: a honra, a intimidade, a vida privada e a imagem* versus *a liberdade de expressão e informação*. Porto Alegre: Sergio Antonio Fabris, 1996.

FAVOREU, Louis; RUBIO LLORENTE, Francisco. *El bloque de la constitucionalidad*. Madrid: Civitas, 1991.

FERNANDES, Bernardo Gonçalves. *Curso de direito constitucional*. 5. ed. Salvador: JusPodivm, 2013.

FERRAJOLI, Luigi. *Direito e razão: teoria do garantismo penal*. Trad. Ana Paula Zomer, Fauzi Hassan Choukr, Juarez Tavares e Luiz Flávio Gomes. São Paulo: Revista dos Tribunais, 2002.

FERRARI, Regina Maria Macedo Nery. *Efeitos da declaração de inconstitucionalidade*. 4. ed. São Paulo: RT, 1999.

FERRAZ, Anna Cândida da Cunha. *Processos informais de mudança da constituição*. São Paulo: Max Limonad, 1986.

______. *Conflito entre poderes*: o poder congressual de sustar atos normativos do Poder Executivo. São Paulo: RT, 1994.

FERRAZ JR., Tercio Sampaio. *Introdução ao estudo do direito*: técnica, decisão, dominação. 3. ed. São Paulo: Atlas, 2001.

FERREIRA, Odim Brandão. *Direito pré-constitucional e a nova constituição*. Lido no original.

FERREIRA, Olavo Augusto Vianna Alves. *Controle de constitucionalidade e seus efeitos*. 3. ed. Salvador: Juspodivm, 2015.

______. *Sistema constitucional das crises na Constituição Federal de 1988: restrições a direitos fundamentais*. São Paulo: Método, 2008

FERREIRA, Olavo Augusto Vianna Alves; GAJARDONI, Fernando da Fonseca; DA SILVA, Márcio Henrique Mendes. *Comentários à nova lei de mandado de segurança*. São Paulo: Método-GEN, 2009.

FERREIRA, Olavo Augusto Vianna Alves; ROMEU, Luciana Campanelli. A aplicação da modulação temporal pelo Supremo Tribunal Federal: casos julgados e proposta de alguns limites *Leituras complementares de constitucional*: controle de constitucionalidade. In: NOVELINO, Marcelo (coord.) et al. 3. ed. rev. atual. Salvador: JusPodivm, 2010, p. 237-294.

FERREIRA, Olavo Augusto Vianna Alves; BONIZZI, Marcelo José Magalhães. Declaração de inconstitucionalidade pelo árbitro: vedação ou dever. *Revista de Processo*, São Paulo, n. 274, dez. 2017.

FERREIRA FILHO, Manoel Gonçalves. *Curso de direito constitucional*. 22. ed. São Paulo: Saraiva, 1995a.

______. Significação e alcance das "cláusulas pétreas". *Revista de Direito Administrativo*, Rio de Janeiro, n. 202, p. 1-17, abr./jun. 1995b.

______. *Direitos humanos fundamentais*. 2. ed. São Paulo: Saraiva, 1998.

______. *O poder constituinte*. 3. ed. São Paulo: Saraiva, 1999.

______. O sistema constitucional brasileiro e as recentes inovações no controle de constitucionalidade — Leis n. 9.868, de 10 de novembro de 1999, e n. 9.882, de 3 de dezembro de 1999. *Revista de Direito Administrativo*, Rio de Janeiro, n. 220, p. 1-17, abr./jun. 2000.

______. Reforma, revisão e emenda constitucional no direito brasileiro. *Revista de Direito Administrativo*, Rio de Janeiro, n. 223, p. 53-74, jan./mar. 2001.

FERRERES COMELLA, Víctor. *Justicia constitucional y democracia*. Madrid: Centro de Estudios Políticos e Constitucionales, 1997.

FIGUEIREDO, Marcelo. *O mandado de injunção e a inconstitucionalidade por omissão*. São Paulo: RT, 1991.

FIX-ZAMUDIO, Héctor. *Veinticinco años de evolución de la justicia constitucional (1940-1965)*. México: Instituto de Investigaciones Jurídicas, 1968.

FLORES MENDOZA, Imer Benjamín. La concepcíon del derecho en las corrientes de la filosofía jurídica. *Boletín Mexicano de Derecho Comparado*, México, n. 90, p. 1001-1036, dez. 97. Disponível em: <http://www.juridicas.unam.mx/publica/rev/boletin/cont/90/art/art6.htm>. Acesso em: 19 abr. 2004.

FONTELES, Samuel Sales. *Hermenêutica constitucional*. 2. ed. rev. ampl. e atual. Salvador: JusPodivm, 2019.

FRANÇA, R. Limongi. *A irretroatividade das leis e o direito adquirido*. 4. ed. rev. e atual. do *Direito intertemporal brasileiro*. São Paulo: RT, 1994.

FRANCO, Afonso Arinos de Melo. *Direito constitucional*: teoria da Constituição; as Constituições do Brasil. 2. ed. Rio de Janeiro: Forense, 1981.

FREIRE, Alonso; FRAZÃO, Carlos Eduardo; MUDROVITSCH, Rodrigo de Bittencourt; RUFINO, Victor Santos. O fenômeno da inconstitucionalidade circunstancial. Jota, Brasília, 25-4-2020. Disponível em: <https://www.jota.info/opiniao-e-analise/artigos/o-fenomeno-da-inconstitucionalidade-circunstancial-25042020>. Acesso em: 26 abr. 2020.

FREIRE JÚNIOR, Américo Bedê. A inconstitucionalidade da regulamentação dos efeitos do controle de constitucionalidade em abstrato através de lei ordinária. *Revista Dialética de Direito Tributário,* São Paulo, n. 56, p. 19-46, maio 2000.

FRIESENHAHN, Ernest. *La giurisdizione costituzionale nella Republica Federale Tedesca.* Trad. Angelo Antonio Cervati. Milano: Giuffrè, 1973.

GALINDO, Bruno. A teoria da constituição no *common law*: reflexões teóricas sobre o peculiar constitucionalismo britânico. *Revista de Informação Legislativa,* Brasília, n. 164, p. 303-316, out./dez. 2004.

GALLOTTI, Maria Isabel. A declaração de inconstitucionalidade das leis e seus efeitos. *Revista de Direito Administrativo,* Rio de Janeiro, n. 170, p. 18-40, out./dez. 1987.

GAMA, Patrícia Calmon Nogueira da. Controle abstrato de constitucionalidade à luz da Lei nº 9.868/99. *Revista de Direito Administrativo,* Rio de Janeiro, n. 220, p. 109-119, abr./jun. 2000.

GAMONAL CONTRERAS, Sergio. Procedimiento de tutela y eficacia diagonal de los derechos fundamentales. *Revista Laboral Chilena,* Santiago, n. 11, nov. 2009, p. 75-79. Disponível em: <http://www.glosalaboral.cl/wp-content/uploads/2012/08/2009-Eficacia-diagonal.pdf>. Acesso em: 7 jan 2015.*Cidadania na empresa e eficácia diagonal dos direitos fundamentais*. São Paulo: LTr, 2011.

GARCÍA AMADO, Juan Antonio. Derechos y pretextos. Elementos de crítica del neoconstitucionalismo. In: CARBONELL, Miguel et al. *Teoría del neoconstiucionalismo.* Madrid: Editorial Trotta, 2007, p. 237-264.

GARCÍA DE ENTERRÍA, Eduardo. *La constitución como norma y el tribunal constitucional.* 3. ed. Madrid: Civitas, 1985.

______. Justicia constitucional: la doctrina prospectiva en la declaración de ineficacia de las leyes inconstitucionales. *Revista de Direito Público,* São Paulo, n. 92, p. 5-16, out./dez. 1989.

GOMES, Ana Cláudia Nascimento. O poder de rejeição de leis inconstitucionais pela autoridade administrativa no direito português e no direito brasileiro. Porto Alegre: Sergio Antonio Fabris, 2002.

GONÇALVES, Gabriel Accioly. *O desenvolvimento judicial do direito*: construções, interpretação criativa e técnicas manipulativas. Rio de Janeiro: Lumen Juris, 2016.

GONZÁLEZ BEILFUSS, Markus. *Tribunal Constitucional y reparación de la discriminación normativa*. Madrid: Centro de Estudios Políticos y Constitucionales, 2000.

GONZÁLEZ PÉREZ, Jesús. *Derecho procesal constitucional*. Madrid: Civitas, 1980.

GOUVEIA, Jorge Bacelar. *Manual de direito constitucional*. 2. ed. rev. atual. Coimbra: Almedina, 2007. v. 1.

GRAU, Eros Roberto. *A ordem econômica na Constituição de 1988 (interpretação e crítica)*. São Paulo: RT, 1990.

______. *Ensaio e discurso sobre a interpretação/aplicação do direito*. São Paulo: Malheiros, 2002.

GRIMM, Dieter. *Constituição e política*. Trad. Geraldo de Carvalho. Belo Horizonte: Del Rey, 2006.

GUASTINI, Riccardo. Problemas de interpretación. *Isonomía: Revista de Teoría y Filosofía del Derecho*, Alicante, n. 7, p. 121-131, 1997. Disponível em: <http://descargas.cervantesvirtual.com/servlet/SirveObras/doxa/12704974131270493087624/isonomia07/isonomia07_03.pdf>. Acesso em: 10 out. 2004.

______. *Teoria e dogmatica delle fonti*. Milano: Giuffrè, 1998.

______. *Estudios de teoría constitucional*. Trad. Maria Bono, Perfecto Andrés, José Maria Lujambio, Andréa Greppi e Miguel Carbonell. México: Miguel Carbonell, 2001a. (Col. Doctrina Jurídica Contemporánea.) Disponível em: <http://www.bibliojuridica.org/libros/libro.htm?l=22>. Acesso em: 5 jun. 2002.

______. *Il diritto come linguaggio*. Torino: G. Giappichelli, 2001b.

______. *L'interpretazione dei documenti normativi*. Milano: Giuffrè, 2004.

______. *Estudios sobre la interpretación jurídica*. Trad. Marina Gascón e Miguel Carbonell. 6. ed. México: Editorial Porrúa-Universidad Nacional Autónoma de México, 2004.

______. *Das fontes às normas*. Trad. Edson Bini. São Paulo: Quartier Latin, 2005.

______. Normas supremas. *Doxa. Cuadernos de Filosofía del Derecho*, Alicante, n. 17-18, p. 257-270, 1995. Disponível em: <http://descargas.cervantesvirtual.com/servlet/SirveObras/doxa/01371630344505945212257/cuaderno17/doxa17_11.pdf>. Acesso em: 31 mar. 2006.

______. *Teoría e ideologia de la interpretación constitucional*. Trad. Miguel Carbonell e Pedro Salazar. Madrid: Editorial Trotta, 2008.

______. Variaciones sobre temas de Carlos Alchourrón y Eugenio Bulygin: derrotabilidad, lagunas axiológicas, e interpretación. *Doxa. Cuadernos de Filosofía del Derecho*, Alicante, n. 31, p. 143-156, 2008a, Alicante, n. 31, p. 143-156, 2008a.

______. Os princípios constitucionais como fonte de perplexidade. *Interesse Público*, Rio de Janeiro, n. 55, p. 157-177, mai./jun., 2009.

______. *La sintassi del diritto*. Torino: G. Giappichelli, 2014.

GUERRA FILHO, Willis Santiago. *Teoria processual da constituição*. 2. ed. São Paulo: Celso Bastos, 2002

GÜNTHER, Klaus. Un concepto normativo de coherencia para una teoría de la argumentación jurídica. Trad. Juan Carlos Velasco Arroyo. *Doxa. Cuadernos de Filosofía del Derecho*, Alicante, n. 17-18, p. 271-302, 1995. Disponível em: <http://descargas.cervantesvirtual.com/servlet/SirveObras/doxa/01350518602340617976802/cuaderno17/doxa17_12.pdf.>. Acesso: em 29 out. 2004.

______. *Teoria da argumentação no direito e na moral*: justificação e aplicação. Trad. Claudio Molz. Rio de Janeiro: Landy, 2004.

HÄBERLE, Peter. *Hermenêutica constitucional*: a sociedade aberta dos intérpretes da Constituição: contribuição para a interpretação pluralista e "procedimental" da Constituição. Trad. Gilmar Ferreira Mendes. Porto Alegre: Sergio Antonio Fabris, 1997.

______. *La Verfassungsbeschwerde nel sistema della giustizia costituzionale tedesca*. Trad. Antonio D'Atena. Milano: Giuffrè, 2000.

______. *El Estado constitucional*. Trad. Héctor Fix-Fierro e Rolando Tamayo y Salmoran. México: Universidad Nacional Autónoma de México, 2001.

______. *La garantía del contenido esencial de los derechos fundamentales*. Trad. Joaquín Brage Camazano. Madrid: Dykinson, 2003.

HABERMAS, Jürgen. *Direito e democracia:* entre faticidade e validade. Trad. Flávio Beno Sielbeneichler. Rio de Janeiro: Tempo Brasileiro, 1997. v. 1.

HAGE, Jaap. Law and defeasibility. In: *IVR Encyclopaedia of Jurisprudence, Legal Theory and Philosophy of Law*. Disponível em: <http://www.ivr-enc.info/en/article.php?id=40>. Acesso em: 8 fev. 2006.

HAGE, Jorge. *Omissão inconstitucional e direito subjetivo*. Brasília: Brasília Jurídica, 1999.

HAMILTON, Alexander; MADISON, James; JAY, John. *O federalista*. Trad. Heitor Almeida Herrera. Brasília: UnB, 1984. (Col. Pensamento Político.)

HART, Herbert L. A. *O conceito de direito*. Trad. A. Ribeiro Mendes. 3. ed. Lisboa: Fundação Calouste Gulbenkian, 2001.

HECK, Luís Afonso. *O Tribunal Constitucional Federal e o desenvolvimento dos princípios constitucionais*: contributo para uma compreensão da jurisdição constitucional federal alemã. Porto Alegre: Sergio Antonio Fabris, 1995.

HESSE, Konrad. *A força normativa da constituição*. Trad. Gilmar Ferreira Mendes. Porto Alegre: Sergio Antonio Fabris, 1991.

______. *Escritos de derecho constitucional*. Trad. Pedro Cruz Villalon. Madrid: Centro de Estudios Constitucionales, 1992.

______. *Elementos de direito constitucional da República Federal da Alemanha*. Trad. 20. ed. alemã Luís Afonso Heck. Porto Alegre: Sergio Antonio Fabris, 1998.

HOERSTER, Norbert. *En defensa del positivismo jurídico*. Barcelona: Gedisa, 2000.

HOLMES, Stephen; SUNSTEIN, Cass R. *The cost of rights*: why liberty depends on taxes. New York: W. W. Norton & Company, 1999. Paginação irregular. Edição Kindle.

HORTA, Raul Machado. *Estudos de direito constitucional*. Belo Horizonte: Del Rey, 1995.

HUERTA OCHOA, Carla. *Mecanismos constitucionales para el control del poder político*. 2. ed. México: Universidad Nacional Autónoma de México, 2001. Disponível em: <http://www.bibliojuridica.org/libros/libro.htm?l.=158>. Acesso em: 5 jun. 2002.

______. *Conflitos normativos*. México: Universidad Nacional Autónoma de México, 2003. Disponível em: <http://www.bibliojuridica.org/libros/libro.htm?l=949>. Acesso em: 16 jul. 2003.

HUNGRIA, Nelson. *Comentários ao Código Penal*. Rio de Janeiro: Forense, 1958. vol. I. t. I.

IBAGÓN, Mónica Liliana. Control jurisdiccional de las omisiones legislativas en Colombia. In: VEGA GÓMEZ, Juan; CORZO SOSA, Edgar (Coord.) et al. *Instrumentos de tutela y justicia constitucional*: memoria del VII Congreso Iberoamericano de Derecho Constitucional. México: Instituto de Investigaciones Jurídicas, 2002, p. 311-323. Disponível em: <http://www.bibliojuridica.org/libros/libro.htm?l=344>. Acesso em: 15 ago. 2002.

JAYME, Erik. Entrevista com o prof. Erik Jayme. *Revista Trimestral de Direito Civil*, Rio de Janeiro, ano 1, vol. 3, p. 289-293, jul./set. 2000. Entrevista concedida a Gustavo Tepedino.

JAUERNIG, Othmar. *Direito processual civil*. Trad. 25. ed. alemã F. Silveira Ramos. Coimbra: Almedina, 2002.

JELLINEK, Georg. *Reforma y mutación de la constitución*. Madrid: Centro de Estudios Constitucionales, 1991.

______. *Teoría general del estado*. Trad. Fernando de los Ríos Urruti. México: Fondo de Cultura Económica, 2000.

JIMÉNEZ CAMPO, Javier. Los procedimientos de declaración de inconstitucionalidad. In: ______; CRUZ VILLALÓN, Pedro; LÓPEZ GUERRA, L.; PÉREZ TREMPS, P. *Los procesos constitucionales*. Madrid: Centro de Estudios Constitucionales, 1992, p. 13-38.

JIMÉNEZ CAMPO, Javier; RUBIO LLORENTE, Francisco. *Estudios sobre jurisdicción constitucional*. Madrid: McGraw-Hill, 1998.

JOÃO, Ana Manuela Silva. *Weak-form judicial review*: o encontro entre os diálogos institucionais e o controle de constitucionalidade. Belo Horizonte: Casa do Direito, 2019.

KLATT, Matthias; MEISTER, Moritz. A máxima da proporcionalidade: um elemento estrutural do constitucionalismo global. *Observatório da Jurisdição Constitucional*. Brasília: IDP, Ano 7, n. 1, p. 23-41, jan./jun. 2014.

KANT, Immanuel. *Fundamentação da metafísica dos costumes*. Trad. Paulo Quintela. Lisboa: Edições 70, 2007. Disponível em: <http://ufpr.cleveron.com.br/arquivos/ET_434/kant_metafisica_costumes.pdf>. Acesso em: 15 dez. 2014.

KELSEN, Hans. *La giustizia costituzionale*. Milano: Giuffrè, 1941.

______. *Teoria pura do direito*. Trad. João Baptista Machado. 6 ed. Coimbra: Armênio Amado, 1984.

______. *Teoria geral do direito e do estado*. Trad. Luís Carlos Borges. 2. ed. São Paulo: Martins Fontes, 1992.

______. *¿Quién debe ser el defensor de la constitución?* Trad. Roberto J. Brie. Madrid: Tecnos, 1995.

______. *La garantía jurisdiccional de la constitución*. Trad. Rolando Tamayo y Salmoran. México: Universidad Nacional Autónoma de México, 2001. Disponível em: <http://www.bibliojuridica.org/libros/libro.htm?l=31>. Acesso em: 5 jun. 2002.

______. *Jurisdição constitucional*. Trad. Alexandre Krug, Eduardo Brandão, Maria Ermantina Galvão. São Paulo: Martins Fontes, 2003.

LARENZ, Karl. *Metodologia da ciência do direito*. Trad. José Lamego. 3. ed. Lisboa: Fundação Calouste Gulbenkian, 1997.

______. *Derecho justo*: fundamentos de etica juridica. Trad. de Luis Díez-Picazo. Reimpr. Madrid: Civitas, 2001.

LASSALLE, Ferdinand. *A essência da constituição*. Trad. Walter Stönner. Rev. Luzia Ferreira de Souza. 4. ed. Rio de Janeiro: Lumen Juris, 1998.

LAVIÉ, Quiroga. *Derecho constitucional*. 3. ed. Buenos Aires: Depalma, 1993.

LEHFELD, Lucas de Souza; ARAÚJO, José Carlos Evangelista de. *Os tratados internacionais de direitos humanos no âmbito da Emenda Constitucional 45/2004*. Revista dos Tribunais, São Paulo, n. 846, p. 97-116, abr. 2006.

LENZA, Pedro. *Direito constitucional esquematizado*. 9. ed. São Paulo: Método, 2005.

______. ______. 10. ed. São Paulo: Método, 2006.

______. ______. 14. ed. São Paulo: Saraiva, 2010.

LIMA, Christina Aires Correa. Os efeitos da declaração de inconstitucionalidade perante o Supremo Tribunal Federal. *Cadernos de Direito Constitucional e Ciência Política*, São Paulo, n. 27, p. 183-208, abr./jun. 1999.

LIMA, Eusébio de Queiroz. *Teoria do Estado*. 8. ed. Rio de Janeiro: Distribuidora Récord Editora, 1957.

LOEWENSTEIN, Karl. *Teoría de la constitución*. Trad. Alfredo Gallego Anabitarte. 2. ed. Barcelona: Ariel, 1976.

LOPES, Ana Maria D'Ávila. A garantia do conteúdo essencial dos direitos fundamentais. *Revista de Informação Legislativa, Brasília*, n. 164, p. 7-15, out./dez. 2004.

LUNARDI, Soraya; DIMOULIS, Dimitri. *Curso de processo constitucional*. São Paulo: Atlas, 2011.

MACCORMICK, Donald Neil. Law, morality and positivism. *Legal Studies*, s.l., vol. 1, n. 2, jul. 1981, p. 131-145.

MACHADO, Hugo de Brito. Direito adquirido e coisa julgada como garantias constitucionais. *Revista dos Tribunais*, São Paulo, v. 714, p. 19-26, abr. 1995.

MACIEL, Adhemar Ferreira. Observações sobre o controle de constitucionalidade das leis no Brasil. *Revista de Informação Legislativa*, Brasília, n. 140, out./dez. 1998, p. 267-278.

_____. O acaso, John Marshall e o controle de constitucionalidade. *Revista de Informação Legislativa*, Brasília, n. 172, p. 37-44, out./dez. 2006. Disponível em: <http://www.senado.gov.br/web/cegraf/ril/Pdf/pdf_172/R172-03.pdf>.

MALUF, Sahid. *Direito constitucional*. 12. ed. São Paulo: Sugestões Literárias, 1980.

_____. *Teoria geral do estado*. 19. ed. São Paulo: Sugestões Literárias, 1988.

MARANHÃO, Juliano Souza de Albuquerque. *Positivismo jurídico lógico-inclusivo*. São Paulo-Madrid: Marcial Pons, 2012.

MARCENÓ, Valeria; ZAGREBELSKY, Gustavo. *Giustizia constituzionale*. Bologna: Il Mulino, 2012.

MARINONI, Luiz Guilherme; SARLET, Ingo Wolfgang; MITIDIERO, Daniel. *Curso de direito constitucional*. 5. ed. rev. e atual. São Paulo: Saraiva, 2016.

MARQUES, Claudia Lima. Superação das antinomias pelo diálogo das fontes: o modelo brasileiro de coexistência entre o Código de Defesa do Consumidor e o Código Civil de 2002. *Revista da Escola Superior da Magistratura de Sergipe*, Aracaju, n. 7, 2004, p. 15-54. Disponível em:<http://www.diario.tjse.jus.br/revistaesmese/revistas/7.pdf>. Acesso em: 22 fev. 2017.

MARQUES, José Frederico. *Manual de processo civil*: teoria geral do processo civil. 4. ed. São Paulo: Saraiva, 1976. v. 1.

MARTINES, Temistocle. *Diritto costituzionale.* 13ª ed. rev. por Gaetano Silvestri. Milano: Giuffrè, 2000.

MARTINS, Ives Gandra da Silva; MENDES, Gilmar Ferreira (Coord.) et al. *Ação declaratória de constitucionalidade.* 1. ed. 2. tir. São Paulo: Saraiva, 1995.

MARTINS, Ives Gandra da Silva; MENDES, Gilmar Ferreira. *Controle concentrado de constitucionalidade*: comentários à Lei n. 9.868, de 10-11-1999. São Paulo: Saraiva, 2001.

MARTINS, Leonardo. Introdução à jurisprudência do Tribunal Constitucional Federal alemão. In: SCHWABE, Jürgen. *Cinqüenta anos de jurisprudência do Tribunal Constitucional Federal alemão.* Edição brasileira organizada e com introdução de Leonardo Martins. Trad. de Beatriz Hennig, Leonardo Martins, Mariana Bigelli de Carvalho, Tereza Maria de Castro e Viviane Geraldes Ferreira. Montevideo: Konrad-Adenauer-Stiftung, 2005.

______. Proporcionalidade com critério do controle de constitucionalidade (problemas de sua recepção pelo direito e jurisdição constitucional brasileiros). *Revista da Ajuris – Associação dos Juízes do Rio Grande do Sul*, Porto Alegre, n. 101, p. 193-233, mar. 2006.

MARTINS, Leonardo; DIMOULIS, Dimitri. *Teoria geral dos direitos fundamentais*. São Paulo: Revista dos Tribunais, 2007.

MATTEUCCI, BOBBIO, Norberto; Nicola; PASQUINO, Gianfranco. *Dicionário de política*. 12. ed. Brasília: Universidade de Brasília, 1999. 2. v.

MAXIMILIANO, Carlos. *Direito intertemporal*. 2. ed. Rio de Janeiro: Freitas Bastos, 1955.

______. *Hermenêutica e aplicação do direito.* 13. ed. Rio de Janeiro: Forense, 1994.

MAZZILLI, Hugo Nigro. *Novo CPC viola Constituição ao dar poderes legislativos a tribunais.* Consultor Jurídico, São Paulo, 3 out 2015, Disponível em: <http://www.conjur.com.br/2015-out-03/hugo-mazzilli-poder-tribunais-legislarem-viola-constituicao>. Acesso em 28 dez. 2015.

MAZZUOLI, Valério de Oliveira. *O controle jurisdicional de convencionalidade das leis*. 2. ed. São Paulo: Revista dos Tribunais, 2011.

MEDEIROS, Rui. *A decisão de inconstitucionalidade*: os autores, o conteúdo e os efeitos da decisão de inconstitucionalidade da lei. Lisboa: Universidade Católica, 1999.

MEDINA, José Miguel Garcia. *O prequestionamento nos recursos extraordinário e especial.* São Paulo: Revista dos Tribunais, 1999.

______. *Novo Código de Processo Civil comentado*: com remissões e notas comparativas ao CPC/1973. 4. ed. rev. atual. e ampl. São Paulo: Revista dos Tribunais, 2016.

MEDINA, José Miguel Garcia; WAMBIER, Teresa Arruda Alvim. *O dogma da coisa julgada*: hipóteses de relativização. São Paulo: Revista dos Tribunais, 2003.MELLO FILHO, José Celso de. *Constituição Federal anotada*. 2. ed. ampl. e atual. São Paulo: Saraiva, 1986.

MENDES, Gilmar Ferreira. *Controle de constitucionalidade*: aspectos jurídicos e políticos. São Paulo: Saraiva, 1990.

______. O apelo ao legislador — *Appellentscheidung* — na práxis da Corte Constitucional Federal alemã. *Revista de Informação Legislativa*, Brasília, n. 114, p. 473-502, abr./ jun. 1992.

______. A doutrina constitucional e o controle da constitucionalidade. Separata da revista *Arquivos do Ministério da Justiça*, Brasília, n. 183, p. 39-73, jan./jun. 1994a.

______. A ação declaratória de constitucionalidade: a inovação da Emenda Constitucional n. 3, de 1993. In: ______; MARTINS, Ives Gandra da Silva (Coord.) et al. *Ação declaratória de constitucionalidade*. 1. ed. 2. tir. São Paulo: Saraiva, 1995.

______. *Jurisdição constitucional*. São Paulo: Saraiva, 1996.

______. O poder executivo e o poder legislativo no controle de constitucionalidade. *Revista de Informação Legislativa*, Brasília, v. 34, n. 134, p. 11-39, abr./jun. de 1997. Disponível em: < http://www2.senado.gov.br/bdsf/bitstream/id/220/4/r134-02.PDF>. Acesso em 15 out. 2009.

______. *Direitos fundamentais e controle de constitucionalidade*: estudos de direito constitucional. São Paulo: Celso Bastos, 1998a.

______. A declaração de constitucionalidade e a lei ainda constitucional. *Consulex-Revista Jurídica*, Brasília, n. 35, p. 32-35, nov. 1999b.

______. Argüição de descumprimento de preceito fundamental (I) (§ 1º do art. 102 da Constituição Federal). *Revista Jurídica Virtual*, n. 07, dez. 1999c, Presidência da República. Disponível em: <http://www.planalto.gov.br/ccivil_03/revista/Rev_07/ arguicao.htm.>. Acesso em: 10 jan. 2000.

______. Argüição de descumprimento de preceito fundamental. *Consulex-Revista Jurídica*, Brasília, n. 42, p. 24-27, jun. 2000a.

______. Argüição de descumprimento de preceito fundamental: demonstração de inexistência de outro meio eficaz. *Revista Jurídica Virtual*, n. 13, jun. 2000, Presidência da República. Disponível em: <http://www.planalto.gov.br/ccivil_03/revista/Rev_13/ argui-des.htm.>. Acesso em: 10 jul. 2000b.

______. Os direitos individuais e suas limitações: breves reflexões. In: ———; COELHO, Inocêncio Mártires; BRANCO, Paulo Gustavo Gonet. *Hermenêutica constitucional e direitos fundamentais*. Brasília: Brasília Jurídica, 2000c, p. 197-313.

______. *Moreira Alves e o controle de constitucionalidade no Brasil.* São Paulo: Celso Bastos, 2000d.

______. Argüição de descumprimento de preceito fundamental: parâmetro de controle e objeto. In: TAVARES, André Ramos; ROTHENBURG, Walter Claudius (org.) et al. *Argüição de descumprimento de preceito fundamental*: análises à luz da Lei n. 9.882/99. São Paulo: Atlas, 2001a, p. 128-149.

______. O papel do Senado Federal no controle de constitucionalidade: um caso clássico de mutação constitucional. *Revista de Informação Legislativa*, Brasília, n. 162, p. 149-168, abr./jun. 2004.

______. Ação direta de inconstitucionalidade (ADI). Capítulo incluído em atualização de obra alheia. In: MEIRELLES, Hely Lopes. *Mandado de segurança*. 28. ed. São Paulo: Malheiros, 2005.

MENDES, Gilmar Ferreira; COELHO, Inocêncio Mártires; BRANCO, Paulo Gustavo Gonet. *Curso de direito constitucional.* São Paulo: Saraiva, 2007.

MENDES, Gilmar Ferreira; FORESTER JÚNIOR, Nestor José. *Manual de redação da Presidência da República.* 2. ed. rev. e atual. Brasília: Presidência da República, 2002. Disponível em: <https://www.planalto.gov.br/ccivil_03/manual/manual.htm>. Acesso em: 15 jun. 2004.

MENDES, Gilmar Ferreira; MARTINS, Ives Gandra da Silva. *Controle concentrado de constitucionalidade*: comentários à Lei n. 9.868, de 10-11-1999. São Paulo: Saraiva, 2001.

MENDES, Gilmar Ferreira; MARTINS, Ives Gandra da Silva (Coord.) et al. *Ação declaratória de constitucionalidade.* 1. ed. 2. tir. São Paulo: Saraiva, 1995.

MIRANDA. Jorge. *Contributo para uma teoria da inconstitucionalidade.* Reimpr. Coimbra: Coimbra Ed., 1996.

______. *Manual de direito constitucional.* 4. ed. Coimbra: Coimbra Ed., 2000. t. 2.

______. *Teoria do estado e da constituição.* Rio de Janeiro: Forense, 2002.

MIRANDA, Joaquim Francisco Pontes de. *História e prática do* habeas corpus. 8. ed. São Paulo: Saraiva, tomo I, 1979.

______. *Comentários à Constituição de 1967 com a Emenda n. 1 de 1969.* Tomo 1. 2. ed. São Paulo: RT, 1970. 6 v.

MITIDIERO, Daniel; MARINONI, Luiz Guilherme; SARLET, Ingo Wolfgang. *Curso de direito constitucional.* 5. ed. rev. e atual. São Paulo: Saraiva, 2016.

MÖLLER, Kai. Balancing and the structure of constitutional rigths. International Journal of Constitutional Law, New York, vol. 5, n. 3, p. 453-468, jul./2007. Disponível em: <https://doi.org/10.1093/icon/mom023>. Acesso em: 29 maio 2019.

MORAES, Alexandre de. *Direito constitucional.* 3. ed. São Paulo: Atlas, 1998a.

______. ______. 19. ed. São Paulo: Atlas, 2006.

______. *Direitos humanos fundamentais*. 2. ed. São Paulo: Atlas, 1998b.

______. *Jurisdição constitucional e tribunais constitucionais*: garantia suprema da constituição. São Paulo: Atlas, 2000.

MORAES, Guilherme Peña. *Direito constitucional*: teoria da constituição. Rio de Janeiro: Lumen Juris, 2003.

MORAIS, Carlos Blanco de. *Justiça constitucional*: garantia da constituição e controlo da constitucionalidade. Coimbra: Coimbra Ed., 2002, t. 1.

MOREIRA, José Carlos Barbosa. *Comentários ao Código de Processo Civil*. 7. ed. Rio de Janeiro: Forense, 1998. v. 5.

MOREIRA, Vital; CANOTILHO, J. J. Gomes. *Fundamentos da constituição*. Coimbra: Coimbra Ed., 1991.

MORESO, José Juan. Comanducci sobre neoconstitucionalismo. *Isonomía: Revista de Teoría y Filosofía del Derecho*, Alicante, n. 19, p. 268-282, out. 2003. Disponível em: <http://www.cervantesvirtual.com/servlet/SirveObras/01372719724684726977680/Isonomia_12.pdf>. Acesso em: 16 mar. 2006.

______. Disposiciones de reforma constitucional. *Doxa. Cuadernos de Filosofía del Derecho*, Alicante, n. 10, p. 201-222, 1991.

MORESO, José Juan; VILAJOSANA, Josep Maria. *Introducción a la teoria del derecho*. Madrid: Marcial Pons, 2004.

MORO, Sérgio Fernando. *Desenvolvimento e efetivação judicial das normas constitucionais*. São Paulo: Max Limonad, 2001.

MORTATI, Constantino. *Istituzioni di diritto pubblico*. 8. ed. Padova: Cedam, 1969. t. 2.

MOYSÉS FILHO, Gibran. A tutela antecipada nas ações declaratórias. *Revista Ibero-Americana de Direito Público*, Rio de Janeiro, p. 79-90, 2000.

MÜLLER, Friedrich. *Métodos de trabalho do direito constitucional*. Trad. Peter Naumann. 2. ed. rev. São Paulo: Max Limonad, 2000.

______. *Quem é o povo?*: a questão fundamental da democracia. 3. ed. rev. e ampl. Trad. Peter Naumann. São Paulo: Max Limonad, 2003.

NASCIMENTO, Roberta Simões. Existe uma inconstitucionalidade 'circunstancial'? Jota, Brasília, 6-5-2020. Disponível em: <https://www.jota.info/opiniao-e-analise/artigos/existe-uma-inconstitucionalidade-circunstancial-06052020>. Acesso em: 7 maio 2020.

NEBRERA, Montserrat. El principio de contradicción en los procesos de control de la constitucionalidad de las leyes en España. In: ANGIOLINI, Vittorio (Coord.) et al. *Il contraddittorio nel giudizio sulle leggi*: atti del seminario di Milano svoltosi il 16 e 17 maggio 1997. Torino: G. Giappichelli, 1998, p. 279-342.

NERY JUNIOR, Nelson. *Princípios do processo civil na Constituição Federal*. 2. ed. rev. e aum. São Paulo: RT, 1995.

NERY JUNIOR, Nelson; NERY, Rosa Maria Andrade. *Constituição Federal comentada e legislação constitucional*. São Paulo: Revista dos Tribunais, 2007.

____. *Comentários ao Código de Processo Civil*. São Paulo: Editora Revista dos Tribunais, 2015.

NEVES, Daniel Amorim Assumpção. *Novo Código de Processo Civil comentado artigo por artigo*. 2. ed. rev. atual. Salvador: JusPodivm, 2017.

NEVES, José Roberto de Castro. A intertemporalidade e seus critérios. *Revista Forense*, Rio de Janeiro, n. 382, p. 105-118, dez. 2005.

NEVES, Marcelo. *Teoria da inconstitucionalidade das leis*. São Paulo: Saraiva, 1988.

______. *Transconstitucionalismo*. São Paulo: Martins Fontes, 2009.

NOBRE JÚNIOR, Edilson Pereira. O direito processual brasileiro e o efeito vinculante das decisões dos tribunais superiores. *Revista do Tribunal Regional Federal da 5ª Região*, [s.l.], n. 41, p. 13-50, jul./set. 2000.

NORONHA, E. Magalhães. *Curso de direito processual penal*. 25. ed. atual. São Paulo: Saraiva, 1997.

NORONHA, Fernando. Retroatividade, eficácia imediata e pós-atividade das leis: sua caracterização correta, como indispensável para solução dos problemas de direito intertemporal. *Cadernos de Direito Constitucional e Ciência Política*, São Paulo, n. 23, p. 91-110, abr./jun. 1998.

______. Indispensável reequacionamento das questões fundamentais de direito intertemporal. *Revista dos Tribunais*, São Paulo, vol. 837, p. 55-78, jul. 2005.

NOVELINO, Marcelo. *Direito constitucional*. 3. ed. rev. atual. e ampl. Rio de Janeiro: Forense; São Paulo: Método, 2009.

NUNES, José de Castro. *Teoria e prática do poder judiciário*. Rio de Janeiro: Forense, 1943.

ORUNESU, Claudina. *Positivismo jurídico y sistemas constitucionales*. Madrid: Marcial Pons, 2012.

PALU, Oswaldo Luiz. *Controle de constitucionalidade*: conceitos, sistemas e efeitos. São Paulo: RT, 1999.

PARDO, David Wilson de Abreu. *Os direitos fundamentais e a aplicação judicial do direito.* Rio de Janeiro: Lumen Juris, 2003.

PAUPÉRIO, Artur Machado. *Teoria geral do Estado*. 8. ed. Rio de Janeiro: Forense, 1983.

PECZENIK, Aleksander. A theory of legal doctrine. *Ratio Juris*, Bologna, vol. 14, n. 1, p. 75-105, mar. 2001.

PEIXOTO, José Carlos de Matos. Limite temporal da lei. *Revista dos Tribunais*, São Paulo, n. 173, p. 459-485, mai. 1948.

______. *Curso de direito romano*. 4. ed. Rio de Janeiro: Haddad-Editor, 1960.

PEREIRA, Jane Reis Gonçalves. *Interpretação constitucional e direitos fundamentais*. 2. ed. São Paulo: Saraiva Educação, 2018.

PEREIRA, Ruitemberg Nunes. *O princípio do devido processo legal substantivo como juízo de adequação hermenêutico-concretizador do conteúdo essencial dos direitos fundamentais*. Brasília, 2001. 313 f. Dissertação (Mestrado em Direito e Estado) — Faculdade de Direito, Universidade de Brasília.

PÉREZ LUÑO, Antonio-Enrique. *Los derechos fundamentales*. 8. ed. reimpr. Madrid: Tecnos, 2005.

PERRINI, Raquel Fernandes. Os princípios constitucionais implícitos. *Cadernos de Direito Constitucional e Ciência Política*, São Paulo, n. 17, p. 113-169, out./dez. 1996.

PERTENCE, José Paulo Sepúlveda. Ação direta de inconstitucionalidade e as normas anteriores: as razões dos vencidos. *Arquivos do Ministério da Justiça*, Brasília, n. 45, p. 149-174, jul./dez. 1992.

PFEIFFER, Roberto Augusto Castellanos. *Mandado de injunção*. São Paulo: Atlas, 1999.

PIMENTA, Paulo Roberto Lyrio. *Eficácia e aplicabilidade das normas constitucionais programáticas*. São Paulo: Max Limonad, 1999.

______. *O controle difuso de constitucionalidade das leis no ordenamento brasileiro*. São Paulo: Malheiros Editores, 2010.

PIMENTEL, Mariana Barsaglia. Backlash às decisões do Supremo Tribunal Federal sobre união homoafetiva. Revista de Informação Legislativa, Brasília, n. 214, p. 189-202, abr./jun. 2017.

PINHEIRO, Maria Cláudia Bucchianeri. A Constituição de Weimar e os direitos fundamentais sociais: a preponderância da Constituição da República Alemã de 1919 na inauguração do constitucionalismo social à luz da Constituição Mexicana de 1917. Revista de Informação Legislativa, Brasília, v. 43, n. 169, p. 101-126, jan./mar. 2006.

PINTO FERREIRA, Luiz. *Curso de direito constitucional.* 6. ed. São Paulo: Saraiva, 1993.

PIOVESAN, Flávia C. *Proteção judicial contra omissões legislativas*: ação direta de inconstitucionalidade por omissão e mandado de injunção. São Paulo: RT, 1995.

______. *Direitos humanos e o direito constitucional internacional*. 2. ed. São Paulo: Max Limonad, 1997.

______. Tratados internacionais de proteção dos direitos humanos e a Constituição Federal de 1988. *Boletim IBCCRIM*, n. 153, p. 8-9, ago. 2005.

PIOVESAN, Flávia; VIEIRA, Renato Stanziola. Argüição de descumprimento de preceito fundamental: inovações e aspectos polêmicos. In: TAVARES, André Ramos; ROTHENBURG, Walter Claudius (org.) et al. *Aspectos atuais do controle de constitucionalidade no Brasil*: recurso extraordinário e argüição de descumprimento de preceito fundamental. Rio de Janeiro: Forense, 2003, p. 101-132.

PIZZORUSSO, Alessandro. El Tribunal Constitucional italiano. Trad. Luis Aguiar de Luque e Maria Gracia Rubio de Casas. In: FAVOREU, Louis (Dir.) et al. *Tribunales constitucionales europeos y derechos fundamentales*. Madrid: Centro de Estudios Constitucionales, 1984, p. 233-266.

______. *Sistemi giuridici comparati*. 2. ed. Milano: Giuffrè, 1998.

______. Las "generaciones" de derechos. *Anuario Iberoamericano de Justicia Constitutcional*, Madrid, n. 5, p. 291-307, 2001.

POLETTI, Ronaldo. *Controle da constitucionalidade das leis*. 2. ed. Rio de Janeiro: Forense, 1997.

PRAKKEN, Henry; SARTOR, Giovanni. The three faces of defeasibility in the law. *Ratio Juris*, Bologna, vol. 17, n. 1, p. 118-139, mar. 2004.

PRIETO SANCHÍS, Luis. Observaciones sobre las antinomias y el criterio de ponderación. Diritto & questioni pubbliche, Palermo, n. 2, p. 97-114, ago 2002. Disponível em: <http://www.dirittoequestionipubbliche.org/D_Q-2/contributi.htm>. Acesso em: 15 out. 2004.

______. *Apuntes de teoría del derecho*. Madrid: Trotta, 2005.

______. Réplica a Juan Antonio García Amado. In: CARBONELL, Miguel et al. *Teoría del neoconstiucionalismo*. Madrid: Editorial Trotta, 2007, p. 265-288.

QUEIROZ, Cristina. *Direitos fundamentais: funções, âmbito, conteúdo, questões interpretativas e problemas de justiciabilidade*. Coimbra: Coimbra Ed., 2006.

RAMOS, Elival da Silva. *A inconstitucionalidade das leis:* vício e sanção. São Paulo: Saraiva, 1994.

______. Argüição de descumprimento de preceito fundamental: delineamento do instituto. In: TAVARES, André Ramos; ROTHENBURG, Walter Claudius (org.) et al. *Argüição de descumprimento de preceito fundamental*: análises à luz da Lei n. 9.882/99. São Paulo: Atlas, 2001, p. 109-127.

______. *A proteção aos direitos adquiridos no direito constitucional brasileiro*. São Paulo: Saraiva, 2003.

RAZ, Joseph. *O conceito de sistema jurídico*: uma introdução à teoria dos sistemas jurídicos. Trad. Maria Cecília Almeida. São Paulo: Martins Fontes, 2012.

RECASENS SICHES, Luis. *Tratado general de filosofía del derecho*. 17. ed. México: Editorial Porruá, 2003.

REDONDO, María Cristina. Teorías del derecho e indeterminación normativa. *Doxa. Cuadernos de Filosofía del Derecho*, Alicante, n. 20, p. 177-196, 1997. Disponível em: <http://www.cervantesvirtual.com/servlet/SirveObras/12493875355693728543657/cuaderno20/Doxa20_06.pdf>. Acesso em: 10 ago 2004.

RÊGO, Bruno Noura de Moraes. *Ação rescisória e a retroatividade das decisões de controle de constitucionalidade das leis no Brasil*. Porto Alegre: Sergio Antonio Fabris, 2001.

REZEK, José Francisco. *Direito internacional público*: curso elementar. 3. ed. São Paulo: Saraiva, 1993.

ROCHA, Carmem Lúcia Antunes. *Constituição e constitucionalidade*. Belo Horizonte: Lê, 1991.

RÓDENAS, Ángeles. En la penumbra: indeterminación, derrotabilidad y aplicación judicial de normas. *Doxa. Cuadernos de Filosofía del Derecho*, Alicante, n. 24, p. 63-83, 2001. Disponível em: <http://descargas.cervantesvirtual.com/servlet/SirveObras/doxa/67926283100368562754568/doxa24/doxa24_04.pdf>. Acesso em: 10 out. 2004.

RODRIGUES, Lêda Boechat. *História do Supremo Tribunal Federal*. 2. ed. Rio de Janeiro: Civilização Brasileira, 1991. t. I.

ROMANO, Santi. *Princípios de direito constitucional geral*. Trad. Maria Helena Diniz. São Paulo: RT, 1977.

ROMBOLI, Roberto. *Il giudizio costituzionale incidentale come processo senza parti*. Milano: Giuffrè, 1985.

______. La tipología de las decisiones de la Corte Constitucional en el proceso sobre la constitucionalidad de las leyes planteado en vía incidental. Trad. Ignacio Torres Muro. *Revista Española de Derecho Constitucional*, Madrid, n. 48, p. 35-80, set./dez. 1996.

______. Il giudizio di costituzionalità delle leggi in via incidentale. In: ______. (org.) et al. *Aggiornamenti in tema di processo costituzionale (1999-2001)*. Torino: G. Giappichelli, 2002, p. 35-116.

______. Qualcosa di nuovo ... anzi d'antico: la contesa sull'interpretazione conforme della legge. Trabalho apresentado no Congresso "La giustizia costituzionale fra memoria e prospettive (a cinquant'anni dalla pubblicazione della prima sentenza della Corte costituzionale)", realizado em Roma, aos 14 e 15 de junho de 2006. Disponível em: <http://www.associazionedeicostituzionalisti.it/dottrina/fontidiritto/romboli/interpretazionelegge.html>. Acesso em: 7 fev. 2008.

ROSENFELD, Michel. Modern constitucionalism as interplay between identity and diversity. In: _____. *Constitutionalism, identity, difference, and legitimacy*: theoretical perspectives. Londres: Duke University Press, p. 3-38, 1994.

ROSS, Alf. *Direito e justiça*. Trad. Edson Bini. Bauru: Edipro, 2000.

ROTHENBURG, Walter Claudius; TAVARES, André Ramos (org.) et al. *Argüição de descumprimento de preceito fundamental*: análises à luz da Lei nº 9.882/99. São Paulo: Atlas, 2001.

ROTHENBURG, Walter Claudius; TAVARES, André Ramos (org.) et al. *Aspectos atuais do controle de constitucionalidade no Brasil*: recurso extraordinário e argüição de descumprimento de preceito fundamental. Rio de Janeiro: Forense, 2003.

RUBIO LLORENTE, Francisco; JIMÉNEZ CAMPO, Javier. *Estudios sobre jurisdicción constitucional*. Madrid: McGraw-Hill, 1998.

RUFFIA, Paolo Biscaretti di. *Direito constitucional*: instituições de direito público. Trad. Maria Helena Diniz. São Paulo: RT, 1984.

RUGGERI, Antonio; SPADARO, Antonino. *Lineamenti de giustizia costituzionale*. Torino: G. Giappichelli, 1998.

SAMPAIO, José Adércio Leite. *A constituição reinventada pela jurisdição constitucional*. Belo Horizonte: Del Rey, 2002.

______. As sentenças intermediárias de constitucionalidade e o mito do legislador negativo. In: ______; CRUZ, Álvaro Ricardo de Souza (Coord.) et al. *Hermenêutica e jurisdição constitucional*: estudos em homenagem ao professor José Alfredo de Oliveira Baracho. Belo Horizonte: Del Rey, 2001, p. 159-194.

SAMPAIO, Nelson de Sousa. *O poder de reforma constitucional*. 3. ed. rev. e atual. por Uadi Lammêgo Bulos. Belo Horizonte: Nova Alvorada, 1995.

SANTOS, Moacyr Amaral. *Primeiras linhas de direito processual civil*. 17. ed. São Paulo: Saraiva, 1995. v. 2.

SARLET, Ingo Wolfgang. *A eficácia dos direitos fundamentais*. 2. ed. rev. e atual. Porto Alegre: Livraria do Advogado, 2001.

————. A eficácia do direito fundamental à segurança jurídica: dignidade da pessoa humana, direitos fundamentais e proibição do retrocesso social no direito constitucional brasileiro. *Revista Trimestral de Direito Público*, São Paulo, n. 39, p. 53-86, 2002.

______. Notas sobre a assim designada proibição de retrocesso social no constitucionalismo latino-americano. *Revista do Tribunal Superior do Trabalho*, Brasília, vol. 75, n. 3, p. 134-149, jul/set 2009. Disponível em: <http://www.tst.gov.br/Ssedoc/PaginadaBiblioteca/revistadotst/Rev_75/Rev_75_3/sarletingowolfgang.pdf>. Acesso em 2 jun. 2011.

SARLET, Ingo Wolfgang; MARINONI, Luiz Guilherme; MITIDIERO, Daniel. *Curso de direito constitucional*. 5. ed. rev. e atual. São Paulo: Saraiva, 2016.

SARLET, Ingo Wolfgang; ZOCKUN, Carolina Zancaner. Notas sobre o mínimo existencial e sua interpretação pelo STF no âmbito do controle judicial das políticas públicas com base nos direitos sociais. *Revista de Investigações Constitucionais*, Curitiba, vol. 3, n. 2, p. 115-141, maio/ago. 2016.

SARMENTO, Daniel. Apontamentos sobre a argüição de descumprimento de preceito fundamental. In: TAVARES, André Ramos; ROTHENBURG, Walter Claudius (org.). *Argüição de descumprimento de preceito fundamental*: análises à luz da Lei n. 9.882/99. São Paulo: Atlas, 2001, p. 85-108.

______. *A ponderação de interesses na Constituição Federal*. 1. ed. 3. tir. Rio de Janeiro: Lumen Juris, 2003.

______. *Dignidade da pessoa humana*: conteúdos, trajetórias e metodologia. Rio de Janeiro: Lumen Juris, 2016.

SARMENTO, Daniel; SOUZA NETO, Cláudio Pereira de. *Direito Constitucional:* teoria, história e métodos de trabalho. 2. ed. Belo Horizonte: Fórum, 2017.

SARTOR, Giovanni; PRAKKEN, Henry. The three faces of defeasibility in the law. *Ratio Juris*, Bologna, vol. 17, n. 1, p. 118-139, mar. 2004.

SARTORI, Giovanni. *Engenharia constitucional*: como mudam as constituições. Trad. Sérgio Bath. Brasília: UnB, 1996.

SATÈ, Luca Geninatti. Contributo allo studio dei remedi della Corte costituzionale alle lacune ed alle omissioni del legislatore (con alcune osservazioni sulle sentenze di inammissibilità). Sezione I, p. 1-23. *Diritto & Diritti — rivista giuridica on line*. Disponível em: <http://www.diritto.it/articoli/diritto_costituzionale/sate_sez1.html>. Acesso em: 13 ago. 2003.

SAURA ESTAPÁ, Jaume. La exigibilidad jurídica de los derechos humanos: especial referencia a los derechos económicos, sociales y culturales. *Papeles el tiempo de los derechos*, Instituto de Derechos Humanos "Bartolomé de las Casas" - IDHBC, n. 2, 2011, p. 1-14.

SCHLAICH, Klaus. El Tribunal Constitucional Federal alemán. Trad. Luis Aguiar de Luque y Maria Gracia Rubio de Casas. In: FAVOREU, Louis (Dir.) et al. *Tribunales constitucionales europeos y derechos fundamentales*. Madrid: Centro de Estudios Constitucionales, 1984, p. 133-232.

SCHIER, Paulo Ricardo. *Filtragem constitucional*: construindo uma nova dogmática jurídica. Porto Alegre: Sergio Antonio Fabris, 1999.

SCHMITT, Carl. *Il custode della costituzione.* Trad. Antonio Caracciolo. Milano: Giuffrè, 1981.

______. *Teoría de la constitución.* Trad. Francisco Ayala. 1. ed. 2. reimpr. Madrid: Alianza Universidad Textos, 1996.

SCHWABE, Jürgen. *Cinqüenta anos de jurisprudência do Tribunal Constitucional Federal alemão.* Edição brasileira organizada e com introdução de Leonardo Martins. Trad. de Beatriz Hennig, Leonardo Martins, Mariana Bigelli de Carvalho, Tereza Maria de Castro e Viviane Geraldes Ferreira. Montevideo: Konrad-Adenauer-Stiftung, 2005.

SILVA, José Afonso da. *Direito ambiental constitucional.* São Paulo: Malheiros, 1994.

______. *Aplicabilidade das normas constitucionais.* 3. ed. São Paulo: Malheiros, 1998a.

______. *Curso de direito constitucional positivo.* 15. ed. São Paulo: Malheiros, 1998b.

______. *Processo constitucional de formação das leis.* 2. ed. 2. tri. São Paulo: Malheiros, 2007.

______. *Comentário textual à Constituição.* 6. ed. São Paulo: Malheiros, 2009.

______. *Teoria do Conhecimento Constitucional.* São Paulo: Malheiros, 2014.

SILVA, Virgílio Afonso da. Ulisses, as sereias e poder constituinte derivado: sobre a inconstitucionalidade da dupla revisão e da alteração no *quorum* de 3/5 para aprovação de emendas constitucionais. *Revista de Direito Administrativo*, Rio de Janeiro, n. 226, p. 11-32, out./dez. 2001.

______. O proporcional e o razoável. *Revista dos Tribunais*, São Paulo, n. 798, p. 23-50, out. 2002.

______. A fossilised constitution? *Ratio Juris*, Bologna, vol. 17, n. 4, p. 454-473, dez. 2004.

______. Interpretação constitucional e sincretismo metodológico. In: ______. (org.). *Interpretação constitucional.* São Paulo: Malheiros, 2005, p. 115-143.

______. O conteúdo essencial dos direitos fundamentais e a eficácia das normas constitucionais. *Revista de Direito do Estado, Rio de Janeiro*, n. 4, p. 23-51, 2006.

______. O STF e o controle de constitucionalidade: deliberação, diálogo e razão pública. *Revista de Direito Administrativo*, Rio de Janeiro, n. 250, p. 197-227, jan./mar. 2009.

______. *Direitos fundamentais*: conteúdo essencial, restrições e eficácia. 2. ed. 3. tir. São Paulo: Malheiros, 2014.

SLAIBI FILHO, Nagib. *Ação declaratória de constitucionalidade.* 2. ed. Rio de Janeiro: Forense, 1998.

SOUSA, Marcelo Rebelo de. *O valor jurídico do acto inconstitucional.* Lisboa: Gráfica Portuguesa, 1988.

SOUZA, Carlos Fernando Mathias de. O *amicus curiae* no ordenamento positivo brasileiro (I). *Correio Braziliense,* Brasília, 25 mar. 2002a. Caderno "Direito & Justiça", p. 12.

______. O *amicus curiae* no ordenamento positivo brasileiro (II). *Correio Braziliense,* Brasília, 1º abr. 2002b. Caderno "Direito & Justiça", p. 12.

SOUZA, Nelson Oscar de. A inconstitucionalidade. *Cadernos de Direito Constitucional e Ciência Política,* São Paulo, n. 22, p. 97-117, jan./mar. 1998.

SPADARO, Antonino; RUGGERI, Antonio. *Lineamenti de giustizia costituzionale.* Torino: G. Giappichelli, 1998.

STUMM, Raquel Denize. *Princípio da proporcionalidade no direito constitucional brasileiro.* Porto Alegre: Livraria do Advogado, 1995.

STRECK, Lenio Luiz. *Estado de Coisas Inconstitucional é uma nova forma de ativismo. Consultor Jurídico,* São Paulo, 24 out 2015, Disponível em: <http://www.conjur.com.br/2015-out-24/observatorio-constitucional-estado-coisas-inconstitucional-forma-ativismo#_ftn3.> Acesso em 28 dez 2015.

SUNSTEIN, Cass R.; HOLMES, Stephen. The cost of rights: why liberty depends on taxes. New York: W. W. Norton & Company, 1999. Paginação irregular. Edição Kindle.

TAVARES, André Ramos. Argüição de descumprimento de preceito fundamental: aspectos essenciais do instituto na Constituição e na lei. In: ______.; ROTHENBURG, Walter Claudius (org.) et al. *Argüição de descumprimento de preceito fundamental*: análises à luz da Lei n. 9.882/99. São Paulo: Atlas, 2001a, p. 38-76.

______. *Tratado da argüição de preceito fundamental*: Lei n. 9.868/99 e Lei n. 9.882/99. São Paulo: Saraiva, 2001b.

______. *Curso de direito constitucional.* São Paulo: Saraiva, 2002.

______. ______. 3. ed. São Paulo: Saraiva, 2006.

______. Aspectos atuais do controle abstrato da omissão inconstitucional do legislador no Brasil. In: ______; FERREIRA, Olavo A. V. Alves; LENZA, Pedro (org.) et al. *Constituição Federal – 15 anos*: mutação e evolução – comentários e perspectivas. São Paulo: Método, 2003a, p. 283-311.

______. *Direito constitucional econômico.* São Paulo: Método, 2003.

______. *Fronteiras da hermenêutica constitucional.* São Paulo: Método, 2006.

TAVARES, André Ramos; ROTHENBURG, Walter Claudius (org.) et al. *Argüição de descumprimento de preceito fundamental*: análises à luz da Lei nº 9.882/99. São Paulo: Atlas, 2001.

TAVARES, André Ramos; ROTHENBURG, Walter Claudius (org.) et al. *Aspectos atuais do controle de constitucionalidade no Brasil*: recurso extraordinário e argüição de descumprimento de preceito fundamental. Rio de Janeiro: Forense, 2003.

TEMER, Michel. *Elementos de direito constitucional*. 13. ed. São Paulo: Malheiros, 1997.

THEODORO JÚNIOR, Humberto. Antecipação de tutela em ações declaratórias e constitutivas. *Revista dos Tribunais*, São Paulo, n. 763, p. 11-21, maio 1999a.

THOMASON, Richmond. Logic and artificial intelligence. In: *Stanford Encyclopedia of Philosophy*. Disponível em: <http://plato.stanford.edu/entries/logic-ai/>. Acesso em 19 fev. 2006.

THOMSON, Judith Jarvis. The realm of rights. Cambridge: Harvard University Press, 1990.

TRIBE, Laurance H. *American constitucional law*. 3rd ed. New York: Foundation Press, 2000. v. 1.

______. *The invisible constitution*. Oxford: Oxford University Press, 2008.

TOLEDO, Franciso de Assis. Princípios básicos do direito penal. 5. ed. São Paulo: Saraiva, 1994.

TRINDADE, Antônio Augusto Cançado. *A proteção internacional dos direitos humanos*. São Paulo: Saraiva, 1991.

URBANO, Maria Benedita. *Curso de justiça constitucional*. Coimbra: Almedina. 2012.

VALE, André Rufino do. *Estrutura das normas de direitos fundamentais*: repensando a distinção entre regras, princípios e valores. São Paulo: Saraiva, 2009.

VAZ, Anderson Rosa. A cláusula da reserva do financeiramente possível como instrumento de efetivação planejada dos direitos humanos econômicos, sociais e culturais. *Revista de Direito Constitucional e Internacional*, São Paulo, n. 61, p. 25-48, out./dez. 2007.

VELOSO, Zeno. *Controle jurisdicional de constitucionalidade*: atualizado conforme as Leis n. 9.868 de 10/11/99 e 9.882 de 03/12/99. 2. ed. Belo Horizonte: Del Rey, 2000.

VELLOSO, Carlos Mário da Silva. Controle de constitucionalidade na Constituição brasileira de 1988. *Revista de Direito Público*, Rio de Janeiro, n. 92, p. 43-53, out./dez. 1989.

______. *Temas de direito público*. 1. ed. 2. tir. Belo Horizonte: Del Rey, 1997.

VERGOTTINI, Giuseppe. *Diritto costituzionale comparato*. 9. ed. Padova: Cedam, 2013.

VIEIRA, José Ribas; BEZERRA, Rafael. *Estado de coisas fora do lugar (?)*. Jota, Brasília, 5 out. 2015. Disponível em: <http://jota.info/estado-de-coisas-fora-lugar#_ftn15>. Acesso em: 28 dez 2015.

VIEIRA JUNIOR, Ronaldo Jorge Araujo. *Separação de Poderes, Estado de Coisas Inconstitucional e Compromisso Significativo: novas balizas à atuação do Supremo Tribunal Federal*. Brasília: Núcleo de Estudos e Pesquisas/CONLEG/Senado, Dezembro/2015 (Texto para Discussão n. 186). Disponível em: < http://www12.senado.gov.br/publicacoes/estudos-legislativos/tipos-de-estudos/textos-para-discussao/td186>. Acesso em 28 dez. 2015.

VILLAVERDE MENÉNDEZ, Ignacio. L'incostituzionalilità per omissione dei silenzi del legislatore. Trad. Frederico Petrangeli. *Giurisprudenza Costituzionale*, Milano, v. 41, n. 6, p. 3961-3999, nov./dic. 1996.

Von WRIGHT, Georg Henrik. Deontic logic: a personal view. *Ratio Juris*, Bologna, vol. 12, n. 1, p. 26-38, mar. 1999.

______. Valuations – or how to say the unsayable. *Ratio Juris*, Bologna, vol. 13, n. 4, p. 347-357, dez. 2000.

______. ¿Hay una lógica de las normas? *Doxa. Cuadernos de Filosofía del Derecho*, Alicante, n. 26, p. 31-52, 2003.

WAMBIER, Teresa Arruda Alvim; MEDINA, José Miguel Garcia. *O dogma da coisa julgada*: hipóteses de relativização. São Paulo: Revista dos Tribunais, 2003.

WARDLE Claire; DERAKHSHAN Hossein. *Information disorder*: toward an interdisciplinary framework for research and policy making. Strasbourg: Council of Europe, out. 2017. Disponível em: <https://rm.coe.int/information-disorder-report-november-2017/1680764666.> Acesso em: 23 jul. 2018.

WRÓBLEWSKI, Jerzy. *Constitución y la teoria general da la interpretación jurídica*. Trad. Luiz A. Sierra Cárdenas. Santiago: Ed. Olejnik, 2018.

ZAGREBELSKY, Gustavo. *La giustizia costituzionale.* Bologna: Il Mulino, 1977.

______. *Manuale di diritto costituzionale.* Torino: UTET, 2000. v. 1.

______. *El derecho dúctil*: ley, derechos, justicia. Trad. Marina Gascón. 5. ed. Madrid: Editorial Trotta, 2003a.

______. Ronald Dworkin's principle based constitucionalism: an Italian point of view. *International Journal of Constitucional Law,* [s.l.], n. 4, p. 621-650, oct. 2003b.

______. *Historia y constituición*. Trad. Miguel Carbonell. Madrid: Editorial Trotta, 2005.

ZAGREBELSKY, Gustavo; MARCENÓ, Valeria. *Giustizia constituzionale*. Bologna: Il Mulino, 2012.

ZAVASCKI, Teori Albino. *Eficácia das sentenças na jurisdição constitucional.* São Paulo: RT, 2001.

ZOCKUN, Carolina Zancaner; SARLET, Ingo Wolfgang. Notas sobre o mínimo existencial e sua interpretação pelo STF no âmbito do controle judicial das políticas públicas com base nos direitos sociais. *Revista de Investigações Constitucionais*, Curitiba, vol. 3, n. 2, p. 115-141, maio/ago. 2016.

EDITORA
JusPODIVM
www.editorajuspodivm.com.br

Impressão e Acabamento
PlenaPrint
Indústria Gráfica